大学赤本シリーズ

102

京都大学

文系

総合人間〈文系〉・文・教育〈文系〉・
法・経済〈文系〉学部

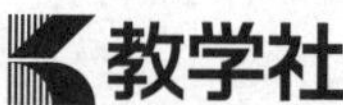

はしがき

おかげさまで，大学入試の「赤本」は，今年で創刊 70 周年を迎えました。

これまで，入試問題や資料をご提供いただいた大学関係者各位，掲載許可をいただいた著作権者の皆様，各科目の解答や対策の執筆にあたられた先生方，そして，赤本を使用してくださったすべての読者の皆様に，厚く御礼を申し上げます。

以下に，創刊初期の「赤本」のはしがきを引用します。これからも引き続き，受験生の目標の達成や，夢の実現を応援してまいります。

本書を活用して，入試本番では持てる力を存分に発揮されることを心より願っています。

編者しるす

＊　＊　＊

学問の塔にあこがれのまなざしをもって，それぞれの志望する大学の門をたたかんとしている受験生諸君！　人間として生まれてきた私たちは，自己の欲するままに，美しく，強く，そして何よりも人間らしく生きることをねがっている。しかし，一朝一夕にして，この純粋なのぞみが達せられることはない。私たちの行く手には，絶えずさまざまな試練がまちかまえている。この試練を克服していくところに，私たちのねがう真に人間的な世界がはじめて開かれてくるのである。

人生最初の最大の試練として，諸君の眼前に大学入試がある。この大学入試は，精神的にも身体的にも，大きな苦痛を感ぜしめるであろう。あるスポーツに熟達するには，たゆみなき，はげしい練習を積み重ねることが必要であるように，私たちは，計画的・持続的な努力を払うことによって，この試練を克服し，次の一歩を踏みだすことができる。厳しい試練を経たのちに，はじめて満足すべき成果を獲得できるのである。

本書は最近の入学試験の問題に，それぞれ解答を付し，さらに問題をふかく分析することによって，その大学独特の傾向や対策をさぐろうとした。本書を一般の参考書とあわせて使用し，まとはずれのない，効果的な受験勉強をされるよう期待したい。

（昭和 35 年版「赤本」はしがきより）

挑む人の、いちばんの味方

1954年に大学入試の過去問題集を刊行してから70年。赤本は大学に入りたいと思う受験生を応援しつづけてきました。これからも，苦しいとき落ち込むときにそばで支える存在でいたいと思います。

そして，勉強をすること，自分で道を決めること，努力が実ること，これらの喜びを読者の皆さんが感じることができるよう，伴走をつづけます。

そもそも赤本とは…

受験生のための大学入試の過去問題集！

70年の歴史を誇る赤本は，500点を超える刊行点数で全都道府県の370大学以上を網羅しており，過去問の代名詞として受験生の必須アイテムとなっています。

なぜ受験に過去問が必要なのか？

大学入試は大学によって問題形式や頻出分野が大きく異なるからです。

赤本の掲載内容

傾向と対策

これまでの出題内容から，問題の「**傾向**」を分析し，来年度の入試に向けて具体的な「**対策**」の方法を紹介しています。

問題編・解答編

- 年度ごとに問題とその解答を掲載しています。
- 「**問題編**」ではその年度の試験概要を確認したうえで，実際に出題された過去問に取り組むことができます。
- 「**解答編**」には高校・予備校の先生方による解答が載っています。

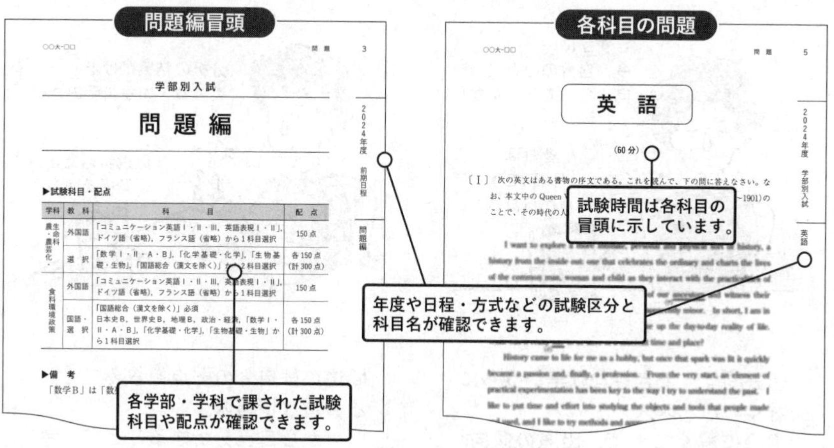

他にも，大学の基本情報や，先輩受験生の合格体験記，在学生からのメッセージなどが載っていることがあります。

掲載内容について

著作権上の理由やその他編集上の都合により問題や解答の一部を割愛している場合があります。
なお，指定校推薦入試，社会人入試，編入学試験，帰国生入試などの特別入試，英語以外の外国語科目，商業・工業科目は，原則として掲載しておりません。また試験科目は変更される場合がありますので，あらかじめご了承ください。

受験勉強は

過去問に始まり，

STEP 1

なにはともあれ

まずは解いてみる

しずかに…
今，自分の心と
向き合ってるんだから
ムーン
それは
問題を解いて
からだホン!

過去問は，**できるだけ早いうちに解く**のがオススメ！
実際に解くことで，**出題の傾向，問題のレベル，今の自分の実力**がつかめます。

STEP 2

じっくり具体的に

弱点を分析する

分析の結果だけど
英・数・国が苦手みたい
スリー
必須科目だホン
頑張るホン

間違いは自分の弱点を教えてくれる**貴重な情報源**。
弱点から自己分析することで，**今の自分に足りない力や苦手な分野**が見えてくるはず！

合格者があかす
赤本の使い方

傾向と対策を熟読
（Fさん／国立大合格）

大学の出題傾向を調べるために，赤本に載っている「傾向と対策」を熟読しました。

繰り返し解く
（Tさん／国立大合格）

１周目は問題のレベル確認，２周目は苦手や頻出分野の確認に，３周目は合格点を目指して，と過去問は繰り返し解くことが大切です。

過去問に終わる。

STEP 3

志望校にあわせて

苦手分野の重点対策

明日からはみんなで頑張るよ！
参考書も！ 問題集も！
よろしくね！
呼んだ？
なにを!?
どこから!?
グッ
グッ

参考書や問題集を活用して，苦手分野の**重点対策**をしていきます。**過去問を指針**に，合格へ向けた具体的な学習計画を立てましょう！

STEP 1▶2▶3

サイクルが大事!

実践を繰り返す

STEP 1～3を繰り返し，実力アップにつなげましょう！
出題形式に慣れることや，**時間配分を考えること**も大切です。

目標点を決める

(Yさん／私立大合格)

赤本によっては合格者最低点が載っているので，それを見て目標点を決めるのもよいです。

時間配分を確認

(Kさん／私立大学合格)

赤本は時間配分や解く順番を決めるために使いました。

添削してもらう

(Sさん／私立大学合格)

記述式の問題は先生に添削してもらうことで自分の弱点に気づけると思います。

新課程入試 Q&A

2022 年度から新しい学習指導要領（新課程）での授業が始まり，2025 年度の入試は，新課程に基づいて行われる最初の入試となります。ここでは，赤本での新課程入試の対策について，よくある疑問にお答えします。

Q1. 赤本は新課程入試の対策に使えますか？

A. もちろん使えます！

OK

旧課程入試の過去問が新課程入試の対策に役に立つのか疑問に思う人もいるかもしれませんが，心配することはありません。旧課程入試の過去問が役立つのには次のような理由があります。

● 学習する内容はそれほど変わらない

新課程は旧課程と比べて科目名を中心とした変更はありますが，学習する内容そのものはそれほど大きく変わっていません。また，多くの大学で，既卒生が不利にならないよう「経過措置」がとられます（Q３参照）。したがって，出題内容が大きく変更されることは少ないとみられます。

● 大学ごとに出題の特徴がある

これまでに課程が変わったときも，各大学の出題の特徴は大きく変わらないことがほとんどでした。入試問題は各大学のアドミッション・ポリシーに沿って出題されており，過去問にはその特徴がよく表れています。過去問を研究してその大学に特有の傾向をつかめば，最適な対策をとることができます。

出題の特徴の例	・英作文問題の出題の有無 ・論述問題の出題（字数制限の有無や長さ） ・計算過程の記述の有無

新課程入試の対策も，赤本で過去問に取り組むところから始めましょう。

Q2. 赤本を使う上での注意点はありますか？

A. 志望大学の入試科目を確認しましょう。

過去問を解く前に，過去の出題科目（問題編冒頭の表）と 2025 年度の募集要項とを比べて，課される内容に変更がないかを確認しましょう。ポイントは以下のとおりです。科目名が変わっていても，実際は旧課程の内容とほとんど同様のものもあります。

英語・国語	科目名は変更されているが，実質的には変更なし。 ▶▶ **ただし，リスニングや古文・漢文の有無は要確認。**
地歴	科目名が変更され，「歴史総合」「地理総合」が新設。 ▶▶ **新設科目の有無に注意。ただし，「経過措置」（Q3参照）により内容は大きく変わらないことも多い。**
公民	「現代社会」が廃止され，「公共」が新設。 ▶▶ **「公共」は実質的には「現代社会」と大きく変わらない。**
数学	科目が再編され，「数学 C」が新設。 ▶▶ **「数学」全体としての内容は大きく変わらないが，出題科目と単元の変更に注意。**
理科	科目名も学習内容も大きな変更なし。

数学については，科目名だけでなく，どの単元が含まれているかも確認が必要です。例えば，出題科目が次のように変わったとします。

旧課程	「数学Ⅰ・数学Ⅱ・数学 A・数学 B（数列・ベクトル）」
新課程	「数学Ⅰ・数学Ⅱ・数学 A・**数学 B（数列）・数学 C（ベクトル）**」

この場合，新課程では「数学C」が増えていますが，単元は「ベクトル」のみのため，実質的には旧課程とほぼ同じであり，過去問をそのまま役立てることができます。

Q3. 「経過措置」とは何ですか？

A. 既卒の旧課程履修者への対応です。

多くの大学では，既卒の旧課程履修者が不利にならないように，出題において「経過措置」が実施されます。措置の有無や内容は大学によって異なるので，募集要項や大学のウェブサイトなどで確認しておきましょう。

○旧課程履修者への経過措置の例

- 旧課程履修者にも配慮した出題を行う。
- 新・旧課程の共通の範囲から出題する。
- 新課程と旧課程の共通の内容を出題し，共通範囲のみでの出題が困難な場合は，旧課程の範囲からの問題を用意し，選択解答とする。

例えば，地歴の出題科目が次のように変わったとします。

旧課程	「日本史 B」「世界史 B」から 1 科目選択
新課程	「**歴史総合**，日本史探究」「**歴史総合**，世界史探究」から 1 科目選択※ ※旧課程履修者に不利益が生じることのないように配慮する。

「歴史総合」は新課程で新設された科目で，旧課程履修者には見慣れないものですが，上記のような経過措置がとられた場合，新課程入試でも旧課程と同様の学習内容で受験することができます。

要チェックだホン

新課程の情報は WEB もチェック！
より詳しい解説が赤本ウェブサイトで見られます。
https://akahon.net/shinkatei/

科目名が変更される教科・科目

	旧課程	新課程
国語	国語総合 国語表現 現代文A 現代文B 古典A 古典B	現代の国語 言語文化 論理国語 文学国語 国語表現 古典探究
地歴	日本史A 日本史B 世界史A 世界史B 地理A 地理B	歴史総合 日本史探究 世界史探究 地理総合 地理探究
公民	現代社会 倫理 政治・経済	公共 倫理 政治・経済
数学	数学Ⅰ 数学Ⅱ 数学Ⅲ 数学A 数学B 数学活用	数学Ⅰ 数学Ⅱ 数学Ⅲ 数学A 数学B 数学C
外国語	コミュニケーション英語基礎 コミュニケーション英語Ⅰ コミュニケーション英語Ⅱ コミュニケーション英語Ⅲ 英語表現Ⅰ 英語表現Ⅱ 英語会話	英語コミュニケーションⅠ 英語コミュニケーションⅡ 英語コミュニケーションⅢ 論理・表現Ⅰ 論理・表現Ⅱ 論理・表現Ⅲ
情報	社会と情報 情報の科学	情報Ⅰ 情報Ⅱ

大学のサイトも見よう

目　次

2021 年度

2020 年度

2019 年度

2018 年度

解答用紙は，赤本オンラインに掲載しています。
https://akahon.net/kkm/kyt/index.html

※掲載内容は，予告なしに変更・中止する場合があります。

基本情報

沿革

1869（明治 2）	大阪に舎密局（せいみきょく），洋学校開校
1870（明治 3）	理学所（舎密局の後身）と洋学校が合併し，開成所と改称
1880（明治 13）	大阪専門学校（開成所の後身）が大阪中学校と改称
1885（明治 18）	大阪中学校が大学分校と改称
1886（明治 19）	大学分校が第三高等中学校と改称
1889（明治 22）	第三高等中学校が大阪から京都へ移転
1894（明治 27）	第三高等中学校が第三高等学校と改称
1897（明治 30）	京都帝国大学創設。理工科大学開設
1899（明治 32）	法科大学，医科大学開設
1906（明治 39）	文科大学開設
1914（大正 3）	理工科大学が分けられ工科大学，理科大学となる
1919（大正 8）	分科大学を学部と改称。経済学部設置
1923（大正 12）	農学部設置
1947（昭和 22）	京都帝国大学を京都大学と改称
1949（昭和 24）	新制京都大学設置。教育学部設置

1960（昭和 35）　薬学部設置
1992（平成 4）　総合人間学部設置
2004（平成 16）　国立大学法人京都大学設立

エンブレム

京都大学のエンブレムの原型は，1950（昭和 25）年頃，大学庶務課に在籍していた小川録郎氏により考案され，以来「事務局シール」として事務局および部局における印刷物，レターヘッド等に使用されていました。その後，国際交流の進展に伴い，大学としてのエンブレムの必要性が高まり，1990（平成 2）年に京都大学のエンブレムとすることが了承されました。

その後，現代の情報環境における利用，あるいは国際社会へのアイデンティティの提示に即した機能等の検討を行い，形状およびカラーの変更を重ねて，現在にいたっています。

学部・学科の構成

（注）学部・学科および大学院に関する情報は 2024 年 4 月時点のものです。

大　学

●総合人間学部

総合人間学科（数理・情報科学講座，人間・社会・思想講座，芸術文化講座，認知・行動・健康科学講座，言語科学講座，東アジア文明講座，共生世界講座，文化・地域環境講座，物質科学講座，地球・生命環境講座）

●文学部

人文学科（哲学基礎文化学系〈哲学，西洋哲学史〔古代，中世，近世〕，日本哲学史，倫理学，宗教学，キリスト教学，美学美術史学〔美学・芸術学，美術史学，比較芸術学〕　各専修〉，東洋文化学系〈国語学国文学，中国語学中国文学，中国哲学史，インド古典学，仏教学　各専修〉，西洋文化学系〈西洋古典学，スラブ語学スラブ文学，ドイツ語学ドイツ文学，英語学英文学，アメリカ文学，フランス語学フランス文学，イタリア語学イタリア文学　各専修〉，歴史基礎文化学系〈日本史学，東洋史学，西南アジア史学，西洋史学，考古学　各専修〉，行動・環境文化学系〈心理学，言語学，社会学，地理学　各専修〉，基礎現代文化学系〈科学哲学科学史，メディア文化学，現代史学　各専修〉）

●教育学部

教育科学科（現代教育基礎学系，教育心理学系，相関教育システム論系）

●法学部

●経済学部

経済経営学科

●理学部

理学科（数理科学系，物理科学系，地球惑星科学系，化学系，生物科学系）

●医学部

医学科［6年制］

人間健康科学科［4年制］（先端看護科学コース，先端リハビリテーション科学コース，総合医療科学コース）

●薬学部

薬科学科［4年制］

薬学科［6年制］

●工学部

地球工学科（土木工学コース，資源工学コース，環境工学コース，国際コース）

建築学科

物理工学科（機械システム学コース，材料科学コース，エネルギー応用工学コース，原子核工学コース，宇宙基礎工学コース）

電気電子工学科

情報学科（数理工学コース，計算機科学コース）

理工化学科

●農学部

資源生物科学科（植物生産科学コース，応用動物科学コース，海洋生物

科学コース，生物先端科学コース）
応用生命科学科
地域環境工学科
食料・環境経済学科
森林科学科
食品生物科学科

（備考）系・専修・コース等に分属する回生（年次）はそれぞれで異なる。薬学部の学科振分けは 4 回生進級時に行われる。

大学院

●大学院

文学研究科 / 教育学研究科 / 法学研究科 / 経済学研究科 / 理学研究科 / 医学研究科 / 薬学研究科 / 工学研究科 / 農学研究科 / 人間・環境学研究科 / エネルギー科学研究科 / アジア・アフリカ地域研究研究科 / 情報学研究科 / 生命科学研究科 / 総合生存学館（思修館）/ 地球環境学舎 / 経営管理大学院

●専門職大学院

医学研究科社会健康医学系専攻 / 法科大学院 / 公共政策大学院 / 経営管理大学院

大学所在地

吉田キャンパス

桂キャンパス

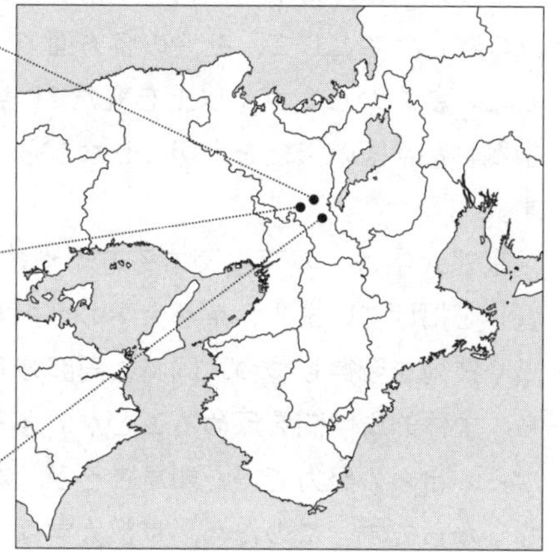

宇治キャンパス

吉田キャンパス

総合人間学部	〒606-8501	京都市左京区吉田二本松町
文学部 教育学部 法学部 経済学部 工学部	〒606-8501	京都市左京区吉田本町
医学部医学科 医学部人間健康科学科	〒606-8501	京都市左京区吉田近衛町
薬学部	〒606-8501	京都市左京区吉田下阿達町
理学部 農学部	〒606-8502	京都市左京区北白川追分町

桂キャンパス　〒615-8530　京都市西京区京都大学桂

宇治キャンパス　〒611-0011　京都府宇治市五ヶ庄

京都大学入学者受入れの方針（アドミッション・ポリシー）

学士課程

京都大学は，日本の文化，学術が育まれてきた京都の地に創設された国立の総合大学として，社会の各方面で活躍する人材を数多く養成してきました。創立から1世紀以上を経た21世紀の今日も，建学以来の「自由の学風」と学術の伝統を大切にしながら，教育，研究活動をおこなっています。

京都大学は，教育に関する基本理念として「対話を根幹とした自学自習」を掲げています。京都大学の目指す教育は，学生が教員から高度の知識や技術を習得しつつ，同時に周囲の多くの人々とともに研鑽を積みながら，主体的に学問を深めることができるように教え育てることです。なぜなら，自らの努力で得た知見こそが，次の学術展開につながる大きな力となるからです。このため，京都大学は，学生諸君に，大学に集う教職員，学生，留学生など多くの人々との交流を通じて，自ら学び，自ら幅広く課題を探求し，解決への道を切り拓く能力を養うことを期待するとともに，その努力を強く支援します。このような方針のもと，優れた学知を継承し創造的な精神を養い育てる教育を実践するため，自ら積極的に取り組む主体性をもった人を求めています。

京都大学は，その高度で独創的な研究により世界によく知られています。そうした研究は共通して，多様な世界観・自然観・人間観に基づき，自由な発想から生まれたものであると同時に，学問の基礎を大切にする研究，ないし基礎そのものを極める研究であります。優れた研究は必ず確固たる基礎的学識の上に成り立っています。

京都大学が入学を希望する者に求めるものは，以下に掲げる基礎的な学力です。

1．高等学校の教育課程の教科・科目の修得により培われる分析力と俯瞰力
2．高等学校の教育課程の教科・科目で修得した内容を活用する力
3．外国語運用能力を含むコミュニケーションに関する力

このような基礎的な学力があってはじめて，入学者は，京都大学が理念として掲げる「自学自習」の教育を通じ，自らの自由な発想を生かしたより高度な学びへ進むことが可能となります。

京都大学は，本学の学風と理念を理解して，意欲と主体性をもって勉学に励むことのできる人を国内外から広く受け入れます。

受入れにおいては，各学部の理念と教育目的に応じて，その必要とするところにしたがい，入学者を選抜します。一般選抜では，教科・科目等を定めて，大学入学共通テストと個別学力検査の結果を用いて基礎学力を評価します。特色入試では，書類審査と各学部が定める方法により，高等学校での学修における行動や成果，個々の学部・学科の教育を受けるにふさわしい能力と志を評価します。

『令和 6 年度京都大学学生募集要項』より引用。

なお，各学部・学科の入学者受入れの方針（アドミッション・ポリシー）についても，募集要項に記載されています。

入試データ

入試状況（志願者数・競争率など）

○2024 年 4 月，工学部工業化学科は，工学部理工化学科へ名称を変更した。
○競争率は「受験者数÷合格者数」で算出。

2024 年度 入試状況

学部等			募集人員	志願者数	第 1 段階選抜合格者数	受験者数	合格者数	競争率	入学者数
総合人間	前期	文系	63	234	217	215	64	3.4	119
		理系	53	222	186	180	55	3.3	
文	前期		210	630	630	619	211	2.9	211
教育	前期	文系	48	162	162	154	48	3.2	57
		理系	10	32	32	32	10	3.2	
法	前期		310	766(7)	765(＊)	754	311(2)	2.4	310
経済	前期	文系	197	575(10)	573(7)	555	197(4)	2.8	222
		理系	25	144	123	120	25	4.8	
理	前期		301	815	814	792	295	2.7	295
医	前期		180	529	521	512	194	2.6	194
薬	前期		74	195	195	186	76	2.4	76
工	前期		920	2,718	2,715	2,657	927	2.9	927
農	前期		285	778	778	756	288	2.6	285
合計			2,676	7,800(17)	7,711(14)	7,532	2,701(6)	—	2,696

＊第 1 次選考は実施しない。

（備考）

- 上記以外に総合型選抜・学校推薦型選抜による特色入試と法学部では後期日程による特色入試を実施。
- 法学部後期日程（特色入試）は募集人員 20 名，志願者数 406 名，合格者数 21 名。
- 募集人員は，特色入試（法学部を除く）の入学手続者数確定による最終的な一般選抜（前期日程）の募集人員を示す。
- 法学部・経済学部「文系」の募集人員には外国学校出身者のための選考における募集人員それぞれ 10 名以内を含む。また，（　）内は外国学校出身者のための入学者選考を示すもので外数。

医学部の学科別入試状況

学部・学科等			募集人員	志願者数	第1段階選抜合格者数	受験者数	合格者数	競争率	入学者数
医	医	前期	105	288	280	275	110	2.5	110
	人間健康科	前期	75	241	241	237	84	2.8	84

工学部・農学部の学科別入試状況

学部・学科等			受入予定数	志願者数	第1段階選抜合格者数	受験者数	合格者数	競争率	入学者数
工	地球工	前期	174	488	488	—	175	—	175
	建築	前期	78	320	320	—	80	—	80
	物理工	前期	231	828	827	—	232	—	232
	電気電子工	前期	124	364	363	—	125	—	125
	情報	前期	88	363	363	—	89	—	89
	理工化	前期	225	355	354	—	226	—	226
農	資源生物科	前期	93	—	—	—	94	—	93
	応用生命科	前期	44	—	—	—	44	—	44
	地域環境工	前期	34	—	—	—	34	—	34
	食料・環境経済	前期	30	—	—	—	30	—	30
	森林科	前期	51	—	—	—	51	—	50
	食品生物科	前期	33	—	—	—	35	—	34

(備考)

- 工学部の学科別受入予定数は，外国人留学生のための選考による入学手続者を除く。
- 工学部の学科別志願者数および第1段階選抜合格者数は，第1志望学科の数を示す。
- 工学部地球工学科の受入予定数および入学者数は，外国人留学生を対象とした国際コース（入学者7名）を除く。
- 農学部は第1～第6志望まで学科を選択できるため，志願者数等は表示していない。

2023 年度　入試状況

<table>
<tr><th colspan="3">学部等</th><th>募集人員</th><th>志願者数</th><th>第1段階選抜合格者数</th><th>受験者数</th><th>合格者数</th><th>競争率</th><th>入学者数</th></tr>
<tr><td rowspan="2">総合人間</td><td rowspan="2">前期</td><td>文系</td><td>63</td><td>224</td><td>217</td><td>212</td><td>64</td><td>3.3</td><td rowspan="2">118</td></tr>
<tr><td>理系</td><td>53</td><td>192</td><td>186</td><td>184</td><td>54</td><td>3.4</td></tr>
<tr><td>文</td><td colspan="2">前期</td><td>211</td><td>622</td><td>620</td><td>608</td><td>214</td><td>2.8</td><td>214</td></tr>
<tr><td rowspan="2">教育</td><td rowspan="2">前期</td><td>文系</td><td>49</td><td>147</td><td>147</td><td>143</td><td>49</td><td>2.9</td><td rowspan="2">58</td></tr>
<tr><td>理系</td><td>10</td><td>42</td><td>35</td><td>34</td><td>10</td><td>3.4</td></tr>
<tr><td>法</td><td colspan="2">前期</td><td>310</td><td>686(11)</td><td>684(＊)</td><td>672(6)</td><td>310(3)</td><td>2.2</td><td>309(3)</td></tr>
<tr><td rowspan="2">経済</td><td rowspan="2">前期</td><td>文系</td><td>199</td><td>513(22)</td><td>513(15)</td><td>495(12)</td><td>195(6)</td><td>2.5</td><td rowspan="2">221(6)</td></tr>
<tr><td>理系</td><td>26</td><td>153</td><td>121</td><td>119</td><td>26</td><td>4.6</td></tr>
<tr><td>理</td><td colspan="2">前期</td><td>301</td><td>789</td><td>775</td><td>768</td><td>305</td><td>2.5</td><td>305</td></tr>
<tr><td>医</td><td colspan="2">前期</td><td>181</td><td>556</td><td>533</td><td>508</td><td>192</td><td>2.6</td><td>191</td></tr>
<tr><td>薬</td><td colspan="2">前期</td><td>76</td><td>203</td><td>203</td><td>193</td><td>79</td><td>2.4</td><td>79</td></tr>
<tr><td>工</td><td colspan="2">前期</td><td>913</td><td>2,530</td><td>2,529</td><td>2,468</td><td>920</td><td>2.7</td><td>916</td></tr>
<tr><td>農</td><td colspan="2">前期</td><td>288</td><td>760</td><td>759</td><td>741</td><td>291</td><td>2.5</td><td>290</td></tr>
<tr><td colspan="3">合計</td><td>2,680</td><td>7,417(33)</td><td>7,322(26)</td><td>7,145</td><td>2,709(9)</td><td>—</td><td>2,701</td></tr>
</table>

＊第1次選考は実施しない。

(備考)

- 上記以外に総合型選抜・学校推薦型選抜による特色入試と法学部では後期日程による特色入試を実施。
- 法学部後期日程（特色入試）は募集人員 20 名，志願者数 410 名，合格者数 22 名。
- 募集人員は，特色入試（法学部を除く）の入学手続者数確定による最終的な一般選抜（前期日程）の募集人員を示す。
- 法学部・経済学部「文系」の募集人員には外国学校出身者のための選考における募集人員それぞれ 10 名以内を含む。また，（　）内は外国学校出身者のための入学者選考を示すもので外数。
- 合格者数には追試験の結果を含む。

医学部の学科別入試状況

<table>
<tr><th colspan="3">学部・学科等</th><th>募集人員</th><th>志願者数</th><th>第1段階選抜合格者数</th><th>受験者数</th><th>合格者数</th><th>競争率</th><th>入学者数</th></tr>
<tr><td rowspan="2">医</td><td>医</td><td>前期</td><td>105</td><td>287</td><td>265</td><td>259</td><td>108</td><td>2.4</td><td>108</td></tr>
<tr><td>人間健康科</td><td>前期</td><td>76</td><td>269</td><td>268</td><td>249</td><td>84</td><td>3.0</td><td>83</td></tr>
</table>

工学部・農学部の学科別入試状況

学部・学科等			受入予定数	志願者数	第1段階選抜合格者数	受験者数	合格者数	競争率	入学者数
工	地球工	前期	172	425	425	—	174	—	172
	建　築	前期	78	283	283	—	79	—	79
	物理工	前期	230	757	756	—	231	—	231
	電　気 電子工	前期	123	366	366	—	124	—	123
	情　報	前期	88	408	408	—	89	—	88
	工業化	前期	222	291	291	—	223	—	223
農	資　源 生物科	前期	94	—	—	—	94	—	94
	応　用 生命科	前期	45	—	—	—	45	—	45
	地　域 環境工	前期	36	—	—	—	36	—	36
	食料・ 環境経済	前期	29	—	—	—	29	—	29
	森林科	前期	51	—	—	—	53	—	53
	食　品 生物科	前期	33	—	—	—	34	—	33

（備考）

- 工学部の学科別受入予定数は，外国人留学生のための選考による入学手続者を除く。
- 工学部の学科別志願者数および第1段階選抜合格者数は，第1志望学科の数を示す。
- 工学部地球工学科の受入予定数および入学者数は，外国人留学生を対象とした国際コース（入学者9名）を除く。
- 農学部は第1～第6志望まで学科を選択できるため，志願者数等は表示していない。

2022 年度　入試状況

学部等			募集人員	志願者数	第1段階選抜合格者数	受験者数	合格者数	競争率	入学者数
総合人間	前期	文系	62	192	191	189	63	3.0	118
		理系	53	207	187	185	55	3.4	
文	前期		211	643	641	620	216	2.9	216
教育	前期	文系	45	158	158	154	46	3.3	56
		理系	10	36	36	34	10	3.4	
法	前期		310	701(19)	700(＊)	694	310(5)	2.2	308
経済	前期	文系	199	458(18)	457(14)	450	195(9)	2.3	219
		理系	26	118	100	98	26	3.8	
理	前期		301	691	676	663	312	2.1	310
医	前期		184	482	468	446	194	2.3	192
薬	前期		78	213	213	206	83	2.5	83
工	前期		928	2,572	2,569	2,518	935	2.7	931
農	前期		290	739	739	717	298	2.4	298
合計			2,697	7,210(37)	7,135(33)	6,974	2,743(14)	—	2,731

＊第 1 次選考は実施しない。

（備考）

- 上記以外に総合型選抜・学校推薦型選抜による特色入試と法学部では後期日程による特色入試を実施。
- 法学部後期日程（特色入試）は募集人員 20 名，志願者数 360 名，合格者数 22 名。
- 募集人員は，特色入試（法学部を除く）の入学手続者数確定による最終的な一般選抜（前期日程）の募集人員を示す。
- 法学部・経済学部「文系」の募集人員には外国学校出身者のための選考における募集人員それぞれ 10 名以内を含む。また，（　）内は外国学校出身者のための入学者選考を示すもので外数。
- 合格者数には追試験の結果を含む。

医学部の学科別入試状況

学部・学科等			募集人員	志願者数	第1段階選抜合格者数	受験者数	合格者数	競争率	入学者数
医	医	前期	106	265	251	247	109	2.3	109
	人間健康科	前期	78	217	217	199	85	2.3	83

工学部・農学部の学科別入試状況

学部・学科等			受入予定数	志願者数	第1段階選抜合格者数	受験者数	合格者数	競争率	入学者数
工	地球工	前期	175	397	396	—	176	—	174
	建築	前期	79	289	289	—	80	—	80
	物理工	前期	230	755	754	—	232	—	231
	電気電子工	前期	124	404	404	—	125	—	125
	情報	前期	88	402	401	—	89	—	89
	工業化	前期	232	325	325	—	233	—	232
農	資源生物科	前期	93	—	—	—	93	—	93
	応用生命科	前期	46	—	—	—	47	—	47
	地域環境工	前期	34	—	—	—	36	—	36
	食料・環境経済	前期	30	—	—	—	32	—	32
	森林科	前期	54	—	—	—	56	—	56
	食品生物科	前期	33	—	—	—	34	—	34

（備考）

- 工学部の学科別受入予定数は，外国人留学生のための選考若干名を含む。
- 工学部の学科別志願者数および第1段階選抜合格者数は，第1志望学科の数を示す。
- 工学部地球工学科の受入予定数および入学者数は，外国人留学生を対象とした国際コース（入学者9名）を除く。
- 農学部は第1～第6志望まで学科を選択できるため，志願者数等は表示していない。

2021 年度 入試状況

学部等			募集人員	志願者数	第 1 段階選抜合格者数	受験者数	合格者数	競争率	入学者数
総合人間	前期	文系	62	242	218	216	63	3.4	117
		理系	53	194	186	183	55	3.3	
文	前期		210	652	652	638	213	3.0	213
教育	前期	文系	45	130	130	126	47	2.7	57
		理系	10	34	34	33	10	3.3	
法	前期		310	701(11)	701(＊)	694	310(4)	2.2	310
経済	前期	文系	197	532(23)	529(12)	516	199(8)	2.6	222
		理系	26	99	99	97	26	3.7	
理	前期		301	799	788	772	308	2.5	307
医	前期		177	514	513	487	185	2.6	183
薬	前期		75	175	175	166	79	2.1	79
工	前期		925	2,317	2,316	2,270	931	2.4	929
農	前期		289	656	656	639	299	2.1	298
合計			2,680	7,045(34)	6,997(23)	6,837	2,725(12)	—	2,715

＊第 1 次選考は実施しない。

（備考）

- 上記以外に総合型選抜・学校推薦型選抜による特色入試と法学部では後期日程による特色入試を実施。
- 法学部後期日程（特色入試）は募集人員 20 名，志願者数 379 名，合格者数 22 名。
- 募集人員は，特色入試（法学部を除く）の入学手続者数確定による最終的な一般選抜（前期日程）の募集人員を示す。
- 法学部・経済学部「文系」の募集人員には外国学校出身者のための選考における募集人員それぞれ 10 名以内を含む。また，（　）内は外国学校出身者のための入学者選考を示すもので外数。
- 合格者数には追試験の結果を含む。

医学部の学科別入試状況

学部・学科等			募集人員	志願者数	第1段階選抜合格者数	受験者数	合格者数	競争率	入学者数
医	医	前期	105	299	298	292	107	2.7	107
	人間健康科	前期	72	215	215	195	78	2.5	76

工学部・農学部の学科別入試状況

学部・学科等			受入予定数	志願者数	第1段階選抜合格者数	受験者数	合格者数	競争率	入学者数
工	地球工	前期	182	321	321	―	176	―	175
	建築	前期	79	258	258	―	80	―	80
	物理工	前期	231	722	722	―	232	―	232
	電気電子工	前期	124	321	321	―	125	―	125
	情報	前期	87	352	351	―	88	―	88
	工業化	前期	229	343	343	―	230	―	229
農	資源生物科	前期	92	―	―	―	94	―	94
	応用生命科	前期	45	―	―	―	47	―	47
	地域環境工	前期	35	―	―	―	36	―	35
	食料・環境経済	前期	30	―	―	―	32	―	32
	森林科	前期	54	―	―	―	56	―	56
	食品生物科	前期	33	―	―	―	34	―	34

(備考)

- 工学部の学科別志願者数および第1段階選抜合格者数は，第1志望学科の数を示す。
- 工学部地球工学科の入学者数は，外国人留学生を対象とした国際コースの入学者7名を除く。
- 農学部は第1～第6志望まで学科を選択できるため，志願者数等は表示していない。

2020 年度 入試状況

<table>
<tr><th colspan="3">学部等</th><th>募集人員</th><th>志願者数</th><th>第 1 段階選抜合格者数</th><th>受験者数</th><th>合格者数</th><th>競争率</th><th>入学者数</th></tr>
<tr><td rowspan="2">総合人間</td><td rowspan="2">前期</td><td>文系</td><td>62</td><td>203</td><td>203</td><td>201</td><td>63</td><td>3.2</td><td rowspan="2">117</td></tr>
<tr><td>理系</td><td>53</td><td>203</td><td>186</td><td>183</td><td>54</td><td>3.4</td></tr>
<tr><td>文</td><td colspan="2">前期</td><td>210</td><td>698</td><td>696</td><td>677</td><td>213</td><td>3.2</td><td>213</td></tr>
<tr><td rowspan="2">教育</td><td rowspan="2">前期</td><td>文系</td><td>44</td><td>121</td><td>121</td><td>119</td><td>44</td><td>2.7</td><td rowspan="2">55</td></tr>
<tr><td>理系</td><td>10</td><td>39</td><td>38</td><td>36</td><td>11</td><td>3.3</td></tr>
<tr><td>法</td><td colspan="2">前期</td><td>310</td><td>792(18)</td><td>790(＊)</td><td>774(15)</td><td>311(5)</td><td>2.5</td><td>310(5)</td></tr>
<tr><td rowspan="2">経済</td><td rowspan="2">前期</td><td>文系</td><td>197</td><td>557(24)</td><td>557(7)</td><td>544(6)</td><td>197(4)</td><td>2.8</td><td rowspan="2">221(4)</td></tr>
<tr><td>理系</td><td>25</td><td>119</td><td>106</td><td>103</td><td>25</td><td>4.1</td></tr>
<tr><td>理</td><td colspan="2">前期</td><td>306</td><td>751</td><td>732</td><td>727</td><td>315</td><td>2.3</td><td>314</td></tr>
<tr><td>医</td><td colspan="2">前期</td><td>177</td><td>495</td><td>485</td><td>456</td><td>184</td><td>2.5</td><td>184</td></tr>
<tr><td>薬</td><td colspan="2">前期</td><td>77</td><td>169</td><td>169</td><td>164</td><td>80</td><td>2.1</td><td>80</td></tr>
<tr><td>工</td><td colspan="2">前期</td><td>940</td><td>2,505</td><td>2,503</td><td>2,440</td><td>936</td><td>2.6</td><td>933</td></tr>
<tr><td>農</td><td colspan="2">前期</td><td>287</td><td>695</td><td>694</td><td>681</td><td>292</td><td>2.3</td><td>292</td></tr>
<tr><td colspan="3">合計</td><td>2,698</td><td>7,347(42)</td><td>7,280(25)</td><td>7,105(21)</td><td>2,725(9)</td><td>—</td><td>2,719</td></tr>
</table>

＊第 1 段階選抜は実施しない。

(備考)

- 上記以外に AO・推薦による特色入試と法学部では後期日程による特色入試を実施。
- 法学部後期日程（特色入試）は募集人員 20 名，志願者数 352 名，合格者数 22 名。
- 募集人員は，特色入試（法学部を除く）の入学手続者数確定による最終的な一般入試（前期日程）の募集人員を示す。
- 法学部・経済学部「文系」の募集人員には外国学校出身者のための選考における募集人員それぞれ 10 名以内を含む。また，（　）内は外国学校出身者のための入学者選考を示すもので外数。

医学部の学科別入試状況

学部・学科等			募集人員	志願者数	第1段階選抜合格者数	受験者数	合格者数	競争率	入学者数
医	医	前期	105	278	269	262	106	2.5	106
	人間健康科	前期	72	217	216	194	78	2.5	78

工学部・農学部の学科別入試状況

学部・学科等			受入予定数	志願者数	第1段階選抜合格者数	受験者数	合格者数	競争率	入学者数
工	地球工	前期	183	338	338	—	174	—	173
	建築	前期	80	280	280	—	81	—	81
	物理工	前期	232	733	733	—	233	—	233
	電気電子工	前期	127	348	348	—	128	—	127
	情報	前期	87	430	429	—	88	—	88
	工業化	前期	231	376	375	—	232	—	231
農	資源生物科	前期	91	—	—	—	91	—	91
	応用生命科	前期	43	—	—	—	43	—	43
	地域環境工	前期	36	—	—	—	38	—	38
	食料・環境経済	前期	29	—	—	—	29	—	29
	森林科	前期	56	—	—	—	58	—	58
	食品生物科	前期	32	—	—	—	33	—	33

（備考）

- 工学部の学科別志願者数および第１段階選抜合格者数は，第１志望学科の数を示す。
- 工学部地球工学科の入学者数は，外国人留学生を対象とした国際コースの入学者９名を除く。
- 農学部は第１～第６志望まで学科を選択できるため，志願者数等は表示していない。

2019 年度 入試状況

学部等			募集人員	志願者数	第1段階選抜合格者数	受験者数	合格者数	競争率	入学者数
総合人間	前期	文系	62	240	217	215	63	3.4	63
		理系	53	177	177	172	55	3.1	55
文	前期		210	728	727	710	213	3.3	212
教育	前期	文系	44	169	154	153	44	3.5	44
		理系	10	37	35	35	11	3.2	11
法	前期		310	773(16)	773(＊)	759(11)	311(4)	2.4	311(4)
経済	前期	文系	193	519(13)	519(7)	503(7)	193(4)	2.6	193(4)
		理系	25	143	121	120	25	4.8	25
理	前期		306	820	806	800	313	2.6	310
医	前期		174	526	519	490	182	2.7	180
薬	前期		79	182	182	176	83	2.1	83
工	前期		939	2,435	2,434	2,391	937	2.6	936
農	前期		284	762	762	741	292	2.5	291
合計			2,689	7,511(29)	7,426(23)	7,265(18)	2,722(8)	—	2,714(8)

＊第1段階選抜は実施しない。

(備考)

- 上記以外に AO・推薦による特色入試と法学部では後期日程による特色入試を実施。
- 法学部後期日程（特色入試）は募集人員 20 名，志願者数 514 名，合格者数 22 名。
- 募集人員は，特色入試（法学部を除く）の入学手続者数確定による最終的な一般入試（前期日程）の募集人員を示す。
- 法学部・経済学部「文系」の募集人員には外国学校出身者のための選考における募集人員それぞれ 10 名以内を含む。また，（　）内は外国学校出身者のための入学者選考を示すもので外数。

医学部の学科別入試状況

学部・学科等			募集人員	志願者数	第1段階選抜合格者数	受験者数	合格者数	競争率	入学者数
医	医	前期	103	298	291	280	105	2.7	105
	人間健康科	前期	71	228	228	210	77	2.7	75

工学部・農学部の学科別入試状況

学部・学科等			受入予定数	志願者数	第1段階選抜合格者数	受験者数	合格者数	競争率	入学者数
工	地球工	前期	183	313	313	—	175	—	175
	建築	前期	79	272	272	—	80	—	80
	物理工	前期	231	725	725	—	232	—	232
	電気電子工	前期	126	357	356	—	128	—	128
	情報	前期	89	377	377	—	90	—	90
	工業化	前期	231	391	391	—	232	—	231
農	資源生物科	前期	91	—	—	—	93	—	93
	応用生命科	前期	44	—	—	—	44	—	44
	地域環境工	前期	35	—	—	—	38	—	38
	食料・環境経済	前期	29	—	—	—	31	—	31
	森林科	前期	54	—	—	—	54	—	53
	食品生物科	前期	31	—	—	—	32	—	32

（備考）
- 工学部の学科別志願者数および第１段階選抜合格者数は，第１志望学科の数を示す。
- 工学部地球工学科の入学者数は，外国人留学生を対象とした国際コースの入学者 10 名を除く。
- 農学部は第１～第６志望まで学科を選択できるため，志願者数等は表示していない。

2018 年度 入試状況

学部等			募集人員	志願者数	第 1 段階選抜合格者数	受験者数	合格者数	競争率	入学者数
総合人間	前期	文系	62	262	218	216	63	3.4	63
		理系	53	200	186	180	55	3.3	55
文	前期		210	703	698	681	213	3.2	213
教育	前期	文系	45	158	158	151	45	3.4	45
		理系	10	41	40	39	11	3.5	11
法	前期		310	820(12)	817(＊)	803(9)	310(6)	2.6	309(6)
経済	前期	文系	196	551(21)	550(12)	541(10)	196(7)	2.8	196(7)
		理系	25	131	125	124	25	5.0	24
理	前期		306	751	745	735	311	2.4	307
医	前期		177	561	549	533	187	2.9	187
薬	前期		74	223	223	212	78	2.7	78
工	前期		939	2,704	2,702	2,646	939	2.8	935
農	前期		291	756	756	739	300	2.5	299
合計			2,698	7,861(33)	7,767(24)	7,600(19)	2,733(13)	—	2,722(13)

＊第 1 段階選抜は実施しない。

(備考)

- 上記以外に AO・推薦による特色入試と法学部では後期日程による特色入試を実施。
- 法学部後期日程（特色入試）は募集人員 20 名，志願者数 372 名，合格者数 22 名。
- 募集人員は，特色入試（法学部を除く）の入学手続者数確定による最終的な一般入試（前期日程）の募集人員を示す。
- 法学部・経済学部「文系」の募集人員には外国学校出身者のための選考における募集人員それぞれ 10 名以内を含む。また，(　) 内は外国学校出身者のための入学者選考を示すもので外数。

医学部の学科別入試状況

学部・学科等			募集人員	志願者数	第１段階選抜合格者数	受験者数	合格者数	競争率	入学者数
医	医	前期	104	333	321	320	106	3.0	106
	人間健康科	前期	73	228	228	213	81	2.6	81

工学部・農学部の学科別入試状況

学部・学科等			受入予定数	志願者数	第１段階選抜合格者数	受験者数	合格者数	競争率	入学者数
工	地球工	前期	182	353	353	—	176	—	176
	建築	前期	79	303	303	—	80	—	80
	物理工	前期	230	821	819	—	231	—	230
	電気電子工	前期	126	370	370	—	127	—	126
	情報	前期	90	413	413	—	91	—	91
	工業化	前期	232	444	444	—	234	—	232
農	資源生物科	前期	94	—	—	—	96	—	96
	応用生命科	前期	46	—	—	—	46	—	45
	地域環境工	前期	37	—	—	—	40	—	40
	食料・環境経済	前期	30	—	—	—	32	—	32
	森林科	前期	54	—	—	—	55	—	55
	食品生物科	前期	30	—	—	—	31	—	31

（備考）

- 工学部の学科別志願者数および第１段階選抜合格者数は，第１志望学科の数を示す。
- 工学部地球工学科の入学者数は，外国人留学生を対象とした国際コースの入学者７名を除く。
- 農学部は第１～第６志望まで学科を選択できるため，志願者数等は表示していない。

合格者最低点

＊ 2024 年 4 月，工業化学科から理工化学科に名称変更。
（備考）法学部・経済学部の外国学校出身者のための選考を除く。

学部・学科		日程		合格者最低点/満点			
				2024 年度	2023 年度	2022 年度	2021 年度
総合人間		前期	文系	472.58/ 800	534.83/ 800	532.00/ 800	532.41/ 800
			理系	447.00/ 800	485.50/ 800	476.00/ 800	438.50/ 800
文		前期		461.66/ 750	512.28/ 750	501.62/ 750	492.33/ 750
教育		前期	文系	526.91/ 900	593.83/ 900	586.32/ 900	580.24/ 900
			理系	488.28/ 900	561.50/ 900	546.50/ 900	519.66/ 900
法		前期		484.75/ 820	545.40/ 820	544.10/ 820	519.75/ 820
経済		前期	文系	486.87/ 800	545.37/ 800	526.62/ 800	538.50/ 800
			理系	534.03/ 900	621.66/ 900	562.91/ 900	553.70/ 900
理		前期		657.25/1200	795.75/1200	711.87/1200	704.37/1200
医	医	前期		844.25/1250	935.87/1250	916.62/1250	871.50/1250
	人間健康科	前期		481.12/1000	562.33/1000	518.28/1000	502.83/1000
薬		前期		511.62/ 950	626.58/ 950	578.00/ 950	534.66/ 950
工	地球工	前期		529.66/1000	625.25/1000	600.66/1000	559.75/1000
	建築	前期		541.75/1000	648.00/1000	608.75/1000	587.75/1000
	物理工	前期		556.37/1000	648.45/1000	630.45/1000	597.03/1000
	電気電子工	前期		548.25/1000	641.28/1000	625.78/1000	576.28/1000
	情報	前期		623.20/1000	697.70/1000	676.50/1000	634.45/1000
	理工化＊	前期		527.78/1000	613.08/1000	592.83/1000	550.45/1000
農		前期		612.33/1050	679.78/1050	644.53/1050	608.53/1050

学部・学科		日程		合格者最低点/満点		
				2020年度	2019年度	2018年度
総合人間		前期	文系	448.91/ 800	464.50/ 800	507.74/ 800
			理系	413.00/ 800	467.50/ 800	496.50/ 800
文		前期		470.25/ 750	476.01/ 750	480.26/ 750
教育		前期	文系	525.13/ 900	559.64/ 900	547.64/ 900
			理系	542.88/ 900	578.56/ 900	588.01/ 900
法		前期		507.46/ 820	505.50/ 820	527.04/ 820
経済		前期	文系	491.55/ 800	490.80/ 800	525.80/ 800
			理系	506.91/ 900	593.53/ 900	587.70/ 900
理		前期		629.35/1200	749.55/1200	740.50/1200
医	医	前期		789.95/1250	915.60/1250	913.30/1250
	人間健康科	前期		481.65/1000	559.15/1000	549.18/1000
薬		前期		503.96/ 950	599.88/ 950	619.41/ 950
工	地球工	前期		513.61/1000	580.15/1000	621.43/1000
	建築	前期		534.40/1000	594.51/1000	644.91/1000
	物理工	前期		539.01/1000	618.80/1000	649.33/1000
	電気電子工	前期		524.86/1000	605.78/1000	628.06/1000
	情報	前期		570.91/1000	638.58/1000	662.81/1000
	工業化*	前期		503.06/1000	578.06/1000	614.76/1000
農		前期		593.96/1050	667.70/1050	668.05/1050

募集要項（出願書類）の入手方法

京都大学ではインターネット出願が導入されており，紙による出願は行われていません。詳細は大学ホームページ等で各自ご確認ください。

入試に関する問い合わせ先

京都大学　教育推進・学生支援部入試企画課
〒606-8501　京都市左京区吉田本町
TEL　075-753-2521
ホームページ https://www.kyoto-u.ac.jp/
（注）問い合わせは，志願者本人が行うこと。

京都大学のテレメールによる資料請求方法

スマホ・ケータイから　QRコードからアクセスしガイダンスに従ってご請求ください。
パソコンから　教学社 赤本ウェブサイト(akahon.net)から請求できます。

気になること、聞いてみました！

在学生メッセージ

大学ってどんなところ？ 大学生活ってどんな感じ？
ちょっと気になることを，在学生に聞いてみました。

以下の内容は 2020～2023 年度入学生のアンケート回答に基づくものです。ここで触れられている内容は今後変更となる場合もありますのでご注意ください。

メッセージを書いてくれた先輩 ［文学部］H.S. さん ［法学部］Y.M. さん R.U. さん
［理学部］T.K. さん ［工学部］S.O. さん H.Y. さん

大学生になったと実感！

授業時間などの生活スタイルが大きく変わりました。大学の授業は 1 コマ 90 分になったうえに，実験など 2 コマ以上連続で授業が入る科目もあります。また，時間割もある程度自由に決められるので，午後から授業がない日を作るなども大学生ならではのことだと思います。（S.O. さん／工）

高校までと変わったことは，さまざまな都道府県から来た人たちと関わるようになったことです。今までは同じ都道府県の，似たような環境で育った人たちしかいなかったため，とても新鮮でした。出身の都道府県の話を聞くのは面白く，視野が広がったように感じます。（H.Y. さん／工）

毎日同じクラスメイトと顔を合わせる高校とは違い，大学では毎日違う学生と顔を合わせるので，高校生のときよりも自分と違った意見をもつ人たちと触れ合う機会が増えました。また，それに応じて自分の価値観も柔軟になったように感じます。（H.S. さん／文）

高校生のときは先生が知識だけでなく覚え方まで教えてくれるような授業でした。しかし，大学生になると教授は覚え方や知識を教えるというより，興味を抱く取っ掛かりを提供してくれるようなイメージです。これこそが京都大学の学風であるのかもしれませんが，自分から興味をもって自学自習をすることの大切さを実感しました。（R.U. さん／法）

大学生活に必要なもの

課題に取り組んだり提出したりするためにノートパソコンを用意しました。手書きで取り組むにはいずれ限界がきますし，パソコンでないとできない作業も大学生になると出てくると思います。また，タブレットを使ってノートを取る人もいます。（S.O. さん／工）

大学生として必要なものは自律心だと思います。大学に入って自由度が広がったぶん，怠惰になる人も一定数います。そんな中でも，有意義な 4 年間を送れるよう，自分が大学に入った意味や目的を見失わずに，自分を律することが必要なのかなと思いました。（H.Y. さん／工）

この授業がおもしろい！

ILAS セミナーが面白いです。主に 1 回生に向けて開講される授業なのですが，他の一般教養や専門科目とは違い，10 人ずつくらいの少人数で受ける授業で，他科目より専門的なテーマの授業が数多く展開されています。自分の学部・学科とはまったく関係ないテーマも選べるので，文理問わず応募してみるとよいと思います。（S.O. さん／工）

学部・学科関係なく興味がある授業を受けられる ILAS セミナーの建築に関する集中講義です。京都の建築物を 10 人ほどで見て回り，教授からその建築物の歴史や構造について解説してもらいました。高校までの学習とは違い，専門的に研究している教授の話はとても興味深く，面白い授業

でした。また，他学科の人たちと関わる機会にもなり，とても貴重な授業でした。（H.Y. さん／工）

「地球環境学のすすめ」という講義です。この講義は，１回１回の講義を別々の教授が自身の研究分野について語るリレー講義で，焼畑農業の話，マイクロプラスチックの話，Society5.0 の話など，興味深い話を幅広く聞くことができました。また，最終回には，講義してくださった教授が全員登壇し，質疑応答を含めたディスカッションが行われました。高度な舌戦を見ることができ，すごく楽しめました。（Y.M. さん／法）

大学の学びで困ったこと＆対処法

毎週，レポートなどの課題に時間がかかることが大変だと感じています。理系の学生であれば実験の授業が入ることもありますが，実験は事前の予習をしっかりしないとあまり望ましい実験結果になりませんし，実験後のレポートを良いものにするためには時間を要するので心して臨んでください。授業自体は面白いものが多いですよ。（S.O. さん／工）

困ったことは履修を自分で組まなければいけないことです。最初はどんなふうに時間割を組めばよいのかと，かなり困惑しました。興味のある授業を履修するのも大切なことですが，卒業するまでに単位を取りきらないといけないので，自分に負荷がかかりすぎない時間割にすることも大切です。バランスがうまく取れた履修を組むのが難しいなと思います。（H.Y. さん／工）

引用・参考文献については厳しくチェックされます。剽窃にあたらないように文献を引用しつつ，自分の考えを他人に伝わりやすい形で文章にまとめることに苦労していましたが，手を抜かず一生懸命書けば，教授も伝えようとしていることを汲み取ってくださいます。参考文献に関しては，カギカッコで括って引用することを徹底しています。（Y.M. さん／法）

部活・サークル活動

クイズ研究会に所属しています。普段は BOX 棟というサークル用の建物でクイズをしたり，休日には全国各地の大会に出たりすることもあります。テレビで見るようなものとは少し違うかもしれませんが，強い人たちが多くて面白いサークルです。（S.O. さん／工）

テニス部に入っています。週 4 回ほど大学内のテニスコートで練習をしています。大学で部活動をする人は少数派ですが，何かに真剣に取り組むことは楽しく，今では生活の主軸になっています。また，部活動やサークルでは他の学部の人たちとも関わりをもつことができるので，いろいろな分野の話を聞けたりして，とても面白いです。（H.Y. さん／工）

交友関係は？

工学部は比較的クラス単位で受ける授業が多いと思うので，自然と仲良くなっていきました。他にも，ILAS セミナーでは学生数が 10 人ほどと少数なので打ち解けやすいのではないかと思います。同じ高校出身の知り合いなどはいなかったため，先輩との交友関係はほとんどサークルで築き上げていきました。（S.O. さん／工）

入学前に SNS を使って同じ学部に合格した人を探し，メッセージのやりとりをしていました。入学前は大学について右も左もわからなかったため，同じような悩みをもった友達と SNS 上で話ができていたのは心強かったです。入学してからは，授業で隣に座った人に積極的に話しかけるなどして友達を増やしていました。また，サークルの新歓には多くの 1 回生が集まるので，そこでもたくさん友達を作ることができました。新歓は積極的に回ることをおすすめします。（H.S. さん／文）

いま「これ」を頑張っています

中国語の勉強に熱中しています。大学に入って，第二外国語として中国語を学び始めました。文字が簡体字と繁体字で異なっていたり，発音で意味が変わったりと，奥が深くて面白いです。いつか中国に旅行に行くのがいまの夢です。(H.Y. さん／工)

私は美術館に行くのが好きでよく一人で行くのですが，「せっかく京都にいるのだから」とさまざまな神社仏閣も回るようにしています。近くに平安神宮があるため足を運んでみたり，友達と清水寺に行ったりして，日本の文化に触れることも楽しんでいます。(H.S. さん／文)

現在は司法試験合格を目指して法律の勉強に力を入れています。高校時代の勉強とは全然違うように感じられるため，新鮮で楽しいです。また，大学生になり，自分で自由に使えるお金が増えたので，ファッションやグルメ，旅行にも関心を向けています。(Y.M. さん／法)

おススメ・お気に入りスポット

京都市内全域がおすすめスポットです。自転車があれば市内中の観光地や都市部をまわることができます。個人的には，近所にラーメン屋さんがたくさんあって巡るのが楽しみの１つになっているほか，鴨川や比叡山といった自然が豊かなところも落ち着いて過ごせる良い場所だと感じています。人それぞれ好きなものが見つかると思うので，ぜひあちこち探索して自分のお気に入りを発見してほしいです。(S.O. さん／工)

大学のお気に入りスポットは図書館です。中学・高校時代の校内図書館に比べて，蔵書の数が圧倒的に多く，見て回るだけでも面白いです。勉強ができるスペースも多く，テスト前や課題がたまっているときには，図書館に行って集中して勉強しています。(H.Y. さん／工)

普段の生活で気をつけていることや心掛けていること

とにかく健康でいるように心掛けています。一人暮らしで病気にかかったり体調を崩したりすると非常に厄介だと思うので，栄養をちゃんと取って早寝早起きになるように気をつけて過ごしています。夜まで活動している人も多いですが，１限目の授業からスッキリ参加できるような生活を送ることも良い選択だと思います。（S.O. さん／工）

普段の生活で気をつけていることは，朝早くに起きることです。大学では授業が午後からだけという日も多くありますが，昼までだらだらと寝ていると，課題などが追いつかないので，朝起きてするようにしています。夜は授業やバイトで疲れているので，朝に集中して課題に取り組むのがルーティンです。（H.Y. さん／工）

課題は早め早めに終わらせることです。課題の内容は，自分の考えをじっくり練って書かなければならないものが多いため，その場しのぎで完成させた課題はすぐにバレて，評価が低いものとなります。早めに時間を確保して，締切に余裕をもって課題を完成させておけば，時間的余裕もできるし，内容も詰まったものになるので，一石二鳥です。（Y.M. さん／法）

入学してよかった！

周りのレベルが高く，何かに突出した人に多く出会える点が魅力だと思います。自分がわからない授業の内容を教えてくれるような人たちと同じクラスで過ごせるというのは人生のなかでも貴重な時間だと思いますし，学問であれ趣味であれ，自分のなかに飛び抜けて好きなものをもっている人と一緒に生活するのはとても楽しいです。（S.O. さん／工）

この大学に入学してよかったと思うことは，いろいろな環境で育った人たちと出会えたことです。全国から学生が集まってくる大学なので，実家の周りの環境の違いなどを知ることができるのがとても面白いです。また，

総合大学なので，違う学部の人たちとも関わりをもてるのも良い点かなと思います。（H.Y. さん／工）

単位取得，留学，サークル活動など，あらゆる面での制約が少ないこと。自由な学風を押し出しているだけあって，必修科目などは少なく，休学等の措置もすぐにでき，生活面で指摘されることもありません。授業の出席も自由であることがほとんどであるため，本当に自分のやりたいことに没頭できる環境だと思います。（T.K. さん／理）

高校生のときに「これ」をやっておけばよかった

部活動です。高校時代はあまりきちんと取り組んでいなかったため，熱中するものがありませんでした。しかし，大学生になって部活動で真剣に何かに取り組む楽しさを思い出し，高校時代も部活動をもっとしておけばよかったなと思います。（H.Y. さん／工）

パソコンの操作，プログラミングをもっとやっておけばよかったと思っています。大学に入学してからは，プレゼンのために PowerPoint で資料を用意したり，レポートを Word で書いたりと，パソコンを使わない日はないほどになっています。プログラミングができたら，バイトなどに有利にはたらくこともあり，将来のキャリアにもつながりうるので，できて損はまったくないと思います。（Y.M. さん／法）

みごと合格を手にした先輩に，入試突破のためのカギを伺いました。
入試までの限られた時間を有効に活用するために，ぜひ役立ててください。

（注）ここでの内容は，先輩方が受験された当時のものです。2025 年度入試では当てはまらないこともありますのでご注意ください。

・アドバイスをお寄せいただいた先輩・

H.S. さん　文学部
前期日程 2022 年度合格，静岡県出身

受験期は，成績が伸びない自分を責めてネガティブになってしまうことも多々ありました。しかし，周りの友人や家族にその都度励まされ，応援してもらったことで合格することができたと思います。

その他の合格大学　青山学院大（文）

Y.M. さん　法学部
前期日程 2022 年度合格，大阪府出身

自分の苦手を一つひとつしっかり見つめることです。演習や模試を通し，自分の苦手分野は浮き彫りになると思います。そこを徹底的に学習し，できる限り潰しておけば，全教科満遍なく点数を取ることができるはずです。苦手から逃げず，ぜひ合格を勝ち取ってください。応援しています！

その他の合格大学　早稲田大（法），同志社大（法），関西学院大（法）〈いずれも共通テスト利用〉

入試なんでも Q & A

受験生のみなさんからよく寄せられる，
入試に関する疑問・質問に答えていただきました。

「赤本」の効果的な使い方を教えてください。

A　赤本は主に秋～冬の過去問演習の際に使用しました。シンプルな使い方ですが，まずは問題を解き，その後に解説を読みます。解答のテクニックや，覚えておくべき事柄がそこには凝縮されていますので，隅から隅までしっかり目を通しました。適宜，ノートにメモも取りました。また，記述式問題であれば，解答例は必ずしっかり読みました。知っておかなければ思いつくことができないような日本語表現や，英作文のテクニックなどが散りばめられているので，「こんな解答の表現があるのか！」と驚いた箇所はマークしておくとよいと思います。　(Y.M. さん／法)

1年間の学習スケジュールはどのようなものでしたか？

A　4月～6月は基礎固めに徹し，英語は英文法・英文解釈，数学はチャート式（数研出版），国語は古文単語・漢文句形，日本史は教科書読み込みなどを行いました。単調な作業でしたが，後々かなりこれが活きてきました。7月～9月に演習も含めた学習へと移行し，夏の模試も含めて弱点を洗い出すとともに，数学の『文系数学の良問プラチカ 数学Ⅰ・A・Ⅱ・B』（河合出版）など，難問を含む問題集をじっくり考える作業を行いました。10月～12月には過去問演習を開始し，頻出分野・出題の特徴をしっかりつかみつつ，過去に解けなかった問題の復習をしっかり行っていきました（12月には共通テスト対策に勉強の比重が移っていました）。1月～2月の直前期は過去問・予想問題・模試の復習の三つに絞り，特に日本史の割合を高めて，ギリギリまで学力を伸ばせるような勉強を行いました。

（Y.M. さん／法）

Q 共通テストと二次試験とでは，それぞれの対策の仕方や勉強の時間配分をどのようにしましたか？

A　京都大学の文学部は，共通テストと二次試験の比率が1：2だったので，共通テストの勉強よりも二次試験の勉強に重きを置いていました。しかし，受験勉強を進めていくなかで，自分の得手不得手がはっきりとわかってきたので，得意な英語は共通テストの勉強は学校の授業以外ではほぼやらずに二次試験の問題に取り組み，苦手な数学は共通テストレベルの問題でまずは着実に点が取れるように学校の授業以外でも重点的に取り組むなど，教科ごとにどう勉強するかを分けていました。

（H.S. さん／文）

どのように学習計画を立て，受験勉強を進めていましたか？

A まず４月の時点でおおまかな年間プランを組み，それに沿って参考書をこなしていきました。年間プランは学習の速度によって，その都度更新しました。毎日夜に自分のやったことを振り返る時間を確保し，今日やったことと翌日の学習計画を整理してから寝るようにしていました。週単位でも計画を立てようとしましたが，さすがに計画に時間を取られすぎるので断念しました。このように，毎日学習計画を立てていくことで細かく自分の進捗状況を把握することができ，効率的に学力を伸ばすことができたと思います。 (Y.M. さん／法)

時間をうまく使うためにしていた工夫を教えてください。

A 私は高校へ片道40分かけて自転車を漕いで行っていましたが，登校中には世界史の年号を頭の中で思い浮かべて，そこから出来事や人物を思い出すなどして勉強した内容を反芻していました。放課後は塾まで自転車で向かい，塾で勉強した後は父に家まで送ってもらう道中の車内での隙間時間を活用して暗記などの机に向かわなくてもできる勉強をしていました。隙間時間は探そうと思えばいくらでも見つけられると思うので，自分なりの活用法を見つけられるといいと思います。

(H.S. さん／文)

京都大学を攻略する上で，特に重要な科目は何ですか？

A 文学部志望者にはもともと英語や国語が得意な人が多いため，それらの二つの科目では差がつかないだろうと思っていたので，数学で落としてはならない問題で確実に点を取ること，そして世界史の一問一答で１点１点を着実に積み重ねていくことが重要だと思いました。数学に関しては，ほぼ毎年微積の問題が出題されていることを出題傾向を見て知っていて，微積がもともと得意だったのもあったため，微積の問題だけは絶対に解けるようにしようと思い青チャート（数研出版）を解いていました。（H.S. さん／文）

A 何と言っても英語だと思います。京大英語は，近年では内容説明問題もみられますが，和訳中心の出題形式になっています。単なる逐語訳を書くだけでは採点官に意味が伝わらないことが多いので，『英文読解の透視図』（研究社）などの英文解釈の参考書を使いながら構文の取り方を勉強したり，赤本の解答例を参照しながら答案に用いる日本語表現の選択をブラッシュアップしたりすることが重要です。単語・熟語の力を十分につけることはもちろん，一度読んだ文章をもう一度訳してみるなど，解き方のノウハウを自分なりに身につけておけばよいと思います。

（Y.M. さん／法）

Q 苦手な科目はどのように克服しましたか？

A 僕は数学がかなり苦手でしたが，苦手なりに数学としっかり向き合おうとしました。予備校には通っておらず，YouTube のコンテンツを使用しました。一度，数学関連の YouTuber の方々を調べてみてください。数学の本質を的確についた動画がたくさん公開されています。僕はそれらを見ることで，数学の本当の楽しさに気づくことができ，結果として苦手克服に至ることができました。（Y.M. さん／法）

Q 模試の上手な活用法を教えてください。

A よく言われることですが，模試は復習が命です。解答解説をよく読み，また返却された答案の減点箇所をしっかり分析するべきです。そして，単純に間違えた箇所は二度と同じ間違いをしないようにしっかりメモをしておき，自分がやりがちなケアレスミスはノートにまとめるなどして，できるだけ減らしていくとよいと思います。他者からの採点を受け

る絶好の機会ですので，普段の自分では気づかないミスを見つけて，それを意識していくのがよいです。 （Y.M. さん／法）

併願する大学を決める上で重視したことは何ですか？

A 国立前期日程の試験に集中したかったので，私立はすべて共通テスト利用入試で受験できるところを選びました。私立と国立では問題の傾向が異なり別途の対策が必要となることが多いです。自分は要領が悪かったので，この対策を避けるために共通テスト利用入試にしました。また，試験会場まで長距離の移動が必要な大学もあるかと思うので，日程・試験会場・対策の軽重の三つをしっかり吟味すべきです。

（Y.M. さん／法）

試験当日の試験場の雰囲気はどのようなものでしたか？
緊張のほぐし方，交通事情，注意点等があれば教えてください。

A 京都大学へ向かうバスはかなり混んでおり，僕は乗ることができなかったので電車を利用しました。会場までは少なくとも2通りの行き方を調べておくのがベストです。会場では，試験前はみんな緊張した様子で座って勉強していましたが，試験の間の休み時間では同じ高校の子たちが集まって何か話をしている雰囲気もあり，比較的穏やかでした（答え合わせの話をしている可能性があったので，僕はイヤホンを耳に突っ込んでいました）。 （Y.M. さん／法）

受験生のときの失敗談や後悔していることを教えてください。

A 後悔していることは，二次試験の直前期に今からでも伸びしろがある！と思った世界史を必死に詰め込もうと思い，世界史ばかり勉強してしまったことです。英語や国語などの語学系はしばらく勉強しないと感覚が鈍ってしまいます。私はもともと英語が好きだったのもあり，直前期には安心しきって英語の過去問をあまり解いていなかったのですが，本番二日前に久しぶりに解いたときに，以前よりも英文和訳や和文英訳のスピードが確実に落ちていることに気づき，非常に大きな不安を抱えたまま本番の試験に挑むことになってしまいました。 （H.S. さん／文）

Q 受験生へアドバイスをお願いします。

A 受験は大変ですが，やり遂げたときの達成感は半端ないものです。結果として努力が報われないこともあるかもしれませんが，その経験が後の人生で思わぬ力を発揮することが必ずあります。勉強に精一杯打ち込むことができるのは学生時代だけです。遊びたい，楽したい気持ちは十分わかりますが，どうかめげずに最後までやりきってほしいと思います。最後までやり通したからこそ達成感を感じられると思うので，やりきった自分を誇れるように頑張ってください。 （Y.M. さん／法）

科目別攻略アドバイス

みごと入試を突破された先輩に，独自の攻略法や
おすすめの参考書・問題集を，科目ごとに紹介していただきました。

英　語

長文問題は英文和訳が多いので単語・文法を基礎からしっかりと押さえること。和文英訳は難しい日本語を単純な日本語に変換してから英訳すると意外と簡単に英訳が書けます。（H.S. さん／文）

おすすめ参考書　『システム英単語』（駿台文庫）

日本史

教科書を何度も何度も，隅から隅まで読み込む。教科書がすべてです。（Y.M. さん／法）

おすすめ参考書　『詳説日本史』（山川出版社）

世界史

とにかく一問一答で得点を稼ぐこと。（H.S. さん／文）

おすすめ参考書　『山川 一問一答世界史』（山川出版社）

数　学

チャート式（数研出版）などを使って典型問題を攻略した後，それを実戦形式の演習で使えるかどうかが大きな肝です。そこを鍛えさえすれば，合格者平均に届くと思います。（Y.M. さん／法）

国　語

古文は，単語と文法と古文常識がわかるとスラスラ解けるようになるので，その三つを押さえること。　(H.S. さん／文)

おすすめ参考書　『古文上達 基礎編 読解と演習 45』（Z会）

現代文は，まずは語彙力をアップさせること。ある程度の語彙力を身につけたら，文章の内容の理解が格段に容易になります。古文は，古文常識・古典文法・古文単語の三つを駆使すれば，入試で出題される古文の攻略は可能です。これら三つの運用法をしっかり学ぶことが攻略のポイントだと思います。　(Y.M. さん／法)

おすすめ参考書　『読解を深める 現代文単語 評論・小説』（桐原書店）

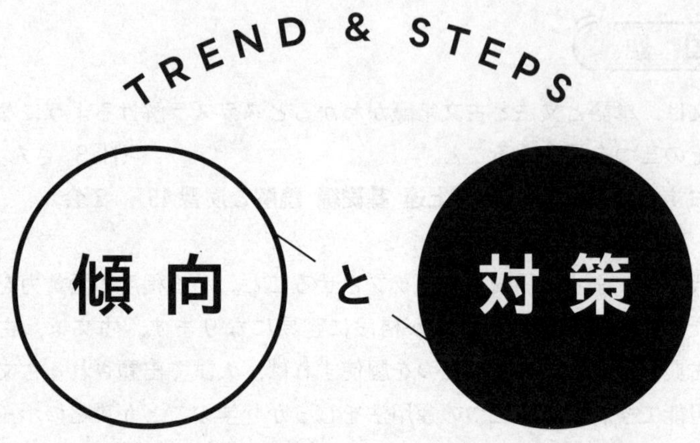

科目ごとに問題の「傾向」を分析し，具体的にどのような「対策」をすればよいか紹介しています。まずは出題内容をまとめた分析表を見て，試験の概要を把握しましょう。

注　意

「傾向と対策」で示している，出題科目・出題範囲・試験時間等については，2024 年度までに実施された入試の内容に基づいています。2025 年度入試の選抜方法については，各大学が発表する学生募集要項を必ずご確認ください。

英　語

年度	番号	項　目	内　容
2024	〔1〕	読　　解	(1)・(3)下線部和訳　(2)空所補充
	〔2〕	読　　解 英 作 文	(1)・(2)・(4)下線部和訳　(3)下線部の理由について英語で説明（100 語）
	〔3〕	英 作 文	和文英訳
2023	〔1〕	読　　解	(1)〜(3)下線部和訳
	〔2〕	読　　解	(1)〜(3)下線部和訳
	〔3〕	英 作 文	和文英訳
	〔4〕	英 作 文	会話文の空所補充（4 カ所；12 語 2 問，16・24 語）
2022	〔1〕	読　　解	(1)下線部説明　(2)・(3)下線部和訳
	〔2〕	読　　解	(1)・(3)下線部和訳　(2)下線部和訳・説明
	〔3〕	英 作 文	和文英訳
	〔4〕	英 作 文	自由英作文（100 語）
2021	〔1〕	読　　解	(1)〜(3)下線部和訳
	〔2〕	読　　解	(1)内容説明　(2)・(3)下線部和訳
	〔3〕	英 作 文	和文英訳
	〔4〕	英 作 文	会話文の空所補充（4 カ所；12 語 2 問，16・28 語）
2020	〔1〕	読　　解	(1)・(2)下線部説明　(3)下線部和訳
	〔2〕	読　　解	(1)・(2)下線部説明
	〔3〕	英 作 文	和文英訳
	〔4〕	英 作 文	問い合わせ文の作成
2019	〔1〕	読　　解	(1)・(2)下線部説明　(3)下線部和訳　(4)空所補充
	〔2〕	読　　解 英 作 文	(1)・(3)下線部和訳　(2)下線部説明　(4)自由英作文（100 語）
	〔3〕	英 作 文	和文英訳
2018	〔1〕	読　　解	(1)下線部説明　(2)下線部和訳　(3)空所補充
	〔2〕	読　　解	(1)下線部説明　(2)・(3)下線部和訳
	〔3〕	英 作 文	和文英訳，空所補充
	〔4〕	英 作 文	会話文の空所補充（4 カ所）

読解英文の主題

年度	番 号	類 別	主 題	語 数
2024	〔1〕	論 説	「創造性」の理解と歴史	約 690 語
	〔2〕	論 説	単純化された社会的分類	約 530 語
2023	〔1〕	論 説	時間を割くべき情報の選択	約 590 語
	〔2〕	論 説	説明しがたい意識の存在	約 730 語
2022	〔1〕	論 説	人類による環境変動の時代	約 450 語
	〔2〕	論 説	蓄積されるデジタル情報の課題	約 600 語
2021	〔1〕	論 説	フィクションが育む共感力	約 570 語
	〔2〕	論 説	ダーウィンの進化論と一元論的世界観	約 720 語
2020	〔1〕	論 説	小さな生き物の脳に備わる高い認知能力	約 560 語
	〔2〕	論 説	アメリカ先住民の歴史	約 630 語
2019	〔1〕	論 説	仮想現実から学ぶ人間の実像	約 580 語
	〔2〕	論 説	写真のデジタル化がもたらす変化	約 580 語
2018	〔1〕	随 筆	相手を尊重した手助けの方法	約 550 語
	〔2〕	論 説	地球近傍天体の軌道修正と資源活用	約 530 語

深い理解力＝言葉を操る力
日本語・英語を自在に駆使することが不可欠

01　基本情報

試験時間：120 分。

大問構成：近年は大問 4 題が主流だが，2019・2024 年度は大問 3 題となっている。

解答形式：2018・2024 年度は読解問題の一部（空所補充）で選択式が出題されたが，それ以外は記述式である。

配　　点：〔1〕〔2〕各 50 点，〔3〕〔4〕各 25 点（2018・2020〜2023 年度），〔1〕50 点，〔2〕75 点，〔3〕25 点（2019・2024 年度）。

解答用紙：下書き用紙付きのＢ５判の解答冊子。

02 出題内容

① 読解問題

出題英文の内容は高度である。抽象度の高い英文と具体的内容の英文が各１題という組み合わせで，科学，歴史，哲学関連の英文が多い。

2023 年度は下線部和訳のみの構成であり，かつての出題形式（下線部和訳のみ）を彷彿させるものであったが，2024 年度は下線部和訳以外にも，下線部説明に絡めた英作文と，選択式の空所補充が出題された。日本語での下線部説明は出題されなかったものの，近年の内容説明問題の傾向は続いていると言える。2024 年度は，下線部の理由を「本文にはない具体例」を挙げながら英語で説明するという，自由英作文の要素を含む問題が出題された。この点では，2019 年度も読解問題の中で本文のテーマに絡めた自由英作文が出題されており，これに類似している。

下線部説明は，2019 年度〔２〕(2)や 2020 年度〔２〕(2)のように，時に本文中の情報から言外の意味を推測して，それを論理的に表現することが求められる。2021 年度〔２〕(1)は，下線部説明ではなく，設問の指示に該当する箇所を指定された段落から探して，そこを日本語で答えさせる形式であった。2022 年度〔１〕(1)は単語の説明と，比喩的表現が用いられた英文の内容説明となっていた。2024 年度〔２〕(3)では，先述したように英語での説明を求める問題も加わっている。

空所補充は，2019 年度は語形変化を伴う記述式で，2018・2024 年度は選択式となっている。2020〜2023 年度は出題されなかった。

② 英作文問題

和文英訳：１問につき３〜５文である。英訳の対象となる日本文は，こなれた表現の多い随筆的な文章なので，英訳しやすい日本語にパラフレーズすることが必要である。文全体の構造から言い換える必要に迫られることがよくある。

2018 年度は日本文の一部が空所になっており，その空所にふさわしい内容を自分で考えて補い，全体をまとまりのある英文にする必要があった。

自由英作文：2018・2021・2023 年度〔４〕の自由英作文問題は，会話文の空所に適切な発言を英語で書く形式で，前後の会話の内容を踏まえたうえで発言の内容を考える必要がある。2019 年度ではその〔４〕が姿を消し，代わりに〔2〕の読解問題の中で100語程度の自由英作文が出題された(2024年度〔2〕のうちの英文による説明問題もこれと類似した形式であった)。2020年度は〔4〕が復活し，留学しようとしている大学生になったつもりで奨学金についての問い合わせをする，という問題が出題された。2022年度はトピックに対する自分の考えを理由とともに100語程度の英語で書くというものであった。

03 難易度と時間配分

読解，英作文とも，逐語訳では太刀打ちできず，高度な内容を十分に消化したうえで，日本語・英語で表現する必要があるので，難問である。

英作文は手早くすませて，読解2題に時間を十分かけられるようにしたい。ただし，2022年度のように，読解英文の語数が少なめである代わりに，〔4〕の自由英作文では何を書くべきか検討する時間を要するものもあるため，問題の全体的な構成についても先にチェックしておくべきであろう。

対策

まず一般的な心構えを 01 ～ 03 で，具体的な勉強方法を 04 ・ 05 で述べる。

01 豊かな語彙を蓄える

英語でも日本語でも，単に知っているというレベルではなく，自分がそれを使っているというレベルにある語句を増やしておくことが大切である。特に和文英訳では，問題文の日本語がこなれているので，日本語の中での言い換えができることも大事だ。言葉がその文脈でどういった意味で使用されているのかを読み取り，別の日本語に置き換えていく必要がある。自分が蓄えている英語表現に対応する日本語にパラフレーズできて初めて，和文英訳ができるのだ。また，「へそで茶を沸かす」とか「のどから手が出る」といった慣用表現をそのまま逐語訳する受験生はいないだろうが，案外気がつかないところで，英語としてはおかしいのに日本語をそのまま置き換えていることがあるので，注意することが大切である。

下線部和訳の場合も，同じことが言える。普段から和訳の練習をするときには，知らない語句をすぐ辞書で調べるのではなく，ひとまずこのような意味ではないかと推測して訳文を作ること。それから辞書で確かめるのがよいだろう。その際，英和辞典の見出しに続く訳語はあくまでサンプルであり，何が適当な訳語になるかは文脈によって決まるということを意識しておきたい。自分が考えた訳語が英和辞典に載っていないからといって，それを使うことをためらう必要はない。もちろん，その訳語が本来の定義から大きくずれてはいけないので，日頃から辞書によく目を通しておくことが大切なのは言うまでもない。辞書の見出しに載っていない訳語をどれだけ自分の頭の中の辞書に蓄えているかが，英文和訳の速度と的確さを左右するだろう。

02 文章の把握力を養う

読解でも英作文でも，単語を置き換えただけでは通らないレベルの問題が出題される。必要なのは「結局，何が言いたいのか」ということが理解でき，自分の言葉でそれを説明し直せる力である（読解問題で出題されている下線部説明や空所補充ではこの力がより求められている）。

読解問題は，下線部中心の読解ではなく，全体を素早く的確に読み通せる読解力を養成していくように，日々努力したい。取り上げられているテーマについて，筆者がどのような立場をとっているかに注意し，和訳箇所が全体の流れと食い違わないように解釈しよう。設問箇所に見慣れない語句が入っていることもあるだろうが，前後関係から推測できるように訓練しておきたい。

03 「直訳」を大切にする

読解問題について言えば，「意訳」は必要だが，「飛躍」してはいけないということを心に留めておこう。「意訳」というと，細かいところにこだわらず全体でおおよそこんな意味だとまとめることだと考えている受験生がいる。しかし，大学受験での「意訳」は，「直訳では不自然になる箇所に修正を加える」ことだと考えておきたい。和訳は「内容の説明」ではない。おおよそこんなことだ，が問われているのではないのである。まずは英文そのものを「尊重」して，丁寧に分析するのがよい。主語は，動詞は，文型は，この前置詞句は何を修飾するのか，不定詞・分詞はどういう用法か，そういったことをひとつひとつきちんとみていこう。「直訳」はその言語のしくみがわかっていてこそできる。

英作文問題についても，和訳の際の「直訳」が底力となる。英語から日本語への直訳をしておけば，英語の構造がどういうものか体得できる。それが，こなれた日本語をパラフレーズするときに，どうすれば英語にしやすいかを考える基礎になる。英語は日本語と異なる文構造をもっているので，英作文に必要なのはまず日本語のパラフレーズである。そのためには，英語の単語や構文・イディオムを熟知することが大切であろう。たとえば「象は鼻が長い」はそのままでは英訳できない。これをどうパラフレーズしたらよいかは，英語の構造に精通していないと難しい。「象は長い鼻をもっている」とか「象の鼻は長い」というパラフレーズは，英語の構造を知っているからできることなのである。

04　読解問題の攻略

「必ず訳文を書く」ことを心がけたい。言いたいことがわかっていてもそれをうまく表現できるかどうかは別である。和訳の練習としては，03で述べた「直訳」を心がけること。方法としては，英文を分析したら「何がどうした」という一番土台になるところを必ずメモすること。この段階で文型の要素まで考えておく。そのあとで修飾語句や節を足していく。一度に訳文を作ろうとすると，長い文ではまとまりがつかなくなるため，一番の土台が崩れやすい。修飾語句がどれだけついても「何がどうした」の土台が変わることはないのだ。目に見える形になれば客観的に観察できる。また一読して理解できなくても，書きながらわかることもある。いずれにせよ，部品に分ければそれほど難しくない場合が多い。

勉強の材料としては過去問が第一である。難関校過去問シリーズ『京大の英語 25 カ年』（教学社）を演習しておけば，練習量としてはかなりのものになるだろう。初めから過去問に取り組むのが不安なら，『英文標準問題精講』『基礎英文問題精講』（いずれも旺文社）などを使って，文法や構文の確認もしながら練習を積むとよい。

自分で訳文を書いたら，解答例と比較して，その優れた部分をまねるようにしたい。自分が使える語彙に入っていなかった日本語を覚えるという語句レベルから，文全体の構造を大きく言い換えるというレベルまで，「盗める」ところはどんどん吸収すべきだ。

05 英作文の攻略

これも「まず書く」ことから始まる。読解と同様，過去問が練習材料になる。初めは難しく感じて当然だが，めざすべきレベルがどのようなものかを知っておくことは大切である。04で挙げた『京大の英語25カ年』には英作文問題も入っているので，解説をじっくり読んで，どのように日本語をパラフレーズすればよいかを身につけていきたい。そうすれば，土台となるSVをどう設定するか，文を構成するための文型・文構造はどういったものが最適か，修飾語句は何を使って（たとえば，不定詞を使うのか動名詞を使うのか，はたまた関係詞を使うのか現在分詞か過去分詞を使うのか），それをどこに配置するのか，といった見通しが立てられるようになる。長い文を2つに分けたり，思い切った意訳をするといった柔軟な判断が求められるので，その点にも留意して読もう。

2018・2021・2023年度に出題された会話文の空所に適切な発言を英語で書く問題については，本書だけでなく，東大の過去問がよい教材となるだろう。東大では2010年度以前には空所を埋めて，会話文や文章を意味の通るものにする問題が出題されている。難関校過去問シリーズ『東大の英語25カ年』（教学社）ではその年度の問題も収録されているので参考にするとよいだろう。

2020年度に出題された「丁寧な文章」という条件のある問い合わせ文や，2019・2022年度に出題された自由英作文，2024年度に出題された下線部説明に絡めた英作文は，できるだけ平易な英語で表現することを心がけ，さまざまなタイプの英作文に慣れておきたい。2022年度のようなテーマ型自由英作文については，金沢大学・広島大学・鹿児島大学など他大学の過去問に多く素材があるので活用するとよい。ただし，いきなり英文を書く練習をするよりも，構成をメモする訓練をまずは徹底しておくことが重要だろう。他にも，赤本プラス『大学入試 すぐ書ける自由英作文』（教学社）など，入試頻出の重要テーマを集めた参考書を通読し応用力をつけておけば，本番でどんなテーマが出題されても，冷静に対応できるだろう。

また，京大レベルの英作文の勉強で受験生が困ることは，自分の書いたものがどれほどの評価を得られるのか，自分では判断しにくいということだろう。解答例が自分の解答と同じになることはまずないからである。できれば添削してくれる人を見つけておきたい。ただし，書きっぱなしでもっていくのは避けたい。自分で検討できることは全部やっておくべきだ。時制や数，冠詞などの点検はどんな内容の英作文でも常にしなくてはならないし，試験場では自分しか頼りにできない。また，辞書で確認できる程度の語法などは自分で点検すべきであって，人にやってもらうものではない。自分で調べのつかないこと，全体的にどう評価されるかということだけをみてもらうように心がけたい。

○京都大学の外国語の出題方針

個別学力検査「英語」では，ただ単に英語を話すだけではなく，英語で書かれた論文や学術的な内容の記事を正しく理解し，その内容を的確にまとめ，それに対する自己の見解を効果的に表現するという，高い英語コミュニケーション能力を身につける上での基礎的な学力とその応用力を問います。この高い英語コミュニケーション能力は，しっかりした語彙力や慣用表現の知識，構文や文法の理解などを基盤としてようやく実現されるものです。

このような基礎的な学力とその応用力を問うために，まとまった内容の英文和訳や和文英訳を求める問題を多用します。語彙知識を問うことに加えて，文法事項のうちでも特に論理的な思考と表現に欠かせない関係代名詞や関係副詞，仮定法，分詞構文などの理解力や，代名詞の指示対象の的確な理解力を問います。未学習の語句の意味を前後の文脈から正しく推測して，文章全体の主旨を速やかに把握する能力も問います。このような出題を通して，単なる訳出ではなく，包括的な英語の理解力と表現力を重視して評価します。

京大「英語」におすすめの参考書

✓『京大の英語 25 カ年』（教学社）
✓『英文標準問題精講』（旺文社）
✓『基礎英文問題精講』（旺文社）
✓『東大の英語 25 カ年』（教学社）
✓『大学入試　すぐ書ける自由英作文』（教学社）

赤本チャンネルで京大特別講座を公開中

実力派講師による傾向分析・解説・勉強法をチェック →

日本史

年度	番号	内 容		形 式
2024	〔1〕	A.「続日本紀」－百済王敬福	⊘史料	論述・記述
		B.「梅松論」－中先代の乱	⊘史料	論述・記述
		C.「自分仕置令」－近世の社会	⊘史料	記述・論述
	〔2〕	古代～近現代の諸事象		記 述
	〔3〕	A. 惣村の形成と徳政一揆		記 述
		B. 江戸時代の水運の発達		記 述
		C. 野球の歴史		記 述
	〔4〕	(1)縄文時代の生業（200字）	⊘視覚資料	論 述
		(2)女工の近代産業発展における関わり（200字）		論 述
2023	〔1〕	A.「小右記」－平忠常の乱	⊘史料	記述・論述
		B.「中右記」－僧兵の強訴	⊘史料	記 述
		C.「若山要助日記」－江戸幕末の政治	⊘史料	記 述
	〔2〕	古代～近世の諸事象		記 述
	〔3〕	A. 原始～古墳時代の食料備蓄		記述・選択
		B. 近世初期の軍事		記 述
		C. 西園寺公望の生涯		記 述
	〔4〕	(1)院政期～鎌倉時代の宗教・文化の広がり（200字）		論 述
		(2)防共協定が三国同盟に至った経緯・背景（200字）		論 述
2022	〔1〕	A.「延長四年二月十三日民部省符」－古代の寺院と土地制度	⊘史料	記 述
		B.「奉公人の請状」－江戸時代の宗教・社会	⊘史料	記 述
		C.「日露戦争，第一次世界大戦，アジア・太平洋戦争の宣戦詔書」－近代の外交	⊘史料	配列・記述
	〔2〕	古代～現代の諸事象		記 述
	〔3〕	A. 古墳文化の展開		記 述
		B. 治承・寿永の乱の経緯		記 述
		C. 近現代の女性教育の普及と女性の地位向上		記 述
	〔4〕	(1)鎌倉後期～室町中期の日中関係（200字）		論 述
		(2) 19世紀前半の江戸幕府の対外政策の展開（200字）		論 述

年度	番号	内容		形式
2021	〔1〕	A．「古事記」－天武天皇の治世	⊘史料	選択・記述・論述
		B．「御成敗式目」－守護の職権・承久の乱	⊘史料	記述・論述
		C．「国民之友」－明治時代の政治・文化	⊘史料	記述・論述
	〔2〕	原始～近代の諸事象		記　　述
	〔3〕	A．菅原道真の生涯		記述・選択
		B．室町時代の京都		記　　述
		C．近世の農村と流通		記　　述
	〔4〕	(1)徳川家綱の時代（200字）		論　　述
		(2)第一次世界大戦中から太平洋戦争開戦までの日米関係（200字）		論　　述
2020	〔1〕	A．「日本三代実録」－清和天皇の治世	⊘史料	記　　述
		B．「神皇正統記」－武家政権と後醍醐天皇	⊘史料	記述・論述
		C．「日本改造法案大綱」－近現代の政治・経済	⊘史料	記述・論述
	〔2〕	原始～現代の諸事象		記　　述
	〔3〕	A．律令国家の形成とそのしくみ		記述・論述
		B．鎌倉・室町時代における仏教		記　　述
		C．江戸幕府による全国支配のしくみ		記　　述
	〔4〕	(1)田沼時代の財政政策（200字）		論　　述
		(2)明治・大正期の社会主義運動の展開（200字）		論　　述
2019	〔1〕	A．「続日本紀」－奈良時代の政治	⊘史料	記述・論述
		B．「慎機論」－列強の接近	⊘史料	記述・論述
		C．「山県有朋書簡」－明治の政治	⊘史料	記　　述
	〔2〕	原始～近代の諸事象		記　　述
	〔3〕	A．平安時代の政治・文化		記　　述
		B．鎌倉～室町時代の地方支配		記　　述
		C．近現代の諸相		記　　述
	〔4〕	(1)執権政治確立における北条時政・義時の役割（200字）		論　　述
		(2)石高制の成立過程とその機能（200字）		論　　述
2018	〔1〕	A．「吾妻鏡」－鎌倉幕府の成立	⊘史料	記述・選択
		B．「百姓嚢」－江戸時代の農業	⊘史料・視覚資料	記　　述
		C．「終戦（敗戦）日記」－占領の開始	⊘史料	選択・記述
	〔2〕	中世～近代の諸事象		記　　述
	〔3〕	A．古代の交通		記　　述
		B．中世の日中関係		記　　述
		C．江戸時代の旗本・御家人		記　　述
	〔4〕	(1) 9世紀と10・11世紀の文化の対比（200字）		論　　述
		(2)幕末期の薩摩藩の動向（200字）		論　　述

時代・分野・形式とも網羅的な出題
基本事項でも問い方によっては難問に

01　基本情報

試験時間：90分。

大問構成：大問4題。例年〔1〕史料問題，〔2〕小問集合，〔3〕総合問題，〔4〕論述問題という構成である。ただし，〔1〕〔3〕はそれぞれA・B・Cの中問に分けられる。

解答形式：記述問題と論述問題（2問）が中心で，年度により短文の論述問題，選択問題が出題される。2022年度は配列問題も出題された。

配　　点：〔1〕〔2〕各20点，〔3〕〔4〕各30点。

解答用紙：B5判の解答冊子。〔4〕の解答欄は⑴⑵とも200字分のます目が用意されている。

なお，2025年度は出題科目が「日本史探究」となる予定である（本書編集時点）。

02　出題内容

〔1〕は史料問題。例年3つの史料文が出題され，設問は語句や短文を答える記述・論述法が中心である（20問）。

〔2〕は約10種類の短いリード文を利用した問題で，設問は文中への空所補充による記述法である（20問）。

〔3〕は3つのリード文を利用した問題で，設問は語句を答える記述法と文中への空所補充による記述法中心で，一部に論述法や選択法もみられる（30問）。

〔4〕は論述法。例年，論述すべきテーマのみが提示されるシンプルな設問形式である（200字2問）。2024年度には，写真で示された考古資料を論述の根拠とすることを求めるものもみられた。

①　時代別

原始から戦後まで広範に出題されている。例年，原始・古代，中世，近世，近現代からそれぞれ4分の1程度出題される。2023・2024年度は近現代史が少し多く出題され，そのうち現代史は，2023年度は出題されなかったものの，2024年度は3問出題されている。〔4〕の論述問題も原始～現代のどの時代からも出題されている。

② 分野別

政治・外交・社会経済・文化の全範囲から出題されている。文化史（原始文化も含む）については，2019年度は約10問，2022年度は15問と少ない年度もあるが，全般的な傾向として，配点にして25点程度が出題されることが多い。2024年度は，論述の原始文化も含めると，28点分が文化史から出題された。論述問題のうち1問は文化史から出る可能性があると思って学習を進めておきたい。

③ 史料問題

高校教科書掲載の史料よりも，市販の史料集掲載史料や初見史料からの出題が多く，3史料すべてがほぼ初見史料であることが多い。2024年度は史料の内容読解を求める問題が増加した。

④ 論述問題

代表的な形式は次の2パターンである。

ⅰ．事象の展開過程を問うタイプ

例：「防共協定が三国同盟に至った経緯・背景」(2023年度)，「鎌倉後期～室町中期の日中関係」「19世紀前半の江戸幕府の対外政策の展開」(2022年度)，「第一次世界大戦中から太平洋戦争開戦までの日米関係」(2021年度)，「明治・大正期の社会主義運動の展開」(2020年度)，「執権政治確立における北条時政・義時の役割」(2019年度)，「幕末期の薩摩藩の動向」(2018年度)

ⅱ．時代や事象について多面的に説明させるタイプ

例：「縄文時代の生業」(2024年度)，「女工の近代産業発展における関わり」(2024年度)，「院政期～鎌倉時代の宗教・文化の広がり」(2023年度)，「徳川家綱の時代」(2021年度)，「田沼時代の財政政策」(2020年度)

03 難易度と時間配分

大半は教科書の標準的な内容を問う問題である。しかし，解答は標準的な用語であっても，用語の正確な意味や，関連事項に関する知識がなければ正答できない問い方をするのが特色である。

記述問題と論述問題合わせて7割以上の得点をめざしたい。記述問題の1割程度でやや細かい用語が問われるが，そのような設問は正答できなくても合否には影響しない。一方で，記述問題対策だけでは合格点に到達することが難しいため，配点の大きい論述問題でも確実に得点する必要がある。

試験時間にも留意したい。90分で〔1〕～〔3〕の記述問題70問，〔4〕の論述問題2問に答えなければならない。論述問題にあてる時間を多く確保するためにも，記述問題でのスピーディーな解答が要求される。

対策

01 教科書学習

京大の日本史対策としては何をおいても教科書学習が第一である。全時代の全範囲について，地道な学習を積み重ねよう。教科書の地の文に書かれている背景・目的・結果などに注意して教科書を熟読しながら，歴史用語を正しく書く練習を並行して行うとよい。単なる歴史用語の暗記にとどまらず，歴史に関する考察力を養っていけば，記述問題と論述問題の両方で高得点を獲得することができる。戦後の文化といった分野からも出題されているので，学習を怠らないようにしたい。

02 記述対策

正確な記述を心がけよう。文化史でも書名や作品名まで正確な記述を求める問題が多く，誤字は命取りである。普段の学習でも書いて覚えることを意識し，教科書・用語集の表記に注意を払いたい。

03 史料対策

❶ 推理力を高めよう

初見史料の得点力アップの近道は，一問一答式の暗記にとどまらず，「ストーリー」を把握し，推理・連想力を高めることである。何らかの歴史用語を見て，時代や関連事項を推理することができれば答えられる設問が多い。したがって史料学習の際には，どの文言が内容特定のキーポイントになるのかを意識しながら読んでいくことが肝要である。

❷ 市販の史料集を通読しよう

多くの受験生にとって初見に見えても，実は市販の史料集に掲載されている例が多い。『詳説 日本史史料集』（山川出版社）などに目を通しておくとよいだろう。既読史料を増やすとともに，史料特有の表現に慣れることで読解力がアップする。

04 論述対策

京大の論述問題は，例年，設問文が2，3行程度というシンプルな形式であり，因果関係に注意した教科書学習を徹底すれば，高得点を獲得できる。事象の展開過程を問うタイプの対策としては，教科書に繰り返し出てくる用語（例：「国司」「金本位制」）について，前の時代ではどうであったかを意識するとよい。

時代や事象について多面的に説明させるタイプの対策としては，政治・外交・社会経済・文化といった多角的な視点から考察することが大切である。近年，京大の論述問題では過去の出題と類似した問題が増加しているので，過去問研究が有効である。『京大の日本史20カ年』（教学社）を利用して，教科書を見ながらでよいから過去の論述問題の答案を作成する練習を繰り返し，論述問題に慣れていこう。可能であれば，書いた答案に対する添削を受けることが望ましい。

○京都大学の日本史の出題方針

「日本史」では，原始・古代から現代まで各時代の政治・社会・文化の特色を，個別の事象や知識を相互に関係づけてとらえ，さらに前後の時代や世界史との関係において考える分析力と俯瞰力が求められます。また，教科書をはじめとした歴史叙述は，遺跡・遺物や文書・記録などさまざまな歴史資料の研究成果に基づいていますが，こうした歴史資料に親しみ，それらを自ら読み解いていく意欲と能力が求められます。なお，「日本」という領域は歴史的に形成されてきたものですが，各時代の周辺諸地域との交流や国際的な諸関係の中に位置づけて理解できることも必要だと考えています。

「日本史」の出題では，以上のような観点から，教科書から得られる基礎的な知識を活用しながら，広い視野での総合的な理解力を問う問題や，事象の正確な把握をふまえ，道筋を立てて説明する能力を問う問題を，出題しています。

世界史

年度	番号	内　容	形　式
2024	〔1〕	16 世紀末から 19 世紀末にいたる朝鮮と中国の関係の変化（300 字）	論　述
	〔2〕	A．中国東北地方をめぐる 5 世紀頃までの歴史	記　述
		B．三大聖都をめぐるイスラーム世界の歴史	記　述
	〔3〕	8 世紀を中心としたキリスト教世界の東西分裂過程（300 字）	論　述
	〔4〕	A．黒海をめぐる諸勢力の動向と関係の歴史	記　述
		B．ヨーロッパにおける共通語とその影響の歴史	記述・論述
2023	〔1〕	5～12 世紀のモンゴリアの歴史（300 字）	論　述
	〔2〕	A．17～20 世紀における東南アジア海域世界の歴史	記述・論述
		B．近現代の中国・アメリカ関係史	記　述
	〔3〕	中世イベリア半島における諸国家の興亡と宗教・文化（300 字）	論　述
	〔4〕	A．キプロス島をめぐる古代～中世の歴史	記述・論述
		B．東西冷戦における緊張の高まりと緩和	記述・論述
2022	〔1〕	マラッカ王国の歴史（300 字）	論　述
	〔2〕	A．歴史的「シリア」をめぐる歴史	記　述
		B．中国の人口推移と社会	記　述
	〔3〕	民主政アテネと共和政ローマ（300 字）	論　述
	〔4〕	A．中世～近代のヨーロッパの大学	記述・論述
		B．石炭と近代ヨーロッパ史	記　述
2021	〔1〕	ヨーロッパ人宣教師の中国来訪と活動（300 字）	論　述
	〔2〕	A．秦～隋代の関中盆地	記述・論述
		B．西アジアにおける新たな文化形成	記　述
	〔3〕	19 世紀のドイツ統一過程（300 字）	論　述
	〔4〕	A．古代ギリシア・ローマと継承国家	記述・論述・選択
		B．動物をめぐる歴史	記述・論述

2020	〔1〕	イラン系民族の活動と中国文化への影響（300字）	論　述
	〔2〕	A．前近代のムスリムと非ムスリムの関係	記　述
		B．近現代の中国と海軍	記　述
	〔3〕	1962〜1987年の国際関係と核兵器（300字）	論　述
	〔4〕	A．前近代ヨーロッパにおける正戦論	記述・論述
		B．情報伝達をめぐる世界史	記述・論述
2019	〔1〕	4〜17世紀前半のマンチュリアの歴史（300字）	論　述
	〔2〕	A．古代〜現代における西アジア起源の文字の歴史	記　述
		B．明末から清代19世紀までの中国	記　述
	〔3〕	16〜18世紀のヨーロッパ諸国のインド亜大陸進出（300字）	論　述
	〔4〕	A．古代〜近世におけるヨーロッパの王位や王国の継承	記述・論述
		B．近現代世界における人の移動	記述・論述
2018	〔1〕	近現代トルコにおける国家統合（300字）	論　述
	〔2〕	A．皇帝と前近代の中国史	記　述
		B．3つの租界から見た近現代の中国史	記　述
	〔3〕	十字軍の性格と中世ヨーロッパへの影響（300字）	論　述
	〔4〕	A．地図とヨーロッパの世界観	記述・論述
		B．ブルジョワジーと19世紀の欧米世界	記述・論述

長文論述は設問条件の把握が決め手
記述法は広範囲で幅広い学習が必要

01　基本情報

試験時間：90分。

大問構成：大問4題で，〔2〕と〔4〕はA・Bに分かれている。

解答形式：〔1〕〔3〕は長文論述，〔2〕〔4〕は語句記述と短文論述で，2021年度〔4〕Aでは選択問題も1問出題された。長文論述はそれぞれ300字と一定しており，使用語句が指定される場合もある。

配　　点：〔1〕〔3〕各20点，〔2〕〔4〕各30点。

解答用紙：B5判の解答冊子。〔1〕〔3〕の論述問題はそれぞれ300字分の横書き原稿用紙スタイル。

なお，2025年度は出題科目が「世界史探究」となる予定である（本書編集時点）。

02 出題内容

① 地域別

〔1〕〔2〕はアジア地域，〔3〕〔4〕は主に欧米地域からの出題である。

アジア地域では，中国史は必出となっている。中国史以外では，主に西アジア（特にイスラーム世界），インド，朝鮮史からの出題が多い。なお，〔1〕が中国史の場合には〔2〕のAとBは中国と中国以外，〔1〕が中国史以外の場合は〔2〕のA・B双方で中国史が問われることが多いが，2022年度はこのパターンが崩れた。2023・2024年度は従来のパターンとなり，長文論述はともに中国関連からの出題であった。なお，頻度の低かった東南アジアも2022年度〔1〕，2023年度〔2〕Aで出題された。

欧米地域では，西ヨーロッパ，北アメリカ，東欧・ロシアからの出題が多く，2024年度もこの傾向が続いた。

② 時代別

アジア地域でも欧米地域でも，古代から現代まで満遍なく扱われている。たとえば，長文論述で〔1〕が前近代なら〔3〕は近現代，〔2〕〔4〕でAが前近代ならBは近現代，あるいは〔1〕〔3〕が前近代，〔2〕〔4〕が主に近現代というように，特定の時代に偏らないような作成上の工夫がなされ，全体としては幅広い時代（21世紀も含む）からの出題となっている。なお，現代（20世紀以降）からの出題は年度により増減もみられるが，2024年度〔2〕B・〔4〕B，2023年度〔4〕B，2020年度〔3〕のような出題もあり，古代～近代と同じレベルで出されると考えた方がよい。

③ 分野別

政治史からの出題が大半を占めるが，社会・経済・文化史もバランスよく出題されており，注意が必要である。特に，文化史に関しては，政治史と関連させて長文論述として扱われる場合もあれば，小問単位で出題されることも多く，必ず押さえておきたい。

03 難易度と時間配分

長文論述問題は，世界史理解に欠かせない基本的な動向や重要テーマを扱うため，設問が指定する時代や地域の状況を想起し，設問の条件に沿った内容を抽出できれば決して難しいものではない。

記述法の問題は，一部に難度の高い設問もみられるが，求められる事項や内容説明の大半は標準的（教科書レベル）で，難問と思えるものでも年代などを手がかりにすると推測できるため，解答可能である。これは非常に熾烈な争いになることを意味しており，学習の手薄な分野が出題されると大きなダメージを受けることになる。

問題が標準的であるとはいえ，300字の論述が2題と，短文論述を含む50問を超える記述法の問題を90分ですべて解答するのはやはり至難の業といえる。本番では，最初の30分程度で記述法の問題を完成させ，残りの時間でじっくり論述問題に取り組むような時間配分も重要となる。

対策

01 副教材を併用した教科書の徹底学習

一部の例外を除いて，ほぼすべての問題が高校教科書の範囲内で出題されている。ただし教科書の内容には多少のばらつきがあり，教科書によっては記述がないもの，あるいは説明がないものなどもみられるが，問題作成はいくつかの教科書を参照して行われているので，どの教科書がよいということはなく，慣れ親しんだ教科書に加えて副教材を使った学習が最も合理的であろう。副教材としては『世界史用語集』（山川出版社）が最も一般的である。『詳説 世界史研究』（山川出版社）のような参考書を辞書代わりに使用するのもよい。『世界史用語集』の語句には①〜⑦の教科書掲載頻度数がそれぞれつけられているが，そのうちの①，②がついている頻度の低い語句が問われることもあるため，その点は注意しておきたい。また，資料集掲載の写真や図などと，そこにつけられた説明は知識の幅を広げるのに有用である。参考程度でもよいので目を通しておくこと。これらが京大攻略の土台作りとなる。

02 論述対策

基本事項が大半を占める記述法の問題では差がつかないので，やはり論述問題の出来が合否を大きく左右することになる。学習がある程度のレベルに達したら，徹底的に論述対策を行うべきである。

❶ 短文論述問題

短文論述の場合は，いかに簡潔にまとめることができるかが重要であるから，何が最も大切なことなのかを考えながら書いてほしい。語句説明や事件・出来事の原因や背景などが問われることが多いので，まずは教科書の重要事項の前後を注意深く読み，その上で事項内容に不明確な点があれば用語集などで確認し，事項を簡潔にまとめる練習をしてみよう。そうすれば事項の核心部分がつかめるはずである。たとえば「洋務運動」を50字前後で説明すると「1860年頃から始まった清の富国強兵をめざした近代化運動で，旧来の専制体制を維持しつつ西洋の技術を導入した。」といった具合になる。こうした練習で把握した事項内容を設問に沿って再構成することも短文論述では必要となり，それは設問条件に対応させて諸論点を結びつける長文論述の対策にもつながるので，問題演習を重ねてほしい。また，2019年度〔4〕⒆・㉒や2021年度〔4〕⒇のように，年代・時代から当時の状況を想起し，それを糸口に解答を推察する短文論述もあるため，時代把握も忘れないでおこう。

❷ 長文論述問題

〔1〕のアジア地域からの論述は，中国史を中心に，西アジアを核とするイスラーム世界からも出題されているので，中国・イスラーム世界を主軸に，インド・東南アジアなどにも目を向けた学習が必要と思われる。なお，中国史の場合は変革期からの問題，あるいはテーマ史となることが多い。変革期としては春秋戦国，魏晋南北朝，唐から宋，近代の改革運動・革命運動など，テーマ史としては土地制度・税制史，官制史，経済史などがよく出題されている。また中国王朝と周辺民族・国家の関係史（冊封や対立・交流）や，中国と欧米諸国の関係史（人的交流や条約関連）もよく出題されている。イスラーム世界ではヨーロッパ世界との関係（紛争や文化交流），イスラーム諸王朝の動向（宗教と政治の関係），イスラーム世界の変質（民族運動や近代化）などにも注意したい。

〔3〕の欧米地域からの論述はアジア地域よりも比較的短い期間のテーマ史で，前近代なら特定の時代の国家・政治・文化の動向と影響，近現代なら国際関係史や各国・地域の状況比較を問うことが多い。

しかし，どの問題も基本的な知識からの論点抽出とその文章化でほぼ対応できるから，まずは基本的知識を身につけ，ある程度の自信がついたら，とにかく論述練習へと進んでいこう。

❸ 他大学過去問の解答例を読んでみよう

300字の論述となると，その字数だけで萎縮してしまいがちだが，まずは京大と同様の論述問題を出題している筑波大学・京都府立大学・早稲田大学法学部などの過去問を見て，答えを考えた上で，その解答例と解説を読んでみよう。これにより論点抽出や文章作成の仕方がわかるはずである。

❹ 京大の過去問で実際に書いてみる

いよいよ書こうと思って書き始めても，途中で行き詰まってしまうことが多い。行き当たりばったりではよい解答は望めない。論述の具体的手順としては「問題文を注意深く読んで題意をとらえ」「指示されている条件をつかみ」「そこから想起できる語句をメモ書きし」，そして「それを使用する順に並べ替えて」「頭の中でだいたいの文章の構想がまとまってから書き始める」ことが大切である。これは本番の入試でも必要なことである。試験時間は限られており，何度も書き直すことは事実上不可能だからだ。300字の論述1題に割ける時間は，約20～25分程度と考えてほしい。

書き上がった文章は先生に添削してもらうか，友人と交換して意見を聞くなどして，もう一度書き直すようにすれば文章力も自然と向上するだろう。

❺ 論述の最大のポイント

読みやすく文意が通じるか，題意や問題文の提示に見合った内容になっているか，設問の条件に応えているか，必要な歴史事実が論理的・時系列的に正しく述べられているか，が大切である。細かい事項をいろいろ書いていても，それがただの事実の羅列に終わっていないかどうか，もう一度読み返して確認してみてほしい。また，教科書や手元にある副教材を参照して，思い込みによる間違いがないかをチェックしておく必要もある。

03 過去問・他大学の問題演習

まず過去問演習を通じて傾向をつかみ，知識を確認し深めることが第一となるから，本書や『京大の世界史 20 カ年』（教学社）も用いて，できるだけ多くの問題に取り組み，形式に慣れ，時間配分をシミュレーションしておこう。その上で時間に余裕があれば，論述問題については，他大学の過去問（東京大学や九州大学の第 1 問・第 2 問など）にも当たれば論述力はさらにアップするはずである。記述法の問題については，出題形式が似ている立命館大学の問題に当たっておくのも効果的だろう。その際，誤った箇所を確認することはもちろんであるが，あわせてその事項と関連する周辺の事項にも注意しよう。また教科書・用語集に記されていない高難度の事項であっても，繰り返しの出題はありうるから，演習で出合ったら解説を読んで記憶にとどめておこう。こうした発展学習が京大入試では武器になる場合もある。

○京都大学の世界史の出題方針

「世界史」では，個々の地域世界の成立と発展，地域世界間の交流，近代以降の時代における諸地域世界の結合と変容，そして今日の地球世界の到来という世界史の潮流を，幅広い視野から総合的に把握し，考察する能力が求められます。

「世界史」の出題では，狭義の一国史よりも地域社会を単位として重視しつつ，政治・社会・文化の様々な側面について，個々の地域世界の内部の展開および地域世界間の相互関係を適切に把握しているかを問うことに重点を置いています。このような観点から，教科書に記載されている個々の歴史的事象をその背景とともに理解しているかを問う問題や，様々な歴史的事象を一貫した論理の下に相互に関連づけて歴史的潮流を説明する能力を問う問題を，出題しています。

地理

年度	番号	内容	形式
2024	〔1〕	インドの鉱工業（10・35字） ⊘地図	記述・論述
	〔2〕	都市の諸問題（30・40字） ⊘グラフ	記述・選択・論述
	〔3〕	砂漠化に関する諸問題（10・30・40字） ⊘地図	記述・論述
	〔4〕	航空交通（30字，40字3問） ⊘グラフ	記述・論述
	〔5〕	山梨県韮崎市・南アルプス市付近の地形図読図（30・40字他） ⊘地形図	記述・論述
2023	〔1〕	自然環境を中心とした北西ヨーロッパ地誌（30字2問，60字） ⊘地図	記述・論述・選択
	〔2〕	南アメリカ地誌（20字，40字2問） ⊘地図	記述・論述
	〔3〕	産業別就業人口と小売業（20・30字，50字3問） ⊘グラフ	選択・論述・記述
	〔4〕	西アジアの民族問題 ⊘地図	記述・選択・論述
	〔5〕	熊本県八代市付近の地形図読図（30字3問他） ⊘地形図	記述・論述
2022	〔1〕	岐阜県養老町付近の地形図読図（30字2問，40字） ⊘地形図	記述・論述
	〔2〕	日本の火山と湖沼（20・40字） ⊘地図	記述・論述・選択
	〔3〕	主要4カ国の工業生産（30字3問，40字） ⊘グラフ	論述・記述・選択
	〔4〕	言語と民族（40字2問他） ⊘グラフ	記述・論述
	〔5〕	北アメリカ地誌（40字2問） ⊘地図	記述・論述・選択
2021	〔1〕	高知県田野町・奈半利町付近の地形図読図（40字2問他） ⊘地形図	論述・記述
	〔2〕	オセアニアの地誌（30字2問） ⊘地図	記述・論述
	〔3〕	乾燥地域の自然と生活（40字2問，50字） ⊘視覚資料	記述・選択・論述
	〔4〕	主要国の水産業（40・50字他） ⊘グラフ・統計表	記述・論述
	〔5〕	情報と通信の発達（40字2問，50字他） ⊘グラフ	選択・論述

年度	番号	内容	形式
2020	〔1〕	北極地方の地誌（30字2問，40字） ✓**地図・グラフ**	記述・論述・選択
	〔2〕	日本とアフリカの自然環境（20字2問，30・50字） ✓**地図**	記述・論述・選択
	〔3〕	世界のエネルギーと資源（40・50字他） ✓**グラフ**	記述・論述
	〔4〕	国際的な人口移動と開発援助（60字他） ✓**統計地図・グラフ**	論述・記述・選択
	〔5〕	富山県魚津市付近の地形図読図（20字，40字2問） ✓**地形図・視覚資料**	描図・論述・記述
2019	〔1〕	人口の年齢構成と女性の就業（40字3問他） ✓**グラフ・地図**	選択・論述・記述
	〔2〕	国際河川と流域の地誌（20・30・40・50字） ✓**地図**	論述・記述
	〔3〕	世界の農業（40字他） ✓**統計表**	記述・選択・論述
	〔4〕	大気汚染を中心とした環境問題（30字，40字2問） ✓**統計表・グラフ**	記述・論述
	〔5〕	長野県御嶽山東麓（旧開田村）付近の地形図読図（30字2問他） ✓**地形図**	論述
2018	〔1〕	鳥取県米子市付近の地形図読図（50・60字他） ✓**地形図・視覚資料**	記述・論述
	〔2〕	世界の植生帯（30字，50字2問他） ✓**視覚資料・地図**	記述・論述・選択
	〔3〕	主要都市における国際金融活動と発展途上国の都市問題（60字他） ✓**地図・グラフ**	選択・論述・記述
	〔4〕	世界の観光業の特徴（40字3問） ✓**グラフ**	選択・論述・記述

基本知識を土台にして地理的論理・分析力を問う
論述問題は設問を丁寧に読み，出題意図の把握を

01 基本情報

試験時間：90分。

大問構成：2018年度までは大問4題であったが，2019年度以降は5題となっている。

解答形式：選択・記述・論述・描図法からなる。論述問題は字数制限のない短文論述も含め12〜19問出題されている。

配　　点：〔1〕〜〔5〕各20点（2024〜2019年度），〔1〕〜〔4〕各25点（2018年度）。

解答用紙：B5判の解答冊子。字数制限のある論述問題はます目が用意され，字数制限のない短文論述はタテ１～２センチ×ヨコ６～14 センチ前後の解答欄となっている。

なお，2025 年度は出題科目が「地理探究」となる予定である（本書編集時点）。

02 出題内容

① 資料分析力＋基本事項の理解＋的確な論述

日本各地の地形図読図は，2018 年度以前と 2021・2022 年度は〔１〕におかれていたが，2023・2024 年度は 2019・2020 年度と同じく〔５〕におかれている。2023 年度は，平成 27 年調製の新図式による２万５千分の１地形図ではなく，５万分の１地形図と新旧比較用に旧図式による２万５千分の１地形図，2024 年度は旧図式による２万５千分の１地形図が使用された。読図問題以外でも地図や統計表・グラフが多く利用されているが，2022 年度以降は従来頻出の統計表ではなく統計表をグラフ化して読解させるようになった。2015・2017・2018・2021 年度には衛星写真，2016・2018 年度には景観の写真，2020 年度には空中写真も用いられた。

最初に文章・統計・グラフの判定をしたあとに，さまざまな設問に記述法や論述法で解答するパターンが多くみられる。文章・統計・グラフの判定は，詳細な統計知識を要するものや専門的な資料分析力を試すものではなく，高校地理の学習成果を問うための導入部分のような位置づけになっており，基本事項が十分に理解できていれば判定に迷うものは少ない。しかし，都道府県名を判定させたあとで地域的要因を問うたり，国名の判定後に該当国の産業（農業・水産業・工業・商業）の特色や通信の特徴をはじめ，各国のエネルギー政策や少子化対策，観光活動，民族問題を説明させたりするような問題では，最初の都道府県名や国名の判断を誤ると後続の設問に影響を及ぼすので，十分な注意が必要である。

なお，論述はシンプルな形式が中心であるが，「自然条件に着目して」「Ａ川の変化をふまえて」「地形の特徴とＡ川の水流の状況をふまえて」「本来の自然環境と土地利用の変化に着目して」「地形と気候の観点から」「自然災害との関わりに注目して」「漁場付近の海域で発生する現象をふまえて」「携帯電話との関係に留意して」「他の交通手段と比較した場合の航空交通の特性に留意して」など，さまざまな条件が指定される場合が多いので，設問文を丁寧に読み，何を説明すればよいのかをしっかりと把握する必要がある。いずれもポイントを絞った短めの論述が求められているので，設問の条件にあった論述をしたい。

② 人口・都市・産業分野が頻出

人口・都市・産業分野の出題率が非常に高く，世界地誌のような形でまとめられていても，各設問には人口・都市・産業・貿易などに関するものが含まれていることも多い。こうした分野の出題率が高いのは，統計が得やすく，具体的データを通じて地理的見方・考え方の能力をみるのに適した分野であるためと考えられる。

人口・都市：2024 年度〔2〕で都市問題に関する問題，2023 年度〔3〕で産業別就業人口割合に関する問題，2022 年度〔4〕で言語人口に関する問題，2020 年度〔4〕で国際的な人口移動に関する問題，2019 年度〔1〕で人口の年齢構成と女性の就業に関する問題，2018 年度〔3〕(1)で国際金融センターの機能をもつ都市を判断する問題，(3)・(4)で途上国のスラム問題が出された。

産業：例年，統計・グラフの判定のほか，農牧業形態や工業立地の特色を簡潔に説明させる問題が多い。2024 年度は〔1〕インドの鉱工業，2023 年度は〔3〕商業活動，2022 年度は〔3〕工業生産，2021 年度は〔4〕水産業，2020 年度は〔3〕世界のエネルギーと資源，2019 年度は〔3〕世界の農業，2018 年度は〔4〕世界の観光業が問われた。いずれもオーソドックスな出題である。2020 年度には地誌の大問中で北極圏先住民の生業が，過去にはアフリカ地誌の大問中でカッパーベルトでの鉱業発展の背景が問われた。

③ 新傾向の分野・現代的課題も出題される

日常生活を素材とした行動空間や消費活動，現代的課題に関する分野がしばしばウエートをもって出題されるので注意したい。

自然災害：2022 年度〔1〕(3)で豪雨時の自然災害，2021 年度〔1〕(1)で道路が海岸から離れて内陸方向に折れ曲がる理由と自然災害との関わりが問われた。

情報と通信：2023 年度〔3〕(2)で中国のキャッシュレス決済，2021 年度〔5〕で主要国の固定電話と携帯電話の契約数の変化をもとにした通信事情の特徴が問われた。

観光・余暇活動：2018年度〔4〕でインバウンドを含む世界の主要国・地域の観光産業の特徴が問われた。

現代的課題：2024年度は〔4〕(5)で感染症の流行と航空輸送，2022年度は〔2〕(4)でラムサール条約，2021年度は〔4〕(4)でエビ養殖と環境問題，〔5〕(4)で先進国と発展途上国間のデジタル・デバイドの問題，2020年度は〔1〕(2)で北極海の海氷域の縮小に関する問題，〔3〕(1)で環境問題に関わるエネルギー政策，〔4〕(1)・(2)で移民・難民問題，2019年度は〔1〕(4)で日本における子どもの保育に関わる問題，〔4〕で大気汚染に関する問題，2018年度は〔3〕(4)で発展途上国のスラム問題，過去にはギリシャの雇用問題が取り上げられた。なお，2024年度〔4〕(5)のパンデミック，2023年度〔3〕(2)の中国のキャッシュレス決済や，〔4〕(1)の2018年にトランプ大統領がイスラエルの首都をエルサレムと承認して大使館を移転したこと，2022年度〔5〕(4)のUSMCA，2020年度〔3〕(2)の固定価格買い取り制度，2016年度のトルコのEU加盟問題などは，時事的な問題といえる。

03　難易度と時間配分

標準〜やや難といえよう。選択法や記述法で問われるのは教科書レベルの事項がほとんどであるが，論述法の問題では，出題意図を的確に理解しないと，20〜60字程度の字数でまとめることに苦労する。短文論述は要点を的確に表現する難しさがあるので，注意したい。

記述・選択問題を早めに解いて，多数の論述問題を着々とこなしていく時間を確保したい。

01　基本事項の徹底学習

教科書レベルの基本事項は全分野確実に理解しておこう。重要な用語や地名の整理には『地理用語集』（山川出版社）を活用するようにしたい。もちろん，学習の際に出てきた地名は，必ず地図帳でその位置を確認する習慣を身につけておきたい。また，重要事項はその定義や要因を短文で説明できるようにトレーニングしておく必要がある。なお，以前は自然地理分野の扱いが比較的小さかったが，2023 年度〔1〕で北西ヨーロッパの自然環境，2022 年度〔2〕で日本の火山と湖沼，2021 年度〔3〕で乾燥地域の自然と生活，2020 年度〔2〕で日本とアフリカの自然環境，2018 年度〔2〕で世界の植生帯が大問で出題されたので，基本的な事項は確実に理解しておこう。

地形図読図では，海岸地形や，河岸段丘・氾濫原の地形，カルスト地形の特徴，扇状地の土地利用の変化など，各種小地形に関する深い理解が求められることが多いので，地形の成因などは十分に学習しておきたい。自然環境を人間生活と関連づけて理解しておくことが重要である。

02 地形図読図を得意分野に

教科書だけでなく資料集の地形図読図のページや地形図作業帳などを利用して，実際の読図作業（等高線の読み方・断面図作成・地図記号の識別・縮尺判定・距離計算など）に習熟しておくほか，各種地形（扇状地・三角州・河岸段丘・台地・氾濫原など）の成因を説明したり，地形と人間生活の関係（土地利用・集落立地・集落起源など）を論理的に説明できるようになっておきたい。2020 年度は断面図の描図が出題されている。新旧地形図の比較は，2024 年度〔5〕(2)で桑畑の衰退，(3)で河道の変化，2023 年度〔5〕(3)で工場をめぐる輸送環境の変化，2022 年度〔1〕(3)で自然災害関連問題として出題された。その前は 2019 年度〔5〕(3)に 6 年ぶりに出題されたが，以前は頻出で，地図を通して地域変容をみる地理学習の成果が問われる。村落・都市，産業の立地や変化などについては，2024 年度〔5〕(5)③新田集落，2023 年度〔5〕(4)城下町における現代的都市機能，2021 年度〔1〕(4)山地の産業発達と河口集落の機能の関係，2019 年度〔5〕(2)山の利用のあり方の変化のように，歴史的背景から考えることにも留意したい。

03 統計データに強くなる

統計表や統計に基づくグラフ・地図や位置図がよく出題されている。経線・緯線が用いられた問題では，地図帳の活用が必要となる。また，与えられた統計指標を利用して属する国の人口を算出すると解答しやすくなるなど，やや高度な資料活用力も問われている。学習の際にはこまめに統計書で具体的データを確認し，統計表を読むことに慣れておこう。詳細な事項の丸暗記は必要ないが，「なぜこれらの国が上位になるのか」というように，統計の背後にある地理的事象を考える習慣を身につけたい。

さらに，統計から地域，国や都市を相互に「比較」しながら地理的特色を判別する訓練をしておきたい。また，統計の背後にある「変化」の要因を考察する学習を意識しよう。人口・都市が頻出しているので，主要国の人口規模や都市人口などを概数でよいから頭に入れておくと役立つと思われる。

統計書は最新版を利用しよう。『データブック オブ・ザ・ワールド』（二宮書店）は各統計がコンパクトにまとめられており使いやすい。『日本国勢図会』『世界国勢図会』（いずれも矢野恒太記念会）は，入試問題作成にしばしば利用されるので，学習項目に応じて確認するとよい。

04 現代社会の諸課題に関心をもとう

2024 年度〔４〕(5)で新型コロナウイルス感染症に関する問題が出題されたように，日頃から新聞・テレビなどのニュースに慣れ親しみ，民族紛争や環境問題・人口問題・情報化社会・経済のグローバル化など，現代的課題について最新の知識を吸収するとともに，それらを地理的視点から理解する習慣を身につけておこう。また，その解決の方向についても，自身に関わる問題として考える姿勢が望まれる。『現代用語の基礎知識』（自由国民社）などの年鑑等（こちらも最新版を勧める）を利用して，国際経済や国際情勢，民族紛争，環境問題に関する最新の知識を身につけておくと効果的である。

05 文章表現のトレーニングを

地理用語をピックアップし，自分で説明文を書いてみる練習を積み重ねたい。10～60 字程度の短めの論述が中心であり，設問文にさまざまな条件が指定されている場合が多い。設問文をよく読み，出題意図を把握して，キーワードを取りこぼすことなく，明確かつ簡潔な文章を書く練習を心がけよう。設問の条件に対して，過不足なく答案を作成するのは，想像以上に難しく，日々の練習が欠かせない。先生に添削してもらうと上達が速いのはいうまでもない。

○京都大学の地理の出題方針

「地理」では，現代世界の地理的事象を，自然環境，資源，産業，人口，都市・村落，生活文化，民族・宗教などの側面から理解する系統地理的能力，ならびに，諸地域における個別の事象や諸事象間の結びつきから理解する地誌的能力を有するとともに，今日の諸課題に関する地球的視野からの広い理解力が求められます。

「地理」の出題では，基礎的な学力を踏まえた，広い理解力や論理的な思考力を問うことに重点を置いています。このような観点から，地図（地形図を含む），写真，統計などの資料を使って，世界の地理的諸事情を系統地理的あるいは地誌的視角から総合的に把握しているかを問う問題や，こうした事象の形成要因やその時間的変化を的確に説明する能力を問う問題を，出題しています。

数　学

年度	番号	項　目	内　容	
2024	〔1〕	図形と計量	四面体の体積	
	〔2〕	確　　率	立方体の面の塗り方と確率	
	〔3〕	2 次 関 数	絶対値を含む関数の区間における最大値	
	〔4〕	整数の性質，対 数 関 数	八進法，九進法，十進法で表したときに桁数が同じになる自然数	
	〔5〕	積　　分	放物線と直線が区間で交わる条件，面積	
2023	〔1〕	確　　率 数 と 式	問1．余事象の確率 問2．3乗根の有理化	
	〔2〕	ベクトル	空間における2直線の交点	
	〔3〕	三 角 関 数	正五角形の一辺の長さの評価	
	〔4〕	数　　列	和を含む漸化式	
	〔5〕	積　　分	定積分で表された関数	
2022	〔1〕	対 数 関 数	常用対数を用いた不等式の証明	⊘証明
	〔2〕	場合の数，数列	移動経路の総数と漸化式	
	〔3〕	微分・積分	放物線と2接線で囲まれる図形の面積	
	〔4〕	図形と方程式	直線と曲線の2交点を結ぶ線分の中点の軌跡	
	〔5〕	ベクトル，図形の性質	四面体の対辺上の2点を結ぶ線分の長さの最小値	⊘証明
2021	〔1〕	整数の性質 ベクトル	問1．2進法の積と4進法 問2．三角形の垂心の位置ベクトル	
	〔2〕	積　　分	絶対値記号のついた関数の定積分	
	〔3〕	確率，数列	確率と漸化式	
	〔4〕	ベクトル	直方体を平面で切った切り口の面積の最小値	
	〔5〕	整数の性質	素数でないことの証明	⊘証明
2020	〔1〕	積　　分	2つの放物線と接線で囲まれた部分の面積	
	〔2〕	微　　分	2点で直交する放物線	
	〔3〕	整数の性質	16で割り切れるための条件	
	〔4〕	ベクトル	単位球面上の4点の位置ベクトルと内積	
	〔5〕	場 合 の 数	4×4のマス目に数字を入れる場合の数，ラテン方陣	

2019	〔1〕	式と証明 対数関数	問1．整式の除法 問2．桁数と最高位からの2桁の数字
	〔2〕	2次関数	絶対値を含む2次関数の最小値　⊘図示
	〔3〕	2次関数， 図形と方程式	2次不等式の解が存在する条件，不等式の領域　⊘図示
	〔4〕	確率，数列	さいころの目の出方と確率，等比数列の和
	〔5〕	微分	球面に内接する四角錐の体積の最大値
2018	〔1〕	微分・積分	絶対値を含む関数，2曲線の共通接線と面積
	〔2〕	図形と計量， 微分	線分の長さと三角比，3次関数の最大値
	〔3〕	整数の性質	与式が素数となるような自然数
	〔4〕	空間図形	四面体を切ってできる2つの部分の体積の関係　⊘証明
	〔5〕	確率，数列	袋の中の球の個数が増加する操作と確率

出題範囲の変更

2025年度入試より，数学は新教育課程での実施となります。詳細については，大学から発表される募集要項等で必ずご確認ください（以下は本書編集時点の情報）。

2024年度（旧教育課程）	2025年度（新教育課程）
数学Ⅰ・Ⅱ・A・B（数列，ベクトル）	数学Ⅰ・Ⅱ・A・B（数列）・C（ベクトル）

旧教育課程履修者への経過措置

新旧の教育課程で学習指導要領による扱いが異なる事項について，出題にあたり必要に応じた配慮をする。

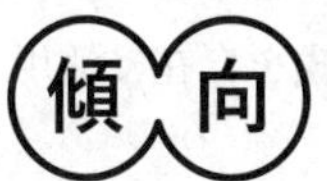

傾向　計算力・論証力・図形的センスを要する高度な問題多し

01 基本情報

試験時間：120分。

大問構成：大問5題。2019・2021・2023年度は〔1〕が小問集合であった。

解答形式：全問記述式。

配　　点：〔1〕～〔5〕各30点。

解答用紙：問題冊子とは別にA4判（2019年度まではB5判）の解答冊子があり，1題につき解答用ページは1ページ分の大きさである。ただし，解答用ページに収まらない場合には，続き方をはっきり示して計算用ページに続きを書くことが許されている。

02 出題内容

頻出項目：よく出題されている分野は，微分・積分，平面・空間図形，ベクトル，整数の性質，確率，数列である。

内　　容：公式に当てはめただけで直ちに解決するという問題は少なく，そのため解法が一通りでないのが特徴である。また，解決の糸口を探るために，さまざまな可能性を思い浮かべて試みる発想力が求められている。

柔軟かつ正確な論理展開力をみようとする問題が多く，証明問題が出題されることも多い。証明問題では，筋道の論理的厳密さと，それを相手（採点者）に正確に伝えるための表現力が重要な要素となる。

図形的な直観力と判断力を必要とする問題も多く，また，図示問題もときどき出題され，論証問題と合わせて大きな特徴となっている。図形的知識が複雑な計算の手助けとなることはしばしばあり，それを意図して作られた問題も多い。計算だけで解き進めていると，「結局，何をやっているのか」という大局が見失われがちである。普段から図形的判断力を培っておくことが大切であろう。

パズル的な発想を要する問題とか，「まさかこんなところに突破口があるとは」といった，心理的盲点をついた問題が出題されることもある。

高度な計算力を要する問題も多い。特に三角関数の諸公式を自在に活用する力は，合格のために不可欠である。

03 難易度と時間配分

易化と難化を繰り返している。2018 年度は難化，2019 年度は易化，2020 年度は難化，2021 年度以降は易化傾向が続いていたが，2024 年度はやや難化した。標準問題が中心であるが，やや難レベルの問題が 1，2 題含まれていることが多いため，標準問題を確実に解く力と合わせて，難問にも対処できる勉強を積み重ねておくことが大切である。

実際の試験では，最初にすべての問題に目を通し，解答しやすい問題を見極め，素早く確実に解答することが大事である。その上で，時間に余裕をもって残った問題に取り組みたい。

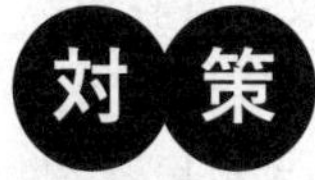

01 基本事項のマスター

どんな難問も，それを解くのに最低限必要となる公式や解法は，教科書や標準問題集で十分マスターできる。受験準備の早い段階で意識的に身につけていく必要がある。基本事項の習熟は，それが合格のための十分条件とはならないが，合格に不可欠な応用力を身につけるために絶対的に必要な条件となる。そうした基本点での漏れがあっては，合格は期待できない。三角関数の種々の公式など覚えにくいものは，表を作って毎日点検するのもよいだろう。

02 応用力の育成

漠然と問題量をこなす練習を繰り返していても応用力は身につかない。1題解くごとに，解法を点検して必ずそこから何かを吸収するという態度が大切である。問題を解くために使われた公式や解法で少しでも完全マスターに至っていないものがあれば，その場で実戦的に理解し，頭に入れてしまうことである。応用的な解法・技法の数は非常に多く，それらを簡単に体系だてて身につける手段はない。「その場その場で実戦的に」というのが最も確実な習得方法である。最新の入試問題を集めた『数学Ⅰ・Ⅱ・A・B入試問題集（文理系)』（数研出版）などを利用して，新たな解法・技法も身につけておきたい。「これは」と思う解法を発見したり，参考書などで学んだりしたときには，使った場面とともに書き留めて自分用の「数学解法ノート」を作るのもよいだろう。

03 頻出項目のチェック

頻出項目や重要項目については，毎日の勉強の中に確実に組み込んで十分な練習を心がけねばならない。いくつかの分野が融合された問題や，さまざまな分野からのアプローチが可能な問題も多い。あるいは，普段解き慣れていない方向からの，意表をつく出題もある。『京大の文系数学 25 カ年』（教学社）も用いて，どのような問われ方をしても対処できるような柔軟性を身につけるとともに，応用力を必要とする難問にもチャレンジし，いろいろな観点から問題を掘り下げて解く練習もやっておきたい。

04 計算力の強化

符号ミスやカッコの処理のミスなど，よくある単純ミスをなくすことはもちろんだが，複雑で手間のかかる計算を最後までやり抜く粘り強さや，計算技術（特に三角関数の式変形）の習得に努めなければならない。計算技術が伴わなければ応用性の高い問題を征服することはできないし，妙案を思いついても，途中の計算でつまずいては意味がない。なお，計算力は単なる技術の問題ではなく，数学全体を見通す力とも関連していることを知らねばならない。込み入った式や，多くの関連する式が併存しているようなとき，「…を消去して，…について解く」「…の関数とみて増減を調べる」などの大局的な方針を立てる力がなければ，計算は正しい方向に進まないのである。

05 論証問題への対応

論証問題の出題が多い。京大数学で求められる厳密な論理的思考力やそれを正確に採点者に伝えるための表現力は短期間で身につくものではない。日々の勉強の中での考える習慣が大事である。量をこなすことばかりに目を奪われず，ときには，1題1題丁寧に，いろいろな角度から別解を考えてみるのもよい。手間のかかる計算によって苦労して解いた問題が，別の視点から眺めるとあっけなく解けてしまうこともある。また，使う公式やアプローチの方法がまったく違うにもかかわらず，結果として1つの問題が解けて同じ結論が得られるのは，それらの解法の裏側に共通する何かがひそんでいるからである。それを考えることで数学に対する新しい目が開けてくることもある。まったく無関係だと思っていた分野が実は密接につながっていることを知らされることもある。こうして深く考えることで数学を楽しんでほしい。楽しむ中で自然に身についてくる問題解決の力こそが本物の実力である。

また，狭い意味の受験数学だけでなく，気分転換も兼ねて数学パズル的なものに親しむことも，柔軟な思考力や幅広い発想を養う上で役に立つだろう。整数問題の力をつける助けになることもある。

さらに，論理的な筋道を正確に要領を得た表現にする練習もしておかねば，得点アップにつながらない。教科書や参考書の例題を手本にするのが近道であろう。

06 図形的判断力を養う

論証問題とともに京大の数学のもう1つの柱となっているのが図形問題である。まず，初等幾何の知識を整理し，要点をピックアップすることをすすめる。自分で納得しながら重要な定理を拾い出してまとめておくのである。また，見かけは図形と無関係な問題であっても，それを図形的にとらえることで，問題の構造がはっきりすることもある。日頃から図形的な視点で問題を再構成してみる習慣をつけておくとよい。

○京都大学の数学の出題方針

我が国の高等学校と中学校では，身近な現象や事象を「数学」の視点から捉えて数学の問題を作り出すこと，また数学に現れる様々な事項を理解して論理的に考察したり処理したりすること，さらには得られた数学的な知識を利用して身近な現象・事象の理解を深めたり問題解決に役立てることの全般を「数学的活動」と呼んでいます。このような数学的活動を通して，数学における基本的な概念や原理・法則の体系的な理解を深めること，事象や現象を数学的に表現する能力を高めること，さらには学習を通して創造性の基礎を涵養するとともに数学の良さを認識し，数学的な知識を論理的根拠に基づいて積極的に活用して判断しようとする態度を育てることが高等学校における数学学習の目標であると，学習指導要領は定めています。本学の学力検査における数学は，高等学校卒業までに学習する数学について，入学志願者がこの学習目標をどの程度達成しているかを評価し判断するものです。

数学の学力とは，単に計算力や論理力だけを指すものではなく，数学的な直観力や，式や数学の概念を利用した表現力なども含まれるものと考えています。したがって，我が国の小学校入学から高等学校卒業までに学習する数学的な概念，原理，法則，公式などの事項のすべてについて，個々の知識の有無だけを単に評価するのではなく，上述のような総合的な数学力を評価する問題を出題するように心掛けています。このため，個別学力検査では，数学的な表現力を評価するため，論述形式の解答となるような出題を主体にします。

具体的には，計算問題であっても，単に計算結果だけではなく，その過程や背後の論理性を評価するような出題を心掛けています。また，論理を問う問題では直観，類推，帰納，演繹等の数学的考察を正確な数学的表現力で記述する能力を評価できるような出題を心掛けています。数学の問題ではいわゆる「正解」に至ることは大切ですが，「正解に至る論理的に正しい過程」も正解と同様に大切です。

高等学校卒業までに学習する概念，原理，法則，公式といった数学的な知識や事項の記述は，現状では教科書によってその扱いや書き方が多少異なっていますが，本学の数学において出題範囲としている内容について，いずれかの検定済教科書で記述されている事項はすべて出題範囲に含まれていると考えています。現状の数学の高等学校用検定済教科書の内容は，高等学校学習指導要領を踏まえてそこに定められる事項をすべて含みつつ，高等学校卒業までに培われる「数学的活動」の能力によって修得できる程度の事項について幅広く記述されています。したがって，個別学力検査における出題に際しても，高等学校学習指導要領を十分に踏まえた上で，いずれかの検定済教科書で記述されている程度の，高等学校卒業までに得られる論理力から理解できる程度の幅広い事項は出題対象であると考えています。問題作成にあたっては，単発的な個別の数学的知識を問う問題や，解法の暗記によって対処できるような問題を排するように心掛けています。さらに，出題範囲に含まれている複数単元でそれぞれに学習する数学的な知識を論理的・系統的に理解することによって問題解決に到達するいわゆる「融合問題」の出題を通して，数学的な知識の活用力も評価します。

京大「数学」におすすめの参考書

- ✓『京大の文系数学 25 カ年』（教学社）
- ✓『数学Ⅰ・Ⅱ・A・B入試問題集（文理系）』（数研出版）

国　語

年度	番号	種　類	内　容
2024	〔1〕	現　代　文	記述：内容説明
	〔2〕	現　代　文	記述：内容説明
	〔3〕	古　　　文	記述：内容説明，口語訳，和歌解釈
2023	〔1〕	現　代　文	記述：内容説明
	〔2〕	現　代　文	記述：内容説明
	〔3〕	古　　　文	記述：口語訳，和歌解釈，内容説明，漢詩解釈
2022	〔1〕	現　代　文	記述：内容説明
	〔2〕	現　代　文	記述：内容説明
	〔3〕	古　　　文	記述：内容説明，口語訳
2021	〔1〕	現　代　文	記述：内容説明
	〔2〕	現　代　文	記述：内容説明
	〔3〕	古　　　文	記述：口語訳，内容説明，和歌解釈
2020	〔1〕	現　代　文	記述：内容説明
	〔2〕	現　代　文	記述：内容説明
	〔3〕	古　　　文	記述：和歌解釈，内容説明，口語訳
2019	〔1〕	現　代　文	記述：内容説明
	〔2〕	現　代　文	記述：内容説明
	〔3〕	古　　　文	記述：内容説明，口語訳，和歌解釈
2018	〔1〕	現　代　文	記述：内容説明
	〔2〕	現　代　文	記述：内容説明
	〔3〕	古　　　文	記述：口語訳，内容説明，漢文解釈

読解文の出典

年度	番号	類　別	出　典
2024	〔1〕	随　筆	「夕暮れに夜明けの歌を」奈倉有里
	〔2〕	随　筆	「永遠の感覚」高村光太郎
	〔3〕	日　記	「とはずがたり」後深草院二条

年度	番号	種類	内容
2023	〔1〕	評論	「芸術とはなにか」福田恆存
	〔2〕	評論	「数学する身体」森田真生
	〔3〕	随筆	「駿台雑話」室鳩巣
2022	〔1〕	随筆	「日本の伝統」岡本太郎
	〔2〕	評論	「〈邪読〉について」高橋和巳
	〔3〕	歌論	「国歌八論余言」田安宗武
2021	〔1〕	随筆	「忘れ得ぬ言葉」西谷啓治
	〔2〕	随筆	「すだれ越し」石川淳
	〔3〕	歴史物語	「栄花物語」
2020	〔1〕	評論	「体験と告白」小川国夫
	〔2〕	随筆	「井伏鱒二の生活と意見」小山清
	〔3〕	日記	「和泉式部日記」
2019	〔1〕	評論	「科学思想史の哲学」金森修
	〔2〕	対談	「詩の誕生」大岡信・谷川俊太郎
	〔3〕	歌論	「三のしるべ」藤井高尚
2018	〔1〕	評論	「意味変化について」佐竹昭広
	〔2〕	小説	「影」古井由吉
	〔3〕	歌論	「風雅和歌集」仮名序 設問引用：「風雅和歌集」真名序

現代文は高度な読解力と的確な表現力が必要 古文は口語訳を中心に一部手ごわい内容説明も

01 基本情報

試験時間：120分。

大問構成：現代文2題，古文1題の合計3題。例年，〔1〕は理系と共通問題である（設問は文系のほうが1問多い）。

解答形式：全問記述・論述形式。字数制限が課される問題は2001年度以降見られない。

配　　点：〔1〕～〔3〕各50点。

解答用紙：B5判の解答冊子。解答欄はタテ14センチ程度で1行につき20～25字程度が目安となる。すべての解答欄に罫線が施されており，1問につき2～5行程度である。

02 出題内容

① 現代文

評論と随筆からの出題が多く，小説が出題されることもある。また2019年度〔2〕の対談のように，目新しい出題も見受けられる。

本文：出典は明治から現代にかけての作家，または評論家や各界研究者の文章で，評論や随筆，小説など幅広く取り上げられている。文章量としては，B５判でおおむね2，3ページ程度で，標準的な入試国語の分量といえる。

内容は，哲学，社会，芸術，言語，文学論など多岐にわたっている。極端に難解な文章が出題されているわけではないが，京大受験生の水準に合った，適度に抽象性のある文章が取り上げられている。しかも論理だけで固まった文章ではなく，筆者の価値観や深い人間観がにじみ出ているような文章であることも多い。

なお，2002年度までは明治の文豪や思想家の「文語文」の出題が見られたが，近年は明確な文語文の出題はない。ただし，2020・2021・2024年度の〔2〕は歴史的仮名遣いの文章であった。また，2008年度〔2〕で「文語文的文章」，2014年度〔2〕で現代文の中に文語文が引用される形で出題されたので，注意しておく必要はあるだろう。

設問：傍線部に関する内容や理由を問う，国公立大二次試験型の典型的な問題である。ただ，婉曲的な表現や比喩表現が設問箇所としてねらわれることが多く，そういった表現を具体的にとらえなおす力が要求される。そのため本文中の語句を適当に引用して体裁だけを整えたような解答では不十分で，自分の言葉も用いてわかりやすく説明するように心がけるべきである。本文を読んでいなくてもおおよそ意味がわかるような解答をめざそう。小説の出題については，文学的文章の問題に典型的な，登場人物の心情表現を問う問題を中心に設問が構成されている。登場人物の行為や，会話文での発言を手がかりに，客観性のある説明を組み立てなければならないので，文学的文章の読解を不得手にしている受験生には難しく感じられるだろう。

② 古　文

和歌を含む文章からの出題が多い。

本文：時代は中古～近世にわたるが，中古文あるいは近世文からの出題が比較的多い。文章量は，年度によってばらつきがあるが，長文というほどではない。前書きや注などの補助情報をさほど必要としない文章が取り上げられることが多い。一方で，2013 年度『源氏物語』，2015 年度『うつほ物語』，2021 年度『栄花物語』のように，長編物語の一部を切り取って出題される場合は，比較的丁寧に前書きや注が付されている。2016～2018・2023 年度には設問や問題文の一部に漢文が使われた。

設問：設問のうちかなりの割合を口語訳問題が占める。内容説明問題にしても，該当箇所を押さえて，その部分の口語訳をもとにして記述することになるので，実質的に口語訳問題に近い。また，たとえば，問一で「現代語訳せよ」，問二で「適宜ことばを補いつつ現代語訳せよ」などと，同じ大問の中で，設問の表現を変えて出題されることがある。和歌の解釈もよく出題されており，2015 年度以降では，2018・2022 年度を除いて出題されている。2018・2022 年度も，和歌解釈の設問こそなかったものの，問題文自体が歌論であった。したがって和歌重視の傾向は顕著である。

03 難易度と時間配分

現代文は難度の高い文章が出題されるので，抽象的な表現にも対処しうる読解力，表現力が要求される。問題自体は難解というものではなく標準的だとはいえるが，京大受験生の水準を考えた場合，解答の完成度の高さが要求されるだろう。古文は難度の標準的な文章が多く，文章全体の大まかな読解という点でいえば，さほど難しいわけではない。ただし，解答欄が要求するだけの記述・論述量という点に着目すると，文章読解におけるかなりの注意力や理解力，表現力などが総合的に問われている。京大国語全体として，一般的な国公立大二次試験型の国語問題と比較すると，要求される解答の精度が高くかなり難度が高い。

解答が全問記述式なので，記述解答を練り上げる時間をできるだけ確保したい。まずは全問の問題文をひととおりながめて，自分の得意・不得意を踏まえて問題の難易を見極めることが重要である。難易に差がある場合は，手がつけやすいものから先に仕上げていくというのが得策である。古文をできるだけ早く済ませ（30～35 分程度），現代文に多くの時間を残すのも，一つの戦略であろう。

01 現代文

記述量が多いという点が最大の特徴であるから，まずは過去問に当たって実際に解いてみることである。そうすれば，多くの設問箇所が本文の他の部分と対応しており，そこに解答のヒントや説明に利用できる表現があることに気づくであろう。評論・随筆の出題が中心だが小説も出題されているので，一般的な問題集などを活用して演習しておく必要がある。

02 古 文

口語訳，解釈が中心なのでオーソドックスな勉強法が基本である。すなわち文法と古文単語だが，共通テストの過去問をクリアできるレベルの受験生には問題はないであろう。ただ「適宜ことばを補いつつ」などという設問条件がつくこともあるので，主語や目的語などの省略内容の補足や，指示語の具体化などが必要である。こういった解答法のコツについては，『京大古典プレミアム』（教学社）や『京大入試詳解 25 年 古典』（駿台文庫）で学ぶことができるので，積極的に挑戦してほしい。また，古文特有の省略や慣用的な表現には，古典常識の学習も視野に入れつつ慣れておく必要がある。現代文同様に過去問研究を中心に心がけ，本書を活用することでどのような口語訳の解答を作ればよいのか把握してほしい。

和歌の修辞，解釈は頻出なので，『大学入試 知らなきゃ解けない古文常識・和歌』（教学社）などを用い，和歌修辞の項目に目を通すだけでなく，そこに引かれた例まで頭に入れておこう。「百人一首」の解釈，修辞の理解が役に立つ。漢文も設問で解釈が問われることがあるので，共通テストの過去問をクリアできるレベルの知識は蓄えておくべきである。

03 表現力・記述力

注意しておきたいのは，解答スペースの大きさに圧倒されないことである。とにかく言葉を尽くせばよい，というものではないので，何が問われているのかという設問意図を明確にくみ取った上で，無駄のない答案作りを心がけること。独断に満ちたものではなく，本文の内容を踏まえたものでなければいけない。また，解答欄はある程度余裕をもって用意されている場合もある。十分考え抜いた上で作成した答案であるなら，多少解答欄に空きができたとしても，無理に埋める必要はない。ただし，その一方で，解答欄が小さく感じられることもある。その場合は簡潔な要約力も必要になってくる。たとえば，2016年度は解答欄が足りず，まとめ方に工夫を要する設問が多かった。

記述力をつけるためには，ステップを踏んだ学習が必要である。そこで，次のような段階的な学習法を提案しておこう。

❶ 論理的な文章を要約する練習

論理的なひとまとまりの文章を，5分の1から10分の1程度の長さにまとめてみよう。結論だけをまとめるのではなく，もとの文章の展開を再構成して結論に至る，というように，論旨の展開を意識して行うと効果的である。繰り返し練習することで，記述式の解答の原則として，重要なことが末尾になるようにまとめるというやり方が身についてくる。

❷ 文学的な文章の抽象化と，古文の口語訳の練習

論理的な文章の要約に慣れたら，文学的な文章の要約・抽象化に取り組もう。また，古文の口語訳を記述する練習も必要である。可能なかぎり，文章の全訳にも取り組んで，長文解釈への抵抗感を克服したい。

自分で書いてみるだけではなかなか向上しないので，何らかの形で添削指導を受けることが望ましい。また，一定のレベルに達するまで，同じ文章に繰り返し取り組むことが効果的である。そのような基礎練習を続けていくことが自信につながる。

❸ 過去問への取り組み

最初は辞書を使い，時間をかけて，自分なりの最善の解答を作成してみよう。また，時間配分の練習に，一,二度，京大向けの模擬試験を受けて，カンを養っておくと心強い。あとは，過去問を時間の許すかぎり解いてみることである。教学社の難関校過去問シリーズ『京大の現代文 25 カ年』『京大の古典 25 カ年』を活用するとよい。

○京都大学の国語の出題方針

日本語の文章の論理や論旨，あるいは作者の心情や表現の意図を，的確に理解し，自らの言葉で論理的にその理解を表現できることを評価します。そのため，文章のジャンルとして論説文，随筆，小説など，さらに文体についても明治擬古文まで含め，幅広く問題文を選び，漢字の書き取りや，文章表現の持つ意味，あるいは論理展開の説明をはじめとして，登場人物の言動に託された著者の意図，さらには問題文全体の論旨を問うなど，論述の形式で問題を課します。

古典文法についての正確な理解を持つとともに，古典の修辞などの基礎知識をもち，的確に古文及び漢文の文章を理解できると同時に，原文を現代語訳できることを評価します。そのため，物語や歴史，随筆，日記をはじめとして，ジャンルや時代を限らず，幅広く問題文を選び，語句や修辞の説明，文章の現代語訳，さらに登場人物の言動の理解から問題文全体の論旨に至るまで，さまざまな形式で論述問題を課します。

京大「国語」におすすめの参考書

- ✓『京大古典プレミアム』（教学社）
- ✓『京大入試詳解 25 年　古典』（駿台文庫）
- ✓『大学入試　知らなきゃ解けない古文常識・和歌』（教学社）
- ✓『京大の現代文 25 カ年』（教学社）
- ✓『京大の古典 25 カ年』（教学社）

2024年度

解答編

前期日程

解答編

英語

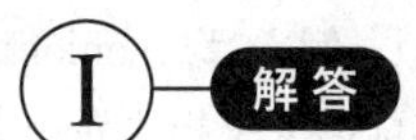

(1)全訳下線部(a)参照。

(2)ア―⑤　イ―③　ウ―①　エ―④

(3)全訳下線部(b)参照。

全訳

《「創造性」の理解と歴史》

1 創造性（creativity）に関する文献は，ようやく私たちが日常生活における創造性の重要性を認識し始めた一方で，それがはるか昔から詩人や哲学者によって思索されてきたテーマであることを教えてくれる。実際には，“creativity”という語が私たちの語彙に日常的に登場するようになったのは，20世紀の半ばになってからのことに過ぎない。(a)知られている限り最初にそれが文献で使用された事例は1875年であり，言葉としてはまだ幼い存在だ。“creativeness”という語の方はそれよりも少し前に遡ることができ，1940年頃まではcreativityよりも一般的であったが，どちらの語も稀にしか使われておらず，使用方法も一貫性のないものであった。驚くべきことに，1950年頃以前には，“creativity”をテーマとして明確に取り扱った記事，書籍，評論，講義，百科事典の見出しなど，これに類するものは，ほぼ皆無であった。(私が見つけた辞書の見出しで最も早いものは1966年のものである。)　どうやらそれはプラトンやアリストテレスの書物中に（翻訳されたものであっても）登場しない。カントの著作にも見られない（この翻訳についても同様)。ワーズワースやシェリー，またはアメリカのエマーソン，ウィリアム=ジェームズ，ジョン=デューイの著作にも使われていない。思想史家のポール=オスカー=クリステラーが見出したように，創造性は普遍的な概念だと思われがちだが，「哲学的および歴史的に確かな実績があるとは言えない」用語である。それでも，第二次世界大戦の終わり頃，creativity の使用例は急増し，creativity のビッグバンが起きたのだ。

② 私が“creativity”が新しい言葉だと説明すると，必ずと言っていいほど，「以前はそれをどのように呼んでいたのか」という質問を受ける。そして私の返答は，腹立たしく聞こえるかもしれないが真面目なもので，「『それ』というのは何を意味するのでしょうか」と，いつも聞き返す。最初の質問の背景には，２つの前提があり，それらは両方とも正しい。１つ目は，言葉と概念は同じものではないということ。新しい言葉の登場や普及が，全く新しい概念の登場を意味するわけではない。例えば，senior citizen と old person は，どちらも同じ人——つまり年配の人を指す異なる時代の言い方である。２つ目の前提は，現在の私たちが創造性について話すときと同じような内容を，人はどの時代においても話してきたということで，これはいつの時代であっても老いが話題にされてきたのと同じようなことである。創造性（creativity）は，想像力，ひらめき，空想，天才，独創性，さらには創造的想像力や創造的な力といった，創造性という言葉そのものよりもずっと前から存在していた古い概念を表す新しい言葉である，あるいは，少なくとも特定の場合にはその可能性がある，という主張は完全に間違っているわけではない。

③ しかし，現代の creativity が表す概念は，このように古くからある言葉のうち，それと完全につながっていると言えるものは一つもない。「創意工夫」や「発明性」では実用的過ぎて，creativity が持つ芸術的な雰囲気を欠いている。creativity は芸術や科学における偉大な業績を思い起こさせる一方で，その同意語として「天才」という言葉だと，何となく排他的で壮大過ぎる感じがするし，「賢さ」はちょっと平凡過ぎていて，柵から抜け出す豚にでも使えそうな言葉だ。「独創性」は的を射ているようだが，独創性が充実した人生の鍵だ，などと言う人はおらず，どこか魂がこもっていないものだ。creativity と互換して使われることがおそらく最も多い言葉である「想像力」は，生産性の意味合いに欠ける。「空想」と同様に，それは思考の中だけで完結してもよいし，全くの荒唐無稽であることもある。創造性を扱う専門家の間では creativity とは「新しく有用なものを生

み出す能力」である，という考え方が一般的である。（この表現は，偶然ではなく，アメリカの特許法から取られている。） つまり，creativityという言葉によって，それ以前の用語ではできないことを思考したり言及したりできるのである。それは既存の概念に対する新しい言葉ではなく，かつては表現不可能であった思考を表現するための手段なのである。戦後の時代に人々がcreativityという言葉を選ぶようになったとき，彼らはその意味を他の概念，つまりほぼ例外なく古くからある概念と微妙に区別して用いていた。この用語に厳密さはないかもしれないが，それは正しく意味深長な曖昧さを持っている。(b)光が粒子であると同時に波でもありうるように，creativityという言葉も精神的であると同時に物質的であり，遊び心があるのと同時に実用的であり，芸術的であると同時に技術的であり，例外的であると同時にありふれたものとして，何とかうまく存在している。どんな単一の定義や理論にも収まらない，このように矛盾した様々な意味や含意を持っているという性質こそが，戦後アメリカにおけるこの言葉の魅力を説明するものである。この時代，まさにそうした要素の均衡が重大な危機に直面していると見なされていたのだ。この言葉が持つ捉えどころのなさは特徴であり，欠陥ということではなかったのである。

解説

creativity（創造性）という言葉とその意味の歴史的ルーツを辿る内容で，概念的な説明が多い文章である。この言葉が最近になって生まれたものであり，以前は表現できなかった概念を言い表す能力を，いかに拡大してきたかを明らかにする。普段は深く意識することのない，言葉とそれが表す概念との関係を改めて考えさせられるものである。

(1)　**Its first known written occurrence was in 1875, …**

「知られている限り最初にそれ（＝creativityという語）が文献で使用された事例は1875年であり，…」

occurrenceは，ここでは「出来事」ではなく，「発生，出現」の意味。ここでは，Itsがcreativityという「新しい言葉」を指しているため，occurrenceは「（言葉の）出現」，つまり，「（言葉が使われた）事例」と意訳される。また，writtenは，「文献などの書面に記述された」ということ。

- first known ～「知られている限り最初の～」

…, making it an infant as far as words go.

「(…であり,) 言葉としてはまだ幼い存在だ」

making 以下は，分詞構文であるため，適当な接続表現でカンマの前後をつなぐ。ここでは,「(…は 1875 年) であり,（言葉としては～だ)」のようにつなげばよい。make *A B*「*A* を *B* にする」が使われており，*A* に該当する it は「creativity（という言葉)」を指す。*B* に該当する an infant「幼児」は，creativity という言葉がまだ生まれて間もない，つまり,「幼い」ということの比喩表現である。これは，下線部直前の文（In fact, "creativity" has only been …）の,「"creativity" という語が…日常的に登場するようになったのは，20 世紀の半ばになってからのことに過ぎない」，つまり，この言葉の歴史がまだ浅い，という内容からも判断できる。as far as S go は,「Sが及ぶ範囲内においては」が直訳であるが，熟語化して実際には「Sに関する限り，Sとしては」と訳される。Sに入る名詞は，可算名詞なら，通例複数形。ここでは，words という名詞が使われ，冠詞の the が付いていないため，特定の言葉ではなく，漠然と「言葉というもの」を指している。このため，words が creativity という特定の言葉を指しているかのような和訳は誤り。making it an infant … の主語は，その直前の「creativity という言葉が最初に登場したのは 1875 年である」という事実。これは無生物主語の構造であり，和訳すると「(この事実によって) それ（＝creativity という言葉）は言葉としてはまだ幼い存在であると言える」となる。

"Creativeness" goes back a bit further, and was more common than creativity until about 1940, but both were used rarely and in an inconsistent kind of way.

「"creativeness" という語の方はそれよりも少し前に遡ることができ，1940 年頃までは creativity よりも一般的であったが，どちらの語も稀にしか使われておらず，使用方法も一貫性のないものであった」

go back は「(時代を) 遡る」の意味。further（far の比較級）は，既出情報である，"creativity" が登場した 1875 年を基準として,「さらに(遡る)」という意味。creativeness と，than 直後の creativity は，設問で「訳さずに英語のまま表記すること」と指示されているので，それに従うが，それぞれの直後に「～という言葉〔語〕」を付け足してもよい。both

は，この2つの言葉（creativeness と creativity）を指す。in an inconsistent kind of way の考え方は，in a ～ way「～なやり方で」を基本にして，そこに inconsistent kind of「一貫性のない種類の」が組み込まれた形となっている。したがって，「(どちらの言葉も）一貫性がない（ような）やり方で（使われていた)」となる。

Strikingly, before about 1950 there were approximately zero articles, books, essays, classes, encyclopedia entries, or anything of the sort dealing explicitly with the subject of "creativity."

「驚くべきことに，1950 年頃以前には，creativity をテーマとして明確に取り扱った記事，書籍，評論，講義，百科事典の見出しなど，これに類するものは，ほぼ皆無であった」

strike「心を打つ」という動詞から派生した strikingly は，心に強く作用する意味合いを表現するものであり，驚きや感動を表す。about や approximately は数詞の前で「約，およそ～」の意味。anything of the sort は，その直前で列挙した名詞（articles, books, essays, classes, encyclopedia entries）と同種のものなら何でも，という意味で，「～など，それに類するもの」と訳せる（sort は「種類（＝kind)」の意味)。現在分詞の dealing で始まる，dealing explicitly with the subject of "creativity" は，articles から anything of the sort までに列挙された名詞を修飾する。熟語の deal with ～「～を扱う」の目的語である，the subject of "creativity" は，「creativity というテーマ〔主題〕」が直訳（of は同格の用法で「～という…」と訳せる)。

- encyclopedia「百科事典」
- entry「(辞書などの）見出し語，項目」
- explicitly「明示的に」

(2) 4つの空所に対し，選択肢は5つあるため，どれか一つは不要となる。エを含む文の直後にある文が，Like fantasy, it doesn't …「fantasy（空想）という言葉と同様に，それは…」という説明で始まっている。この中にある it は，直前の空所エに入るべき単語を指し，その単語は，fantasy との間に類似性があるものの，fantasy とは別の単語であることがわかる。アを含む文から始まり，この Like fantasy, it doesn't … の文に至るまでの箇所では，creativity という新しい言葉が持つ多様な意味合いを，従来の他の言葉では置き換えられないということを，そうした言葉の具体例を挙げながら説明している。fantasy については，この箇所で言及・説明されていることから，選択肢②の fantasy は不要と判断できる。

ア. 空所直後の too utilitarian「実用的過ぎる」という情報から，実用的な発明品（invention）を連想させる，⑤の inventiveness「発明性」が正解。空所直前にある ingenuity「創意工夫，発明の才，発明品」にも，同様の意味があるため，この2つが併記されている。

イ. 空所前後で，as a synonym … too exclusive and grandiose「(creativity の）同意語としては，…排他的で壮大過ぎる」とあるため，「天才」を意味する genius が候補にあがる。天才はごく一部の人間にしか当てはまらない，という点では「排他的」と言えるため，③の genius が正解。また，この段階で，空所ウの答え（＝①の cleverness）に自信があれば，"対比" の構造をつくる接続詞の while によって，イとウの両者がつながれていることを手がかりに，その比較対象として妥当な，類似した単語である genius を積極的に選ぶこともできる。空所直前の the term は，後ろに続く名詞と同格関係になり，the term genius で「天才という言葉」の意味になる。

ウ. 空所直後の pedestrian は形容詞で，ここでは「歩行者」の意味ではなく，「(文体などが）平凡な，ありふれた」の意味。上記で説明したように，イとウに入る言葉は，while を挟む形で互いに対比の関係になっている。イに入る言葉の genius「天才」は壮大な（grandiose）響きがあるが，その一方で，ウに入る言葉はやや「平凡」過ぎる，という対比である。genius 同様に，知力を描写する表現である cleverness「賢さ」が比較対象として妥当に思われる。また，pedestrian 直後にある，something you might attribute to a pig that finds its way out of its pen の意味は「柵から抜け出す豚にでも使えそうなもの〔言葉〕」であり，ここはウに入る名詞と同格の関係になっている。これは要するに「賢い」豚という意味。以上から，①の cleverness が正解。

- attribute *A* to *B*「*A*（性質）が *B*（人・物）に属すると考える，*A* を *B* が持つと考える」
- find *one's* way out of ～「～から苦労して抜け出す」
- pen「(家畜の）囲い，おり」

エ. 先述したように，エを含む文の直後にある文（Like fantasy, it doesn't …）の中にある it が，エに入るべき単語のことを指している。この文，Like fantasy, it doesn't have to leave your head, and it can be utterly preposterous. の和訳は，「fantasy（空想）と同様に，それは思考の中だけで完結してもよいし，全くの荒唐無稽であることもある」であり，これが空所に入る単語の説明文となっている。この内容から，空所には fantasy「空想」とほぼ同じ意味を持つ単語，imagination「想像」が適切である。また，エを主語として，その述語の部分に相当する，lacks a sense of productivity「生産性の意味合いに欠ける」という説明に対しても，作り出された具体的な物を連想させない imagination という単語が持つ架空性と合致する（imaginary は「架空の」という意味）。したがって，④の imagination が正解。

• preposterous「荒唐無稽の，あべこべの」（「前」を意味する pre- と，「後ろ」を意味する post- から成り，順序が矛盾し合う様子がその語源）

⑶　**Just as light can be both particle and wave, …**

「光が粒子であると同時に波でもありうるように…」

Just as S V「～であるのと（ちょうど）同じように」の構文が用いられている。both *A* and *B* は，「*A* と *B* の両方」以外に，「*A*（である）と同時に *B*（でもある）」と訳せる場合がある。

• particle「粒子」

creativity somehow manages to exist as simultaneously mental and material, playful and practical, artsy and technological, exceptional and pedestrian.

「creativity という言葉も精神的であると同時に物質的であり，遊び心があるのと同時に実用的であり，芸術的であると同時に技術的であり，例外的であると同時にありふれたものとして，何とかうまく存在している」

creativity は，「creativity という言葉」のように，言葉としての側面を強調的に訳すとわかりやすい。somehow は，some（何らかの）＋how（方法にて）で，「何とかして，どういうわけか」という意味。somehow manages to exist（as …）は，熟語 manage to *do*「何とか〔やっとのことで〕～できる」が用いられており，「（…として）何とかうまく存在できている」，あるいは，「どういうわけか（…として）存在できている」のように訳せる。後続で列挙されている，相反する特性（mental and material など）を creativity という言葉が同時に有している点について，somehow「どういうわけか」を用いることで，その言葉の妙に着目させている。as simultaneously mental and material の as は，「〜として」の意味で，simultaneously mental and material は，先述の both *A* and *B*「*A*（である）と同時に *B*（である）」と同じ構造。simultaneously「同時に」は，mental and material だけでなく，これ以降に列挙されている 3 組のペア（playful and practical, artsy and technological, exceptional and pedestrian）のすべてを修飾する。playful「遊び心のある」という形容詞は，creativity という言葉が持つ，実験的で，自由な発想や楽しみを追求する側面を表しており，practical「実用的な」とは対照的な意味になっている。

- material「物質的な」
- artsy「芸術家風の，芸術品を気取った」
- pedestrian「平凡な，ありふれた」

This contradictory constellation of meanings and connotations, more than any one definition or theory, is what explains its appeal in postwar America, …

「どんな単一の定義や理論にも収まらない，このように矛盾した様々な意味や含意を持っているという性質こそが，戦後アメリカにおけるこの言葉の魅力を説明するものである」

constellation は「stella（星）の集まり」を語源とする語で，「星座」以外に，「(類似したものの）集合」を意味し，a constellation of 〜で「様々な〜（の集まり)」となる。この文の主語である，This contradictory constellation of meanings and connotations「この矛盾した様々な意味や含意」は，具体的には，前文で列挙された，mental and material「精神的であると同時に物質的」を始めとした矛盾する意味の組み合わせを指している。それは，creativity という語が持つ性質であるため，「このように矛盾した様々な意味や含意を持っているという性質」と訳出するとわかりやすくなる。more than any one definition or theory の箇所は分詞構文で，more の直前に省略されている being を補って考える。more than 〜は「〜を超える〔上回る〕」の意味から派生して，「〜だけではない，(単に)〜にとどまらない」という意味で用いられている。その直訳は，「(この矛盾した様々な意味や含意は）どんな一つの定義または理論であっても，それにとどまらない（ものであり)」となり，creativityという概念が単一の定義や理論に収まりきらない多様な要素を含んでいることを強調している。its appealのitは，creativityを指すため，what explains its appeal in postwar Americaの和訳は，「戦後アメリカにおけるそれ（=creativityという言葉）の魅力を説明するもの」となる。

in which the balance between those very things seemed gravely at stake.

「この時代，まさにそうした要素の均衡が重大な危機に直面していると見なされていたのだ」

in whichは，直前にあるpostwar Americaという時代を先行詞としており，「その時代においては」という意味。〔解答〕では，よりわかりやすい日本語にするために，in whichの直前でいったん文を区切っている。those very things「まさにそれらのもの」は，具体的には，mental and material, …, exceptional and pedestrian，あるいは，This contradictory constellation of meanings and connotationsのことを指しているため，「まさにそうした概念〔要素〕」などと訳せる。

- gravely「重大に」
- (be) at stake「危機に直面している」

語句・構文

(第１段)　literature「文献，資料」 appreciate「〜を正しく理解する」 ponder「〜を熟考する」 time immemorial「はるか昔」 a regular part of〜「〜の欠かせない一部」 Plato or Aristotle「プラトン，あるいは，アリストテレス（の書いた書物)」 ditto「同上，〜もまた同じ」 intellectual historian「思想史家」 timeless「時代を超えた」 philosophical「哲学的な」 credential「(相応しい）資格，資質，経歴」 shot upward〔up〕「急上昇した」(shotはshootの過去形)

(第２段)　invariably「いつも，必ず」→vary「変わる」の語根でもあるvarに，打消しの接頭辞in-が付き，「相も変わらず」の意味になることから。annoying「腹立たしい，うっとうしい」 sincere「誠実な，本心からの」 assumption「前提」 arrival「到着」 popularization「大衆化，普及」 era「時代」 stuff「もの，こと」 in certain instances「ある特定の場合には，場合によっては」 inspiration「(創造性への) 刺激，ひらめき」 predate「(時間的に)～以前から存在する〔遡る〕」→この直前にあるlongは副詞で「長い間」の意味。

(第3段) trace back to～「～に遡る」 ingenuity「創意工夫，発明の才」 vibe「(～な) 雰囲気」 invoke「～を引き起こす，(感情など) をかき立てる」 monumental「歴史的価値のある」 synonym「同意語」 hit closer to the mark「的中〔目的，成功〕に近づく」→hit the markで「的中する，成功する」の意味。fulfilling「充実した」 interchangeably「(互いに) 交換可能で」 productivity「生産性」 phrasing「表現，言い回し」 coincidentally「偶然に一致して」 patent law「特許法」 in other words「言い換えれば，すなわち」 previous「以前の」 inexpressible「表現不可能な」 subtly「微妙に」 distinguish *A* from *B*「*A*と*B*を区別する」 universally「普遍的に」 precise「正確な」 vague「曖昧な」 slipperiness「滑りやすさ」 bug「欠陥」

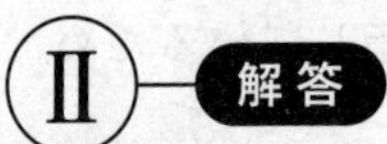

(1)全訳下線部(a)参照。

(2)全訳下線部(b)参照。

(3)〈解答例〉 The diversity and complexity of individual characteristics make it difficult to divide them into easily defined groups. For example, imagine a person reading a book on quantum mechanics in a café. Immediately, you might think that the person is a college student or researcher who is good at science. However, this glimpse overlooks the complexity of human identity. This person might be an artist who is drawn to the profound beauty of physics or they might like fantasy books. Thus, real people's interests and behaviors are complex and diverse and do not fit into simple categories. (80語以上100語以内)

(4)全訳下線部(d)参照。

全訳

《単純化された社会的分類》

①　自分が何を信じているかは明らかである。自分が持っている一連のイデ

オロギーや信念が何であるかもわかっている。では，他に誰が自分と同じ信念を持ち，同じイデオロギーの世界観を共有しているのだろうか？ マーケティングでは，これをセグメンテーション（市場細分化）とターゲティング（標的市場選定）と呼んでいる。セグメンテーションとは，それぞれが異なっている不均質な人々のグループを取り出し，そこから相違点よりも類似点の方が上回る人々同士を集めた同質的グループへと分ける行為である。人々の集団をセグメント化するとき，異なる好みや属性に基づいたグループごとに人々を分けて，彼らに最適な製品を提供したり，特定の行動が採用されるように促すマーケティングメッセージを伝えたりしやすくする。結局のところ，行動採用に影響を及ぼすこと，これがマーケティングの核心機能である。人々がこうしたセグメントに分割されると，マーケターは自分たちの製品をどのセグメントに提供するべきかを選定する。これがターゲティングという行為である。(a)購入，投票，視聴，購読，参加といった，私たちが求めている行動を採用してくれる可能性が最も高いと思われる，追跡対象とするべき一つの（あるいは複数の）セグメントを私たちは標的として選定する。私たちの製品は潜在的には誰にとっても有用かもしれないが，行動する可能性が最も高い人々に私たちは労力を集中させる。文化が私たちの行動に与える影響を考えると，私たちが属するトライブ（＝共通の興味・関心を持った集団）が生み出す社会的圧力や，アイデンティティとの一致を追求しようとすることから，トライブはそれ自体がマーケティングの標的として非常に魅力的なセグメントとなっている。

2 トライブが現実に存在するという事実からだけでも，この視点は強く考慮されるべきである。トライブは現実に存在する人々で構成され，人々はトライブを利用して，自分が何者であるかを伝え，世界における自分の居場所を区別する。一方，セグメントは実在しない。(b)セグメントとはマーケターによって創造された枠組みであり，人々を均一に近いグループに分類したものである。この分類は，私たちが彼らの属性を識別し，彼らの行動を予測しやすくするために，人々の特性を大まかに置き換えたものを基準にしている。セグメントはすっきりしていて整然としたものである。しかし，現実の人々は複雑で乱雑だ。天体物理学者のニール=ドグラース=タイソンがかつてツイートしたように，「科学では，人間の行動が方程式に入ると，物事は非線形になる。だから物理学は簡単で，社会学は難しいのだ」。現実の人間は，私たちが最善を尽くしても，きちんとした小さな箱には収まらないのである。

3 マーケターだけがこの罪を犯しているわけではなく，これは私たちの誰もが行っていることだ。私たちは，世界の複雑さを単純化し，その意味を理解しやすくするために，人々を箱の中に入れてしまう。つまり，精度ではなく，効率を求めるのである。例を挙げよう。私の友人のデボラを紹介しよう。デボラはミニバンに乗っている。デボラには子供がいるのか？彼女の子供はスポーツをするのか？ どんなスポーツをしているのか？そしてデボラはどこに住んでいるのか？ これらの質問を読みながら，あなたはおそらくかなり短時間で答えを導き出しただろう。デボラはミニバンに乗っているから，きっと子供たちがいて，彼らはサッカーをしていて，一家は閑静な住宅地に住んでいるに違いない，と考えたのではないだろうか。(d)大体そんなところだろう。さて，問題はここからだ。デボラに関する情報の一つ（彼女はミニバンに乗っている）を与えただけで，あなたは彼女の生活の全体像を頭に浮かべた。これが私たちの行っていることだ。非常に円滑な思考処理でこれを行う，と付け加えてもよいかもしれない。人々のアイデンティティに対して私たちが割り当てる短絡的な特徴に基づいて，私たちは人々を箱に収めようとしているのである。

解説

マーケティングにおいては，多様な人々の特性や傾向を単純化して，「セグメント」と呼ばれるグループに分類し，これを市場ターゲットに設定する。このセグメントの概念に照らし合わせて，現実の人々の行動がいかに複雑で予測しにくいものであるか，という点を強調している。他にも「トライブ」などの専門的用語が用いられているが，最終的には，人々を単純な分類に収めようとする私たち自身の傾向に目を向けさせている。

(1) **We target a segment (or a number of segments) to pursue that we believe will most likely adopt a desired behavior …**

「私たちが求めている行動を採用してくれる可能性が最も高いと思われる，追跡対象とするべき一つの（あるいは複数の）セグメントを私たちは標的として選定する」

segment は「（全体を分割してできる）区分，断片」という意味の単語。第1段第5文（Segmentation is the act of …）で，「セグメンテーションとは…類似点の方が上回る人々同士を集めた同質的グループへと分ける行為」という説明があるため，segment は「(人々の) 分類，分類された集団」などと訳してもよい（〔解答〕ではマーケティング用語として「セグメント」としている)。a segment to pursue は，to pursue の部分が名詞 segment を修飾しているので，「追求するべき〔ための〕セグメント」と訳せる。ただし，この不定詞の直後では，関係代名詞 that で始まる部分が同じ名詞を修飾しているので，この二重の修飾を日本語で表現しにくいかもしれない。関係代名詞 that の先行詞は a segment であり，文構造理解のためにこれを本来の位置に戻すなら，we believe the segment will most likely adopt a desired behavior「そのセグメント（≒集団）が私たちの求める行動を採用する可能性が最も高いと，私たちは信じている」。この中の，the segment の部分だけが，先行詞として前に移動した形になっており，和訳の順序もそれに合わせて，「私たちの求める行動を採用する可能性が最も高いと私たちが信じているセグメント」となる。これに，先ほどの to pursue の和訳を含めると，「私たちの求める行動を採用する可能性が最も高いと私たちが信じている，追求するべきセグメント」となる。名詞直後の to 不定詞と，その名詞をさらに詳しく説明する関係詞句による，このような二重修飾は，たとえば，a person to trust that will always support you なら，「常にあなたを支持してくれる，信頼すべき人」と，基本的には後ろから前へと訳し上げればよい。また，「…と思われる一つの（あるいは複数の）セグメントを，追跡するべきセグメントとして標的に設定する」のように，修飾される名詞（セグメント）を２回訳出する方法もある。

- most likely「最も～する可能性が高い」
- adopt「～を採用する」

(… a desired behavior)－buy, vote, watch, subscribe, attend, etc.
「購入，投票，視聴，購読，参加といった（私たちが求めている行動…)」

buy, vote, watch, subscribe, attend の部分は，すべて動詞が列挙されているが，これらはダッシュ（―）直前の a desired behavior（求められている行動）の具体例になっている。つまり，behavior「行動」という名詞に合わせて，buy などの動詞も「購入」のように，名詞として訳出すればよい。

Although our product may potentially be useful to everyone, we focus our efforts on the people with the highest propensity to move.

「私たちの製品は潜在的には誰にとっても有用かもしれないが，行動する可能性が最も高い人々に私たちは労力を集中させる」

focus *A* on *B* で「*A* を *B* に集中させる」，propensity は「傾向」の意味。the people with the highest propensity to move の直訳は，「最も動く傾向が高い人々」だが，直前文中の a segment … to pursue that … will most likely adopt a desired behavior「私たちが求めている行動を採用してくれる可能性が最も高い…セグメント」の言い換えであり，move「動く」は，マーケティング戦略によってマーケターが「求める行動を人々が取る」ということを指しているため，「行動する可能性が最も高い人々」と訳せる。

(2) **They are a construct that marketers create where people are placed into homogeneous-like groups …**

「セグメントとはマーケターによって創造された枠組みであり，人々を均一に近いグループに分類したものである…」

They は「それ（ら）は」，または，直前文（Segments, on the other hand, …）中の segments を指しているため，「セグメント（と）は」と訳す。construct には，建造物などの物理的な意味での「構造物」以外に，抽象的な意味での「構造」や「構成概念，概念的枠組み」といった意味がある。そのため，〔解答〕で用いた「枠組み」以外にも，「概念」と訳すこともできる。直前文の Segments … are not real.「セグメントは実在しない」という説明からも，construct が抽象的な「枠組み，概念」であることは推測できる。関係詞 where の先行詞は a construct であり，この枠組みの中で，「人々は同質的な集団へと分類される（people are placed into homogeneous-like groups）」ということ。place は「～を配置する」の意味であるが，place *A* into *B*「*A* を *B*（種類やグループ）に分類する」の用法があり，この受動態が使われている。homogeneous は「同種の，同質の」という意味の形容詞で，これに -like「～に似た，～のような」を付け足すことで，「完全な同質のもの」ではなく，「ある程度は同質に見える，同質っぽい」という含みが強調されている。したがって，「同質の集団」ではなく，「同質的な〔同質に近い〕集団」といった和訳にすること。

based on a rough substitute that helps us identify who they are and predict what they are likely to do.

「この分類は，私たちが彼らの属性を識別し，彼らの行動を予測しやすくするために，人々の特性を大まかに置き換えたものを基準にしている」

based on 以下は，直前の people are placed into homogeneous-like groups「人々は同質的な集団へと分類される」を修飾するものであるが，文が長いため，〔解答〕ではいったん文を区切り，「この分類は…を基準にしている」という形で独立させている（必ずしも区切って訳す必要はない）。a rough substitute の直訳は，「大雑把〔概略的〕な代用品」であるが，「代用品」のままではやや不自然さが残るため，based on の目的語であることを踏まえて「代用基準」などに変えるとよい。さらに言えば，rough の意味合いや，何の代用基準なのかの理解が文脈依存になっているため，少し具体化して和訳したいところ。第２段で説明されている，tribes と segments の対比関係から判断すると，a rough substitute は，「実在する多様で複雑な人々の特性を，単純化して大まかに置き換えたもの」ということ。〔解答〕では，これを端的な表現にして，「人々の特性を大まかに置き換えたもの」としている。（ここでの tribe は，血縁や地理的なつながりに基づく「部族」の意味ではなく，共通の興味や価値観を持つ人々の集団を指すもので，「トライブ」と表現される）先述の「tribes と segments の対比関係」については，下線部前後の情報から，トライブは「実在する人々（real people）」で構成され，彼らは「複雑で乱雑（complex and messy）」な存在である一方，セグメントは「実在しない（are not real）」ものであり，「すっきりしていて整然とした（clean and neat）」ものと説明されている。

(3)　下線部(c)の和訳は，「現実の人間はきちんとした小さな箱には収まらない」であり，この理由を問われている。下線部中の neat little boxes「きちんとした小さな箱」が意味するのは，第２段第５文の Segments are clean and neat.「セグメントはすっきりしていて整然としたものである」の内容から判断して，セグメントのように「人々の特性を大まかに分類して当てはめた，単純明快なカテゴリー」のこと。また，第２段第６文では，But real people are complex and messy.「しかし現実の人々は複雑で乱雑だ」と述べられていることから，下線部の理由には，「現実の人々の興味や行動は複雑で多様であり，単純なカテゴリーには収まらない（から）」ということが挙げられる。これに「本文にはない具体例」を付け加える必要がある。ちなみに，少ない情報から人々の他の特性を想像し，簡略化する私たちの傾向についての具体例が，第 3 段第 4 文 Meet my friend Deborah. 以降にある。そこでは，筆者の友人であるデボラがミニバンを所有しているという情報から，彼女の生活全体を「推測する私たちの傾向」が指摘されている。基本的には，これと同様の具体例を考えればよいが，下線部の理由としては，現実にはそうした「推測通りの単純なものではない」，という点を強調するべきである。その点に留意した具体例を，先述した理由と共に，「80 語以上 100 語以内」の英文にまとめればよい。

（〈解答例〉の和訳）「個人の特性は多様で複雑なため，簡単に定義できるグループに分けることは難しい。例えば，カフェで量子力学の本を読んでいる人を想像してみてほしい。一見して，その人は科学が得意な大学生か研究者だと思うかもしれない。しかし，このように垣間見ることは，人間のアイデンティティの複雑さを見落としている。この人は物理学の奥深い美しさに惹かれる芸術家かもしれないし，ファンタジー本が好きかもしれない。このように，現実の人々の興味や行動は複雑で多様であり，単純なカテゴリーには当てはまらない」

(4)　Sounds about right, right?

「大体そんなところだろう」

That sounds about right.「大体そんなところだろうと思います，妥当な線だと思います」という会話的表現の，That が省略された形。末尾の right? は，「そうでしょう？」という確認程度の働きで，ここでは訳出しなくてもよい。

Well, here's the thing.

「さて，問題はここからだ」

Here's（=Here is）は，「さて〔さあ，今〕～がある」という，何かの存在を強調する表現。the thing は，これから述べることに対して用いて，ややもったいぶった前置きとして機能しており，「(聞いてほしいような) こと，(重要な) 問題」の意味。

I gave you one data point about Deborah (she drives a minivan),

and you mapped out her entire life.

「デボラに関する情報の一つ（彼女はミニバンに乗っている）を与えただけで，あなたは彼女の生活の全体像を頭に浮かべた」

one data point は，全体のデータ〔情報〕(data) のうちの一つ（one point）という意味。map out は，「(計画，将来など) を（思い）描く」という意味の熟語。

• minivan「ミニバン」(ミニとあるが業務用ではなく個人用のバンという意味で，7～8人乗りのワゴンタイプの車)

This is what we do—with great cognitive fluidity, I might add.

「これが私たちの行っていることだ。しかも，非常に円滑な思考処理でこれを行う」

with 以下は，副詞と同じ働きをして，直前の do を修飾している。一般的に，〔with＋抽象名詞〕で，副詞の働きになる。たとえば，with ease であれば，easily と同じ働きで「簡単に」と訳せる。ここでは，fluidity「流動性」という抽象名詞が使われており，with fluidity で「流動的に，流れるように」といった意味になる。これに，cognitive「認知の，認識力の，知能に関わる」という修飾語がついた形となっている。したがって，with cognitive fluidity は，「認識力の面で流れるように」といった意味になる。I might add「付け加えるなら」という意味の表現で，ここでは with great cognitive fluidity が付け加えられた箇所に相当する。

語句・構文

（第1段） set of ～「一連の～，ひとそろいの～」 ideology「イデオロギー（価値体系，信念）」 beliefs that you hold「あなたが抱いている信念」→hold a belief で「信念を抱く」。out there「外には，世の中には」 worldview「世界観」 cluster「塊，集団」 a population of ～「(生物など) の集団」 divide *A* into *B*「*A* を *B* に分割する」 preference「好み」 attribute「特性，属性」 serve *A* with *B*「*A* に *B* を供給する」 adopt「～を採用する」 offer *A* to *B*「*A* を *B* に提供する」→本文中の the segments to which they will offer their products は，元は they will offer their products to the segments で，to the segments の部分が関係代名詞化して to which になり，the segments が先行詞として前方に移動した形。pursuit「追求」 congruence「一致，調和，合同」 compelling

「抑えきれない，魅力的な」
（第２段） perspective「観点」 call for ～「～を必要とする」 if for no other reason than ～「～だけの理由だとしても」 be made up of ～「～で構成されている，～から成る」 communicate「～を伝える」 demarcate「～を区別する，～の境界を定める」 astrophysicist「天体物理学者」 tweet「(Twitter：現 X に）投稿する」 equation「方程式」 nonlinear「非線形の」 physics「物理学」 sociology「社会学」
（第３段） (be) guilty of ～「～で有罪である，～の罪を犯している」 simplify「～を単純化する」 complexity「複雑さ」 make sense of～「～を理解する」 accuracy「正確さ」 efficiency「効率」 likely「たぶん，おそらく」→形容詞で「可能性が高い」の意味になるが，ここでは副詞。 cul-de-sac「袋小路，(欧米の) 閑静な住宅地」→交通の流れを減らし，地域のプライバシーと安全性を高めるために，袋小路や閉じた円形の道路沿いに住宅が並ぶ地域。shortcut「手っ取り早い，短絡的な」 characteristic(s)「特徴」 assign *A* to *B*「*A* を *B* に割り当てる」

Ⅲ **解答例**

〈解答例１〉 We are often ashamed of our past ignorance and folly, but at the same time, this may also be proof that we have become more mature, recognizing our immaturity. Paradoxically, it is only when we realize our ignorance that it can be said that we become wiser than yesterday. Realizing the existence of yet-undiscovered worlds must be what learning is all about, and this journey of learning never ends.

〈解答例２〉 I am often ashamed of my former ignorance and stupidity, but at the same time, I realize that recognizing the extent of my immaturity has only helped me grow that much. Paradoxically, it is only when I realize my ignorance that I become wiser than I was yesterday. I am sure that the essence of learning lies in becoming aware of worlds that remain unknown to us and that learning is an endless activity.

解説

「かつての自分の無知と愚かさを恥じることはよくある」

• 「～を恥じる」→罪悪感や後悔から生じる恥ずかしさは，be ashamed of ～「～を恥ずかしく思う」を用いて表現する。be shy は，内気な性格や臆病である状態を表現するものであるため，ここでは用いられない。主語は明記されていないが，一般的な内容と捉えて we を用いればよい。あるいは，個人の経験として I を用いることもできるが，いずれの場合も，we や I が混在しないように，統一して使用すること。

• 「かつての自分の無知と愚かさ」→「無知」は ignorance,「愚かさ」は folly や stupidity で表現できる。「かつての」には，past「過去の」，あるいは，former「以前の」といった形容詞を添える。主語に一致した所有格を使って，our past ignorance and folly や，my former ignorance and stupidity といった英訳が妥当である。

• 「～することはよくある」→S often V の形で「S が V することはよくある」の意味。It is common that〔to *do*〕～ のように，common「一般的な」という形容詞を用いて表現するのであれば，主語には I ではなく，we（あるいは you）を用いる。

「…が，それは同時に，未熟な自分に気づいた分だけ成長したことをも示しているのだろう」

• 「…が，それは同時に～したことをも示しているのだろう」→but at the same time, …「しかし，同時に」で始める。「それは（未熟な自分に気づいた分だけ成長した）ことをも示している」は，単純に，it also shows that で始めてもよいし，「これは（未熟な自分に気づいた分だけ成長した）ことの証拠でもある」と捉えて，this may also be proof that とすることもできる。〈解答例 2〉のように，I を主語にして「…ということがよくわかる」としてもよい。

• 「未熟な自分」→「自分の未熟さ」と考えて，our immaturity や my immaturity とする。

• 「成長した」→文字通り，grow を使ってもよい（内面的な成長にも使える）し，ここでは「成熟した」ということなので，動詞の mature，あるいは，形容詞の mature（be 動詞を補って，be mature の形で使う）を選択してもよい。

• 「～した分だけ…する」→the extent of ～「～した程度」を用いて，「自分の未熟さの程度を理解することによって成長することができる」という表現も可能。recognizing the extent of my immaturity を主語とし，述部は has helped me grow とすればよい。help を only で強調してもよい。「その分」を意味する副詞 that much を加えて，成長の程度を示すとより細かいニュアンスを訳出できる。

「逆説的だが，自分の無知を悟ったときにこそ，今日の私は昨日の私よりも賢くなっていると言えるのだ」

• 「逆説的だが」→Paradoxically,「逆説的ではあるが」を用いる。少し長めの表現になってしまうが，Though it may seem contradictory,「矛盾しているように聞こえるかもしれないが」なども考えられる。

• 「自分の無知を悟ったときにこそ」→「～したときにこそ」の箇所には，強調構文である，it is ～ that …「～こそ…（である）」の形が使える。強調されているのは「自分の無知を悟ったとき」であるから，これを英訳した when we realize our ignorance が，it is の直後に続く。「悟る，実感する」は realize，あるいは，come to realize。他には，recognize / become aware of が使える。

• 「今日の私は昨日の私よりも賢くなっている（と言える）」→「～と言える」の箇所は訳出するのであれば，it can be said that で始める。「今日の（私）」や「昨日の（私）」は，英語では形容詞としてよりも副詞として使うことが一般的。「（今日）私は昨日よりも賢い」と単純化して表現すると，we become wiser than yesterday，あるいは，become wiser today than I was yesterday となる（現在形の動詞があるため today は書き表さなくても問題ない）。

「まだまだ知らない世界があることを知る，きっとこれが学ぶということであり，その営みには終わりがないのだろう」

• 「まだまだ知らない世界があること」→「まだ知られていない世界の存在」ということなので，the existence「存在」で始まる名詞句で表現できる。「まだ知られていない～」には，～ yet to be known や，yet-undiscovered ～ が使える。したがって，the existence of the world yet to be known (out there) / the existence of yet-undiscovered worlds などと表す（out there は「外には，世の中には」の意味）。もちろん，〈解答例2〉のように関係代名詞を用いて表現してもよい。

- 「学ぶということ」→これは，「学ぶこととはどういうものなのか」，「学ぶことの本質」という意味である。それぞれ，what *A* is all about「*A* とはいったい何なのか，*A* の全て」や，the essence of *A* の形で表現できる。
- 「(…知らない世界があること) を知る，きっとこれが…である」→this「これ」を主語にすると，それが指す内容の「知らない世界があることを知る (こと)」を別途，同格表現で書き表さなくてはならない。その場合は，たとえば，This must be what learning is about : to become aware of the existence of the world yet to be known out there のように，this を先に位置させて，それが指す内容をコロン（：）の後ろに置くことになる。しかし，This が文頭にあることで，それが前文の内容を指すかのような印象を与えるため，いっそのこと this「これ」を使わずに，「まだまだ知らない世界があることを知る (こと)」を主語にすればよい。動名詞を使って，becoming aware of the existence of world yet to be known out there や，realizing the existence of yet-undiscovered worlds とする。「きっと」の箇所は，確信を表す must be ～，あるいは，I am sure that ～ で表す。
- 「その営みには終わりがないのだろう」→「その営み」は，前述の「知らない世界があることを知る」ということなので，this activity「この活動」と表現できる。「*A* には終わりがない」は，*A* is endless や，there is no end to *A* となる。あるいは，「果てしない学習活動」の意味合いを込めて，this journey of learning「この学習の旅路」と比喩的に表現すると，「終わりがない」という表現にもきれいに繋がる。「旅は決して終わらない」という表現を元にして，this journey of learning never ends など。

講 評

2024 年度は大問 3 題の出題となり，大問構成では英作文問題が 1 題減ったように見えるが，読解問題の中で英作文が出題されているため，出題構成に実質的に大きな変更があったとは言えない (2019 年度の出題構成に類似している)。

下線部和訳が中心である読解問題の形式に変わりはなく，文脈を捉えたうえで，直訳では不自然さが残る箇所を自分で判断し，逸脱しない範囲での意訳を心がける姿勢が要求されている。それぞれの下線部には，出題の狙いとなっているような難所があり，一筋縄ではいかないところがある。また，読解問題の中で出題された英作文では，「本文にはない具体例」を挙げる必要があり，近年出題されている自由英作文の要素もある。こうした点はすべて，少なくとも，ここ数年の京大英語で問われてきた要素を踏襲したものである。

Ⅰ creativity「創造性」という言葉の歴史とそれが表す概念を扱った内容となっている。英文和訳の他に，4つの空所に文脈上適切な単語を選択肢から選んで補う問題が含まれていた。手掛かりとなる空所前後の語句には，utilitarian や pedestrian など比較的難しい語彙が使われているが，その他の情報からでも推測できるものとなっている。英文和訳では，(1)の as far as words go，(3)の constellation など，和訳するには単語帳の学習からだけでは難しく，実際の英文素材に触れてきた経験値がものを言う箇所が含まれている。

Ⅱ マーケティングの考え方を通じて，私たちが人々の特性を単純化する傾向を訴える文章である。英文和訳が中心であるが，(3)は，下線部の内容に対する理由を，「本文にはない具体例を挙げながら」英語で説明する問題となっていた。内容説明の要素と，自由英作文の要素を併せ持つ点に注意が必要である。英文和訳は，(2)の substitute が意味するところを文脈から理解し，ある程度の意訳ができる力が欲しいところである。

Ⅲ 英作文問題は，ソクラテスによる「無知の知」を彷彿とさせる内容の和文英訳であった。「未熟な自分に気づいた分だけ成長した」における，「～した分だけ…する」の表現方法や，「まだまだ知らない世界があることを知る，きっとこれが学ぶということである」のように，日本語の語順や構成を，そのまま英語に適用できない場合の処理といった点が重要となっている。

2024年度は，2023年度に続き，内容説明問題がほとんど出題されなかった。また，空所補充は2019年度以来と，5年ぶりの出題であった。しかし，多少の出題構成の振れは想定内として，むしろ，過去の既出のパターンへの慣れが重要であることが再確認できたと言える。

日本史

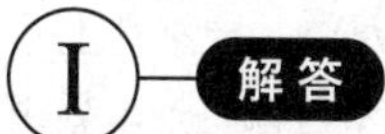

A. ⑴陸奥守在任中に黄金を献上し，銅像の鍍金に貢献したため。

⑵斉明天皇　⑶烽　⑷高野新笠　⑸盧舎那（仏）　⑹多賀城

B. ⑺(あ)鎌倉を奪還するため関東に下向すること。

(い)後醍醐天皇は勅許を出さなかった。

⑻北条時行

⑼武士たちは建武政権に不満をもっていたため。

⑽足利直義　⑾新田義貞　⑿太平記

C. ⒀徳川綱吉　⒁明暦の大火　⒂生類　⒃独自の判断で処罰すること。

⒄関東取締出役　⒅月　⒆大名

解説

《百済王敬福，中先代の乱，近世の社会》

A. 史料は『続日本紀』の天平神護２年６月壬子条で，百済王敬福の死去にともない，彼の家系や業績を記したものである。

⑴　百済王敬福が従三位の地位を得た理由が問われている。史料の第２段落から，陸奥守在任中に黄金を献上し，銅像の鍍金に貢献したことが読み取れる。「黄金を献上」が解答の要であるが，解答欄のスペースを考えると，「陸奥守在任中」か「鍍金に貢献」のどちらかは書いておきたい。

⑵　「後岡本宮」を知らなくても，史料第１段落の「百済国の…義慈王の兵，敗れて唐に降る」などから，660年の百済滅亡時の斉明天皇だと想定できる。

⑶　烽（とぶひ）は，古代の軍事施設で，非常時に火を焚き煙を上げて通報した。

⑷　高野新笠は渡来系氏族の出身で，白壁王（光仁天皇）の妻となり，山部親王（のちの桓武天皇）や早良親王を生んだ。

⑸　盧舎那仏は華厳経の本尊である。『続日本紀』の本文には「盧舎那の銅像を造る」（原漢文）とある。

⑹　多賀城は現在の宮城県域に設置された律令国家の拠点であり，陸奥国府と鎮守府が置かれた。

B. 出典の『梅松論』は，足利尊氏の側から書かれた南北朝時代の戦記である。史料冒頭の「同（建武）二年（1335）」が大きなヒントとなる。

(7)(あ) 「将軍」（＝足利尊氏）の「御奏聞」（＝天皇への奏上）の内容が問われている。史料から「関東で凶徒が鎌倉に責め入っていること」，「［イ］は防げず東海道へ退いているから，合力を行いたい」旨を奏上していることがわかる。西暦や内容から，北条時行が鎌倉を占拠した中先代の乱を想起でき，足利尊氏が後醍醐天皇に，鎌倉を奪還するため関東に下向することへの勅許を求めていることがわかる。

(い) 「御奏聞」された人物の対応が問われている。解答スペースが狭いので，「勅許を出さなかった」，または「尊氏の下向を許さなかった」でよいだろう。

(8) 北条時行は北条高時の子で，1335年に中先代の乱を起こした。

(9) 尊氏の「御供」をした「皆」は，史料6行目「公家（天皇・朝廷）を背き奉る人々」から武士だとわかる。建武政権では恩賞が不公平であったうえ，全国の所領の安堵に後醍醐天皇の綸旨が必要とされたため，武士たちは不満を募らせていた。

(10) 足利直義は尊氏の弟で，建武政権では鎌倉将軍府の中心であった。

(11) 新田義貞は，1333年鎌倉を攻めて幕府を滅ぼし，建武政権では武者所頭人となった。

(12) 『太平記』は南北朝の動乱を題材とする軍記物である。

C. 出典は元禄10年に出された「自分仕置令」である。まず，史料末尾の「丑（元禄10年（1697））」に着目すれば，正答を導きやすい。

(13) 「元禄10年」から，徳川綱吉だとわかる。

(14) 4代将軍徳川家綱の治世におきた明暦の大火（1657年）では，江戸全市の55％が焼け，江戸城の天守閣も焼失した。

(15) 元禄という時期と，「［ウ］あわれみの儀…」から，生類が入る。生類憐みの令は，徳川綱吉の治世に20年以上にわたって出され，捨子，捨牛馬の禁止や犬愛護などを強制した。

(16) 史料では，冒頭の3種類の罪人に対して，一つの領内の出来事なら大名の独自の判断で処罰し，他領にも関わることなら老中に判断を伺うことが命じられている。

(17) 1805年，幕府は関東取締出役を置き，関東の治安維持にあたらせた。

⒅ 老中以下多くの役職は複数名が任じられ，ひと月交替で勤務した。その勤務制度を月番という。

⒆ 大名は，将軍の家臣のうち，1万石以上の石高を持つものである。

Ⅱ **解答** **ア.** 公営田 **イ.** 博多 **ウ.** 藤原純友 **エ.** 伴大納言絵巻 **オ.** 扇面古写経 **カ.** 以仁王 **キ.** 無著 **ク.** 世阿弥 **ケ.** 如拙 **コ.** 雪舟 **サ.** 禁中並公家諸法度 **シ.**（徳川）和子 **ス.** 村方三役 **セ.** 五人組 **ソ.** 松尾芭蕉 **タ.** 川柳 **チ.** 高橋至時 **ツ.** 新潟 **テ.** 神通 **ト.** 公害対策基本法

解説

《古代～近現代の諸事象》

①**ア.** 公営田は，9世紀初頭に大宰府管内に置かれた国家の直営田である。

イ. 博多は大宰府の外港で，9世紀以降，新羅や唐の民間商船が来航した。

ウ. 藤原純友は瀬戸内海の海賊を従えて乱を起こし，大宰府をも攻撃した。

②**エ.** 応天門の変を題材とする『伴大納言絵巻』は，後白河上皇が宮廷絵師の常盤光長に命じて描かせたとされている。

オ.『扇面古写経』は，院政期の装飾経で，法華経の写経の下地に貴族や庶民の姿が大和絵で描かれている。

③**カ.** 以仁王は後白河法皇の皇子で，1180年に平氏追討を命じる令旨を出した。これを受けて伊豆で源頼朝，木曽で源義仲が挙兵した。

キ.「無著・世親像」は，運慶が制作した法相宗の高僧の肖像彫刻である。

④**ク.** 世阿弥は足利義満の保護の下で猿楽能を大成し，理論書『風姿花伝』では，「花」や「幽玄」を尊ぶ芸術論を展開した。

ケ. 如拙は相国寺の禅僧で，足利義持の命で『瓢鮎図』を描いた。

コ. 雪舟は相国寺の禅僧で，明に渡ったのち日本の水墨画を大成した。

⑤**サ.** 禁中並公家諸法度は，1615年に定められた朝廷統制の規範である。

シ. 徳川和子は徳川秀忠の娘で，後水尾天皇に入内し明正天皇を生んだ。

⑥**ス.** 村方三役は，庄屋（名主）・組頭（年寄）・百姓代の総称で，村政の中心となった。

セ. 五人組は五戸を基準とした組織で，年貢納入などの連帯責任を負った。

⑦**ソ.** 松尾芭蕉は蕉風俳諧を確立し，『奥の細道』などの紀行文も残した。

タ. 川柳は俳句の形式で世相を風刺する文芸で，柄井川柳が知られる。

⑧チ. 高橋至時は，幕府の天文方となり寛政暦を作成した。

⑨ツ. 文中の不知火海沿岸部の有機水銀中毒被害は熊本県の水俣病を指しており，同様の有機水銀中毒被害は新潟県阿賀野川流域でも起きた。

テ. 富山県神通川流域のカドミウム中毒被害は，イタイイタイ病を指す。

ト. 公害対策基本法は，1967年に佐藤栄作内閣が制定した。

Ⅲ　解答

A. ア. 宮座　**イ.** 寄合　**ウ.** 惣〔惣村〕　**エ.** 地侍

⑴入会地　⑵徳政令　⑶(あ)足利義教　(い)管領

⑷柳生　⑸分一銭

B. オ. 菱垣　**カ.** 河村瑞賢〔軒〕　**キ.** 日本橋　**ク.** 長崎

⑹たたら製鉄　⑺勘定奉行　⑻下田　⑼両替商〔本両替〕

⑽銚子　⑾高田屋嘉兵衛

C. ケ. 正岡子規　**コ.** ラジオ放送　**サ.** 盧溝橋　**シ.** ソ連

⑿内村鑑三　⒀内地雑居〔内地開放〕　⒁社会大衆党

⒂長春　⒃斎藤実　⒄学徒勤労動員〔勤労動員〕

解説

《惣村の形成と徳政一揆，江戸時代の水運の発達，野球の歴史》

A. ア・イ・ウ. 惣（惣村）は鎌倉後期から室町時代に結成された地縁的な自治組織であり，神社の祭祀組織である宮座が結合の中心となり，寄合という村民の合議によって運営された。

エ. 地侍は，惣村の有力な名主として領主に年貢を納めながら，守護などと主従関係を結んで侍身分を獲得したものである。

⑴ 入会地は惣村の構成員が薪や肥料の材料を入手する共同利用地であり，入会地や用水の管理は惣村の重要な役割であった。

⑵ 徳政令は，室町時代には債権・債務の破棄を命じる法令を指す。

⑶(あ) 足利義教は，1428年の足利義持の死後，くじ引きで将軍後継者に決定し，翌年，就任した。

(い) 管領は室町幕府の政務統括者で，畠山・細川・斯波の三家から就任した。

⑷ 柳生は現在の奈良市内の地名で，通称疱瘡地蔵の右脇に，「正長元年ヨリサキ者(は)，カンヘ四カンカウニヲヰメアルヘカラス」と，債務破棄を宣言した文が刻まれている。

⑸　分一銭は，徳政令発令時に幕府が債権者もしくは債務者に納入させた手数料である。分一銭目当ての徳政令を分一徳政令という。

B．オ． 菱垣廻船は17世紀前半以降，大坂から江戸への商品輸送を担った。

カ． 河村瑞賢（瑞軒）は，17世紀後半，幕命により東・西廻り航路を整備した。これにより大坂に物資が集中し，中央市場としての地位が確立した。

キ． 江戸では日本橋の魚市場，神田の青物市が栄え，食生活を支えた。

ク． 鎖国制が確立されると，長崎が幕府の対外交渉の窓口となった。

⑹　たたら製鉄は，足踏み式の送風装置のある炉に砂鉄と木炭を交互に入れる日本独自の製鉄法である。

⑺　勘定奉行は三奉行の一つで，代官らを統括し，幕領の租税徴収と訴訟にあたった。

⑻　下田は伊豆半島の南端にあり，1854年の日米和親条約により箱館とともに開港された。

⑼　江戸幕府は三貨の鋳造を行い貨幣流通の便宜を図ったが，三貨の単位が異なり，交換レートは変動した。さらに，西日本は銀建て東日本は金建ての慣行があったため，両替商（本両替）が全国的な貨幣の流通を支えた。

⑽　銚子は千葉県の東端にあり，東廻り航路の寄港地，醤油醸造地，漁業の拠点として栄えた。

⑾　高田屋嘉兵衛は淡路島出身の北前船の船頭で，エトロフ航路を開拓した。1811年のゴローニン事件で日ロ関係が悪化するなか，クナシリ島でロシア人にとらえられたが，帰国後ゴローニンの釈放に尽力した。この交渉後，日露関係は改善し，幕府は蝦夷地を松前藩に還付した。

C．ケ． 正岡子規は写生に基づく俳句・短歌革新運動をすすめ，俳句雑誌『ホトトギス』などで活動した。

コ． ラジオ放送は，1925年に開始され，翌年にはNHKが設立された。

サ． 盧溝橋は北京郊外にある橋梁で，1937年7月，日中両国の軍事衝突が起きた。現地では停戦となったが，第1次 近衛文麿内閣が派兵し，宣戦布告がないまま，日中戦争が勃発した。

シ． ソ連と日本は，1941年4月に日ソ中立条約を結んでいたが，6月に独ソ戦争が始まると，7月の御前会議でドイツが優勢な場合の対ソ戦が決定された。これを受けて，陸軍は関東軍特種演習という名目で，兵力を満州に集結した。しかし，南進の実行により対ソ戦の計画は中止された。

⑿　内村鑑三は札幌農学校出身のキリスト教徒で，第一高等中学校嘱託教員の時，教育勅語に十分な敬礼をしなかったとして教職を解かれた。

⒀　内地雑居（内地開放）とは，外国人に日本国内での居住・旅行・営業の自由を与えることである。

⒁　社会大衆党は，1932年に安部磯雄を党首として結成された反資本・反共・反ファシズムの立場をとる政党である。

⒂　長春は中国吉林省の都市で，1905年のポーツマス条約により，長春〜旅順間の鉄道がロシアから日本に割譲された。

⒃　斎藤実は海軍大将で，五・一五事件で犬養毅首相が暗殺された後，総理大臣となった。斎藤実内閣は立憲政友会・立憲民政党・官僚・軍部・財界出身者を入閣させ，挙国一致内閣と称した。

⒄　学徒勤労動員は中等学校の生徒（開始当時は男子のみ）などを軍需工場へ動員することで，太平洋戦争末期の1944年の学徒勤労令で中学生以上の全員を工場へ配置することになった。なお，14歳〜25歳の未婚の女性は女子挺身隊に組織され工場へ配属された。

Ⅳ　解答

⑴　縄文時代には，温暖化にともなう海進により入江の多い日本列島が形成され，骨角器の釣針や，石錘を利用した網を用いた漁労が活発化した。イノシシやシカなどの中小動物が狩猟の対象となり，石鏃を付けた弓矢などを用いて捕獲した。植生の変化により豊富になった根茎類や木の実を採取し，石皿・磨石を用いてすりつぶし，縄文土器を用いて貯蔵，調理した。このように，自然環境の変化に適応した多様な食料採集が生業の中心であった。(200字以内)

⑵　繊維工業を中心として近代産業が発展したが，低価格による国際競争力強化のため安価な労働力が求められた。一方，松方デフレによる米価・繭価の暴落は地租の実質的負担増につながり，自作農が小作農に転落した。高率の小作料に苦しむ小作農は家計補充のため子女を繊維工場に出稼ぎに出した。女工は劣悪な労働環境のもと，低賃金・長時間労働に従事し，輸出産業に成長した紡績業や，最大の外貨獲得産業である製糸業の発展を支えた。(200字以内)

解説

《縄文時代の生業，女工の近代産業発展における関わり》

(1) 〈答案の構成〉

問われているのは，縄文時代の生業とその特質について述べることである。条件として図ａ～ｄとして示された遺物の写真を具体的な根拠として示すことが求められている。京大の論述問題では，2012 年度に指定語句が付された例はあるが，写真が付されたのは 2024 年度が初めてである。なお，2007 年度には，縄文時代と弥生時代の主要な生業の違いを問う類題が出題されており，その際も考古資料（遺構や遺物）を具体的な根拠として示すという条件が付されていた。本問を一見した受験生は，論述問題に写真が付いていることに戸惑うかもしれないが，むしろ，写真は答案作成の手がかりとなる。図ａ～ｄの遺物の名称と用途を判断できれば，どのような生業が行われていたかを多面的に想起できるだろう。なお，図ｂを石錘だと判断できるか否かで得点に若干の差が出たものと思われる。答案中に「ａの石鏃」，「ｃの釣針」という表現をしてもよいが，ａ～ｄを付さずに遺物の名称と用途を記してもかまわないだろう。

ところで，特徴や特質を述べる論述問題では，近接した時代などと比較したうえで浮かび上がってくる差異に着目したい。旧石器文化が狩猟を主体としていたのに対して，縄文時代は狩猟に加え，漁労，植物性食料の重要性が高まり，多様な食料採集が行われた。そのような特質を指摘したうえで，さらにその特質を生み出した温暖化による自然環境や動植物相の変化にも言及して，答案をまとめていこう。なお，具体的な根拠として取り上げる遺物は，ａ～ｄの４つだけでも十分であるが，縄文土器などを答案に盛り込んでもよいだろう。

〈知識の確認〉

【自然環境の変化】

更新世は，寒冷な氷期と比較的温暖な間氷期とを交互に繰り返した時代であったが，いまから１万５千年前頃を境に地球は温暖化へと向かい，約１万年前の完新世のはじめには気候は現在と似たようなものになった。温暖化にともない，海面が上昇（海進）し日本列島が形成された。約 6000 年前の縄文前期が海進のピークで，海水面は現在より 3～5m も高く，現在陸地である場所の奥深くまで海水が進入し，魚介類の生息に適した入江が発達した。温暖化にともない植物相も変化した。更新世には針葉樹林が中心であったが，落葉広葉樹林（東日本）や照葉樹林（西日本）を中心とするものへと変化した。温暖化による植生の変化にともなって，クルミ・クリ・トチ・ドングリなどの堅果類や，ヤマイモなどの根茎類など植物資源が豊富になった。動物相についても，ナウマンゾウ・オオツノジカなどの大型動物が絶滅し，イノシシ・シカ・ウサギなどの中小動物が中心となった。

【採集・狩猟・漁労のありかた】

こうした自然環境の変化のなかで，約1万数千年前に縄文文化がおこった。まず採集について，植物相の変化にともない木の実が増加し，重要な食料資源となった。採集した木の実は石皿と磨石（図d）を使ってすりつぶして食用とした。ヤマイモなどの根茎類は土掘に適した打製石鍬などを用いて採集された。縄文土器の出現により食料の貯蔵ができ，あく抜き・煮炊きといった調理法も可能となった。

次に狩猟について，イノシシやシカなど中小動物を，石鏃（図a）を先端に取りつけた弓矢や落とし穴を使って狩猟し，石匙を使って皮を剝いで食用とした。

最後に漁労について，釣針（図c）・銛などの骨角器，石錘（図b）をおもりに取り付けた網などを使って漁労を行っていた。貝がさかんに採集されたことは，各地で貝塚が発見されていることから明らかであり，丸木舟を使った沖合漁も行われていた。

(2)　**〈答案の構成〉**

問われているのは，女工（工女）が近代産業の発展にどのように関わったのか，を説明することであり，①女工が生み出された背景，②従事した産業，③働き方の三点を中心に，という条件が付されている。女工がテーマということで，戸惑った受験生もいるかもしれないが，女工の大半が貧農の子女であったことを考えると，①の背景については，松方財政期に農民の階層分化が進んだことが想起できるだろう。階層分化が進んだ原因を簡潔に説明したうえで，低賃金労働者を必要とした資本家側の理由にまで言及できればさらによい。②については，紡績業と製糸業を挙げるのみならず，それぞれの発展の特質も簡潔に記すと高得点につながる。③については，低賃金・長時間労働という点は，ぜひ書いておこう。

〈知識の確認〉

【女工が生み出された背景】

明治期の近代産業の発展は紡績業・製糸業など繊維工業を中心に展開した。後発資本主義国の日本が，いち早く産業革命を進めた欧米諸国に対する国際競争力を確保するためには，低価格の商品の提供が必要であり，安価な労働力が必要不可欠であった。

一方，1870年代の地租改正によって，地租は定額金納となったため，農作物の価格変動が農家に直接的な影響を及ぼすようになった。1880年代前半の松方財政下のデフレーションにより米価・繭価など農産物価格が下落すると，地租は実質的な負担増となり，困窮した自作農のなかには土地を手放して小作農に転落するものが増加した。土地を失った農民の多くが農村部に滞留して小作農となったのは，重工業が未発達で都市部での男子の就労機会が少なかったためである。そのようななか，高率の小作料のため，最低限の生活費用も確保できない小作農は，家計補助のために子女を紡績工場や製糸工場へ出稼ぎさせた。貧農の子女の出稼ぎは，大半が結婚するまでの短期間であり，家計の中心ではなかったため，安価な労働力を提供することができたのである。

【従事した産業】

綿花から綿糸を製造する紡績業では，1882年に設立された大阪紡績会社が成功すると，1880年代後半の企業勃興期に多くの機械紡績会社が設立された。1890年には綿糸の生産量が輸入量を上回り，1897年には輸出量が輸入量を上回り輸出産業に成長した。紡績業は明治期の産業革命の中心となったが，綿花・機械を輸入に依存しており，国際競争力強化のためには，貧農の子女の安価な労働力が不可欠であった。

繭から生糸を製造する製糸業は，幕末の開港貿易開始以来，昭和初期に至るまで最大の外貨獲得産業であった。日清戦争頃には座繰製糸の生産を器械製糸が上回った。日露戦争後にはアメリカ向け生糸輸出が伸び，1909年には生糸輸出が清国を抜いて世界第一位となった。

【働き方】

女工は寄宿舎制度で工場に縛りつけられ，劣悪な労働環境のもと，低賃金・長時間労働に従事した。紡績業では2交代制の昼夜業が一般的で，製糸業では労働時間が15時間を超えた。

講評

Ⅰ　A.『続日本紀』，B.『梅松論』，C.「自分仕置令」の3史料が出題された。例年に比べて，史料の内容把握を必要とする設問が増加していた。

Ⅱ　古代〜近現代の諸事象が問われた。全体として標準的な事項が問われている。

Ⅲ　A．惣村の形成と徳政一揆，B．江戸時代の水運の発達，C．野球の歴史という3つのテーマを通じて，中世，近世，近代の知識が空所補充と一問一答式設問の形で問われた。

Ⅰの史料読解は少し難化したが，Ⅱ・Ⅲは例年より易化傾向であった。

Ⅳ　(1)縄文時代の生業，(2)女工の近代産業発展における関わりについての各200字以内の論述問題。(1)では，論述問題で初めて，遺物の写真を参考にする形式であった。原始時代から出題される場合，語句問題でも論述でも遺物が重視されているので，図版を用いてしっかり学習しておきたい。(2)については，女工というテーマに戸惑うかもしれないが，背景として松方財政による農民の階層分化を想起できれば，平均的な得点を取れるだろう。従事した産業については，紡績業・製糸業と業種を書くだけではなく，それぞれがどのように発展したかを簡潔に示すことができれば，高得点につながる。なお，(1)については2007年度に類似問題が出題されている。論述では近年，過去問と類似した問題が頻出であり，過去問研究の徹底が論述問題の得点アップの近道であるといえる。

時代については，記述問題と論述問題をトータルすると，例年は原始・古代，中世，近世，近現代からそれぞれ4分の1（25点）の出題であるが，2023年度と2024年度は，近現代からの出題が少し多い傾向にある。そのうち，現代史からの出題は，2023年度はなかったが，2024年度は3問であった。分野については，政治史に次いで文化史からの出題が多いのが京大の特徴である。2024年度は原始文化も含めた文化史からの出題が，記述13点分，論述15点分あった。

世界史

Ⅰ 解答

豊臣秀吉の朝鮮出兵に際し宗主国の明は朝鮮に援軍を送ったが，財政難を招き，明は朝鮮から後退した。代わって女真人の後金が朝鮮へ侵入し，朝鮮は清の属国となった。その直後に明が滅びると，清を夷狄とみる朝鮮では自らを中国文化の正当な後継者とする小中華意識が広まり，儒教の規範が厳格に守られる一方，対外的には鎖国体制を維持した。その後，日本の圧力により日朝修好条規で開国したが，清は日本と対立を深め，朝鮮への宗主権維持・強化のため，壬午軍乱と甲申政変に介入し閔氏政権を支えた。しかし，日清戦争に敗北すると，清は下関条約で宗主権を放棄したことから，朝鮮は自主独立の国と示すため大韓帝国と改称し，国王は皇帝となった。(300 字以内)

解説

《16 世紀末から 19 世紀末にいたる朝鮮と中国の関係の変化》

●設問の条件

〔主題〕16 世紀末から 19 世紀末にいたる朝鮮と中国の関係の変化

●論述の方向性

「16 世紀末」と「19 世紀末」の朝鮮（李朝，朝鮮王朝）と中国の関係に関わる出来事を想起し，冒頭（書き始め）と結末（書き終わり）を確定し，ついでその間の朝鮮史の中から中国と関わる箇所を抽出し，それらを時系列に配置していきたい。その際，次の 2 点に注意したい。

①朝鮮と中国は当初，宗属関係（冊封する宗主国の中国と朝貢する属国の朝鮮という関係）にあり，この宗属の「関係の変化」は 19 世紀後半である。

②宗属「関係の変化」の一因は日本の朝鮮進出にあるから，日本の動向を組み込むことが必要となる。

なお，設問文に，清の皇帝である乾隆帝の時代であるにもかかわらず，「明の崇禎年間より後の三回目の庚子の年」という年次を使用していると言及されているので，朝鮮における「小中華」の思想の説明をすることが求められていると判断したい。

1．16 世紀末の朝鮮と中国の関係

壬辰・丁酉の倭乱を想起したい。これは豊臣秀吉の朝鮮出兵（日本史では文禄・慶長の役と呼ぶ）を指す。これに対して朝鮮と宗属関係を結んでいた宗主国の明は援軍を派遣し，日本軍の撃退に成功した。しかしこの遠征は明の財政を圧迫し，明は朝鮮から勢力を後退させることになった。

2．17～19 世紀の朝鮮と中国の関係

中国東北地方から台頭した女真人（満州人）の国・後金（1636 年からの国号は清）が明の後退に乗じて朝鮮へ進出した。その結果，1637 年，朝鮮は清に制圧され，清の属国となった。その直後，中国では明が李自成の乱で滅亡し（1644 年），清の中国支配が始まった。これにより朝鮮の宗主国は清となったが，朝鮮では清を「夷狄」とみなしたため清への対抗意識が強く，自分たちこそ中国文化の正統な後継者であるという意識が醸成された。これを小中華意識と呼び，支配層の両班は中国以上に儒教の儀礼を厳格に守った。こうした小中華意識を持った上での朝鮮と中国（清）の宗属関係は 18 世紀にも維持された。その関係が揺らいでいくのは 19 世紀，特にその後半であった。

19 世紀に入ると，朝鮮では官僚間の党争などで政治は乱れ，洪景来の乱が起こるなど支配体制が動揺した。対外的には外交・通商関係を清と日本の 2 国に限る鎖国体制を 17 世紀から続けていたが，19 世紀半ばには東アジアへ進出した欧米列強や明治維新後の日本が開国を要求するようになった。この要求に対し，大院君政権は攘夷政策を採って拒否した。その後，大院君政権がクーデタで倒れ，閔氏政権が成立すると，この政変に乗じて日本は朝鮮との間で江華島事件を起こし，3 港の開港などを約した日朝修好条規を結び開国させた（1876 年）。以後，日本が朝鮮への経済的進出を図ると，これを警戒した清は朝鮮へ介入・干渉するようになり，朝鮮をめぐる清と日本の対立が深まった。その朝鮮で大院君派のクーデタ，壬午軍乱が起こると（1882 年），清は大軍を派遣して鎮圧した。事件後，清が宗主権を強める中，閔氏は清に接近して親清派の事大党を形成し，親日派の開化派（独立党）との対立が起こった。そして開化派は閔氏政権打倒のクーデタである甲申政変を起こしたが，清軍に鎮圧された（1884 年）。なお，この際，日清両国は朝鮮からの撤兵などを約した天津条約を結んでいる（1885 年）。

3．19世紀末の朝鮮と中国の関係

閔氏政権は，甲午農民戦争（東学党の乱：1894年）が発生すると清に軍隊派遣を要請した。清がこれに応じて出兵すると日本も対抗上出兵したことで日清戦争となった。日清戦争は日本の勝利に終わり，下関条約が結ばれ，清の宗主権放棄（朝鮮との宗属関係の廃止）が決まったことで朝鮮は清から独立した。その後，朝鮮は自主独立の国であることを対外的に示すため国号を大韓帝国と改称し（1897年），国王の高宗は皇帝に即位して清の皇帝との対等性を示した。

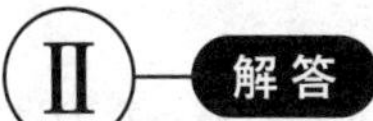

A．a．衛氏朝鮮　**b．**楽浪　**c．**黄巾　**d．**永嘉
e．拓跋

⑴㋐康熙帝　㋑アイグン条約

⑵㋐司馬遷　㋑冒頓単于

⑶趙　⑷郡国制　⑸司馬炎　⑹安史の乱

⑺㋐太武帝　㋑平城

B．f．セリム1世　**g．**メディナ

⑻アチェ王国　⑼マリ王国　⑽イクター制　⑾ファーティマ朝

⑿ナセル　⒀アッバース1世　⒁ムハンマド=アリー朝

⒂サダム=フセイン　⒃キュロス2世　⒄オランダ

⒅チョーラ朝　⒆ヤークーブ=ベク　⒇カラハン朝

解説

《中国東北地方をめぐる5世紀頃までの歴史，三大聖都をめぐるイスラーム世界の歴史》

A．a・b．前漢の武帝は東方（朝鮮方面）では衛氏朝鮮（「朝鮮半島に逃れた中国人」衛満が建てた国）を滅ぼし（前108年），楽浪郡など朝鮮4郡を設置した。なお，楽浪郡は313年，高句麗に滅ぼされた。

c．後漢末に黄巾の乱と呼ばれる農民反乱が起こると（184年），各地の豪族が武装勢力として自立したため，中国は群雄割拠の状態となった。

d．楽浪郡が高句麗に滅ぼされた313年は中国では晋（西晋）末で，洛陽は晋の都であった。その洛陽は楽浪郡滅亡直前の311年に起こった永嘉の乱（匈奴など北方民族が起こした兵乱）で陥落した。

e．北魏は鮮卑の拓跋氏が五胡十六国時代の386年に建国した。

⑴㋐　ネルチンスク条約は康熙帝治世下の清がピョートル１世治世下のロシア（ロマノフ朝）と対等の形式で結び，国境を画定した。

㋑　ロシアはアロー戦争に乗じて1858年に清とアイグン条約を結び，ついでアロー戦争の講和を仲介（調停）した見返りとして1860年に清と北京条約を結んだ。

⑵㋐　『史記』は前漢の歴史家・司馬遷が著した紀伝体形式の史書で，中国最初の正史となった。

㋑　「長城以北の諸民族の統一」とはモンゴル高原の統一を指し，これを達成した匈奴の君主は冒頓単于。冒頓単于は南では漢（前漢）と対峙して高祖を破った（前200年）。

⑶　戦国時代に有力となった７国（七雄）のうち，中国北辺にあったのは魏・趙・燕で，趙が燕の「隣国」に位置した。

⑷　前漢の高祖は，「秦の旧領を直轄領」とする郡県制と「六国の旧領に諸侯王を封建」する封建制の併用である郡国制を実施した。

⑸　西晋は魏の皇帝から禅譲された司馬炎が建国した（265年）。

⑹　「８世紀半ば」の中国は唐代で，「大乱」として安史の乱が起こった（755年）。

⑺㋐　北魏は第３代皇帝・太武帝の時，北中国（華北）を統一し（439年），北朝最初の王朝となった。

㋑　北魏は建国当初を別にすれば，第６代皇帝・孝文帝が洛陽遷都（494年）を行うまで，平城を都とした（398～494年）。

B．f．オスマン朝は第９代スルタン・セリム１世時代，マムルーク朝を滅ぼし（1517年），それまでマムルーク朝が保持していた２大聖都（メッカ・メディナ）の保護権を獲得した。

g．イスラーム教第２の聖都メディナは第１の聖都メッカの北約300 km に位置した。

⑻　「マレー半島と向かい合ってマラッカ海峡を形成する南側の島」はスマトラ島で，この「島の北部」に15世紀末ムスリム国家としてアチェ王国が成立した。

⑼　マンサ=ムーサは西アフリカの「黄金の国」マリ王国の王で，この王の治世下の14世紀前半が王国の最盛期であった。

⑽　マンサ=ムーサが巡礼を行った頃，カイロを支配していたのはマムル

ーク朝（1250～1517年）。この王朝では前王朝のアイユーブ朝でサラディンが西アジアから導入したイクター制を軍隊維持などのために継承・実施した。

⑾ やや難。サハラ交易路の「北側の入口」にあたるアフリカ北部では「10世紀」初めチュニジアにファーティマ朝が建国された。ファーティマ朝はサハラ交易に関与して栄え，その後，エジプトを征服し（969年），カイロを都にすると最盛期を迎え，ヒジャーズ地方などアラビア半島にも勢力を伸ばした。

⑿ バンドン会議（アジア=アフリカ会議）の開催は1955年。その「翌年」1956年，エジプト大統領にナセルが就任した。なお，バンドン会議時のナセルは首相。

⒀ タブリーズはアゼルバイジャン地方の中心都市で，サファヴィー朝初期の都。オスマン朝との戦いでタブリーズを含めてアゼルバイジャン地方を奪われたが，サファヴィー朝第5代君主アッバース1世はオスマン朝を破り，失った旧領を取り戻した。

⒁ サウード家はワッハーブ派と協力してアラビア半島にワッハーブ王国を建てたが，エジプト最後の王朝ムハンマド=アリー朝の創始者ムハンマド=アリーに滅ぼされた（1818年）。その後，1823年にワッハーブ王国が再興したものの，1889年に滅亡し，第一次世界大戦後にサウード家はサウジアラビア王国を成立させ（1932年），2大聖都を支配下に置くことになった。

⒂ 「1990年に」中東で起こった軍事行動とはイラク（イラク共和国）のクウェート侵攻で，翌年湾岸戦争が勃発する契機となった。当時のイラクの「国家元首」は大統領のサダム=フセイン。

⒃ 新バビロニアがアケメネス朝のキュロス2世に滅ぼされると，バビロン捕囚中のユダヤ人は解放され（前538年），イェルサレムにヤハウェ神殿を再建した。この地がのち，イスラーム教における第3の聖都となる。

⒄ セイロン島は17世紀半ば，オランダに沿岸部を征服された。その後，18世紀末になると，イギリスがセイロン島全島を占領した。

⒅ スマトラ島のシュリーヴィジャヤ王国はインドと中国を海上で結ぶ中継貿易を独占して栄えた。南インドのチョーラ朝は11世紀初めに即位したラージェンドラ1世の下，中国貿易推進のためシュリーヴィジャヤ王国

に大艦隊を派遣し，主要な港市を征服した。

⒆　やや難。タリム盆地は18世紀半ばに成立した清の藩部・新疆に属する。その新疆で19世紀後半にムスリム住民が反乱を起こすと，これに乗じてコーカンド=ハン国出身の軍人ヤークーブ=ベクが政権を樹立した。

⒇　サーマーン朝はカラハン朝に滅ぼされた（999年）。

ローマ帝国の東西分裂によりローマ教会は西ローマ帝国の，コンスタンティノープル教会はビザンツ帝国の下に置かれ，両者は首位権を争った。西ローマ帝国滅亡後，ローマ教会はビザンツ皇帝の保護下に置かれたが，次第に自立化し，ビザンツ皇帝レオン3世が聖像禁止令を発布すると，新たな政治的保護者を求めてフランク王国に接近した。ピピンは教皇から即位を認められたことでラヴェンナ地方を寄進し，これが教皇領の起源となり，その子カールは教皇レオ3世によってローマ皇帝に戴冠された。こうしてローマ教会はビザンツ皇帝から事実上独立し，11世紀に東西教会は相互に破門しあい，ローマ=カトリック教会とギリシア正教会に完全に分裂した。（300字以内）

解説

《8世紀を中心としたキリスト教世界の東西分裂過程》

●設問の条件

〔主題〕キリスト教世界のローマ=カトリック教会とギリシア正教会への分裂過程

〔条件〕8世紀に力点をおいて，教皇領の形成と関連づける

●論述の方向性

ローマ=カトリック教会とギリシア正教会への分裂を決定づけた出来事は「カールの戴冠」（800年）で，これはローマ教会がフランク王国と結びついていく動きの最終局面となった。本論述は「8世紀に力点をおいて」と指定されているので，冒頭でローマ教会とフランク王国の結びつきに至る背景・事情を，また結果として「カールの戴冠」後の状況を時系列的につなげて，11世紀の東西教会分裂までを示せばよいだろう。条件となる「教皇領の形成と関連づけながら」についてはピピンとラヴェンナ地方について指摘すればよい。

1．7世紀までのローマ教会の動向

キリスト教世界のローマ=カトリック教会とギリシア正教会は，ローマ=カトリック教会の中心であるローマ教会とギリシア正教会の中心であるコンスタンティノープル教会がそれぞれ別のキリスト教世界の中心に所在し，両者が並存する状況であった。その分裂の発端はローマ帝国の東西分裂(395年）に求められる。ローマ帝国の東西分裂により，ローマ教会は西ローマ帝国に，コンスタンティノープル教会はビザンツ帝国（東ローマ帝国）に所属し，両者は教会の首位権をめぐって論争・対立した。しかし西ローマ帝国が滅亡すると（476年)，ローマ教会はビザンツ皇帝の保護下に入り，首位権争いはビザンツ皇帝と結びつくコンスタンティノープル教会に有利となった。そのため，ローマ教会はコンスタンティノープル教会から分離する動き，さらにはビザンツ皇帝の保護・従属から自立する動きを見せ始めた。

2．8世紀のローマ教会の動向

8世紀になると，ローマ教会はフランク王国に接近する。その契機はビザンツ皇帝レオン3世がイスラーム勢力に対抗するため行った聖像禁止令の発布（726年）であった。ローマ教会は当時，ゲルマン人への布教に聖像を使っていたため，この法令，および皇帝による法令強制に反発し，皇帝から自立することを決意した。しかし自立するためにはビザンツ皇帝に対抗する政治的庇護が必要となる。そこでローマ教皇はトゥール・ポワティエ間の戦い（732年）で西方キリスト教世界を守ったフランク王国に接近した。

フランク王国でピピンが王位に就くと（751年：カロリング朝の成立)，教皇はこれを承認し，その返礼としてピピンからラヴェンナ地方（ピピンがランゴバルド王国を攻めて奪った地域）を寄進された（754年，756年)。これが教皇領の始まりとなる。こうして両者は結びつきを強めた。ついで教皇レオ3世は西ヨーロッパの主要部を統一したフランク王国のカール大帝にローマ皇帝の帝冠を与えた（800年)。これが「カールの戴冠」で，ローマ教会はフランク王国との結びつきをさらに強めた。この「カールの戴冠」はローマ教会がビザンツ皇帝への従属から自立・独立したことを意味し，キリスト教会は教皇を中心とするローマ=カトリック教会と，ビザンツ皇帝が支配するコンスタンティノープル教会を中心とするギリシア正教会に事実上分離した。

3．「カールの戴冠」後の状況

東西に事実上分離した後も，ローマ=カトリック教会とギリシア正教会は聖像崇拝，聖職者の独身性，典礼など教理上の問題で対立を続けた。11世紀，ローマ=カトリック教会が再び強力に首位権（ローマ教皇の方がコンスタンティノープル総主教より上位に立つということ）を主張し始めると，コンスタンティノープル教会はギリシア正教会の由緒ある中心としての権威を主張して反発し，1054年に東西教会は互いに破門を宣告し合った。この結果，キリスト教世界はローマ=カトリック教会とギリシア正教会に完全に分裂した。

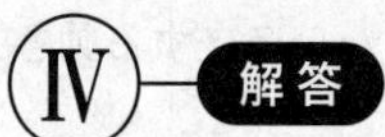

A. ⑴植民市　⑵ヘロドトス　⑶アウグストゥス　⑷ミラノ勅令

⑸(ア)ハギア〔セント〕=ソフィア聖堂　(イ)軍管区制〔テマ制〕

⑹ラテン帝国　⑺ティムール　⑻ヤゲウォ〔ヤゲロー〕朝

⑼ロマノフ朝　⑽スウェーデン　⑾セヴァストーポリ　⑿プロイセン

⒀(ア)サン=ステファノ条約　(イ)ビスマルク

B. a. 第1次ブルガリア帝国〔王国〕　**b.** ライプニッツ

⒁父なる神，子なるイエス，聖霊を同質・不可分とする考え。

⒂(ア)フス　(イ)ウィクリフ

⒃イサベル　⒄リンネ　⒅フランス　⒆ムッソリーニ

⒇アカデミー=フランセーズ　(21)ヴォルテール　(22)ラインラント

(23)1960年　(24)アレクサンドル2世　(25)ケロッグ

解説

《黒海をめぐる諸勢力の動向と関係の歴史，ヨーロッパにおける共通語とその影響の歴史》

A. ⑴　古代ギリシア人は黒海や地中海を舞台に植民活動を展開し，沿岸各地にポリスとなるビザンティウムなどの植民市を建設した。

⑵　ペルシア戦争は，「小アジア出身のギリシア人歴史家」で「歴史の父」といわれたヘロドトスが著した物語風歴史記述の書『歴史』の主題となった。

⑶　古代ローマの詩人オウィディウスはウェルギリウスやホラティウスと

同様，アウグストゥスの治世に活躍した（ラテン文学の黄金時代）。しかし風俗を乱したとして，アウグストゥスにより追放された。

(4)　ローマ皇帝コンスタンティヌスは313年，ミラノ勅令を発布してキリスト教を公認した。

(5)(ア)　「6世紀」のビザンツ皇帝はユスティニアヌスで，彼の命により都のコンスタンティノープルにビザンツ様式のハギア（セント）=ソフィア聖堂が建立された。

(イ)　ビザンツ帝国では7世紀以降，軍事行政制度として軍管区制（テマ制）が採用された。この制度は11世紀には動揺し，プロノイア制へ移行する。

(6)　コンスタンティノープルは1204年，第4回十字軍により占領され，ラテン帝国が成立した。しかしラテン帝国は1261年に滅亡し，ビザンツ帝国が復活する。

(7)　オスマン帝国は1402年，アナトリア（小アジア）に侵入したティムール朝軍とのアンカラの戦いで大敗した。この時のティムール朝軍の指導者（君主）は王朝創設者のティムール。

(8)　リトアニア大公国とポーランド王国の同君連合はリトアニア大公ヤゲウォ（ヤゲロー）とポーランド女王ヤドヴィガの結婚により実現し，ヤゲウォ朝のリトアニア=ポーランド王国が成立した（1386年）。

(9)　モスクワ大公国はイヴァン4世死後の動乱を経て，1613年ロマノフ朝となった。ロマノフ朝は1917年のロシア革命まで存続しており，「1654年」当時のロシアの王朝はロマノフ朝となる。

(10)　北方戦争（1700～21年）ではロシアがポーランド・デンマークと結んでスウェーデンと戦い，勝利した。その結果，スウェーデンが三十年戦争終結後から握っていたバルト海の覇権はロシアに移った。

(11)　ロシアはクリム=ハン国を併合（1783年）してクリミア半島を領有すると，半島南端のセヴァストーポリに港市・要塞を築き，黒海艦隊の拠点とした。ここはクリミア戦争（1853～56年）最大の激戦地となった。

(12)　第2次ポーランド分割はロシアとプロイセンが実施した（1793年）。なお，オーストリアはフランス革命への対応から参加していない。

(13)(ア)　1878年，ロシアは露土戦争に勝利し，オスマン帝国との間で「自国に有利な」内容のサン=ステファノ条約を結んだ。

(イ)　サン=ステファノ条約をめぐって国際緊張が高まると，ドイツ帝国宰相ビスマルクはベルリン会議を主催し，関係国の利害を調停した。

B．a．「バルカン半島に侵入」した「トルコ系遊牧民」はのちにスラヴ化するブルガール人で，第1次ブルガリア帝国（王国）を建国した（681年）。この第1次ブルガリア帝国は11世紀初めビザンツ帝国に併合されたが，その後12世紀後半に独立して第2次ブルガリア帝国が成立した。

b．単子論はドイツの哲学者・数学者ライプニッツが提唱した。

(14)　三位一体説はニケーア公会議（325年）で正統とされた，アタナシウスの父なる神と子なるイエスを同質とする説を発展させた考え方である。三位一体説の「三」とは神とイエス，そして聖霊を指し，この三者を「一体」，すなわち同質とするのが三位一体説の考え方である。

(15)(ア)　ベーメン（ボヘミア）で活動した宗教改革の先駆者フスはコンスタンツ公会議で異端として火刑になった。

(イ)　コンスタンツ公会議では，フスに影響を与えたイングランドの神学者ウィクリフが，すでに死亡していたにもかかわらず異端宣告を受けている。

(16)　「1492年」はコロンブスがスペイン女王イサベルの援助でアメリカ大陸に到達した年である。彼女は夫のフェルナンドとスペインを共同統治しており，カスティーリャ女王も兼ねていた（夫はアラゴン王）。

(17)　動植物の分類法や「学名の命名法」はスウェーデンの学者リンネによって確立された。人間をホモ=サピエンスと命名したことでも知られる。

(18)　難問。「スイスに侵攻」とあるのでスイスの隣接国と判断したい。「1798年」は隣接するフランスが革命戦争で国外に進出した時期である。ヘルヴェティア共和国はフランス総裁政府の政治体制を導入したが，1803年に崩壊した。

(19)　「ヴァチカン市国の独立」はムッソリーニ首相下のイタリア王国と教皇庁が結んだラテラノ（ラテラン）条約で認められた（1929年）。

(20)　ブルボン朝下のフランスでは1635年，宰相リシュリューにより「フランス語の整備を主目的」としてアカデミー=フランセーズと呼ばれる組織（学術団体）が設立された。

(21)　ヴォルテールは著作『哲学書簡（イギリス便り）』でイギリスの制度などを紹介し，それを通してフランスの制度などを暗に批判した。

(22)　ラインラントとはライン川両岸地域を指し，1919年のヴェルサイユ条約で，右岸（東岸）のラインラントは非武装地帯，左岸（西岸）は連合軍による15年間の保障占領地帯とされた。1925年のロカルノ条約ではラインラントの現状維持が確認された。

(23) アフリカでは1960年にカメルーン，コンゴ，ナイジェリアなど17カ国が独立した。そのため，この年を「アフリカの年」と呼んだ。

(24) やや難。「1870年代後半」後のロシアで「暗殺」された皇帝だから，アレクサンドル2世。アレクサンドル2世はナロードニキ運動挫折後のロシアで横行したテロリズムの犠牲となった（1881年）。

(25) 「1928年の不戦条約」には条約提唱者の仏外相ブリアンと米国務長官ケロッグも国の代表として署名した。国際連盟にフランスは加盟し，アメリカは参加していない。

講評

Ⅰ 16世紀末から19世紀末にいたる朝鮮と中国の関係の変化を扱った論述。中国と朝鮮の関係は重要・最頻出テーマであり，必要な情報（知識）も得やすく，対応は難しくない。設問に関わる事項を時系列に配置すれば解答となる。その際，属国から独立国へという関係の変化を明示することが大切である。その上で，問題文に書かれている「当時の朝鮮と中国の関係の一面」である「小中華」と，結末としての大韓帝国の成立の2点への言及が高得点への鍵となると思われる。

Ⅱ Aでは5世紀頃までの中国東北地方の歴史が，Bではイスラーム教の三大聖都をめぐる歴史が扱われた。双方ともリード文に教科書に言及されていない人名などを登場させ，また設問文の一部にも高難度の内容を記しているが，設問自体は基本的事項が問われた。(3)趙は戦国の七雄の位置を，(6)安史の乱，(11)ファーティマ朝，(17)オランダは年代を糸口にすれば解答に到達できる。(19)ヤークーブ=ベクは問題演習の有無・充実度が出来を左右したと思われる。

Ⅲ キリスト教世界の東西教会分裂過程を扱った論述。「カールの戴冠」と，そこに至るローマ教会とフランク王国の関わりは「8世紀」の出来事で，ここに「力点」をおくように求められている。東西教会の首位権をめぐる争いや対立は書きやすいテーマであるが，本論述の書き出しと締めくくりは指定がないため，その点注意が必要である。締めくくりは1054年の東西教会の完全分裂を示せばよいが，書き出しは慎重に判断したい。

Ⅳ　Aでは黒海をめぐる動向の歴史が，Bではヨーロッパにおける共通語の歴史が扱われた。リード文はやや専門的な内容を含むが，設問自体は頻出とも言える基本事項が大半を占めた。空欄ａの第１次ブルガリア帝国は「トルコ系」からブルガール人を，⒃イサベルはカスティーリャ女王がスペイン女王を兼ねることを，㉕ケロッグは不戦条約の提唱者をそれぞれ想起すれば解答に至る。⑶アウグストゥス，㉔アレクサンドル２世は設問文の内容に戸惑うかもしれないが，年代から推測できる。⒅フランスも同様に年代がヒントになっているが，地理的知識が必要なため難問となっている。⒁の三位一体説の短文論述はコンパクトにまとめたい。

Ⅰ・Ⅲの300字論述は頻出テーマで，時系列で記せばよい歴史的推移の問題であったため，その点では難問と言えない。しかし双方とも始点と終点を自分の知識の中から判断する必要があり，また学習で得る情報量が多い部分のため，300字でまとめるのは慣れていないと容易ではなく，やはり手強い出題であった。一方，Ⅱ・Ⅳの語句記述は例年どおり基本事項ばかりである。短文論述は用語説明で，出題数は2023年度の６問から１問に激減したため全体的に易化したが，取りこぼしやケアレスミスができない出題となったとも言える。基本的事項の名称や内容を正確に把握し，その上で演習を通して知識を確認・定着させ，さらに文章の作成・構成にも慣れていくことが京大攻略において重要である。

地 理

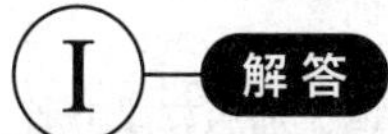

⑴A．混合 B．市場（開放） C．BRICS
D．自動車 E．露天

⑵①アーメダバード ②チェンナイ

⑶①ガンジスデルタ ②高日季に高温多湿

⑷①石炭

②石炭と鉄鉱石の産地に近く，ダモダル川開発で水や電力が利用できるため。（35字以内）

⑸若年層の比率が高い。（10字以内）

解説

《インドの鉱工業》

⑴A．インドは独立後，市場経済と公営企業による計画経済をあわせた混合経済体制を採用し，自給自足による工業化をめざした。

B．混合経済は効率が悪く技術革新が遅れて国際競争力を失ったため，徐々に経済の自由化を進め，市場（開放）経済体制へ移行していった。

C．5カ国とは，ブラジル（B），ロシア（R），インド（I），中国（C），南アフリカ共和国（S）で，それぞれの頭文字をとったものがBRICSである。

D．「首都や［イ］において著しく発展」や「日系企業の工場も立地」とあるので自動車となる。自動車は高額の消費財であるため，所得水準の高い地域の近くに立地する。

E．露天掘りとは，「地表から直接鉱産物を削り取る」採取方法のことで，採鉱コストが安い。

⑵① インドの綿工業はデカン高原で栽培される綿花を原料としたので，それに近いのはムンバイ北方のX（アーメダバード）である。

② イは残ったY（チェンナイ）となる。

⑶① ジュート工業の原料はジュート（黄麻）であり，その生産はガンジス川・ブラマプトラ川が合流する三角州地域で行われている。「地形的特徴も含めた名称」とあるのでデルタを付けた名称を答える。

②　生産は雨季の増水を利用したものであるが,「気候上の要因」とあるので，地域がサバナ気候であることから解答する。ただし，解答欄が狭いことから高日季（夏季）の特徴である高温多湿を答えればよい。

⑷①　鉄鉱石が地図の凡例に示されているので，ダモダル炭田の石炭を想起すればよい。

②　ジャムシェドプルの鉄鋼業の立地条件は，第一に製造・加工により軽量になる原料である石炭・鉄鉱石が近隣で産出されることである。第二として近くを流れるダモダル川の水と総合開発（DVC）で得られた電力も利用できる点も重要である。

⑸　インドの人口ピラミッドから考えればよい。典型的なピラミッド型であったものが都市部を中心に出生率が低下して，人口ピラミッドにも変化が生じている。しかしながら，若年人口の割合は当分高い状態が続くと考えられる。

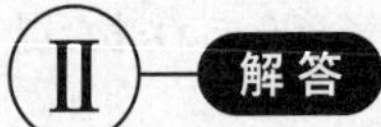

⑴**ア.** 中心業務地区〔CBD〕　**イ.** スプロール
ウ. インナーシティ問題　**エ.** ウォーターフロント

⑵A・C

⑶新しく居住民となった若年層が高齢化し，子世代も進学・就職で地域外に転出したため。(40字以内)

⑷ドーナツ化現象

⑸①家賃の上昇のため低所得者層が流出し中・高所得者層が流入する。(30字以内)

②ジェントリフィケーション

⑹ドックランズ

⑺LRT

解説

《都市の諸問題》

⑴**ア.**「中枢管理機能が集積」とあるのでCBDとなる。

イ.「郊外において無秩序な開発」とあるので虫食い状に開発されるスプロール現象となる。

ウ.「都心部の古くからある市街地」で発生することからインナーシティ問題となる。問⑸がヒントになる。

エ. 「河川や港湾を活用」とあるので水辺地域の開発のことでウォーターフロントとなる。問(6)もヒントとなる。

(2) グラフについて，Aは，1960～1990年まで人口が減少していたが，1990年以降人口増加に転じているので，東京への一極集中を考えて東京都中央区となる。Bは，1950～1970年まで人口が急増しており，その後も人口増加が続いているので，戦後早くから都市化が進行した神奈川県川崎市となる。Cは，2010～2020年に人口減少に転じているものの，大きな人口増減はなく推移していることから地方の中心都市である富山県富山市となる。Dは，Bよりも遅れて人口急増が始まっていることで大都市のベッドタウン的な都市と考え，愛知県春日井市となる。問(3)もヒントとなる。これらのなかで昼間に多くの人口が流入するのは，CBDをなすA（東京都中央区）と県庁所在地のC（富山市）と判断できる。

(3) Dは1990年には人口急増が止まっており，以後人口増加は緩慢となっていることから，新しく転入してくる若い世代が少なくなっているといえる。高度経済成長期に新住民となった人たちは若い世代が中心であり，数十年を経過すると必然的に年齢が高くなっていく一方，子供世代は独立して転出していくことでますます高齢化率は高まっていく。

(4) 都心地域から郊外への人口移動による都心の空洞化を，ドーナツ化現象という。

(5)① 老朽化した建物や倉庫・工場など市街地に立地を要しない施設を撤去して高級な高層住宅や新しい商業施設が建設されると，地価や家賃が上昇し，それまで居住していた比較的所得の低い人々は必然的に追い出され，高家賃を負担できる比較的裕福な層が流入するようになる。

② このようにして高級化が起こる現象を，ジェントリフィケーションと呼ぶ。

(6) テムズ川沿いに港湾施設があった地域をドックランズという。潮汐の差が大きいため，満潮時に入港した船を停泊するため水位を保つドックが造られていたことに由来する。

(7) 路面電車を中心に比較的簡便な鉄道施設や車両を使用し，市民の乗降がしやすく環境負荷の軽減を実現した公共交通システムのことで，Light Rail Transitの略称としてLRTと呼ばれている。富山市では廃止されたJR路線を改修し，市街地の路線と接続するとともに中心部を環状化することで利便性を高めた。宇都宮市では2023年8月に新たにLRT路線が開業した。

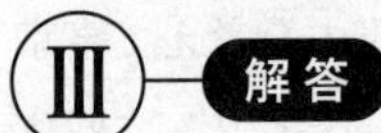
(1)ア．サヘル　イ．赤道低圧〔熱帯収束〕
ウ．オガララ帯水層　エ．塩性化
オ．ホワンツー〔黄土〕　カ．偏西風
(2)寒流のペルー海流が北流し，大気の冷却で上昇気流が発生しにくく雨が少なくなるため。(40字以内)
(3)①羊　②掘り抜き井戸〔鑽井〕
(4)①プレーリー土　②草丈の長い温帯草原（10字以内）
(5)①センターピボット
②放牧から，栽培飼料によるフィードロットでの肥育へ変わった。(30字以内)

解説

《砂漠化に関する諸問題》

(1)**ア．**「アラビア語で岸辺を意味する」ことからサヘルとなる。

イ． 赤道付近では太陽からの熱エネルギーを受け空気が温められて上昇気流が発生し赤道低圧帯が形成される。北半球では夏至頃にこの低圧帯が北半球側へ移動する。

ウ． オガララ帯水層はロッキー山脈の雪解け水に由来するもので，過剰利用によりその資源量が急速に減少しているとされる。

エ． 大規模な灌漑により水が地中に浸透すると塩分が溶け込んだ水が毛細管現象で地表付近まで上昇し，土壌を塩性化することで塩害が発生する。

オ．「レスに覆われた」とあるのでホワンツー（黄土）高原となる。黄土は近隣の砂漠で形成された細かい砂塵が風で運搬されて堆積したレスの一種である。

カ． 主に春にアジア大陸から日本に到達する黄砂は，偏西風によってもたらされる。

(2)「自然条件」とは寒流のペルー海流の影響である。寒流が沿岸を流れると気温の逆転現象が生じ，上昇気流が発生しにくく降雨が減少して海岸砂漠が形成される。

(3)① E地域はグレートアーテジアン（大鑽井）盆地で，年降水量が

250～500mm の半乾燥地域である。よって乾燥に強い羊が飼育されている。

② この地域には豊富な被圧地下水が存在し，硬い不透水層を掘り抜くことで自噴する井戸を造った。近年は地下水量が減少し，ポンプで揚水する井戸が増加している。なお，この地下水は塩分濃度が高く農耕ではなく主に牧畜に使用されている。

(4)① 「ミシシッピ川より西側の地域にみられる肥沃な黒色土壌」が分布する地域をプレーリーと呼ぶ。この黒色土をプレーリー土と呼ぶ。

② 温帯地域（Cfa）にあたるので，ステップとは異なり草丈の長いイネ科植物が生育している。

(5)① 「大規模なスプリンクラーによる大規模灌漑」方式をセンターピボットという。施設の中心で地下水をくみ上げ，周回するスプリンクラーを使うので，上空から見ると円形の農地となる。

② B地域は半乾燥（BS気候）のグレートプレーンズである。従来は粗放的な放牧による牧畜が営まれていたが，地下水利用による大規模灌漑でトウモロコシを栽培し，柵で区画したフィードロットで大規模に肉牛を肥育するようになった。

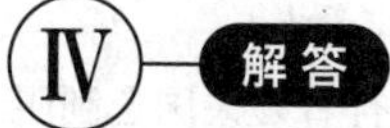

(1)A．東京都　B．北海道　C．千葉県

(2)①地域内の路線や世界各地との幹線路線が集中し，中継機能を持つ拠点となる空港のこと。（40字以内）

②フランクフルト

(3)首都圏から遠く，鉄道や自動車，船に比べて航空は迅速に輸送できる点で優位なため。（40字以内）

(4)小型かつ軽量で付加価値の高い工業製品や鮮度を要する農産物。（30字以内）

(5)①パンデミック

②旅客輸送では感染防止のため移動が制限されたが，貨物輸送には制限がなかったため。（40字以内）

解説

《航空交通》

(1)　Aは旅客の国内輸送が2019年，2021年ともに最も多いことから羽田

空港がある東京都と判断できる。次にCは2019年時点で旅客の国際航空が最も多く国内線はさほど多くないことから成田空港が立地する千葉県と判断できる。Bは沖縄県や福岡県と同じ輸送傾向を示しているので北海道と判断できる。問(3)もヒントとなる。

(2)①　ハブとは自転車の車輪の中心にある主軸のことで，そこからスポークが放射状に出ていることから，空港を中心に航空路が放射状に出ている状態を指してハブ空港という。国際線や国内線の結節点となり，相互の乗り継ぎが容易であって，地域内の航空交通の拠点となっている。

②　フランクフルトはヨーロッパの中央に位置していることから，ヨーロッパ各地と世界各地を結ぶ航空路が集中している。

(3)　B（北海道）や沖縄県・福岡県は，利用者の多い首都圏から遠く離れているため，鉄道・自動車などの陸上交通や船での輸送では時間がかかりすぎることから，高速輸送が可能な航空交通が有利となる。新幹線での所要時間が4時間を超えると，航空機利用が優位になる。

(4)　ICT製品のように小型軽量で付加価値が高い場合，製品価格に占める輸送費は小さくなるので，運賃が高い航空輸送が可能となる。近年は鮮度が重要となる生鮮野菜・花卉や魚介類の航空輸送も増加している。

(5)①　感染症とは新型コロナウイルス（COVID-19）のことで，それが2019年12月以降世界中で爆発的に流行したことは記憶に新しい。

②　旅客輸送では感染拡大のため各国とも海外からの旅行者の入国を制限したことで，旅客輸送は国際線を中心に大きく減少した。一方，貨物輸送にはそのような制限はなかったため，大きな変化はみられなかった。

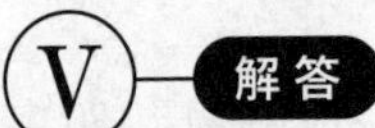

(1)①果樹園　②扇状地の扇央で水はけがよいこと。

(2)①桑畑

②桑の葉を餌として養蚕を行い，製糸工業原料の繭を生産した。(30字以内)

(3)A川の旧河道および河川敷。

(4)A川は急勾配で通常の水量は少ないが，豪雨時は増水するので，土石の流下を防ぐため。(40字以内)

(5)①A川の南北が地下水路となっていること。等高線と平行に造られていること。

②本来水利が悪い扇央部を，導水により水田化した。

③新田集落

解説

《山梨県韮崎市・南アルプス市付近の地形図読図》

(1)①「平野の地形と関連の深い農業的土地利用」の指示があることから，扇状地特有の土地利用を考える。図1には果樹園と水田が広く立地しているが，扇状地と関連が深いのは果樹園である。

② 図1の範囲では等高線の間隔から扇央部と判断できるので，砂礫が堆積していて水はけがよいことが果樹園立地と関連している。

(2)①「農業的土地利用」とあるので，針葉樹林ではなく桑畑となる。

② 桑の葉は養蚕業に必要な蚕の餌であり，得られた繭は生糸を生産する製糸工業の原料となっていた。第二次世界大戦期以降，養蚕業は衰退し，桑畑の大半は果樹園や畑に転換されていった。

(3) 図1ではA川とその南側にある堤防（霞堤になっている）との間に工場が立地しているので，図2の旧河道およびその河川敷であることがわかる。「A川の変化をふまえて」とあるので，かつて広い河道内を乱流していたA川が北寄りに移され，右岸（南側）には護岸が施されて河道が固定されていることに注目するとよい。

(4)「地形の特徴」について，扇状地は平野の一種とはいえ傾斜が大きいことがあり，川は急勾配となる。「A川の水流の状況」は，河道内の一部にのみ水流があり大部分は砂地となっていることから，平常時には水流は少ないものの，豪雨時には土石を含んだ水が大量に流れ下ることが判断できる。したがって，せきは流速を弱め土石を堆積させて下流域での洪水被害を防止する目的で建設されたものと考えられる。

(5)① 用水路が等高線405mの補助曲線に沿っていることがわかる。また，A川の南北で用水路が破線（---）で描かれていることから，地下水路となっていると判断できる。

②「地形と農業との観点」とあるので，扇状地の土地利用から考える。一般に，扇央部分は水利が悪く稲作は困難で，水田は扇端の湧水地に立地する。ところが，図を見ると「徳島堰」より標高の低い東側に水田が立地しているのがわかる。それは「徳島堰」から灌漑用水が得られることで開発されたものと考える。なお，図の南西部の「新田（築山新田）」付近に

も水田が立地しているが，これは図の左にあるA川（御勅使川）の扇頂付近から引水する用水路によるものである。

③　図1に「新田」，図2に「築山新田」「飯野新（田）」の表記があることから解答できる。

講評

Ⅰはインドの鉱工業を中心にした地誌的な問題である。(1)の空欄補充問題は，いずれも基本的な用語・事項である。(2)は工業都市名に関する問題だが，X・Yの選択を誤らないようにする必要がある。(3)はジュート栽培地域の地形と気候の特色に関する問題である。単に「デルタ」とか「サバナ気候」と解答してはならないことに注意する必要がある。(4)の①は地図中の分布状況から鉱産物名を，②はジャムシェドプルに製鉄所が立地した要因を述べる，いずれもオーソドックスな問題である。(5)は外国資本をひきつける要因となっているインドの人口構成上の特徴を述べる問題で，10字以内の指示があるので解答しやすい。

Ⅱは都市の諸問題について，様々な視点から知識やそれを活用して判断する力を見る問題である。(1)の空欄補充問題は，いずれも都市に関する基本的な用語である。(2)はグラフの都市名を確実に判断する必要がある。(3)・(4)・(7)の各問を解答する際，齟齬がないか確認すればさほど難しくはない。(3)は住宅都市の高齢化率の上昇の理由を述べる問題で，ニュータウンの今日的課題の理解が求められている。(4)は都市圏の人口分布の変化に関する現象の用語を問う問題で，きわめてオーソドックスである。(5)の①は，インナーシティの再開発に伴って生じる住民の入れ替わりの状況を述べる問題である。六本木ヒルズやベイエリアの状況を想起するとよい。②のジェントリフィケーションも基本的な用語である。(7)はコンパクトシティ政策に伴って導入された都市公共交通システムの名称を問う問題で，基本的な用語である。なお，この問いによって都市Cが富山市であることが確認できることも(2)を解答する際に活用したい。

Ⅲは砂漠化の危険性の高い地域に関する問題である。(1)の空欄補充問題は，ウのオガララ帯水層を除き，基本的な用語・事項である。(2)は海岸砂漠の成因を問うオーソドックスな問題である。(3)はオーストラリアのグレートアーテジアン盆地における牧畜と井戸の名称，(4)はプレーリーにおける土壌名と植生の状況を解答するいずれも基本的な問題である。(5)はグレートプレーンズにおける大規模灌漑設備の名称とその普及による牧畜業の変化について述べる問題で，いずれも教科書の知識で解答できる。

Ⅳは7都道府県における航空輸送の統計グラフをもとにした，航空交通の基本的な理解を問う問題である。(1)は輸送量上位7都道府県のうち名称が伏せてある3都道府県を解答する問題で，統計読解について思考力・判断力を要する京大特有の問題形式である。A・Cは2019年における旅客輸送が大阪府と同様に国際線が多いことと，貨物輸送が多いことが判断の手がかりとなる。Bは沖縄県や福岡県と似た傾向があることで判断する。(2)の①はハブ空港の説明で基本レベルの問題である。②はドイツのハブ空港名で，西ドイツ時代には国土の中央に位置し経済の中心都市であったことや，冷戦崩壊後はヨーロッパの中心にも位置していることからフランクフルトと解答する。(3)は「航空交通の特性に留意」との指示があるので解答しやすい。なお，この問いにより，Bの解答が北海道であると確認できる。(4)は国際輸送において航空交通が選択される貨物の特徴を述べる問題で，ICTなどの先端技術製品や生鮮食料品をもとに解答したい。(5)の①は，時事的事項である。②は旅客輸送と貨物輸送に対する新型コロナウイルス感染症の影響の違いから両者の変動の違いを述べる問題である。ここ数年間の社会状況から考えると，解答しやすい。

Ⅴは地形図の読図問題。扇状地の土地利用の特色と変化，地形上の特徴，防災の視点，歴史的な事項の読み取りなど，単なる地形用語や土地利用の読図問題にとどまらない点がやや難しい。(1)は扇状地の土地利用名，および関連する地形上の特徴について短文で述べる問題である。(2)は土地利用の変化の読み取りと，桑畑の役割を製糸工業と結びつけて述べる問題である。(3)は工場の立地場所に関する問題であるが，「A川の変化をふまえて」述べるのがやや難しい。(4)は扇状地を流れる河川にある「せき」の設置目的を述べる問題で，40字以内で解答するのが難しい。(5)は江戸時代の開削に由来する用水路に関する問題で，①では用水路が人工的に建設されたと判断できる根拠を，図1から2つ読み取るこ

2024年度 前期日程 地理

とが求められている。図2を活用するとわかりやすい。②は用水路建設が扇状地の土地利用に及ぼした影響を短文で述べる問題で，扇央部に水田が立地していることを読み取る必要がある。③は歴史的集落名を解答する基本的な問題で平易である。

数 学

1

発想

$\angle AOB = 90°$ に注目して$\triangle OAB$ を底面と考える方法と，$OA = OB = OC$ に注目して$\triangle ABC$ を底面と考える方法がある。どちらの方法も，$AC = BC$ になることから$\cos\angle ACB$ の値を求め，四面体の高さを求めることが目標となる。$\triangle OAB$ を底面と考える方法では，ベクトルを用いる方法もある。直線 OA を x 軸，直線 OB を y 軸とする座標空間で頂点Cの z 座標を求めることになる。$\triangle ABC$ を底面と考える方法では，頂点Oから平面 ABC に下ろした垂線の足が$\triangle ABC$ の外心になることが使える。

解答

$\angle COA = \angle COB = \angle ACB = \theta$ $(0° < \theta < 180°)$ とおく。

$AC = l$ とおいて，$\triangle OAC$ に余弦定理を用いると

$l^2 = 1^2 + 1^2 - 2\cdot 1\cdot 1\cdot\cos\theta = 2(1-\cos\theta)$ ……①

$\triangle OBC \equiv \triangle OAC$（∵ $OB = OA = 1$，$\angle COB = \angle COA$，OC 共通）より

$BC = AC = l$

$OA = OB = 1$，$\angle AOB = 90°$ より $AB = \sqrt{2}$ であるから，$\triangle ABC$ に余弦定理を用いて

$(\sqrt{2})^2 = l^2 + l^2 - 2l^2\cos\theta$

$2 = 2l^2(1-\cos\theta)$

$1 = 2(1-\cos\theta)^2$ （∵ ①）

$2\cos^2\theta - 4\cos\theta + 1 = 0$

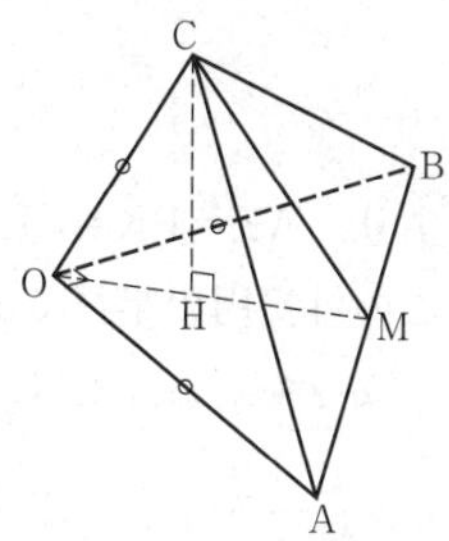

$-1 < \cos\theta < 1$ であるから　　$\cos\theta = \dfrac{2-\sqrt{2}}{2}$

辺 AB の中点をMとし，Cから平面 OAB に垂線 CH を下ろすと

$CH \perp AB$

また $AC = BC$ より $CM \perp AB$ であるから

$(\text{平面 OCM}) \perp AB$

よって　　HM⊥AB　……②

OA＝OBより　　OM⊥AB　……③

②，③より，Hは△OABの中線OM上にある。

$$AC^2=l^2=2(1-\cos\theta)=2\left(1-\frac{2-\sqrt{2}}{2}\right)=\sqrt{2}$$

であるから

$$CM^2=AC^2-AM^2=\sqrt{2}-\left(\frac{\sqrt{2}}{2}\right)^2=\frac{2\sqrt{2}-1}{2}$$

$OC^2-OH^2=CM^2-HM^2\ (=CH^2)$，$OM=\dfrac{\sqrt{2}}{2}$ であるから，$OH=x$ とおくと

$$1^2-x^2=\frac{2\sqrt{2}-1}{2}-\left(\frac{\sqrt{2}}{2}-x\right)^2 \quad \text{より} \quad x=\sqrt{2}-1$$

よって

$$CH=\sqrt{1-(\sqrt{2}-1)^2}=\sqrt{2\sqrt{2}-2}$$

ゆえに，四面体OABCの体積は

$$\frac{1}{3}\cdot\triangle OAB\cdot CH=\frac{1}{3}\cdot\frac{1}{2}\cdot1\cdot1\cdot\sqrt{2\sqrt{2}-2}=\frac{\sqrt{2\sqrt{2}-2}}{6}\quad\cdots\cdots(答)$$

別解　**〈その1〉**　$\left(\cos\theta=\dfrac{2-\sqrt{2}}{2}\right.$ までは〔解答〕と同じ。$\left.\right)$

Oから平面ABCに垂線OKを下ろすと

△OAK≡△OBK≡△OCK

$\left(\because\quad \begin{aligned}&OA=OB=OC=1,\\ &\angle OKA=\angle OKB=\angle OKC=90^\circ,\ \text{OK共通}\end{aligned}\right)$

より，AK＝BK＝CKであるから，Kは△ABCの外接円の中心で，CKはこの外接円の半径である。

よって，△ABCに正弦定理を用いて

$$\frac{\sqrt{2}}{\sin\theta}=2\cdot CK \quad \text{すなわち} \quad CK=\frac{\sqrt{2}}{2\sin\theta}$$

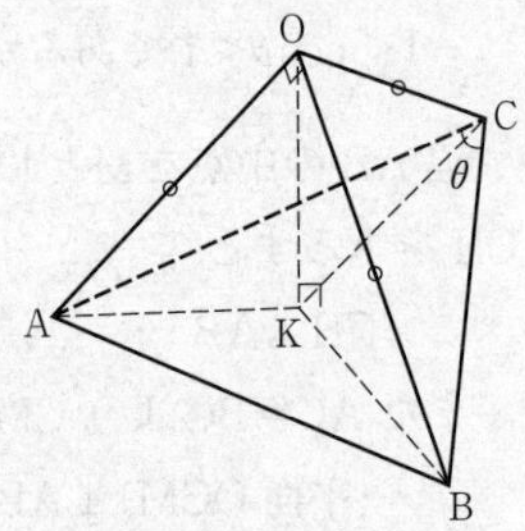

これより

$$OK=\sqrt{OC^2-CK^2}$$
$$=\sqrt{1-\frac{1}{2\sin^2\theta}}$$

$$=\frac{\sqrt{2\sin^2\theta-1}}{\sqrt{2}\sin\theta}\quad(\because\ \ \sin\theta>0)$$

$$=\frac{\sqrt{1-2\cos^2\theta}}{\sqrt{2}\sin\theta}$$

また

$$\triangle\mathrm{ABC}=\frac{1}{2}l^2\sin\theta=\frac{1}{2}\cdot2(1-\cos\theta)\sin\theta=\left(1-\frac{2-\sqrt{2}}{2}\right)\sin\theta$$

$$=\frac{\sqrt{2}}{2}\sin\theta$$

ゆえに，四面体OABCの体積は

$$\frac{1}{3}\cdot\triangle\mathrm{ABC}\cdot\mathrm{OK}=\frac{1}{3}\cdot\frac{\sqrt{2}}{2}\sin\theta\cdot\frac{\sqrt{1-2\cos^2\theta}}{\sqrt{2}\sin\theta}$$

$$=\frac{\sqrt{1-2\cdot\left(\frac{2-\sqrt{2}}{2}\right)^2}}{6}$$

$$=\frac{\sqrt{2\sqrt{2}-2}}{6}$$

別解 **〈その2〉** $\mathrm{OA}=\mathrm{OB}=1$，$\angle\mathrm{AOB}=90°$ であるから，座標空間内に $\mathrm{A}(1,\ 0,\ 0)$，$\mathrm{B}(0,\ 1,\ 0)$，$\mathrm{C}(x,\ y,\ z)$ $(z>0)$ をとり，$\vec{a}=\overrightarrow{\mathrm{OA}}$，$\vec{b}=\overrightarrow{\mathrm{OB}}$，$\vec{c}=\overrightarrow{\mathrm{OC}}$，$\angle\mathrm{COA}=\angle\mathrm{COB}=\angle\mathrm{ACB}=\theta$ $(0°<\theta<180°)$ とおく。このとき

$$\vec{a}=(1,\ 0,\ 0),\ \vec{b}=(0,\ 1,\ 0),\ \vec{c}=(x,\ y,\ z)$$

$$|\vec{a}|=|\vec{b}|=|\vec{c}|=1$$

$$\vec{a}\cdot\vec{b}=0,\ \vec{b}\cdot\vec{c}=y,\ \vec{a}\cdot\vec{c}=x$$

である。また

$$\cos\theta=\frac{\vec{c}\cdot\vec{a}}{|\vec{c}||\vec{a}|}=\frac{x}{1\cdot1}=x,\ \ \cos\theta=\frac{\vec{c}\cdot\vec{b}}{|\vec{c}||\vec{b}|}=\frac{y}{1\cdot1}=y$$

よって

$$|\overrightarrow{\mathrm{CA}}|^2=|\vec{a}-\vec{c}|^2=|\vec{a}|^2-2\vec{a}\cdot\vec{c}+|\vec{c}|^2=2-2x=2-2\cos\theta$$

$$|\overrightarrow{\mathrm{CB}}|^2=|\vec{b}-\vec{c}|^2=|\vec{b}|^2-2\vec{b}\cdot\vec{c}+|\vec{c}|^2=2-2y=2-2\cos\theta$$

$$\overrightarrow{\mathrm{CA}}\cdot\overrightarrow{\mathrm{CB}}=(\vec{a}-\vec{c})\cdot(\vec{b}-\vec{c})=\vec{a}\cdot\vec{b}-\vec{a}\cdot\vec{c}-\vec{b}\cdot\vec{c}+|\vec{c}|^2=1-x-y$$

$$=1-2\cos\theta$$

であるから

$$\cos\theta=\frac{\overrightarrow{CA}\cdot\overrightarrow{CB}}{|\overrightarrow{CA}||\overrightarrow{CB}|}=\frac{1-2\cos\theta}{\sqrt{2-2\cos\theta}\cdot\sqrt{2-2\cos\theta}}=\frac{1-2\cos\theta}{2-2\cos\theta}$$

これより

$$\cos\theta(2-2\cos\theta)=1-2\cos\theta$$

$$2\cos^2\theta-4\cos\theta+1=0$$

$-1<\cos\theta<1$ であるから　$\cos\theta=\dfrac{2-\sqrt{2}}{2}$

したがって，$x=y=\dfrac{2-\sqrt{2}}{2}$ より

$$x^2=y^2=\frac{3-2\sqrt{2}}{2}\quad\cdots\cdots(*)$$

OC＝1 であるから，$OC^2=1$ より

$$x^2+y^2+z^2=1$$

(＊)を代入して

$$\frac{3-2\sqrt{2}}{2}+\frac{3-2\sqrt{2}}{2}+z^2=1$$

$$z^2=2\sqrt{2}-2$$

$z>0$ より　$z=\sqrt{2\sqrt{2}-2}$

ゆえに，四面体 OABC の体積は

$$\frac{1}{3}\cdot\frac{1}{2}\cdot OA\cdot OB\cdot z=\frac{1}{3}\cdot\frac{1}{2}\cdot1\cdot1\cdot\sqrt{2\sqrt{2}-2}=\frac{\sqrt{2\sqrt{2}-2}}{6}$$

解説

《四面体の体積》

3辺の長さが1，三つの角が等しく他の一つの角が 90° である四面体の体積を求める問題である。

与えられた条件から四面体の6辺の長さが確定でき，四面体は一意に定まる。四面体 OABC の対称性より垂線の足Hが中線 OM 上にあるとすることもできるが，〔解答〕ではHが中線 OM 上にあることを示した。三垂線の定理の一つ（CH⊥(平面 OAB) かつ CM⊥AB⇒HM⊥AB）を証明したことになる。

四面体 OABC が平面 OCM に関して対称であることは次のことからわ

かる。OA＝OB より OM⊥AB，CA＝CB より CM⊥AB，よって AB⊥(平面 OCM)，これと AM＝BM より 2 点 A，B は平面 OCM に関して対称であるから，四面体 OABC は平面 OCM に関して対称である。

〔別解〕〈その 1〉で，OA＝OB＝OC のとき頂点 O から下ろした垂線の足 K が△ABC の外心になることはよく使われる事実であるが，示しておくとよい。OK は〔解答〕と同じ方法で求めることもできる。

〔別解〕〈その 2〉では，四面体の高さ z を，ベクトルの大きさ，内積の計算によって求めた。

発想

(1)　3 色で立方体の各面を条件に合うように塗るのは，向かい合う 3 組の面に同じ色を塗るときだけである。

(2)　ちょうど 3 色で塗る場合とちょうど 4 色で塗る場合に分けて求める。ちょうど 4 色で塗る場合は，4 色のうち 1 色を向かい合う面に塗ることになる。

上面と下面の色が同じ場合と異なる場合に分けて求める方法も考えられる。この方法では，側面の塗り方をていねいに数えることになる。

解答　同じ色を三つ以上の面に塗ると，辺を共有する二つの面が同じ色になる場合が出てくるから，同じ色を三つ以上の面に塗ることはできない。

(1)　3 色で立方体の六つの面を塗る方法は 3^6 通りあり，どの場合も同様に確からしい。そのうち，辺を共有するどの二つの面にも異なる色が塗られるのは，向かい合う 3 組の面にそれぞれ同じ色が塗られる場合で，3! 通りある。

よって

$$p_3=\frac{3!}{3^6}=\frac{3\cdot2\cdot1}{3^6}=\frac{2}{243}\quad\cdots\cdots(\text{答})$$

(2)　4 色で立方体の六つの面を塗る方法は 4^6 通りあり，どの場合も同様に確からしい。そのうち，辺を共有するどの二つの面にも異なる色が塗られるのは，次の(i)，(ii)の場合で，これらは互いに排反である。

(i)　ちょうど3色で(1)のように塗る

(ii)　ちょうど4色で，向かい合う2組の面にそれぞれ同じ色を塗り，残りの二つの面に残りの2色を1色ずつ塗る

(i)の場合は，3色の選び方が${}_4C_3$通り，3色の塗り方が$3!$通りあるから

$${}_4C_3\cdot 3!=4\cdot 3\cdot 2\cdot 1=24 \text{ 通り}$$

(ii)の場合は，向かい合う2組の面の選び方が${}_3C_2$通り，4色の塗り方が$4!$通りあるから

$${}_3C_2\cdot 4!=3\cdot 4\cdot 3\cdot 2\cdot 1=72 \text{ 通り}$$

よって

$$p_4=\frac{24+72}{4^6}=\frac{3}{128} \quad \cdots\cdots (\text{答})$$

別解　4色で立方体の六つの面を塗る方法は4^6通りあり，どの場合も同様に確からしい。そのうち，辺を共有するどの二つの面にも異なる色が塗られるのは，次の(ア)，(イ)の場合で，これらは互いに排反である。上面をA，下面をB，側面を上から見て時計回りにC，D，E，Fとすると

(ア)　AとBを同じ色で塗る場合

A，C，Dの塗り方は${}_4P_3$通り，A，C，Dに塗った色をそれぞれα，β，γとし残りの色をδとすると，E，Fの塗り方は$(\beta,\ \gamma)$，$(\beta,\ \delta)$，$(\delta,\ \gamma)$の3通りあるから

$${}_4P_3\cdot 3=4\cdot 3\cdot 2\cdot 3=72 \text{ 通り}$$

(イ)　AとBを異なる色で塗る場合

A，B，C，Dの塗り方は$4!$通り，A，B，C，Dに塗った色をそれぞれα，β，γ，δとすると，E，Fの塗り方は$(\gamma,\ \delta)$の1通りであるから

$$4!=4\cdot 3\cdot 2\cdot 1=24 \text{ 通り}$$

よって

$$p_4=\frac{72+24}{4^6}=\frac{3}{128}$$

解説

《立方体の面の塗り方と確率》

立方体の面の塗り方に関する確率の問題である。各面にどの色を塗るかは同様に確からしいので，塗り方の場合の数を考えればよい。

⑴　塗り方の総数は重複順列で 3^6 であり，立方体を回転させて一致するような塗り方も別の塗り方と考える。
⑵　ちょうど3色で塗る場合は⑴の結果を利用できる。
〔別解〕のように立方体の各面をA～Fとして，Aから順に塗る色の選び方と塗った色を表にすると下のようになる。

	3色	4色	4色	4色
A（上面）	4通り（α）	4通り（α）	4通り（α）	4通り（α）
B（下面）	（α）	（α）	（α）	3通り（β）
C（側面）	3通り（β）	3通り（β）	3通り（β）	2通り（γ）
D（側面）	2通り（γ）	2通り（γ）	2通り（γ）	（δ）
E（側面）	（β）	（β）	（δ）	（γ）
F（側面）	（γ）	（δ）	（γ）	（δ）

各列24通りあるから，塗り方の総数は

$24\times 4=96$ 通り

ある。

3

発想

まず，絶対値をはずし，x を実数全体として $y=f(x)$ のグラフを描く。次に，$f(x)$ の最大値に注目して $-1\leqq x\leqq 1$ がグラフのどの部分になるかを考える。a によって最大値が変化することになるので，a による場合分けを行い，区間における最大値を求めるのに必要となる点の座標を計算する。

解答　$x^2-\left(ax+\dfrac{3}{4}a^2\right)=\left(x+\dfrac{a}{2}\right)\left(x-\dfrac{3}{2}a\right)$

$a>0$ より，$-\dfrac{a}{2}<0<\dfrac{3}{2}a$ であるから

$$f(x)=\left|x^2-\left(ax+\frac{3}{4}a^2\right)\right|+ax+\frac{3}{4}a^2$$

$$=\begin{cases} x^2-\left(ax+\dfrac{3}{4}a^2\right)+ax+\dfrac{3}{4}a^2 & \left(x\leqq -\dfrac{a}{2},\ \dfrac{3}{2}a\leqq x\right) \\ -\left\{x^2-\left(ax+\dfrac{3}{4}a^2\right)\right\}+ax+\dfrac{3}{4}a^2 & \left(-\dfrac{a}{2}<x<\dfrac{3}{2}a\right) \end{cases}$$

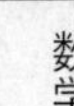

$$=\begin{cases} x^2 & \left(x\leqq -\dfrac{a}{2},\ \dfrac{3}{2}a\leqq x\right) \\ -x^2+2ax+\dfrac{3}{2}a^2 & \left(-\dfrac{a}{2}<x<\dfrac{3}{2}a\right) \end{cases}$$

$$=\begin{cases} x^2 & \left(x\leqq -\dfrac{a}{2},\ \dfrac{3}{2}a\leqq x\right) \\ -(x-a)^2+\dfrac{5}{2}a^2 & \left(-\dfrac{a}{2}<x<\dfrac{3}{2}a\right) \end{cases}$$

ここで

$x^2=\dfrac{5}{2}a^2$ のとき　$x=\pm\sqrt{\dfrac{5}{2}}a$

よって，$y=f(x)$ のグラフは右のようになる。

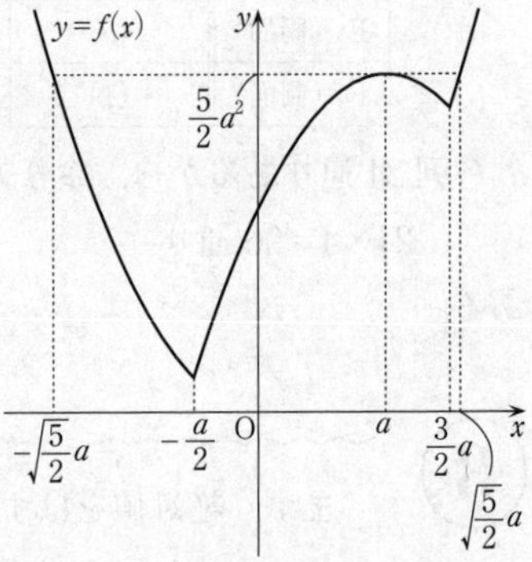

$f_1(x)=x^2$

$f_2(x)=-x^2+2ax+\dfrac{3}{2}a^2$

とおくと，$-1\leqq x\leqq 1$ における $f(x)$ の最大値は

$1<a$ のとき　$f_2(1)=\dfrac{3}{2}a^2+2a-1$

$a\leqq 1<\sqrt{\dfrac{5}{2}}a$　すなわち　$\sqrt{\dfrac{2}{5}}<a\leqq 1$

のとき　$f_2(a)=\dfrac{5}{2}a^2$

$\sqrt{\dfrac{5}{2}}a=1$　すなわち　$a=\sqrt{\dfrac{2}{5}}$ のとき　$f_1(\pm 1)=f_2(a)=1$

$(0<)\sqrt{\dfrac{5}{2}}a<1$　すなわち　$0<a<\sqrt{\dfrac{2}{5}}$ のとき　$f_1(\pm 1)=1$

以上より，$-1\leqq x\leqq 1$ における $f(x)$ の最大値は

$0<a\leqq\dfrac{\sqrt{10}}{5}$ のとき　1

$\dfrac{\sqrt{10}}{5}<a\leqq 1$ のとき　$\dfrac{5}{2}a^2$

$1<a$ のとき　$\dfrac{3}{2}a^2+2a-1$

……(答)

解説

《絶対値を含む関数の区間における最大値》

絶対値記号を含む2次関数の区間における最大値を求める問題である。

絶対値をはずすときの定石通り，絶対値の中が0以上のときと負のときで場合分けを行う。$a>0$ に注意して $y=f(x)$ のグラフを描けば，$-1\leqq x\leqq 1$ における $f(x)$ の最大値を考える際に，$f(x)=\frac{5}{2}a^2$ を満たす x の値が必要であることがわかる。

$$-\sqrt{\frac{5}{2}}a=-\frac{\sqrt{10}}{2}a<-\frac{a}{2}<0<a<\frac{3}{2}a<\frac{\sqrt{10}}{2}a=\sqrt{\frac{5}{2}}a$$

であることを確認してグラフを見ればわかりやすい。

発想

ある自然数 N を十進法で表したとき，n 桁になるための条件が $10^{n-1}\leqq N<10^n$ であることは知っているであろう。同様に，自然数 N を八進法，九進法でそれぞれ表したとき，桁数が同じ n 桁になるための条件も不等式で表す。これら三つの不等式から必要な大小関係を見つけ出し，三つの不等式すべてを満たす自然数が存在するための条件を n で表す。条件を満たす n が最大となるときの中から，N の最大を求める。

解答　自然数 N を八進法，九進法，十進法でそれぞれ表したとき，桁数がすべて同じになるとする。このときの桁数を n（n は自然数）とすると

$$8^{n-1}\leqq N<8^n \quad かつ \quad 9^{n-1}\leqq N<9^n \quad かつ \quad 10^{n-1}\leqq N<10^n \quad \cdots\cdots①$$

が成り立つ。$8^{n-1}\leqq 9^{n-1}\leqq 10^{n-1}$，$8^n<9^n<10^n$ であるから，①を満たす N が存在するための n の条件は

$$10^{n-1}<8^n \quad \cdots\cdots②$$

である。両辺の常用対数をとって

$$n-1<n\log_{10}8=3n\log_{10}2$$

$$n(1-3\log_{10}2)<1 \quad \cdots\cdots③$$

ここで，$0.3010<\log_{10}2<0.3011$ より

$1-3\cdot 0.3011<1-3\log_{10}2<1-3\cdot 0.3010$

すなわち　$0.0967<1-3\log_{10}2<0.097$

よって

$$\frac{1}{0.097}<\frac{1}{1-3\log_{10}2}<\frac{1}{0.0967}$$

より　$10+\frac{30}{97}<\frac{1}{1-3\log_{10}2}<10+\frac{330}{967}$

$1-3\log_{10}2>0$ であるから，③より

$$n<\frac{1}{1-3\log_{10}2}\quad\cdots\cdots③'$$

したがって，③′すなわち②を満たす条件は $n\leqq 10$ であるから，①を満たす自然数 N が存在するための条件も $n\leqq 10$ である。

N が最大になるのは n が最大のときであるから，$n=10$ のときを考えて

$10^9\leqq N<8^{10}$

これを満たす最大の自然数 N が求める自然数で　$8^{10}-1$　……(答)

参考　$8^{10}-1=1073741823$ である。

解説

《八進法，九進法，十進法で表したときに桁数が同じになる自然数》

ある自然数を八進法，九進法，十進法でそれぞれ表したとき，桁数がすべて同じになるものの最大を求める問題である。

八進法で n 桁になる数 N は $1\underbrace{0\cdots\cdots0}_{(n-1)\text{個}}{}_{(8)}$ 以上 $1\underbrace{00\cdots\cdots0}_{n\text{個}}{}_{(8)}$ 未満の数である。これを十進法で表すと $8^{n-1}\leqq N<8^n$ になる。①を満たす自然数 N が存在するための条件が②である。N が最大になるのは，②を満たす n が最大のときで，N の最大は $N=8^n-1$ である。計算では，$1-3\log_{10}2>0$ であることを確認してから③の両辺を $1-3\log_{10}2$ で割ること，$10<\frac{1}{1-3\log_{10}2}<11$ であることを確認してから③′を満たす条件が $n\leqq 10$ であるとすることに注意する。

5

発想

放物線の一部 C と直線 $y=ax+b$ が二つの異なる共有点を持つための条件を，2次方程式の $x>1$ における二つの異なる実数解の存在条件，さらに放物線と x 軸が $x>1$ で二つの異なる共有点を持つための条件に帰着させて考える。判別式，放物線の軸，および $x=1$ のときの y 座標に関する条件を求め，点 $(a,\ b)$ が動く領域を図示し，積分を用いて面積を計算する。2次方程式の $x>1$ における二つの異なる実数解の存在条件は，解と係数の関係を用いて導く方法もある。

解答　直線 $y=ax+b$ $(a>0,\ b>0)$ を l とする。

「$C:y=x^2-4x+5$ $(x>1)$ と l は二つの異なる共有点を持つ」

ための条件は，

「$x^2-4x+5=ax+b$ ……①

が $x>1$ で二つの異なる実数解を持つ」 ……(＊)

ことである。

①より　$x^2-(a+4)x+5-b=0$ ……①′

$f(x)=x^2-(a+4)x+5-b$ とすると

$$f(x)=\left(x-\frac{a+4}{2}\right)^2-\left(\frac{a+4}{2}\right)^2+5-b$$

(＊)が成り立つための条件は，$y=f(x)$ のグラフが $x>1$ で x 軸と二つの異なる共有点を持つことであるから，①′ の判別式を D とおくと

$$D>0 \ \cdots\cdots ② \quad かつ \quad \frac{a+4}{2}>1 \ \cdots\cdots ③ \quad かつ \quad f(1)>0 \ \cdots\cdots ④$$

である。

②について，$D=(a+4)^2-4(5-b)=a^2+8a+4b-4>0$ より

$$b>-\frac{1}{4}a^2-2a+1$$

よって　$b>-\dfrac{1}{4}(a+4)^2+5$ ……②′

③について　$a>-2$ ……③′

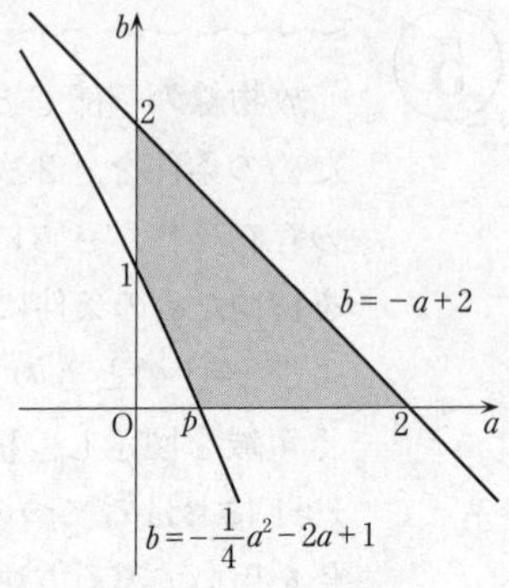

④について，$f(1)=-a-b+2>0$ より

$b<-a+2$ ……④′

また，$-\frac{1}{4}a^2-2a+1=0$ を解くと

$a^2+8a-4=0$

より　$a=-4\pm2\sqrt{5}$

$p=-4+2\sqrt{5}$ とおいて

②′，③′，④′，$a>0$，$b>0$

をすべて満たす点 $(a,\ b)$ が動く領域を図示すると，右図の網かけ部分（境界線は含まない）になる。

よって，求める面積は

$$\frac{1}{2}\cdot2\cdot2-\int_0^p\left(-\frac{1}{4}a^2-2a+1\right)da$$

$$=2-\left[-\frac{1}{12}a^3-a^2+a\right]_0^p$$

$$=2-\left(-\frac{1}{12}p^3-p^2+p\right)$$

$$=2+\frac{1}{12}(p^3+12p^2-12p)$$

$$=2+\frac{1}{12}\{(p^2+8p-4)(p+4)-40p+16\}$$

$$=2+\frac{1}{12}\{0-40(-4+2\sqrt{5})+16\}\quad(\because\ p^2+8p-4=0)$$

$$=\frac{50-20\sqrt{5}}{3}\quad\text{……(答)}$$

参考　〈その１〉　次のようにして，(＊)，①′から②′，③′，④′を導くこともできる。

①′の解を α，β とおくと，解と係数の関係より

$\alpha+\beta=a+4$，$\alpha\beta=5-b$

①′が１より大きい二つの異なる実数解を持つ条件は，①′の判別式を D とすると「$D>0$　かつ　$\alpha>1$　かつ　$\beta>1$」である。

$D>0$ より　$(a+4)^2-4(5+b)>0$

すなわち　$b>-\frac{1}{4}a^2-2a+1=-\frac{1}{4}(a+4)^2+5$　……②′

また

「$\alpha>1$ かつ $\beta>1$」

$\Longleftrightarrow$「$\alpha+\beta>2$　……(ア)　かつ　$(\alpha-1)(\beta-1)>0$　……(イ)」

(ア)について　$a+4>2$

よって　$a>-2$　……③′

(イ)について

$$(\alpha-1)(\beta-1)=\alpha\beta-(\alpha+\beta)+1=(5-b)-(a+4)+1=-a-b+2$$

より

$-a-b+2>0$　すなわち　$b<-a+2$　……④′

参考　〈その２〉　求める面積は，次のように計算することもできる。

$$\frac{1}{2}\cdot2\cdot2-\int_0^p\left\{-\frac{1}{4}(a+4)^2+5\right\}da$$

$$=2-\left[-\frac{1}{12}(a+4)^3+5a\right]_0^p$$

$$=2-\left\{-\frac{1}{12}(p+4)^3+5p\right\}+\left(-\frac{1}{12}\cdot4^3\right)$$

$$=2+\frac{1}{12}(2\sqrt{5})^3-5(-4+2\sqrt{5})-\frac{16}{3}$$

$$=\frac{50-20\sqrt{5}}{3}$$

解説

《放物線と直線が区間で交わる条件，面積》

放物線と直線が $x>1$ で二つの異なる共有点を持つための条件を求め，領域の面積を求める問題である。

$x^2-(a+4)x+5-b=0$ が $x>1$ で二つの異なる実数解を持つための条件は，判別式，放物線 $y=x^2-(a+4)x+5-b$ の軸，および区間の端を考えるのが定石である。ただし，〔参考〕〈その１〉のように解と係数の関係を利用することもある。点 $(a,\ b)$ の動く範囲の図では，座標軸を $x,\ y$ にすることもあるが，本問では $y=f(x)$ の $x,\ y$ と混同する可能性もあるので，座標軸を $a,\ b$ とした。$p=-4+2\sqrt{5}$ なので，面積計算では，$p^2+8p-4=0$ を用いるとよい。〔参考〕〈その２〉のように，公式

$\int (cx+d)^n dx = \frac{1}{c(n+1)}(cx+d)^{n+1}+C$（$C$ は積分定数）を利用する方法もある。

講評

頻出分野である積分，確率，図形に関する問題，準頻出分野である絶対値に関する問題が出題された。２年連続で証明問題が出題されなかった。

1　立体図形の問題。解法はいろいろあるが，いずれにしても手間がかかるので時間がかかったであろう。

2　立方体の面の塗り分けに関する確率の問題。場合の数の問題としては頻出問題といえるものであるが，確率の問題なので注意が必要である。確率の意味を正しく理解していれば平易に感じたかもしれない。

3　絶対値を絡めた２次関数の最大値問題。解法の方針は立てやすい。ていねいに場合分けを行い，グラフを正確に描くことがポイントである。

4　n 進法と常用対数の融合問題。複数の不等式をうまく扱わなくてはならない。慣れていないと解法の方針を立てるのに困ったのではなかろうか。また，記述方法にも細やかな注意が必要である。

5　２次方程式の解の配置と積分を融合した標準問題。典型問題なので計算ミスに注意して正しい答を導きたい。

以上，２，３，５は標準問題であるが，どの問題も注意すべきところがある。１，４はやや難レベルの問題であり，2023年度に比べると全体的にやや難化した。２の(2)は理系との共通問題である。論理性を問う問題が多く，記述内容で差がつくであろう。適切な図も説明のうちであり，図形感覚も重視されている。計算力も必要である。頻出問題，典型問題は確実に解けるようにし，さらに実戦的な数学の総合力をつけておこう。

講評

一の現代文は、奈倉有里の随筆である。外国語学習について自らの体験をもとに考えを述べたもので、筆者ならではの興味深い観点が示されている。一見平易な文章にみえるが、深い考察が秘められている。設問はこのあたりの理解を試そうとしており、いずれもやや難レベルといえる。たんに本文の表現をなぞっただけの解答では不十分であるとはいえ、どこまで掘り下げて読み込めばよいのか、判断に迷うところである。問三・問五は特にそうである。

二の現代文は、高村光太郎の随筆である。芸術の永遠性をテーマとした文章で、構成がしっかりしている。古い文章であるため、読み慣れていないと読解に苦労するかもしれない。逆にある程度読み慣れていると、困難を感じないだろう。設問は総じて標準レベルであるが、説明である以上、本文をそのまま引用するだけの解答は避け、適宜わかりやすい表現に直して説明することは必要である。

三の古文は、鎌倉時代後期の日記『とはずがたり』からの出題（この出典は二〇一四年度にも出題あり）。二〇二三年度と比べると、文章量は四〇〇字ほど減少し、総解答量は三行減少したが、やや難化した。問一の内容説明問題は、やや難。「つれなく」の説明がしにくい。問二の現代語訳問題は、標準的。問三の和歌の現代語訳問題は、やや難。かなり訳しにくい。問四の内容説明問題も、やや難。「いづ方」の説明が難しく、主語も間違いやすい。問五の和歌解釈を含む内容説明問題も、やや難。解答欄四行に書き込む内容の見極めが必要。

た言い方で、〝やはりまだ〟の意。「ただ」は〝ひたすら〟の意。「かきとめてみよ」で、二句切れ。「藻塩草」はそれの目的語で、倒置法になっている。「藻塩草」は〝和歌の草稿・和歌〟の比喩で、「かき」は、藻塩草（＝海藻）を「掻き」集めると、和歌を「書き」の掛詞になっている。解答には主意の〝和歌を書き留めてみよ〟だけを反映させればよい。「人をもわかず（分かず）」は、〝人をも分け隔てしないで〟の意。これは、〈誰彼の区別なく、和歌の出来自体で評価を決める〉ということで、自分なりの言葉で踏み込んで説明すること。「情け」は、和歌の公平な評価を保証する天皇（または院）の情け深さのことである。「人をもわかず情けある世に」は、意味的には「かきとめてみよ」に係るので、「藻塩草」とともに倒置法になっている。

解答作成のポイントは以下の二点である。

①「なほもただ…」の和歌の内容を、特に「藻塩草」「人をもわかず」に注意して説明する

②この和歌が亡き父が作者の夢の中に現れて言った（諭した）ものであることを説明する

参考『とはずがたり』は、鎌倉時代後期（一三〇六年以後）成立の自伝的な女流日記文学である。全五巻。作者は大納言源（久我）雅忠女（むすめ）で、後深草院（上皇）に仕え、女房名として二条と呼ばれた。巻一～巻三では、十四歳で後深草院の寵愛を受け、ほかにも複数の貴人たちと宮廷で愛欲生活を送った前半生を記す。巻四・巻五では、出家後の三十二歳から、平安時代末期の歌僧・西行（一一一八～一一九〇年）に倣って諸国遍歴の修行を重ねた後半生を記している。日記文学の中でも白眉とされる極めて個性的な作品である。

あった」「出家の身となっている」とある)。傍線部(3)は、表面的には〝和歌浦に漁師は何もできなくて漁師の打ち捨てられた舟がある〟の意だが、作者は自分の身の上に重ねていて、〝和歌の世界で尼の私は何もできなくて見捨てられている〟が主意である。これら二つの意味をつないで現代語訳してもよいが、「海人の捨て舟」を尼である作者の今の境遇の比喩ととらえて、「和歌浦に(私の)身はいたづらに海人の捨て舟(のようである)」と整理して、解答例では現代語訳した。

問四 作者が「海人(尼)の捨て舟」と、自分は和歌の世界で見捨てられた存在だと詠んで愚痴をこぼしたことに対して、亡き父が作者の夢の中に現れて、「捨てらるべき身ならず」と励ました、という文脈を押さえたい。夢の中であることは、「うちおどろきしかば」「夢の枕」とあるので、わかる。「いづ方(何方)」は〝どちら〟の意で、何を指しているのか明らかにする必要がある。傍線部(4)の直前の父の言葉によると、作者の祖父である久我の大相国と、作者の父(「我」は話し手である父の自称)は、「代々の作者」(=代々の勅撰和歌集に入集した歌人)であり、作者の外祖父(=母方の祖父)である兵部卿隆親も、注を見ると、「代々の作者」に入ることがわかる。したがって、「いづ方につけても」は、〝父方と母方のどちらについても(勅撰集歌人を輩出する家系で)〟の意。「捨てらるべき身ならず」は、「らる」が受身、「べき」が適当または当然の用法で、〝(そなたは)見捨てられてよい(見捨てられるはずの)身の上ではない〟の意。これの主語が作者であることは明示すること。解答例の「作者は」は、「あなたは」などの二人称にしてもよい。

解答作成のポイントは以下の二点である。

① **「いづ方につけても」を、「いづ方」の具体的な内容を明らかにして説明する**
② **「捨てらるべき身ならず」を、主語を明らかにして説明する**

問五 作者が「この道(=和歌の道)」に励むようになった理由を、「なほもただ…」の和歌の内容に基づいて(意図としては「即して」に近い)説明する。和歌は亡き父が作者の夢の中で詠んだものである。「なほも」は「なほ」を強めの三十三回忌にめぐり合ったということ。

解答作成のポイントは以下の二点である。

① 「つれなく」の内容を、文脈に即して説明する

② 「めぐりあひぬる」の対象を明示する

問二 現代語訳問題なので、一語一語、丁寧に訳出していく。「この度」は〝今回〟の意。「勅撰」は〝勅撰和歌集〟の意。設問条件に従い、「漏れ」の主語として、〝父の和歌が〟などと補って訳す（尊敬語「給ひ」に注意）。「漏る」は〝選に漏れる・不採用となる〟の意。「給ふ」は尊敬の補助動詞で、〝〜なさる・お〜になる〟の意。「ける」は過去の助動詞「けり」の連体形で、下に「こと」を補える。強意の係助詞「こそ」は、特に訳出する必要はない。「悲しけれ」は形容詞「悲し」の已然形で、「こそ」の結び。「世にあり」は、作者が出家の身であることの反対で、〝俗世にいる〟の意、さらには〝宮仕えする〟の意。「ましかば、…む」は、反実仮想の構文で、文末は「まし」が「む」に置き換わった形。「などか」は〝どうして〟の意で、ここでは反語の用法。「申し入る」は、目的語の〝入集を〟（または〝撰者に〟）などを補い、〝入集を申し入れる・入集をお願い申し上げる〟の意。ただし、「申し」＋「入れ」の二語なら、〝お願い申し上げて入集させる〟の意の可能性がある。「ざら」は打消の助動詞「ず」の未然形。「む」は推量の助動詞で、「などか」を受けて連体形。反語の「いやお願いしただろうに」なども訳出しておくのがよいが、入りにくければ、省略も可。

問三 和歌の自然・人事の二重文脈に注意し、適宜、人事の意味を補って訳すこと。「和歌浦」は和歌山市の景勝地で、ここでは〝和歌の世界・和歌の道・宮廷歌壇〟の比喩（和歌でこの比喩はよく用いられる）。「いたづらに」は形容動詞「いたづらなり」の連用形で、〝無駄に・むなしく〟ほどの意。ここでは廃れゆく家名に対する無力感を表す。なお、「いたづらになる」で〝死ぬ〟の意の連語があるが、ここでは合わない（直前に「最期終焉の言葉」とあるので紛らわしいが、それは父の言葉）。「海人」は〝漁師〟の意だが、「尼」との掛詞になっている（リード文に「女房で

我の太政大臣は『落葉が峰の露の色づく』という和歌を作り、私は『おのが越路も春のほかかは』と詠んで以来、代々の（勅撰和歌集の）歌人である。（そなたの）外祖父兵部卿隆親は、鷲尾への（後嵯峨院の）お出かけの際に『今日こそ花の色は添へつれ』とお詠みになった。（父方・母方の）どちらの家系においても、（そなたは）見捨てられてよい身の上でない。具平親王以来、わが家は長く続いているけれども、（わが家の）和歌の道は絶えたりしない」などと言って、立ち去る際に、

今後もやはり（あきらめることなく）ひたすら海草を掻き集めるように和歌を書き留めてみなさい。誰をも分け隔てせずに（優れた和歌を詠めば公平に評価するという）情け深い御代において

と詠じて立ち退いたと思って、（私が）目を覚ましたところ、（父の）空疎な面影は（私の）袖の涙に（浮かんで）残り、（父の）言葉はなおも夢の枕もとに留まっている（と見えた）。

この夢の亡き父の教訓以来、（私は）とりわけこの和歌の道を励んで行う気持ちも深くなりながら、この機会に柿本人麻呂の墓に七日間お参りして七日目という夜、夜通し籠っておりましたときに（和歌の神である人麻呂に対して次のように詠んだ）、

前世からの因縁があって親王家の末流に生まれた私の名前が、世にむなしく埋もれたままで残れとおっしゃるのでしょうか（どうかご加護をいただきたいものです）

解説

問一　「つれなし」は、〝（表面的に）平気だ〟の意のほか、生きる甲斐もなく思う気持ちとは無関係に、生きながらえているという文脈で、〝思うにまかせない・情けない〟の意がある。ここでの「つれなく」は、「（命）つれなく（ながらへて）」と補って考えられ、〝命が思うにまかせずにながらえて・情けなくも生きながらえて〟ほどの意。「ぞ」（強意の係助詞）→「ぬる」（完了の助動詞「ぬ」の連体形）は係り結びで、二句切れになっている。「めぐりあひぬる」の対象は、「別れつつ十づつ三つに三つ余るまで」で、「故大納言身まかりて」や「別れつつ」とあるので、死別した父

歌の世界で見捨てられてよい身の上ではないということ。

問五 作者は、夢に現れた亡き父から、「誰であろうと分け隔てなく、優れた和歌を詠めば公平に評価される情け深い時代なので、今後もやはりひたすら和歌を詠んで書き留めてみなさい」と諭されたから。

全訳

それにしても（父である）故大納言が亡くなって今年は三十三年になりましたので、（私は）形式通りに仏事などを営んで、いつもの僧のもとへ送った追善供養の願文に（次の和歌を添えた）、

（生きていても甲斐のない命が）思うにまかせず（ながらえて）めぐり合ったことだ。（父と）死別してから十年ずつが三回とさらに三年余るまで（の三十三回忌に）

神楽岡という所で（父が火葬の）煙となった（＝父を荼毘に付した）その跡を訪ねて参りましたところ、古い苔がむして露が深く（しっとりと濡れていて）、道を埋めている木の葉の下を踏み分けて通り過ぎたところ、石の卒塔婆（＝故人の供養のために墓の後ろに立てる細長い板）が、いかにも（亡き父の）形見だと言いたげに残っているのもたいそう悲しいが、（私は）「それにしても今回の勅撰和歌集には（父の和歌が）採用外におなりになったのが悲しい。私が、俗世にいて宮仕えしていたならば、どうして（入集を）お願い申し上げないだろうか、いやお願いしただろうに。（父は）『続古今和歌集』からそれ以来、代々の（勅撰和歌集に入集した）歌人だった。また、私自身の祖先を思うにつけても、（具平親王から父まで）親王家の血筋八代の（歌道家としての）伝統が、（私の代で）むなしく絶えてしまうのであろうか」と悲しく、（父の）最期臨終の言葉などをあれこれ思い出し続けて（次のように詠んだ）、

昔の事になってしまった（久我家の歌道の）名声が惜しいことだ。しかし、尼の私は和歌の世界で見捨てられて無力な身だ。和歌浦にむなしく打ち捨てられた漁師の舟のように

このように（父の墓前で）愚痴をこぼし申し上げて（墓参から）帰っていた夜、（亡き父が私の夢の中に）昔のままの姿（で現れ）、私も昔の気持ちで向かい合って、この（家名が廃れてゆく）無念を述べると、（父は）「（そなたの）祖父久

はこの「星の真砂」からの連想であるが、「明滅」という表現はこれらの作品の、普遍性を持たず、現れてはすぐに消えてしまう、はかない存在であることもほのめかしているのであろう。そしてこのような無数の作品が偉大な作品を生み出す場となるという。その理由については触れられていないので、ここまでのところをまとめればよいだろう。あるいは、芸術作品とされるものは無数にあるが、普遍性を持つ偉大な作品はごくごく少数であることを表現していると解釈することもできる。

以上より解答のポイントは次の二点である。

① 偏った特殊な美を追求した作品や、感傷的な作品は普遍性を持たずはかなく消え去る

② そうした無数の作品の中からこそ、真に偉大で普遍的な作品が誕生する

参考 高村光太郎（一八八三～一九五六年）は詩人・歌人・彫刻家・画家。東京都生まれ。彫刻家高村光雲の長男として生まれる。東京美術大学（現在の東京芸術大学美術学部）に入学し、彫刻と洋画を学ぶ一方、『明星』に短歌を寄稿するなど文学にも関心を寄せる。美術と文学の両方に対する関心は卒業後も続き、それぞれの分野で活躍する。主な詩集に『道程』『智恵子抄』、翻訳に『ロダンの言葉』、彫刻に『手』『裸婦座像』『柘榴（ざくろ）』などがある。

出典 後深草院二条『とはずがたり』〈巻五〉

問一 作者は心ならずも命がながらえてしまい、死別した父の三十三回忌を迎えるまでになったということ。

問二 今回の勅撰和歌集には父の和歌が入集なさらなかったことが悲しい。私が、まだ宮仕えしていたならば、どうして入集をお願い申し上げないだろうか、いやしただろうに。

問三 和歌浦にむなしく打ち捨てられた漁師の舟のように、尼の私は和歌の世界で人々に見捨てられて無力な身だ。

問四 作者は、祖父と父も、また外祖父も勅撰和歌集に入集の歌人なので、父方と母方のどちらの家系から考えても、和

② **芸術作品の永遠性とは不滅の力をわれわれに感じさせることである**
③ **芸術作品は美を追求する**

問四　終わりから二段落目では芸術作品の時間性から空間性へと議論が移り、芸術作品の偉大さ、普遍性がテーマとなる。その普遍性に関して、「通俗性」とは異なり、「人間精神の地下水的意味に於ける遍漫疏通の強力な照応」であるとされる。難しい表現であるが、「太陽が霜を溶かすやうにいつの間にか人心の内部にしみ渡る」という比喩からおおよそわかるように、普遍的な作品すなわち「一個人的の領域から脱出して殆ど無所属的公共物となる」作品は、俗受けする作品のようにすぐさま受け入れられるのではなく、時間をかけてゆっくり人々に理解されるという内容である。これが傍線部の趣旨でもある。そして直ちに受け入れられず「必ず執拗な抵抗をうける」理由として、「不可解のためである事もあり、解り過ぎるためである事もある」とされる。「解り過ぎるため」とは、一見当たり前のもののように見えるために「芸術」とは感じられない作品、あるいは、心の底で解ってはいるが認めたくない真実を突きつけてくる作品などが考えられるだろう。以上より、偉大な芸術作品とはどのようなものであるか、またそれがなぜすぐには受け入れられないのかの三点を説明する必要がある。

解答のポイントは次の三点である。

① **普遍的な芸術作品は人類共通の遺産である**
② **当初はその不可解さゆえに、あるいは逆にそのあまりの明快さゆえに人々の執拗な抵抗を受ける**
③ **しだいにその偉大さが人々に理解され、受容されていく**

問五　前問と関連する。終わりから二段落目の後半では、普遍性を有する偉大な作品と、そうでない作品が対比され、しかも両者の関連が指摘される。後者については「特殊の美として存在する」「普遍の感を持たない」「偏倚（＝一方へ偏ること）の美乃至パテチックの美」とあるように、普遍性を持たない特殊な美や、感傷的な美を有する作品である。しかもこのような作品は「星の真砂」「恒河沙数」にたとえられるように、無数に存在する。「さういふ明滅の美」とに於ける作者内面の要求を措いて他に考へる余地を持たない」はずの芸術を製作する者が、自己の作品の永遠性を心にかけるのは「卑しい考（かんがへ）」であり、「虚栄」であり、「迂愚（＝愚鈍）」であり、「荒唐（＝根拠がないこと）の言」であると厳しく糾弾する。以上の二点を含めて「ニヒル」の意味を説明する。

解答のポイントは次の三点である。

① 作品の永遠性など不可能な夢である

② 芸術家は作品製作時における自己の内面の要求のみに全神経を注ぐはず

③ 永遠性を願うのは虚栄であり愚かだ、と冷めた見方をする

問三 芸術作品の永遠性をめぐる肯定・否定の相反する考えを紹介した上で、それらのいずれをも批判する新たな視点が示される。それが「永遠性とは果して時間の問題か」という疑問と、「此の推考には間違がある」という断定に導かれた傍線部である。この部分で「感覚」と「時間」の対比が示され、以下、具体的な説明に入る。まず「時間」について、「永遠時への予約や予期ではない」「決して不滅といふ事実の予定認識ではない」として、たんに時間的・物理的・客観的に不滅であることが芸術作品の永遠性ではないという趣旨のことが言明される。確かにこの意味での永遠性なら芸術作品に限ったことではない。これに対して「感覚」については、「不滅を感ぜしめる力」とあるように、芸術作品の持つ力がわれわれにその不滅性を感じさせるのであるという、鑑賞者の感覚や主観に基づく不滅性が芸術作品の永遠性であるといった趣旨のことが言明される。「永遠的なるものの即刻即時に於ける被享受性」「無の時間に於ける無限持続の感覚」というやや難しい表現も、芸術作品に接して永遠なる感覚を喚起させられることを意味する。そしてこのような永遠性を感じさせるのも、芸術作品が美を追求するものであるからと理由づけられる。解答は右の対比構造を明確にして説明することになる。

そのポイントは次の三点である。

① 芸術作品の永遠性とは作品がこの世に物理的に永続することではない

第一～四段落（芸術上で……）芸術作品の時間性・永遠性
芸術作品の永遠性に関して、相反する二つの考えがありうる
第五～七段落（そこで又考へる……）芸術作品が有する永遠の感覚
芸術における永遠とは感覚であって時間ではない
第八段落（永遠の時間性は又……）芸術作品の空間性・普遍性
芸術作品はその芸術上の大きさゆえに普遍性を有する
第九段落（芸術上の此の永遠性……）芸術作品の永遠性の由来
芸術作品の永遠性は人間精神と技術芸能との超人的な結合から来る

問一　傍線部の「至極」は〝きわめて・まったく〟の意の副詞。「当然なことである」の主語は「われわれ芸術に……脱却したいと思ふのは」である。要するに芸術家は自分の作品が永遠性を獲得することを願うということ。この芸術作品の永遠性について、前の部分で夢殿の観世音像を例に挙げながら、同段落前半で「永遠とは元来……特質を持つてゐる」と述べている。すなわち芸術作品の永遠性とは「無限の時間的表現」であり、個人の作品という性質を失い、過去から未来にかけて無限に存在しているように思えることをいう。解答にはこの点も含めて説明する。

そのポイントは次の二点である。

①　**芸術作品の永遠性とは作品が作者を離れて、時間的な無限性を持つことを意味する**

②　**芸術家なら自分の作品が永遠性を持つことを願うのは当然である**

問二　「ニヒル」は〝虚無的・冷めているさま〟の意であるが、この言葉を知っているのは昭和世代までかもしれない。でも「ニヒリズム」は今でもよく使われるから類推できるだろう。本文では、芸術作品の永遠性を願う心情を、冷やかに眺める意味合いで使われる。傍線部以下、法隆寺金堂の壁画やエジプトの古彫刻などを例に挙げながら、不朽・不滅の作品などありえず、作品の永遠性など「甘い気休めではないか」と突き放す。さらに「第一」以下、「製作時

出典　高村光太郎「永遠の感覚」(『日本近代随筆選1　出会いの時』岩波文庫)

解答

問一　芸術作品の永遠性とは作品が作者を離れて時間的な無限性を持つことを意味し、芸術家なら自分の作品が永遠性を持つことを願うのは当然であるということ。

問二　芸術家は、作品製作時における自己の内面の要求のみに全神経を注ぐものなのに、作品の永遠性という不可能な願望を抱くのは虚栄であり愚かだ、と冷めた見方をすること。

問三　芸術作品の永遠性とは作品がこの世に物理的に永続することではなく、美を追求する作品が持っている不滅の力をわれわれに感じさせることであるということ。

問四　人類共通の遺産となるような普遍的な芸術作品は、完成した当初はその不可解さゆえに、あるいは逆にそのあまりの明快さゆえに人々の執拗な抵抗を受けるが、しだいにその偉大さが理解され、受容されていくということ。

問五　偏った特殊な美や感傷的な美を追求した作品には普遍性がなく、はかなく消え去る運命にあるが、そういう無数の作品の集まりにこそ、真に偉大で普遍的な作品を生み出す豊かさがあるということ。

要旨

芸術作品が持つ永遠性とは時間的な無限性をいうのではなく、無限持続の感覚をいう。芸術は美を求めて進むものであり、その美の奥におのずから永遠を思わせるものが存在するのである。それは美は常にある原型へと人を誘導する性質を持っているからである。またこの永遠の時間性は空間性に変貌して高度な普遍性につながる。芸術上の大きさとはこれを意味し、これなくしては芸術の人類性は存在しない。このような芸術の永遠性はどこから来るのかと言えば、人間精神と技術芸能との超人的な境における結合から来るのであろう。

解説

本文は高村光太郎の随筆「永遠の感覚」の全文である。内容上、四つの部分に分けることができる。

であるから、筆者がこの「言葉」と「意味」の不合致についてどのように考えているのかを答えなければならない。そこで傍線部の前後を詳細に検討する。まず、傍線部の前に「ひとつひとつの単語の辞書的な意味を疑わざるをえなくなり」や「普段は自明のものと認識している言葉の意味を考えなおす」とあり、辞書的な、言葉ひとつひとつの単独の意味ではこの詩を理解できないことが述べられている。そこで「緩やかにつながる言葉同士の関連性に目を凝らし、意味の核心に迫ろうとする」。しかし、そうやって核心に迫ろうとしても「核心は近づいたかと思えばまた遠ざかる」と傍線部で筆者は言う。なぜなら、「『言葉』と『意味』はひとつにはならない」とあるように、言葉と意味が完全に合致することは決してないからである。しかしながら、正解に辿り着けないことを、筆者は否定的にはとらえない。「でもだからこそ面白い――そんな感覚が歌にのって伝わってくる」と、「意味の核心」に決してたどり着けないことこそが面白い、と楽しんでいるのである。設問の指示に「『祈り』の歌詞に触れつつ」とあるが、これは「緩やかにつながる言葉同士」の具体例として挙げることでクリアできる。

説明のポイントは次の三点である。

① **意味の核心をとらえるため、ひとつひとつの言葉の辞書的な意味を疑い、言葉同士の関連性に着目する**

② **『祈り』の歌詞を「緩やかにつながる言葉同士」の具体例として挙げる**

③ **言葉と意味が合致することは決してないが、だからこそ言語とは面白いものである**

参考 奈倉有里（一九八二年～）はロシア文学者。東京生まれ。ペテルブルグの語学学校でロシア語を学び、ロシア国立ゴーリキー文学大学を卒業。その後、東京大学大学院人文社会系研究科博士課程満期退学。現在、早稲田大学講師。著書に『夕暮れに夜明けの歌を』の他、『アレクサンドル・ブローク』『ことばの白地図を歩く』などがある。

ブラート・オクジャワ（一九二四～一九九七年）はソ連・ロシアの詩人・小説家。またバルドと呼ばれるシンガーソングライターとして、六十年代から八十年代にかけて若者を中心に人気を博した。

という点を説明する。

と考えられる。外国語学習を通じて、既知のはずのひとつひとつの物事が体験し直されていき、世界が広がっていく

以上より解答のポイントは次の二点となる。

① **母語を介して当たり前のように理解していた物事を、新しい言語で名づけ直す**

② **物事ひとつひとつが新しい物事として体験され、世界が広がっていく**

問四 傍線部で「この歌の解釈は多様で」と述べ、例として「暗示」や「皮肉」の歌として解釈する例を挙げた後、筆者は別の考えとして「この詩には言語への希求のようなものがある」として、「ひとつひとつの単語の……言葉の意味を考えなおす」という新たな視点を提案する。すなわち、自明視された言葉の意味を再考することを読者に促す歌ととらえている。これは外国語学習者にも言えることで、新しい言語を学ぶことは親しみなじんだ母語を改めて振り返ることでもある。筆者がこの歌に惹かれるのも納得がいくだろう。以上のことを踏まえて解答を考えることになるが、設問で「本文全体を踏まえて」という指示がある以上、本文冒頭近くで引用されたこの歌の一節およびその前後に戻る必要がある。その部分に「一風変わった詩」「妙に惹かれた」などとあるが、このような魅力とは要するに、さまざまな解釈を許すことや、「言語への希求」を促すことをいったものと考えられる。

以上より解答のポイントとして次の三点を指摘できる。

① **この歌には暗示や皮肉などさまざまな解釈がある**

② **普段は自明のものと認識している言葉の意味を考え直す**

③ **言語への希求を読者に促す、魅力的な歌である**

問五 傍線部の「核心」とは「(言葉の) 意味の核心」のことである。なぜ、言葉の意味の核心に「近づいたかと思えばまた遠ざかる」のかというと、直後にあるように「『言葉』と『意味』はひとつにはならない」から、である。これが傍線部の理由であるが、設問は傍線部の理由ではなく、傍線部のように「筆者が言うのはなぜか」と問うているの

しも経験することであろう。

以上のように考えれば、解答のポイントとして次の三点を指摘できる。

① **新しい言語を学ぶ**

② **思考をその言語でやり直すような感覚になる**

③ **新しい言葉を覚えたくて心がおどる至福の状態**

問二 傍線部は筆者がロシア語の学習を選択したときの決意を振り返る一節にある。「ロシア語しかない」「『本気を出せるか否か』」とあるように、筆者は自分にとって本気を出せるものはロシア語しかないという強い思いを抱いている。これが傍線部の「加えて」の前提となる内容である。そしてこれに加えて「逃げ場がないような崖っぷち、という場所を探してもいた」とあるのは、ロシア語の学習へと自らを追い込むことをいったものであろう。そのとき筆者は曽祖父のことが頭にあったという。彼は留学経験のある英文学の翻訳者で、「ものすごく変わった人」と思われていたと述べる。「でも、いいじゃないか」「だからなんだっていうんだ」という、ややぞんざいな言い方は筆者の曽祖父への憧れを表している。自分が夢中になれるものなら、たとえ世間一般の普通の道を外れてもかまわない、それがなかったら自分は何者でもないと自らを鼓舞するような心情が読み取れる。これらを端的に説明する。

解答のポイントは次の二点である。

① **本気を出せる道はロシア語しかない**

② **ロシア語の学習へと自分を追い込み鼓舞する心情**

問三 傍線部の前後で、新しい言語を学ぶことで、母語では当たり前のように理解していた物事に新しい名前がつき、その物事ひとつひとつが新たに体験し直されていくといった趣旨のことが述べられている。「新たに歩きはじめる」という比喩的な表現を踏まえれば、これは、幼児が母語をひとつひとつ覚えるたびに、それに対応した物事がひとつひとつ理解されていき、こうしてどんどん世界が広がっていく過程を、外国語学習者が再度たどることをいったものだ世界に新しい名前がついていくということであり、それはあの『祈り』のようでもある。この歌には言語への希求のようなものがある。「言葉」と「意味」はひとつにはならない、でもだからこそ面白い——そんな感覚が歌にのって伝わってくる。

解説

本文は随筆であるが、四つの部分に分けて内容を確認しよう。

第一～三段落（それから、NHKの……）オクジャワの『祈り』
NHKラジオのロシア語講座でオクジャワの『祈り』という歌に魅了された
第四～七段落（そんなふうにして……）言語学習者の幸福
言語学習者には「私」の空白にはやく新しい言葉を流し入れたくなるような、特殊な幸福状態がある
第八～十段落（そうして私が……）ロシアへの留学
ロシア語で語れるようになったが、いまでも「聞く」のがいちばん好きだ
第十一段落（新しい言語を学ぶ……）言語への希求
オクジャワの『祈り』には言語への希求のようなものがある

問一　筆者は自らのロシア語学習を振り返りながら、あるとき「恍惚とした感覚に襲われ」た。「『私』という存在が……真っ白になっていき、その空白にはやく新しい言葉を流し入れたくて心がおど」ったという。この体験を振り返り、傍線部のような感想をもらす。「言語学習者の特殊な幸福状態」とはこの、新しい言葉を学びたくて「心がおど」る状態である。「言語というものが思考の根本にある」とは、思考が、意識的な思考、無意識的な思考を問わず、言語によって行われることである。とすれば、「『私』は真っ白になっていき」とは、それまで母語で行っていた思考がすべて消え去り、新しい言語で思考を行うようになることを意味すると考えられる。そしてだからこそ「新しい言葉を流し入れたくて」という気持ちにもなるのだろう。これは外国語で会話したり、思考したりし始めた学習者なら、誰

国語

一

出典　奈倉有里『夕暮れに夜明けの歌を――文学を探しにロシアに行く』〈1　未知なる恍惚〉（株式会社イースト・プレス）

解答

問一　新しい言語を学ぶ過程で、自分という存在が空白に感じられるほど、思考をその言語でやり直すような感覚になり、新しい言葉を覚えたくて心がおどる至福の状態。

問二　本気を出せる道はロシア語しかなく、それなしでは自分は何者にもなりえないと自分を追い込み鼓舞する心情。

問三　母語を介して当たり前のように理解していた物事を、新しい言語で名づけ直すたびに、その物事ひとつひとつが新しい物事として体験され、世界が広がっていくということ。

問四　この歌には暗示や皮肉などさまざまな解釈があるが、賢さや幸せといった、普段は自明のものと認識している言葉の意味を考え直すという、言語への希求のようなものを読者に促す、魅力的な歌と考えている。

問五　賢さや幸せといったひとつひとつの言葉の辞書的な意味を疑い、『祈り』の歌詞のなかでつながる「賢い者」と「頭」、「幸せな者」と「お金」の関連性から意味をとらえようとしても、言葉と意味が完全に合致することは決してないのであり、だからこそ言語とは面白いものだと筆者は考えているから。

要旨

筆者はラジオのロシア語講座で出会った『祈り』という歌に心惹かれた。ロシア語に取り組んで数年が経ったころ、「私」という存在が真っ白になっていき、その空白にはやく新しい言葉を流し入れたくて心がおどった。これは言語が思考の根本にあるからこそ得られる、言語学習者の特殊な幸福状態なのだろう。新しい言語を学ぶということは、見知った

//////////////////// · memo · ////////////////////

//////////////////// · **memo** · ////////////////////

//////////////////// ·memo· ////////////////////

//////////////////// · memo · ////////////////////

2023年度

解答編

解答編

英語

I **解答** (1)全訳下線部(1)参照。

(2)全訳下線部(2)参照。

(3)全訳下線部(3)参照。

◆全　訳◆

≪時間を割くべき情報の選択≫

言うまでもなく，現代生活の特徴の一つとなっているのは，大部分がインターネットのせいで，私たちは何に注意を向けるべきか，すなわち，たとえほんの数分間でも何に自分の時間を費やすべきか，ということについて，誰もが絶え間なく選択を迫られている，という点だ。現代人の多くは，処理しきれないほどの圧倒的な情報を瞬時に利用できるようになったが，これは注意を払える平均時間が短くなっていることを意味している。(1)考えたり，集中したりするべき「もの」が増えれば増えるほど，一つ一つのことに割ける時間は少なくなっていく。注意を払える時間がこのように減ったことについて，人々はすぐにインターネットのせいにするが，確かにソーシャルメディアがそれに一役買ってはいるものの，完全にそのせいというわけでもない。この傾向は，前世紀初頭，科学技術によってますます多くの情報が利用可能になったことで，世界が初めてつながり始めたころに端を発している。

今日，私たちは，四六時中最新のニュースが舞い込み，生産されては消費される情報の量が急激に増えていく状況にさらされている。共有された公共の議論を形成するさまざまな話題の数が増え続けるにつれて，私たちが個々の話題に割くことのできる時間と注意の量は必然的に縮小されていく。(2)だからといって，こうした情報のすべてに対する私たちの関与の総量が少しでも減ったかというとそうではない。むしろ，私たちの注意を競って引こうとする情報が密になるにつれて，私たちの注意はより散漫としたものになるということであり，結果，公共の議論はますます断片的で表面的なものになっていく。話題の切り替えが早ければ早いほど，前の話題への関心も早く薄れていく。そして，自分の興味のある話題だけに取り組むようになり，結果的に幅広い情報が得られず，自分が最もよく知っている分野以外の情報を評価する自信がなくなる可能性があるのだ。

私たちが触れる情報が，家族や友人や同僚を通じて得たものであろうが，主流メディアである本や雑誌を読んで得たものであろうが，ネットやソーシャルメディア上から得たものであろうが，私たちが出会うすべての話題に，より多くの時間と注意を払うべきだと私は主張しているのではない。というのも，それは不可能なことであろうから。そうではなく，私たちは，重要なもの，役に立つもの，興味深いもの，私たちの注意と時間に値するものとそうでないものを区別する方法を学ばなければならない。ファインマンが，ノーベル賞を受賞した研究について簡潔にまとめてほしいと記者から求められたときに，強調して指摘しているように，私たちが本当に時間をかけて考え，意味をしっかりと理解しようとする話題には，必然的にある程度の献身が必要になる。科学の世界では，あるテーマを真に理解するためには，時間と努力が必要であることがわかっている。その見返りに，最初は理解不能と思われた概念が，理解可能で，わかりやすく，時には単純でさえあることがわかる。最悪でも，そうした概念が実際に複雑なものであることを認めることになるが，それは私たちがその概念を徹底して考えて理解することができないからではなく，それらが本当に複雑だからである。

つまり，これが日常生活における私たち全員への教訓である。ゴミをすべて海に捨てるより，それをリサイクルした方が地球にとってよいということを知るのに，気候科学の博士号が必要であろうか。もちろん，そんなことはない。(3)しかし，時間をかけて一つのテーマをもう少し深く掘り下げ，一つの問題についての根拠となる賛否を比較検討した上で，自分の考えをまとめることは，長い目で見れば，よりよい決断をすることにつながるだろう。

人生のほとんどのことは，最初は難しいものである。しかし，挑戦する覚悟があれば，人は想像をはるかに超えることに立ち向かうことができるのだ。

◀解　説▶

情報過多の現代において，それをインターネットのせいにして終わるのではなく，私たちが価値ある情報を選択する術を身につけ，時間をかけてそれについて考えるという姿勢が重要だと説いている。大学へ進学する，これからの学生に向けたメッセージとも言える内容である。

▶(1) **The more 'stuff' we have to think about and focus on, the less time we are able to devote to each particular thing.**

「考えたり，集中したりするべき『もの』が増えれば増えるほど，一つ一つのことに割ける時間は少なくなっていく」→The＋比較級＋S V ～, the＋比較級＋S V …「～すればするほど（ますます）…」の構文。前半は，the more 'stuff' を much 'stuff' と原級に戻して，本来の語順に書き換えると，we have much 'stuff' to think about and focus on となる have の目的語である much 'stuff'「多くの『もの』」が前に移動した形である（あるいは，本来の語順を，we have to think about and focus on much 'stuff' と捉えることも可能である。その場合 have to は「～しなければならない」を意味する助動詞的な役割を果たし，和訳すると「考えたり，集中したりしなければならない『もの』が増えれば増えるほど」となり，いずれにせよ和訳上の大きな違いは現れない）。後半は，devote little time to ～「～にほとんど時間を割かない」（devote *A* to *B*「*A* を *B* に捧げる」が元の語順で，little time が前に移動した形）。'stuff' には引用符が付いているので，「多くの『もの』」のように，和訳する際にもカギ括弧でくくるようにする。引用符がある理由は，漠然としたものや情報などの抽象的なものを表す stuff（不可算名詞）と，個別で具体的なものを指すことの多い thing（可算名詞）を対比させて強調しているため。また，stuff には「あまり価値のない情報」といった意味合いもあり，そういったニュアンスを皮肉として表すためと考えられる（これを訳出する必要はなく，カギ括弧を付けておけばよい）。

People are quick to blame the internet for this reduced attention span, (but …)

「注意を払える時間がこのように減ったことについて，人々はすぐにインターネットのせいにする（が…）」→(be) quick to blame は「すぐに〔短絡的に〕～のせいにする」の意味。blame *A* for *B*「*A* を *B* のことで責める」の形が使われている。this reduced attention span は，第1段第2文（Many of us today have …）の最後にある our average attention span is getting shorter の箇所，つまり，「注意を払える平均時間が短くなっている」ことを指している。直訳的には「この減少した注意を払える時間」となるが，自然な日本語にするために，「注意を払える時間がこのように減ったこと」と言い換えればよい。

but while social media certainly plays its part, it is not entirely to blame.

「(…だが）確かにソーシャルメディアがそれに一役買ってはいるが，完全にそのせいというわけでもない」→play its part「その役割を一部果たしている」は，先に述べた「人々が注意を払える時間を減少させていること」の一因となっていることで，「一役買っている」とか，「責任の一端を担っている」と訳せる。it is not entirely to blame は，S is to blame の形で「Sに責任がある」という意味の慣用表現。not entirely は「完全に～というわけではない」という意味の部分否定をつくる。

▶(2) **It isn't that our total engagement with all this information is any less, but rather that …**

「だからといって，こうした情報のすべてに対する私たちの関与の総量が少しでも減ったかというとそうではない。むしろ，…である」→It isn't that ～ but (rather) that … は，「(だからといって)～ということではない。そうではなく…ということだ」の意味。これは，先述したことに対して予測される“読者や聞き手の誤解をあらかじめ否定する”ときに使われる表現であり，仮主語構文や，一般的な強調構文とは別物として暗記するべき構文（It は先述したことを漠然と指すため，「それ」と訳出しない)。engagement with ～ は「(～への）取り組み，(積極的な）関与」の意味。any less の箇所は，little「少ない」の比較級が使われている（any は強意「少しも（～ない)」）ので，our total engagement is any less は，「私たちの（情報への）関与の合計が少しでも減っている」と訳せる。なお，engagement は抽象的で訳しにくい単語でもあるため，our total engagement with all this information は，下線部直前の the amount of time and attention we are able to devote to each one（個々の話題に割く時間や注意の量）との対比であることから判断して，「私たちがこうした情報すべてに割く時間や注意の総量」と，具体的に訳してもよい。

as the information competing for our attention becomes denser our attention gets spread more thinly,

「私たちの注意を競って引こうとする情報が密になるにつれて，私たちの注意はより散漫としたものになるということであり，」→as S V は「S が V するにつれて」の意味であり，compete for ～「～を求めて競い合う」が現在分詞の形で，the information を修飾する語句になっているため，「私たちの注意を求めて競い合う情報」が S，becomes denser「より密になる」が V に相当。主節である our attention gets spread more thinly は「私たちの注意はより薄く広がっていく」が直訳である。

with the result that public debate becomes increasingly fragmented and superficial.

「(その) 結果，公共の議論はますます断片的で表面的なものになっていく」→with the result that ～ は「～という結果と共に」が直訳であるが，前から後ろへと訳し下げていく際には「その結果，～する」と処理できる。public debate は，第 2 段第 2 文（As the number of …）中にある our collective public discourse「私たちが共有している公共の議論〔話題〕」を短く言い換えたもので，「公共の議論」や「一般社会の話題」などと訳せる。

- increasingly「ますます～」
- fragmented「断片化した」
- superficial「表面的な」

▶(3) **But taking some time to dig a little deeper into a subject and weighing up the evidence, the pros and cons about an issue, before making up your mind**

「しかし，時間をかけて一つのテーマをもう少し深く掘り下げ，一つの問題についての根拠となる賛否を比較検討した上で，自分の考えをまとめることは」→taking some time to … before making up your mind が文の主語。taking some time … into a subject と weighing up the evidence, … about an issue の 2 つの動名詞句が and で並列されていて，before 以下は，これら両方の動名詞句を修飾している。take time to *do* は「時間をかけて～する」，weigh up ～ は「～を比較検討する，～の重さを量る」，

pros and cons は「良い点と悪い点，賛否（両論）」の意味。before making up your mind は「決心する前に（～する）」でもよいが，〔解答〕では，前から後ろへと訳し下げており，「（～した）後で決心する」のように処理して，最終的に「（～した）上で自分の考えをまとめる」と自然な日本語にしてある。

• dig into ～「（考えなどを）掘り下げる，詳しく調べる」

• make up *one's* mind「決心する，態度を固める」

can help you make better decisions in the long run.

「長い目で見れば，よりよい決断をすることにつながるだろう」→help you make の箇所は，help *A do*「*A*（人）が～するのを手助けする」が使われている。can より前の部分にくる主語を，上の解説では「～することは…」と訳しているが，無生物主語となっているため，「～することによって…」のように副詞的に訳出してもよい。その場合は，can help *A do* 以降の述語部分についても，「（～することで）*A*（人）は…しやすくなる」のように，*A*（人）を主語に切り替えた和訳をする。

• in the long run「長い目で見れば，結局は」

●語句・構文●

（第１段）feature「特徴」 access「（情報などを）入手〔利用〕できること」 far more information than we can ever hope to process「処理することを（今後も含めて）私たちが期待する以上の情報量」→（意訳して）「処理しきれないほどの（圧倒的な量の）情報」，which has meant that…「（そして）そのことは…を意味する」→which の先行詞はカンマより前の部分全体。*A* is traced back to *B*「*A*（出来事）は *B*（時代）に遡る」 ever-increasing「増え続ける」

（第２段）be exposed to ～「～にさらされている，（情報など）に触れている」 breaking news「ニュースの速報，飛び込んでくる情報」 exponential「指数関数的な，（増加などが）飛躍的な」 collective「集合の，共有している」 discourse「会話，講演，議論」 inevitably「避けられない」 compress「圧縮する，（時間などを）短縮する」 switch between ～「～を切り替える」 those subjects that interest us「私たちの関心を引く話題」→those「その〔それらの〕」が指しているのは関係代名詞の that 以下であり，それ自体は訳出しなくてよい。broadly「幅広く」 informed「情報を与えられた」 potentially「潜在的に」 evaluate「～を評価する」 sphere「(知識などの) 分野，領域」
(第3段) advocate「～を主張する」 encounter「～に出くわす」 mainstream media「(既存の) 主流メディア」→新聞・雑誌・テレビ・ラジオなどを指し，新興のソーシャルメディアと対比して用いられる。discriminate between ～「～を区別する」 be deserving of ～「～に値する」 emphatically「強調して，きっぱりと」 point out「指摘する」 pithy「簡潔な」 digest「(知識などを) 消化する，会得する」 commitment「深い関与，献身，専念」 impenetrable「突き通せない，不可解な」 turn out to be ～「～であると判明する」 comprehensible「理解可能な」 straightforward「わかりやすい」 acknowledge「～を認める」 complicated「複雑な」 think *A* through「*A* を考え抜く」 thoroughly「徹底して」 make sense of ～「～を理解する」
(第4段) takeaway「結論，(会議などで持ち上がった) 重要な点」 PhD「博士 (の学位)」 rubbish「くず，がらくた」
(第5段) begin with ～「～で〔から〕始める」 cope with ～「(問題など) に取り組む，に対処する」

II 解答

(1)全訳下線部(1)参照。
(2)全訳下線部(2)参照。
(3)全訳下線部(3)参照。

◆全　訳◆

≪説明しがたい意識の存在≫

意識を理解しようとするとき，私たちは何を理解しようとしているのか。哲学者たちは，意識の定義について合意していないばかりか，中には，意識を定義することなどそもそもできない，意識的な経験はそれを体験することでしか理解できない，と考える人もいる。(1)このような哲学者たちは，意識について，ルイ=アームストロングがジャズに対して抱いていたと言われるのと同様の捉え方をしている。すなわち，それが何であるかを尋ねる必要があるのなら，それが何かは決してわからないということだ。事実，意識の定義がわからないと明言する人（そう明言する哲学者たちは実際存在する）にそれを説明しようとするのは，ジャズに馴染みのない人にジャズを説明する作業よりもはるかに難しい。ジャズが何であるかを知らなければ，少なくともジャズに分類される音楽を聴き，その前身であるラグタイム，その従兄弟であるブルース，そしてその分身であるクラシック音楽とそれを比較することはできる。おそらく，こうした訓練によってジャズを感じることができるだろう。しかし，意識の場合は，比較するものがない。意識のないときには何も認識できないのであるから。さらに，ジャズはアームストロングの時代以降，高度に理論化されてきたため，ニューヨーク公共図書館の舞台芸術図書館を訪問すれば，ジャズの本質を知らない人たちもそれを多少は捉えられる可能性が大いにある。

それにもかかわらず，意識について説明した文書が存在し，意識が何かわからないと主張する人たちに意識とは何であるかについての要点を理解させようとしている。これによると，意識とは，覚醒しているときや夢を見ているときの状態であり，夢のない眠りや麻酔，昏睡状態にあるときに欠けているものである。しかし，「意識」という言葉で何を意味するのかは不明だ，という主張をする人にとって，このような説明は通用しない。覚醒した状態のどの側面が意識を説明するものなのか。目を覚ました状態と，夢のない眠りについている状態との間の妥当な差異を知らなければ，それを知ることは難しいだろう。結局，目覚めているときと，夢のない眠りについているときとでは違った脳の活動をしているのだ。しかし，仮に私が「意識は脳の活動の一形態に過ぎない」と伝えたいと思えば，直接そうすることもできたのだが。もちろん，先の意識についての説明で理解できた人もいるかもしれないが，そうした人は，おそらく，その説明を読む前から意識とは何かを理解していたのではないだろうか。

(2)意識とは何かわからないと主張する人に説明できる言葉はないと考えている，まさにそうした哲学者の中には，すでにそれを心得ていると主張する人に対してであれば，意識というものに関して語れることが大いにある者もいるのだ。そして，彼らの議論の中心にあるのは，人が意識を持つには，自分であるとはこういう感じのものだと言える何かが存在していなければならない，という考えである。つまり，岩には内的な体験がないために，あるいは，多くの人がそのようにみなしているために，岩であるとはこういう感じのことだと言えるものは何も存在しないが，その一方で人は，自分であること，すなわち，朝のコーヒーを味わう，子猫の柔らかい毛並みを感じる，その愛らしい子猫に引っかかれたときにヒリヒリと感じる，といったこれらのことが何かしらの形で確かに存在することを知っている。これらの体験は意識的な体験であり，哲学者によって「質的内容」あるいは「クオリア」と呼ばれるものを伴う。すなわち，こうした経験をすることとは「こういう感じのものだと言える何か」が存在するのだ。そして，多くの哲学者によれば，私たちが経験する豊かな体験が何たるかを感じさせてくれるものが存在していることで，人生は価値あるものになっている。確かに，人生の意味が内的な体験にあるのか，それとも世界をよりよい場所にするための外的な行為にあるのかは，考えるべきことではある。しかし，いずれにせよ，意識がなければ，私たちの人生にとって重要な何かが欠けてしまうことは間違いないようだ。

(3)意識を有するとは「自分であるというのはこういうことだ，というような何か」が存在することである，という主張は，「視点」あるいは「観点」を有する，という側面から説明することができる。ここで言う，視点を有するとは，単に意識的な経験の中心であるということである。もちろん，視点を有するという側面から意識を説明しておきながら，その後，視点を有するとはどういうことかを，意識を有するという側面から説明することは，循環的である。しかし，意識を他の何かから説明することはできない（それを持っていない限り，それを理解することはない）という前提に立てば，このような循環は予想されることである。しかしながら，それが好循環であるのか，悪循環であるのかは議論の余地があるだろう。

◀解　説▶

「意識をどう説明するべきか」という，それ自体に答えが出ていない哲学的難題を扱ったものとなっている。過去に出題されたテーマの中にも，哲学的内容は多く取り上げられている（2001年度〔1〕・2003年度〔1〕・2006年度〔1〕・2017年度〔2〕）。類似した話題に触れておくことで，抽象的な概念がどのように表現されているか，という点も確認しておきたい。

▶(1) **Such philosophers see consciousness as Louis Armstrong purportedly saw jazz:**

「このような哲学者たちは，意識について，ルイ=アームストロングがジャズに対して抱いていたと言われるのと同様の捉え方をしている。すなわち」→頻出表現である see *A* as *B*「*A* を *B* とみなす」は，一般的に *A* も

B も名詞句となるはずだが，ここでは as の後ろが Louis Armstrong purportedly saw jazz と節（SV 構造）の形になっている点に注意が必要。see A as B の構文としてよりも，S V ～ as S′ V′…「(…するの）と同じように（～する)」(“様態” を表す接続詞の as）という形の中で，see「(～を）捉える，考える」という動詞が使われている，と見る方がわかりやすい。したがって，直訳は「このような哲学者たちは，ルイ=アームストロングがジャズを捉えていたのと同じように，意識を捉えている」となる。これに purportedly「伝えられるところによると」という副詞の意味を添える。また，コロン（：）の記号は「つまり，すなわち」の意味合いであり，この記号直後には「哲学者の意識の捉え方」，あるいは「アームストロングのジャズの捉え方」が具体的に挙げられている。

if you need to ask what it is, you're never going to know.

「(すなわち）それが何であるかを尋ねる必要があるのなら，それが何かは決してわからないだろう」→上で説明したように，ここは「哲学者の意識の捉え方」(=「アームストロングのジャズの捉え方」）を具体的に表したもの。したがって，it「それ」は「意識」あるいは「ジャズ」のこと。文法上，訳出が難しい箇所はないが，文脈に沿った解釈ができているかは重要であるため，ここで説明しておく。意識（あるいはジャズ）を自ら体感してわかっている人と，そうでない人とがいて，「それが何であるかを尋ねる必要がある」人というのは，後者に当たる。意識やジャズは言葉で説明することが難しいものであるから，自らそれを体感しない限りは「それが何かは決してわからないだろう」ということ。

Indeed, the task of explaining consciousness to someone who professes not to know ― and there are philosophers who do profess this ― is much more challenging than that of explaining jazz to the uninitiated.

「事実，意識の定義がわからないと明言する人（そう明言する哲学者たちは実際存在する）にそれを説明しようとするのは，ジャズに馴染みのない人にジャズを説明する作業よりもはるかに難しい」→profess は「公言〔明言〕する，自らはっきりと言う」の意味であり，profess not to know は「意識が何かはわからないと明言する」となる。ダッシュ記号で挟まれた挿入部分は，日本語の丸括弧でくくるのと同じであり，〔解答〕のように処理してもよいし，括弧で閉じずに訳し上げてもよい。その場合は，「事実，意識の定義がわからないと明言する哲学者は実際に存在しており，そのように明言する人に意識を説明する作業は…」のようになる。また，この中の this は，not to know（consciousness）「意識（の定義）がわからないこと」を指す。challenging は頻出の形容詞で「力量が問われるほどに難しい，困難だが取り組みがいのある」という意味合いを持つ。この比較級 more challenging に，比較級を強調する much が付いているので「はるかに〔ずっと〕」と訳出する。the task of *A* is＋比較級＋than that of *B* の形において，that は the task を指す代名詞。uninitiated は「十分な知識〔経験〕のない」の意味の形容詞。the＋形容詞で「～な人々」の意味になる原則から，the uninitiated のここでの意味は「ジャズの経験がない人，ジャズを知らない人」。元となっている動詞の initiate は「(新しいことを人に）手ほどきする」という意味を持つ。

▶(2) **Some of the very same philosophers who think that nothing can be said to enlighten those who claim to not know what consciousness is …**

「意識とは何かわからないと主張する人に説明できる言葉はないと考えている，まさにそうした哲学者の一部は…」→the very same *A* who ～については，very が「まさに」という意味の強意表現であり，「～するのとまさに同一の *A*（人)，～するまさしくその *A*（人)」の意味。enlighten は「(人を）啓発する，(人に）教える」の意味であるから，nothing can be said to enlighten の直訳は「～に教えるために言えることは何もない」となる。claim to not know は，claim not to know と同じで，「(～を）知らないと主張する」の意味。この not の位置については，通常，不定詞を否定する場合は not を to の直前に置くように教えられることも多いが，この場合のように to と原形の間に置かれることもある。not は副詞であるが，not 以外の副詞も含めて，to と原形の間に副詞が置かれる形を“分離不定詞”と呼ぶ。ここでは，後述する解説の claim to already know の対比として，claim to not know が使われており，to already know「すでに知っている」の語順に揃えるために，to not know「知らない」の語順が，通常の not to know よりも優先されている。already know と not know が，“副詞＋動詞の原形”の語順で整頓されていることで，両者の対比関係がわかりやすいものになっている。

• those who ～「～する人々」

• what *A* is「*A* とは何か（ということ）」（他にも，「今の *A*」，「*A* の本質」の意味がある）

have found quite a bit to say about what it is to those who claim to already know.

「すでにそれを心得ていると主張する人に対してであれば，意識というものに関して語れることが大いにあるのだ」→quite a bit は「かなりたくさん（のこと）」という意味の慣用表現で，quite a few や quite a lot と同じ意味。to say about … の不定詞は，直前の名詞句である quite a bit を修飾するので形容詞的用法であり，「…について言うべき〔言うための〕（多くのこと）」が直訳。have found … は「（語るべき多くのこと）を見つけた〔見つけている〕」が直訳で，〔解答〕では自然な日本語にするために「（語るべき多くのこと）がある」と意訳してある。claim to already know「すでに（意識が何かを）知っていると主張する」は，上の解説で触れた“分離不定詞”の形になっており，副詞の already が to と原形の間に置かれている。副詞の位置は自由度が高いが，動詞が複数個ある場合，修飾するべき動詞の近くに置かないと誤解が生じ得る。つまり，claim to know に already を添える場合，already claim や claim already の位置であれば，「すでに主張する」となるが，already know なら「すでに知っている」となる。ここでは後者の意味にする必要があるために分離不定詞の語順になっている。

▶(3) **The claim that to be conscious is for there to be ‘something it is like to be you’**

「意識を有するとは『自分であるというのはこういうことだ，というような何か』が存在することである，という主張は」→the claim that S V「～という主張」の that は，“同格”を表す接続詞であり，それに続く to be conscious is for there to be ‘something it is like to be you’ は，To be happy is to be satisfied with one’s life.「幸福であることとは自分の人生に満足していることである」と同じ文構造で，第 2 文型（SVC）である。there is〔are〕～「～が存在する」の構文に，for *A* to *do*「*A* が～すること」（*A* と *do* の間に主述の関係が成立する）の形が適用されて，

for there to be ～「～が存在すること」となっている（*A* の位置にある there は形式主語で，真主語は「～」で示された位置にくる語句）。something it is like to be you は，関係代名詞の省略を補ってみると，something that it is like to be you であり，先行詞である something を元の位置に戻してみると，it is like something to be you である。さらに，形式主語である it に，真主語の to be you を代入してみると，to be you is like something となる。いったん，これを和訳すると，「自分〔あなた〕であることは何か〔何かしらのもの〕のようである」となる。「意識の定義は難しい」という文脈から判断して，不特定性を示す something「何か，何かしらのもの」とは，「言葉では説明しがたい何か〔もの〕」と言える。前置詞 like は「～のような，～に似ている」という“類似”を表すため，ここまでをまとめて something it is like to be you は，「自分であることは言葉では説明しがたい何かに似たもの〔何かに近い感じのもの〕であり，そういう何か」と訳せる。〔解答〕のように，「自分であるというのはこういうこと〔こういう感じのもの〕だ，というような何か」と，すっきりとした和訳に変換できるとよりよい。

• be conscious「意識がある，意識を有する」

can be described in terms of having a 'point of view', or a 'perspective'.

「『視点』あるいは『観点』を有する，という側面から説明することができる」→describe は「～を説明する〔描写する〕」の意味で，受動態になっている。in terms of ～ は「～の観点で，～の面から見ると，～(に特有)の言葉で」を意味する慣用表現。point of view も perspective も「視点，観点」の意味。

To have a point of view in this sense is simply to be the centre of conscious experience.

「ここで言う，視点を有するとは，単に意識的な経験の中心であるということである」→in this sense の直訳は「この意味において」。centre は center と同じ発音，同じ意味で，イギリス英語のスペル表記。be the centre of ～「～の中心である」は，厳密には be at the centre of ～「～の中心にいる」と区別しておきたい。

Of course, to explain consciousness in terms of having a point of

view and then to explain what it is to have a point of view in terms of being conscious is circular.

「もちろん，視点を有するという側面から意識を説明しておきながら，その後，視点を有するとはどういうことかを，意識を有するという側面から説明することは，循環的である」→what it is to have a point of view は，it が形式主語で，to have a point of view が真主語であるので，「視点を有するとはどういうことか」の意味。文の主語は，to explain *A* in terms of *B* and then to explain *B* in terms of *A*「*A* を *B* の面から説明し，その次に *B* を *A* の面から説明すること」に当たる部分で，述語部分が is circular になっている。述語の is が単数扱いであることから，主語の中にある and は 2 つの異なるものを結びつけるというよりは，and の前後が一連の動作として扱われていることになる。また，to explain *A* in terms of *B* and then to explain *B* in terms of *A* について，*A* の位置には「意識を持つこと」，*B* の位置には「視点を持つこと」が入っており，その位置関係が and の前後で，*A* in terms of *B* から *B* in terms of *A* のように入れ替わっている。このことを circular「循環的な」という言葉で筆者は説明しており，下線部直後にある最終文（Yet, on the assumption …）の中でも，such a circle「そのような循環」と言い換えられている（circular は circle の形容詞形）点を確認しておく必要がある。Of course ～ と Yet … は一対で使われて，「もちろん～だが，しかし…だ」という対比の関係をつくるので，いずれか一方が残りの一方の意味を類推するヒントになり得る。したがって，下線部直後の Yet で始まる最終文の解釈も重要になってくる。最終文中に出てくる a vicious circle（文中では a vicious one）「悪循環」はよく使われる表現なので，覚えておきたい。

●語句・構文●

（第 1 段）consciousness「意識」 philosopher「哲学者」 agreed-upon「同意済みの」 definition「定義」（<define「～を定義する」） classify *A* as *B*「*A* を *B* に分類する」 precursor「先行するもの」 ragtime「ラグタイム（1890 年代中頃に起こった音楽スタイルの一種でジャズの母体のひとつとされる）」 alter ego「分身，（自分の分身であるかのように）信頼できる友人」 presumably「おそらく」 theorize「～を理論化する」

may very well provide …「…を提供する可能性が大いにある」→may well *do*「～する可能性が高い」 insight into ～「～（本質など）を見抜くこと」 nature「性質，本質」

（第 2 段） account「説明」 Consciousness, it is said, is …「意識は…と言われている」→it is said の部分は同文全体を修飾しており，It is said that consciousness is … と同じこと。lack「～がない〔欠落している〕」 anaesthesia は anesthesia「麻酔」のイギリス英語表記。coma「昏睡（状態）」 fall flat「失敗に終わる，通用しない」 illustrate「～を説明する」 relevant difference「（比較し合うもの同士の）重要な〔意味のある〕差」 convey that …「…ということを伝える〔知らせる〕」 proffer「～を提案する〔差し出す〕」

（第 3 段） refer to *A* as *B*「*A* を *B* と呼ぶ」 qualitative「質的な」 content「内容，中身」 qualia「クオリア」→哲学や脳科学の分野で用いられ，神経感覚によって得られる主観的な質感を表す概念。 reside「（場所に）存在する，宿る」 ponder「思案する，熟考する」

（第 4 段） virtuous「有徳の」→virtuous circle は「好循環」。 vicious「悪意のある」→vicious circle は「悪循環」。

III 解答例

〈解答例 1〉 Nothing good will happen if you act out of self-interest. You may help others in the hope that you will get something in return later, but the person who benefits from such help can easily forget about it. On the other hand, it is also likely that the person (whom) you helped out of kindness will always be grateful and even return the favor when you are truly in need. The saying "Charity is a good investment" captures the essence of our society.

〈解答例 2〉 Acting only for personal gain or advantage is unlikely to lead to positive outcomes. Even if you help another person expecting something in return, the person (who received the help) may tend to forget the assistance quickly. However, there are cases in which a person (whom) you helped out of goodwill remains grateful for it and will (even) extend a helping hand when you really need it later on.

As the saying goes, selfless acts of kindness benefit both the recipient and the giver, and this mindset is what truly matters in our society.

◀解 説▶

「人間，損得勘定で動くとろくなことがない」

• 「損得勘定で動く」→「損」・「得」・「勘定」といった言葉を逐語的に英訳するのではなく，言わんとしていることが伝わる英語を考える。文章全体の流れでみると，“善意からの行動” と対立するものであるから，要は，“利己的な行動” のこと。act out of self-interest〔selfish motives〕「私利私欲〔利己的な動機〕から行動する」と表現できる。「(動機など) から」には from よりも out of を用いる方が一般的。「個人的な利益 (gain) や優位性 (advantage) を求めて行動する」と言い換えて，act for personal gain or advantage などでもよい。このときは，「(利益など) を求めて」を意味する for を用いる。「損か得かを考えて」のように，原文のニュアンスに近づけたい場合は，consider whether something is a loss or gain など。他には for ～ reason「～な理由から」の形を用いた，for beneficial reasons など。

• 「(…と) ろくなことがない」→「(…しても) よいことは何もない」ということ。したがって，Nothing good will happen (if …) などで始めればよい。*A* lead to *B* の形を用いて，… is unlikely to lead to positive outcomes「(…は) よい結果へと導かないだろう」とすることもできる。

「あとで見返りがあるだろうと便宜を図っても，恩恵を受けた方はコロッと忘れているものだ」

• 「あとで見返りがあるだろうと」→in the hope that S will *do*「Sが～するだろうと期待して」を用いて，in the hope that you will get something in return later と表せる。他にも，expect something in return「見返りに何かを期待する〔求める〕」という定型表現が使えるので，expect を分詞構文 (expecting …「…を期待しながら」) の形にして使えばよい。expect a return のように，return そのものを目的語にすることは文法的には可能だが，その場合，一般的には「(投資に対する) 利益を期待する」といった意味で用いられることが多いため，ここでは先に説明した in return の形で使う方がよいだろう。

• 「便宜を図っても」→具体的には何をすることかを文脈から考える。ここでは，「(あなたが) 人を手助けすること」なので，you (may) help others〔someone / another person〕とすればよい。または，「人に特別な扱いをする」と捉えて，give special treatment to someone など。

- 「恩恵を受けた方は」→the person who received the help とか，the person who benefits from such〔your〕help などと表現できる。あるいは，単純に「相手の方は」とも言い換えられるので，the person「その人(は)」だけでも通用する（〈解答例 2〉を参照)。また，the recipient「受益者」という表現も使える。
- 「コロッと忘れているものだ」→「コロッと」の箇所は，「すぐに（忘れる)」あるいは「すっかり（忘れている)」「簡単に（忘れる)」と言い換えて考えればよいので，forget it quickly / forget all about it / easily forget about it（it は the help〔assistance〕や what you did のように具体化してもよい。*ex.* quickly forget what you did）など。「〜するものだ」は，may tend to *do*「〜する傾向がある，可能性がある」，be likely to *do*「〜する可能性が高い」，S often *do*「S はよく〜する」，can「〜することがある」などで表現できる。

「その一方で，善意で助けた相手がずっと感謝していて，こちらが本当に困ったときに恩に報いてくれることもある」

- 「その一方で」→On the other hand「その一方で」や However「しかしながら」で始めればよい。
- 「善意で助けた相手」→「善意から」あるいは「親切心から」は，out of kindness〔goodwill〕や out of the kindness of your heart など。または，without asking for a return「見返りを求めずに」や，unconditionally「無条件に」と言い換えてもよい。the person (whom) you helped out of kindness のように，関係代名詞の用法を用いて，the person を (whom)… kindness が修飾する形にすることで，文の主語として使えるようにする。
- 「ずっと感謝していて」→always be grateful / remain grateful (for it) / still feel thankful to you / appreciate your help など。
- 「こちらが本当に困ったときに」→「困っている状態にある」は，be in need〔trouble〕という表現があるので，when you are really in need〔trouble〕のようになる（参考：A friend in need is a friend indeed.

「困ったときの友こそ真の友」という in need を使ったことわざもある)。when を使わずに，in times of need という前置詞句なら，短く表現できる。あるいは，「後で本当にそれ（＝助け）が必要なときに」と考えて，when you really need it later on などとすることもできるだろう。

- 「恩に報いてくれる」→単に help you (out)「あなたを助けてくれる」でもよいが，help の多用を避けたいので，「恩返しをする」という表現の return the favor や pay you back を覚えておくとよい。あるいは，extend a helping hand のように表現に少し変化を持たせる。「恩を返す，返礼する」という動詞の reciprocate を用いて，reciprocate your kindness とすることもできる。ちなみに，pay it forward という熟語は，「誰かからもらった恩を別の人を助ける形でつなぐ」という“恩送り”の意味であるため，ここでは用いない。
- 「(…する) こともある」→この箇所を訳出するのであれば，there are cases in which S V「S が V する場合がある」や，S sometimes V（頻度によっては，S often V），It is also likely that ～ など。「～することさえある」という意味として捉えるのであれば，動詞の直前に even を用いればよい。

「『情けは人のためならず』というが，まさに人の世の真理を突いた言葉である」

- 「『情けは人のためならず』というが」→「情けは人のためならず」は，誤用されやすいことわざで，「相手に情けをかけて助けてやっても結局はその人のためにならない」という意味ではないので注意する。「情け」は“思いやり”の意味であり，「人に親切にするのは，その人のためになるばかりか，やがてはよい報いとして自分に戻ってくる」ということ。英語では，“Your kindness will be rewarded in the end.”「あなたの親切はやがて報われる」や，“Charity is a good investment.”「慈善は最良の投資」と表現される。ことわざの意味を汲み取って表現する場合は，「親切心からの行動は相手だけでなく自分にとってもよいことだ」のように言い換えて，Selfless acts of kindness benefit both the recipient and the giver や，Acts of goodwill not only benefit others but also oneself in the long run（in the long run「長い目で見れば」）など。なお，ことわざと併せて覚えておきたいのが，As the saying goes, “～.”「ことわざにあるように，『〜』である」という表現。

• 「まさに人の世の真理を突いた言葉である」→「(言葉などが) 人間社会の本質をうまく捉えている」のように，英語にしやすい日本語に言い換える。「人の世の真理」は，「人間社会の本質」や「私たちの社会の核心となる価値観」と言えるので，the essence of our society や，the core value of our society など。主語が，the saying “Charity is a good investment”「〜ということわざ〔格言〕」のように，“言葉”や“表現”を表す名詞句の場合，相性のよい動詞としては，capture「(表現などが)〜をうまく捉えている」や，reflect「〜を反映している」などが適切。一方で，selfless acts of kindness benefit both the recipient and the giver のように，ことわざの意味を解説した形で，節（S V）の構造になっている場合は，and this is the most important concept in our society や，and this mindset is what truly matters in our society のように，接続詞の and を用いて後続の節を続ければよい。ことわざの部分が“言葉”や“表現”としての扱いではなく，“概念”や“考え方”と言えるものに切り換わっているので，concept / mindset / attitude といった語を用いる。

IV

解答例

〈解答例 1〉 (1) (I have some doubts because) the people around me are all honest and can't be habitual liars（12 語）

(2) (So, another example might be) telling a friend that you love their cooking even though it wasn't actually your favorite so that you won't hurt their feelings（22 語）

(3) (For example, if you forget your homework, you might) make an excuse saying that you were sick in bed（10 語）

(4) (In fact, I suppose that telling white lies is necessary for society because) white lies can prevent unnecessary conflict(s) or hurt feelings and help maintain social harmony（14 語）

〈解答例 2〉 (1) (I have some doubts because) I don't believe my family and friends lie to me so often（12 語）

(2) (So, another example might be) telling a friend that their new outfit looks nice to avoid hurting their feelings, when, in reality, you don't

particularly like it（22語）

(3)（For example, if you forget your homework, you might）say you did it, but forgot to bring it to school（11語）

(4)（In fact, I suppose that telling white lies is necessary for society because）if we always told the truth, it could hurt people's feelings or cause unnecessary conflict(s)（15語）

◀解　説▶

「罪のない嘘（white lie）」について語っている2人の会話を，空所補充で完成させる問題。4つの空所があり，それぞれ指定された語数制限がある。この形式は2021年度Ⅳとほぼ同じものである。

（会話の日本語訳）

ジョー：今，嘘をつく行為についての記事を読んでいたところなんだよ。ほとんどの人が毎日嘘をついているって知っていたかい？

ナオミ：え？　その情報は正しいの？　(1)＿＿＿＿だから，私には少し信じられないわ。

ジョー：確かに僕も最初はそれをすんなりとは受け入れられなかったけれど，その後，「罪のない嘘」のことを考えたんだ。

ナオミ：よくわからないわ。「罪のない嘘」って何なの？

ジョー：それはほとんどの人が害のないものとみなすようなたわいない嘘のことだよ。誰かの新しい髪型について，自分は本当のところ前の髪型の方が気に入っていても，それを素敵だねって言ってあげるようなものさ。その人の気分をよくするために嘘をついているだけさ。

ナオミ：ああ，そういうことね。じゃあ，他にも(2)＿＿＿＿がその一例ね。

ジョー：そうだね。でも，罪のない嘘は人の気分をよくするためだけに使われるものではないよ。誰にもさほど害を及ぼさないような小さな嘘なら罪のない嘘に入るんだ。たとえば，宿題を忘れたときに，(3)＿＿＿＿するような場合だよ。

ナオミ：正直に言うと，そういう嘘なら前に私もついたことがあるわ。むしろ，(4)＿＿＿＿だから，罪のない嘘をつく行為は社会にとって必要なことじゃないかしら。

ジョー：うん，そういった理由からこうした嘘をつくことは大切なことだと思うよ。

▶(1)語数制限は「12 語以内」。1 つ目のジョーの発言第 2 文（Did you know …）で彼が言った「大半の人々が毎日嘘をついている」という内容に対して，ナオミが I have some doubts「信じられない」と発言している。したがって，その直後の because に続く空所には，ナオミが，ジョーから聞いた「大半の人々が毎日嘘をついている」という情報を「信じられない」と思う理由を補う。なお，この段階では，ナオミはジョーの言う「嘘」を「罪のない，たわいない嘘」のことだと理解しておらず，「悪意のある，有害な嘘」と捉えている。大多数の人が毎日嘘をついているということが信じられない理由には，それに矛盾する内容が論理展開上は適切であるため，「自分の周囲の人は毎日嘘をついてはいない」といった，ナオミ個人の経験に基づくものにすればよい。たとえば，「私の周りの人々はみんな正直で，常習的な嘘つきではないはずだ（から）」や，「私は家族や友達が私に対してそんなに頻繁に嘘をつくとは思えない（から）」など。

▶(2)語数制限は「24 語以内」。3 つ目のジョーの発言第 2 文（It's like telling …）で，誰かの新しい髪型を本意ではないのに褒める行為が「罪のない嘘」（white lie）の具体例として挙げられており，同発言最終文に You tell the lie just to make them feel better. つまり，「人の気分をよくする」，あるいは「人の気分を害さない」ための嘘であると説明されている。このような嘘の具体例を考えて，another example might be に続ける形で英文を記述する。〔解答例〕では，「友人の料理を実際には好みではなくても，相手の気分を害さないように褒めてあげること」や，「友人の新しい服（outfit）を，本当は特に好みではなくても素敵だと言ってあげることで，気分を害さないようにすること」としている。

▶(3)語数制限は「12 語以内」。空所が含まれるジョーの 4 つ目の発言第 3 文で，彼は Any small lies that do not really harm anyone「誰にもさほど害を及ぼさないような小さな嘘」と説明している。その具体例として，if you forget your homework, you might に続く英文を記述する問題。“宿題を忘れたときの言い訳”と考えることができて，「誰にも大きな害を及ぼさない」内容であればよい。〔解答例〕では，「具合が悪かったと言い訳をする」や，「宿題はしたが持ってくるのを忘れたと言う」という内容にしてある。また，前者としては，not feeling well「(やや軽い意味合いで）調子が悪い」という表現を用いて，tell your teacher that you were not feeling well last night などとすることもできるだろう。

▶(4)語数制限は「16 語以内」。telling white lies is necessary for society because に続ける内容なので，「罪のない嘘をつくことが社会にとって必要な理由」として妥当なものを考える。ここまでの会話のやり取りで，「友達の髪型を褒めるなど，人の気分を害することのないようにするための嘘」，あるいは「宿題を忘れた言い訳のような，誰にも大きな害のない嘘」といった説明があったことから，“人間関係や社会生活を円滑にするため”と言える。したがって，「不要な対立を避ける」「人を不用意に傷つけない」「社会の調和を保つ」などの内容を理由の柱とすればよいだろう。逆に「もし常に真実ばかりを言ったとしたら，人を傷つけたり，不要な対立をもたらしたりすることになるから」という表現方法でもよい（〈解答例 2〉を参照)。直後のジョーの最終発言には for those reasons とあるので，複数の理由を含めるよう注意したい。

❖講　評

2023 年度は，読解問題 2 題，英作文問題 2 題の構成であった。読解問題においては，すべてが下線部和訳の問題であり，英文和訳中心であった 2014 年度以前の出題形式に近いものであった。しかし，英作文では，近年の出題傾向である会話形式の問題が含まれており，2016 年度以降出題されている自由英作文が引き継がれている。ただし，2022 年度のような，100 語程度で自分の考えと理由を述べさせる形式ではなく，2021 年度の空所補充形式に近いもので，短めの語数指定が設定されている。

Ⅰは，現代に溢れる情報をどう処理するべきかをテーマとした内容で，2022 年度**Ⅱ**においても類似したテーマが扱われていた。設問はすべて英文和訳であり，特に難解な文構造などは見られなかったが，(1)の this reduced attention span や(3)に見られる長い主語などは，正しい直訳をベースにして，そこからある程度自然な日本語に表現できるかどうか，といった点で差がつくだろう。

Ⅱは，京大では多く扱われている哲学的テーマであり，“意識とは何か”に関連した内容となっていた。Ⅰと同様に，すべて英文和訳となっていた。特に，(3)の‘something it is like to be you’の和訳が難しく，多くの受験生が苦戦を強いられたことだろう。許容される時間内で，完全な正解までいかずとも，それに近い状態を目指し，深追いしすぎないことも必要かもしれない。

Ⅲの英作文問題は，2017・2021年度と同様にことわざが扱われていた。しかし，2023年度で出題された「情けは人のためならず」は，誤用されやすいことわざであるため，そもそもの解釈を間違えないようにする必要がある。また，「損得勘定」「便宜を図る」「恩に報いる」など，こなれた日本語を英訳させる傾向はこれまで通りである。特に，「人の世の真理を突いた言葉」の扱いが難しいだろう。

Ⅳの自由英作文は，2016～2018・2021年度の空所を補充する形式に近いものであった。2人の会話で扱われているトピックは「罪のない嘘（white lie)」であり，誰にとっても身近な内容であろう。空所を補うのに適当な内容さえ思いつけば，さほど難しいものではない。ただし，語数制限がある中で，無理のない文法や表現で十分に記述できるかどうかは，意外と力量が問われるものである。

2023年度は，2021・2022年度と比べて，読解問題における難所は少ないようである。しかし，Ⅱ(3)に見られた‘something it is like to be you’のように，高度に抽象的な内容の処理が出題されている点には注意が必要である。

日本史

I 解答

A. (1)更級日記　(2)平忠常　(3)郎党〔郎等〕
(4)後三年合戦　(5)褒賞
(6)老齢のため遠国に赴任するのが難しいため。　(7)関白
B. (8)延暦寺　(9)検非違使　(10)藤原道長　(11)(あ)白河上皇　(い)院庁下文
(12)強訴
C. (13)イギリス　(14)徳川家光　(15)参勤交代　(16)禁門の変〔蛤御門の変〕
(17)越荷方　(18)会津　(19)小御所会議

◀解　説▶

≪平忠常の乱，僧兵の強訴，江戸幕末の政治≫

◆A. 史料は『小右記』の万寿5（1028）年7月15日条と，長元4（1031）年7月1日条である。『小右記』は右大臣藤原実資の977年から1040年にわたる日記で，藤原道長の「望月の歌」が記載されるなど，摂関政治期の重要史料である。

▶(1)『更級日記』は，菅原孝標の女の回想録で11世紀半ばに成立した。文学に憧れた上総での少女時代，孝標の上総介の任期終了にともなう一家での上京，宮仕え，結婚，夫との死別などが記されている。

▶(2)史料と注から，万寿5（1028）年に上総の周辺で，［ア］が乱暴なふるまいをしていることと，長元4（1031）年に，頼信朝臣が［ア］を追討したことがわかり，房総で起きた平忠常の乱が想起できる。清和源氏は安和の変以降，摂関家に仕え摂津や河内などを拠点にしていたが，源頼信による平忠常の乱鎮圧は，源氏の東国進出の契機となった。

▶(3)郎党は受領の従者で，受領に従って任国に下り，徴税や文書業務，治安維持などにあたった。

▶(4)清原氏の内紛である後三年合戦（1083～87年）が起きると，源頼信の孫，源義家は藤原清衡を支援して清原氏一族を滅ぼした。

▶(5)長元4（1031）年7月1日条の1行目から7行目までの「　」内は頭弁が実資に語ったことであり，大意は，「今夕，源頼信が来たので宣旨の趣旨を伝えました。すると頼信は言いました。『(追討の）宣旨を受けて平

忠常を追討しました。これは朝廷の威厳によるもので頼信の勲功ではありません。それなのに褒賞を与えるという綸言（宣旨）をいただき，驚き恐れております。ただ，（褒賞をいただけるなら）自分は老齢で遠国には赴きにくいので，丹波国の役職に任じていただきたい』」となる。頭弁が頼信に伝えた宣旨とは，褒賞に関する宣旨である。

▶(6)(5)で見たように，頼信が丹波を希望した理由は，老齢のため遠国に赴任するのが難しいからである。

▶(7)藤原頼通の名前から，摂政か関白かという見当はつく。注に「当時の天皇は後一条天皇で，すでに成人していた」とあることに注意したい。摂政は天皇の幼少時に政務を代行し，関白は天皇の成人後に政務を後見する役職であるから，関白が正答である。

◆B．出典は『中右記』嘉承3（1108）年4月条である。『中右記』は白河上皇・鳥羽天皇の信任を得ていた右大臣藤原宗忠の日記であり，院政成立期の重要史料である。

▶(8)「台嶺より下向するところの大衆ら，日吉の神輿を舁き」とあり，延暦寺の僧兵が日吉神社の神輿を担いで強訴していることがわかる。

▶(9)検非違使は，嵯峨天皇が京の治安維持のために設置した令外官である。のち，京職や刑部省などの職務も吸収して京の市政権を担った。

▶(10)法成寺は，1019年に藤原道長が鴨川西岸に建立した阿弥陀堂にはじまり，多くの堂宇をもち壮麗を誇った。通称で「御堂」と呼ばれた。

▶(11)(あ)「嘉承3（1108）年」に「院において」政治の決定を行っている権力者ということと，「堀河天皇の父」から，白河上皇だとわかる。

(い)院の家政機関である院庁が発給した公文書を院庁下文という。

▶(12)強訴という語は，為政者に対し，徒党を組んで強硬に訴えるという意味であるが，特に院政期以降の朝廷に対する僧兵の示威行動に対して用いられる。この時期以降，大寺院は巨大な荘園領主でもあり，その支配などをめぐって朝廷と対立し，強訴を行った。

◆C．出典は幕末期の『若山要助日記』であるが，それを知らなくても設問に答えられる。若山家は，現在の京都駅の北側にあたる東塩小路村で，代々庄屋を務めた家柄である。

▶(13)生麦事件は，1862年に起きた薩摩藩士によるイギリス人殺傷事件である。この報復として，翌年，薩英戦争が起き，敗北した薩摩藩はイギリスに接近して開明政策に転じ，西郷隆盛・大久保利通らが藩政を掌握した。

▶⒁徳川家光は，1634年，30万人余りの軍勢を率いて上洛した。設問文の「約230年ぶり」をヒントにしたい。

▶⒂文久の改革で，参勤交代の江戸出府を3年に1回とし，大名の正妻，嫡子の帰国を認めた。

▶⒃設問文の「前年に京都から長州藩士や急進派公家らが追放されたことを遠因とし」と，史料下線部㈣の「御所辺と思しき処，鉄砲大筒の音…軍さ始りし」が手掛かりになる。1863年，薩摩藩・会津藩が京都から長州藩士や急進派公家らを追放した（八月十八日の政変)。翌年，京都に潜伏していた長州藩士らが新選組に襲撃された池田屋事件をきっかけに，長州藩は京都に進撃したが，禁門の変（蛤御門の変）で再び敗退した。

▶⒄越荷方は，長州藩が下関に設置した役所で，他国の廻船の積荷を抵当とした資金貸付や，積荷の委託販売を行った。

▶⒅会津藩主松平容保は，1862年に新設された京都守護職に任命され，幕府の側に立って，京都の治安維持にあたった。

▶⒆幕末維新期の史料であることを前提に，「公方様」への処分に対する反発ということから，小御所会議を想起したい。1867年12月9日夜の小御所会議で，辞官納地（徳川慶喜に内大臣の職を辞任することと，朝廷への領知の一部返上）を命じる処分が決定されると，反発した慶喜は京都から大坂城へ引き上げた。

Ⅱ　解答

ア．半跏思惟　イ．鞍作鳥〔止利仏師〕　ウ．歳役
エ．出挙〔公出挙〕　オ．内裏　カ．朱雀　キ．式部
ク．郡司　ケ．大覚寺　コ．八条院〔八条女院〕　サ．尚巴志　シ．那覇
ス．銅　セ．清国　ソ．狩野　タ．円山応挙　チ．人足寄場　ツ．70
テ．寺子屋〔手習所・手習塾〕　ト．曲亭馬琴〔滝沢馬琴〕

◀解　説▶

≪古代～近世の諸事象≫

▶①ア．半跏思惟像は右脚を左膝にのせて腰かけ，思考にふける姿をとる。飛鳥文化期の広隆寺や中宮寺の半跏思惟像がよく知られている。

イ．鞍作鳥（止利仏師）は飛鳥文化を代表する仏師で，法隆寺金堂釈迦三尊像などをのこした。

▶②ウ．歳役は律令国家が正丁・次丁に課した京での労役である。実際は歳役の代わりに庸として麻布が納められた。

エ．出挙は国家が春に稲を貸し付けて秋に利息付きで回収する制度である。当初は貧民救済を目的としたが，次第に強制的となり租税化した。

▶③オ．平城京や平安京の北部中央の宮城には，天皇の生活の場である内裏と，儀式などの場である朝堂院，二官八省の官衙などがあった。

カ．朱雀大路は都の中央を南北に走る大路であり，朱雀門を北端，羅城門を南端とし，朱雀大路によって東側の左京と西側の右京に分かたれた。

▶④キ．式部省は，律令の八省の一つで文官人事を司り，官人養成機関である大学も管轄し，貴族や史部の子弟の教育にもあたった。

ク．律令国家は官人養成機関として，国ごとに国学を設置し，主に郡司の子弟を教育した。

▶⑤ケ．鎌倉時代，皇統が持明院統と大覚寺統に分裂し，皇位をめぐって対立した。大覚寺統から出た後醍醐天皇は，幕府を倒し建武の新政を進めた。

コ．院政期には皇室領荘園の形成が進んだ。鳥羽上皇が皇女八条院に相続させた八条院領は大覚寺統に継承され，後白河上皇が持仏堂の長講堂に寄進した長講堂領は持明院統が継承した。

▶⑥サ．中山王尚巴志は，1429年に三山を統一し琉球王国を建国した。

シ．那覇は琉球王国の王府首里の外港で，15世紀から16世紀にかけて琉球王国が東アジアの中継貿易で活躍する中，国際港として繁栄した。

▶⑦ス．田沼意次は長崎貿易を奨励し，銅や俵物の輸出，金・銀の輸入に努め，幕府の専売のもとに銅の精錬・売買にあたる銅座を整備した。

セ．幕府は長崎奉行の管轄下にオランダ・中国との貿易を行った。問題文は田沼時代なので清国が正答だが，「中国」も許容されるかもしれない。

▶⑧ソ．狩野派は室町幕府や織豊政権に重用され，狩野探幽が江戸幕府御用絵師となり，狩野派の画風は江戸時代の絵画の規範となった。

タ．円山応挙は宝暦・天明期の絵師で，京都を中心に活動し，『雪松図屛風』など，立体感のある写生画を確立した。

▶⑨チ．寛政の改革では，旧里帰農令で帰農を奨励するとともに，石川島に人足寄場を設けて，無宿人の収容と職業訓練を行った。

ツ．寛政の改革では七分積金（七分金積立）が行われた。町入用の節約分の70％を積み立てさせ，江戸町会所に運用させ貧民救済の費用などにあてた。

▶⑩テ．寺子屋（手習所・手習塾）は江戸時代の庶民教育の施設である。全国的に多数の寺子屋が設けられ，読み・書き・そろばんなどを教えた。ト．曲亭馬琴は読本を代表する作家で，『南総里見八犬伝』『椿説弓張月』など，勧善懲悪・因果応報を基調とする作品をのこした。

Ⅲ　解答　A．ア．更新　イ．高地性　ウ．貝塚〔南島〕
エ．阿知使主　オ．屯倉

⑴石皿　⑵黒曜石　⑶田下駄　⑷吉野ヶ里遺跡　⑸―③

B．カ．種子島　キ．国友〔国友村〕　ク．天下布武　ケ．検地
コ．人掃

⑹海賊取締令〔海賊停止令〕⑺堂島　⑻姫路城　⑼検見法
⑽文禄の役〔壬辰倭乱〕

C．サ．ルソー　シ．立憲政友会　ス．元老　セ．近衛文麿

⑾㋐京都　㋑河上肇　⑿自然主義　⒀住友財閥　⒁吉野作造　⒂内大臣

◀解　説▶

≪原始～古墳時代の食料備蓄，近世初期の軍事，西園寺公望の生涯≫

◆A．▶ア．更新世は地質学の時代区分で，約260万年前から1万年前までにあたり，4回の氷期と3回の間氷期が繰り返された。

▶イ．高地性集落は弥生時代中～後期，瀬戸内海沿岸の山頂や丘陵に営まれた。戦争の際の逃げ城的な性格をもつと考えられている。

▶ウ．弥生文化は南西諸島と北海道には及ばず，南西諸島では貝塚文化，北海道では続縄文文化と呼ばれる食料採取文化が展開した。

▶エ．「記紀」によると，阿知使主は応神朝に渡来し文筆をもってヤマト政権に仕えた東漢氏の祖である。

▶オ．屯倉はヤマト政権の直轄地で，6世紀にヤマト政権が地方支配を強化するのにともない各地に設置された。

▶⑴完新世に入り落葉広葉樹林などが増え，堅果類が重要な食料となり，石皿とすり石を用いて粉砕された。

▶⑵長野県和田峠や北海道白滝の黒曜石，新潟県姫川のひすいなどは交易により遠隔地まで広まった。

▶(3)田下駄は低湿地の田に入るときに，足がめり込まないように履いた特大の下駄である。

▶(4)吉野ヶ里遺跡は，佐賀県にある巨大な環濠集落で，物見櫓と推定される大型の建物や，墳丘墓も発見されている。

▶(5)下線部(e)は，大王の膝下の倉庫群が立ち並ぶ遺跡が問われている。さらに，(f)の次の行に「ヤマト政権の成長」という語句があるから，この設問は古墳文化期に関するものであることがわかる。①(e)群馬県三ツ寺Ⅰ遺跡は古墳文化期ではあるが，大王の膝下の遺跡ではない。②(e)奈良県唐古・鍵遺跡は弥生時代の環濠集落である。よって，消去法で正答は③である。

◆B．▶カ．1542年あるいは翌年，後期倭寇の首領のひとり王直の船に乗船したポルトガル人が種子島に鉄砲をもたらした。

▶キ．種子島島主の種子島時尭が鉄砲の製造法を学ばせた後，鉄砲の国産が進み，近江の国友，和泉の堺，紀伊の根来などで大量に製造された。

▶ク．織田信長は1567年に岐阜城を拠点とした頃から，「天下布武」の印章を使用して，武力による天下統一の意志を示した。

▶ケ．年貢収入を確実にするための土地調査として，織田政権は指出検地，豊臣秀吉はいわゆる太閤検地を実施した。よって，正答は「検地」である。

▶コ．1592年，豊臣政権は朝鮮出兵の人員確保のために，職業別の戸数や人数を調べる戸口調査を行った。これを人掃令という。

▶(6) 1588年，豊臣秀吉は海賊取締令（海賊停止令）を出して，倭寇などの海賊行為を禁止し，海上支配の強化をめざした。

▶(7) 17世紀後半，西廻り航路の整備により大坂に廻米が集中し，18世紀初期から堂島で米市が開かれ，享保年間に公認された。

▶(8)現存する姫路城は慶長年間に池田輝政が築城し，1993年に世界文化遺産に登録された。

▶(9)検見法は，その年の作柄を調べて年貢率を決める方法である。幕領では享保期に豊凶に関わらず年貢率を一定にする定免法に転換された。

▶(10)豊臣秀吉は朝鮮に対して入貢と，明への出兵の先導役を求めたが拒否され，1592年に一度目の朝鮮出兵を行った。これを日本では文禄の役，朝鮮側では壬辰倭乱と呼ぶ。

◆C．▶サ．『社会契約論』（『民約論』）は18世紀のフランスの思想家ルソーの著書である。岩倉使節団に随行してフランスに留学した中江兆民が抄訳を『民約訳解』として 1882 年に刊行し，人民主権説を紹介した。

▶シ．立憲政友会は，1900 年に伊藤博文を総裁として，伊藤系の官僚と憲政党を中心に結党された。2 代総裁は西園寺公望が務めた。

▶ス．元老は天皇の最高顧問として後継首相の推薦などを行ったが，憲法に規定のない非公式の存在である。明治末，現役を退いた伊藤博文，山県有朋などが元老となり，大正後半から昭和初期，西園寺公望が最後の元老として政界に影響力をもった。

▶セ．近衛文麿は五摂家の筆頭で，京都帝国大学卒業後，貴族院議長などを経て総理大臣となった。第 1 次近衛内閣のときに日中戦争が勃発し，国家総動員法の発令などを行った。第 2 次近衛内閣のときに日独伊三国同盟締結や大政翼賛会の創立などを推進し，戦後に戦犯指名を受け自殺した。

▶⑾(あ)京都帝国大学は 1897 年に設立された。1877 年に設立された東京大学が 1886 年に帝国大学に改組されたのに次ぐ，2 番目の帝国大学である。

(い)河上肇は，京大教授時代に『貧乏物語』で貧乏の廃絶を説き，雑誌『社会問題研究』を創刊してマルクス主義経済学の権威となった。

▶⑿自然主義はフランス・ロシアの影響のもと，人間社会の暗い現実の姿をありのままに映し出そうとする文学の潮流である。日露戦争前後に文壇の主流となり，国木田独歩・島崎藤村・田山花袋らが現れた。

▶⒀住友は，江戸初期以来，大坂で銅の精錬業を営み，元禄年間に伊予の別子銅山を発見し，明治以降は財閥に成長した。

▶⒁吉野作造は，民本主義を提唱し，大日本帝国憲法の下での民衆の政治参加を主張し，1918 年には黎明会を結成した。

▶⒂内大臣は，天皇を常侍輔弼する宮中の役職で，1885 年の内閣制度創設時に，宮中・府中の別を制度化するために設置された。なお，木戸幸一は木戸孝允の孫で，1940 年に内大臣となり，1941 年に第 3 次近衛内閣が総辞職すると，東条英機陸相を次期首相として推薦した。

Ⅳ　解答

⑴貴族文化が各地の武士や庶民にも受容された。院政期，聖らの活動によって浄土教が地方に広まり，奥州藤原氏の中尊寺金色堂など各地に阿弥陀堂が建立された。一方，今様や猿楽を貴族や庶民が享受した。鎌倉時代，幕府が禅宗を保護するなど武士が文化の

新たな担い手となる中，金沢文庫を創設した北条実時のように，学問に関心をもつ武士も現れた。浄土信仰の法然・親鸞や法華信仰の日蓮は，平等な救済を唱えて庶民への布教を進めた。(200 字以内)

(2) 1930 年代半ば，国際連盟を離脱した日本は，ソ連中心の国際共産主義運動への対抗を掲げて日独伊防共協定を締結した。その後，日中戦争が長期化するとアメリカは国民政府を支援し日本への経済制裁を強めた。一方，ドイツが独ソ不可侵条約を結び，第二次世界大戦で優勢に立った。その中で陸軍を中心に，ドイツとの連携を強化し援蔣ルートの遮断や資源獲得をめざす南進論が強まり，アメリカを仮想敵国として日独伊三国同盟を締結した。(200 字以内)

◀解　説▶

≪院政期～鎌倉時代の宗教・文化の広がり，防共協定が三国同盟に至った経緯・背景≫

▶(1) 〈答案の構成〉

問われているのは，院政期から鎌倉時代にかけての宗教・文化の受容層の広がりについてであり，「具体例をあげて」という条件が付されている。時代・テーマともに幅があり，多面的な発想が必要である。本問の答案の構成としては，院政期と鎌倉時代をまとめて扱うことも可能であるが，受験生の発想としては，院政期と鎌倉時代に分ける方が解答しやすいだろう。その上で，宗教あるいは文化のどちらか一方に偏らないように，気をつける必要がある。たとえば，時期を院政期・鎌倉期，項目を宗教・文化として表を作成してみるのもよいだろう。

宗教については，仏教を取り上げればよいが，信仰のあり方や宗派ごとに場合分けして考える必要がある。受験生の答案としては，院政期の浄土教の広がり，鎌倉時代の禅宗，浄土信仰，法華信仰について書ければ十分であるが，後述するように，旧仏教の動きを書くこともできる。文化に関して「受容層の広がり」というテーマで受験生が想起できるのは，院政期の今様や猿楽の流行，鎌倉時代に源実朝や北条実時のように，和歌や学問に関心をもつ武士が現れたことであろう。しかし，これも後述するが，軍記物語を例として取り上げて答案を作成することもできる。このように本問の答案で具体例として取り上げる分野は多岐にわたる。そのすべてを 200 字の中に書き込むことは不可能であるから，自分が書きやすい具体例を選んで，バランスよくまとめよう。

〈知識の確認〉

【院政期】

武士の台頭や荘園公領制の発達を背景に，院政期には貴族文化が各地の武士や庶民に広がってゆく一方，貴族たちが新たに台頭してきた武士や庶民にも関心を示すようになった。

仏教では阿弥陀如来を信仰して念仏を唱え，来世での極楽往生を祈る浄土教が各地の武士に受容された。奥州藤原氏が平泉に創建した中尊寺金色堂や豊後の富貴寺大堂など，地方で阿弥陀堂の建立が進んだ。

一方，民間の流行歌であった今様が貴族にも愛好され，後白河法皇は歌謡集『梁塵秘抄』を編纂した。また，民間の娯楽である猿楽や，農村の労働歌舞であった田楽が貴族の間でも流行した。

【鎌倉時代】

本格的武家政権である鎌倉幕府が成立し，武士が新たに文化の担い手になった。中国から新しく伝わった禅宗は，厳しい修行が武士の気風に合っていたこともあり，武士を中心に広まった。中でも鎌倉幕府は臨済禅を保護し，南宋から来日した蘭溪道隆や無学祖元を開山として建長寺や円覚寺を建立し，禅宗を仏教政策の基本に据え，大陸の文化の吸収に努めた。

一方，武士の中には公家社会で発展した学問や和歌に関心を深める者も現れた。具体的には，３代将軍源実朝は和歌に傾倒し『金槐和歌集』をのこし，北条実時は和漢の書籍を集めて金沢文庫を設立した。

宗教・文化は武士だけではなく，庶民へも広がった。当時の農業生産は自然に大きく依存していたため，神仏への豊作祈願が求められ，旧仏教が行う五穀豊穣の祈りが村落にも定着していった。一方，国家や支配者層と癒着した旧仏教を批判する僧侶たちは，仏教の教えを根本から見つめ直し，民衆にも実行しやすい易行による平等な救済を説いた。具体的には，浄土信仰では専修念仏を説いた法然とその弟子の親鸞ら，法華信仰では題目唱和を勧めた日蓮を挙げることができる。

なお，文芸に関して，鎌倉時代に成立した『平家物語』が，「平曲」として琵琶法師によって語られ，文字を読めない庶民にも広く受容されていったことを指摘してもよいだろう。

▶(2)〈答案の構成〉

問われているのは，日本がドイツ・イタリアと結んでいた防共協定が，三国同盟へと至った経緯・背景について説明することであり，「防共協定と三国同盟の違いに留意」するという条件が付いている。留意事項については，防共協定がソ連を仮想敵国としたのに対し，三国同盟ではアメリカが仮想敵国とされたという違いを指摘できるだろう。では，なぜ，仮想敵国がアメリカに変わったのだろうか。背景として，日中戦争が長期化する中，アメリカは中国の蔣介石政権を支援して，日本に対する経済制裁を強化し，日米関係が悪化したという点に言及できるかどうかが本問の出来を左右することになる。それに加えて，独ソ不可侵条約の締結や，第二次世界大戦の勃発後，ドイツが優勢に立ったという世界情勢，その中で日本がドイツとの関係を強化し，南進政策を進めて日中戦争の打開を図ったことなどを書くことができれば，よい解答になるだろう。なお，京大では 2021 年度に「第一次世界大戦中から太平洋戦争の開戦までの間，日本の中国における勢力拡大は日米関係にどのような影響を与えたのか」という問題が出題されている。一見すると，2023 年度の問題とは扱う時期も対象となる国家も違うように見えるが，日中戦争の長期化と日米関係の悪化について考えさせる点では類似している。

〈知識の確認〉

【防共協定の締結】

1930 年代前半，ヴェルサイユ・ワシントン体制と呼ばれる第一次世界大戦後の秩序は崩壊に向かった。極東では日本が満州事変を起こして満州国を建国し，1933 年には国際連盟からの脱退を通告した。同年，ヨーロッパではドイツがナチズムを樹立し，国際連盟から脱退した。一方，国力を強化したソ連は，1934 年に国際連盟に加入するなど，国際社会での役割を増大させた。このような中，1936 年，国際的孤立を強めていた日本とドイツは，ソ連を中心とする国際共産主義運動への対抗を掲げて日独防共協定を結んだ。翌年にはイタリアも参加し，ソ連を仮想敵国として日独伊三国防共協定が締結され枢軸陣営が成立した。

【日中戦争の長期化】

1937 年 7 月に日中戦争が勃発し，翌年 11 月に第 1 次近衛文麿内閣が，日本の戦争目的は日本・満州・中国の提携による東亜新秩序の建設にあると声明した。アメリカは，日本の政策を自国の東アジア政策に対する挑戦とみなし，援蔣ルートを通じて中国国民政府への支援を行うとともに，1939年7月に日米通商航海条約の破棄を通告し，日本に対する経済制裁を本格化させた。

このような中で，ドイツは日本に防共協定を強化し，ソ連に加えてイギリス・フランスを仮想敵国とする軍事同盟に発展させることを提案したが，日本は消極的であった。

【日独伊三国同盟の締結】

1939年，ドイツはソ連と不可侵条約を結ぶとポーランドに侵攻し，第二次世界大戦が始まった。ドイツがフランス・オランダを屈服させ圧倒的優勢に立つと，陸軍を中心に，ドイツと同盟を結び，南方に進出して膠着状態の日中戦争を打開しようという意見が強まった。ドイツとの関係を強化すれば，フランス領インドシナやオランダ領インドシナへの進出が容易となり，資源獲得と援蔣ルートの遮断がねらえるというのである。

1940年，日本は北部仏印への進駐を開始し，ほぼ同時に日独伊三国同盟を締結した。三国はヨーロッパとアジアでの「新秩序」における指導的地位を相互に認め，第三国からの攻撃に対しては互いに援助しあうという内容であり，アメリカを仮想敵国とする軍事同盟であった。これに強く反発したアメリカは，屑鉄などの対日輸出の禁止措置をとり，経済制裁を本格化させた。

❖講　評

Ⅰ　A.『小右記』，B.『中右記』，C.『若山要助日記』の3史料が出題された。史料の内容把握を必要とする設問もあるが，史料読解を必要としない設問も少なくない。

Ⅱ　古代～近世の諸事象が問われた。全体として標準的な事項が問われている。

Ⅲ　A．原始～古墳時代の食料備蓄，B．近世初期の軍事，C．西園寺公望の生涯の3つのテーマを通じて，原始・古墳時代，鎌倉時代，近現代の知識が空所補充と一問一答式設問の形で問われた。

Ⅰ～Ⅲを通じて，大半は標準的な出題であり，2023年度は例年以上に難問は見当たらなかった。

Ⅳ　(1)院政期から鎌倉時代にかけての宗教・文化の広がり，(2)日独伊三国防共協定が日独伊三国同盟に至った経緯・背景についての各 200 字以内の論述問題。(1)は，具体例として，仏教のいくつかの宗派に関して受容の広がりを述べることができ，文化についても学問・和歌・軍記物語など，様々な需要のあり方を取り上げて答案を作成できる点で，自由度の高い問題であった。(2)については，仮想敵国が防共協定ではソ連，三国同盟ではアメリカという違いには気がつけても，その背景として日中戦争の長期化を想起できるかで差がついたと思われる。なお，(2)について，京大では 2021 年度Ⅳ(2)で「第一次世界大戦中から太平洋戦争の開戦までの間，日本の中国における勢力拡大は日米関係にどのような影響を与えたのか」という問題が出題されており，日中戦争が長期化する中での日米関係の悪化を考えさせる点では，類似している。2023 年度だけではなく，近年の京大の論述問題では，過去問と同テーマで時期をずらした出題や，過去問の出題の一部をより詳細にした出題，および，過去問で詳細に問うていた内容について視野を広げて問う出題など，類似した問題が出題される傾向がある。過去問研究の徹底が論述問題攻略の近道である。

時代については，記述問題と論述問題をトータルすると，例年は原始・古代，中世，近世，近現代からそれぞれ 4 分の 1（25 点）の出題であるが，2023 年度は，近代からの出題が少し多かった。一方で，現代史からの出題がなかった。分野については，例年，政治史に次いで文化史からの出題が多いのが京大の特徴である。2023 年度は原始文化も含めた文化史からの出題が高い比重を占めた。

世界史

I **解答** 鮮卑の華北進出に伴い，柔然が5世紀にモンゴリアを支配し北魏と対抗した。6世紀には突厥が柔然を破り，ササン朝と結んでエフタルを滅ぼし中央アジアにも勢力を広げたが，隋の離間策で東西に分裂した。モンゴリアの東突厥は唐に服属した後自立し，8世紀にウイグルに滅ぼされた。ウイグルは唐で安史の乱が起こると鎮圧に協力し，以後唐を圧迫したが，9世紀にキルギスに滅ぼされ，一部は中央アジアに移住した。モンゴリアは分裂を経て10世紀に契丹が統一，渤海を滅ぼし燕雲十六州を獲得して宋と対峙した。12世紀に中国東北地方から台頭した金が宋と結んで遼を滅ぼすと，金の支配下に入ったモンゴリアでは遊牧民が自立し割拠することとなった。(300字以内)

◀解　説▶

≪5～12世紀のモンゴリアの歴史≫

●設問の条件

〔主題〕5世紀から12世紀におけるモンゴリアの歴史

〔条件〕遊牧国家の興亡を中心に述べる

●論述の方向性

5～12世紀のモンゴリア（今日の中華人民共和国内モンゴル自治区およびモンゴル国）で勢力（覇権）を持った遊牧国家は柔然から始まり，突厥・ウイグル・契丹（遼）と推移し金に至るので，この時系列に従って説明すればよい。設問文の冒頭で遊牧国家は「周辺に大きな影響を及ぼしてきた」と述べられているので，各遊牧国家の説明では周辺，特に中国との関係に注意を払いたい。

1．柔然（5～6世紀中頃）

モンゴリアでは匈奴が衰退・分裂した後，2世紀後半から鮮卑が支配したが，鮮卑は中国で西晋末に八王の乱が起こった際，五胡の一つとして華北に進出した（4世紀）。こうした状況に乗じ，鮮卑から自立する形で勢力を伸張させたのがモンゴル系の柔然で，5世紀にはモンゴリアを支配し，また華北の北魏（鮮卑の拓跋氏が建てた国家）と対立・抗争した。柔然は

6世紀中頃，支配下にあった突厥に滅ぼされた。

2．突厥（6世紀中頃～8世紀中頃）

突厥はトルコ系遊牧国家で，柔然を倒してモンゴリアを支配した。さらにイランのササン朝と結んでエフタル（中央アジアの遊牧民）を滅ぼし，中央アジアにも勢力を伸ばした。中国に対しては北朝の北斉や北周を服属させるなど圧力を加えたため，内紛を利用した隋（楊堅）の巧みな外交政策（離間策）を受けて東西に分裂した（583年）。このうちモンゴリアを支配したのは東突厥で，唐（太宗）に服属し，まもなく自立・復興したが，8世紀中頃ウイグルに滅ぼされた。なお，西突厥は中央アジアを支配したため，その動向は本論述の対象外となる。

3．ウイグル（8世紀中頃～9世紀中頃）

ウイグルはトルコ系遊牧国家で，東突厥に服属していたが自立し，東突厥を滅ぼしてモンゴリアを支配した。安史の乱が起こると，唐の要請を受けて鎮圧に協力し，以後は唐に絹馬貿易を認めさせるなど，唐を圧迫し強盛を誇った。しかし9世紀中頃，キルギス（トルコ系遊牧民）に敗れ，国家は滅亡した。以後，ウイグル人は四散し，その一部は中央アジアに移り，中央アジアのトルコ化を促した。一方，キルギスはモンゴリアの覇権を握れず，以後のモンゴリアは契丹（遼）の台頭まで有力遊牧国家不在の諸族分裂状況となった。

4．契丹（遼：916～1125年）

契丹（遼）はモンゴル系遊牧国家で，ウイグル滅亡後の分裂状況が続く中，10世紀初めに成立し，モンゴリアを統一した。その一方，契丹は渤海を滅ぼし（926年），中国東北地方を支配下に置き，さらに後晋の建国を援助した代償に燕雲十六州を獲得し（936年），華北の一部も領有した。そして中国に宋（北宋）が成立すると，契丹は燕雲十六州を足場に宋を圧迫し，澶淵の盟（1004年）を結んだ。この結果，契丹と宋の関係は一時安定した。しかし中国東北地方で契丹から自立した金（女真人の国家）が台頭すると，契丹は勢力を後退させ，宋と結んだ金の攻撃により滅亡した。

5．金（1115～1234年）

契丹を滅ぼした金はモンゴリアを支配下に置いたが，靖康の変（1126～27年）で北宋を滅ぼすと，華北支配に重心が移り，南宋と対峙した。そのため金のモンゴリア支配は緩やかで，各遊牧民は自立した生活を送り，諸遊牧民割拠の状態となった。この状態は13世紀初めにモンゴル族を率いたテムジンによる統一（モンゴル帝国成立）まで続くことになる。

II 解答

A．a．ペナン　b．マレー連合州　c．マラヤ連邦
(1)マタラム王国　(2)七月革命　(3)強制栽培制度
(4)プラッシーの戦い　(5)倫理政策　(6)インドネシア国民党
(7)大東亜共栄圏　(8)スハルト
(9)(ア)マレーシアにはマレー系の，シンガポールには中国系の住民が多い。
(イ)新興工業経済地域（NIES）
(10)(ア)タイ・フィリピン　(イ)ポルトガル
B．d．望厦　e．ウィルソン　f．ワシントン　g．カイロ
(11)常勝軍　(12)ジョン=ヘイ　(13)中国同盟会　(14)袁世凱　(15)新青年
(16)広州　(17)上海　(18)毛沢東　(19)中ソ友好同盟相互援助条約
(20)ベトナム民主共和国　(21)ゴルバチョフ

◀解　説▶

≪17～20世紀における東南アジア海域世界の歴史，近現代の中国・アメリカ関係史≫

◆A．▶a．イギリスは東インド会社を通じてマレー半島に進出し，ペナン・シンガポール・マラッカを獲得し，これら3カ所を1826年に一括して海峡植民地とし，貿易および軍事戦略の拠点とした。

▶b．イギリスは海峡植民地を形成した後，錫を求めてマレー半島内に進出し，1895年にマレー人の4つの国と協定を結んでマレー連合州を結成させ，イギリスの保護領とした。

▶c．イギリス領のマレー連合州は太平洋戦争中，日本軍の占領下に置かれた。そして戦後再びイギリス領となったが，1957年にマラヤ連邦として完全独立した。

▶(1)ジャワ島中・東部には1580年代末頃，イスラーム王国としてマタラム王国が成立した。マタラム王国は海上交易（特に米の輸出）で栄えたが，オランダ東インド会社の進出を受け，18世紀中頃に滅亡した。

▶(2)フランスでは1830年に復古王政への不満から七月革命が起こり，この革命の影響を受けてベルギーがオランダから独立した。

▶(3)オランダは植民地としたジャワ島を中心に強制栽培制度を導入し（1830 年），現地民にコーヒーやサトウキビなど商品作物を作らせ，それらを安く買い上げて莫大な利益をあげた。

▶(4)イギリスが「インドにおける優位を確立した」1757 年の戦いとはプラッシーの戦いで，これは北米のフレンチ=インディアン戦争と同様，ヨーロッパの七年戦争に連動した英仏植民地戦争の一環であった。

▶(5)難問。オランダがインドネシアでの植民地政策を見直し，20 世紀初めから実施した「住民の福祉向上などを骨子とする政策」は倫理政策と呼ばれ，西欧の専門教育を受けた新しい知識人を誕生させた。

▶(6)スカルノは 1927 年インドネシア国民党を結成した。以後，インドネシア国民党は反オランダ民族運動の中心となった。その後，1931 年に解散し，インドネシア独立後に再建されている。

▶(7)日本は太平洋戦争中，「大東亜共栄圏」をスローガンに中国や東南アジアへの侵略・支配を正当化した。しかし実態は欧米列強の植民地支配と同じであったため，各地で反日抵抗運動が起こった。

▶(8)九・三〇事件は軍部による反スカルノ・反共産党のクーデタで，この事件を機に共産党勢力は一掃され，スカルノも失脚し，代わって軍人のスハルトが実権を握り，インドネシア共和国第 2 代大統領となった。

▶(9)(ア)シンガポールが分離・独立した理由として，マレーシア政府のマレー人優遇政策に対する中国系住民（華人）の反発がある。シンガポール分離・独立を指導したリー=クアンユーも中国系住民。

▶(イ)シンガポール，韓国，香港，台湾，メキシコなどは 1970 年代，輸出志向型工業化政策に転換し，経済を発展させた。こうした急速な経済成長に成功した国や地域を新興工業経済地域（NIES）と呼んだ。

▶(10)(ア)東南アジア諸国連合（ASEAN）は 1967 年，東南アジアの地域経済協力機構として，インドネシア・マレーシア・シンガポール・タイ・フィリピンの 5 カ国により結成された。

(イ)東ティモールは 16 世紀以来ポルトガル領で，1975 年に独立を宣言した。しかし翌 1976 年インドネシアに併合され，2002 年に東ティモール共和国として分離・独立した。

◆B. ▶d. イギリスが南京条約（1842 年）で清から権利を得ると，アメリカも同様の権利を得るため圧力を加え，1844 年望厦条約を結んだ。

同じくフランスも黄埔条約を結んでいる。

▶ e．十四か条は第一次世界大戦末期の1918年，アメリカ大統領ウィルソンにより提唱され，戦後のパリ講和会議の原則となった。

▶ f．「中国の主権尊重と領土保全」を約した九カ国条約は，アメリカ大統領ハーディングの提唱によるワシントン会議で1922年に結ばれた。

▶ g．カイロ会談の結果発表されたカイロ宣言では，中国の領土回復の他，朝鮮の独立も定められた。

▶⑾アメリカ人ウォードは太平天国の乱の際，外国人部隊を組織し，それに中国人兵士を加えて常勝軍と名づけ，太平天国軍と戦った。ウォードの戦死後は，イギリス人ゴードンが司令官に就任している。

▶⑿門戸開放宣言は，アメリカ大統領マッキンリーの国務長官ジョン=ヘイの名で提唱された。

▶⒀孫文らは1905年，東京で革命諸団体（興中会，光復会，華興会など）を結集させ，中国同盟会を組織した。

▶⒁辛亥革命勃発後，袁世凱は革命側と交渉し，交わした密約に従って1912年2月宣統帝を退位させ（清の滅亡），翌3月孫文に代わり中華民国臨時大総統に就任した。

▶⒂陳独秀が1915年上海で創刊した『青年雑誌』は翌年『新青年』と改称され，胡適の論文や魯迅の小説を載せて新文化運動を推進した。

▶⒃孫文は1919年，広州で秘密結社の中華革命党を大衆政党の中国国民党に改組した。そして孫文の死去直後の1925年，広州で国民政府と国民革命軍が組織された。

▶⒄蔣介石は1927年4月，上海で反共のクーデターを起こした（上海クーデター）。これを機に1924年成立の第1次国共合作は崩壊した。

▶⒅第二次世界大戦後の1949年，国共内戦に勝利し中国本土を制圧した共産党は中華人民共和国を成立させ，毛沢東を初代主席とした。

▶⒆中ソ友好同盟相互援助条約は日本とアメリカを仮想敵国とする軍事条約。中ソ対立が深まる中有名無実化し，1980年に失効した。

▶⒇北ベトナムとは，第二次世界大戦後に成立したベトナム民主共和国。ベトナム戦争に勝利して南北ベトナムを統一し，1976年にベトナム社会主義共和国が成立した。

▶㉑ペレストロイカは，ソ連共産党書記長のゴルバチョフにより1986年から推進され，複数政党制や市場経済の導入など多岐にわたる改革を行った。ゴルバチョフが 1989 年に訪中したことにより中ソ対立は終了した。

III **解答** 8 世紀にイスラーム教国のウマイヤ朝がキリスト教国の西ゴート王国を滅ぼしてアンダルスが誕生し，このときからレコンキスタも開始した。その後成立した後ウマイヤ朝ではキリスト教徒やユダヤ教徒のイスラーム教への改宗が進んだ。11 世紀にカスティリャ，アラゴンが，12 世紀にポルトガルが成立し，レコンキスタが活発化したが，北アフリカからムラービト朝やムワッヒド朝が進出してこれに対抗した。一方この時期トレドで行われたアラビア語文献のラテン語への翻訳は古代ギリシア・ローマの古典を西欧に伝え，12 世紀ルネサンスの背景となった。13 世紀にナスル朝が成立したが，15 世紀に成立したスペイン王国がこれを征服しアンダルスを消滅させた。(300 字以内)

◀解　説▶

≪中世イベリア半島における諸国家の興亡と宗教・文化≫

●設問の条件

〔主題〕①イベリア半島におけるアンダルスの成立から消滅に至るまでの諸国家の興亡

②①に伴う宗教的状況の変化および文化の移転

●論述の方向性

アンダルスの成立はウマイヤ朝による西ゴート王国の征服（711 年），アンダルスの消滅とはスペイン王国によるナスル朝の征服（1492 年）である。これはキリスト教徒によるレコンキスタと重なる。この時期のキリスト教勢力とイスラーム勢力双方の国家興亡の歴史を，両者の関係にも注意しつつ時系列で扱いながら，そこに「宗教的状況の変化」と「文化の移転」に関わる点を組み込めばよい。

1．8 世紀（アンダルスの成立とレコンキスタの開始）

711 年，イベリア半島のキリスト教国・西ゴート王国がこの地に進出したイスラーム教国・ウマイヤ朝に滅ぼされた。イベリア半島はイスラーム勢力の支配下に入り，アンダルスが成立し，またイベリア半島をイスラーム勢力から奪回しようとするキリスト教勢力のレコンキスタも始まった。750 年にウマイヤ朝が滅びると，イベリア半島は 756 年コルドバを都に建国された後ウマイヤ朝の領土となった。

2．9～13世紀（レコンキスタの展開）

後ウマイヤ朝は発展し，コルドバなどの都市が栄え，イスラーム教も広まり，キリスト教徒やユダヤ教徒の中にはイスラーム教に改宗する者も現れた。

11世紀前半に後ウマイヤ朝が滅亡（1031年）した後，イベリア半島にはイスラーム小王国が乱立することになった。一方，半島北部には11世紀にはカスティリャやアラゴンが，12世紀にはカスティリャから独立する形でポルトガルが成立した。レコンキスタはイスラーム勢力の分裂や西欧の十字軍の刺激も受けて進展し，11世紀後半（1085年）には半島中部のトレドを奪回するなどキリスト教圏が拡大していった。次第に劣勢となったイスラーム小王国の要請を受けて，北アフリカ（マグリブ地方）から11世紀にはムラービト朝，ついで12世紀にはムワッヒド朝がイベリア半島に進出したが，レコンキスタの南下を止めることはできず半島から撤退している。こうした両勢力の対立・接触の一方で交流も進み，カスティリャの都となったトレドではアラビア語文献のラテン語への翻訳活動が盛んに行われ，トレドはイスラーム文化が西欧に流入する拠点となり，西欧の12世紀ルネサンスの展開に大きな影響を与えた。

13世紀，イベリア半島南部にグラナダを都とするイスラーム王朝のナスル朝が成立した。しかしレコンキスタの進行を阻止できず，イスラーム勢力は後退を続け，ナスル朝は半島最後のイスラーム王朝となり，都とその周辺地域を支配するだけの小王国と化した。

3．15世紀（アンダルスの消滅とレコンキスタの完了）

1479年，レコンキスタの中心であったカスティリャとアラゴンが統合されてスペイン王国が成立した。以後，スペイン王国はレコンキスタを進め，1492年にはグラナダを陥落させ，ナスル朝を滅ぼした。こうして半島からイスラーム勢力が一掃されたため，アンダルスは消滅し，レコンキスタは完了した。

IV **解答** A．a．プトレマイオス　b．アクティウム

(1)ラメス〔ラムセス〕2 世　(2)リディア〔リュディア〕

(3)全国を各州に分けてサトラップに統治させ，「王の目」「王の耳」で監視する一方，「王の道」を建設して駅伝制を整備した。

(4)インダス川　(5)閥族派　(6)オケオ

(7)カラカラ帝はアントニヌス勅令でローマ帝国内の全自由民にローマ市民権を与えた。

(8)パリサイ派　(9)レオン 3 世　(10)ウマイヤ=モスク

B．(11)モサデグ　(12)第 1 次五カ年計画　(13)ジュネーヴ

(14)第二次世界大戦後，ドイツと都市ベルリンは分割占領され，米・英・仏が管理する西ベルリンはソ連占領地区内に位置した。この状況が東西ドイツの成立後も継続した。

(15)サトウキビ

(16)地下を除く大気圏内外や水中での核実験を禁止した。

(17)ブレジネフ=ドクトリン〔制限主権論〕

(18)ベトナム戦争の戦費増大や日本・西ドイツの躍進などによりアメリカは財政と国際収支を悪化させ，ドルの国際的信用が低下した。

(19)周恩来　(20)ブラント　(21)ヘルシンキ宣言　(22)マルタ　(23)ルーマニア

◀解　説▶

≪キプロス島をめぐる古代～中世の歴史，東西冷戦における緊張の高まりと緩和≫

◆A．▶a．アレクサンドロスの大帝国は大王死後の後継者争いによりアンティゴノス朝マケドニア，セレウコス朝シリア，プトレマイオス朝エジプトに分裂した。このうちエジプトを拠点としたのはプトレマイオス朝エジプト。

▶b．オクタウィアヌスは前 31 年のアクティウムの海戦でアントニウス・クレオパトラ連合軍を破った。翌年，クレオパトラの自殺でプトレマイオス朝が滅亡したことで，ローマ帝国はキプロス島を含む地中海世界を統一している。

▶(1)カデシュの戦いはエジプト新王国の王ラメス（ラムセス）2 世とヒッタイトの王ムワタリの間で行われた。

▶(2)アッシリア帝国崩壊後に「分立した 4 つの王国」とはエジプト，リデ

ィア（リュディア），メディア，新バビロニア（カルデア）。このうち，小アジアのリディアで世界最古の金属貨幣が鋳造された。

▶(3)下線部の「ペルシア帝国」とはアケメネス朝ペルシア。中央集権体制については，「サトラップ（知事）」や「王の目」「王の耳」でその仕組みを説明することが欠かせない。その上で，「王の道」に代表されるような国道を作り駅伝制の整備を行ったことにも言及したい。

▶(4)アレクサンドロス大王の遠征軍はアケメネス朝征服後，インド西北部のインダス川流域まで進出し，そこで遠征を断念して帰還した。インダス川が東方遠征の，そして大帝国の東限である。

▶(5)「内乱の1世紀」では有力な政治家・軍人が閥族派と平民派に分かれて争った。このうち，閥族派が元老院の権威など伝統を重視した。

▶(6)扶南はメコン川下流域に成立した港市国家で，海上貿易の中継により栄えた。その扶南の外港遺跡がオケオで，ローマの貨幣（金貨）の他，インドの神像・中国（漢）の鏡などが出土した。

▶(7)都市国家として生まれたローマは市民権を次第に拡大させていった。これは市民権を制限した古代アテネとの大きな違いである。地中海世界を統一し帝国となったローマは，212年カラカラ帝の発布したアントニヌス勅令で帝国内の全自由民にローマ市民権を与えた。

▶(8)「異邦人の使徒」と呼ばれるパウロはキリスト教に回心する前，ユダヤ教のパリサイ派（モーゼの律法を厳格に守ろうとする一派）に属していた。

▶(9)聖像禁止令はイスラーム勢力（ウマイヤ朝）に対抗するため，ビザンツ皇帝レオン3世が726年に発布した。その後，聖像崇拝をめぐってビザンツ帝国では対立が続いたが，843年に聖像崇拝が認められている。

▶(10)やや難。「8世紀初め」の「ダマスクス」はウマイヤ朝の首都で，当時，そこにキリスト教会の一部を転用してウマイヤ=モスクが建設された。ウマイヤ=モスクは現存する最古のモスクとされる。

◆B．▶(11)「中東のある国」とはイランのパフレヴィー朝。首相モサデグは1951年石油利権の国有化を断行し，「イギリス籍の石油会社」アングロ=イラニアン石油会社を接収した。

▶(12)下線部の「指導者」とは1953年に死去したスターリン。ソ連はスターリン指導下の1928年，「重工業化と農業の集団化」を進めるため，第1

次五カ年計画を導入した。

▶⒀ 1954 年,「第一次インドシナ戦争の解決などを話し合う」ためジュネーヴ会議が,ついで翌 1955 年,軍縮やドイツ統一などを議題に「米・英・仏・ソ首脳」によるジュネーヴ 4 巨頭会談が開かれた。

▶⒁やや難。第二次世界大戦後,ドイツは東部をソ連,西部を西側 3 国(英・米・仏)によって分割占領された。その後,1949 年に西側占領地区でドイツ連邦共和国(西ドイツ:首都ボン)が,ソ連占領地区でドイツ民主共和国(東ドイツ:首都ベルリン)が建国された。もともとベルリンはソ連占領地区にあって米・英・仏・ソによる 4 カ国分割管理下に置かれていたため,東ドイツが成立した後は,東ドイツ内に西側占領地区が「陸の孤島」として存続することになった。

なぜ東ドイツ領内の西ベルリンが西側の管理下に置かれていたのか,その経緯・事情を説明すればよい。その際,第二次世界大戦後の敗戦国ドイツとその都市ベルリンの処遇,およびベルリンの置かれた地理的位置の説明が欠かせない。なお,下線部の「ベルリン危機」とは,東ベルリンから西ベルリンへの亡命を防ぐためにベルリンの壁が構築(1961 年)されたことを指す。

▶⒂キューバやハイチ・ジャマイカなどのカリブ海地域では,植民地時代の 17・18 世紀に黒人奴隷を使った砂糖プランテーションが発達し,サトウキビが栽培された。

▶⒃部分的核実験禁止条約(1963 年)は,米・英・ソによって調印されたが,同じく核保有国であったフランスと中国は参加していない。部分的核実験禁止条約の「部分的」が何を指すのかをきちんと示したい。

▶⒄やや難。1968 年,チェコスロヴァキアで「プラハの春」と呼ばれる民主化・自由化の運動・改革が行われた際,ソ連の指導者ブレジネフは軍事介入し,この行動を社会主義全体の利益は各国の個別利益よりも優先されるというブレジネフ=ドクトリン(制限主権論)で正当化した。

▶⒅第二次世界大戦後のブレトン=ウッズ国際経済体制では,金兌換の裏付けを持ったドル(米ドル)が国際通貨(基軸通貨)となった。しかし,1971 年にアメリカは金とドルの交換停止を発表した(ドル=ショック)。その背景には,アメリカの財政と国際収支の悪化があり,ドルの信用低下によって金が流出していた。財政悪化の原因はこの時期のアメリカが関わっていたベトナム戦争から，国際収支悪化の原因は日本・西ドイツの躍進（高度経済成長）から説明したい。こうしてブレトン=ウッズ国際経済体制は崩壊し，変動相場制へと転換していくことになる。

▶⒆平和五原則は 1954 年，中国首相の周恩来とインド首相のネルーの会談で発表された。1972 年，周恩来は国家主席の毛沢東とともに，訪中したアメリカ大統領ニクソンと会談し，米中は「関係の正常化を目指す声明」（上海コミュニケ）を発表した。

▶⒇西ドイツの「ソ連や東欧諸国との関係改善」をめざす政策は東方外交と呼ばれ，首相のブラントにより推進された（1970 年代前半）。

▶㉑全欧安全保障協力会議（CSCE）はフィンランドのヘルシンキで開催され（1975 年），最終合意文書としてヘルシンキ宣言が成立した。人権尊重と東西間の関係改善などが規定されたことから，ソ連・東欧諸国に大きな影響を与えることになり，ヨーロッパにおける緊張緩和（デタント）を進めることになった。

▶㉒ 1989 年，アメリカ大統領ブッシュとソ連共産党書記長ゴルバチョフは地中海のマルタ（正確にはマルタ沖のソ連客船内）で首脳会談を行い（マルタ会談），冷戦の終結が宣言された。

▶㉓「東欧革命」の一環として，1989 年，ルーマニアでは独裁体制を樹立していた大統領のチャウシェスクが逮捕され，失脚・処刑された（ルーマニア革命）。

❖講　評

Ⅰ　5 ～12 世紀のモンゴリアの歴史を，遊牧国家の興亡という視点から扱った論述。世界史入試で頻出のテーマの一つである中国の北方民族史からの出題。歴史的推移の論述であるため，知識の点でも文章構成の点でも与しやすい内容である。①指定時期の遊牧国家を時系列で正しく配置できるか，②各遊牧国家の動向を想起できるかが出来を左右するので，全体の構成を整理した上で論述していきたい。

Ⅱ　Aでは 17～20 世紀のインドネシアやマレー半島の歴史が，Bでは 19～20 世紀の中国・アメリカ関係の歴史が扱われた。語句記述は基礎的知識がほとんどだが，⑸の「倫理政策」は難問。⑼㈠のシンガポールの分離・独立をめぐる住民構成についての短文論述は，教科書レベルの内容で対応しやすかった。

Ⅲ　中世イベリア半島の歴史を，国家・宗教・文化の視点から扱った論述。「アンダルス」は聞き慣れない歴史用語だろうが，問題文からレコンキスタ期だと判断できるだろう。この時期のキリスト教勢力とイスラーム勢力双方の国家の推移を，両者の関係にも注意しながら時系列で述べればよいが，そこに「宗教的状況の変化」と「文化の移転」を組み込まなければならないので，やや得点差が生じやすいと思われる。「文化の移転」については，12 世紀ルネサンスとの関連からトレドでの翻訳活動への言及が欠かせない。

Ⅳ　Aではキプロス島をめぐる歴史が，Bでは冷戦の緊張と緩和が扱われた。語句記述は，⑽のウマイヤ=モスクと㉑のヘルシンキ宣言が見逃しやすい事項であったが，他は基本レベルであった。5問ある短文論述は教科書レベルの知識で説明できるが，⒁の西ベルリンの状況はやや書きにくかったと思われる。

Ⅰ・Ⅲは前近代，Ⅱ・Ⅳは主に近現代で，出題時期のパターンは従来と異なった。またⅡ・Ⅳの短文論述は，2022 年度の1問から6問に増加した。しかしこうした変化にもかかわらず，時代のバランスは維持され，求められる知識も例年どおり教科書レベルであった。教科書を精読し，基本事項や重要事項の名称と内容，および事項間の流れをつかみ，その上で論述問題演習により知識の確認の他，解法や文章作成法も習得するという京大攻略の対策が今後も重要である。

地理

I **解答** (1)ア．プレート　イ．海嶺（大西洋中央海嶺も可）
ウ．氷期（氷河期も可）　エ．氷床
オ．モレーン〔氷堆石〕
(2)①エスチュアリ〔三角江〕
②どちらも陸地の沈降や海面上昇で沈水した地形で，Pは氷河が形成したU字谷に，Qは河口付近の低地に海水が浸入して形成された。(60 字以内)
(3)①風力発電
②偏西風帯に位置する低平な国土で，年中偏西風が利用できるため。(30 字以内)
(4)①鉄鉱石　②―Y
③Xは冬に凍結するが，Yは暖流の影響で不凍港となっているため。(30 字以内)

◀解　説▶

≪自然環境を中心とした北西ヨーロッパ地誌≫

▶(1)ア．「広がる境界上に位置し」とあるので「プレート」となる。A国（アイスランド）は広がるプレートの境界に位置する特異な地形からなりたっている。

イ．「広がる境界」「付近の海底には，玄武岩質溶岩の噴出によって，南北に延びる長大な」とあるので，その地形は「海嶺」となる。ここでは大西洋の中央に位置することから，「大西洋中央海嶺」と答えてもよい。

ウ．「約 2 万年前に極大期を迎えた」から「氷期（氷河期）」となる。2 万年前の氷期は，最終氷期でヴュルム氷期という。

エ．「厚く覆われていた」から，大陸氷河のことであるが，「スカンディナヴィア」に続く用語なので「氷床」と解答したい。

オ．「末端部」「堤防状に岩くずが堆積」とあるので「モレーン（氷堆石）」となる。小丘のドラムリンや氷床下を流れていた河川沿いにできたエスカーも氷河地形であるが，「末端部」の形成ではないので不適当である。

▶(2)①Qはエルベ川の河口に形成されたエスチュアリで，形状から三角江とも呼ばれる。
②Pは山地が氷食を受けて形成されたU字谷が沈水したフィヨルドである。
P・Qの共通点は沈水により形成されたことで，沈水する前の地形について述べる必要がある。一般に土地が海面下に沈むのは，土地が沈降するか，氷期の終了後の温暖化で氷河が溶解して海面が上昇することで生じる。ここでは「約２万年前に極大期を迎えた」とあるので，海面上昇による沈水が主な要因となる。相違点は沈水前の地形を形成した営力にある。Pは氷食によるU字谷が，Qは河川の堆積作用によって形成された平野の河口部が沈水したものである。
▶(3)①・②E国（デンマーク）は低平な国土であるため水力発電には不適である。また西岸海洋性気候で曇天が多く太陽光発電にも不向きである。しかし，年間を通じて偏西風が吹いているため，風力発電に適している。
▶(4)①C国はスウェーデン。Wはキルナで，鉄鉱石を産出する。
②・③輸出港はX（ルレオ）とY（ナルヴィク）にあるが，Xはボスニア湾が冬季に凍結するので利用できない一方，隣国にあるYは冬季でも暖流の北大西洋海流の影響で不凍港であるため年中利用が可能である。

II　解答

(1)ア．ジャガイモ　イ．ウユニ　ウ．リチウム
エ．キャッサバ　オ．セラード（カンポセラードも可）
カ．大豆
(2)①高山のためツンドラに似た植生で，毛用のアルパカや荷役用のリャマが放牧されている。(40 字以内)
②熱帯雨林が発達し土地が瘦せているので，草木灰を利用する焼畑農業が営まれている。(40 字以内)
(3)貧しい人々の流入でスラムが拡大している。(20 字以内)
(4)①コーヒー　②モノカルチャー経済

◀解　説▶

≪南アメリカ地誌≫
▶(1)ア．「標高 3500m 以上」とあるので，冷涼な気候でも栽培できるジャガイモである。
イ．A地域はペルー・ボリビアにあたり，その南部に位置する塩湖（塩

原）はウユニ塩原である。

ウ．パソコンや電気自動車用の充電池（リチウムイオン電池）の原料として重要なリチウムは，今後ますます需要の増大が見込まれている。ボリビアの高地にあるウユニ塩原には，塩の層の下の湖水に大量のリチウムが含まれている。

エ．「伝統的な農法で栽培されてきた」「アジアやアフリカでも主食や副食，でんぷんの原料として利用されている」とあるので，アマゾン原産のキャッサバである。

オ．C地域は「疎林をともなう草原」とあるようにサバナ気候の地域である。セルバに接するサバナ気候の地域で疎林を有する植生をセラードと呼び，そのような地域をカンポセラードという。

カ．アグリビジネス企業が進出し，大型機械を使用して大豆などの商品作物を大規模に栽培するようになった。

▶(2)①A地域で，「農作物の栽培が困難な標高4000－4500m付近」とあるので，この地域は樹木のないツンドラと似た植生である。この高地草原を利用して，食用・荷役用のリャマや衣料用の毛を刈るためのアルパカが遊牧形態で家畜として飼育されている。

②B地域はアマゾン川流域の熱帯雨林気候であり，土壌も痩せたラトソルである。このため弱い乾季を利用して火入れを行うことで得られる草木灰を肥料として自給的な作物を栽培する焼畑を伝統的に営んできた。

▶(3)農村部では農園が大型機械を使用した企業的経営に移行したことから，住み込み労働者は失職し生活の場を失ったため大都市へ移動して，ファベーラと呼ばれるスラムを形成した。

▶(4)①「C地域を含む国」とはブラジルなので，「20世紀前半」に栽培が盛んであった農作物はコーヒーである。

②「ある農作物の生産と輸出に依存する経済構造」とはモノカルチャー経済のことである。工業化以前のブラジルは，総輸出額の約7割をコーヒーが占める程であった。

Ⅲ　解答

(1)①フィリピン　②ポーランド

(2)スマートフォンによる電子マネーでの決済。(20字以内)

(3)新しい産業に従事する人々は高給を得ており，欧米風の生活様式を取り入れた新たな消費文化が生じたこと。(50字以内)

(4)①ショッピングセンター（ショッピングモールも可）

②自動車利用に便利な幹線道路沿いに立地し，広い駐車場を有する。(30字以内)

(5)近隣型は最寄り品，地域型は最寄り品と買い回り品，百貨店や量販店からなる広域型は主に買い回り品を扱う。(50字以内)

(6)周辺自治体に自家用車での買い物が便利な大規模ショッピングセンターが立地し，百貨店の顧客を奪ったため。(50字以内)

◀解　説▶

≪産業別就業人口と小売業≫

▶(1)まず，E国は第1次産業への就業人口割合が極めて低いことからアメリカ合衆国である。D国は第1次産業人口比率が2000～2019年にかけて10％以下に低下しており，産業の高度化が進んでいることからEU加盟国のポーランド。A国・B国・C国は，第1次産業の比率が急速に低下しているものの，第2次産業の割合には違いが見られる。A国・B国は2000～2019年にかけて第2次産業の割合が高くなっているので急速に工業化が進む中国かインドとなるが，2国を比べ，第1次産業の割合が高いA国をインド，第2次産業の割合が高いB国を中国と判断する。C国は第1次産業の割合が低いので，フィリピンと判断する。

▶(2)現金以外の支払方法（キャッシュレス決済）としては，クレジットカード，デビットカード，電子マネー，プリペイドカード，QRコードなどがある。B国（中国）ではクレジットカードは普及しておらず，多くの国民が保有するモバイル端末でのQRコードによる電子マネー決済が主流となっている。中国のキャッシュレス決済比率は77.3％と主要国でも韓国（94.7％）についで高い（2018年）。現金以外の決済が高いことから，B国を中国と判断することもできる（『世界国勢図会2021/22』）。

▶(3)A国（インド）はヒンドゥー教の影響で，長らく同じ職業からなる社会集団であるジャーティに規制され，自由な職業選択は困難であった。ところが自動車産業やICT 産業は，新しい職業であるためジャーティにかかわらず従事することができる。このような職業は給与水準が高く，新たな社会階級（新中間層）が形成されてきた。これに属する人々は，欧米風の生活様式を好み，自動車を保有するなど新たな消費文化が拡大されている。

▶(4)①E国（アメリカ合衆国）における郊外の大規模商業施設は，ショッピングセンターと呼ばれる。これは，小売店や飲食店，映画館などがある複合型商業施設で，大規模な小売店舗のことをいう。単にスーパーマーケットという解答では不十分である。また，ショッピングモールという言い方もある。これは通路（モール）に沿って両側に店舗が並ぶ形状からきた名称で，ショッピングセンターの一種である。

②モータリゼーションの発達の観点をもとに，立地については，幹線道路沿いであること，施設の特徴は広い駐車場を備えていることの，２つの視点から解答する必要がある。

▶(5)近隣型商店街は食料品や日用品など安価で購買回数の多い最寄り品中心の商店街で，地元住民が徒歩または自転車等により買い物を行う。地域型商店街は，最寄り品だけでなく高級衣料や耐久消費財など高価で購入回数が少ない商品を消費者が２つ以上の店を回って比べて購入する買い回り品を販売しており，近隣型商店街よりも商圏はやや広いことから，買い物客は徒歩・自転車に加えバスや自家用車でも訪れる。広域型商店街は百貨店・量販店を含む大型店があり，最寄り品より買い回り品の販売が多い商店街で，客は鉄道・バス・自家用車などで訪れる。さらに，複数の百貨店・量販店を含む大型店があり，有名専門店，高級専門店を中心に構成され，客が遠距離から訪れる超広域型商店街も存在している。

▶(6)百貨店の閉店の要因には，地方では，自家用車による買い物が便利な広い駐車場を備える郊外型ショッピングセンターが立地したことと，百貨店の商品構成が若年層のニーズに合わなくなったことから顧客離れが起こったことがあげられる。グラフ２から，周辺自治体ＰやＱでの小売販売額が増加していることは，郊外にショッピングセンターが立地したことを物語っていることに着目したい。

Ⅳ　解答

(1)ア．ガザ　イ．アメリカ合衆国　ウ．エルサレム
(2)いーE　ろーG　はーD
(3)X．シーア　Y．スンナ〔スンニ〕　Z．ユダヤ
(4)①クルド人　②山岳地域（山地や高原も可）であること。
③居住地が複数の国に分割されているため。

◀解　説▶

≪西アジアの民族問題≫

▶(1)ア．ガザ地区はパレスチナ暫定自治区の一つで，2007年にハマスが政権を掌握し，イスラエルと対立が激化している。

イ・ウ．A国（イスラエル）は首都をエルサレムとしているが，日本を含む国際社会はそれを認めておらず，大使館をテルアビブに置いている。しかし，アメリカ合衆国大統領トランプは，2018年に大使館をエルサレムに移転し，波紋を呼んだ。

▶(2)い・ろ．1979年に起こった革命はイラン革命である。イラン（G）と国境紛争を抱えていたのはイラク（E）で，1980年から1988年までイラン=イラク戦争が続いた。

は．2011年に始まった内戦はシリア（D）内戦で，アラブの春がうまく進展せずアサド政権と反政府勢力との対立が激化し，解決には至っていない。

▶(3)X．G（イラン）が含まれているのでシーア派である。イラクもシーア派が多数を占めているが，スンナ（スンニ）派も一定数いるため両者の対立が根深い。

Y．B（ヨルダン），C（トルコ），D（シリア），F（サウジアラビア）で人口比率が高いことから，スンナ（スンニ）派である。

Z．A（イスラエル）だけに見られるのでユダヤ教である。

▶(4)①トルコ・イラン・イラク・シリアに居住地があることからクルド人である。クルド人の居住地域をクルディスタンという。

②アルプス=ヒマラヤ造山帯に属する地域で，山地や高原となっている。

③「地図からわかること」とあるので，クルド人の居住地を分断するように国境線が引かれていることを読み取ればよい。歴史的には中世以来オスマン帝国に支配されてきたが，第一次世界大戦でオスマン帝国が敗れた後，イギリス・フランスにより分割されて以降，クルディスタンは中東諸国に

またがることになった。

V **解答** ⑴①三角州

②干満差が大きい遠浅の海に，広範囲に干潟が発達していたため。(30 字以内)

⑵①沖合に潮止め堤防を築き，干潮時に排水して干拓地を造成した。(30 字以内)

②高島・大島町（小鼠蔵・大鼠蔵も可）

⑶①広い工場用地が得られる郊外で，鉄道輸送が利用できること。

②従来の鉄道から，路線廃止後は道路が整備され自動車に移行した。(30 字以内)

⑷①城下町

②市役所・警察署の行政機能と，学校・図書館など教育機能。

⑸新港町地区は埋立地で広い用地が得られることや，原材料や製品輸送に水運が利用できること。

◀解　説▶

≪熊本県八代市付近の地形図読図≫

▶⑴①「中心市街地を含む」とあるので，「千反町」「古城町」が中州を形成していることに着目すると三角州であることがわかる。白黒表現でわかりにくいが，子細に読図すると旧河道に沿って用水路が認められる。

②「中心市街地よりも西側の土地」は「人工的に造成されたもの」とあるので，遠浅の海や干潟を陸化した土地であると考える。図 1 の北西には干潟があることもヒントとなる。また，「自然環境の観点から」とあるので，八代市西部の八代海は有明海と同様に干満差が大きいことも解答したい。

▶⑵①「標高に着目する」とあるので，「郡築六番町」「郡築十二番町」付近に−0.4，「郡築十番町」付近に−0.3 の標高点が認められることに注意する。浅海や干潟の開発には，干拓と埋め立ての手法があるが，海面下の土地であることから干拓地であることがわかる。埋立地は他所から土砂を運搬し海面より高く造成するのに対し，干拓地は沖合に潮止め（締め切り）堤防を築いて海水の浸入を防ぎ，干潮時に堤防内の水を排水して文字どおり干して造成する。したがって干拓地は，オランダのポルダーのように，海面下の土地となることが多い。

②「島であった」とあるので海抜高度に着目したい。図の中央付近にある「高島」には三角点があり32.8mの標高が示されている。図の南端付近の「鼠蔵町」付近には「小鼠蔵」に35.6mの三角点,「大鼠蔵」に48mの標高点が表記されている。また,図の北西部の「大島町」も造成地で陸地とつながっているので解答の一つである。

▶(3)①「当時の市街地との関係」については,工場は市街地の周囲の水田地帯に立地していることから,広い工場用地が得られる地域であったと考えられる。「交通の観点」については,A・Bには貨物専用線が通じており,Cへは駅付近から引き込み線が延びていることがわかる。

②「輸送環境の変化」として,図3では貨物専用線や工場引き込み線が削除されていることから,鉄道輸送が廃止されたことがわかる。代わって図3では道路網の整備が進められ,自動車輸送への変化を読み取ることができる。

▶(4)①「江戸時代には既に都市であった」ことや,図3の「八代宮」付近には城跡記号「凸」があることから,城下町であることがわかる。街路も部分的にT字や鍵型の城下町特有の街路形態が残っている。

②「2つの機能に分類できる施設」を示す「地図記号を挙げつつ」とあるので,城跡とその周囲の地図記号に着目すればよい。城跡の東側には市役所「◎」,西側には裁判所「个」・警察署「⊗」が立地し,官公庁地区となっている。城跡の北側には小中学校・高校や図書館「📖」が立地し,文教地区となっている。商人町は近代以降中心商店街となってきたが,市街地は「建物の密集地」として表現されていて,施設の地図記号から商業機能を読み取ることはできない。

▶(5)新しい工場の集中地区は,西部の「新港町」地区である。この地区は埋め立てにより広大な工場用地が造成でき,臨海地であるので容易に水運の利用ができる利点がある。

❖講　評

Ⅰは自然環境を中心とした北西ヨーロッパ地誌に関する問題である。(1)の空所補充問題は，いずれも基本的な用語・事項である。(2)は沈水海岸の地形名称，およびフィヨルドとエスチュアリの共通点と相違点を述べる問題で，教科書レベルで解答できる。(3)はデンマークの再生可能エネルギーに関する問題で，「自然環境的な要因」との指示があるので解答しやすい。(4)はスウェーデンの鉄鉱石産地とその輸送に関するオーソドックスな問題である。冬季の輸送港を2択で選択解答するのは目新しい出題であった。

Ⅱは南アメリカ地誌に関する問題である。(1)の空所補充問題は，Ⅰと同様，基本的な用語・事項なので確実に解答したい。イのウユニ塩原やウのリチウムは時事的であるが，複数の教科書に記載されている。(2)はリャマ・アルパカの放牧と焼畑農業を問う基本的な問題である。(3)はブラジルのスラム問題の背景理解，(4)はブラジルにおける20世紀前半のコーヒーのモノカルチャー経済の知識を問う問題である。

Ⅲは日本，アメリカ合衆国，インド，中国，フィリピン，ポーランドの2000年以降の産業別就業人口割合の変遷を示した三角グラフから，国を判別し，主要国の商業・小売業の特徴や商業施設の立地変容などを問う問題である。国名を伏せての設問は，京大特有のものである。グラフの判読を確実にする必要があるが，設問に示されているキーワードもヒントにすれば国名判断はさほど難しくはない。(1)はE（アメリカ合衆国）の判別は平易，D（ポーランド）の判別もしやすい。発展途上国の状況を示すA・B・Cにやや迷うが，第2次産業の発達したA・Bがインド，中国と考え，残ったCをフィリピンと判別するのが確実な解答方法である。A・Bの違いは，第1次産業の割合の高低差と，(2)・(3)の設問文が参考になる。(2)は中国のキャッシュレス決済に関する時事的な問題で，教科書にはまだ明確には記述されていないので難しい。(3)は「自動車産業や情報通信技術（ICT）産業の工場が集まる」からインドと判断できる。(4)はアメリカ合衆国の消費生活行動に関わる問題で，解答しやすい。(5)は商店街の商圏の広さと扱われる商品の違いを「買い回り品」の語を使用して解答する問題で，「最寄り品」「買い回り品」の知識の有無が解答を左右する。(6)は日本の地方都市の百貨店の閉店理由を，周辺自治体の小売業販売額の推移から，ショッピングセンターの郊外への立地と関連付けて解答する思考力・判断力を問う問題である。

Ⅳは西アジアの宗教・宗派分布とクルド人居住地を示した地図をもとに，国際情勢や民族対立の背景の理解を問う問題である。(1)はイスラエルとパレスチナに関する最近の情勢を問う問題であるが，アメリカ合衆国がエルサレムに大使館を移転させたことは時事的な問題である。(2)はイラン=イラク戦争やシリア内戦に関する理解を問う問題である。(3)は西アジアの宗教・宗派名を問う問題で平易である。(4)はクルド人に関する理解を問う問題で基本的である。クルド人居住地の地形の特色と独立国家を持たない理由を問う②・③は，字数指定のない短文で解答する。

Ⅴは地形図の読図問題。平野の地形名，干拓地の特徴，新旧地形図の比較による工場立地と輸送環境の変化，城下町と都市機能，新しい工場立地と交通上の利点を問う問題で，(4)の②を除き基本的である。(1)は，①の三角州は基本的，②の干拓適地の理由は干満差が大きいことまで述べるのがやや難しい。(2)は前問(1)と関連している。①の造成法については，干拓と埋め立ての方法が違うことに留意する必要がある。②は標高を示す三角点や標高点に着目すれば容易に見つけられる。(3)の①は工場立地に関して，「当時の市街地との関係及び交通の観点」との指示があるので解答しやすい。②は新旧地形図の比較から，工場に続く鉄道路線の廃止と道路網の整備の読図ができれば平易である。(4)の①は地図記号から明確に解答できる。②は城下町における現代の機能を地図記号から２つ読み取る問題である。字数指定なし（２行相当分）で論述する形式で書きやすいが，城下町にあった商業機能を受けつぐ商店街を記号から読み取ることができないので，解答に戸惑ったかもしれない。(5)は西端に見られる工場の記号等に着目すれば，臨海工業地域となっているのがわかる。干拓地ではなく，埋立地への立地であることに留意したい。

数学

1

◇発想◇　問1．出た目の積が5で割り切れるための条件は，n回のうち少なくとも1回は5の目が出ることである。したがって，余事象の確率を考える。

問2．分母・分子に同じものを掛けて分母から3乗根の記号を消すのであるが，$(\sqrt[3]{9})^3$，$(\sqrt[3]{3})^3$，$\sqrt[3]{9}\cdot\sqrt[3]{3}$ が出てくるようなものを掛けなければならない。3乗に関する因数分解，展開の公式を用いる。a^3+b^3 や $a^3+b^3+c^3$ の形のものである。

解答　問1．「出た目の積が5で割り切れる」事象を A とすると，余事象 $\overline{A}$ は「出た目の積が5で割り切れない」すなわち「n回とも5で割り切れない目が出る」事象である。よって，n回とも5以外の目が出ることを考えて，$\overline{A}$ の確率は

$$P(\overline{A})=\left(\frac{5}{6}\right)^n$$

したがって，求める確率は

$$P(A)=1-P(\overline{A})=1-\left(\frac{5}{6}\right)^n \quad \cdots\cdots(\text{答})$$

問2．$a=2\sqrt[3]{9}$，$b=\sqrt[3]{3}$，$c=5$ とおくと

$$\frac{55}{2\sqrt[3]{9}+\sqrt[3]{3}+5}=\frac{55}{a+b+c}$$

$$=\frac{55(a^2+b^2+c^2-ab-bc-ca)}{(a+b+c)(a^2+b^2+c^2-ab-bc-ca)}$$

$$=\frac{55(a^2+b^2+c^2-ab-bc-ca)}{a^3+b^3+c^3-3abc}$$

$$=\frac{55(4\cdot3\sqrt[3]{3}+\sqrt[3]{9}+25-2\sqrt[3]{9}\cdot\sqrt[3]{3}-5\sqrt[3]{3}-5\cdot2\sqrt[3]{9})}{8\cdot9+3+125-3\cdot2\sqrt[3]{9}\cdot\sqrt[3]{3}\cdot5}$$

$$=\frac{55(-9\sqrt[3]{9}+7\sqrt[3]{3}+19)}{110}$$

$$=\frac{-9\sqrt[3]{9}+7\sqrt[3]{3}+19}{2}\quad\cdots\cdots(答)$$

別解　問2．＜$(a+b)(a^2-ab+b^2)=a^3+b^3$ を用いる解法＞

$\alpha=\sqrt[3]{3}$ とおく。

$$\frac{55}{2\sqrt[3]{9}+\sqrt[3]{3}+5}=\frac{55}{2\alpha^2+\alpha+5}$$

$$=\frac{55\alpha}{2\alpha^3+\alpha^2+5\alpha}$$

$$=\frac{55\alpha}{6+\alpha^2+5\alpha}\quad(\alpha^3=3\text{ より})$$

$$=\frac{55\alpha}{(\alpha+2)(\alpha+3)}$$

$$=\frac{55\alpha(\alpha^2-2\alpha+4)(\alpha^2-3\alpha+9)}{(\alpha^3+8)(\alpha^3+27)}$$

$$=\frac{55(\alpha^5-5\alpha^4+19\alpha^3-30\alpha^2+36\alpha)}{11\cdot30}$$

$$=\frac{3\alpha^2-15\alpha+57-30\alpha^2+36\alpha}{6}$$

$$=\frac{-9\alpha^2+7\alpha+19}{2}$$

$$=\frac{-9\sqrt[3]{9}+7\sqrt[3]{3}+19}{2}$$

◀解　説▶

≪問1．余事象の確率　問2．3乗根の有理化≫

▶問1．n 個の整数の積が5で割り切れるための条件は，n 個の整数のうち少なくとも1個は5で割り切れることである。「少なくとも」なので余事象を考えるのが自然である。

▶問2．分母に3乗根が2個あるので，2個を1回で消すか，2回に分けて消すかである。因数分解の公式

$$a^3+b^3+c^3-3abc=(a+b+c)(a^2+b^2+c^2-ab-bc-ca)$$

を使うことに気づけば，2個の3乗根を1回で消すことができる。しかし，$a^3+b^3=(a+b)(a^2-ab+b^2)$ を2回使って2個の3乗根を消そうとすると，〔別解〕のように少し工夫が必要になる。また，計算ミスにも注意しなけ

ればならない。ここでは分子の55が目安になる。55がうまく約分できなければ，検算すべきである。

2

◇発想◇　点Rが直線OD上の点であること，また，直線QRと直線PCの交点をSとすると，Sは直線QR上の点かつ直線PC上の点であることから，$\overrightarrow{OS}$を$\overrightarrow{OA}$，$\overrightarrow{OB}$，$\overrightarrow{OC}$と媒介変数を用いて2通りに表すことができる。4点O，A，B，Cが同一平面上にないことから，媒介変数の値を求め，$\overrightarrow{OR}$を$\overrightarrow{OD}$で表す。

$\overrightarrow{OD}$を$\overrightarrow{OP}$，$\overrightarrow{OQ}$，$\overrightarrow{OC}$で表し，Rが平面PQC上の点であることから，共面条件を用いて$\overrightarrow{OR}$を$\overrightarrow{OD}$で表すこともできる。

解答　点Rは直線OD上にあるから，実数kを用いて

$$\overrightarrow{OR}=k\overrightarrow{OD}=k\overrightarrow{OA}+2k\overrightarrow{OB}+3k\overrightarrow{OC}$$

と表される。

直線QRと直線PCの交点をSとすると，実数sを用いて

$$\begin{aligned}\overrightarrow{OS}&=(1-s)\overrightarrow{OQ}+s\overrightarrow{OR}\\&=\frac{1}{2}(1-s)\overrightarrow{OB}+s(k\overrightarrow{OA}+2k\overrightarrow{OB}+3k\overrightarrow{OC})\\&=ks\overrightarrow{OA}+\left(2ks-\frac{s}{2}+\frac{1}{2}\right)\overrightarrow{OB}+3ks\overrightarrow{OC}\quad\cdots\cdots①\end{aligned}$$

また，実数tを用いて

$$\begin{aligned}\overrightarrow{OS}&=t\overrightarrow{OP}+(1-t)\overrightarrow{OC}\\&=\frac{t}{3}\overrightarrow{OA}+(1-t)\overrightarrow{OC}\quad\cdots\cdots②\end{aligned}$$

と表される。

4点O，A，B，Cは同一平面上にないから，①，②より

$$\begin{cases}ks=\dfrac{t}{3} & \cdots\cdots③\\ 2ks-\dfrac{s}{2}+\dfrac{1}{2}=0 & \cdots\cdots④\\ 3ks=1-t & \cdots\cdots⑤\end{cases}$$

③，⑤より　　$3\cdot\frac{t}{3}=1-t$　　すなわち　　$t=\frac{1}{2}$

これと③より　　$ks=\frac{1}{6}$　……⑥

これと④より　　$2\cdot\frac{1}{6}-\frac{s}{2}+\frac{1}{2}=0$　　すなわち　　$s=\frac{5}{3}$

これと⑥より　　$k=\frac{1}{10}$

よって，$\overrightarrow{OR}=\frac{1}{10}\overrightarrow{OD}$ であるから

$\mathrm{OR}:\mathrm{RD}=1:9$　……(答)

別解　<共面条件を用いる解法>

点 P は線分 OA を 1：2 に内分するから　　$\overrightarrow{OA}=3\overrightarrow{OP}$

点 Q は線分 OB の中点であるから　　$\overrightarrow{OB}=2\overrightarrow{OQ}$

よって

$$\begin{aligned}\overrightarrow{OD}&=\overrightarrow{OA}+2\overrightarrow{OB}+3\overrightarrow{OC}\\&=3\overrightarrow{OP}+4\overrightarrow{OQ}+3\overrightarrow{OC}\\&=10\cdot\frac{3\overrightarrow{OP}+4\overrightarrow{OQ}+3\overrightarrow{OC}}{10}\end{aligned}$$

$\overrightarrow{OX}=\frac{3\overrightarrow{OP}+4\overrightarrow{OQ}+3\overrightarrow{OC}}{10}$ とおくと

$$\overrightarrow{OX}=\frac{3}{10}\overrightarrow{OP}+\frac{4}{10}\overrightarrow{OQ}+\frac{3}{10}\overrightarrow{OC},\quad \frac{3}{10}+\frac{4}{10}+\frac{3}{10}=1$$

ここで，4 点 O，A，B，C は同一平面上にないから，4 点 O，P，Q，C も同一平面上にない。よって，3 点 P，Q，C は異なる点で，点 X は平面 PQC 上にある。さらに

$$\overrightarrow{QX}=\overrightarrow{OX}-\overrightarrow{OQ}=\frac{3}{10}\overrightarrow{OP}-\frac{6}{10}\overrightarrow{OQ}+\frac{3}{10}\overrightarrow{OC}\quad(\neq\vec{0})$$

$$\overrightarrow{PC}=\overrightarrow{OC}-\overrightarrow{OP}\quad(\neq\vec{0})$$

より，$\overrightarrow{QX}\nparallel\overrightarrow{PC}$ であるから，直線 QX と直線 PC は交点をもつ。

また，$\overrightarrow{OD}=10\overrightarrow{OX}$ であるから，点 X は直線 OD 上にある。

以上より，点 X を点 R とすると，点 R は直線 OD 上にあり，直線 QR と直線 PC は交点をもつ。このとき，$\overrightarrow{OD}=10\overrightarrow{OR}$ より

$\mathrm{OR}:\mathrm{RD}=1:9$

◀解　説▶

≪空間における２直線の交点≫

空間において，ねじれの位置にある２直線 OD と PC，およびこれらの直線上にない点Ｑがあり，直線 QR が２直線 OD と PC の両方と交わるような直線 OD 上の点Ｒに関する条件を考える問題である。

直線 QR と直線 PC の交点をＳとおき，問題文の順に従って $\overrightarrow{\mathrm{OS}}$ を，$\overrightarrow{\mathrm{OA}}$，$\overrightarrow{\mathrm{OB}}$，$\overrightarrow{\mathrm{OC}}$ と実数 k，s，t で２通りに表す。そして，４点Ｏ，Ａ，Ｂ，Ｃが同一平面上にないことを確認して２通りに表した式を比較し，連立方程式を作るという定石通りの方法で解くことができる。

〔別解〕では，空間内の４点Ｏ，Ｐ，Ｑ，Ｃが同一平面上にないとき，点Ｘが平面 PQC 上にある条件（共面条件）が「$\overrightarrow{\mathrm{OX}}=\alpha\overrightarrow{\mathrm{OP}}+\beta\overrightarrow{\mathrm{OQ}}+\gamma\overrightarrow{\mathrm{OC}}$，$\alpha+\beta+\gamma=1$ となる実数 α，β，γ が存在する」ことを用いた。共面条件として「$\overrightarrow{\mathrm{CX}}=\alpha\overrightarrow{\mathrm{CP}}+\beta\overrightarrow{\mathrm{CQ}}$ となる実数 α，β が存在する」を用いる方法もある。異なる４点Ｐ，Ｑ，Ｃ，Ｘが同一平面上にあり，$\mathrm{QX}\nparallel\mathrm{CP}$ より直線 QX と直線 PC が交わることになる。

3

◇発想◇　(1)　２倍角の公式・３倍角の公式を，加法定理を用いて導く。

(2)　正五角形の一辺の長さを cos で表し，(1)の利用を考える。使う角度は $\theta_1=\dfrac{2}{5}\pi$，$\theta_2=\dfrac{\pi}{5}$ のいずれかである。θ_1 を使うときは $5\theta_1=2\pi$ より，$\cos 3\theta_1=\cos(2\pi-2\theta_1)=\cos 2\theta_1$，$\theta_2$ を使うときは $5\theta_2=\pi$ より，$\cos 3\theta_2=\cos(\pi-2\theta_2)=-\cos 2\theta_2$ として(1)を利用する。

解答　(1)　

$$\begin{aligned}\cos 2\theta&=\cos(\theta+\theta)\\&=\cos\theta\cos\theta-\sin\theta\sin\theta\\&=\cos^2\theta-(1-\cos^2\theta)\\&=2\cos^2\theta-1\quad\cdots\cdots(\text{答})\end{aligned}$$

また

$$\sin 2\theta=\sin\theta\cos\theta+\cos\theta\sin\theta=2\sin\theta\cos\theta$$

であるから

$$\begin{aligned}\cos 3\theta &= \cos(2\theta+\theta)\\ &= \cos 2\theta\cos\theta - \sin 2\theta\sin\theta\\ &= (2\cos^2\theta-1)\cos\theta - 2\sin^2\theta\cos\theta\\ &= (2\cos^2\theta-1)\cos\theta - 2(1-\cos^2\theta)\cos\theta\\ &= 4\cos^3\theta - 3\cos\theta \quad \cdots\cdots(\text{答})\end{aligned}$$

(2)　半径 1 の円の中心を O，内接する正五角形の一辺を AB とすると

$$\mathrm{OA}=\mathrm{OB}=1,\ \angle\mathrm{AOB}=\frac{2}{5}\pi$$

であるから，△OAB に余弦定理を用いて

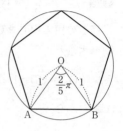

$$\begin{aligned}\mathrm{AB}^2 &= 1^2+1^2-2\cdot1\cdot1\cos\frac{2}{5}\pi\\ &= 2\left(1-\cos\frac{2}{5}\pi\right) \quad \cdots\cdots①\end{aligned}$$

$\theta=\frac{2}{5}\pi$ とおくと，$5\theta=2\pi$ より

$$\cos 3\theta = \cos(2\pi-2\theta) = \cos 2\theta$$

これと(1)より

$$4\cos^3\theta - 3\cos\theta = 2\cos^2\theta - 1$$
$$4\cos^3\theta - 2\cos^2\theta - 3\cos\theta + 1 = 0$$
$$(\cos\theta-1)(4\cos^2\theta+2\cos\theta-1)=0$$

$0<\cos\theta<1$ であるから　　$\cos\theta=\dfrac{-1+\sqrt{5}}{4}$

これと①より

$$\mathrm{AB}^2 = 2\left(1-\frac{-1+\sqrt{5}}{4}\right)=\frac{5-\sqrt{5}}{2}$$

ここで

$$1.15^2=\left(\frac{23}{20}\right)^2=\frac{529}{400}$$

$$\frac{5-\sqrt{5}}{2}>\frac{5-\sqrt{5.29}}{2}=\frac{5-2.3}{2}=\frac{2.7}{2}=\frac{540}{400}$$

したがって

$$1.15^2<\frac{5-\sqrt{5}}{2}=AB^2$$

AB>0 であるから　　$1.15<AB$

ゆえに，半径1の円に内接する正五角形の一辺の長さは1.15より大きい。

……(答)

別解 (2)　＜$\frac{\pi}{5}$を用いる解法＞

半径1の円の中心をO，内接する正五角形の一辺をAB，辺ABの中点をMとすると

$$OA=OB=1,\ \angle OMA=\frac{\pi}{2},\ \angle AOM=\frac{\pi}{5}$$

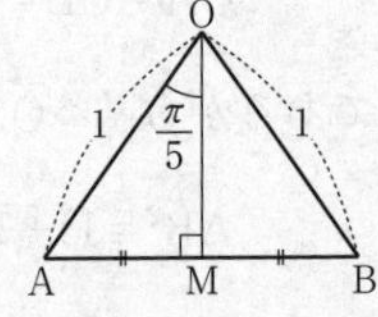

であるから

$$AB=2AM=2OA\sin\angle AOM=2\sin\frac{\pi}{5}\quad \cdots\cdots(ア)$$

$\alpha=\frac{\pi}{5}$ とおくと，$5\alpha=\pi$ であるから

$$\cos 3\alpha=\cos(\pi-2\alpha)=-\cos 2\alpha$$

これと(1)より

$$4\cos^3\alpha-3\cos\alpha=-(2\cos^2\alpha-1)$$

$$4\cos^3\alpha+2\cos^2\alpha-3\cos\alpha-1=0$$

$$(\cos\alpha+1)(4\cos^2\alpha-2\cos\alpha-1)=0$$

$0<\cos\alpha<1$ であるから　　$\cos\alpha=\frac{1+\sqrt{5}}{4}$

$\sin\alpha>0$ より　　$\sin\alpha=\sqrt{1-\cos^2\alpha}=\sqrt{1-\left(\frac{1+\sqrt{5}}{4}\right)^2}=\sqrt{\frac{5-\sqrt{5}}{8}}$

これと(ア)より　　$AB=2\sin\alpha=\sqrt{\frac{5-\sqrt{5}}{2}}$

ここで

$$1.15=\frac{23}{20}=\sqrt{\frac{529}{400}}$$

$$\sqrt{\frac{5-\sqrt{5}}{2}}>\sqrt{\frac{5-\sqrt{5.29}}{2}}=\sqrt{\frac{5-2.3}{2}}=\sqrt{\frac{2.7}{2}}=\sqrt{\frac{540}{400}}$$

したがって

$$1.15<\sqrt{\frac{5-\sqrt{5}}{2}}=\mathrm{AB}$$

ゆえに，半径 1 の円に内接する正五角形の一辺の長さは 1.15 より大きい。

◀解　説▶

≪正五角形の一辺の長さの評価≫

半径 1 の円に内接する正五角形の一辺の長さと 1.15 の大小を調べる問題である。

▶(1)〔解答〕では加法定理を用いて求めた。2 倍角の公式は教科書にも公式として載っているので答えのみを書き，$\cos 3\theta$ は加法定理と 2 倍角の公式を用いて途中の式を書くことも考えられる。

▶(2) 正五角形の一辺の長さを余弦定理によって求めると $\cos\frac{2}{5}\pi$ が出てくる。$\frac{2}{5}\pi\cdot 5=2\pi$ と(1)を用いて $\cos\frac{2}{5}\pi$ の値を求めることに気づかなければならない。$\frac{5-\sqrt{5}}{2}$ と 1.15 の大小を調べる際には $\sqrt{5}$ の値の評価がポイントとなる。〔解答〕では，$1.15^2=\left(\frac{23}{20}\right)^2=\frac{529}{400}$ から $\sqrt{5}<\sqrt{5.29}=2.3$ を利用して $1.15^2<\mathrm{AB}^2$ を導いた。〔別解〕では二等辺三角形の性質を用いて正五角形の一辺の長さを求めた。正弦定理を用いても同じである。そのときは $\sin\frac{\pi}{5}$ が出てくるので，$\frac{\pi}{5}\cdot 5=\pi$ と(1)から $\cos\frac{\pi}{5}$ の値を，さらに $\sin\frac{\pi}{5}$ の値を求めることになる。

4

◆発想◆　$a_1=S_1$，$a_n=S_n-S_{n-1}$ $(n\geqq 2)$ または $a_{n+1}=S_{n+1}-S_n$ を用いて与えられた式を変形する。数列 $\{a_n\}$ に関する漸化式を作る方法と，数列 $\{S_n\}$ に関する漸化式を作る方法が考えられる。いずれの方法でも階差数列を利用することになる。前者の方法では，途中で（等差）×（等比）型の数列の和を求める必要がある。後者の方法では，階差数列を使えるように式変形すること，最後にもう一度 $a_1=S_1$，$a_n=S_n-S_{n-1}$ $(n\geqq 2)$ を利用することが重要となる。

解答　$a_n=\dfrac{S_n}{n}+(n-1)\cdot 2^n$　……①　$(n=2,\ 3,\ 4,\ \cdots)$

より，$S_n=n\{a_n-(n-1)\cdot 2^n\}$ であるから

$$a_{n+1}=S_{n+1}-S_n$$
$$=(n+1)(a_{n+1}-n\cdot 2^{n+1})-n\{a_n-(n-1)\cdot 2^n\}$$

これより

$$na_{n+1}-na_n=n\{(n+1)\cdot 2^{n+1}-(n-1)\cdot 2^n\}$$

$n\neq 0$ であるから

$$a_{n+1}-a_n=(n+1)\cdot 2^{n+1}-(n-1)\cdot 2^n$$
$$=\{2(n+1)-(n-1)\}\cdot 2^n$$
$$=(n+3)\cdot 2^n \quad \cdots\cdots ② \quad (n\geqq 2)$$

①に $n=2$，$S_2=a_1+a_2$ を代入して

$$a_2=\frac{a_1+a_2}{2}+2^2 \qquad \text{すなわち} \qquad a_2-a_1=8$$

より，②は $n=1$ のときも成り立つ。

よって，$n\geqq 2$ のとき

$$a_n=a_1+\sum_{k=1}^{n-1}(k+3)\cdot 2^k \quad \cdots\cdots ③$$

ここで，$T_{n-1}=\displaystyle\sum_{k=1}^{n-1}(k+3)\cdot 2^k$　……④　$(n\geqq 2)$　とおくと

$$T_{n-1}=4\cdot 2+5\cdot 2^2+6\cdot 2^3+\cdots+(n+2)\cdot 2^{n-1}$$
$$2T_{n-1}=\qquad 4\cdot 2^2+5\cdot 2^3+\cdots+(n+1)\cdot 2^{n-1}+(n+2)\cdot 2^n$$

辺々引くと，$n\geqq 3$ のとき

$$-T_{n-1}=8+(2^2+2^3+\cdots+2^{n-1})-(n+2)\cdot 2^n$$
$$=8+\frac{2^2(2^{n-2}-1)}{2-1}-(n+2)\cdot 2^n$$
$$=4-(n+1)\cdot 2^n$$

したがって

$$T_{n-1}=(n+1)\cdot 2^n-4 \quad \cdots\cdots ⑤ \quad (n\geqq 3)$$

④に $n=2$ を代入すると　　$T_1=\displaystyle\sum_{k=1}^{1}(k+3)\cdot 2^k=8$

⑤に $n=2$ を代入すると　　$T_1=3\cdot 2^2-4=8$

であるから，$n=2$ のときも⑤は成り立つ。

よって，③より，$n\geqq 2$ のとき

$$a_n=3+\{(n+1)\cdot 2^n-4\}=(n+1)\cdot 2^n-1 \quad \cdots\cdots ⑥$$

⑥に $n=1$ を代入すると　　$a_1=2\cdot 2-1=3$

より，$n=1$ のときも⑥は成り立つ。

ゆえに　　$a_n=(n+1)\cdot 2^n-1 \quad (n=1,\ 2,\ 3,\ \cdots)$　……(答)

別解　＜S_n を先に求める解法＞

$$a_n=\frac{S_n}{n}+(n-1)\cdot 2^n \quad (n=2,\ 3,\ 4,\ \cdots)$$

$n\geqq 2$ のとき，$a_n=S_n-S_{n-1}$ であるから

$$S_n-S_{n-1}=\frac{S_n}{n}+(n-1)\cdot 2^n$$

$$(n-1)S_n-nS_{n-1}=n(n-1)\cdot 2^n$$

両辺を $n(n-1)$ で割って

$$\frac{S_n}{n}-\frac{S_{n-1}}{n-1}=2^n \quad (n\geqq 2)$$

これより　　$\dfrac{S_{n+1}}{n+1}-\dfrac{S_n}{n}=2^{n+1} \quad (n\geqq 1)$

よって，$n\geqq 2$ のとき

$$\frac{S_n}{n}=\frac{S_1}{1}+\sum_{k=1}^{n-1}2^{k+1}$$

$$=a_1+\frac{2^2(2^{n-1}-1)}{2-1} \quad (S_1=a_1 \text{ より})$$

$$=2^{n+1}-1 \qquad (a_1=3 \text{ より})$$

したがって　　$S_n=n(2^{n+1}-1)$

これは $n=1$ のときも成り立つ。

よって，$n\geqq 2$ のとき

$$a_n=S_n-S_{n-1}$$

$$=n(2^{n+1}-1)-(n-1)(2^n-1)$$

$$=(n+1)\cdot 2^n-1$$

これは $n=1$ のときも成り立つ。

ゆえに　　$a_n=(n+1)\cdot 2^n-1$

◀解　説▶

《和を含む漸化式》

一般項 a_n と和 S_n を含む漸化式から，一般項 a_n を求める問題である。

「$a_1=S_1$，$n\geqq 2$ のとき $a_n=S_n-S_{n-1}$」または「$a_1=S_1$，$a_{n+1}=S_{n+1}-S_n$」を用いるのであるが，答案全体について常に n の範囲がわかるようにすることが重要である。特に階差数列を用いるときには，$n\geqq 2$ と $n=1$ に場合分けしなければならない。$\sum_{k=1}^{n-1}(k+3)\cdot 2^k$ は（等差）×（等比）型の数列の和であるから，具体的に書き並べ，（等比）の部分の公比を掛けて辺々引くのが定石である。このとき，$-T_{n-1}=8+(2^2+2^3+\cdots+2^{n-1})-(n+2)\cdot 2^n$ では，$n\geqq 3$ でないと $(2^2+2^3+\cdots+2^{n-1})$ が不適切な表現になるので注意を要する。

〔別解〕では，数列 $\{S_n\}$ に関する漸化式を作った。$n(n-1)$ で割って，$\dfrac{S_n}{n}-\dfrac{S_{n-1}}{n-1}=2^n$ と変形することで，数列 $\left\{\dfrac{S_n}{n}\right\}$ の階差数列が $\{2^{n+1}\}$ になることがわかる。

5

◆発想◆　定積分を計算しようとしても，$f(y)$ は求めるべき関数であるから，直接計算できない。まず，$(x-y)^2$ を展開し，被積分関数が y だけの式になるように変形する。このとき出てくる 3 つの定積分は定数になるので，これらを a，b，c とおき，$f(x)$ を a，b，c で表して定積分を計算し，連立方程式を作る。

解答　$f(x)+\int_{-1}^{1}(x-y)^2f(y)\,dy=2x^2+x+\dfrac{5}{3}$　……①

$$\int_{-1}^{1}(x-y)^2f(y)\,dy=x^2\int_{-1}^{1}f(y)\,dy-2x\int_{-1}^{1}yf(y)\,dy+\int_{-1}^{1}y^2f(y)\,dy$$

$\int_{-1}^{1}f(y)\,dy$，$\int_{-1}^{1}yf(y)\,dy$，$\int_{-1}^{1}y^2f(y)\,dy$ は定数なので

$\int_{-1}^{1}f(y)\,dy=a$，$\int_{-1}^{1}yf(y)\,dy=b$，$\int_{-1}^{1}y^2f(y)\,dy=c$ とおくと，①より

$$f(x)+ax^2-2bx+c=2x^2+x+\frac{5}{3}$$

すなわち　　$f(x)=(2-a)x^2+(2b+1)x+\frac{5}{3}-c$　……②

これより

$$a=\int_{-1}^{1}\left\{(2-a)y^2+(2b+1)y+\frac{5}{3}-c\right\}dy$$

$$=2\int_{0}^{1}\left\{(2-a)y^2+\frac{5}{3}-c\right\}dy$$

$$=2\left[\frac{2-a}{3}y^3+\left(\frac{5}{3}-c\right)y\right]_0^1$$

$$=2\left\{\frac{2-a}{3}+\left(\frac{5}{3}-c\right)\right\}$$

$$=-\frac{2}{3}a-2c+\frac{14}{3}$$

よって　　$5a+6c=14$　……③

$$b=\int_{-1}^{1}y\left\{(2-a)y^2+(2b+1)y+\frac{5}{3}-c\right\}dy$$

$$=2\int_{0}^{1}(2b+1)y^2dy$$

$$=2\left[\frac{2b+1}{3}y^3\right]_0^1$$

$$=2\cdot\frac{2b+1}{3}$$

よって　　$b=-2$　……④

$$c=\int_{-1}^{1}y^2\left\{(2-a)y^2+(2b+1)y+\frac{5}{3}-c\right\}dy$$

$$=2\int_{0}^{1}\left\{(2-a)y^4+\left(\frac{5}{3}-c\right)y^2\right\}dy$$

$$=2\left[\frac{2-a}{5}y^5+\frac{1}{3}\left(\frac{5}{3}-c\right)y^3\right]_0^1$$

$$=2\left\{\frac{2-a}{5}+\frac{1}{3}\left(\frac{5}{3}-c\right)\right\}$$

$$=-\frac{2}{5}a-\frac{2}{3}c+\frac{86}{45}$$

よって　　$18a+75c=86$　……⑤

③×25－⑤×2 より　　$89a=178$

すなわち　$a=2$　……⑥

これと③より　$c=\dfrac{2}{3}$　……⑦

④，⑥，⑦を②に代入して

$$f(x)=-3x+1　……(答)$$

◀解　説▶

≪定積分で表された関数≫

未知の関数が積分の中に現れる等式（積分方程式）から未知の関数を求める問題である。

積分区間が定数なので，被積分関数を y だけの式にすれば定積分の値は定数になる。定積分の計算では，偶関数，奇関数の性質を用いる。すなわち，$g(x)$ が偶関数（$g(-x)=g(x)$ が成り立つ）なら

$$\int_{-\alpha}^{\alpha}g(x)\,dx=2\int_{0}^{\alpha}g(x)\,dx$$

$g(x)$ が奇関数（$g(-x)=-g(x)$ が成り立つ）なら

$$\int_{-\alpha}^{\alpha}g(x)\,dx=0$$

となることから，$\int_{-1}^{1}y^4dy=2\int_{0}^{1}y^4dy$，$\int_{-1}^{1}y^2dy=2\int_{0}^{1}y^2dy$，$\int_{-1}^{1}dy=2\int_{0}^{1}dy$，$\int_{-1}^{1}y^3dy=\int_{-1}^{1}ydy=0$ として計算する。計算は少し煩雑なので注意する。

❖講　評

頻出分野である積分法，ベクトル，確率，数列などからの出題である。また，証明問題はなかったが，3(2)の三角関数の評価問題は論理的思考力を問う問題で，これが2023年度の特徴である。

1　問1は確率の基本問題。問2は3乗根の有理化問題で，難しいわけではないが，見慣れないものなので戸惑ったのではないだろうか。

2　空間ベクトルの定型問題を少しアレンジしたものであるが，基本事項を用いてスムーズに解くことができる。

3　三角関数の評価問題。(1)は2倍角の公式・3倍角の公式を導く基本問題。これを用いて(2)を解くのであるが，そう簡単ではない。学習量，思考力，計算力を問う問題である。

4　漸化式の標準問題。解法の方針はすぐに見えるが手順は結構多く，nの範囲など細かい部分にも注意を要するので差がつきやすいであろう。

5　積分法の定型問題であるが，計算量が多く，要領よく計算を進める必要がある。

2023年度は易しめの問題が多く，記述内容で差がついたと思われる。2は理系との共通問題であるが難しくはなく，3(2)だけがやや難レベルの問題で，2022年度に比べやや易化した感がある。それでも，例年通りの思考力，論証力，図形感覚を問う内容で，さらに計算力を問う問題も含まれている。数学の総合力をつけておくことが大切である。

❖講　評

㊀の現代文は福田恆存の演劇論である。やや古い文章で、当時の啓蒙主義や教養主義といった時代背景を踏まえて読む必要がある。途中でギリシア演劇について述べるくだりがあるが、これは本文の前の部分を読まないとよくわからないだろう。幸い設問では問われていない。設問はいずれもやや難レベルである。本文中の語句を利用しつつも、適宜自分の言葉を補わないと、わかりやすい説明とはならない。読解力と語彙力ともに不可欠である。

㊁の現代文は数学者・岡潔の研究態度を随筆風に論じた、やや異色の文章である。「偏微分方程式」「アルゴリズム」といった言葉が使われているものの、もちろん数学の知識は必要がなく、むしろ認知科学との関連が深い。また芭蕉の創作方法にも話が及び、興味深い内容となっている。設問は総じてやや難レベルといえる。いずれの設問も本文中の語句を利用しながら説明することになるが、自分なりに十分理解し、咀嚼したうえでまとめないと、体裁だけを整えたような解答になってしまうので注意したい。

㊂の古文は、江戸時代中期の儒学者の随筆からの出題。文章内容は比較的読み取りやすかったと思われる。文章量は一一〇〇字強で、二〇二二年度の八〇〇字強から三〇〇字程度増加し、例年と比べてもかなり多い。総解答量は一七行で、二〇一八〜二〇二〇年度までの一四行、二〇二一年度の一五行、二〇二二年度の一六行から、じりじり増加している。二〇一八年度以来、五年ぶりに漢文（漢詩）の設問が見られた。設問は、現代語訳問題が一問、和歌解釈が一問、内容説明問題が二問、漢詩解釈が一問だったが、どの説明問題も本文の現代語訳をベースに解答を組み立てるものだった。難易度は、易しめだった二〇二二年度よりはやや難化したと思われるが、例年と比べると標準的。問一の現代語訳問題は、(1)が標準的で、(3)がやや難。(1)は正確な逐語訳に加えて、「心あり」の具体化（補い）がポイントとなる。(3)は京大古文らしい和歌の現代語訳問題で、これも正確な逐語訳に加えて、枕詞・掛詞への注意や、「いそぐ」の訳や補いがポイントとなる。問二の内容説明問題は、標準的。とにかく人物関係や事実関係の説明で間違わないことが大切である。問三の内容説明問題は、やや易。該当箇所を要約する要領で答えられる。問四の漢詩の解釈問題は、難問。詩句に凝縮された意味を洞察する必要がある問題で、文系らしいハイレベルの出題だった。

う〟の意。

解答作成のポイントは以下の二点である。

①「この考えに至る経緯」を大意要約する形で説明する

②傍線部(4)の意味を、「いかさまにも」の文脈的意味を明らかにしながら説明する

▼問四　筆者の話と中国の故事は、雪の日の訪問や雪月花を愛でる友人同士という点でぴったり重なり合う。当然、筆者が戴安道、客たちが王子猷にたとえられるはずだが、筆者は「愧(はヅ)二安道(ニ)一」と言って、自分を戴安道に重ねることをむしろ否定している。しかし、もちろんそれは謙遜である。あとは、「吾」と「客」との対比に注意したうえで、〝私は安道と比べると恥ずかしい（くらい風流とは言えないが）、客たちは皆、子猷（同然の風流人）である〟ほどの意に読み取れるかどうか、漢詩の鑑賞力が問われている。「老(イテ)」は、「今は老いほれて……いひ出づべき事も覚えず」と関わらせて考えると、〝年老いた今はもはや風流の身でない〟という含みがある。「愧（はヅ）」は、〝相手よりも自分が劣っていることを恥ずかしく思う〟の意で、「愧(ヅ)二安道(ニ)一」は、〝戴安道と比べて無風流であることを恥ずかしく思う〟の意。

解答作成のポイントは以下の二点である。

①「吾老(イテ)愧(ヅ)二安道(ニ)一」を謙遜と見抜いたうえで、その意味を、内容がわかるように説明する

②「客来皆子猷」の意味を、内容がわかるように説明する

参考　『駿台雑話』は、江戸時代中期の儒学者・室鳩巣（一六五八～一七三四年）の随筆。享保十七年（一七三二年）に成立したが、没後に刊行された。仁義礼智信の各集五巻からなる。内容は、筆者が駿河台の自邸で来訪者に語った雑話という体裁をとるが、朱子学の立場から、学問や道徳などを説いた教訓書的色彩が濃い。室鳩巣は、朱子学を木下順庵に学び、新井白石の推挙により、江戸幕府の儒官となり、将軍徳川吉宗の信任を得て、享保の改革にも参画した。

や」の「めや」は、反語を表す慣用的な語法である。「め」は推量の助動詞「む」の已然形で、「や」は反語の係助詞の文末用法（終助詞に分類する説もある）。「おとらめや」は、〝劣るだろうか、いや劣らないだろう〟の意。「君」は、ここでは呼びかけの対象で、〝あなたたちよ・皆さん〟などと訳す。

▼問二　誰が誰に何をどうした、の事実関係を正確に説明するのがポイント。兼好の挿話では、兼好が「文やる」で、知人が「いひこせし」である。「いひこす（言ひ越す）」は「いひおこす」と同じで、〝言ってよこす〟の意。兼好が手紙で雪に一言も触れなかったところ、その無風流をとがめられた話である。一方、筆者の場合、傍線部（2）の「是」は、「いつも問ひかはす人」からの「文」を指す。「あなた」は〝あちら〟の意で〝友人の方〟の意。「かく」は〝このように〟の意で、友人の手紙の文面「めづらしき雪にて侍る。……覚束なく思ひ侍る」を指す。「気をつけて」は、手紙の内容から、〝気遣って〟の意と考えられる。「こなた」は〝こちら〟の意で〝私の方〟の意。「返事なくば」は〝返事をしなければ〟の意だが、友人の手紙の文面や兼好の挿話から考えて、雪の話題に触れるような返事ということだろう。「うらみやせん」は、「や」が疑問の係助詞、「ん」が推量の助動詞の連体形（「や」の結び）で、〝恨んだりするだろうか〟の意。

解答作成のポイントは以下の三点である。

①　兼好の挿話＝「かの兼好が……口惜しき事といひこせし事」を説明する

②　筆者の場合＝「いつも問ひかはす人……となんかきける」を踏まえたうえで、傍線部（2）を説明する

③　①②ともに、雪をめぐる、どのような手紙のやり取りなのか明らかにする

▼問三　「この考えに至る経緯」を、「衆客、『けふの雪には…』」からと見るか、「翁、『いやとよ…』」からと見るか、明確には決めにくい。いずれにせよ、経緯の箇所を丁寧に大意要約したうえで、傍線部（4）の意味を説明すればよい。「いかさまにも」は〝どのようにも〟の意だが、〝どんな出来でもいいから・下手でもいいから〟という含意まで説明すること。「申してこそみめ」は、「め」が意志の助動詞「む」の已然形（「こそ」の結び）で、〝申し上げてみよ

吾老いて安道に愧づ、客来りて皆子猷たり。草堂偏へに闃寂、喜びて故人と共に遊ぶ。

▲解　説▼

▼問一　(1)「さても」は〝それにしても〟の意。仮に具体化すれば、〝雪が降り積も（り、水鳥の声も聞こえ）るにつけても〟くらいの意。「心あり」は、ここでは〝情趣を解する〟の意で、〔解答〕ではここに「雪」について補った。助動詞「ん（む）」は婉曲・仮定の用法で、型通り〝ような〟と訳出しておくのがよい。「もがな」は願望の終助詞で、〝…がいればいいのになあ〟の意。「人ゆかしう」は、形容詞「人ゆかし」の連用形「人ゆかしく」のウ音便で、〝人恋しく〟が適訳だが、〝友人に会いたく〟とも訳せる。「思ひし」の「し」は、過去の助動詞「き」の連体形で、〝…た〟の意。「折ふし」は、「時」を強調したり特別な意味を付け加えたりして、ここでは〝（ちょうど）その時〟くらいの意。

(3)「あるじす」は、〝もてなす・ごちそうする・饗応する〟の意。副助詞「ばかり」は、限定の〝…だけ〟の意。「形のごとく主設けして（＝形ばかりもてなしの準備をして）」や、傍線部(3)直後の一文の内容を踏まえると、「あるじする心ばかりは」は、〝（足腰が弱ってあまり動けず、たいしたもてなしもできないが）もてなそうとする私の気持ちだけは…〟という意味合い。ただし、解答欄の大きさを考えると、出だしの補いをするのは難しい。「こゆるぎの」は、注に「枕詞」とあるので、特に訳出しなくてもよいが、「いそ（ぎ）」は「磯」と「急ぎ」の掛詞なので、「こゆるぎのいそぎありく」が二重文脈になっていて、一つには〝（小余綾の）磯を急ぎ歩きまわる〟という意味が表されている。よって、これは現代語訳に反映させるのが適切である。もう一つには、「いそぎ」は、四段動詞「いそぐ（急ぐ）」の連用形で、〝準備する・用意する〟の意。傍線部(3)の前後に「酒」や「肴」とあり、準備する食べ物の補いは必須である。「ありく（歩く）」は、〝①歩きまわる、②（補助動詞で）あちこち…してまわる〟の意で、ここではどちらともとれるが、②とすれば、「いそぎありく」は、〝酒肴の準備をしてまわる〟と訳せる。〔解答〕では「肴もとめてありく」も踏まえて訳を工夫した。「いそぎありく」の下には「こと」などを補って訳す。「おとらめ

空に降る雪は、梢の桜の花なのか。まるで桜が散るか咲くかというように見間違わずにいられないなあ

と書いて、「さて今日はひたすら寂しく暮らしています。気の合う仲間同士で誘い合っておいでになってくださいよ。それこそ本当の友情と思うだろう」と言い送った。こうして少し日が高くなる頃になって、門をたたく音がした。人に開けさせると、あの手紙をよこした人が、いつもの人々を伴ってやって来た。形ばかりもてなしの準備をして、老人の私はうれしく、寒さを忘れて膝をついたまま進み出て、たがいに語り合ったが、酒を温めて出したところ、客人たちもみな酔いを進めて、風流談議がたいそう快く感じられた。老人の私は、

（たいしたもてなしもできませんが、）もてなそうとする私の気持ちだけは、小余綾の磯を急ぎ歩きまわるように、酒肴の準備に奔走することに劣るでしょうか、いや劣らないでしょう、皆さんよ

「私は、足が立ちませんので、皆さんのために食べ物を探して動きまわることはできませんが、気持ちだけはそれにも劣り申し上げないでしょう」と、冗談などを言って時が経ったところ、客人たちが、「今日の雪には、あなたの漢詩がなくてよいだろうか、いや必要だろう」と言って、老人の私に漢詩を依頼したが、老人の私は、「いやいやそれはどうですかね、昔は雪月花の（風流な）折にめぐりあうと、すぐに漢詩が思いつきもしましたが、今は老いぼれてそんな詩心もありません。漢詩も長らく捨てて作っていないので、言葉が滞って言い出すはずの事も思い浮かばない。しかし今日のご訪問が忘れがたくございますので、どのような出来であっても申し上げてみよう」と言って、しばらく思案して、

家は住んでいる、駿河台のところに、門は面している、遙かに長く続く川の流れに。
雲に隠れている、平野の樹々が、（川面の）雪に棹をさして進んでいる、遠い川の舟が。
私は年老いて安道と比べるのも恥ずかしい、客として来た人は皆、子猷（と同じような風流人ばかり）である。
粗末なわが家はもっぱら静まりかえってさびしい、喜んで旧友とともに遊び楽しむ。

（漢詩）

読み
家は住（ぢゅう）す駿台の下、門は臨（のぞ）む万里（ばんり）の流れ。雲に隠る平野の樹、雪に棹（さをさ）す遠江の舟。

問四　自分はすでに年老いて、戴安道と比べると恥ずかしいくらい風流とは言えないが、雪の日に訪ねてくれた客たちは、本当に王子猷のような風流人ばかりだという意味。

◆全　訳◆

冬も次第に深くなったので、暮れていく空の様子も殺風景で、雪もちらちらと舞い散っていたが、あれこれするうちに、日もすでにすっかり暮れて、闇夜までますます気味が悪い。こうして夜も更けていくにつれて、夜の寒さが全身に染みてきて、しばらくの間もなかなか寝ることができないで、丑三つ（＝現在の午前二時から二時半ごろ）になったところ、鐘の音も聞こえず、鶏の声もしないで、何となく静かになるように思われたが、いつ夜が明けるともなく、窓が白くなっていった頃に、家にいた（召使いの）子どもを呼び起こして、寝室の戸を開けさせると、夜の間に雪がたいそう美しく降り積もって、庭の草木も（降り積もった雪で、あたかも）花が咲き、急に春が来る気持ちがし、四方の山の端もみな白くなって、人間世界は、（雪景色のため）まるで天上世界の白玉の楼閣かと見間違われるちょうどその時、そのあたり近くにある池の水鳥が声々に鳴くのも、距離がないので聞こえてくる。さぞかし波に浮かんで寝ることが寒いだろうと、そんな水鳥まで情趣を添えて、それにしても（この雪景色の）風情を解するような友人がここにいたらいいのになあと、人恋しく思ったちょうどその時、いつも互いに安否を尋ね合う友人のところからと言って、（使者が）手紙を持ってきた。急いで開いて見ると、「珍しい雪でございます。どのようにご覧になっているでしょうか。それにしてもこの雪に、お暮らしも気がかりに思っています」と書いてあったのにつけても、あの兼好が、雪がたいそう美しく降っていた朝、知人のもとへ言わなくてはいけない用事があって手紙を送ることになって、雪のことを何とも言わなかったところ、（その知人から）この雪をどう見るかと一筆も言及しないこととよと書いて、残念なことと言ってよこした逸話を（私は）ふと思い出して、今朝の手紙は（兼好の逸話と違って）あちら（の友人の方）からこのように（雪をめぐって）心遣いして言ってよこしたのに、こちら（の私の方）から（雪の話題や見舞いに応じた）返事をしなければ、（友人は）恨んだりするだろうかと思ったので、使者をしばらく待たせて返事を書いてその末尾に、は木の葉が乱れ散るさま、人々が別れ散るさま、涙がこぼれ落ちるさまなどを形容する擬態語。「山吹」は春の季語。「か」は詠嘆の終助詞。「滝の音」は体言止め。風も吹かないのに山吹の花がはらはらと散るはかない様子を、自らの旅の人生に重ねて詠んだ句である。実はこの句は紀貫之の「吉野川岸の山吹ふく風に底の影さへうつろひにけり（＝吉野川の岸辺の山吹の花は、吹く風のために水底に映る花までも散ってしまった）」（『古今和歌集』）を踏まえている。決してその場で即興で詠んだ句ではない。ただ岡潔をして「電光石火の如し」と言わしめたほど、それを感じさせない。

森田真生（一九八五年〜）は東京都出身。東京大学理学部数学科を卒業。自ら「独立研究者」と名乗り、京都を拠点に研究・執筆を行うかたわら、数学をテーマとした講演活動などを行っている。著書に『数学する身体』『数学の贈り物』『アリになった数学者』などがある。

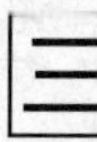

出典　室鳩巣（むろきゅうそう）『駿台雑話』〈信集〉

解答

問一　(1)それにしてもこの雪景色の風情を解するような友人がここにいたらいいのになあと、人恋しく思ったその時

(3)もてなそうとする私の気持ちだけは、小余綾の磯を急ぎ歩きまわるように、酒肴の準備に奔走することに劣るだろうか、いや劣らないだろう、あなたたちよ

問二　兼好が雪の美しい朝に用件だけ書いた手紙を知人に送り、雪に言及しなかったことを返事でとがめられたが、今朝の手紙は、友人の方から雪の風情に触れつつ安否を気遣ってきたものなので、自分の方からもそれに応じた返事をしなければ、不満に思われそうだという意味。

問三　客たちから漢詩を所望されたが、昔と違い、老いぼれた今は風流な折にもすぐに漢詩が着想できず、長く作ってもいないので、作る自信もないが、今日の訪問が忘れがたいので、出来はともかく何か言ってみようという意味。

地は時間と空間、自分と他人といった分別や物事の枠組み（これを岡潔は「障害」と呼んでいる）を超えていること、そのために芭蕉の意識の流れが迅速なこと、それゆえ生きた自然の一片をとらえてそのまま句形に結晶させることができること、という因果の流れが取り出せる。なお「ほろほろと」の句については〔参考〕を参照のこと。

解答作成のポイントは以下の三点である。

① 自他の区別や時空の枠組みを超えた境地に至る

② 語句を選んで組み合わせるのではない

③ 生きた自然の一片をとらえてそのまま句形に結晶させる

▼問五　岡潔にとって数学研究とはとりもなおさず自己研究であるとはどういうことか、それを本文全体の内容を踏まえてまとめることになる。傍線部（5）の直前には「数学研究を捨てて自己研究に移るのではない」とある。数学研究を捨てるわけではない、という意味については、傍線部（3）直後の、「記号的な計算は」で始まる段落が大いに参考になる。繰り返しになるが、「数学的思考の大部分はむしろ、非記号的な、身体のレベルで行われている」と述べ、「その身体化された思考過程そのものの精度を上げる」ことが「境地」を進めることであるという。これが岡潔のいう「自己研究」であり、岡潔にとっての「数学研究」の要諦である。

解答作成のポイントは以下の三点である。

① 数学的思考は記号的な計算を主要な手段とする

② 身体化された思考過程の精度を上げる

③ 自己を至高の境地に高める

参考　「ほろほろと」の句は芭蕉の俳諧紀行『笈の小文』（一七〇九年刊）にある。芭蕉が関西地方を旅した際、奈良県の吉野川上流の滝を訪れた時に詠んだものである（一六八八年）。「西河（にじかう）（＝吉野川の大滝の名）」という前書きがある。句意は「はらはらと岸辺の山吹の花が散ることよ。ごうごうと激しく流れ落ちる滝の音の中を」というもの。「ほろほろ」

の役割を果たすからである」ともいう。これは要するに、人間が計算しようとすると困難極まりない自然の運動を、自然はいとも正確かつ効率よく「計算」しながら行っているように見えるということである。そう考えて初めて「不思議である」という感想が出てくるであろう。この事情を説明すればよいことになる。

解答作成のポイントは以下の二点である。

① 小川のせせらぎのような自然の運動を計算しようと思えば厄介で時間がかかる

② 自然は正確かつ効率よくその計算を行いながら運動しているように見える

▼問三　最も抽象的な学問に見える数学においても身体レベルでの認知が働いているのではないかという趣旨のことを述べたのが傍線部(3)である。この段落ではまず人間の認知の仕方を取り上げ、それは「身体と環境の間を行き交うプロセスである」といい、その結果「判断や行為が瞬時になされる」という。そしてこのような認知を「『身体化』された、非記号的な認知」といい表し、数学的思考にもこのような認知が働いているというのが傍線部の趣旨である。さらに次の段落でも「記号的な計算は……身体のレベルで行われているのではないか」と繰り返される。解答は人間の認知→数学的思考という流れでまとめるとよいだろう。

解答作成のポイントは以下の二点である。

① 人間の認知は身体化された非記号的な認知であり、その結果判断や行為が瞬時になされる

② この認知は記号的な計算を主要な手段とする数学的思考でも働いている

▼問四　芭蕉の句は「身体化された思考過程」すなわち「境地」を進めたものの例としてあげられている。この句の前後を読むと、芭蕉の句は五・七・五の短い記号の列に過ぎないが、芭蕉が句境を把握する速さはどんなアルゴリズムよりも速いという。そして「芭蕉の句は『生きた自然の一片がそのままとらえられている』ような気がする」「無障害の生きた自然を流れる速い意識を、手早くとらえて」いるなどといい、さらに芭蕉の境地について「彼の境地が『自他の別』『時空の框』……自然の意識が『無障害』のまま流れ込んでくる」という。このような表現から、芭蕉の境

芭蕉の句――芭蕉の存在そのものが優れた「計算手続き」である
第十七～十九段落（数学もまた、同じように……自己研究なのである。）
岡潔の数学研究――数学研究が即ち自己研究なのである

▼問一　冒頭近くの引用文の中に「おつとめのあとで考えがある方向へ向いて、わかってしまった」「宗教によって境地が進んだ結果、ものが非常に見やすくなった」とあるように、岡潔は念仏修行を続けてゆく中で自分の境地が変化した結果「第三の発見」にたどり着いたという。そしてこれを「インスピレーション型の発見」と対比させて「情操（＝宗教や道徳や芸術などの特定の対象に対して持続的に抱く複雑な感情的傾向）型の発見」と呼ぶ。また直後の段落で、この種の発見は通常の「計算や証明」によってわかるものではなく、「自己の深い変容により、数学的風景の相貌がガラリと変わ」ることによってわかるものだという。この「自己の深い変容」は仏道修行を続ける中で起こったのであって、「計算や証明」だけに囚われていたのでは起こりようがなかったというのであろう。よって解答は「自己変容」という点をポイントにおきながら対比型で説明することになる。

解答作成のポイントは以下の二点である。

①　突然のひらめきや計算と証明によってわかるのではない

②　自己が深く変容していく過程で数学的風景の相貌がガラリと変わる

▼問二　小川のせせらぎを見ても、ああ水が流れているなと思うだけで何も驚くべきことではない。しかし数学者・岡潔が見ると「いかにも不思議である」、「その水滴の運動を人間が計算しようと思えば……正確に解くことは難しい」という。ここから、水滴の運動というありふれた自然現象を計算によって解明しようとすると複雑で時間がかかる、だから「不思議である」という理由づけができそうである。でもこれではあまりに単純である。そこで筆者があげるボールの軌道の例を見てみよう（二段落後）。筆者はボールの軌道を計算するのは難しく、実際にボールを投げた方が「効率よく軌道を『導出』できる」という。そして「自然環境そのものが、どんな計算機よりも潤沢な『計算資源』

計算を行いながら運動しているように見えるから。

問三　人間の認知は身体化された非記号的な認知であり、その結果判断や行為が瞬時になされるが、それは記号的な計算を主要な手段とする数学的思考でも働いているということ。

問四　自他の区別や時空の枠組みを超えた境地に至った芭蕉が、語句を組み合わせるのではなく、生きた自然の一片をとらえてそのまま句形に結晶させるようにしてできた。

問五　数学的思考は記号的な計算を主要な手段としつつも、その大部分は非記号的な、身体のレベルで行われる。その身体化された思考過程の精度を上げて自己を至高の境地に高めることが岡潔の数学研究であったということ。

◆要　旨◆

岡潔は念仏三昧の日々の中、「第三の発見」にたどり着いた。岡はそれを「情操型の発見」と呼んだ。岡がこの発見で経験したのは自己の深い変容によって数学的風景の相貌がガラリと変わり、わからなかったことがわかるようになったということである。人間の認知は身体と環境の間を行き交うプロセスである。数学的思考の大部分はむしろ非記号的な、身体レベルで行われている。岡が注目する芭蕉の句も、芭蕉の境地において、芭蕉の生涯が生きられることによってのみ導出可能な何かである。数学者もまた、それ相応の境地に居る必要がある。岡の数学研究はすなわち自己研究なのである。

▲解　説▼

本文は大きく四つの部分に分けることができる。

第一～四段落（終戦後には、本格的に……導いたのである。）

岡潔の「第三の発見」——自己の深い変容により数学的風景の相貌がガラリと変わった

第五～十段落（岡は晩年、京都産業大学の……必要ということになる。）

身体化された思考過程——数学的思考の大部分は非記号的な、身体のレベルで行われている

第十一～十六段落（「境地が進んだ結果……導出可能な何かである。）

ることを良しとして自己を豊かにしようとすることに専念するという趣旨のことが指摘される。これが傍線部(5)にいう「鑑賞のいとなみ」における「孤独」である。それは「芸術の創造」においても同じであるという。これは第五・六段落ですでに述べられていたことで、たとえば俳優は演技に快感をおぼえ「自我狂」に陥っている。芸術家も鑑賞者も自我に至高の価値をおいて、互いに没交渉であるがために「孤独におちいっている」。両者のこのような事情を説明することになるが、「本文全体を踏まえて」という設問の指示を踏まえれば、本来芸術活動とはどうあるべきかという点も説明すべきであろう。その手がかりは第五段落の「精神の自由」や「主体性」「生きる自覚」といった語句である。これらを用いて芸術本来のあり方を前提において説明すればよい。

解答作成のポイントは以下の三点である。

① 芸術とは芸術家と鑑賞者が交流を通じて互いに精神の自由を得、生きる自覚をもつものである
② 現代の芸術家は自我を表現することに、鑑賞者もまた自我を豊かにすることに専念している
③ ともに自分の中に閉じこもっている

参考 福田恆存（一九一二～一九九四年）は評論家、劇作家。東京都生まれ。東京帝国大学英文科卒業。保守的立場に立って文化・社会全般に渡る批評活動を展開した。主な著書に『キティ颱風』『龍を撫でた男』などの戯曲や、『作家の態度』『近代の宿命』『人間・この劇的なるもの』などがある。また『シェイクスピア全集』の訳業でも知られる。

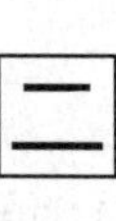

出典 森田真生『数学する身体』〈第四章　零の場所　出離の道〉（新潮社）

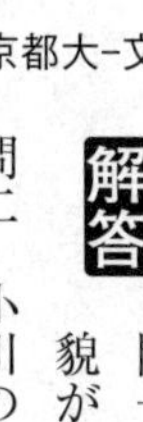

問一　突然のひらめきや計算と証明によってわかるのではなく、自己が深く変容していく過程で数学的風景の相貌がガラリと変わり、その結果わかるようになること。

問二　小川のせせらぎのような自然の運動を計算しようと思えば厄介で時間がかかるのに、自然は正確かつ効率よくその

にあるのだ」とあるように、本文から読み取るかぎり、筆者の考える真の演劇、すなわち観客が主体的に俳優と呼応するような演劇をいうと考えられる。そこでは観客も「主体性」や「生きる自覚」を感じ取ることができるわけである。以上より、近代劇における演技を説明しながら、観客の置かれた立場を説明することになる。

解答作成のポイントは以下の三点である。

①　近代劇＝日常生活をそのまま演ずる

②　俳優は自らの演技を楽しみ生きる自覚を感じることができる

③　観客はそれを見て感心するだけで、そこに主体性はない

▼問四　俳優と観客との一期一会の出会いや呼応の喜びを放棄して、俳優は自らの演技の素晴らしさを観客の反応を見て確認し自己陶酔する。「観客を自分たちの道具にしております」「自我狂」とはそういうことである。近代的自我に目覚めた観客もまたじっと舞台を見つめながら、何か自分を精神的に肥やしてくれるものを得ようとする。自分の知性や感性に合ったものを得てそれをより豊かにすることに全精神力を集中する。「自分らしきものを見いだし」「なにかを自分のものにしようと構える」とはそういうことだろう。これが「自我の堆積」であり、最終段落に「自我を富ましめようとし」とあるのも同じである。教養とは一般に〝学問や芸術などを通じて養われる心の豊かさ〟というほどの意であるが、ここでは自我の修養に力点が置かれている。それは俳優との呼応や他の観客との共感などを求めず、ひたすら自己に籠もる孤独な営為でもある。

解答作成のポイントは以下の二点である。

①　読書や観劇や絵画鑑賞といった孤独な営為

②　自分の知性や感性の豊かさ

▼問五　前問と関連する。最終段落で筆者は、劇場でも展覧会場でも音楽会でも、観客は自分の中に閉じこもりながら芸術作品に精神を集中する。そして孤独であることを自覚しても、それを他者と共感する機縁とせず、むしろ孤独であ

解答作成のポイントは以下の三点である。
①　ドラマとはタブローのように観客が舞台をただ眺めるものではない
②　観客が主体的に拍手をしたり声をかけたりする
③　俳優と呼応する形で演劇が進行する

▼問二　「この呼吸」とは、ピーター・パンの要請に応じて、「一瞬の機」を逃さず子供たちが拍手することをいう。これが「映画では不可能」だという。その理由は、同段落の少し前で「もし映画だったら……未来は映写機のなかにしまわれているのです」と述べられるように、映画は俳優の演技をカメラで撮ってフィルムに保存し、将来スクリーン上で再現するという方法をとるからである。つまり演技は過去に終わっている。しかも演じられる場所はそのほとんどが観客の見知らぬ所であり、外国であることも少なくない。これとは対照的に、演劇は劇場という場所に俳優と観客が一堂に会し、上演される時間を共有する。だから俳優と観客との呼応関係が成り立つといえる。解答は映画と演劇を対比させる形で説明する。
解答作成のポイントは以下の三点である。
①　映画＝俳優が過去に演じたものを観客がスクリーン上で見る
②　演劇＝俳優と観客が同じ時空間を共有する
③　演劇＝絶妙のタイミングで呼応し合う

▼問三　近代劇は観客よりも俳優の方が快感を得られるというのが傍線部(3)の趣旨である。まず近代劇は「ものまね」であると筆者はいい、「ものまねは演技であって演戯ではない」という。「演技」においては「日常生活そのままを演ずる」のであり、「いかにも真に迫っている」感じを出すところが俳優の腕の見せ所であり、観客はそこに感心する。ただし観客は感心するだけで、「主体性」も「精神の自由」も「生きる自覚」もない（傍線部の続き）。それを多少なりとも感じることができるのは俳優である。これに対して「演戯」は第三段落に「舞台における演戯の主体は平土間

ている。だが観客もまた舞台上に自分らしきもの、自我を見出し、手に入れようとしている。現代では、芸術の創造や鑑賞の営みにおいて誰もが孤独に陥っている。自我を富ませようとして芸術が利用されているのである。

▲解　説▼

本文は七段落から成り、大きく三つの部分に分けることができる。

第一・二段落（演劇はあらゆる芸術の……演劇の独擅場ではないか。）

演劇の本質――観客こそが演劇の主体である

第三～五段落（この一事で明瞭ですが……それを欲しているのですから。）

演劇の発生――頭唱者と合唱団が俳優と観客の起源である

第六・七段落（しかし、今日では……しかけになっております。）

今日の演劇――俳優も観客も孤独に陥っている

▼問一　傍線部(1)の前後で「タブロー」と「ドラマ」が対比され、前者が「《見られるもの》」であるのに対して、後者は「《為されるもの》」であるといわれる。「タブロー」は注にあるように「活人画」のことである。要するに絵画の中の人物を実際の人間に置き換えたものをいい、これは確かに《見られるもの》である。これに対して「ドラマ」が《為されるもの》であるとはどういうことか。それはいうまでもなく舞台に俳優が登場して演目を演じることである。しかし筆者は傍線部に続けて、「為す主体が観客であ」り「為される場所が舞台ではなくて劇場である」といい、これが「演劇のリアリティ」だという。では観客が主体であるとはどういうことか。そのヒントが第二段落の『ピーター・パン』である。この童話劇ではピーター・パンが観客席の子供たちに手をたたくように頼むと、子供たちが夢中で手をたたくという。このように観客が俳優に呼応する形で演劇が進行する様態をいったものと考えられ、そこに観客の主体性を見出しているのだろう。他にも声をかけたり立ち上がったりすること（スタンディングオベーション）も観客の主体性の表れといえよう。

一

出典　福田恆存（つねあり）『芸術とはなにか』〈九　カタルシスということ〉（『福田恆存全集　第二巻』所収）

問一　ドラマはタブローのように観客が舞台をただ眺めるものではなく、観客が拍手をしたり声をかけたりして俳優と呼応する形で進行するものだということ。

問二　俳優が過去に演じたものを観客がスクリーン上で見る映画と違い、演劇は俳優と観客が時空間を共有しながら絶妙のタイミングで呼応し合うものだから。

問三　日常生活をそのまま演ずる近代劇では、俳優は自らの演技を楽しみ生きる自覚をもつことができるが、観客はそれを見て感心するだけで、そこに主体性はないから。

問四　読書や観劇や絵画鑑賞といった孤独な営為によって身につけられる、自分の知性や感性の豊かさ。

問五　芸術とは本来、芸術家と鑑賞者が交流を通じて互いに精神の自由を得、生きる自覚をもつものである。しかし自我に至高の価値をおく現代では、芸術家は自我を表現することに、鑑賞者もまた自我を豊かにすることに専念して、ともに自分の中に閉じこもっているということ。

◆要　旨◆

演劇はあらゆる芸術の母胎である。ドラマは為されるものであり、ドラマが真に為されるものであるゆえんは、それを為す主体が観客であるからであり、為される場所が舞台ではなく劇場であるからである。演劇のリアリティは劇場に、その平土間にある。しかし今日では演劇の主体は劇作家や俳優である。彼らは観客を自分たちを映す鏡にして自我狂に陥っ

//////////////////// · memo · ////////////////////

2022年度

解答編

解答編

英語

I **解答** (1)人類は凍土以外の大地を変貌させ，ほぼすべての大河を治水し，自然界以上の窒素固定や二酸化炭素排出量をもたらし，その生物量は他の哺乳類を凌駕している。このように人類が地球全体に及ぼす広範な影響力を持っていることから，現代は「人類の時代」という，地質学上の新たな時代にあると言えるということ。

(2)全訳下線部(b)参照。

(3)全訳下線部(c)参照。

◆全　訳◆

≪人類による環境変動の時代≫

人間は「すべての地と，地を這うすべてのもの」を支配することになる，というのは現実のものとなった預言のひとつである。どんな尺度で見ようとも，同じことが言える。今や人々は凍土でない大地の半分以上，およそ2,700万平方マイルにわたる土地を直接的に，そして残りの半分は間接的に変貌させた。私たちは，世界の主要な河川のほとんどをダムでせき止めたり，迂回させたりしている。私たちの肥料工場やマメ科の作物はすべての陸上にある生態系を合わせたよりも多くの窒素を固定しており，飛行機や車，発電所からは，火山の約100倍もの二酸化炭素が排出されている。純粋な生物量という点ではその多さは尋常ではなく，現在，人間の総重量は自然界の哺乳類に対して8対1以上の比率で上回っている。家畜（主に牛や豚）の重量を足せば，この比率は22対1にまで達する。『米国科学アカデミー紀要』の最近の論文によると，「実際に，人間と家畜の総量は魚を除くすべての脊椎動物を合わせたよりも重い」のである。私たちは種を絶滅させるだけでなく，おそらく種を生み出す主な原因にもなっている。人類がもたらす影響力はそれほど広範囲に及ぶものであるため，私たちは「人新世（アントロポセン）」という新しい地質年代に生きている，と言われている。この人間の時代においては，最も深い海溝や南極の氷床の真ん中を含めて，どこへ行っても『ロビンソン・クルーソー』のフライデーのような人間の足跡がすでにあるのだ。

このような時代の転換から得られる明確な教訓は，自分が望むものには注意が必要である，ということだ。大気や海水の温度上昇，海洋の酸性化，海面上昇，退氷，砂漠化，富栄養化，といったものは人類の成功の裏にある副産物の一端に過ぎない。(b)「地球変動」と手ぬるい表現で呼ばれる現象の進行速度はあまりにも急激であるため，地球史上でこれに匹敵するような出来事はごくわずかしかなく，直近のものでも恐竜の君臨に終焉をもたらした6600万年前の小惑星衝突にまで遡る。前例のない気候，類を見ない生態系，全く先の見通せない未来を人間は作り出している。現段階では人間の関与規模を縮小し，影響を減らすことが分別のある判断なのかもしれない。しかし，これを執筆している現時点で80億人近くもの多くの人間がいて，ここまで踏み込んだ状況では，後戻りするのは現実的ではないように思われる。

こうして私たちは前例のない苦境に立たされている。(c)自然をどう制御するかという問題に対して答えが存在するとすれば，それはさらなる制御であろう。ただし，ここで言う制御の対象とは，人間から独立して存在する（またはそう思われている）自然のことではない。むしろ，これからの取り組みというのは作り変えられた惑星で始まるが，その矛先は巡り巡ってその取り組み自体に舞い戻るものである。つまり，自然を制御するというよりも，自然の制御という行為それ自体をうまく「制御」しようとすることだ。

◀解　説▶

環境問題そのものを扱った内容は意外にも京大では少ない。人類が前例のない規模の傷跡を地球に残していることから，現代を the Anthropocene（人新世，アントロポセン）という新しい地質学上の時代区分としてみなす，という見解が示されている。この用語は2021年度の早稲田大学でも取り上げられており，環境問題の議論を中心にますます目にする機会が増えるだろう。

▶(1)まず，下線部の単語 the Anthropocene 自体の意味については，下線部前後の情報から，それが「時代」を表す用語であることを確認しておく。

ダッシュ記号（—）の前後は言い換え（＝同格）の関係となることが多く，下線部直前にあるダッシュ記号においても，a new geological epoch「新しい地質学上の時代」と，the Anthropocene とが同格の関係になっている（epoch は「(注目するべき画期的な）時代」の意味)。また，下線部直後（In the age of man「人間の時代においては」）の the age of man が，この the Anthropocene をさらに言い換えた表現となっているため，それが「人間の時代」を意味する語と推測される。これは必須語彙の anthropology「人類学」の anthropo- が「人間」を意味する接頭辞であるという知識と，man も「人間」を意味するという共通点からも推測可能。辞書では「人新世」と訳されるが，説明問題であるためその知識は不要。

次に，なぜこの時代を「人間の時代」と呼ぶのか，という理由を説明する必要がある。それは，冒頭文（That man should have dominion …）の「人間は『すべての地と，地を這うすべてのもの』を支配する」という内容や，特に下線部を含む文中の So pervasive is man's impact の和訳から，「人類が地球全体に及ぼす影響力が大きい」ことが理由だとわかる。So pervasive is man's impact, it is said that we live in a new geological epoch の文では，so ～ that …「とても～なので…」の構文が使われており，so pervasive の部分が強調されて文頭に移動し，その主語 man's impact と動詞 is が入れ替わる倒置が起き，さらに接続詞 that が省略されている。

最後に，「本文中に列挙された具体的な特徴から４つ」を答案に含める必要がある。これは第１段第３～９文（People have, by now, … of creation of species.）までの内容が，大きく４つに分けられる点から，それぞれを端的な日本語にして説明に加える。１つ目は同段第３文（People have, by now, …）で「人類が凍土以外の大地を変貌させた」という地形への影響，２つ目は第４文（We have dammed …）で「主要な河川のほとんどをダムでせき止めたり，迂回させたりした」という河川への影響，３つ目は第５文（Our fertilizer plants …）で「自然界以上に窒素を固定して，二酸化炭素を排出した」という化学物質のバランスに対する影響，４つ目は第６～９文（In terms of sheer … of creation of species.）にかけて言及された「生物量（biomass）で見ると他の哺乳類を圧倒している」という人類の総量の多さが他の種へ及ぼす影響，となっている。これらを答案にまとめる際には，上記 4 つの特徴を列挙した後で，「人類が地球全体に及ぼす影響力が大きい」という理由に触れ，文末は「(～という) 時代」のように締めくくる。なお，下線部の後ろにある第 1 段最終文（In the age of man, …）は関係代名詞 that の先行詞が nowhere である点に注意しつつ和訳すると，その主旨は「人類の足跡がない場所などどこにもない」となる。この内容は下線部より前の So pervasive「(人類の影響力は) 広範囲に及ぶ」ということの補足であり，意味が重複するので追加的に記述する必要はない。

▶(2) **Such is the pace of what is blandly labeled "global change" that**

「『地球変動』と手ぬるい表現で呼ばれる現象の進行速度はあまりにも急激であるため…」→主語＋is such that S V の形で「(主語) の程度は甚だしいので…」という意味になる頻出の構文が用いられている。この構文は本問のように such が強調のために文頭にきて，Such is＋主語＋ that S V の語順（主語と動詞が疑問文と同じ語順）になることも多い。label *A B* で「*A* を *B* と名付ける〔呼ぶ〕」となるが，ここでは *A* に当たる言葉が what，*B* に当たる言葉が "global change" であり，それが受動態の語順になっているため，what is labeled "global change"「『地球（規模の）変動』という名前で呼ばれているもの」となる。the pace of what is labeled "global change"「『地球変動』という名前で呼ばれているもの〔現象〕の（進行）速度」が主語であり，これを先述した構文（Such is ＋主語＋that …）で用いると，「『地球変動』という名前で呼ばれている現象の速度がとても甚だしいので…」というのが直訳になる。最後に blandly「穏やかに，もの柔らかに，淡々と」という副詞が is labeled を修飾しているので，それを和訳に追加するが，頻出と言える語彙ではないので，せめて否定的なイメージの語であろうと推測するとよい。"global change" の引用符（"　"）自体に皮肉的意味合い，つまり，この呼称では緊急さが感じられず「(表現として) 甘い，生ぬるい」といった意味合いがあり，blandly がそれを体現していると言える。形容詞形の bland も「(人が) 愛想のよい，(食べ物が) 口当たりのよい」と肯定的な意味もあれば，「(人が) つまらない，(食べ物が) 味気ない」と否定的な意味もあわせ持ち，文脈に左右される点に注意したい。

(… that) there are only a handful of comparable examples in earth's history, the most recent being the asteroid impact that ended the reign of the dinosaurs, sixty-six million years ago.

「地球史上でこれに匹敵するような出来事はごくわずかしかなく，直近のものでも恐竜の君臨に終焉をもたらした6600万年前の小惑星衝突にまで遡る」→comparableは「比較できる」という意味のほかに「匹敵する」の意味でもよく使われる。この場合，comparable examplesが，何に「匹敵する事例」なのか，という点は文脈から「急激な地球規模の変動」と判断し，和訳する際には「これ〔それ〕」という代名詞で表現して，「これに匹敵する事例」とする。カンマ（,）の後ろは分詞構文（＝接続詞で前後をつなぐ代わりに，接続される側の動詞を現在分詞に変える構文）となっている。わかりやすくするために，いったん分詞構文を解除するならば，現在分詞のbeingを動詞wasに戻して，カンマの直後に接続詞andを補えばよい。したがって，and the most recent (example) was the asteroid impact … と書き換えられ，基本的な和訳は「そして，直近の事例は小惑星衝突だった」。ただし，最上級には「最も～なものでさえ」のようにevenの意味合いが含まれる用法があり，the most recent (example) is … は「直近のものでさえ…にまで遡る」といった和訳がより自然なものとなる。なお，sixty-six million years agoの直前にカンマがあるのは修辞的要素であるため，この箇所を必ずしも最後に訳出する必要はない。

- a handful of ～「一握りの～，ごくわずかの～」
- asteroid「小惑星」
- impact「衝突」
- end「～を終わらせる」
- reign「統治，支配，君臨」

▶(3) **If there is to be an answer to the problem of control, it's going to be more control.**

「自然をどう制御するかという問題に対して答えが存在するとすれば，それはさらなる制御であろう」→there is S「Sが存在する」のis直前に助動詞と同じ働きをする〔be to不定詞〕が割り込むと，there〔is to〕be Sという形になる。〔be to不定詞〕は一般的な助動詞（will, can, should

など）が持っているのと同じ意味をすべて持ちあわせている。If there is to be ～の場合，is to は助動詞 will に置き換えられ，意味は「もし～が存在することになるとしたら」が直訳。If there is to be ～は，実際の使用場面では「～を得るためには（…が必要だ）」という意図を伝達したいときに用いられるため，「答えを得るためにはさらなる制御が必要だろう」のように和訳してもよい。下線部中に control「制御」という語が繰り返されているが，後で説明する通り，制御の対象となるものが途中で切り替わっている。そのため，最初の the problem of control「制御の問題」には，「何を」制御するのかに相当する言葉を補っておくべきで，それは「自然（環境）」である。これは下線部直前の And so we face a no-analog predicament.「こうして私たちは前例のない苦境に立たされている」にある，a no-analog predicament「前例のない苦境」が，第2段第4文（Humans are producing …）で挙げられた no-analog climates, no-analog ecosystems, a whole no-analog future「前例のない気候，類を見ない生態系，全く先の見通せない未来」のこと，つまり「（人間がもたらした）激変する自然環境」のことを指している，という点から判断する。no-analog の analog にはデジタルの反対であるアナログ以外に「類似物（の）」という意味があるため，「他に類を見ない」という意味になる。it's going to be … の it は前出の answer を指す。文末の more control「さらなる制御」については，これが「何を」制御することなのかは，続く2文でこれから説明される形を取っているため，「何を」に当たる言葉を，この段階で補うことはむしろしない。

Only now what's got to be managed is not a nature that exists — or is imagined to exist — apart from the human.

「ただし，ここで言う制御の対象とは，人間から独立して存在する（またはそう思われている）自然のことではない」→Only now には注意が必要。〔only＋時を表す語句〕は，「（時）になってようやく」の意味で用いられることがほとんどであるが，ここではそれだと意味が通らない。むしろ，直訳に近い「今だけ」，あるいは「（本文の）ここにおいてのみは」という意味の方が，前後をつなぐ役目として機能する。Only now の直前で more control「さらなる制御」と述べたが，「ここで言う（制御とは…）」のように，直前の内容を条件づけるイメージで「ただし」とか，「しかし，ここでは」と訳すのが正しい。only だけでも「ただし，だがしかし」という接続詞としての用法がある。what's got to be managed は，「管理されるべきもの」が直訳であるが，これは前出の more control を言い換えた表現。not a nature から次の文（Instead, the new effort …）にかけては，not *A* but *B*「*A* ではない，*B* だ」（*B* を強調するための用法）と同じ構造になっている点に注意。ここでは but の代わりに，（ピリオドを挟んで）Instead「むしろ」が用いられている。a nature that exists ― or is imagined to exist ― apart from the human のダッシュ記号で挟まれている部分は，丸括弧で囲まれているのと同じで，動詞 exists と並列関係にある動詞句となっている。また，apart from the human の部分は，この 2 つの動詞（句）の両方と結びついているため，「人間から独立して存在している（あるいは存在していると想像されている）自然」という意味。これは「人間の手が加えられていない純粋な自然」のことを表している。

• have got to *do*「～しなければならない」→what's got to be managed の what's は，what has の短縮形。

Instead, the new effort begins with a planet remade and spirals back on itself ― not so much the control of nature as the *control of* the control of nature.

「むしろ，これからの取り組みというのは作り変えられた惑星で始まるが，その矛先は巡り巡ってその取り組み自体に舞い戻るものである。つまり，自然を制御するというよりも，自然の制御という行為それ自体をうまく『制御』しようとすることだ」→上で説明したように，Instead の直後からダッシュ記号の直前までの the new effort begins with a planet remade and spirals back on itself の部分は，not *A* but *B*「*A* ではない，*B* だ」の *B* に相当する部分。しかし，この箇所だけ見ても難解な内容なので，ほかに手がかりを探す。すると，ダッシュ記号より後ろで not so much *A* as *B*「*A* ではない，むしろ *B* だ」の構文が使われており，ここでも not *A* but *B* と同じ働きをする表現が使われている。これらが言い換えの関係同士であることから，ここまで *B* と表記したもの同士は同じような意味になると考えられる。*B* のひとつに相当する the *control of* the control of nature「自然の制御の『制御』」は，先ほどの難解な箇所の，特に（the new effort）spirals back on itself「(これからの努力は) それ自身に舞い戻ってくる」の内容を理解するうえでのヒントになる。主語である the new effort は，下線部中の1文目の an answer to the problem of control「自然をどう制御するかという問題に対する答え」となるべき取り組みのことであるため，the new effort は「自然を制御するための（今後の）取り組み」を意味する。したがって，spiral(s) back on itself の itself が指すものを「自然を制御する取り組み（the new effort）それ自体」と捉えてみる。そうすれば，和訳が「自然を制御するための今後の取り組みは…（その対象が）自然を制御する取り組みそれ自体に舞い戻るものだ」と循環する形のものになり，これは先述したヒントである the *control of* the control of nature「自然の制御の『制御』」とも整合性が取れる。また，同箇所の a planet remade については，第1段第3文（People have, by now, …）の「大地のほとんどを変貌させた」や，直前の Only now で始まる文中の「人間から独立して存在すると思い込んでいる自然」という内容から，それが意味するのは「人の手によって作り変えられた惑星〔地球〕」であろうと考えられる。下線部全体の主旨は，「純粋な自然はもはや存在せず，あるのは人間が変えてしまった自然であり，これからは自然の制御を『制御〔管理，抑制〕する』(*control*) ことが求められる」であり，直訳から意訳をする際にはこれに沿わせるようにするとよい。

• begin with ～「～で〔から〕始まる」

• a planet remade「(人間によって) 作り変えられた惑星」→a planet (which has been) remade (by the human) がもとの形。

●語句・構文●

(第1段) dominion「支配（力），統治（権）」 creep「這う，這うように進む」→creepeth は古い時代の表記で，creep の三人称・単数・現在形 creeps に同じ。当該部分は旧約聖書からの引用。prophecy「予言，預言」 harden into ～「固まって～になる」 just about any ～「ほぼすべての～，～は何でも」 metric「測定基準」 transform「～の形を変える」 ice-free「不凍の，氷結しない」 square mile(s)「平方マイル」 dam「ダムでせき止める」 divert「～をそらす〔迂回させる〕」 fertilizer plant「肥料工場」 legume「マメ科植物」 crop(s)「作物，収穫物」 fix nitrogen

「窒素を固定する」→窒素固定は，土壌細菌や根粒菌などの生物が空気中の窒素分子を体内に取り込み，アンモニアなどの窒素化合物に変換する現象で，生態系の窒素循環に影響する。all 〜 combined「〜すべてを合わせたもの」 terrestrial「地球の，陸地の」 ecosystem「生態系」 power station(s)「発電所」 emit「〜を排出する」 carbon dioxide「二酸化炭素」 volcano「火山」 in terms of 〜「〜の観点では」 sheer「完全な，純粋な」 biomass「生物量，バイオマス（代替エネルギーを供給する植物）」 stark-staring「完全に（狂った）」→口語表現で否定的な意味合いで用いられる。A outweigh B「A は B より重い，A は重さの点で B を上回る」 mammal「哺乳類」 by a ratio of A to B「A 対 B の比率で」 add in 〜「（追加して）〜を取り入れる」 domesticate「〜を家畜化する〔飼い慣らす〕」 a paper「学術論文」 observe「（意見など）を述べる」→直後には that 節や引用符が続く。livestock「家畜」 vertebrate「脊椎動物」 driver「原動力」 extinction「絶滅」 geological「地質学上の」 trench「海溝，塹壕，堀」 Antarctic「南極（の）」 ice sheet「氷床」 bear *one's* footprint「（土地などに）（人）の足跡がある」

（第2段） turn of events「情勢の変化」 atmospheric「大気の」 acidification「酸性化」 sea-level rise「海面上昇」 deglaciation「退氷，氷河の後退」 desertification「砂漠化」 eutrophication「富栄養化」 by-product「副産物，副作用」 a whole no-analog 〜「全く前例のない〜」→a whole new 〜「全く新しい〜」という頻出表現に近い意味となっている。prudent「良識的な，用心深い」 scale back「規模を縮小する」 commitment「献身，深い関与，約束，義務」→本文中の our commitments は「人類の地球環境への深い関与」の意味。 as of 〜「〜の時点では」 impracticable「実行不可能な」→we are stepped in so far, return seems impracticable では，so 〜 that … 構文「とても〜なので…」の that が省略された形になっており，「とても遠くまで踏み込んだ状況であるので，後戻りは現実的でないように思われる」という意味。

（第3段） predicament「苦境，窮地」

II 解答 (1)全訳下線部(a)参照。

(2) (和訳)「私たちは情報の波にのまれているが，知識には飢えている」

(説明) 現代人はインターネットのおかげで膨大な量の情報を得ている一方で，そこから効率よく情報を検索することができずに，その知識を把握しきれていないということ（を指している)。

(3)全訳下線部(c)参照。

◆全　訳◆

≪蓄積されるデジタル情報の課題≫

図書館の歴史とその蔵書が時を経るごとにどのように発達してきたのかを分析する際，私たちは多くの点で知識そのものがどのようにして生き残ってきたのかを物語ることになる。図書館に今ある本はその１冊１冊が，つまり，集まることでより大きな知識体系と化す蔵書のすべてが，この時代まで何とか残存してきた書物なのである。

デジタル情報が到来するまでは，図書館や公文書館には，その蔵書である紙を守るためのしっかりとした戦略があった。これらの機関はその責任を読者と共有していた。たとえば，オックスフォード大学のボドリアン図書館を新たに利用する人は全員，400 年以上もの間変わらず，「図書館に火や炎を持ち込まない，あるいはその中で火をつけない」ことを正式に誓うことを今でも要求される。温度や相対湿度を一定に保つこと，浸水や火災の防止，本棚の整理整頓を徹底することが，保存戦略の基本であった。デジタル情報は本質的に安定性に欠けるため，技術そのもの（ファイル形式，オペレーティング・システム，ソフトウェアなど）に対してだけでなく，さらに積極的な保存対策が求められる。(a)大手のIT 企業，とりわけソーシャルメディア関連の企業にとっては，知識の保存に純粋な商業的意味合いしかないため，彼らが提供するオンラインサービスが広く採用されたことによって，この不安定さはさらに増幅している。

世界の記憶がオンライン上にますます蓄積されていくことで，私たちはこの記憶を，現在インターネットを支配している大手 IT 企業に効率よく引き渡している。「検索する」という言葉は紙媒体の書物にある索引を調べること，あるいは，百科事典や辞書の適切な文字の見出し語を見つけることを意味していた。それが今では，検索ボックスに単語や用語や質問をタイピングして，後はコンピュータに任せることを意味するだけである。かつて，社会は人の記憶を訓練することを重視し，記憶力を改善することに特化した訓練法を考案したほどであった。そのような時代はもう過ぎ去った。しかしながら，私たちのデジタル化された記憶に対して大手IT企業が行使する支配力は巨大であり，そのためインターネットの利便性は危険を伴う。図書館や公文書館を含む一部の機関は，ウェブサイト，ブログ記事，ソーシャルメディア，さらにはEメールやその他の個人所有のデジタルコンテンツを独自に保存することで，支配権を取り戻そうと躍起になっているのが現状である。

「私たちは情報の波にのまれているが，知識には飢えている」と，ジョン=ネイスビッツは早くも1982年に，彼の著書『メガトレンド』の中で指摘している。それ以降，「デジタル・アバンダンス」という概念が生まれ，デジタル世界の重要な一面を理解しやすくなった。その一面について，図書館員である私は日常生活で考えることが多い。コンピュータとインターネットの接続環境がある利用者なら誰でも入手できるデジタルの情報量は圧倒的であり，あまりに多すぎて把握することなどできない。図書館員や公文書館職員は現在，得られた大量の知識をどうすれば効率的に検索できるのかを懸命に模索している。

デジタル世界は矛盾に満ちている。一方では，知識の創造はかつてないほど容易になり，文書や画像などの情報をコピーすることも簡単にできるようになった。膨大なデジタル情報を貯蔵することが今や可能になっただけでなく，それは驚くほど安価なものとなった。しかし，貯蔵と保存は同義ではない。デジタル情報は意図的な破壊に対してばかりでなく，放置に対しても驚くほど脆弱であるため，オンライン上に蓄積されている知識は失われる危険性にさらされている。(c)また，私たちがオンライン上の交流を通して日々作り出す知識は，多くの人の目に触れないものである一方で，商業利用や政治目的のために社会の利益に反する形で操作され，利用される可能性がある，という問題もある。この知識を破壊されることは，プライバシーの侵害を懸念する多くの人々にとって短期的には望ましいことかもしれないが，それは結果的に社会にとって不利益となる可能性がある。

◀解　説▶

情報がデジタル化されることが当然の時代となっているが，その脆弱性に警鐘を鳴らす内容となっている。情報のデジタル化についての内容であるが，冒頭の段落や内容説明問題の下線部英文など，文体は一部いかにも文学的な表現となっているところがある。

▶(1) **This instability has been amplified by the widespread adoption of online services provided by major technology companies,**

「大手のIT企業が提供するオンラインサービスが広く採用されたことによって，この不安定さはさらに増幅している」→純粋な和訳問題であるので，This instability「この不安定さ」の指示語 This が指す内容を明示する必要はない。amplify は「～を増幅させる」という意味で，ここでは受動態なので，そのまま訳せば「(この不安定さは) 増幅させられている」であるが，〔解答〕のように能動態に戻して訳してもよい。the widespread adoption of～「～の幅広い採用」という名詞句は，「～が広く採用された (こと)」のように動詞的に訳出するとよい。technology companies は「テクノロジー〔技術系〕企業」，「デジタル企業」，「IT (関連) 企業」などの訳出が考えられる。provided by 以下は，直前の名詞句 online services を修飾している。

(… major technology companies,) especially those in the world of social media, for whom preservation of knowledge is a purely commercial consideration.

「(大手のIT企業，) とりわけソーシャルメディア関連の企業にとっては，知識の保存に純粋な商業的意味合いしかないため，(彼らが…)」→この箇所は直前にある major technology companies を補足説明するものであるため，最終的には1つ上の説明にある和訳の「大手のIT企業」の直後の位置に挿入する。2つのカンマで挟まれている部分は丸括弧で囲まれている状態，つまり，(especially those in the world of social media) という形であるのと同じで，その前後にある major technology companies と for whom preservation of… は，本来は連続するものとして考える必要がある。those は companies のことを指す代名詞で，world は「業界，分野」の意味。for whom の先行詞は major technology companies であり，and〔because〕for them と言い換えられるため，「そして〔なぜなら〕彼らは…」と訳せる。a consideration のように，可算名詞として consideration が使われる場合は，「(何かを決めるときに) 考慮するべき事柄，動機」の意味があるので，a commercial consideration は「商業的な観点で考慮されるべき事柄」,「商業的動機」などと訳せる。

• preservation「保存」

▶(2)下線部の和訳，その具体的な内容の説明の両方に答える問題となっている。

"We are drowning in information, but are starved of knowledge,"

「私たちは情報の波にのまれているが，知識には飢えている」→drowning「溺れている」，starved「飢えている」という動詞が比喩表現であるため，和訳ではそのままに近い状態で訳出し，説明ではこれらが具体的にどういう状態を指しているのかを記述する。drowning in information の和訳は「情報に溺れている」，あるいは「情報の波にのまれている」となり，starved of knowledge は「知識に飢えている」となる。内容の説明については，下線部の位置が段落の冒頭にある点に注目する。英語の論説文では，1つの段落につき1つのテーマを含み，先に抽象的なことや結論を述べ，その後でより具体的に説明する，という構成が原則であるため，下線部の具体的な説明はその後ろから，基本的には同段落の最後まで続くはず。同段落の第3文（The amount of digital …）では，インターネットにより得られる「デジタル情報の量は圧倒的であり，あまりに多すぎて把握することなどできない」，第4文（Librarians and archivists are …）では，「得られた大量の知識（the mass of available knowledge）をどうすれば効率的に検索できるのかを懸命に模索している」とあり，これらは共に「情報に溺れている」と「知識に飢えている」という表現の具体的内容と言える。つまり，we are drowning in information は「現代はインターネットのおかげで情報量が圧倒的に多い」ということ，そして we are starved of knowledge は「効率的な情報の検索ができずに，大量の知識を把握しきれていない」ということを意味している。

▶(3) **There is also the problem that the knowledge we create through our daily online interactions is invisible to most of us, but it can be manipulated and used against society for commercial and political gain.**

「また，私たちがオンライン上の交流を通して日々作り出す知識は，多くの人の目に触れないものである一方で，商業利用や政治目的のために社会の利益に反する形で操作され，利用される可能性がある，という問題もある」→the problem that SV の that は同格関係を導く接続詞であるので，「…という問題」と訳す。the knowledge の直後には関係代名詞の that〔which〕が省略されている（関係代名詞を用いる前の元の語順は，we create (the) knowledge through our daily online interactions)。invisible は「目に見えない」という意味そのまま。it が指すのは the knowledge … interactions「オンライン上の交流を通して日々作り出される知識」。manipulated「操作される」と used「利用される」は and を用いた並列の関係で結ばれており，2つともがこの直後にある against society for commercial and political gain につながっている。そのため，和訳の順序は「商業利用や政治目的のために社会の利益に反する形で操作され，利用される」のように訳し上げるが，～(操作される) and …（利用される）の箇所は「…と～」のように後ろから訳さないこと。

- online「オンライン上の」
- interaction「交流」
- against「～に不利に」
- gain「利益」

Having it destroyed may be a desirable short-term outcome for many people worried about invasions of privacy but this might ultimately be to the detriment of society.

「この知識を破壊されることは，プライバシーの侵害を懸念する多くの人々にとって短期的には望ましいことかもしれないが，それは結果的に社会にとって不利益となる可能性がある」→Having it destroyed の it が指すのは，上の説明の it と同じで the knowledge … interactions「オンライン上の交流を通して日々作り出される知識」。have *A done* の形は，特に break や destroy など「壊す」という意味の動詞が *done* の位置にくる場合，「*A* を～される」という被害を表す和訳になる。したがって，主語の部分は「それ〔この知識〕を破壊されること」という和訳になる。many people の直後には who are が省略された形で，many people (who are) worried about ～「～について不安に思っている多くの人々」という意味。this が指しているのは Having it destroyed である。to the detriment of ～は「～に損害が及ぶほど」という意味でよく使われる表現で，ここでは be 動詞の補語として用いられている。

- desirable「望ましい」
- short-term「短期間の」
- outcome「結果」
- invasion「侵害」
- ultimately「最後には，結局は」

●語句・構文●

(第 1 段) evolve「発達する，進化する」 institution「施設，機関」 build up into ～「積み重ねて～になる」 body「集まり，大量のかたまり」

(第 2 段) advent「到来」 archive「公文書（館），記録保管所」 well-developed「（策などが）よく練られた」 strategy「戦略」 preserve「～を保存する」 paper「紙」→大問 I の第 1 段にある a recent paper では paper が「学術論文」の意味で可算名詞となっているが，「（材質としての）紙」は不可算名詞であるため，不定冠詞の a はついていない。be required to *do*「～する必要がある」 formally「正式に，公式に」 swear not to *do*「～しないことを誓う」 bring into the Library, or kindle therein, any fire or flame「図書館に火や炎を持ち込まない，あるいはその中で火をつけない」→bring と kindle「（火）をおこす〔つける〕」の目的語は共に any fire or flame である。stable「安定した」 relative humidity「相対湿度」→天気予報などでよく聞く一般的な「湿度」のこと。avoidance「回避」 flood「浸水」 well-organized「よく整理された」 shelving「棚」 be at the heart of ～「～の中心にある」 inherently「本質的に」 proactive「（行動が）先を見越した，積極的な」 approach「方法，取り組み」

(第 3 段) be placed online「オンライン上に配置される」 outsource「～を（外部に）委託する，～を外注する」 the internet「インターネット」→以前は the Internet と大文字で表記されていたが，インターネットがすっかり普及した現状を踏まえて，普通名詞として扱うために小文字でも表記される。phrase「語句（複数の単語の集まり）」 look up ～「～を（辞書などで）調べる」 index「索引」 alphabetical「アルファベット（順）の」 entry「（辞書の）見出し語」 encyclopedia「百科事典」

term「用語」 let *A do*「*A* に（自由に）～させる」 value「～を重視する」 devise「～を考案する」 sophisticated「洗練された，高度な」 control exercised by *A* over *B*「*B* に対して *A* が行使する支配〔管理〕（権）」 take back ～「～を取り戻す」 independently「自主的に」

（第 4 段） point out ～「～を指摘する」 as early as ～「早くも～には，～には既に」 abundance「豊富さ，おびただしさ」 coin「（言葉など）を造る」 librarian「司書，図書館員」 overwhelmingly「圧倒的に」 comprehend「～を把握する〔理解する〕」 be concerned with ～「～を心配する」 mass「多量」

（第 5 段） contradiction「矛盾」 nor has it been easier to …「…することもかつてないほど簡単になった」→nor VS という倒置の語順になっている（=and it has not been easier to … (,) either.）。text「文書」 storage「貯蔵」 on a vast scale「大規模に」 inexpensive「安価な」 be at risk of ～「～の危険がある」 vulnerable to ～「～に対して弱い，～の影響を受けやすい」 neglect「放置，怠慢」 deliberate「意図的な」

III 解答例

〈解答例 1〉 Among the many pleasures of travel, the view from a train window has a charm of its own. Of course, a beautiful nature seen through train windows is really a feast for the eyes, but simply looking at familiar towns and cities can be fascinating as well. All the people you see there, who may remain strangers to you forever, are living lives of sorrow and joy. Thinking about this, I can somewhat distance myself from my problems and feel relieved.

〈解答例 2〉 There are many pleasures of traveling, and the view from a train window is not bad. You will surely enjoy seeing the pure beauty of nature, but you can also find it enjoyable to observe the mundane countryside and cityscapes. The people you see there, whom you may never meet, are all living with their own joys and sorrows. When I think of this, my worries seem somehow distant and my heart feels lighter.

◀解　説▶

「数ある旅の楽しみのなかで，車窓からの眺めというのもまた捨てがたい」

• 「数ある旅の楽しみのなかで」→前置詞句で表現するなら，Among the many pleasures of travel, … となる。SV 構造で表現する場合は，「旅には多くの楽しみが存在するが」と言い換えて，There are many pleasures of traveling, and … のように書き始めることができる。

• 「車窓からの眺め（というのも）」→「車窓」は，旅行なので「電車の窓」のように具体的に言い換えて a train window などとする。「眺め」は view（可算名詞）か scenery（不可算名詞）でよい。view は「情景」に近く，ある人の目に飛び込んでくる像であり，人によって映り方，捉え方の異なる主観的なものであるため，ほかに「見解，意見」という意味にもなる。一方で，scenery は「風景」に近く，地形や物の配置というより客観的な要素に焦点が当てられる語。したがって，the view from a train window〔train windows〕となる。

• 「（～も）また捨てがたい」→比喩的表現であるため，文字通りに「捨てる」という英語を用いるのは危険。具体的には「（～にも）（独自の）魅力がある」のように言い換えられるので，これを英訳する手順で進めれば，たとえば，have a charm「魅力がある」や not (so) bad「悪くない，なかなかよい」となる。「～もまた捨てがたい」というのは，旅行の数ある魅力のなかで，「車窓からの眺め」にも“そこにしかない”魅力があるからだ，と言えるので，〈解答例１〉のように，名詞＋of its own「独特な〔独自の〕～」や，ほかにも unique などを追加してもよい。

「そこに美しい自然が広がっていれば，ただただ目の保養になる。でも，ありふれた田舎や街並みを眺めているのも悪くない」

• 「*A* は目の保養になる。でも *B* も悪くない」→まず，この２文の関係性が，「もちろん〔確かに〕*A* だ。しかし，*B* だ」という，相関譲歩の構造になっていることを押さえる。したがって，大枠として Of course *A* but *B* や，It is true *A* but *B* のような構文を用いることを意識しておきたい。

• 「そこに美しい自然が広がっていれば」→「広がる」は修辞的表現なので，「（自然が）ある，（自然が）見える」などに言い換えておく。また，ここを後続の「目の保養になる」の主語として扱うのであれば，「車窓から見える美しい自然」のように言い換えられるので，「（広がっ）ていれば」という末尾の表現は不要で，たとえばa beautiful nature seen through train windowsとなる。他にも，ここでの「自然」は地形的特徴としての客観的なものであるため，上で説明したscenery（不可算名詞）を使って，the beautiful natural scenery you see thereなどとしてもよい。

•「ただただ目の保養になる」→「目の保養」は慣用的な日本語表現であり，そのままでは英訳しづらい。ただし，これに相当する英語の慣用的表現として，（be）a feast for the eyes「目の保養（となる）」がある。日本語レベルで言い換えると，「～を見て楽しむ」ということなので，enjoy seeing～を使って表現できる。その場合は，人（you，we）を主語にして，先述した「美しい自然」（the beauty of natureなど）を目的語にする。

•「（でも，）ありふれた田舎や街並みを眺めているのも悪くない」→ここから先は，前出の「美しい自然」との対比であり，目に入ってくる景色それ自体の美しさという直接的な効用ではなく，それがもたらしてくれる心理的側面という間接的な効用に焦点が移っている。したがって，「眺めているのも悪くない」に対して，enjoy seeing～を用いると「景色そのものを楽しむ」という直接的要因を表すため，やや不適切。たとえば，「～を見ることにも魅力はある」（looking at～is also fascinating / find it enjoyable to observe～）のように表現するのであれば問題ない。「ありふれた」は，ここでは「見慣れた」と同義であるため，familiarが使える。他にはmundane「平凡な」やordinary「普通の」などがある。「田舎や街並み」はtowns and cities，あるいはthe countryside and cityscapesなど（厳密にはcountrysideは「自然が残っている」イメージが強い単語であり，前出の「（美しい）自然」との対比として最適な語かどうかは微妙だが，「美しい自然」に対して「ありふれた自然」と著者が言っている可能性もあるため問題ない）。これらをまとめると，（simply）looking at familiar towns and cities can be fascinating（as well）となる。文末のas wellは「～もまた」の意味で，alsoに同じ。

「そこに見かける，きっとこの先出会うこともなさそうな人々は，みなそれぞれにその人なりの喜びや悲しみとともに暮らしている」

•「そこに見かける，きっとこの先出会うこともなさそうな人々は，みな」→「そこに見かける人々みな」を先に英訳して（All）the people you see there とし，その直後に「彼らと出会うことは恐らくないだろう（が）」（whom you may never meet）という補足説明を，カンマで挟んだ関係詞句にして挿入する（継続〔非制限〕用法）。「この先出会うこともなさそう」というのは，「ずっと知り合うことのない人々」と捉えて，たとえば，who may remain strangers to you forever とすることもできる。

• 「それぞれにその人なりの喜びや悲しみとともに暮らしている」→are living with their own joys and sorrows のように，日本語そのままに近い形で英訳できる。ほかには，「～な生活を送る」という表現の live (a)＋形容詞＋life や，live a life of＋抽象名詞（例：live a life of boredom「退屈な生活を送る」）を用いるのもよい。〈解答例 1〉の are living lives of sorrow and joy は，of＋抽象名詞が，形容詞と同じ働きをする表現を使っており，このような抽象名詞は不可算であるため，不定冠詞 a をつけたり，複数形にしたりしない。上記の with their own joys and sorrows では，「喜び〔悲しみ〕をもたらす事柄」という個々の“具体的”な出来事とみなしているため，複数形になっている。「その人なりの」という箇所を強調する必要があるなら，*one's* own＋名詞「（人）自身の～」を用いればよい。

「そう思うと，自分の悩み事もどこか遠くに感じられて，心がふっと軽くなる気がするのだ」

• 「そう思うと」→「このように考えると」と言い換えて，分詞構文 Thinking about this, または，接続詞 when を用いて When I think of this, など。ほかにも，this idea makes O C「この考えがOをCにする」という無生物主語の構文もよく使われる（Cの位置には形容詞や原形不定詞が置かれ，たとえば This idea makes my worries seem somehow distant. のように英訳される）。

• 「自分の悩み事もどこか遠くに感じられて」→「遠くに感じる」という表現は，英語でも S seem (s) distant「（S）が遠いように思われる」や distance *A* from *B*「*B* から *A* を遠ざける」のように距離表現がそのまま使えて，後者であれば I can distance myself from my problems とする。距離表現とは別のものに言い換えるのであれば，「（悩み事が）それほど深刻なものではない（ように思われる）」と考えて，my worries don't seem so serious など。「どこか」は somewhat「幾分，少々」や

somehow「どういうわけか，何となく」で表現できる。

• 「心がふっと軽くなる気がするのだ」→人を主語にして「ほっとする」という言い方の feel relieved が使える。また，心を主語にして my heart feels lighter という言い方もある。「ふっと」の部分は無理に英訳する必要はないが，unexpectedly「不意に」，somehow「どういうわけか」，suddenly「突然に」で表現できる。

IV **解答例**

〈解答例1〉 The most important aspect of university research is having a strong motive. I have two reasons for this opinion. First, you will reach your goal in the long run. Research entails a lot of hard work and the results may not be immediate, but if you have a strong will to achieve your goal, it can be sustained by being patient and overcoming difficulties. Second, one's research is more likely to contribute to society. Our motives tend to be stronger when they stem from the desire to help others. So, it can be said that stronger motives lead to a better world.（102語）

〈解答例2〉 The most important part of conducting research at university is systematizing knowledge. It is said that there is a strong relationship between memory and storytelling. So, organizing information makes it easier to remember things and helps you memorize them for a long time. A good memory will enable you to work more efficiently when writing the thesis for your Bachelor's degree. In addition, by systematizing knowledge, you can organize your own thoughts and gain new ideas and perspectives. Using the existing findings of senior researchers as the foundation, you can strive for new insights in a particular field of research.（100語）

◀解　説▶

大学で研究をするうえで最も重要と考えることを100語程度の英語で説明させる自由英作文問題。また，２つの理由を含めることが条件となっている。100語程度の論説文では，前置きや結論などを書く余裕はなく，英語の論理構成としての典型である，主張→（２つの）理由，という順番に従って書くことになる。

〈解答例１〉では，最も重要なことを「研究への強い動機」とし，その理由は，それが⑴「研究を成功へと導く要因である」，⑵「社会貢献の気持ちから生じるものである」という点を説明している。〈解答例２〉では，最も重要なことを「研究に必要な知識の体系化」とし，それによって⑴「情報を記憶しやすくなる」，⑵「新しい着想を得られる」という点を理由として挙げている。２つ理由を挙げる場合に，１つ目の理由を思いついた段階ですぐに英訳する作業を開始してしまうと，後で思わぬところで頓挫し，すべてを書き直す事態に陥ったときに無駄な時間を費やすことになりかねない。まずは，落ち着いて構成をしっかりと準備することを優先する。また，理由を列挙する構成の英文を実際に書くための定型表現は，当然いくつか覚えておかなければならない。たとえば，〈解答例１〉のように，主張を述べた直後で，I have two reasons for this opinion. First, …. Second, ….「この主張には２つ理由がある。１つ目は…。２つ目は…」と続けていくパターンがあるし，〈解答例２〉のように，１つ目の理由を挙げた後に，In addition, … で２つ目の理由を始める形も多い。この形式に慣れていない受験生の答案によくあるのが，２つの理由のうち，いずれか一方の分量が多くて，残りの一方は語数制限に圧迫されて極端に少ない，という状況である。これも先述した，事前に構成をしっかりと練っておくことで回避しやすくなる。以下に，〈解答例〉の和訳とその中で使用した語句や英作文で使えそうな表現をそれぞれ挙げておく。

(〈解答例１〉の和訳) 「大学の研究で最も重要な点は強い動機を持つことである。この主張には２つ理由がある。１つ目は，長い目で見たときに目標に到達するということだ。研究には苦労が多く，結果がすぐに得られるものではないが，目標到達への強い意志があれば，忍耐強く，困難を克服することで研究を続けることができる。２つ目は，研究が社会に貢献できる可能性が高くなる点にある。人の動機というのは他人の役に立ちたいという思いから生じるものであるときに，より強いものとなる傾向がある。したがって，強い動機ほどより社会に貢献できると言えよう」

- in the long run「長期的な視点で見ると」
- entail「～を（必然的に）伴う」
- immediate「即時の」
- a strong will to *do*「～しようとする強い意志」

- sustain「～を維持する」
- overcome difficulties「困難を克服する」
- be likely to *do*「～する可能性が高い，～しやすい」
- *A* stem from *B*「*A* は *B* に由来する〔から生じる〕」
- *A* lead to *B*「*A* は *B* という結果につながる」

(〈解答例２〉の和訳)「大学で研究を行ううえで最も重要なことは，知識を体系化することである。記憶とストーリー性には強い関係があると言われている。したがって，情報を整理することで，物事を覚えやすくなり，また，長く記憶することができるようになる。記憶力がよければ，学士論文を書く際にも効率よく作業ができる。また，知識を体系化することで，自分自身の思考も整理され，新しい発想や視点が得られる。先輩研究者の既存の研究成果を土台に，特定の研究分野で新たな知見を得ようと努力することができるのだ」

- conduct research「研究を行う」
- systematize「～を体系化する，～を順序立てる」
- organize「～を整理する，(考えなど) を体系化する」
- make it easier to *do*「～しやすくする」
- enable *A* to *do*「*A* が～できるようにする」
- thesis for *one's* Bachelor's degree「学士論文」
- perspective「視点」
- existing「既存の～」
- senior researcher(s)「先輩研究者，上級研究員」
- foundation「基礎，土台」
- strive for ～「～を目指して努力する」
- insight「知見，洞察 (力)」

❖講　評

2022 年度は，読解問題 2 題，英作文問題 2 題の構成であった。読解問題においては，英文和訳が 4 問で，内容説明が 2 問となっており，バランスの取れた内訳となっている。2016 年度以降出題されている自由英作文については，2022 年度でも引き継がれている。ただし，これまでに多く見られた，会話文の空所を補充するような条件付き自由英作文ではなく，100 語程度で自分の考えと理由を述べさせる形式に変わっており，他大学でもよく見られる形式の典型的な自由英作文となっている。

Ⅰは，環境問題を扱った内容であるが，「人新世（アントロポセン）」と呼ばれる，人類の手により激変する地球環境とこれからの自然との向き合い方に目を向けさせる文章となっている。3 問の設問のうち，2 問が下線部の和訳問題で，1 問が内容説明問題となっている。(3)の下線部和訳は，control という語が 5 つも含まれており，直訳的な和訳のままでは意味が通りにくいところがある。ここを意訳するうえでは，文章全体を理解しておかなければならず，その意味では内容説明問題を解くのに近いものがある。

Ⅱは，インターネットにより溢れる情報をどう管理するべきか，という問題提起の色合いが強い文章。Ⅰと同様に，3 問の設問のうち，2 問が下線部和訳で，1 問が和訳したうえでの内容説明問題である。下線部和訳はいずれも，京大レベルとしては特に難解な文構造というものではなく，比較的解きやすい。また，内容説明の問題も標準的なものと言えるので，ここで失点をしないようにしたい。

Ⅲの英作文問題は，2021 年度と同様，やや長めの和文英訳となっている。「捨てがたい」「自然が広がっている」「目の保養」などの日本語表現を英訳するうえでは，文の前後関係を参考にまずしっかりとそれらの本意を捉える必要がある。これは京大和文英訳の伝統とも言える要素で，受験生もしっかりとその要求に応えられるよう，過去問で対策を積んでおこう。

Ⅳの自由英作文は，2016 年度から 2021 年度までは空所を補充する形式が多く，それ以外であっても，書く内容そのものについては制約の多い問題が続いていた。しかし，2022 年度は与えられたトピックについて，自分の考えを述べさせるものとなっており，書く内容についての自由度は広がっている。他大学の入試問題や英検などで頻出の，テーマ型自由英作文の形式とほぼ同じと言える。しかし，英単語の正しい用法，文法知識，重要構文の理解は前提条件であり，内容が首尾一貫したものになっているか，論理展開は適切か，具体性に欠けるものとなっていないか，といった点で差がつくだろう。

2022 年度は，2021 年度と比較すると，読解問題は易化したが，自由英作文の出題形式を比べると，2022 年度の方が時間を要するものとなっており，全体的な難易度の変化という点では調整が図られている。ただし，読解問題においても，**I** (3)の下線部和訳にある spirals back on itself や the *control of* the control of nature のように，循環構造の表現は，より高次元の思考プロセスを要するため油断できない。抽象的な内容の文章こそ自分を鍛える材料と心得て，普段の長文対策に臨みたい。

日本史

I　解答

A. ⑴金剛峰寺　⑵四　⑶班田　⑷石清水八幡宮
⑸醍醐天皇　⑹(あ)契丹　(い)弘仁式，貞観式

B. ⑺奉公　⑻江戸　⑼キリシタン　⑽諸宗寺院法度　⑾相対済し令
⑿竹内式部

C. ⒀ ③→②→①　⒁大東亜戦争　⒂1937年　⒃汪兆銘　⒄小村寿太郎
⒅膠州　⒆満州

◀解　説▶

≪古代の寺院と土地制度，江戸時代の宗教・社会，近代の外交≫

◆A. 史料は延長四（926）年に民部省から大和国司に出された符であり，高市郡内の土地を弘福寺に返還するように命じている。

▶⑴東寺は平安京鎮護のために建立されたが，嵯峨天皇によって空海に下賜された。一方，空海が紀伊国に金剛峰寺を創建したことを想起すれば，大和国にある弘福寺は東寺と金剛峰寺の中間地点にあたると判断できる。

▶⑵町段畝歩制の度量衡について律令国家から中世では，360歩＝1段，10段＝1町であるという知識を基本として考える。3行目から6行目の田の面積の合計は5096歩であり，「一町四段五十六歩」になる。

▶⑶史料に，本来は弘福寺の寺伝である土地を，元慶四年に大和国司が収公して百姓の戸に授給したとあり，班田の日の出来事であるとわかる。

▶⑷奈良時代の宇佐八幡神託事件を知っていれば，平安京南方で八幡神をまつる神社として石清水八幡宮が想起できる。

▶⑸ ⑹(い)の設問文「（延長四年の）翌年に『延喜式』が完成し」がヒントとなり，醍醐天皇の治世の出来事であると推定できる。

▶⑹(あ)契丹は東モンゴルを拠点とした遊牧民で，10世紀初頭に耶律阿保機が部族をまとめ，926年には渤海を滅ぼした。のち，947年に国号を契丹から遼に改めた。本問の正答は「契丹」であるが，「遼」も許容範囲か。

(い)8世紀に『大宝律令』や『養老律令』が編纂された後，補足・修正法である格や施行細則である式が多く出された。嵯峨天皇はこれらの格式を官庁ごとに編纂して『弘仁格』『弘仁式』を作らせた。その後，清和天皇の

時代に『貞観格』『貞観式』，醍醐天皇の時代に『延喜格』『延喜式』が編まれ，総称して三代格式という。

◆B．出典は宝暦三年に出された奉公人の請状であり，奉公先（近江屋庄兵衛）に対して，保証人（伊勢屋甚兵衛）が奉公人（小兵衛）の身元を証明している。

▶(7)奉公人とは，江戸時代の武家・百姓・町人の社会で主家に仕える者の総称である。商家では番頭・手代・丁稚などがいた。

▶(8)江戸時代，大坂を中心とする西日本は銀遣い，江戸を中心とする東日本は金遣いであった。史料に「給銀四枚」とあるので，この請状は西日本の商家に提出されたと考えられる。よって三都のうち江戸は該当しない。

▶(9)江戸幕府は1612年幕領に，翌年全国に禁教令を出し，キリスト教を厳禁とした。史料中の用語なので「キリシタン」が正答である。

▶(10)江戸幕府は，17世紀初頭に宗派ごとに順次，寺院法度（諸宗諸本山法度）を出して本末制度を整備した。その後，徳川家綱政権の1665年に各宗共通の諸宗寺院法度が出された。

▶(11)相対済し令は，享保の改革期に出された法令で，旗本・御家人と札差などの間でおきる金銀貸借訴訟を三奉行所では受理せず，相対済し（当事者間の和談）で解決させた。

▶(12) 1758年の宝暦事件では，竹内式部が京都で公家に尊王思想を説き追放処分を受けた。

◆C．出典は日露戦争・第一次世界大戦・アジア太平洋戦争の宣戦詔書である。

▶(13)①「米国および英国に対して戦を宣す」から，1941年のアジア太平洋戦争の宣戦詔書である。②「独逸国に対して戦を宣す」から，1914年の第一次世界大戦の宣戦詔書である。③「露国に対して戦を宣す」から，1904年の日露戦争の宣戦詔書である。よって，③，②，①の順になる。

▶(14)日本は大東亜共栄圏の建設を名目に掲げ，大東亜戦争と命名した。

▶(15)史料に，中華民国と帝国（日本）との戦いがおきて「四年有余」を経た，と書かれており，日中戦争が勃発した1937年が出発点である。

▶(16)「国民政府更新するあり」とは，日本の傀儡政権である新国民政府（南京政府）のことであり，主席は汪兆銘（汪精衛）である。

▶(17)日英同盟が最初に締結されたのは第1次桂太郎内閣の1902年であり，

外務大臣は小村寿太郎である。

▶⒅膠州湾は山東半島南部にあり，ドイツが1898年に清国から租借し，軍港青島を建設した。

▶⒆1900年の北清事変後，ロシアが満州を軍事占領したことを機に日露関係が緊迫した。

Ⅱ 解答

ア．崇峻　イ．国記　ウ．阿倍比羅夫　エ．出羽
オ．武蔵　カ．元明　キ．西大寺
ク．陀羅尼〔百万塔陀羅尼〕　ケ．中山道　コ．伝馬
サ．池田光政　シ．閑谷学校　ス．大教宣布　セ．金光教
ソ．日朝修好条規　タ．仁川　チ．日本　ツ．三・一独立運動
テ．日米行政協定　ト．内灘

◀解　説▶

≪古代～現代の諸事象≫

▶①ア．崇峻天皇は587年に蘇我馬子によって擁立されて即位した。

イ．『天皇記』『国記』は厩戸王が蘇我馬子とともに編集した歴史書であるが，乙巳の変の際に大部分が焼失した。

▶②ウ．阿倍比羅夫は斉明朝に東北地方の日本海側に遠征し，秋田・津軽地方の蝦夷と関係を結んだ。

エ．７世紀半ばから東北経営を進めた政府は，712年に日本海側に出羽国をおき，さらに太平洋側には多賀城を築いた。

▶③オ．708年，武蔵国秩父郡（現在の埼玉県）から和銅（自然銅）が献上され，これを祝して和銅への改元が行われるとともに和同開珎が鋳造された。

カ．和同開珎の鋳造の目的の一つは，元明天皇の下で建設が企図されていた宮都（のちの平城京）の造営費用の調達であった。

▶④キ．称徳天皇と道鏡の政権は仏教政治を展開し，西大寺を建立した。

ク．称徳天皇は，恵美押勝の乱の戦死者の追善のために百万塔陀羅尼を作らせた。百万基の小塔（百万塔）の中に，陀羅尼（仏教の呪文）を納めて諸寺院に奉納された。この陀羅尼は現存最古の印刷物と言われている。

▶⑤ケ．中山道は江戸時代の五街道の一つで，江戸日本橋を起点として近江国草津で東海道と合流する。

コ．五街道の輸送の便宜のため，宿駅には幕府の定めた数の人馬を常備することが義務付けられた。この人馬提供の夫役を伝馬役という。

▶⑥サ・シ．池田光政は，17 世紀半ばの岡山藩主で儒教を中心とした藩政を行った。陽明学者熊沢蕃山を登用し，郷学の先駆とされる閑谷学校を設けた。

▶⑦ス．明治政府は祭政一致を掲げ，1868 年に神仏分離令を出して神仏習合を禁止し，1870 年に大教宣布の詔を発して神道の国教化をめざした。

セ．金光教は 1859 年に川手文治郎が開いた神道系の新興宗教であり，明治時代に公認されて，天理教や黒住教などとともに教派神道と呼ばれた。

▶⑧ソ．1875 年の江華島事件を契機として，翌年，日朝修好条規が締結された。日朝修好条規で，日本は清国の朝鮮国に対する宗主権を否定するとともに，朝鮮の開港，日本の領事裁判権を認めさせた。

タ．仁川は朝鮮の首府漢城の外港である。日朝修好条規の結果，仁川・釜山・元山が開港された。

▶⑨チ．1910 年の韓国併合条約により韓国の全統治権が日本に譲渡され，日本領朝鮮となり，朝鮮人には日本の国籍が付与された。

ツ．1919 年 3 月 1 日，日本の植民地支配に反対した独立運動が始まり，朝鮮全土に広がった。この三・一独立運動は朝鮮総督府などによって鎮圧されたが，植民地支配が武断政治から文化政治に転じる契機となった。

▶⑩テ．1952 年に締結された日米行政協定は，日米安全保障条約の細目協定で，基地（施設・区域）の無償提供や分担金の負担などが定められた。

ト．内灘事件は 1952～53 年に石川県内灘村でおきた基地反対闘争である。

Ⅲ 解答

A．ア．魏　イ．加耶〔伽耶，加羅〕　ウ．渡来
エ．小野妹子　オ．高松塚

⑴百舌鳥古墳群　⑵甲冑　⑶武　⑷五経博士　⑸蘇我馬子

B．カ．本領安堵　キ．養和　ク．源義仲　ケ．倶利伽羅峠〔砺波山〕
コ．寿永二年十月

⑹平治の乱　⑺切通　⑻後鳥羽天皇　⑼奥州藤原氏　⑽関東御領

C．サ．高等女学校　シ．母性保護　ス．女工哀史　セ．女子挺身

⑾アメリカ　⑿明星　⒀労働省　⒁(あ)姦通罪　(い)満 20 歳　⒂電気洗濯機

◀解　説▶

≪古墳文化の展開，治承・寿永の乱の経緯，近現代の女性教育の普及と女性の地位向上≫

◆A．▶ア．邪馬台国の女王卑弥呼は，239 年に魏に朝貢して，「親魏倭王」の称号や金印紫綬を受けた。

▶イ．加耶（伽耶，加羅）は，4 世紀後半，朝鮮半島南部に分立していた諸国の総称であり，ヤマト政権は加耶諸国と密接な関係をもった。

▶ウ．渡来人とは，古墳文化期，大陸から日本に移住した人々の総称である。渡来人は文筆・金属加工・製陶など多様な文化や技術を日本に伝えた。

▶エ．607 年，遣隋使として派遣された小野妹子は，「日出づる処の天子」の語句で知られる国書を隋の煬帝に提出した。

▶オ．高松塚古墳は奈良県明日香村にある古墳で，1972 年に石室の壁画が発見された。壁画には星宿・四神・男女群像などが極彩色で描かれている。なお，明日香村にあるキトラ古墳にも四神などの壁画が発見されているが，男女群像は描かれていない。

▶(1)百舌鳥古墳群は，大仙陵古墳を中心とする大阪府堺市の古墳群で，羽曳野市の古市古墳群とともに，2019 年に世界文化遺産に登録された。

▶(2)古墳時代の防御用の武具には，頭部を防御する冑（かぶと），胴部を防御する短甲や挂甲がある。本問では「胴部と頭部を防御する武具」を問われているので，甲冑が正答である。

▶(3)倭の五王は，5 世紀に中国の南朝に朝貢した讃・珍・済・興・武の五人の倭王の総称である。

▶(4)五経博士は，6 世紀に百済から倭に交代制で派遣され，儒教経典を講じ，儒教を体系的に伝えた。

▶(5)飛鳥寺は 6 世紀末に蘇我馬子が建立した日本初の本格的寺院である。

◆B．▶カ．鎌倉幕府の支配の根幹は将軍と御家人の主従関係である。源頼朝は御家人に対して先祖伝来の所領の支配を保障する本領安堵や，新たな所領を与える新恩給与を行った。

▶キ．養和の大飢饉は，1181 年前後の西日本を中心とする飢饉で，平氏政権にとって打撃となった。

▶ク・ケ．源義仲は源頼朝の従弟にあたり，1180 年に以仁王の令旨に応じて信濃で挙兵し，1183 年の倶利伽羅峠の戦いで平家の大軍を破って入京したが，1184 年に源範頼・義経軍の前に敗死した。

▶コ．1183 年の寿永二年十月宣旨で，朝廷は源頼朝に東海道・東山道の支配権を認め，見返りとして両道の荘園・公領の年貢を元のとおりに荘園領主や国司に納めることを保障させた。

▶(6) 1159 年の平治の乱で平清盛が源義朝を倒し，平氏の覇権が確立した。義朝の子頼朝は平治の乱後，死罪を免れて伊豆国へ配流された。

▶(7)鎌倉は南を海，三方を山に囲まれた要害の地であったため，山を切り開いて外部への出入り口をつくった。この通路を切通という。

▶(8) 1183 年，安徳天皇を伴って平氏が都落ちした後，京都では治天の君後白河上皇のもとで後鳥羽天皇が即位した。

▶(9)平氏滅亡後，源義経が後白河上皇に接近したため，源頼朝との関係が悪化し，義経は奥州藤原氏に保護を求めた。藤原泰衡は頼朝の命令に従って義経を攻めて自殺させたが，頼朝は 1189 年に平泉を攻めて奥州藤原氏を滅ぼし陸奥・出羽二国を支配下においた。

▶(10)関東御領は，将軍（鎌倉殿）が本所として支配した荘園で，将軍の知行国である関東御分国と並ぶ幕府の財源であった。

◆C．▶サ．1899 年に公布された高等女学校令に従って，男子の中学校に相当する女子の中等教育機関として高等女学校の設立が進んだ。

▶シ．母性保護論争は 1918 年から 1919 年に『婦人公論』誌上で展開された論争であり，女性の経済的自立の必要を主張する与謝野晶子と，国家による母性保護の必要を説く平塚らいてうらが議論を戦わせた。

▶ス．『女工哀史』は，細井和喜蔵が自身と内縁の妻の紡績工場での体験などに基づいて，女工の過酷な実情を記述した。

▶セ．太平洋戦争勃発後の労働力不足を補うために，1943 年から女子挺身隊が組織された。14〜25 歳の未婚の女性は全て加入し工場などへ動員された。

▶(11)津田梅子は岩倉使節団の女子留学生としてアメリカに留学した。新渡戸稲造は 1884 年にアメリカへ私費留学した。

▶(12)『明星』は，与謝野鉄幹・晶子夫妻を中心とする雑誌で，ロマン主義の詩歌の発表の場となった。

▶(13)労働省は，1947 年に片山哲内閣によって新設された官庁である。

▶(14)(あ) 1880 年に公布された刑法では姦通罪が規定され，夫のある女性の不貞行為に対して適用された。

(い) 1945 年に衆議院議員選挙法が改正され，満 20 歳以上の男女に選挙権が与えられた。

▶(15) 1950 年代後半に急速に普及した電気洗濯機・電気冷蔵庫・白黒テレビは総称して「三種の神器」と呼ばれた。

Ⅳ 解答

(1)モンゴル襲来後，元との正式な国交はなかったが，民間商船の往来による貿易が活発であった。一方，元への警戒態勢の継続により御家人体制は動揺し，鎌倉幕府は滅亡した。元にかわった明の倭寇禁圧と入貢要求に応じて足利義満が遣使し，皇帝から日本国王に冊封されて正式な国交の下，朝貢貿易を開始した。日元・日明間の貿易を通じて大量の銅銭が輸入され，貨幣経済の発展を促すとともに，禅僧の往来を通じて大陸文化が受容された。(200 字以内)

(2) 19 世紀初頭，幕府は来航した異国船に薪水などを供給して帰国させる方針をとっていたが，イギリス軍艦フェートン号が長崎へ侵入した事件以後，東アジア進出をめざすイギリス船などの日本への接近が相次いだため，1820 年代半ば，異国船打払令を出して外国船の撃退を命じた。1840 年代初め，アヘン戦争でのイギリスの勝利を知った幕府は，異国船打払令を改め，薪水給与令を出し，欧米諸国との紛争を回避しつつ，鎖国制の維持に努めた。(200 字以内)

◀解　説▶

≪鎌倉後期～室町中期の日中関係，19 世紀前半の江戸幕府の対外政策の展開≫

▶(1)〈答案の構成〉

問われているのは，モンゴル襲来後から足利義満政権期までの日本と中国との関係について述べることであり，政治・経済・文化などの面に留意しつつ，という条件が付されている。論述問題で日本と中国との関係を考える際には，中国の王朝の名称と，正式な国交の有無に注意する必要がある。中国の王朝が元から明へと交替するのに伴って民間貿易から正式な国交の下での貿易へと変化することは，最低限明記したい。政治面では，モンゴル襲来により御家人体制が動揺したことが鎌倉幕府の滅亡につながった点を指摘し，経済面では，中国銭が輸入されて日本の貨幣経済が活発化したこと，文化面では禅僧の往来を通じて大陸文化の受容が進んだことを記したい。一見，簡単な問題のように見えるが，字数内に収めることが難しい。建長寺船・天龍寺船といった個別の貿易船や，明との貿易は勘合の所持を義務付けられたことなど細部に言及する余地はないだろう。経済・文化面の影響は，本問の指定時期全体を通じて言えることなので，冒頭か末尾にまとめて記すといった構成上の工夫が必要である。

〈知識の確認〉

【中国との正式な国交】

先述したように中国との関係を考える際には，王朝の名称と中国との正式な国交の有無を意識する必要がある。まず，中国との正式な国交とは何か，簡単に説明しておく。古来，中国には自らを文明の優れた中華（中心）とし，周辺地域を中国に服属し徳化を受けるべき野蛮な地域と考える中華思想（華夷秩序）があり，漢代には中国皇帝を中心とする東アジアの国際秩序として体現されていった。中国皇帝の徳を慕う周辺諸国の首長からの朝貢に対して，中国皇帝は国王の地位を認める称号を授与する（冊封する）とともに，朝貢への返礼として文物を下賜する。この中国を中心とする東アジアの国際秩序を冊封体制と呼び，中国との正式な国交とは，冊封を受けるか，少なくとも朝貢を行う関係を指す。

原始からの日中間の国家間の関係を概観すると，『漢書』に記された紀元前 1 世紀以来，5 世紀の倭の五王の遣使に至るまで，倭は断続的ではあるが中国に朝貢して，卑弥呼や倭の五王は中国皇帝の冊封を受けた。しかし，7 世紀初頭の遣隋使は中国に臣従しない形で国交を結び，文物の受容に努めた。つづく遣唐使も日本から唐への国家間の正式な使者として派遣された。遣隋使や遣唐使は，冊封こそ受けなかったものの，実質的には唐への朝貢であり，文物は唐からの下賜の形で入手されたのである。

10 世紀初頭の唐の滅亡により日中間の正式な国交は断絶した。10 世紀後半に宋が中国を統一したが，日本は東アジアの動乱や中国中心の外交関係（朝貢関係）を避けるために，宋と正式な国交を開こうとはしなかった。しかし，宋の民間商船の来航による日宋間の民間貿易や僧侶の往来は，宋が滅亡するまで活発に行われた。

【モンゴル襲来と日元貿易】

13 世紀後半に元を建国したフビライ=ハンの朝貢要求を日本が拒否した

ため文永・弘安の役の二度のモンゴル襲来がおきた。その後も元の三度目の来襲に備えて，日元間には軍事的緊張が続いた。一方で，元は貿易の国家的管理を行わなかったので，モンゴル襲来後も日元間の民間貿易は活発であった。このような中，14世紀前半，鎌倉幕府は建長寺の再建費用を得るために元に建長寺船を派遣した。14世紀半ば，足利尊氏は後醍醐天皇の冥福を祈るために天龍寺の建立を企図し，建長寺船の先例にならって，天龍寺船を元に派遣した。日元間には正式な国交がないため，建長寺船や天龍寺船は幕府が派遣しても民間貿易であることには注意したい。

【足利義満と日明貿易】

1368年に漢民族の王朝である明が建国された。明は民間の中国人が海外へ渡航することを禁じ（海禁政策），同時に，東アジア諸国に使節を派遣して朝貢を求め，東アジア諸国との通交を，明皇帝から冊封を受けた国王の朝貢に対する返礼という形式に限定した。1368年以降，明は日本に繰り返し使節を派遣し，朝貢とともに倭寇の禁圧を求めた。当初，大宰府を掌握していた南朝方の懐良親王が明との交渉にあたったが，懐良親王と明の結託を懸念した足利義満が，今川了俊を九州探題に命じて九州の南朝勢力の征討にあたらせたため，明と懐良親王の交渉は頓挫した。その後，足利義満が明に使者を派遣したが，国王の使節ではないと明側の拒否にあった。南北朝合一後の1401年，足利義満が明に博多商人肥富と僧祖阿を遣明使として派遣した。翌年，義満が明の皇帝から「日本国王」に冊封され，日明間の正式な国交が成立した。なお，この時点で明が義満を冊封した背景には，明国内での内乱という事情もあるが，南北朝合一という室町幕府の政治的安定も影響しているので，政治との関連として，「南北朝合一」を答案に盛り込んでもよい。

1404年に正式な国交の下で日明貿易が開始された。貿易船は明皇帝が発給する勘合の所持を義務付けられ，寧波で査証を受けた後，明の都北京で朝貢形式の貿易が行われた。

【政治・経済・文化との関係】

政治面では，元は弘安の役後も日本征服を計画していたため，幕府は警戒態勢を緩めず，九州地方の御家人を引き続き異国警固番役に動員した。二度のモンゴル襲来とその後も続く過重な負担に対して，幕府は十分な恩賞を与えることができず，御家人たちの信頼を失った。この御家人体制の動揺は鎌倉幕府の滅亡の一因となった。

経済面では，すでに日宋貿易による銅銭の輸入により貨幣経済が活発化していたが，日元・日明貿易を通じて大量の銅銭が輸入されて，貨幣経済がさらに浸透していった。室町時代には年貢の代銭納が一般化するとともに，高利貸業者に課された土倉役・酒屋役，関銭など，銭で納入させる種々の課税も行われた。

文化面では，禅僧の往来を通じて，大陸文化が日本にもたらされた。一例を挙げると，13 世紀末に元からの使節として来日した禅僧一山一寧は，日本に留め置かれたのち，北条貞時らの帰依を受け，建長寺の住持に迎えられ漢詩文など中国風の教養を身につける気風を育み，五山文学の素地をつくった。このように，禅僧の往来を通じて，禅宗のみならず漢詩文や書，水墨画，朱子学，喫茶といった様々な大陸文化が日本にもたらされた。

▶(2)〈答案の構成〉

問われているのは，19 世紀初頭から天保年間における江戸幕府の対外政策の展開について，イギリスの動向との関わりを中心に論じることである。いわゆる列強の接近の時代，実際にはイギリス以外にロシア・アメリカ・オランダなどとの関係が複雑に絡んでくるが，本問では「イギリスの動向との関わりを中心に」という条件が付されているので，比較的まとめやすいだろう。イギリスの動向と幕府の対応について，高校教科書の記載を中心に年表風にまとめると，下記のようになる。

	イギリスの動向		幕府の対応
		当初	来航した異国船に薪水を与えて帰国させる方針
1808	フェートン号事件	1810	白河・会津藩に江戸湾防備命令
1818	英国人，ゴルドンの通商要求		全国各地の海岸線に台場設置
1824	イギリスの捕鯨船員，常陸・薩摩などに上陸	1825	異国船打払令
1840	アヘン戦争勃発（～1842）	1841	高島秋帆による軍事演習
		1842	薪水給与令

〈知識の確認〉

【幕府の基本方針】

まず，現在の私たちが「鎖国」と呼んでいる江戸幕府の外交姿勢を江戸幕府自身が意識的に定義したのは，1792 年のラックスマン来航後の 19 世紀初頭のことであった。そもそも,「鎖国」という言葉の初出は, 1801 年に志筑忠雄が抄訳した『鎖国論』においてであり, 1804 年に長崎に来航したロシア使節レザノフの通商要求に対する幕府の返書で, 中国・オランダ・朝鮮・琉球に通交を限定することが祖法であり, それ以外の国との通交は拒否するという姿勢を明示した。これが,「19 世紀初頭から天保年間」という本問の指定時期における幕府の対外政策の基本であり, その秩序を脅かすイギリスなど他の欧米諸国に対しては警戒姿勢がとられた。この幕府の基本姿勢を答案の冒頭に総論として簡潔に記すとよい。しかし, 総論という形でまとめることができなくても, イギリスの動向とそれに対する幕府の対応を時系列に従って述べ, 最後に「幕府は鎖国制の維持に努めた」ことを書くのも可である。

【イギリスの接近と異国船打払令】

上に述べた基本姿勢をとる幕府は, 19 世紀初頭, 中国・オランダ・朝鮮・琉球以外の異国船が来航した際は, 薪水を与えて穏便に帰国させるという方針をとっていた。しかし, 1808 年, イギリスの軍艦フェートン号がオランダ船を追って長崎に入り, 商館員を捕らえて人質にし, 薪水・食料を強要して退去した。この事件に衝撃をうけた幕府は, 白河・会津の両藩に江戸の防備を命じた。なお, 18 世紀末以来, 幕府は度々海防の強化を命じている。これも, 幕府の対外政策の一つではあるから, 答案に書いてもよいが, その場合は, 逐一細かに書くのではなく,「海防強化に努めた」といった簡潔な書き方でよい。

フェートン号事件後, 年表に挙げたゴルドンの通商要求以外にもイギリス・アメリカ船の日本近海への接近が相次いだ。中でも 1824 年のイギリス捕鯨船の常陸大津浜と薩摩宝島への上陸に幕府は警戒を強めた。そして, 1825 年に異国船打払令を出し, 外国船の撃退を命じた。この法令を発令した幕府の真の目的は, キリスト教など西洋の文化に日本人が触れる機会を絶つことにあった。しかし, 1837 年にはアメリカ商船への砲撃事件であるモリソン号事件が発生した。

【アヘン戦争と薪水給与令】

アヘン戦争（1840～42 年）を契機に幕府の対外政策が変化した。18 世紀末ごろからイギリスがインド産アヘンを清国に持ち込んでいたため, 1839 年, 清国がアヘンの密輸の取締りを強化すると, イギリスは清国の不当な貿易体制打破を大義名分として遠征軍を派遣しアヘン戦争が始まった。1842 年 8 月，清国は敗北を認め南京条約を締結して，香港の割譲，上海など 5 港の開港，賠償金の支払いなどを認めた。アヘン戦争により清国がイギリスに敗れたことで，欧米諸国の軍事的脅威に対する危機感を強めた幕府は，1842 年 7 月に異国船打払令を改め薪水給与令を発し，欧米諸国との摩擦の回避に努めた。しかし，あくまで鎖国制は維持する方針であったので，この点は答案に明記すべきである。なお，一部の教科書では，薪水給与令の発令はアヘン戦争の終結より少し前のことであると書かれているので，「イギリスの勝利」ではなく「イギリスの優勢」といった表現でもよい。

❖講　評

Ⅰ　A.「延長四年二月十三日民部省符」，B.「奉公人の請状」，C.「日露戦争」「第一次世界大戦」「アジア・太平洋戦争」宣戦詔書の 5 史料が出題され，古代・近世の諸相，近代の外交に関する知識が問われた。史料の内容把握を必要とする設問もあるが，史料読解をさほど必要としない設問も少なくない。設問は標準的な内容なので，地道に学習を積み重ねた受験生には高得点が可能である。

Ⅱ　例年通り，古代～現代の諸事象が問われた。全体として標準的な事項が問われている。

Ⅲ　A.古墳文化の展開，B.治承・寿永の乱の経緯，C.近現代の女性教育の普及と女性の地位向上の 3 つのテーマを通じて，古墳時代，鎌倉時代，近現代の知識が空所補充と一問一答式設問の形で問われた。一部に受験生の盲点をついた難問があるが，大半は標準的な出題である。

Ⅰ～Ⅲで例年出題される短文説明問題が，2022 年度は出題されなかった。

Ⅳ　(1)鎌倉後期～室町中期の日中関係，(2)19 世紀前半の江戸幕府の対外政策の展開についての論述問題。(1)について，京大では過去にも類題が出題されている。2022 年度だけではなく，近年の京大の論述問題では，過去問と同テーマで時期をずらした出題や，過去問の出題の一部をより詳細にした出題，および，過去問で詳細に問うていた内容について視野を広げて問う出題など，類似した問題が出題される傾向がある。

過去問研究の徹底が論述問題攻略の近道である。2022 年度の(1)は，一見簡単なように思えるが，書くべき内容が多いので，あまり細部を書く余地はなく，答案の構成に工夫が必要であった。(2)については，列強の接近の時代はロシア・イギリス・アメリカ・オランダとの関係があり複雑であるが，本問は「イギリスの動向との関わりを中心に」という条件が付いていることで，知識を絞り込みやすかった。

時代については，記述問題と論述問題をトータルすると，原始・古代，中世，近世，近（現）代からそれぞれ 4 分の 1 の出題で，例年通りであった。近現代史のうち，5 問が現代史からの出題であった。分野については，例年は政治史に次いで文化史からの出題が多いのが京大の特徴であるが，2022 年度は原始文化も含めた文化史からの出題は比較的少なかった。一方，論述問題が 2 問とも外交史を中心とする問題であったこともあり，外交史の比重が大きかった。

世界史

I　**解答**　マラッカ王国は鄭和の遠征の基地となり，その保護の下でタイのアユタヤ朝への従属から脱し，明の朝貢国となった。以後，インド洋と南シナ海を結ぶ物資の集散地として繁栄し，中国の絹や陶磁器，東南アジアの香辛料，インドの綿布などが取引され，港市国家として成長した。明が対外的に消極策に転じた後は，国王がイスラーム教に改宗したことで西方のイスラーム商業世界との結びつきが強化され，タイの進出を阻止した。また，イスラーム教がマラッカを中心とする貿易ルートに沿って周辺の諸島部に広まり，ジャワ島やスマトラ島のイスラーム化を促した。しかし，東南アジアの香辛料貿易への参入をめざすポルトガルによって占領され滅亡した。(300 字以内)

◀解　説▶

≪マラッカ王国の歴史≫

●設問の条件

〔主題〕15 世紀から 16 世紀初頭までのマラッカ王国の歴史

〔条件〕• 外部勢力との政治的・経済的関係に言及する

• 周辺地域のイスラーム化に与えた影響に言及する

●論述の方向性

マラッカ王国は 14 世紀末に成立し，16 世紀初めの 1511 年に滅亡する。よって，本論述は成立直後の 15 世紀初めから王国滅亡までが対象となり，そこに設問の〔条件〕を組み込むことが要求されている。

設問文の「国際交易の中心地」「貿易拠点」から，マラッカ王国が港市国家（物資の集散地となる港市を中心とした，交易に基盤を置いた国家）であったことがわかる。また，「イスラーム化」については，東南アジア最初の本格的なイスラーム国家になったことを必ず指摘したい。これらを糸口に設問の〔条件〕を反映させた解答を構成すればよい。

◎外部勢力との政治的・経済的関係

マラッカ王国は，マレー半島南西部，インド洋と南シナ海を結ぶ交通上の要衝・マラッカ海峡を臨む地に成立した。当初から港市国家の性格が強く海上貿易の中継を行ったが，同じ港市国家であったタイのアユタヤ朝との競合を招き，その従属下に置かれた。これが本論述を書き始める際に思い浮かべておきたい状況となる。その上で 15 世紀前半に明が行った鄭和の南海遠征（1405～33 年）を想起したい。マラッカ王国は鄭和の艦隊の拠点・基地となり，その保護の下でアユタヤ朝からの干渉を排除して，明の朝貢国となった。マラッカ王国は中国の絹や陶磁器の他，ムスリム商人がインド洋方面から持ち込んだ綿布や宝石，ジャワ商人がモルッカ諸島から持ち込んだ香辛料などの集荷地となり，それらの取引を活発化させ，東南アジア海上交易世界の中心となって繁栄した。その後，明が鄭和の遠征終了とともに対外活動を消極策に転じると，マラッカ王国は西方のイスラーム商業世界との関係を強めていくことになる。

◎周辺地域のイスラーム化に与えた影響

東南アジアには 8 世紀頃からムスリム商人が進出していたが，15 世紀にマラッカ王国が港市国家として発展するに伴い，ムスリム商人もさかんにマラッカ王国に来航するようになった。明が対外活動を消極策に転じた後もマラッカ王国は明に朝貢を続けたが，国王がイスラーム教に改宗したことでイスラーム世界との関係を深めていくことになった。タイの勢力が一時マラッカの回復を試みようとしたが，イスラーム勢力との関係を深めていたマラッカ王国はこれを退けることに成功している。こうしてマラッカ王国は東南アジア最初の本格的なイスラーム国家となり，東南アジアのイスラーム化を進める拠点ともなった。イスラーム教はマラッカを中心とする海上交易ルートに沿って東南アジアの諸島部に広まり，ジャワ島ではヒンドゥー王国のマジャパヒト王国が衰え，スマトラ島では 15 世紀末にイスラーム国家としてアチェ王国が成立した。このアチェ王国はマラッカ王国滅亡後，ムスリム商人の貿易拠点の一つとなった。

◎マラッカ王国の滅亡

15 世紀末に大航海時代が開幕すると，インドのゴアを拠点としたポルトガルが東南アジアの香辛料貿易への参入・独占をめざして進出し，1511 年マラッカ王国を占領し，滅亡させた。これが本論述の締めくくりとなる。

Ⅱ 解答

A．a．ムアーウィヤ
b．サラディン〔サラーフ=アッディーン〕

⑴アッシュルバニパル　⑵ユダ王国　⑶エフタル　⑷十二イマーム派　⑸ティグリス川　⑹トゥールーン朝　⑺カリフ　⑻イブン=ハルドゥーン　⑼サファヴィー朝　⑽ギリシア　⑾ロンドン会議　⑿イラク王国　⒀サイクス・ピコ協定

B．c．雍正　d．大躍進

⒁一条鞭法　⒂囲田〔圩田，湖田〕　⒃農政全書　⒄南洋華僑〔華僑〕　⒅李自成　⒆地丁銀制　⒇保甲法　(21)トウモロコシ　(22)洪秀全　(23)盛京　(24)扶清滅洋　(25)人民公社　(26)改革・開放政策

◀解　説▶

≪歴史的「シリア」をめぐる歴史，中国の人口推移と社会≫

◆A．▶a．ウマイヤ朝は661年，シリア総督ムアーウィヤが創建した。

▶b．アイユーブ朝は1169年，ファーティマ朝の宰相だったサラディン（サラーフ=アッディーン）が創建した。

▶⑴アッシリア王国は前7世紀，最大版図を達成した王アッシュルバニパルの下で最盛期を迎えた。アッシュルバニパル王はニネヴェに図書館を作ったことでも覚えておきたい。

▶⑵新バビロニアの王ネブカドネザル2世はユダ王国を滅ぼし，住民のヘブライ人を都のバビロンに連行した（バビロン捕囚：前586～前538年）。

▶⑶ササン朝のホスロー1世は6世紀，突厥（モンゴルの騎馬遊牧民とその国家）と結んでエフタル（中央アジアの騎馬遊牧民）を滅ぼした。

▶⑷シーア派最大の宗派はアリーとその11人の男系子孫（計12人）を指導者とする十二イマーム派で，サファヴィー朝の国教となった。

▶⑸バグダードは三重の城壁を持つ円形都市で，メソポタミアを流れるティグリス川の西岸に建設された。

▶⑹やや難。エジプトには9世紀後半，アッバース朝から自立したエジプト総督代理によってトゥールーン朝が創建された。なお，トゥールーン朝滅亡（905年）後の969年，エジプトはチュニジアから興ったファーティマ朝に征服される。

▶⑺ファーティマ朝の君主は建国後，アッバース朝に対抗するためカリフを称し，アッバース朝カリフの権威を否定した。10世紀にはイベリア半

島の後ウマイヤ朝もカリフを称したことから，イスラーム世界では3人のカリフが鼎立した。

▶(8)『世界史序説』はイスラーム世界を代表する歴史家イブン=ハルドゥーンが著した。遊牧民と都市民の交流を中心に，王朝の変遷や交替を論じる文明論を展開した。

▶(9)オスマン帝国のスルタン・セリム1世は1514年，イランのサファヴィー朝（王はイスマーイール）をチャルディラーンの戦いで破り，シリアへ進出した。

▶(10)オスマン帝国はギリシア独立運動（ギリシア独立戦争）の際，ムハンマド=アリー朝の支援を得て，独立を支援するイギリス・フランス・ロシアと戦ったが敗北し，ギリシアの独立を認めた（1829年）。

▶(11)シリアをめぐるムハンマド=アリー朝とオスマン帝国の2度にわたる戦い（エジプト=トルコ戦争）は列強の介入を招き，1840年に開かれたロンドン会議でムハンマド=アリー朝はシリア領有を断念した。

▶(12)第一次世界大戦後，西アジアではイラク・ヨルダン・パレスチナがイギリスの委任統治領となった。この3地域のうち，ファイサルが国王として迎えられたのはイラクで，1932年にイラク王国として独立した。

▶(13) 1916年，イギリス・フランス・ロシアは秘密協定としてサイクス・ピコ協定を結び，オスマン帝国領の分割や処理を定めた。イギリスは，この前年フセイン・マクマホン協定で，オスマン帝国への反乱を条件にフセインにアラブ国家独立を認め，1917年にはバルフォア宣言でパレスチナにおけるユダヤ人の民族的郷土建設を認めたため，矛盾する外交となった。

◆B．▶c．清の全盛期は，1661年に即位した康熙帝から雍正帝を経て，乾隆帝の3代にわたり，18世紀末まで続いた。

▶d．毛沢東は1958年，中華人民共和国の国家主席として大躍進の号令を発し，農業生産・工業生産の飛躍的増大をめざした。

▶(14)明では後期の16世紀後半，銀の流入を背景に各種の税と徭役を一括して銀納させる一条鞭法が全国的に実施された。

▶(15)南宋では長江下流域で新田開発が進んだ。この新たに開拓された農地は囲田・圩田・湖田と呼ばれ，農業生産増大の要因となった。なお，穀倉地帯は明代には長江中流域に移動する。

▶(16)徐光啓が編纂した『農政全書』は中国農書の集大成とされる。徐光啓は他にも『幾何原本』を翻訳し，『崇禎暦書』の編纂も行っている。

▶⑰明代後期から清代にかけて東南アジアへ移住した中国人は南洋華僑と呼ばれた。経済的に成功する者も多く，現地経済にも大きな影響を与えたが，その影響力から現地の人々と対立する場合もあった。

▶⑱明末，李自成を指導者に農民反乱が起こり，反乱軍が都の北京を包囲すると，崇禎帝は自殺した。これにより明は滅亡する（1644 年）。

▶⑲清代に確立した税制は地丁銀制。これは明代の一条鞭法を簡略化した税制で，康熙帝時代に広東で始まり，雍正帝時代に全国へ波及した。

▶⑳北宋の王安石は神宗のもとで富国強兵をめざし，新法による改革を実施した。この新法のうち，保甲法が兵農一致の強兵策である。

▶㉑中国に伝来したアメリカ大陸原産の畑地作物はサツマイモとトウモロコシで，これらは稲作に適さない山地での栽培が可能なため山地の開発・農地化を促した。これが清代 18 世紀の人口急増を支える背景の 1 つとなった。なお，サツマイモは主に江南，トウモロコシは主に華北で栽培された。

▶㉒太平天国は拝上帝会の組織者であった洪秀全により樹立された（1851 年）。洪秀全は広東省の客家出身。

▶㉓清はホンタイジ（太宗）のときに都の瀋陽を盛京と改称し，次の順治帝のときに中国本土に入り北京を占領すると，盛京から北京へ遷都した。

▶㉔ 19 世紀末の清において排外運動を起こした宗教的武術集団は義和団で,「扶清滅洋」をスローガンに鉄道やキリスト教会を破壊した。

▶㉕中華人民共和国において 1958 年に大躍進の政策が始まると，農村には大躍進実行のため，生産と行政・教育活動を一体化した組織として人民公社が設立された。しかし，現実を無視した無理な計画から農業の生産性は上がらなかった。

▶㉖中華人民共和国では 1978 年，鄧小平の指導の下，改革・開放政策が始まり，外国の資本・技術の導入や市場経済への移行が進められた。この政策が進む中，1985 年に人民公社は消滅した。

III **解答** ペルシア戦争後のアテネでは無産市民の発言力が高まり，ペリクレスの下で直接民主政が完成した。成人男性市民全員が参加する民会が国政の中心となり，多数決で政策を決定した。また公職のほとんどが貧富に関係なく市民の抽選で選ばれるなど，市民の政治的平等が徹底された。共和政ローマでは執政官のうち一人を平民から選ぶリキニウス・セクスティウス法や平民会の決議が元老院の承認なしに国法となることを定めたホルテンシウス法で貴族と平民は法的に対等となった。しかし，貴族と富裕な平民からなるノビレスが高位の公職を独占し，彼らを中核とする元老院が権威を持ち，平民会の政策決定に影響を与えるなど市民の政治的平等は不徹底であった。(300 字以内)

◀解　説▶

≪民主政アテネと共和政ローマ≫

●設問の条件

〔主題〕民主政アテネと共和政ローマにおける国政の中心を担った機関とその構成員の実態

〔条件〕• アテネについてはペルシア戦争以降，ローマについては前 4 世紀と前 3 世紀を対象とする
• アテネの民主政とローマの共和政の違いに留意する

●論述の方向性

ペルシア戦争以降のアテネ民主政と，前 4 世紀・前 3 世紀のローマ共和政の状況を想起しつつ，〔主題〕の「国政の中心を担った機関とその構成員の実態」について説明していく。その上で〔条件〕のアテネ民主政とローマ共和政の「違い」にも言及する。設問文に「成人男性市民が一定の政治参加を果たしたとされる」としつつ，「大きな違いが存在した」と記しているので，「両者の違い」については市民の政治参加の在り方に着目したい。

1．ペルシア戦争以降のアテネ民主政と市民

ペルシア戦争後のアテネでは軍艦の漕ぎ手として活躍した無産市民の発言力が高まり，ペリクレスの指導の下に直接民主政が完成した。奴隷制に立脚し，女性や在留外人に参政権はなかったが，本論述で特に重要なのは成人男性市民全員が政治に参加できるようになった点である（なお，市民権法により市民は両親ともアテネ人である者に限定された)。

民主政アテネにおいて「国政の中心を担った機関」は民会である。「構成員」は成人男性市民で，全員が民会に参加し，一人一票の多数決で国家の重要な政策を決定した。加えて，ほとんどの公職は市民から抽選で選ばれた。つまりアテネでは市民（成人男性市民）であるなら，貧富に関係なく誰でも平等に政治に参加できたため，市民の政治的平等が徹底されていた。

2．前4世紀・前3世紀のローマ共和政と市民

共和政ローマにおける「国政の中心を担った機関」は元老院である。ローマでは共和政へ移行した前6世紀末以降，少数の貴族が最高官職である2名のコンスル（執政官）を独占し，元老院がコンスルを指導した。

この貴族による政権独占に対し，重装歩兵の中核であった平民が身分闘争を開始し，前5世紀には平民保護のための護民官が設置され，平民の成人男性市民は護民官が招集する平民会に参加した。

前5世紀半ばには十二表法で慣習法が成文化されて貴族による法の独占が破られ，前4世紀にはリキニウス・セクスティウス法が制定され，それまで貴族が独占していた2名のコンスルのうち1名を平民から選出できるようになった。これにより元老院議員となる平民も現れ，高位の公職者を出す平民（富裕な平民）は従来の貴族と結びつき，ノビレス（新貴族）という新支配層が形成されていくことになった。

前3世紀にはホルテンシウス法が制定され，平民会の決議は元老院の承認がなくても国法となることが決まった。これにより身分闘争は終結し，平民の政治参加が拡大して貴族と平民は法的に対等となった。

しかし，少数のノビレスが高位の公職を独占して元老院の中核となり，平民会の政策決定に大きな影響力を行使した。共和政ローマでも市民なら政治に参加できたが，少数のノビレスが政治を支配したため，市民の政治的平等は民主政アテネに比すと不徹底であった。

Ⅳ　解答

A．⑴㋐ロンバルディア同盟　㋑托鉢修道会
⑵ローマ法大全
⑶㋐イブン=シーナー〔アヴィケンナ〕　㋑血液循環説　⑷カール4世
⑸プラトン　⑹ヴィッテンベルク　⑺㋐ピサロ
㋑イングランドのカルヴァン派で，イギリス国教会の改革を不十分である

ととらえカルヴァン主義の徹底を主張した。

⑻㋐チャールズ２世　㋑ニュートン　⑼ウォルポール

⑽ドイツ国民に告ぐ

Ｂ．⑾ダービー　⑿ワット　⒀水力（人力も可）　⒁インド

⒂マンチェスター　⒃ナポレオン３世　⒄カルボナリ

⒅フィラデルフィア　⒆チェチェン　⒇アルザス・ロレーヌ　㉑ザール

㉒ルール　㉓㋐ヨーロッパ石炭鉄鋼共同体〔ECSC〕

㋑イタリア，ベルギー，オランダ，ルクセンブルクのうちから１つ

㉔サッチャー

◀解　説▶

≪中世～近代のヨーロッパの大学，石炭と近代ヨーロッパ史≫

◆Ａ．▶⑴㋐ 12～13 世紀，神聖ローマ皇帝がイタリアに介入すると（イタリア政策），北イタリアの都市はミラノを中心にロンバルディア同盟を組織して皇帝軍を撃退し，皇帝に自治権を認めさせた。

㋑フランチェスコ修道会やドミニコ修道会は財産を否定し，その修道士は信者から受けるわずかな施しによって活動した。そのためこれらの修道会は托鉢修道会と総称された。

▶⑵東ローマ帝国では６世紀，ユスティニアヌス大帝の命によりトリボニアヌスらを中心にローマ法を集大成した『ローマ法大全』が編纂された。

▶⑶㋐『医学典範』は 11 世紀，イスラーム世界を代表する医学者イブン=シーナー（ラテン名アヴィケンナ）により著された。

㋑ハーヴェーはイギリス王のジェームズ１世やチャールズ１世の侍医も務めた医者で，実験的論拠に基づいて血液循環説を発表した。

▶⑷プラハ大学は神聖ローマ帝国内最初の大学で，皇帝カール４世により創設された。なお，カール４世は 1356 年には金印勅書を発布する。

▶⑸『ソクラテスの弁明』や『国家』は，ソクラテスの弟子で，イデア論や「哲人政治」で知られる古代ギリシアの哲学者プラトンによって著された。

▶⑹ルターはヴィッテンベルク大学の神学教授で，ローマ教皇レオ 10 世による贖宥状の販売を批判して 1517 年に九十五カ条の論題を発表した。これがドイツ宗教改革の発端となる。

▶⑺㋐インカ帝国は 1533 年，スペインのピサロにより征服された。

(イ)やや難。ピューリタンがイングランドのカルヴァン派とする指摘が大前提となる。その上でその「宗教的」な「立場」を記せばよい。カルヴァン派がヨーロッパ各地に広まった16世紀は宗教改革期で，イングランドではイギリス国教会が確立された。しかしイギリス国教会の教義・祭礼にはカトリック的要素が多く残ったため，その要素の一掃をイングランドのカルヴァン派は求めた。このイギリス国教会の改革を国教会の外から望んだカルヴァン派をピューリタン（清教徒）と呼んだ。

▶(8)(ア) 1660年のイギリスでは王政復古により，チャールズ2世（ピューリタン革命で処刑されたチャールズ1世の子）が即位し，ステュアート朝を復活させた。

(イ)『プリンキピア』はイギリスの物理学者ニュートンの著書で，彼が発見した万有引力の法則などを体系化した。

▶(9)ハノーヴァー朝初代はドイツから迎えられたジョージ1世。2代目の国王はジョージ2世で，彼の時代にホイッグ党のウォルポールの下でイギリスにおける責任内閣制が確立した。

▶(10)フィヒテはドイツ観念論の哲学者で，ナポレオン軍占領下のベルリンで「ドイツ国民に告ぐ」と題する連続講演を行い，ドイツ人の国民意識を高揚させた。後に初代ベルリン大学総長に就任している。

◆B.　▶(11)コークス製鉄法はイギリスのダービー父子によって開発され，鉄の大量生産を可能とし，産業革命を支えた。

▶(12)蒸気機関はイギリスのニューコメンにより考案され，ワットにより改良・実用化された。その結果，蒸気機関は産業革命期の動力の主役となった。

▶(13)蒸気機関を導入した力織機が出現する前，イギリスでは水力紡績機（後に水力から蒸気を動力源とするようになった）や人力を動力源とするジェニー紡績機が使用されていた。

▶(14)イギリスはインドから綿織物（インド産綿布）を輸入していた。この綿織物の国産化をめざしてイギリスでは綿織物工業が興り（輸入代替工業化），この綿織物工業から産業革命が始まった。

▶(15)イギリス産業革命期，ランカシャー地方の都市マンチェスターが綿織物工業の中心となった。

▶(16)難問。フランスでは第二帝政を樹立したナポレオン3世が近代化政策として，鉄道関連事業の再編や金融システムの改革を進めた。

▶⒄イタリアでは 19 世紀初め，ナポレオン支配下のナポリ王国においてカルボナリ（「炭焼き」という意）と呼ばれる秘密結社が生まれた。ウィーン体制成立後，カルボナリは自由主義・国民主義の運動を展開したが失敗した。

▶⒅アメリカ独立革命期の大陸会議や独立直後の憲法制定会議はフィラデルフィアで開催された。フィラデルフィアは 1800 年にワシントンがアメリカ合衆国の首都になるまで，首都の役割を果たした。

▶⒆難問。グロズヌイは現在，ロシア連邦に属するチェチェン共和国の首都となっている。チェチェン共和国は北カフカス（北コーカサス）に位置し，この国ではソ連崩壊後の 1994 年と 1999 年にロシア連邦からの分離独立をめぐって紛争が起こった（チェチェン紛争）。

▶⒇フランスは普仏戦争（ドイツ=フランス戦争）に敗れ，アルザス・ロレーヌをドイツ帝国に割譲した（1871 年）。ドイツでは，エルザス・ロートリンゲンと呼ぶ。

▶㉑ヴェルサイユ条約（第一次世界大戦後の 1919 年に結ばれたドイツと連合国の講和条約）により，ザールは国際連盟の管理下に置かれ，15 年後の住民投票で帰属を決定するとされた。1935 年の住民投票により，ザールはドイツに編入された。

▶㉒フランスとベルギーは 1923 年にルール占領を行い，1925 年まで同地方を占領した。

▶㉓㈠ 1950 年に提案されたシューマン=プランに基づき，1952 年ヨーロッパ石炭鉄鋼共同体（ECSC）が発足した。

㈡ヨーロッパ石炭鉄鋼共同体にはフランス・西ドイツ・イタリア・ベネルクス 3 国（ベルギー・オランダ・ルクセンブルク）の 6 カ国が参加した。1958 年にヨーロッパ経済共同体（EEC）とヨーロッパ原子力共同体（EURATOM）が発足し，この 3 つの共同体によってヨーロッパ共同体（EC）が 1967 年に成立した。

▶㉔イギリスでは 1979 年に成立した保守党のサッチャー政権のもとで，新自由主義の政策として，石炭産業など国営企業の民営化を進めた。

❖講　評

Ⅰ　マラッカ王国の歴史を扱った論述。これまで論述として問われることのなかった東南アジアからの出題であるが，マラッカ王国は東南アジア史では頻出事項である。マラッカ王国とイスラーム化についてはまとめやすいだろうが，外部勢力との政治的・経済的関係については学習が十分でなかった受験生はまとめにくかったと思われる。得点差が出やすい論述問題であった。

Ⅱ　Aでは歴史的「シリア」の支配をテーマに古代～現代までの西アジアが，Bでは人口の推移をテーマに13世紀～現代までの中国が扱われた。例年，Ⅰが中国以外の場合，ⅡはA・Bとも中国（東アジア）関連であったが，2022年度はこのパターンが崩れた。しかし出題はすべて語句記述で，頻出の重要事項が大半を占めた。(6)のトゥールーン朝，(23)の盛京などで失点しやすい。

Ⅲ　民主政アテネと共和政ローマを比較的に扱った論述。設問が対象とする時期のアテネとローマの政治状況は入試頻出の箇所で，対応は難しくない。自分の持っている知識の中から設問が求める内容を抽出できるかどうかが出来を左右した。また「両者の違いに留意し」とあり，「違い」を明確に示す必要があるため，文章力が試される問題であった。

Ⅳ　Aでは大学をテーマに中世～近代のヨーロッパが，Bでは石炭の影響をテーマに近代ヨーロッパが扱われた。語句記述の大半は重要事項で，設問文中にヒントも多く解答しやすい。ただ，(16)のナポレオン3世と(19)のチェチェンは難度が高く，得点差が生じやすかった。また，(7)(イ)の短文論述は「宗教的」な「立場」とは何を意味するのかがイメージしにくかったと思われ，やや難の出題であった。

2022年度は出題パターンにおいて2021年度までと少し異なった。しかしⅡ・Ⅳの語句記述は例年どおり重要事項が大半を占め，短文論述も過去の多くの出題と同様に事項説明であった。Ⅱ・Ⅳは得点源としたい。一方，Ⅰ・Ⅲの300字論述は歴史的推移を記せば完成という問題ではなく，Ⅰでは「影響」，Ⅲでは「違い」が求められており，その要求に沿った論述が求められていた。京大世界史では論述の出来が得点差の分かれ目となるため，今一度，論述対策の重要性を認識しておきたい。

地理

I 解答

(1)①隆起 ②侵食 ③運搬 ④堆積 ⑤扇状地
⑥断層山地（傾動地塊も可）

(2)①天井川

②河道を堤防で固定すると河床に砂礫が堆積し続け，堤防のかさ上げが繰り返されるため。(40字以内)

(3)①河道

②異常出水による堤防の決壊で流路が復活し，浸水被害が発生する。(30字以内)

③扇央の桑畑を宅地化したため，山地からの土石流が発生しやすい。(30字以内)

◀解 説▶

≪岐阜県養老町付近の地形図読図≫

▶(1)山地と山麓の地形発達過程について，地形をつくる力としての内的営力と外的営力の基本的理解を問うている。

①「南西側の地盤」とあるので，等高線が密になっている山地部分の成因のことである。内的営力である断層運動によって隆起したことで急峻な山地（養老山地）が形成された。

②～④河川の働きとして，外的営力である侵食・運搬・堆積の過程に該当する。

⑤「山麓に…形成」される河川の作用による地形であるので，扇状地である。一般に，山地から河川が流れ出ると，平地との境界部に扇状地が形成される。

⑥「活断層の運動」によって形成される山地を総称して断層山地という。本問の養老山地は西側が緩斜面であるため，詳細に見ると傾動地塊である。

▶(2)①「河川近傍の等高線の形状に着目」とあるので，A地点から東側では等高線が下流方向に凸状に出ていることから天井川と判断できる。図中には見られないが，道路や鉄道が河川の下をトンネルで通過することも多く，判断材料となる。

②天井川は人為的な河川である。扇状地を河川が自由に流れていると洪水のたびに流路が移動するので，氾濫しないよう堤防がつくられる。すると上流から運搬された砂礫が河道内に堆積して河床が上昇し，氾濫の危険が高まるため，堤防のかさ上げが行われる。その繰り返しにより，周りの平地より河床が高い河川が形成される。

▶(3)①図２では「五日市」集落の北東部で河川が二分していたが，図１では堤防が築かれ流路が北側の河川に統合されている。Ｂ地点付近の住宅地は，南側を流れていた河川の流路（旧河道）を利用したものである。

②旧河道であるので，新たにつくられた堤防付近は洪水時に強い河流にさらされるため破堤の危険性が高い。堤防が決壊した場合，旧河道に沿って濁流が流れ，家屋の浸水や流出などの被害が予測される。

③Ｃ・Ｄ地点は，図２によると土地利用は桑畑となっている。道路形態や家屋の配置の特徴から，かつて桑畑であった箇所を造成してつくられた住宅地であることがわかる。扇状地でも傾斜がやや急な扇央にあたり，集中豪雨時には上部の山地の谷から流れ下る河川に土石流が発生し，その襲来を受ける可能性がある。

Ⅱ　解答

(1)①カルデラ　②阿蘇山　③鹿児島湾〔錦江湾〕

(2)偏西風や北西季節風により火山灰は東側に運搬され，平地も広がっており堆積しやすい。(40字以内)

(3)①砂州（沿岸州も可）　②ーオ・カ

(4)①ラムサール条約

②水鳥保護など，湿地の多様な生態系の保全。(20字以内)

◀解　説▶

≪日本の火山と湖沼≫

▶(1)①Ａの洞爺湖，Ｂの支笏湖，Ｃの屈斜路湖は，火山噴火後の陥没等によって生じたカルデラに湛水したカルデラ湖である。

②カルデラの「地形が典型的に見られる九州の山の名称」とあるので，阿蘇山となる。九州には他にもカルデラ火山があるが，典型的な山としては阿蘇山でよいだろう。

③約３万年前，現在の鹿児島湾（錦江湾）北部で巨大噴火が起こり，姶良（あいら）カルデラが生じ，火山噴出物によりシラス台地が形成された。のちに，こ

のカルデラの南端に桜島が噴出した。

▶(2)「気候」の観点からは，北海道の上空には偏西風が卓越し，また冬季には北西季節風が吹くことから，噴出した火山灰は噴火口から東側に堆積することがあげられる。「地形」の観点としては，火山の東側には石狩平野，根釧台地などの平地が広がっていることを答えればよい。

▶(3)Dのサロマ湖，Eの風蓮湖は，砂州で湾口がふさがれた潟湖（ラグーン）である。砂州は運搬された砂礫が岬や海岸の突出部から海側に細長く突出した地形で，砂嘴が対岸にほとんど結びつくようになったものをいう。海岸線にほぼ平行する砂州は沿岸州という。十和田湖はカルデラ湖，猪苗代湖は断層で凹地が形成された後，火山噴出物により河川が堰止められた湖，芦ノ湖は箱根カルデラの火口原に形成された湖，諏訪湖はフォッサマグナの地溝に形成された断層湖である。浜名湖は湾口を砂州がふさいだ湖，中海は典型的な砂州である弓ケ浜により日本海から隔てられた潟湖である。

▶(4)①正式には「特に水鳥の生息地として国際的に重要な湿地に関する条約」であるが，採択されたイランの都市にちなんで，通常ラムサール条約と呼ばれている。

②正式の条約名のように，水鳥の生息地である湿地の保全を目的とする。湿地や干潟は水鳥以外にも微生物や小動物が生息する多様な生態系を有するため，ワシントン条約と並ぶ動植物保護のための条約となっている。

Ⅲ　解答

(1)①数学やコンピュータ技術に優れており，英語が堪能であること。(30 字以内)

②アメリカ合衆国との約半日の時差を活用した分業体制で，24 時間連続した開発ができる。(40 字以内)

(2)①輸出用の自動車や電気機械など高付加価値の製品を生産している。(30 字以内)

②アジア通貨危機

(3)①職人の高度な技術によりデザインの優れた高級品を少量生産する。(30 字以内)

②第 3 のイタリア〔サードイタリー〕

(4)①ベトナム　②ドイモイ〔刷新〕政策

◀解　説▶

≪主要 4 カ国の工業生産≫

▶(1)A 国は，2018 年の工業出荷額が 4 国中 2 位で，工業付加価値額が 2000 年代に入って急速に増加していることで，近年急速に工業化が進行している国とわかる。さらに問題文中に「現在，情報通信技術（ICT）産業が急速に発達している」とあるので，BRICS の一国であるインドと判断できる。①ではインドの ICT 産業を支える人材の特徴が問われているので，インドでは理数系教育に力が入れられていることと，イギリスの植民地統治の影響で英語が堪能な人材が多いことを答える。②では「ICT 産業のグローバルな分業」とあるので，インターネットの即時性により「主に輸出先」になっているアメリカ合衆国との時差を活用した 24 時間体制でのソフトウェア開発と作成が可能となっていることを述べる。アメリカ合衆国西海岸とインドとの時差は 13 時間 30 分であるため，アメリカ合衆国での業務終了後，インドで業務を引き継ぐことができる。

▶(2)① B 国は，4 国中工業出荷額が最大で，機械生産の割合が非常に高いことから，韓国であるとわかる。韓国は早くから輸出指向型工業が発達し，1990 年代以降は，自動車や半導体・液晶パネル・家電・スマートフォンなどの電気機械が主要な輸出品となっている。

② 1997 年タイ通貨（バーツ）の下落に端を発したアジア通貨危機は，韓国を含むアジア各国に波及し，経済に大きな打撃を与えた。

▶(3)① C 国は，工業付加価値額が 2000 年までは他の 3 国より圧倒的に多いことから，イタリアであることがわかる。繊維・皮革工業が発達している背景について問われているので，職人が高い伝統技術を生かし手作業を中心としてデザイン性に優れた製品を少量生産することで，世界的に有名な高級ブランド品となっていることを簡潔にまとめる。

②北部三角地帯（ミラノ・トリノ・ジェノバを結ぶ一帯）の重工業地域，南部の農業地域に次ぐ重要な産業地域の意味で命名された。

▶(4)① D 国は，工業出荷額，工業付加価値額ともに少ないことから，発展途上にあるベトナムとわかる。

② 1986 年から，ドイモイ（刷新）と呼ばれる，社会主義体制を維持しながら市場経済化と対外開放を推進する政策が採用され，輸出加工区が設置されてベトナムの工業化を進めた。

Ⅳ　解答

(1)インド=ヨーロッパ語族

(2)①チベット語（タイ語・ビルマ〔ミャンマー〕語も可）

②言語Aの文字である漢字と派生文字の仮名を使用すること。

(3)①英語　②ニュージーランド

③植民地統治下で失われたマオリの伝統的な文化や言語を保存する政策に転換した。(40 字以内)

(4)①アフリカ=アジア語族〔アフロ=アジア語族〕　②イスラーム

(5)スペインとポルトガルが中南米地域の大半を植民地とし，母語を公用語としたため。(40 字以内)

◀解　説▶

≪言語と民族≫

▶(1)スペイン語・ロシア語からヨーロッパの言語，ヒンディー語・ベンガル語から南アジアの言語とわかり，インド=ヨーロッパ語族と判断する。

▶(2)①言語Aは，約 13 億人の人口が使用していることから中国語（漢語）とわかる。中国語（漢語）はシナ=チベット語族であるので，それに属する言語としてチベット語，タイ語，ビルマ（ミャンマー）語のいずれかを答える。

②言語Eは 1 億人余りが使用していることから，日本語と判断する。日本語と中国語との「深い関わり」は，共通する文字として漢字が使用されていることを思い起こしたい。

▶(3)①言語Bはインド=ヨーロッパ語族に属しスペイン語に次ぐ言語人口であり，「第二あるいは第三の言語として使用している人口が多い」とあるので英語と判断できる。問②の「言語Bとマオリ語を公用語とする国」もヒントとなる。英語はイギリスからの移民が建国したアメリカ合衆国・カナダ・オーストラリア・ニュージーランドの他に，イギリスが植民地としたインド・マレーシア・ナイジェリアなどでも使用されている。

②英語とともに「マオリ語を公用語」とするのは，マオリを先住民とするニュージーランドである。

③ニュージーランドへのイギリスの植民は 1820 年ごろに始まる。移民が急増したことで先住民のマオリとの対立が激しくなり，イギリスはワイタンギ条約を締結し植民地とした。その後，マオリは植民地化に抵抗したが

退けられ，社会的・経済的に不遇な時期が続き，多くは都市住民と化した。しかし，民族運動などを通じて，現在ではマオリの文化の保存を進める政策が実施されるようになっており，マオリ語が公用語となったほか，土地返還運動も行われている。

▶(4)①言語Cは，人口が3億人強であることと，「この言語で聖典が記され」ていることから，アラビア語で記された『コーラン』を想起して，アフリカ=アジア語族と判断する。

②「この言語の話者の多くが信仰するだけでなく，さらにベンガル語など他の言語の話者の間でも広く信仰」とあるので，ベンガル語を使用するバングラデシュもヒントとなって，宗教はイスラームと判断できる。

▶(5)スペイン語は，スペイン本国での使用人口は約4,700万人に過ぎないが，植民地であったメキシコなどラテンアメリカの多くの国で公用語となっていることに注意したい。共通する歴史的背景として，スペインとともに海外進出したポルトガルが，ブラジルを植民地としたことを想起すれば，言語Dが，2020年現在人口2.1億人を有するブラジルの公用語となっているポルトガル語と判断できる。

V　解答

(1)ア．タイガ　イ．ポドゾル　ウ．フィードロット
エ．秋　オ．シリコンプレーン

(2)①ホームステッド法

②自作農育成のため，5年間定住して開墾することで約65haの公有地が無償で獲得できる。(40字以内)

(3)①―3　②―2　③―1

(4)①先進国が資本進出し，アメリカ合衆国へ輸出する自動車・機械工業などが立地した。(40字以内)

② USMCA

◀解　説▶

≪北アメリカ地誌≫

▶(1)ア．A地域はカナダ北東部の亜寒帯湿潤気候（Df）であり，そこに分布する針葉樹林帯を一般にタイガと呼ぶ。

イ．Df気候下の「灰白色の土壌」はポドゾルである。

ウ．「肉牛の肥育場」とあるので，フィードロットとなる。牧場内に小さ

な区画を設け，穀物を中心とする高カロリーの濃厚飼料を与えて，肉牛を肥育する施設である。

エ．Ｅでは春小麦，Ｆでは冬小麦が栽培されている。春小麦は寒冷な地域で栽培するため，春に播種し，夏に生育して収穫期は秋となる。

オ．テキサス州の先端産業集積地はダラス，フォートワース，ヒューストン，サンアントニオなどで，グレートプレーンズの南部に位置しているために，シリコンプレーンと呼ばれる。

▶(2)①自作農を育成するための農業政策で，1862 年に制定された。

②開拓民が5年間定住して開墾に従事すると，政府から 160 エーカー（約 65 ha）の公有地を無償で得られる制度である。この土地分割のために実施されたのがタウンシップ制である。

▶(3)石炭・石油・鉄など分布が明確な資源から凡例を判断していく。2▲はアパラチア山脈に沿って分布しているので石炭，4■はメキシコ湾岸やアラスカに分布しているので石油，5★はスペリオル湖岸（メサビ）やラブラドル高原に分布しているので鉄となる。残った1◎はロッキー山脈（ビンガム）やカナダのヒューロン湖北岸（サドバリ）などに分布しているので銅，3▽はカナダ中部に集中しているのでウランと判断できる。

▶(4)① 1994 年に発効した NAFTA（北米自由貿易協定）により，アメリカ合衆国を中心とする巨大な経済圏がつくられた。EU のような労働力の自由な移動は認められなかったものの，域内生産品に対する関税が撤廃されたため，人件費の安いメキシコへはアメリカ合衆国の企業を中心にドイツや日本の企業も進出した。そのため自動車や家電製品などの工場が建設され，生産品の多くはアメリカ合衆国へ輸出されるようになった。

② NAFTA 発効後はメキシコからアメリカ合衆国への輸出が増加し，アメリカ合衆国の自動車産業などへの悪影響が顕著となってきた。このため NAFTA に代わる新しい貿易協定として 2020 年に成立したのが USMCA（the United States-Mexico-Canada Agreement：米国・メキシコ・カナダ協定）である。自動車産業のアメリカ合衆国への回帰が狙いの一つとなっており，保護貿易の性質を強めた内容となっている。

❖講　評

2022 年度も，2019〜2021 年度と同様，大問 5 題の出題であった。2020 年度に復活した自然地理の大問や，2019 年度に復活した地誌の大問も継続して出題された。地形図の読図問題も，大問での出題が定着している。他の大問 2 題は系統地理であり，2022 年度は意表を突く問題ではなく，工業生産および言語と民族といったオーソドックスな分野から 1 題ずつ出題され，取り組みやすかったと思われる。問題自体は，地形図・地図・統計グラフ・統計をもとにした地域理解と統計読解を中心においた京大らしい出題であった。また，2017・2020 年度に出題された描図問題は出題されなかった。配点は，大問 5 題となった 2019 年度以降，各大問 20 点ずつである。

地形図読図は，平成 27 年調製の新図式による 2 万 5 千分の 1 地形図と，新旧比較用に明治 24 年測図の 2 万分の 1 地形図が使用された。集落等一部に不鮮明なところもあるが，解答に差し障りはない。また，2021 年度に 3 年ぶりに出題された衛星画像を使用した問題は出題されなかった。地誌は，メキシコを含む北アメリカといった標準的な地域設定で出題された。

2022 年度の字数指定のある論述は，20〜40 字 13 問，計 450 字で，字数は 2019〜2021 年度より若干減少し 2017・2018 年度並みになった。それ以外に字数制限のない短文記述問題（解答欄の大きさから見て 10〜40 字程度）が例年 5 〜 7 問あるが，2022 年度は 1 問のみとなり，論述量はやや減少したといえる。しかし，指定字数で解答するのが難しい問題もあり，文の錬成に時間を要することに注意したい。

I は地形図の読図問題。山地や平野地形の形成過程，天井川の判読とその方法，新旧地形図の比較による旧河道判読，豪雨時の自然災害リスクを問う問題で，(1)の⑥を除き基本的である。(2)の天井川の形成要因は人為的な視点で書く必要がある。(3)の②・③は，2021 年度 **I** で出題された河川と自然災害と類似した問題であり，「自然環境と土地利用の変化に着目」という条件に沿って述べる必要がある。新旧地形図の比較により歴史的な地域変化を読み取る問題や，地形と自然災害の発生の関係を考える問題も防災の視点から重要であり，地理的技能をみる良問である。

Ⅱは日本の火山と湖沼に関する基本的な問題であるので，確実に解答したい。(1)はいずれも基本的な用語・地名である。③の姶良カルデラに関わる鹿児島湾がやや難しい。(2)の火山灰の層が東側に見られる理由として，「気候」の観点は易しいが，「地形」の観点が述べにくい。(3)の地形名は基本用語，同じ成因の湖の選択は日常の学習で地図を活用していれば平易である。(4)は環境問題と関連する問題であり，②で条約の目的を 20 字以内で述べるのがやや難しい。

Ⅲは，イタリア，インド，韓国，ベトナムの工業生産に関して，業種別工業出荷額と工業付加価値額の推移を示したグラフから，各国の工業立地や業種の特徴，経済政策などを問う。国名を伏せての設問は京大特有のもので，正確に国名を判定しないと的外れな解答になるため細心の注意を要するが，設問に示されるキーワードもヒントにすれば，グラフからの国名判断はさほど難しくない。(1)は「情報通信技術（ICT）産業が急速に発達」からＡ国がインドとの判読は容易で，アメリカ合衆国との時差を活用したソフトウェア産業の立地を想起できる。(2)はグラフ１より「機械」工業の発達，グラフ２より 1980 年代以降の急成長が読み取れ，Ｂ国＝韓国と判断できる。イタリアとの違いに注意したい。(3)は「繊維・皮革工業」の発達と，グラフ２より４国中もっとも工業化が早いことを読み取り，Ｃ国＝イタリアと判断できる。サードイタリーは頻出事項である。(4)は工業が発達途上であるのでＤ国をベトナムと判断でき，経済政策「ドイモイ」と結びつく。

Ⅳは言語人口をもとにした，民族と言語や宗教に関する問題である。Ⅲと同様，伏せられた言語名の正確な判定が必要である。(2)は言語Ｅの判定が難しく，「人口１億人強」であり「語族が異なるにもかかわらず，言語Ａと深い関わりをもっている」ことから漢字の使用を想起して，日本語と判断したい。(3)は「マオリ語」からニュージーランドを想起し，言語Ｂが英語であると確認できる。言語政策については多文化主義に基づく視点で記述したい。(5)は言語Ｄの判断が難しいが，スペインとの「共通する歴史的な理由」を手がかりに，ラテンアメリカの植民地化の点から，人口大国のブラジルがポルトガルの植民地であったことに結びつけたい。

Ⅴは北アメリカ地誌に関する問題である。(1)の空所補充問題は，いずれも基本的な用語・事項なので，確実に解答したい。(2)は自作農を創出したホームステッド法の理解をみる問題で，教科書の記述をもとに解答できる。(3)は主要鉱産資源のウラン・石炭・銅の産出地を分布図から選択する問題で，分布数が多いのでやや見にくいが，代表的な産出地から判断することが肝要である。比較的判別しやすい鉄・石炭・石油を判定してから，ウラン・銅を考えるとよい。(4)はNAFTA成立後のメキシコの産業の変化を問う。②では2020年発効の新たな貿易協定USMCAが問われ，まだ教科書への記載は見られないものの，NAFTAの変容について一歩進んだ学習が求められている。

数学

1

◇発想◇　$5.5=\log_4 4^{5.5}$ であるから，$\log_4 2022<5.5$ は容易に示すことができる。問題は $5.4<\log_4 2022$ である。$5.4=\log_4 4^{5.4}$ で，$4^{5.4}<2022$ を直接示すことは難しい。ヒントとして $\log_{10}2$ が与えられているので，$\log_{10}5=1-\log_{10}2$ と合わせて，2 または 5 のみを素因数にもつ整数 n で，$n<2022$ を満たす最大のものを考える。$5^4<2022<5^5$ であるから，$n=2^a\cdot 5^b$（a，b は 0 以上の整数で $b\leqq 4$）の中から適切なものを見つける。

解答　底 $4>1$ であるから，$2022<2048=2^{11}$ より

$$\log_4 2022<\log_4 2^{11}=\frac{\log_2 2^{11}}{\log_2 4}=\frac{11}{2}=5.5$$

また，$2022>2000=2\cdot 10^3$ より

$$\log_4 2022>\log_4(2\cdot 10^3)=\frac{\log_{10}(2\cdot 10^3)}{\log_{10}4}=\frac{\log_{10}2+3}{2\log_{10}2}=\frac{1}{2}+\frac{3}{2\log_{10}2}$$

$$>\frac{1}{2}+\frac{3}{2\cdot 0.3011}\quad(\because\quad \log_{10}2<0.3011)$$

$$>0.5+4.9\quad\left(\because\quad \frac{3}{2\cdot 0.3011}=4.98\cdots\right)$$

$$=5.4$$

$\therefore\quad 5.4<\log_4 2022<5.5$　　（証明終）

◀解　説▶

≪常用対数を用いた不等式の証明≫

$0.301<\log_{10}2<0.3011$ を用いて $\log_4 2022$ の値を小数第 1 位まで求める問題である。$\log_4 2022$ を評価するために $2000<2022<2048$ を利用することに気づくことがポイントとなる。

$5.5=\log_4 4^{5.5}=\log_4 2^{11}=\log_4 2048>\log_4 2022$ は容易にわかる。
$5.4<\log_4 2022$ を示すには，〔発想〕で述べたように $n=2^a\cdot 5^b$（a，b は 0

以上の整数で $b \leqq 4$）の中から $n<2022$ を満たす最大の n を見つける必要がある。直観的に $n=2000$ が思い浮かべばそれでもよいが，b について場合分けをして考えれば次のようになる。$n<2022$ を満たす最大の n は

$b=0$ のとき　　$n=2^{10}=1024$　$(a=10)$

$b=1$ のとき　　$n=2^8 \cdot 5=1280$　$(a=8)$

$b=2$ のとき　　$n=2^6 \cdot 5^2=1600$　$(a=6)$

$b=3$ のとき　　$n=2^4 \cdot 5^3=2000$　$(a=4)$

$b=4$ のとき　　$n=2 \cdot 5^4=1250$　$(a=1)$

となるから，$n=2000$ を見つけ出し，$\log_4 2000>5.4$ を示すことになる。なお，$4^{5.4}=1782.8\cdots$ なので，２または５のみを素因数にもつ整数 n で，$1783 \leqq n<2022$ を満たすものは $n=2000$ だけである。

2

◆発想◆　右の樹形図より，$a_1=2$，$a_2=5$ であるが，このような数え方で a_n を求めることは難しいので，漸化式を作って解く。

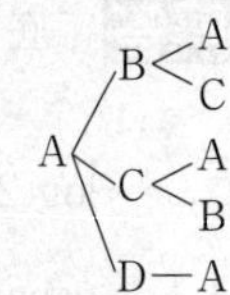

(ア) $\{a_n\}$ の隣接２項間の漸化式

(イ) P_n がD，E，Fのいずれかとなる移動経路の総数を b_n として，$\{a_n\}$ と $\{b_n\}$ の連立の漸化式

を作る方法が考えられる。

解答　P_{n+1} がA，B，Cのいずれかとなるのは

〔１〕 P_n がA，B，Cのいずれかで，次にA，B，Cのいずれかに移動する

〔２〕 P_n がD，E，Fのいずれかで，次にA，B，Cのいずれかに移動する

の２通りの場合があり，〔１〕，〔２〕の事象は互いに排反である。

〔１〕の場合は　　$a_n \cdot 2=2a_n$ 通り

〔２〕の場合

n 回の移動経路の総数は 3^n であるから，P_n がD，E，Fのいずれかとなるのは　　3^n-a_n 通り

D，E，FのいずれかからA，B，Cのいずれかに移動するのは１通り

よって　$(3^n-a_n)\cdot 1=3^n-a_n$ 通り

したがって

$$a_{n+1}=2a_n+(3^n-a_n)\quad \text{すなわち}\quad a_{n+1}-a_n=3^n$$

$a_1=2$ であるから，$n\geqq 2$ のとき

$$a_n=a_1+\sum_{k=1}^{n-1}3^k=2+\frac{3(3^{n-1}-1)}{3-1}=\frac{1}{2}(3^n+1)$$

これは $n=1$ のときも成り立つ。

ゆえに　$a_n=\dfrac{1}{2}(3^n+1)$　……(答)

別解　＜連立漸化式を作る解法＞

P_n がD，E，Fのいずれかとなる移動経路の総数を b_n とする。

(i)　P_{n+1} がA，B，Cのいずれかとなる場合

P_n がA，B，Cのいずれかで（a_n 通り），次にA，B，Cのいずれかに移動する（2通り）ときと，P_n がD，E，Fのいずれかで（b_n 通り），次にA，B，Cのいずれかに移動する（1通り）ときがあるから

$$a_{n+1}=2a_n+b_n\quad \cdots\cdots ①$$

(ii)　P_{n+1} がD，E，Fのいずれかとなる場合

P_n がA，B，Cのいずれかで（a_n 通り），次にD，E，Fのいずれかに移動する（1通り）ときと，P_n がD，E，Fのいずれかで（b_n 通り），次にD，E，Fのいずれかに移動する（2通り）ときがあるから

$$b_{n+1}=a_n+2b_n\quad \cdots\cdots ②$$

①＋② より　$a_{n+1}+b_{n+1}=3(a_n+b_n)$　……③

①－② より　$a_{n+1}-b_{n+1}=a_n-b_n$　……④

$a_1=2$, $b_1=1$ なので，③より，数列 $\{a_n+b_n\}$ は初項 $a_1+b_1=3$, 公比 3 の等比数列であるから

$$a_n+b_n=3\cdot 3^{n-1}=3^n\quad \cdots\cdots ③'$$

④より　$a_n-b_n=a_1-b_1=1$　……④′

よって，(③′＋④′)÷2 より　$a_n=\dfrac{1}{2}(3^n+1)$

◀解　説▶

≪移動経路の総数と漸化式≫

三角柱の頂点を辺に沿って移動する点の経路の数を求める問題である。

具体的に求めると，$\{a_n\}$：2，5，14，41，… となるが，このとき

$$a_1=2,\ a_2=2a_1+(3-a_1),\ a_3=2a_2+(3^2-a_2),\ a_4=2a_3+(3^3-a_3)$$

として計算すればよいことが理解できれば，漸化式 $a_{n+1}=2a_n+(3^n-a_n)$ を作ることができる。これより，数列 $\{a_n\}$ の階差数列の一般項が 3^n になることがわかる。

〔別解〕は連立の漸化式①，②を作り，a_n+b_n，a_n-b_n を求めて解いた。①，②より b_{n+1}，b_n を消去して，$\{a_n\}$ の隣接3項間の漸化式 $a_{n+2}-4a_{n+1}+3a_n=0$ を作って解く方法もある。

3

◆発想◆　C と L_1，L_2 の接点の x 座標を α，β とおいて，L_1，L_2 の方程式を作る。$L_1\perp L_2$ と，L_1 と L_2 の交点の x 座標が $\dfrac{3}{2}$ であることから α，β を求める。あとは積分計算によって面積を計算する。

解答　C と L_1，L_2 の接点の x 座標をそれぞれ α，β とする。このとき，$\alpha<\beta$ としても一般性を失わない。

$y=\dfrac{x^2}{4}$ より $y'=\dfrac{x}{2}$ であるから，L_1 の方程式は

$$y-\frac{\alpha^2}{4}=\frac{\alpha}{2}(x-\alpha)\quad すなわち\quad y=\frac{\alpha}{2}x-\frac{\alpha^2}{4}\quad \cdots\cdots①$$

同様に，L_2 の方程式は　$y=\dfrac{\beta}{2}x-\dfrac{\beta^2}{4}$　……②

2直線 L_1，L_2 は直交するから

$$\frac{\alpha}{2}\cdot\frac{\beta}{2}=-1\quad すなわち\quad \alpha\beta=-4\quad \cdots\cdots③$$

また，①，②より y を消去して

$$\frac{\alpha}{2}x-\frac{\alpha^2}{4}=\frac{\beta}{2}-\frac{\beta^2}{4}$$

$$2(\alpha-\beta)x-(\alpha^2-\beta^2)=0$$

$$(\alpha-\beta)\{2x-(\alpha+\beta)\}=0$$

$\alpha\neq\beta$ より　$x=\dfrac{\alpha+\beta}{2}$

これが，L_1 と L_2 の交点の x 座標であるから

$$\frac{\alpha+\beta}{2}=\frac{3}{2}\quad \text{すなわち}\quad \alpha+\beta=3\quad \cdots\cdots④$$

③，④より，α，β は t の２次方程式

$$t^2-3t-4=0\quad \text{すなわち}\quad (t+1)(t-4)=0$$

の解で，$\alpha<\beta$ から　　$\alpha=-1$，$\beta=4$

よって　　$L_1: y=-\frac{1}{2}x-\frac{1}{4}$，$L_2: y=2x-4$

したがって，求める面積は

$$\int_{-1}^{\frac{3}{2}}\left\{\frac{x^2}{4}-\left(-\frac{1}{2}x-\frac{1}{4}\right)\right\}dx+\int_{\frac{3}{2}}^{4}\left\{\frac{x^2}{4}-(2x-4)\right\}dx$$

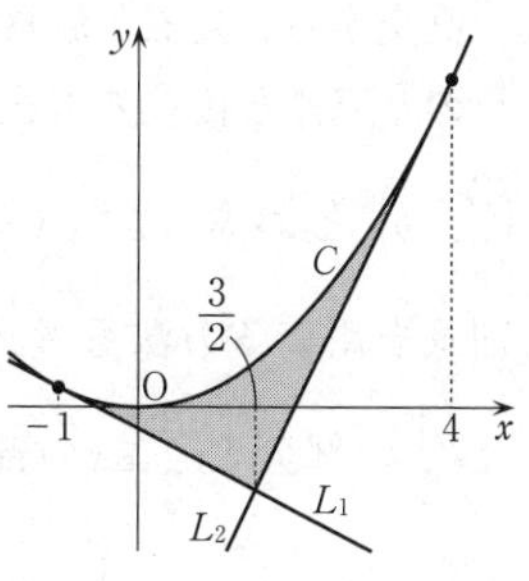

$$=\frac{1}{4}\int_{-1}^{\frac{3}{2}}(x+1)^2dx+\frac{1}{4}\int_{\frac{3}{2}}^{4}(x-4)^2dx$$

$$=\frac{1}{4}\left[\frac{1}{3}(x+1)^3\right]_{-1}^{\frac{3}{2}}+\frac{1}{4}\left[\frac{1}{3}(x-4)^3\right]_{\frac{3}{2}}^{4}$$

$$=\frac{1}{12}\cdot\left(\frac{5}{2}\right)^3+\frac{1}{12}\cdot\left\{-\left(-\frac{5}{2}\right)^3\right\}$$

$$=\frac{125}{48}\quad \cdots\cdots(\text{答})$$

参考　C と L_1，L_2 の接点はそれぞれ $\mathrm{A}\left(-1,\ \frac{1}{4}\right)$，$\mathrm{B}(4,\ 4)$ であるから，直線 AB の方程式は

$$y-4=\frac{4-\frac{1}{4}}{4+1}(x-4)\quad \text{すなわち}\quad y=\frac{3}{4}x+1$$

L_1 と L_2 の交点は　　$\mathrm{P}\left(\frac{3}{2},\ -1\right)$

直線 AB と直線 $x=\frac{3}{2}$ の交点は $\left(\frac{3}{2},\ \frac{17}{8}\right)$

であるから，求める面積は

$$\triangle\mathrm{ABP}-\int_{-1}^{4}\left(\frac{3}{4}x+1-\frac{x^2}{4}\right)dx$$

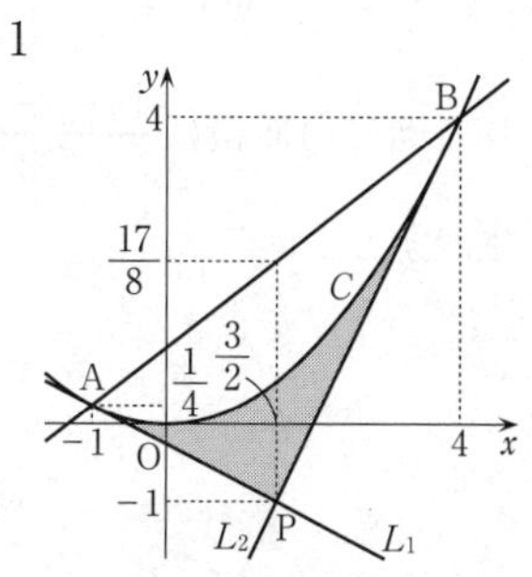

$$=\frac{1}{2}\cdot\left(\frac{17}{8}+1\right)\cdot(4+1)+\frac{1}{4}\int_{-1}^{4}(x+1)(x-4)\,dx$$

$$=\frac{125}{16}+\frac{1}{4}\cdot\left\{-\frac{(4+1)^3}{6}\right\}$$

$$=\frac{125}{48}$$

と計算することもできる。

◀解　説▶

≪放物線と２接線で囲まれる図形の面積≫

直交する２接線と放物線で囲まれる図形の面積を求める問題である。接点の x 座標と接線の方程式を求めることが重要である。L_1 と L_2 の交点を $\left(\frac{3}{2},\ p\right)$ とおき，$L_1 : y-p=m\left(x-\frac{3}{2}\right)$，$L_2 : y-p=-\frac{1}{m}\left(x-\frac{3}{2}\right)$ として判別式を用いる方法も考えられるが，計算量が多くなる。面積計算では，$x\leqq\frac{3}{2}$ の部分と $\frac{3}{2}\leqq x$ の部分に分けて積分計算を行う。〔解答〕では公式 $\int(ax+b)^n dx=\frac{1}{a(n+1)}(ax+b)^{n+1}+C_1$（$C_1$ は積分定数）を用いた。〔参考〕のように，△ABP から，直線 AB と放物線 C で囲まれる部分の面積を引いて求めてもよい。このときには，公式 $\int_{\alpha}^{\beta}(x-\alpha)(x-\beta)\,dx=-\frac{(\beta-\alpha)^3}{6}$ を用いることができる。

面積を求める図形はよく見られるものである。放物線 $y=ax^2+bx+c$ と２接線との接点の x 座標を α，β（$\alpha<\beta$）とし，２接線の交点の x 座標を γ とすると，常に $\gamma=\frac{\alpha+\beta}{2}$ が成り立ち，さらに，放物線と２接線で囲まれる図形の面積は $\frac{|a|(\beta-\alpha)^3}{12}$ になる。このことは知っておいて，検算に生かすとよい。

4

◆発想◆　軌跡を求める問題であるから，軌跡を求める動点の座標を $(X,\ Y)$ とおいて，X と Y の関係式を導く。そのために，P，Q，R，S の座標を $a,\ b$ で表し，$\dfrac{\mathrm{PQ}}{\mathrm{RS}}=\sqrt{2}$ から a と b の関係式を作る。また，点 $(X,\ Y)$ が線分 PQ の中点であることから，$X,\ Y$ を $a,\ b$ で表すことができる。これらの式から $a,\ b$ を消去すれば，X と Y の関係式を導くことができる。

解答　$L: ax+by=1$　……①，$y=-\dfrac{1}{x}$　……②

①，②より y を消去して

$$ax+b\left(-\frac{1}{x}\right)=1$$

$$ax^2-x-b=0 \quad \cdots\cdots ③ \quad (b\neq 0 \text{ より，} x\neq 0)$$

$$x=\frac{1\pm\sqrt{1+4ab}}{2a} \quad (a\neq 0)$$

ここで，$a>0$，$b>0$ より　$1+4ab>1$　……④

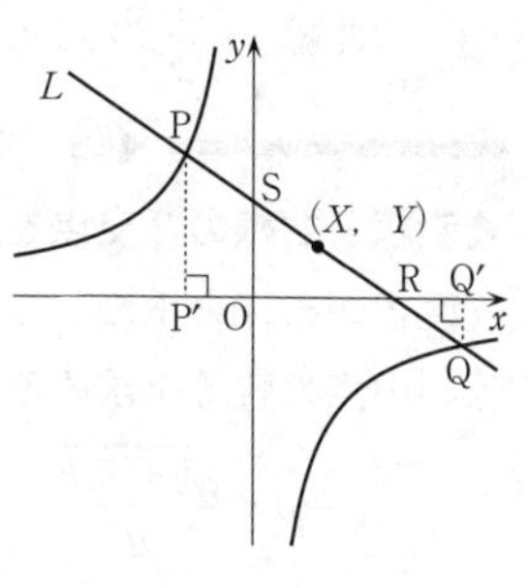

P，Q は曲線②上の点であるから，$\mathrm{P}\left(p,\ -\dfrac{1}{p}\right)$，$\mathrm{Q}\left(q,\ -\dfrac{1}{q}\right)$　$(pq\neq 0)$ とおくと

$$-\frac{1}{p}>0,\quad -\frac{1}{q}<0$$

より　$p<0$，$q>0$

これと④，および $p,\ q$ が③の 2 実数解であることから

$$p=\frac{1-\sqrt{1+4ab}}{2a},\quad q=\frac{1+\sqrt{1+4ab}}{2a} \quad \cdots\cdots ⑤$$

また，①より　$\mathrm{R}\left(\dfrac{1}{a},\ 0\right)$

P，Q から x 軸に下ろした垂線を，それぞれ PP′，QQ′ とすると

$$\frac{\mathrm{PQ}}{\mathrm{RS}}=\frac{\mathrm{P'Q'}}{\mathrm{RO}}=\frac{q-p}{\dfrac{1}{a}-0}=\sqrt{1+4ab} \quad (\because\ ⑤)$$

$\dfrac{\mathrm{PQ}}{\mathrm{RS}}=\sqrt{2}$ であるから　$\sqrt{1+4ab}=\sqrt{2}$

よって　$1+4ab=2$　すなわち　$4ab=1$　……⑥

線分PQの中点の座標を $(X,\ Y)$ とすると

$$X=\frac{p+q}{2}=\frac{1}{2a}\quad(\because\ ⑤)$$

$a>0$ より，$X>0$ で　$a=\dfrac{1}{2X}$　……⑦

点 $(X,\ Y)$ は L 上にあるから

$$aX+bY=1\quad より\quad Y=\frac{1-aX}{b}=\frac{1}{2b}$$

$b>0$ より，$Y>0$ であるから　$b=\dfrac{1}{2Y}$　……⑧

⑦，⑧を⑥に代入して

$$\frac{1}{XY}=1\quad すなわち\quad Y=\frac{1}{X}\quad (X>0,\ Y>0)$$

したがって，求める軌跡は

曲線 $y=\dfrac{1}{x}$ の $x>0$ の部分　……(答)

◀解　説▶

≪直線と曲線の2交点を結ぶ線分の中点の軌跡≫

直線が条件を満たしながら動くとき，直線と曲線の2つの交点を結ぶ線分の中点の軌跡を求める問題である。

$$q-p=\frac{\sqrt{1+4ab}}{a},\ pq=-\frac{b}{a}$$

であるから

$$\mathrm{PQ}=\sqrt{(q-p)^2+\left(-\frac{1}{q}+\frac{1}{p}\right)^2}=\frac{\sqrt{(a^2+b^2)(1+4ab)}}{ab}$$

また　$\mathrm{RS}=\sqrt{\left(\dfrac{1}{a}\right)^2+\left(\dfrac{1}{b}\right)^2}=\dfrac{\sqrt{a^2+b^2}}{ab}$

これより　$\dfrac{\mathrm{PQ}}{\mathrm{RS}}=\sqrt{1+4ab}$

とすることができるが，これは手間がかかる。〔解答〕のように比を考えて計算するとよい。X，Y の関係式を導くだけでなく，X と Y のとり得

る値の範囲も確認しなければならないことに注意する。なお，曲線 $y=-\dfrac{1}{x}$ や $y=\dfrac{1}{x}$ は双曲線である。

5

◆発想◆　(i)図形の性質を用いる方法と，(ii)ベクトルを用いる方法が考えられる。直線 PG と辺 OA の交点をMとすると，Mは辺 OA の中点であることに注目する。

(1)　(i)の方法では，(平面 BCM)⊥OA を示す，または OP＝AP を示す。(ii)の方法では，$\overrightarrow{OA}\cdot\overrightarrow{OB}$，$\overrightarrow{OB}\cdot\overrightarrow{OC}$，$\overrightarrow{OC}\cdot\overrightarrow{OA}$ の値を求め，$\overrightarrow{OP}=(1-t)\overrightarrow{OB}+t\overrightarrow{OC}$ とおいて $\overrightarrow{PG}\cdot\overrightarrow{OA}=0$ を示す。

(2)　(i)の方法では，(1)から OP の最小を考えればよいことがわかる。あるいは，△BCM において PM の最小値を考えてもよい。(ii)の方法では，$|\overrightarrow{PG}|^2$ を t で表し，$0\leqq t\leqq 1$ における最小値を求める。

解答　(1)　直線 PG と辺 OA の交点をMとすると，Gが△OAP の重心であることから，Mは辺 OA の中点である。

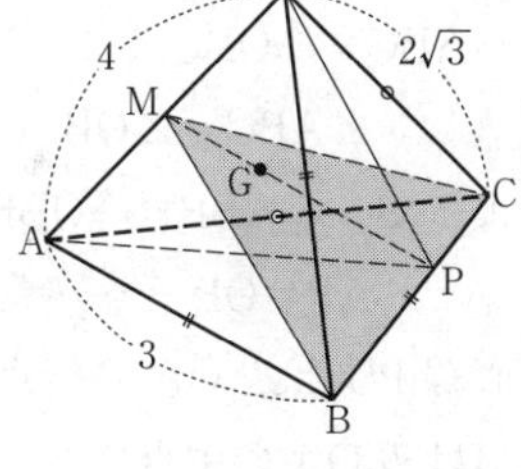

これと，OB＝AB より　　BM⊥OA,

OC＝AC より　　CM⊥OA

であるから（平面 BCM)⊥OA である。

PG は平面 BCM 上の直線であるから

PG⊥OA

∴　$\overrightarrow{PG}\perp\overrightarrow{OA}$　　（証明終）

(2)　Gは△OAP の重心で，(1)より PM⊥OA であるから

$$\mathrm{PG}=\frac{2}{3}\mathrm{PM}=\frac{2}{3}\sqrt{\mathrm{OP}^2-\mathrm{OM}^2}=\frac{2}{3}\sqrt{\mathrm{OP}^2-2^2}\quad\cdots\cdots①$$

よって，PG が最小になるのは OP が最小になるときである。

△OBC において，OC が最大辺で

$\mathrm{OC}^2=(2\sqrt{3})^2=12$，$\mathrm{OB}^2+\mathrm{BC}^2=3^2+3^2=18$

より，$\mathrm{OC}^2<\mathrm{OB}^2+\mathrm{BC}^2$ であるから，△OBC は鋭角三角形である。

したがって，OP が最小になるのは OP⊥BC のときで，このとき

BP$=t$ とおくと

$$OP^2=OB^2-BP^2=OC^2-CP^2$$

すなわち　$OP^2=3^2-t^2=(2\sqrt{3})^2-(3-t)^2$

よって　$t=1$，$OP^2=8$

①に代入して，PGの最小値は

$$PG=\frac{2}{3}\sqrt{8-2^2}=\frac{4}{3}\quad\cdots\cdots(\text{答})$$

参考　OB＝BCであるから，辺OCの中点をNとすると，OC⊥BNである。OP⊥BCのとき

$$\triangle OBC=\frac{1}{2}OC\cdot BN=\frac{1}{2}BC\cdot OP$$

ここで，$BN=\sqrt{OB^2-ON^2}=\sqrt{3^2-\sqrt{3}^2}=\sqrt{6}$ であるから

$$OP=\frac{OC\cdot BN}{BC}=\frac{2\sqrt{3}\cdot\sqrt{6}}{3}=2\sqrt{2}$$

とすることもできる。

別解　(1)　＜その1：三角形の合同を用いる解法＞

$\triangle ABC\equiv\triangle OBC$（∵　$AB=OB=3$，$AC=OC=2\sqrt{3}$，BCは共通）より

$\angle ABC=\angle OBC$　すなわち　$\angle ABP=\angle OBP$　……(ア)

よって，$\triangle ABP\equiv\triangle OBP$（∵　$AB=OB=3$，(ア)，BPは共通）より

$AP=OP$　……(イ)

直線PGと辺OAの交点をMとすると，Gが△OAPの重心であるから，Mは辺OAの中点である。

これと(イ)より　PM⊥OA　∴　$\overrightarrow{PG}\perp\overrightarrow{OA}$

＜その2：ベクトルを用いる解法＞

$\overrightarrow{OA}=\vec{a}$，$\overrightarrow{OB}=\vec{b}$，$\overrightarrow{OC}=\vec{c}$ とおくと　$|\vec{a}|=4$，$|\vec{b}|=3$，$|\vec{c}|=2\sqrt{3}$

$$|\overrightarrow{AB}|^2=|\vec{b}-\vec{a}|^2=|\vec{b}|^2-2\vec{a}\cdot\vec{b}+|\vec{a}|^2=25-2\vec{a}\cdot\vec{b}$$

$|\overrightarrow{AB}|=3$ より　$3^2=25-2\vec{a}\cdot\vec{b}$

よって　$\vec{a}\cdot\vec{b}=8$

$$|\overrightarrow{AC}|^2=|\vec{c}-\vec{a}|^2=|\vec{c}|^2-2\vec{c}\cdot\vec{a}+|\vec{a}|^2=28-2\vec{c}\cdot\vec{a}$$

$|\overrightarrow{AC}|=2\sqrt{3}$ より　$(2\sqrt{3})^2=28-2\vec{c}\cdot\vec{a}$

よって　$\vec{c}\cdot\vec{a}=8$

Pは辺BC上の点であるから，実数 t を用いて

$$\overrightarrow{\mathrm{OP}}=(1-t)\vec{b}+t\vec{c}\quad(0\leqq t\leqq 1)$$

と表される。ここで

$$\overrightarrow{\mathrm{PG}}=\overrightarrow{\mathrm{OG}}-\overrightarrow{\mathrm{OP}}=\frac{1}{3}(\overrightarrow{\mathrm{OA}}+\overrightarrow{\mathrm{OP}})-\overrightarrow{\mathrm{OP}}=\frac{1}{3}(\overrightarrow{\mathrm{OA}}-2\overrightarrow{\mathrm{OP}})\quad\cdots\cdots(ウ)$$

であるから

$$\begin{aligned}\overrightarrow{\mathrm{PG}}\cdot\overrightarrow{\mathrm{OA}}&=\frac{1}{3}[\vec{a}-2\{(1-t)\vec{b}+t\vec{c}\}]\cdot\vec{a}\\&=\frac{1}{3}\{|\vec{a}|^2-2(1-t)\vec{a}\cdot\vec{b}-2t\vec{c}\cdot\vec{a}\}\\&=\frac{1}{3}\{4^2-2(1-t)\cdot 8-2t\cdot 8\}\\&=0\end{aligned}$$

$\overrightarrow{\mathrm{PG}}\neq\vec{0}$, $\overrightarrow{\mathrm{OA}}\neq\vec{0}$ であるから　　$\overrightarrow{\mathrm{PG}}\perp\overrightarrow{\mathrm{OA}}$

(2)　(〔別解〕(1)＜その 2＞の続き)

$$|\overrightarrow{\mathrm{BC}}|^2=|\vec{c}-\vec{b}|^2=|\vec{c}|^2-2\vec{b}\cdot\vec{c}+|\vec{b}|^2=21-2\vec{b}\cdot\vec{c}$$

$|\overrightarrow{\mathrm{BC}}|=3$ より　　$3^2=21-2\vec{b}\cdot\vec{c}$

よって　　$\vec{b}\cdot\vec{c}=6$

(ウ)より

$$\begin{aligned}|\overrightarrow{\mathrm{PG}}|^2&=\frac{1}{9}|\vec{a}-2(1-t)\vec{b}-2t\vec{c}|^2\\&=\frac{1}{9}\{|\vec{a}|^2+4(1-t)^2|\vec{b}|^2+4t^2|\vec{c}|^2\\&\quad-4(1-t)\vec{a}\cdot\vec{b}+8(1-t)t\vec{b}\cdot\vec{c}-4t\vec{c}\cdot\vec{a}\}\\&=\frac{1}{9}\{16+36(1-t)^2+48t^2-32(1-t)+48(1-t)t-32t\}\\&=\frac{1}{9}(36t^2-24t+20)\\&=4\left(t-\frac{1}{3}\right)^2+\frac{16}{9}\end{aligned}$$

$0\leqq t\leqq 1$ であるから，$|\mathrm{PG}|^2$ は $t=\dfrac{1}{3}$ のとき最小値 $\dfrac{16}{9}$ をとる。

よって，PG の最小値は　　$\sqrt{\dfrac{16}{9}}=\dfrac{4}{3}$

◀解　説▶

≪四面体の対辺上の２点を結ぶ線分の長さの最小値≫

４面のうち２面が合同な二等辺三角形である四面体に関する問題である。問題文にはベクトルが用いられているが，図形の性質を利用して解く方がわかりやすく記述量も少なくてすむ。

▶(1)　中学校で学んだ「点Bが２点O，Aから等距離にある$\Longleftrightarrow$点Bは線分OAの垂直二等分線上にある」から$BM\perp OA$がわかる。Mは辺OAの中点で，△OABは$OB=AB$の二等辺三角形であるから$BM\perp OA$としてもよい。また，直線lと平面α上の交わる２直線m，nに対し「$l\perp m$かつ$l\perp n\Longrightarrow l\perp\alpha$」であり，「$l\perp\alpha\Longrightarrow l$は$\alpha$上のすべての直線と垂直」である。〔別解〕＜その１＞は$AP=OP$を示すために三角形の合同を用いた。

▶(2)　△OBCが鋭角三角形であることに注意する。もし，$\angle OBC\geqq 90°$（$\angle OCB\geqq 90°$）ならば，OPの最小値は$OB=3$（$OC=2\sqrt{3}$）になる。$OP\perp BC$のときのOPは三平方の定理を利用する。〔参考〕のように面積を利用するなどの方法もある。

〔別解〕＜その２＞は，ベクトルの内積を計算して(1)を示し，(2)はベクトルの大きさをtの２次関数として表し，その最小値を求めた。

❖講　評

微・積分法，ベクトル，数列，場合の数からの出題は例年通りで，これらは頻出分野である。証明問題は 2 問出題された。対数関数と軌跡の問題が 2022 年度の特徴である。

1　2022 を用いた常用対数による評価の問題。ヒントをうまく使えば解きやすく，記述量も少なくてすむ。

2　点の移動を題材にした数列の問題。漸化式を利用することがポイントとなる。漸化式の作り方によって一般項の求め方は異なるが，どれも典型的なものになる。

3　接線と面積に関する微・積分法の典型・頻出問題。問題文の表現は少し変わっているが，図を描けばよく見かけるものであることがわかる。計算ミスに注意したい。

4　軌跡の問題。解法の手順はわかりやすい。ただし，手際よく処理しないと計算量が増えるので要注意である。

5　四面体に関する問題。設定はよく見かけるもので，解きやすい。問題文にはベクトルが用いられているが，図形の性質を用いてもよく，解法はいくつか考えられる。

2022 年度は標準的な問題がずらりと並んだ。記述量，計算量は少なめであるが，思考力，論証力，図形的感覚を問う内容となっている。1，5は理系との共通問題であるが難しいものではなく，2021 年度と比べて難易度に変化はない。典型的な解法を身につけた上で，幅広い解法探究と論理的な答案作成練習をしておこう。

二〇一八～二〇二〇年度までの一四行、二〇二一年度の一五行から増加した。設問は、現代語訳問題が三問、内容説明問題が二問で、バランスのとれた出題になっている。そのうち『万葉集』の和歌を踏まえた内容説明問題が一問含まれていて、例年同様に和歌重視がうかがえる。文章内容は、一部の箇所を除き、比較的読み取りやすかったと思われる。難易度については、二〇二一年度よりも易化し、例年のレベルに比べても、やや易しめかもしれない。問一の内容説明問題は、やや易。ただし、「心を遣る」「かたみに」といった基本古語の知識、「その争ひ」の指示内容など、確実に答える必要がある。問二の現代語訳問題は、(2)がやや難問。「それ」の指示内容の把握が困難。結果的には直前の一文の内容を指すが、このあたりの文脈はわかりにくかっただろう。「已にたよる」や「もて出でて言ふ」も意味がとりにくかったと思われるが、内容がわかるように訳したい。一方、(3)のほうは平易。「こそ」の逆接用法など、重要な文法事項も含まれているぶん、これは確実に得点したい。問三の内容説明問題は、標準的。内容的には読み取りやすいが、どこまで踏み込んで説明するのか迷いやすく、意外とまとめにくい。問四の現代語訳問題は、やや易。「用ゐずしてありぬべきを」の箇所で差がつきやすいが、「用ゐる」はあいまいな訳にせず、文脈に即した適訳を当てたいところ。

題が続いていたが、二〇二二年度は現代仮名遣いの文章が出題された。文章量は二〇二一年度に比べると六〇〇字程度増加し、三〇〇〇字程度であったが、総解答量は一行減少して十七行であった。設問数は例年と変わらず記述説明問題が五問である。二〇一九年度では解答欄が二行の設問が三問もあったが、二〇二二年度では、二〇二〇・二〇二一年度に引き続き一問だけだった。設問形式の内訳は、内容説明が二問、理由説明が三問で、難易度は二〇二一年度と同程度。大問三では例年、随筆だけでなく、小説や硬質な評論文、対談など、様々なジャンルから出題されているが、いずれにせよ、比喩表現や感覚的表現の理解が多く問われている。二〇二二年度でも、比喩表現の解釈が問われるなど、読み取った内容を設問意図に応じてわかりやすく説明するには苦労するという印象である。問一の内容説明問題は、やや難。傍線部(1)の指示内容である「萌芽増殖」という比喩を、「増殖」のニュアンスが伝わるように具体的かつ簡潔に説明するのは少々やっかいである。問二の理由説明問題は標準的。筆者の読書方法を、友人の読書方法と比較させながら説明した上で、それが「後ろめたさ」という感情につながる理由を説明すること。問三の理由説明問題も標準的。傍線部(3)の「これ」の指示内容をわかりやすく簡潔に言い換えて説明し、それが「正しく健全」ではないことを、本来あるべき読書態度の具体的内容と比較させながら説明する。問二との書き分けに注意すること。問四の理由説明問題は、やや難。「耽溺」のあとの「忘却」が「創造的読書」の契機となるという大枠を説明するのは難しくはないが、「忘却」が「創造的読書（＝「精神の自立」）」の契機になると筆者が考える理由を補い、筆者自身の経験的な確信に基づくものだからという点にまで言及した解答を作成するとなると、なかなか難しい。問五の内容説明問題は標準的。「本文全体を踏まえて」という条件がついているので、読書には各々に応じた多様なあり方があってよいという、読書に対する筆者の基本的なスタンスを明示した上で、筆者にとっての「読書の本質」すなわち、精神の自立や客観性の形成を促す〈邪読〉の内容と効用について説明する。その際、問四を踏まえて、「耽溺」だけでなく「忘却」にも触れておきたい。

三の古文（歌論）は、江戸時代中期の歌論からの出題。文系で歌論の出題は、二〇一九年度の『三のしるべ』以来、三年ぶりとなる。文章量は八〇〇字強で、二〇二一年度の九〇〇字弱から減少し、ほぼ例年並み。総解答量は一六行で、

❖講　評

㊀の現代文（随筆）は、「伝統主義」を批判し、自由な態度で自身が新しい伝統創造の主体となるべきだということを主張した、芸術家による文章。大問㊀では、随筆または評論の出題が基本だが、単純に区別できない出題も多く、今回は随筆的筆致の評論的な文章である。設問数は例年と変わらず記述問題五問であり、説明問題のみであった。総解答量は、二〇二一年度から二行増加して十九行であり、内容説明問題が四問、理由説明問題が一問という設問形式であった。文章量は二〇二一年度に比べると二〇〇字ほど減少し、二七〇〇字程度で、記述量は増加したものの、全体的な難易度は、二〇二一年度と比較して同程度と言える。問一の内容説明問題は標準的。日本の若者が本来受け継ぐべきはずなのは日本の古典芸術のはずなのに、それが当たり前ではなくなっているという「残酷」な現実について、「コーリン」「タンニュー」「ダ・ヴィンチ」「ミケランジェロ」などの具体例を一般化して説明すること。問二の内容説明問題も標準的。傍線部（2）の直前と直後だけでなく、竜安寺のエピソードが始まる前のところまでの内容を踏まえて、「とらわれない新しい目で」という要素も解答に盛り込みたい。問三の理由説明問題も標準的。傍線部（3）直前の「うっかり敵の手にのりかかって」の具体的内容である「神妙に石を凝視しすぎるくせがついた」という表現を、「むぞうさな気分でぶつかって」という対比表現を踏まえつつ解釈する必要がある。また、「アブナイ」というのが筆者自身の自覚であることにも言及すること。問四の内容説明問題は、やや難。傍線部（4）の指示語「それ」の指示内容を、本来的でない芸術のあり方と対比させながら説明する。本文中の表現をそのまま使うのではなく、言葉を補いつつ言い換えて説明する必要がある点に注意すること。問五は、本文全体を踏まえた内容説明問題で標準的。問二〜問四の内容を踏まえつつ、伝統主義への批判、自由な視点で単純素朴に芸術と向き合うこと、自身が新しい伝統を生み出す存在となること、という三点を中心に、筆者の主張する「ほんとうの芸術家」について説明する。

㊁の現代文（評論）は、小説家である筆者が、みずから〈邪読〉と呼ぶ自身の青年期の読書経験を踏まえつつ、読書の本質について考えをめぐらせた文章である。二〇二〇・二〇二一年度と、歴史的仮名遣いで記された文章からの出

不足している〉ということである。

解答作成のポイントは以下の三点である。

①「ふりける」と「ふりつつ」を対比し、歌意が完結するか否かを説明する

②「ふりつつ」の場合、「意余りて」＝「まだ外に意の含みたる様にて、しかも明らかならず」を説明する

③「ふりつつ」の場合、「詞足らざる」＝含意が言葉で表現されていないことを説明する

▼問四「悪しし」は〝出来が悪い〟の意。「思はば」の「ば」は、順接仮定条件の接続助詞。「用ゐる」は、文脈から〝（手直しの対象として）取り上げる〟の意。そのまま〝用いる〟などとするのは不可。「して」は単純接続の接続助詞。「ぬ」は、完了の助動詞「ぬ」の終止形で、ここでは強意の用法。「べき」は適当あるいは当然の用法。「を」は接続助詞で、ここでは逆接の用法。したがって、「用ゐずしてありぬべきを」は、〝取り上げないでいるのがきっとよいのに〟の意（強意の〝きっと〟は無理に訳出しなくてもよいだろう）。「妄りに」は〝むやみに・勝手に〟の意。「その人」は〝その（古い歌を詠んだ）人〟の意。「違ふ」は〝背く・食い違う〟の意。「のみか」は〝～ばかりか・～だけでなく〟の意。「さへ」は添加の副助詞で、〝（その上）～までも〟の意。「あぢきなし」は〝つまらない・無益だ〟の意。「なめれ」は、断定の助動詞「なり」の連体形「なる」の撥音便「なん」の「ん」の無表記形＋推定の助動詞「めり」の已然形（「こそ」の結び）で、〝～であるようだ〟の意。ただし、〝～であろう〟くらいに訳してもよいだろう。

参考　『国歌八論余言』は、江戸時代中期の歌人・国学者である田安宗武（一七一五～一七七一年）の歌論書。十個の章段からなる。荷田在満の『国歌八論』に対する反論書として書かれたが、それとは別に、筆者自身の歌学に対する見解も述べられている。田安宗武は、八代将軍徳川吉宗の次男で、荷田在満に師事して古典を学んだが、その後、賀茂真淵に学び直し、万葉調の歌を重んじた。

この世に生きているならば、（手直しについて直接または手紙で）やり取りすることも確かにできるだろう。（しかし）その場合でも、…〟と解釈できるところで、「それ」が指すのは、直前の一文の内容だが、〈生きている人の歌を直す場合も〉くらいにまとめられる。「たよる」は〝指導を頼る・添削を頼む〟ほどの意。「もて出づ」は、ここでは〝（その人の歌を）持ち出す・取り上げる〟の意。「言ふ」は、ここでは〝こう直せばよいと言う〟ほどの意。「べき」は適当や当然の用法で、「べきことにしもあらず」で〝～するのがよいことでもない・～べきことでもない〟の意。
傍線部(2)は、裏返せば、自分に指導を頼るような人には、こちらからその人の歌を取り出して直してやってもよい、ということ。

(3)「われ」は〝（直した）自分・本人〟の意。「よし」は〝出来がよい・改善している〟の意。強意の係助詞「こそ」は「らめ」に係り、「らめ」は現在推量の助動詞「らん」の已然形で、ここで文が終わらずに文意が逆接で続いている（「らめ」の下が「、」になっていることに注意）。「人」は、「古の人」を指すのではなく、〝ほかの人〟の意と見るのが適当。指示副詞の「さ」は「よし」を指す。「ぬ」は打消の助動詞「ず」の連体形で、下に「こと」（あるいは「人」）を補って訳す。「べし」は推量や当然の用法。〝～に違いない〟と訳すと適切だが、〝～だろう〟や〝はずだ〟と訳してもよいだろう。

▼問三　傍線部(4)は、「ふりつつ」の説明で、『古今和歌集仮名序』の「在原業平は、その心余りて、詞足らず」を踏まえた表現である。「ふりける」と対比させながら、説明するのがよい。「ふりける」は、係助詞「そ（ぞ）」を受けた係り結びで、〝降り積もっていたことよ〟の意となり（「ける」は詠嘆の用法）、そこで歌意が完結している。一方、「ふりつつ」は、「つつ」が接続助詞なので、まだそこで歌意が完結せず、その後に言いたい意味内容があるようなのに、それが言葉で表現されていない、いわゆる舌足らずな詠み方だ、というのが筆者の見解である（言外の情を重視する中世歌論とは反対の立場）。本文に即して見れば、「意余りて」は「まだ外に意の含みたる様にて」のことで（「しかも明らかならず」は補足的なもの）、「詞足らざる」は本文に直接の説明がないが、〈含みの意味を表す言葉が

子で、しかも（その意味が）明らかでない。なるほど（『古今和歌集仮名序』に述べられているように）意味があり余って言葉が足りないよう（な詠み方）になってしまった。また「白妙の」の言葉は特に悪い。元の歌の「真白にぞ」と言ったのは雪の色を言ったことが明らかである。（ところが）あの手直しした「白妙の」の言葉はそうとは理解できないで、富士山は色がもともとから白いという意味に聞こえる。どうして富士山の色が白いはずがあろうか、いやそんなはずはない。この歌はたいそうすばらしい歌であるけれども、後世の人が手直ししたのでたいそうとても悪くなってしまった。総じてこのように悪く直した歌は、数多くあるに違いない。とにかく古い歌でも出来が悪いと思うならば取り上げないで放っておけばよいのに、むやみに直してその（歌を詠んだ）人の意図に背くばかりか、（かえって）悪くまでもするのはたいそうつまらないことであるようだ。

▲解　説▼

▼問一　傍線部(1)の直前の記述内容に着目し、歌と歌合の違いを押さえる。歌については、「喜び、怒り、…人の心の和らげとなすなるを」と述べられている。「心を遣る」は〝気を晴らす・心を慰める〟の意。一方、歌合は「かたみに詠み出でてその争ひすなる」と述べられている。「かたみに」は〝互いに〟の意の副詞。「その争ひ」は「その（歌の優劣の）争ひ」と補って考える。歌合は、歌人たちが左右の組に分かれて歌の優劣を競い合う文芸のことである。ただし、第一文に、歌の道が衰退したのは、（後世に）歌合が出現したせいだと述べられているので、両者の単なる対比説明にするのでなく、〈歌合は歌本来のあり方から外れているから〉といった説明の仕方が望ましい。

解答作成のポイントは以下の三点である。

① 歌について、「その心を遣る」「人の心の和らげとなすなる」を中心に説明する
② 歌合について、「かたみに詠み出でてその争ひすなる」を説明する
③ 歌合が歌本来のあり方から外れていることがわかるような説明の仕方にする

▼問二　(2)「その詠みたる人、世にあらばこそ、言ひも合はせぬべけれ。それも、…」は、〝その（歌を）詠んだ人が、

意味が含まれている様子なのに、その意味が明らかでなく、含意を表す言葉が不足した詠み方だということ。

問四　とにかく古い歌でも出来が悪いと思うならば取り上げないで放っておけばよいのに、むやみに直してその古歌を詠んだ人の意図に背くばかりか、かえって悪くまでもするのはたいそうつまらないことであるようだ

◆全　訳◆

歌の道が大いに衰退してしまったのは、歌合というものが出てきたときからである。そもそも歌は、喜び、怒り、悲しみ、楽しむなどの（感情の）程度に応じて（詠んで）自分の気を晴らすものであって、（それを聞く）人の心の慰めとするのに、どういうわけか、互いに（歌を）詠み出してその（優劣の）争いをするとは、たいそうあきれた嘆かわしいことであるよ。またその頃からは特に歌の姿も悪くなった。

そのことさえ（嘆かわしく）あるのに、古い歌を手直しすることも出てきてしまった。これもまたとても無風流なことだよ。その（歌を）詠んだ人が、この世に生きているならば、（手直しについて）やり取りすることも確かにできるだろう。（しかし）その場合でも、自分に（指導を）頼っているわけでもない人には、（こちらからその人の歌を）持ち出して（こう変えるのがよいなどと）言うのは適当なことではない。また、自分の（力量と同じ）程度に詠んでいるような人が、直してくれなどと言うとしたら、（遠慮して）強く断るはずであるのに、それとはうって変わって、声さえ聞くことができない昔の人の、しかも位の高い人や、あるいは優れた歌人の歌をも、自分の心で悪いと思う語句をあれこれ手直しして、（直した）自分はよい出来になったと思っているだろうが、ほかの人は同じようによい出来になったとも思わないこともあるに違いない。元の歌のほうが優れていて直した歌のほうが悪い出来なのに、あの元の歌は散逸して直した歌だけが（後世に）残るならばどうであろうか。たいそう歌人が嘆くに違いないことであるようだ。すでに「田子の浦ゆ（＝田子の浦を通って（視界の開けた所に）出て見てみると、真っ白に富士山の高い頂に雪は降り積もっていたことよ）」と詠んだ歌を、後世の人が「真白にそ」を嫌って「白妙の」と変え、「雪はふりける」を「ふりつつ」と直した。眼前の光景を詠んだ歌なので、「ふりける」と詠むのが当然である。「ふりつつ」と言ったので、まだそのほかに意味が含まれている様

①〈邪読〉の内容とその意義について、「増殖」（問一）、「耽溺」（問三）、「忘却」（問四）に触れながら簡潔にまとめる
② 何かの役に立つ読書ではない（問二）という要素も盛り込む
③ 読書についての筆者の基本的姿勢についても言及する

参考 高橋和巳（一九三一～一九七一年）は、大阪生まれの小説家、中国文学者。京都大学文学部中国語中国文学科卒業後、同博士課程修了。高校時代から、埴谷雄高、野間宏などの作品に深く影響を受け、大学在籍中は小松左京らと複数の同人誌を刊行し、習作を発表した。知識人の存在論的な苦悩をテーマにした『悲の器』で第一回文藝賞を受賞、一躍注目を浴びる。評論家としても活躍し、また、中国文学者として京都大学文学部助教授となったが、学園紛争のなかで学生側を支持し、辞職。その心境を『わが解体』で吐露した。三九歳で早逝。夫人は小説家の高橋たか子。主な著書に『憂鬱なる党派』『邪宗門』（いずれも小説）、『孤立無援の思想』（評論集）などがある。

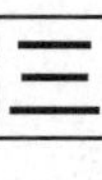

出典 田安宗武『国歌八論余言』〈歌の道盛んなる世と廃れたる世とを弁ふるの論〉

解答

問一　互いに歌を詠み出してその優劣を争う歌合は、喜怒哀楽などの程度に応じて自分の気を晴らし、人の心をも和らげる歌本来のあり方から外れているから。

問二　(2)生きている人の歌を直す場合も、自分に指導を頼っているわけでもない人には、こちらからその人の歌を持ち出してとやかく言うのは適当なことでもない

(3)自分はよい出来になったと思っているだろうが、ほかの人は同じようによくなったと思わないこともあるに違いない

問三　「ふりつつ」は、眼前の雪景色を詠んで歌意が完結する「ふりける」と違い、そこで歌意が完結せず、まだほかに

〈耽溺し、忘却する過程で、なんらかの認識が意識の潜在的な部分で自然と体得されている〉ということになり、だからこそ、〈精神の自立や客観性の形成をも促すことになる〉と筆者は考えているのである。また、傍線部(4)の「意味がある」というのはあくまでも筆者の見解であり、設問文でも「〜のように筆者が言うのはなぜか」と問われているので、解答作成の際には、第十段落冒頭の記述を踏まえ、〈(そのことを)筆者が経験的に確信しているから〉といった締めくくり方にする必要があることに注意したい。

解答作成のポイントは以下の四点である。

① 〈忘却〉が「創造的読書」の契機となる過程を説明する
② 「精神の濾過器」「受肉」という比喩表現を解釈する
③ 〈忘却〉が「精神の自立」を促す理由にも言及する
④ 「意味がある」と考えているのが筆者であることを明示する

▼問五　筆者にとっての「読書の本質」とは、一言で言うならば、〈筆者自らが〈邪読〉とみなすような読書のあり方〉である。ここまで確認してきたように、筆者の〈邪読〉とは、明確な目的をもった、何かの役に立つための読書(＝実務的読書)ではなく(問二)、読みながら関心の赴くままに思念や想像を増殖させ(問一・問二・問三)、その行為に耽溺し、忘却さえもが精神の自立や客観的精神の芽生えを促す(問四)という豊饒な時間をもたらす営みなのである。解答に際しては、「本文全体を踏まえて」という設問条件があることから、「各人がその人の個性にあった読書のかたちを造り出せばいい」(第十四段落)という、読書についての筆者の基本的な姿勢を示しつつ、前述した〈邪読〉の意義を説明していけばよい。また、「忘却」について触れるかどうか迷うところではあるが、〈「創造的読書」は忘却を一つの契機とする〉という筆者の主張を踏まえるなら、創造的な営みとなる「豊饒な時間」(第十二段落)には、耽溺だけでなく忘却も含まれると判断することができる。

解答作成のポイントは以下の三点である。

一たん無にして、他者の精神に接するべきもの」「確実な、あるいは体系的な知識を身につけるために読むべきもの」であり、さらに、そうした過程を経て〈客観的精神の形成〉へとつながるものである。一方、後者の特徴は、「一つの思念や想像が刺戟された時には、その思念や想像のがわに身を委ね」るものであり、また、〈人が死ぬのは、想像の世界が消失した時である〉という、想像の世界こそが存在意義であるかのような確信を抱かせるものである。両者を比較した上で、〈前者が健全な態度であり、後者が不健全な態度である〉ということがわかるように説明する。

解答作成のポイントは以下の三点である。

① 健全な読書態度について説明する

② 筆者自身の読書態度について説明する

③ ①と比べると、②が不健全で本来あるべき態度ではないことを説明する

▼問四　傍線部（4）の理由は、直後の第十段落で「創造的読書」は、「必ずこの忘却を一つの契機とするから」と説明されている。〈忘却〉が「創造的読書」の契機となる過程は、「読書は各自の精神の濾過器を経て、その大部分が少くとも顕在的な意識の上からは、一たん消失するということがなければ、精神に自立というものはなくなるかもしれない」（第十二段落）と述べられており、「各自の精神の濾過器を経て」という比喩表現を、〈読者各自の精神によって選別され〉などと置き換えてみれば、この記述全体は、〈読者の精神による選別を経て、読んだ内容の大部分が顕在的な意識の上からいったん消失すること（＝忘却）が、精神の自立を促す〉ということだと解釈できる。では、なぜ「消失（＝忘却）」が精神の自立を促すことになるのか。第九段落で「こうした耽溺のあとには必ず〈忘却〉がやってくる」と述べられていることから、〈忘却〉は「耽溺」とセットになっていることがわかる。また、筆者は「耽溺がなければ、なんらかの認識の受肉はありえないという気がする」（第八段落）とも述べている。ここでは、〈耽溺→認識の受肉〉と説明されているだけだが、「耽溺」と〈忘却〉はセットになっているのだから、〈耽溺→忘却→認識の受肉〉と考えることができる。「受肉」とは〝霊が肉に結合すること〟の意であり、それを踏まえて解釈すると、

を生成していくことではなく、〈一つの物語から別の物語が枝分かれし、そこからまた別の物語が枝分かれしていく〉というような形態が想定されているので、それをうまく説明していく必要がある。

解答作成のポイントは以下の二点である。

①　植物の「萌芽増殖」という比喩表現を「物語」に置き換えて解釈する

②　「増殖」というニュアンスが伝わるように表現を工夫する

▼問二　まず、傍線部(2)の、自分の読書の仕方に対する「後ろめたさ」が、友人の読書の仕方との比較によって生じた感情であることに留意すること。友人は、「一冊の書物を読みきれば、その理解したところを見事に要約してみせ」、その要約も「的確精密」で、「内容を整然と紹介したり説明したり」していた(第五段落)。一方、筆者は「死の誘惑にとりつかれ、それから逃れるために手当りしだいに」読んでおり、単なる気晴らしとして、思念を気ままに膨張させるような読み方をしていた(第四段落)。このような読み方が筆者に「後ろめたさ」を生じさせたのは、「想念を刺戟された部分や、……共感を伴うイメージ」はあっても、友人のように「内容を整然と紹介したり説明したりできない」、つまり、本を読んで具体的な認識を得たり、理解したことを何かに役立てたりすることができなかったからである(第五段落)。以上の内容を踏まえて解答を作成する。その際には、「後ろめたさ」を感じさせた直接的な理由(単なる自己満足・無益など)にもきちんと言及すること。

解答作成のポイントは以下の二点である。

①　友人の読書法と筆者の読書法の違いを簡潔に説明する

②　「後ろめたさ」の直接の理由に言及する

▼問三　まず、傍線部(3)の〈邪読〉ということばが、〈本来あるべき読書態度・健全な読書態度〉を想定したものであることを押さえること。この本来あるべき健全な読書態度は、傍線部(3)の後に説明されており、一方、〈邪読〉とされる筆者の読書態度は、傍線部(3)の直前で説明されている。前者における読書とは「まず即自有としての自己を

問三　読書によって刺激された思念に耽溺し、想像の世界こそが存在意義だとする態度は、無私の状態で他者の精神に接し、体系的知識を得つつ客観的精神を形成するという、本来あるべき健全な読書態度からはかけ離れていたから。

問四　読書に耽溺した後には必ず忘却が生じるが、精神によるこの取捨選択の過程を経て、潜在意識下で何らかの認識が体得され、それが精神の自立や客観性形成につながる創造的契機になることを、筆者は経験的に確信しているから。

問五　各人が個性に応じた読書の型をもてばよいが、筆者にとって読書の本質とは、読む過程で増殖する思念への耽溺と忘却といった、実務型の読書では迂遠とされる豊饒な時間を経て、精神の自立や客観性の形成を促す創造的なものである。

◆要　旨◆

読書は、各人が個性にあったかたちを造り出せばよく、無限に多様な読書の態度がありえてよい。青年期の筆者の読書は、気晴らしのための濫読のなかで、思念をいくつにも分岐させ、きままに膨張させるという妄想的読書であり、客観的精神の形成をめざす読書からすれば、〈邪読〉というよりほかないものであった。しかし、創造的読書というものがあるとすれば、それは〈邪読〉における耽溺と〈忘却〉という豊饒な時間において、なんらかの認識を体得し精神を自立させるものであり、それこそが自身にとっての読書の本質だと今になって強く意識されるのである。

▲解　説▼

▼問一　傍線部(1)に「こうした」とあるので、第一段落に述べられている「萌芽増殖とでもいうべき形態」という比喩表現を、「物語」に置き換えて説明する。具体的には「物語が物語を生み、登場人物が語り出した物語の中の人物がまた一つの物語を語り出す」（第一段落）、「一つの瘤の上にまた一つ瘤が出来るといった気ままな膨張」（第四段落）と説明されているので、これらの記述を踏まえて簡潔にまとめる。ここで注意したいのは、「茎から根がはえ、そこからまた茎を出し、その茎の一部からまた根がはえて独立する」（第一段落）という、「萌芽増殖」のニュアンスをどう出すかということである。「物語が物語を生み」（第一段落）というのが、単に連想をつなぎ合わせて直線的に物語

解答を作成すること。

解答作成のポイントは以下の三点である。

①　傍線部(5)の「美」が意味している内容を説明する

②　①のような美に「絶望し退屈している」とはどういうことか、わかりやすく説明する

③　本当の芸術家の芸術に対する態度に言及しつつ、新たな伝統を作り出すという役割を説明する

参考　岡本太郎（一九一一～一九九六年）は、神奈川県生まれの芸術家。父は漫画家の岡本一平、母は歌人で小説家の岡本かの子。一九二九年に東京美術学校に入学するも、同年に両親と渡欧し、その後十一年間パリに滞在。ピカソの影響を受け、抽象美術のグループに参加。また、G・バタイユの創設した、神秘主義と政治革命を目指す「社会学研究会」に加わる。パリ大学で哲学、社会学、民族学を修め、一九四〇年に帰国。戦後は、前衛派の主流として花田清輝、野間宏らと前衛芸術を推進した。六十年代以後、各国の国際展に出品して海外でも評価を得る。また、『今日の芸術』『日本の伝統』など多くの著作を著し、評論家としても活躍するほか、舞台装置やモニュメントの制作など、活躍は多岐にわたった。なかでも、一九七〇年の日本万国博覧会ではテーマ展示プロデューサーをつとめ、『太陽の塔』を設計し、大きな話題をよんだ。主な著作に『日本再発見』『忘れられた日本』『美の呪力』などがある。

二

出典　高橋和巳「〈邪読〉について」（『高橋和巳全集　第十四巻』河出書房新社）

解答

問一　一つの物語から新たな物語が分岐し、それを繰り返すことで物語が際限なく増殖し、膨張していくという発想法。

問二　書物の全体を的確精密に要約できる友人に比べると、逃避的に濫読し、刺激を受けた部分から気ままに思念や想像を広げる自身の読み方は、無益なものに思えたから。

②「敵の手にのりかかって」という表現が意味する内容を、本来あるべき態度と対比させながら説明する
③筆者自身の自覚であることに言及する

▼問四　傍線部(4)の「それ」と、直前の「これは本ものだ」の「これ」は、そのいずれも、直前に述べられているような、〈文化的に根こぎにされてしまった人間くらい、平気で、無造作な気分で作品にぶつかって、しかもなお、打ってくるもの、ビリビリ伝わってくるものがあること〉を指している。ここでいう「文化的に根こぎにされてしまった人間」というのは、竜安寺の石庭を見て、単なる石だと言うような、「即物的な再発見によって、権威やものものしい伝統的価値をたたきわった」ような人間、すなわち、知識や教養といった文化を持たない人間であり、そんな人間と同じくらい無造作に単純素朴に作品を見るということは、〈作品にまとわりつく権威や伝統的価値にとらわれることなく、単純素朴に作品を見る〉ということである。そして、それでも、〈心を打ってくるような、感性に響いてくるようなものがある〉ことこそが、本物の芸術の力であると筆者は述べているのである。

解答作成のポイントは以下の三点である。
①傍線部(4)の指示語「それ」の指示内容を押さえる
②「文化的に根こぎにされてしまった人間」の作品への接し方を説明する
③「打ってくる」「ビリビリつたわってくる」という表現をわかりやすく説明する

▼問五　ここまで確認してきた内容や小林秀雄のエピソードを踏まえると、傍線部(5)の「美」が意味しているものとは、〈教養によって理解されるような、権威主義的な伝統に倣った美（の評価）〉（問三）であることは明らかである。そういった「美」に「絶望し退屈している者」とは、そのような美では〈感性を刺激されない者〉〈心を動かされることがない者〉であり、それこそが「ほんとうの芸術家」だと筆者は述べる。さらに、そういった「ほんとうの芸術家」は、〈既成の伝統観から自由に、単純素朴に芸術に向き合い〉（問四）、〈それよりももっと優れたものを作るという気魄をもって新たな伝統を生み出し、継承していくような〉（問二）存在であると言える。以上の内容をまとめて

れを十分に穴埋めすることはもちろん、その悔いと空虚を逆の力に作用させて、それよりもっとすぐれたものを作る。……そしてそれを伝統におしあげたらよい」、そして、そのためであれば、「一時的な空白、教養の低下なんぞ、お安いご用です」と筆者が述べていることを踏まえて説明する。さらに、「それは……とらわれない新しい目で伝統を直視するチャンスをあたえる」とあるので、〈伝統や権威にとらわれない自由な視点で〉という手段にも言及したい。

解答作成のポイントは以下の三点である。

① 傍線部(2)とセットになっている記述を踏まえて、嘆きの内容を具体的に説明する

② 「自分が法隆寺になればよい」という表現が意味する内容を、傍線部直後の記述から説明する

③ 「とらわれない新しい目で伝統を直視する」という要素も盛り込む

▼問三　何が「どうもアブナイ」のかについては、傍線部(3)の直前で、「用心していながら、逆に、うっかり敵の手にのりかかっていたんじゃないか」と説明されている。ここで、「敵」とされているのは、「日本のまちがった伝統意識」であり、その具体的内容は、ここまででも「登録商標つきの伝統」「いい気な伝統主義」「ペダンティックなヴェール」「ヘンに観念的なポーズ」などと言い表されていたように、〈権威主義的な伝統主義〉である。そういった「まちがった伝統意識をくつがえすため」には、「文化的に根こぎにされてしまった人間」のように「むぞうさな気分でぶつかって」いくべきなのに、ついうっかり「神妙に石を凝視しすぎるくせがついた」という趣旨からすると、「神妙に石を凝視しすぎる」というのは、〈伝統主義者のような見方をしてしまう〉や〈観念的なものを読み取ろうとしてしまう〉などと解釈できるだろう。ここまでが「アブナイ」の具体的内容だが、さらに、設問文での「筆者が言うのはなぜか」という問い方を踏まえると、単に具体的内容を説明するだけでなく、筆者自身が、うっかり「アブナイ」状態になっていることに気づいたという、筆者自身の自覚にも言及する必要がある。

解答作成のポイントは以下の三点である。

① 「敵」の具体的内容を明示した上で、それを敵とみなす理由と目的を説明する

新しい視点で伝統を直視することこそが、新しい伝統を生み出す力となる。本当の芸術とは、既成の伝統意識にとらわれずに単純素朴に芸術と向き合ってもなお、感性に響き、心を揺さぶるものであり、そういった作品を生み出すことで自らが新しい伝統を作り出すのが、本当の芸術家なのである。

◀解　説▶

▼問一　まず、傍線部(1)の「どっちが」という指示語は、〈日本の古典芸術と西洋の古典芸術のどちらが〉ということである。「(そのどちらが) これからの世代に受けつがれる伝統だか分からなくな」ると筆者は述べているが、ここで想定されている「これからの世代」というのは、当然、〈日本の若い世代〉である。日本の若い世代にとって、受け継ぐべき伝統は、本来なら当然、日本の古典芸術であるはずなのに、それが「分からなくなって」くるということは、〈受け継がれるべき伝統が日本のものであることが、当たり前ではなくなっている〉ということである。その根拠として、光琳や探幽といった日本の古典芸術よりも、ダ・ヴィンチやミケランジェロといった西洋の古典芸術のほうが知名度が高いという事実が、傍線部(1)の直前に説明されているので、その点も踏まえて解答をまとめること。

　解答作成のポイントは以下の三点である。

① (日本の) 若い世代が本来受け継ぐべき伝統は日本のものであるべきという前提 (一般的見解) を押さえる
② ①という前提が、当たり前ではなくなっているということを示す
③ ②である理由を一般化して補う

▼問二　「自分が法隆寺になればよいのです」という傍線部(2)が、直前の「今さら焼けてしまったことを嘆いたり、それをみんなが嘆かないってことをまた嘆いたりするよりも」という記述とセットになっていることを押さえる。ここで、「今さら焼けてしまったことを嘆」くというのは、〈伝統が失われたことを嘆く〉ということであり、「それをみんなが嘆かないってことをまた嘆」くというのは、〈伝統を軽んじる傾向や、教養の低下を嘆く〉ということである。また、「自分が法隆寺になればよい」については、傍線部(2)の後で「失われたものが大きいなら、ならばこそ、そ

国語

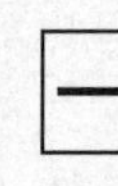

出典　岡本太郎『日本の伝統』〈一　伝統とは創造である　法隆寺は焼けてけっこう〉（光文社知恵の森文庫）

解答

問一　自国文化より西洋の古典芸術に馴染みのある今日の日本の若者を見ると、後世に継承される伝統が日本のものであることも当然とは言えなくなってしまうということ。

問二　日本古来の伝統や伝統をありがたく思う気持ちの喪失、教養の低下を嘆くよりも、そういった状況への悔いや空虚感を逆に創造の契機として、権威にとらわれない自由な視点で伝統を生み出す存在になるべきだということ。

問三　権威主義的な風潮に対抗しようとして、かえって作品にまとわりつく観念性に惑わされ、単純素朴な態度で見ることを忘れかけている自身のあり方に気づかされたから。

問四　本当の芸術の力とは、作品に付された伝統的価値や観念的な権威といった文化的側面にとらわれることなく、作品そのものに素朴な態度で向き合ってもなお、見る者の心を揺さぶり、感性に訴えてくるものだということ。

問五　権威にもとづく伝統主義によって評価づけられ、教養で理解されるような美には感性を刺激されることなく、むしろ、伝統とされてきたものを単純素朴に眺め、それを乗り越えてより優れたものを作ることにより、自らが新たな伝統を作り出そうという気概を持った存在。

◆要　旨◆

今日の若い世代は、西洋の芸術に比べて日本の古典芸術や伝統に明るくなく、その喪失にも大きな関心を寄せていない。伝統主義者たちはそんな現実を呪い、教養の低下を嘆いている。しかし、既存の権威主義的な伝統主義に終止符を打ち、

2021年度

解答編

解答編

英語

I **解答** (1)全訳下線部(1)参照。
(2)全訳下線部(2)参照。
(3)全訳下線部(3)参照。

◆全　訳◆

≪フィクションが育む共感力≫

物語を語る行為は，有史以来，人類とともにある活動である。私たちは物語の本能を持って生まれた物語る動物である，とさえ言えるかもしれない。朝，仕事に出かけ，同僚に会って前日の晩にあったことを彼らに語る。夜，帰宅して家族に会い，昼間にあったことを彼らに語る。私たちは話をするのが好きで，話を聞くのが好きである。物語はどこにでも存在しており，ニュース，世間話，夢，ファンタジー，報告書，告白など枚挙にいとまがない。

とりわけ，私たちは小説，漫画，映画，連続テレビドラマといった様々なフィクションの物語を楽しむのに多くの時間を費やしている。フィクションが私たちにとってよいものであるかどうかを検討してみることが多少なりとも有用であるのは間違いない。実際のところ，これは古代の哲学者にまで遡るほど長い歴史を有する問題である。プラトンは自分の理想とする国家から詩人を排除したことで有名であるが，これは彼が，詩人の創作したものは突き詰めれば事実ではない，と考えたためである。最も簡単な言い方をするならば，彼は詩を嘘であるとみなしたのである。彼は，フィクションとして提供されたものはそれ自体の正当性を示すことができない，と考えていた。彼の最も聡明な弟子であったアリストテレスはこれとは異なる考えを抱いていた。アリストテレスの理論の一つの重要な点とされているのは次の点である。(1)歴史は個別的なことを語り，出来事が起きた際の詳細一つ一つに専念するのに対して，詩は偶発的な要素の介入を許さずに，普遍的なことを浮かび上がらせる。それゆえに詩は正当化されるものである。

この議論が現代にまで続くなかで，古くからあるこの問題を扱う新たなアプローチが心理学分野の研究者たちによって示された。様々な実験から，フィクションには私たちを変える力があることが明らかになってきている。報告によれば，(2)「ノンフィクションを読むとき，人は心の中に壁を作った状態でそれを読む。内容に対して批判的で，疑い深い状態になっているのである。しかし，物語に没頭しているときには，心の壁は取り払われる。感情がたかぶり，それにより人はゴムのような，成形されやすい状態へと変わるようである」。これはかなり単純であるようにも聞こえるが，重要なのは研究者が私たちに，フィクションを読むことで共感が育まれる，ということを伝えようとしている点である。読者がフィクションの世界に没頭しているとき，その人は物語の登場人物の立場に自分自身を当てはめ，この活動が繰り返し行われることで，他人を理解する力が磨かれていく。つまり，実世界における対人的な感受性を育むことで，フィクション，とりわけ文学作品は私たちをよりよい方向へと形成してくれるのである。

このことは必ずしも目新しいことではないが，フィクションの重要性に対する科学的根拠の存在は確かに心強いものがある。とは言え，慎重な区別がここでは必要である。確かに，人はフィクションを読むことで，現に周囲の人々をよりよく理解した振る舞いをするようになる。しかしながら，共感が必ずしも社会的利益につながるとは限らない。この話題に関する最近の記事では次のように指摘されている。「あなたが出会うであろう，共感力の非常に豊かな人々のなかには，経営者や弁護士が含まれる。(3)彼らは相手の気持ちを瞬時に把握し，それに基づき行動し，そして取引を成立させたり裁判に勝ったりすることができる。結果的に，相対する側の人は苦悩したり，挫折を味わったりすることになるだろう。反対に，他人を理解するのが得意ではない，あるいはそれが得意であっても，把握した相手の感情に基づいて行動する力は持っていない，読書好きで内向的な性格の人々を誰もが知っている」（ここで言う読書好きな人々とは，フィクションの愛読者のことを指している。）共感的理解と共感的行動は異なるものである。フィクションを読むことと関連して，それらがどのように，なぜ異なっているのかという点に関しては，これからさらなる研究で解明が進んでいくことを期待する。

◀解　説▶

心理学の研究によると，小説などのフィクションを読むことで共感力が養われる，という内容。前半の途中で言及されている哲学者プラトンとアリストテレスに関する話題は背景知識がないと難しいところもあるが，対比構造を意識して和訳につなげたい。なお，彼らの時代における「詩」は，現代の「文学」と捉えておくとわかりやすい。

▶(1) **while history expresses the particular, concentrating on specific details as they happened, poetry can illuminate the universal, not allowing the accidental to intervene.**

「歴史は個別的なことを語り，（出来事が）起きた際の詳細一つ一つに専念するのに対して，詩は偶発的な要素の介入を許さずに，普遍的なことを浮かび上がらせる」→while は「～する一方で」という対比を表す接続詞であり，このことから while 節内にある the particular と主節内にある the universal が対比関係にあることがわかる（両方 the のついた名詞だが，互いに対比される名詞には定冠詞がつきやすい）。前者は「個別的なこと，特定のこと」，後者は「普遍性，全般的なこと」の意味。SV ～, concentrating on … と，SV ～, not allowing … の現在分詞の箇所は，それぞれ直前の節（SV 構造を持つまとまり）に付随する分詞構文。この 2 つは「(V して,) …に専念する」や「(V して,) …を許さない」のようにカンマの前から後ろへと順に訳し下げていくか，「…に専念しながら（V する)」や「…を許さずに（V する)」のように，前にある節内の動詞（V）を修飾する形で訳し上げるかのいずれかの処理をする。concentrating on specific details as they happened について，they は specific details「(ある出来事の）個々の〔特定の〕詳細」を指し，as は「(～した）通りの〔ままの〕」，または「(～した）ときの」という意味。したがって，「(それらが）起きた当時の〔起こったままの〕詳細一つ一つに集中する」という意味になる。they は訳出しなくてもよいが，するのであれば「個々の詳細」のままでは不自然な日本語になるため，単に「それ（が)」とするか「出来事（が)」くらいに意訳してもよい。not allowing the accidental to intervene については，allow *A* to *do*「*A* が～するのを許す」の構造に注意して，the accidental「偶発的なこと」と

intervene「介入する」との主述関係をはっきりとさせた和訳にする。

• illuminate「〜に光を当てる」

Hence the justification.

「それゆえに詩は正当化されるものである」→Hence「それゆえに」の後ろには主語や動詞といった文構造がなく，名詞のみが続いているため，日本語にする際には，文脈から判断して主語や述語のある文らしい形に訳し変える必要がある。第2段第5文（Put in the simplest terms, …）に，プラトンは「詩を嘘であるとみなした」とあり，続く第6文には，He did not believe something offered as fiction could justify itself.「彼は，フィクションとして提供されたものはそれ自体の正当性を示すことができない，と考えていた」とある。そして第7文（His brightest pupil …）に「アリストテレスはこれとは異なる考えを抱いていた」とあることからわかるように，下線部は，プラトンの考え方とは対立するアリストテレスの主張である。したがって，プラトンの「詩は正当性を示すことができない」という主張の反対，つまり「詩は正当化されるものだ」といった和訳を文脈から判断することができる。

▶(2) **“when we read nonfiction, we read with our shields up. We are critical and skeptical. But when we are absorbed in a story, we drop our intellectual guard.**

「ノンフィクションを読むとき，人は心の中に壁を作った状態でそれを読む。内容に対して批判的で，疑い深い状態になっているのである。しかし，物語に没頭しているときには，心の壁は取り払われる」→with our shields up は，with O C「OがCである状態で」という付帯状況の表現が使われており，直訳すれば「盾を構えた状態で」となる。この表現は直後の文中にある critical and skeptical「批判的で懐疑的」という表現で言い換えられている。また，But より後ろには drop our intellectual guard「頭の中の守りの構えを解く」という対照的な表現があるが，この intellectual は「知性のすぐれた」というよりは，「知力に関する，知力を要する」という意味の用法である。〔解答〕では，直後の emotionally との関連から「心の」という表現を用いている。それに対応させる形で，with our shields up「盾を構えた状態で」を「警戒しながら」や「心の中に壁を作った状態で」などと意訳することもできる。

- critical「批判的な」
- skeptical「懐疑的な」
- be absorbed in ～「～に夢中になっている」

We are moved emotionally, and this seems to make us rubbery and easy to shape.”

「感情がたかぶり，それにより人はゴムのような，成形されやすい状態へと変わるようである」→move は「(人の心) を揺り動かす」の意味の他動詞。this が指しているのは直前の内容，つまり「人は物語を読むときには警戒心を解いていて，心を揺り動かされること」。make us rubbery and easy to shape は，make O C「O を C の状態にする」の形であるため，暫定的な直訳は「このことが私たちを rubbery and easy to shape な状態にする」である。rubbery は「ゴムのような，弾性のある」，shape は「～を形づくる〔成形する〕」の意味。*A* is easy to *do*（他動詞）の構文は，it is easy to *do A* と書き換えられる（*ex.* This book is easy to read. ＝It is easy to read this book.）という基本原則から，make us easy to shape は make it easy to shape us に同じであり，その和訳は「私たちを成形しやすい状態にする」となる。また，shape の目的語が us であることは，第 3 段最終文（So, nurturing our interpersonal …）の中に shape us とあることからも推測できる（fiction, especially literary fiction, can shape us for the better「フィクション，とりわけ文学作品は私たちをよりよい方向へと形成してくれる」)。

▶(3) **They can grasp another person’s feelings in an instant, act on them, and clinch a deal or win a trial.**

「彼らは相手の気持ちを瞬時に把握し，それに基づき行動し，そして取引を成立させたり，裁判に勝ったりすることができる」→grasp は「～を把握〔理解〕する」，in an instant は instantly に同じで「すぐに」，act on ～は「～に基づいて行動する」という意味。act on them の them は another person’s feelings を指す。clinch a deal は熟語で「取引を成立させる，商談をまとめる」という意味。clinch は“釘の先を曲げて何かを固定する”というイメージで，そこから派生した意味を持つ（「～を固定する，結びつける」など)。win はこの場合は他動詞で「(勝負事) に勝つ」の意味。

• trial「裁判，審理」

The result may well leave the person on the other side feeling anguished or defeated.

「結果的に，相対する側の人は苦悩したり，挫折を味わったりすることになるだろう」→may well *do* は「～するのももっともだ，恐らく～するだろう」という助動詞の慣用表現。leave O C で「O を C の状態のままにする」の意味で，O には the person on the other side「相手」，C には feeling anguished or defeated「苦悩や敗北感を抱いている」が相当する。

• anguish「～を惨めにする〔苦しめる〕」

• defeat「～を打ち負かす」

Conversely, we have all known bookish, introverted people who are not good at puzzling out other people, or, if they are, lack the ability to act on what they have grasped about the other person.”

「反対に，他人を理解するのが得意ではない，あるいはそれが得意であっても，把握した相手の感情に基づいて行動する力は持っていない，読書好きで内向的な性格の人々を誰もが知っている」→bookish は book に形容詞化接尾辞 -ish「～のような，～じみた」が付いた形で「本好きの」の意味。introverted は「内向的な」の意味（反意語は extroverted「外向的な」)。bookish も introverted も後ろの people を修飾している。who 以下は people を先行詞とする関係代名詞節。puzzle out ～ は「(謎・問題など)を解く」という意味で，ここでは目的語が other people となっているので「他人を理解する，他人の考えを読み取る」の意味（2 文前の grasp another person's feelings の言い換え)。if they are は直後の省略を補うと，if they are (good at puzzling out other people)であり，if は even if「たとえ～だとしても」と同じで，「たとえ他人の考えを読み取るのが得意であっても」という譲歩の意味。lack は「～を欠いている，～がない」という意味の他動詞で，構造的には who に続いて（…）people who lack the ability to *do*「～する能力のない（…な）人々」）となる。

• conversely「逆に」

●語句・構文●

（第 1 段）go so far as to *do*「～しさえする」 narrative「物語」 instinct「本能」 during the day「昼間の間」→the day は「昼間の明るい

時間帯」を指している。 gossip「世間話，うわさ話」 confession「告白，白状」→「愛の告白」の意味とは限らず，正直に打ち明けること全般に使える。 so on and so forth「～などなど，～など挙げればきりがない」

(第2段) a deal of ～「多くの～」 consume「～を消費する，～を取り込む」→ここでは目的語に書物や映画がきているので，「～を読んだり見たりする」の意。 fictional「事実に基づかない，架空の，フィクションの」 cartoon「漫画」 serial「連続（物）」 (be) of some use「いくらか役に立つ」→(be) of use で (be) useful に同じ。 ponder「～を思案する」 go back to ～「(時代など）に遡る」 philosopher「哲学者，哲人」 Plato「プラトン」→古代ギリシャの哲学者（ソクラテスの弟子であり，アリストテレスの師)。 famously「周知のとおり」 exclude「～を排除する」 poet「詩人」→個々の「詩」は poem，集合的に「詩（というもの)」を指すのが poetry。 ideal「理想的な」 republic「国，共和国」→ここでは「プラトンが理想とした国」を指す。 , for SV「というのも～だから」→この for は接続詞。 creation (s)「創作物」 ultimately「突き詰めれば」 untrue「真実でない」 Put in the simplest terms「最も簡単に言い換えれば」→To put it in the simplest terms に同じで，この put は「(言葉など）を（～に）置き換える」の意。 regard *A* as *B*「*A* を *B* とみなす」 offer「～を提供する」 justify「～を正当化する」 bright「賢い，聡明な」 pupil「生徒，弟子」 Aristotle「アリストテレス」→古代ギリシャの哲学者（プラトンの弟子)。

(第3段) debate「討論」 psychology「心理学」 deal with ～「(問題など）に対処する〔取り組む〕」 experiment「実験」 emerge「現れる」 modify「～の一部を修正する」 reportedly「報告によると」 simplistic「単純な」 cultivate「(能力など）を育てる」 empathy「共感（力)」 (be) immersed in ～「～に没頭する」 practice「実践」 sharpen「(能力など）を磨く」 nurture「～を育てる」→nurturing our … の箇所は分詞構文。 interpersonal「人間関係の」→inter- は「～の間の」の意味の接頭辞。 sensitivity「感受性」 literary「文学の」 for the better「よい方向へ」

(第4段) news「新しいこと」 comforting「心地よい」 nevertheless「それでも，にもかかわらず」 distinction「明確な区分」 (be) in order

「必要である，適切である」→普通は「整然とした，秩序だった」の意味であるが，ここでは文語的な用法になっている。 social good「社会的利益」 article「記事」 point out ～「～を指摘する」 empathetic「共感的な」 businesspeople「実業家，経営者」 be meant to *do*「～することになっている，～しなければならない」→"義務・運命"を表す。 keen reader (s)「愛読者」 sympathetic「思いやりのある」 in connection with～「～に関連して」 further「さらに」→ここでは副詞。 explore「～を調査する〔研究する〕」

II 解答

(1)『種の起源』が，長らくヨーロッパの精神を支配してきた，そして依然として支配している二つの大きな世界観のうちの一方と対立し，もう一方と調和するものであるという事実。

(2)全訳下線部(a)参照。

(3)全訳下線部(b)参照。

◆全 訳◆

≪ダーウィンの進化論と一元論的世界観≫

チャールズ=ダーウィンの考えに対する初期の重要な反応の一つは，才能豊かなジャーナリストであるジョージ=ヘンリー=ルイスからのものであった。ルイスの一節を読んだダーウィンは，その記事の著者のことを「素晴らしい文章を書く人物であり，この問題についての知識がある人物」であると，友人に宛てた手紙で評している。実際，現代のある学者が述べているように，当時，「トマス=ハクスリーは別として，ルイスほど公正に，かつ，しっかりとした知識でダーウィンの理論を扱った科学論者は他にいなかった」のである。以下は，ダーウィンの最も著名な書物の背景についてルイスが記したものである（一部改変)。

『種の起源』は新時代を切り開いた。それは，事実との整合性や適用される範囲の広さにおいて，それまでの理論すべてを凌駕する説を提示した。それは長期に及ぶ研究から導き出されたもので，その結果，多くの人々にとって不明瞭であった考えが明瞭に書き表されていたため，その影響はすぐさまヨーロッパ全体に及んだ。扱われているのは古くからある問題であるが，そこに示された概念は斬新なものであったため，それは学者たちに革命的熱狂をもたらした。今の時代においてこれほど広く影響を及ぼした著作はない。これほどの影響は，それが偉大な発見により科学を充実させた見事な著作であるという事実ではなく，むしろこの著作が，長らくヨーロッパの精神を支配してきた，そして今なお支配している二つの大きな世界観のうちの一方と対立し，もう一方と調和するものであるという事実に起因している。一方の世界観は強大な敵と直面し，他方の世界観は強力な擁護者を獲得した。「種の起源」という論題が抱える重要性は，その背後におぼろげに見えてくる，より重大な論題に依拠している，というのは直ちに明らかであった。その論題とは何か？

(a)ギリシャにおける自然科学の幕開けから，その後のすべての時代にかけての見解の歴史をたどってみると，様々な形で発現する生命はすべて共通の根から育った花に過ぎないという真実，つまり，どんな複雑な形態もより単純な既存の形態から進化したのだという真実について，明確に捉えた洞察ではなく，直観的感覚とも言える考え方を示唆する数多くの記録が繰り返し登場しているのを認めることになるだろう。進化に関するこのような捉え方は，対立，嘲笑，反論を何とか切り抜けてきたが，この強さの理由は，この捉え方が，あらゆる現象をひとつの共通性へと落とし込み，あらゆる知識を統一的にまとめることから一元論と呼ばれる世界観に合致している点にある。この世界観は，対立関係にある，つまり二元論の，エネルギーと物質，命と体を区別して対置するような世界観とは相容れないものである。思想の歴史は，この二つの一般的な世界観のせめぎ合いと言える。人は皆，いくらかは教育によって，そして大部分は生まれながらにして，一元論か二元論かのいずれかの概念を抱く傾向にあると言えるかもしれないと私は考えている。進化論を受け入れるか拒絶するかが，大抵の場合，一元論と二元論のどちらの考え方を支持するのかによって完全に決まってきたという点については，疑いの余地はほとんどないであろう。

(b)そして，この観点からわかるのは，この観点以外では説明がつかないであろうことだが，それは自然選択説の証拠や反証材料を正しく評価する能力がまったくない人々が，いとも簡単に，そして熱心にそれを受け入れたり，あるいはそれに「反論」したりする理由である。このような人々には生物学の基礎知識がないが，それにより彼らが自信満々にこの問題について意見を述べるのをやめることはない。これに対して生物学者は，それがもし天文学に関する説だったとしても，人々は同じようにその程度の乏しい知識で反論するのであろうか，と冷たく問うている。なぜ反論しないなどということがあるだろうか。彼らは優れた立場から問題を判断する能力が自分にはあると考えているのである。彼らは自分たちの全般的な世界観の正しさを心の底から信じているため，あらゆる仮説について，それが自分の世界観と調和するものであるか，それとも対立するものであるかに応じて，その真偽を結論づけている。

これまでもそうであったし，これからもずっとこの状況は続くであろう。進化論は，一元論的世界観から必然的に導かれる推論であり，それは一元論と二元論の対立関係がなくなるまで，相反する学派間の論争の場であり続ける。私自身は一元論の最終的な勝利を信じているため，進化論は，科学文化の広がりと共にそれが受け入れられることで，一元論の勝利を早めることになる大きな影響力の一つであると考えている。

ダーウィンは自分の著作に関するルイスの見解を気に入ったようで，この記事やいくつかの関連文書を読んだとき，彼はこのジャーナリストに宛てた手紙を送り，それらを書籍として出版するように促している。現代科学の視点から言えば，ルイスの述べていることは時代遅れかもしれないが，彼が非常に興味深い著述家であることには変わりない。

◀解　説▶

ダーウィンの著した『種の起源』に関する論争の背後には，一元論と二元論という相反する世界観の対立問題があることを指摘した記事が紹介されている。この記事は同時代を生きたジョージ=ヘンリー=ルイスによるものであり，当時の時代背景や哲学的観点を意識して読み解きたい。

▶(1)『種の起源』が大きな影響力を持った「要因」としてルイスが最重要視しているものを第２段（*The Origin of Species* … What is that question?）から探し，その内容を日本語で記述する問題。ただし，設問では「文章全体から判断して」と指示されているので，答えに該当する箇所の判断根拠を第２段の外にも確認しておく必要がある。まず，「『種の起源』の影響力」を念頭に第２段を見ると，第５文に，This extent of influence is less due to A than (due) to B「この影響力の大きさは A によるものというよりはむしろ B によるものである」とある。原因を表す表現の due to ～「～が原因で」が使われていることから,『種の起源』が大きな影響力を持った「要因・原因」がここで言及されているのがわかる。また, less A than B「A というより〔ではなく〕(むしろ) B」は, than より後ろの B にあたる語句が強調される構造。したがって, この第 5 文の than to より後の箇所 (the fact of its being a work … the minds of Europe) が, ルイスが最重要視している要因であると推測される。そのなかで, the fact of its being a work which clashed against one and chimed with the other of the two great conceptions of the world「それ (=『種の起源』) が, 二つの大きな世界観のうちの一方と対立し, もう一方と調和する著作であるという事実」と述べられているが, この「二つの世界観」というのは, 第 3 段第 2・3 文 (This idea about … life and body.) にある, one general conception of the world which has been called the monistic と the rival, or dualistic, conception, つまり「一元論的な世界観」と「二元論的な世界観」のことである。続けて, 第 2 段の外にある情報とのつながりを確認すると, 第 3 段最終文 (There can be …) に「進化論を受け入れるかどうかは, この一元論と二元論のどちらを支持するかによって決まる」とある。これをより一般化した内容を第 4 段最終文 (Profoundly convinced of …) でも繰り返し述べており, そこには, 人々が「あらゆる仮説の真偽を, 自分の世界観 (一元論または二元論) と調和するか, 衝突するかに応じて判断する」とある。さらに, 第 5 段最終文 (For myself, believing …) には, ルイス自身が「一元論の最終的な勝利を信じている」,「進化論は一元論の勝利を早めることになる大きな影響力の一つである」とあることから, ルイスによるこの文章が『種の起源』と一元論的世界観とのつながりを重要視した主張となっていることがわかる。この裏付けに従って, 解答は先述の「最重要視している要因」として推測した箇所 (第 2 段第 5 文の than to より後ろの内容) で間違いないと判断し, それを日本語に訳せばよい。訳す際には, the fact of its being a work の its が直後の動名詞 being の意味上の主語である点, そして which 以下には, one and the other of the two「二つ (の～) のうち一方と残りのもう一方」の構造が使われている点に注意。

▶(2) **If we trace the history of opinion from the dawn of science in Greece through all succeeding epochs,**

「ギリシャにおける自然科学の幕開けから，その後のすべての時代にかけての見解の歴史をたどってみると」→trace は「(跡など) をたどる」の意味が元であり，ここでは「(証拠や手がかりを元に) 調べる」という訳を当てはめてもよい（なお，trace は2020年度の **I** (3)の下線部でも登場している)。opinion は，生物種の起源が何であるかということの見解であるため,「見解」,「思想」,「理論」,「考え方」のように訳出すればよい。from *A* through *B* は「*A* から *B* にかけて（の)」という“期間”を表す表現。dawn は「夜明け，(事の) 始まり，幕開け」の意味。all succeeding epochs の succeed は「成功する」ではなく,「(物事が) 後に続く」の方の意味。したがって,「(ギリシャにおける自然科学の幕開けの) 後に続くすべての時代」という訳になる。

• epoch「(歴史上注目に値するような) 時代」

we shall observe many constantly-reappearing indications of what may be called an intuitive feeling rather than a distinct vision

「明確に捉えた洞察ではなく，直観的感覚とも言える考え方を示唆する数多くの記録が繰り返し登場しているのを認めることになるだろう」→ここからが主節。shall は基本的には will と同じだが文語的で「必ず」というニュアンスが強い。「～を認める〔目撃する〕ことになるだろう」と訳せる。observe の目的語は many 以下で非常に長いため，たとえば「認められるのは～である」のように動詞を先に訳してしまうことも可能。constantly-reappearing は形容詞で「何度も消えては再び現れている，繰り返し登場している」という意味。indications (of ～) は「(～を) 示唆するもの」，あるいは「(～の) 兆し」という意味だが，indications が可算名詞扱いであるので,「示唆するもの」を具体的に「示唆する記録」などと意訳してもよい。また，what may be called … は，what is called ～「～と呼ばれるもの」という基本の形が元となっており，この what「(～である) もの」についても具体的には opinion のことであるので,「考え方」,「見解」のように訳出するとわかりやすくなる。*A* rather than *B*「*B* というよりは〔ではなく〕*A*」の *B* と *A* にあたる a distinct vision「明確な洞察〔見解〕」と an intuitive feeling「直観的感覚」は対比的な表現となっている。ここまでをまとめると,「明確に捉えた洞察ではなく,直観的感覚とも言える考えを示唆する,繰り返し登場する数多くの記録を認めることになるだろう」となり,訳としてはこれで十分である。〔解答〕ではindications を修飾する語句が長すぎる印象を避けるために,constantly-reappearing を「…（名詞）が繰り返し登場している」という叙述用法の形に訳し変えてある。

• intuitive「直観的な」

… of the truth that all the varied manifestations of life are but the flowers from a common root — that all the complex forms have been evolved from pre-existing simpler forms.

「様々な形で発現する生命はすべて共通の根から育った花に過ぎない（という真実),つまり,どんな複雑な形態もより単純な既存の形態から進化したのだという真実の…」→of から文末までは,rather than で結ばれた２つの対比的な名詞 an intuitive feeling と a distinct vision を修飾する形容詞句。the truth that … は that が同格の用法であるため「…という真実」と訳す。manifestation は「現れること,発現」であり,manifestations of life は「生命〔生物〕の発現」の意。but は副詞であり,only と同じ意味で「ただの～,～に過ぎない」(*ex.* He is but a child.「彼はほんの子どもだ」)。ダッシュ（—）の後ろは（the truth）that all the complex … のように the truth を補って考えるとわかりやすいが,前出の the truth that all the varied … の that 節と同格の関係になっているので,この両者を「つまり」という言葉でつなぐとよい。

• varied「多様な」

• evolve from ～「～から進化する」

• pre-existing「既存の,前から存在する」

▶(3) **And this explains, what would otherwise be inexplicable, (the surprising ease and passion …)**

「そして,この観点からわかるのは,この観点以外では説明がつかないであろうことだが,(それは…の）理由である」→this explains ～は,this explains why SV の形を取ることも多く,今回のように why 節の代わりに名詞句がきている場合でも「このことが説明するのは〔…の理由／なぜ…なのか〕である」のように why の意味合いを訳出できる。this が指すのは直前文（There can be little …）の that 以下（進化論を受け入れるか否かは一元論と二元論のどちらの世界観を有しているかで決まるということ）。ただし，これを明示する必要はなく「このこと」，または「この観点」くらいに訳し留める。explains の目的語は the surprising ease and passion 以下であるが，その箇所と同格関係にある名詞句 what would otherwise be inexplicable が直前に挿入されている。この would は仮定法過去形で，if 節の代わりの働きをしている otherwise「もし別の方法であれば」と関連し合っている。挿入句らしく，「(次のことは) 別の方法では説明がつかないであろうことだが」のように“前置き”的に訳すのがよい。

• inexplicable「説明がつかない」

the surprising ease and passion with which men wholly incompetent to appreciate the evidence for or against natural selection have adopted or “refuted” it.

「自然選択説の証拠や反証材料を正しく評価する能力がまったくない人々が，いとも簡単に，そして熱心にそれを受け入れたり，あるいはそれに『反論』したりする（理由）」→men の直後に who are を補って考えると，men（who are）wholly incompetent to appreciate the evidence for or against natural selection のように who … natural selection が先行詞 men を修飾しているのがわかる。和訳は，「自然選択説の証拠や反証材料を正しく評価する能力がまったくない人々」となる。with which 以下は the surprising ease and passion「驚くべき安易さと熱情」を先行詞とする関係詞節で，直訳すれば，「(…する能力がまったくない) 人々がそれ（= natural selection）を受け入れたり，あるいはそれに『反論』したりする驚くべき安易さと熱情」となる。これでは日本語としてあまりにも不自然であるため，少し工夫がいる。まず，元々の文構造が見抜きやすくなるよう関係代名詞に先行詞を代入すると，with which は with the surprising ease and passion となる。with + 抽象名詞は副詞と同じ働きをするため，with ease や with passion は，それぞれ easily や passionately と同じ意味である。したがって，自然な日本語にするためには，「驚くべき安易さと熱情」のように名詞として処理するのではなく，「驚くほどに〔いとも〕簡単に，そして熱心に」のように副詞的に処理するのがよい。

- (be) incompetent to *do*「～する能力のない」
- appreciate「～の真価がわかる，～を正しく認識する」
- natural selection「自然選択（説）」(「自然淘汰」に同じで，特に初期では「自然選択」と呼ばれた)
- for or against ～「～に賛成，あるいは反対（の)」
- refute「～に反論する，～を反証する」

Elementary ignorance of biology has not prevented them from pronouncing very confidently on this question

「このような人々には生物学の基礎知識がないが，それにより彼らが自信満々にこの問題について意見を述べるのをやめることはない」→ elementary ignorance of biology は a lack of basic knowledge of biology「生物学の基礎知識の欠如」のこと。*A* prevent *B* from *doing* は「*A* は *B* が～するのを妨げる」という意味の表現で，これが否定文（has not prevented）で使われているので，「*A* は *B* が～する妨げとはならない」の意味になる。無生物主語なので副詞的に訳したい。them は「彼ら」でよいが，それが指しているのは，直前文中の men wholly incompetent to appreciate the evidence for or against natural selection である点はおさえておく必要がある。

- pronounce on ～「～について意見を述べる」

; and biologists with scorn have asked whether men would attack an astronomical hypothesis with no better equipment.

「(これに対して）生物学者は，それがもし天文学に関する説だったとしても，人々は同じようにその程度の乏しい知識で反論するのであろうか，と冷たく問うている」→and の直前にセミコロン（；）があるが，ここでは“対比”を表しており，この記号の前の「生物学の知識がない人」と後ろの biologists「生物学の専門家」との対立を示唆している。with scorn は先述した，「with＋抽象名詞は，副詞と同じ働きになる」の原則から，scornfully「軽蔑して，冷たく」と訳し，動詞 have asked を修飾していると考える。have asked whether … の箇所は，「…かどうかを尋ねる」という純粋な質問〔疑問〕文として解釈してよいだろう。equipment は「装備，知識」の意味があり，ここでは特に「知識」の意味。no better *A* than *B* で「*B* と同じくらいよくない〔乏しい〕*A*」という表現があるが，これをもとに考えると，with no better equipment は「（自然選択説に意見するときのと）同じくらいに乏しい知識で」という意味。than 以下の省略を補うならば，with no better equipment（than is being used to adopt or refute natural selection）のようになる。

• astronomical「天文学の」
• hypothesis「仮説，理論」

Why not?

「なぜ反論しないなどということがあろうか」→Why not? には３つの用法があり，１つ目が「なぜ～しないのか」という純粋な否定疑問文。２つ目は「なぜ～しないのか，いやするべきだ〔はずだ〕」という修辞疑問文。３つ目は「もちろん，ぜひ」という勧誘などに対する同意を表す口語的表現。ここでは勧誘に対する返答ではないため，３つ目は除外して考える。Why not? には，その具体的内容がわかるような記述が先に存在するのが前提であり，ここでは直前文中の biologists with scorn have asked whether men would attack an astronomical hypothesis with no better equipment がそれに当たる。したがって，Why not? の省略を補うと，Why（would men）not（attack an astronomical hypothesis with no better equipment）? となる。これが否定疑問文なのか修辞疑問文なのかを判断するためにこれより後の記述を参照すると，直後の第４文（They feel themselves …）は「彼らは優れた立場からその問題を判断する能力があると考えている」，続く最終文（Profoundly convinced of …）は「彼らはあらゆる仮説の真偽を自分の世界観と調和するか対立するかに応じて判断している」という内容である。よって，人は知識がなくても科学分野の仮説に対して意見を述べるとルイスは考えているとわかる。したがってこの Why not? は「なぜ反論しないのか？」という否定疑問文ではなく，「なぜ反論しないということがあろうか（いや，きっと反論するだろう）」という修辞疑問文であると判断できる。この点が理解できているかは出題のねらいの一つであると考えられるので，省略を補ったこの疑問文をなるべく端的に訳して〔解答〕のような形にまとめるとよい。

●語句・構文●

（第１段）significant「重大な，意義深い」 response「反応」 highly-talented「優秀な」 capitally「見事に」 state「述べる」 apart from ～

「〜は別として」 fairness「公正さ」 modification「部分的な修正〔編集〕」

（第2段） origin「起源」 species「（生物の）種」 propose「提案する」 surpass「〜を上回る」 predecessor「先行するもの」 product「産物」 long-continued「長く持続する」 thereby「それによって」 articulate「明瞭な」 inarticulate「不明瞭な」 mind(s)「（知性の面からみた）人」 rapidly「急速に」 become European「ヨーロッパ的なものになる」→ここでは「ヨーロッパ全体に影響を与える」という意味。 purpose「目標，目的」 novel「新しい，斬新な」 agitate「（感情など）を掻き乱す」 school(s)「学派，同じ思想の人々」 revolutionary「革命的な，画期的な」 our time「（著者から見て）現代」→直訳は「私たちの時代」。 general「一般的な，全般的な」 extent「程度，規模」 masterly「見事な」 enrich *A* with *B*「*B* で *A*（の質など）を高める〔豊かにする〕」 clash against〜「〜と対立する」 chime with〜「〜と調和する」 rule「〜を支配する」 enemy「敵」 mighty「強力な，強大な」 champion「擁護者，推進派」 immediately「即座に」 evident「明白な」 derive *A* from *B*「*B* から *A* を得る〔受け継ぐ〕，*A* の由来を *B* にたどる」 loom「ぼうっと現れる」

（第3段） evolution「進化」 ridicule「冷笑，冷やかし」 refutation「反論，反駁」 persistence「粘り強さ」 harmonize with〜「〜と調和する」 monistic「一元論の」 reduce *A* to *B*「*A* を *B* へと簡略化する」→この reduce は「（より単純な形態に）まとめる，還元する」の意。 phenomena「現象」→phenomenon の複数形。 community「共通性」 be irreconcilable with〜「〜と相容れない〔共存できない〕」 rival「競合する」→ここでは形容詞。 dualistic「二元論の」 oppose「（2つのもの）を対置する，対立させる」 matter「物質」 struggle「奮闘」 somewhat「幾分，いくらか」 still more「さらにたくさん」→still は比較級を強調する用法。 by (*one's*) constitution「（人の）生来的な体質〔性質〕上」 be predisposed toward(s)〜「〜の傾向がある，〜しやすい」 acceptance「受容」 rejection「拒絶」 Darwinism「ダーウィニズム，進化論」 in the vast majority of cases「大抵の場合」 wholly「すっかり，完全に」 attitude of mind「考え方，心構え」

（第 4 段）（be）competent to *do*「〜する能力がある」 Profoundly convinced of 〜「〜を心の底から確信しているので」→文頭にあった Being が省略された受け身の分詞構文。 conclude O to be C「O を C だと結論づける」 according as SV「〜に応じて」

（第 5 段）development hypothesis「発達理論」→Darwinism の言い換えで進化論のこと。 inevitable「避けられない，必然の」 deduction「推論，導き出された結論」 battle-ground「戦場，論争の場」 contending「競合する」 monism「一元論」 dualism「二元論」 triumph「勝利」 the former「（2つあるうちの）前者」 look on *A* as *B*「*A* を *B* とみなす」 in conjunction with 〜「〜と併せて」 hasten「〜を加速する〔急がせる〕」

（第 6 段）observation（s）on 〜「〜に関する所見」 publish「（書籍）を出版する」 from the point of view of 〜「〜の観点から」 date「〜を古くさくする〔時代遅れにさせる〕」

III 解答例

〈解答例 1〉 Needless to say, it is important to keep in mind the saying, "Better safe than sorry." However, it is sometimes necessary to have the courage to take a step forward before worrying about the results. You might experience adversity, but the accumulation of such failures can make you mature. The experience of surviving many failures will surely help you greatly to overcome an unprecedented problem.

〈解答例 2〉 Of course, it is important to be well-prepared for doing something new. However, there are times when you should dare to take a risk before worrying about the consequences. You might get hurt, but mistakes can lead you to develop into a mature person. Through the experience of never giving up and bouncing back over and over again, you will certainly be able to develop a great ability to survive the most difficult situations you will ever face.

◀解 説▶

「言うまでもなく，転ばぬ先の杖は大切である」

- 「言うまでもなく」→副詞的に処理するのであれば，needless to say

「言うまでもなく」, of course「もちろん〔確かに〕」, obviously「明らかに」など。形式主語で始める It goes without saying that SV なども考えられる。いずれにせよ，後ろに続く，「しかし」で始まる文との相関性を意識しておきたい。

• 「転ばぬ先の杖」→英語のことわざであれば，Look before you leap.「飛ぶ前に見よ」, Better safe than sorry.「後悔より無難の方がよい」, Prevention is better than cure.「治療よりも予防の方がよい」などで言い換えられる。英語のことわざを使わずに，それが意味する内容を英語にする場合は，「何か（新しいこと）をする前にしっかりとした備えをしておくこと」などの日本語に言い換えたものを英訳する。この日本語の言い換えをする際には，後続の「結果をあれこれ心配する前に一歩踏み出す勇気」と対比の関係であることを手掛かりにする。「(～に) 備えておく」は，be (well-) prepared to *do*〔for *doing*〕で表現でき，これは物理的な備え以外に，心の準備の意味合いでも使われる。

• 「(～は) 大切である」→「転ばぬ先の杖」をどのように表現するかで変わってくるが，それを英語のことわざで表すなら，「～ということわざを心に留めておくことは大切だ」のように言葉を少し補うとよい。その場合は，keep *A* in mind「*A* に留意する」(〈解答例 1〉は *A* に当たる語句が in mind の直後に移動) などの表現が補える。Look before you leap. のように，ことわざそのものが動詞で始まるものである場合は，そのまま It is important to *do* に続けて表現してもよい。

「しかし，たまには結果をあれこれ心配する前に一歩踏み出す勇気が必要だ」

• 「しかし」→等位接続詞である but は文頭でも使用されることはあるが，文法上は本来的な用法ではないため，正式な文体や文章では however を用いる方がよい。

• 「たまには」→「ときには」と同じと考えて sometimes でよい。他にも there are times when SV「～な時もある」と when 節につなげることも可能。

• 「結果をあれこれ心配する前に」→骨組みは before SV。「～を心配する」は worry about ～。「あれこれ」の部分は英訳する必要はないが，too much などで対応してもよい。「結果」は (the) results

〔consequences〕のように複数形にするのが自然。

• 「一歩踏み出す」→take a step forward が慣用的表現としてよく使われる。別の表現で言い換えれば，take a risk「リスクを負う」などでも意味が通る。

• 「〜する勇気が必要だ」→have the courage to *do*「〜する勇気を持つ」や dare to *do*「敢えて〜する」を用いて，it is necessary to や you should に続けて使う。

「痛い目を見るかもしれないが，失敗を重ねることで人としての円熟味が増すこともあるだろう」

• 「痛い目を見る」→「失敗をする」と捉えて experience failure でもよいが，原文のニュアンスを表すのであれば failure を adversity「逆境，困難」などの語に変える。または，get hurt「傷つく」なども可能（この場合の hurt は「感情を害する〔傷つける〕」の意味）。

• 「失敗を重ねることで」→「そのような失敗の積み重ね」と考えて，the accumulation of such failures とする。または，単に mistakes（複数形）を主語にして，「失敗が（人を〜にする）」というつなげ方で対応することも可能（〈解答例２〉を参照）。

• 「人としての円熟味が増す」→「円熟味」は，形容詞である mature「（人の心身などが）成熟した」を make O C の骨組みに当てはめて make you mature「人を成熟させる」とする。他にも develop into a mature person「成熟した人へと育つ」などを lead *A* to *do* に当てはめて，lead you to develop into a mature person など。「人としての」を as a person として追加してもよいが，意味的にはなくても同じであるため，冗長な印象を与える。

「あきらめずに何度も立ち上がった体験が，とんでもない困難に直面した時に，それを乗り越える大きな武器となるにちがいない」

• 「あきらめずに何度も立ち上がった体験」→「〜した体験」は the experience of *doing*。「あきらめずに何度も立ち上がる（こと）」は，「多くの失敗を切り抜ける（こと）」と言い換えて surviving many failures，あるいは，bounce back「すぐに立ち直る」という表現を用いて，never giving up and bouncing back over and over again〔repeatedly〕「決してあきらめずに繰り返し立ち直る（こと）」などが考えられる。

• 「とんでもない困難に直面した時に，それを乗り越える」→「とんでもない困難に直面した時に」を when SV の構造で表してもよいが，「とんでもない困難を乗り越える」とまとめてしまえば when 節は不要になる。「とんでもない困難」は，形容詞 unprecedented「前例のない，かつてない」を用いて，an unprecedented problem「前例のない問題」，あるいは，「人が直面する最も難しい状況」と言い換えて the most difficult situations you will ever face などとする。「～を乗り越える」は，overcome「～を克服する」や survive「～を乗り切る」などであり，これらの動詞を選定する際には，目的語になる名詞との相性（コロケーション）に注意する。先の an unprecedented problem や the most difficult situations you will ever face を使うのであれば，overcome や survive が，problem や situation を目的語に取れる動詞であることに確信を持ったうえでそれらを選定することが求められる。

• 「(～する) 大きな武器となる」→言い換えが必要であり，「あきらめずに何度も立ち上がった体験」という“物事”を主語にするのであれば「(…した体験は)～するのに大いに役立つ」となる。他にも，“人”を主語にするのであれば「(人は)～できる優れた能力を身につけられる」と言い換えられる。これらはそれぞれ，help *A* greatly to *do*, develop a great ability to *do* などの表現を用いて対処できる。

• 「～にちがいない」→「きっと…だろう」や「間違いなく…だろう」と考えて，surely や certainly という副詞を使う。

Ⅳ 解答例

〈解答例１〉 (1) (Maybe you found that pasta terrible because) there happened to be some ingredients that you dislike in the pasta（12語）

(2) (Another possibility is that) the chef had a cold and his sense of taste had not yet fully recovered（15語）

(3) (For example,) if your grandparents do not know how to use a computer, you think that all older people are not good at using a computer（24語）

(4) (I'll) go to that restaurant several times more and try other dishes too（12語）

〈解答例2〉 (1)（Maybe you found that pasta terrible because）you didn't have a taste for some seasoning like truffles or cheese（12語）

(2)（Another possibility is that）you might have expected too much of the food just because the restaurant was new（15語）

(3)（For example,）if the first person you meet in a new country you visit is rude, you tell your friends that everyone in the country is rude（25語）

(4)（I'll）visit the restaurant again and try other types of pasta（10語）

◀解　説▶

会話文の空所補充問題であり，2018年度Ⅳに近い形式となっている。ただし，小問ごとに語数制限があり，(3)では一部使用する語が指定されている点は新しい。会話は，hasty generalization「軽率な一般化」という間違った論理展開についての話題である。

（会話の日本語訳）

ノア：昨日，新しくできたレストランへ行ったよ。

エマ：どうだった？

ノア：パスタを食べたけれど，ひどい味だった。きっとあのレストランの料理はどれもひどいものだよ。

エマ：でも，あなたはまだ一度しかそこへ行ったことがないのよね？ そのレストランの料理の全部がまずいというのは言い過ぎだと思うわ。もしかしたら(1)＿＿＿＿だから，あなたはそのパスタがまずいと思ったのかもしれないわ。それか，(2)＿＿＿＿ということもあり得るわね。

ノア：君が正しいのかもしれないね。

エマ：先日読んだ本では，これは軽率な一般化と呼ばれていて，一つかそこらの事例から極端に一般化された結論を導き出すことを意味するらしいわ。日常生活のなかでは軽率な一般化をしやすいのよ。何かを買うときだけではなくて，他の状況でも同じことをよくしているわ。たとえば，(3)＿＿＿＿。

ノア：君が言っていることは本当によくわかるよ。僕は(4)＿＿＿＿することにするよ。そうすれば，あのレストランについての自分の主張が正しいかどうか確かめられそうだから。

エマ：それはいいわね！　極端な一般化は避けるようにしないとね。

▶(1)語数制限は「8語以上12語以下」。空所のある文に至る直前で，エマは，ノアがまだ一度しかそのレストランへ行ったことがないのに，その店の料理全部がまずいというのは言い過ぎだと思う，と述べている。したがって，空所に入る内容も，一部の情報から全部を推測することは正しくない可能性があることと矛盾しないものでなければならないため，このレストランそれ自体やその料理全体を否定するような内容であってはならない。その上で，ノアが「そのパスタをまずいと感じた」理由としてつながる内容を空所に補う必要がある。たとえば，ノアが注文したパスタに対する個人的な好みの問題が考えられるが，他にも偶発的な要因を含むものであればおおむね問題ない。〈解答例1〉の和訳は，「何かあなたがたまたま苦手な具材がパスタに含まれていた（から，あなたはそのパスタがまずいと思ったのかもしれない)」。〈解答例2〉は，「トリュフやチーズのような味付けがあなたの口に合わなかった（から，あなたはそのパスタがまずいと思ったのかもしれない)」。

▶(2)語数制限は「12語以上16語以下」。空所直前の Another possibility「別の可能性」とは，前文で述べられた「パスタがまずかった」ことに対するもう一つの理由として考えられることである。空所(1)のある文（Maybe you found …）とは「別の可能性」を指摘する必要があるので，(1)をただ言い換えた内容になっていないか注意する。(1)の〔解答例〕のように，たまたまそのパスタだけまずかった，つまり，他のパスタは美味しいかもしれない，という指摘をすでにしているのであれば，それとは別の視点から，たとえば，「シェフの調子が悪かった」「料理の手順を間違えた」「ノアの評価基準が非常に厳しくなっていた」などの理由が考えられる。〈解答例1〉の和訳は「シェフが風邪を引いていて味覚が完全には戻っていなかった（ということもあり得る)」。〈解答例2〉は，「そのレストランが新しいからといって料理に期待しすぎてしまった（ということもあり得る)」。

▶(3)語数制限は「20語以上28語以下」，さらに「if を用いて」という使用する語の指定がある。日常生活のなかでしてしまいがちな hasty generalization「軽率な一般化」，つまり，3つ目のエマの発言第1文（The other day, …）にあるように「一つ程度の事柄から推測して全体像を決めつけてしまうこと」の例を挙げる。ただし，空所のある文の直前文（We often do this …）で「何かを買うときだけではなくて…」とあるので，買い物以外の場面での事例とすること。〈解答例 1〉の和訳は，「(たとえば,) もし自分の祖父母がコンピュータの使い方を知らなければ，お年寄りは皆コンピュータを使うのが苦手と考える」。〈解答例 2〉は「(たとえば,) 初めて訪問した国で最初に会った人がもしも失礼な人であったら，その国の人は皆失礼だと友人に教える」。

▶(4)語数制限は「8 語以上 12 語以下」。エマに指摘された(1)，あるいは(2)の内容を受けて，ノアがこのレストランの料理すべてがまずいと決めつけるべきではない，という考えに同調していることは，空所のある文の直前のノアの発言（I totally understand what you mean.）からわかる。さらに，空所の直後に続く文（That way, …）では「あのレストランについて自分の言ったことの真偽を検証してみる」と発言していることから，空所に入る文は「再度そのレストランに行って違う料理も試してみる」という内容が入ることが予想される。「再びそのレストランに行く」と「違う料理も試す」の 2 つを and でつないで表現するのが最も一般的な解答となるだろう。〈解答例 1〉の和訳は，「もうあと何回かそのレストランへ行って，違う料理も試してみる（ことにするよ)」。〈解答例 2〉は，「再度そのレストランに行って，別のパスタ料理を試してみる（ことにするよ)」。

❖講　評

2021 年度は，読解問題 2 題，英作文問題 2 題の構成であった。読解問題においては，内容説明に属する設問が 1 問のみで残りはすべて英文和訳と，一見すると英文和訳中心であった 2014 年度以前の出題形式を彷彿とさせるものであった。また，2016 年度以降出題されている自由英作文については，2016～2018 年度と同じ，会話文の空所補充という形式での出題で，2021 年度は語数制限や使用する語の指定があるものであった。

I は，小説などのフィクション作品を読むことで共感力が育まれる，という研究結果に関する文章になっており，3 問の設問すべてが下線部を和訳する問題となっている。ただし，(1)の Hence the justification. の箇所は文脈から言葉を補いつつ和訳する必要がある。また，(3)では

anguished や introverted などの難単語が使用されており，これらを知らない場合には前後の内容から語義をある程度推測する力が要求される。

Ⅱは，ダーウィンの進化論についての対立を一元論と二元論の対立として捉えた人物の記事を取り上げた文章となっている。(1)が内容説明に類する問題で，残り２問は英文和訳。しかし，(1)も第２段から設問の内容に該当する箇所を選び，それを日本語で記述させる問題であるため，自分の言葉で要約するような記述問題というよりは，英文和訳問題に近いと言える。逆に(3)の下線部和訳は，Why not? の箇所を和訳するうえで，下線部の外にある情報とのつながりや段落の構成などを見抜く必要があり，その意味では内容説明問題に類するとも言える。

Ⅲの英作文問題は，2020 年度と同様，やや長めの和文英訳となっている。「転ばぬ先の杖」ということわざが登場しており，2017 年度Ⅲの英作文でも「生兵法は大怪我のもと」が扱われていた。ことわざそれ自体も大切だが，「(ことわざ，あるいはその教訓を）心に留めておく，肝に銘じる」という表現が共起しやすく，そのように周辺で使われそうなものを学習できているかどうかで差がつく。逆に，「痛い目を見る」は，2017 年度の英作文問題に「痛い目にあう」という表現があり，同じように見えるが，文脈で捉えて言い換えてみると違ってくる。点ではなく線で捉えることが大切と言える例であろう。「円熟味が増す」といった抽象的表現に対処できるかという点も分岐点であったと思われる。

Ⅳの自由英作文は，hasty generalization「軽率な一般化」という誤った論理展開について語っている２人の会話を，空所補充で完成させる問題。空所に補うべき内容，つまり，英訳する以前の日本語の段階で前後とつながらない，前の発言と矛盾がある，といったことを避ける必要がある。この形式の自由英作文では，この下準備がむしろ大切で，そこさえしっかりとしていれば，語数制限や使用する語の制約（(3)では「if を用いて」の指定あり）があっても，難しいレベルの英訳ではないだろう。

2021 年度は，2020 年度まで増加傾向にあった内容説明問題が１問に減り，2014 年度以前の英文和訳中心の設問に近づいたようにも見えるが，Ⅰ(1)やⅡ(3)のように下線部を和訳する中で，内容説明問題を解くのと同じような力が要求されている箇所がある。また，2016 年度以降出題されてきた自由英作文も，出題形式についてはある程度のパターンが出揃ってきたと思われる。近年の出題傾向に大きな変わりはないと捉えられるので，過去問の学習を大切にしておきたい。

日本史

I 解答　A．(1)東　(2)伊勢神宮　(3)大友皇子
(4)中国にならった都城制が採用されていた。
(5)白鳳文化　(6)帝紀　(7)太安万侶〔太安麻呂〕
B．(8)源頼朝　(9)国内の御家人を催促して京都大番役に従事させる権限。
(10)守護　(11)九条頼経〔藤原頼経〕　(12)承久の乱における戦功。
(13)和田義盛　(14)西面の武士
C．(15)福沢諭吉　(16)(あ)工部省　(い)東京から神戸まで
(17)(あ)禁制とした　(い)　臣民　(18)西郷隆盛

◀解　説▶

≪天武天皇の治世，守護の職権・承久の乱，明治時代の政治・文化≫

◆A．史料の冒頭の「飛鳥清原大宮に大八州御しし天皇」などが手掛かりとなり，天武天皇の治績に関する史料だと判断できる。

▶(1)史料の前半の６行は，大海人皇子が壬申の乱で勝利するまでの経緯が記されている。天智天皇の死の直前，大海人皇子は皇位を望まないとして出家して，現在の奈良県南部の吉野に入った（史料の「南山に蝉蛻し」）のち，美濃など東国の兵を動員したことで，勝利を得ることができた。

▶(2)伊勢神宮は皇室の祖先神である天照大神を祀る神社で，天武天皇の時代に整備され，律令国家の神祇制度の中心に位置づけられた。

▶(3)大友皇子は天智天皇の皇子で，壬申の乱で大海人皇子に敗れて，近江大津宮で自害した。

▶(4)「清原大宮」は飛鳥浄御原宮であり，その北西に造営された都は藤原京である。藤原京では，中国にならった都城制が初めて採用された。なお，都城制の具体的な特徴として，条坊制をとる京が設けられたことを書いても正答となる。

▶(5)天武・持統朝を中心とする７世紀後半から８世紀初頭の文化を白鳳文化と呼ぶ。

▶(6)「帝紀」と「旧辞」は６世紀に成立したと考えられ，前者は大王の系譜を中心とする伝承，後者は朝廷の伝承・説話である。天武天皇は「帝

紀」「旧辞」を基礎とする歴史書編纂事業を開始させ，８世紀に『古事記』と『日本書紀』として結実した。史料中の２つ目の［イ］直後の「旧辞」の語が手掛かりになる。

▶(7)天武天皇が編纂を命じ，712 年にできた書物は，『古事記』である。稗田阿礼が誦習していた内容を，太安万侶が筆録した。

◆B．出典は『御成敗式目』である。「諸国守護人奉行の事」は，高校の教科書にも掲載されている基本史料である。

▶(8)源頼朝は 1190 年に朝廷から右近衛大将に任命された。直後に辞任したが，その後も頼朝は「右大将家」「右大将殿」と称された。

▶(9)大番催促は，守護が国内の御家人を催促して京都大番役に従事させる権限であり，謀叛人・殺害人の逮捕とともに大犯三カ条という。

▶(10)史料では，守護が大犯三カ条以外のことをすることを禁じており，国司や領家の訴えや，地頭や庶民の訴えにより，守護の非法が明らかになった場合，守護の職を改め（取り上げ）て適切な者を守護に任命する，としている。

▶(11)「［ウ］兵乱」や，「京方の合戦」から，［ウ］には承久が入る。九条（藤原）頼経は，承久元（1219）年，源実朝の死をうけて鎌倉に下り，承久の乱後の 1226 年に将軍に就任し，初の摂家将軍となった。

▶(12)史料の大意は，「承久の乱後に領地を没収された領主のうち，後に罪科がなかったことが証明された者の領地は返還される。返還する領地を御恩として給与されていた者には，替わりの領地を与える。給与されていた者には承久の乱で戦功があったからである」であり，「勲功の奉公」は「承久の乱における戦功」を指している。

▶(13)「関東御恩の輩」は御家人のことであり，御家人統制機関である侍所の初代長官は和田義盛である。

▶(14)承久の乱での京方の最高権力者は後鳥羽上皇である。後鳥羽上皇は軍事力強化のために西面の武士を新設した。

◆C．出典は『国民之友』第 17 号（1888 年３月２日刊行）である。

▶(15)第２段落の３行目以降に［エ］の著書として『西洋事情』『学問の勧め』『文明論の概略』などが記されていることから，福沢諭吉だとわかる。

▶(16)(あ)工部省は，1870 年に設立されて，鉄道・電信などを管轄した。

(い) 1889 年に東京から神戸までの東海道全線が開通した。

▶⒄㈠ 1868 年に出された五榜の掲示では，キリスト教は厳禁とされた。
㈡大日本帝国憲法では，天皇主権の下，国民は臣民とされた。
▶⒅「［　オ　］は私学校を有せり」や「十年内乱の総大将」から，薩摩士族のための私学校を開き，1877 年に西南戦争をおこした西郷隆盛だとわかる。

II 解答

ア．野尻　イ．ナウマン　ウ．照葉樹林　エ．貝塚
オ．環濠　カ．帥升　キ．磐井（筑紫国造磐井）
ク．岩戸山　ケ．陸奥話記　コ．今昔物語集　サ．竹崎季長
シ．安達泰盛　ス．地下　セ．逃散　ソ．同朋衆　タ．村田珠光
チ．集会条例　ツ．川上音二郎　テ．6　ト．師範

◀解　説▶

≪原始～近代の諸事象≫

▶①ア・イ．ナウマン象は更新世に朝鮮半島経由で日本に移り住んだ。1948 年，長野県野尻湖の湖底から，ナウマン象の化石と打製石器が発見された。
▶②ウ．完新世に気候が温暖化すると，西日本ではシイなどの照葉樹林が，東日本ではブナなどの落葉広葉樹林が広がり，木の実が豊富になった。
エ．縄文時代の集落の周辺に形成された貝塚から，食物残滓などが見つかり，当時の生活の様子を知ることができる。
▶③オ．弥生時代を通じて，濠で周りを囲んだ環濠集落が営まれた。佐賀県吉野ヶ里遺跡や奈良県唐古・鍵遺跡などが有名である。
カ．『後漢書』東夷伝には，107 年に倭国王帥升らが後漢に朝貢した記事がある。
▶④キ．527 年筑紫国造磐井が新羅の援助を得て，ヤマト政権に対して挙兵した。磐井の乱鎮圧後，ヤマト政権の地方支配が強化された。
ク．福岡県八女市にある岩戸山古墳は磐井の墓だと考えられている。
▶⑤ケ．『陸奥話記』は前九年合戦を題材とした和様漢文体の合戦記である。
コ．『今昔物語集』は平安時代末期に成立した説話集である。
▶⑥サ．肥後の御家人竹崎季長は蒙古襲来時の自らの奮戦ぶりを『蒙古襲来絵詞』に描かせた。『蒙古襲来絵詞』には「てつはう」や石築地が描か

れており，当時の合戦の様子を知るうえで重要な絵画資料である。

シ．御家人安達泰盛は，北条貞時の伯父にあたり，御家人救済のために弘安の徳政を行ったが，1285 年の霜月騒動で内管領平頼綱に滅ぼされた。

▶⑦ス．惣村では，年貢納入を惣村で請負う地下請や，惣掟に基づいて警察・裁判権を行使する地下検断が行われた。

セ．中世以降，年貢減免などの要求が受け入れられないとき，一村で団結して耕作を放棄し，他領や山林などに退去する逃散が行われた。

▶⑧ソ．同朋衆とは室町時代に将軍に仕えた芸能者である。彼らは時宗の僧となり阿弥号を名乗ることで，身分差を超えて将軍に近侍した。

タ．村田珠光は，一休宗純に参禅し，茶と禅の精神の統一を目指す侘茶を創始した。侘茶は武野紹鷗を経て安土桃山期に千利休が大成した。

▶⑨チ．自由民権運動の高揚に対して政府は様々な弾圧法令を発令した。演説会を対象とした弾圧法令は，1880 年に出された集会条例である。

ツ．川上音二郎はオッペケペー節で自由民権運動を流布して人気を得た。

▶⑩テ．沖縄戦は 1945 年 3 月 26 日の米軍の慶良間列島上陸から始まり，6 月 23 日に組織的戦闘が終わった。日本軍は沖縄戦を本土決戦のための時間稼ぎとして位置づけており，長期の地上戦で日本軍兵士約 10 万人，10 万人以上（12～15 万人）の県民が死亡した。

ト．師範学校は教員養成を目的とした学校。1872 年に東京に設立され，1886 年の師範学校令で全国に設置された。

Ⅲ　解答

A．ア．唐　イ．渤海　ウ．民部
エ．阿衡の紛議〔阿衡事件〕　オ．宇多

(1)凌雲集　(2)除目　(3)令集解　(4)―③　(5)臨時雑役

B．カ．足利義満　キ．北山殿〔北山山荘〕　ク．抽分銭

(6)天龍寺　(7)神皇正統記　(8)後小松天皇　(9)嘉吉の徳政一揆　(10)畠山氏

(11)真如堂縁起絵巻　(12)山口

C．ケ．惣百姓一揆　コ．国訴　サ．株仲間　シ．北前船

(13)日本永代蔵　(14)藍　(15)在郷商人〔在方商人〕　(16)十組問屋

(17)地曳網〔地引網〕　(18)場所請負制

◀解　説▶

≪菅原道真の生涯，室町時代の京都，近世の農村と流通≫

◆A．▶ア．嵯峨天皇は唐風を重んじ，唐風にならって宮廷の儀式を整え，漢詩文に長じた文人貴族を政治に登用した。

▶イ．8 世紀末に新羅からの使節の来日は途絶え，遣唐使も 838 年を最後に派遣されなくなっていた。その中で，渤海との使節の往来は 10 世紀初期まで続いていた。

▶ウ．民部省は律令の八省の一つで，戸籍作成などの公民支配や，田畑・租税の管理にあたった。

▶エ．887 年，宇多天皇から藤原基経に関白に任命する詔が出されたとき，基経は詔の中の「阿衡の任」という語に反発して，出仕をやめた。翌年，宇多天皇が詔の非を認め，起草者橘広相を罰することで収拾した。

▶オ．宇多天皇は藤原基経の死後は摂関をおかず菅原道真を公卿に抜擢した。

▶(1)嵯峨天皇は文章経国思想を重んじ，初の勅撰漢詩文集『凌雲集』を編ませた。

▶(2)除目は，大臣以外の官職への補任者を決める政務である。

▶(3)『令集解』は 9 世紀後半に惟宗直本が編纂した養老令の私撰注釈書である。なお，『令義解』は 833 年に成立した養老令の官撰注釈書である。

▶(4)菅原道真の詩には「八十九郷，二十万口」とあり，1 郷あたり平均 2247 人前後ということになる。これは 8 世紀末に国家が把握していた 1 郷あたり平均 1500 人よりかなり多いので，まず①・③の「人数が増加した」に絞られる。次に，農民が浮浪・逃亡をすれば戸籍・計帳に登録される人数は減少するので，①は理屈としておかしい。よって，③が正答となる。

▶(5)10 世紀以降，人頭税から土地税への転換が進み，官物・臨時雑役が課されるようになった。官物は祖・調・庸・出挙に，臨時雑役は雑徭・雇役に由来する。

◆B．▶カ．1392 年の南北朝合一時の将軍は足利義満である。

▶キ．北山殿（北山山荘）は，足利義満が将軍を辞したのちに営んだ邸宅である。北山殿に建立された舎利殿が現在の鹿苑寺金閣である。

▶ク．抽分銭は，日明貿易において，幕府船の運営を請負った商人が，貿易の利益の一部の 10 分の 1 を幕府に上納したものである。

▶(6)足利尊氏は，夢窓疎石の勧めで，後醍醐天皇の冥福を祈るため天龍寺を建立した。

▶(7)『神皇正統記』は，後醍醐天皇の重臣北畠親房が，神代から後村上天皇までの皇位継承の経緯を述べて南朝の正統性を主張した歴史書である。

▶(8) 1392 年，南朝の後亀山天皇が皇位と三種の神器を北朝の後小松天皇に譲り，天皇は後小松天皇一人となった。

▶(9)嘉吉の変で 6 代将軍足利義教が暗殺され，7 代将軍足利義勝が就任すると，「代始め」の徳政を求める嘉吉の徳政一揆がおき，幕府は山城国に初めて徳政令を出した。

▶(10) 1485 年，畠山政長・義就両軍の退陣を求めて山城の国一揆がおきた。

▶(11)真如堂は京大吉田キャンパスにほど近い場所にある天台宗の寺院で，その創建などを描いた『真如堂縁起絵巻』には，略奪行為を行う足軽の姿が描かれている。

▶(12)大内氏の城下町山口には雪舟や宗祇などの文化人が集まった。

◆C．▶ケ．17 世紀後半には名主など村役人による代表越訴型一揆が一般化したが，17 世紀末には村役人層を含む全村民が参加して集団で領主に強訴する惣百姓一揆が増加した。

▶コ．国訴は江戸時代の百姓の合法的な請願闘争である。1824 年の国訴では，大坂周辺の 1307 村が，特権商人の流通独占に反対して，綿実・菜種の自由販売を求めて大坂町奉行所に訴えた。

▶サ．元禄期頃から問屋や仲買の同業者組合である仲間の結成がすすんだ。幕府は仲間を原則禁止していたが，17 世紀後半から公認するようになり，幕府・諸藩から営業独占権を認められると株仲間と称された。

▶シ．北前船は江戸時代中期から主に日本海航路で活動した買積を主とする廻船である。従来の廻船が運賃制で委託された商品を運んだのに対して，買積方式により，松前から上方の各地の商品価格差により利益を得た。

▶(13)『日本永代蔵』は井原西鶴の町人物の代表作で，「現金掛け値なし」の商法による三井の隆盛などが記されている。

▶(14)藍は日本を代表する染料で，江戸時代には阿波を中心に生産された。

▶(15)在郷（在方）商人は，17 世紀末から農村内に成長した商人である。

▶(16)大坂・江戸間の菱垣廻船の積荷を扱う問屋の連合体として，大坂の荷積問屋は二十四組問屋，江戸の荷受問屋は十組問屋を結成した。

▶⒅松前藩では上級家臣にアイヌとの交易権を知行として与える商場知行制がとられていたが，18 世紀に大坂などの商人の進出が進むと，藩主や家臣がもつ商場を商人が請負い，運上金を上納するようになった。これを場所請負制という。

Ⅳ 解答

⑴中国では清の政情が安定し，国内でも戦乱の時代が終焉し，東アジアに平和が訪れた。国内経済では農業生産が進展し，東廻り・西廻り海運の整備など全国的な流通網が成立した。政治面では，徳川家綱は末期養子の禁を緩和して，牢人の発生を防ぐとともに大名家の存続を重んじた。また，殉死の禁止により主家への奉公が求められ，下剋上は否定された。諸藩でも学者を招くなど藩政の整備が図られ，この時代に幕藩体制の秩序が安定した。(200 字以内)

⑵第一次世界大戦中，日本の二十一カ条の要求にともない日米関係は緊張したが，アメリカの参戦にあたり妥協が成立し，大戦後のワシントン会議で日米協調が進んだ。1930 年代，日本が満州事変をおこすとアメリカは反発を示し，日中戦争が長期化する中で日本が東亜新秩序の形成に乗り出すと，アメリカは日本に対する経済制裁を進めた。1940 年代初め，日本が日中戦争打開をめざして南進すると日米対立は決定的となり，開戦にいたった。(200 字以内)

◀解　説▶

≪徳川家綱の時代，第一次世界大戦中から太平洋戦争開戦までの日米関係≫

▶⑴〈答案の構成〉

問われているのは，徳川家綱の時代はどのような時代であったか，説明することであり，①政治を中心に，②他分野の動向もふまえて，という条件が付されている。京都大学では本問のような特定の人物の時代を多面的に考察させる問題が過去に２回出題されている。「天武天皇の時代はどのような時代であったか。いくつかの観点から具体的に述べよ」(2000 年度) と「足利義満の時代はどのような時代であったか。いくつかの側面から論ぜよ」(2010 年度) の２問である。このような特定の時代の多面型の論述問題の答案作成における基本姿勢は，内政・外交・社会経済・文化に目配りをすることであり，内政だけで 200 字を費やすなど一分野に偏った答案では，高得点は望めない。ただ，2021 年度の問題は過去の 2 回とは設問の表現が異なっている点に注意が必要である。条件①「政治を中心に」とあるので，政治面に多くの字数を使って，しかも，政策の羅列だけではなく「どのような時代であったか」という特徴が伝わるようにまとめる必要がある。次に条件②「他分野の動向もふまえて」の「ふまえて」に注意したい。「他分野にも目配りして」といった表現なら，家綱の時代におきた出来事ならある程度，何を書いてもよいだろう。しかし，本問は，「ふまえて」なので，家綱の時代の政治を中心とする特徴の前提となるような他分野の動向を厳選して取り上げることが求められている。

〈知識の確認〉

【徳川家綱の時代】

徳川家綱の時代に関して，山川出版社『詳説日本史Ｂ』には，「平和と秩序の確立」という見出しが付いており，実教出版『日本史Ｂ』では，「平和が到来し政権が安定した」とまとめている。この時代が「どのような時代か」を端的に表現すると，「平和」「秩序」「安定」ということになるだろう。次に，徳川家綱の時代の主な出来事を分野別に書き出してみると下記のようになる。

〈内政〉

Ⅰ．大名・武士にかかわる出来事

ａ．（家光の死の直後，家綱の将軍就任以前）慶安の変　ｂ．末期養子の禁緩和　ｃ．殉死の禁　ｄ．寛文印知…全大名への領知宛行状の発給　ｅ．諸藩の改革…学者の招聘　など

Ⅱ．寺社や民衆支配にかかわる出来事

ｆ．寺請制度の整備（全国化）ｇ．諸宗寺院法度・諸社禰宜神主法度　ｈ．分地制限令

Ⅲ．社会・経済にかかわる出来事

ｉ．農業の進展　ｊ．全国的流通の形成　ｋ．明暦の大火 → 江戸の復興費がかさむ

Ⅳ．対外国（異民族）にかかわる出来事

ｌ．清の中国支配安定　ｍ．シャクシャインの蜂起

Ⅴ．文化にかかわる出来事

n．黄檗宗の伝来　o．伊藤仁斎・山鹿素行・山崎闇斎ら儒学者の活動
p．野郎歌舞伎の隆盛

これらを踏まえたうえで，まずは，「平和」をもたらした背景として，中国情勢に触れておきたい。1644 年の清王朝の成立以降も明の残存勢力や台湾の鄭氏の抵抗が続いていたが，1660 年代前半には清の政情が安定した。国内でも 1637〜38 年の島原の乱を最後に戦乱は終焉していた。東アジアに平和が到来するなかで，徳川家綱は将軍と大名，大名と家臣の間の主従関係を安定（固定）させることで，戦国からの遺風を遮断し武家社会に秩序をもたらした。

慶安の変については，家綱の将軍就任以前のことなので，割愛してもよいだろう。末期養子の禁の緩和は，改易を減らすことで社会の不安要因となっていた牢人の発生を防止するとともに，大名家の存続を重んじる政策への転換を意味している。殉死の禁は，将軍と大名，大名と家臣との関係において，主人への奉公から主家への奉公への転換を求めたもので，これにより下剋上は否定された。この 2 つの政策にはぜひ言及したい。なお，〔解答〕では省略したが寛文印知について書いてもよい。従来は，領知宛行状はまちまちに発給されていたが，家綱はほぼすべての大名に対して領知宛行状を同時に給付し，将軍と大名との関係が個別的な人的関係ではなく，体制的な関係であることを示した。

では，「平和と秩序（安定）の時代」をもたらした他分野の動向としては，何を書けばよいのだろうか。社会・経済面の農業の進展により生産力が向上したことや，全国的流通網の形成は，人民を飢えさせないという平和と安定の原点であるから，書き込んでおきたい。一方で，明暦の大火を契機に幕府が財政難になったことは，家綱の時代と聞いて多くの受験生が想起する点だろうが，「平和と秩序（安定）の時代」をもたらした要因ではないから，書く必要はないだろう。また，蝦夷地でおきたシャクシャインの蜂起も同様の理由で取り上げる必要はない。

一方で，寺社や民衆支配にかかわる出来事として，寺請制度の一般化は幕藩領主による民衆支配の安定，諸宗寺院法度・諸社禰宜神主法度は寺社統制の確立，分地制限令は百姓経営の安定，をそれぞれ意味している。これらの政策は，いずれも幕藩体制の安定と深くかかわる出来事であるから，家綱の時期の出来事だとわかる受験生は，答案に盛り込んでおくとよい。

ただし，字数制限を考えると，法令名だけを羅列しても意味はないので，具体的な法令名は一つでよいので，「平和と秩序（安定）の時代」とどうかかわるかを示しておきたい。

次に文化面であるが，伊藤仁斎・山鹿素行・山崎闇斎ら儒学者の個々の活動について，元禄文化期の出来事という理解は必要であるが，家綱の時代とまで限定して学習しておく必要はない。諸藩で学者を招くなど藩政の安定が図られた，という政治面の出来事として答案に盛り込む方がよいだろう。黄檗宗の伝来，野郎歌舞伎の隆盛という事象は，これまた，「平和と秩序（安定）の時代」が到来した要因とは言えないので，本問で取り上げる必要はない。

▶(2)〈答案の構成〉

問われているのは，第一次世界大戦中から太平洋戦争の開戦までの間，日本の中国における勢力拡大が日米関係に与えた影響であり，かなり長期にわたる推移が問われているので，時期ごとに区分してコンパクトにまとめる工夫が必要である。次に設問の中に「日米関係」と日中関係が出てくるが，時期設定が「太平洋戦争の開戦まで」なので，日中関係と関連付けながらも，日米関係を軸とした答案にまとめることが求められている。

〈知識の確認〉

【第一次世界大戦中】

1914年，第一次世界大戦が勃発すると，日本は日英同盟の情誼を理由にドイツに宣戦し，中国におけるドイツの根拠地青島と山東省の権益を接収した。翌年，日本は中国の袁世凱政権に二十一カ条の要求を行い，山東省のドイツ権益の継承，南満州などの権益強化などを承認させた。さらに，1917年，日本は段祺瑞政権に借款を供与し，同政権を通じた日本の権益確保を意図した。これにより，アメリカは日本の中国進出への警戒を強めた。しかし，アメリカは，第一次世界大戦の参戦にあたり，太平洋方面の安定の確保を重んじ，日本と石井・ランシング協定を結んで中国問題について妥協した。この時期だけの記述でも200字をはるかに超えているが，本問では，二十一カ条の要求による日米の関係悪化と，石井・ランシング協定による妥協という点が書ければよいだろう。

【第一次世界大戦後～1920年代】

ヴェルサイユ条約で日本が山東省の旧ドイツ権益を継承することが認め

られると，中国では五・四運動がおきた。1921 年，アメリカ大統領の呼びかけでワシントン会議が開催され，翌年の九カ国条約で，中国の主権尊重・門戸開放・機会均等が取り決められ，日本も調印した。ワシントン会議後，日本は協調外交を外交の基軸とし，英米との協調・中国内政不干渉による中国権益の保護を図った。本問の要求と字数から考えると，1920 年代は日米は協調姿勢をとったことが示せるとよい。

【1930 年代】

1931 年に関東軍が満州事変をおこし満州国を建国すると，アメリカは日本の一連の行動に対して不信任宣言を発した。1937 年に勃発した日中戦争が長期化すると，アメリカは重慶の蔣介石政権を支援し，援蔣ルートを通じて物資援助を行った。1938 年末，近衛文麿首相が，日中戦争の目的は日・満・華による東亜新秩序建設にあることを声明すると，アメリカは日米通商航海条約を破棄して経済制裁を進めた。この時代については，満州事変による日米関係悪化，日中戦争の長期化と東亜新秩序声明によるアメリカの経済封鎖には言及したい。

【1940 年代初め】

1940 年，日本が，日独伊三国同盟を締結するとともに，日中戦争打開をめざして仏印への進駐を開始すると日米対立は決定的となった。アメリカは，北部仏印進駐に対して屑鉄，南部仏印進駐に対して石油の対日輸出を禁止した。これに対して，日本の軍部は危機感を強め，帝国国策遂行要領を決定し，1941 年 12 月，開戦にいたった。この時期については，南進策は日中戦争の打開が目的であったことを明示した上で，南進策により日米対立は決定的となり，開戦にいたったことを記したい。

❖講　評

Ⅰ　A.『古事記』，B.『御成敗式目』，C.『国民之友』の 3 史料が出題され，天武朝の政治・文化，守護の職権・承久の乱，明治時代の政治・文化に関する知識が問われた。A・B・Cすべてで，史料の内容把握を必要とする設問が例年より多く出題された。しかし，設問は標準的な内容なので，地道に学習を積み重ねた受験生には高得点が可能である。

Ⅱ　例年通り，原始～近代の諸事象が問われた。全体として標準的な事項が問われている。

Ⅲ　A．菅原道真の生涯，B．室町時代の京都，C．近世の農村と流通をテーマに，古代～近世の知識が問われた。空所補充・一問一答式設問とも，大半は標準的な出題である。

Ⅳ　(1)徳川家綱の時代，(2)第一次世界大戦中から太平洋戦争開戦までの日米関係についての論述問題。(1)について，京大では2000年度に「天武天皇の時代」，2010年度に「足利義満の時代」という問題が出題されており，ほぼ10年ぶりに特定の時代を多面的に考察するタイプの問題が出題された。徳川家綱の時代について，政策の羅列だけでなく，特徴をうまく表現したい。(2)については，かなり長期間の推移を問う問題であるうえ，単なる日米関係ではなく，日本の中国における勢力拡大という要素がかかわってくるので，書くべきポイントをうまく選択して，コンパクトにまとめるのに工夫が必要である。

時代については，記述問題と論述問題をトータルすると，原始・古代，中世，近世，近（現）代からそれぞれ4分の1の出題で，例年通りであった。ただ，例年は現代史からも出題されているが，2021年度は現代史からの出題はなかった。分野については，政治史に次いで文化史からの出題が多いのが京大の特徴である。2021年度は原始文化も含めると，文化史から約4分の1出題された。

世界史

I **解答** 大航海時代が本格化するとスペインやポルトガルの海外進出とともに，イエズス会を中心とした宣教師が対抗宗教改革の一環として海外布教に向かい，明清代の中国を訪れた。彼らは宮廷で技術者として重用され，マテオ=リッチが「坤輿万国全図」作成を指導し，カスティリオーネが西洋画の技法を伝えた。また，徐光啓の『農政全書』など中国の実学発展に影響を与えた。しかし，布教方法をめぐる典礼問題から雍正帝がキリスト教布教を全面禁止している。一方，宣教師が科挙や儒教などをヨーロッパに伝えたことで，啓蒙思想家は中国と比較する形で絶対王政の国家体制を論じ，学問ではシナ学が発達し，美術ではシノワズリが流行する一因となった。(300 字以内)

◀解　説▶

≪ヨーロッパ人宣教師の中国来訪と活動≫

●設問の条件

〔主題〕 • 16 世紀にヨーロッパ人宣教師が中国に来訪した背景
• 16～18 世紀におけるヨーロッパ人宣教師の中国での活動とその影響

●論述の方向性

本論述は次の 3 つの柱から考えたい。

1．16 世紀にヨーロッパ人宣教師が中国に来訪した背景
2．16～18 世紀のヨーロッパ人宣教師の中国での活動
3．2による影響

1．16 世紀にヨーロッパ人宣教師が中国に来訪した背景

16 世紀にヨーロッパ人宣教師が中国に来訪した背景には，大航海時代（西欧諸国のアジア進出）の本格化と対抗宗教改革の展開の 2 つが考えられる。

16 世紀は大航海時代開幕（15 世紀末）直後で，16 世紀にはスペイン・ポルトガルの船が，17 世紀以降にはイギリス・オランダ・フランスの船がアジアに来航するようになり，宣教師はこれらの船に乗ってキリスト教

布教のためアジア各地に来訪した。

中国に来訪したヨーロッパ人宣教師の中心はイエズス会宣教師であった。イエズス会は 16 世紀の対抗宗教改革の中で創設されたカトリックの教団で，カトリックの勢力回復・拡大をめざし，1583 年にマテオ=リッチが初めて中国に来訪した。もちろんイエズス会士以外の宣教師（例えば，フランチェスコ会）も来訪している。

2．16～18 世紀のヨーロッパ人宣教師の中国での活動

カトリックの布教が活動の中心であるが，その際，為政者（皇帝など王族や高級官僚）の支持・協力を求めて，宣教師は宮廷に接近し，西洋の学術（自然科学・建築技術など）を紹介した。一方，中国側は宣教師を技術者として重用している。

●代表的なイエズス会宣教師と業績

マテオ=リッチ…『幾何原本』，中国最初の世界地図「坤輿万国全図」作成
アダム=シャール…徐光啓とともに『崇禎暦書』作成
フェルビースト…大砲の鋳造
ブーヴェ…中国最初の実測地図「皇輿全覧図」作成
カスティリオーネ…円明園の設計参加，西洋画法紹介

3．16～18 世紀のヨーロッパ人宣教師の中国での活動による影響

中国とヨーロッパ双方への影響を考えたい。

①中国への影響

宣教師は布教とともに西洋の学術を紹介したため，中国の実学（科学技術など実用的な学問）の発展に貢献した。その成果としては徐光啓が編纂した『農政全書』などがある。また徐光啓がアダム=シャールらの協力を得て編纂した『崇禎暦書』は清代に「時憲暦」として施行された。一方，キリスト教の布教は典礼問題（中国人信者が中国の伝統的儀礼に参加することを容認するかどうかの問題）を発生させた。そのため清の雍正帝はキリスト教の布教を全面禁止している（1724 年）。こうして中国における宣教師の布教者としての活動は終わりを迎えた。

②ヨーロッパへの影響

イエズス会宣教師などヨーロッパ人宣教師は中国の情報をヨーロッパにもたらした。当時のヨーロッパでは世襲や売官などによって官吏登用が行われていたが，科挙は試験による，能力に応じた官吏登用という点でその

システムが高く評価された。また，中国の農業重視の考えはケネーの重農主義に影響を与えた。啓蒙思想家は当時のヨーロッパ絶対王政の問題点を映し出す鏡として中国の政治体制（専制体制）に関心を持ち，ヨーロッパの政治体制と比較した。中国の政治体制をヴォルテールが評価し，モンテスキューが批判するなど，その優劣を論じている。さらに学問では中国の歴史や文化を研究対象とするシナ学を発達させ，美術では家具や壁面装飾に中国風のデザインを取り入れたシノワズリ（中国趣味）を流行させる一因となった（なお，交易による陶磁器など中国製品の輸入もシノワズリ流行の一因であった）。

II　解答　A．a．咸陽　b．赤眉　c．洛陽　d．大興城
(1)商鞅　(2)スキタイ　(3)半両銭　(4)項羽　(5)張騫
(6)訓詁学　(7)東晋　(8)鳩摩羅什　(9)府兵制　(10)突厥
(11)皇后や皇妃・皇太后の親族。
B．(12)イッソスの戦い　(13)ムセイオン　(14)ヘレニズム文化　(15)ヒジュラ
(16)西ゴート王国　(17)タラス河畔の戦い　(18)アラム語
(19)知恵の館〔バイト＝アルヒクマ〕　(20)トレド　(21)景教　(22)タバリー
(23)ワクフ　(24)サーマーン朝　(25)バーブル=ナーマ　(26)アフガーニー

◀解　説▶

≪秦～隋代の関中盆地，西アジアにおける新たな文化形成≫

◆A．▶a．秦は前4世紀半ばの孝公の時代，咸陽を都とした。

▶b．新では18年に赤眉の乱と呼ばれる農民反乱が起こり，これを機とした混乱の中で新は滅亡した（23年）。

▶c．後漢は25年，劉秀（光武帝）が洛陽に都を置き建国した。建国後，劉秀は赤眉の乱を鎮圧し（27年），国内を安定させた。

▶(1)前4世紀半ばの秦では孝公に起用された法家の商鞅が富国強兵の改革を断行した。この結果，秦は戦国の七雄中最強の国となった。

▶(2)歴史家ヘロドトスが著書『歴史』で紹介した騎馬遊牧民は，前7世紀頃から黒海北岸を中心とする草原地帯で活躍したスキタイ。スキタイは独自の騎馬文化を生み出し，匈奴などの騎馬遊牧民文化にも影響を与えた。

▶(3)秦の始皇帝は中国統一後，半両銭（円形方孔の銅銭）を統一通貨として全国で使用させた。

▶(4)項羽は，垓下の戦い（前 202 年：四面楚歌の故事となったことで知られる）で劉邦に敗れ，その後自殺している。

▶(5)前漢の武帝は西域の大月氏と連携して匈奴を挟撃するため，張騫を大月氏に派遣した。しかし，張騫は目的を果たせず帰国した。

▶(6)漢では前漢の武帝期以来，儒教が官学となったため，特に後漢では儒教経典の字句解釈を行う訓詁学が発達し，鄭玄により大成された。

▶(7)やや難。淝水（ひすい）の戦い（383 年）とは江南の東晋と中国統一をめざした華北の前秦の戦いで，前秦の敗北に終わった。

▶(8)後秦は五胡十六国の一つ。五胡十六国時代の中国に中央アジアから仏僧の鳩摩羅什が来訪し，後秦の都長安に迎えられて仏典を漢訳した。

▶(9)宇文泰は北朝の一つ，西魏の実質的な建国者で，兵制として兵農一致の府兵制を創始した。西魏の府兵制はのち，隋・唐へと継承される。

▶(10) 6 世紀半ばのモンゴル高原では，トルコ系の突厥がモンゴル系といわれる柔然を滅ぼし，覇権を握った。

▶(11)王莽は前漢の元帝の皇后の一族として外戚となり，また楊堅は自分の長女を北周の皇帝の皇后にして外戚となり，それぞれ王朝の実権を握った。このように外戚とは皇帝の皇后（正妻）や皇妃（皇后に次ぐ地位の夫人），さらには皇太后（皇帝の母）の一族（ないし親族）をさす。

◆B．▶(12)アレクサンドロス大王はマケドニア・ギリシア連合軍を率いて東方遠征を行い，前 333 年イッソスの戦いでアケメネス朝の王ダレイオス 3 世が率いるペルシア軍を破った。

▶(13)プトレマイオス朝エジプトの都アレクサンドリアにはムセイオンと呼ばれる王立研究所が設立され，自然科学や人文科学の研究の中心となった。

▶(14)アレクサンドロス大王の東方遠征により成立した，オリエント的要素とギリシア的要素の融合した文化をヘレニズム文化と呼び，エジプトのアレクサンドリアが文化の中心地として栄えた。

▶(15)メッカでイスラーム教を創始したムハンマドはメッカの大商人の迫害を受け，622 年にメディナへ移動した。この移動をヒジュラと呼び，この年をイスラーム暦の紀元元年とする。

▶(16)ウマイヤ朝は東西にジハードを展開し，西では北アフリカ征服後，イベリア半島へ進出し西ゴート王国を滅ぼした（711 年）。

▶(17)アッバース朝は建国直後に中央アジアへ進出し，この地に進出していた唐の軍をタラス河畔の戦い（751年）で破った。

▶⒅「紀元前1200年頃から」ダマスクスを中心に内陸交易で活躍した人々はアラム人。アラム人が使用したアラム語は古代オリエントの共通語となり，またアッシリアやアケメネス朝の公用語の一つとなった。

▶⒆マームーンはアッバース朝第7代カリフで，都のバグダードに学術研究機関として知恵の館（バイト=アルヒクマ）を設立した。ここではギリシア語の学術文献が数多くアラビア語に翻訳された。

▶⒇12世紀以降，スペインのトレドやシチリア島のパレルモで，アラビア語に翻訳されていた古代ギリシアの文献がラテン語に翻訳され，ヨーロッパに流入した。これを背景に西欧では古典文化の復興運動をベースとした文化（学問や文芸）の発展があった。これを12世紀ルネサンスと呼ぶ。

▶㉑ネストリウス派はエフェソス公会議（431年）で異端とされたキリスト教の一派で，イランを経て唐代の中国に伝わり，景教と呼ばれた。

▶㉒やや難。『預言者たちと諸王の歴史』を著した歴史家タバリーは，アッバース朝期の9世紀後半から10世紀前半に活躍した。

▶㉓やや難。イスラーム世界では店や農耕地などの所有者がその私財や私財から生じる利益を寄進し，マドラサ（学院）やモスクなど都市の公共施設の管理・運営のための必要経費にする制度があった。この寄進制度をワクフと呼び，イスラーム世界における都市の建設・維持を支えた。

▶㉔「9世紀から10世紀にかけて中央アジアを支配した」のは，イラン系のサーマーン朝。

▶㉕ムガル帝国初代皇帝はバーブルで，彼は自らの活動についての回想録『バーブル=ナーマ』をチャガタイ=トルコ語で著した。

▶㉖パン=イスラーム主義は，イスラーム世界を団結させ，西欧列強の侵略に対抗しようという思想・運動をさし，イラン出身の思想家・運動家のアフガーニーが提唱した。

Ⅲ　解答

ウィーン議定書で成立したドイツ連邦では，議長国のオーストリアとプロイセンがドイツ統一をめぐる主導権を争った。プロイセンはドイツ関税同盟によってオーストリアを除くドイツの経済的統一を実現した。三月革命後のフランクフルト国民議会ではプロイセン中心の小ドイツ主義による政治的統一をめざしたが，プロイセン王の拒否で失敗した。その後，プロイセンはビスマルクの鉄血政策の下，デンマーク戦争で獲得した領土をめぐる普墺戦争に勝利し，ドイツ連邦を解体して北ドイツ連邦を結成しオーストリアを統一から除外した。さらにプロイセンは南ドイツの諸邦と同盟を結び，普仏戦争で勝利を続ける中，ドイツ帝国の成立を宣言し統一を完成した。(300字以内)

◀解　説▶

≪19世紀のドイツ統一過程≫

●設問の条件

〔主題〕1815年を起点とした，1871年のドイツ統一に至る過程

〔条件〕プロイセンとオーストリアに着目する

●論述の方向性

1815～1871年のドイツの歴史を想起し，その中からドイツ統一に関わる事項を抽出し，各事項をプロイセンやオーストリアの動向に注意しながら説明しつつ，それらを時系列で結びつけ，ドイツ帝国成立によるドイツ統一で締めくくればよい。

ドイツ連邦→ドイツ関税同盟→フランクフルト国民議会→北ドイツ連邦→ドイツ帝国，という流れを正確に述べていきたい。

1．ドイツ連邦（1815年成立）

起点の「1815年」から，ウィーン会議（1814～15年）で結ばれたウィーン議定書を想起したい。ウィーン議定書によりドイツには35君主国と4自由市からなる国家連合であるドイツ連邦が成立した。オーストリアが議長国となる一方，プロイセンはラインラントを獲得したことで勢力を拡大させ，この2国がドイツ連邦の2大強国となり，ドイツの主導権をめぐって対立していくことになった。

2．ドイツ関税同盟（1834年発足）

1830年代に入り，イギリスの他，フランスやベルギーでも工業化（産業革命）が進展した。しかし，ドイツはドイツ連邦のもと国家連合であったため，諸邦間に関税障壁が存在し，それがドイツ全体の商工業の発展を妨げていた。また，イギリスなどの工業製品が大量に輸入され，ドイツの工業製品は圧倒されていた。この状況を打開するため，保護貿易によるドイツの工業育成を説く歴史学派経済学者リストの尽力により，ドイツ関税同盟が発足した。これによりドイツは関税同盟に参加しなかったオースト

リアを除いて経済的に統一され，共同市場（ドイツ統一市場）が創出された。

3．フランクフルト国民議会（1848～49 年開催）

フランス二月革命（1848 年）の影響を受け，ヨーロッパ各地で自由主義・国民主義の運動が展開する中，ドイツでも三月革命が起こり，5 月にはドイツ統一をめざし，自由主義者を中心にフランクフルト国民議会が開かれた。議会ではドイツ統一の方式をめぐって，大ドイツ主義（オーストリア内のドイツ人地域を含む方式）と小ドイツ主義（オーストリアを排除してプロイセンを中心に統一する方式）が対立し，小ドイツ主義が採択されたものの，プロイセン国王がドイツ皇帝への即位を拒否したため，統一は失敗した。これ以後，ドイツ統一の担い手は自由主義者からユンカー（プロイセンの支配層）に移り，まもなくユンカー出身のビスマルクがプロイセンの首相となった（1862 年）。

4．北ドイツ連邦（1867 年結成）

プロイセン首相ビスマルクはドイツ統一をめざして鉄血政策を行い，1864 年にはオーストリアと結んでデンマークと戦って勝利した。しかしデンマークから獲得したシュレスヴィヒ・ホルシュタインの帰属をめぐってオーストリアと対立し，1866 年普墺戦争（プロイセン=オーストリア戦争）となった。この戦争に勝利したプロイセンはドイツ連邦を解体し，新たにプロイセンを盟主とする北ドイツ連邦を結成した。これはドイツ統一における小ドイツ主義の勝利を意味し，プロイセンは南ドイツ諸国（バイエルンなど 4 諸邦）とも同盟関係を結んだため，ドイツ統一も進んだ。敗北したオーストリアはドイツ統一から除外され，1867 年にオーストリア=ハンガリー帝国を成立させることになる。

5．ドイツ帝国（1871 年成立）

1870 年，スペイン王位継承問題からナポレオン 3 世下のフランスとの間で普仏戦争（プロイセン=フランス戦争）が勃発した。プロイセン軍はスダン（セダン）でナポレオン 3 世を捕虜とした後，パリを包囲し，包囲中の 1871 年 1 月にドイツ帝国の成立を宣言し，戦争にも勝利してフランスと講和した。こうしてドイツ帝国によるドイツ統一が達成された。

Ⅳ 解答

A．a．軍人皇帝　b．ツァーリ

⑴ヘイロータイ〔ヘロット〕

⑵アテネ市民権が付与される者を両親ともアテネ人である者に限定した。

⑶オリンピアの祭典　⑷デロス同盟　⑸トゥキディデス　⑹同盟市

⑺第１回ポエニ戦争　⑻パウロ　⑼元首政〔プリンキパトゥス〕

⑽キリスト教を国教化した。　⑾ササン朝ペルシア

⑿―(c)　⒀オットー１世

B．c．ミシシッピ川以西（保留地も可）

⒁(ア)大開墾運動　(イ)シトー修道会　⒂ノルマン=コンクェスト

⒃ヨーマン　⒄(ア)テノチティトラン　(イ)メキシコシティ

⒅(ア)アカプルコ　(イ)ガレオン船　⒆ジャクソン

⒇冷凍保存できる技術が発達したため。　(21)スワヒリ語

(22)ベーリング　(23)ジョゼフ=チェンバレン　(24)メルヴィル

◀解　説▶

≪古代ギリシア・ローマと継承国家，動物をめぐる歴史≫

◆A．▶a．３世紀のローマ帝国では各地の軍団がそれぞれ皇帝を擁立して争った。この軍団に擁立された皇帝を軍人皇帝，そしてこの時代を軍人皇帝時代と呼び，帝国を混乱させた（「３世紀の危機」）。

▶b．モスクワ大公イヴァン３世が，初めて皇帝を意味するツァーリの称号を使用した。なお，ツァーリはイヴァン４世により正式の称号となる。

▶⑴スパルタは征服型のポリスで，少数のスパルタ市民が征服した多数の先住民を隷属農民のヘイロータイ（ヘロット）として支配した。

▶⑵それまでは母親が外国人であっても父親がアテネ市民ならば，生まれた男子に市民権が認められていたが，ペリクレスの市民権法によって，両親ともにアテネ人であることが義務づけられた。この点は市民権を拡大していく古代ローマの政策との大きな違いである。

▶⑶最高神ゼウスの神殿を持つ聖域オリンピアでは，４年ごとに徒競走・レスリング・戦車競争などスポーツの競技会が開催された。これをオリンピアの祭典と呼び，ギリシア人の民族的な行事となった。

▶⑷ペルシア戦争後，ペルシアの再攻に備え，ポリスはデロス同盟を結成し，アテネを盟主とした。そのためデロス同盟はアテネが他のポリスを支配する組織となり，「アテネ帝国」と呼ばれる状況が出現した。

▶(5)ペロポネソス戦争が起こると，歴史家トゥキディデスは戦争の原因・経過などを厳密な史料批判に基づいて記述した。

▶(6)ローマはイタリア半島の征服を進める中，征服した都市を自治市・同盟市・植民市などに分けて治めた（分割統治)。このうち，「兵力供出の義務を負いながらもローマ市民権を与えられない地位に置かれた都市」は同盟市である。

▶(7)ローマ最初の属州（海外領土）となったシチリア島は，ローマが第1回ポエニ戦争でカルタゴに勝利して獲得した（前 241 年)。

▶(8)パウロは，神の無差別の愛を説きつつ，小アジアなどで伝道を行い，キリスト教を普遍的な宗教とするのに貢献し，「異邦人の使徒」と呼ばれる。

▶(9)「内乱の 1 世紀」を収束させたアウグストゥスは全権を掌握したが，独裁官とはならず，プリンケプス（市民の中の第一人者）と称して共和政の形式・制度を尊重した政治体制を始めた。これを元首政（プリンキパトゥス）と呼ぶ。

▶(10)キリスト教は，コンスタンティヌス帝が 313 年のミラノ勅令で公認した後，テオドシウス 1 世（大帝）によって 380 年に国教とされ，392 年には異教信仰が禁止された。

▶(11)ビザンツ帝国と東で接する国家はペルシア（イラン)。ササン朝は 6 世紀，ビザンツ皇帝ユスティニアヌスと講和したが，ユスティニアヌス死後の 6 世紀後半には抗争が再開されたため，ビザンツ皇帝の親征も多くなった。

▶(12)ビザンツ帝国の滅亡は 1453 年。この年，(c)英仏間の百年戦争が終結した。なお，(a)はカノッサの屈辱の説明で 1077 年。(b)の教皇ウルバヌス 2 世による十字軍の提唱は 1095 年。(d)の教会大分裂（大シスマ）は 1378 年に発生した。

▶(13)「962 年」，東フランク・ザクセン朝のオットー 1 世は教皇ヨハネス 12 世から戴冠され，初代神聖ローマ皇帝となった。彼は教会を保護下に置いて帝国統治に利用する政策（帝国教会政策）を開始した。

◆B．▶ c．空欄 c を含む下線部(19)の前文を見ると，対象の時期は 19 世紀末までとなっている。19 世紀前半の 1830 年，先住民強制移住法が制定され，先住民はミシシッピ川以西に設定された保留地に強制移住させられた。よって，本問はミシシッピ川以西でも，保留地でも，文意が通じるため，両方とも正解と思われる。

▶⒁(ア)中世の西ヨーロッパで起こった拡大運動のうち，修道院を中心とした運動が大開墾運動で，森林を切り開いて耕地を広げた。

(イ)大開墾運動は特に 12 世紀，シトー修道会を中心に展開した。シトー修道会はクリュニー修道院のロベールが 11 世紀末フランス・ブルゴーニュ地方のシトーに創設した。

▶⒂ 1066 年のヘースティングズの戦いでは，ノルマンディー公ウィリアムがイングランド軍を破りイングランドを征服した。これをノルマン=コンクェストと呼び，ノルマン朝が成立した。

▶⒃黒死病の流行などによる人口の激減を背景に農奴解放が進み，イングランドではヨーマンと呼ばれる独立自営農民が出現した。

▶⒄(ア)スペインのコルテスは 16 世紀前半，メキシコ中央高原のアステカ帝国（王国）を滅ぼした。アステカ帝国の都はテスココ湖上に建てられたテノチティトラン。

(イ)テノチティトランはコルテスにより破壊され，その廃墟の上にスペイン風の都市が建設された。これが現在のメキシコシティである。

▶⒅(ア)スペインは 16 世紀後半，フィリピンのマニラとメキシコのアカプルコを結ぶ貿易を開いた。これをアカプルコ貿易と呼び，メキシコ銀がアカプルコを積出地としてマニラに運ばれ，さらにマニラから中国などアジア各地に流入した。

(イ)アカプルコ貿易ではガレオン船と呼ばれる帆船が利用された。そのためアカプルコ貿易はガレオン貿易とも呼ばれる。

▶⒆ 1830 年の先住民強制移住法は，西部出身の大統領ジャクソンの下で制定された。なお，ジャクソンの政策をめぐって，ジャクソン派は民主党を，反ジャクソン派はホイッグ党を結成した。

▶⒇ 19 世紀末までは生きた牛のままで，それ以降は牛肉として輸送されたとある。南米からイギリスへは長距離輸送が必要で，冷蔵・冷凍技術がなかった時代には牛肉は輸送ができなかったのである。19 世紀末には第 2 次産業革命の結果，電力の利用が可能となり，牛肉の冷凍輸送が行われるようになった。

▶㉑アフリカ東海岸には 8 世紀頃からムスリム商人が来航した。そのためアラビア語も伝わり，アラビア語の影響を受けた現地語が生まれた。これがスワヒリ語で，アフリカ東海岸一帯の広域共通語となった。

▶(22)シベリアとアラスカの間にあるベーリング海峡は，探検家ベーリングの名に因む。デンマーク出身のベーリングはロシア皇帝ピョートル1世の命を受け，アジアとアメリカ大陸間を探検した。

▶(23)南アフリカ戦争はトランスヴァール共和国やオレンジ自由国に対してイギリスが起こした帝国主義の侵略戦争で，植民地相ジョゼフ=チェンバレンが指導し，両国を征服した（1902年)。

▶(24)難問。『白鯨（モビーディック)』（1851年）の作者はアメリカの作家メルヴィル。この小説では彼の捕鯨船での体験を基に，白鯨（モビーディック）と船長エイハブの戦いが叙事詩的に描かれた。

❖講　評

I　ヨーロッパ人宣教師の中国来訪と活動の影響を扱った300字論述。イエズス会宣教師の中国における活動は頻出テーマともいえ，記すことのできる情報は豊富にある。本論述では来訪の背景や活動の影響にまで言及する必要があるため，どのように字数内にまとめるか，文章構成力も問われた。なお，影響としては中国への影響だけでなく，ヨーロッパへの影響も大切で，この点が高得点への鍵となるだろう。

II　Aでは古代から隋までの関中盆地にかかわる中国史が，Bでは前近代，特にイスラーム時代の西アジアが扱われた。出題は語句記述問題と，IIとしては4年ぶりとなる短文論述1問からなる。語句記述では(7)・(22)・(23)など一部にやや難度の高い事項も含むが，教科書学習で対応できる問題ばかりであり，短文論述も書きやすい内容であった。

III　19世紀のドイツにおける統一を扱った300字論述。近代ヨーロッパにおける最頻出テーマの一つで対応しやすい。ただ，情報量が多いため，どのように字数内にまとめるか，文章構成力も必要となる。

IV　Aでは都市の観点から主に古代のギリシア・ローマが，Bでは動物をめぐる観点から主に中世・近代の欧米が扱われた。(24)の『白鯨（モビーディック)』の作者メルヴィルは難問。(12)の同時代の出来事を判定する正文選択問題は標準レベルであった。短文論述は，(2)・(10)はともに重要事項の内容説明であるため，確実に解答したい。(20)の輸送法の技術に関する問題は教科書に記述はないが，一般的な知識で推測できる。

Ⅰ とⅢの 300 字論述はともに定番のテーマで，論点の抽出は難しくない。しかし情報量が多いため，文章構成力が出来を左右しただろう。一方，ⅡとⅣの語句記述は例年どおり，高難度の事項と基本レベルの事項が並存していたが，2021 年度は前者の比率が低く，短文論述も基本的な事項や用語の説明で，一般的な知識で対応できる内容であった。例年に比べると取り組みやすい内容で，基本事項・重要事項の内容や流れの正確な理解と，論述への慣れが攻略の決め手となった。

地理

I

解答 (1)①波浪による海岸の侵食を防止する。

②台風の増水と高潮の逆流との合体による洪水で橋が流失しやすい河口付近を避けるため。(40字以内)

(2)①水利の悪い海岸段丘面での灌漑用水を確保するため。

②田，畑，果樹園

(3)①主要道路の分岐点付近に町役場・郵便局・小中学校など地域の中心となる施設が立地している。

②海岸平野を掘り込んで建設された。

(4)上流の山地では林業が発達しており，伐採された木材の集散地の機能を有してきた。(40字以内)

◀解　説▶

≪高知県田野町・奈半利町付近の地形図読図≫

▶(1)①Aの施設は水制で，沿岸流や波浪による海岸部の侵食を防止するために，テトラポッドなどのコンクリート構造物や石塊などで海岸に平行して設置されている。河川においても水流を緩めるために河岸から川の中に突出させて構築されることがある。

②「土佐くろしお鉄道阿佐線」とあるように，高知県の一部であることがわかる。この地域で頻発する自然災害は，台風襲来に伴う増水と高潮によって生じると考える。台風時には上流からの水量が急に増すことと，台風通過時の高潮で海水が上流方向に逆流することにより，異常な水位上昇が生ずることになる。そのため，橋梁が流失しやすい河口部を避けて海抜高度もやや高い内陸方向に屈曲することになった。

▶(2)①まず，地形図から段丘が発達していることを読み取りたい。一般に段丘の段丘面上は水利の便が悪いため，多雨地域ではあるが段丘上での耕作には灌漑用水が不可欠となる。

②一般的に段丘上は畑（かつては桑畑も多かった）が卓越するが，「体育館」の東側には果樹園，「土生岡」付近には田が立地している。

▶(3)①「上長田」「横町」「立町」付近を東西に国道55号線が通過し，さらに奈半利川沿いに延びる国道493号線が分岐している。この付近には町村役場・郵便局・小中学校の記号が読み取れ，地域の中心地となっていることがわかる。

②Bの施設は記号から港（地方港）であり，その形状から海岸付近の低地を掘り込んで建設された人工港であることがわかる。

▶(4)Cは「貯木場」であることから奈半利川上流の山地で盛んな産業とは林業であると判断できる。上流には魚梁瀬国有林をはじめとする広大な森林があり，河口の集落は山林資源や山村集落と結びついて発達してきたものである。特に木材や木炭は重要な生産品であり，河口の二つの町はそれらの集散地としての機能とともに，山村住民への生活物資の供給の役割も果たしてきたのである。木材や木炭の運搬のために奈半利川の谷を遡る森林鉄道が奈半利町・田野町を起点に建設され，その起点の一つは，現在の「貯木場」（C）付近にあった。その後ダム建設に伴う道路整備によって木材輸送はトラック輸送へと変化し，新たにつくられた港（B）によって木材輸送の便はよくなった。

II 解答

(1)①グレートバリアリーフ　②サンゴ礁

(2)①フィヨルド

②氷河に侵食されてつくられたU字谷に海水が浸入して形成された。(30字以内)

③偏西風　④チリ

(3)①オーストロネシア語族　②ハワイ諸島　③タヒチ島

(4)① APEC

②環太平洋諸国間の貿易や投資の促進と経済・技術協力を行うこと。(30字以内)

◀解　説▶

≪オセアニアの地誌≫

▶(1)①「世界遺産（自然遺産)」とあるので，グレートバリアリーフとなる。

②世界最大のサンゴ礁で，その形態が堡礁であることから，大堡礁とも称せられている。「4文字」とあるので，「珊瑚礁」ではなく「サンゴ礁」と答える必要がある。

▶(2)①Bの国立公園（フィヨルドランド国立公園）は，典型的なフィヨルド地形が発達していることで知られており，アオラキ（クック）山などと共に世界遺産テ・ワヒポウナムに指定されている。

②フィヨルドは氷河地形の一つで，氷河の侵食谷であるU字谷に氷河が融けた後海水が浸入して形成されたものである。水深が深く，湾の奥行きが長い特徴がある。

③氷河形成には大量の降雪が必要である。それをもたらすのが偏西風であるため，偏西風帯に位置する大陸西岸地域に発達する。

④南アメリカで偏西風帯に位置するのは，チリである。南緯 40 度以南にフィヨルドが発達している。アルゼンチンにもアンデス山脈やフェゴ島に氷河があるが，山脈の東側であるためフィヨルド形成には至っていない。

▶(3)①ニュージーランドの先住民はポリネシア語系のマオリ族で，マレー語・インドネシア語系と同じくオーストロネシア語族に属する。

②「北緯約 20 度に位置」し「活発な火山島を含む諸島」からハワイ諸島となる。

③「フランスに属する」「日付変更線より東側で南緯 20 度付近に位置」「日本から直行の航空路線がある」ことから，観光リゾート地を想起してタヒチ島となる。日本（成田空港）から直行便が運行されている（2021 年 3 月時点では運休中）。

▶(4)①オーストラリアの貿易相手国は，かつてのイギリスから，アジア・太平洋圏諸国へと変化している。こうしたなかで，1989 年，オーストラリアの働きかけでアジア太平洋経済協力会議（APEC）が結成された。

② 2021 年現在，日本・アメリカ合衆国・オーストラリア・ニュージーランドなど 19 カ国 2 地域が結集し，アジア太平洋地域における政府間経済協力の場となっている。環太平洋地域の自由貿易体制の維持・強化を目的としている。

Ⅲ　解答

(1)ア．亜熱帯高圧帯〔中緯度高圧帯〕　イ．黄土
ウ．外来河川　エ．パオ〔包〕　オ．サヘル

(2)砂砂漠

(3)山麓の扇状地に位置し，融雪による地下水を山から地下水路のカレーズで導水している。(40 字以内)

⑷灌漑により地中の塩分が溶け出し，毛細管現象で地表に上昇し水分が蒸発した後，地表に塩分が集積する。(50 字以内)

⑸人口急増で生活用の薪を過伐採し，食料確保のために過放牧や過耕作が進められたため。(40 字以内)

◀解　説▶

≪乾燥地域の自然と生活≫

▶⑴ア．中緯度地域の乾燥要因は，年中，亜熱帯高圧帯（中緯度高圧帯）に覆われることにある。赤道低圧帯（熱帯収束帯）で上昇した気流は，緯度 20～30 度付近で下降気流になり，亜熱帯高圧帯が生じ，降雨が少ない地域となる。

イ．乾燥地域で形成された微細な土が，風で運搬され堆積した土壌をレスという。中国では黄土と呼び，黄土高原に厚く堆積している。その一部は春先に偏西風によって黄砂として日本まで到達している。

ウ．「エジプトやメソポタミア（イラク）など，古代文明が展開」とあるので，文明発生と関係深いナイル川やチグリス・ユーフラテス川を想起し，外来河川と判断する。外来河川は湿潤地域に源流があり，乾燥地域を流れる河川である。複数の国を流れ航行の自由が認められている国際河川と混同しないこと。

エ．モンゴル人はゲルと呼ぶが，パオは北方中国人の常食である饅頭（包子）に似ているので，中国人がつけた呼名である。トルコ系遊牧民は，ユルト（ユルタ）と呼ぶ。

オ．サヘルとは，アラビア語で「岸辺（縁）」の意味である。

▶⑵リード文の「砂漠における砂丘のように，乾燥地域では地形を形づくる上で風の役割が大きいが，内陸アジアの乾燥地域から風で運ばれた粒子が堆積してできた中国北部の［　イ　］高原の地形」の表現に着目すると，風で運ばれる粒子は細かい砂であるので，内陸アジアの乾燥地域には砂が多いと考えることができる。よって砂砂漠と判断する。

　一般的に砂漠における砂砂漠の面積割合は小さいが，タリム盆地にあるタクラマカン砂漠は砂砂漠として知られている。理由は，盆地の周囲の山脈の麓に砂礫からなる扇状地が発達しており，その砂が河川によって運搬され，さらに風で運ばれて砂丘が形成されるためと考えられる。

▶⑶中心部の黒っぽい扇状の部分がオアシスと考えられる。山脈の麓に形成されていることと，その形状から，地形は扇状地と判断できる。乾燥地域で水を得る一つの方法として，山脈への降雪が融けて生じる伏流水を水源として，水の蒸発を防ぐために地下水路によって集落や農地まで導水することが知られている。この施設をアフガニスタンではカレーズ，イランではカナート，北アフリカではフォガラ，中国のシンチヤンウイグル自治区ではカンアルチン（坎児井）と呼んでいる。

▶⑷乾燥地域の土壌には多くの塩類が含まれており，そこで灌漑をすると塩類が水に溶けて毛細管現象により地表まで上昇する。水は蒸発するが，塩類は地表面に集積するため塩性土壌となって荒れ地化する。

▶⑸サヘルの砂漠化は気候変動の影響もあるものの，人為的な要因が重なって進んでいる。そのきっかけはサヘルにおける人口爆発で，生活のための燃料として必要な薪を得るために乏しい樹木の過剰伐採（過伐採）が進められ，増加した人口分の食料を確保するため，休閑なしに過耕作を行い，家畜飼育頭数を増加させることで牧草が不足する過放牧の状態になっている。

Ⅳ　解答

⑴①グランドバンク

②メキシコ湾流，ラブラドル海流

⑵①アンチョビ（アンチョビー・かたくちいわし）

②深海の豊富な栄養塩類を含む冷水が湧昇している。

⑶特定魚種の漁獲に偏り，エルニーニョ現象が発生した年は不漁となるため，年ごとの生産量の変動が激しい。(50 字以内)

⑷①エビ

②マングローブを伐採し養殖池を造成したため，高潮の被害や水質の悪化をまねいている。(40 字以内)

◀解　説▶

≪主要国の水産業≫

最初にＡ～Ｄ国を判別する必要がある。Ａ国は比較的生産量の変化が小さく養殖生産量もさほど多くないことと，問⑴に「浅堆」「潮境を形成する２つの海流」とあるので，アメリカ合衆国である。Ｂ国は生産量の増減が激しく，養殖生産量も少ないことからペルーとなる。Ｃ国は近年生産量が急伸しており，その大半が養殖生産量であることからインドネシアとなる。残ったD国は，生産量が減少傾向にある日本である。

▶(1)A国（アメリカ合衆国）北東部の海域は，グランドバンクなどの浅堆や，暖流のメキシコ湾流と寒流のラブラドル海流による潮境（潮目）が形成され，多くの魚類が集まる好漁場（大西洋北西部漁場）となっている。厳密にいえば，グランドバンクはニューファンドランド島の沖合でカナダの海域にあり，アメリカ合衆国の海域に限れば，ジョージバンクとなるが，ここでは海域を広く捉えればよいであろう。なお，規模がやや小さいが，セーブル島バンク，バンクロールバンク，サンピエールバンクも正解となる。

▶(2)①B国（ペルー）の主要水産物は，アンチョビ（かたくちいわし）で，その多くはフィッシュミール（魚粉）に加工されて輸出される。

② アンチョビは冷水系の魚で，深海（中層）より湧昇する栄養塩類を含んだ冷水により大量に発生する。ペルー海流が寒流であることから考える。

▶(3)B国の水産業の特徴は，アンチョビ漁獲に偏っていることである。アンチョビは水温変化に敏感で，水温が上昇すると死滅してしまうため，水温の上がるエルニーニョ現象の発生年には著しく不漁となる。

▶(4)①C国（インドネシア）の水産物生産の大半が養殖生産量であることと，中国以外ではベトナム・インド・タイでの養殖生産額が多いことからエビと判断できる。

②エビの養殖と「問題となっている環境破壊」からマングローブ伐採の問題であると想起できれば解答しやすい。マングローブは汽水域の遠浅の沿岸に生育する森林のことで，魚やエビの生息地であり薪炭材の供給地でもあり，高波や高潮から海岸の地形や人々の生活を守ってきた。ところがエビの養殖が経済的利益を生むようになったことから，マングローブを伐採しエビの養殖池を造成した。このため暴風襲来時の高波や高潮による被害が多発するようになり，養殖に使用する飼料や薬品による水質汚染が進んだことで養殖池を放棄して新たな養殖池を造成するなど，マングローブの破壊の問題は深刻化している。

V　解答

(1)A．ベトナム　B．中国　C．アメリカ合衆国　D．日本

(2)①通信網の整備に多くの投資が必要な固定電話より，携帯電話は少な

い投資で済むため。(40 字以内)

②電子メールなど多機能で個人の使用に適合した携帯電話への移行が進行したため。(40 字以内)

(3)高速で大容量の通信ができること。

(4)先進国は情報を活用しさらに豊かになり，情報を活用できない発展途上国との経済格差が拡大すること。(50 字以内)

◀解　説▶

≪情報と通信の発達≫

▶(1)A国・B国は固定電話契約数が非常に少ないことから，中国かベトナムとなる。B国はA国より 100 人あたりの固定電話契約数が多いことから，大都市数が多く都市人口割合が高い中国と判断する。よってA国はベトナム。C国・D国はドイツと類似していることからアメリカ合衆国か日本となる。2000 年時点のインターネット利用者率を見ると，C国が 43％ともっとも高いことから，早くからインターネットが普及したアメリカ合衆国と判断する。D国は日本となる。

▶(2)①固定電話はすべての機器を回線で結ぶ必要があり，全国に回線網を張り巡らせるのに多大な設備投資が必要となる。一方，ロシアのように人口密度の低い地域が広く，広大な国土を持つ国や発展途上国では，基地局の整備ですむ携帯電話の普及が急速に進むことになった。

②ドイツやアメリカ合衆国で固定電話契約数が減少しているのは，SNS やインターネットによる情報入手・買い物などプライベートな利用が指向されるようになったためである。日本でも特に従来型の加入電話は大幅に減少しているが，インターネットを利用した IP 電話は増加しており，全体として急減にはなっていない。

▶(3)デジタル通信による高速化と大容量通信が可能となった。そのため，YouTube のように動画配信もスムーズとなった。

▶(4)デジタル・デバイドとは「情報格差」の意味で，先進国のようにインターネットの普及率が高く情報技術の恩恵を受けることのできる人々がいる一方，発展途上国では情報通信ネットワークの整備が遅れており，大都市の一部富裕層以外は情報化とは無縁の生活を続ける人々が多い。したがって経済格差のさらなる拡大を招く恐れがあり大きな問題となっている。

❖講 評

2021年度も，2019・2020年度と同様，大問5題の出題であった。2020年度に復活した自然地理の大問や，2019年度に復活した地誌の大問も継続して出題された。地形図の読図問題も，大問での出題が定着している。他の大問2題は系統地理であるが，情報と通信分野から1題出題されたことは目新しい。問題自体は，地形図・地図・衛星写真・統計グラフ・統計表をもとにした地域理解と統計読解を中心においた京大らしい出題であった。また，2017・2020年度に出題された描図問題は出題されなかった。配点は，各大問20点ずつである。

地形図読図は，2万5千分の1地形図であるため，ため池の網かけがやや不鮮明であった点を除き，地形の読み取りも容易であったであろう。また，衛星写真を使用した問題が2018年度以来3年ぶりに出題された。地誌は，オセアニアという比較的オーソドックスな地域設定で出題された。

2021年度の字数指定のある論述は，30～50字12問，計490字で，2019・2020年度より若干増加した。それ以外に字数制限のない短文記述問題（解答欄の大きさから見て10～40字程度）が例年5～7問あり，これを勘案すると約600字程度となる。

Ⅰは地形図の読図問題。海岸の工作物，道路の迂回と自然災害の関係，ため池の立地理由，土地利用，道路と市街地施設の関係，掘込み港と地形の関係，山地の産業と集落の機能を問う問題で，(1)の②を除き基本的である。(1)の②は国道の迂回理由を自然災害との関わりで述べるのであるが，台風常襲地であることを念頭に，河川の増水と高潮の相乗効果を述べるのが難しい。(4)は河口の集落の機能を「上流の山地で盛んな産業」と関連付けて解答させる問題で，歴史的背景も踏まえて答えさせる点が京大らしい。

Ⅱはオセアニア地誌に関する問題である。(1)・(2)は世界遺産（自然遺産）がテーマになっているが，問われているのは地形の名称（と成因）など関連事項であり，取り組みやすい。(3)はオーストロネシア語族であるポリネシア先住民族に関する出題で，ハワイ諸島やタヒチ島がポリネシアであることの知識があれば，さほど難しくない。

Ⅲは乾燥気候と生活に関する基本的な問題であるので，確実に解答したい。(2)タクラマカン砂漠は砂砂漠の面積が広いことで知られているが，教科書等にはあまり記載されていない。リード文中の表現「内陸アジアの乾燥地域から風で運ばれた粒子が堆積してできた」から砂砂漠を導くのが解法であろう。

Ⅳは水産業に関して，統計グラフおよび統計表から，漁場の立地条件，ペルーの水産業の特徴，エビ養殖と環境破壊の関係を問う問題である。国名を伏せての設問は，京大の特徴的な出題で，それぞれの国名を正確に判定しておかないと，問題の的を外すことになるので細心の注意が必要である。(3)はペルーの水産物生産量の変動の状況とその理由をエルニーニョ現象と関連付けて解答させる問題で，思考力・判断力・表現力が求められている。

Ⅴは情報と通信に関して，統計グラフをもとに，先進国グループと発展途上国グループの通信状況の特徴を考える時事的側面のある問題である。(1)の国名判断は，各グループ内でインターネット利用者率の変化や固定電話契約数の状況の違いに着目して判断する必要があり，やや難しい。ただ，かりに国名を誤っても，(2)以降の解答への影響は小さい。

数学

1

◇発想◇　問1．$6<2^3$ であるから，$6.75=\square\times 2^2+\square\times 2+\square+\dfrac{\square}{2}+\dfrac{\square}{2^2}+\cdots$ の□に0または1を入れて等式が成り立つように考える。機械的に10進法で表された数を2進法で表す方法もある。2進法で表された2数の積は筆算で求めるとよい。2進法で表された数を4進法で表す際，いったん10進法で表すとよいが，$2^2=4$ に着目して，式変形を工夫する。

問2．$\overrightarrow{OH}=s\overrightarrow{OA}+t\overrightarrow{OB}$（$s$，$t$ は実数）とおき，ベクトルの垂直条件，内積を用いて s，t の値を求める。

解答　問1．$6.75=1\times 2^2+1\times 2+\dfrac{1}{2}+\dfrac{1}{2^2}$ であるから

$6.75=110.11_{(2)}$　……(答)

また，右の計算により

$$
\begin{array}{r}
110.11\\
\times\ 101.0101\\
\hline
11011\\
11011\\
11011\\
11011\\
\hline
100011.110111
\end{array}
$$

$110.11_{(2)}\times 101.0101_{(2)}$

$=100011.110111_{(2)}$　……(答)

$$100011.110111_{(2)}=1\times 2^5+1\times 2+1+\frac{1}{2}+\frac{1}{2^2}+\frac{1}{2^4}+\frac{1}{2^5}+\frac{1}{2^6}$$

$$=2\times 2^4+3+\frac{2+1}{2^2}+\frac{1}{2^4}+\frac{2+1}{2^6}$$

$$=2\times 4^2+3+\frac{3}{4}+\frac{1}{4^2}+\frac{3}{4^3}$$

$=203.313_{(4)}$　……(答)

問2．$|\overrightarrow{OA}|=3$，$|\overrightarrow{OB}|=2$，

$$\overrightarrow{OA}\cdot\overrightarrow{OB}=|\overrightarrow{OA}||\overrightarrow{OB}|\cos 60^\circ=3\cdot 2\cdot\frac{1}{2}=3$$

$\overrightarrow{OH}=s\overrightarrow{OA}+t\overrightarrow{OB}$（$s$，$t$ は実数）とおく。

点Hは△OABの垂心であるから，「$\overrightarrow{AH}=\vec{0}$ または $\overrightarrow{AH}\perp\overrightarrow{OB}$」かつ「$\overrightarrow{BH}=\vec{0}$ または $\overrightarrow{BH}\perp\overrightarrow{OA}$」が成り立つ。

よって

$$\overrightarrow{AH}\cdot\overrightarrow{OB}=0 \text{ かつ } \overrightarrow{BH}\cdot\overrightarrow{OA}=0 \quad \cdots\cdots①$$

$$\overrightarrow{AH}=\overrightarrow{OH}-\overrightarrow{OA}=(s-1)\overrightarrow{OA}+t\overrightarrow{OB}$$

$$\overrightarrow{BH}=\overrightarrow{OH}-\overrightarrow{OB}=s\overrightarrow{OA}+(t-1)\overrightarrow{OB}$$

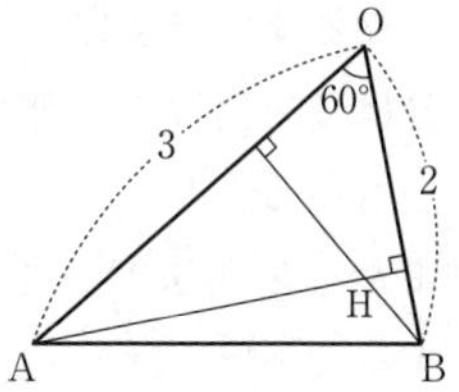

であるから，①より

$$\begin{cases}(s-1)\overrightarrow{OA}\cdot\overrightarrow{OB}+t|\overrightarrow{OB}|^2=0\\ s|\overrightarrow{OA}|^2+(t-1)\overrightarrow{OA}\cdot\overrightarrow{OB}=0\end{cases}$$

したがって

$$\begin{cases}3(s-1)+2^2t=0\\ 3^2s+3(t-1)=0\end{cases} \quad \text{すなわち} \quad \begin{cases}3s+4t=3\\ 3s+t=1\end{cases}$$

これを解いて　　$s=\dfrac{1}{9}$，$t=\dfrac{2}{3}$

ゆえに　　$\overrightarrow{OH}=\dfrac{1}{9}\overrightarrow{OA}+\dfrac{2}{3}\overrightarrow{OB}$　……(答)

◀解　説▶

≪2進数の積と4進法，三角形の垂心の位置ベクトル≫

▶問1．n を2以上の整数とすると，0以上の整数 N は

$$N=a_kn^k+a_{k-1}n^{k-1}+\ \cdots\ +a_2n^2+a_1n+a_0$$

（ただし，a_0，a_1，a_2，…，a_{k-1}，a_k は0以上（$n-1$）以下の整数）

と表され，このとき，N を n 進法で表すと

$$N=a_ka_{k-1}\cdots a_2a_1a_{0(n)}$$

である。

また，$0<M<1$ である M は

$$M=\frac{b_1}{n}+\frac{b_2}{n^2}+\ \cdots\ +\frac{b_l}{n^l}+\ \cdots$$

（ただし，b_1，b_2，…，b_l は0以上（$n-1$）以下の整数）

と表され，このとき，M を n 進法で表すと

$$M=0.b_1b_2\ \cdots\ b_l\ \cdots_{(n)}$$

である。

10 進法で表された数 6.75 を 2 進法で表すのに，機械的な方法として，右のように，整数部分は商が 0 になるまで 2 で割り，余りを逆順に並べる，小数部分は 2 を掛けて，整数部分を順に並べる，という方法もある。

```
2)6    余り      0.75
2)3…0  ↑       ×   2
2)1…1  |       1.50
  0…1  |     ×   2
               1.0
```

また，2 進法で表された 2 数の和・積は $1_{(2)}+1_{(2)}=10_{(2)}$ に注意して計算する。

さらに，$2^2=4$ であることに注目すると，2 進法で表された数を，小数点を基準に 2 桁ずつ区切り，それぞれを 4 進法で表すことにより，全体を 4 進法で表すことができる。

10	00	11.	11	01	$11_{(2)}$
2	0	3.	3	1	$3_{(4)}$

▶問 2．点 H が△OAB の垂心であるから，△OAB が直角三角形でないとき，OH⊥AB，AH⊥OB，BH⊥OA が成り立ち，このうち 2 つが成り立つとき，残りの 1 つも成り立つ。したがって，①の 2 つの条件のうちの 1 つを $\overrightarrow{OH}\cdot\overrightarrow{AB}=0$ としてもかまわない。なお，〔解答〕は ∠OAB＝90°，∠OBA＝90° のとき，それぞれ A＝H，B＝H となることを考慮して記述した。

2

◇発想◇　絶対値記号がついたままでは積分計算はできない。

$$|f(x)|=\begin{cases}f(x) & (f(x)\geqq 0 \text{ のとき})\\ -f(x) & (f(x)\leqq 0 \text{ のとき})\end{cases}$$

であるから，$f(x)\geqq 0$ となる x の範囲と $f(x)\leqq 0$ となる x の範囲に分けて積分を計算する。

解答　$$\left|x^2-\frac{1}{2}x-\frac{1}{2}\right|=\left|\left(x+\frac{1}{2}\right)(x-1)\right|$$

$$=\begin{cases}\left(x+\frac{1}{2}\right)(x-1) & \left(x\leqq -\frac{1}{2},\ 1\leqq x\right)\\ -\left(x+\frac{1}{2}\right)(x-1) & \left(-\frac{1}{2}\leqq x\leqq 1\right)\end{cases}$$

であるから

$$\int_{-1}^{1}\left|x^2-\frac{1}{2}x-\frac{1}{2}\right|dx$$

$$=\int_{-1}^{-\frac{1}{2}}\left(x^2-\frac{1}{2}x-\frac{1}{2}\right)dx+\int_{-\frac{1}{2}}^{1}\left\{-\left(x+\frac{1}{2}\right)(x-1)\right\}dx$$

$$=\left[\frac{x^3}{3}-\frac{x^2}{4}-\frac{x}{2}\right]_{-1}^{-\frac{1}{2}}-\int_{-\frac{1}{2}}^{1}\left(x+\frac{1}{2}\right)(x-1)\,dx$$

$$=\left(-\frac{1}{24}-\frac{1}{16}+\frac{1}{4}\right)-\left(-\frac{1}{3}-\frac{1}{4}+\frac{1}{2}\right)-\left(-\frac{1}{6}\right)\cdot\left\{1-\left(-\frac{1}{2}\right)\right\}^3$$

$$=\frac{19}{24}\quad\cdots\cdots(答)$$

参考　求める定積分の値は，右図の網かけ部分の面積と一致するから

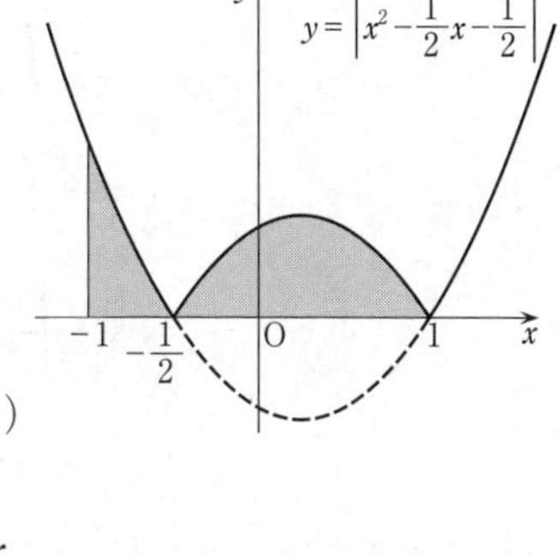

$$\int_{-1}^{1}\left|x^2-\frac{1}{2}x-\frac{1}{2}\right|dx$$

$$=\int_{-1}^{1}\left(x^2-\frac{1}{2}x-\frac{1}{2}\right)dx$$

$$+2\int_{-\frac{1}{2}}^{1}\left\{-\left(x^2-\frac{1}{2}x-\frac{1}{2}\right)\right\}dx\quad\cdots\cdots(*)$$

$$=2\int_{0}^{1}\left(x^2-\frac{1}{2}\right)dx-2\int_{-\frac{1}{2}}^{1}\left(x+\frac{1}{2}\right)(x-1)\,dx$$

$$=2\left[\frac{x^3}{3}-\frac{x}{2}\right]_{0}^{1}-2\cdot\left(-\frac{1}{6}\right)\cdot\left\{1-\left(-\frac{1}{2}\right)\right\}^3$$

$$=2\left(\frac{1}{3}-\frac{1}{2}\right)+\frac{9}{8}$$

$$=\frac{19}{24}$$

と計算することもできる。

◀解　説▶

≪絶対値記号のついた関数の定積分≫

被積分関数に絶対値記号がついた定積分の計算問題である。絶対値の中が 0 以上の区間と 0 以下の区間に分割して積分計算を行う。

$F(x)=\frac{x^3}{3}-\frac{x^2}{4}-\frac{x}{2}$ とおくと，求める定積分は

$$\Big[F(x)\Big]_{-1}^{-\frac{1}{2}}+\Big[-F(x)\Big]_{-\frac{1}{2}}^{1}=2F\left(-\frac{1}{2}\right)-F(-1)-F(1)\quad\cdots\cdots(**)$$

となり，これを計算してもよいが，〔解答〕は公式$\int_{\alpha}^{\beta}(x-\alpha)(x-\beta)\,dx$ $=-\frac{1}{6}(\beta-\alpha)^3$を用いた。$(**)$を$F(1)-F(-1)-2\left\{F(1)-F\left(-\frac{1}{2}\right)\right\}$と変形すれば，〔参考〕の$(*)$と対応する。

なお，$\int(ax+b)^n dx=\frac{1}{na}(ax+b)^{n+1}+C$（$C$は積分定数）を用いて

$$\begin{aligned}\int_{-1}^{-\frac{1}{2}}\left(x^2-\frac{1}{2}x-\frac{1}{2}\right)dx&=\int_{-1}^{-\frac{1}{2}}\left(x+\frac{1}{2}\right)(x-1)\,dx\\&=\int_{-1}^{-\frac{1}{2}}\left(x+\frac{1}{2}\right)\left\{\left(x+\frac{1}{2}\right)-\frac{3}{2}\right\}dx\\&=\int_{-1}^{-\frac{1}{2}}\left\{\left(x+\frac{1}{2}\right)^2-\frac{3}{2}\left(x+\frac{1}{2}\right)\right\}dx\\&=\left[\frac{1}{3}\left(x+\frac{1}{2}\right)^3-\frac{3}{4}\left(x+\frac{1}{2}\right)^2\right]_{-1}^{-\frac{1}{2}}\\&=-\left\{\frac{1}{3}\cdot\left(-\frac{1}{2}\right)^3-\frac{3}{4}\left(-\frac{1}{2}\right)^2\right\}\end{aligned}$$

と計算する方法もあるが，本題では楽にならない。

3

◇発想◇　番号 1 の箱から取り出した玉と同じ色の玉を番号 n の箱から取り出す確率を求める。そのために，番号 1 の箱から取り出した玉と同じ色の玉を番号 k の箱から取り出す確率を p_k として，p_{k+1} を p_k で表すことを考える。$p_1=1$ としたときの p_n が求める確率である。また，最初に番号 k の箱に入っていた玉で，番号 1 の箱から取り出した玉の色と同じ色の玉を，番号 n の箱から取り出す確率を q_k として $\sum_{k=1}^{n}q_k$（これが求める確率）を求める方法も考えられる。

解答　番号 1 の箱から取り出した玉の色を C とし，C の色の玉を番号 k（$k=1,\ 2,\ \cdots,\ n$）の箱から取り出す確率を p_k とする。このとき，番号 1 の箱から取り出す玉の色はどちらでもよいので $p_1=1$ で，p_n が求める確率である。

$k=1,\ 2,\ \cdots,\ n-1$ に対して

(i)　k の箱から C の色の玉を取り出したとき

　　$k+1$ の箱から C の色の玉を取り出す確率は　$\dfrac{2}{3}$

(ii)　k の箱から C でない色の玉を取り出したとき

　　$k+1$ の箱から C の色の玉を取り出す確率は　$\dfrac{1}{3}$

であるから

$$p_{k+1}=\frac{2}{3}p_k+\frac{1}{3}(1-p_k) \qquad \text{すなわち} \qquad p_{k+1}=\frac{1}{3}p_k+\frac{1}{3}$$

これより　$p_{k+1}-\dfrac{1}{2}=\dfrac{1}{3}\left(p_k-\dfrac{1}{2}\right)$

$p_1=1$ であるから，数列 $\left\{p_k-\dfrac{1}{2}\right\}$ は初項 $p_1-\dfrac{1}{2}=\dfrac{1}{2}$，公比 $\dfrac{1}{3}$ の等比数列である。よって

$$p_n-\frac{1}{2}=\frac{1}{2}\cdot\left(\frac{1}{3}\right)^{n-1} \qquad \text{すなわち} \qquad p_n=\frac{1}{2}\left\{1+\left(\frac{1}{3}\right)^{n-1}\right\}$$

ゆえに，求める確率は　$\dfrac{1}{2}\left\{1+\left(\dfrac{1}{3}\right)^{n-1}\right\}$　……(答)

別解　＜取り出した玉が最初に入っていた箱に注目する解法＞

　求める確率は，番号 1 の箱から取り出した玉の色が C であったとき，番号 n の箱から C の色の玉を取り出す確率である。番号 1 の箱から取り出した玉の色が C であったとき，最初に番号 k $(k=1,\ 2,\ \cdots,\ n)$ の箱に入っていた C の色の玉を番号 n の箱から取り出す確率を q_k とする。番号 2 ～ n の箱では，3 個の玉から 1 個を取り出すから

$$q_1=\left(\frac{1}{3}\right)^{n-1},\ k=2,\ 3,\ \cdots,\ n \text{ のとき} \qquad q_k=\left(\frac{1}{3}\right)^{n-k+1}$$

よって，求める確率は

$$\sum_{k=1}^{n}q_k=\left(\frac{1}{3}\right)^{n-1}+\sum_{k=2}^{n}\left(\frac{1}{3}\right)^{n-k+1}$$
$$=\left(\frac{1}{3}\right)^{n-1}+\left(\frac{1}{3}\right)^{n-1}+\left(\frac{1}{3}\right)^{n-2}+\cdots+\frac{1}{3}$$

$$=\left(\frac{1}{3}\right)^{n-1}+\frac{1}{3}\cdot\frac{1-\left(\frac{1}{3}\right)^{n-1}}{1-\frac{1}{3}}$$

$$=\left(\frac{1}{3}\right)^{n-1}+\frac{1}{2}\left\{1-\left(\frac{1}{3}\right)^{n-1}\right\}$$

$$=\frac{1}{2}\left\{1+\left(\frac{1}{3}\right)^{n-1}\right\}$$

◀解　説▶

≪確率と漸化式≫

番号１の箱と番号 n の箱から取り出した玉の色が同じである確率を求める問題である。

操作（＊）を行ったとき，番号 $k+1$ の箱には，赤玉２個と白玉１個，または赤玉１個と白玉２個が入っているから，場合を分けて考え，数列 $\{p_k\}$ に関する隣接２項間の漸化式を作る。〔解答〕では，番号１の箱から取り出した玉の色を C としたので $p_1=1$ である。p_1 は考えずに，$p_2=\frac{2}{3}$，$k\geqq 2$ のとき $p_{k+1}=\frac{2}{3}p_k+\frac{1}{3}(1-p_k)$ とし，〔解答〕と同様にして $p_n-\frac{1}{2}=\frac{1}{6}\cdot\left(\frac{1}{3}\right)^{n-2}$ としてもよい。番号１の箱から赤玉を取り出したとし，番号 k（$k=2,\ 3,\ \cdots,\ n$）の箱から赤玉を取り出す確率を r_k として考えることもできる。このとき，$r_2=\frac{2}{3}$，$r_{k+1}=\frac{2}{3}r_k+\frac{1}{3}(1-r_k)$（$k\geqq 2$）で，番号１と番号 n の箱から赤玉を取り出す確率は $\frac{1}{2}r_n$，白玉を取り出す場合も同様なので，求める確率は結局 $\frac{1}{2}r_n\cdot 2=r_n$ となる。

〔別解〕のように，番号１の箱から取り出した玉と同じ色の玉を番号 n の箱から取り出したときの玉の出所（最初に入っていた箱）を考える方法もある。すべての箱について，最初に入っていた C の色の玉が番号 n の箱から取り出される確率を求めると，それらの和が求める確率である。

4

◇発想◇　2 辺 OP，QF は平行な 2 平面上にあり，2 辺 OQ，PF も平行な 2 平面上にある。このことから，四角形 OPFQ がどのような四角形であるかを考える。P (1，0，p) ($0 \leqq p \leqq 3$) と表されるから，Q の座標と面積 S を p で表すことができる。S を求める際には，ベクトルを用いた三角形の面積公式を用いるとよい。$0 \leqq p \leqq 3$ において S が最小になるときを考える。

解答　直線 OP，QF はそれぞれ平面 OAE，CFG 上にあり，(平面OAE) ∥ (平面CFG) であるから，2 直線は共有点をもたない。また，4 点 O，P，F，Q は同一平面上にあるから

OP ∥ QF　……①

である。

同様に，直線 OQ，PF はそれぞれ平面 OCG，AEF 上にあり，(平面OCG) ∥ (平面AEF) で，4 点 O，P，F，Q が同一平面上にあるから

OQ ∥ PF　……②

である。

①，②より四角形 OPFQ は平行四辺形である。

……③

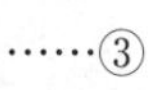

点 P は辺 AE 上にあるから，P (1，0，p) ($0 \leqq p \leqq 3$) とおくと，$\overrightarrow{OP} = (1,\ 0,\ p)$，$\overrightarrow{OF} = (1,\ 2,\ 3)$ で，③より

$$\overrightarrow{OQ} = \overrightarrow{PF} = \overrightarrow{OF} - \overrightarrow{OP} = (0,\ 2,\ 3-p)$$

また

$$|\overrightarrow{OF}|^2 = 1^2 + 2^2 + 3^2 = 14,\quad |\overrightarrow{OP}|^2 = 1 + p^2,\quad \overrightarrow{OF} \cdot \overrightarrow{OP} = 1 + 3p$$

よって

$$\begin{aligned} S &= 2\triangle \mathrm{OFP} \quad (\because\ ③) \\ &= 2 \cdot \frac{1}{2}\sqrt{|\overrightarrow{OF}|^2 |\overrightarrow{OP}|^2 - (\overrightarrow{OF} \cdot \overrightarrow{OP})^2} \\ &= \sqrt{14(1+p^2) - (1+3p)^2} \\ &= \sqrt{5p^2 - 6p + 13} \\ &= \sqrt{5\left(p - \frac{3}{5}\right)^2 + \frac{56}{5}} \end{aligned}$$

$0 \leqq p \leqq 3$ であるから，S は $p=\frac{3}{5}$ で最小値 $\sqrt{\frac{56}{5}}=\frac{2\sqrt{70}}{5}$ をとる。したがって，S を最小にするような点P，Qの座標は

$$\mathrm{P}\left(1,\ 0,\ \frac{3}{5}\right),\ \mathrm{Q}\left(0,\ 2,\ \frac{12}{5}\right) \quad \cdots\cdots(\text{答})$$

そのときの S の値は　$S=\frac{2\sqrt{70}}{5}$　……(答)

参考　点P，Qはそれぞれ辺AE，CG上にあるから

$$\mathrm{P}(1,\ 0,\ p),\ \mathrm{Q}(0,\ 2,\ q) \quad (0 \leqq p \leqq 3,\ 0 \leqq q \leqq 3)$$

とおける。

$\overrightarrow{\mathrm{OF}} \neq \vec{0}$，$\overrightarrow{\mathrm{OP}} \neq \vec{0}$，$\overrightarrow{\mathrm{OF}} \not\parallel \overrightarrow{\mathrm{OP}}$ で，4点O，F，P，Qが同一平面上にあるから，実数 s，t を用いて

$$\overrightarrow{\mathrm{OQ}}=s\overrightarrow{\mathrm{OF}}+t\overrightarrow{\mathrm{OP}}$$

と表される。$\overrightarrow{\mathrm{OQ}}=(0,\ 2,\ q)$，$\overrightarrow{\mathrm{OF}}=(1,\ 2,\ 3)$，$\overrightarrow{\mathrm{OP}}=(1,\ 0,\ p)$ であるから

$$(0,\ 2,\ q)=(s+t,\ 2s,\ 3s+pt)$$

より

$$\begin{cases} s+t=0 \\ 2s=2 \\ 3s+pt=q \end{cases}$$

これを解いて　$s=1,\ t=-1,\ q=3-p$

$0 \leqq p \leqq 3$ より $0 \leqq 3-p \leqq 3$ で，$\overrightarrow{\mathrm{OQ}}=(0,\ 2,\ 3-p)$ より

$$\overrightarrow{\mathrm{QF}}=\overrightarrow{\mathrm{OF}}-\overrightarrow{\mathrm{OQ}}=(1,\ 0,\ p)=\overrightarrow{\mathrm{OP}}$$

よって，四角形OPFQは平行四辺形である。

◀解　説▶

≪直方体を平面で切った切り口の面積の最小値≫

直方体を直方体の平行な2面と交線をもつような平面で切った切り口の面積の最小値を求める問題である。

まず，四角形OPFQが平行四辺形であることを示す。〔解答〕は，同一平面上の2直線が共有点をもたないとき，その2直線は平行であることから，四角形OPFQの2組の向かい合う辺がそれぞれ平行であることを示した。〔参考〕は，4点O，F，P，Qが同一平面上にあることを，ベク

トルを用いて表し，四角形 OPFQ の 1 組の向かい合う辺が平行で等しいことを示した。

次に，S を求める。四角形 OPFQ が平行四辺形であるから，$S=2\triangle\mathrm{OFP}$ であり，$\triangle\mathrm{OFP}$ の面積は公式によって容易に求まる。p の範囲に注意して 2 次関数の最小値を考えればよい。

5

◇発想◇ p が素数，すなわち $p=2,\ 3,\ 5,\ \cdots$ であるから，p は 2 または奇数である。まず 2 に注目すると，$p=2$ のとき p^4+14 が素数でないことは容易にわかるから，$p=2k+1$ とおき，p^2+14 に代入して考えてみる。これでうまく示すことができなければ，次に 3 に注目する。p は「3」または「3 の倍数でない自然数」である。$p=3$ のとき p^4+14 が素数でないことは容易にわかるから，p を 3 で割った余りが 1，2 の場合について考える。合同式を用いて記述するとわかりやすい。

解答 p が素数であるとする。

(i) $p=3$ のとき

$$p^4+14=3^4+14=95=5\cdot19$$

であるから，p^4+14 は素数でない。

(ii) $p\neq3$ のとき，p は 3 の倍数でないから　$p\equiv\pm1\pmod{3}$ となる。

このとき

$$p^4+14\equiv(\pm1)^4+14=15\equiv0\pmod{3}$$

よって，p^4+14 は 3 の倍数で，$p>1$ より $p^4+14>15$ であるから p^4+14 は素数でない。

ゆえに，p が素数ならば p^4+14 は素数でない。　　　　（証明終）

参考 (ii) $p\neq3$ のとき，p は 3 の倍数でない 2 以上の自然数であるから

$$p=3k\pm1\quad(k\text{ は自然数})$$

と表される。このとき

$$\begin{aligned}p^4+14&=(3k\pm1)^4+14\\&=3^4k^4\pm4\cdot3^3k^3+6\cdot3^2k^2\pm4\cdot3k+1+14\\&=3(27k^4\pm36k^3+18k^2\pm4k+5)\quad(\text{複号同順})\end{aligned}$$

$27k^4 \pm 36k^3 + 18k^2 \pm 4k + 5$ は整数であるから，$p^4 + 14$ は3の倍数である。

◀解　説▶

≪素数でないことの証明≫

素数に関する証明問題。余りによって自然数を分類する方法を利用するのが基本となる。

$p = 2k + 1$ （k は自然数）とすると

$$p^4 + 14 = 8k(k+1)(2k^2 + 2k + 1) + 15$$

となり，k，$k+1$ が3の倍数のとき $p^4 + 14$ は3の倍数，$k+2$ が3の倍数のときは $p = 2(k+2) - 3$ より p が3の倍数になる。この方針で証明することもできるが，最後は3で割った余りで分類することになるので，それなら最初から3で割った余りで分類した方がわかりやすい。〔解答〕は合同式を用いたが，合同式は教科書では発展内容となっている。合同式を用いずに〔参考〕のようにしてもよい。手間はそれほど変わらない。

❖講　評

頻出分野である整数，ベクトルを中心に，積分法，確率，数列からの出題で，証明問題が1題出題された。1(1)の n 進法からの問題が2021年度の特徴である。

1　問1が n 進法，問2がベクトルの独立した小問となっている。ともに教科書レベルの問題で取り組みやすい。確実に解いておきたい。

2　定積分の計算問題。被積分関数に絶対値記号がついているが，計算は基本的なもので，これも解きやすい。

3　確率と数列の融合問題。確率に関する漸化式を作って解くタイプ。頻出問題といえるが，問題設定がそれほど単純ではないので，漸化式を慎重に扱う必要がある。

4　空間図形に関する標準的な問題。座標が設定されており，直方体の切断面なので考えやすい。最小値も2次関数の最小値なので容易に求めることができる。

5　素数に関する証明問題。京大ではときどき見かける内容の問題なので，対策を立てていればスムーズに証明できたのではなかろうか。

2021年度は1，2はやや易，4，5は標準，3が少し難しめの標準問題で，量的にも少なめで2020年度に比べて易化した。そのため，記述方法に，より繊細にならなければならない。論理性を重視した答案作成の練習を十分にしておこう。

は今でも残っていて、老少不定（＝人間の寿命は定めがたく、年老いた者が先に死に、若者が後に死ぬとは限らないこと）という四字熟語もある。問四の和歌解釈問題はやや難。和歌の前の「よくこそ見たてまつり見えたてまつりにけれ」の内容把握が、和歌解釈のカギになるが、リード文で与えられた情報だけからでは難しかったかもしれない。助動詞「まし」も、細かい用法が問われていて、訳出の仕方に注意を要する。

問わずという要素も盛り込みたい。問二の内容説明問題は標準的。「あはれなカナリヤ」が「雷にうたれた」という比喩表現を、「雷にうたれた」という表現のニュアンスまで含めて、本文内容を踏まえて説明すること。問三の内容説明問題はやや難。「すだれ越しの交渉」というのが、間接的な関わり方を表していることは読み取れるだろうが、その具体的内容について、それを裏づける具体的エピソードが隣室の少女の話であることや、「すだれ越しの交渉」しかもたなかった理由をも読み取って説明するとなると、なかなか難しい。問四の理由説明問題もやや難。「はなしができすぎてゐて」というのがどういうことを意味しているかを示しつつ、傍線部（4）の内容説明ではなく、「ウソのやうにしかおもはれないだらう」と筆者が述べる理由を説明しなければならない、という点がかなり厄介である。説明の仕方に工夫が必要となる設問である。問五の内容説明問題は標準的。「前年…の『すだれ越しの交渉』を踏まえて」という条件がついているのが大きなヒントになる。戦後の旅先での藤の花のエピソードと戦時下の隣室の少女のエピソードとの共通点を、「花を垣間見るのはいつもすだれ越し」「いつもそこには手がとどかない」という表現に即して説明しつつ、「手がとどかないやうな廻合（めぐりあは）せになつてゐるらしい」という表現に込められた筆者の思いを説明すること。

三の古文（物語）は、平安時代の歴史物語からの出題。文系で物語が出題されるのは、二〇一六年度の『伊勢物語』以来、五年ぶり。歴史物語に限定すると、二〇一〇年度の『増鏡』以来、十一年ぶりである。文章量は九〇〇字弱で、例年に比べるとやや多め。総解答量は、二〇一八〜二〇二〇年度までの十四行から一行増えて十五行。二〇一六〜二〇一八年度まで、漢文または漢詩の設問が含まれていたが、二〇一九年度以降、それらの出題は見られない。設問は、現代語訳問題が二問、説明問題が二問、和歌解釈が一問で、バランスのとれた出題だが、例年同様に和歌重視がうかがえる。文章内容は、局所的に難しいところがあり、読み取りにくい箇所が設問に絡んでいる。難易度については、例年のレベルに比べて、難しめかもしれない。問一の現代語訳問題は、（1）、（2）ともに標準的。「適宜ことばを補いつつ」という条件に注意しながら、一語一語丁寧に訳出すること。問二の心情説明問題はやや難だろう。伊周が「すずろはしく」思ったのは、父の道隆と有国との過去のいきさつが関係しているが、果たしてそこまで読み取れるかどうか。「いい。傍線部直後の「おとなに近い段階に押し上げられた」がヒントになる。問三の内容説明問題は標準的。「世間知らず」という言葉の、以前に言われたときの意味内容を簡潔に説明した上で、それとは全く別の意味内容を対比的に説明すること。「本当の意味での『世間』」といった本文中の表現をそのまま使うのではなく、その表現が示している意味内容を読み取って説明する必要がある点に注意。問四の理由説明問題は標準的。言葉が「忘れ得ぬ言葉」となる際の、「書物から来た言葉の場合」と「生き身の人間の口から自分に語られた場合」の違いを対比的に説明させるという点で、問三と似たようなタイプの設問だと言える。難易度は標準的だが、比喩を交えた抽象的な表現をうまく説明する表現力が問われる設問である。問五の理由説明問題は、やや難。シンプルな問い方が多い京都大学の問題としては珍しく「本当の人間関係」について、という条件が付いているので、まずは筆者が述べる「本当の人間関係」について理解した上で、それが「生きているとか死んでいるとかという区別を越えた」ものであると言い得る理由を説明する。「いわゆる現実」、「明日には忘れられる『現実』」がどういうものであるかを説明しつつ、それと対比させて傍線部(5)の理由を説明する必要があるので、この点がやや難しいところである。

三の現代文（随筆）は、小説家である石川淳が、戦時下のエピソードと戦後のエピソードを「すだれ越し」という視点から回想しつつ、自身の「廻合せ」に思い至ったことを綴った文章。二〇二〇年度に引き続き、歴史的仮名遣いで記された随筆からの出題となった。大問三では、随筆だけでなく、小説や硬質な評論文、対談など、様々なジャンルから出題されているが、いずれにせよ、比喩表現や感覚的表現の理解が多く問われることを肝に銘じておきたい。文章量は二〇二〇年度に比べると若干減少したが、総解答量は一行増加して十八行であった。設問数は例年と変わらず説明問題が五問である。二〇一九年度では解答欄が二行の設問が三問もあったが、二〇二一年度では、二〇二〇年度に引き続き一問だけだった。文章自体はそれほど読みにくい内容ではないのだが、比喩表現も多用されており、全体的に、読み取った内容を設問意図に応じてわかりやすく説明するには苦労するという印象である。難易度は、二〇二〇年度と同程度と言えるだろう。問一の理由説明問題はやや易。よくあることだったからという理由説明だけでなく、人や場所を嘆）の助動詞「けり」の已然形で、強意の係助詞「こそ」の結び。

参考『栄花物語』は、『栄華物語』とも書き、平安時代中期から後期にかけて成立した歴史物語である。正編三十巻、続編十巻から成る。正編は一〇三〇年前後、続編は一一〇〇年前後の成立と見られる。正編の作者は女流歌人の赤染衛門とする説が有力である。続編の作者は出羽弁のほか複数の女性とする説があるが、未詳。宇多天皇から堀河天皇までの十五代・約二百年間にわたる宮廷貴族社会の歴史が、編年体の和文で物語として書かれている。とりわけ藤原道長・頼通父子の栄華が賞賛的に描かれているが、今回の問題文のように、哀切な話題も抒情的な筆致で随所に盛り込まれている。

❖講　評

一の現代文（随筆）は、学生の頃の何気ない友人の言葉が「忘れ得ぬ言葉」になったというエピソードから、「本当の人間関係」について語った文章。大問一では、二〇一八〜二〇二〇年度まで評論の出題が続いていたが、二〇二一年度は随筆の出題となった（二〇一三〜二〇一七年度も随筆の出題）。設問数は例年と変わらず五問であり、説明問題のみであった。漢字の書き取りは二〇一七年度以降出題されていない。総解答量は、二〇二〇年度から一行減少して十七行であり、内容説明が二問、理由説明が三問という設問形式であった。文章量は二〇二〇年度と比べてほとんど変わらず、二九〇〇字程度で、文章自体はそれほど難解ではないが、抽象的な表現も多く、簡潔な表現でわかりやすく説明するのはやや難しい。全体的な難易度は、二〇二〇年度と比較して同程度と言えるだろう。問一の理由説明問題は標準的。ただし、どこまで説明するかという点において、やや注意が必要である。友人の言葉が「忘れ得ぬ言葉」となった理由が問われているため、友人の言葉を、筆者が考える「忘れ得ぬ言葉」の内容と関連づけて説明する必要がある、と判断できる。第三段落の内容だけで解答をまとめてしまうと、次の問二と解答の内容がほとんど被ってしまうという点も、盛り込むべき範囲を判断する材料になるだろう。問二の内容説明問題は、「罪のない」ことの具体的内容は捉えやすいが、それが「罪あることと映って来た」という表現がどういうことを意味しているのかを説明するのは、やや難しから見れば最大の不幸と考えられていた。ここでは、二位（＝成忠）は長命でまだ生きているが、「母北の方うせたまひぬ」とあり、成忠の娘である「母北の方」は死んでしまったので、逆縁である。まずはここまでを人物関係がわかるように説明すること。次に、「あはれに」は形容動詞「あはれなり」の連用形。「あはれなり」は、〝①心打たれる、②悲しい・かわいそうだ、③いとしい・かわいらしい、④趣深い・風情がある〟などの意。ここでは成忠の長命が結果的に不幸につながったのだから、②の〝かわいそうだ（気の毒だ）〟の意である。なお、「見えたり」とあるのは、作者の見解として述べているからで、傍線部の表現は草子地（そうしじ）と言って、地の文における作者のコメントに該当する。

解答作成のポイントは以下の二点である。

①「二位の命長さ」を、娘の「母北の方」の死との関係において説明する

②「あはれに見えたり」の意味を説明する

▼問四　「そのをりに…」の和歌の解釈は、「よくこそ見たてまつり見えたてまつりにけれ」の解釈が前提になる（リード文や〔全訳〕を参照のこと）。これは伊周が播磨から京に戻って母と再会したことを言っている。そこから、「そのをり」とは、「見」「見え」た時のことで、〝伊周が母と再会した時（そこから母と生き別れた時）〟を指す。「着てましものを」は、「て」「まし」「ものを」の訳出に注意する。「て」は、完了（強意）の助動詞「つ」の未然形。「まし」は、反実仮想の助動詞だが、ここでは細かく言えば、事実に反する希望の用法で、〝〜たらよかったのに〟の意。「ものを」は、逆接的な詠嘆を表す終助詞で、〝〜のになあ〟の意。この「ものを」は、逆接の接続助詞でなく、終助詞と見るのが適切である。「ものを」で文意が切れて、二句切れ。「藤衣」は「着てましものを」の目的語で、倒置法になっている（もとの語順に戻して訳してもよい）。「やがて」は、〝①そのまま、②すぐに〟の意で、ここでは①の意味。「それ」は「そのをり」と指示内容は同じで、端的には〝生別〟と訳してよいところ。「別れ」は、「藤衣（＝喪服）」とのつながりから〝永遠の別れ・死別〟の意。「なり」は断定の助動詞「なり」の連用形。「けれ」は過去（詠

す・ございます、③【丁寧語・補助動詞】～ます・～です・～でございます〟の意。ここでは謙譲語の①の意で、「さすがに」の訳のところで〝伊周様に〟などと補わない場合、こちらで補う必要がある。「ぬ」は打消の助動詞「ず」の連体形で、係助詞「なむ」の結び。

▼問二　傍線部(3)の「これ」は、直接的には、「御消息、わが子の資業して申させたり。……櫃どもに数知らず参らせたれ」を指し、〈大弐の有国が、流人の伊周に手厚い奉仕の意向を伝え、数々の品物を贈ってきたこと〉を指す。ただし、その有国という人物は、〈罪もないのに伊周の父・道隆からひどい処罰を受けて恨んでいた過去〉を持つので、その点も「これ」に含めて考える必要がある。したがって、有国の一連の態度は、報怨以徳（＝恨みに対して恩徳をもって報いること）と言える。第一段落前半では、かつて道隆から官位を剝奪された有国が、過去の恨みを捨てて、流人となった子の伊周のために手厚い世話の準備をしていることを、伊周が人づてに聞いて、「いと恥づかしう」思ったとあるが、傍線部(3)の段階では、その伝聞していたことが伊周の目の前で実行されたものであり、その時の心情の「すずろはしく」も、「いと恥づかしう」に近いと考えてよい。形容詞「すずろはし」は、辞書的には〝何となく気持ちが落ち着かない〟の意で、ここでも違和感があって居心地の悪い気持ちであろう。「聞き過ぐさせたまふ」については、有国の厚意を喜ぶ気持ちはうかがえず、どうでもよいという感じである。これも分けて心情説明したい。

解答作成のポイントは以下の三点である。

①　道隆と有国の過去の因縁も含めて、「これ」の指示内容を説明する

②　「すずろはしく」の心情を説明する

③　「聞き過ぐさせたまふ」からうかがえる心情を説明する

なお、「なべて世の中さへ憂く思さる」ともあったので、ポイント③は、〈流人の境遇のつらさを身にしみて感じる気持ち〉なども考えられる。

▼問三　これは古典常識の問題。子が親よりも先に死ぬのを逆縁と言い、それは、子から見れば最大の不孝であり、親

筑紫への道は、（但馬よりも）さらに十日あまりを要して参着した。（「母北の方」の死を知った伊周様は）ああ、やはりあれが最後のお別れだったのだな、（播磨から京に戻った時に）よくぞ（母上様を）拝見し（母上様から）見られ申し上げたことだなあと、今になってお思いになった。（伊周様は）お喪服をお召しになるということで、

（最後に母と会って別れた）その時に、いっそ着てしまえばよかったのになあ、この喪服を。生き別れがそのまま死別（に等しいもの）だったのだなあ

と独り言でお詠みになった。

▲解　説▼

▼問一　（1）「公（おほやけ）」は〝朝廷・天皇〟の意。「掟」は〝取り決め・規則〟の意。「公の御掟」は、〝朝廷の（流人待遇の）お取り決め〟などと補って訳す。「さしまして」は、「まして」を強めた言い方で、〝引き上げて・付け加えて〟の意、あるいは〝いっそう・もっと〟の意で、どちらの訳も可。下には〝手厚く・丁重に〟などを補って訳したい。「仕うまつる」は〝お仕えする（お仕え申し上げる）〟の意。ここでは、〝ご奉仕申し上げる・お世話申し上げる〟などと訳してもよい。「仕うまつる」は謙譲語なので、敬意の対象として〝伊周様に〟などと補って訳すのがよいだろう。助動詞「む」は、ここでは意志の用法で、〝～しよう〟の意。「とす」は〝と思う〟くらいに訳しておくのがよい。

（2）「さすがに」は〝そうはいうもののやはり〟の意。「さ（＝そう）」はもともと指示副詞で、ここでは「参るべく」を指す。したがって、「さすがに」は〝（伊周様のもとに）みずから参上するべきとはいうもののやはり〟くらいに訳すとよい。「え」は、一つ目の打消の助動詞「ず」の連体形「ぬ」と呼応し、〝～できない〟の意。「まかり」は、動詞の上に付いて、〝～いたします・～ます〟の意を添える、へりくだりの語。〝退出する〟と訳すのは適切でない。「ありか」は四段動詞「ありく」の未然形で、「ありく（歩く）」は〝歩き回る・出歩く〟の意。「に」は、ここでは順接（理由）を表す接続助詞で、〝～ので〟の意。「なむ」は強意の係助詞。「さぶらふ（候ふ）」は、〝①【謙譲語・本動詞】お仕えする（お仕え申し上げる）・お控えする（お控え申し上げる）、②【丁寧語・本動詞】います・ありま

思ったが、有国の恥はまったく取るに足らないものだったよ。お気の毒で畏れ多く、思いも寄らない（こんな）所にまで（海山を）越えていらっしゃったなあ。朝廷の（流人待遇の）お取り決めよりはいっそう（手厚く）、（伊周様に）お仕え申し上げようと思う」などと言い続け、万事お世話申し上げるのを、（伊周様は）人づてにお聞きになるのもたいそう恥ずかしく、すべてこの世（の流人という身の上）までつらくお思いにならずにいられない。（有国は）ご挨拶を、わが子の資業を介して（伊周様に）申し上げさせた。「思いがけない（こんな）所にいらっしゃいましたにつけても、京の情勢もはっきり知らず、驚きながらも（すぐに自ら）参上いたすべきでございますが、九州を統括する長官でございます身なので、そうはいってもやはり思いのままには出歩くことがいたせませんので、今までお伺いしてお仕えしておりません。何事もただお言いつけに従ってお仕え申し上げるつもりです。世の中に（私の）命が長くございましたのは、わが主君（＝藤原兼家）のご子孫にお仕え申し上げるべき（運命なのだ）と思っております」と言って、さまざまな品物を、いくつもの大きな箱に数もわからないほど差し上げたけれども、（伊周様は）これにつけても何となく居心地が悪くお思いにならずにはいられなくて、（挨拶の言葉を）聞き流しなさる。そのままただ慎み深い生活を過ごしなさる。

そうこういうほどに、十月二十日あまりの頃に、京では（伊周様と隆家様の）母上である北の方がお亡くなりになった。（「母北の方」の娘である中宮定子様は）身にしみて悲しく途方に暮れなさる。（娘である「母北の方」に先立たれた）二位（＝高階成忠）の長命は、（かえって）気の毒に見えた。しかし二位はひどく老い果てて、簡単に（足腰も）動かないので、ただ明順、道順、信順などという息子たちが、万事（二位を）お世話申し上げ、（「母北の方」の）ご葬送のことも通例の（火葬の）仕方ではなくて（土葬にし）、桜本という所で、しかるべき（棺を納めるのにふさわしい）霊屋を造営して、（そこに亡骸を）納め申し上げた。あわれで悲しいという言葉では、（その気持ちを）言い表せないほどである。但馬（＝今の兵庫県北部）には、昼夜兼行で使者が参上したので、（「母北の方」の死を知った隆家様は）泣きながらご衣服などを（墨染に）染め（て喪服に着替え）なさる。筑紫にも使者が参上したけれど、どうしてすぐに参着することができるものか、できるものではない。（京では）死後のご法事を、（中宮定子様が）しかるべく行いなさる。

るが、一九三五年、『佳人』で小説家デビュー。翌年の『普賢』で芥川賞受賞。その直後に、「文学界」に発表した『マルスの歌』が反軍国主義だとされ、発禁処分を受ける。戦後、坂口安吾や太宰治らとともに無頼派作家として人気を博する。孤高の作家とも呼ばれ、エッセイでは夷斎と号し親しまれた。その他の作品に『焼跡のイエス』や『処女懐胎』などがある。

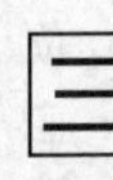

出典　『栄花物語』〈巻第五　浦々の別〉

解答

問一　(1)朝廷の流人待遇のお取り決めよりはいっそう手厚く、私は伊周様にご奉仕申し上げようと思う

(2)伊周様のもとへ有国自ら参上したいと存じながらもやはり、好き勝手に出歩くことがいたせませんので、今までお伺いしてお仕えすることをしておりません

問二　かつて父の道隆から理不尽な処罰を受けた有国が、恨みも忘れた真心で、流人となった息子の伊周に手厚い奉仕をするので、何となくばつが悪く感じられて、有国の厚意にいちいち気をとめたくない気持ち。

問三　長寿はめでたいはずなのに、成忠は長生きゆえに、娘の「母北の方」の方が先に死ぬという大きな不幸に遭ったことが、まことに気の毒に思われるということ。

問四　最後に母と会って別れた時に、着てしまえばよかったのになあ、この喪服を。生き別れがそのまま死別に他ならないものだったのだなあ。

◆全　訳◆

(伊周様は)ようやく筑紫(＝九州)に到着なさったが、その当時の大弐(＝大宰府の実質的な長官)は有国朝臣である。(有国は)このように(ご到着)と聞いて、おもてなしの準備をたいそう手厚くし申し上げる。(有国が)「ああ、故関白殿のお考えから、有国を、罪もなく過失もなかったのに、容赦なく無官に処しなさったのを、実につらく恨めしいと傍線部の「ウソのやうにしかおもはれない」を言い換えただけになってしまう。したがって、〈作り話だと言われた方がたやすく納得できるような話だから〉とするなど、強調するポイントを工夫した理由説明にする必要がある。

解答作成のポイントは以下の三点である。

① 指示語「これ」の指示内容（友人から聞いた話）を簡潔に説明する

② 「はなしができすぎてゐて」とはどういうことか、説明する

③ 傍線部の単なる言い換えにならないように、書き方を工夫する

▼問五　傍線部(5)の「花」の意味しているものが、旅先で目にした〈藤の花〉であるとともに、前年の「すだれ越しの交渉」における〈隣室の少女（の歌声）〉であることをまず確認しておこう。さらに、「すだれ越し」「手がとどかない」というのは、旅先においては〈すだれ越しに見た藤の花に手を伸ばしたが届かなかったこと〉であり、少女のエピソードにおいては〈顔もろくに合わせないまま、彼女が死んでしまったこと〉を意味していると解釈できる。ここで、「花」を〈心ひかれるもの・美しいもの〉などと解してみれば、筆者は、二つのエピソードを通して、〈心ひかれるものには間接的に接してばかりで、直接には手がとどかない自分の「廻合せ（めぐりあはせ）（＝運命）」にしみじみと思いを巡らせている〉というように傍線部を解釈することができるだろう。以上の内容を踏まえた上で解答をまとめてみたい。

解答作成のポイントは以下の三点である。

① 旅先のエピソードと前年の少女のエピソードの共通点を、「すだれ越し」「手がとどかない」という表現に即して説明する

② 「花」が意味するものを明示する

③ 「廻合せになつてゐるらしい」に込められた筆者の思いに言及する

参考　石川淳（一八九九～一九八七年）は、東京生まれの小説家、文芸評論家。東京外国語学校フランス語科卒業後、慶應義塾大学などでフランス語の教鞭をとる。昭和初年代にはジッド、モリエールなどフランス文学の翻訳家として活動す

人と「すだれからすかして見た外の世界の悪口をいつて笑つた」と述べられている。これらの記述から、傍線部の「すべての見るもの聞くものとすだれ越しの交渉しかもたない」というのは、隣室の少女の死にすら強い関心を向けず、「外の世界」全般に対して、〈直接関わろうとせず距離をおいて、斜に構えながら〉過ごしていた筆者の姿勢がうかがえるだろう。「すだれ」が「やぶれながらに、四季を通じて、晴曇にも風雨にも、ともかく時間に堪へつづけてゐた」（第三段落）ように、そういった姿勢は、筆者にとって〈時間に堪え続けるため〉であり、その「時間」とは、〈戦争という当時の状況〉を指していたと考えることができる。さらに、傍線部は「すだれ越しの交渉しかもたなかつた」ではなく、「すだれ越しの交渉しかもたないやうであつた」と表現されていることから、そういった姿勢が当時の筆者にとって〈無意識的、無自覚的なもの〉であったと理解することができるだろう。以上の内容を踏まえて解答をまとめたい。

解答作成のポイントは以下の三点である。

①　世の中の出来事に距離をとっていたという当時の筆者の姿勢を説明する

②　①を裏付ける事実と、その理由について説明する

③　意図的なものではなく、無意識的な態度だったことにも言及する

▼問四　友人から聞いた、〈空襲によって自室の古本の山がすべて灰になった後に、古今集の一片だけが焼け残っていた〉という話について、「ウソのやうにしかおもはれないだらう」と筆者が述べる理由を問う問題であるが、その理由のヒントとなるのが、傍線部（4）自体の「はなしができすぎてゐて」という記述であることに留意しよう。ここで言う出来過ぎた話というのは、〈合理主義的な常識からするとあり得ない、いかにも物語めいた話〉ということである。つまり、〈あまりにも物語めいていて、事実というより作り話（ウソ）と言われた方が納得のいくような話だ〉と筆者は考えており、だからこそ「ウソのやうにしかおもはれない」と述べているのである。以上の内容を理解して解答を作成する。ただし、ここで注意したいのは、〈理にかなわない、信じがたい話だから〉という文末の説明にすると、

犠牲者が「少女」だったという事実や、傍線部(1)の直前の「その場所が山の手の某アパートのまへであらうと、他のどこであらうと」という記述から、そういった出来事が〈誰であれ、どこであれ起こりうることだ〉というような説明も付け加えることができるだろう。

解答作成のポイントは以下の三点である。

① 戦時下という状況を明示する
② 理由の中心として、ありふれた、取るに足らない些末な出来事だったということを説明する
③ 誰であれ、どこであれといった要素を盛り込む

▼問二 傍線部(2)の「あはれなカナリヤ」が、直撃弾にうたれて死んだ隣室の少女のことを指しているのは明らかである。その少女を「カナリヤ」(美しい鳴き声が特徴)に喩えたのは、彼女が〈毎朝、シャンソンを歌っていた〉からであり、その「青春を告げ」るような歌声に、筆者は「束の間の安息」を感じ、その声で「うとうと目をさます」のを「たのしい習慣」にしていた。しかし、そんな「束の間の安息」を与えてくれていた彼女は、「直撃弾にうたれて」あっけなく死んでしまったのである。そのことを筆者は「(カナリヤが)雷にうたれた」という比喩で述べているわけだが、雷にうたれるのも、直撃弾にうたれるのも、どちらも一瞬の出来事であり、だからこそ〈あっけなさ・はかなさ〉をも表していると解釈できるだろう。以上の内容を踏まえて解答をまとめたい。

解答作成のポイントは以下の三点である。

① 「あはれなカナリヤ」という比喩表現が示す内容を具体的に説明する
② 「雷にうたれた」という比喩表現が示す内容を具体的に説明する
③ 「雷にうたれた」という比喩のニュアンスが伝わるように説明を工夫する

▼問三 傍線部(3)の前で、毎朝束の間の安息を与えてくれていた少女の噂について、「わたしにとつては、解釈はもとより、うはさも不要であつた」とあり、その少女のことさえも「ぢきにわすれた」とある。また、第四段落では、友

問二　隣室の少女の青春を感じさせるような歌声で目を覚ますことは、筆者にとって戦時下の束の間の安息であったが、その少女が空襲であっけなく死んでしまったということ。

問三　空襲で死んだ隣室の少女の噂にすら無関心であったように、当時の筆者は、戦争という無意味な時間に堪え続けるために、世の中の出来事から無意識的に距離をとって、斜に構えながら生きていたように思えるということ。

問四　空襲で焼き尽くされた部屋の古本の灰の山から焼け残ったのが古今集の一片だったというのは、あまりにも物語めいた理に合わないエピソードであるため、作り話だと言われたほうがかえって納得がいくものであったから。

問五　歌声で安らぎを与えてくれた隣室の少女は顔を合わせないままに亡くなってしまい、旅先ですだれ越しに見た藤の花は、触れようとしたが手が届かなかったように、心ひかれるものには決して直接関わることができないという自分の運命にしみじみ思い至っているということ。

◆要　旨◆

思い返してみると、戦時下、空襲で焼け出されるまで住んでいた「すだれ」のかかった部屋で、筆者は、直撃弾にうたれて路上に死んだ隣室の少女をはじめとする「外の世界」に深く関わろうとはせず距離を置いて、まさに「すだれからすかして」世界を見ていた。そんな自分に気づいたのは、戦後、旅先で「すだれ越し」に藤の花を見たときだった。かつての部屋から移されて来たかのような古すだれを通して目にしみた藤の花に、手を伸ばしてみたが届かず、改めて、心ひかれるものには直接的に関わることができない自分の廻合せに思い至ったのだった。

▲解　説▼

▼問一「ひとりの少女が直撃弾にうたれて路上に死んだ」という事実について、「後日の語りぐさになるやうなことではない」と筆者が言うのは、こういった話が、「いくさのあひだ、空襲のサイレンが巷（ちまた）に鳴りわたつたあとには、おそらく至るところにころがつてゐた」からである。ここから、〈戦時中という状況下においては〉、〈特筆すべきことではない、よくあること、取るに足らないありふれたことだから〉などと説明することができるだろう。さらに、その

の〉であると考えられる。そのような実感をもつことができるのは、問四で確認したように、「生き身の人間の口から」発せられた言葉が、「忘れ得ぬ言葉」となって幾度も想起、反芻されることで、ますます他者としての実在性をもちつつ、自分の一部になるという形で理解を深めていくことができるからである。こういった深い理解による人間関係は、現実にいま存在するかどうかとは関係なく築き上げられるものであり、それゆえに「生きているとか死んでいるとかという区別を越えた」と、筆者は述べるのである。以上の内容を理解した上で、解答を作成すること。

解答作成のポイントは以下の三点である。

①「そういう不思議な『縁』という性質」の内容を具体的に説明する
②①のような人間関係が、実在的な実感という点で、生死を越えるということを明らかにする
③「いわゆる現実」が意味するものにも言及する

参考　西谷啓治（一九〇〇～一九九〇年）は、石川県出身の哲学者。京都帝国大学文学部哲学科に入り、西田幾多郎に師事する。京都帝大講師、助教授を経て、教授に就任。「近代の超克」の対談に参加し、戦後に公職追放される。追放解除後、京大教授に復帰し、定年退官後は名誉教授となる。ドイツ神秘主義などを研究するが、後半生は禅仏教に傾倒するなど、特定の宗教ではなく、東洋思想と西洋の宗教、哲学を広く研究し、人間存在と宗教との本質的な結びつきを探求した。仏教、キリスト教、神道などさまざまな宗教の研究者による「現代における宗教の役割研究会」の会長を、設立以来、十数年務めた。著書に『神と絶対無』『ニヒリズム』『宗教とは何か』などがある。

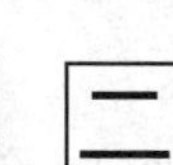

出典　石川淳「すだれ越し」（『石川淳選集　第十五巻』岩波書店）

解答　問一　戦時下においては、空襲で直撃弾を受けて死ぬことなど、場所や人を問わず、よくある些事でしかなかったから。

確にしながら説明する。まず、「書物から来た言葉」の場合は、傍線部（4）の前に、「繰返し想起され反芻されているうちに、……筆者のマークがだんだん薄れて」きて、「言葉の抽象的な意味内容だけが自分のうちに定着して、……自分のうちへ紛れ込んでしまう」とある。「筆者のマーク」とは〝筆者の個性〟の意と解釈できるので、ここは〈筆者の個性が薄れて、抽象的な意味内容だけが内面化されて定着する〉などと簡潔にまとめることができるだろう。一方、「生き身の人間」の言葉の場合は、問一でも確認したように、傍線部（4）の後に、「（言葉を発した）人間がその人間としての実在性をもって自分のうちに定着し、自分とつながりながら自分の一部にな」り、その言葉は「自分のうちで血肉の域を越えて骨身に響くものになってくる」とある。つまり〈他者がその実在性を保ったままつながることで自分のうちに定着し、自分に深く働きかけるものとなる〉などと解釈することができるだろう。以上の内容を理解した上で、説明すればよい。ただし、「（言葉が）血肉の域を越えて骨身に響く」といった比喩表現は、そのまま使わずに、言い換えて説明することも必要なので、注意しよう。

解答作成のポイントは以下の二点である。

① 書き手の個性が薄れることと、発話者が他者としての実在性を保ったままという対比ポイントに留意して説明する

② 「筆者のマーク」「骨身に響く」といった比喩表現を別の表現で言い換えて説明する

▼問五　最終段落最終文の「本当の人間関係はそういう不思議な『縁』という性質があり」という記述に注目しよう。「そういう不思議な『縁』という性質」の具体的内容は、その直前で「明日には忘れられる『現実』よりも、何十年たってもますます実感を増すものの方が一層実在的ではないだろうか」と説明されている。この記述は、その前の「（生きているとか死んでいるとかという区別を越えた、）そういう人間関係は、……私にはいわゆる現実よりも一層実在的に感ぜられる」という記述と対応していることから、筆者にとって実在的に感じられる「本当の人間関係」とは、〈現実にいま存在する人間関係〉に限るものではなく、むしろ、〈時間や生死を越えて実感されてくるようなも

さらには〈そういう自己中心的な自分にそれまで無自覚であったこと〉である。この二つのことに気付いたことによって、そういった無邪気さを「罪あること」と認識したのだが、傍線部(2)の後に「実際に、私はそれ以来自分がおとなの段階、乃至(ないし)はおとなに近い段階に押し上げられたと思っている」とあるので、ここで言う「罪」とは、〈幼さ・自分の至らなさ・愚かさ〉などを意味していると解釈できるだろう。以上の内容を踏まえて解答をまとめたい。

解答作成のポイントは以下の三点である。

① 一つ目の無邪気さの説明をする＝自己中心的な自分

② 二つ目の無邪気さの説明をする＝自己中心的な自分に気付いていなかったこと

③ 「罪」の内容を明示する

▼問三　筆者はかつて「『世間知らず』といわれても、殆(ほと)んど痛痒(つうよう)を感じなかった」のだが、それは〈物質的にも精神的にもいろいろな種類の苦痛を嘗(な)めてきたため、友人達よりはずっと「世間」を知っていると自負していた〉からである。ここから、以前言われたような「世間知らず」とは、〈人生や日々の生活での苦労を知らない〉ことを意味していることがわかる。一方、筆者が友人の言葉によって自覚した「世間知らず」という場合の「世間」とは、傍線部(3)の直後に説明されているような、〈他者に触れ、他者とのつながりのなかで自分というものを見る眼が開けて初めて、触れることが出来るようなもの〉、すなわち〈他者とのつながりのなかで自分を知ることによって実感できるようなもの〉である。そういう意味での「世間」を知らなかった、ということに思い至った、というのが傍線部(3)の内容である。

解答作成のポイントは以下の二点である。

① 以前言われた「世間知らず」と、別の意味の「世間知らず」の違いがわかるように説明する

② 本当の意味での「世間」の内容をわかりやすく説明する

▼問四　「生き身の人間」の言葉が、「忘れ得ぬ言葉」になるとはどういうことかを、「書物から来た言葉」との違いを明

れながらより実在性を高めつつ自分の一部となり、時を経るにつれてその他者との関係性が深まるのである。生死を越えて実感を増す、このような不思議な「縁」を備えた人間関係こそが、本当の人間関係なのである。

▲解　説▼

▼問一　「からかい半分の軽い気持で」発した友人の何気ない言葉が、「私には『忘れ得ぬ言葉』になってしまった」のは、その言葉が「何かハッとさせるものをもっていた」からであり、具体的には「それまで気が付かなかった自分の姿に気が付いたというような気持」にさせるものがあったから、ということである。しかし、ただ〈自分の姿に気付かせてくれたから〉と答えるだけでは表面的な説明となってしまう。友人の言葉が忘れられない理由を問われているだけなら、その解答でもよいが、ここでは、友人の言葉が「私には『忘れ得ぬ言葉』になってしまった」理由が問われているため、筆者の考える「忘れ得ぬ言葉」がどういうものであるかを明らかにし、友人の言葉がそれにあてはまるものであったことを説明しなければならない。筆者が考える「忘れ得ぬ言葉」とは、第五段落の傍線部（4）の後で、反芻され想起されるうちに「独立した他の人間がその人間としての実在性をもって自分のうちに定着し、自分とつながりながら自分の一部になる。彼の言葉は自分のうちで血肉の域を越えて骨身に響くものになってくる」と説明されている。あとは解答欄との兼ね合いになるが、ここでは少なくとも〈言葉を発した人間がその人間としての実在性をもって自分のうちに定着する〉という要素は拾っておきたい。

解答作成のポイントは以下の二点である。

①　友人の言葉が、それまで気付かなかった自分に気付かせてくれたことを説明する

②　筆者の考える「忘れ得ぬ言葉」の特徴と関連づけて説明する

▼問二　傍線部（2）の「その自分の『罪のない』こと」とは、〈散々厄介をかけながら好い気持でしゃべっていたわたし」の無邪気さ〉のことである。ここで言う無邪気さとは、具体的には、第三段落で説明されているような〈自分自身のことで一杯になっていて、彼の友情や犠牲について思うことがなかったという自己中心的な自身の姿〉であり、

国語

解答

出典　西谷啓治「忘れ得ぬ言葉」

問一　何気ない友人の言葉は、筆者自身のあり方を気付かせてくれただけでなく、その言葉を語った友人の実在性を伴いながら筆者の中に定着し、想起、反芻され続けるから。

問二　散々世話になったことを少しも顧慮することがなかった自己中心的な自分と、そんな自分に無自覚だったことに気付き、身をもって自らの幼さを痛感させられたということ。

問三　人生の苦労を知らないということではなく、他者の実在に触れ、そのつながりの中で自分を捉え、世間を実感として知る経験がなかったことに気付いたということ。

問四　書物の言葉は、書き手の個性が薄れ、抽象的な意味内容だけが内面化されて自分の一部として定着するが、生身の人間の言葉は、他者の実在性を保ちながら自分とつながる形で自分の一部となり、働きかけるものとなるから。

問五　本当の人間関係とは、いまここに存在する関係性に限らず、生身の人間の言葉を繰り返し自分の中に定着させつつ相手への理解が深まることによって、生死を超えた実在性をもつものとして築き上げられていくものだから。

◆要　旨◆

学生の頃の友人の何気ない言葉が、筆者にとっては「忘れ得ぬ言葉」となった。その言葉によって、無自覚だった自分の姿に気付かされ、その言葉を発した友人の存在に実在的に触れたことで、本当の意味での「世間」に触れることが出来たのである。このような「生き身の人間」の言葉は、他者という実在性を保ったまま自分のうちに定着し、想起、反芻さ

////////////////// · memo · //////////////////

2020年度

解答編

解答編

英語

I　**解答**　(1)•水面に生じる光の屈折を補正し，獲物を目がけて水を噴射できる点。

•噴射した水が獲物に当たる直前で最大の勢いとなるように，獲物との距離を測れる点。

•獲物の動き方が変わっても，獲物に噴射した水を命中させられる点。

(2)本当の意味での脳ではないが，複雑な学習や情報伝達を行える高い認知能力を備えた，数の上では脊椎動物に遠く及ばないものの，昆虫の中では最高の部類となる約 96 万個の神経細胞の密な集まり。

(3)全訳下線部参照。

◆全　訳◆

≪小さな生き物の脳に備わる高い認知能力≫

人間の認知能力がいかに優れているかを主張する様々な学説は，人間とチンパンジーを比較することでもっともらしいものになっている。認知の進化を問題にするのなら，この着眼点だけでは不公平だ。マタベレアリのような社会性昆虫に見られる協調性の進化を考えてみよう。シロアリの攻撃を受けたとき，このアリは仲間の救護をする。化学物質による信号を送ることで応援を要請すると，負傷したアリは巣に連れ戻される。彼らが回復する機会が増えることは群れ全体にとっての利益となる。アカヤマアリには簡単な算術演算をする能力と，その結果を仲間のアリに伝える能力が備わっている。

高度な神経制御が必要となる生物学的適応に関して言えば，他にも注目に値する事例を進化は示してくれる。テッポウウオは，空気と水の境界で生じる光の屈折を補正しながら，獲物に対して連続的に水を噴射することができる。また，テッポウウオは，噴射した水が獲物に当たる直前で最大の勢いとなるように，獲物との距離を捕捉することもできる。室内実験では，獲物の軌跡が変化しているときでも，テッポウウオは標的に水を噴射できることがわかっている。水を噴射して獲物を捕らえる行為は，テッポウウオのそれがなければ動物界で単独とみなされるはずの行為である投てきで用いられるのと同じ間合いを要する技術だ。人間の場合，投てきをするようになったことで，脳がさらなる飛躍的な発達を遂げた。では，テッポウウオの場合はどうか。その並外れた狩猟技術に要する計算は，およそ 6 個の神経細胞の相互作用に基づいて行われている。それゆえ，微小な神経網は，かつて考えられていたよりもはるかに広く動物界に存在している可能性がある。

ミツバチの研究から，微小脳が持つ認知能力が脚光を浴びている。ミツバチには本当の意味での脳は存在しない。しかしながら，彼らの神経細胞の密度は昆虫の中で最も高い部類にあり，およそ 96 万個の神経細胞がある。とは言え，脊椎動物に比べれば圧倒的に少ない数ではあるが。ミツバチの脳の大きさを，その体の大きさに合わせて標準化したとしても，相対的な脳の大きさは，ほとんどの脊椎動物よりも小さい。昆虫の行動は，脊椎動物の行動よりも単純で，柔軟性や修正力を欠いているはずである。しかし，ミツバチは花粉や蜜をたくさんの多様な花から採る方法を素早く学習する。彼らは子の世話をし，分業を行い， 8 の字ダンスを使って遠く離れた食糧や水の在処や性質に関する情報を互いにやり取りしている。

カール=フォン=フリッシュによる初期の研究は，そのような能力が柔軟性を欠いた情報処理や融通が利かない行動プログラムから生じるはずがない，と示唆している。ミツバチは学習し，記憶する。この結論を裏付けるために行われた最近の実験的研究は，ミツバチの認知能力についての驚くべき考えを提示した。彼らの世界の捉え方は，連想をつなげていくことだけで成り立っているわけではない。それははるかに複雑で，柔軟で，統合的な捉え方である。ミツバチは文脈依存型の学習や記憶，さらにはある種の概念形成も行っている。ハチは目に入る映像を，左右対称や放射対称といった抽象的な特徴に基づいて分類することができる。つまり，彼らは風景を一般化することで理解し，初めて見るものを自発的に分類するようになるのだ。彼らは最近，社会学習や道具の利用が可能な種に格上げされた。

いずれにせよ，ミツバチの脳が脊椎動物の脳よりもはるかに小さいからといって，それが脊椎動物に匹敵する認知処理，あるいは少なくともそのような認知処理に由来する行動を妨げる根本的な制約となっているようには思われない。哺乳類とハチの類似点には驚くべきものがあるが，元をたどっていっても同じ神経学上の発達を遂げてはいないはずだ。ミツバチの神経構造が未知のままである限りは，この類似性の原因を断定することはできない。

◀解　説▶

高度な認知能力は脳の大きさで決まったり，人間のみに備わっていたりするものではない。ミツバチの脳を例に，神経系の集まりから成る微小な脳でも，高度な学習や情報伝達の能力を有することに目を向けさせる内容となっている。

▶(1)テッポウウオが獲物に水を噴射する能力の特長は，下線部直後の連続する 3 つの文でそれぞれ説明されている。

1 つ目は，第 2 段第 2 文（The banded archerfish is…）の spit a stream of water at its prey, compensating for refraction at the boundary between air and water で，a stream of water は「ひとつながりの水流」，つまり，連続的に水を噴射することを意味する。compensate for ～ は「～の埋め合わせをする，～の補償をする」という意味の動詞句だが，ここでは「(refraction「(光の）屈折」）を補正する，相殺する」の意味。

2 つ目は，同段第 3 文（It can also track the distance…）の track the distance of its prey, so that the jet develops its greatest force just before impact で，track「～を追跡する，探知する」は，ここでは「(the distance「距離」）を測る，把握する」の意味。so that 以下は，so that ～ が「～するように」という目的を表す用法で，impact は「(水が獲物に）当たること」を意味するので，「噴射した水が獲物に当たる直前で最大の勢いとなるように」と訳せる。

3 つ目は，同段第 4 文（Laboratory experiments show…）の spits on target even when the trajectory of its prey varies であり，trajectory は「軌道，軌跡」の意味で，ここでは「獲物が動く際に通った軌跡」のことを表している。動詞 vary は「異なる，変わる」の意味であるため，even when 以下は「獲物がどのような動きをしても」と意訳することもできる。

▶(2)下線部は第3段第1文（Research on honeybees …）中にあり，この段落はミツバチのminibrainsがテーマとなっている。したがって，その説明は下線部直後から同段最終文にわたる。この箇所を要約する際に，まず同段第2文（Honeybees have no …）と第3文（Their neuronal density, however, …）の対比構造を意識したい。つまり，「(ミツバチの微小脳は）本当の意味での脳ではない」が，「そのニューロン（神経細胞）の集まりの密度はとても高い（昆虫の中で最も高い部類)」という点。次に，ミツバチの脳と，脊椎動物の脳との対比がなされている点も重要となる。第3文の後半ではwith roughly 960 thousand neurons—far fewer than any vertebrateとあり，脳を形成するニューロンの数についてvertebrate「脊椎動物」との比較がなされているし，第4文（Even if the brain size …）では，脳の大きさについて脊椎動物との比較がなされている。最後に，第6・7文（But honeybees learn … food and water.）では，このように神経細胞の数や脳の大きさで脊椎動物に劣るにもかかわらず，ハチに高度な認知能力が備わっている，ということを示す具体的な行動の例が列挙されている点も重要。ただし，「花粉の採取方法の学習」，「子の世話」，「分業」，「8の字ダンスによる情報伝達」といった具体例は，内容説明を要求される設問では全てについて記述する必要はない。むしろ，「高度な認知能力が備わっている」という要点に言及することが大切。

▶(3)**In any case, the much smaller brain of the bee does not appear to be a fundamental limitation for comparable cognitive processes, or at least their performance.**

「いずれにせよ，ミツバチの脳が脊椎動物の脳よりもはるかに小さいからといって，それが脊椎動物に匹敵する認知処理，あるいは少なくともそのような認知処理に由来する行動を妨げる根本的な制約となっているようには思われない」→主語the much smaller brain of the beeは，そのまま名詞句として「ミツバチの脳がはるかに小さいこと（は)」と訳してもよいが，「ミツバチの脳がはるかに小さいからといって」のように理由を表す副詞節として処理してもよい。much smaller brainのmuchは，比較級を強調する用法。比較級smallerは，「ミツバチの脳」が何と比較して小さいと言っているのか，同様に，comparable「(〜に）匹敵する，相当する」も何に匹敵すると言っているのかを考える必要がある。第3段第3・

4文（Their neuronal density, however, … lower than most vertebrates.）では脊椎動物とミツバチの脳が対比されていることから，smaller や comparable の和訳にはその比較対象として「脊椎動物」を書き足しておくのがよいだろう。limitation for ～「～に対する制限」は，「～を制約するもの，～を妨げる制約，～の足かせ」などと訳す。limitation for の目的語は，comparable cognitive processes と their performance の２つが or で並列されているので，limitation 以下の直訳は「(脊椎動物に）匹敵する認知処理，あるいは少なくともその（＝認知処理の）遂行に対する制約」となり，答案としてはこのままでよい。or 以下が長く複雑な内容の場合は，よりわかりやすい日本語に意訳するために or at least 以下を補足的な表現として処理することも可能。なお，their performance も「認知処理の遂行」という和訳でも十分であるが，具体的には第３段で挙げられた「花粉の採取方法の学習」や「８の字ダンスによる情報伝達」といったミツバチの行動を意味するので，そのような訳語を用いてもよいだろう。

• fundamental「根本的な，本質的な」

The similarities between mammals and bees are astonishing, but they cannot be traced to homologous neurological developments.

「哺乳類とハチの類似点には驚くべきものがあるが，元をたどっていっても同じ神経学上の発達を遂げてはいないはずだ」→they が指すのは The similarities「類似点」。trace は「～の跡を追う，たどる」が基本的な意味の動詞で，「(痕跡をたどって歴史など）を明らかにする」の意味もある。受け身（be traced to ～）の形では「～に端を発する，元をたどれば～にいきつく」と訳せるので覚えておきたい。

• homologous「(性質などが）一致する，同種の」→homo- は「同一の」を意味する接頭辞。

• neurological「神経学の」

As long as the animal's neural architecture remains unknown, we cannot determine the cause of their similarity.

「ミツバチの神経構造が未知のままである限りは，この類似性の原因を断定することはできない」→As long as ～ は「～である限りは」という条件を意味する接続表現。the animal「その動物」とは，「ミツバチ」のことを指すので，そのように訳す。architecture は「建築，構造」の意味があるので the animal's neural architecture は「ミツバチの神経構造」。their similarity の their は 1 つ前の英文中にある mammals and bees を指しているので，「両者の類似性」としてもよい。

• determine「～を確定させる」

●語句・構文●

(第 1 段) doctrine「(信条・理論などの根本的) 原理，学説」 cognitive「認知力の」 superiority「優位性」 plausible「(説明などが) もっともらしい」 comparison「比較」 evolutionary「進化 (論) の」 cognition「認知」 focus「注目，着目」 cooperation「協力」 social insect「社会性〔群居性〕昆虫」 termite「シロアリ」 provide「～を提供する」 medical service「医療，治療」 call for ～「～を要求する」 by means of ～「～の手段で」 chemical「化学の」 nest「巣」 chance of recovery「回復の可能性」 benefit「～の利益となる」 entire「全体の」 colony「(動植物の) 集団，コロニー」 perform「～を遂行する」 arithmetic operation「算術演算」 convey *A* to *B*「*A* を *B* に伝達する」

(第 2 段) when it comes to ～「～ということになると」 adaptation「(生物学上の) 適応」 require「～を要する」 sophisticated「高度な」 neural「神経 (系) の」 spectacular「注目に値する」 (banded) archerfish「テッポウウオ」 spit「(唾・水など) を吐く」 prey「獲物」 boundary「境界」 laboratory「研究所 (の)」 experiment「実験」 throwing「物を投げる行為，投てき」 otherwise「(前に述べたことを受けて) そうでなければ」→ここでは Spit hunting is a technique that requires the same timing used in throwing を受けて，「もしテッポウウオの水噴射による狩りの技術が投てきと同じタイミングを要する技術でなかったならば」という意味。regard *A* as *B*「*A* を *B* とみなす」 kingdom「王国，(～の) 世界」 enormous「桁外れの」 calculation「計算」 extraordinary「並外れた」 interplay「相互作用，交流」 neuron「ニューロン (脳の神経細胞)」 widespread「広い範囲に存在している」 previously「以前 (は)」

(第 3 段) bring *A* to light (本文では bring to light *A* の順)「*A* を明るみに出す」 capability「能力」 neuronal「ニューロンの」 density「密

度」 normalize「～を標準化する」 their relative brain size is lower than most vertebrates「ミツバチの相対的な脳の大きさは大半の脊椎動物よりも小さい」→size には small を使うのが普通だが，ここでは相対的な大きさについて述べており，rate や ratio「比率，割合」に近い意味で使われているため，それらと相性がよい形容詞 low が用いられている。behavior「行動」 complex「複雑な」 flexible「柔軟な」 modifiable「修正可能な」 extract「～を抽出する」 pollen「花粉」 nectar「(花の) 蜜」 care for～「～の世話をする」 distribution「配分」 waggle dance「(ミツバチの) 8の字ダンス，尻振りダンス」→waggle は「(～を) 振る (こと)」。inform「～に知らせる」 location「場所，在処」

(第4段) inflexible「柔軟性のない」 rigid「厳正な，融通の利かない」 behavioral「行動の」 experimental「実験的な」 confirm「～を確かめる」 conclusion「結論」 astonishing「驚くべき」 picture「理解，捉え方，イメージ」 competence「能力」 representation「表象，想像，概念」 consist of～「～から成る」 associative chain「連想の鎖」→(心理学用語)「空腹→食べる」，「眠い→寝る」というように，直近の状態から直後の行動などを思いつくことを繰り返していく思考方法。 integrative「統合的な」 context-dependent「文脈依存型の」 concept formation「概念形成」 classify「～を分類する」 image「映像，目に映るもの」 abstract「抽象的な」 feature「特徴」 bilateral「左右対称の，両側にある」 symmetry「対称 (性)」 radial「半径の，放射状の」 comprehend「～を理解する」 landscape「風景」 general「一般的な」

spontaneously「自発的に」 come to *do*「～するようになる」 new images「初めて目に映るもの」 promote *A* to *B*「*A* を *B* に格上げする」 species「(生物の) 種」 (be) capable of～「～の能力がある」

II 解答

(1)現在のアメリカ東部沿岸に先史時代の先住民が暮らしていた時代は，世界の水の多くが北半球に広がる氷河内に閉じ込められていたために海面が現在よりもかなり低く，フロリダの場合，陸地面積は現在の2倍であった。当時は，狩猟対象としていた大型動物が絶滅したことで海産物に依存した生活を送る諸部族が沿岸部に集まっていたのだが，海面が上昇したことで，その地域が考古学上の証拠の大半もろとも，今では海に沈んでしまっているから。

(2)沿岸部に暮らす初期のアメリカ先住民は，豊かな河川や泉，燃料，海や山の幸といった食糧資源，温暖な気候といった恵まれた環境のおかげで，狩猟採集をしながら小規模の集団で移動生活を送っており，その後始まる農耕を中心とした定住生活の時代と違い，考古学的な証拠が得られにくいため。

◆全　訳◆

≪アメリカ先住民の歴史≫

部族間で異なる様々な信仰があるにもかかわらず（あるいは，それこそが一因かもしれないが），北アメリカは，古今その地に暮らしてきたインディアンを育み，同時にその彼らによって形成されてきたインディアンの故郷として一律的に捉えられてしまっている。こういった故郷のあちこちで，スペイン，イギリス，フランス，オランダ，それから後にはアメリカといった多様な帝国や民族国家がこそこそと上がりこみ，道中その土地を地図に記録して領土権を主張していった。しかし，彼らの手によって確立されたこれらの地図や占領地はいずれも，外国からの移民がその住居や村や町や都市をインディアンの祖国「の上に」築いたという事実を消し去ったり，覆い隠したりはしなかった。それゆえ，新世界の歴史は白人によって作られ，インディアンの人々に対して行われたものであるという古いモデルをいつまでも使い続ける歴史は，この地の本当の歴史とは言えない。むしろ，歴史家コリン=キャロウェイが示唆したように，カボットやコロンブスとともに新世界の歴史が始まったのではなく，彼ら，そして彼らに続いた者たちによって，すでにここに展開していた歴史に，ヨーロッパの歴史が持ちこまれたに過ぎないのである。

ヨーロッパ人が初めて大西洋岸に到達したとき，彼らは数百の部族が豊かに暮らす，とても肥沃な大地に上陸した。先史時代の最初のインディアンが，現在のアメリカ東部にあたる場所に現れたとき，世界の水はその多くが北半球の大部分に広がっていた氷河の内側に閉じ込められていたため，海面は現在よりもかなり低かった。このため，沿岸考古学では，人々の居住に関してごく断片的な記録しか発見されていない。

たとえそうだとしても，フロリダ州とノースカロライナ州にある５千年前の貝塚からは，この地域の沿岸部に暮らしていた人々の活気あふれる文化をうかがい知ることができる。バージニア州だけでも数千におよぶ先史時代の村落の遺跡の存在が判明している。このような初期の部族がどのように組織されていたのか，また彼らが自分たちをどのように理解していたのかを知るのは難しい。比較的暮らしやすい生活をもたらしたもの，つまり，豊かな河や小川や泉，豊富な燃料，水産および陸産の非常に安定した食糧資源，そして比較的温暖な気候といった要因が，この領域の考古学を困難なものにしている。この初期の段階では，沿岸部のインディアンたちは150人ほどから成る小さな集落で暮らしており，1年のある時期には沿岸部で，また別の時期にはもっと内陸の場所で過ごし，魚や狩った獲物，場当たり的に採集した木の実やベリー類からカロリーの大半を摂取して，転々と移り住む傾向があったようだ。摂取できたカロリーの量に応じて，人口は潮の流れのように増減していたと思われる。考古学的証拠から，紀元前2500年から紀元前2000年の間に諸々の部族が土器を作り始めていたことがわかっているが，これは彼らが定住型の暮らしに近づいていったこと，貯蔵の必要性があったこと（このことは同様に，食糧に余剰があったことを示している），生きていくために植物への依存をより強めていったことを示している。それより少し後の時代，東部の沿岸や森林地域に暮らすインディアンは，ヒマワリ，シロザ，ウリ，アカザ，タデ，キクイモを植えたり，栽培したりしていた。

スペイン君主からフロリダの地を探検し，そこに植民する明示的な権限を得たポンセ=デ=レオンは1513年にフロリダに到達したが，そのときすでに，インディアンがそこに暮らし始めてから少なくとも1万2千年が経過していた。海面が現在よりも低く，先史時代のフロリダの陸地は現在の2倍の面積があったので，考古学上の証拠は大半が海に沈んでいる。また気候は現在よりもずっと乾燥しており，バイソンやマストドンといったあらゆる種類の大型生物が生息していた。大型生物が（気候変動や狩猟により）絶滅すると，今度は海産物が原始時代や旧石器時代の大規模社会を支えた。フロリダで農業が始まったのは遅く，紀元前700年頃になってようやく始まったのだが，フロリダの内陸に暮らす部族のなかには，スペイン人が征服に来た際にもまだ農業形態を一切持たない部族もあった。おそらく，淡水域や汽水性の水域の豊富な生態系が十分過ぎるほどあり，多くの様々な部族を支えてきたからだろう。1513年の初め頃にスペイン人が出会ったのは，膨大で異質な部族集団であり，少しその例を挙げるだけでも，アイス族，アラファイ族，アマカノ族，アパラチー族，ボント族，カルーサ族，チャトト族，チネ族，グアレ族，ジョロロ族，ルカ族，マヤカ族，マヤイミ族，モコソ族，パカラ族，ペンサコーラ族，ポホイ族，サルクエ族，テケスタ族，ティミクア族，ビスカイノ族など，多様な部族があった。

◀解　説▶

アメリカ先住民の歴史を一様に捉える傾向があるが，実際には先住民といっても，多様な民族（部族）が存在しており，その数だけ違った歴史がある。先史の考古学的な証拠が得られにくい事情に触れつつ，正しい歴史の捉え方について考えさせる論評となっている。設問数は2つと少ないが，解答を論理的でわかりやすいものにするためには行間を読む必要がある。

▶(1)下線部の意味は，「沿岸考古学からは，人々の居住に関してごく断片的な記録しか発見されていない」。この理由を，第2段と第4段の内容を参考にまとめる問題。

まずは第2段から得られる情報を見ていく。第1文（When Europeans first …）には，ヨーロッパ人がthe Atlantic coastに到達したときに，すでにそこがhomeland to hundreds of tribes「数百の部族が暮らしている場所」であったとあり，当時の沿岸部に先住民が暮らしていたことがわかる。続く第2文（When prehistoric first Indians …）では，the water levels were considerably lower than they are nowとあり，当時は海面が現在よりもかなり低かったことが説明されている。したがって，当時の沿岸部が現在は海底に沈んでいるため，そこに暮らしていた先住民の遺物や遺跡も海底に沈んでいて発見しにくいから，というのが主たる理由。このことは，第4段第2文（Because of the lower water levels, …）でも，「海面が現在よりも低く，先史時代のフロリダの陸地は現在の2倍の面積があったので，考古学上の証拠は大半が海に沈んでいる」と，より具体的に説明されている。

第4段では，第2段ですでに述べた内容の具体的事例として，現在のフロリダに暮らしていた先住民のことが挙げられているのである。また，第4段第4文（As megafauna died out …）によると，先史時代のアメリカ先住民が狩猟していたmegafauna「大型動物」が絶滅したため，彼らはthe fruits of the sea「海産物」に依存した生活を送るようになった。

これが，海面上昇により現在は海底に沈んでしまった当時の沿岸部に多くの人々が暮らしていたとされる理由。これらの内容を〔解答〕のようにまとめればよいが，この際には「考古学上の証拠の大半が海に沈んでいるから」という主たる理由が最後にくるようにする。

▶(2)まずは，下線部が含まれている英文（What made for a relatively easy life…）の意味を正しく捉えることが重要。What made for a relatively easy life—abundant rivers, … and a relatively mild climate—makes for bad archaeology.「比較的暮らしやすい生活をもたらしたもの（豊かな河や…比較的温暖な気候）が，考古学の進展を阻んでいる」という意味。made for や makes for とあるが，これは make for ～ で「～を促進する，～を生み出す」という意味の熟語。先住民に「暮らしやすい生活をもたらしたもの」とは，端的には“恵まれた（自然）環境”のことだが，それがなぜ「考古学の進展を阻んでいる」のかを考える。考え方としては，この「恵まれた自然環境」が，下線部直後に続く内容とどう関係するのかを見ていけばよい。下線部直後の文（It seems that, …）には，初期の先住民が「小さな集落で生活」しており，fairly mobile「転々と移り住む傾向のある」人々であったという説明があることから，「恵まれた環境」が「移動型の狩猟採集生活」を可能にした，という因果関係を導ける。また，bad archaeology「進展しない考古学」とは，「考古学上の証拠が少ない」ことを意味すると考えられるため，「移動型の狩猟採集生活」をしていたために考古学的証拠があまり残っていない，という論理展開だと判断できる。反対に，同段の第 7 文（Archaeological evidence suggests that …）の時代（2500 and 2000 BCE「紀元前 2500 年から紀元前 2000 年」）になると，人々は clay pots「土器」を作り始め，a more sedentary lifestyle「より定住型の（農耕）生活」へと移行したことが説明されている。逆に言えば，「移動型の狩猟採集生活」は，土器のような証拠が出土しないため，考古学的証拠が得られにくいことになり，先述した内容の裏付けともなる。この第 7 文以降は，「土器」を作り始め，「定住型の暮らし」へと移行していった後の時代の話題であり，その直前までの「初期の部族」の時代の話題と区別して考える必要がある。したがって，第 7 文以降の内容は，〔解答〕のように対比的情報として，「(土器のような証拠が残っている）農耕を中心とした定住生活の時代と違い，考古学的な証拠が得られにくい」のようにまとめればよい。

●語句・構文●

(第 1 段) despite「～にもかかわらず」→前置詞なので，直後には名詞（句）がくる。variety「多様性」 tribal「部族の」 in part「部分的に，一部には」 uniformly「一様に，一律的に」 see *A* as *B*「*A* を *B* とみなす」 homeland「母国，故郷，ホームランド」 various「多様な」 empire「帝国」 nation-state「民族国家」 Dutch「オランダ」 crawl「這う」 claim「(所有権などの) 権利を主張する」 neither *A* nor *B*「*A* も *B* もない」 conquest「征服（地），占領（地)」 enable「～を可能にする」 eradicate「～を根絶する」 obscure「～を覆い隠す」 immigrant「(流入してくる) 移民」 on top of ～「～の上に，～に加えて」 persist in ～「～に固執する」 those who *do*「～する人々」 unfolding「展開している」

(第 2 段) the Atlantic「大西洋（の)」 incredibly「信じられないほど」 fecund「肥沃な」 tribe「部族，種族」 prehistoric「先史（時代）の」 emerge「出現する」 what is now the eastern United States「現在のアメリカ東部」 water level「海面，水位」 considerably「かなり，相当」 trap「～を閉じ込める」 glacier「氷河」 hemisphere「半球」 coastal「沿岸の」 archaeology「考古学」 uncover「～を明らかにする」 fractured「断片的な」 habitation「居住」

(第 3 段) shell midden「貝塚」 vibrant「活発な」 region「地域」 名詞＋alone「～だけ」 site「場所，遺跡」 early「初期の」 organize「～を組織する」 relatively「比較的」 abundant「豊富な」 stream「小川」 spring「泉」 plentiful「豊富な」 fuel「燃料」 fairly「かなり」 constant「一定の」 aquatic「水産の」 terrestrial「陸産の」 source「源」 spending part of the year on the coast, part farther inland「1 年のある時期には沿岸部で，また別の時期にはもっと内陸の場所で過ごす」→後半は (spending) part (of the year) farther inland と補って考える。inland は副詞で「内陸で」の意味。game「(狩りの) 獲物」 opportunistic「場当たり的な，運任せの」 harvest「収穫」 shrink「縮む，減少する」 tide「潮流」 depending on ～「～次第で」 availability「手に入りやすさ」 BCE「紀元前 (Before the Common Era)」→BC

（Before Christ）に同じ。sedentary「定住性の」 storage「蓄え，貯蔵」 in turn「今度は，同様に」 surplus「余剰」 reliance on ～「～への依存」 sustenance「栄養，生計の手段」 woodland「森林地帯（の）」 cultivate「～を栽培する」 sunflower「ヒマワリ」 lamb's-quarter「(植物）シロザ」 gourd「ウリ，ヒョウタン」 goosefoot「(植物）アカザ」 knotweed「(植物）タデ」 Jerusalem artichoke「(植物）キクイモ」
（第 4 段）explicit「明示的な，明確な」 permission to *do*「～する許可」 crown「王冠，君主」 explore「～を探索する」 settle「～に植民する」 land mass「陸塊」 be double ～「～の 2 倍である」 bison「(動物）バイソン」 mastodon「(古代生物）マストドン」 die out「絶滅する」 Archaic「原始時代の」 Paleolithic「旧石器時代の」 agriculture「農業」 be late in coming「来るのが遅い」 appear「登場する」 presumably「おそらく」 fresh「真水の，淡水の」 brackish「半塩水の，汽水性の」 ecosystem「生態系」 more than enough「十分過ぎる，有り余るくらいに」 encounter「～に出会う」 vast「広大な」 heterogeneous「異質な，異種の」 collection of ～「～の集団」 among them the Ais …「(そして）彼らのなかにはアイス族…がいた」→among them（being）the Ais …のように being が省略された分詞構文。主語である the Ais 以下の部分が長いため，場所を表す語句である among them が先にきた倒置の形。

III 解答例

〈解答例 1〉 When I was a poor college student, I barely managed to buy records, and I used to listen to the ones that I did buy over and over again until they became worn out. Of course, I remembered every title and lyric of those records. But now, CDs and downloaded music I bought online that I have never played, are just piled up or left unopened. I sometimes even buy the same products without knowing it. I strongly feel that it is true that people find things to be important and treat them as such only when they are not easily gained.

〈解答例 2〉 In my school days, when I was still poor, I played the records that I had gotten after a great struggle so many times that they became worn out. I remembered all the titles of the songs and was able to recite those songs. However, now, I have a lot of CDs and downloaded songs that I have never listened to since buying them online. They are just piled up or left in the download folder. There are even times when I carelessly buy those songs that I already have. It is definitely clear that you value things more when they are scarce.

◀解　説▶

「お金のなかった学生時代にはやっとの思いで手に入れたレコードをすり切れるまで聴いたものだ」

- 「お金のなかった学生時代には」→副詞節（接続詞＋SV）で表現するなら When I was a poor college〔university〕student，副詞句（前置詞＋名詞）で表現するなら In my school days, when I was still poor となる。
- 「やっとの思いで手に入れたレコード」→節（SV）で表現するなら I barely managed to buy records である。この barely は「かろうじて～する」の意味。records を the ones で受けて次につなげればよい。日本語と同じく句（名詞句）の構造で表現するなら the records that I had gotten after a great struggle など。
- 「（レコードが）すり切れる」→become worn out となる。worn は wear「～をすり減らす〔摩耗する〕」の過去分詞。
- 「（～になる）まで（レコードを）聴いたものだ」→「繰り返し聴いた」や，「何回も聴いた」ということなので，over and over again や many times を足すのがよい。「（今はしていないが昔は）～したものだ」には used to *do* を用いる。「（～になる）まで」は until SV を用いるか，「何度も聴いたので～になる」と変換して，listen to the records so many times that SV のように so ～ that … の構文が使える。

「歌のタイトルや歌詞も全部憶えていた」

- 「（～の）全部」→every を使う場合は，その後の名詞が単数形になる点に注意。また，all of ～ という言い方はあるが，every of ～ は誤用。
- 「歌詞」→lyric を使うか，「それらの歌を暗唱する」と変換して，recite those songs とすればよい。

「それが今ではネットで買ったきり一度も聴いていない CD やダウンロード作品が山積みになっている」

- 「それが今では」→But now を用いるか，あるいは However で始めて

now, … と続ける。

• 「〜したきり一度も…していない」→「〜して以来（一度も）…ない」と言い換えられるので，現在完了形と since「〜して以来」の組み合わせで表せる（have never *done* since SV〔*doing*〕）。または，関係代名詞を 2 つ制限用法で使って「〜買って，一度も聴いていない CD…」とする。

• 「ネットで *A* を買う」→buy *A* online

• 「山積みになっている」→「CD」に対しては，それが物体なので実際に「山積みになっている」わけであるから be piled up という表現が使えるが，「ダウンロード作品」はデータなので，「山積みになっている」は比喩表現であり，厳密には「放置されている」などの日本語に変換される。したがって，be left unopened「(データなどが) 開かれていないままである」や，be left in the download folder「ダウンロードフォルダの中に入ったままである」を，be piled up と or でつなぎ，併記しておくとよい。

• 「(〜な) CD やダウンロード作品が山積みになっている」→「CD やダウンロード作品」（名詞）を修飾する語句が長いうえに，「(それが) 山積みになっている」と続けて一文で表す場合，日本語と英語の構造上の違いから，読みづらい英文とならないような配慮が必要。I have a lot of CDs and downloaded songs that I have never listened to since I bought them online. They are just piled up … のように，2 文に分割して表現するのもよい。

「持っているのに気付かず，同じ作品をまた買ってしまうことさえある」

• 「〜してしまうことさえある」→「〜することがある」は S sometimes *do* や，There are times when SV で表現できる。「〜さえ」を表す even を使う場合にはその位置に注意が必要で，S sometimes even *do* や，There are even times when SV となる。

• 「(持っているのに) 気付かず」→「知らないうちに」という表現の without knowing〔realizing〕it，あるいは「不注意に」と捉えて carelessly で表現する。また，具体的には「それ（ら）をすでに持っていることを忘れて」という意味なので，分詞構文 forgetting that I already have it〔them〕を使うのもよい。

• 「同じ作品」→「同じ商品〔製品〕」なら the same products，「すでに持っている歌」なら the〔those〕songs that I already have など。

「モノがないからこそ大切にするというのはまさにその通りだと痛感せずにいられない」

• 「～はまさにその通りだと痛感せずにいられない」→「～ということは全く正しいと強く感じる」と言い換えて，I strongly feel that it is true that ～ とするか，「～はまったく明らかだ」として It is definitely clear that ～ などとする。

• 「モノ」→things や what we〔you〕have などとする。

• 「(～を) 大切にする」→value「～を重要視する」や，cherish〔treasure〕「～を大切にする」などとする。または，find things to be important and treat them as such「モノを大切だと感じ，実際に大切なものとしてそれらを扱う」のように説明的な表現でもよい。

• 「モノがないからこそ大切にする」→貧しくモノを手に入れるのに苦労した時代はその一つ一つを大切にしていたが，豊かになるとそのありがたみを忘れてしまう，というそれまでの内容をまとめたものである。したがって，「モノが簡単に手に入らないときだけ人はそれを大切にする」など，自分が英訳しやすい日本語へと変換しておくとよい。〈解答例 1〉では，only when ～「～なときだけ」を用いて，people find things to be important and treat them as such only when they are not easily gained とし，〈解答例 2〉では，scarce「乏しい」を使って you value things more when they are scarce としている。

Ⅳ 解答例

〈解答例 1〉 (To whom it may concern,)

I am a Japanese university student, and I am thinking about studying at your university to further my education. However, I need financial aid to achieve this, and I would like to know whether I can apply for your scholarship program. I have only been able to find general information about the requirements for the program on your website. I would appreciate it if you could tell me more detailed information, especially in terms of how to prove my academic achievement and demonstrate financial need. I would be grateful for any information. Thank you for your kind attention to this request.

(Best regards, Y. Yoshida)

〈解答例 2〉　(To whom it may concern,)

I am writing about the scholarship program I saw on your website. I would like to know if I can get a scholarship payment before applying for admission to a university. I am a Japanese college student who is planning to study at Boston University from next year. However, my financial situation is less than ideal. I am looking for financial aid that I can use for the cost of passage and moving to Boston. If the program is not suitable for me, it would be helpful if you could give me information about another grant. A quick reply would be much appreciated〔I would appreciate it if you could reply at your earliest convenience〕.

(Best regards, Y. Yoshida)

◀解　説▶

奨学金に関する問い合わせをする英文（電子メール，または手紙文）を書く問題であるが，「丁寧な」表現であることがポイント。解答欄は，12センチの罫線が11本引かれており，1行あたり8語前後まで書けるので，「解答欄におさまるように」するためには，100語程度の英文が目安となる（〈解答例 1〉は101語，〈解答例 2〉は104語である）。

書く内容は，奨学金についての問い合わせであり，実際に奨学金の審査に使われる申請書類ではないため，個人情報や申請に至った細かい理由などを詳細に説明する必要はない。まずは，問い合わせに必要な最低限の情報を「吉田さん」になりきって考え，状況設定をしておく。

〈解答例 1〉は大学の担当者に対して問い合わせている設定。伝えるべき内容を，①留学を考えている日本人学生で奨学金が必要な状況にある，②奨学金制度の応募要件を満たしているかを確認したい，③成績と経済状況の証明方法を知りたい，の3項目に設定した。

〈解答例 2〉は基金や財団に問い合わせている設定。伝えるべき内容を，①大学への出願前に奨学金の受給が可能か知りたい，②留学を計画している日本人学生で奨学金が必要な状況にある，③渡航費用をまかなうための奨学金を探している，④要件に合わない場合は別の奨学金制度を紹介してほしい，の4項目に設定した。

設問の指示にある「丁寧な」表現としてよく使われるものは，I would like to *do*「～したいと考えています」，I would appreciate it if you could *do*「～していただけるとありがたいです」。また，結びでよく使われる感謝の表現として，I would be (most) grateful for ～「(これから) ～があると大変ありがたいです」，(I) thank you for your kind attention (to this request)「(この問い合わせに) 目を通していただき，ありがとうございます」，(I) thank you for your time in this matter「この件についてお時間を割いてくださり，ありがとうございます」などがある。また，日本の手紙文では礼儀として「突然のご連絡大変失礼いたします」といった書き出しが多いが，英語ではこのような謝罪的表現から始めることは普通しない。大学の生活で実際に使いそうな英語表現を使用させる問題はこれからも出題される可能性があるため，対策としてそのような場面で使用する用語を事前に覚えておくことが大切である。「奨学金についての問い合わせ」という場面で使えそうな表現としては，study abroad「留学する」，*one's* current financial situation「現在の経済状況」，apply for ～「～を申請する」，enroll in college「大学に入る」，academic achievement「成績」，requirements for ～「～に必要な条件」，be eligible to apply「申請する資格がある」，deepen *one's* study of ～「～の研究をさらに深める」，further (*one's*) education〔studies〕「進学する，より高度な教育を受ける」(further は動詞)，admission to (a) college「大学への入学 (許可)」，submit an (*one's*) application online「ネットで申請する」，send an (*one's*) application in a printed format「書類で申請する」，letter(s) of recommendation「推薦書」などがある。

❖講　評

2020 年度は，読解問題 2 題，英作文問題 2 題の構成であった。大問数だけで見ると 2019 年度から 1 題増えたが，実際に出題された内容を見ると，問題の総量および読解問題と英作文問題の比率には，ここ数年大きな変化はない。また，自由英作文が出題されているという点も，2016 年度以降と変わっていない。読解問題の語数は 2 題で約 1,190 語であり，2018 年度の約 1,080 語，2019 年度の約 1,160 語から若干増加した。しかし，読解問題の設問数は 2019 年度が計 8 問であったのに対し，2020 年度は計 5 問と減っているため，解答時間の観点では影響ないと思われる。

Ⅰは，昆虫などの小さな脳でも，人間と同じような認知能力を発揮するものがあるということを述べた文章で，内容説明が 2 問，下線部和訳が 1 問の計 3 問。内容説明はいずれも答えの根拠となる箇所が明確であり，該当箇所を正確に和訳する力さえあれば，基本的には解答しやすい問題となっている。

Ⅱは，アメリカ先住民の歴史を，その多様性や考古学的証拠という観点から説明する文章であり，内容説明が 2 問のみの構成であった。いずれも解答の根拠となる情報のある段落が，設問のなかであらかじめ指定されていた。しかし(1)は 2 つの段落に分散した情報をうまくまとめて記述する力を要し，また(2)では，問いのねらいを理解することに加え，段落中に因果関係のヒントとなるディスコースマーカー（because, so, therefore など）がないため，それに頼らず文脈を捉える力が必要であり，書かれている情報から言外の意味を推測する力も求められている点が難所であった。

Ⅲの英作文問題は，やや長めの和文英訳となっている。「やっとの思いで手に入れた」や「ネットで買ったきり」などのこなれた日本語表現を基本的な英語で言い換える力が必要である。逆に，「すり切れる」や「山積みになっている」には，対応する基本的な熟語的表現を使えばよいのだが，その知識がないと苦労することになる。

Ⅳの自由英作文は，留学に必要な奨学金について，担当者に向けた問い合わせの「丁寧な文章」を書くという，条件付きの自由英作文問題となっている。ビジネスシーンのメール文書や大学生活で教授に送るメール（または手紙文）などでは，日本語と英語の表現方法に差がある。文化的な違いのためである。丁寧な表現方法はもちろん，このような文化的違いも踏まえて対策をしているかがカギとなる。

2020 年度は，大問構成も各設問の構成もシンプルであるが，文法や単語の知識を基礎として，文単位ではなく文章全体の理解ができているかを効率的に問うことができる問題となっている。解いてみれば実感できるが，日頃から文化や科学に興味を持っているか，といったことまでが少なからず影響してくるあたりは京大英語の特徴と言える。

日本史

I 解答

A．(1)9歳 (2)関白 (3)新羅 (4)善男 (5)八虐
(6)(あ)円珍 (い)園城寺〔三井寺〕

B．(7)平治 (8)壇の浦の戦い (9)後醍醐天皇 (10)北条高時
(11)観応の擾乱 (12)御家人
(13)武士である足利尊氏や直義に高位高官を与えたこと。

C．(14)二・二六事件 (15)加藤高明 (16)(あ)小作人〔小作農〕
(い)地主の貸付地の大半を国家が買収して小作人に売却する。
(17)労働基準法 (18)工場法

◀解　説▶

≪清和天皇の治世，武家政権と後醍醐天皇，近現代の政治・経済≫

◆A．出典に「『日本三代実録』元慶4年（880）12月4日」とあることや，史料3行目の「貞観の政」を手掛かりとして，9世紀末の政治や文化に関する基本事項を想起しよう。

▶(1)やや難。まず，「貞観の政」をヒントに貞観格式が編纂されたときの清和天皇を思い出す。史料は清和太上天皇が死去した日に，清和天皇の治世の出来事を記したものである。清和天皇が数え9歳という幼年で即位したため，外祖父の藤原良房が事実上の摂政の任についたというエピソードを知っていれば正答できる。また，清和天皇の即位が858年だと覚えている場合は，史料の880年から22年前であり，清和太上天皇が31歳で死去したということは，22年前の即位時は9歳だと計算できる。

▶(2)「忠仁公」は，清和天皇の外祖父で摂政であったということから，藤原良房だとわかる。良房の養子，藤原基経は884年に光孝天皇から事実上の関白に任命された。

▶(3)貞観11（869）年，新羅の海賊が博多に上陸するという事件があり，翌年には大宰少弐藤原元利万侶が新羅と内通して叛乱を企てていたことが発覚したが，受験生にはこの知識は必要ない。九州北部と「海峡を隔て」ている国家ということで新羅だと判断できる。

▶(4)866年，大納言伴善男が朝堂院の正門である応天門に息子を使って放

火させ，配流となった。伴氏はヤマト政権以来の名族大伴氏である。

▶(5)律令では天皇・国家・神社・尊属に対する罪は重罪とされ，総称して八虐と呼んだ。

▶(6)(あ)円珍は天台宗の僧侶で，853 年に入唐して密教を学び，帰国後は天台宗の密教化に努めた。

(い)円仁と円珍の仏教解釈の違いから，天台宗の内部対立が生じた。延暦寺を拠点とする円仁派は山門派，園城寺（三井寺）を拠点とする円珍派は寺門派と呼ばれる。

◆B．出典は北畠親房の『神皇正統記』である。北畠親房は後醍醐天皇に仕えた南朝の重臣で，著書『神皇正統記』では神代から後村上天皇までの皇位継承の経緯を述べている。『神皇正統記』は南朝の正統性を主張した史書ではあるが，史料文のように後醍醐天皇の行為を批判した箇所もある。

▶(7)「平氏世ヲミダリテ二十六年」という箇所から，著者は平氏政権を 26 年間と考えていることがわかる。平氏滅亡の 1185 年から 26 年を引くと 1159 年であり，平治の乱が起きた年にあたる。

▶(8) 1185 年，長門国の壇の浦の戦いで平宗盛を将とする平氏一門が滅亡した。

▶(9)史料の第 1 段落では，平氏政権の 26 年，鎌倉幕府の源氏将軍の時代 37 年，承久の乱後の 113 年という武家政権の推移が述べられている。その後に世を「一統」した天皇は後醍醐天皇である。

▶(10)鎌倉幕府滅亡時の得宗は北条高時である。足利高氏は，元弘の変では幕府軍として出陣したが，天皇側に通じて六波羅探題を攻略した。

▶(11)足利尊氏は当初は弟の直義との二頭政治を行ったが，直義と尊氏の執事高師直の対立から観応の擾乱が起き，1352 年に直義が死去した。

▶(12)源頼朝（鎌倉殿）と主従関係を結んだ武士を御家人という。

▶(13)やや難。史料末尾の「サシタル大功モナクテ，カクヤハ抽賞セラルベキ」に注目しよう。ここを現代語にして「大きな功績がない者に恩賞を与えたこと」でも正答となるかもしれないが，史料の第 2 段落の内容も加味して，「武士である足利尊氏や直義に高位高官を与えたこと」と具体化しておくほうがよいだろう。

◆C．出典は北一輝『日本改造法案大綱』であるが，史料が何かわからなくても設問には答えられるだろう。

▶⒁二・二六事件は，1936 年 2 月 26 日に北一輝の思想的な影響を受けた陸軍皇道派の青年将校たちが決行したクーデタである。2 月 29 日にクーデタは鎮圧され，首謀者は処刑されたが，陸軍の政治的発言力が強まることになった。

▶⒂ 1925 年，加藤高明を首相とする護憲三派内閣の下で衆議院議員選挙法が改正され，満 25 歳以上の男子に選挙権が，満 30 歳以上の男子に被選挙権が与えられた。

▶⒃㈠小作人（小作農）とは，地主から土地を借りて，その使用料として小作料を納める零細農民である。

(い) 1947 年に行われた農地改革では，不在地主の全貸付地と在村地主の貸付地のうち一定面積を超える分を，国家が強制的に買い上げて小作人に安く売り渡した。

▶⒄ GHQ の五大改革指令のうち労働組合の結成奨励の具体策として労働三法が制定された。1947 年制定の労働基準法では，週 48 時間労働など労働条件の最低基準が定められた。

▶⒅工場法は，1911 年に第 2 次桂太郎内閣が制定した日本初の労働者保護法である。適用は常時 15 人以上を雇用する工場に限られ，施行は 5 年後に先送りされるなど不十分な内容であった。

Ⅱ　解答

ア．石錘　イ．石鏃　ウ．菜畑　エ．続縄文　オ．群馬
カ．群集墳　キ．推古　ク．飛鳥　ケ．大唐
コ．一遍上人絵伝　サ．新古今和歌集　シ．禁秘抄
ス．院評定衆〔評定衆〕　セ．宗尊親王　ソ．応永の外寇　タ．三浦の乱
チ．ヘボン　ツ．大隈重信　テ．教育委員会　ト．文化庁

◀解　説▶

≪原始～現代の諸事象≫

▶①ア．石錘は漁労の際に網のおもりとして用いられた。

イ．石鏃は矢の先端に付けた矢じりである。

▶②ウ．佐賀県菜畑遺跡は，福岡県板付遺跡と並ぶ縄文晩期の水田跡である。

エ．水稲栽培は北海道や南西諸島には及ばず，北海道では続縄文文化，南西諸島では貝塚文化と呼ばれる採取経済が続いた。

▶③オ．群馬県三ツ寺Ⅰ遺跡は，古墳時代の豪族居館であり，民衆の集落から離れた場所に築かれ，周囲に濠を巡らせて防衛的機能を備えている。

カ．群集墳は小型の円墳などが多数密集した古墳群で，古墳時代後期に出現する。群集墳から，ヤマト政権が支配力を強化し，有力農民層を直接支配下に置きつつあることがわかる。

▶④キ．南北朝を 589 年に統一した隋に対して推古天皇は遣隋使を派遣し，正式な国交を結んだ。

ク．推古天皇の時代を中心として初の仏教文化である飛鳥文化が花開いた。

▶⑤ケ．大唐米は中国から導入されたイネの品種で，干害に強い多収穫米である。鎌倉時代から西日本を中心に栽培が広まった。

コ．『一遍上人絵伝』は一遍の生涯を題材とする絵巻物で，備前国福岡荘の市の風景など鎌倉時代後期の各地の様子を現在に伝えている。

▶⑥サ．『新古今和歌集』は八代集の最後で，後鳥羽上皇の命により藤原定家らが編纂にあたった。

シ．公家社会の儀式などについて研究する有職故実は，鎌倉時代に盛んになった。『禁秘抄』は順徳天皇が著した有職故実書である。

▶⑦ス．鎌倉幕府は北条泰時が評定衆を置き，有力御家人の合議制を整えた。北条時頼の時代には幕府が朝廷に政治の刷新や制度の改革を求め，それに応じて後嵯峨上皇は院評定衆を新設した。

セ．1246 年の宮騒動ののち，北条時頼は前将軍九条頼経を京都に送還し，1252 年には頼経の子である 5 代将軍頼嗣も将軍をやめさせて，後嵯峨上皇の皇子宗尊親王が 6 代将軍に就任した。

▶⑧ソ．14 世紀末に始まった日朝貿易では朝鮮側が対馬の宗氏を通じて統制していたが，対馬島主宗貞茂の死去を契機に倭寇が活発化した。1419 年に朝鮮が対馬を倭寇の根拠地とみなして襲撃する応永の外寇が起きた。

タ．三浦に住む日本人が特権の縮小に不満を持ち，1510 年，三浦の乱と呼ばれる暴動を起こした。これを契機に日朝間の貿易は衰退していった。

▶⑨チ．ヘボンはアメリカ人宣教師で，1859 年に来日し横浜居留地で医療と伝道を行った。ヘボン式ローマ字を考案し，和英辞書を出版した。

ツ．大隈重信は黒田清隆内閣の外務大臣として条約改正にあたったが，大審院に限定して外国人判事を任用するという内容が反発をまねき，1889 年に玄洋社の社員により襲撃され重傷を負った。

▶⑩テ．GHQ は五大改革指令のなかで教育の自由主義化を求めた。1948 年には教育の地方分権化のために教育委員会が設置された。教育委員は当初は公選制であったが，1956 年に首長による任命制となった。
ト．1968 年に設置された文化庁は，文化財の指定・調査・管理・修理・出品公開などを担当する。

III 解答

A．ア．評　イ．国造　ウ．庚午年籍
エ．食封〔封戸〕　オ．軍団
⑴犬上御田鍬　⑵内臣　⑶浮浪（逃亡も可）
⑷父祖の位階に応じて貴族の子や孫に所定の位階を与える制度。
⑸藤原広嗣
B．カ．重源　キ．律（真言律も可）　ク．北条〔金沢〕実時
ケ．法華一揆　コ．御文〔御文章〕
⑹貞慶〔解脱〕　⑺長講堂領　⑻陳和卿　⑼北山十八間戸　⑽富樫政親
C．サ．郡代　シ．遠国　ス．松前　セ．京都所司代
⑾佐渡（相川）金山　⑿小物成　⒀松平康英
⒁権現造　⒂竹本義太夫　⒃武家伝奏

◀解　説▶

≪律令国家の形成とそのしくみ，鎌倉・室町時代における仏教，江戸幕府による全国支配のしくみ≫

◆A．▶ア．乙巳の変後，公民制への転換を目指す新政権は，国造の支配領域を基本として評を設置した。大宝令の施行により評は郡と改称された。
▶イ．国造はヤマト政権の地方官で，多くは在地の地方豪族が任命された。律令制下では，旧国造層が郡司に任命されることが多かった。
▶ウ．白村江での敗北後，天智天皇は豪族領有民の確認をすすめ，670 年には初の全国的戸籍である庚午年籍を作成した。
▶エ．食封（封戸）は，皇族・貴族・寺社などに対する給与で，一定数の戸（封戸）を支給し，封戸が納める調・庸全部と租の半分を与える。
▶オ．軍団は律令制下で各国に置かれた兵士の集団である。
▶⑴犬上御田鍬は 614 年に遣隋使として渡海し，630 年には第一回遣唐使として渡海した。
▶⑵乙巳の変後の新政権では，孝徳天皇の下，中大兄皇子は皇太子，中臣

鎌足は内臣に就任した。

▶(3)律令制下で過重な負担を逃れるために，戸籍に登録された地を離れる浮浪・逃亡が増加した。

▶(4)蔭位の制は，五位以上の子，三位以上の孫に対して，21 歳になれば父祖の位階に応じて一定の位階を与える制度である。

▶(5)大宰少弐の藤原広嗣が，740 年に吉備真備と玄昉の排除を求めて挙兵した。

◆B．▶カ．1180 年の平重衡の南都焼打ちで東大寺の堂舎の多くが焼失した。重源は東大寺復興の大勧進職を務め資金や材料の調達に努めて，南都仏師らを指揮して復興事業を成功させた。

▶キ．律宗は南都六宗の一つで戒律を重視する宗派である。鎌倉時代の叡尊は真言密教を修めたのち律宗の復興に努めたため，真言律宗と称されることもある。

▶ク．北条（金沢）実時は，評定衆として時頼や時宗を支えるとともに，和漢の書籍を収集し，武蔵国に金沢文庫を開設した。

▶ケ．15 世紀半ば以降，日親らの布教により京都の町衆に日蓮宗が広まった。法華信仰で結束した町衆らは法華一揆を結び，1532 年には山科本願寺を焼打ちするなど一向一揆と対抗するとともに，自治をすすめた。1536 年には延暦寺の勢力などが京都の日蓮宗寺院を焼き払う天文法華の乱が起きた。

▶コ．蓮如は 15 世紀半ば以降に本願寺を興隆した僧侶で，蓮如直筆の御文（御文章）で一向宗の教えを平易な言葉で示し，各地の講で読み聞かせ門徒の結合を強化した。

▶(6)貞慶（解脱）は平安時代末から鎌倉時代初期の法相宗の僧侶で，戒律の復興に努め，『興福寺奏状』で法然の専修念仏を批判した。

▶(7)長講堂領は，後白河上皇のもとに集積した荘園群で，のちに持明院統に継承された。鳥羽上皇のもとに集積した八条女院領と区別しよう。

▶(8)陳和卿は宋の工人で，重源のもとで東大寺惣大工として，大仏の鋳造や大仏殿再建に参加した。

▶(9)律宗の忍性は戒律の復興に努めるとともに社会事業に尽力し，奈良に北山十八間戸を設けてハンセン病患者の治療にあたった。

▶(10)富樫政親は加賀国守護で，当初は一向宗門徒と結んだ。のち弾圧に転じたため，1488 年に一向一揆により自害に追い込まれた。

◆C．▶サ．江戸幕府は勘定奉行の下に郡代と代官を置いて年貢徴収や治安維持にあたらせた。10 万石以上の広域を担当する場合を郡代という。

▶シ．遠国奉行とは，長崎奉行・佐渡奉行など江戸から離れた幕府の直轄地に置かれた奉行の総称である。

▶ス．18 世紀末からロシアが蝦夷地に接近すると，幕府は段階的に蝦夷地を直轄化し奉行を置いた。東蝦夷地の直轄に伴い，1802 年に蝦夷奉行が置かれたが，間もなく箱館奉行と改称された。1807 年の西蝦夷地の直轄に伴い，松前奉行と再び改称された。本問では「蝦夷地の直轄化に伴い」とあるので蝦夷地全土の直轄時期と考え松前奉行を正答としたが，蝦夷奉行や箱館奉行でも可とされるかもしれない。

▶セ．京都所司代は，朝廷や西国大名の監視にあたり，老中に次ぐ要職とされた。

▶⑾佐渡（相川）金山は 16 世紀後半から 17 世紀初期の日本有数の金山で，豊臣秀吉に続いて徳川家康が直轄し，佐渡奉行を置いた。

▶⑿江戸幕府は田畑・屋敷地に課す本途物成（本年貢）のほかに，山野河海などからの収益に対して小物成を課した。具体例としては漆年貢，茶畑運上などがある。

▶⒀ 1808 年，イギリス軍艦フェートン号が長崎湾内に侵入し，薪水・食料を強奪して退去する事件が起きた。時の長崎奉行松平康英は責任をとって切腹した。

▶⒁徳川家康は死後，東照大権現として日光東照宮に祀られた。日光東照宮は神社建築の一つである権現造の代表的建築である。

▶⒂竹本義太夫は大坂の竹本座の設立者で，近松門左衛門の脚本などを独特の節回しで語る義太夫節を創始した。

▶⒃江戸幕府は公家 2 名を武家伝奏に任じ，朝幕間の連絡などにあたらせた。

Ⅳ　解答

⑴享保の改革では定免法の採用など年貢増徴が財政政策の基本とされた。それに対して，田沼意次は年貢だけに頼らず民間の経済活動を活性化させ，そこで得られた富を幕府財源に取り込もうとした。都市や農村の商工業者を株仲間として広く公認し，運上や

冥加などの営業税を上納させた。また，銅などの専売制を実施するとともに，俵物の集荷体制を整え，長崎貿易で銅や俵物の輸出を促して，金・銀の輸入をすすめて収益の増加を図った。(200 字以内)

⑵日清戦争後，労働運動などの発展とともに社会主義の研究が始まり，社会民主党や日本社会党といった政党が結成され，平民社も日露反戦論や社会主義の宣伝を展開した。しかし，治安警察法による結社禁止処分や大逆事件を契機として運動は「冬の時代」となった。大正期，ロシア革命や米騒動を背景として活動が再び活発化し，日本社会主義同盟や非合法の日本共産党が結成されたが，治安維持法により急進的な社会主義運動は抑圧された。(200 字以内)

◀解　説▶

≪田沼時代の財政政策，明治・大正期の社会主義運動の展開≫

▶⑴〈答案の構成〉

問われているのは「田沼意次の財政政策」についてであり，①享保の改革との違いに着目する，②基本方針，③具体的政策を述べるという条件が付されている。田沼時代の財政政策は論述問題では頻出のテーマである。また，京都大学では 2013 年度の論述で「18 世紀半ば以降，江戸幕府が直面した財政難の構造的要因と，財源確保のために採用した政策について述べよ」という類似した問題が出題されており，過去問などを通じて論述問題の対策をしていた受験生には取り組みやすい問題である。

まず，①について，享保の改革の財政政策の基調は年貢増徴であったことを簡潔に記しておこう。次に②については，田沼意次が年貢だけではなく，町人の経済力を利用して幕府収入を増やそうとした点をうまく表現したい。③については，田沼意次が実施した政策のなかで，財政政策と深くかかわる具体例として，株仲間奨励策や長崎貿易における政策を中心に説明したい。

〈知識の確認〉

【享保の改革の財政政策】　江戸幕府の財源は村を単位に徴収する年貢米であった。しかし，17 世紀後半以降の商品経済の発展により，農民の階層分化が進み，年貢米の安定的な徴収が困難となっていた。一方で，都市での商品需要の増大により諸物価が上昇し，幕府の財政は悪化していった。

享保の改革では幕府財政の再建が最重要課題とされ，さまざまな政策がとられたが，財政政策の基本は，定免法の採用や新田開発などによる年貢収入増加に置かれていた。実際，享保の改革直後の宝暦期に，幕領の石高に対する年貢収納率が江戸時代を通じて最高となった。しかし，それは年貢増徴策が享保の改革期に限界に達したということを意味する。

【田沼意次の財政政策の基本方針】　田沼意次は，新田開発をすすめるなど享保の改革の年貢増徴策も継承した。しかし，一方で，年貢だけに頼らず民間の経済活動を活性化させ，そこで得られた富を幕府の財源に取り込もうとした。

【田沼意次の財政政策の具体的政策】　仲間は商工業者の特権的な同業者組合であるが，江戸幕府は当初一部の例外を除いて仲間を認めていなかった。享保の改革では，物価の高騰を抑制するために仲間を公認した。なお，幕府や諸藩から公認された仲間を株仲間という。田沼意次は都市や農村の商工業者を株仲間として積極的に公認し，運上や冥加などの営業税を上納させ幕府の財源とした。

また，銅座・真鍮座・朝鮮人参座などを設けて幕府の専売制を実施するとともに，俵物役所を設置して独占的な集荷体制を整えた。その上で，長崎貿易で銅や俵物の輸出を促して，金・銀の輸入をすすめ幕府の収益の増加を図った。

田沼意次の政策には他にも南鐐二朱銀の鋳造，最上徳内の蝦夷地派遣などがあり，これらの政策も流通促進や俵物の増産などという点で幕府財政と関連している。株仲間奨励策，専売制，長崎貿易政策を書いた上で字数に余裕があれば，答案に盛り込んでもよいだろう。

▶(2)〈答案の構成〉

問われているのは，「明治・大正期の社会主義運動の展開」について述べることである。社会主義や労働運動は多くの受験生の学習が行き届かない分野である。本問では，指定時期が明治・大正期と比較的長期にわたるので，細かい用語にはあまりとらわれずに，概観を述べるとよい。

明治時代については，日清戦争後に社会主義政党の結成が始まるが，治安警察法によって結社禁止処分となったこと，大逆事件を契機として「冬の時代」になったことを記す。大正期については，ロシア革命などを契機として社会主義運動が再び活発化し，非合法ではあるが日本共産党が結成されたことなどを記した上で，治安維持法によって急進的な社会主義運動は抑圧されたことをまとめとして書いておこう。

〈知識の確認〉

【明治期】 社会主義とは端的に言えば，資本主義によって生じた経済的・社会的な矛盾を解消しようとする思想である。19 世紀前半，資本主義が発達する西ヨーロッパで，資本主義の生み出す諸矛盾を解消して労働者を中心として平等・公正・友愛に基づく社会を実現しようとする思想が生まれた。

日本でも日清戦争後，労働運動などの社会運動の発展とともに社会主義運動が始まった。1898 年に結成された社会主義研究会は 1900 年に社会主義協会と改称し，1901 年には日本最初の社会主義政党である社会民主党が結成された。このような動きをうけて政府は 1900 年に社会主義や労働運動などを取り締まるために治安警察法を制定しており，社会民主党は結成の 2 日後に治安警察法により解散を命じられた。1903 年には平民社が結成され，『平民新聞』を発行して社会主義の宣伝や日露反戦論を展開した。

1906 年に日本社会党が結成され，最初の合法社会主義政党として活動したが，党内で議会政策派（議会を中心とした活動を主張する穏健派）と直接行動派（議会に頼ることなく労働者の直接行動を重視する急進派）との対立が生じ，後者が優位を占めると，1907 年に治安警察法により結社を禁止された。直接行動派の中心人物幸徳秋水らが 1910 年に大逆罪で起訴され，翌年に死刑となる大逆事件が起きると，社会主義運動は「冬の時代」と呼ばれる停滞状態となった。

【大正期】 第一次世界大戦後の世界的な民主主義の潮流やロシア革命・米騒動の影響などを背景に，社会主義運動は再び活発化した。1920 年には日本社会主義同盟が結成され，1922 年にはコミンテルンの日本支部として日本共産党が結成された。このようななか，1925 年には治安維持法が制定され，共産主義などの急進的な社会主義運動は抑圧された。

なお，〔解答〕には入れていないが，普通選挙法の制定を契機に議会を通じての社会改造を目指す無産政党が結成されたことに言及してもよい。無産政党とは，当時の情勢から「社会主義」政党と称することがはばかられたため，用いられた言葉である。1925 年に結成された農民労働党が，共産党との関係があるとして即日禁止されたので，共産党系を除いて

1926 年に労働農民党が結成されたが，まもなく分裂した。

❖講　評

Ⅰ　A.『日本三代実録』，B.『神皇正統記』，C.『日本改造法案大綱』の３史料が出題され，古代の政治・中世の政治・近現代の政治に関する知識が問われた。A・B・Cとも初見史料であったと思われるが，設問の大半は史料の読解とは関係なく，標準的な知識があれば正答できる。⑴・⒀などやや難問もあるが，それらを取りこぼしても合否には影響しない。

Ⅱ　例年通り，原始～現代の諸事象が問われた。全体として標準的な事項が問われている。

Ⅲ　A.律令国家の形成とそのしくみ，B.鎌倉・室町時代における仏教，C.江戸幕府による全国支配のしくみをテーマに，古代～近世の知識が問われた。空所補充・一問一答式設問とも，大半は標準的な出題である。

Ⅳ　⑴田沼時代の財政政策，⑵明治・大正期の社会主義運動の展開についての論述問題。⑴については，論述で頻出のテーマである。田沼の財政政策の基本方針を上手く表現したい。⑵については，多くの受験生が苦手とするテーマであるが，明治期だけを詳述するのではなく，大正期についても言及してほしい。

時代については，記述問題と論述問題をトータルすると，原始・古代，中世，近世，近現代から４分の１ずつの出題で，例年通りであった。分野については，文化史からの出題が多いのが京都大学の特徴である。2019 年度は文化史からの出題が極端に少なかったが，2020 年度は原始文化も含めると文化史から多数出題された。

世界史

I　解答　サマルカンドなどを本拠とするソグド人は「オアシスの道」に乗り出し，東方では突厥・ウイグル領内や隋・唐下の中国へ進出し，現地と西域を結ぶ交易を行った。さらに突厥・ウイグルとは共生関係を築いて中国進出に同行し，モンゴル高原と中国を結ぶ絹馬貿易を担い財政的に支えた。一方，進出先で植民集落を建設し定住したソグド人の一部は役人や兵士となり，節度使の安禄山のように政界と関係する武将も現れた。ソグド人はゾロアスター教やマニ教，さらにイラン系の風俗や習慣を中国へ伝え，胡服・胡食などが長安を中心に流行して，国際色豊かな都市文化を生んだ。またソグド人を題材にした唐三彩が製作されるなど，唐の文化を特徴づけた。(300 字以内)

◀解　説▶

≪イラン系民族の活動と中国文化への影響≫

●設問の条件

〔主題〕 ユーラシア大陸中央部から東部に及んだイラン系民族の活動，およびその活動の中国文化への影響

〔条件〕 6～7世紀にユーラシア大陸東部に出現した大帝国の時代を扱う

●論述の方向性

論述の対象となる「大帝国の時代」と「イラン系民族」を確定する。6～7世紀に「ユーラシア大陸東部」にあいついで生まれた大帝国としては，中国の隋・唐だけでなく，北方のモンゴル高原（草原地帯）に生まれた突厥・ウイグルがあげられる。また，この「隋・唐時代」の中国では胡人と呼ばれたイラン系民族が活動し，この時代の胡人は特にソグド人をさした。

以上から，本論述のテーマは「隋・唐時代のソグド人の活動と，その活動が隋・唐時代の中国文化に与えた影響」となる。

東方でのソグド人の動向は，①植民集落の建設，②遊牧国家や中国との関係，③中国での貿易，④西方の文物の中国への導入，の4つに分類できる。このうち，①～③は「活動」，④は「中国文化への影響」に関わるので，大きく2つに分けて論じる。

1．ソグド人の東方での活動

①植民集落の建設

ソグディアナ出身のソグド人は商人として「オアシスの道」に乗り出し，東西交易に活躍した。そうしたなか，東方で６世紀に突厥が台頭し帝国化すると，ソグド人の東方での活動も活発化し，突厥領内に，ついで突厥に取って代わったウイグル領内に入り込んで，植民集落を建設した。一方，同じ頃，一部のソグド人は西域から隋・唐代の中国へ，さらに突厥・ウイグル領内にいたソグド人の一部も中国へ進出し，同じように植民集落を建設し，定住した。

②遊牧国家や中国との関係

突厥・ウイグル領内に入ったソグド人の商人はそれぞれの国家の保護を受けて交易活動を行い，その見返りに税を納め，国家を財政的に支えた。また定住したソグド人の中には役人となって，通訳など外交の分野で重用される者（当時の中央ユーラシアの共通語はソグド語），さらには傭兵や武将など軍事で活躍する者もいた。なお，ソグド人はアラム文字や，アラム文字を基にしたソグド文字を東方へ伝え，ウイグルではウイグル文字がつくられた。一方，中国へ進出したソグド人の中にも兵士となり，やがて将軍として唐の政界に関わる者も現れた。その代表が節度使となった安禄山（ソグド人を父に持つ武将）であった。

③中国での貿易

中国領内へ進出したソグド人の商人は中国と西方（西域）を結ぶ貿易の中継を担った。さらには突厥・ウイグルの下にいたソグド商人も，両国の中国進出に同行し，中国との貿易（絹馬貿易）に従事した。特に安史の乱後，ウイグルと唐の間では絹馬貿易が盛んとなったが，この貿易はソグド商人が独占した。つまりソグド商人は中国やモンゴル高原（草原地帯）と西方の貿易，中国とモンゴル高原の貿易を担い，中国の絹を西方に運んだ。だから，「オアシスの道」は「絹の道」となるのである。

2．中国文化への影響

ソグド人の宗教は主にゾロアスター教であったが，中にはマニ教やネストリウス派キリスト教などを信奉する者もいた。こうした西方の宗教はソグド人により中国へ伝わり，特にソグド人の集落に寺院が造られたゾロアスター教やマニ教はソグド人によって周辺に広まり，一部で流行した。またソグド人の活動を通してイラン系の風俗や生活習慣も伝わり，特に都の長安では胡楽，胡服，胡食，胡旋舞，ポロ競技などが流行し，都市文化に彩りを添えた。さらに唐代には唐三彩という陶器が作られたが，ラクダに乗った胡人が題材に選ばれたのも，ソグド人の文化的・社会的影響の大きさを表している。

II 解答　A．a．クライシュ　b．ムラービト

⑴ニハーヴァンドの戦い　⑵アズハル=モスク
⑶ガーナ王国　⑷コーカンド=ハン国　⑸ビン=ラーディン
⑹ベルリン条約　⑺ミッレト　⑻マンサブダール　⑼グプタ様式
⑽ジンナー　⑾チャンパー　⑿スーフィズム　⒀ナーナク
B．⒁広州　⒂天朝田畝制度　⒃緑営　⒄琉球王国　⒅モンテスキュー
⒆イリ地方　⒇黒旗軍　(21)イギリス　(22)キール軍港
(23)ウラジヴォストーク　(24)カスティリオーネ　(25)澎湖諸島　(26)張作霖
(27)サイゴン　(28)鄭和

◀解　説▶

≪前近代のムスリムと非ムスリムの関係，近現代の中国と海軍≫

◆A．▶a．ムハンマドはクライシュ族のハーシム家出身。クライシュ族はメッカの名門一族で，ハーシム家の他，ウマイヤ家なども所属した。

▶b．モロッコを中心とする地域（マグリブ地方）に 11 世紀後半存在した王朝はムラービト朝。ムラービト朝はベルベル人のイスラーム王朝で，11 世紀半ば頃に成立し，12 世紀半ば頃に滅亡した。

▶⑴イスラーム世界が正統カリフ時代（632～661 年）の頃，ササン朝がイラクのクテシフォンに都を置いていた。しかしニハーヴァンドの戦いでムスリム軍に敗れ，まもなく滅亡した（651 年）。

▶⑵ファーティマ朝時代，王朝が本拠地としたエジプトに創建されたスンナ派の学院はアズハル学院で，都のカイロに建てられた。その学院が「併設されているモスク」だから，アズハル=モスクとなる。

▶⑶bのムラービト朝が襲撃し，衰退させた国は西アフリカのガーナ王国。ガーナ王国は，自国産の金とムスリム商人が持ち込む塩を交換するサハラ縦断交易で繁栄していた。

▶⑷やや難。ウズベク人が中央アジアに建てたムスリム国家はブハラ=ハ

ン国，ヒヴァ=ハン国，コーカンド=ハン国の３つ。このうち「最も東に位置した」のはコーカンド=ハン国で，1876 年ロシアに併合された。

▶(5) 2001 年の同時多発テロ事件の「首謀者」・実行者はイスラーム武装組織アル=カーイダの指導者ビン=ラーディンで，「アフガニスタンの大半を支配していたムスリム政権」のターリバーン政権にかくまわれた。

▶(6)セルビアは 1878 年のサン=ステファノ条約で独立が認められた。しかしこの条約にオーストリアやイギリスが反発したため，ベルリン会議が開かれ，条約は破棄されて新たにベルリン条約が結ばれた。このベルリン条約により，セルビアの独立が国際的に承認された。

▶(7)オスマン帝国では帝国内の非ムスリム（キリスト教徒やユダヤ教徒）を宗教別の共同体，ミッレトに分け，納税を条件に従来の慣習や自治を認めた。

▶(8)ムガル帝国では，アクバル帝により「位階に応じて，俸給の額と，維持すべき騎兵・騎馬の数」を定めたマンサブダール制が導入され，支配者層の組織化を図った。その支配者層をマンサブダールと呼んだ。

▶(9)「４世紀から６世紀半ばに北インドを支配した王朝」はグプタ朝。この王朝ではアジャンター石窟の壁画に代表される純インド的な仏教美術が発達した。この美術様式を王朝名からグプタ様式と呼ぶ。

▶(10)全インド=ムスリム連盟は 1906 年に結成された政治団体で，ジンナーが指導した。一時，インド国民会議派と協力して反英民族運動を展開したが，すぐに対立し，第二次世界大戦後の 1947 年にはパキスタンの分離独立を実現し，ジンナーが初代総督に就任した。

▶(11)ベトナム中部には２世紀末チャム人の国としてチャンパーが建国され，17 世紀末まで存続した（中国名は林邑，環王，占城）。

▶(12)「羊毛の粗衣をまとった者」を意味するアラビア語はスーフィー。スーフィーは修行による神との一体化をめざした。このスーフィーの思想・実践をスーフィズムと呼び，イスラーム神秘主義ともいう。

▶(13)スィク（シク）教はヒンドゥー教のバクティ信仰とイスラーム教のスーフィズムを融合させた新宗教で，16 世紀初め頃ナーナクが創始した。一神教的で，偶像崇拝・苦行・カースト制を否定したため，ヒンドゥー教の改革派とも言われ，パンジャーブ地方に広まった。

◆B．▶(14)林則徐は 1839 年，欽差大臣として広州に派遣され，アヘンの取締りを断行した。これに対してイギリスが軍を派遣したことで，イギリスと清の間にアヘン戦争が勃発した（1840 年）。

▶⒂太平天国は南京を占領し（1853 年），ここを都の天京と定めて以後，土地政策として天朝田畝制度を発表した。これは男女の別なく，土地を均分させる政策であったが，実施されなかった。

▶⒃清の「従来の軍隊」とは正規軍の八旗。この八旗の補助として漢人から編成された正規軍が緑営で，主に治安維持を担当した。

▶⒄難問。福州（福建省の港市）は明代の 15 世紀半ばから朝貢国琉球王国の受け入れ港となっていた。この福州に船政局が設置されたのは洋務運動初期の 1866 年で，この「当時」は琉球処分（1872 年に琉球王国を廃して琉球藩が，1879 年には琉球藩を廃して沖縄県が設置された）の前であり，琉球王国は引き続いて清の朝貢国であった。そのため琉球王国は清への朝貢の際，使節を福州に上陸させた。

▶⒅難問。18 世紀のフランスは啓蒙思想が普及した時期なので，「18 世紀フランスの思想家」とは啓蒙思想家となる。この点を意識して，書名の『法意』から，『法の精神』を想起したい。その著者はモンテスキューである。厳復は清末の思想家で，他に J. S. ミル（英），アダム=スミス（英），スペンサー（英）らの著作を翻訳し，近代西欧の思想を紹介した。

▶⒆清とロシアの間では 1871 年にイリ事件が起こり，1881 年にイリ条約が結ばれた。よって，対象となる地方はイリ地方となる。

▶⒇太平天国の乱鎮圧後，この乱に関わった中国人でベトナムに移った者も多く，その中のひとり劉永福は阮朝に帰順し，中国人の部隊を組織した。これが黒旗軍で，阮朝を助けフランス軍に抵抗した。

▶㉑威海衛は山東半島東北端の港市で，九竜半島と同様，イギリスが 19 世紀末に租借した。

▶㉒ドイツ革命はキール軍港の水兵反乱を機に勃発した（1918 年）。

▶㉓ロシアは北京条約で沿海州を獲得すると（1860 年），都市ウラジヴォストークを建設して軍港とし，極東政策の拠点とした。

▶㉔円明園はバロック式の西洋館と庭園を持つ離宮で，イタリア出身のイエズス会宣教師カスティリオーネ（郎世寧）が設計に参画した。

▶㉕下関条約で日本は遼東半島，台湾，澎湖諸島を獲得した。澎湖諸島は第二次世界大戦まで日本領で，戦後中国（中華民国）に返還された。

▶(26)奉天軍閥は北洋軍閥（袁世凱が指揮した軍閥）分裂後に成立した一派で，張作霖を首領とした。張作霖は 1927 年中華民国陸海軍大元帥に就任して北京政府の実権を握ったが，北伐軍に敗れ，その直後日本の関東軍により爆殺された（1928 年）。

▶(27)ベトナム共和国はゴ=ディン=ジエムが 1955 年に建設した南ベトナムの国家で，サイゴン（現在のホーチミン市）を首都とした。

▶(28)ソマリア海域とは東アフリカ沿岸あたりで，リード文の「2008 年」より「約 600 年前」とは 15 世紀初め頃となる。この頃の中国は明の永楽帝の時代で，南海遠征が行われ，船団の一部は東アフリカ沿岸まで達した。この南海遠征の船団は鄭和が司令官として指揮した。

Ⅲ　**解答**

ソ連がキューバにミサイル基地を建設したことでアメリカとの間にキューバ危機が起こり，核戦争の緊張が高まった。この危機が両国の交渉で回避されると，平和共存へ向かい，部分的核実験禁止条約が結ばれた。この条約を拒否したフランスはアメリカと距離を置き，中国は核保有国となってソ連と対立を深め，国際関係は多極化した。一方で核拡散防止条約が結ばれ，米ソ間で 2 度の戦略兵器制限交渉が合意されたため，その間にインドが核保有国となるものの，デタントは進んだ。ソ連のアフガニスタン侵攻を機に再び緊張が高まったが，ソ連にゴルバチョフ政権が成立すると，米ソの軍縮交渉は進展し，中距離核戦力全廃条約が結ばれ冷戦終結に道を開いた。（300 字以内）

◀解　説▶

≪1962〜1987 年の国際関係と核兵器≫

●設問の条件

〔主題〕　1962 年から 1987 年までの国際関係

〔条件〕　核兵器の製造・保有・配備，および核兵器をめぐる国際的な合意に言及する

●論述の方向性

1962〜1987 年の国際関係の推移の中に，〔条件〕の核兵器に関わる動向を時系列で組み込んで論述を構成すればよい。そこでまず論述の始点（書き出し）と終点（締めくくり）の出来事を確定し，それらを糸口として論述の主軸をなす「国際関係」の推移を押さえる。

1．国際関係とその推移

①始点：1962 年…キューバ危機を想起できる。キューバ危機とは，ソ連が社会主義国となったキューバにミサイル基地の建設を進め，それを知ったアメリカが基地の撤去を求めて海上封鎖を行ったため，米ソ間に核戦争勃発の緊張が高まった状況をさす。これは冷戦史の一局面となる。

②終点：1987 年…米ソ間の中距離核戦力（INF）全廃条約を想起できる。この条約はソ連共産党書記長ゴルバチョフとアメリカ大統領レーガンの間で調印され，冷戦の終結に至る道を開いたと評価された。

よって，ここでの「国際関係」とは冷戦のことで，この冷戦が設問で指定された時期にどのように推移したのかが論述の主軸となる。

③ 1962～1987 年における冷戦の推移

キューバ危機はアメリカ大統領ケネディとソ連共産党第一書記フルシチョフの交渉により回避された。これを機に米ソ間に直通通信（ホットライン）協定が結ばれる（1963年）など，両国は 1950 年代後半に進んだ平和共存の動き（雪どけ）と同様，平和共存の路線へと向かった。その結果，1970 年代には緊張緩和（デタント）が進んだ。しかしソ連のアフガニスタン侵攻（1979 年）を機に再び緊張が高まった。これを新冷戦という。そうしたなか，ソ連にゴルバチョフ政権が成立し（1985 年），「新思考外交」の一環として軍縮への動きを活発化させると，これを受けてアメリカ大統領レーガンも平和外交へと方針を転換した。その結果，米ソ関係は改善に向かい，中距離核戦力全廃条約の調印に至った。

以上から，「国際関係」の推移は，米ソ間の緊張の高まり→平和共存へ→緊張緩和（デタント）の進展→再度の緊張の高まり（新冷戦）→冷戦終結へ，とまとめることができる。そこで次に，この推移に組み込む，核兵器に関わる動向（事項）を時系列的に抽出する。

2．1962～1987 年の核兵器に関わる動向

①部分的核実験禁止条約…米・英・ソが結んだ，地下以外の核実験を禁止した条約（1963 年）。しかし当時，独自外交（アメリカに追随しない外交）を展開していた核保有国フランスは条約に参加せず，アメリカから距離を置いた。また中国も条約に参加せず，1964 年に核保有国となった。そのため中国はソ連との対立（中ソ論争）を深めた。こうしたフランス・中国の行動は，冷戦期の国際情勢において出現していた多極化（米ソを中

心とする国際関係の崩壊）の動きをさらに進めた。

②核拡散防止条約（NPT）…新たな核保有国の出現を阻止する条約（1968 年）で，平和共存を推し進めた。ただし，1960 年代，米ソは大陸間弾道ミサイル（ICBM）の開発・増産など軍拡競争を続けていた。これは軍事費を増大させ，財政を圧迫したため，米ソ間に軍縮交渉が展開する要因となる。

③戦略兵器制限交渉（SALT）…米ソ間の軍縮交渉。第 1 次は 1969 年に始まり，1972 年第 1 次戦略兵器制限交渉（SALT Ⅰ）が合意された。ついで同年第 2 次が始まり，1979 年に第 2 次戦略兵器制限交渉（SALT Ⅱ）が合意され，デタントを進めた。しかしソ連がアフガニスタンに侵攻すると，アメリカは反発して SALT Ⅱを批准せず，新冷戦と呼ばれる緊張状態へと入った。一方，この間，世界ではインドが 1974 年に核保有国となり，核兵器の脅威は拡大した。

なお，米ソ間の軍縮交渉として，第 1 次戦略兵器削減交渉も挙げられるが，これは 1982 年に始まり，冷戦終結後の 1991 年に第 1 次戦略兵器削減条約（START Ⅰ）の締結となるため，本論述の条件（1962 年から 1987 年まで）の対象外となろう。

Ⅳ　解答

A．a．アウグスティヌス　b．トマス=アクィナス
c．エンリケ

⑴ヘレネス　⑵国家論　⑶コンスタンティヌス帝　⑷エフェソス
⑸ハプスブルク家　⑹プラノ=カルピニ
⑺新教皇を選出して教会大分裂を解決し，またフスを異端として火刑に処した。
⑻スペイン人植民者に現地の統治を委託し，先住民の使役を，その保護とキリスト教化を条件に認めた。
⑼ピサロ　⑽ラス=カサス

B．⑾先史時代　⑿㋐キープ〔結縄〕
㋑縄の結び目の位置・結び方・色で，人口・家畜・穀物などの数量を記録した。
⒀ギルガメシュ叙事詩　⒁死者の書
⒂ギリシア正教会がスラヴ人にキリスト教を布教する上で，スラヴ語を表

記する文字が必要となった。

⒃活版印刷術の改良・実用化によって，ルターの著作やルターにより独訳された聖書が民衆の間に広く普及した。

⒄キューバ　⒅ディズニー　⒆ベトナム戦争　⒇湾岸戦争

㉑エジプト・リビア・チュニジアのうちの２つ

◀解　説▶

≪前近代ヨーロッパにおける正戦論，情報伝達をめぐる世界史≫

◆A．▶a．「北アフリカのヒッポ司教」となったのはアウグスティヌス。彼はキリスト教の教義確立に貢献し，最大の教父とされる。

▶b．『神学大全』はスコラ学の大成者トマス=アクィナスが著した。

▶c．「西アフリカからインドまでの征服権」を与えられたので，ポルトガルはまず西アフリカ沿岸の探検に着手する。その事業に関わったポルトガルの王子なのでエンリケを導ける。文中の「ポルトガル王」は父のジョアン１世。

▶⑴古代ギリシア人は異民族をバルバロイ，自民族をヘレネスと呼んで区別した。これは民族意識の表れとされる。

▶⑵キケロは古代ローマ共和政末期の政治家・雄弁家で，ラテン語散文家としても知られ，『国家論』や『友情論』などの著作を残した。

▶⑶ミラノ勅令は 313 年，ローマ皇帝コンスタンティヌスにより発布され，キリスト教を公認した。

▶⑷イエスの人性と神性の分離を説くネストリウス派は，431 年のエフェソス公会議で異端とされた。エフェソスは小アジア西岸中部の都市。

▶⑸マクシミリアン１世は神聖ローマ皇帝。神聖ローマ帝国では 1438 年からハプスブルク家が帝位を世襲するので，15 世紀末のマクシミリアン１世もハプスブルク家出身となる。カール５世はマクシミリアン１世の孫にあたる。

▶⑹ローマ教皇インノケンティウス４世の命によりモンゴル帝国を訪れたフランチェスコ会修道士はプラノ=カルピニで，帝国の都カラコルムにおいて皇帝グユク=ハンと会い，教皇の書簡を渡した。

▶⑺コンスタンツ公会議は，教会大分裂（大シスマ）やフスの教会批判による宗教界の混乱を収拾するため開催された。この経緯を想起し，それらに対しどのような対応をしたかを記せばよい。

▶(8)エンコミエンダ制はスペインが新大陸経営のために導入した制度で，エンコミエンダとはスペイン語で「委託」を意味する。誰に何を委託し，何を認めたのか，この点の指摘が説明のポイントとなろう。

▶(9)インカ皇帝アタワルパはスペイン軍に捕らえられ，処刑された（1533年）。これによりインカ帝国は滅亡するため，インカ皇帝の処刑を命じたのはインカ帝国の征服者であるピサロとなる。

▶(10)『インディアスの破壊についての簡潔な報告』の著者はドミニコ会修道士のラス=カサスで，スペインの征服戦争やエンコミエンダ制を批判し，先住民の保護・救済に努めた。

◆B．▶(11)文字の記録（史料）がない時代を先史時代と呼ぶ。

▶(12)(ア)インカ帝国では文字がなく，代わりに縄を記録・伝達手段として利用した。これをキープ（結縄）という。

(イ)縄の使用法や使用目的（何を記録・伝達したのか）を指摘したい。

▶(13)古代メソポタミアで生まれた叙事詩なので，ウルクの伝説的な王ギルガメシュの冒険を描いた『ギルガメシュ叙事詩』となる。

▶(14)古代エジプトでは人は死後に冥界の王オシリスの審判を受けると考え，それに備えて，楽園に入るための呪文を記した絵文書を作った。これが「死者の書」で，ミイラとともに墓へ埋葬された。

▶(15)やや難。キリル文字はグラゴール文字を発展させた文字。グラゴール文字はギリシア正教会の命によりスラヴ人への布教活動を行ったキュリロス兄弟が考案したことから，キリル文字がスラヴ人への布教目的に考案されたことを示したい。

▶(16)宗教改革がドイツ民衆の支持を得るには，民衆が聖書やルターの著作に触れることが必要となる。そのためにはそうした書物が多く印刷・出版されることが前提となる。ここから，大量の印刷・出版を可能とする「技術発展」，つまり活版印刷術が導ける。

▶(17)「19世紀末のアメリカ合衆国」が「開始した戦争」はアメリカ=スペイン戦争（1898年）で，これに勝利し，スペインにキューバの独立を承認させた。その後，アメリカはキューバにプラット条項を押しつけ，キューバを保護国化した。

▶(18)『白雪姫』はディズニー兄弟（兄ロイ，弟ウォルト）が制作した長編アニメの第1作で，ディズニー・アニメの原点とされる。この作品によりディズニーは世界トップクラスの映画制作者となった。

▶⒆ベトナム戦争は 1965 年のアメリカ合衆国による北ベトナム爆撃で本格化する一方，国際的な反戦運動も高揚した。そして「1970 年代」，アメリカ軍撤退（1973 年），サイゴン陥落（1975 年）によって終結する。

▶⒇ 1991 年の中東地域では前年（1990 年）のイラクによるクウェート侵攻に対し，米軍を中心とする多国籍軍が派遣され戦争となった。これが湾岸戦争で，イラクをクウェートから撤退させた。

▶㉑やや難。「アラブの春」とはチュニジアで起こった反政府デモ（2010 年末）に端を発した中東地域の民主化運動で，チュニジアのベンアリ政権（23 年間），エジプトのムバラク政権（30 年間），リビアのカダフィ政権（42 年間）という 3 つの長期独裁政権が打倒された（2011 年）。

❖講　評

Ⅰ　ソグド人の活動と中国文化への影響を扱った 300 字論述。まず設問の「イラン系民族」がソグド人で，「同時代の中国」が隋・唐時代の中国であると確定することが大前提となり，ここをミスすると得点にならない。次に，「ソグド人の活動」における貿易面，「中国文化への影響」における宗教面は頻出なので言及できるだろう。よって，それ以外の「活動」と「影響」を指摘できるかどうかが点差の分かれ目となると思われる。教科書にも不十分ながら記述はあるため，精読とその理解が求められた。

Ⅱ　全問語句記述問題で，Ａでは前近代のイスラーム世界，Ｂでは主に近代の中国が問われた。大半は基本事項で，⑷も地理的理解が要求され戸惑うが，教科書には必ず該当の地図があるため対応できる。一方，⒄・⒅は教科書・用語集レベルを超えた難問だが，⒅は推測できる。

Ⅲ　核兵器の視点から国際関係を扱った 300 字論述。まず設問が求める国際関係の中身とその推移の確定が第 1 段階となる。ついで指定時期の核兵器をめぐる動向の抽出が第 2 段階となる。そして第 3 段階として，この両者を合体させれば完成する。時系列の論述で書きやすいが，設問が求める推移と事項を押さえ，それらを時系列の中に正しく配置できたかどうかが出来を左右したと思われる。

Ⅳ　語句記述と短文論述の融合問題で，Ａでは正戦論をテーマに前近代のヨーロッパや新大陸，Bでは情報の伝達をテーマに 21 世紀までの世界史が問われた。語句記述では(21)で学習の手薄になりがちな 21 世紀まで扱われたが，すべて重要事項に関わる。一方，短文論述は用語や状況の内容説明のため，重要事項の前後の文に注意した教科書の精読で対応できる。

Ⅱ・Ⅳは例年どおり，一部に高難度の事項も問われているが，大半は基本的知識とその応用で解答できる。一方，Ⅰ・Ⅲも教科書レベルの知識で対応は可能だが，軽視しやすい箇所も論述の範囲内には含まれるため，攻略には教科書の精読による情報（知識）の習得と，流れ（線）と事項（点）をセットとした整理・理解が必要となる。その点で，京都大学の長文論述はやはり手強い出題と言える。

地理

I 解答

⑴①北極圏　②極夜

⑵①アザラシなど海獣の生息域が縮小し，個体数が著しく減少する。(30字以内)

②ヨーロッパと東アジアを結ぶ最短経路の利用期間を拡大できる。(30字以内)

⑶①永久凍土

②イヌイット（エスキモー，サーミ，サモエードなども可）

③１年を通して寒冷な気候で農耕が困難なため，トナカイの遊牧や漁労・狩猟を行う。(40字以内)

⑷あ－e　い－f　う－d

◀解　説▶

≪北極地方の地誌≫

▶⑴①スカンディナヴィア半島周辺に着目すると，ヘルシンキやサンクトペテルブルク付近を北緯60度が，ノルウェー北部を北緯70度が，それぞれ通っていることから，地図中の円は北極圏（北緯66度33分）と判断する。

②北極圏より高緯度地域では，夏至の前後の夏季に太陽が沈まない白夜が見られる一方，冬至の前後の冬季には太陽が全く昇らない極夜の現象が見られる。

▶⑵①北極海の海氷は，地球温暖化の影響を強く受けて，その面積は減少傾向にある。この海氷域はホッキョクグマ（シロクマ）やアザラシなどの野生動物の生息域であり，海氷の減少でホッキョクグマは凍りついた海での海獣捕食が困難となり絶滅の危機にある。またアザラシは子どもの成育を海氷上で行う必要があり，個体数の減少が危惧されている。

②地球温暖化の影響により，夏の海氷・流氷が融ける期間が長くなり，それにともなって北極海を経由して太平洋と大西洋を，特に経済活動の活発な西欧と東アジア地域を短距離で結ぶ北極海航路の航行可能期間も長くなっている。しかしながら，一部区間では高い料金を要する砕氷船も必要で，

輸送は伸び悩んでいるのが現状である。

▶(3)①シベリアや北アメリカ大陸のツンドラ気候の地域に分布することから，永久凍土である。「地下で連続している」ことから，ポドゾルではないことに注意したい。

②北極圏付近で生活する先住民は，カナダではイヌイットと呼ばれるが，アラスカではエスキモーが民族の総称名称となっている。この他にサーミ，ネネツ人（サモエード）などをあげてもよい。

③「気候の制約に留意」とあるので，ツンドラ気候で0℃を超える短い夏に表土が融けるものの農耕が困難であることを述べ，トナカイ（カリブー）の遊牧や漁労・狩猟が伝統的生業となっていることを答える。

▶(4)気温の年較差が大きい大陸性気候と年較差が小さい海洋性気候の違いに着目すると，判別がしやすくなる。ハイサーグラフから気候区を判断すると，次のようになる。

d．最暖月平均気温が0～10℃であることからツンドラ気候（ET）。

e．最寒月平均気温が－3℃未満で最暖月平均気温が10℃以上であり，冬季に乾燥することから亜寒帯（冷帯）冬季乾燥気候（Dw）。

f．気温の視点ではeと同様に亜寒帯であるが，著しい乾燥がないので亜寒帯（冷帯）湿潤気候（Df）となる。

g．最寒月平均気温が－3℃以上で最暖月平均気温も10℃以上あるので温帯であるが，年間を通じて湿潤であり，最暖月平均気温が22℃未満で月平均気温10℃以上の月が4カ月未満であることから，西岸海洋性気候（Cfc）となる。

あ（ヴェルホヤンスク）は，シベリアの中東部で亜寒帯（冷帯）冬季少雨気候（Dw）の地域に位置していることからe，い（ムルマンスク）は，暖流の北大西洋海流の影響で冬季が厳寒とならないf，う（バロー）はアラスカ北端であることからツンドラ気候（ET）と考えdと判断する。なお，え（レイキャビク）は北大西洋海流の影響で温帯となっていることからgとなる。

Ⅱ 解答

(1)①フォッサマグナ ②アフリカ大地溝帯
③糸魚川=静岡構造線

(2)キリマンジャロ山のように火山が多い。(20字以内)

⑶①細長く水深が深い断層湖である。(20字以内)

②タンガニーカ湖（マラウイ湖なども可）　③ーe

⑷①西側は年中多雨で，東側は高日季に雨季，低日季に乾季となる。(30字以内)

②西側は多種の常緑広葉樹が繁茂する熱帯雨林であるが，東側は疎林と長草草原からなるサバナとなっている。(50字以内)

◀解　説▶

≪日本とアフリカの自然環境≫

▶⑴A・Bとも地溝帯である。

①Aはフォッサマグナ。ドイツ人地質学者ナウマンによる命名で，「大地溝帯」の意味である。ユーラシアプレートと北アメリカプレートとの境界とされ，日本列島は東北日本と西南日本に2分される。

②Bは東アフリカのアフリカ大地溝帯でグレートリフトヴァレーとも呼ばれる。この付近はプレートがひろがる境界にあたり，その延長上には紅海や死海が位置している。

③フォッサマグナの西縁に当たる断層線で，糸魚川と静岡を結ぶことから糸魚川=静岡構造線と呼ばれる。姫川・松本盆地・諏訪湖・甲府盆地・富士川が位置している。

▶⑵アフリカ大陸最高峰はキリマンジャロ山（5895m）である。フォッサマグナとアフリカ大地溝帯に共通する自然的特徴は，キリマンジャロ山が火山であることに気付けば解答しやすい。フォッサマグナの西縁には火山が少ないが，東縁は妙高山・黒姫山・浅間山・箱根山など火山が多く，断層線は不明瞭となっている。

▶⑶①B2に沿って細長い形状の湖が多数連なっている。いずれも断層湖（地溝湖）であり，断層を反映して細長い形状を有し，水深が深い特徴がある。タンガニーカ湖は最深部が1471mに達する。

②タンガニーカ湖の他に，マラウイ湖が国名とも関わっているので解答しやすい。なお，ヴィクトリア湖は断層によるものではなく，B1とB2の断層線の間が陥没して湛水した湖で，構造湖の一種である。水深も浅く形状もやや丸みを帯びている。

③芦ノ湖は火口原湖，サロマ湖は海跡湖（潟湖），洞爺湖はカルデラ湖，浜名湖は海跡湖（一時期淡水湖となったが，現在は汽水湖となっている）

である。

▶(4)①「降水の特徴に留意して」とあるので，西側のコンゴ川流域は赤道収束帯で年中湿潤な熱帯雨林気候（Af），東側は高原状で山脈やインド洋モンスーンの影響の有無から乾季が生じ，サバナ気候（Aw）となっている。

②熱帯雨林気候の植生は，多くの樹種からなる常緑広葉樹の密林であるのに対し，サバナ気候ではアカシアやバオバブの疎林と乾季には枯れる長草草原からなる違いがある。

III　解答

(1)①地球温暖化

②二酸化炭素などの温室効果ガスの排出量削減（脱炭素社会の実現）。

③太陽光・風力など自然エネルギーの導入と原子力の廃絶を目指しているが，まだ化石燃料への依存度が高い。(50字以内)

(2)固定価格買い取り制度

(3)頁岩層に含まれるシェールガスの開発。

(4)① LNG〔液化天然ガス〕

②海上輸送の国からは液化天然ガスで，陸続きの国からはパイプラインで輸入している。(40字以内)

◀解　説▶

≪世界のエネルギーと資源≫

▶(1)まずA～Eの国を判断する必要がある。A国はエネルギー自給率が8%しかないことから日本，B国はエネルギー自給率が37%とA国についで低いことやバイオ燃料と廃棄物の比率が高いことから環境意識の高いドイツ，C国は原子力の比率が著しく高いことからフランス，D国は石炭の比率がきわめて高いことから中国，E国はアメリカ合衆国となる。グラフ2の天然ガスの輸入相手国も参考にしたい。

①B国（ドイツ）とC国（フランス）に共通するエネルギー政策の目標は，環境問題の視点から考えると地球温暖化となる。

②地球温暖化の一因とされる温室効果ガスにはCO_2やメタンなどがあるが，そのうちCO_2の削減には化石燃料，とりわけ石炭への依存度を低下させる必要がある。

③B国（ドイツ）ではC国（フランス）と異なり，原子力エネルギーの利用を時間をかけて廃止することが決定されている。それと並行して太陽光発電や風力・地熱発電など再生可能エネルギーである自然エネルギーを活用する政策を進めている。グラフ1ではバイオ燃料と廃棄物の比率が高く，再生可能エネルギーである木質バイオマス（木くず），家畜の糞尿や食品廃棄物などの有機性廃棄物から得られるガスを利用した発電も盛んとなっている。

▶(2)再生可能エネルギーによる電力を固定価格で電気事業者が買い取ることを義務づけた制度で，日本では2011年に法律が制定された。再生可能エネルギーの普及が期待される一方，電力料金が上昇することが問題となっている。

▶(3)E国（アメリカ合衆国）には，石油代替資源としてオイルシェール（油母頁岩）が地下数千メートルに多く埋蔵されている。オイルシェールからシェールガスを生産する技術が向上したことと，近年の原油価格高騰によって採算性が出たことから，生産量が増加し，アメリカ合衆国のエネルギー自給率の上昇につながった。

▶(4)①A国（日本）の天然ガス輸入は，船舶で輸送する必要がある。そのために高圧・低温下で液化し体積を小さくした液化天然ガス（LNG）の状態で輸送するLNGタンカーが使われている。

②B国（ドイツ）の輸送形態からイがパイプラインであることは判別しやすい。D国（中国）は，日本と同様にオーストラリア・東南アジア・中東からの輸入とともに，中央アジアの国々からも輸入している。後者は陸続きであるため，パイプラインで輸送できる。

Ⅳ　解答

(1)①産油国で経済成長が著しく建設労働者としての移民が多い。

②宗教・民族や政治的対立から紛争が発生しているため。

(2)①多文化主義

②低賃金の労働力として移民が流入して自国民の雇用が減少するとともに，失業対策など福祉支出が増大し，財政を圧迫しているため。(60字以内)

(3)南南問題

(4)①―エ　②―ウ

③経済的に密接で国益上重要であることから近隣諸国を対象としている。

◀解　説▶

≪国際的な人口移動と開発援助≫

▶(1)①中東地域の移民受け入れ国は，サウジアラビアとアラブ首長国連邦である。ともに産油国で開発が進められており，製造業や建設業で労働力が不足している。

②中東地域ではシリア・イラク・イエメン・アフガニスタン・パレスチナなどにおける民族やイスラム教宗派間対立にともなう内戦や紛争，トルコなどでは少数民族のクルド人が迫害からそれぞれ逃れるために多くの人々が難民となっている。

▶(2)多文化主義の政策は，イギリス（イ）・オーストラリア（オ）の他にカナダ・オランダが採用している。アメリカ合衆国（ア）も様々な地域から移民を受け入れており，民族の多様性を示している。しかし，移民の増大は自国民の雇用を狭め，給与水準を低下させる要因として国民の不満材料となっている。また，失業対策や医療などの社会福祉に関わる費用増加が財政に与える影響も懸念されている。こうした状況から移民排斥を唱える政党が議席数を伸ばしており，ムスリムの多い中東地域からの移民などへの差別意識が煽られている。

▶(3)アジアは中国やASEAN諸国を中心に経済発展が著しい国が多いのに対し，多くのアフリカ諸国は発展から取り残されている。このように発展途上国（南）の中での経済格差が著しくなったことを南南問題という。

▶(4)①・②まず，イギリス（イ）が含まれていないことを念頭に置く必要がある。Aは援助額が最大であることからアメリカ合衆国（ア）となる。BはAに次いで援助額が多く，中東・北アフリカの割合が比較的高いことから，地理的にも近いドイツ（エ）と判断する。Cはアジアやオセアニアの比率が高いことからオーストラリア（オ），Dはラテンアメリカ・カリブ海諸国の比率が高く援助額も少ないことからスペイン（ウ）とそれぞれ判断する。

③他国には表示されていない「東アジア・東南アジア・オセアニア」が援助地域の大半を占めていることが大きな特徴である。オーストラリア（C）は，これらの地域と経済的に結びつきが強い。

V 解答

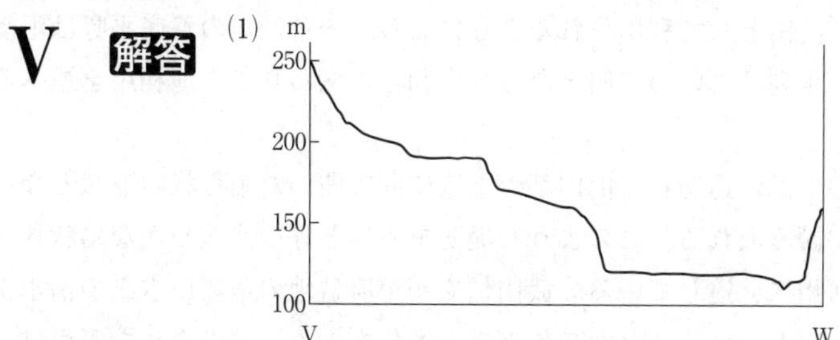

⑵①平坦面と急崖からなる河岸段丘である。(20字以内)

②高燥な高位段丘面は畑，水利のよい低位段丘面と谷底平野は田，崖は森林となっている。(40字以内)

⑶堤防が不連続で上流に向け開口部があり，洪水時には勢いを弱めて大被害を防止する。(40字以内)

⑷散村

⑸水路式発電所

◀解　説▶

≪富山県魚津市付近の地形図読図≫

▶⑴まずV・W地点の標高を読み取る。V地点は計曲線250mの位置にあり，W地点は主曲線160mの位置にある。次にV地点から200m地点まではなだらかに低くなり，200mから190mまではほぼ平坦，190mから170mは急崖，170mから160mまではほぼ平坦，160mから120mまで急崖，そこから片貝川の左岸堤防まで平坦，片貝川の河川敷がやや低く（110～115m）なっており，右岸からは急崖でW地点に至る。等高線がやや不鮮明なところもあるが，補助曲線はあまり気にする必要はない。要はV・W地点の標高，3つの平坦な場所の標高と急崖が明確に描かれていればよい。なお，垂直方向に3～5倍程度拡大すると描きやすい。

▶⑵①断面図から典型的な河岸段丘地形が読み取れる。ただ，「地形の特徴」を「地理学の用語」を用いて説明することが求められているので，河岸段丘だけでなく平坦面（段丘面）・急崖（段丘崖）も用いることが必要である。

②高度が高い上部の段丘面（高位段丘面）は水利が得にくくなるため畑・果樹園，かつては桑畑に利用されてきた。地形図では畑の記号が卓越している。段丘面も低くなると上流部から用水路を設置して灌漑水が得られる

ようになり，田として利用されるようになる。一番低地の谷底平野は氾濫原であり，水利はよいので田となる。水利との関わりで土地利用を述べること。

▶(3)堤防の一部が途切れ，開口部が上流に向け開いた雁行状の形状となっているのが読み取れる。このような堤防を霞堤と呼び，緩やかな扇状地上を流れる河川に発達している。武田信玄が甲府盆地の釜無川水系の治水工事で採用したとされることから信玄堤の通称もある。このような霞堤は，洪水時に堤防の切れ間から水が逆流してきて一帯が徐々に浸水し一種の遊水池の機能を果たすため，一時的に農地が水没するものの，破堤による大被害を防ぐことができる。現在は土木工事で連続堤防に改修され，減少傾向にある。

▶(4)一部に数軒が集まっている集落もあるが，全体的には家屋が離れた散村景観が読み取れる。家屋の周囲が黒くなっているのは，屋敷森があることを示している。このような集落景観は，砺波平野が著名であるが，この地域も砺波平野と同様に緩やかな扇状地であり，水利がよいため散村となっている。

▶(5)「☼」は発電所・変電所の記号である。この施設の南西部の段丘上に破線で描かれた地下水路，貯水池，さらに段丘崖を下る直線の輸送管が施設まで伸びていることで，水路式発電所であることがわかる。新規格の2万5千分の1地形図では「発電所等」となっている。

❖講　評

2020年度の大問数は，それまでの4題から5題に増えた2019年度と同様，5題であった。2019年度に出題されなかった自然地理の大問が復活し，2019年度に復活した地誌の大問も継続して出題された。地形図読図でも小地形が出題されており，例年より自然地理分野がわずかながら増加しているといえる。他の3題は系統地理であるが，エネルギー供給と環境問題の関わりや，難民問題といった現代の地理的諸課題を取り扱っていることは，2019年度と同様である。問題自体は，地図・ハイサーグラフ・統計グラフ・図形表現による統計地図・地形図・空中写真をもとにした地域理解と統計読解を中心においた京大らしい出題であった。また，2017年度以来の描図問題（地形断面図）が出題されたのは特筆される。配点は，５題となった2019年度と同様，各大問20点ずつである。

地形図読図は，２万５千分の１地形図であるため，等高線や地図記号にやや不鮮明な点があるが，解答には支障はなかったであろう。部分的に旧版地形図や空中写真も使用されているが，新旧地形図を比較するものではなく，地域の特色を読み取るための補助的使用のレベルであった。地誌は2019年度と同様，オーソドックスな地域設定ではなく，北極地方の地域設定で出題された。

2020年度の字数指定のある論述は，20〜60字13問，計470字で，字数は2019年度と同じであった。2018年度の420字，2017年度の440字と比べると若干増加しているが，それ以外に字数指定のない短文問題（解答欄の大きさから見て20〜40字程度）が例年５〜７問あり，これを勘案すると約600字程度となる。

Ⅰは北極地方の地誌に関する問題である。やや意表を突いた地域設定ではあるが，問われていることは緯度，土壌，気候区判定，温暖化にともなう問題や気候と関連した少数民族の生業など基本的な内容で，取り組みやすい。⑴②の「極夜」は白夜ほど一般的ではないので，やや難となっている。

Ⅱは地溝帯をテーマとした日本とアフリカの自然環境に関する基本的な問題であるので，確実に解答したい。⑴③の糸魚川=静岡構造線も基本用語であるが，誤字にならないように気をつけたい。⑶①は地溝湖の形態を問うもので，細長いという水平方向と水深が深いという垂直的形態も解答することが必要である。

Ⅲは世界のエネルギーと資源に関して，国別の供給構成と自給率を示した統計グラフから，環境問題や政策，供給事情の視点から問われた問題で，地球温暖化，固定価格買い取り制度，シェールガスなど時事的な問題も含まれている。国名を伏せての設問は，Ⅳと同様に京大特有のもので，それぞれの国名を正確に判定しておかないと，問題の的を外すことになるので細心の注意が必要である。C国がフランスであることは容易に判断できるが，B国の判断は，エネルギー自給率が低いことに気付かないとやや難しい。グラフ２も活用することがポイントである。

Ⅳは国際的な人口移動をテーマにした移民・難民問題と開発援助に関

する問題である。図２の「政府開発援助の地域別配分状況」の統計グラフは，援助国の名称が伏せられているので，図１中のア～オをもとにA～D国を正確に判断することが不可欠である。その際，援助地域だけでなく援助額の多寡にも注意を払う必要がある。

Vは地形図の読図問題。断面図作成，地形名および地形の特徴と対応した土地利用，堤防の形状と機能，集落形態，発電所の種類を問う問題で，(3)を除き基本的である。(2)は(1)を受けての問いである。①は地形名だけでなく地形の特徴を答えさせるのが京大らしい。(3)の霞堤の問題は，用語ではなく，「特徴的な堤防の形状と機能」について述べるもので，堤防が不連続であり，それが洪水対策となることを解答したい。

数学

1

◇発想◇　曲線 C の方程式の絶対値をはずして C を描き，$a<0$ のときに直線 l が接するように l を描く。C と l が接する条件を表すには，判別式を用いる方法と，微分法を用いる方法がある。面積を求めるための積分計算は工夫するとよい。

解答　$y=|x|x-3x+1$

$$=\begin{cases} x^2-3x+1 & (x\geqq 0) \\ -x^2-3x+1 & (x<0) \end{cases}$$

$$=\begin{cases} \left(x-\dfrac{3}{2}\right)^2-\dfrac{5}{4} & (x\geqq 0) \\ -\left(x+\dfrac{3}{2}\right)^2+\dfrac{13}{4} & (x<0) \end{cases}$$

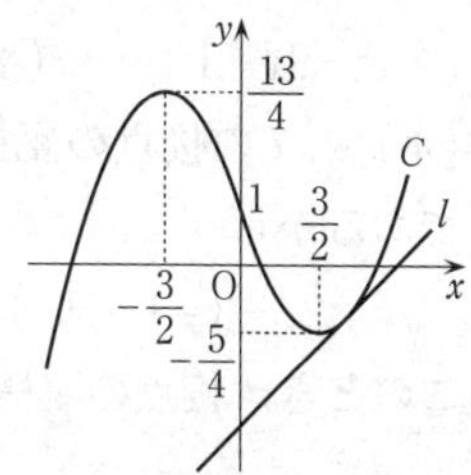

より，曲線 C は右図のようになる。

$a<0$ であるから，C と直線 $l：y=x+a$ が接するのは，曲線 $y=x^2-3x+1$ と l が接するときである。

したがって

$$x^2-3x+1=x+a \quad \text{すなわち} \quad x^2-4x+1-a=0 \quad \cdots\cdots①$$

が重解をもつときであるから，①の判別式を D とすると

$$\frac{D}{4}=(-2)^2-(1-a)=0$$

よって　　$a=-3$　……(答)

このとき，①より，$(x-2)^2=0$ であるから，接点の x 座標は 2 である。また，曲線 $y=-x^2-3x+1$ $(x<0)$ と $l：y=x-3$ の交点の x 座標は

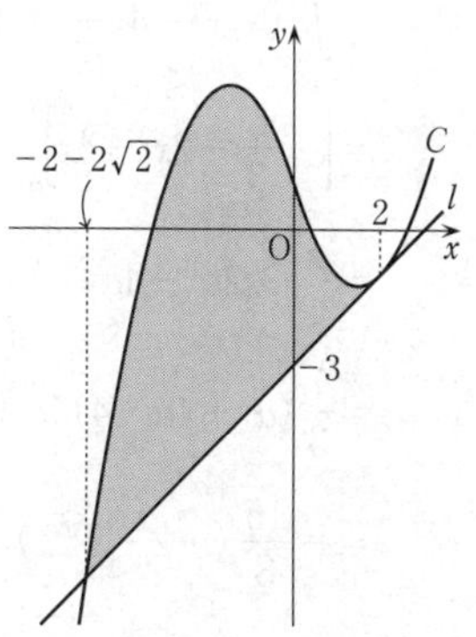

$$-x^2-3x+1=x-3 \quad \text{より} \quad x^2+4x-4=0$$

$x<0$ であるから　　$x=-2-2\sqrt{2}$

ゆえに，求める面積は

$$\int_{-2-2\sqrt{2}}^{0}\{(-x^2-3x+1)-(x-3)\}dx+\int_{0}^{2}\{(x^2-3x+1)-(x-3)\}dx$$

$$=\int_{-2-2\sqrt{2}}^{0}\{-(x+2)^2+8\}dx+\int_{0}^{2}(x-2)^2dx$$

$$=\left[-\frac{1}{3}(x+2)^3+8x\right]_{-2-2\sqrt{2}}^{0}+\left[\frac{1}{3}(x-2)^3\right]_{0}^{2}$$

$$=-\frac{8}{3}-\left\{-\frac{1}{3}(-2\sqrt{2})^3+8(-2-2\sqrt{2})\right\}-\frac{1}{3}(-2)^3$$

$$=16+\frac{32\sqrt{2}}{3}\quad\cdots\cdots(\text{答})$$

参考 （曲線 $y=x^2-3x+1$ と l が接するとき，微分法を用いて a の値を求めることもできる）

$y=x^2-3x+1$ ……（＊）より　$y'=2x-3$

（＊）と l の接点の座標を $(t,\ t^2-3t+1)$ $(t>0)$ とすると，l の傾きは1であるから

$2t-3=1$ より $t=2$

このとき，接点の座標は $(2,\ -1)$ で，接線の方程式は　$y=x-3$

よって　$a=-3$

また，$\int_{-2-2\sqrt{2}}^{0}\{(-x^2-3x+1)-(x-3)\}dx$ の計算は，次のようにしてもよい。

$\alpha=-2-2\sqrt{2}$ とおくと，α は $\alpha^2+4\alpha-4=0$ ……（＊＊）を満たす。

$$\int_{-2-2\sqrt{2}}^{0}\{(-x^2-3x+1)-(x-3)\}dx$$

$$=\int_{\alpha}^{0}(-x^2-4x+4)dx$$

$$=\left[-\frac{x^3}{3}-2x^2+4x\right]_{\alpha}^{0}$$

$$=\frac{\alpha^3}{3}+2\alpha^2-4\alpha$$

$$=\frac{1}{3}(\alpha^2+4\alpha-4)(\alpha+2)-\frac{16}{3}\alpha+\frac{8}{3}$$

$$=-\frac{16}{3}(-2-2\sqrt{2})+\frac{8}{3}\quad(\because\ (＊＊))$$

$=\dfrac{40}{3}+\dfrac{32\sqrt{2}}{3}$

◀解　説▶

≪２つの放物線と接線で囲まれた部分の面積≫

２つの放物線をつなぎ合わせた曲線とその接線で囲まれた部分の面積を求める問題である。

グラフを描くと，$a<0$ で C と l が接するのは，曲線 $y=x^2-3x+1$ $(x>0)$ と l が接するときであることがわかる。判別式，微分法のどちらの方法を用いても，容易に a の値を求めることができる。

C と l で囲まれた部分の面積は，$-2-2\sqrt{2}\leqq x\leqq 0$ の部分と，$0\leqq x\leqq 2$ の部分に分けて積分計算を行う。〔解答〕では

$$\int(x+q)^n dx=\frac{1}{n+1}(x+q)^{n+1}+C\quad(C\text{ は積分定数})$$

を用いて計算した。

$$\int(px+q)^n dx=\frac{1}{p(n+1)}(px+q)^{n+1}+C\quad(C\text{ は積分定数})$$

であることも知っておくとよい。〔参考〕のように，α（$=-2-2\sqrt{2}$）が $x^2+4x-4=0$ の解であることを用いて計算することもできる。

2

◇発想◇　$f(x)=ax^2+bx+c$ $(a\neq 0)$，$g(x)=x^2$ とおくと，$y=f(x)$，$y=g(x)$ のグラフが２点で直交する条件は

(ア)　２つの２次関数のグラフが２点で交わる

(イ)　２つの交点のいずれにおいても接線どうしが直交する

をともに満たすこと，すなわち

(ア)　$f(x)=g(x)$ が異なる２つの実数解 α，β をもつ

(イ)　$f'(\alpha)g'(\alpha)=-1$　かつ　$f'(\beta)g'(\beta)=-1$

をともに満たすことである。この条件を a，b，c で表すことを考える。

解答　求める 2 次関数を $y=ax^2+bx+c\ (a\neq 0)$ とし，
$f(x)=ax^2+bx+c,\ g(x)=x^2$ とおく。

$y=f(x),\ y=g(x)$ のグラフが 2 点で交わるから

$$ax^2+bx+c=x^2 \quad \text{すなわち} \quad (a-1)x^2+bx+c=0 \quad \cdots\cdots ①$$

が異なる 2 つの実数解をもつ。

したがって，$a\neq 1$ で，①の判別式を D とすると

$$D=b^2-4(a-1)c>0 \quad \cdots\cdots ②$$

①の解を $\alpha,\ \beta\ (\alpha\neq\beta)$ とすると，解と係数の関係より

$$\alpha+\beta=-\frac{b}{a-1},\quad \alpha\beta=\frac{c}{a-1} \quad \cdots\cdots ③$$

また，$\alpha,\ \beta$ は $y=f(x),\ y=g(x)$ のグラフの交点の x 座標で，2 つの交点において接線どうしが直交するから，$\alpha,\ \beta$ は $f'(x)g'(x)=-1$ の解である。

$$f'(x)g'(x)=(2ax+b)\cdot 2x=4ax^2+2bx$$

より，$\alpha,\ \beta$ は $4ax^2+2bx+1=0$ の解であるから，解と係数の関係より

$$\alpha+\beta=-\frac{b}{2a},\quad \alpha\beta=\frac{1}{4a} \quad \cdots\cdots ④$$

③，④より

$$-\frac{b}{a-1}=-\frac{b}{2a} \quad \text{かつ} \quad \frac{c}{a-1}=\frac{1}{4a}$$

すなわち

$$(a+1)b=0 \quad \cdots\cdots ⑤ \quad \text{かつ} \quad c=\frac{a-1}{4a} \quad \cdots\cdots ⑥$$

⑤より　　$a=-1$　または　$b=0$

(i)　$a=-1$ のとき

⑥より　　$c=\dfrac{1}{2}$

このとき，②より，$b^2+4>0$ であるから，b は任意の実数。

(ii)　$b=0$ のとき

②，⑥より，$-\dfrac{(a-1)^2}{a}>0$ であるから　　$a<0$

(i)，(ii)より，求める 2 次関数は

$$\left.\begin{array}{l} y=-x^2+bx+\dfrac{1}{2}\quad (b\text{ は任意の実数})\\ \text{または}\\ y=ax^2+\dfrac{a-1}{4a}\quad (a<0) \end{array}\right\}\cdots\cdots(\text{答})$$

◀解　説▶

≪２点で直交する放物線≫

２点で直交するような２つの２次関数のグラフを考える問題である。２次関数のグラフに関する条件を，２次方程式に関する条件に変えて解くことになる。

求める２次関数を $y=ax^2+bx+c$ $(a\neq 0)$ とおいて，題意を満たす a，b，c の組をすべて求めなければならない。a，b，c が満たす条件は

(ア)　①が異なる２つの実数解をもつから，$a\neq 1$ かつ $D>0$

(イ)　$f'(\alpha)g'(\alpha)=f'(\beta)g'(\beta)=-1$ から，α，β は $f'(x)g'(x)=-1$ の解をともに満たすことである。

〔解答〕では，①と $4ax^2+2bx+1=0$　……（＊）に解と係数の関係を用いた。①と（＊）が同じ解をもつことから，①を $x^2+\dfrac{b}{a-1}x+\dfrac{c}{a-1}=0$，（＊）を $x^2+\dfrac{b}{2a}x+\dfrac{1}{4a}=0$ として，$x^2+\dfrac{b}{a-1}x+\dfrac{c}{a-1}=x^2+\dfrac{b}{2a}x+\dfrac{1}{4a}$ が x についての恒等式になることを用いて⑤，⑥を導くこともできる。

(ア)，(イ)より，②，⑤，⑥をすべて満たす a，b，c が求めるものになる。c は a で表すことができるが，$a=-1$ のときは b が任意の実数，$b=0$ のときは a が任意の負の実数になることに注意する。

3

◇発想◇　$f(m,\ n)$ が $16=2^4$ で割り切れる条件をいきなり見つけることは難しい。そこで必要条件を考える。まず，$f(m,\ n)$ が２で割り切れる条件を求める。これは，m，n に関する条件である。次に，$f(m,\ n)$ が 2^2 で割り切れる条件，さらに，$f(m,\ n)$ が 2^3 で割り切れる条件と進み，最後に $f(m,\ n)$ が 2^4 で割り切れる条件を a で表し，これが十分条件であることを確認する。実際に計算してみると，２で割り切れる条件と 2^2 で割り

切れる条件は同じになるので，2 で割り切れる条件から 2^3 で割り切れる条件へ進める。

解答　$f(m,\ n)=mn^2+am^2+n^2+8$

$$=(m+1)n^2+am^2+8 \quad (a\text{ は奇数，}m,\ n\text{ は整数})$$

$m,\ n$ の偶奇と $f(m,\ n)$ の偶奇の関係は次のようになる（偶数を「偶」，奇数を「奇」と表す）。

m	n	$(m+1)n^2$	am^2	$f(m,\ n)$
偶	偶	偶	偶	偶
偶	奇	奇	偶	奇
奇	偶	偶	奇	奇
奇	奇	偶	奇	奇

したがって，$m,\ n$ がともに偶数であることと $f(m,\ n)$ が偶数であることは同値であり，これは $f(m,\ n)$ が 16 で割り切れるための必要条件である。

そこで，$m=2k,\ n=2l$（$k,\ l$ は整数）とおくと

$$f(m,\ n)=f(2k,\ 2l)$$
$$=4\{(2k+1)l^2+ak^2+2\}$$

$k,\ l$ の偶奇と $g(k,\ l)=(2k+1)l^2+ak^2+2$ の偶奇の関係は次のようになる。

k	l	$(2k+1)l^2$	ak^2	$g(k,\ l)$
偶	偶	偶	偶	偶
偶	奇	奇	偶	奇
奇	偶	偶	奇	奇
奇	奇	奇	奇	偶

よって，$k,\ l$ の偶奇が一致することと $g(k,\ l)$ が偶数であることは同値であり，これは $f(m,\ n)$ が 16 で割り切れるための必要条件である。

このとき

(i)　$k=2i,\ l=2j$（$i,\ j$ は整数）とすると

$$f(m,\ n)=4g(2i,\ 2j)=16\{(4i+1)j^2+ai^2\}+8$$

　で，$(4i+1)j^2+ai^2$ は整数より，$f(m,\ n)$ は 16 で割り切れない。

(ii)　$k=2i+1,\ l=2j+1$（$i,\ j$ は整数）のとき

$$f(m,\ n)=4g(2i+1,\ 2j+1)$$
$$=4\{(4i+3)(2j+1)^2+a(2i+1)^2+2\}$$
$$=16\{(4i+3)(j^2+j)+i+a(i^2+i)+1\}+4(a+1)$$

$(4i+3)(j^2+j)+i+a(i^2+i)+1$ は整数より，$f(m,\ n)$ が 16 で割り切れるための条件は，$(a+1)$ が 4 で割り切れることである。

(i)，(ii)より，$f(m,\ n)$ が 16 で割り切れるための条件は，$i,\ j$ を整数として

$m=2(2i+1)$ かつ $n=2(2j+1)$ かつ $(a+1)$ が 4 で割り切れる

ことである。

ゆえに，$f(m,\ n)$ が 16 で割り切れるような整数の組 $(m,\ n)$ が存在するための a の条件は

a を 4 で割ったときの余りが 3 であること　……(答)

別解　＜8 で割った商が奇数になる条件を求める解法＞

$g(m,\ n)=mn^2+am^2+n^2$ とおくと

$$f(m,\ n)=g(m,\ n)+8$$

なので，$f(m,\ n)$ が 16 で割り切れるためには，$g(m,\ n)$ が 8 で割り切れることが必要。このとき，$g(m,\ n)=8G$（G は整数）とおくと

$$f(m,\ n)=8(G+1)$$

よって，$f(m,\ n)$ が 16 で割り切れる条件は，G は奇数であることで

$g(m,\ n)=8G$　（G は奇数）　……①

となることである。

$g(m,\ n)=(m+1)n^2+am^2$ なので，m が奇数のとき $m+1$ は偶数，a は奇数から，$g(m,\ n)$ は奇数となり不適。よって，m は偶数でなければならない。このとき，n が奇数なら，$(m+1)n^2$ は奇数，am^2 は偶数から，$g(m,\ n)$ は奇数となり不適。よって，n も偶数でなければならない。

以下 4 を法とする合同式を用いる。また，$M,\ N,\ A$ は整数とする。

(i)　$m\equiv n\equiv 0$ のとき

$m=4M,\ n=4N$ とおけて

$$g(m,\ n)=8\cdot 2\{(4M+1)N^2+aM^2\}$$

このとき，①が成り立たず，不適。

(ii)　$m\equiv 0,\ n\equiv 2$ のとき

$m=4M,\ n=4N+2$ とおけて

$$g(m,\ n)=4\{(4M+1)(2N+1)^2+4aM^2\}$$

{　}内は奇数なので，①が成り立たず，不適。

(iii)　$m\equiv 2,\ n\equiv 0$ のとき

$m=4M+2,\ n=4N$ とおけて

$$g(m,\ n)=4\{4(4M+3)N^2+a(2M+1)^2\}$$

{　}内は奇数なので，①が成り立たず，不適。

(iv)　$m\equiv n\equiv 2$ のとき

$m=4M+2,\ n=4N+2$ とおけて

$$\begin{aligned}g(m,\ n)&=4(4M+3)(2N+1)^2+4a(2M+1)^2\\&=4\{4(4M+3)(N^2+N)+4M+4a(M^2+M)+a+3\}\end{aligned}$$

ここで，a は奇数なので，$a=4A+1$ または $a=4A+3$ とおける。

(ア)　$a=4A+1$ のとき

$$g(m,\ n)=8\cdot 2\{(4M+3)(N^2+N)+M+a(M^2+M)+A+1\}$$

となり，①が成り立たず，不適。

(イ)　$a=4A+3$ のとき

$$g(m,\ n)=8\{2(4M+3)(N^2+N)+2M+2a(M^2+M)+2A+3\}$$

となり，①が満たされる。

以上から，a の条件は　　4 で割って 3 余る整数であること

◀解　説▶

≪16 で割り切れるための条件≫

奇数 a と整数 $m,\ n$ で表された式が 16 で割り切れるための条件を考える問題である。2 で割り切れる条件を繰り返し求めることになる。

$m,\ n$ の偶奇を考えて，$f(m,\ n)$ が偶数になる条件を求めると，その結果，$m,\ n$ がともに偶数であることがわかり，このとき $f(m,\ n)$ は 4 の倍数になる。したがって，次は，$f(m,\ n)=f(2k,\ 2l)=4g(k,\ l)$ の $g(k,\ l)$ が偶数になる条件を求める。これより，$k,\ l$ がともに偶数またはともに奇数であることがわかり，これは $f(m,\ n)$ が 8 で割り切れるための条件であるから，$f(m,\ n)$ が 16 で割り切れるための必要条件である。最後に，$k,\ l$ がともに偶数またはともに奇数のときに $f(m,\ n)$ が 16 で割り切れるかどうか，すなわち十分性を確認する。

〔解答〕のように表を用いるとわかりやすい。また，2 を法とした合同式を用いて，偶数，奇数をそれぞれ 0，1 で表す方法もある。

また，$g(m, n)=mn^2+am^2+n^2$ とおき，条件が $g(m, n)=8G$（G は奇数）となることを用いる〔別解〕も考えられる。〔別解〕ではさらに $16=4^2$ であることと，m^2，n^2 が $f(m, n)$ に現れることから，4 を法とした合同式を用いる工夫をしている。

4

◇発想◇　球面上の 4 点 A，B，C，D の位置関係がわかりにくい。とりあえずわかることは，$|\overrightarrow{OA}|=|\overrightarrow{OB}|=|\overrightarrow{OC}|=|\overrightarrow{OD}|=1$ と $\overrightarrow{OA}\cdot\overrightarrow{OB}=\overrightarrow{OC}\cdot\overrightarrow{OD}=\frac{1}{2}$ から，△OAB と△OCD は正三角形になることである。一般性を失わないように，点 A，B（または C，D）の座標を定め，順に C，D（A，B）の座標を求めていく方法が考えられる。また，ベクトルの垂直を調べて 4 点の位置関係を考え，角の大きさを求める方法も考えられる。

解答　$|\overrightarrow{OA}|=|\overrightarrow{OB}|=1$，$\overrightarrow{OA}\cdot\overrightarrow{OB}=\frac{1}{2}$ から

$$\cos\angle AOB=\frac{\overrightarrow{OA}\cdot\overrightarrow{OB}}{|\overrightarrow{OA}||\overrightarrow{OB}|}=\frac{1}{2}$$

$0\leqq\angle AOB\leqq\pi$ より，$\angle AOB=\frac{\pi}{3}$ であるから，△OAB は一辺の長さが 1 の正三角形である。これより辺 AB の中点を M とすると，OM⊥AB である。したがって，原点 O を通り直線 AB に平行な直線を x 軸，直線 OM を y 軸，原点 O を通り x 軸と y 軸に垂直な直線を z 軸とし，

$A\left(\frac{1}{2}, \frac{\sqrt{3}}{2}, 0\right)$，$B\left(-\frac{1}{2}, \frac{\sqrt{3}}{2}, 0\right)$ とおいても一般性は失わない。

よって，$\overrightarrow{OA}=\left(\frac{1}{2}, \frac{\sqrt{3}}{2}, 0\right)$，$\overrightarrow{OB}=\left(-\frac{1}{2}, \frac{\sqrt{3}}{2}, 0\right)$ で，$\overrightarrow{OC}=(c_1, c_2, c_3)$

とすると，$\overrightarrow{OA}\cdot\overrightarrow{OC}=-\frac{\sqrt{6}}{4}$，$\overrightarrow{OB}\cdot\overrightarrow{OC}=-\frac{\sqrt{6}}{4}$，$|\overrightarrow{OC}|^2=1$ より

$$\begin{cases}\frac{1}{2}c_1+\frac{\sqrt{3}}{2}c_2=-\frac{\sqrt{6}}{4} & \cdots\cdots① \\ -\frac{1}{2}c_1+\frac{\sqrt{3}}{2}c_2=-\frac{\sqrt{6}}{4} & \cdots\cdots② \\ {c_1}^2+{c_2}^2+{c_3}^2=1 & \cdots\cdots③\end{cases}$$

①，②より　　$c_1=0$，$c_2=-\dfrac{\sqrt{2}}{2}$

これと③より　　$c_3=\pm\dfrac{\sqrt{2}}{2}$

$\overrightarrow{\mathrm{OD}}=(d_1,\ d_2,\ d_3)$ とすると，$\overrightarrow{\mathrm{OC}}\cdot\overrightarrow{\mathrm{OD}}=\dfrac{1}{2}$，$\overrightarrow{\mathrm{OA}}\cdot\overrightarrow{\mathrm{OD}}=\overrightarrow{\mathrm{OB}}\cdot\overrightarrow{\mathrm{OD}}$，

$\overrightarrow{\mathrm{OA}}\cdot\overrightarrow{\mathrm{OD}}=k>0$，$|\overrightarrow{\mathrm{OD}}|^2=1$ より

$$\begin{cases} -\dfrac{\sqrt{2}}{2}d_2\pm\dfrac{\sqrt{2}}{2}d_3=\dfrac{1}{2} & \cdots\cdots④ \\ \dfrac{1}{2}d_1+\dfrac{\sqrt{3}}{2}d_2=-\dfrac{1}{2}d_1+\dfrac{\sqrt{3}}{2}d_2 & \cdots\cdots⑤ \\ \dfrac{1}{2}d_1+\dfrac{\sqrt{3}}{2}d_2=k>0 & \cdots\cdots⑥ \\ {d_1}^2+{d_2}^2+{d_3}^2=1 & \cdots\cdots⑦ \end{cases}$$

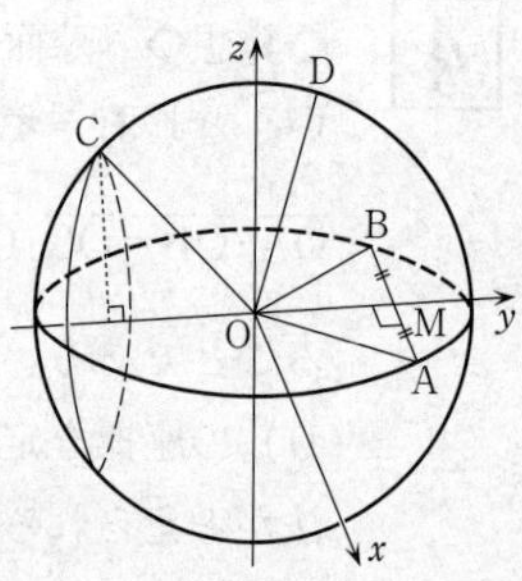

⑤より　　$d_1=0$

これと⑥より　　$k=\dfrac{\sqrt{3}}{2}d_2$　$\cdots\cdots⑧$

ここで，$k>0$ より　　$d_2>0$

④より　　$d_3=\pm\left(d_2+\dfrac{\sqrt{2}}{2}\right)$

これと $d_1=0$ を⑦に代入して

$${d_2}^2+\left(d_2+\frac{\sqrt{2}}{2}\right)^2=1 \quad すなわち \quad 4{d_2}^2+2\sqrt{2}d_2-1=0$$

$d_2>0$ であるから　　$d_2=\dfrac{-\sqrt{2}+\sqrt{6}}{4}$

これと⑧より

$$k=\frac{\sqrt{3}}{2}\cdot\frac{-\sqrt{2}+\sqrt{6}}{4}=\frac{3\sqrt{2}-\sqrt{6}}{8} \quad \cdots\cdots(答)$$

別解　＜ベクトルの垂直を利用する解法＞

(「△OAB は一辺の長さが 1 の正三角形である」までは〔解答〕と同じ)

したがって，辺 AB の中点をMとすると

$$\overrightarrow{\mathrm{AB}}\perp\overrightarrow{\mathrm{OM}} \quad \cdots\cdots(ア), \quad |\overrightarrow{\mathrm{OM}}|=\left|\frac{\sqrt{3}}{2}\overrightarrow{\mathrm{OA}}\right|=\frac{\sqrt{3}}{2}$$

$\overrightarrow{OA}\cdot\overrightarrow{OC}=\overrightarrow{OB}\cdot\overrightarrow{OC}=-\dfrac{\sqrt{6}}{4}$，$\overrightarrow{OA}\cdot\overrightarrow{OD}=\overrightarrow{OB}\cdot\overrightarrow{OD}=k>0$ より

$\overrightarrow{OC}\neq\vec{0}$，$\overrightarrow{OD}\neq\vec{0}$ で

$$\overrightarrow{AB}\cdot\overrightarrow{OC}=(\overrightarrow{OB}-\overrightarrow{OA})\cdot\overrightarrow{OC}=\overrightarrow{OB}\cdot\overrightarrow{OC}-\overrightarrow{OA}\cdot\overrightarrow{OC}=0$$
$$\overrightarrow{AB}\cdot\overrightarrow{OD}=(\overrightarrow{OB}-\overrightarrow{OA})\cdot\overrightarrow{OD}=\overrightarrow{OB}\cdot\overrightarrow{OD}-\overrightarrow{OA}\cdot\overrightarrow{OD}=0$$

であるから，$\overrightarrow{AB}\perp\overrightarrow{OC}$，$\overrightarrow{AB}\perp\overrightarrow{OD}$ である。

これと(ア)より，3 点M，C，Dは，原点Oを通り直線 AB に垂直な平面上にある。また

$$\overrightarrow{OM}\cdot\overrightarrow{OC}=\frac{\overrightarrow{OA}+\overrightarrow{OB}}{2}\cdot\overrightarrow{OC}=\frac{1}{2}(\overrightarrow{OA}\cdot\overrightarrow{OC}+\overrightarrow{OB}\cdot\overrightarrow{OC})=-\frac{\sqrt{6}}{4}$$

であるから

$$\cos\angle MOC=\frac{\overrightarrow{OM}\cdot\overrightarrow{OC}}{|\overrightarrow{OM}||\overrightarrow{OC}|}=\frac{-\frac{\sqrt{6}}{4}}{\frac{\sqrt{3}}{2}\cdot 1}=-\frac{\sqrt{2}}{2}$$

$0\leqq\angle MOC\leqq\pi$ より　　$\angle MOC=\dfrac{3}{4}\pi$

$|\overrightarrow{OC}|=|\overrightarrow{OD}|=1$，$\overrightarrow{OC}\cdot\overrightarrow{OD}=\dfrac{1}{2}$ から

$$\cos\angle COD=\frac{\overrightarrow{OC}\cdot\overrightarrow{OD}}{|\overrightarrow{OC}||\overrightarrow{OD}|}=\frac{1}{2}$$

$0\leqq\angle COD\leqq\pi$ より　　$\angle COD=\dfrac{\pi}{3}$

よって

(i)　$\angle MOD=\angle MOC-\angle COD=\dfrac{3}{4}\pi-\dfrac{\pi}{3}$ のとき

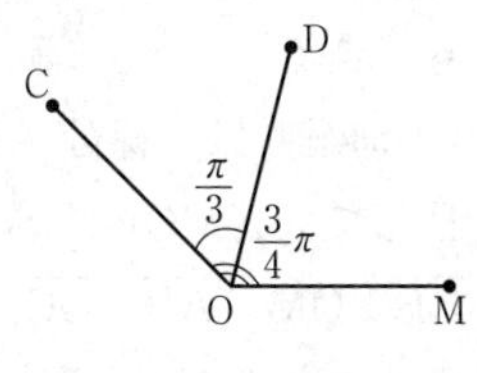

$$\cos\angle MOD=\cos\frac{3}{4}\pi\cos\frac{\pi}{3}+\sin\frac{3}{4}\pi\sin\frac{\pi}{3}$$
$$=\frac{-\sqrt{2}+\sqrt{6}}{4}$$

$$\overrightarrow{OM}\cdot\overrightarrow{OD}=\frac{\sqrt{3}}{2}\cdot 1\cdot\frac{-\sqrt{2}+\sqrt{6}}{4}=\frac{3\sqrt{2}-\sqrt{6}}{8}>0$$

(ii)　$\angle MOD=2\pi-(\angle MOC+\angle COD)=2\pi-\left(\dfrac{3}{4}\pi+\dfrac{\pi}{3}\right)$ のとき

$$\cos\angle \mathrm{MOD}=\cos\left(\frac{3}{4}\pi+\frac{\pi}{3}\right)$$
$$=\cos\frac{3}{4}\pi\cos\frac{\pi}{3}-\sin\frac{3}{4}\pi\sin\frac{\pi}{3}$$
$$=\frac{-\sqrt{2}-\sqrt{6}}{4}$$

$$\overrightarrow{\mathrm{OM}}\cdot\overrightarrow{\mathrm{OD}}=\frac{\sqrt{3}}{2}\cdot 1\cdot\frac{-\sqrt{2}-\sqrt{6}}{4}=\frac{-3\sqrt{2}-\sqrt{6}}{8}<0$$

また

$$\overrightarrow{\mathrm{OM}}\cdot\overrightarrow{\mathrm{OD}}=\frac{1}{2}(\overrightarrow{\mathrm{OA}}+\overrightarrow{\mathrm{OB}})\cdot\overrightarrow{\mathrm{OD}}=\frac{1}{2}(\overrightarrow{\mathrm{OA}}\cdot\overrightarrow{\mathrm{OD}}+\overrightarrow{\mathrm{OB}}\cdot\overrightarrow{\mathrm{OD}})=k$$

で，$k>0$ であるから，(i)，(ii) より

$$k=\frac{3\sqrt{2}-\sqrt{6}}{8}$$

◀解　説▶

≪単位球面上の４点の位置ベクトルと内積≫

原点Oを中心とする半径１の球面上にある４点の位置ベクトルの内積を考える問題である。

△OABが正三角形であることに注目して，２点A，Bの座標を設定する。座標設定は，A(1, 0, 0)，B$\left(\frac{1}{2}, \frac{\sqrt{3}}{2}, 0\right)$ などいろいろ考えられる。A，Bの座標をもとに点Cの座標を求め，さらに点Dの座標を求める。$k>0$ からDの座標は１通りに定まる。なお，△OCDが正三角形であることに注目して，２点C，Dの座標を設定し，点A，Bの座標を求めることもできる。

〔別解〕は，線分ABの中点をMとすると $\overrightarrow{\mathrm{OM}}\cdot\overrightarrow{\mathrm{OD}}=k$ になることに注目して，∠MODを求めようというものである。内積の垂直条件より，$\overrightarrow{\mathrm{AB}}\perp\overrightarrow{\mathrm{OM}}$，$\overrightarrow{\mathrm{AB}}\perp\overrightarrow{\mathrm{OC}}$，$\overrightarrow{\mathrm{AB}}\perp\overrightarrow{\mathrm{OD}}$ がわかり，４点O，M，C，Dが同一平面上にあることを導く。最後は平面上の４点O，M，C，Dの位置関係を考える。∠MODが２通り考えられることに注意し，$k>0$ から１通りに決定する。

5

◆発想◆　まず1行目，次に2行目，さらに3，4行目の順に入れる数字を考えていく。このとき，2行目の入れ方に2つのパターンがあり，これによって3，4行目の入れ方に違いが生じることに注意する。また，1行目の次に，1列目，その後2～4行目の2～4列目に入れる数字を決めていく方法も考えられる。この方法では，2～4行目の1列目の数字によって，その行の2～4列目に入れる数字がある程度絞られることに注目する。

解答　a_1，a_2，a_3，a_4 を1～4の相異なる整数とする。

1行目の入れ方は，4! 通りある。

1行目を | a_1 | a_2 | a_3 | a_4 | とすると，1，2行目の入れ方は

(i)

a_1	a_2	a_3	a_4
a_2	a_1	a_4	a_3

a_1	a_2	a_3	a_4
a_3	a_4	a_1	a_2

a_1	a_2	a_3	a_4
a_4	a_3	a_2	a_1

(ii)

a_1	a_2	a_3	a_4
a_2	a_3	a_4	a_1

a_1	a_2	a_3	a_4
a_3	a_1	a_4	a_2

a_1	a_2	a_3	a_4
a_4	a_1	a_2	a_3

a_1	a_2	a_3	a_4
a_2	a_4	a_1	a_3

a_1	a_2	a_3	a_4
a_3	a_4	a_2	a_1

a_1	a_2	a_3	a_4
a_4	a_3	a_1	a_2

の9通りある。

(i)の場合

a_1	a_2	a_3	a_4
a_2	a_1	a_4	a_3

で考えると，1～3行目は

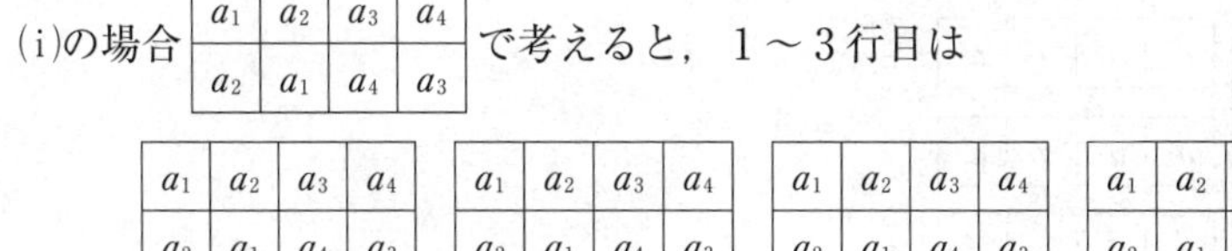

a_1	a_2	a_3	a_4
a_2	a_1	a_4	a_3
a_3	a_4	a_1	a_2

a_1	a_2	a_3	a_4
a_2	a_1	a_4	a_3
a_3	a_4	a_2	a_1

a_1	a_2	a_3	a_4
a_2	a_1	a_4	a_3
a_4	a_3	a_1	a_2

a_1	a_2	a_3	a_4
a_2	a_1	a_4	a_3
a_4	a_3	a_2	a_1

の4通りあり，4行目は1通りに決まる。

他の2つの場合も同様であるから

$3\cdot4\cdot1=12$ 通り

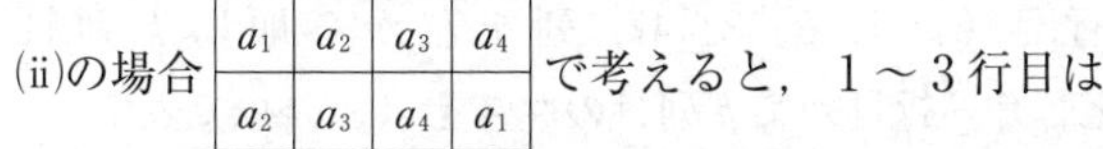

(ii)の場合

a_1	a_2	a_3	a_4
a_2	a_3	a_4	a_1

で考えると，1～3行目は

a_1	a_2	a_3	a_4
a_2	a_3	a_4	a_1
a_3	a_4	a_1	a_2

a_1	a_2	a_3	a_4
a_2	a_3	a_4	a_1
a_4	a_1	a_2	a_3

の2通りあり，4行目は1通りに決まる。

他の5つの場合も同様であるから

$$6\cdot 2\cdot 1=12 \text{ 通り}$$

(i)，(ii)より，求める入れ方は

$$4!\,(12+12)=576 \text{ 通り}\quad \cdots\cdots(\text{答})$$

別解1　＜1行目と1列目を先に考える解法＞

a_1，a_2，a_3，a_4 を1～4の相異なる整数とする。

1行目の入れ方は 4! 通りある。

1行目を | a_1 | a_2 | a_3 | a_4 | とする。

1列目の2～4行目に入る数字は a_2，a_3，a_4 のいずれかであるから，入れ方は 3! 通りある。

何行目の1列目に a_2，a_3，a_4 が入るかは考えずに，1列目が a_2，a_3，a_4 である行の1～4列目を考えると

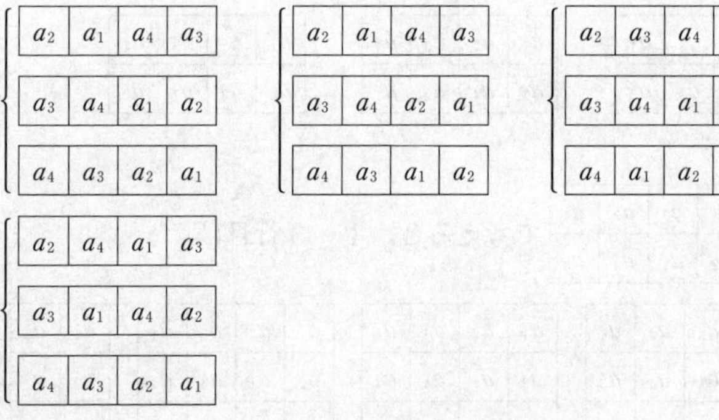

の4通りある。

よって，求める入れ方は

$$4!\cdot 3!\cdot 4=576 \text{ 通り}$$

別解2　＜具体例を考える解法＞

行を上から順に j 行目（$j=1$，2，3，4），列を左から順に k 列目（$k=1$，2，3，4）とし，第 j 行目の第 k 列目のマスを（j，k）で表す。

1行目の入れ方は　　$4!=24$ 通り　……(ア)

1 行目が左から順に 1，2，3，4 のときを考える。他の場合も同様である。

次いで，2 が入るマス目を考えると，右下図で 2 行目，3 行目，4 行目を入れ替えた

　　3!＝6 通り　……(イ)

が考えられる。

これら 6 通りは右図の 2 行目，3 行目，4 行目の入れ替えで得られるので，右図の場合で考える。

1	2	3	4
2			
		2	
			2

次いで，3 を 2 行目のどこに入れるかで次の(i)，(ii)が考えられる。

(i)

1	2	3	4
②	3		
		②	
			②

(ii)

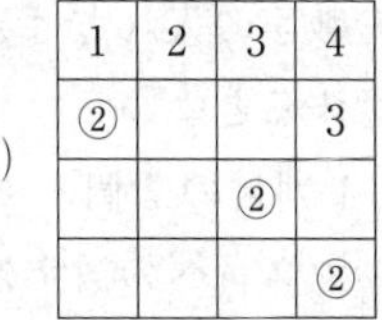

1	2	3	4
②			3
		②	
			②

(i)のとき

まず，2 行目が決まり，次いで（3，4），（4，3）が決まり，次の 1 通りとなる。

1	2	3	4
②	③	4	1
4	1	②	3
3	4	1	②

(ii)のとき

まず，（3，4）が 1 と決まり，次いで 2 行目の決め方のそれぞれから（4，3）が決まり，次の 3 通りとなる。

1	2	3	4
②	1	4	③
3	4	②	1
4	3	1	②

1	2	3	4
②	1	4	③
4	3	②	1
3	4	1	②

1	2	3	4
②	4	1	③
4	3	②	1
3	1	4	②

よって，(i)または(ii)で 4 通り　……(ウ)

(ア)〜(ウ)から，全部で　　24·6·4＝576 通り

◀解　説▶

≪4×4のマス目に数字を入れる場合の数，ラテン方陣≫

4×4のマス目に1～4の数字を，どの行，どの列にも同じ数字が1回しか現れない入れ方の総数を求める問題である。ラテン方陣（ラテン方格ともいう）に関する問題である。

1行目の数字の入れ方のそれぞれに対して，2行目の数字の入れ方は9通りある。これは4個のものの完全順列の数（モンモール数）である。この9通りのうち，(i)の3通りは，1行目の2つの数字2組をそれぞれ入れ替えたものである。この場合は，3行目の数字の入れ方が4通りずつある。また，(ii)の場合は，3行目の数字の入れ方は2通りずつある。これらは具体的に数字を入れてみて確認するとよい。

〔別解1〕では，1行目と1列目の7個のマス目への数字の入れ方それぞれに対して，残りの9個のマス目への数字の入れ方が4通りあることを確認した。

〔別解2〕では，1行目に数字を入れた後，特定の数字（例えば2）が入る場所を決めてしまってから，残りの数字の入れ方を考えた。

〔解答〕〔別解1〕ともに一般性を考えて，マス目に入れる数字をa_1～a_4で表した。〔別解2〕のように，具体的に1～4の数字を入れ，他の場合も同様に考えられることから場合の数を計算しても，説明をつけておけばよいであろう。

❖講　評

頻出分野である微分・積分，整数の性質，ベクトル，場合の数からの出題である。証明・図示問題は出題されていないが，論理能力を問う問題，図形感覚を試す問題が出題されている。4，5は理系との共通問題である。

1　面積を求める積分法の問題。グラフを描けば解法の方針が見える。積分計算では，工夫することによりミスをなくすことが大切である。

2　接線に関する微分法の問題。2次関数のグラフの直交条件を2次方程式の解と結びつけ，自分で文字を設定して立式しなければいけない。慣れていないと，どう記述したらいいのか迷ったであろう。

3　倍数に関する整数問題。偶奇に分けて考えていけばよいのであるが，解答にたどり着くまで，根気よく場合分けを繰り返していかなければならない。

[4]　球面に関する空間図形の問題。何から進めていけばよいかすぐにはわからない。球面上の 4 点の位置関係を理解するのに苦労したであろう。

[5]　場合の数を求める問題。ミスのないように，順々に慎重に数え上げていかなければならない。

2020 年度は一筋縄ではいかない問題がずらりと並び，2019 年度より大きく難化した。[1]は標準問題といえるが，[2]，[3]，[5]は解答を進めていくのに時間のかかるやや難レベルの問題，[4]は解法の方針を立てるまでに時間がかかる難レベルの問題である。どんな問題にも柔軟に対応し，なんとか解決の糸口を見つけられる訓練をしておきたい。

解答を心がけ、不用意な失点をなくしたい。問一の和歌解釈の問題は標準的。「語らはば」「ありやせむ」「言ふかひなく」「思はざらなむ」を、古語と文法を正確に踏まえて訳す。問二の引き歌の心情説明問題も標準的。ただし、引き歌の技法への習熟度によって差が出るだろう。問三の心情説明問題はやや易。該当箇所を訳す要領で十分である。問四の現代語訳問題は、(3)がやや易で、(4)が標準的。「適宜ことばを補いつつ」という条件が付いているので、正確かつ丁寧に補う必要はある。

一九年度に比べると若干減少したが、総解答量は二行増加して十七行であった。二〇一九年度では解答欄が二行の設問が三問だったが、二〇二〇年度では解答欄が四行の設問が三問もあった。文章自体は読みやすく、各設問の内容もおおむね標準的で、二〇一九年度に比べて難易度にそう変化はない。問一の理由説明問題は標準的。井伏の醸し出す雰囲気が太宰と似ていたことを、そのように実感させた具体的内容と合わせて説明すること。問二の理由説明問題はやや易。ただし、〈頭で話す人でなく、気持ちで話す人だから〉という要素も含めて二行で簡潔に説明するには表現の工夫が必要となる。問三の内容説明問題は標準的。「芳醇な酒」「水」という対比的な比喩が示す内容を説明しつつ、酒を水で薄めてしまうという比喩表現で示されている筆者の危惧をわかりやすく説明すること。問四の内容説明問題はやや難。決して野暮ったいわけではなく、むしろ「立派」とみなされるような自らの風貌を誇示するのではなく、あえて卑下して見せる井伏の人柄を指して「スマート」と筆者が評している点に注意すること。問五の内容説明問題もやや難。〈古いメンコを懐かしがっている気持ち〉への共感というより、〈古いメンコに心を安らがせている井伏の人柄に接したことによって湧き出てきた安らかな気持ち〉であることに注意。また、住居や身の回りのものにはこだわらない一方で、一見たいした価値のないように思えるものに愛着を抱いている、という点も井伏の人柄を表すエピソードであることに注意したい。

三の古文（日記）は、平安時代中期の日記からの出題。文系で日記の出題は、二〇一四年度の『とはずがたり』以来、六年ぶり。文章量は六〇〇字弱で、例年に比べるとやや少なめ。総解答量は、二〇一八・二〇一九年度と同じく一四行である。二〇一六年度から二〇一八年度まで出されていた漢文または漢詩の設問は、二〇一九年度と同様に見られなかった。設問は、和歌解釈が一問、心情説明（実質的には内容説明）が二問、現代語訳が二問で、バランスのとれた出題だが、そのうち和歌の絡む設問が二問で、例年同様に和歌重視がうかがえる。文章内容は比較的読み取りやすい。『和泉式部日記』の冒頭に近い箇所であり、読んだことのある受験生には当然有利に働いたはず。難易度については、やや難だった二〇一九年度よりも易化した。例年のレベルに比べても、易しめであろう。したがって、その分、丁寧な

❖講　評

㈠の現代文（評論）は、人間の真実を追求する上での「リアリズム小説」の限界と、「体験談」とは異なる「告白」という方法で真実を追求していく可能性を示唆した文章からの出題。設問数は例年と変わらず五問であり、漢字の書き取りの出題もなく、説明問題のみであった。総解答量は、二〇一九年度より一行減少して十八行であり、内容説明が三問、理由説明が二問という設問形式であった。文章量は二〇一九年度と比べると七〇〇字ほど増え、また、比喩表現が多く、問題文全体の主旨もつかみにくい文章であったため、二〇一九年度と比較すると難易度は上がったと言えるだろう。問一の内容説明問題は標準的。「体験談」が武勇談になってしまう心理について、指示語の指示内容を明らかにしながら説明すること。問二の内容説明問題はやや難。「共有の過敏な粘膜」という比喩表現に留意し、共有される弱点について明示しつつ説明する。自分の欠点を並べ立てると相手を攻撃することができるという理屈をうまく説明するのが厄介である。問三の内容説明問題は標準的。人間が自分たちの弱点について書いたり読んだりするのは、自分たちの弱点から目を逸らすためであるという事実のどういう点が矛盾しているのかをうまく説明する必要がある。問四の理由説明問題は標準的。「リアリズム小説」が決定論に行き着くという点だけでなく、それの何が問題であるかという点まできちんと指摘しておきたい。問五の理由説明問題は難。人間の真実を追求する上で、「体験談」では問題があり、その問題を克服するための「リアリズム小説」にも限界があるということを指摘しつつ、それでも真実を追求していくための、「体験談」とも「リアリズム小説」とも違う方法（「告白」）の可能性を示唆する、という文章の主旨を限られた時間内できちんと理解して解答を作成するのは非常に難しいだろう。

㈡の現代文は、太宰治に傾倒していた作家、小山清が太宰の師匠である井伏鱒二を訪問して、井伏の人となりについて綴った文章。対談が出題された珍しい二〇一九年度と違い、オーソドックスな随筆からの出題となった。例年、㈡では、随筆だけでなく、小説や硬質な評論文、対談など、様々なジャンルから出題されているが、いずれにせよ、とりわけ京大文系の現代文では、比喩表現や感覚的表現の理解が多く問われることに留意しておきたい。文章量は二〇いつも殿舎の奥で生活している身の上だと言いつつ、女の部屋（母屋）へ入り込む口実にしようとしている。「かかるところ（＝このような所）」は、指示内容の具体化が必要である。「西の妻戸に藁座さし出でて入れたてまつるに」とあるので、宮は妻戸（＝寝殿造りの廂の間と縁側を出入りするための両開きの戸）から入り、端近に座っている（端近とは、家の中の縁側や入り口に近い所で、寝殿造では母屋でなく廂の間がそれに該当する）。さらに「月さし出でぬ」「いと明し」とあるので、その内容も補うと、「かかるところ」とは、〝月明かりに照らされて姿があらわになるような、妻戸際の端近な所〟という意味になる。次に、「居ならはぬを」は、まず「居」が上一段動詞「居る」の連用形で、〝座る・いる〟の意だが、藁座（＝座布団の類）が出されているので、はっきり〝座る〟と訳したい。「ならは」は四段動詞「ならふ（慣らふ）」の未然形で、〝慣れる〟の意。「ぬ」は打消の助動詞「ず」の連体形。「を」は接続助詞で、ここでは順接の〝〜ので〟の意。「いと」は〝たいそう・とても〟の意。「はしたなき」は形容詞「はしたなし」の連体形で、「はしたなし」は〝①中途半端だ、②きまりが悪い・恥ずかしい〟の意で、ここでは②の方が適訳。「心地」は〝気持ち〟の意。「する」はサ変動詞「す」の連体形。「に」は接続助詞で、ここでは順接の〝〜ので〟の意。

参考　『和泉式部日記』は、平安時代中期の日記文学。和泉式部の自作とするのがほぼ通説だが、他作説もある。自作であれば、成立は寛弘四年（一〇〇七年）以後まもなくと考えられる。和泉式部が、恋人の為尊親王の死後、弟の敦道親王（帥宮）から求愛を受け、親王邸に引き取られるまでの約十カ月間にわたり、和泉式部と敦道親王との恋愛の経過を、歌物語風に描いた作品である。和泉式部を「女」と第三人称化し、敦道親王の心理描写に詳しく立ち入るなどの点に特徴があり、これらが他作説の出るゆえんとなっている。

は、女の心の動きには当たらないが、理由説明として入れておくのがよい。「情けなし」は〝思いやりがない・配慮に欠ける〟の意。「ものばかり聞こえむ」は〝話だけ申し上げよう〟の意。「聞こゆ」や「聞こえさす」は「言ふ」の謙譲語で、〝申し上げる〟の意。

解答作成のポイントは以下の四点である。現代語訳する要領でまとめるが、一つ注意点として、説明問題の場合、本文の敬語表現は通常表現に直して説明するのが適切である。以下、敬語部分には傍線を付けた。

① 女いと便なき心地すれど

② 「なし」と聞こえさすべきにもあらず

③ 昼も御返り聞こえさせつれば、ありながら帰したてまつらむも情けなかるべし

④ ものばかり聞こえむ

▼問四　(3)「世の人の」の「の」は主格を表す格助詞で、〝が〟の意。「言へば」の「ば」は、已然形に付いているので、順接確定条件を表す接続助詞で、〝～ので・～から〟の意。「に」は断定の助動詞「なり」の連用形。「や」は疑問の係助詞。「む」は推量の助動詞で、係助詞「や」を受けて連体形。「なべて」は〝普通・並々〟の意。「御さま」は〝ご様子（ご容姿）〟の意。「なまめかし」は、若々しくて洗練されていて、美しく魅力的なさまをいう語で、代表的な訳語は〝優美だ・上品だ〟である。以上から、傍線部は、〝世間の人が（そう）言うからであろうか、（宮は）並々のご様子ではなく優美である〟などと、かっこ内を補って訳せる。あとは、「そう」の内容を具体化したい。直接的には「なまめかし」を指しているので、〝優美な方だと〟などと補えるが、〝賞賛して・すばらしいと〟くらいの補い方でもよい。

(4)「古めかしう」は、形容詞「古めかし」の連用形「古めかしく」のウ音便で、〝古風だ〟の意。「奥まりたる」は、ここでは〝邸（部屋）の奥に引っ込んでいる〟くらいの意で、あいまいな訳にしないこと。「身なれば」は、「なれ」が断定の助動詞「なり」の已然形、「ば」が順接確定条件を表す接続助詞で、〝身の上なので〟の意。宮は皇族として

ほしい〟の意。よって、「思はざらなむ」は〝思わないでほしい（思わないでください）〟と訳す。

▼問二　傍線部(2)は、「あはれなる御物語聞こえさせに、暮れにはいかが（＝しみじみとしたお話を申し上げるために、この夕暮れに参りたいのですが、どうですか）」という宮の誘いに対する、女の返事に当たる。傍線部(2)の「生ひたる蘆」は、引き歌といって、古歌の一節（特に景物）を引用して、古歌全体の内容をほのめかす技法である。したがって、女は、「生ひたる蘆」と述べることで、「何事も言はれざりけり」「身の憂きは」「ねのみ泣かれて」の内容を示唆し、〈恋人を亡くしたわが身のつらさから、声を上げて泣いてばかりで、何も話すことができない〉と伝えようとしているのがわかる。なお、「生ひたる蘆の」は「ね（根）」を導き出す序詞で、「ね」は「根」と「音」との掛詞になっている。「音を泣く」で〝声を出して泣く〟の意。次に、傍線部(2)の「かひなくや」は、宮の「暮れに（訪問するの）はいかが」に対し、〈訪問されてもしかたのない（どうにも甲斐がない）ことだ〉と伝えようとしている。「や」は軽い疑問ないしは詠嘆を表す。女の返事として、〈宮の訪問を婉曲的に断る気持ち〉というまとめ方もできるが、そこまではしなくてもよかろう。

解答作成のポイントは以下の二点である。

① 女が「生ひたる蘆」で示唆した古歌の内容を漏らさずに説明する

② 宮の「暮れに（訪問するの）はいかが」に対する「かひなくや」の気持ちを説明する

▼問三「『かくなむ（＝このように参りました）』と言はせたまへれば（＝宮が右近の尉に言わせなさったので）」が「宮の来訪を聞いて」に該当するので、直後からの、「女いと便なき心地すれど」、「『なし』と聞こえさすべきにもあらず」、「昼も御返り聞こえさせつれば、ありながら帰したてまつらむも情けなかるべし」、「ものばかり聞こえむ」の四カ所を訳出する要領でまとめればよい（「女の心の動き」の説明だが、適宜状況説明も交えるのが自然であろう）。「便なき」は形容詞「便なし」の連体形で、〝都合が悪い・不都合だ〟の意。そう感じる理由は、宮の来訪が「暮れ」よりも早い「思ひかけぬほど」だったからで、その点にも軽く触れておくとよい。「昼も御返り聞こえさせつれば」

はなく洗練されて優美である（と女には感じられる）。女の方でも意識せずにはいられなくて、お話などを申し上げるうちに月が出てきた。（宮は）「たいそう明るい。（私は）古風で（いつも邸の）奥の所にいる身なので、このような（月明かり）で姿があらわになる妻戸際の端近な）所に座り慣れていないものだから、たいそうきまりの悪い気持ちがするので、あなたがいらっしゃるところ（＝母屋）に座らせてください。決して、今まで（あなたが）お逢いになってきたような人のまねはしますまい」とおっしゃるので、（女は）「おかしなことです。今夜だけ（お話を）申し上げるのだと思っております。今までいつ（そのような浮いたことが）ありましたでしょうか（、いえございません）」などと、とりとめのない話に紛らし申し上げるうちに、夜もだんだん更けていった。

◀解　説▶

▼問一　傍線部（1）は宮の贈歌である。「語らは」は四段動詞「語らふ」の未然形。今でも〈語らいの場〉などと言うと、〝懇親〟の意味合いがあるように、「語らふ」は、〝①親しく語り合う、②親しくつきあう、③男女の契りを結ぶ、④仲間に引き入れる〟の意で、ここでは①の意味。「ば」は順接仮定条件を表す接続助詞で、〝～ならば〟の意。「なぐさむ（慰む）」は無理に言い換える必要はないが、〝気持ちが安らぐ・悲しみがやわらぐ〟ほどの意。「ありやせむ」は、係り結びによる句切れに注意。「や」は疑問・反語の係助詞で、ここでは（軽い）疑問の用法。結びは推量の助動詞「む」で、連体形になっている（ここで三句切れ）。ここまでを逐語訳すれば、〝親しく語り合うならば（あなたの心が）慰められることもあったりするだろうか〟となり、この程度の訳で構わないが、〔解答〕では表現を少し整えた。「言ふかひなく」は形容詞「言ふかひなし」の連用形。「言ふかひなし」は、〝①言ってもしかたがない・どうしようもない、②取るに足りない・つまらない、③情けない・みじめだ〟などの意で、ここでは①の〝言っても（話しても）しかたがない〟くらいの意味にとれる。「言ふ」＋「かひ（＝価値）」＋「なし」からできた語なので、ここではその原義がよく出た意味合いだと思われる。「思はざらなむ」は、「なむ」の用法に注意したい。「ざら」が打消の助動詞「ず」の未然形なので、未然形に付くこの「なむ」は、他者への願望（あつらえ）を表す終助詞で、〝～して

◆全　訳◆

こうして、たびたび（宮が）お便りをくださる（ことに対する）、ご返事も時々は差し上げる。（女は）所在のない寂しさも少し慰められる気持ちがして過ごす。

また（宮からの）お便りがある。言葉などは（前よりも）もう少し心がこもっていて、（宮は）

「親しくお話をするならば、（あなたのお心が）慰められることもあったりするだろうか（と思います）。話し相手にもならないつまらない男だとは思わないでほしいものです

しみじみとしたお話を申し上げるために、この夕暮れに（お伺いしようと思いますが）いかがですか」とおっしゃってきたので、（女は）

「慰められるとお聞きすると、親しくお話をしたいですが、わが身のつらいことは、（私の方こそ）話し相手にもならないほどどうしようもありません

『生ひたる葦』の歌のように、このつらいわが身は泣いてばかりで（もう何も話すことができませんので）、おいでになってもしかたのないことではありませんか」と（ご返事を）申し上げた。

（宮は女が）思いもしないときにこっそり（行こう）とお思いになって、昼からお心づもりをして、普段もお便りの取り次ぎ役として伺候する右近の尉という人をお呼びになって、「こっそりあちらへ出かけて行こう」とおっしゃるので、（右近の尉は）そう（＝女のところへ行く）であるようだと思ってお仕えする。

（宮は）粗末なお車でいらっしゃって、「こうこうです（＝宮がおいでになりました）」と（右近の尉に）言わせなさったので、女はたいそう都合の悪い気持ちがするけれども、「いません」と申し上げるわけにもいかない、昼もご返事を申し上げたので、（家に）いるのに（宮を）お帰し申し上げるようなことも思いやりがないに違いない、お話だけ申し上げようと思って、西の妻戸（＝寝殿造りの廂（ひさし）の間と簀子（すのこ）（縁側）を出入りするための両開きの戸）に藁で編んだ敷物を差し出して（廂の間に宮を）お入れ申し上げると、世間の人が（そう）言っているからであろうか、（宮は）並々のご容姿で

①「泉のやうに湧き出てくるもの」の具体的内容を説明する

②筆者に〈柔らかな気持ち〉を引き起こしたのが井伏の人柄であることを明示する

③第八段落からの一連の流れを踏まえて、井伏の人柄を説明する

参考 小山清（一九一一～一九六五年）は、東京生まれの小説家。明治学院中等部卒業。新聞配達員や炭鉱夫などを経験しながら、太宰の門人となり作家活動をする。『文學界』に発表の「小さな町」や『新潮』に発表の「落穂拾ひ」など、自らの生い立ちや日常経験を題材とした一連の清純な私小説で作家としての地位を確立。「つつましい庶民生活の中に、人間の魂の美しさを見いだそうとした作風」という評がある。その他の作品に「安い頭」「をぢさんの話」などがある。

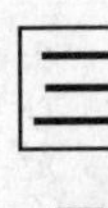

出典 『和泉式部日記』

解答

問一 親しく話をしたら悲しみがやわらぐこともあろうかと思います。話してもしかたがない者とは思わないでください

問二 恋人を亡くしたつらい境遇のあまり、私は声を上げて泣いてばかりいて、もう何も話すことができないので、わざわざ宮が訪ねて来てもしかたがないという気持ち。

問三 早い時間での急な来訪にとても都合の悪い気持ちがしたが、不在だと言うわけにもいかないし、昼間も返事をしたので、在宅なのに宮を帰すのは薄情で失礼だろうから、話だけはしようと思った。

問四 (3)世間の人が宮を優美な方だと言うのでそう感じるのであろうか、宮は並大抵のご容姿ではなく優美である

(4)私は古風でいつも邸の奥にいる身なので、月明かりに映し出される、このような妻戸際の端近な所に座り慣れていないから、とてもきまりの悪い気持ちがするので

「殊更に自分を人に野暮つたく印象づけようとしてゐるのかも知れない」というのは、「太つてゐると、小説が下手に見えていけない」、「芥川龍之介が人気があるのは痩せてゐたからだ」などという井伏自身の発言を指している。実際の井伏はそばで見れば「男盛り」で、「風貌には一寸男惚れをさせるものがある」、「恰幅も立派で、てこでも動かない感じ」なのだから、太っているというよりはむしろ堂々とした「立派さ」と人に受け取られる様子であるのだが、〈そのような自分の「立派さ」をあえて誇示するのではなく、むしろ持て余し気味に「野暮つたく」ととらえて卑下し、自嘲してみせる感性〉を指して、筆者は、井伏を「スマート」、つまり、洗練されていると受け止めているのだ、と理解することができよう。以上の内容をうまくまとめて解答を作成したい。

解答作成のポイントは以下の二点である。

① 井伏の風貌が〈野暮ったさ〉とは正反対であることを説明する

② ①を踏まえた上で、あえて野暮ったくみせることが「スマート」と評される点であることを説明する

▼問五　傍線部(5)の「私の胸の中にも」の「も」に注目するならば、傍線部の内容は、〈井伏が渡して寄こした古いメンコを見ているうちに、井伏と同じく筆者にも、柔らいだ気持ちが溢れ出てきた〉ということだと理解できるだろう。ここで注意したいのは、このメンコのエピソードが、井伏が住居や身の回りの家具や文房具といったものに無頓着である（第八・九段落）という話からの一連の流れで語られていることである。そう考えて読んでみると、住居や身の回りのものは簡素を旨としてこだわらない一方で、気に入ったものであればカレンダー付きのポスターの複製画のような一見価値のなさそうなものでも無心して部屋に飾ったり、子供の頃に遊んだボール紙の古いメンコのようなものに愛着を抱いて心を癒されたりしている、〈そういう井伏の飾り気のない人柄や感性に触れたからこそ、筆者の胸の中にも柔らかであたたかな気持ちが湧き上がってきたのだ〉と言えるだろう。したがって、ここではメンコの話だけに終始せず、この一連のエピソードの流れを踏まえた解答を作成することが望ましい。

解答作成のポイントは以下の三点である。

で」とあり、また、傍線部(2)の後に「井伏さんの話には目だたない吸引力があって」とあることから、〈井伏の話やその話し方には人を引きつけて寛がせる魅力があったこと〉がわかる。さらに、その魅力について「井伏さんが頭で話す人でなく、気持で話す人だからであらう」と説明されているので、〈理詰め（＝「頭で」）ではなく気持ちを重視して話す人だ〉という要素も盛り込んで説明したい。

解答作成のポイントは以下の二点である。

①「目だたない吸引力」の具体的内容を説明する

②「頭で話す人でなく、気持で話す人」という要素も盛り込んで説明する

▼問三　傍線部(3)の直前の段落の終わりに、どんな話題であっても、井伏の話は「そのままで滋味ゆたかな随筆や小品になる感じがする」と説明されており、また、問二で確認したように、井伏自身が魅力的な人間であることから、「井伏さんといふ芳醇（はうじゆん）な酒」という比喩は、〈話題にする事柄の興味深さやその人柄の魅力〉を示す表現だと解釈して、簡潔に説明しよう。さらに筆者は、井伏について語る文章を書くにあたって、自分自身のことを「私といふ水」とたとえているので、ここでいう「水」とは、〈自身の文章力や描写力を含めた感性〉といったことを意味しているのがわかる。さらに「芳醇な酒」との対比から、〈平凡な文筆家である自分の文章力や自分のありふれた感性による描写〉などと解釈できるだろう。その上で、〈そういった自分の描写や文章力では、井伏の魅力を十分に伝えきれずに損ねてしまうのでは〉という危惧が、「いたづらに味ないものにしてしまふのではないか」という表現に表れていると理解して、傍線部(3)全体の内容を解釈して説明すればよい。

解答作成のポイントは以下の二点である。

①「芳醇な酒」と「水」との対比がわかるように比喩表現を説明する

②「(芳醇な酒を)味ないものにしてしまふ」という危惧の内容を具体的に説明する

▼問四　傍線部(4)の「スマート」とは、ここでは〈態度がよく洗練されているさま〉と理解することができる。また、

紙の古いメンコに愛着を抱き癒されている井伏の人柄に触れて、筆者自身も懐かしく安らいだ気持ちになったということ。

◆要　旨◆

井伏鱒二と話をしていると逝くなった太宰治が身近にいるような気がするほど、井伏は太宰に多大な影響を与えた人だった。そんな井伏の静かな話しぶりには相手を自然と引きつける独特な魅力があり、ありふれた話題でもそのままで滋味豊かな随筆や小品になる感じがするのだった。自らの立派さをあえて野暮ったく印象付けようとするほど洗練された感性の持ち主でありつつ、住居や身の回りのものには無頓着なのに、子供の頃の古い粗末なメンコのような価値のなさそうなものに愛着を抱く井伏の飾らない人柄に触れると、筆者の胸の中にも安らいだ感情があふれ出すのだった。

▲解　説▼

▼問一　傍線部(1)を言い換えると、〈筆者にとって、最も太宰が身近にいる気がするのは井伏と向かい合っているときである〉ということになる。その理由として、「太宰さんが身につけてゐた雰囲気の幾分かは、井伏さんから伝はつたものであることを感じた」、「太宰さんが云つてゐる、『さまざま山ほど教へてもらひ』といふことが、よく合点がいつた」と説明されているので、〈そういったことを実感したり合点したりするほど、太宰が師匠である井伏から影響を受けていたという事実〉と、だからこそ、〈井伏が身にまとった雰囲気は、太宰が身にまとっていた雰囲気と重なる部分が多くあるように思えた〉という二点を説明する方向で解答を作成すればよい。その際に、「身近にゐる気のされる」というのが、全体的な雰囲気など、感覚的に感じ取る部分の類似であることに注意したい。

解答作成のポイントは以下の二点である。

①　太宰が井伏から多大な影響を受けていたことを具体的に説明する

②　①を踏まえて、直接対面して感じ取ることのできる雰囲気の類似について指摘する

▼問二　傍線部(2)の直前に、「井伏さんと二言三言話すと、ホッとして気持が寛(くつろ)いでくる」、「井伏さんの話ぶりは静か

①「言葉・言葉にいどみ続ける」直接の理由（＝人間の真実を追求すること）を明示する
②「鍵になるのは、体験談と告白という二つの観念の識別、把握のし方である」と筆者が述べる意図を説明する

参考 小川国夫（一九二七～二〇〇八年）は、静岡県出身の小説家。幼少期から病弱で自宅療養を余儀なくされたが、その時期に相当量の読書をしたことにより後に大きな影響を受けることとなった。二十歳でカトリックに入信し、その頃から小説を書き始める。東京大学文学部国文科に入学後、在学中に私費でフランスへ留学、帰国後は大学に復学せずそのまま創作活動に入る。ヨーロッパでの体験を自伝風に描いた『アポロンの島』が島尾敏雄に激賞されたことを契機に作家として自立、古井由吉、黒井千次らと共に内向の世代の作家と目された。主な作品に『逸民』『悲しみの港』『ハシッシ・ギャング』などがある。

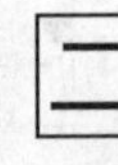

出典 小山清「井伏鱒二の生活と意見」

解答

問一　太宰が、師匠である井伏から様々なことを教わっただけでなく、そのあり方自体にも多大な影響を受けていたとわかるほど、直接対面したときの井伏が醸し出していた雰囲気は太宰と類似しているように感じられたから。

問二　理屈より気持ちを重んじる井伏の静かな話しぶりには、相手を引き込んで寛がせる独特の魅力があったから。

問三　井伏から聞いた滋味深い話や井伏自身の魅力を書いても、自分の平凡な文章力では妙味がうまく伝えられず、魅力を損ねてしまうのではないかと危惧されるということ。

問四　井伏は、恰幅もよく立派で堂々としており、その渋い風貌は男惚れさせるほどの魅力をたたえているが、そんな自分を誇示することなく、持て余すかのようにあえて卑下してみせるほど洗練された感性の持ち主だということ。

問五　住居や身の回りのものに頓着せず、カレンダーの複製画を気に入って飾り、また、子供の頃に郷里で遊んだボール

しかし、リアリズム小説がもたらしたのは、「〈人生はひとつの崩壊の過程に過ぎない〉」ということ、すなわち「いくら努力しようとも人生は不幸へ向かう無意味な過程に過ぎない」（〔注〕を参照のこと）という不毛な「決定論」であり、それでは人間の生の多様な真実はとらえきれない。そのために、信念自体が失われてしまったのである。以上の内容を踏まえて解答を作成する。

解答作成のポイントは以下の二点である。

① リアリズム小説が、「体験談」の問題点を補うものであったことを明らかにする

② リアリズム小説を追求した結果たどりついた「決定論」の問題点を指摘する

▼問五　傍線部(5)直後の「その場合、鍵になるのは、体験談と告白という二つの観念の識別、把握のし方である」という記述に注意しよう。人の世や人生を形づくっているのは前段落にあるように「人の口から出る言葉・言葉」や「体験談」であり、リアリズム小説であっても、「この生(なま)の言葉の原野に較(くら)べれば、庭園のようなもの」、つまり、〈人間の手で整えられた、ほんのわずかな部分でしかない〉ということになる。このように考える筆者は、人生の真実を追求するためには、やはり、人の世や人生を形づくる「人の口から出る言葉・言葉」にいどみ続けること、つまり、〈それらを考察したり解釈したりすることが必要だ〉と考えており、その場合の鍵になるのは、「体験談と告白という二つの観念の識別、把握のし方」だと述べる。リアリズムの方法で整えられた小説でもなく、言葉によって美化された体験談でもない、「告白」という観念に言及されていることに注目すると、筆者はここで「告白」という方法に人間の真実を明らかにするための新たな可能性を見出していると言えるだろう。すなわち、〈人々の口から発せられる様々な生きた言葉たちを、体験談ともリアリズム小説とも違う形で追求することによって、人生の真実を模索していけるのではないか〉、という筆者の考えがここで示されていると解釈することができるのである。以上の内容をよく理解した上で解答を作成すること。

解答作成のポイントは以下の二点である。

相手も自分と同じように傷つくのだ〉ということになる。以上の内容を踏まえて解答を作成すればよい。

解答作成のポイントは以下の二点である。

①「共有の過敏な粘膜」という比喩表現に注意して説明する

②他人と自分で共有される弱点の内容を具体的に説明する

▼問三　傍線部(3)の「人間が人間に対して抱くこの種の興味」とは、直前の段落で「人間はなぜ自分たちの弱点について書き、また、それを読むのだろうか」として説明されているような、〈人間の弱点について書いたり読んだりすることへの興味〉のことである。これが「矛盾している」ことを説明するわけだが、「文中のアウグスチヌスの議論を参考に」という設問条件が大きなヒントとなる。アウグスチヌスの見解は、傍線部(3)の直後に繰り返し説明されているが、簡単にまとめると〈人間が自分たちの弱点について書いたり読んだりするのは、それによって自分の弱点を認識したり見つめ直したりするためではなく、自分の弱点を認識せずに目を逸らすためである〉ということである。この〈大切なことに目を向けるためではなく、それから目を逸らすために〉という点が、本来あるべき目的からすると反対の結果になっているゆえに「矛盾している」と言い得る。そのことがわかるように説明する必要がある点に注意したい。

解答作成のポイントは以下の二点である。

①「人間が人間に対して抱くこの種の興味」の具体的内容を明示する

②どのような点が「矛盾している」のかがわかるように説明を工夫する

▼問四　傍線部(4)の「真実は小説でなければ語り得ない」というのは、「体験談」と比べた上での表現であることに注意すること。つまり、これまで確認したように、「体験談」は美化による脚色が施され、その結果、「しばしば真実を覆ってしまうもの」であるという認識がここにはある。逆に、小説（リアリズム小説）は、そういった美化によって真実を覆うのではなく、「体験談からは現れてこない人間の真実に気付いて、これをあらわにする方法」であった。

を直視しようとしない。また、不幸な人生という決定論に帰着するリアリズム小説では、多様な真実を十分に表現しきれない。しかし、人々が口々に語る生の言葉の広がりが人生の外貌を形づくる以上、人間の真実を追求するための、言葉への飽くなき挑戦は続いていくだろう。その際、「体験談」とは異なる「告白」という観念が鍵になるのである。

▲解　説▼

▼問一　傍線部(1)冒頭の「それ」という指示語が指している内容は、〈自分が臆病であることを隠そうとする心理〉である。この心理と並列されているのが「それにこだわっている自分も見抜かれたくない」という心理、すなわち、〈自分が臆病であるかどうか、といったことにこだわる自分を隠そうとする心理〉である。これらの心理について、〈体験談を武勇談として美化して話したがる心の奥にあるものだ〉というのが第一段落から第四段落までの意味段落の主旨であり、傍線部が意味する内容である。以上のことを理解した上で解答をまとめればよい。

解答作成のポイントは以下の三点である。

① 傍線部冒頭の「それ」が何を指示しているかを明示する

② 「それにこだわっている自分も見抜かれたくない」を、指示内容を明らかにして説明する

③ ①と②の両方の心理が、体験談を武勇談として語ろうとする心の奥にあるものであることを説明する

▼問二　傍線部(2)の直後に、「つまり、人間にはこうした共有の過敏な粘膜がある」という言い換え表現があることに留意しよう。傍線部(2)は、〈自分の欠点を相手のこととして並べ立てれば、相手（他人）を有効に罵ることができる〉ということだが、それは〈自分の欠点は相手の欠点でもある〉ということを意味する。これが、「こうした共有の過敏な粘膜」という比喩で表現されているわけだが、ではその具体的な内容とは何か。誰にとっても自分の〈真実〉はこの上なくつらいものであり、だからこそ人間は、それを隠すために自分の体験を美化して語ろうとする（問一参照）。そういう心理は誰にでもあるもの（＝共有のもの）であり、しかし、それは人から指摘されたくない、傷つきやすい部分（＝過敏な粘膜）でもある。だからこそ、〈そういった自分の欠点を相手のこととして並べ立てると、

国語

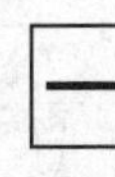

出典 小川国夫「体験と告白」

解答

問一 自分の勇敢さを相手に誇示しようとする心の奥には、自分が臆病だということだけでなく、臆病かどうかにこだわる自分をも隠そうとする意識が働いているということ。

問二 真実を隠して見栄を張ったり、そんな自分を隠そうとしたりすることは誰もが共通に持つ弱点であるから、それを列挙することで相手に痛烈な攻撃を加えられるということ。

問三 人間が自分たちの弱点について書いたり読んだりするのは、人間が本来持つ弱点を自分のこととして直視するためではなく、むしろ、他者をあわれみ酔いしれることで、自分の弱点を見ずに済ませるためだということ。

問四 体験談では隠されてしまう人間の真実を暴くリアリズム小説では、人生は不幸への過程であるという決定論に帰着してしまい、人生の多様な真実をとらえきれなかったから。

問五 大勢の人間が語る言葉には、計りしれない意味を持つ多様な思いが込められているが、それを、言葉によって美化し歪めた体験談ではなく、諦観に行き着くしかないリアリズム小説でもない方法で追求していくことこそが、人間の真実を模索し明らかにする方法だと考えているから。

◆要 旨◆

人間の真実を明らかにする上で、事実を美化してしまう「体験談」は全てが真実とは言えない。そのため、リアリズム小説は人間の弱点を暴くことで真実を追求しようとしたが、多くの人間は他者の不幸にばかり目を向け、自身のあわれさ

2019年度

解答編

解答編

英語

I **解答** (1)仮想現実を構成する要素のすべてが人間の身体の動きを厳密に反映した働きをしなくてはならないため，仮想現実の研究者たちは人々がどのように現実と関わっているのかを説明する際に，物事の名前を表す言葉よりも動作を表す言葉を好んで用いるということ。

(2)人々は他人を見る際に，無意識のうちに頭と目を動かしており，そのことで得られる極めて多様な視覚情報を自分と自分が見ている相手との間でやり取りしているということ。

(3)全訳下線部参照。

(4)(ア) make　(イ) benefits　(ウ) surpass　(エ) forgetting

◆全　訳◆

≪仮想現実から学ぶ人間の実像≫

仮想現実は自分が別世界にいるかのような，それは地球ではあり得ない奇想天外な環境であるかもしれないし，さらには人間のものとは全く違う姿で自分がそこにいるのかもしれないが，そういう総合的な幻想を生み出す一つの手段である。しかし，それは同時に，認知や知覚という観点から「現実の」人間とは何なのかを考える壮大な実験道具でもある。

たとえば，仮想現実装置の視覚的側面が機能するためには，人が周りを見回す際にその仮想現実の世界で目に映るはずのものを計算しなくてはならない。視点が移動すると仮想現実を制御するコンピュータは絶え間なく，そして可能な限り即座に，その仮想世界が現実のものであったならば目に飛び込んでくるはずの画像をすべて算出する必要がある。人が右を見ようと首を回すと，仮想世界の風景はその分左へと回転しなくてはならないが，これは風景の方は動かず，その人の外側に独立して存在しているという錯覚を生み出すためだ。先行するメディアデバイスと違って，仮想現実装置はその構成要素の１つ１つが人間の身体の動きを厳密に反映した働きをしなくてはならない。

そのため仮想現実の研究者たちは人々がどのように現実と関わっているのかを説明する際に，名詞よりも動詞を好んで用いる。視覚は，神経系によって遂行され，主に頭と目の動きを通して具体化される絶え間のない実験に基づいている。身体と脳は絶えず現実世界を調査し，検証しようとしているのである。

周りを見回してみて，ほんの少しだけ頭を動かした際に何が起きているのかを意識してみよう。頭をほんのわずかに動かしただけでも，異なる距離にある物体の縁の位置を比べると，頭の動きに応じてそれらの配置がずれていくのがわかる。また，さまざまな物体の明るさの加減や表面の質感がわずかに変化していくのも見て取れるだろう。他人の肌を見てみると，頭の位置を変えながら自分がその肌の内側の情報までも集めようとしているのがわかる。人間の肌や目はこれほどのことが可能となるまで，ともに進化してきた。他人を見るときに，よく注意してみると，頭をわずかに動かすことで得られる情報が極めて多様にあり，自分と今見ているその人物との間でそれらが盛んにやり取りされているのがわかる。すべての人々の間では視覚運動に基づく情報交換が密かに行われている。

脳の観点からすれば，現実とは次の瞬間がどのようなものになるかを予測することであるが，その予測には絶えず調整が必要となる。変化しないものではなく，変化するものを探し求めそれに気づくことで視覚は機能しており，したがって，次の瞬間見えてくるものにはそれについての神経系による予測が存在していることになる。神経系は科学者集団と少し似たような振る舞い方をしており，好奇心がとても旺盛で，外の世界がどのようになっているのかに関する考えを常に検証している。その「科学者集団」に別の仮説を支持するよう一時的に納得させることができれば，仮想現実システムは成功したことになる。仮想現実の世界を予測の根拠とすべき世界として扱えるほど十分な量の刺激を神経系が与えられると，仮想現実が現実のことのように感じられ始める。

仮想現実技術の信奉者には，やがては仮想現実が人間の神経系を上回って，その技術をさらに改良しようとすることに意味がなくなるだろうと考えている人もいる。私はこの技術にまつわる状況をそのように捉えてはいない。理由のひとつは，人間の神経系は何億年にもおよぶ進化の恩恵を受けているという点だ。科学技術が人間の身体を包括的に上回ることが可能だと考えるとき，私たちは人間の身体と物理的現実について自分たちが持っている知識を忘れてしまっている。宇宙に広がる粒子の細かさにも限界はあり，調整が必要とされる場合にはすでに，人間の身体はこの上なく見事に調整されているのだ。

◀解　説▶

仮想現実（バーチャルリアリティ，VR）に関する話題だが，単に高度な先端技術として紹介，あるいは評価されているのではなく，筆者はこの技術が人間の神経系の複雑さを超えるとは考えていない，という点をおさえておきたい。バーチャルリアリティ技術の信奉者に対する反証的内容となっており，このような話題の展開は京大の長文でよく見られる傾向である。

▶(1) **That is why**

「そういう訳で」→下線部を単に和訳する問題ではなく，「どのようなことを意味しているか」という内容説明の問題なので，ここは具体的に言い換える。That は直前の内容，すなわち第 2 段最終文（Unlike prior media devices, …）の内容を指しているので，まずはここの正確な和訳が必要。注意したいのは，その中の in (tight) reflection of ～ という表現で「～を（厳密に）反映して，～に（ぴったりと）合わせて」の意味。したがって，第 2 段最終文（Unlike prior media devices, every component of virtual reality must function in tight reflection of the motion of the human body.）の和訳は「先行するメディアデバイスと違って，仮想現実（装置）はその構成要素の１つ１つが人間の身体の動きを厳密に反映した働きをしなくてはならない」である。Unlike prior media devices「先行するメディアデバイスと違って」の部分は That が指す内容に含める必要はない。ここまでより，That is why は「仮想現実を構成する要素のすべてが人間の身体の動きを厳密に反映した働きをしなくてはならないため」のように言い換えておくのが正しい。

virtual reality researchers prefer verbs to nouns when it comes to describing how people interact with reality.

「仮想現実の研究者たちは人々がどのように現実と関わっているのかを説

明する際に，名詞よりも動詞を好んで用いる」→prefer *A* to *B* は「*B* より *A* を好む」，when it comes to *doing* は「～するということになると」という意味の熟語表現。「名詞よりも動詞を好む」の部分については，文字通りそのままの解釈でよい。抽象的に感じられるかもしれないが，これ以降で他に具体的に説明されたり，言い換えられたりしている箇所は見当たらないので，無理に下線部より後ろの内容を説明に盛り込もうとしないこと。ただし，下線部の直前文（Unlike prior media devices, …）では，仮想現実の制御について，人間の「身体の動き」にぴったり一致させることが重要とあるので，下線部中の verbs「動詞」はこの「身体の動き」を受けての表現だと判断される。nouns や verbs はそのまま「名詞」や「動詞」としておいてもよいし，やや説明的に「物事の名前を表す言葉」や「動作を表す言葉」と言い換えてもよい。下線部の内容説明としては，上で説明した That is why を具体的に言い換えたものと，この箇所の和訳をつなげるだけでよい。

- describe「～を描写する〔説明する〕」
- interact with ～「～と交流する」

▶(2)下線部の中の a secret visual motion language「視覚運動に基づく秘密の言語」は，すでに一度説明された事柄を端的な表現で短めに言い換えるという英語の文章によく見られる形であり，基本的には下線部の直前文（If you look at another person, …）の中にある an infinite variety of tiny head motion messages「頭をわずかに動かすことで得られる極めて多様な情報」を言い換えたもの。したがって，この下線部の直前文の内容を中心に説明をすればよい。ただ，この箇所を理解するのにもそれ以前の内容が重要で，下線部の含まれている第 4 段（Look around you and …）全体の流れを理解する必要がある。特に，第 4 段第 4 文（Look at another person's skin and you will see that you are probing into the interior of the skin as your head moves.）は，「他人の肌を見てみると，頭の位置を変えながら自分がその肌の内側（の情報）を綿密に調査しているのがわかる」という意味であるが，人間の目が他人の肌の表面的な部分以外についても観察し，そのために非常に詳細な情報を集めている，という主旨であることがわかれば，先ほど説明した an infinite variety of tiny head motion messages「頭をわずかに動かすことで得られる極めて多様な情報」の理解に役立つ。下線部の直前文（If you look at another person, …）では，see *A doing*「*A* が～しているのがわかる」が使われており，you will see an infinite variety of tiny head motion messages bouncing back and forth between … は「頭をわずかに動かすことで得られる極めて多様な情報が…の間で盛んにやり取りされているのがわかる」という意味。また，同文中の if you pay close attention「よく注意してみると（…がわかる）」という表現が，下線部中の secret「秘密の」で表されていて，「普段は気づかない，無意識の」といったように説明できる。

▶(3) **Your nervous system acts a little like a scientific community ; it is greedily curious,**

「神経系は科学者集団と少し似たような振る舞い方をしており，（それは）好奇心がとても旺盛であり」→nervous system は「神経系」。community は「共同体，集団」の意味なので，a scientific community は「科学者集団，科学研究団体」くらいに訳せばよい。a little「少々」は act like ～「～のように振る舞う」の前置詞 like「～に似た」を修飾しているので「～に少々似た」となる。セミコロン（；）の前後の関係は，抽象的内容とその具体的説明となっている。it は your nervous system のことであり，セミコロンの前後で主語が他のものと切り換わっていないので，つなげて訳す際には「それ」と訳出しなくてもよい。greedily「貪欲に」は curious「好奇心の強い」を強調しているので，この 2 語をまとめて「好奇心がとても旺盛な」などと処理する。

constantly testing out ideas about what's out in the world.

「外の世界がどのようになっているのかに関して（自分の）考えを常に検証している」→constantly testing out は分詞構文の形で，接続詞を用いて書き換えると and it is constantly testing out に等しい。what's out は「(何かの内側から見て）外にあること」を意味する。in the world は out と同格に取って「外側つまり世界に」となる。よって out in the world は人間の身体の内部にある神経系から見た「外の世界」のことと解釈できる。

- test out ～「～を試す〔検証する〕」

A virtual reality system succeeds when it temporarily convinces the

"community" to support another hypothesis.

「その『科学者集団』に別の仮説を支持するよう一時的に納得させることができれば，仮想現実システムは成功したことになる」→convince *A* to *do* は「*A* を説得して～させる，*A* を～するように納得させる」の意味。"community" は既出の a scientific community を端的に言い換えたもので，神経系の比喩であるが，和訳する上ではそのまま「科学者集団」とする。another hypothesis「別の仮説」は，「科学者集団」に比喩される神経系が現実の世界に基づいて打ち立てたのとは別の仮説ということだが，ここもそのままの和訳に留めておけばよい。

- temporarily「一時的に」
- hypothesis「仮説」

Once the nervous system has been given enough cues to treat the virtual world as the world on which to base expectations, virtual reality can start to feel real.

「神経系が仮想現実の世界を予測の根拠とすべき世界として扱えるほど十分な量の刺激を与えられると，仮想現実が現実のことのように感じられ始める」→the world on which to base expectations の和訳がポイント。on which の後ろが SV 構造になっておらず，代わりに to 不定詞となっているが，これには〈前置詞＋関係代名詞＋to *do*〉という構文が用いられている。この構文は頻出の形である〈前置詞＋関係代名詞＋S V〉の構文に書き換えられるので，和訳しにくい場合に試すとよい。まず，不定詞の位置にある *do* とセットで用いられる前置詞が，関係代名詞の直前に移動している点は，この頻出の構文と同じ（ここでは base *A* on *B*「*A* の根拠を *B* に置く」の前置詞 on が which の直前に移動）。次に SV 構造の S（V は to *do* の部分に相当）だが，これは Once 直後の節内における主語 the nervous system である。to 不定詞（ここでは to base）の意味上の主語が文全体の主語と一致している場合，to 不定詞の直前に意味上の主語をわざわざ書き表さない（意味上の主語が文全体の主語と異なる場合は，(for) *A* to *do* の *A* のように不定詞の直前にそれが置かれる）。最後に関係代名詞の直後には S be が省略されていると考え，to 不定詞は be to 構文（be to の部分が助動詞に置換できる構文）として捉える。したがって，書き換えると the world on which it（＝the nervous system）is to base expectations，よりわかりやすいのは on を後ろに戻し，is to を適当な助動詞に置換して，the world which it should base expectations on「(それが) 予測の根拠とするべき世界」となる。

- once S V「いったん〔一度〕～すると」
- enough *A* to *do*「～するほど十分な数〔量〕の *A*」
- cue「手がかり，(ある行動を促す) 刺激」

▶(4)(ア) make sense で「意味を成す」という意味の基本熟語であるため，空所直後の sense から察しをつけて make を空所に補ってみる。空所が含まれる文の virtual reality will eventually become better … try to improve it anymore の箇所は，2つの節が so that で接続されている。so that は結果を導く接続表現であるため，so that より前の節が原因，後ろの節が結果という関係になるはず。空所があるのは後ろの節内であるので，空所に make を補ったときに，前の節の内容に対する結果となっていれば問題ない。make を補うと it would not make sense to try to improve it anymore「それ（＝仮想現実の技術）をさらに改良しようとすることに意味がなくなるだろう」となり，so that の前で述べられた内容である「やがては仮想現実（の技術）が人間の神経系を上回るだろう」に対する結果として適切である。

(イ) benefit from ～ で「～の恩恵を受ける，～から利益を得る」の意味。空所がある段落の第1文（Some virtual reality believers …）・第2文（I do not see …）から，仮想現実の技術がいつか人間の神経系を上回るという考えに筆者が反対していることがわかる。それに続く空所が含まれる第3文は，One reason is that … で始まり，筆者が反対する根拠となっている。空所直後には from hundreds of millions of years of evolution「何億年にもおよぶ進化から」とあるので，人間の神経系が長期におよぶ進化の産物であることを主張し，つまりは技術が簡単にそれを上回るはずがないとする論だと判断される。この主旨に近づき，人間の神経系は「何億年にもおよぶ進化の恩恵を受けている」という意味となるのは benefit である。主語が単数，時制は現在であるため，三単現の -s を補って benefits とする。

(ウ) surpass は「～を上回る」という意味の動詞。空所がある段落の第1文（Some virtual reality believers …）の中に，virtual reality will eventually become better than the human nervous system「仮想現実の技術がやがては人間の神経系を上回る」という箇所がある。空所前後の technology「技術」と our bodies「人間の身体」から考えて，空所が含まれる文は，前半の When で始まる節で第 1 文のこの箇所を言い換えていると判断できる。つまり，technology は第 1 文中の virtual reality を指し，our bodies は第 1 文中の the human nervous system のことを指している。空所の位置関係から，この両者に挟まれている動詞句 become better than ～「～よりよくなる」を換言した動詞が空所に入ると考えられるため，surpass が正解となる。

(エ)空所が含まれる文は When で始まる前半の節で「科学技術が人間の身体を包括的に上回ることが可能だと考えるとき」とあるが，(イ)で説明したように筆者はこのような考え方に反対の立場であるため，この後に続く主節部分は，たとえば「私たちは（何か）間違っている」とか「私たちは（何か）見落としている」といった否定的な内容になるはず。選択肢として与えられた動詞の中では，forget のみが否定的意味合いを持つため，これを空所に補う。ただし，空所の直前に be 動詞 are があるため，進行形と捉えて forgetting とすればよい。

●語句・構文●

（第 1 段） virtual「事実上の，仮想の」 means「手段」 comprehensive「包括的な，総合的な」 illusion「錯覚」 fantastical「空想的な」 alien「異質の」 far from ～「～にはほど遠い」 and yet「しかし，しかも」 farthest-reaching→far-reaching「広範囲の，（計画などが）遠大な」の最上級。apparatus「機器」 in terms of ～「～の観点からすると」 cognition「認知」 perception「知覚」

（第 2 段） in order for *A* to *do*「*A* が～するためには」→ここでは *A* に当たる語句が the visual aspect of the virtual reality。visual「視覚の」 aspect「側面」 work「（機械などが）うまく機能する」 calculate「～を計算する〔算出する〕」 wander「さまよう」 constantly「絶え間なく」 instantly「すぐに」 whatever graphic images they would see were the virtual world real「その仮想世界が現実のものであったならば目に飛び込んでくるはずの画像のすべて」→were the virtual world real の部分は if が省略されたことによる倒置が起きている（＝if the virtual world were real）。look to the right「右を見る」 in compensation「埋め合わせに，その代わりに」 stationary「動かない，変化しない」 independent「独立した」 unlike「～とは違って」 prior「以前の，先行する」 media device「端末，メディアデバイス」 component「構成要素」 function「機能する」

（第3段） vision「視覚」 continuous「連続した」 experiment「実験」 carry *A* out「*A* を実行する」 nervous system「神経系」 actualize「～を実現する」 in large part「主に」 probe「～を調査する」 test「～を試す」

（第4段） a tiny bit「ほんの少し」 absolutely「完全に」 edge「端，縁（へり）」 object「物体」 distance「距離」 line up「立ち並ぶ」 in response to～「～に応じて」 subtle「わずかな」 lighting「照明」 texture「質感」 skin「肌，皮膚」 interior「内側，内部」 evolve「進化する」 pay close attention「よく注意してみる」 infinite「無限な」 a variety of～「多様な～」 bounce back and forth（between～）「（～の間を）往復する」

（第5段） from *one's* point of view「～の観点では」 expectation「予測，期待」 what S be like「Sはどのようなものか」 adjust「調整する」 pursue「～を追求する」 notice「～に気がつく」 constancy「不変（性），恒常性」 neural「神経の」 be about to *do*「今にも～するところである」 a neural expectation exists of what is about to be seen「次の瞬間見えてくるものには，それについての神経系による予測が存在している」→本来はa neural expectation of what is about to be seen existsの語順だが，動詞existsの位置が前に移動しているので注意。

（第6段） eventually「最終的には，やがては」 improve「～を改善する」 things「状況，事態」 that way「そのように」 hundreds of millions of～「何億もの～」 evolution「進化」 physical「物理的な」 infinitely「無限に」 fine「（粒が）細かい」 grain「粒子」 finely「立派に，細かく」 as～as anything can ever be「この上なく～」

II 解答

(1)全訳下線部(a)参照。

(2)〈解答例1〉かつては，たとえピントがずれたものでも撮影した写真を保存することが愛着を意味し，写真を廃棄することは例えば無関心を意味していたが，現在では写真を何枚撮影しても追加料金は発生せず，後で選定できるように数十枚分もの撮影をしておくことが可能となったため，それらのデジタル画像を修整し，選定し，タグ付けし，分類し，さらにその大半を削除するという作業が愛着を意味し，反対にただデジタル画像を保存しておくことは無関心を意味するように変化した，ということ。

〈解答例2〉写真を何度撮影しても追加料金は発生せず，何であれ写真を撮る際には，後で選定できるように数十枚分もの撮影をしておくことが可能となったことで，愛する人を撮影した写真に対する扱いが，かつてはたとえピントがずれたものでも廃棄せずに保存するという作業であったのに対し，現在ではデジタル画像が豊富に存在するため，写真を修整し，選定し，タグ付けし，分類し，その大半を削除するという作業へと変化した，ということ。

(3)全訳下線部(c)参照。

(4)〈解答例1〉 I use my camera phone mainly to capture memories. Unlike digital cameras, many of us can carry around our camera phones on a daily basis. We can record unexpected events with them〔our camera phones〕and use them as photo albums that we can look through whenever and wherever we want to. Recently, I ran into an old friend at a mall and took a photo to commemorate our reunion. We went to a café later, where we shared our recent photos and talked about the memories associated with them. Camera phones make it easier to record memories. (95語)

〈解答例2〉 The greatest benefit of a camera phone is its contribution to maintaining relationships. Thanks to my camera phone, I continue to keep in touch with a friend who moved to a remote country a year ago. It would be difficult and time-consuming to tell another person everything you want to say by letter or e-mail without including images. In a video call, you do not have to explain everything because video images convey much more information. My friend got a dog the other day, and I just had to see it on screen instead of reading about its description. This convenient device supports relationships.（104 語）

〈解答例 3〉 Camera phones provide the easiest way to express yourself. If you were an artist, it would be rather obsolete to show your art-work only at an art gallery. These days, even ordinary people are expressing themselves on social networking sites. Wherever they go, they take selfies when they find objects or sceneries that they like, and share these with others on the spot via their camera phones. I like touring by bicycle. While traveling, I take photos of beautiful scenery or things I find interesting and upload them on SNSs, along with simple comments. It is easy to express yourself with a camera phone.（104 語）

◆全　訳◆

≪写真のデジタル化がもたらす変化≫

最初の市販向けデジタルカメラは 1990 年に発売された。(a)その後 10 年の間に，デジタルカメラは写真家や写真を専門に研究する学者の間に多大な不安をもたらした。この転換によって写真はおしまいだと断言する者まで現れた。最初，これはあまりにも大きな変化であったために技術再編として分類されることはなく，技術転換として捉えられた。古きものが終わりを迎え，新しいものが誕生したのだ，と。

デジタル画像は複写や複製，そして編集も容易に可能である。最後の編集に関しては，それによって写真が表現し得るものの可変性がより顕著となった。また，それは私たちが自分自身や自分の生活を表現する方法を容易で安価で迅速なものへと変えてくれた。追加の写真にもはや追加料金は付随しないし，何の写真を撮るにせよ，後で選定できるように私たちは 10 枚，20 枚，30 枚と写真を撮影することが可能で，実際そのようにしている。このことは，個々の画像の価値を変えただけでなく，その保存や廃棄という行為の両方に伴うとされていた情緒的意味合いを変化させた。最愛の人たちの現像写真は，ピントがずれていても，画像が不鮮明でも，現像段階で失敗があったとしても，かつては取っておかれたものだ。デジタル画像が豊富に撮影されるという状況下で，愛する者のためにかける手間は，今では写真を修整し，選定し，タグ付けし，分類し，その大半を削除する作業を意味するようになった。写真を削除するのを受け入れるという最近のこの流れは写真の社会的価値が減少したことの表れだという主張を耳にすることもあるが，非常に多くのデジタル撮影による画像がプリントアウトされたり，さまざまなデバイスのロック画面の画像に設定されたり，パソコン画面の壁紙として使用されたりしている。全体的にみれば，デジタル化によって写真の中心的役割が写真そのものから写真を撮影する行為へと変化していったと言えるだろう。

最初のカメラ付き携帯電話が登場したのは21世紀が始まってすぐのことだ。2001年初頭，BBCが日本で発明された最初のカメラ付き携帯電話について報道した。世界中でこれを読んだ人々が，この風変わりな発明の使い道について自分なりの考えを投稿した。10代の若者にはさまざまな利用方法（衣服の買い物の効率化，自分が人気アイドルに会ったことの証明，友人たちとのデートのお膳立て）があるだろうが，大人にとっては全く無意味なものだろうと言う者もいた。スパイ活動をしたり，競争相手の作品をこっそり写真に撮ったり，交通事故や怪我をいち早く知らせたりする手助けとなる実用的な道具だと考える者もいた。(c)さらに，旅行中の人が家族と連絡を取り合ったり，趣味に興じる人が美術品や収集物を他人に披露したりするのにそれは適しているかもしれないと考える者もいた。私が個人的に気に入っているうちのひとつは，公園で出会う人懐っこい犬の写真が撮れるように，自分の国でこの機器が手ごろな価格で手に入るようになる日が待ちきれないと書いた人たちの投稿だ。ビデオ通話ができるようにカメラを携帯電話の画面側に付けるべきだと提案した者もいたが，この機能が実現したのは2003年になってからのことだ。

あるデジタル文化研究者は，カメラを常に携帯しているという事実が，見る，記録する，議論する，記憶するといった行為の対象となり得る範囲や現に対象となっているものに変化をもたらすと主張している。写真を研究する学者の中には，カメラ付き携帯電話とそれで撮影する画像に3つの社会的利用方法があると主張する者がいる。その3つとは，記憶の保存，人間関係の維持，自己表現である。これとは対照的に，カメラ付き携帯電話は他の携帯可能な画像生成機器と全く同じで，1980年代に家庭用ビデオカメラに割り当てられていた利用方法や意味合いである，記録，コミュニケーション，自己表現は何ら変化していないと主張する学者もいる。この意味においては，科学技術や写真の社会的役割に関する文化的憶測は多様な再編を遂げ，変化したものの，その社会的役割は変わっていないように思われる。

◀解　説▶

写真を現像するのが一般的であったアナログの時代と，デジタルカメラにより撮影されたデジタル画像を加工，選別，削除するのが当たり前となった今日とを比較し，変化したものと，そうでないものとを考察している。論説文は，過去と現在といった対比構造を意識して読み進めていく必要がある。

▶(1) **In the decade that followed, it created a lot of anxiety in photographers and photography scholars.**

「その後10年の間に，デジタルカメラは写真家や写真を専門に研究する学者の間に多大な不安をもたらした」→In the decade that followed は，the decade を先行詞として，主格の関係代名詞 that と動詞 follow「(事が) 次に起こる，続く」の過去形が用いられている。したがって，直訳は「(デジタルカメラが登場した1990年の) 次に続いた10年の間に」。it はデジタルカメラを指す。

Some went as far as declaring photography dead as a result of this shift.

「この転換によって写真はおしまいだと断言する者まで現れた」→go as far as *doing*〔to *do*〕は「～さえする」という表現で even と同じ。declaring photography dead の箇所は，declare *A* (to be) ～「*A* が～であると断言する」が用いられているので，「写真はおしまいであると断言する」の意味。photography には「写真の技術，写真撮影業」といった意味もあるが，あえてそれらにする必要のある文脈ではないため，ここでは「写真」と訳すのが一番よい。shift は「変化，転換」で，this shift はデジタルカメラの登場による状況の変化を表しているが，和訳では「この転換」に留める。

▶(2)内容説明の問題であるが，まずは下線部の意味が正しく取れていることが必要。this has altered the emotional meanings we attributed both to keeping and getting rid of individual photographs の意味は「このこ

とは個々の写真の保存や廃棄という行為の両方に伴うとされていた情緒的意味合いを変化させた」である。attribute *A* to *B* が用いられているが，ここでは「*A* の性質が *B* にあると考える」の意味で，*A* にあたるのは the emotional meanings。省略されている目的格の関係代名詞に注意する（the emotional meanings (that) we attributed both to…)。ここで，attributed の過去形と meanings の複数形に着目すると，過去に keeping individual photographs と getting rid of individual photographs という２つの行為に対して何らかの感情的な意味合いがあったのだと考えられる。さらに，has altered「変化した」の具体的な説明が求められているので，「過去に〜であったものが，現在は…のようになった」のような内容にする必要がある。

下線部中の this より後の「個々の写真の保存や廃棄という行為の両方に伴うとされていた情緒的意味合いを変化させた」は抽象的であり，具体的に書き換える必要がある。keeping「保存」と getting rid of「廃棄」についての具体的な説明は下線部の直後の第２段第６文（Printed images of loved ones…）と同段第７文（In the context of the massive…）にそれぞれある。第２段第６文では「最愛の人たちの現像写真は，ピントがずれていても，画像が不鮮明でも，現像段階で失敗があったとしても，かつては取っておかれたものだ」とあり，昔は写真をとにかく keeping「保存」することに例えば〈愛着〉という意味があったとわかる。昔の getting rid of「廃棄」には言及されていないが，行為として反対のことなので，感情にも〈愛着〉の反対で〈無関心〉などが想定される。同段第７文では「(デジタル画像が豊富に存在する現在は) 愛する者のためにかける手間は，写真を修整し，選定し，タグ付けし，分類し，その大半を削除する作業へと変化した」とあり，今では愛する人の画像を編集して最高のものを選び，最後に不要になった大半を削除するという getting rid of「廃棄」が〈愛着〉を意味するとわかる。反対にデジタル画像を大量に撮ってそのままにしておくことは〈無関心〉を意味すると考えられる。

また，this が指す内容は，直前の文である第２段第４文（Additional shots now come with…）の内容，つまり「追加の写真に料金は必要なく，何を撮るにせよ後で選定できるように10枚，20枚，30枚と写真を撮影することが可能である」ということである。this が指す内容と，写真の扱い方に込められた感情の変化について，本文の言葉から逸脱しすぎない範囲で要約し，足りない部分は推測によって補いつつ答案にまとめる。この点を踏まえて，〈解答例１〉では，本文に直接的には書かれていないが推測可能な〈無関心〉という感情的意味について言及している。一方，〈解答例２〉では，〈無関心〉に相当する感情的意味に直接は言及していないが，基本的には〈解答例１〉と同じ内容の説明となっている。いずれの解答例も，写真の保存や廃棄に付随する感情的意味が過去と現在とで逆転してしまったことを説明している点で共通している。下線部中の the emotional meanings に焦点を当てるならば，meanings が複数形になっている点を考慮して，〈愛着〉と〈無関心〉という２つの感情的意味の両方に言及している〈解答例１〉の方がより具体的な説明であると言える。下線部がこの箇所だけに引かれている問題であったならば，〈無関心〉に相当することばで説明を加えておく必要性はより確実なものとなるだろう。実際には，下線部中に this has altered … の部分も含まれており，まずは指示語 this が指す内容を具体的に説明しなくてはならない問題となっている。this が指す内容を適切に説明し，写真の保存や廃棄に付随する感情的意味が過去と現在とで逆転してしまったことを説明できていればよい，というのが正答の条件であると判断して〈解答例２〉も可としている。〈解答例２〉では，this より後ろの部分の具体的な説明は，概ね下線部の後ろに続く２文（Printed images of loved ones …）を和訳したものを中心としている。

▶(3) **Yet others thought …**

「さらに，…と考える者もいた」→Yet には「しかし」の意味もあるが，第３段第４文（Some said it could have …）から下線部を含めた同段最終文（Someone suggested the camera …）までの各文が，日本で開発されたカメラ付き携帯電話に対する人々の反応の列挙であるため，前後の文が逆接の関係にはなっていない。そのため，ここでは「さらに」の意味。

it might be nice for travelers to keep in touch with their families or hobbyists to show art or collections to others.

「旅行中の人が家族と連絡を取り合ったり，趣味に興じる人が美術品や収集物を他人に披露したりするのにそれは適しているかもしれない」→it might be nice for *A* to *do*「*A* が〜するのにいいかもしれない」の形では

to 不定詞の意味上の主語が for *A* である。ここでは，*A* to *do* の位置に相当する語句が，(hobbyists の直前にある方の) or で並列されている。1つ目が travelers to keep in touch with their families「旅行中の人が家族と連絡を取り合う」で，2つ目が hobbyists to show art or collections to others「趣味に興じる人が美術品や収集物を他人に披露する」。

- keep in touch with ～「～と連絡を取り続ける」
- hobbyist「空いた時間を趣味のために費やす人」

My personal favourites include …

「私が個人的に気に入っているもののなかには…がある」→複数形名詞〔集合名詞〕の主語＋include ～ で「(主語) のなかに～がある〔いる〕」と訳せる。主語が集合の全体を表し，include の目的語がその部分を表す。favourites は，(筆者が) 気に入っている意見〔アイディア〕のこと。

commenters who wrote they couldn't wait for the device to be available at a reasonable price in their home country, so they can take pictures of the friendly dogs they meet at the park.

「公園で出会う人懐っこい犬の写真が撮れるように，自分の国でこの機器が手ごろな価格で手に入るようになる日が待ちきれないと書いた人たち (の投稿)」→commenters は「コメントを書いた人々」だが，ここでは「コメントをした人々の記事〔投稿〕」と扱って問題ない。the device は「カメラ付き携帯電話」のこと。so (that) *A* can *do* は「*A* が～できるように」という目的の用法で処理できる。so の直前にカンマがある場合には結果の用法であることが多いが絶対的なルールではない。文脈重視で判断するのだが，ここでは目的でも結果でも処理可能で，結果として扱うのなら「自分の国でこの機器が手ごろな価格で手に入って，(その結果として) 公園で出会う人懐っこい犬の写真が撮れるようになるのが待ちきれない…」となる。

- wait for *A* to *do*「*A* が～するのを待つ」
- available「手に入る」
- reasonable「(値段が) 手ごろな」

Someone suggested the camera needs to be on the front to allow for video calls, which didn't happen in practice until 2003.

「ビデオ通話ができるようにカメラを携帯電話の画面側に付けるべきだと

提案した者もいたが，この機能が実現したのは 2003 年になってからのことだ」→allow for ～ は「～を可能にする」の意味。which が指しているのは「(携帯電話の画面側にカメラが付いたことで可能な）ビデオ通話（の機能)」のことで，継続用法であるのでカンマの前を先に訳してから「(…であったが)，それは～」と続ける。which didn't happen until 2003 の直訳は「それは 2003 年まで起こらなかった」だが，「それは 2003 年になって（ようやく）実現した」とか，「それが実現したのは 2003 年になってからのことだった」のように意訳する。

• in practice「実際には」

▶(4)下線部の three social uses が指しているのは，その直後の to capture memories「記憶の保存」，to maintain relationships「人間関係の維持」，to express yourself「自己表現」の 3 つであり，このうち重視する 1 つを選び，理由を「具体例を挙げて」100 語程度の英語で述べる問題。まずは自分がどれを選んだかを明確にし，次に自分が考えるその強みや有益な点を述べ，それを具体的に表した事例を挙げる，という展開が一般的な英文の構成であるため無難と言える。口語ではないので，I think で書き始めないように練習しておくとよい。また，具体例を書く際には For example を用いるのが一般的だが，〈解答例〉のように一切使わずに書き表すこともできる。書く内容に対して語数制限が厳しい場合は，これらの機能語やディスコースマーカーを敢えて使わないこともある。

〈解答例 1〉は「記憶の保存」を重視する場合で，和訳は次の通り。「カメラ付き携帯電話を主に記憶の保持に使っている。デジタルカメラと違って日々それを持ち歩いている人が多い。予期せぬ出来事をカメラ付き携帯電話で記録でき，いつでもどこでも好きなときに見ることができるフォトアルバムとしてそれを利用できる。最近，私はショッピングモールで旧友にばったり出会い，再会を記念して写真を撮った。それから喫茶店へ行き，最近の写真を見せ合ってそれらにまつわる出来事を話した。カメラ付き携帯電話があれば手軽に記憶を保存できる」

〈解答例 2〉は「人間関係の維持」を重視する場合で，和訳は次の通り。「カメラ付き携帯電話の一番の利点は人間関係の維持を助けることだ。私はカメラ付き携帯電話のおかげで，1 年前に遠くの国へ引っ越した友人と今でも連絡を取り合っている。写真のない手紙や E メールで自分の伝えたいことすべてを伝えるのは難しく，時間も取られるだろう。ビデオ通話にすれば，ビデオ画像の方がはるかに多くの情報を伝達できるので，すべてを説明する必要はない。友人が先日犬を飼い始めた。それがどんな犬であるかの説明を読む必要はなく，画面で犬を見るだけでよかった。この手軽な機器は関係性を維持してくれる」

〈解答例3〉は「自己表現」を重視する場合で，和訳は次の通り。「カメラ付き携帯電話を使えば自己表現が最も手軽に行える。仮にあなたが芸術家なら，画廊だけに自分の作品を展示するのは時代遅れだろう。今では，一般の人々でさえ，ソーシャルネットワーク上で自己表現を行っている。どこへ行っても，彼らは気に入った物や風景を見つけると自撮りをして，カメラ付き携帯電話でその場でそれを共有する。私は自転車ツーリングが好きだ。移動中に，自分が興味を持った美しい景色や物を写真に撮り，簡単なコメントを添えてその写真をSNSにアップロードしている。カメラ付き携帯電話があれば自己表現は簡単にできる」

●語句・構文●

（第1段）commercially available「商用の，市販の」 launch「～を開始する，（新商品など）を発売する」 initially「最初は」 too steep a change「急すぎる変化」→too「～すぎる」は直後が形容詞または副詞でなければならないため，a steep change に too を付けると形容詞 steep が a よりも優先されて，この語順になる。be classified as ～「～と分類される」 reconfiguration「再編成」 break「急な変化」

（第2段）digital「デジタル（の）」 image「画像，映像」 duplicate「（データなど）を複製する」→copy は「（紙など）を複写する」。edit「～を編集する」 the latter「（2つあるうちの）後者，（3つ以上あるものの）最後の方」→the latter の直前にある copied, duplicated and edited の最後である edited「編集可能なこと」を指している。flexibility「柔軟性」 what photos can be seen as representing「写真が表現し得るもの」→representing「～を表している」の目的語が what「もの，こと」であり，それが前へ移動している。be seen as ～「～とみなされる」の部分は和訳するとくどくなるので省いている。obvious「明白な，顕著な」→made the flexibility of … more obvious には make O C「OをCにする〔変える〕」の第5文型が使われていて，Cの位置が more obvious。

additional「追加の」 shot「撮影した写真」 any given～「任意の～，どんな～でも」 sort through～「～を分類する」 transform「～を（すっかり）変える」 individual「個々の」 alter「～を変更する」 loved ones「愛する人たち」 used to *do*「昔は～したものだ（が今はしていない)」 out of focus「ピントがずれている」 blurry「ぼやけた，不鮮明な」 development「(写真の）現像」 in the context of～「～という状況下にあって」 massive「極めて多い」 the labour of love「愛情からかける手間」→the が付いているので既出の情報である第2段第6文（Printed images of loved ones used to …）を指しており，「愛する者のためにかけていたその手間」と訳せる。tag「タグ付けをする」 categorize「～を分類する」 delete「～を削除する」 majority of～「～の大半」 occasionally「時折」 claim「～を主張する」 emergent「現れつつある」 acceptance「受容，容認」 be indicative of～「～を示している」their diminished social worth「写真の社会的価値が減少したこと」→their は前にある photos を指す。現像した写真を壁に貼ったりする習慣が減ってきていることを意味している。plenty of～「豊富な～」 lock-screen「(携帯端末などの）ロック画面」 device「機器，（スマートフォンなどの）端末」 overall「全体的にみれば」 digitalization「デジタル化」 shift～from *A* to *B*「～を *A* から *B* に変える」 focus「焦点，中心」

(第3段) date back to～「(起源などが)～に遡る」 offer「～を提供する」 peculiar「一風変わった」 invention「発明（品)」 streamline「～を効率化する」 outfit「衣服」 prove「～だと証明する」 a pop idol「人気アイドル」 set up *A* on a date「*A*（人）にデートのお膳立てをする」 pretty「かなり」 pointless「無意味な」 practical「実用的な」 aid「補助（器具)」 sneak「こそこそした」

(第4段) propose「～を提案する」 capture「～を記録する」 maintain「～を維持する」 no different from～「～と何ら変わらない」 portable「持ち運び可能な」 image making device「画像生成機器」 the uses and meanings attributed to home videos「家庭用ビデオカメラに割り当てられていた利用方法や意味合い」→attribute *A* to *B*「*A*（性質など）が *B* にあると考える」が受け身の形となっていて，which were が attributedの直前に省略されていると考える。home video「家庭用ビデオカメラ」remain「(変わらず）留まる」despite「～にもかかわらず」cultural imaginaries about it「それ（＝写真の社会的役割）に関する文化的憶測」→it は同文中の the social function of photography を指す。

III 解答例

〈解答例１〉 When you hear the word "minority," perhaps you first think of a small group of people within a much larger group. It is misleading, however, to take the idea of a minority as just a matter of numbers. Any group that is defined by such attributes as race or religion can be referred to as a minority as long as its members are oppressed in society in terms of their historical or cultural backgrounds. In this sense, even a group that has a large number of members can be considered to be a minority. For example, in society where most of the managers in any organizations are male, women can be thought of as a minority.

〈解答例２〉 A "minority" might be associated with a small group within society, but it is dangerous to deal with the problems of minorities only from the viewpoint of number. If those groups that consist of people of the same race or religion are being oppressed in society due to its historical or cultural prejudices, they are minorities. Considering this, a group that is large in number can still be a minority. If men, for instance, dominate managerial positions in an organization, female workers there can be regarded as a minority.

◀解 説▶

「『マイノリティ』という言葉を聞くと，全体のなかの少数者をまず思い浮かべるかもしれない」

• 「『マイノリティ』という言葉を聞くと，～をまず思い浮かべるかもしれない」→英作文は主節の動詞に何を使うのかを優先的に考えていく。動詞は大切な要素なので，語法（その動詞の正しい使い方）に関して自信があるものを選定する。「*A* を聞くと *B* を思い浮かべる」の場合，主節の動詞は「(*B* を）思い浮かべる」であり，これに think of ～「～のことを思う〔思い浮かべる〕」を用いるなら，その主語は you となる。次に「*A* を聞くと」が when you hear *A* で表せる。listen to ～ は，意識的に人の話などにじっくりと耳を傾ける場合に用いる。「(短めの音や単語など）を耳にする」，「(自然に)～が聞こえてくる」という意味の hear がここでは適当。また，think of ～ 以外にも *A* is associated with *B*「*A* を聞くと *B* を連想する」という表現を知っていれば，この動詞を中心に考えて，主語には the word “minority” や a “minority” を用いる。「～かもしれない」には，S might V や perhaps S V「ひょっとしたら～」がよく使われる。

• 「全体のなかの少数者」→「少数者」は a small group（of people），a small number of people などで表せる。「全体のなかの」は，「社会における」と捉えて in society としてもよい（society は可算名詞・不可算名詞の両方があるが，a classless society「階級のない社会」のように間に形容詞を挟む場合に a を付けることが多く，society 単独で使う場合は無冠詞になるのが普通)。あるいは，「より大きな集団のなかの（小集団)」という意味で（a small group）within a much larger group とするのも可。

「しかし，マイノリティという概念を数だけの問題に還元するのは間違いのもとである」

• 「(～するの）は間違いのもとである」→「(～するの）は誤解を招く〔危険だ〕」と捉えて it is misleading〔dangerous〕to *do* とするか，「～は間違いだろう」なら it would be wrong to *do* となる。

• 「しかし」→等位接続詞の but ではなく，接続副詞の however, を用いる場合は，〈解答例 1〉のように文中に置かれることが多いが，位置に自信がなければ文頭で However, S V とすればよい。いずれにせよ，however 直後にカンマを付けること。

• 「マイノリティという概念」→そのまま the idea of a minority とするか，the problems of minorities「マイノリティの抱える問題」とかえても要点は変わらない。概念や単語としての minority ではなく，具体的な「マイノリティに相当する集団」を言い表す場合は可算名詞として扱うので a を付けたり，複数形 minorities とする。

• 「(マイノリティという概念を）数だけの問題に還元する」→「還元する」とは「もとの性質に戻す」という意味で，ここでは「社会的弱者としてさまざまな意味合いを持つマイノリティ」を「少数のものという狭い意味でのマイノリティ」へと落とし込んで捉えること。「還元する」を直訳しようとせずに，要は「数だけの問題として捉える〔受け取る〕」とか，「数の観点でのみ問題を扱う」ということだと判断して，take ～ as just a matter of numbers や，deal with ～ only from the viewpoint of number のように英訳できる。

「人種あるいは宗教のような属性によって定義づけられる集団は，歴史的，文化的な条件によって社会的弱者になっている場合，マイノリティと呼ばれる」

• 「(…集団は) マイノリティと呼ばれる」→主節の動詞となる箇所なのでここから考えていく。「A は B と呼ばれる」なら A is called B, A is referred to as B など。… can be referred to as a minority のように助動詞 can「～し得る」を付けて断言する形を避けることも多い。「呼ばれる」という動詞を英語にすることが目的ではなく，和文の内容が伝わる英文を作るのが本来的作業。例えば，「歴史的，文化的な条件によって社会的弱者になっている場合」はその集団は「マイノリティである」と言えるので，〈解答例 2〉の they are minorities のように，A is B「A は B である」の形で表現することも可。

• 「人種あるいは宗教のような属性によって定義づけられる集団」→「B によって定義づけられる A」の形であれば，A that is defined by B となる。A は any group「どんな集団でも」とすることで「(集団に属する人々の) 数は問題ではない」ということが強調できる。B には such attributes as race or religion「人種あるいは宗教のような属性」が入る。また，「属性」をそのまま attribute で表すのが難しい場合などは，「同じ人種や宗教を持つ人々から構成される集団」と日本語を言い換えればよい。その場合は A consist of B「A は B から構成される」を活用して，those groups that consist of people of the same race or religion となる。

• 「(…集団は) 歴史的，文化的な条件によって社会的弱者になっている場合」→「～になっている場合」は，if や when の他に as long as ～「～な限りは」などの接続詞が使える。「社会的弱者になっている」は (be) the weak in society でもよいが，響きがよくないのでマイノリティの問題を扱う場合などは婉曲的に (be) not represented in society「社会で評価されていない」という表現がよく使われる。ただ，受験生レベルでは高度な表現となるので，「社会で虐げられている」と捉えて，be oppressed in society とすればよい。他にも「社会的に弱い立場にある」と考えて，be in a socially weak position としてもよい。「歴史的，文化的な条件によって」の「条件」は，マイノリティの歴史的・文化的な「背景」から，とも解釈できるし，社会の歴史的・文化的な「偏見」による，という意味とも取れる。前者なら in terms of their historical or cultural backgrounds, 後者なら due to its historical or cultural prejudices となる（ただし，their や its の部分はそれが指す名詞に応じて適当な代名詞にする）。

「こうした意味で，数としては少なくない集団でもマイノリティとなる」

• 「こうした意味で」→そのまま In this sense で始めるか，分詞構文を用いて Considering this, …「この点を考慮すれば，…」などとする。

• 「(…でも) マイノリティとなる」→consider *A* to be *B*「*A* を *B* とみなす〔考える〕」を用いるなら，その受動態を使って … can be considered to be a minority「…はマイノリティと考えられ得る」と表せる。もっと単純に … can be a minority「…はマイノリティになり得る」でも要点は同じ。

• 「数としては少なくない集団でも」→主語になる箇所なので名詞句で表現したいので，a group を先行詞にして関係詞節で修飾する。「数としては少なくない」は「(集団の構成員の) 数が多い」ということなので，a group that has a large number of members や a group that is large in number と表す。

「例えば，組織の管理職のほとんどが男性である社会では，女性はマイノリティと考えられる」

• 「組織の管理職のほとんどが男性である社会では」→「管理職」は managerial position(s)，あるいは「運営者」と言い換えて manager(s) とする。「どの組織でもその運営者のほとんどが男性である社会では」なら in society where most of the managers in any organizations are male。「ある組織で男性が管理職を支配しているなら」として if を使えば，if men dominate managerial positions in an organization となる。male は形容詞なので be male のように be 動詞の補語として，man は名詞なので men と複数形で用いる。

• 「女性はマイノリティと考えられる」→すでに「マイノリティと呼ばれ

る」や「マイノリティとなる」の箇所で使ったのと全く同じ動詞表現を単純に繰り返すと英語らしくない英訳となるため注意が必要。また上記の〔解説〕で登場していない表現である think of A as B や regard A as B の受動態を用いるなど，表現力に幅を持たせておく必要がある。women can be thought of as a minority, female workers there can be regarded as a minority のようになるが，female は形容詞で用いることが多いので female workers「女性労働者」のように名詞 workers を補う必要がある。

❖講　評

2019 年度は，読解問題 2 題，英作文問題 1 題の構成で，2017・2018 年度と比べると英作文に関する大問が 1 つ減っている。しかし，大問Ⅱの読解問題の中で，その話題に関連した 100 語程度の自由英作文が出題されている。そのため，問題の総量や読解問題と英作文問題の割合は概ね同じと言える。自由英作文が連続して出題されているという点では 2016 年度以降変わっていない。読解問題の語数は 2 題で約 1,160 語であり，2017・2018 年度とほぼ同じである。

Ⅰは，バーチャルリアリティの技術が進むほど現実の人間がどれほど高度に進化しているかがわかる，という内容の文章になっており，内容説明が 2 問，下線部和訳が 1 問，空所補充が 1 問の計 4 問。(2)の主に a secret visual motion language についての説明を求めた問題は，段落全体の意味をつかむインプットと，自分の理解を適切に日本語で説明するアウトプットの両方の能力が問われるもので，受験生の間で差が出やすいものとなっている。

Ⅱは，デジタルカメラやカメラ付きの携帯電話が登場したことによる変化についての英文で，内容説明が 1 問，下線部和訳が 2 問，カメラ付き携帯電話の利点に関する自由英作文が 1 問の計 4 問。内容説明や下線部和訳は特に難解というものではなく，京大の例年の難度から考えると少し易しめにも感じる。(4)の自由英作文も，カメラ付き携帯電話について与えられた 3 つの利用方法から 1 つ選択できるため，自分の取り組みやすいものを選べばそれほど難しいものではない。ただし，自由英作文への慣れと時間配分への注意が必要だろう。

Ⅲの英作文問題は，やや長めの和文英訳となっている。マイノリティの概念に関する社会学的な話題で，「還元する」や「属性によって定義づけられる」といった堅い表現も登場するが，日本語の意味を文脈に沿った形で解釈できれば英訳自体は柔らかめの表現で実現できるだろう。マイノリティに関する英文を読んだことがある受験生ならなお有利と言えるので，日頃からさまざまな話題の英文に触れておきたいところ。

2019 年度も出題形式の変化が多少見られたが，全体的な難易度や分量は，例年と大きく変わっていない。むしろ各設問の難易度的にはやや易化したが，形式の変化にも落ち着いて対処できるかは重要なポイントと言える。2018 年度の〔講評〕で「思考力を問うための試験問題には，パターン化を避けようとするための工夫がしばしば見られる。受験生も形式の変化に動揺することなく，本質的理解を追求するよう日々の学習において心がけることが肝要だろう」としたが，再度留意したい。

日本史

I **解答** A．(1)下野　(2)物部守屋　(3)恵美押勝（藤原仲麻呂）
(4)法王　(5)皇位を狙う意志。(6)光仁天皇　(7)養老律令

B．(8)(あ)アメリカ　(い)異国船打払令に基づき撃退した。(9)浦賀
(10)ロシア　(11)大黒屋光太夫（幸太夫）　(12)林子平

C．(13)(あ)内務省　(い)関東大震災　(14)統帥権
(15)日清両国の朝鮮からの相互撤兵・今後朝鮮に出兵する際の相互事前通告・日清両国の朝鮮への軍事顧問の派遣停止，から２つ
(16)政費節減・民力休養（行政費を節約して地租軽減を行うこと。）
(17)山県有朋

◀解　説▶

≪奈良時代の政治，列強の接近，明治の政治≫

◆A．史料の冒頭の「道鏡死す」を手掛かりに奈良時代後半の政治の流れを想起すればよい。道鏡は，河内国の弓削氏に生まれた法相宗の僧侶である。孝謙太上天皇の看病にあたったことから寵を得た。764 年，道鏡の排斥を企図して挙兵した恵美押勝が敗死すると，孝謙太上天皇が称徳天皇として重祚し，道鏡は 765 年に太政大臣禅師，766 年に法王となった。宇佐八幡の神託を利用して皇位を狙ったが，和気清麻呂らに阻止された。称徳天皇の死後，道鏡は下野国薬師寺に左遷された。

▶(1)史料の末尾に「［ア］国薬師寺別当と為して逓送す」とあり，下野が入る（上述の道鏡の略歴参照）。下野国は現在の栃木県にあたり，下野国薬師寺には戒壇がおかれ，東大寺戒壇院・筑紫観世音寺の戒壇とともに天下三戒壇と呼ばれた。

▶(2)大連物部守屋は 587 年に蘇我馬子に滅ぼされた。

▶(3)「宝字八年，大師［イ］，謀反して誅に伏す」とある。藤原仲麻呂は淳仁天皇から恵美押勝の名を賜り，大師（太政大臣）として権力を掌握したが，道鏡を除こうとして敗死した。

▶(4)［ウ］の少し前に「太政大臣禅師と為す」とあるので［ウ］に入る地位は法王だとわかる（上述の道鏡の略歴参照）。

▶(5)史料と（注）から，道鏡が八幡神の教えを信じて神器をうかがいねらったことが読み取れ，上述の略歴と合わせて考えると，下線部の意味は「皇位を狙う意志」だとわかる。神器は皇位の象徴とされる三種の神器のことであるが，ここでは皇位そのものを指している。

▶(6)称徳天皇の死後，天智天皇の孫にあたる光仁天皇が即位した。

▶(7)養老律令は 718 年に藤原不比等が編纂したが，大宝律令と大差がなかったためしばらくは用いられなかった。757 年，不比等の孫藤原仲麻呂によって施行された。

◆B．出典の『慎機論』は渡辺崋山の著書で，モリソン号打払いの無謀さを説いている。高野長英も『戊戌夢物語』で同様のことを述べた。これらの著書を著したため，渡辺崋山と高野長英は蛮社の獄で弾圧された。

▶(8) 1837 年，アメリカの商船モリソン号が日本の漂流民返還と通商交渉のため来航したが，異国船打払令に基づき撃退された。

▶(9)浦賀には享保期に浦賀奉行がおかれ，江戸湾に出入りする船舶の管理などにあたった。設問文の「ペリー来航」をヒントにしたい。

▶(10)やや難。史料の「クルーゼンシュテルンの記（奉使日本紀行）・ゴローウニンの記（遭厄日本紀事)」が並列されていることを読み取り，ゴローウニンの国籍からロシアと推察することができる。

▶(11)大黒屋光太夫（幸太夫）は伊勢の船頭で漂流してロシアに長く滞在し，1792 年ラクスマンに伴われて帰国した。光太夫の見聞を桂川甫周が『北槎聞略』として刊行した。

▶(12)林子平は江戸後期の経世思想家で，『海国兵談』で江戸周辺の海防の必要性を説いたが，寛政の改革で処罰された。

◆C．出典は 1890 年 9 月 23 日付の山県有朋の井上毅宛て書簡である。

▶(13)(あ)内務省は 1873 年の明治六年の政変の後に新設された官庁で，地方行政や警察行政を管轄したが，1947 年に解体された。

(い) 1923 年 9 月 1 日，関東大震災により東京とその周辺は壊滅的被害を受けた。

▶(14)統帥権とは天皇大権の一つで，陸海軍の指揮統率権（作戦・用兵）であり，内閣・議会の関与を受けなかった。

▶(15) 1884 年の甲申事変により悪化した日清関係を修復するため，1885 年に日清両国間で天津条約が締結された。主な内容は，日清両国の朝鮮からの相互撤兵・今後朝鮮に出兵する際の相互事前通告である。日清両国の朝鮮への軍事顧問の派遣停止を挙げてもよい。

▶⒃第一議会での民党の標語は政費節減・民力休養である。本問では民党の要求が問われているので，「行政費を節約して地租軽減を行うこと」という標語の内容の説明をしても正答となるだろう。

▶⒄史料末尾の「1890年」は第1回帝国議会と同年であり，首相は山県有朋だとわかる。

Ⅱ　解答

ア．更新　イ．岩宿　ウ．三内丸山
エ．ひすい（硬玉）　オ．楽浪　カ．東夷　キ．島根
ク．姓　ケ．山片蟠桃　コ．大村益次郎　サ．村方騒動　シ．旧里帰農令
ス．生糸　セ．（綿糸）紡績　ソ．平塚らいてう（雷鳥）　タ．民法
チ．朝鮮総督府　ツ．原敬　テ．石油　ト．中国

◀解　説▶

≪原始～近代の諸事象≫

▶①ア．更新世は約260万年前から1万年前にあたり，氷期と間氷期が繰り返す氷河時代であった。

イ．群馬県岩宿遺跡は旧石器文化の遺跡で，1946年に相沢忠洋が関東ローム層から打製石器を発見し，1949年の調査で日本における旧石器文化の存在が確認された。

▶②ウ．青森県三内丸山遺跡では，多数の竪穴住居・大型の竪穴住居，多数の土器・土偶が出土した。クリ林の管理なども行っていたと考えられている。

エ．ひすい（硬玉）は緑色の輝石である。新潟県姫川流域で産出したひすいが東日本一円に分布しており，縄文時代の交易のあり方を示している。

▶③オ．楽浪郡は前漢の武帝が朝鮮半島においた4郡の一つで，現在の平壌付近にあたる。『漢書』地理志から紀元前1世紀に倭の小国が楽浪郡に遣使していたことがわかる。

カ．『後漢書』東夷伝には，57年の奴国王の遣使など1世紀から2世紀後半の倭国に関する記事が掲載されている。

▶④キ．島根県松江市にある岡田山1号墳は6世紀後半に築造された前方後方墳で，ここから出土した大刀に「額田部臣」の銘文がある。金石文に

姓が記された例としては早い時期のものである。

ク．ヤマト政権は6世紀頃までには，大王が氏（豪族）に家柄や地位を示す姓を与えて奉仕させる氏姓制度と呼ばれる支配の仕組みを作り上げた。

▶⑤ケ．山片蟠桃は大坂の両替商升屋の番頭を務めた町人で，懐徳堂に学び，著書『夢の代』では無鬼説（無神論）を説いた。

コ．大村益次郎は長州藩士で，咸宜園や適塾に学んだ。明治初期，徴兵制度の立案にあたったが暗殺され，あとを引き継いだ山県有朋によって徴兵令として実現された。

▶⑥サ．近世後期に村の階層分化が進むなか，村役人ら富農層の不正を追及する村方騒動が増加した。

シ．村の階層分化や天明の飢饉を背景に貧農の都市への流入が進み，村の荒廃と都市の治安悪化が政治問題となった。寛政の改革では，江戸に流入した貧農に旅費などを支給して帰村を勧める旧里帰農令が発令された。

▶⑦ス．生糸は江戸幕末の開国から昭和初期に至るまで日本の最大の輸出品であり，繭から生糸をつくる製糸業は外貨獲得産業として重視された。

セ．綿花から綿糸をつくる（綿糸）紡績業は手紡・ガラ紡から機械制生産へと展開し，1897年には綿糸の輸出が輸入を上回った。しかし，原料綿花や機械は輸入に依存したため輸入超過の一因となった。

▶⑧ソ．平塚らいてう（雷鳥）は1911年に女性文学団体青鞜社を結成し，1920年には市川房枝らと新婦人協会を結成し治安警察法の改正を成功させた。

タ．第二次世界大戦後の民主化政策の一環として民法が改正され，戸主制度が廃止され，男女同権が盛り込まれた。

▶⑨チ．1910年，韓国併合条約が締結されると，日本は統治機関として朝鮮総督府を設置し，初代朝鮮総督には寺内正毅が就任した。

ツ．1918年，米騒動により寺内正毅内閣が総辞職し，立憲政友会総裁原敬が組閣した。原敬は華族でも藩閥でもなく，衆議院に議席をもつ首相であったことから「平民宰相」と呼ばれた。

▶⑩テ．日中戦争の長期化にともないアメリカの日本に対する経済封鎖が強まった。1940年の日独伊三国同盟締結と北部仏印進駐を受けて屑鉄の対日輸出が禁止され，1941年の南部仏印進駐を受けて石油の対日輸出が禁止された。

ト．1941 年，アメリカはハル=ノートにより，日本の中国・仏印からの全面的撤退など，満州事変以前の状態への復帰を要求した。

Ⅲ　**解答**　A．ア．藤原　イ．羅城門　ウ．顕戒論　エ．受領　オ．興福寺

⑴両界曼荼羅　⑵法成寺　⑶嵯峨天皇　⑷成功　⑸ 8 世紀

B．カ．陸奥　キ．中先代の乱　ク．鎌倉公方　ケ．奉公衆

⑹大番催促　⑺今川了俊（貞世）　⑻使節遵行　⑼段銭　⑽㋐山名氏清

㋑大内家壁書（大内氏掟書）

C．コ．小笠原　サ．日華平和　シ．日中平和友好

⑾滝川事件　⑿色丹島　⒀㋐慶応　㋑戊辰　㋒司馬遼太郎

⒁小泉純一郎　⒂消費税

◀解　説▶

≪平安時代の政治・文化，鎌倉～室町時代の地方支配，近現代の諸相≫

◆A．▶ア．藤原京は中国にならった初の本格的都城で，694 年に持統天皇によって都と定められた。710 年には元明天皇が平城京に遷都した。

▶イ．羅城門は平城京・平安京の正門で，朱雀大路の南端に位置する。

▶ウ．『顕戒論』は最澄の著書で大乗戒壇設立に反対する南都六宗を論駁した。

▶エ．受領は，平安前期に中央政府から一国の支配を一任された国司の最上席者である。

▶オ．平城京の寺院で「藤原氏の庇護によって強い勢力を保った」ということを手掛かりに興福寺を想起する。興福寺は藤原氏の氏寺で，中世には大和国守護も兼ねた。

▶⑴両界曼荼羅は，真言密教で金剛界・胎蔵界の仏の世界を図示した仏画である。教王護国寺両界曼荼羅は 9 世紀頃の作で大内裏の真言院で用いられたとされる。

▶⑵ 11 世紀前半に平安京に天皇や貴族が建てた阿弥陀堂を中心とする寺院が問われている。時期と場所から法成寺を想起する。法成寺は藤原道長によって 11 世紀前半に建立され「御堂」と称された。

▶⑶平城太上天皇は藤原仲成・薬子と結んで重祚と平城京への還都を図ったが，嵯峨天皇が蔵人頭をおくなどして機先を制して勝利した。

▶(4)成功とは財物を朝廷に納めて，その見返りに官職や位階を受けることである。

▶(5)8 世紀に墾田永年私財法が出されたのち，越前国糞置荘など北陸地方に東大寺領荘園が開かれた。

◆B．▶カ．建武政権は地方支配のために鎌倉将軍府と陸奥将軍府をおいた。陸奥将軍府は奥羽支配のため多賀城跡におかれ，義良親王と北畠顕家が赴任した。

▶キ．中先代の乱は，1335 年に北条高時の遺児時行が鎌倉幕府の再興を図って起こした兵乱である。

▶ク．鎌倉公方は室町幕府の関東統治機関である鎌倉府の長官である。初代鎌倉公方には足利尊氏の子基氏が就任し，その子孫が世襲した。

▶ケ．奉公衆は室町幕府の将軍直轄軍で，全国の御料所の管理にもあたった。

▶(6)大番催促とは，鎌倉時代の守護の職務権限の一つで，一国の御家人に対して京都大番役への勤仕を催促・指揮する権限である。

▶(7)今川了俊（貞世）は北朝の武将で，1371 年に九州探題に就任し懐良親王ら南朝勢力の制圧に功をあげた。著書『難太平記』では，南北朝の動乱を描いた軍記物『太平記』の誤りを指摘している。

▶(8)室町幕府は守護に新たな権限を与えることで地方武士を動員しようとした。使節遵行は，守護が幕府の判決を強制執行する権限である。

▶(9)段銭は，室町時代に田地 1 段ごとに賦課された税である。天皇即位・内裏造営などの行事に際して臨時に賦課され，守護が徴収を担った。

▶(10)(あ)山名氏は一族で 11 カ国を領有し六分一衆と呼ばれたが，山名氏清が 1391 年の明徳の乱で討伐され，勢力が削減された。

(い) 1399 年の応永の乱で大内義弘が討伐されたことや，日明貿易に携わったことから大内氏だとわかる。分国法は『大内家壁書（大内氏掟書）』である。

◆C．コ．小笠原諸島はサンフランシスコ平和条約でアメリカの施政権下におかれたが，1968 年に返還された。

▶サ．1951 年のサンフランシスコ講和会議には中華人民共和国も中華民国も招かれなかったが，1952 年に日本は中華民国と日華平和条約を結んだ。

▶シ．1972年の日中共同声明で日本は中華人民共和国と国交を正常化し，1978年には日中平和友好条約を締結した。

▶⑾ 1933年，京都帝国大学法学部教授滝川幸辰の『刑法読本』などが国体に反するとして休職処分になった。これを滝川事件という。

▶⑿ 1956年の日ソ共同宣言では，日ソ間の平和条約締結後に色丹島と歯舞群島を日本に引き渡すとされたが，現在も未解決である。

▶⒀(あ) 1868年，慶応から明治に改元された。

(い)明治元年1月に始まった内戦を戊辰戦争と呼ぶことから，戊辰であると類推できる。

(う)司馬遼太郎は大阪生まれの小説家で，『竜馬がゆく』『坂の上の雲』など多くの時代小説を著した。

▶⒁小泉純一郎首相は，2002年と2004年に北朝鮮を訪問し金正日総書記と会談した。

▶⒂ 1989年，竹下登内閣が消費税（税率3％）を導入した。

Ⅳ　解答

⑴源頼朝の死後，将軍の親裁は抑えられ有力御家人の合議制が開始された。北条時政は比企能員の乱後，源頼家を排して源実朝を将軍に擁立し，政所別当に就任し初代執権となった。その子義時は和田義盛を滅ぼすと，政所と侍所の別当を兼任して執権の地位を強化した。実朝暗殺により源氏将軍が断絶すると，義時は摂関家から幼少の九条頼経を将軍後継者として招き，政治権力をもたない将軍の下で有力御家人による幕府運営の基礎を整えた。(200字以内)

⑵豊臣秀吉は新たに獲得した領地で太閤検地を実施した。村の領域を画定し，田畑・屋敷地の面積・等級を調査して村の総石高である村高を決定し，村ごとに検地帳を作成した。全国統一後，大名に検地帳と国絵図の提出を命じ，知行の石高を確定した。こうして土地を米の量で統一的に表示する石高制が成立し，江戸幕府にも継承された。大名には知行高に応じた軍役を負担させ，百姓には村請制のもと，村高に応じた年貢・諸役を負担させた。(200字以内)

◀解　説▶

≪執権政治確立における北条時政・義時の役割，石高制の成立過程とその機能≫

▶(1)<答案の構成>

問われているのは，執権政治の確立過程において，北条時政・義時が果たした役割を説明することである。北条時政・義時の事績の羅列ではなく，執権政治の確立過程において果たした役割に留意して答案を構成することが必要である。その際，執権政治の定義を意識してほしい。鎌倉幕府の政治は源頼朝の時代は将軍の独裁により運営されていたが，頼朝の死後，有力御家人の合議制による運営へと移行する。この執権北条氏を中心とする有力御家人の合議体制を一般に執権政治と呼んでいる。その観点からみると，承久の乱の扱いが難しい。承久の乱に幕府が勝利したことで，朝廷に対する幕府の優位性が確立し，幕府の西日本支配が強化された。しかし，本問では執権政治の確立という幕府内部の政治運営のあり方が問われているので，承久の乱には言及する必然性はない。もし，言及するなら，承久の乱と執権政治の確立の関連を意識して答案をまとめることが必要である。

ところで，京都大学では 2008 年度の論述で「鎌倉幕府における将軍のあり方の変化とその意味について，時代順に具体的に述べよ」という問題が出題されている。その骨子は，源頼朝の時代の将軍独裁から，頼家・実朝の源氏将軍２代，摂家将軍，親王将軍へと移行するにつれて，将軍は政治権力をもたない名目上の存在になっていき，執権政治や得宗専制政治が展開される，というものであった。そのような観点からみると，北条義時が幼少の九条頼経を将軍候補として鎌倉に招いたことは執権政治の確立における画期となったと考えることができる。

以上の諸点を踏まえて，北条時政・義時の就任した地位やその契機となった戦乱を具体的に示しながら答案を構成しよう。

<知識の確認>

【北条時政の時代】　北条時政は源頼朝の妻政子の父である。1199 年に源頼朝が死去すると，２代将軍頼家の独裁を抑え，有力御家人の合議によって訴訟の裁決などが行われるようになった。その後，頼家が重病になると，頼家の子に将軍職を継がせず，北条氏が後見してきた実朝を後継将軍にしようとする動きが強まった。1203 年，北条時政は頼家の外戚にあたる有

力御家人比企能員を滅ぼし，頼家を幽閉して，実朝を３代将軍に擁立した。同年，時政は政所の別当に就任し初代執権となった。

【北条義時の時代】　北条時政の失脚後，北条義時が執権の地位を継承した。1213 年，侍所別当和田義盛を滅ぼすと，義時は政所と侍所の別当を兼任して民政・軍事にわたる要職を独占することで執権の地位をより強固なものにした。

1219 年，実朝が頼家の遺児公暁に暗殺され，源氏将軍は３代で断絶した。政子や義時は後鳥羽上皇の皇子を将軍に迎えようとするが，上皇から拒否され，摂関家から九条道家の子頼経を将軍候補として鎌倉に迎えた。鎌倉に下向した際，九条頼経はまだ幼児であり，政治権力をもたない将軍のもとで，執権義時を中心とする有力御家人の合議体制による幕府運営の基礎が整っていった。

▶⑵＜答案の構成＞

問われているのは，①近世の石高制の成立過程，②石高制に基づく大名統制と百姓支配について，述べることである。

①について石高制が豊臣秀吉のいわゆる太閤検地によって成立し，江戸幕府にも継承されたことは異論のないところであろう。その上で２つの問題が残る。１つめの問題は戦国大名の多くが採用した貫高制について言及するか否かである。本問のテーマは石高制である上，本問の指定時期は「近世」となっているので，高校の教科書の時代区分で学習している受験生の答案では書く必要はない。ただし，戦国時代を中世とみるか近世とみるかは意見の分かれるところであるから，貫高制について書いてもよいが，その際は本問のテーマである石高制の先駆としての位置づけを明確に表現すべきである。

２つめの問題は，豊臣秀吉の検地について，ⅰ秀吉政権自らが獲得した領地で実施した検地と，ⅱ全国の大名に検地帳と国絵図の提出を命じ知行の石高を決定したことの２段階に分けて書くか，ⅰのみを扱うかである。本問の要求は「太閤検地の概要」ではなく「石高制の成立過程」となっているので，２段階に分けて書くことが想定されていると考えられる。ただし，高校の教科書の一部ではⅱには言及されていないので，ⅱを書けなくても合否への影響は少ないだろう。

＜知識の確認＞

【石高制の成立過程】　豊臣秀吉は，新しく獲得した領地につぎつぎと検地を実施した。これを太閤検地という。まず，面積・容量など度量衡の統一を進め，面積表示は１段（反）＝300 歩とする町段畝歩制をとり，枡の大きさは京枡に統一した。また，１段あたりの生産力により石盛（斗代）と呼ばれる等級を定めた。その上で，村ごとに田畑・屋敷地の面積・等級を調査して検地帳を作成し，村の総石高である村高を設定した。この際，従来あいまいであった村の境界が画定され（村切），村は惣村以来の自治組織という性格に加えて，行政の末端組織としての性格をもつようになった。

一方，秀吉は全国統一後の 1591 年，天皇におさめるためと称して，全国の大名に対してその領国の検地帳と国絵図の提出を命じた。これにより，すべての大名の知行の石高（知行高）が正式に定まり，石高制が全国的に整備された。

【石高制に基づく大名統制】　武士の主従関係では，古来，主君が家臣に対して土地の支配を保障する御恩と，それに対して家臣が武装を整えて出陣する軍役をはじめとする奉公をともなった。戦国大名は家臣の収入額を銭に換算した貫高という基準で統一的に把握し，家臣の土地支配や収入を保障するかわりに，彼らに貫高を基準として軍役を賦課した。この貫高制は統一的な基準に基づく知行・軍役体系の画期となったが，全国的なものではなかった。

豊臣政権や江戸幕府は基準を貫高から石高に変えたが，統一的な基準に基づく知行・軍役体系というシステムは継承した。豊臣政権や江戸幕府は，大名に石高にみあった知行をあてがい，石高にみあった軍役を賦課し，大名との主従制構築の基礎とした。平時の軍役にあたる普請役や参勤交代の際も石高が基準となった。

【石高制と百姓支配】　石高は幕藩領主が百姓から年貢・諸役を取り立てる際の統一的基準となった。この際，村請制のもと，年貢・諸役は村ごとに村の総石高である村高に応じて賦課された。

❖講　評

Ⅰ　A.『続日本紀』，B.『慎機論』，C.「山県有朋書簡」の３史料が出題され，古代の政治，近世の外交，近代の政治の知識が問われた。A・B・Cとも初見史料であったと思われるが，設問の大半は史料の読解とは関係なく，標準的な知識があれば正答できる。⑽はやや難問。

Ⅱ　例年通り，原始～近代の諸事象が問われた。全体として標準的な事項が問われている。

Ⅲ　A．平安京遷都と仏教界の動向，B．鎌倉～室町時代の地方支配，C．サンフランシスコ平和条約と戦後処理問題をテーマに，古代～現代の知識が問われた。空所補充・一問一答式設問とも，大半は標準的な出題である。⒁などやや難しい設問もあるが，それらを取りこぼしても合否には影響しない。

Ⅳ　⑴執権政治確立過程における北条時政・義時の役割，⑵石高制の成立過程とその機能についての論述問題。⑴については，時政・義時の事績の羅列にとどまらず，役割という点をうまく表現したい。⑵については論述問題では古典的かつ頻出テーマであり，論述対策に力を入れた受験生は高得点をとれただろう。

時代については，記述問題と論述問題をトータルすると，原始・古代，中世，近世，近現代から４分の１ずつの出題で，例年通りであった。分野については，例年は文化史からの出題が多いのが京大の特徴であるが，2019 年度は文化史からの出題が極端に少なかった。

世界史

I　**解答**　高句麗は朝鮮へ進出して楽浪郡を滅ぼし半島北部も領有したが，7世紀には滅亡し，マンチュリアは唐の支配下に入り，ついで高句麗の遺民などを率いた大祚栄の進出を受け渤海が成立した。渤海は契丹に滅ぼされ，モンゴル高原も押さえた遼は，中国から燕雲十六州も獲得した。12世紀に成立した女真の金は遼を滅ぼし，さらに北宋を滅ぼして華北にも領土を広げた。13世紀には金がモンゴル帝国に滅ぼされて元の支配下に入り，14世紀には元を撃退した明の支配下に移った。やがてヌルハチが自立して女真を統合し後金を建てた。後金は内モンゴルを征服，直後に清と改称し，朝鮮王朝を属国とした。清は明が滅ぶと北京を占領し，中国支配を開始した。(300字以内)

◀解　説▶

≪4～17世紀前半のマンチュリアの歴史≫

●設問の条件

〔主題〕 マンチュリアにおける諸民族・諸国家の興亡

〔条件〕 4世紀から17世紀前半

●論述の方向性

4世紀から17世紀前半にマンチュリアと関わった諸民族・諸国家を時系列に配置し，各民族・各国家の動向や推移（興亡）を説明すればよい。

設問文に「周辺諸地域に進出」したり，「周辺諸地域の国家による支配」を受けたり，と記されているから，この2点を論述に組み込むこと。

以下の解説では「周辺諸地域に進出」を波線，「周辺諸地域の国家による支配」を二重線としている。

①4世紀～7世紀後半

•高句麗…4世紀初め（313年），楽浪郡（中国王朝による朝鮮支配の拠点）が高句麗により滅ぼされたことを想起したい。高句麗は前1世紀頃，マンチュリアの中核をなす中国東北地方に成立した国家で，本論述が最初に扱う国家は高句麗となる。高句麗は朝鮮に進出し，楽浪郡を滅ぼして半島北部を支配下に置いた。その後，高句麗は広開土王の時代に最盛期を迎え，次の長寿王の時代に平壌へ遷都した。しかし7世紀に入ると，隋の遠征軍を撃退したものの国力を消耗させ，唐と新羅の連合軍に滅ぼされた（668年）。この結果，マンチュリアは唐の支配下（安東都護府の統治下）に入った。

②7世紀後半～16世紀

•渤海…高句麗滅亡後の698年，大祚栄（だいそえい）が高句麗の遺民や靺鞨人（まっかつじん）を率いて中国東北地方に進出して建てた国家。唐の冊封を受け，「海東の盛国」として繁栄した。しかし926年契丹に滅ぼされ，マンチュリアは遼の支配下に入った。

•遼…916年，耶律阿保機が契丹を統合し，中国東北地方に建てた国家。渤海を滅ぼし，マンチュリアを支配下に置いた。渤海を滅ぼした当時の国号は民族名と同じ契丹で，後に遼を国号としている。その後，遼はモンゴル高原も支配下に置き，さらに中国へ進出し，後晋の建国を助けた代償として燕雲十六州も獲得した（936年）。しかし1125年，金により滅ぼされ，マンチュリアは金の支配下に入った。

•金…1115年，完顔阿骨打が遼の支配から自立し，女真を統合して中国東北地方に建てた国家。遼を滅ぼし，ついで中国へ進出し，靖康の変で北宋を滅ぼし（1127年），華北も支配した。しかし，モンゴル帝国の進出を受けて滅び（1234年），マンチュリアは元の支配下に入った。ついで元が江南から興った明によりモンゴル高原に撃退されると，マンチュリアは明の支配下に入った。この明の支配の下で女真が勢力を強め，建州部のヌルハチは明から自立して女真を統合し，後金を成立させた。

③17世紀前半

•後金…17世紀前半は中国では明清の交替期にあたる。清は中国東北地方に1616年成立した女真の国家・後金が前身である。女真は明の支配下にあったが，そこから自立したヌルハチが女真を統合して後金を建てた。以後，後金は内モンゴルへの進出（1635年：チャハル部征服）や朝鮮への進出（1637年：朝鮮王朝の属国化）を行い，この間に清と改称した（1636年）。そして明が滅ぶと，中国へ進出して，北京を占領・遷都し，中国支配を開始した。これは1644年の出来事だから，ここが本論述の締めくくりとなろう。

Ⅱ 解答

A．a．アケメネス　b．オスマン
⑴カージャール朝
⑵アメンホテプ4世〔イクナートン〕 ⑶アッシリア
⑷ネブカドネザル2世 ⑸シドン（ティルスも可）
⑹メディア ⑺シャンポリオン ⑻セレウコス朝
⑼イスラーム同盟〔サレカット=イスラーム〕 ⑽フィルドゥシー
⑾ソグド人 ⑿ローザンヌ条約 ⒀イスファハーン
B．c．李自成 d．軍機処 e．パスパ
⒁アルタン=ハン ⒂一条鞭法 ⒃景徳鎮 ⒄民進党 ⒅ピョートル1世
⒆皇輿全覧図 ⒇古今図書集成 ㉑新疆省
㉒コンバウン〔アラウンパヤー〕朝 ㉓西山〔タイソン〕の乱 ㉔開城
㉕中体西用

◀解　説▶

≪古代～現代における西アジア起源の文字の歴史，明末から清代19世紀までの中国≫

◆A．▶a．「西アジアとエジプトにまたがる大帝国」とはオリエントを統一した国家をさし，「前6世紀」にアケメネス朝ペルシアのカンビュセス2世の下で実現している。

▶b．トルコ共和国はトルコ革命（1919～23年）で成立した。このトルコ革命の過程で1922年にスルタン制が廃止され，オスマン帝国は滅亡した。

▶⑴イランでは1796年にカージャール朝が成立し，1925年まで存続した。この王朝の下，「1901～02年」にハンムラビ法典碑がフランスの考古学者によって発見された。

▶⑵「アモン神からアトン神へと信仰対象の大変革」とは多神教から一神教への改革をさし，古代エジプト新王国の王（ファラオ）アメンホテプ4世（イクナートン）が行った（前14世紀）。

▶⑶「前1千年紀前半」とは前10～前6世紀をさす。この間の西アジアではアッシリアが勢力を伸ばし，前7世紀にはエジプトも征服してオリエントを統一した。

▶⑷新バビロニアがユダ王国を征服し，住民をバビロンに連行した事件はバビロン捕囚（前586～前538年）と呼ばれ，ネブカドネザル2世が行った。

▶(5)フェニキア人は現在のレバノン領にシドンやティルスという港市（海港都市国家）を建設し，地中海貿易の拠点とした。

▶(6)「前 7 世紀」後半のオリエントでは，アッシリアの衰亡に伴い，カルデア（新バビロニア）・リュディア（リディア）の他，エジプトや「イラン西部に本拠を置いた」メディアが強力となった（4 王国分立）。

▶(7)フランス人学者シャンポリオンはロゼッタ=ストーンを手がかりにヒエログリフ（神聖文字）を解読し，古代エジプト研究の基礎を築いた。

▶(8)ヘレニズム時代,「西アジア」はセレウコス朝が支配した。セレウコス朝は前 1 世紀前半（前 64 年），ローマに滅ぼされている。

▶(9)オランダ領のインドネシアでは 1911 年，イスラーム同盟（サレカット=イスラーム）が結成され，反オランダの民族運動を主導した。

▶(10)『王の書（シャー=ナーメ）』はペルシア文学の最高傑作とも言われる民族叙事詩で，ガズナ朝で活躍したイラン系詩人フィルドゥシーが著した。

▶(11)「中央アジアを中心に国際的な交易に従事」したイラン系民族はソグド人。ソグド人はアラム文字を基にしたソグド文字を,「トルコ系」のウイグル人はソグド文字を基にしたウイグル文字を使用した。

▶(12)「アンカラに本拠を置く政府」は，ケマル=アタテュルクが 1920 年に組織した。この政府はオスマン帝国滅亡後の 1923 年 7 月に連合国とローザンヌ条約を結び，治外法権の撤廃や関税自主権の回復を実現，新しい国境も画定した。この後，同年 10 月にトルコ共和国が成立している。

▶(13) 16 世紀初めのイランに成立した「十二イマーム派を奉じた王朝」とはサファヴィー朝。サファヴィー朝は第 5 代王（シャー）アッバース 1 世治世下の 16 世紀末，イラン中部の都市イスファハーンに遷都した。

◆B．▶c．明の都北京は農民反乱軍を率いた李自成が 1644 年占領した。

▶d．軍機処は雍正帝時代に皇帝直属の諮問機関として設置され，清の軍事・行政上の最高機関となった。

▶e．元の世祖クビライ（フビライ）はチベット仏教の一派，サキャ派の高僧パスパを宗教・文化顧問の帝師に任じた。

▶(14) 16 世紀半ばにモンゴル高原で強盛となったのはモンゴル系の韃靼（タタール）で，その君主（族長）がアルタン=ハン。アルタン=ハンは連年明の北辺に侵攻し（北虜），1550 年には北京を一時包囲した。

▶⑮明の崇禎帝（第 17 代）の「祖父」とは万暦帝（第 14 代）。万暦帝時代に新税制として「各種の税と労役を一括して銀で納入」させる一条鞭法が全国に普及・定着した。

▶⑯景徳鎮は江西省の北東部に位置する都市で，宋代に喫茶の普及とともに陶磁器生産が発達し，中国第一の陶磁器生産地へと成長した。

▶⑰やや難。国民党と並ぶ，台湾（中華民国）の政党は民進党で，2000 年の総統選挙で国民党を破り，民進党の陳水扁が当選した。以後，陳水扁は独立志向政策を採り，中国（中華人民共和国）との対立を深めた。

▶⑱ネルチンスク条約は 1689 年にピョートル 1 世時代のロシア（ロマノフ朝）と康熙帝時代の中国（清）との間で結ばれ，スタノヴォイ山脈（外興安嶺）とアルグン川を両国の国境と定めた。

▶⑲フランス王ルイ 14 世の命により中国（清）に派遣されたイエズス会宣教師はブーヴェ（白進）。ブーヴェは康熙帝の側近となり，同じくイエズス会のレジス（雷孝思）とともに中国最初の実測による中国全図「皇輿全覧図」を作製した。

▶⑳『古今図書集成』は中国最大の類書（百科事典）で，康熙帝の命により編纂が始まり，雍正帝の時代に完成した。

▶㉑乾隆帝が「ジュンガルを滅ぼし」て領有した天山以北の草原地帯と以南のタリム盆地（東トルキスタン）は新疆と命名され，清は藩部として自治を認めた。しかし，清が対外的・国内的に動揺する 19 世紀後半になると内地との一体化をはかるため 1884 年に新疆省とされた。

▶㉒タイのアユタヤ朝（1351～1767 年）はビルマ（ミャンマー）のコンバウン（アラウンパヤー）朝に滅ぼされた。コンバウン朝は「18 世紀半ば」（1752 年）に成立したビルマ最後の王朝で，イギリスとの 3 回にわたるビルマ（ミャンマー）戦争の結果，1885 年に滅亡した。

▶㉓黎朝下のベトナムは 17 世紀以降，北部の鄭氏と中・南部の阮氏の政権に事実上分裂した。それに対して 18 世紀後半，西山（タイソン）の乱（1771～1802 年）が起こり，両政権を滅ぼして短期間ではあるが政権を握った（西山政権，西山朝）。

▶㉔高麗は建国の翌年（919 年），開城（現在の朝鮮民主主義人民共和国南西部に位置する）を都と定めた。なお，13 世紀前半にモンゴル帝国の侵攻を受けると，江華島（現在の大韓民国北西部の島）へ遷都したが，服属後は再び開城を都としている。

▶㉕洋務運動は「中体西用」の考えを採用し，清の体制維持を目的としたため，抜本的な政治体制の改革には至らず，日清戦争の敗北（1895 年）によって挫折した。

Ⅲ **解答** 16 世紀にポルトガルがインド亜大陸に進出し，ゴアを貿易の拠点として香辛料を扱った。17 世紀にはアンボイナ事件後のイギリスが東インド会社を介してインド亜大陸に進出し，マドラス・ボンベイ・カルカッタを貿易の拠点として，当初は香辛料，ついでインド産綿布を扱った。フランスもコルベールの下で東インド会社を再建してインド亜大陸に進出し，ポンディシェリ・シャンデルナゴルを貿易の拠点とした。このため両国はプラッシーの戦いや第 3 次カーナティック戦争で争い，勝利したイギリスがインド亜大陸での優位を確定し，さらにマイソール戦争で南インドも征服した。こうしてイギリスはインド貿易を独占しインド産綿布をヨーロッパへ輸出した。（300 字以内）

◀解　説▶

≪16〜18 世紀のヨーロッパ諸国のインド亜大陸進出≫

●設問の条件

〔主題〕ヨーロッパ諸国のインド亜大陸進出の過程

〔条件〕①16〜18 世紀

②交易品目に言及する

③ヨーロッパ諸国の勢力争いと関連づける

●論述の方向性

時系列に沿って，インド亜大陸に進出したヨーロッパ諸国を確定しながら，諸国の進出過程について，扱った交易品目や諸国の勢力争いにも触れつつ説明していけばよい。

1．16 世紀

大航海時代開幕直後のこの時期に海外へ進出したのはポルトガルとスペイン。このうち，インド亜大陸に進出したのはインド航路を開拓したポルトガルである。

トルデシリャス条約（1494 年）でアジアはポルトガルの勢力範囲となり，16 世紀には対中国貿易の拠点をマカオとしたようにアジア各地に貿易の拠点を築いていくことになる。インド亜大陸では1510年にインド西岸のゴアを占領し，総督府を置いてアジア進出の根拠地とする一方，対インド貿易の拠点とした。この貿易ではアジアの物産・香辛料（特にインド産の胡椒）を獲得し，本国へ送った。

2．17世紀

この時期，ポルトガル・スペインに代わって，オランダ・イギリス・フランスが海外へ進出した。この3国はそれぞれ東インド会社を設立してアジアへ向かい，インド方面にも進出したが，オランダはセイロン島を拠点としたため本論述の対象外と考えた（セイロン島はインド亜大陸ではない)。本論述では英・仏両国の活動を述べればよい。

• イギリス…東インド会社を設立（1600年）し，香辛料を得るため，まずモルッカ諸島への進出を図ったが，オランダとの間でアンボイナ事件が起こり（1623年)，モルッカ諸島から駆逐された。事件後，東インド会社を介してインド亜大陸へ進出し，マドラス・ボンベイ・カルカッタに要塞や商館を置いて対インド貿易の3大拠点とした。この貿易でも当初は香辛料が扱われたが，17世紀半ば以降になると，ヨーロッパでは香辛料への需要に代わってインド産綿布（キャラコ）への需要が高まったため，インド産綿布が主要な交易品となった。

• フランス…コルベールの重商主義政策として東インド会社が再建（1664年）されると，ポンディシェリ・シャンデルナゴルを対インド貿易の2大拠点としてインドへ進出した。この貿易でも，イギリスと同様にインド産綿布が主要な交易品となっている。

• 英仏の対立…英・仏ともにインド亜大陸へ進出したため，対インド貿易の利益などをめぐって対立が起こった。17世紀末，イギリスが3回のイギリス=オランダ戦争を経て世界貿易の覇権を握ると，英仏の対立はさらに深まり，ヨーロッパでの戦争と連動する形で，英仏植民地戦争（第2次百年戦争：1689〜1815年）が勃発することになった。

3．18世紀

インド亜大陸での英仏植民地戦争は，ヨーロッパでの七年戦争に連動して18世紀半ばに起こり，北インドのプラッシーの戦い（1757年）や南インドの第3次カーナティック戦争におけるイギリスの勝利（1763年）で終結した。これにより，イギリスのインド亜大陸における優位と対インド貿易の独占が確定した。また，この時期には南インドのマイソール王国を4次にわたるマイソール戦争（1767～99 年）で征服し，南インドもイギリスの支配下に入っている。

18 世紀後半には，イギリス本国で産業革命が始まり，特に木綿工業が発展していく。それに伴い，19 世紀に入ると製品市場と原料供給地が必要となり，それをイギリスはインド亜大陸に求めた。そのためイギリス製綿布（ランカシャー綿布）とインド産綿花がイギリスとインド間の貿易における主要な交易品となっていく。この点への言及は「18 世紀」までを扱う本論述の対象外と考えたい。18 世紀後半はまだインド産綿布が主要な交易品で，イギリスは対インド貿易を独占して綿布をインドからヨーロッパへ送った。

Ⅳ 解答

A．a．アリストファネス　b．ティベリウス
c．クリュニー

⑴ダヴィデ　⑵アッティラ　⑶クローヴィス　⑷ユスティニアヌス1世
⑸ヴェルダン条約　⑹ルッジェーロ2世　⑺十分の一税
⑻プランタジネット朝
⑼エドワード3世の母がカペー朝のフィリップ4世の娘で，フランス王家の血を引いていたから。
⑽メディチ家　⑾カルマル同盟

B．⑿イギリス
⒀㋐アイルランド。主食とされたジャガイモに疫病が流行って飢饉が起こり，多くの餓死者が発生したため。
㋑合衆国がメキシコから獲得したカリフォルニアにおいて金鉱が発見され，ゴールドラッシュが起こった。
⒁東欧・南欧系の移民を制限し，日本を含むアジア系移民を禁止した。
⒂自治領　⒃露仏同盟　⒄義和団　⒅リビア
⒆第一次世界大戦による兵士の動員とその終了による母国への帰国が行われたため。
⒇核兵器と戦争の廃絶　㉑パレスチナ難民
㉒ベトナム戦争が終結して南北ベトナムが統一され，共産党政権のベトナム社会主義共和国が成立した。

◀解　説▶

≪古代～近世におけるヨーロッパの王位や王国の継承，近現代世界における人の移動≫

◆A．▶a．古代ギリシアのアテナイ（アテネ）を代表する喜劇作家はアリストファネスで，ペロポネソス戦争中に反戦劇『女の平和』を作った。

▶b．難問。オクタウィアヌスは初代ローマ皇帝アウグストゥス。その彼が「帝位を継がせる者として」「養子」にしたのは第２代皇帝となるティベリウス。ティベリウスはアウグストゥスの妻リウィアと前夫の子。

▶c．「フランスのブルゴーニュ地方」に 910 年成立したクリュニー修道院は教会の腐敗・堕落を批判し，教会改革運動の中心となった。

▶(1)ソロモンは古代のイスラエル（ヘブライ）王国第３代王。その彼を「息子」とし，「王国の基礎を築いた」のは第２代王のダヴィデ。

▶(2)カタラウヌムの戦い（451 年）は西ローマ・西ゴート人などゲルマン人の連合軍とアッティラ王が率いるフン人の戦い。これに敗れたアッティラ王は北イタリアに侵入したが，教皇レオ１世の説得により撤退している。

▶(3)クローヴィス（メロヴィング朝の創始者）は 496 年，王妃クロティルドの勧めでアタナシウス派キリスト教に改宗した。

▶(4)テオドラを后とした東ローマ皇帝はユスティニアヌス１世。彼は古代ローマ帝国の復興をめざし，北アフリカのヴァンダル王国やイタリアの東ゴート王国を征服するなど，地中海世界をほぼ統一した（６世紀）。

▶(5)フランク王国は 843 年のヴェルダン条約で東フランク，中部フランク，西フランクの３王国に分裂し，870 年のメルセン条約で中部フランクの北部が東西フランクに分割され，独・仏・伊の基礎が築かれた。

▶(6)「南イタリアとシチリアにまたがる」王国とは両シチリア王国。この王国は 1130 年，ルッジェーロ２世が建設した（都はパレルモ）。

▶(7)農奴は領主に対して賦役・貢納・結婚税・死亡税などを，教区の教会に対して十分の一税を納めた。

▶(8)イングランドではノルマン朝が断絶すると，代わってフランスのアンジュー伯がヘンリ２世として即位し，プランタジネット朝を開いた（1154 年）。

▶(9)「血縁上の根拠」から血統（血のつながり）を想起したい。イングランド（プランタジネット朝）の王エドワード３世の母はフランス（カペー朝）の王フィリップ4世の娘でフランス王家の出身であった。そのためフランスでカペー朝が断絶し，ヴァロワ朝が成立（1328年）すると，エドワード3世は血統からフランス王位の継承権を主張した。

▶⑽メディチ家は金融業で財を成したフィレンツェの富豪。ロレンツォの時代が最盛期で，イタリア=ルネサンスのパトロンとして学芸を保護し，また市政も独占した。

▶⑾マルグレーテはデンマークの王女（事実上の女王)。彼女の主導で，1397年北欧3国（デンマーク・ノルウェー・スウェーデン）がエーリック7世を王とする同君連合（連合王国）を結成した。これをカルマル同盟と呼び，1523年のスウェーデン離脱まで存続した。

◆B. ▶⑿やや難。「強制的な人の移動」から奴隷の輸送・奴隷貿易を想起したい。奴隷貿易はフランス革命の影響も受け，人道的な立場から反対運動が高まり，イギリスでは1807年に廃止された。

▶⒀(ア)「1840年代から50年代」の合衆国では旧移民（西欧・北欧出身の移民）が増大した。その中でも大量の移民を送り出した地域はアイルランド。1840年代のアイルランドでは主食のジャガイモに立ち枯れ病が流行し，ジャガイモが作れなくなり，多くの餓死者が発生した（ジャガイモ飢饉)。そのため多くのアイルランド人が合衆国へ移民として渡った。

(イ)合衆国はアメリカ=メキシコ戦争（1846～48年）でカリフォルニアを獲得したが，直後にカリフォルニアで金鉱が発見された。そのため一攫千金を夢見て世界各地から移民が殺到した（ゴールドラッシュ)。

▶⒁ 1924年の移民法は第一次世界大戦後の合衆国において保守化が強まる中で制定された。この法では，ヨーロッパからの移民の数を国ごとに割り当てたが，①当時は新移民（東欧・南欧出身の移民）が多かったため，新移民の流入を制限することに目的が置かれた。また19世紀末以来続くアジア系移民（中国人，ついで日本人）排斥の動きを背景に，②日本を含むアジア系の移民を禁止している。解答ではこの2点を押さえたい。

▶⒂イギリス帝国では，1901年オーストラリアに，1910年南アフリカに自治権が認められ，両国は帝国内の自治領としての地位を得た。

▶⒃ロシアは露仏同盟の成立（1894年）を背景に，蔵相ウィッテの主導によりフランス資本の援助を受けてシベリア鉄道の建設を進めた。

▶⒄「19世紀末の中国」では外国の資本・技術による鉄道建設が進んだ。

そのため「鉄道の破壊を含む運動」は排外主義の性格を持ち，「扶清滅洋」を掲げた義和団の排外運動が起こった。

▶⒅イタリア=トルコ戦争（1911～12年）により，イタリアはオスマン帝国から北アフリカのトリポリ・キレナイカ（現リビアの地）を獲得した（1912年）。

▶⒆やや難。「1918年から翌年」に注意したい。この時期は第一次世界大戦（1914～18年）の終結期と戦争直後にあたり，そこで起こる「大規模な人の移動」とは兵士の動員と帰国である。戦場に動員されていた多くの兵士は戦争の終結により母国に帰還したが，その際，兵士の中にインフルエンザの患者がいて，彼らがインフルエンザをそれぞれの母国に持ち込んだため，世界的に大流行することになった。このときのインフルエンザは「スペイン風邪」とも呼ばれる。

▶⒇アインシュタインとラッセルの名から，彼らが中心となって1955年に発したラッセル・アインシュタイン宣言を想起したい。この宣言は核兵器の廃絶を訴え，核兵器廃絶運動を高揚させた。

▶㉑第二次世界大戦後の1948年，パレスチナに対するイギリスの委任統治が終了すると，ユダヤ人はイスラエルの建国を宣言した。これを機に第１次中東戦争が起こり，この戦争によって多くのアラブ人が故郷を追われパレスチナ難民となった。

▶㉒やや難。「1970年代半ば」に注意したい。この時期のベトナムではベトナム戦争が終結し，南北ベトナムが統一され，ベトナム社会主義共和国が成立した（1976年）。こうしてベトナム全土は共産党政権の下に置かれ，社会主義化が進むことになる。社会主義体制に馴染みのなかった南ベトナムの人々は差別や新体制への不安から国外に逃れ，ベトナム難民が発生することになった。

❖講 評

Ⅰ 4～17世紀前半のマンチュリアを扱った300字論述。やや戸惑うテーマだが，東アジア史では必ず出会う地域であるため，設問が求める民族・国家の抽出はそれほど難しくない。ただ，その民族・国家を時系列で正しく配置できるかがポイントとなる。また長い時代を対象とし，かつ情報量も多いため，どのように字数内にまとめるか，文章構成力が必要であった。

Ⅱ 全問語句記述問題で，Aでは古代～現代の西アジアの文字に関連して，Bでは明末から19世紀の清末までを中心とした中国王朝史を扱っている。時代的・地域的に幅広い出題であるが，すべて基本事項に属する。⒄の民進党や，⒇の「類書」から『古今図書集成』の名称は過去にも類似の出題があり，問題演習を通じた理解の充実度が決め手となった。

Ⅲ 16～18世紀のヨーロッパ諸国のインド亜大陸進出を扱った300字論述。頻出テーマと言えるが，交易品目については，香辛料やインド産綿布についての正確な知識を持っていることが求められ，この点で得点差が生じる可能性があった。また，ヨーロッパ諸国の勢力争いにも言及することが求められているため，Ⅰと同様，どのように論点を整理し字数内にまとめるか，文章構成力も必要であった。

Ⅳ 語句記述と短文論述の融合問題で，Aでは王位や王国の継承の点から古代～近世のヨーロッパが，Bでは人の移動から近現代の世界が扱われた。空欄bのティベリウスは用語集レベルを超えた出題。⑿は「強制的な人の移動」を奴隷貿易と意識できたかが解答への第一歩となった。一方，短文論述では頻出事項の正しい内容理解や，⒆・(22)のように年代を手がかりに解答を導く推察力が求められた。

京大の語句記述は一部に難度の高い事項も問われるが，大半は基本的知識で解答でき，この傾向は2019年度も踏襲されていた。短文論述も例年どおり，用語の説明を求めたり，年代などを手がかりに解答を導くような作問がされていた。300字の長文論述はⅠ・Ⅲともに，時系列で述べる歴史的推移の問題であったため，影響や比較を扱う問題に比較すると対応しやすかった。しかし，情報量の多さから，字数制限内でのまとめ方に難しさがあり，やはり手強い出題だったと言える。

地理

I **解答** ⑴アーC　イーB　ウーA

⑵男女ともに出産・育児休業の保障や短時間勤務などの社会福祉政策を充実させてきた。(40字以内)

⑶南部は農業中心で雇用機会が少なく，商工業が発達した北部との経済格差が大きい。(40字以内)

⑷①大都市圏

②保育士や保育施設の不足により待機児童が多く，育児と就業の両立が困難であること。(40字以内)

③大都市圏では核家族が多く，地方では３世代の大家族が多い。

◀解　説▶

≪人口の年齢構成と女性の就業≫

▶⑴アはグラフ１で年少人口が増加傾向にあることと，グラフ２で女性の就業率が高いことからCのスウェーデンとなる。イは日本とよく似た人口ピラミッドであるが，女性の就業率が日本より低いことからBのイタリアとなる。⑶で南北の経済問題が問われていることもヒントとなる。ウは人口ピラミッドが釣り鐘型であることから，現在も移民の流入があり出生率も高いAのアメリカ合衆国となる。

▶⑵スウェーデンやデンマークなどの北欧諸国は，社会福祉制度が整っており，合計特殊出生率が回復傾向にある。出生率回復のために，子どもへの手当支給や医療・教育費の家庭負担軽減とともに，男女ともに育児休業制度の確立と保育サービスの充実がなされたため，女性の育児期の就業率も高い状態が保たれている。

▶⑶イ国（イタリア）は女性の就業率が総じて低くなっているが，設問で述べられているように南部と北部で経済格差があるためである。すなわち，南部は農業が主産業で商工業の発達が遅れているため失業率も高い。このため女性の就業率も低くなる。一方，北部は商工業が発達しており雇用機会にも恵まれていることで，女性の就業率も高くなる。このように南北の経済格差＝所得格差が大きいため，政府はバノーニ計画を策定し，南部の社会資本整備と，タラントに製鉄所を建設したように工場誘致を行ってきた。しかしながら，現在も南北格差解消には至っていない。

▶(4)①地図 1 を見ると東京都・神奈川県・大阪府で就業率 60％未満，北海道・千葉県・埼玉県・奈良県・兵庫県・福岡県で就業率 60％以上 65％未満となっていることがわかる。北海道・福岡県を除くと首都圏・阪神圏であることから大都市圏の特性を持っていると判断できる。なお，福岡県も広域中枢都市の福岡市があるので大都市圏の一種と考えることができる。

②大都市圏を中心とする保育の問題は切実である。保育士の人手不足に加え保育園など設備整備が遅れており，なかなか入園できない待機児童数も多く，就業したくともできない女性が増加している。このことが日本の女性の年齢別就業率の曲線がM字型を示す要因となっている。

③「家族構成」の「相違」とあるので，大都市圏では親と未婚の子の 2 世代家族，すなわち核家族が多い一方，地方圏では祖父母世代と同居もしくは近隣に居住する 3 世代の大家族が比較的多いことを述べる。

Ⅱ　解答

(1)複数国の領域や国境を流れ，国際条約により自由航行が認められている国際河川である。(40 字以内)

(2)ライン地溝帯

(3)①パークアンドライド

②市街地の交通渋滞や大気汚染の緩和のため。(20 字以内)

(4)①ユーゴスラビア

②複数の言語や宗教からなる連邦国家で，民族間の経済格差や民族主義の高まりから利害対立が激化したため。(50 字以内)

(5)①三角州（デルタ）　②ベトナム

③年中高温なサバナ気候で，高日季は雨季，低日季は乾季となる。(30 字以内)

◀解　説▶

≪国際河川と流域の地誌≫

▶(1)Aのライン川，Bのドナウ川，Cのメコン川は，典型的な国際河川である。国際河川は条約によって船舶の自由航行が認められている河川である。エルベ川，オーデル川，アマゾン川などもその例で，重要な内陸交通路となっている。

▶(2)「長く延びる凹地状」とあるので地形名は地溝帯である。「6字」の指定があるので，ライン地溝帯と答える。

▶(3)①都市アはフライブルクで，環境都市として知られている。市街地に自動車が乗り入れることで生じる排気ガスによる大気汚染，騒音や交通渋滞は，都市機能の低下や環境悪化をもたらす。このため，自宅から自動車等で郊外の公共交通機関の駅付近まで行き，そこに駐車した後に鉄道やバスに乗って都心地域まで通勤・買い物に行く取り組みが進められている。パークアンドライドとは，駐車（パーク）と乗車（ライド）を組み合わせた造語で，多くの都市で郊外と都心を結ぶLRT（ライトレール・トランジット）が導入されている。このほかにも，都心部に乗り入れる自動車に課金するロードプライシング制度もある。

②都心部への自動車の流入が減少することで交通渋滞は少なくなり，排気ガスに起因する大気汚染も緩和される。これにより衰退傾向にあった都心の商店街への買い物客が増え，活性化がなされたといわれている。

▶(4)①ドナウ川が通っている首都は，ウィーン，ブラチスラバ，ブダペスト，ベオグラードである。「3つ以上の国とともに1つの国家であった国」とあるので，ベオグラードを首都としていたユーゴスラビアとなる。ブラチスラバはスロバキアの首都で，チェコと2国で連邦国家を作っていたが，2国なので条件から外れることに注意すること。

②ユーゴスラビアは1国家内に，2文字（キリル・ラテン）・3宗教（カトリック・東方正教・イスラム教）・4言語・5民族・6共和国が存在するモザイク状の連邦国家として知られていた。第二次世界大戦後，ティトーの指導のもとに，旧ソ連とは異なる独自の社会主義国家を樹立し，ティトー存命中は大きな民族対立は発生しなかった。ティトーの死後，国家のまとまりが次第に弱まり，社会主義体制の崩壊後，民族主義が高まった。その結果，1991年には経済力のある北部のスロベニアとクロアチアが独立を宣言し，これに反対するセルビアとの間で内戦に突入した。民族が混在する共和国では戦闘が激化し，特に3宗教が混在するボスニア・ヘルツェゴビナでは深刻な状態となった。

▶(5)①河口付近に発達する地形は，三角州（デルタ）か三角江（エスチュアリー）である。メコン川はチベット高原に源流があり，山間地を流下して大量の土砂を下流に供給しているため，河口部には大きな三角州が形成されている。

②「河口部が属する国名」とあるのでベトナムとなる。中流域ではラオス，タイの国境をなし，下流に近づくとカンボジアを流れている。

③タイと同様にサバナ気候区となっている。「気候の特徴」とあるので，年中高温であること，高日季が雨季，低日季は乾季であることを述べればよい。

III **解答** (1)ア．ホイットルセー　イ．家畜　ウ．休閑

エ．輪作　オ．集約的稲作農業（アジア式稲作農業）

カ．二期作　キ．蚕　ク．桑

(2)X．中国　Y．アメリカ合衆国　Z．ウズベキスタン

(3)①アムダリア川（アム川）・シルダリア川（シル川）（順不同）

②過剰な灌漑によりアラル海へ流入する河水が減少し，塩害の発生や湖面の縮小が生じた。(40字以内)

(4)①南アメリカ　②東南アジア

③年中高温多雨の熱帯雨林気候である。

◀解　説▶

≪世界の農業≫

▶(1)ア．世界の農業地域区分を行った学者のうち，自然条件や経済条件・文化的要素を取り入れた総合的な分類を行ったのは，アメリカ合衆国の地理学者ホイットルセーである。

イ．リード文の後半部分にある「混合農業では作物と［イ］の組み合わせが重要」が大きなヒントとなる。混合農業では家畜飼育のための飼料栽培が重要となる。

ウ．三圃式農業は農地を3等分して，冬作物（小麦・ライ麦），夏作物（大麦・エン麦），休閑地とし，毎年耕作する耕地を交代する。休閑地は地力回復のために設定され，そこに家畜を放牧することで排泄物で地力回復を高めるねらいがある。

エ．「入れ替えながら耕作する」とあるので輪作となる。三圃式農業の休閑地に牧草や根菜類を導入して，高度な輪作農業を営むようになっていった。

オ．アジア地域では労働力を大量に投下する集約的で，主に自国内で消費

する自給的な農業が営まれている。この農業生産の様式をアジア式農業と呼ぶことがある。年降水量が1,000mm以上の湿潤地域では稲作が行われるが，それを下回る地域では畑作物が栽培される。したがって米の栽培が盛んな地域の農業形態は，集約的稲作農業またはアジア式稲作農業と呼ばれる。なお，集約的農業の本来の意味は，労働力とともに肥料や農薬などの資本も投下することである。

カ．「米を1年に2回作付けする」とあるので二期作となる。これに対し，同一耕地に異なった作物（米と小麦など）を1年に2回作付けすることを二毛作という。

キ．「繭をつくる」のは蚕である。

ク．蚕の餌となるのが桑の葉である。したがって，養蚕には桑畑が必要となる。

▶(2)Xは生産量がインドと同規模であるにもかかわらず輸入量が1位となっていることから，衣類の生産が多い中国と判断する。Yは生産量が多くその多くが輸出されていることでアメリカ合衆国となる。Zは(3)を手がかりにしてウズベキスタンと判断する。なお，カナダは冷涼なため綿花栽培に適さない。アルゼンチンでは綿花栽培は盛んでない。

▶(3)①「綿花など農産物を増産するために，灌漑事業が行われた」こと，「取水された2つの川」および「その結果生じた環境問題」とあることから，中央アジアのウズベキスタンとその周辺地域に関連する問題であると判断できる。したがって2つの川はアラル海に流入するアムダリア川・シルダリア川となる。なお，ダリアは川の意味であるので，アム川・シル川でもよい。

②灌漑にともなって生じた環境問題は，取水量が多くアラル海まで河水が流入しなくなったことで湖面が大幅に縮小されたことである。そのため漁業ができなくなったり，干上がった湖底面から砂塵が飛ぶ問題が生じた。灌漑地域でも塩害が発生し，農業生産に支障が見られるようになった。

▶(4)①天然ゴムの原産地はアマゾン川流域である。

②現在の主産地はタイ・インドネシア・ベトナムで，かつて世界一であったマレーシアの生産は，ゴム樹の老木化と油ヤシへの転換が進められたため6位に低下している（2016年）。

③天然ゴムは年中高温多雨の熱帯雨林気候で栽培される。

Ⅳ 解答

(1)ア．南極 イ．窒素酸化物 ウ．光化学スモッグ
(2)モントリオール議定書
(3)西側の工業国で排出された硫黄酸化物が，偏西風によって北欧や中欧に運ばれている。(40字以内)
(4)①油ヤシ
②パーム油に加工され，食用油や洗剤，バイオ燃料の原料となる。(30字以内)
(5)工場や家庭での石炭依存度が規制強化により低下する一方，自動車の普及が進んでいる。(40字以内)

◀解 説▶

≪大気汚染を中心とした環境問題≫

▶(1)ア．オゾンホールは1984年に日本の南極観測隊によって報告された。
イ．酸性雨は，化石燃料の燃焼によって生じる硫黄酸化物（SOx）や窒素酸化物（NOx）が，大気中の水と反応して硫酸や硝酸となって雨に溶け込んで生じる強酸性の雨である。
ウ．「日中に屋外での活動の制限」から光化学スモッグと考える。自動車や工場の排ガスと紫外線が化学反応を起こして生じる有毒物質を含むスモッグとなったもので，目やのどの痛みを発生するなど健康被害を引き起こす。注意報が出ると屋外での活動が制限される。
▶(2) 1985年にオゾン層保護のためのウィーン条約が採択され，これに基づいて1987年にフロンなどのオゾン層破壊物質の生産禁止につながるモントリオール議定書が採択された。
▶(3)排出量が多いにもかかわらず沈着量がそれより少ない国としてイギリス・デンマーク・ベルギーがあり，逆に排出量より沈着量が多い国としてオーストリア・スウェーデン・フィンランドを読み取ることができる。前者は主にヨーロッパ北西部の工業国で，そこで排出されたものが主に東に位置する北欧や中欧の国々に越境して飛来していることがわかる。西から東へ運ばれているので，西岸海洋性気候の形成に関係する偏西風の影響であることを述べればよい。
▶(4)①油ヤシからつくられるパーム油の需要が増加しており，インドネシアで油ヤシ農園が急速に広がっている。その中心になるのがスマトラ島で，大規模な焼畑を造成するためシンガポールなど近隣諸国にも煙害が及

んでいる。

②油ヤシの果実からつくられるのがパーム油で，食用油として利用されるほか，マーガリンやアイスクリームに加工されたり，石けんなど洗剤の原料となっている。

▶(5)大きな変化としては２点が指摘できる。１つめは石炭燃焼の割合が22％から３％に減少していることである。北京では冬季の家庭用暖房に石炭や練炭を利用していたが，大気汚染物質の抑制を目的として石炭の使用が制限されるようになったことで石炭燃焼の割合が大きく低下している。もう１つは自動車の割合が31％から45％に大きく増加していることである。その背景には北京住民の所得水準が向上し，自家用車を保有する階層が急増したことがある。

V　解答

(1)①河岸段丘の崖下にあり湧水や河川水が得られたため。

②火山噴出物からなる乏水地で，畑として利用されている。

(2)①Ａでは針葉樹林と草地があったが，Ｂでは針葉樹林となっている。

②草地は牛馬の飼料採取に利用していたが，林業目的で植林された。(30字以内)

(3)①道路は等高線に沿って曲がりくねっており，住宅は散在している。

②針葉樹林の中に温泉施設があり，別荘地や保養地となっている。(30字以内)

◀解　説▶

≪長野県御嶽山東麓（旧開田村）付近の地形図読図≫

▶(1)①「２集落の間に水田がみられる」とあるので湧水と河川があることに気がつきたい。等高線を注意深く読むと，「池の越」集落の南側や「管沢」集落の西側でやや等高線が密となっていることがわかる。すなわち，火山噴出物からなる恩田原を冷川などが開析したと考えたい。

②農地としては畑で，一部は荒地となっている。水田ではなく畑になっているのは，火山噴出物が堆積した乏水地であることによる。

▶(2)①Ａの時点では，恩田原には針葉樹とともに草地が広く分布している。Ｂの時点では大部分が針葉樹となっており，草地に植林したことがわかる。

②「植生の変化は日本の各地で生じたものであり，山の利用のあり方が変化したことを反映している」とあるので，山林原野の利用の変化を答えればよい。このような地域は集落の入会地をなすことが多く，農耕用牛馬の飼料の採草や薪炭材の伐採が主たる目的であった。高度経済成長期になると農耕用家畜の需要はなくなり薪炭材の利用も減少した結果，スギやヒノキなどの経済価値のある樹種の植林が行われるようになった。

▶(3)①「形態的な特徴」の指示があるので，住宅地が散村状に分布していることと，道路は起伏に応じて等高線に沿うように屈曲していることを答えればよい。

②住宅地内に針葉樹があり，中央付近に温泉の記号があることに注意したい。住宅地周辺に田畑がなく農業集落でないのは明らかで，別荘地として開発されたものと考えたい。また，温泉施設は保養休養地として開設されたもので，別荘地もその目的で開発・整備されたものである。

❖講　評

2019 年度は大問数が，例年の 4 題から 5 題に増加した。2015〜2017 年度に 1 大問がA・B構成になっていたことを考えると，さほど大きな変化とはいえないかもしれない。むしろ，2018 年度になかった地誌が大問となり，自然地理の大問が消えて各大問中でサバナ気候と熱帯雨林気候の説明，地形名としての地溝帯や三角州，および地形図読図に関連した出題となったことが変化といえるであろう。他の 3 題は系統地理であるが，女性や環境といった現代の地理的諸課題を取り扱った点が斬新である。問題自体は，人口ピラミッド，地図，グラフをもとにした地域理解と統計読解を中心においた京大らしい出題であった。配点は従来各大問 25 点ずつであったが，5 題となったことで各大問 20 点ずつとなった。

地形図読図は，久々に新旧地形図を比較して地域変容を問うものであったが，5 万分の 1 地形図であるためやや読図しづらい。なお，京大の地形図読図の問題は，地方で旧版 2 万 5 千分の 1 地形図が整備されていなかった関係から，2015 年度までは 5 万分の 1 地形図の使用がやや多い傾向にあった。また，2015・2017・2018 年度にあった衛星画像を使用した出題はなかった。地誌はオーソドックスな地域設定ではなく，国際河川流域の地域設定で出題された。

統計読解の問題も例年と同様，グラフを使用した京大らしい形式である。いずれも教科書準拠の基本・重要事項を確実に理解し，授業で扱われなかった地域の問題にそれらの学習成果が適用できるようにしておけば，十分対応できる出題内容である。

記述・選択問題は，基本的な地理用語や国名・地域名・河川名・作物名を答えさせるほか，統計の判定などが出題されている。基本的なものが中心なので，高得点を目指したい。論述問題は，さまざまなテーマが長短織り交ぜた字数指定で出題されている。オーソドックスな内容が中心ではあるが，例年焦点を絞りにくい設問もあるので，設問文にある指定条件をよく読み，出題意図を的確にくみ取る必要がある。なお，2019年度の制限のある論述字数は20～50字，計470字で，2018年度の420字，2017年度の440字と比べると若干増加しているが，それ以外に字数制限のない短文問題（解答欄の大きさから見て20～40字程度）が例年6，7問あり，これを勘案すると約600字程度となる。

Ⅰは人口の年齢構成と女性の就業に関する基本的問題であり，関連してイタリア国内における経済格差の問題も問われている。日本の女性の就業問題については社会問題化しており，地理的諸課題の1つとして出題されている。⑴は人口ピラミッドの国名判断で，グラフ1と2を関連させ，⑵・⑶の問いも手がかりにして確実に解答すること。⑵はスウェーデンの少子化対策で，「家族の支援に関する対策」との条件があるので解答しやすい。教科書によっては他の北欧諸国の事例が取り上げられている場合があるが，同じ視点で解答すればよい。⑶は女性の就業率の南北格差についての問いであるが，設問文に示された「経済的な状況の違い」からイタリアの南北格差の視点を基に解答する。⑷は日本の女性の就業率が30-44歳の年齢期で低下して，いわゆるM字曲線を呈する問題である。①は都道府県別階級区分図から就業率の低い地域を読み取る平易な問題である。②は①の地域における子どもの保育問題で，国会でも取り上げられた時事的な問題である。③は大都市域と地方の家族構成の問題であり，核家族と大家族という一般的な違いを述べればよい。

Ⅱは国際河川流域の地誌で，はじめに国際河川の特徴，続いて交通，民族，農業の視点から各地域の特徴の理解を問う基本的な問題であるので，確実に解答したい。(1)は国際河川について，その定義と特徴を答える標準的な問題である。(2)は地形名称であるが，６字であることに留意する必要がある。(3)は西ヨーロッパの代表的な環境に配慮した都市の公共交通システム政策の理解を問う基本的問題である。都市アの名称がわからなくても解答できよう。(4)は旧ユーゴスラビアの民族問題で，内戦に至った背景の理解を問う標準的な問題である。(5)は①で河口部の地形，②で国名，③でサバナ気候の特徴を述べる基本的問題である。

Ⅲは世界の農業に関するオーソドックスな問題である。(1)はホイットルセーの農業区分と養蚕に関する空所補充の問題で，ホイットルセー以外は平易な用語であるので，確実に得点したい。(2)は綿花の生産国，輸入国，輸出国の理解を見る問題で，選択肢も明瞭で解答しやすい。Z国の判断は，(3)が大きなヒントとなる。(3)はアラル海周辺地域の灌漑用水の過剰利用によって生じた環境問題に関する問いで，基本レベルである。(4)は天然ゴムの原産地，現在の主産地，原産地・栽培地域の気候の特徴を述べる問題である。主産地，原産地は地域から選択する形式であり，いずれも基本的知識で解答できる。

Ⅳは大気汚染をテーマにした環境問題の問いである。(1)は基本的な空所補充問題であるので，確実に解答したい。(2)は教科書に記載のある条約名である。(3)は統計表から硫黄酸化物の排出量と沈着量の地域的な違いを読み取り，それを引き起こした要因を解答する問題で，統計から地域の特徴を読み取る力を問う出題形式は，いかにも京大らしい。(4)は大気汚染の原因の１つである焼畑に関連した問題であるが，内容的にはプランテーション作物に関する出題となっている。①の作物名を誤ると，②が解答できないので注意したい。(5)は中国とその周辺諸国で深刻となっているPM2.5の発生源の変化についての問題である。グラフから変化を読み取り，都市生活と大気汚染対策を解答するには，40字の字数制限から端的に述べる必要がある。

Ⅴは地形図の読図問題で，地形と関連した集落立地と土地利用の特徴，植生変化とその理由，別荘地の開発などを問う問題で，大正元（1912）年と平成22（2010）年の間の地域変化の要因を答えるには日本社会の変化の背景から述べる必要があり，やや難しい。地形図が５万分の１であまり鮮明でないため，地形の読み取りも難しくなっている。(1)の①は旧集落の立地条件を問うもので，設問文に「水田がみられることに留意」とあるので集落立地の基本である「水」の存在を念頭に置いて解答したい。地図が１色刷のため判別が難しいが，Ａ図から「池之越」と「管澤」集落の間に小河川が描かれている（Ｂ図では付け替えられている）こと，「池之越」集落が崖下に位置していることを読み取ることがポイントである。②は従来集落がなかった地域に立地した開拓集落と考えられる。集落周辺の農地は田ではなく畑となっていることから，乏水地（水はけがよい土地）であると考え，その理由を合わせて述べる。リード文に「御嶽山東麓」の地域であるとあるので，火山性の土壌が堆積していることに考えを及ぼしたい。⑵の①は植生の変化で，読み取ったまま解答すればよい。②は「日本の各地で生じた」と「山の利用のあり方が変化した」ことから高度経済成長期の農山村社会の変化を想起する必要がある。このような地域の集落周辺にある山林・草地は，集落の共同管理下にある入会地で，そこで採取された草は農耕用の家畜（牛馬）の飼料や肥料となったし，薪は燃料となった。それらの利用がなくなったことから，草地はスギ・ヒノキの有用材を植林するようになったことを述べるのは難しいであろう。⑶の①は新たに造成された住宅地と道路形態の特徴を述べる問題で，等高線との関係から解答すればよい。②は住宅地の性質や目的について述べる問題である。この住宅地が別荘地であるとの判断は平易であるが，特徴的な施設が温泉であることを読み取って保養地となっていることを述べる必要がある。

数学

1

◇発想◇　問１．整式の除法を行い，商と余りを求める。

問２．求める２桁の数字を ab（a，b は整数で $1\leqq a\leqq 9$，$0\leqq b\leqq 9$）で表すと，$8.94^{18}=a.b\cdots\times 10^{n}$（$n$ は０以上の整数）……（＊）と表される。このとき，8.94^{18} は（$n+1$）桁である。したがって，（＊）の両辺の常用対数をとれば，$18\log_{10}8.94=n+\log_{10}a.b\cdots$，$0\leqq\log_{10}a.b\cdots<1$ より，常用対数表を用いて n，$\log_{10}a.b\cdots$ が求まり，$a.b\cdots$ も求められる。ただし，常用対数表の注意書きによれば，$0.95125\leqq\log_{10}8.94<0.95135$ である。

解答　問１．

$$x^5+2x^4+ax^3+3x^2+3x+2$$
$$=(x^3+x^2+x+1)(x^2+x+a-2)+(3-a)x^2+(4-a)x+4-a$$

であるから

$$Q(x)=x^2+x+a-2$$
$$R(x)=(3-a)x^2+(4-a)x+4-a$$

$R(x)$ の x の１次の項の係数が１のとき

$$4-a=1\quad すなわち\quad a=3\quad \cdots\cdots(答)$$

よって

$$Q(x)=x^2+x+1,\ R(x)=x+1\quad \cdots\cdots(答)$$

問２．$\log_{10}8.94^{18}=18\log_{10}8.94$

常用対数表より，$0.95125\leqq\log_{10}8.94<0.95135$ であるから

$$18\times 0.95125\leqq\log_{10}8.94^{18}<18\times 0.95135$$

すなわち

$$17.1225\leqq\log_{10}8.94^{18}<17.1243$$

よって

$$10^{17.1225}\leqq 8.94^{18}<10^{17.1243}\quad より\quad 10^{0.1225}\times 10^{17}\leqq 8.94^{18}<10^{0.1243}\times 10^{17}$$

常用対数表より，$\log_{10}1.32<0.1225$，$0.1243<\log_{10}1.34$ であるから

$$1.32<10^{0.1225},\ 10^{0.1243}<1.34$$

したがって

$$1.32\times10^{17}<8.94^{18}<1.34\times10^{17}$$

ゆえに，8.94^{18} の整数部分は 18 桁　……(答)

また最高位からの 2 桁の数字は 13　……(答)

参考　$0.951<\log_{10}8.94<0.952$ より $17.118<\log_{10}8.94^{18}<17.136$ としても

$$10^{0.118}\times10^{17}<8.94^{18}<10^{0.136}\times10^{17}$$

$\log_{10}1.3<0.118,\ 0.136<\log_{10}1.4$ であるから

$$1.3\times10^{17}<8.94^{18}<1.4\times10^{17}$$

となり，正解を導くことができる。

◀解　説▶

≪整式の除法，桁数と最高位からの 2 桁の数字≫

問 1．$(x^5+2x^4+ax^3+3x^2+3x+2)\div(x^3+x^2+x+1)$ の計算を実行して商 $Q(x)$ と余り $R(x)$ を求める。（5 次式）÷（3 次式）であるから商は 2 次式，余りは 2 次以下の整式または 0 である。

問 2．常用対数表を見て，$\log_{10}8.94=0.9513$ としてはいけない。「小数第 5 位を四捨五入し，小数第 4 位まで掲載している」ことに注意して，不等式で評価しなければならない。$17\leqq\log_{10}8.94^{18}<18$ より 8.94^{18} は 18 桁であるとしてもよい。$1.32<10^{0.1225}$ を導くには，常用対数表の小数第 4 位までの値で，0.1225 がどこに存在するかを調べなければならない。本問は常用対数表の見方・使い方がポイントになっている。〔参考〕のように $\log_{10}8.94$ の存在する範囲を少し広くとっても，$1.3\times10^{17}<8.94^{18}<1.4\times10^{17}$ を導くことができればよい。

2

◆発想◆　$|x|$ の絶対値をはずす必要があるから，$x\geqq0$，$x<0$ に場合分けをして考える。いずれの場合も $f(x)$ は 2 次関数であるから，最小値を求めるには放物線の軸の位置が重要となる。b が正の定数であることに注意して，a の値が変化するとき，m の値がどのようになるかを調べる。

解答　$f(x)=x^2+2(ax+b|x|)$

$$=\begin{cases} x^2+2(a+b)x & (x\geqq 0 \text{ のとき}) \\ x^2+2(a-b)x & (x<0 \text{ のとき}) \end{cases}$$

$$=\begin{cases} \{x+(a+b)\}^2-(a+b)^2 & (x\geqq 0 \text{ のとき}) \\ \{x+(a-b)\}^2-(a-b)^2 & (x<0 \text{ のとき}) \end{cases}$$

ここで，$f_1(x)=\{x+(a+b)\}^2-(a+b)^2$，$f_2(x)=\{x+(a-b)\}^2-(a-b)^2$ とおくと，放物線 $y=f_1(x)$，$y=f_2(x)$ の軸の方程式は，それぞれ $x=-a-b$，$x=-a+b$ で，$b>0$ より $-a-b<-a+b$ である。

(i)　$0\leqq -a-b$ すなわち $a\leqq -b$ のとき

$x\geqq 0$ において，$f_1(x)$ の最小値は

$$f(-a-b)=-(a+b)^2\leqq 0$$

$x<0$ において　　$f_2(x)>f(0)=0$

よって　　$m=-(a+b)^2$

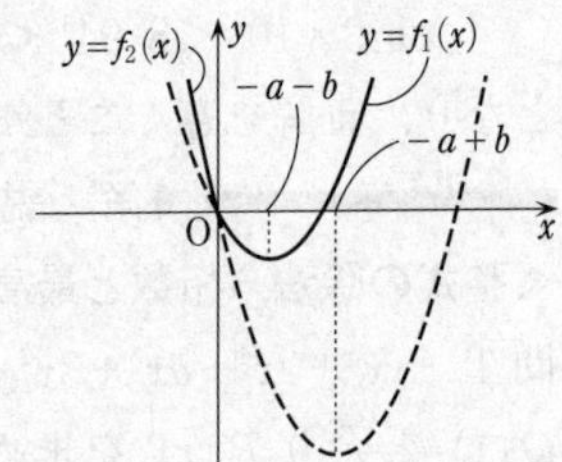

(ii)　$-a-b<0\leqq -a+b$ すなわち

$-b<a\leqq b$ のとき

$x\geqq 0$ において，$f_1(x)$ の最小値は

$$f(0)=0$$

$x<0$ において　　$f_2(x)>f(0)=0$

よって　　$m=0$

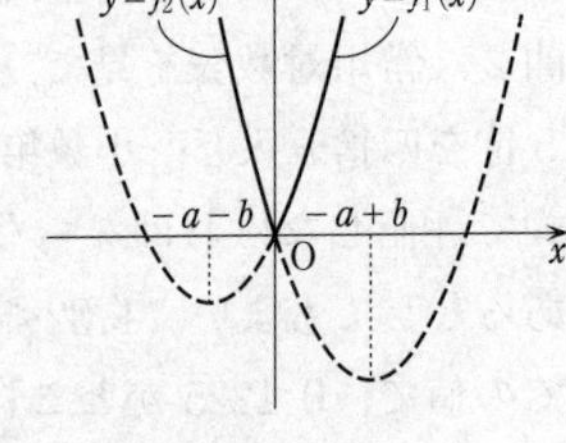

(iii)　$-a+b<0$ すなわち $b<a$ のとき

$x\geqq 0$ において　　$f_1(x)\geqq f(0)=0$

$x<0$ において，$f_2(x)$ の最小値は

$$f(-a+b)=-(a-b)^2<0$$

よって　　$m=-(a-b)^2$

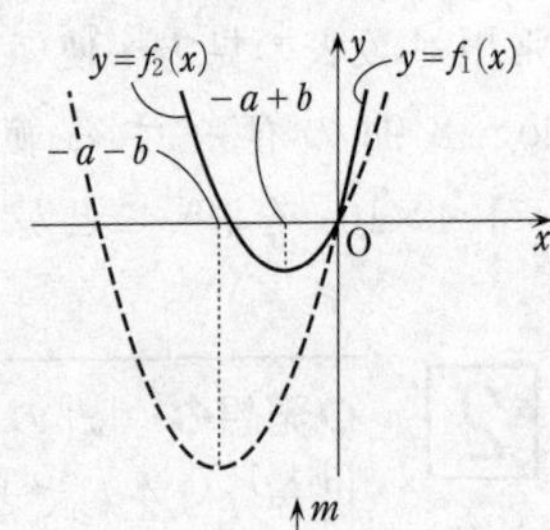

(i)〜(iii)より

$$m=\begin{cases} -(a+b)^2 & (a\leqq -b \text{ のとき}) \\ 0 & (-b<a\leqq b \text{ のとき}) \\ -(a-b)^2 & (b<a \text{ のとき}) \end{cases}$$

……(答)

m のグラフは右図のようになる。

◀解　説▶

≪絶対値を含む 2 次関数の最小値≫

絶対値を含む 2 次関数の最小値 m を a で表し，さらに，a を変数として m のグラフを描く問題である。

$x \geqq 0$ において，$f_1(x)$ の最小値は

$-a-b<0$ のとき $f(0)$，$0 \leqq -a-b$ のとき $f(-a-b)$

$x<0$ において，$f_2(x)$ の最小値は

$-a+b<0$ のとき $f(-a+b)$，$0 \leqq -a+b$ のとき $f(0)$

である。このことと，$-a-b<-a+b$ に注意すれば

(i)　$0 \leqq -a-b<-a+b$

(ii)　$-a-b<0 \leqq -a+b$

(iii)　$-a-b<-a+b<0$

の場合に分けて m を考えればよいことがわかる。m のグラフを描く際には，a 軸の a，m 軸の m，原点O，放物線の頂点の座標，座標軸との共有点の座標を明記すべきである。

3

◇発想◇　$y=ax^2+bx+c$ のグラフを考えたとき，命題が成立することは，すべての実数 b に対して，グラフの一部または全部が x 軸より下にあることと同値である。したがって，グラフの形によって場合分けを行い，それぞれの場合において必要十分条件を考える。また，先に必要条件を求め，それが十分条件でもあることを確認する方法も考えられる。不等式を満たす x が存在するかどうかを具体的に求める方法もある。

解答　命題が成立することは，すべての実数 b に対して

$$y=ax^2+bx+c \quad \cdots\cdots①$$

のグラフの一部または全部が x 軸より下にあることと同値である。

(i)　$a<0$ のとき

①のグラフは上に凸の放物線であるから，必ず一部または全部が x 軸より下にある。よって，命題は成立する。

(ii)　$a=0$ のとき

①のグラフは傾き b の直線である。

$b=0$ のとき，①のグラフは，$c<0$ ならば全部が x 軸より下にあり，$c\geqq 0$ ならば x 軸より下にはない。

逆に $c<0$ ならば，①のグラフの一部または全部が x 軸より下にある。

よって，命題が成立する条件は，$c<0$ である。

(iii)　$a>0$ のとき

①のグラフは下に凸の放物線であるから，全部が x 軸より下にあることはなく，一部が x 軸より下にある条件は

$ax^2+bx+c=0$ の判別式を D とすると　　$D>0$

である。よって

$$D=b^2-4ac>0 \quad すなわち \quad 4ac<b^2$$

これが，すべての実数 b に対して成り立つから　　$ac<0$

$a>0$ であるから　　$c<0$

よって，命題が成立する条件は，$c<0$ である。

(i)〜(iii)より，命題が成立するための，a と c が満たすべき必要十分条件は

$a<0$ または「$a\geqq 0$ かつ $c<0$」

すなわち　　$a<0$ または $c<0$　……(答)

$(a,\ c)$ の範囲は右図の網かけ部分で境界線は含まない。

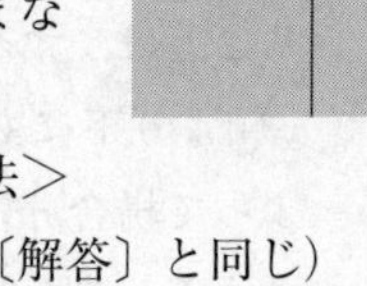

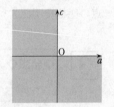

別解　<必要条件を求め，十分条件を確認する解法>

(「命題が成立することは……同値である」までは〔解答〕と同じ)

命題において $b=0$ として

ある実数 x が不等式 $ax^2+c<0$ を満たす　……②

が成立することは，命題が成立するための必要条件である。

②について

(i)　$c<0$ のとき

$x=0$ が $ax^2+c=c<0$ を満たすから，②は成立する。

(ii)　$c\geqq 0$ のとき

$a\geqq 0$ ならば，$ax^2+c\geqq 0$ であるから，②は成立しない。

$a<0$ ならば，$y=ax^2+c$ のグラフの一部が x 軸より下にあるから，②は成立する。

(i)，(ii)より，②が成立する条件は

$c<0$ または「$c\geqq 0$ かつ $a<0$」

すなわち，「$c<0$ または $a<0$」　……③

よって，③が成立することは命題が成立するための必要条件である。

逆に③が成立するとき

$c<0$ ならば，$x=0$ が $ax^2+bx+c=c<0$ を満たすから，命題は成立する。

$a<0$ ならば，①のグラフの一部または全部が x 軸より下にあるから，命題は成立する。

よって，③が成立することは，命題が成立するための十分条件でもある。

したがって，命題が成立するための，a と c が満たすべき必要十分条件は

$c<0$ または $a<0$

◀解　説▶

≪2次不等式の解が存在する条件，不等式の領域≫

すべての実数 b に対して，ある実数 x が $ax^2+bx+c<0$ を満たすための，a と c の必要十分条件を求める問題である。「すべて」と「ある」に注意する。与えられた命題は，任意の実数を1つ b としたときに $ax^2+bx+c<0$ を満たす x が存在するという意味で，b が変化すれば x も変化してよいということである。

〔解答〕はグラフの形に注目し，a によって分類した。図示問題では，境界線に関する記述もしておくこと。

〔別解〕は $b=0$ として必要条件を求め，これが十分条件であることを確認した。(ii)で $a<0$ ならば，$x=\sqrt{\dfrac{c+1}{-a}}$ が

$$ax^2+c=a\cdot\frac{c+1}{-a}+c=-1<0$$

を満たすから，②は成立する。また，「逆に③が成立するとき」で $a<0$ ならば，$x=\dfrac{-b+\sqrt{|D|+1}}{2a}$　$(D=b^2-4ac)$ が

$$\begin{aligned}ax^2+bx+c&=a\left(x+\frac{b}{2a}\right)^2-\frac{D}{4a}=a\cdot\frac{|D|+1}{4a^2}-\frac{D}{4a}\\&=\frac{|D|-D+1}{4a}\\&<0\quad(\because\ |D|-D\geqq 0,\ a<0)\end{aligned}$$

を満たすから，命題は成立する，とすることもできる。

4

◇発想◇　条件を満たす目の出方を具体的に書いてみる。4以下の目が出る事象を A，5以上の目が出る事象を B として，X_1, X_2, …, X_n の出方を順に並べると，A, A, …, A, B, B, …, B, A, A, …, A となる。ただし，B の前にある A の個数を p 個，B の個数を q 個とすると，$0 \leqq p \leqq n-1$, $1 \leqq q \leqq n-p$ であり，B の後にある A の個数は $(n-p-q)$ 個となる。この条件を満たす目の出方の確率の総和を求める。

解答　1つのさいころを1回投げて，4以下の目が出る事象を A，5以上の目が出る事象を B とする。

条件を満たす X_1, X_2, …, X_n の出方を順に並べると

A, A, …, A, B, B, …, B, A, A, …, A　……①

ただし，B の前にある A の個数を p 個，B の個数を q 個　……②とすると，$X_0=0$ であることから

$0 \leqq p \leqq n-1$, $1 \leqq q \leqq n-p$　……③

で，このとき B の後にある A の個数は $(n-p-q)$ 個で，$0 \leqq n-p-q \leqq n-1$ となる。

①かつ②となるような目の出る確率は

$$\left(\frac{2}{3}\right)^p\left(\frac{1}{3}\right)^q\left(\frac{2}{3}\right)^{n-p-q}=\frac{2^{n-q}}{3^n}\quad\cdots\cdots④$$

求める確率は，p, q が③を満たすときの確率④の総和であるから

$$\begin{aligned}\sum_{p=0}^{n-1}\sum_{q=1}^{n-p}\frac{2^{n-q}}{3^n}&=\frac{2^n}{3^n}\sum_{p=0}^{n-1}\sum_{q=1}^{n-p}\left(\frac{1}{2}\right)^q\\&=\frac{2^n}{3^n}\sum_{p=0}^{n-1}\frac{1}{2}\cdot\frac{1-\left(\frac{1}{2}\right)^{n-p}}{1-\frac{1}{2}}\\&=\frac{1}{3^n}\left(2^n\sum_{p=0}^{n-1}1-\sum_{p=0}^{n-1}2^p\right)\\&=\frac{1}{3^n}\left(2^n\cdot n-\frac{2^n-1}{2-1}\right)\\&=\frac{(n-1)2^n+1}{3^n}\quad\cdots\cdots(答)\end{aligned}$$

◀解　説▶

≪さいころの目の出方と確率，等比数列の和≫

条件を満たすようなさいころの目の出方の確率を求める問題である。

1つのさいころを1回投げたとき，4以下の目が出る確率は $\dfrac{2}{3}$，5以上の目が出る確率は $\dfrac{1}{3}$ で，条件を満たす目の出方は

$$\underbrace{A,\ A,\ \cdots,\ A}_{p\text{回}},\ \underbrace{B,\ B,\ \cdots,\ B}_{q\text{回}},\ \underbrace{A,\ A,\ \cdots,\ A}_{(n-p-q)\text{回}}\quad\cdots\cdots①$$

ただし　　$0 \leqq p \leqq n-1,\ 1 \leqq q \leqq n-p$　……③

のときである。この①，③を導くのが本問のポイントである。①のように出る確率を p，q，n で表し，まず p を固定して $q=1,\ 2,\ \cdots,\ n-p$ のときの確率の和を計算する。その和に対して $p=0,\ 1,\ \cdots,\ n-1$ のときの値の総和を計算する。

$$\sum_{p=0}^{n-1} 1 = \underbrace{1+1+\cdots+1}_{n\text{個}} = n,\quad \sum_{p=0}^{n-1} 2^p = 1+2+\cdots+2^{n-1} = \frac{2^n-1}{2-1}$$

であることに注意する。

5

◇発想◇　球面と四角錐を座標空間内において考える方法と，幾何的に考える方法がある。変数の取り方はいろいろ考えられるが，四角錐の体積の公式を考慮すれば，球の中心と四角錐の底面との距離，または四角錐の高さを変数にすると，体積を表す式に $\sqrt{\quad}$ が出てこないので計算しやすい。変数を用いて体積を表した後は，微分法を用いて最大値を求める。

解答　半径1の球面を S，正方形 $B_1B_2B_3B_4$ を含む平面を α とする。S の方程式を $x^2+y^2+z^2=1$，α の方程式を $z=-t$ $(0 \leqq t < 1)$ としても一般性を失わない。

S と α が交わってできる円を C とすると，C の方程式は

$x^2+y^2=1-t^2$，$z=-t$ であるから，C の半径は $\sqrt{1-t^2}$ である。

正方形 $B_1B_2B_3B_4$ は C に内接するから，面積は

$$4\cdot\frac{1}{2}(\sqrt{1-t^2})^2=2(1-t^2)$$

点Aの z 座標を a とすると，$-1\leqq a\leqq 1$ $(a\neq -t)$ で，四角錐の高さは $|a+t|$ であるから，t を固定して考えると，$t\geqq 0$ より，$|a+t|$ は $a=1$ のとき最大値 $1+t$ をとる。

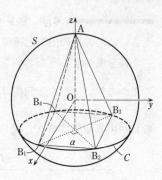

このとき，四角錐の体積を $f(t)$ とすると

$$f(t)=\frac{1}{3}\cdot 2(1-t^2)(1+t)$$

$$=-\frac{2}{3}(t^3+t^2-t-1)$$

求める最大値は，$0\leqq t<1$ における $f(t)$ の最大値である。

$$f'(t)=-\frac{2}{3}(3t^2+2t-1)$$

$$=-\frac{2}{3}(t+1)(3t-1)$$

よって，$0\leqq t<1$ における $f(t)$ の増減表は右のようになるから，求める最大値は

t	0	…	$\frac{1}{3}$	…	(1)
$f'(t)$		+	0	−	
$f(t)$		↗	$\frac{64}{81}$	↘	

$$f\left(\frac{1}{3}\right)=\frac{64}{81}\quad\cdots\cdots(答)$$

別解　＜幾何的に考える解法＞

球面の中心をO，正方形 $B_1B_2B_3B_4$ を含む平面を α とし，Oが α 上にないときを考える。

Oから α に垂線 OH を下ろすと，$OB_1=OB_3$，$OB_2=OB_4$ であるから，Hは線分 B_1B_3 の中点かつ線分 B_2B_4 の中点，すなわち正方形 $B_1B_2B_3B_4$ の2本の対角線の交点である。

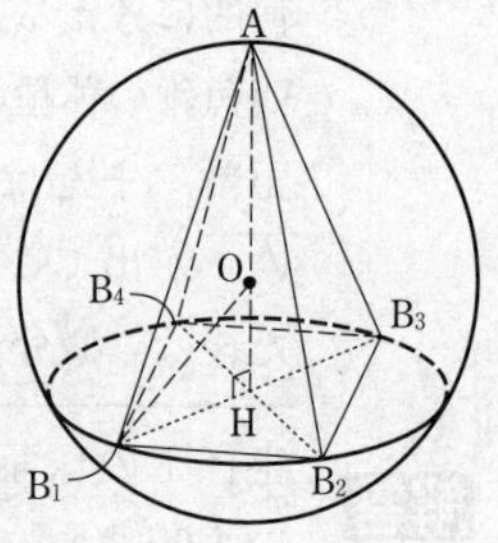

四角錐の高さを h とすると，h は点Aから α へ下ろした垂線の長さで

$$h\leqq OA+OH=1+OH$$

が成り立つ。ここで等号が成り立つのは，半直線 HO 上にAがあるときで，そのとき，h は最大値 $1+OH$ をとり，底面 $B_1B_2B_3B_4$ を固定したとき，四角錐の体積は最大となる。

このとき，AH$=x$ とおくと，$1<x<2$ で

$$B_1H^2=OB_1{}^2-OH^2=1^2-(x-1)^2=2x-x^2$$

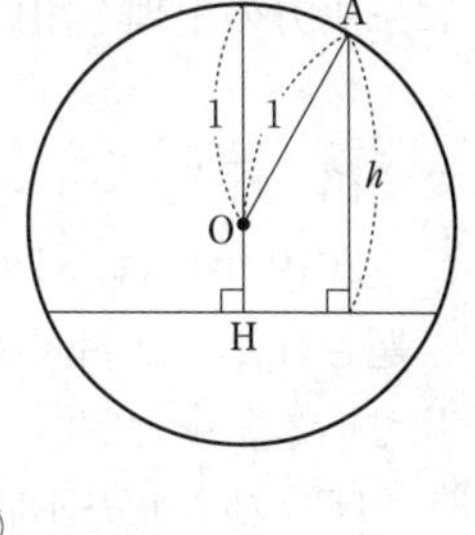

であるから，正方形 $B_1B_2B_3B_4$ の面積は

$$4\cdot\frac{1}{2}B_1H^2=2(2x-x^2)$$

四角錐の体積を $V(x)$ とおくと

$$V(x)=\frac{1}{3}\cdot 2(2x-x^2)x=-\frac{2}{3}(x^3-2x^2)\quad\cdots\cdots①$$

である。

Oが α 上にあるときは，OH$=0$，$x=1$ として①が成り立つ。

よって，$1\leqq x<2$ の範囲で $V(x)$ を考えると

$$V'(x)=-\frac{2}{3}(3x^2-4x)=-2x\left(x-\frac{4}{3}\right)$$

$1\leqq x<2$ における $V(x)$ の増減表は右のようになるから，求める最大値は

$$V\left(\frac{4}{3}\right)=\frac{64}{81}$$

x	1	…	$\frac{4}{3}$	…	(2)
$V'(x)$		+	0	−	
$V(x)$		↗	$\frac{64}{81}$	↘	

◀解　説▶

≪球面に内接する四角錐の体積の最大値≫

半径 1 の球面に内接する四角錐の体積の最大値を求める問題である。

四角錐の体積は $\frac{1}{3}\times$(底面積)$\times$(高さ) であるが，まず底面を固定して高さが最大になるときを考える。そのときの点Aの位置は直感的にわかるが，説明をつけておくべきである。Aの位置を定め，変数を用いて高さの最大値を表す。次に，底面（正方形）を動かして，体積が最大になるときを考える。

〔解答〕では，底面の z 座標を $-t$ $(0\leqq t<1)$ とした。球面の中心と底面との距離を変数 t としたことになる。底面は正方形であるから，外接円の半径，すなわち対角線の長さの $\frac{1}{2}$ がわかれば，面積は容易に求められる。

〔別解〕では，四角錐の高さを変数 x $(1\leqq x<2)$ とした。球面の中心から底面に垂線を下ろす際，中心が底面上にある場合に注意する。$\triangle OB_1H$

に三平方の定理を用いて B_1H^2 を x で表す。

❖講　評

2019 年度は，７年ぶりに独立した小問が，４年ぶりに図示問題が出題された。証明問題は出題されていないが，論理を問う問題は出題されている。

1　独立した小問２問。問１は整式の除法で基本問題。問２は常用対数表を用いる問題で計算量もあり，差のつく問題である。

2　２次関数の最小値問題。絶対値がついているので場合分けをすればよいのだが，さらに軸による場合分けも必要である。標準的なものであるが，グラフを利用して正確に分類できないと複雑に感じたであろう。

3　２次不等式を題材にした論理を問う問題。「すべて」と「ある」の意味を正確に読み取れなければ答案にならない。証明問題ではないが，論理的思考力が要求されている。

4　確率と数列の融合問題。条件の意味を正確に読み取ることが重要。さらに条件を式に直し等比数列の和を計算する際に間違えやすい。

5　立体と微分法の融合問題。問題設定はよくあるもので，何を変数にとればよいかがわかっていれば解きやすい。

京大らしく小問誘導のない出題に戻り，答案を書き始めるまでにいろいろなことを考えて方針を立てる必要のある問題が目立つ。45は理系との共通問題である。1問１は易，1問２と25は標準，34はやや難レベルの問題である。記述量は少なめで 2018 年度よりはやや易化したといえる。常用対数表の見方・使い方，「すべて」と「ある」の意味，場合分け，等比数列の和など，数学の基本的事項を正確に理解しておくことが重要である。

た。文章量は約一〇〇〇字で、例年に比べるとやや多い。総解答量は、二〇一八年度と同じく一四行である。二〇一六年度から二〇一八年度まで、三年連続で漢文または漢詩の設問が含まれていたが、それはなくなった。設問は、現代語訳が二問、内容説明が三問で、バランスのとれた出題と言える。文章の論旨は明確で、落ち着いて取り組めればよいが、あわてると大きく読み誤る可能性もある。難易度については、難問だった二〇一八年度よりは易化したが、例年のレベルに比べると、やや難であろう。問一の内容説明問題はやや難。短い時間の中で、複数の該当箇所を把握し、それをまとめるのに苦労する問題。直前の和歌に即して具体的に答えるのか、あるいは一般化してまとめるのかも迷いやすい。問二の現代語訳問題は標準的。「みな月の望」の訳出が一番のポイントで、これを間違えると、問三以降にも響いてしまうので、クリアできるかどうかは大きい。「かいなで」は難しい語だが、おおよそ文脈判断できればよい。問三の現代語訳問題も標準的。ただし、これも「みな月の望」の意味は問われている。「さるからに」の指示内容をどこまで詳しく説明するか、解答欄の大きさも考慮する必要がある。問四の内容説明問題はやや難。「あらぬ事をいへる歌にて」や「さはあらぬ事を思ひいふが」などの記述を関連させて答えたいが、二行の解答欄にまとめるのは難しい。問五の内容説明問題は標準的。「つらつら思へば」以降を中心にまとめるが、「本文全体を踏まえて」と条件が付いているので、「望に消ぬれば」の歌の「おろかなる情」などの考察内容も踏まえて説明する必要がある。結果的に問一の解答内容とかなり重複する。

㈢の現代文（対談）は、大岡信と谷川俊太郎という現代の日本を代表する二人の詩人が、「詩の生き死に」について、特にその死が新たなものを生み出し、新たな「詩の誕生」に繋がることを「詩の社会的な死」という側面から語り合った対談からの出題。二〇一八年度や二〇一六年度で出題された小説とも違い、二〇一七年度で出題された硬質な評論文とも違い、対談からの出題は近年では例がなく、受験生はやや戸惑ったかもしれない。しかし、内容は比較的読みやすいもので、随筆の読解と大差はないだろう。いずれにせよ、京大の現代文では比喩表現や感覚的表現の理解が多く問われることを肝に銘じておきたい。問題文の文章量は二〇一八年度に比べるとやや増加したが、総解答量は一行減少して十五行であった。しかも、解答欄が二行の設問が三問もあったため、簡潔にまとめる苦労があるとは言え、取り組みやすい印象で、二〇一八年度に比べると全体的に見てやや易化したと言えるだろう。問一の理由説明問題は標準的。消滅こそが「詩の本質」であるという主張を踏まえた説明をすること。設問全体について言えることだが、「詩が死ぬ」といった比喩表現を、詩の感動や影響力が失われること、などと言い換えて説明する必要があることに留意すること。問二の内容説明問題も標準的。「微視的」という言葉の意味を理解した上で、本文の内容を踏まえて、個人の日常的な生活レベルにあてはめて捉えるということを説明する。問三の内容説明問題はやや易。詩が文字化されたとたん、「社会化され」るということがどういうことかを説明する。「潜在的に」のニュアンスが出るように表現を工夫すること。問四の内容説明問題は標準的。指示語の指示内容を押さえ、それが「簡単に生きたり死んだりするものじゃない」ということを、その理由も含めてわかりやすく言い換えて説明する。問五の理由説明問題はやや難。詩が死ぬことを「とてもいいこと」だとする理由として、「伝統を変えていく」「新しさをつくっていく」ということだけでなく、死んだとされる詩が「実は甦らす可能性のあるもの」であると述べられていることにも留意し、何を、なぜ甦らす可能性があるのかも含めて説明すること。また、ここで考察されている「詩が死ぬ」ことは個人的な死ではなく「社会的な死」であることにも言及すること。

㈣の古文（歌論）は、江戸時代後期の国学者の文章からの出題。二〇一八年度に続き、二年連続で歌論が採用され擬古文の重要性を説いた。高尚は今の岡山県出身で、三十歳の頃に本居宣長に師事し、宣長没後は関西国学の中心的人物として、多くの門弟を育てた。

❖講　評

一の現代文（評論）は、近代科学の成立の経緯を明らかにした上で、それからすればやや異色とも言える寺田寅彦の物理学が示唆する可能性について考察した文章。大問一では、二〇一二年度に小説が出題されて以降、二〇一三年度から二〇一七年度までは随筆からの出題が続いていたが、二〇一九年度は二〇一八年度に続き評論からの出題となった。設問数は例年と変わらず五問であり、二〇一八年度と同様に漢字の書き取りの出題もなく、記述説明問題のみであった。総解答量は、二〇一八年度に比べて二行増えて十九行となり、五問中、理由説明問題が三問と目立った。とは言うものの、問題文の文章量は二〇一八年度と比べると一頁ほど減り、表現面での読みにくさも特になかったため、二〇一八年度と同程度の難易度で、ある程度取り組みやすい印象である。問一の理由説明問題は標準的。「事態」の内容を明らかにし、「遥かに複雑」という比較の表現を踏まえた解答を工夫すること。問二も理由説明問題で、これも標準的。「〈実験〉」が前提とする経験と「〈経験〉」とが違うものであることを、両者の違いが明確になるように説明する。問三の内容説明問題も標準的。「〈経験からの退却〉」という近代科学の特徴とは趣を異にする寺田寅彦の物理学の特徴を説明しつつ、「惜しむかのような風情」という表現のニュアンスが出るように解答を工夫する必要がある。問四の理由説明問題はやや易。トレサン伯爵の〈電流〉に関する言説が科学とは到底言いがたいものであったことを、その理由と合わせて説明する。「し損ない」という表現意図を汲んで、本人は物理的言説であろうとしているつもりだが、そのようにはなっていないという点を指摘しておきたい。問五の内容説明問題はやや難。寺田寅彦の物理学の研究における「その興味深い往復運動」が具体的にどういったことを意味しているのかを明らかにした上で、その「可能性」について説明する必要がある。また、西欧の近代科学と対比的に捉えた上で、「可能性」の内容を明らかにしたい。

▼問五 「つらつら思へば」の後に続く筆者の主張を中心として、山部赤人の「望に消ぬれば」の歌を例にした考察内容も関連させてまとめる。大枠として、「いにしへのよき歌」とは、「道々しき（＝理屈っぽい）事」を詠むのでなく、「ことわり（＝道理・理屈）はしらぬをさなきこころ」で「おろかなる（＝思ったままの素直な）情」を詠むものだ、という主旨を明らかにしたい。さらに、そのように詠まれることによって、「いといとあはれふかくきこゆ」や「いといとあはれふかきなり」とあり、最後にも「人のあはれと思ふべくよむが歌なればなり」とあるので、しみじみとした情趣が感じられる歌がよい歌だという内容も加えたい。

解答作成のポイントは以下の三点である。①②が必須で、③の要素も付け加えるのが適切。

① 「ことわり」「道々しき事」「こころえがほなる事」「たけきこころ」などの否定

② 「ことわりはしらぬをさなきこころ」による「おろかなる情」の肯定・主張

③ 「いといとあはれふかくきこゆ」「いといとあはれふかきなり」「人のあはれと思ふべくよむ」などを踏まえた説明

なお、国学では、すでに賀茂真淵が、「直（なほ）き心」で「歌はをさなく詠む」ものだと主張している。さらに、本居宣長が提唱した概念に「漢心（からごころ）」があり、これは漢籍を学んで感化された理屈を重んじる中国風なものの考え方を言うが、日本人が本来的に持つ感情であるとした「大和心（やまとごころ）」に反するものとして、宣長は「漢心」を批判・排斥し、そして文学の本質としての「もののあはれ」論を主張した。リード文に「国学者」とある藤井高尚は、実は宣長の弟子であり、問題文を読めば、真淵や宣長の考えを継承していることがわかる。こうした国学の前提知識もあれば読解の助けになるだろう。

参考 『三のしるべ』は、江戸時代後期の国学者である藤井高尚（一七六四〜一八四〇年）の国学論・歌論書。上中下の三巻から成る。上の巻の「道のしるべ」では、古道論・神道論を説き、中の巻の「歌のしるべ」では、歌論として理でなく情を重んじるべきことを説き、歌道入門書の性格を持つ。下の巻の「文のしるべ」では、文章論として文を作る心得やいみじき高山なれば、……さるからに消えしをりの見えぬにこそ」の箇所である。「さるからに」は「さあるからに」の縮約した形で、〝そうであるから・そうなので〟の意で、あとは「さる」の指示内容を明らかにして、傍線部（3）を訳せばよい。すると、「さる」は、「ふじはいみじき高山なれば、……その夜ふりけり」を指すが、指示内容をすべて書くと、解答欄に収まりきらない。〔解答〕のように要約するか、あるいは「この山にふりおける雪は、みな月の望のあつささかりのかぎりに消えて、その夜ふりけり」だけを踏まえてもよかろう。「みな月の望のあつささかりのかぎり」は〝六月の十五日の暑さ盛りのきわみ〟の意。「その夜ふりけり」の助動詞「けり」は詠嘆の用法である。「消えし」の「し」は過去の助動詞「き」の連体形。「をり」は名詞「折」である。「の」は主格を表す格助詞。「見えぬ」の「ぬ」は打消の助動詞「ず」の連体形。「に」は断定の助動詞「なり」の連用形。係助詞「こそ」の結びは省略されていて、下に「あらめ」を補って訳す。

▼問四　山部赤人の「望に消ぬれば」の歌について、筆者と『万葉集』の注釈者たちとの解釈の違いを把握すること。筆者は赤人の歌を「あらぬ事をいへる歌」で、「いといとあはれふかきなり」と捉えている。これに対して注釈者たちは、「ふじの雪はまことにみな月の望に消えて、その夜ふるもののやうにこころえて、こともなげに説ける」、ゆえに「むげに歌の情を見しらぬ」と、筆者は批判している。すなわち、「あらぬ事（＝理屈上あり得ないこと）」を詠んだ歌で、（子供心のような素直さや発想の自由さゆえに）趣深い歌なのに、『万葉集』のこれまでの注釈者たちは、合理的な現象を詠んだ歌だと認識し、まったく「歌の情（＝理にとらわれない思い）」に気づいていない、というのである。以上の内容をまとめることになるが、二行の解答欄に収めるには、要点を簡潔に説明する必要がある。

解答作成のポイントは以下の二点である。①は、単に〈事実を詠んだ歌だ〉とするだけでは問題点が明らかにならないので、〈理にかなった歌だ・合理的な現象を詠んだ歌だ〉という認識を示したい。

①　『万葉集』の注釈者が、赤人の歌を理にかなったものと捉えている

②　道理（理屈）にとらわれない赤人の思いに気づいていない

とわりはしらぬをさなきこころ」の二箇所をまとめるが、「ことわりはしらぬ」とは、要するに〈純朴素直な心〉などのことであろう。そうした言い換え説明も付け加えるとわかりやすく、なおよい。

解答作成のポイントは以下の三点である。

①「をさなき人は思ふ情ひとへにふかく」や「をさなきこころ」を踏まえた説明＝幼い子供の心のように、ひたすら（一途に）深く思う心

②「おろかなる」の直接的説明である「ことわりはしらぬ」を踏まえた説明＝道理（理屈）をわきまえない

③端的なまとめ＝素直な心・自由な発想

▼問二「それ」は「ふじの雪のとことはに消えぬ」を指す。「とことはに」は〝永久に・いつまでも〟の意。「みな月の望」は傍線部（3）の直前の「みな月の望のあつささかりのかぎり」がヒントになる。「みな月」は水無月で、〝陰暦六月〟の意。「望」は望月のことで、〝満月〟の意だが、陰暦では十五日が満月になるので、ここでは〝十五日〟と訳すのが適切。陰暦六月十五日は、現在の暦では七月下旬頃に相当するので、確かに暑さ盛りのきわみである。「消えぬ」は「ふじのしら雪」に係るので、「ぬ」は打消の助動詞「ず」の連体形である。「しら雪」は体言止めなので、詠嘆的に訳すとよい。「よみたらんには」は、「たら」が完了・存続（どちらで解しても可）の助動詞「たり」の未然形、「ん」が推量（ここでは婉曲・仮定の用法）の助動詞「ん（む）」の連体形で、〝詠んでいたようなときには・詠んでいたとしたらそのときには〟などと直訳できる。ここでの「ん」は、〔解答〕程度の仮定で訳すとわかりやすい。「かいなで」は難しい語だが、〝ありきたり・通り一遍・平凡〟ほどの意。「歌よみ」は〝歌人〟の意。「なる」は断定の助動詞「なり」の連体形。「べし」は推量・当然の助動詞で、〝〜だろう・〜に違いない・〜はずだ〟の意。なお、〔解答〕の「山部赤人は」という補いは、入れなくても通用する。

▼問三　筆者の考えによると、「なべての雪といふものは、ふりては消え、消えてはふれば、ふじの雪もかならずさやうならんに、消えしをりの見えぬはあやし」と思った山部赤人が、しばらく思案してから思いついた内容が、「ふじは

に、（赤人の）この「十五日に消えてしまったので」の歌を、富士山の雪は本当に六月の十五日に消えて、その夜また降るもののように（自然な現象として）理解して（疑わず）、何事もないように解説しているのは、まったく（道理にとらわれない）歌の情趣を認識していない説明であるよ。本当にその（注釈書の）ようであるならば、山部赤人の（歌）とも思われない下手なありのままに詠んだだけの歌である（ことになってしまう）。雪が消えるくらいに暑いとしたら、どうしてその夜（再び）降るはずがあろうか、いや降るはずもない。（したがって）そのように（理屈では）あり得ないこと（＝真夏に雪が降ること）を（子供らしい自由な発想で）思って言うのが、しみじみとした歌の情趣である。それをわからないのは、昔の優れた歌のさまを尊重したり慕ったりしないがゆえに、考えが及ばないのであるよ。そのように古歌をいいかげんに見過ごしては、まったく（歌聖と称せられる）柿本、山部の御二方の歌のしみじみとした情趣が深いことは、決してわからないだろう。この方たちの心を理解して、よくよく考えると、歌で理屈っぽいことを言うのは、ひどい間違いであるよ。理屈っぽいことは、文章に書いて言うべきである。昔から優れた歌には、自分がいかにもよくわかっているという顔つき（になる事柄）や、利口だと誇る気持ちなどを、決して言わないのも、人がしみじみと情趣深いと思うに違いないように詠むのが歌だからである。

▲解　説▼

▼問一　「ただ歌をば、をさなかれ」や「をさなき人は思ふ情ひとへにふかく、おろかなる事をぞいふ」とあるのをヒントにし、「おろかなる情（こころ）」とは、「をさなき人」のように「ひとへにふかく」「思ふ情」であると把握したい。それは、山部赤人の「望に消ぬれば」の歌に即せば「いみじき高山なれば、寒くて消えざることわりはしらぬをさなきこころ」と説明され、一般化すれば「ことわり（＝道理・理屈）はしらぬをさなきこころ」のことである。古語の「おろかなり」は、〝①【疎かなり】おろそかだ・いいかげんだ、②【愚かなり】愚かだ・賢くない〟の意があるが、ここでは②の意味で、「ことわりはしらぬ」が「おろかなる（愚かなる）」の語義をよく表している。ただし、筆者はそれを否定的な意味で用いているわけではないことに注意したい。解答は、「をさなき人は思ふ情ひとへにふかく」、「こ

俊恵法師は、ひたすら歌を、幼くあれ（＝幼い子供のような発想で詠め）と言った。この人は、歌の情趣をよく知っている人物である。幼い人は思う気持ちがひたすら深く、（大人から見ると道理に合わないような）愚かしいことを言う。歌の情趣もそのようだからである。

◆全　訳◆

山部赤人の歌に、

富士の山頂に降り積もっている雪は六月の十五日に消えてしまったので、その夜また降り積もったことよ。

とお詠みになったのも、（利口ぶらない）愚かしい（までの素直な）心情をお述べになったのである。そうだからこそまったくたいそう情趣深く聞こえる。この歌は、富士山の雪がいつまでも常に消えないことを言ったものである。それを、「六月の十五日にも消えない富士の白雪であるよ」と詠んでいたとしたら、（山部赤人は）ありきたりの歌人であったに違いない。「十五日に消えてしまったので」と言ったのが、何とも言いようがなくおもしろい。今この歌の着想を考えると、富士山の雪がいつも消えないのを見て、（富士山は）並々でない高山なので、寒くて消えないという道理を知らない幼い（子供の）心になって、すべての雪というものは、降っては消え、消えては降る（ものな）ので、富士山の雪も必ずそうであるだろうに、消えたときが見えないのは不思議だと、しばらく眺めながらじっと考え込んで（ついに次のように）思いついたのだ。富士山は並々でない高山なので、雪も消えにくくて、他の場所とは違うのだろう。（だから）この山に降り積もった雪は、六月の十五日という暑さ盛りのきわみに（やっと）消えて、その夜また降ったのだなあ。そうであるからこそ（雪が）消えたときが見えないのであろうと、（理屈上）あり得ないことを言った歌で、（道理にとらわれない子供らしい発想から）まったくたいそう情趣深いのである。本当に歌の情趣は、このようにありたいものである。なんともおもしろく、なんともすばらしく、各時代の歌人がまったく及びがたいところである。赤人は柿本人麻呂の下に立つようなことは難しい（＝柿本人麻呂よりも優れている）とも、歌に不思議なまでに巧妙であるともお述べになった紀貫之公は、歌のあり方をよくご存じな人であると思い知らされるよ。そうであるのに『万葉集』の昔から今までの注釈書など

参考　大岡信（一九三一〜二〇一七年）は、静岡県生まれの詩人、評論家。歌人大岡博の長男として生まれ、中学時代から作歌や詩作を行う。東京大学文学部国文科卒業。読売新聞社外報部記者を経て、明治大学、東京芸術大学で教鞭を執る。『朝日新聞』に連載した「折々のうた」で菊池寛賞を受賞。その他、恩賜賞、日本芸術院賞、朝日賞など様々な賞を受賞。文化功労者。文化勲章受章。詩集『春 少女に』などの他、『紀貫之』『ことばの力』『正岡子規』『岡倉天心』など多数の著書がある。

谷川俊太郎（一九三一年〜）は、東京都生まれの詩人。第一詩集『二十億光年の孤独』を刊行以来、多数の詩集だけでなく、散文、絵本、童話、翻訳や、脚本、作詞、写真、ビデオなど幅広いジャンルでの創作活動も手がける。『日々の地図』で読売文学賞、『世間知ラズ』で萩原朔太郎賞、『トロムソコラージュ』で鮎川信夫賞などを受賞。代表作に『六十二のソネット』『旅』『夜中に台所でぼくはきみに話しかけたかった』などがある。

出典　藤井高尚(たかなお)『三(みつ)のしるべ』〈中の巻　歌のしるべ〉

解答

問一　幼い子供の心のように、物事の道理をわきまえるのではなく、ひたすら深くものを思う素直な心。

問二　富士山の雪がいつでも常に消えないことを、「六月の十五日にも消えない富士の白雪であるよ」と詠んでいたとしたら、山部赤人はありふれた歌人だったに違いない。

問三　極めて高い富士山の雪は消えにくいため、降り積もった雪は最も暑い盛りの六月十五日にやっと消えて、再びその夜に降り積もったので、消えたときが見えないのであろう

問四　万葉集の注釈者が、赤人の道理にとらわれない発想に気づかず、実際の理にかなった歌だと解説している点。

問五　理屈をこねたり知識や才能をひけらかしたりせず、幼い子供の心のように、道理にとらわれることなく、ひたすら深く感じるままの素直な思いを詠み、聞く人がしみじみと情趣を感じるようなもの。

① 詩の社会的な存在の仕方が無視できない理由を明らかにする
② 「簡単に生きたり死んだりするものじゃない」が意味する内容をわかりやすく説明する
③ 社会化された詩の生き死にと、個人的な詩の生き死にとの違いに言及する

▼問五　T・S・エリオットの「伝統論」を踏まえて、大岡信は「詩てのは死ぬことによって実は伝統を変えていくのだと言えるのかもしれないね」と述べ、社会的な衝撃力を持った一篇の詩がその力を失ってしまうことについて、「それはその詩の社会的な死だけれども、実は全体が変ったからその詩が死んだのであって、全体が変ったってことは新しい事件なんだよね」と説明している。この〈(詩が)死ぬことが新しさをつくっていく〉というのが、傍線部(5)で「詩が死ぬってことはとてもいいこと」と言う、一つの大きな理由であろう。これは、紀貫之と『古今和歌集』を例に出して「貫之の仕事が付け加わったことによって、それ以前の古代の詩歌全体の構造が、わっと変ったところがあるはずだ」と述べられていることからも明らかである。さらに大岡信は、「われわれがいまあらためて紀貫之について考えるということは、どうやらそのことを通じて全体をかきまわし、もう一回新しい一つの構造体をつくるということになるらしい」と言い、傍線部の後で「死んでると認められる詩は、実は甦らす可能性のあるものとして横たわっているのだ」とも述べていることから、〈影響力を失ってしまい、死んでいるように見える詩も、改めて検討されることによって、今ある既存の構造全体を活性化し、新しいものをつくる可能性を持つ〉という点も、「とてもいいこと」だと述べている理由だと考えられる。ここで、「構造」とは、詩を支える詩歌全体の構造であることを再度確認しておこう。以上の内容を理解した上で、解答を作成すること。

解答作成のポイントは以下の三点である。

① (詩が)死ぬことが新しさをつくっていくということを具体的に説明する
② 「死んでると認められる詩は、実は甦らす可能性のあるもの」であることをわかりやすく説明する
③ 「構造」の内容を具体的に説明する

ものでなく〉他者に共有される、他者に影響を及ぼす〉などと言い換えることができる。したがって、傍線部（3）は、〈一人の人間の頭から生まれた詩が文字化されたとたんに他者に共有され影響を及ぼす可能性を持ったものとなる〉という意味だと解釈することができるだろう。

解答作成のポイントは以下の三点である。

①「潜在的」の意味を明らかにする

②「社会化され」るの意味を明らかにする

③主語を補ってわかりやすく説明する

▼問四　傍線部（4）の「そういうもの」という指示語は、直前の「文字＝本という形で存在する詩の社会的な存在の仕方」を指す。それが「簡単に生きたり死んだりするものじゃない」とはどういうことか、また、「簡単に生きたり死んだりするものじゃない」とされる理由は何か。まず傍線部の前で、詩には「社会的な生き死に」と「個人のなかでの生き死に」があるとされ、「文明が進めば進むほど、……詩の社会的な存在の仕方というのは無視することができなくて」と述べられている。問一で確認したように、詩が生きたり死んだりするというのは、〈詩が感動や影響を与えたり失ったりする〉ことであるから、「そういうものは簡単に生きたり死んだりするものじゃない」というのは、〈詩の社会的な影響力の有無は簡単に判断できるものではない〉ということだと理解できるだろう。その理由として、「詩の社会的な存在の仕方というのは無視することができなくて」ということが挙げられているのだが、個人的な経験として実感できる詩の生き死に（＝個人的に感動できる・できない）とは違って、詩の社会的な存在の仕方は「潜在的」なものであり（問三）、「人びとのなかに無意識に蓄えられてきた言語構造体のなかに、……ジワッと浸透したか」というようなところで「価値が測られるような」ものである。だからこそ無視できないし、簡単に判断を下せないものなのである。以上の内容を理解した上で、解答をまとめること。

解答作成のポイントは以下の三点である。

解答作成のポイントは以下の三点である。
①　詩の本質は消滅すること（死ぬこと）であることを明示する
②　詩が消滅する（死ぬ）とはどういうことかを説明する
③　活字になれば永久に残るという考えが道理に合わない思い込みであることに言及する

▼問二　「微視的」とは、〝物事を微細に観察するさま〟を意味する。「詩が死に、音楽が死ぬ」ことについて「個人的な経験」を語った後に、考察を深めていく箇所である。詩の感動の持続は、「微視的に見る」と、「生理的にどうしても長続きはしない」ものであり、「電話がかかってきたとか何かほかの仕事しなきゃいけないとか、すぐ日常的なことにまぎれちゃう」と谷川俊太郎は述べている。ここから、「微視的に見る」というのは、〈詩の感動がどの程度持続するかを日常レベルという微細な単位にまで落とし込んで観察する視点で見ること〉であるとわかる。さらに、「われわれは従来あんまりそういうふうに考えてこなかった」とも述べている。その例として、「万葉集という詩集が千数百年をずっと生きつづけてきたというふうに、どうしても意識しがち」とあることから、「微視的に見る」とは、〈長年にわたって人びとに受け継がれ生き続けてきた〉という長期的視点で見ることと対比されていることがわかる。
解答作成のポイントは以下の三点である。
①　「微視的に見る」対象が詩の感動の持続であることを押さえる
②　日常生活という細かな単位で見ることであることを説明する
③　一般的な長期的視点と対比されていることに言及する

▼問三　傍線部（3）を含む「文字になった瞬間にその詩が、少なくとも潜在的には社会化されている」という記述は、「一人の人間の脳髄から生まれた言葉が文字になった瞬間に詩が社会化されている」という記述を「潜在的には」という言葉を補って言い換えたものである。「潜在的」というのは〝外からは見えない状態で存在するさま〟を表しており、〈（外からは見えない）可能性を持つ〉と言い換えられるだろう。「社会化され」るというのは、〈（個人だけの

問三　一人の人間の頭の中で生まれた詩は、文字になったとたん、他者に読まれ影響を及ぼす可能性を持つということ。

問四　文字化され社会化された詩は、文明が進むに伴って人びとに無意識的な影響を与えるものであるため、個人的、顕在的な影響を失ったように見えるものであっても、その影響力の有無は簡単に判断できないものだということ。

問五　詩が社会的な衝撃力・影響力を喪失するのは、その詩を支えていた詩歌全体の伝統的な構造が変化し、新しい構造体が生まれたからであり、さらにその詩は、検討し直されることで、既存の構造に刺激を与え活性化をもたらす影響力を秘めたものとなり、新たな構造を生み出し得るから。

◆要　旨◆

消滅していくところに詩の本質があり、その瞬間をどう捉えるかが、次の新たな「詩の誕生」につながる。詩には「社会のなかでの死」と、その詩を受け取る「個人のなかでの死」の二つがあるが、詩は文字化された瞬間に社会化されるものであり、文明の進展において、文字＝本という形で存在する詩の社会的な影響力は簡単に判断できるものではない。さらに、詩の社会的な死は、詩歌全体の構造の変化を意味し、新しさをつくっていく。それと同時に、死んだように見える詩でも、再検討されることで既存の詩歌世界の構造をかき回し、再び新しい構造体をつくり得るのである。

▼解　説▼

▼問一　「迷信」とは〝道理に合わない言い伝えなどをかたくなに信ずること〟である。つまり、「活字になった詩は永久に残ってしまう」という考えを「迷信」だと言うのは、その考えが道理に合わない思い込みに過ぎないからである。では、どういう点で、道理に合わないと言い得るのか。大岡信は「消滅していくところに詩の本質があり、死んでいく瞬間がすなわち詩じゃないか」と述べている。そういった詩の捉え方からすれば、〈活字になれば永久に残るというのは、詩のあり方として道理に合わない思い込みだ〉ということになる。以上の内容を理解した上で解答を作成すること。ここで、「詩の死滅」「消滅」や「詩が死ぬ」というのは、物理的に詩がなくなってしまうことではなく、〈詩が感動や影響を与えなくなる〉ことだという点にも留意したい。

学は、日常的な経験を完全に捨象してしまうのではなく、科学の世界と日常の世界を行き来する視点を持っているため、従来の西欧近代科学とは違った、日常的経験を含んだ文化全体の中で捉えられる自然科学の姿を示し得るのではないか、と筆者は考えており、それを「可能性」としているのである。以上の内容を理解した上で、解答をまとめること。

解答作成のポイントは以下の三点である。

①「その興味深い往復運動」が指す内容を簡潔にまとめる

②①を踏まえて、「往復運動がもつ可能性」と近代西欧科学との違いに言及する

③②を踏まえて、「自然科学が文化全体の中でもちうる一つのオールタナティブな姿」が「可能性」の内容であることを示す

参考　金森修（一九五四～二〇一六年）は、北海道札幌市出身の哲学研究者。専門は、フランス哲学、科学思想史、生命倫理学。東京大学教養学部教養学科フランス分科卒業。同大学院人文科学研究科比較文学比較文化博士課程満期退学。数理哲学者のジャン＝トゥサン・ドゥサンティに指導を仰いでパリ第一大学で学び、哲学博士号を取得。筑波大学助教授、東京水産大学教授、東京大学教授を歴任する。主な著書に『バシュラール――科学と詩』『サイエンス・ウォーズ』『〈生政治〉の哲学』などがある。

出典　大岡信（まこと）・谷川俊太郎『詩の誕生』＜I　詩が死んでいく瞬間　詩の社会的な生き死に＞（岩波文庫）

解答

問一　個人的、社会的な感動を失うと消滅するのが詩の本質であるため、活字になれば残るというのは思い込みだから。

問二　詩の感動の持続を、長期的視点ではなく、詩の受け取り手の日常生活という細かな単位で捉えようとする見方。

▼問四　「〈経験からの退却〉のし損ない」とされているトレサン伯爵の言説の特徴は、「日常的水準での直観が基盤となり、その直観からそのまま連続的な推論がなされている」ところにある。問三でも確認したように、「〈経験からの退却〉」とは、日常的な経験を排除するという近代科学の特徴を意味しているが、トレサン伯爵の言説のような、日常的な経験的直観を基盤として推論を重ねたものは、考察の対象や方法いずれにおいても「〈経験からの退却〉」を前提とした科学とは言いがたい。しかし、トレサン伯爵自身はあくまでも「物理学的言説であろうとし」ていたのだから、その言説は「し損ない」と言うより他ないものだということになる。以上の内容を踏まえて解答を作成すること。

解答作成のポイントは以下の三点である。

①　「〈経験からの退却〉のし損ない」とされている、トレサン伯爵の言説の特徴をまとめる
②　どういった点が「し損ない」なのかを説明する
③　「し損ない」という言葉のニュアンスに留意する

▼問五　傍線部(5)の「その興味深い往復運動」とは、「〈日常世界〉と〈物理学世界〉のどこか途中に潜む、恐らくは無数にある中間点、そこをいったん通り過ぎた後で、また戻ろうとすること」であり、「同時代の学問的物理学の言説空間の中で或る程度行くところまで行った後での遡行的な運動」のことであるが、いずれも寺田寅彦の研究姿勢を示しているので、問三を踏まえて、《学問としての物理学世界を究めつつも、日常的な経験世界の視点も取り入れようとすること》などとまとめることができるだろう。この往復運動が持つ「可能性」に「西欧自然科学が本格的に導入されてから百年もしない内に目を向けた貴重な人物」が寺田寅彦である、と本文で述べられているが、さらに最終段落で「私のような部外者ではなく、物理学者自身も目を向けて、その可能性に思いを馳せてほしい」と筆者が述べる「可能性」の具体的内容は、「自然科学が文化全体の中でもちうる一つのオールタナティブな姿」である。すなわち、問一・問二でも確認したように、西欧近代科学は「日常的な経験」とは明確に区別された「人工的な経験」を前提としており、そこでは「〈日常世界〉」は「〈物理学世界〉」から切り離され捨象されるものであった。しかし、寺田物理

からこそ、実験が扱う経験は「極めて構築的な経験、極めて人工的な経験」だと言える。一方、傍線部（2）の「〈経験〉」とは、従来「観察」の対象とされてきた「日常的な経験」のことであり、「ごちゃごちゃとした混乱の集積であるに過ぎ」ないものである。両者は「経験」と言っても全く違うものであり、それゆえに「延長ではない」と筆者は述べているのである。

解答作成のポイントは以下の三点である。

①「〈実験〉」が前提とする経験の特殊性を具体的に説明する

②「〈経験〉」が「日常的な経験」を指していることを示す

③「〈経験〉」と、「〈実験〉」が前提とする経験とが異質なものであることを説明する

▼問三　「惜しむ」には、〝大切にする・もったいないと思う・残念がる〟などの意味があるが、ここでは〝残念がる〟という意味で用いられていることに留意する。「近代科学の〈経験からの退却〉」とは、《近代科学が日常的な経験を排除していること》を意味しているが、寺田寅彦（の物理学）はそのことを「惜しむ」、すなわち、残念がっているかのようである、と筆者は述べる。なぜなら、寺田寅彦は、「割れ目、墨流し、金平糖」「市電の混み具合」といった「日常世界での経験」を研究や考察の対象として好んで取り上げており、そういった著作にこそ彼らしさが存分に発揮されているからである。以上の内容を踏まえて、解答を作成すること。「～かのような風情」は、〝～であるように思える・～という印象を受ける〟などの意味合いであり、言い換えて説明する。また、後述されているトレサン伯爵とは違い、寺田寅彦の研究はれっきとした科学的手法にのっとったものであったということにも言及しておきたい。

解答作成のポイントは以下の三点である。

①「～を惜しむかのような風情」だと筆者が感じる根拠を説明する

②寺田寅彦とトレサン伯爵との違いを盛り込む

③「～を惜しむかのような風情」という表現のニュアンスを上手く出せるように工夫する

っとって学問的な物理学を究めながらも日常的経験を対象として好んで取り上げた寺田寅彦の物理学は異色であり、また、興味深い可能性を持つものだと言える。すなわち、文化全体の中で捉えられる自然科学という、西欧近代科学とは違った自然科学の可能性を示唆しているのである。

◀解　説▶

▼問一　まず、傍線部(1)の「事態」というのは、《近代科学が生まれた経緯》を指していることを押さえる。また「遥かに複雑」という表現から、その経緯が、「観念から経験へ」という従来の一般的な理解と比較した上で「複雑」なものであると述べていることがわかる。さらに「複雑」の具体的内容を確認すると、傍線部(1)の直後に「それは、今述べたばかりの〈常識〉とは、むしろ逆方向を向いている」とあり、さらに「伝統的経験へのこの上ない不信感、それこそが、近代科学の黎明期に成立した特殊な眼差しだったのだ」とあることから、《(従来の理解とは違って)混乱の集積であるに過ぎない日常的な経験を信用し過ぎないことが近代科学を成立させた》ことを指して、「複雑」と述べていることがわかる。以上の内容を理解した上で解答を作成する。なお、「観念から経験へ」という表現もそのまま用いずに、言葉を補って説明を加えた上で解答に盛り込みたい。

解答作成のポイントは以下の三点である。

①「事態」が何を指しているかを明示する
②何と何を比べて「遥かに複雑」と述べているのかを押さえる
③「観念から経験へ」をわかりやすく説明する

▼問二　「〈実験〉は、〈経験〉の漫然とした延長ではない」と筆者がわざわざ否定するのは、実験が経験を扱うものであり、したがって、経験を観察することが実験の第一歩になる、という認識が一般的にあるからだろう。しかし、「〈実験〉」とは、「一定の目的意識により条件を純化し、可能な限り感覚受容を装置によって代替させることで、緻密さの保証をする」、「原基的構想がどの程度妥当かを、〈道具と数〉の援助を介在させながら試してみること」であり、だ

国語

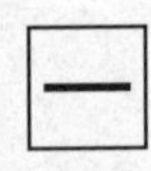

出典 金森修(おさむ)『科学思想史の哲学』＜第三部　科学思想史とその〈外部〉　小文Ⅵ　日常世界と経験科学――寺田寅彦論＞(岩波書店)

解答

問一　観念的な思考から経験的な観察への移行という常識的な理解とは異なり、実際には、混乱の集積である日常的経験を疑う姿勢が近代科学の誕生を促したと言えるから。

問二　科学における実験が前提としているのは、明確な目的意識によって条件を厳密化し、装置や数字を介在させて緻密さを保証する極めて人工的な経験であり、観察の対象とされる雑然とした日常的経験とは異質なものだから。

問三　寺田寅彦の物理学では、近代科学の手法に立脚しながらも、日常世界での経験が研究の対象として好んで取り上げられているため、科学が日常世界での経験を切り捨てることを彼自身が残念がっている印象を受けるということ。

問四　トレサン伯爵の言説は、物理学であろうとしながらも実は日常的経験における直観を基盤とした連続的推論であり、対象や方法のいずれにおいても科学とは言いがたいから。

問五　日常的経験を完全に捨象した近代科学の方法に基づいて学問的物理学を究めながらも、日常世界と物理学世界を完全に切り離してしまわずに、日常的経験の視点を再び取り入れることで生まれる、西欧近代科学とは別種の、文化全体の中で捉えられた新たな自然科学を示唆するもの。

◆要旨◆

観念から経験への移行が西欧近代科学を成立させたという従来の常識的な理解とは違い、むしろ、混沌とした日常的世界での経験を捨象することこそが、近代の科学的認識に必要な前提である。そういった認識からすると、科学的手法にの

2018年度

解答編

解答編

英語

I **解答** ⑴自分は突如現れては人々を救済する能力がある救済者で，自分には答えや為すべきことがわかっているが，助けを必要とする方の人間は救済者が現れるのをただ待っているだけだと思い込み，自分本位で一方的な手助けの仕方を選択してしまう心理状態。

⑵全訳下線部参照。

⑶アー④　イー①　ウー⑤　エー②　オー⑥

◆全　訳◆

≪相手を尊重した手助けの方法≫

すべての人々にとって幸運なことだが，多くの人々は他人を手助けすることに関心を抱いており，自分の仕事や人生をその目的に費やす人々もいる。もちろん，そこまで高い意識を持つ人ばかりというわけではなく，ほとんどの人は時には利己的になってしまうものだ。進化生物学者や心理学者なら，私たちは「常に」利己的なものであり，私たちが他人を助けようとする場合，それは単に自己満足を達成しようとしているのに過ぎないと主張するかもしれない。しかしながら，動機がどうであれ，同僚や家族や友人，さらには赤の他人にさえ救いの手を差し伸べる人々の数は著しく多いものだ。

立派な行為ではあるが，他人を手助けすることは危険性もはらんでおり，それは人助けが実際には利己的な行為であり得ることに関連したものだ。この危険性とは，「救世主コンプレックス」と呼ばれる状態に陥ることである。これは，まさにその名のとおり，自分はどこからともなく現れては人々を救済する使命にあると感じている人物が周囲に対して取る立ち居振る舞いや姿勢のことだ。これは手助けの仕方としては公平なものではなく，救済者は，自分はすべての答えを握り，何をするべきかもわかっているが，助けを必要としている人々は救済者が現れるのをただ待っているだけだと決めつけているのだ。

これは確かに問題だが，救世主コンプレックスが抱える本当の落とし穴に足を取られて，最も慈悲深い本能の一つ，すなわち人に手を貸そうとする本能までも消し去ってはならない。そのためには，自分が人々の救済者であると思い込んだり，そうであるかのように振る舞ったりすることなく彼らを支援するべきなのだ。

つまり，「実際に」手助けをすることに劣らず重要なのは，「どのように」手助けするかであり，だからこそ「どのようにお手伝いしましょうか」という問いかけで切り出すことが不可欠だ。この問いかけで始めれば，謙虚な姿勢で指示を仰いでいることになる。あなたは，相手がその人自身の人生の専門家であることを認めているのであり，何らかの援助を供給しつつも，相手が自らの人生に責任を持ち続ける機会を与えていることにもなる。

先日，私は『ザ・モス』という番組の中で素晴らしい話を聴いた。その話では，「どのように」手助けするかを相手に尋ねることの大切さが強調されていた。『ザ・モス』は実話を取り上げているラジオ番組やポッドキャスト配信であり，それらの実話は世界各地から来た人々によって生放送で語られる。そこで語られる話はどれも魅力的なのだが，先日，その中で自分の自立についての価値観を語った80歳代の女性による話が放送された。彼女は常に自分のことは自分で行い，80歳を過ぎてもまだそのようにできていることを喜んでいた。そんな折，彼女は脳卒中で倒れた。

入院している間，ニューヨーク市の彼女が暮らすアパートの住民たちが，彼女にとって初めての脳卒中であるため，これから必要になるはずの歩行器を使った生活がしやすいようにと，彼女の部屋を少しばかりリフォームしたのだった。彼女は隣人たちと付き合いはあったものの，親しい友人関係にあるわけではなかったので，はじめは非常に驚いた。しかし，彼らの善意ある行動により，彼女は他人にいくらか依存することで，自分の生活が実際に豊かになること，そして特にこれは彼女がお礼をした場合について言えることだと認識するようになった。そこで彼女は，隣人たちが中に入っておしゃべりをすることを歓迎する旨の看板を部屋の玄関ドアに吊り下げた。それから彼女は，おしゃべりをするために頻繁に隣人たちが訪問してくれた様子を語り，彼らが何か手伝ってくれようとする際には，決まって「どのように」手伝いましょうか，と問いかけてくれた点を感謝とともに強調していた。どのように支援すればよいのかを尋ねることで，彼らは彼女が自分の自立と尊厳とを保てるようにしてくれていたのだ，と彼女は説明した。

◀解　説▶

人を支援する際には，“How can I help?”と問いかけることで，相手の自立を損なうことなく，その人を援助することが大切だという論旨。人間関係にまつわる，生活に身近な内容ではあるが，途中で言及される“the savior complex”は「メサイア〔救世主〕コンプレックス」とも呼ばれ，問題を抱える人に優しくし，優越感に浸ることで自己満足を得ようとする心理を指す精神分析の用語であり，学術的内容への素養や関心が問われている点もおさえておきたい。

▶(1) **the savior complex**

savior は「救済者，救世主」で，動詞 save の派生語。complex は「コンプレックス，強迫観念，固定観念」の意味。日本語の「コンプレックス」は一般的に「劣等感」の意味で用いられる傾向が強いが，英語で「劣等感」は an inferiority complex，逆に「優越感」は a superiority complex と表すことからもわかるとおり，本来は「コンプレックス」単独で「劣等感」の意味はなく，「無意識のまま抱えている複雑な感情」のこと。下線部のある第2段はこの the savior complex「救世主コンプレックス」を話題に導入し，これについて説明するための段落である。そのため，下線部の内容説明には，下線部直後の2文（This is just what … for a savior to come along.）が該当し，この箇所の和訳を参考に答えをまとめる。まず，第2段第3文（This is just what …）の一（ダッシュ）以降，an attitude or stance toward the world where you believe you are the expert who can suddenly appear to save others「自分はどこからともなく現れては人々を救済する専門家〔熟達者〕だと感じている人物がその世界に対して取る立ち居振る舞いや姿勢のこと」が，the savior complex の定義。続く同段最終文（It is an uneven approach to …）では，the savior complex がどのような問題点を抱えるものなのかを説明している。特に，an uneven approach to helping とあるように「対等な関係でない援助の仕方」が，同段冒頭文（Although admirable …）中で前置きした

risk「危険（性），問題点」となるわけだから，この部分は答案に欠かせない。「対等な関係でない援助の仕方」というのは具体的には，やはり同段冒頭文中で前置きされている helping can actually be selfish の部分から，「利己的な〔自分本位の〕援助の仕方」と言い換えてもよい。

▶(2) **All of which is to say that**

「つまり〔要するに〕」→that is to say「つまり，すなわち」の基本熟語のバリエーションである。which is to say も同じ意味だが，that（指示代名詞）が，接続詞の働きを兼ね備える関係代名詞 which に変化すると，前の文との連続性が高まる。that も which も直前の内容を指す代名詞である点は変わらない。また，which is to say は，カンマの後ろで使う（非制限用法）ことが多いので，文中で用いるイメージが強いかもしれないが，要は直前文との連続性を示す働きであるため，前文さえ存在していれば，文頭で用いられることもある。下線部も文頭で用いる which のパターンで，これに修飾語句 all of が付いている形。直訳すると「前で述べたことすべてはつまり〜ということに集約される」程度になる。

***how* you help matters just as much as that you *do* help,**

「『実際に』手助けをすることに劣らず重要なのは，『どのように』手助けするかであり」→斜字体の箇所は強調されているので「　」付きで訳出する。*A* matters just as much as *B*「*B* に（ちょうど）同じく *A* は重要だ」 この matter は「重要である」の意。*A* と *B* の位置にある how S V「どのように〜するのか（ということ）」と，that S′ V′「〜ということ」はいずれも名詞節。that you *do* help の do は助動詞で，直後の動詞を強調し，「実際に〜する」と訳す。

which is why it is essential to begin by asking, "How can I help ?"

「だからこそ『どのようにお手伝いしましょうか』という問いかけで切り出すことが不可欠だ」→which はカンマの前の部分（*how* you help matters …）の内容を指すので，which is why … は and that is why …「だから，そういう訳で」に等しい。"How can I help ?" は，直前で *how* you help matters「『どのように』手伝うかが重要である」と強調されているので，「どのようにお手伝いしましょうか」のように手助けの仕方を尋ねる和訳にする。

If you start with this question, you are asking, with humility, for

direction.

「この問いかけで始めれば，謙虚な姿勢で指示を仰いでいることになる」→進行形の部分（you are asking）は，「(If節で述べられた条件を満たすとき，あなたは)～していることになる」とか，「～するのと同じことだ」のように訳す。with humility は「謙虚に」のように副詞として処理する（with＋抽象名詞＝副詞）。

- start with ～「～で始める」
- ask for ～「～を求める」
- humility「謙虚，謙遜」
- direction「指示」

You are recognizing that others are experts in their own lives, and you are affording them the opportunity to remain in charge, even if you are providing some help.

「あなたは，相手がその人自身の人生の専門家であることを認めているのであり，何らかの援助を供給しつつも，相手が自らの人生に責任を持ち続ける機会を与えていることにもなる」→直前の文にあるIf節からの続きであるため，進行形の部分（You are recognizing と you are affording）は，直前の文中にある進行形（you are asking）と同じ用法。文頭に If you start with this question が省略されていると考えるとよい。others「他者」は，「助けを必要とする人々」のことで「相手」くらいに訳せる。afford *A B* の形で「*A*（人）に *B*（物）を与える」の意味となる。in charge は後ろに of their own lives が省略されていると考える。(be) in charge of ～ で「～の責任がある，～を管理している，～の責任〔担当〕者である」の意味。to remain の意味上の主語は them（＝others「(助けを必要としている）人々」)。afford them the opportunity to remain in charge (of their own lives), even if you are providing some help の直訳は，「あなたは何らかの援助を提供しながらも，彼らが（自分自身の人生に）責任を持ったままでいられる機会を彼らに与える」となる。「何らかの手助けと同時に，彼らには自身の人生の主導権を握らせたままにしておく機会をも提供する」と意訳するのもよい。

- expert in ～「～における専門家」
- opportunity to *do*「～する機会」

▶(3)第6段は，第5段で紹介された『ザ・モス』というラジオ番組で取り上げられた80歳代のある女性の話の続き。第5段最後の2文（She loved the fact that … had a stroke.）で，彼女は人に頼らず自活していることに満足していたが，脳卒中で倒れた，というところまでが述べられている。その点を踏まえて，以下の検討をする。

ア．第6段第1文（While she was in the hospital, …）の内容から，女性のアパートの住人らが，何らかの目的で彼女の居住部屋を少し改装したことがわかる。同段第3文（But their gesture of goodwill …）に goodwill「善意」や，enrich her life「彼女の生活を豊かにする」とあることから，改装の目的はもちろん彼女の利益のために行ったこと。また，空所直後の a walker は「歩行器」なので，その直前には，「(道具）を使って」という意味の前置詞 with（“道具”の with）がくる。これらの点から，空所には④の live there with を補って，「彼女が歩行器を使ったそこでの生活がしやすくなるように」とする。for *A* to *do*「*A* が～する」は，*A* と *do* の間に主述関係が成り立つ点に注意。

イ．同じアパートの住人らが部屋を改装してくれたことに対する彼女の反応が，空所以降から順を追って説明されている。したがって，ものごとを列挙する際，最初に用いられる表現の To begin with「まず，最初は」が最も適切であるため，空所には①の begin with を補う。空所直後の she was taken aback は「彼女は驚いた」の意。

ウ．空所の直前には inspire *A* to *do*「*A* が～するよう触発する」，直後には that 節があることから，that 節を直後に伴う動詞の原形が空所に入る。第5段では，他人に頼らずに自立していることに女性が満足していたとあったが，第6段第5文（She then recounted how …）の後半には「彼ら（＝アパートの住人たち）が手伝ってくれる際には，決まって『どのように』手伝いましょうか，と問いかけてくれた点を感謝とともに強調した」とあり，彼女が他人の手助けを受け入れていることがわかる。つまり，住人による予期せぬ善意の行動をきっかけに，彼女の「認識」が変わったことが伺えるので，空所には⑤の recognize を補うのが正しい。

エ．空所直前の welcome *A* to *do*「*A* が～するのを歓迎する」は，*A* と *do* が主述の関係になる点に注意する。隣人たちが何をするのを女性は歓迎したのかを考えればよい。第6段第5文（She then recounted how her neighbors …）の前半に，「それから彼女は，おしゃべりをするために頻繁に隣人たちが訪問してくれた様子を語った」とあるので，隣人たちが歓迎されたことは「彼女のところに立ち寄りおしゃべりをすること」。したがって，空所には②の come in for「～を求めて〔～のために〕（部屋の）中へ入る」を補う。

オ．第 6 段第 5 文（She then recounted how her neighbors …）には，they always asked *how* they could help「彼ら（＝アパートの住人たち）は，決まって『どのように』手伝いましょうか，と問いかけてくれた」とある。この質問の仕方は，第 4 段（All of which is to say that … で始まる段落）で述べられていた主旨，つまり，相手に「どのように」手助けをしましょうか，と問いかけることで，相手を尊重し，その人の生活における自立性を奪わないようにすること，に通じるものである。空所を含む文の冒頭にある By asking her how they could help は，手助けの仕方を相手に問いかけるという手法であるため，それにより得られるのは，女性自身の自立や尊厳の維持と考えられる。空所前後の語句は，彼女が自分の自立と尊厳を「保持する」ことができる，という動作で結ばれるのが適切。したがって，⑥の retain が入る。

●語句・構文●

（第 1 段）devote their careers and lives to it「彼らの職業や生活をそれ〔人を手助けすること〕に捧げる」→devote *A* to *B*「*A* を *B* に捧げる」 inclined「したいと思っている，傾向のある」 self-interested「利己的な，自分本位の」 some of the time「時には」 regardless of ～「～にかかわらず」 remarkable「著しい」 help *A* out「*A* を手助けする」（help out *A* の語順でもよいが，*A* が代名詞の場合は不可） colleague「同僚」

（第 2 段）admirable「称賛に値する，立派な」 actually「実際には」 selfish「利己的な，自分本位の」 prey「えじき，獲物」 fall prey to ～「～の犠牲〔えじき〕となる」 attitude or stance toward ～「～に対する立ち居振る舞いや立場」 approach「取り組み方」 *A* in need「困っている *A*（人）」→the person or group (who is) in need のように，間の〔関係詞＋be 動詞〕が省略されている。wait for *A* to *do*「*A* が～するのを待つ」 come along「やって来る，現れる」

（第 3 段）genuine「本物の，真の」 pitfall「落とし穴，隠れた危険」

humane「人道的な，思いやりのある」 one of the most humane instincts (that) there is「(存在している) 最も人間らしい本能の一つ」→先行詞の後に there is が続く場合，主格の関係代名詞は省略できる（例：Father explained to me the difference (which) there is between the two.「父親は２つの間にある違いを説明してくれた」)。trick「(〜するための) こつ〔秘訣〕」

(第５段) underscore「〜を強調する」 feature「(番組などで)〜を特集する」 in *one's* eighties「(人が) 80 歳代の」 independence「自立（していること)」 stroke「脳卒中」

(第６段) apartment「(集合住宅内の) １世帯分の住居」→アパートの建物全体は apartment building〔apartment house〕。minor「小規模な」 renovation「(建物・家具などの) 修復，改築，リフォーム」→英語の reform には，建物のリフォームという意味はなく，「(制度・組織などの) 改革」の意。cordial「誠心誠意の」→cordial with 〜「〜(人) と親しい」 gesture「意思表示の行為〔言葉〕，(感情などの) 証」 enrich「〜を豊かにする」 favor「(善意からの) 親切な行為」 recount「〜を詳しく話す，列挙する」 come by「立ち寄る」 gratitude「感謝（の気持ち)」 offer to *do*「〜することを申し出る」 dignity「威厳，尊厳」

Ⅱ 解答

(1)衝突回避や資源回収の効率化のために小惑星や彗星の軌道を変えること。その資源を宇宙で使う燃料にその場で加工するか，そこから地球への資源供給を行うこと。

(2)全訳下線部(b)参照。

(3)全訳下線部(c)参照。

◆全　訳◆

≪地球近傍天体の軌道修正と資源活用≫

現在地球の海に存在する水が小惑星や彗星によってもたらされたのかどうかは別にしても，それらには非常に有益な資源が大量に含まれていることは明らかだ。将来，地球上にある資源への需要が産出可能な分量を上回ることになれば，小惑星や彗星が不可欠なものとなることがわかるだろう。

彗星や小惑星に接近飛行し，それらに着陸することで（すでにこれらは実現しているが)，大きなことをいくつか実践できる。１つ目は，それらの軌道を変えられるということだ。万一地球と衝突する軌道上にある天体を見つけた場合，器用に少しだけそれを押すことで，確実にそれを地球から逸らすことができる。十分早い段階で天体を捉えていれば，それが地球に衝突しないようにするための軌道修正は比較的小さくて済む。あるいはまた，採掘する価値があるほど十分な量の魅力ある資源を含有する天体を見つけた場合，それが地球や月の周囲を巡る新たな安定した軌道を通るように，その軌道を変えてしまうこともできる。これにより，回収した資源を地球に持ち帰るのに必要な移動コストが削減されるだろう。2つ目は，対象となる天体の軌道をそのままにしておこうが，地球や月を周回する軌道へと修正しようが，いずれにせよ，天体の資源をその場で加工処理して宇宙で使用する燃料とすることもできるし，場合によっては地球で必要とされる別の需要を満たすこともできるということだ。小惑星や彗星が宇宙に浮かぶ最初のサービスステーションとなり，水や燃料や建築材料を提供することが可能になるのだ。

小惑星や彗星の軌道修正や，それらからの資源採掘，そのどちらも達成可能な目標だ。しかしながら，こうした天体をどのようにして発見するのか。それらのすべてを発見したという判断はどのようにして行うのか。天体の軌道の算出方法や，地球への衝突の危険性があるかどうかの判断，そして天体の構成要素の見極めをどのようにして行うのだろうか。

私たちが関心を強く抱いている天体は，いわゆる地球近傍天体（NEOs）である。(b)それらを発見するには忍耐か幸運のいずれかが必要だ。小惑星は，太陽系の惑星とほぼ同じく，主に太陽系平面から数度の範囲内に存在するが，彗星はあらゆる方向からやって来る可能性がある。それらはまた非常に素早く移動していることもある。このため，天体に接近飛行し，場合によっては，どうにか危険なものではなくなる程度にその軌道を変えるというのは非常に難しいことである。

このような困難な状況であっても，地球近傍天体を発見するための方法は，空全体を監視しながら天体の痕跡，つまり，星々を背にして移動する暗い光の点を見つけることしかない。地球近傍天体も，惑星それ自体にやや似て，暗く光る遊星のように映る。

小惑星と彗星の表面はいずれも非常に暗い色をしているため，一般的にそれらは光をあまり反射しない。このため，それらの天体はごくわずかに光る程度で，たくさんの光を集める巨大な望遠鏡を用いない限りは，それらすべてを発見することはないかもしれない。(c)しかしながら，NASAによる資金援助のもとで，十分活用されていない小型望遠鏡をネットワーク化するNEO探索計画がある。これらの望遠鏡は観測可能な天空領域を最大限にする目的で，一般的に広い視野を備えているが，それでも直径100メートル未満の非常に暗い天体を検知するのには困難を伴う。何よりも，これらの望遠鏡は，本来はNEO探索に特化して利用されるべきだろうが，実際にはそれらを利用できる限られたわずかな時間帯にだけNEO探索に使用される程度なのだ。

◀解　説▶

地球に接近する小惑星や彗星の軌道を修正したり，そこに眠る資源を将来有効活用したりする可能性について述べた文章。下線部和訳ではrendezvousやtrajectoryなど難しい語彙もあるが，文脈や周辺知識から推測できるようにしたい。たとえば，小惑星イトカワに着陸した探査機「はやぶさ」が地球へのサンプルリターンに成功した話題なども周辺知識として役立つだろう。

▶(1)下線部を含む文の冒頭By rendezvousing and landing on comets and asteroids「彗星や小惑星にランデブー飛行〔接近飛行〕し，それらに着陸することによって」は，下線部の「大きなこと」を達成するための手段であり，「大きなこと」の具体的な答えではない。具体的内容は下線部直後のFirstと，第2段最後から2文目にあるSecondによって列挙されている。端的には，小惑星や彗星について，First直後の「それらの軌道を変えること」(to alter their orbits)，そしてSecondのある文の主節部分「そこに眠る資源を（宇宙空間上，あるいは地球上で）活用すること」(to process the materials …) が答案の中心となる。Firstで挙げられた軌道修正には，想定される2つの目的があり，1つは同段第3文（Should we find …)，もう1つは同段第5文（Alternatively, should we find …）で述べられている。いずれも仮定法If S should V「万一SがVすることがあれば」のifが省略されて，倒置が起きた形となっている。つまり，第3文なら，If we should find one on a collision course with Earth, … に同じ。Ifで始まるこの2カ所の内容も盛り込みたいので，前者を「衝突回避（のため）」，後者を「資源回収の効率化（のため）」のように要約するとよい。与えられた解答欄のスペースから75字程度が目安となるので，不要な部分はそぎ落とし，短く答案にまとめる。

• rendezvous「ランデブー飛行〔接近飛行〕をする」 2つの宇宙船などがドッキングなどの準備段階として同じ軌道に乗って，接近した状態で飛行すること。

• collision「衝突」（<collide「衝突する」）

▶(2) **Finding them takes either patience or luck.**

「それらを発見するには忍耐か幸運のいずれかが必要だ」→Finding them は無生物主語なので，「それらを発見するためには」など，目的を表す副詞句のように和訳するとよい。them は Near-Earth Objects（NEOs）のことであるので，「地球近傍天体」や「NEO」とするのも可。take は「(時間・労力など）を必要とする」の意味。

• patience「忍耐」

Asteroids are mainly contained to within a few degrees of the plane of the solar system, much like the planets, but comets could come from any direction. They could also be moving really quickly.

「小惑星は，太陽系の惑星とほぼ同じく，主に太陽系平面から数度の範囲内に存在するが，彗星はあらゆる方向からやって来る可能性がある。それらはまた非常に素早く移動していることもある」→be contained「(ある物の中に）含まれている，入っている」は，ここでは「(ある範囲内に）存在する」の意味。to within a few degrees of ～「～から数度の範囲内までに」は，前置詞の to と within（それぞれ“程度”と“範囲”を表す）が並んだ二重前置詞。the plane of the solar system は，plane が「面，平面」の意味で，惑星の公転軌道面が円盤型に広がる太陽系のこと。much like ～「～とよく似て」は asteroids と planets の分布位置が近いことを言っている。comets could come と They could also be moving の could はいずれも可能性を表す。They は直前の文中にある comets のみを指しているように見えるが，下線部のある第4段冒頭文にある Near-Earth Objects（NEOs），すなわち地球に接近する asteroids と comets の総称を指す。次の段落（第5段）においても，them や their の形でこの代名詞が継続使用され，その最終文（Somewhat like the planets …）から，それが NEOs を指していることが確認できる。

• asteroid「小惑星」

• comet「彗星」

This makes it challenging to rendezvous with one and perhaps modify its trajectory enough to somehow make it safe.

「このため，天体に接近飛行し，場合によっては，どうにか危険なものではなくなる程度にその軌道を変えるというのは非常に難しいことである」→This「このこと」は，直前で述べられた「天体が非常に素早く移動している」ことを指す。it は形式目的語で to rendezvous 以下の内容を指す。This makes it challenging to *do* は，無生物主語であるため，「このことにより～することが非常に難しいものとなっている」のように訳せる。one は小惑星や彗星など NEO と呼ばれる地球近傍天体のうちの１つを指す代名詞。perhaps は「ことによると，場合によっては」の意で modify にかかる。modify「修正〔変更〕する」の目的語である trajectory の意味は知らなくても文脈から推測できる。make it safe の it は地球に接近する天体のことであり，それを「安全なものにする」というのは，第２段第３文（Should we find one on a collision course …）にあるように，地球衝突回避のためにそれを少し押すことである。これは，その「軌道を変える」と言い換えられる。したがって，modify の対象である trajectory は「軌道」とわかる。

• challenging「困難だがやりがいのある」

• somehow「どうにかして，何とかして」

▶(3) **However, there are NEO search programs funded by NASA that network underutilized small telescopes.**

「しかしながら，NASA による資金援助のもとで十分活用されていない小さな望遠鏡をネットワーク化する NEO 探索計画がある」→関係代名詞 that の先行詞は NEO search programs で，直後の network は動詞で「～をネットワーク化する，～を連携させる」の意。

• funded by ～「～によって資金援助を受けた」

• underutilized「十分に活用されていない」

• telescope「望遠鏡」（＜tele-「遠くを」＋scope「見る鏡」）

These telescopes generally have large fields of view for maximiz-

ing the areas of sky that can be monitored,

「これらの望遠鏡は観測可能な天空領域を最大限にする目的で一般的に広い視野を備えている（が…）」→field of view で「視野」の意。ここでは望遠鏡の視野のこと。for maximizing the areas of sky の for は“目的”を表す。

- maximize「～を最大化する」
- monitor「～を監視する，観察する」

but they still struggle to detect the really faint objects that have diameters below one hundred meters.

「…だが，それでも直径 100 メートル未満の非常に暗い天体を検知するのには困難を伴う」→they は小型望遠鏡のこと。struggle to *do* は「～するのに苦労する」の意味。faint は「光がかすかな，暗い」の意味。object は「物体」という意味だが，ここでは「(小）天体」のように具体的に訳す。diameters below X（数詞）は「X に満たない直径」。

- detect「～を見つける，検出する」
- diameter「直径」（*cf.* radius「半径」）

●語句・構文●

（第 1 段）significant quantities of ～「かなりの量の～」 Earthbound「地に根付いた，地上の」 outweigh「～より重い，～に勝る」→動詞の接頭語 out- には「～より（…の点で）優れている」の意味もある（例：outdo「～をしのぐ」，outnumber「～より数で勝る」，outpace「～より（足が）速い」，outrun「～より速く走る」，outwit「～の裏をかく」）。producible「産出可能な」 essential「絶対不可欠な」

（第 2 段）land on ～「～に着陸する」 orbit「軌道」 subtly「巧妙に，器用に，繊細に」 Caught early enough, the changes in the orbit needed for it to miss Earth are relatively minor.「十分早い段階で天体を捉えていれば，それが地球に衝突しないようにするための軌道修正は比較的小さくて済む」→Caught early enough は受け身の分詞構文だが，厳密に書き表す場合は It caught early enough（独立分詞構文の形）が正しい。この It（および主節中にある it）は，直前の文中の one on a collision course with Earth「地球に衝突する軌道上の天体」のこと。直前の文で Should we find one …「万一，地球に衝突する軌道上の天体を見つけたら…」と述べたばかりであるため，Caught early enough とだけ述べても，be caught「見つけられる」の主語が「その天体（＝it)」であることは文脈から明白。したがって，文頭にあるべき It が抜け落ちた形となっている（懸垂分詞構文)。接続詞と主語を補うと，If it is caught early enough, the changes … となる。alternatively「あるいは」 enough interesting materials to make it worth exploiting「それ〔天体〕を採掘する価値があるほど十分な量の魅力的資源」→enough は，interesting という形容詞単独を修飾しているのではなく，interesting materials「魅力的資源」という名詞句を修飾している。enough＋名詞（可算名詞の場合は必ず複数形）＋to *do*「～するほど十分な数〔量〕の（もの)」 exploit「～を搾取する，(資源を）開発する〔採掘する〕」 stable「安定した，一定の」 commute「通勤〔通学〕する，(定期的に同じ経路を長距離）移動する」 space-based「宇宙に拠点を置く」 service station「給油所，サービスステーション」

(第３段) orbital「軌道の」(＜orbit) modification「修正，変更」(＜modify) mining「採掘（すること)」(＜mine「(鉱物などを）採掘する」) achievable「達成可能な」 pose a (～) threat「(～な）脅威を与える」 impact「衝突，衝撃」

(第４段) so-called「いわゆる」

(第５段) the only way S V is if S′ V′「S が V するための唯一の道〔方法〕は S′ が V′ することだ」→way と if は，それぞれ「(ある方向へ続く）道」と「いくつかある方向性のうちの１つ」と捉えれば互いに同様の意味で，「～へと至るのは唯一…する場合だけだ」と訳せる。この表現中では the only way の後の動詞には主に be going to, will, can などの助動詞が付く。signature「(他と区別される）特徴」 pinpoint「ごく小さな点」 somewhat「少々，やや」 wandering star「遊星，迷星」(惑星のことであるが，wandering star は惑星の古い呼び方)

(第６段) typically「通常は，一般的に」 spot「～を発見する」 on top of all that「さらにそのうえ」 NEO hunting「NEO（地球近傍天体）の探索」 a fraction of the available time「それらを利用できる時間の内，限られたわずかな時間（に)」→直前に“期間”を表す前置詞 for が省略されており，are only used にかかっている。a fraction of ～「何分の１かの〔わずかな〕～」 when perhaps they should be entirely dedicated to it「小型の望遠鏡をつないだもの（＝they）は，NEO 探索（＝it）のためだけに利用されるべきときに」→このwhenは接続詞で“譲歩”のwhenと捉えて，「～であるにもかかわらず」とか，「本来は～であるべきところを」と訳せる。be dedicated to ～「～に専念する」（<dedicate *A* to *B*「*A* を *B* に捧げる」）

III 解答例

〈解答例1〉 While〔Whilst〕talking about the popularity of Japanese food among tourists from abroad, one person said he doubted their ability to savor its taste because their cultural backgrounds are different. Can this be true? In my opinion, it is actually the dietary choices of your childhood environment that determine your food preferences. Americans who were raised in health-conscious households, for example, are likely to be comfortable with Japanese cuisine. I should add that despite sharing a common culture, not all Japanese people have the same taste for Japanese food due to variations in home life.

〈解答例2〉 When someone said that more and more foreign tourists have been hooked on Japanese cuisine, another person said he was doubtful about whether people from abroad could appreciate its taste given that they have different cultural backgrounds. Would you support his opinion? If what he said is true, it means that in the same way, Japanese people could also hardly appreciate the taste of food from other countries. In the first place, considering that Japanese people have been raised in different circumstances, it follows that even Japanese people could not appreciate Japanese food.

◀解　説▶

文章単位の和文英訳だが，途中の空所には欠如した文を考えて補わなくてはならない。空所前後の流れがつながるようにしなくてはならないし，問題文の指示である「全体としてまとまりのある英文」にするためには，与えられた和文の箇所に工夫が必要になることもあるだろう。特に空所の後ろに続く和文の箇所をどう取るか，またどうしたら文脈が空所の内容とつながるようになるかには熟慮を要する。

解答欄は，長さ 12.1cm の罫線が 12 本引かれている。1 行あたり約 8 語の単語が書けるので，全体で 95 語前後の分量の英文を書けばよい。また，空所に入る英文の数は 1 文か，短めのもの 2 文までが限度であろう。

まずは，文全体の論理展開に矛盾が生じないように，先に大まかな全体の流れを決めておく。特に，「文化」と「育った環境」が別ものだと考える場合と，同じものだと考える場合で空所と続きの英文の内容が変わるので，どちらの解釈を取るか決めておく必要がある。〈解答例 1〉では別もの，〈解答例 2〉では同じものと解釈して英訳している。

「海外からの観光客に和食が人気だという話になったときに，文化が違うのだから味がわかるのか疑問だと言った人がいたが，はたしてそうだろうか」

•「～だという話になったときに」→「～について話している際に」なら While〔Whilst〕talking about ～,「誰かが～だと言ったときに」と解釈するなら When someone said that ～ と表せる。the topic「話題」を用いるなら When the topic of our conversation switched to the fact that ～ なども可。

•「海外からの観光客に和食が人気だ（という話）」→talking about の目的語としてなら，the popularity of Japanese food among tourists from abroad「海外からの観光客のあいだの和食人気」のような名詞句にする必要がある。said that の続きとしてなら，more and more foreign tourists have been hooked on Japanese cuisine「ますます多くの外国人観光客が和食にはまっている」のような節（SV 構造）の形で表す。

•「～だと言った人がいたが」→「私たちの中の誰か一人が言った」のなら，one person said that S V など。When someone said ～ で始めたのなら，another person said that S V のように，some と another〔other〕の呼応表現を意識したい。また，said に続く S V は，時制の一致に留意する。

•「文化が違うのだから」→「ある人の生まれ育った文化」という意味で「文化」と言う場合には，「文化的背景」という意味の cultural background を用いるのが普通。because 以外にも，「～を考慮すれば」という意味の given that S V も使える。

•「（その）味がわかる」→savor「～を堪能する」を用いて savor its taste

や，appreciate「～の本当のよさがわかる」を用いて appreciate its taste とする。「味を判断する」と考えて，judge its taste とするのも可。

•「(味がわかるのか) 疑問だ」→doubt や be doubtful about ～「～を疑わしく思う」を用いると，その目的語は their ability to judge its taste「和食の味を判断する彼らの能力」(名詞句) や，whether people from abroad could appreciate its taste「海外からの人々に和食の味がわかるかどうか」(名詞節) となる (could は時制の一致による)。

•「(…だと言った人がいた) が，はたしてそうだろうか」→…, but can this be true?　この可能性を表す助動詞の can「～であり得る」は，疑問文で使用すると，強い疑いの気持ちを含意して，「はたして～だろうか」の意味となる。「あなたならこの人物の言うことを支持するだろうか」と言い換えれば，Would you support his opinion? なども可。

(空所部分について)

「はたしてそうだろうか」(＝文化的背景のせいで外国人には日本食の味がわからないと言えるのか) に続けやすいのは，この人物の主張の盲点をつくか，反論を述べる内容である。〈解答例 1〉は，「人の味覚を決定するのは実のところ子供の頃の食事環境だと考える。たとえば，健康志向の家庭で育ったアメリカ人は日本食になじむ可能性は高いだろう」と，味覚の決定要因が文化的背景ではなく，別のところにあると主張している。〈解答例 2〉の和訳は，「この人物の言うことが本当ならば，日本人も同様に外国の料理の味はわからないということになる」。これは外国人の立場を，日本人に置き換えることで先の主張の矛盾点を考えさせるものである。仮定法過去形 could を用いることで，「日本人には外国の料理の味がわからない，そんなことはあり得るだろうか」と，その可能性が低いことを示唆している。

「さらに言うならば，日本人であっても育った環境はさまざまなので，日本人ならわかるということでもない」

•「さらに言うならば」→「さらに」と単純に“追加”として捉えるなら，Moreover〔What's more〕, I should add that S V など。“強意”表現と捉えるなら，One could go so far as to say that S V「極言すれば～」，in the first place「そもそも」など。大きく逸脱しない限りは，与えられた日本語をそのまま英訳することより，空所とのつながりを重視した表現を使う方がよい。

•「日本人であっても」→「日本人同士のあいだでも」と言い換えられるので，even among Japanese people などとするか，あるいは，次に続く「育った環境はさまざまなので」の主語に Japanese people を用いればそれで済む。

•「育った環境はさまざま（なので）」→「環境」を主語にすれば，the environments in which they have been brought up are different from one another（, so …），「日本人」を主語にするなら，considering that Japanese people have been raised in different circumstances など。

•「日本人ならわかるということでもない」→省略されている「わかる」の目的語（＝和食の味）を補う必要がある。また，ここは抽象的な言い回しなので，空所に補う英文の内容に応じた，多少自由度のある和文英訳と捉えるのがよい。また，文章全体の整合性を保つためには，もう少し具体的な内容の表現にすることもあるだろう。〈解答例１〉では，「（文化は同じでも）育った（家庭）環境は違うので，日本人なら（皆が同じように和食の味を）わかっているということでもない」のように，丸括弧内の情報を補足しながら英訳（despite sharing a common culture, not all Japanese people have the same taste for Japanese food due to variations in home life）してある。〈解答例２〉では，「日本人ですら日本食の味がわからないということになる」と捉え，it follows that even Japanese people could not appreciate Japanese food という英文にしてある。

Ⅳ 解答例

〈解答例１〉 (1) Could you tell me whose essay again? And I would like to know the spelling of the writer's name, too.

(2) I would appreciate it if you would tell me the guidelines I should follow.

(3) I have written an essay in English about accepting foreign workers. The main point was that we need to have a variety of perspectives by learning about different cultures so we can coexist with foreigners.

(4) This term, we have covered a lot of themes〔topics〕. Is there anything I should focus on especially while I am studying?

〈解答例２〉 (1) Could you tell me the name of the writer again? I'd like to make a note.

(2) Could you please clarify them for me?

(3) I have written some essays in English, but now I think they were more like journals because I didn't know much about the report format. I will refer to the example of the format on the course website.

(4) Are there any good chapters in the textbook for reviewing the basics?

◀解　説▶

2017年度に引き続き，対話文中の空所に入る発言を補う問題となっているが，2017年度のようなディベート的要素のない，単純な会話のやり取りであるため，補うべき英文の内容は比較的容易に推測できる。空所はすべて，学生が教師に対して発言している箇所なので，丁寧な英語表現を知っているかどうかが重要なポイントとなる。

(会話の日本語訳)

〔教師の研究室で〕

教師：どうぞ座ってください。

学生：お会いくださって，ありがとうございます。

教師：昨日の授業に出られなかったのは残念ですね。宿題についての質問があるのでしょう。基本的には，短めのレポートをパソコンで作成して今度の木曜日に私に提出すればよいです。レポートをタイピングするためのパソコンはお持ちですか。

学生：はい，新しいノートパソコンがあります。もう一度，レポートのテーマを教えてくださいませんか。

教師：ロンドンとニューヨークの類似点と相違点について説明してください。まず，類似点から始めて，その後に相違点に触れるように。情報を集めるために，最初にグレンドンによるエッセーを読んでください。講座のウェブサイトにそれが掲載してあります。

学生：(1)＿＿＿＿＿＿＿＿＿＿＿＿＿＿＿＿＿＿＿＿

教師：グレンドンですか。G，l，e，n，d，o，nです。ファーストネームはサラで，スペルはS，a，r，a，hです。

学生：ありがとうございます。ウェブサイトを見てみます。レポートの書式についての細かい注意点を自分がすべて把握しているのか自信がありません。(2)______

教師：わかりました。1つ目は，パソコンでタイプしたレポートを印刷しなくてはなりません。また，名前と日付をレポート用紙の左上に入力してください。次に，わかりやすい表題を必ず記載してください。今回のレポートは段落を分けて書くことが大切です。繰り返しになりますが，まずは類似点を最大4つまで述べて，それから3つの主要な相違点だとあなたが考えるものについて説明してください。読んで調べた内容からの情報をもとに，自分の主張に対する根拠を必ず挙げてください。書式の記入例についても講座のウェブサイトに掲載してあります。英語でも，日本語でも，あるいは他の言語でもかまわないので，あなたがこれまでに書いたことのある小論文やレポートについて聞かせてください。

学生：(3)______

教師：わかりました。あ，それから2週間後に最終試験があるので忘れないように。それに向けての勉強をしっかりしてくださいね。

学生：(4)______

教師：それはよい質問です。教科書の第1章から第4章までを勉強しておくことをお薦めします。

解答欄は，長さ12.1cmの罫線が，(1)，(2)，(4)はそれぞれ2本引かれているが，(3)だけ4本引かれている。1行あたり約8語の単語が書けるので，(1)，(2)，(4)は基本的には1文，(3)は2文程度が目安となる。

▶(1)空所前の教師の発言で「グレンドンによるエッセー」に触れており，空所の後でも教師は「グレンドンのことですか」と同じ名前を繰り返していることから，学生がエッセーの著者であるGlendonの名前を確認したくて，聞き返している場面。さらに，教師はスペルまで丁寧に説明しているので，学生はスペルも尋ねたのかもしれない。そこで，「どなたのエッセーかもう一度聞かせてもらってよいですか。できれば著者の名前のスペルも教えてください」といった内容の英文にする。〈解答例2〉では，スペルを尋ねる代わりに，「(著者の名前を) メモに取りたい」と伝えている。丁寧に何かを頼むときは，Could you ～？や Would you ～？などで始める。疑問詞で始めて末尾に again をつけると，聞き返したり，再確認したりしたいときの表現となる（例：What was your name again?「お名前は何とおっしゃいましたか」)。

▶(2)空所直前で「書式（format）に関して細かい点のすべてを理解できているか自信がありません」と学生は発言しており，空所の後で教師は Okay と承諾したうえで，the report format に関して守るべき注意点を列挙している。このことから，学生はレポートの書式に関する注意点を確認させてもらいたいと訴えたことが推測できる。〈解答例 1〉は「従うべき指針を教えていただけると有り難いのですが」，〈解答例 2〉は「それら（＝all of the details）を明確に示してもらってもよろしいですか」という内容。I would appreciate it if S could〔would〕V「～していただけると有り難いです」は，it が必要なので注意する。

▶(3)空所直前で，教師が「(どの言語かに関係なく）あなたがこれまでに書いたことのある小論文やレポートについて聞かせてください」と質問しているので，空所に入る学生の発言内容は，比較的自由に考えられる。〈解答例 1〉の和訳は，「外国人労働者の受け入れについての小論文を英文で書いたことがあります。外国人と共生するために異文化について学び，さまざまな視点を持つ必要があるというのが主張でした」。〈解答例 2〉の和訳は，「英語でいくつか小論文を書いたことがありますが，今思うと，レポートの書式についてあまり知らなかったので，それらはどちらかと言えば日記のようでした。学内ウェブサイトの書式サンプルを参照してみます」。

▶(4)空所直前で，教師が「2 週間後の最終試験」の勉強をするようにと発言している。これに関して，学生が何かを質問したため，空所の後で教師は，テスト勉強に関する具体的な助言をしている。もちろん，「どこが試験に出ますか」というようなテスト内容についての直接的な質問をしているわけではないので，少し工夫が必要である。〈解答例 1〉では，「今学期はたくさんのテーマを扱いました。勉強の際に特に優先するべきものは何かありますか」としている。〈解答例 2〉では，「基本の復習をするのに教科書の単元でちょうどよいところはありますか」と，基本をおさらいするための助言を求める発言にしている。

❖講 評

2018 年度は，読解問題 2 題，英作文問題 2 題の構成で，2017 年度と基本的には同じである。しかし，大問Ⅲの和文英訳では，日本語の文章の一部が空所になっており，そこを埋める自由英作文が必要な問題となっていた。大問Ⅳは，2017 年度と同様，会話文中の空所を補う自由英作文の形式であったが，どちらかと言えば会話力を純粋に試す問題であり，2017 年度のような高い論理的思考力を要するものではなかった。読解問題の語数は 2 題で約 1,080 語であり，2017 年度とほぼ同じであった。

Ⅰは，他人を手助けする際には相手を尊重した手助けの仕方が重要だという内容の文章になっており，内容説明が 1 問，下線部和訳が 1 問，空所補充が 1 問の計 3 問。(1)の the savior complex について説明する問題は，解答の根拠となる箇所の判断はさほど難しいものではないが，うまく日本語にまとめるのに手間取るかもしれない。文章全体の語彙レベルは比較的易しかった。(3)の空所補充も，選択肢同士で紛らわしいものは特になく，解きやすいものとなっていた。

Ⅱは，地球に接近する小惑星や彗星の軌道修正や資源活用について論じた英文で，内容説明が 1 問，下線部和訳が 2 問の計 3 問。(1)の内容説明は，解答欄におさまるようにするための言葉の取捨選択がポイントとなる。(2)の下線部和訳では，rendezvous や trajectory のように，受験生の多くは見慣れないであろう語彙が含まれていた。すぐに辞書に頼らないで読み進める練習を普段から心がけておくことが，これらの語彙の推測に役立つことだろう。

Ⅲの英作文問題は，従来の和文英訳から，和文英訳＋自由英作文の混合問題となっている。与えられた日本語の文章の中ほどが空所になっており，その前後と論理的につながるような英文を考えた上で，文章全体を英訳するもの。あらかじめ与えられた日本語の解釈の仕方に注意が必要な内容となっており，論理的思考力と英作文能力ともに高度なレベルが要求される。

Ⅳは，会話文の空所に入る適当な発言を書くという自由英作文問題で，2016・2017 年度に引き続き出題された。ただし，2018 年度では空所の数は 2 カ所から 4 カ所に増え，その代わり，空所に入れるべき応答文の内容は，前後の流れから比較的容易に推測できるものとなっている。空所はすべて，教師に対しての学生の発言であるため，丁寧な英語表現を意識する必要がある。

2018 年度の全体的な難易度や分量は，京大の標準レベルとも言える出題であった。2017 年度と同様に，2018 年度の読解問題は，文章も特に読みづらいというものではなく，下線部和訳も難解なものではない。ただし，日本語でうまくまとめる高度な文章能力がないと，内容説明問題に手間取り，試験時間内での解答が厳しくなってくるだろう。また，新しい試みが見られたⅢの英作文問題では，こなれた日本語の英訳といった従来からの特徴はあまり見られない。しかし，日本語を分析する力が要求されるという点では，従来通りと言える。思考力を問うための試験問題には，パターン化を避けようとするための工夫がしばしば見られる。受験生も形式の変化に動揺することなく，本質的理解を追求するよう日々の学習において心がけることが肝要だろう。

日本史

I

解答 A．⑴徳政　⑵知行国制　⑶東山道・北陸道　⑷徴税
⑸―③　⑹源義経　⑺官位〔官爵〕

B．⑻渋川春海〔安井算哲〕　⑼農業全書　⑽(あ)犂〔からすき〕
(い)千歯扱　⑾科挙　⑿(あ)目安箱　(い)小石川養生所

C．⒀(あ)―④　(い)復興金融金庫　⒁極東委員会　⒂治安警察法
⒃社会民主党　⒄大佛次郎

◆ねらい◆

≪鎌倉幕府の成立，江戸時代の農業，占領の開始≫

A．『吾妻鏡』，B．『百姓嚢』，C．『終戦（敗戦）日記』の３史料が出題された。A・B・Cとも初見史料であったが，設問の大半は史料の読解とは関係なく，標準的な知識があれば正答できる。⑺は難問，⒄はやや難しい。

◀解　説▶

◆A．史料は，『吾妻鏡』寿永三年二月二十五日条で，源頼朝が朝廷に提出した言上状である。

▶⑴徳政とは本来は仁徳ある政治という意味である。中世社会の人々の間では，将軍の代替わりなど支配者の交替時には徳政と世直しが行われるべきだという願望があった。

▶⑵知行国制は，院や朝廷が上級貴族などに一国の支配権を与え，その国の公領からの収益権を与える制度である。知行国主は子弟などを受領に任命し，現地には目代を派遣した。

▶⑶史料中の「謀反」人とは，設問文にある「源義仲」のことである。源義仲は現在の長野県にあたる信濃国木曽谷を拠点としていたので，東山道が想起できる。また，義仲が治承・寿永の内乱に際し，倶利伽羅峠の戦い（富山・石川県境）などで平氏方を破ったことから，北陸道と答えたい。

▶⑷９世紀末から 10 世紀前半の地方制度の転換により，国司の最上席者に地方政治が一任され，徴税が国司の最も重要な任務になった。

▶⑸源頼政は平治の乱で平清盛の側についたため平氏政権で従三位まで昇

進し，和歌の名手としても知られた。しかし，1180 年，平氏打倒を掲げて以仁王とともに挙兵し，宇治で敗死した。

▶(6)源義経は源頼朝の異母弟で，平氏追討の指揮官として活躍した。しかし，平氏滅亡後，頼朝と不和となり，陸奥国平泉へのがれ藤原秀衡の庇護を受けたが，藤原泰衡に攻められて自害した。

▶(7)難問。史料「平家追討の事」の大意は，「朝廷から畿内近国の武士に対して，源義経の命令に従うよう命じてほしい。手柄を立てた者への勲功賞については後ほど頼朝が朝廷に推薦する」である。平氏追討の手柄に対する源頼朝から武士への勲功賞は御恩であるが，そのうち頼朝の推挙によって朝廷から与えられるものは官位（官爵）である。

◆B．出典の『百姓嚢』は西川如見の著書で 1731 年に刊行された。百姓の心得などを説き，百姓の奢侈化を批判している。

▶(8)渋川春海（安井算哲）はもと幕府の碁所の棋士であったが，のちに天文学に転じた。平安時代以来用いられてきた宣明暦の誤りを，中国元王朝の授時暦に実際の天体観測の結果を加えて修正し，貞享暦を作成した。

▶(9)『農業全書』は宮崎安貞が著した日本初の体系的農書である。

▶(10)(あ)犂は牛馬耕の際に牛馬に引かせた農具である。

(い)図 β で女性たちが手に持っている農具は脱穀具の扱箸である。元禄期に扱箸に代わる脱穀具として千歯扱が発明されると，効率が倍増した。

▶(11)科挙は中国で行われた官吏の登用試験で，隋代から清朝末期まで行われた。

▶(12)(あ)目安箱は徳川吉宗が評定所の門前に設置した投書箱であり，庶民の直訴を受け付けた。

(い)小石川養生所は，幕府が設立した貧民救済を目的とする医療機関であり，江戸の町医者小川笙船（しょうせん）の目安箱への投書が設立のきっかけとなった。

◆C．出典は大佛次郎の『終戦日記』である。

▶(13)(あ)史料中の「総理の宮」や「連合軍」から，日本初の皇族出身の首相である東久邇宮稔彦が想起できる。プレス=コードは，東久邇宮内閣期の 1945 年 9 月に GHQ が定めた新聞・出版検閲の基準である。プレス=コードに基づき，占領軍に対する批判は禁じられ，新聞・出版の検閲が行われた。

(い) 1946 年に第 1 次吉田茂内閣で傾斜生産方式が閣議決定された。傾斜生産方式は，資金と資材を石炭・鉄鋼などの重要産業部門に集中的に供給する産業政策であり，その資金供給のために復興金融金庫が設立された。傾斜生産方式によって石炭・鉄鋼などの生産は回復したが，復金インフレを誘発した。

▶⑭極東委員会は1946年にワシントンで第1回会合が開かれた連合国による日本占領政策の最高政策決定機関である。発足時は米・英・仏・ソ・中など11カ国で構成された。

▶⑮治安警察法は1900年に山県有朋内閣によって制定された法令であり，社会主義，労働・農民運動や女性の政治参加を弾圧した。

▶⑯社会民主党は1901年に片山潜・安部磯雄・幸徳秋水らによって設立された日本初の社会主義政党である。設立の2日後に治安警察法に基づき解散を命じられた。

▶⑰やや難。大佛次郎は大正～昭和時代の小説家で，『鞍馬天狗』や『赤穂浪士』などの大衆小説・歴史小説を著した。

II 解答

ア．空也　イ．藤原隆信　ウ．光明　エ．守護
オ．足利持氏　カ．享徳の乱　キ．割符
ク．油〔灯油〕　ケ．天守閣〔天守〕　コ．保科正之　サ．平戸
シ．ウィリアム=アダムズ　ス．撰銭　セ．寛永通宝　ソ．井原西鶴
タ．錦絵　チ．日本之下層社会　ツ．徳富蘇峰　テ．輸出　ト．シベリア

◆ねらい◆

≪中世～近代の諸事象≫

全体として標準的な事項が問われている。

◀解　説▶

▶①ア．空也は10世紀半ばに平安京の市で念仏を広め市聖と称された。空也が建立した六波羅蜜寺蔵の空也上人像は，運慶の子康勝の作とされる。
イ．藤原隆信は後白河上皇に仕えた公家で，似絵の名手とされる。

▶②ウ．足利尊氏は1336年に京都を制圧すると，持明院統の光明天皇を擁立した。一方，後醍醐天皇は吉野を拠点とし，正統を主張した。
エ．南北朝の動乱期，幕府は地方武士を動員するため守護の権限を強化した。鎌倉時代以来の大犯三箇条に加えて，刈田狼藉検断権，使節遵行権，半済令による軍費の取得・分与の権限が認められた。

▶③オ．鎌倉公方足利持氏と関東管領上杉憲実の対立に将軍足利義教が介入し，1439 年に持氏は滅ぼされた（永享の乱）。

カ．永享の乱後，足利持氏の子成氏が鎌倉公方に就任したが関東管領と対立し，1454 年，成氏が上杉憲忠を殺害したことを機に享徳の乱が勃発した。こののち成氏は下総古河を拠点としたのに対し，幕府から新たな鎌倉公方として派遣された足利政知は伊豆堀越を拠点とし，鎌倉公方が分裂した。

▶④キ．鎌倉時代以降，遠隔地取引では，商人が発行する割符と呼ばれる為替手形による決済が普及した。

ク．大山崎離宮八幡宮に属する油神人は灯油（荏胡麻油）の製造・販売などを独占した（大山崎油座）。

▶⑤ケ．天守閣（天守）は城郭の中心となる高層の楼閣である。

コ．保科正之は徳川家光の異母弟で，会津藩主として文治政治を展開するとともに，4 代将軍徳川家綱を補佐した。

▶⑥サ．平戸は現在の長崎県北部にある港で，南蛮船の寄港地として繁栄した。17 世紀初期にはオランダとイギリスの商館が設置された。

シ．ウィリアム=アダムズはリーフデ号の水先案内人を務めたイギリス人で，オランダ人ヤン=ヨーステンとともに徳川家康の外交顧問となった。

▶⑦ス．室町時代以来，粗悪な私鋳銭が流通したため，取引に当たって悪銭をきらい良質の銭を選ぶ撰銭が横行した。室町幕府や戦国大名は良銭の基準や銭貨の交換比率を定める撰銭令を出して流通の円滑化を図った。

セ．江戸幕府は金貨・銀貨を発行し貨幣鋳造権を独占したが，少額取引では依然として私鋳銭が流通し，撰銭が横行していた。1636 年に幕府が寛永通宝を発行し銭の統合を図った。

▶⑧ソ．井原西鶴は大坂の町人で，談林派の俳諧師として活躍したのち，1682 年に『好色一代男』を刊行して浮世草子を創始した。

タ．錦絵は多くの版木を用いた多色刷り版画で，18 世紀後半に鈴木春信によって創始された。

▶⑨チ．『日本之下層社会』は，1899 年に刊行された横山源之助の著書で，労働者や小作農の生活実態を紹介し，社会のひずみを指摘した。

ツ．徳富蘇峰は，鹿鳴館に象徴される政府の政策を貴族的欧化と批判し，平民的欧化を主張して民友社を設立した。

▶⑩テ．第一次世界大戦中，ヨーロッパ諸国が撤退したアジア市場への輸出や，好況のアメリカへの輸出などが急増し，日本は輸出超過となった。
ト．1918年，寺内正毅内閣はロシア革命に干渉するため，米・英・仏とともにシベリアへ出兵することを決定した。

Ⅲ　解答

A．ア．聖武　イ．衛士　ウ．不破　エ．埴輪
オ．沖ノ島　(1)摂津国　(2)延喜式　(3)運脚　(4)唐招提寺
(5)卑弥呼
B．カ．興禅護国論　キ．蘭渓道隆　ク．北条時頼　ケ．肥富　コ．勘合
(6)興福寺　(7)五山（・十刹）の制　(8)一期分　(9)(あ)寧波の乱　(い)陶晴賢
C．サ．軍役　シ．足高の制　ス．札差〔蔵宿〕　(10)かぶき者
(11)(あ)上げ米　(い)定免法　(12)定火消　(13)朱子学　(14)山東京伝　(15)レザノフ

◆ねらい◆

≪古代の交通，中世の日中関係，江戸時代の旗本・御家人≫

空所補充・一問一答式設問とも，大半は標準的な出題である。Aのウ．不破関，Cの(12)定火消，(15)レザノフなどがやや難しいが，それ以外で確実に得点したい。

◀解　説▶

◆A．▶ア．聖武天皇は仏教のもつ鎮護国家の力に期待し，741年に国分寺・国分尼寺建立の詔を，743年に大仏造立の詔を発した。

▶イ．律令国家では正丁3～4人に1人が兵士として徴発され，諸国の軍団に配属された。その中から選抜された者は宮城を警備する衛士や九州沿岸を警備する防人の任についた。

▶ウ．やや難。律令国家は，都で謀叛を企てた者の東国への逃亡などを防ぐため，伊勢国鈴鹿関，美濃国不破関，越前国愛発関の三関を設けた。

▶エ．埴輪は古墳文化期の素焼の焼き物で，古墳の墳丘上に配置された。

▶オ．沖ノ島は福岡県宗像市の海上にあり，4～9世紀の祭祀の遺跡が分布している。2017年にユネスコの世界文化遺産に登録された。

▶(1)畿内に属する大和・山背・摂津・河内・和泉のうち，現在の大阪府と兵庫県にまたがるのは摂津国である。

▶(2)醍醐天皇の命で907年に『延喜格』，927年に『延喜式』が完成した。三代格式の中で，『延喜式』のみほぼ全部が現存している。

▶(3)律令国家はおもに正丁に人頭税として調・庸を課し，中央政府への納入を義務付けた。調・庸などを中央政府に運搬する人夫を運脚という。

▶(4)唐僧鑑真は日本の要請に応えて苦労の末に来日し，日本に正式に戒律を伝え，759 年には唐招提寺を創建した。

▶(5)『三国志』魏書東夷伝倭人条には，239 年に邪馬台国の女王卑弥呼が魏に遣使し，親魏倭王の称号を賜ったことが記されている。

◆B．▶カ．栄西は旧仏教側の禅宗批判に対して『興禅護国論』を著して禅宗の本質を説いた。

▶キ・ク．鎌倉幕府 5 代執権北条時頼は，中国から来日した禅僧蘭溪道隆に帰依し，建長寺を建立し蘭溪道隆を開山とした。

▶ケ．明の朝貢と倭寇禁圧の要求に応えて，1401 年，足利義満は博多商人肥富と僧の祖阿を明に遣わした。

▶コ．15 世紀初期，足利義満が明から「日本国王」に冊封され，正式な国交の下に貿易が開始された。貿易船は明が発行する勘合を所持し，寧波で査証を受けることが義務付けられた。

▶(6)興福寺は藤原氏の氏寺として栄え，中世には大和国の守護権を実質的に担った。

▶(7)五山の制は南宋の官寺の制度にならい，鎌倉末期から整備が進み，足利義満によって完成された。

▶(8)鎌倉時代前半の御家人社会では惣領制の下，庶子や女子に対して所領の分割相続が行われた。しかし，所領の細分化が進み御家人の窮乏が進むと，女子への所領分割を本人限りとする一期分の形が増えた。

▶(9)(あ) 1523 年，日明貿易の主導権をめぐって大内氏と細川氏が寧波で戦い，大内氏が勝利した。この寧波の乱後，大内氏と博多商人が日明貿易を独占した。

(い)陶晴賢は大内氏の重臣で，1551 年に大内義隆を自害に追い込み大内氏の実権を握ったが，1555 年，厳島の戦いで毛利元就に敗れた。

◆C．▶サ．軍役は武士の主従関係において，主人の御恩に対して家臣が行う奉公の一つで，本来は戦時に参戦する軍事動員であった。江戸時代には，将軍から大名や旗本に対して石高に応じて軍役が課され，普請役や参勤交代も平時の軍役と位置付けられた。

▶シ．足高の制は，役職の基準となる石高を定め，それ以下の者が就任した場合，不足分の石高を役料として在職中のみ支給する制度であり，享保の改革期に人材登用と財政緊縮を目的に施行された。

▶ス．札差（蔵宿）は，旗本・御家人の禄米の保管・売却にあたる商人であったが，困窮した旗本らに対する金融も行った。寛政の改革では，旗本・御家人の札差からの債務のうち，6年以前のものを帳消しとする棄捐令が出された。

▶⑽かぶき者は江戸初期に異様な風体で徒党を組み，治安を乱した無頼の徒である。徳川綱吉が生類憐みの令や服忌令を発令したことでかぶき者は次第に姿を消した。

▶⑾(あ)上げ米は，享保の改革期，大名に領知高1万石につき米100石の上納を命じた政策である。交換条件として参勤交代の在府期間を半減した。(い)幕領では豊凶を調べて年貢率を決める検見法がとられていたが，享保の改革期に一定期間年貢率を固定する定免法に転換された。

▶⑿やや難。定火消は，明暦の大火の翌1658年に幕府が旗本に命じた火消役であり，火消人足を指揮して消火に当たった。幕府の定火消と大名が設置した大名火消に加えて，享保の改革期に大岡忠相によって町火消が新設された。

▶⒀老中松平定信は朱子学を正学として奨励した。1790年には寛政異学の禁を出し，朱子学以外の儒学諸派を異学とし，聖堂学問所での教授を禁じた。

▶⒁山東京伝は，宝暦・天明期に活躍した戯作者であるが，洒落本『仕懸文庫』が寛政の改革の処罰対象となった。

▶⒂やや難。リード文の「シーボルト事件で獄死した高橋景保」がヒントとなる。1828年のシーボルト事件より以前に「通商関係の樹立を求めて長崎に来航した」外国使節はレザノフだけである。なお，1792年にロシア使節ラクスマンが根室に来航した際，幕府は通商は拒否したが，長崎への入港を許可する信牌を与えた。1804年，その信牌を持ってレザノフが長崎に来航したが，幕府の拒否にあった。

Ⅳ　解答

⑴9世紀には文章経国思想を背景に，『凌雲集』などの勅撰漢詩文集が編まれるなど，唐風の文化が展開した。仏教では加持祈禱による現世利益の面から密教が広まった。10・11世紀

には，『古今和歌集』などの勅撰和歌集が編まれ，『源氏物語』などのかな文学が発達するなど，大陸文化の消化・吸収の上に日本人の人情や嗜好を加味した文化が展開した。仏教では末法思想の浸透を背景に，念仏により来世の極楽往生を願う浄土教が広まった。(200 字以内)

⑵薩摩藩は，当初，雄藩が幕政に参画することによって幕藩体制の維持をめざす方針をとった。長州藩を中心とする尊攘派が朝廷で主導権を握ると，八月十八日の政変や禁門の変などで尊攘派を京都から追放した。しかし，薩英戦争をへて欧米諸国の軍事力の強大さを痛感した薩摩藩では，天皇を中心とする雄藩連合政権の実現が必要と考える革新派が藩政を掌握した。そこで，薩摩藩は長州藩と薩長同盟を結んで幕府に対抗する方針に転じた。(200 字以内)

◆ねらい◆

≪9 世紀と 10・11 世紀の文化の対比，幕末期の薩摩藩の動向≫

⑴では対比タイプ，⑵では推移展開タイプの論述問題が出題された。⑴が文化史，⑵は近代（幕末）からの出題であり，全時代・全範囲の丁寧な学習が高得点の鍵になる。

◀解　説▶

▶⑴＜答案の構成＞

問われているのは，日本の 9 世紀の文化と 10・11 世紀の文化の特色を述べることであり，対比的かつ具体的にという条件が付されている。受験生の答案としては，9 世紀の文化について，漢詩文などを例に唐風の文化が隆盛したことと，密教が隆盛したこと，10・11 世紀の文化について，かな文学などにみられる唐文化を踏まえて日本人の嗜好が加味された文化が発展したことと，浄土教の流布について指摘できればよいだろう。

本問で注意すべき点は「遣唐使の廃止によって中国の影響がなくなり国風化が進んだ」という，現在ではほぼ否定されている俗説を書かないことである。そもそも，本問の要求は文化の特色を述べることであり，文化の背景に触れる必要はない。

＜知識の確認＞

【9 世紀の文化】　嵯峨天皇を中心に漢詩文を中心として国家の隆盛をめざす文章経国思想が広まった。嵯峨天皇は殿舎の名称や宮廷の儀式にも唐風を採用するなど唐風を重んじたため，この時期には唐の影響を強く受けた

文化が展開された。『凌雲集』『文華秀麗集』『経国集』といった勅撰漢詩文集が編纂されたほか，空海の『性霊集』や菅原道真の『菅家文草』などの個人の漢詩文集も編まれた。大学での学問では儒教を学ぶ明経道や中国の歴史・文学を学ぶ紀伝道（文章道）が重視され，書道でも唐風の書に秀でた三筆が出た。

仏教では，空海が唐から真言宗を伝えたことにより密教が伝わった。天台宗でも円仁・円珍によって本格的に密教が取り入れられた。密教は加持祈禱によって災いを避け幸福をもたらすという現世利益の面から皇族や貴族の支持を集めた。密教の隆盛とともに神秘的な密教芸術が発展し，密教の世界観を表した曼荼羅などが描かれた。

【10・11 世紀の文化】 前述したように，遣唐使の廃止によって中国の影響がなくなったため国風文化が生まれた，という俗説は現在ではほぼ否定されている。遣唐使は唐との正式国交の下で派遣され，朝貢に対する下賜の形で唐の文物を入手した。しかし，約 15 年に 1 回と派遣回数が少なかったうえ，請来する文物に制限があった。9 世紀以降，唐の商船の博多への来航による民間貿易が活発化し，唐の滅亡後，五代十国期を経て宋による統一後も中国商船は頻繁に来航して大量の文物をもたらした。近年，国風文化については，中国文物の移入なしには国風文化は成立し得なかったとする説や，国風文化は唐の文物なしでは成り立たない国際色豊かな文化であるという説が定説になっている。「国風文化」という呼称自体を疑問視する見解さえ提出されている。漢詩文と並行するかたちでかな文字が発達し，『古今和歌集』などの勅撰和歌集の編纂や，宮廷の女性たちの手によるかな文学が生まれた。絵画でも，中国の故事や風景を描いた唐絵とともに，日本の風物を題材とする大和絵が描かれた。このようなあり方を和漢混淆と表現することもある。ただ，受験生の答案としては，「大陸文化の消化・吸収の上に日本人の人情や嗜好を加味した文化」といった表現ができればよいだろう。

仏教では，10・11 世紀になっても天台・真言の 2 宗が大きな力をもち，鎮護国家のための国家的なものから除災招福のための個人的なものまで密教の加持祈禱が貴族社会に定着した。密教に加えて，末法思想の浸透を背景に浄土教が広まった。浄土教は阿弥陀如来を信仰して来世での極楽往生を願う教えであり，10 世紀半ばに空也が京の市で念仏を勧め，源信が

『往生要集』を著した。浄土教芸術では，阿弥陀如来像をまつる阿弥陀堂や阿弥陀如来が来臨する様子を示した来迎図が描かれた。

▶(2)<答案の構成>

問われているのは，1863 年から 1866 年の徳川（一橋）慶喜の将軍就任までの間における薩摩藩の動きについて説明することである。設問の第 1 文に，1862 年の文久の改革では薩摩藩の推挙で一橋慶喜が将軍後見職に就任したことが記されており，この時期には薩摩藩と慶喜の関係は良好であったことがわかる。また，1866 年の慶喜の将軍就任時には慶喜に薩摩藩が敵対したことも設問で示されている。さらに，良好な関係から敵対関係への変化の背景となる薩摩藩の政治方針の変化を明記することが条件として付されている。以上の諸点から，薩摩藩の政治方針が雄藩の幕政参画による幕藩体制の維持という方針から，天皇を中心とする雄藩連合政権の実現という方針へと変化したことを答案の骨子とし，薩摩藩と慶喜との関係と表裏一体となる薩摩藩と長州藩との関係や，薩英戦争の影響をも交えて答案をまとめよう。

<知識の確認>

【幕藩体制の維持】 1860 年の桜田門外の変で大老井伊直弼が暗殺され，幕閣の独裁による政治運営が不可能であることが明らかになった。幕政の中心となった老中安藤信正は朝廷と幕府の協調関係を維持することによって幕藩体制を維持しようと公武合体の政策をとった。安藤信正は和宮降嫁を実現したものの，坂下門外の変で負傷して老中を退いた。このようななか，薩摩藩主の父島津久光が勅使とともに江戸にくだり幕府に政治改革を求め，それに応えて幕府は 1862 年に文久の改革を行った。文久の改革では一橋家の慶喜が将軍後見職，越前藩主松平慶永が政事総裁職，会津藩主松平容保が京都守護職に就任した。本問では 1862 年の文久の改革に言及する必要はないが，1863 年の時点での薩摩藩の政治方針が雄藩の幕政参画による幕藩体制の維持であったことは押さえておきたい。

そのころ京都では尊王攘夷論を藩論とする長州藩が急進派の公家と結んで朝廷の主導権を握り，14 代将軍徳川家茂を上洛させて攘夷の決行を求めた。朝命に逆らえず，幕府は 1863 年 5 月 10 日の攘夷決行を諸藩に命じ，その日に長州藩は下関で攘夷を決行した（長州藩外国船砲撃事件）。薩摩藩は，急進化する長州藩の動きに反発し，1863 年に会津藩とともに長州藩および尊攘派公家を京都から追放した（八月十八日の政変)。1864年には長州藩が京都に攻め上ったが薩摩・会津藩などがそれを阻止した（禁門の変)。

【政治方針転換の契機】 1862年に薩摩藩士がイギリス人を殺傷した生麦事件の報復として，1863年7月にイギリス軍艦が薩摩を攻撃する薩英戦争が起きた。薩英戦争の敗北により薩摩藩は欧米の軍事力を痛感することとなった。その後，薩摩藩では西郷隆盛ら下級藩士が藩政を掌握しイギリスと接近した。このころ，イギリス公使パークスは幕府を見限り，天皇を中心とする雄藩連合政権の実現を期待するようになっていた。このなかで，薩摩藩の政治方針が幕藩体制の維持から，幕府と対抗する方針に転換された。

1864年に藩論を幕府に対する恭順から倒幕へと再び転換させた長州藩に対し，幕府は第二次長州征討を諸藩に命じたが，薩摩藩はひそかに長州藩を支持した。さらに，1866年には土佐藩出身の坂本龍馬・中岡慎太郎らの仲介によって長州藩と薩長連合（薩長同盟）を結び，幕府と対抗する姿勢が固められた。

なお，薩摩藩の政策転換の契機には他にも説があり，高校教科書によっても表現に差がある。近年有力な説は，八月十八日の政変後，入京した徳川慶喜が朝議参与を命じられて以降，慶喜の朝廷での権力が強まったため，雄藩連合をめざす薩摩藩との対立が生じ，薩摩藩の政治方針の転換を招いたとする説である。本問では薩摩藩と慶喜との関係に焦点をあてているので，こちらの見解を是としているのかもしれないが，受験生の答案はどちらの見解をとっても許容されるだろう。

❖講　評

分量・形式ともに例年通りで，**Ⅰ**が史料問題20問（20点)，**Ⅱ**が複数の時代にわたる空所補充問題20問（20点)，**Ⅲ**がテーマ別の総合問題30問（30点)，**Ⅳ**が200字の論述問題2問（30点）という構成に変わりはない。

Ⅰの史料問題では，A・B・Cとも受験生にとって初見史料であったが，設問の大半は史料を読まなくても正答できるものであった。史料Bで江戸時代の農具に関する図版を使った問題が出されたが，センター試験などでも扱われる図版であり，戸惑いは生じなかっただろう。

時代については，近現代史からの出題がⅠ・Ⅱの記述問題と論述問題Ⅳ(2)の幕末に関する出題とを合わせると 25 点分あり，例年並みの出題量であった。分野については，文化史からの出題がⅠ・Ⅱ・Ⅲの記述問題と論述問題Ⅳ(1)の平安時代の文化に関する出題を合わせると 32 点分となり，これも例年並みの出題量であった。受験生の多くが苦手とする文化史学習と近現代史を徹底しておくことが京大合格への近道である。

Ⅳの論述問題については，2018 年度は(1)は文化史，(2)は幕末からの出題であったため，受験生にとってはやや難問となった。用語暗記にとどまらず，内容や因果関係を踏まえた日本史学習が必要である。

世界史

I **解答** クリミア戦争後，立憲制への要求が高まる中，大宰相ミドハト=パシャはオスマン主義に基づいて新オスマン人と称する官僚や知識人を糾合し，憲法を制定し立憲君主制を樹立した。これに対して皇帝アブデュルハミト2世はパン=イスラーム主義に基づいて反立憲派を糾合し，憲法を停止し専制政治を始めた。そこで統一と進歩委員会はパン=トルコ主義に基づいて立憲派を糾合しながら，青年トルコ革命で憲法を復活させ，再び立憲君主制を樹立した。しかし第一次世界大戦後，トルコ革命で成立したトルコ共和国の大統領ムスタファ=ケマルは世俗主義とトルコ民族主義に基づき，共和派を糾合しつつ，上からの改革による近代的な国民国家の建設をめざした。(300字以内)

◆ねらい◆

≪近現代トルコにおける国家統合≫

近現代トルコにおける国家統合の試みを扱った論述問題。設問文が指定する各指導者・政治組織の活動を国家統合の試みとして整理し，それらを時系列的に配置することが中心軸となる。国家統合を各人物の政策に沿ってまとめる論述力が試された。「異なる理念にもとづいて特定の人々を糾合する」という内容に正確に言及できるかどうかで得点差が生じると思われる。

◀解　説▶

●設問の要求

〔主題〕近現代トルコの指導者たちが試みた国家統合

〔条件〕時系列に沿って説明する

●論述の方向性

設問文に示された指導者・政治組織を時系列に並べ，どのように国家統合をはかろうとしたか，その試み（政治活動）を述べていけばよい。

①大宰相ミドハト=パシャの国家統合

クリミア戦争後，オスマン帝国では立憲制を求める声が高まった。その声の主は西欧の立憲思想に鼓舞された，新オスマン人と自称する官僚や知識人であった。新オスマン人は帝国の全住民に「オスマン人」としての意識を持たせ，宗教の違いを超えて共存・協力させるオスマン主義の理念を持った。ミドハト=パシャはこの新オスマン人の要求に応える形で，憲法（ミドハト憲法）を制定した（1876 年）。オスマン主義の理念に基づき，新オスマン人を糾合し，憲法制定による立憲君主制の樹立で国家を統合しようとしたのである。

②皇帝（スルタン）アブデュルハミト 2 世の国家統合

アブデュルハミト 2 世はロシア=トルコ戦争（露土戦争）の勃発を口実にミドハト憲法を停止した（1878 年）。彼はスルタンの専制による国家再建を考え，ヨーロッパ列強の進出に対する危機意識を利用し，イスラーム世界の諸民族・諸国家の団結をはかるパン=イスラーム主義を唱え，帝国内に住むトルコ人以外のムスリムの分離をおさえようとした。この理念は旧体制の復帰を望む人々，すなわち反立憲派から支持された。彼はパン=イスラーム主義の理念に基づき，反立憲派を糾合し，スルタンの専制政治で国家を統合しようとしたのである。しかし，ロシア=トルコ戦争に敗北し，バルカン半島における領土の多くを失ったことで専制政治への批判が高まった。

③統一と進歩委員会（統一と進歩団）の国家統合

統一と進歩委員会はアブデュルハミト 2 世の憲法停止と専制政治に反発した人々により組織され，この政治組織を中核とする「青年トルコ人」と呼ばれた反体制派の人々は憲法復活運動を展開した。その際，組織の名称からわかるように，パン=トルコ主義（全トルコ民族の連帯・一体化を求める理念）を主張した。1908 年の青年トルコ革命では，憲法を復活させ，再び立憲君主制を樹立した。統一と進歩委員会は，パン=トルコ主義の理念に基づき，立憲派を糾合し，憲法の復活による立憲君主制樹立で国家を統合しようとした。

④トルコ共和国初代大統領ムスタファ=ケマルの国家統合

トルコ共和国は第一次世界大戦後のトルコ革命を経て樹立された（1923 年）。初代大統領となったムスタファ=ケマルは近代化改革として，カリフ制の廃止など世俗主義（脱イスラーム化）と，文字改革などトルコ民族主義（国民を「トルコ人」という同一民族にして国家建設をはかる，トルコ=ナショナリズム）を進めた。その際，トルコ民族主義ではトルコ人以外の民族の排除と同化を伴うことになった。こうして彼は西欧風の近代的な「国民国家」の建設をめざした。ムスタファ=ケマルは世俗主義とトルコ民族主義の理念に基づき，トルコ人「民族」意識を受け入れる共和派を糾合し，近代的な国民国家の建設で国家を統合しようとした。

Ⅱ　解答

A．a．劉備

(1)荀子　(2)始皇帝　(3)蔡倫　(4)九品中正　(5)四六駢儷体　(6)孝文帝　(7)玄奘　(8)ソンツェン=ガンポ　(9)竜門石窟　(10)西太后　(11)燕雲十六州　(12)銀　(13)院体画　(14)秦檜

B．b．天津　c．重慶

(15)(ア)湘軍　(イ)ゴードン　(16)陳独秀　(17)五・三〇運動　(18)ヴィシー政府　(19)崔済愚　(20)フェルビースト〔南懐仁〕　(21)(ア)甲申政変　(イ)清仏戦争　(22)張学良　(23)無制限潜水艦作戦　(24)(ア)汪兆銘　(イ)李承晩

◆ねらい◆

≪皇帝と前近代の中国史，３つの租界から見た近現代の中国史≫

Ａでは皇帝を軸に戦国時代～宋代の中国が，Ｂでは租界を軸に19世紀～20世紀前半の中国が中心に問われた。全問語句記述で，基本事項が扱われている。空欄ｂ・ｃは同一空欄が多いが，空欄の前後のリード文を検討すれば解答は容易である。

◀解　説▶

◆Ａ．▶ａ．三国時代の一国，四川の蜀（しょく）は漢の末裔（後裔）を称した劉備（りゅうび）により建国された（221年）。

▶(1)戦国時代，諸子百家と総称される様々な学派の学者が活躍した。このうち，儒家の荀子が「性悪説」を説いた。門下に韓非（かんぴ）と李斯（りし）がいる。

▶(2)「皇帝」となった秦王の政は「諡（おくりな）」を廃し，死後の自分を始皇帝，その後の皇帝を２世・３世と序数で呼ぶように定めた。

▶(3)蔡倫は製紙法を改良し，２世紀初めに和帝に紙を献上している。

▶(4)魏の曹丕（そうひ）（文帝）は漢代の郷挙里選に代えて，九品中正を創始した（220年）。以後，九品中正は魏晋南北朝時代を通じて実施された。

▶(5)南朝は貴族文化を発達させ，文学では四六駢儷体（しろくべんれいたい）と呼ばれる文体を流行させた。代表的な作品が『文選』に収録されている。

▶(6)「５世紀半ばに華北統一を果たした」王朝は北魏。北魏の第６代孝文帝は平城から洛陽への遷都を断行した（494年）。

▶(7)唐僧の玄奘は太宗時代，陸路でインドに赴き，ナーランダー僧院で学んだ。陸路帰国後，太宗の命により，持ち帰った仏典を漢訳した。

▶(8)チベットは7世紀前半，ソンツェン=ガンポにより統一され，王朝（国家）が成立した。この王朝を中国は吐蕃と呼んだ。

▶(9)「5世紀末」は北魏が洛陽に遷都した時期。この頃から，洛陽南郊の竜門で石窟寺院（竜門石窟）の造営が始まった。

▶(10)同治帝は西太后の子で，次の光緒帝は西太后の妹の子。両皇帝時代，西太后は摂政として実権を握り，政治を左右した。

▶(11)後晋は五代3番目の王朝で，建国の際に契丹（遼）の支援を受け，その代償として燕雲十六州を割譲した（936年）。

▶(12)宋（北宋）は契丹（遼）と澶淵の盟を結び（1004年），兄である宋は弟である契丹に毎年歳幣として絹と銀を贈ることになった。

▶(13)金により「北方に拉致された」上皇は徽宗で，皇帝は欽宗。この事件を靖康の変（1126～27年）と呼ぶ。徽宗は院体画（宮廷の画院を中心に発達した，写実や色彩を重視した画風）の名手として知られた。

▶(14)秦檜は南宋の宰相で，講和派（和平派）の代表。将軍の岳飛ら主戦派をおさえ，金との和議（紹興の和議）を実現した（1142年）。

◆B．▶b．1番目と3番目の空欄に注目したい。「1860年の北京条約」（アロー戦争の講和条約）では2年前の天津条約における開港場を確認し，新たに天津の開港も決まった。これらの開港場のうち，「北京に近い」のは天津。

▶c．最後の空欄に注目したい。国民政府は日中戦争中，南京から武漢へ，さらに重慶に遷都し（1938年），対日抗戦を続けた。

▶(15)(ア)曾国藩は湖南で湘軍を組織し，太平天国鎮圧に貢献した。

(イ)イギリス軍人ゴードンはウォードの戦死後，常勝軍を率いて太平天国鎮圧に貢献した。その後，スーダンでマフディーの反乱が起こると，鎮圧のため派遣されたが，現地（ハルツーム）で戦死した（1885年）。

▶(16)「1921年に上海で組織された政党」は共産党。陳独秀は雑誌『青年雑誌（新青年）』を刊行して文学革命を担い，また共産党の創設にも関わった。

▶(17)「日本人が経営する紡績工場での労働争議」は上海で1925年に起こ

り，これを契機として反帝国主義運動である五・三〇運動が起こった。
▶⑱第二次世界大戦中の 1940 年，パリがドイツ軍に占領されたのち，フランス北部はドイツ軍が統治し，フランス南部にはペタンを国家主席として対ドイツ協力政権であるヴィシー政府が成立した。
▶⑲東学は仏教・儒教・道教と朝鮮の民間信仰を融合させた宗教で，崔済愚（さいせいぐ）により創始された（19 世紀半ば）。
▶⑳フェルビーストはベルギー出身のイエズス会士で，『崇禎暦書（すうていれきしょ）』の作成者アダム=シャールを補佐し，また大砲の鋳造なども紹介した。
▶㉑(ア)朝鮮の開化派が日本の支援を得て起こした甲申政変を清軍が鎮圧したことから，日清間に発生した緊張を収拾するため，天津条約（1885 年）が締結された。
(イ)甲申政変が起こったのは 1884 年。この年，フランスのベトナム保護国化に対して清仏戦争（1884～85 年）が起こったが，清は劣勢となった。
▶㉒満州国樹立以前，中国東北地方は奉天軍閥が支配し，その首領の張学良（奉天軍閥を作った張作霖の子）が西安事件を起こした（1936 年）。
▶㉓無制限潜水艦作戦は，指定水域以外を航行する船舶をすべて無警告で撃沈するという作戦。アメリカは 1917 年，ドイツ軍の無制限潜水艦作戦を機に第一次世界大戦に参戦した。
▶㉔(ア)国民党左派の汪兆銘（おうちょうめい）は蔣介石との対立から重慶を脱出し，親日の南京国民政府を樹立し（1940 年），その主席に就任した。
(イ)第二次世界大戦後の 1948 年，米ソが分割占領していた朝鮮半島では南に大韓民国が成立し，李承晩が初代大統領となった。

Ⅲ　解答

十字軍は当初，イスラーム教徒からの聖地奪還をめざし，宗教的情熱を持って聖地へ向かった。第 4 回はヴェネツィア商人の要求で聖地回復の目的を捨て，経済的利害からコンスタンティノープルを占領し，第 5 回は一時的に外交で聖地回復に成功した。第 6 回・第 7 回は軍事上の現実路線からイスラーム勢力の中心地であったエジプトに向かったものの，最終的に十字軍は失敗した。十字軍の影響として，政治的には，従軍に疲弊した諸侯・騎士が没落し，国王が権力を強めた。宗教的には，十字軍を提唱した教皇の権威が低下していった。経済的には，十字軍の輸送による地中海交通の発達により東方貿易が活発化し，北イタ

リア都市の発展が見られた。(300字以内)

◆ねらい◆

≪十字軍の性格と中世ヨーロッパへの影響≫

十字軍の性格の変化と，十字軍が中世ヨーロッパに与えた影響を扱った論述問題。十字軍は論述の定番であるため，知識も豊富にあるはずである。特に本論述後半の「影響」は教科書に必ず記述がある。一方，前半の「性格の変化」は，様々な動機のからんだ十字軍の内容を踏まえて導き出す必要があり，難度が高い。教科書の精読と一歩踏み込んだ理解が求められた。

◀解　説▶

●設問の要求

〔主題〕①十字軍運動の性格はどのように変化したのか

②十字軍運動が中世ヨーロッパの政治・宗教・経済に与えた影響

●論述の方向性

十字軍の性格の変化について，変化を示す動きに触れながら時系列で説明する。次いで中世ヨーロッパへの政治・宗教・経済への影響を述べていけばよい。

①十字軍運動の性格はどのように変化したのか

主要な十字軍は7回。各十字軍の内容を確認したい。

⑴第1回十字軍（1096～99年）…教皇ウルバヌス2世のクレルモン宗教会議における提唱を機に始まり，聖地を回復し，イェルサレム王国を建設した。

⑵第2回十字軍（1147～49年）…イスラーム勢力が勢いを盛り返す中，イスラーム勢力の圧迫からイェルサレム王国を守るために実施した。

⑶第3回十字軍（1189～92年）…イスラーム側のサラディンが聖地を奪還すると，イギリス王・神聖ローマ皇帝・フランス王が聖地の再回復をめざして実施した。

⑷第4回十字軍（1202～04年）…ヴェネツィア商人の要求により，ヴェネツィアの商敵ビザンツ帝国の都コンスタンティノープルを占領し，ラテン帝国を建設した。

⑸第5回十字軍（1228～29年）…神聖ローマ皇帝フリードリヒ2世はイスラーム勢力との平和共存をはかり，アイユーブ朝のスルタンと交渉して聖地を一時的に回復した。

⑹第 6 回十字軍（1248～54 年）…フランス王ルイ 9 世の主導により，聖地を支配するアイユーブ朝を倒すためエジプトへ侵攻したが，ルイ 9 世は捕虜となった（この期間中，1250 年アイユーブ朝に代わってマムルーク朝がエジプトに成立）。

⑺第 7 回十字軍（1270 年）…ルイ 9 世の主導により，聖地を支配するマムルーク朝を攻撃する拠点を確保しようと，チュニスを攻撃したがルイ 9 世が陣没。

以上から，十字軍を整理すると，軍の直接の派遣先（目的地）は第 1 回～第 3 回が聖地で，第 4 回がコンスタンティノープル，第 5 回～第 7 回がエジプトであったとわかる（第 5 回十字軍は交渉相手がエジプトのアイユーブ朝）。

十字軍にはどの回でも様々な動機（例えば，教皇の東西教会統一への野心，諸侯や騎士の土地・戦利品の獲得，農民の負債帳消し・魂の救い，イタリア諸都市の商業的利益拡大など）がからんでいた。しかし，第 1 回～第 3 回は聖地の直接回復を目的とする宗教的動機が強かったが，第 4 回十字軍を機に聖地の直接回復という目的は後退していくことになる。第 4 回は経済的利害からコンスタンティノープルを占領，第 5 回は外交交渉による一時的な聖地回復，そして第 6 回と第 7 回は，ルイ 9 世の宗教的情熱は高かったが，軍事上の現実路線から聖地を支配していたイスラーム政権の本拠地であるエジプトが遠征の対象となっている。

②十字軍運動が中世ヨーロッパの政治・宗教・経済に与えた影響

• 政治…中世の西ヨーロッパは政治的には封建社会で，支配層を構成する国王・諸侯・騎士が十字軍の主な参加者となるから，彼らへの影響を考えたい。まず諸侯・騎士は十字軍への参加により，多額の出費や戦死者の続出によって没落していった。一方，十字軍を主導した国王は権威を高め，さらに諸侯・騎士の領地を没収し権力を伸張させることになった。これは旧来の国王と諸侯・騎士間の土地を介した主従関係，封建制を揺るがせる一因となった。

• 宗教…中世の西ヨーロッパは教皇を頂点とするローマ=カトリックのキリスト教世界で，教会が人々の精神的な拠り所として存在した。しかし十字軍の失敗とともに，教皇の権威は揺らぎ始め，さらに世俗権力（国王）との力関係も王権の伸張により逆転し始めた。こうして教皇権は衰退へ向かい，教会の影響力も次第に低下し，ローマ=カトリック世界を動揺させることになった。

•経済…中世の西ヨーロッパでは農業中心の自給自足的な現物経済が支配的であった。しかし，農業生産の増大などを背景に貨幣経済が普及・拡大し，また十字軍など西ヨーロッパ世界の拡大運動も起こった。十字軍により交通が発達したことで，地中海を舞台とした遠隔地商業，すなわち東方貿易が活発化し，北イタリア諸都市を発展させた。この商業・都市の発展は「商業の復活（商業ルネサンス）」（11～12世紀）の一端をなした。

Ⅳ　解答

A．a．アレクサンドリア　b．プトレマイオス

(1)エウクレイデス〔ユークリッド〕

(2)有力貴族に軍事奉仕を求め，その代償として領地を与えた制度。

(3)アリストテレス　(4)ナポリ王国

(5)聖職者への課税をめぐる対立から，フランス王フィリップ4世が教皇ボニファティウス8世をアナーニで捕らえ，その後教皇が急死した事件。

(6)エラスムス　(7)カール5世　(8)ツヴィングリ

(9)モルッカ諸島〔マルク諸島〕　(10)リシュリュー

(11)(ア)メキシコ　(イ)フアレス

B．(12)リカード　(13)第2次囲い込み〔第2次エンクロージャー〕

(14)穀物法

(15)労働者や仕事を失った手工業者による機械打ちこわし運動。

(16)フイヤン派　(17)国民公会　(18)テルミドール9日のクーデタ

(19)フランス革命で多くの小農民が生まれ，工業化に必要な労働力が不足した。

(20)マジャール人　(21)アメリカ労働総同盟〔AFL〕　(22)ドレフュス事件

(23)イギリスは綿製品をインドへ輸出し利益をあげ，またインド産アヘンを中国へ輸出し，茶購入後に残った銀を本国へ送り，貿易黒字を実現した。

(24)洋務運動　(25)ベトナム青年革命同志会

◆ねらい◆

≪地図とヨーロッパの世界観，ブルジョワジーと19世紀の欧米世界≫

Aでは地図をテーマに19世紀までのヨーロッパ史が，Bではブルジョワジーをテーマに19世紀の欧米世界が主として問われた。語句記述のう

ち，⑿・㉕はやや難しいが，細やかに学習を重ねていれば対応できる。短文論述では⑸は標準レベルであったが，⑵は見逃しやすい事項で，⒆・㉓も書きにくい内容となったため得点差が出やすいところである。特に㉓は通常の三角貿易の構造だけでなく「貿易黒字」の実現を説明することが求められており，一歩踏み込んだ理解が求められた。

◀解　説▶

◆A．▶a．前4世紀，エジプトはアレクサンドロス大王により征服され，支配の拠点としてアレクサンドリアが建設された。

▶b．『天文学大全』の著者は2世紀に活躍したギリシア人学者プトレマイオス。彼が主張した天動説は中世ヨーロッパの宇宙観となった。

▶⑴エウクレイデスはヘレニズム時代の数学者で，平面幾何学（ユークリッド幾何学）を大成した。

▶⑵プロノイア制について，国家と貴族の関係を軍役奉仕と領地にからめて説明すればよい。貴族に与えられた領地は当初は1代限りとされたが，次第に世襲化されるようになり，ビザンツ帝国の封建化・分権化が進んだ。

▶⑶イブン=ルシュドはイスラームの哲学者で，アリストテレスの著作の優れた注釈を行い，西欧中世のスコラ学に大きな影響を与えた。ラテン名はアヴェロエスである。

▶⑷「13世紀末」までシチリア王国はナポリも支配し，両シチリア王国とも呼ばれた。13世紀後半にシュタウフェン朝から，フランスのアンジュー家に支配権が移ったが，このアンジュー家の過酷な支配に対して，13世紀末（1282年）にシチリアの晩鐘と呼ばれる大反乱が発生した。この事件を契機として，シチリア王国はスペインのアラゴン家の支配となり，アンジュー家のナポリ王国が分離独立した。

▶⑸①アナーニ事件が聖職者課税問題から起こったこと，②教皇ボニファティウス8世とフランス王フィリップ4世の間で発生し，前者が後者に捕らえられ，その後教皇が急死したことの2点を説明すればよい。

▶⑹「人文主義の王者」から16世紀最大の人文主義者である『愚神礼賛』の著者エラスムスと判断できる。

▶⑺「1536年」に注意。この時期，「東フランドル」は神聖ローマ帝国領で，「カトリックの皇帝」カール5世（位1519～56年）が在位した。

▶⑻「チューリヒ」はスイスの都市で，スイスの宗教改革者ツヴィングリが宗教改革を始めた。ツヴィングリはカトリック派との戦いで戦死している。

▶(9)マゼランはポルトガルの航海者で，西まわりでのモルッカ諸島（香料諸島ともいわれる）到達をめざし，スペイン国王カルロス1世（神聖ローマ皇帝としてはカール5世）の後援を得て航海に乗り出した。マゼランは途中のフィリピンで戦死したが，残った部下は航海を続け，モルッカ諸島に到達した後，航海を続けて世界周航を完成させた。

▶(10)フランス王ルイ 13 世（ブルボン朝）の宰相はリシュリューで，フランス語の純化を目的にアカデミー=フランセーズを設立した。

▶(11)(ア)・(イ)ナポレオン3世のメキシコ出兵は，メキシコ大統領フアレスの外債利子不払い宣言を口実に行われ，オーストリア皇帝の弟マクシミリアンをメキシコ皇帝に即位させたが，メキシコ人はフアレス大統領の指導の下に抵抗を続けて，1867 年にフランス軍を撤退させ，その後マクシミリアンを処刑した。

◆B. ▶(12)やや難。「比較優位」とは各国が他国より安く生産できる商品に生産を集中（特化）し，交換すれば互いの利益になるという理論で，古典派経済学者のリカード（英）が主張し，自由貿易を理論づけた。

▶(13)イギリスの農村では「18 世紀から 19 世紀初頭」に農業革命が展開し，その一環として議会の主導による第2次囲い込みが行われ，農地を追われた大量の農民が工場労働者となった。

▶(14)イギリスでは 1839 年，自由貿易を求めるブルジョワジーを中心に反穀物法同盟が結成された。この団体の運動を受け，政府は 1846 年に穀物法を廃止する。

▶(15)イギリスでは産業革命の結果，機械化が進んだことで，手工業者は職を奪われ，労働者は劣悪な労働条件を押しつけられた。このため，機械がその元凶であるとしてラダイト運動に代表される機械打ちこわし運動が各地で発生した。

▶(16) 1791 年憲法の制定後，国民議会に代わって立法議会が開かれ，立憲君主政を主張した勢力（党派）はフイヤン派と呼ばれた。

▶(17)王政の廃止（1792 年 9 月）は立法議会に代わって国民公会が成立したとき，共和政の樹立とともに宣言・実施された。

▶(18)国民公会で生じたジャコバン派（山岳派）と呼ばれる急進派の恐怖政

治は，テルミドール 9 日のクーデタで打倒された（1794 年 7 月）。

▶⒆産業革命によって工業化を進めるには労働力が必要であった。イギリスでは第 2 次囲い込みにより土地を追われた農民が労働者となっている。しかし，フランスではジャコバン派の独裁の下，封建地代の無償廃止により，農民には土地が与えられ，小農民（小規模な自作農）が大量に生まれており，このため土地を得た小農民は労働者とはならず，労働力が不足し，工業化の進展は緩慢となった。

▶⒇ 1848 年，フランス二月革命の影響を受け，ハプスブルク帝国内のハンガリーではマジャール人が民族運動を起こし責任内閣を樹立し 1849 年，完全独立を宣言した。しかし，同年オーストリアを支援して侵入したロシア軍に敗れて独立は失敗した。

▶㉑アメリカ労働総同盟（AFL）は熟練労働者を中心とする職業別組合の連合組織で，1886 年に結成され，会長サミュエル=ゴンパーズの指導の下に資本主義体制内での労働条件の改善をめざした。

▶㉒ドレフュス事件（1894～99 年）は，ユダヤ系軍人ドレフュスがドイツのスパイとされた冤罪事件で，ゾラなど知識人は政府・軍部を批判した。

▶㉓アジア三角貿易の構造（仕組み）を想起し，「イギリスの貿易商品」がインドへ輸出される綿製品で，「インドの貿易商品」が中国へ輸出されるアヘンであることを必ず述べること。その上で，最終的にイギリスが銀を手に入れることによって貿易黒字を実現した視点から三角貿易を説明すること。

▶㉔洋務運動は 1860 年頃から始まった富国強兵運動で，清の支配体制を維持しながら，西洋の軍事技術の導入をはかった（「中体西用」）。

▶㉕やや難。ホー=チ=ミンは 1925 年，広州で民族主義組織としてベトナム青年革命同志会を結成した。この組織を基礎に 1930 年にはベトナム共産党が結成され，同年中にはインドシナ共産党と改称された。

❖講　評

教科書を土台とした知識の習得が京都大学世界史攻略の土台をなす。特に語句記述は例年，難度の高い事項が一部に含まれる場合があるが，2018 年度はほとんどすべて基本的知識で解答できた。ただ，短文論述には用語説明に関わる設問が多く，また長文論述では教科書レベルの知識で論述の核心部分はほぼ抽出できるものの，設問に沿った説明をしなければならず，基本的事項の内容や流れに対する踏み込んだ理解が求められた。

Ⅰは近現代トルコを扱った論述問題。対象となる指導者・政治組織（合計 4 つ）はすべて重要事項で，それぞれの活動内容や歴史的推移も基本的知識に属する。それゆえ，どのように設問の内容を踏まえて，論述の核となる箇所を説明するか，それが出来（得点差）を分ける決め手となった。

Ⅱは I が中国以外であったため，A・B ともに中国史に関わる出題で，全体としては 1930 年代までの中国通史となっている。全問語句記述問題。空欄 b・c は同一空欄のどこかに解答を導く糸口となる前後文があるため，それに気づけば，直轄市と知らなくても解答できる。一方，⑵始皇帝，⒇フェルビーストは問われ方に戸惑うが，基本的知識で推測できる。

Ⅲは十字軍を扱った論述問題。十字軍は論述の定番の一つで，その影響は必ず教科書に言及されているため対応しやすい。ただ，本論述の前半をなす「性格の変化」は教科書に説明が乏しいため，論述の方向性を見いだしにくい可能性がある。

Ⅳは A で 19 世紀までのヨーロッパ史が，B で主に 19 世紀の欧米世界が扱われた。語句記述のうち，⑷ナポリ王国，⑺カール 5 世，⒇マジャール人は年代をヒントに，その前後の状況を想起すれば解答できる。短文論述のうち，⒆は英・仏の産業革命の相違として必ず扱われる部分である。⑵プロノイア制と㉓アジア三角貿易は基本事項の説明であるが，設問文に沿った形で文章を作成するには踏み込んだ内容理解が必要となった。

地理

I **解答** (1)①砂州　②潟湖（ラグーン）

(2)①畑　②針葉樹林

(3)防風・防砂・防潮

(4)浅海を畑として利用するために堤防を築き埋め立てや干拓を行ったことで，人工的な水際線となっている。(50字以内)

(5)既設の用水路だけでは水が不足するので，淡水化により灌漑用水を安定的に確保し，水田面積を拡大して食糧増産を行おうとした。(60字以内)

(6)砂が堆積して形成された微高地の浜堤。

(7)発達した輸送機関を利用して，市場から遠い地域でも温暖または冷涼な気候を活かし，端境期に出荷する園芸農業のこと。

◆ねらい◆

≪鳥取県米子市付近の地形図読図≫

典型的な砂州地形である弓ヶ浜半島の中部地域の2万5千分の1地形図と衛星画像から，地形名，土地利用，開発計画，輸送園芸など海岸地形の特徴とその利用についての理解を問う出題となっている。求められている地理用語を確実に答えるとともに，水際線の形成過程，淡水化事業計画の背景，輸送園芸の定義などについて端的に述べる文章力が求められている。用語を含め，いずれの問いも基本事項の理解を見る標準的なものであり，論述も比較的解答しやすいので，確実に得点したい。

◀解　説▶

▶(1)①地形図だけでは判断しにくいが，衛星画像を見ると明確に砂州と判断できる。

②Aは中海で，弓ヶ浜半島により日本海（美保湾）から分離されて形成された潟湖（ラグーン）である。北端の境水道で海と繋がっており，斐伊川の水が宍道湖を経て流入しているため汽水湖となっている。

▶(2)①水田や荒地も一部に見られるが，大部分は畑となっている。

②海岸に平行して針葉樹林が見られる。

▶(3)海から吹く塩分を含んだ風や飛砂を防ぐことが主要な役割である。また，台風襲来時の高潮や津波発生時の海水流入を緩和する防潮林の機能も持っている。

▶(4)「彦名新田」の地名が付いていることから，近世に開発された新田集落と一般的には判断される。しかし，地域内に農家らしき家屋は非常に少なく，水田ではなく畑であることを勘案すると，造られた時期は比較的新しいと考えることができる。この地域は，1963 年に始まった中海干拓事業の一環で開拓された土地で，正確には干拓ではなく埋め立てによって造成されたものである。付近に干潟記号がなく，5m，7.5m の等深線から判断するのは，高校の学習段階では困難なレベルであろう。干拓を前提に解答しても，直線的な堤防や護岸の記号から人工的な水際線であることを述べれば，誤りとはされないと思われる。

▶(5)「戦後の食糧難を背景として」とあるので，米の増産を目指した事業計画であったことがわかる。図 1 のあ―いの用水路は，1759 年に開削が完了した米川で，これにより弓ヶ浜半島の新田開発が進んだ。用水路沿いでも水田の立地は限定的で畑が多く，稲作を行うには水が不足していた。このため，水田を増やすには灌漑用水の確保が不可欠で中海の淡水化事業が計画されたのである。しかし，米の生産調整が行われるようになると水田化の必要性が薄らいだことや，水質の悪化に伴う水産業への悪影響の懸念が持ち上がり，中海の干拓は 2000 年に，淡水化事業は 2002 年に中止された。

▶(6)海岸に沿った低地では浸水被害を防ぐために，砂が堆積した微高地の浜堤に集落が立地することが多い。

▶(7)輸送園芸は大都市から遠く離れた地域でも交通機関の発達で園芸作物を輸送することが可能になって成立した農業形態である。温暖地での促成栽培や高冷地での抑制栽培により近郊農業地域で生産されない端境期に出荷できるため，輸送費の負担に耐えることができる。現在は主にトラック輸送によるので，アメリカ合衆国などではトラックファーミングと呼ばれることもある。

II　解答

(1)サバナ

(2) a は年中多雨であるのに対し， e は雨季と乾季が明瞭であること。(30 字以内)

⑶夏季は亜熱帯高圧帯の影響で高温乾燥するのに対し，冬季は温暖で寒帯前線の影響により降雨が生じる。

⑷①ナミブ砂漠　②アタカマ砂漠

③沿岸を寒流が北上しており，その上空の大気が冷却されることで上昇気流が発達しないため，降雨が生じない。(50 字以内)

⑸①ー f

②半乾燥気候下で厚い腐植層をもつ黒色のプレーリー土が広がり，トウモロコシや小麦の栽培に利用されている。(50 字以内)

⑹ a ーい　b ーあ　d ーう

◆ねらい◆

≪世界の植生帯≫

世界の７つの植生帯の特徴を述べた短文から，植生帯の名称，気候の特徴，砂漠名とその成因，気候と農業の関係，植生帯に位置する地名などに関する基本的な知識と理解を見る出題である。ケッペンの気候区分は植生の違いをもとに考案されたものであるので，一部に気候と農業の関係についての問題もあるが，気候の学習成果の活用で十分対応できる。

◀解　説▶

▶⑴典型的なサバナ気候（Aw）の景観を示した写真である。写真中の傘状の樹木はアカシアであり，乾季には草も枯れる。なお，バオバブも特徴的な樹木の一つである。

▶⑵ a は熱帯雨林気候（Af）の植生について述べたものである。年中高温で乾季がないため，多種類の常緑広葉樹が繁茂している。一方， e で落葉広葉樹が卓越するのは，乾季に水の蒸散を抑える必要からである。

▶⑶ d は地中海性気候（Cs）の植生である硬葉樹について述べたものである。地中海性気候では夏の乾燥が著しいため，水の蒸散を抑えるために小さく硬い葉となっている。オリーブの他にコルクガシ，月桂樹などの樹木が栽培されたり，生育している。一方，冬は偏西風の影響下に入り寒帯前線上を低気圧が通過するため温暖湿潤となり，小麦栽培が可能となる。乾燥や降雨の理由も含めて解答したい。

▶⑷①「赤道以南のアフリカ西岸」とあるのでナミブ砂漠となる。内陸寄りのカラハリ砂漠と間違わないこと。

②南アメリカ西岸にはチリからペルーにかけて細長く発達するアタカマ砂

漠がある。

③大陸の西岸部では，赤道方向に向かって寒流が流れており，それによって沿岸部に砂漠が形成される。上空にある大気が冷却されその上部に温暖な空気が存在する気温の逆転現象が生じることで，対流が起こりにくく降雨が少なくなる。また，太陽光の熱により地表の水分が奪われ，乾燥を促進する。このことで海岸に砂漠が形成されるのである。北アメリカのカリフォルニア半島の海岸砂漠も同じ要因で形成されたものである。

▶(5)①A地域は西経100度のやや東に位置しており，温帯ではあるが，やや降水量の少ない地域である。この地域には樹木がなく温帯草原が発達しており，プレーリーと呼ばれている。したがって，fの植生となる。

②長草草原が枯れることで腐植に富んだ肥沃な黒色土が発達している。このためトウモロコシ・小麦・大豆などの栽培が盛んで，アメリカ合衆国の穀倉地帯を形成している。

▶(6)a．熱帯雨林は赤道付近に発達するので，アフリカのコンゴ川流域に位置するキサンガニが該当する。

b．「常緑針葉樹の純林」はタイガのことで，亜寒帯で発達する。よってシベリアのイルクーツクが該当する。

d．地中海性気候の地域の植生であるので，アフリカ南部のケープタウンが該当する。

なお，パリは西岸海洋性気候特有のc，バンコクはサバナ気候であるのでe，リヤドは砂漠気候であるのでgが該当することになる。

Ⅲ　解答

(1)A―に　B―は　C―い　D―ろ

(2)①主要国と結ばれる国際航空路線が集中すること。

②語学力があり国際政治や経済に精通していること。

(3)都市規模の小さいアフリカではスラム人口率は高くなるが実人口は少ない。一方，人口の多いアジアではスラム人口そのものが多くなる。

(4)生活基盤となる電気や上下水道設備と，道路や鉄道などの交通機関を整備し，学校の設置や家賃が安く良質な住宅建設が必要となる。(60字以内)

(5)①インフォーマルセクター　②ストリートチルドレン

◆ねらい◆

≪主要都市における国際金融活動と発展途上国の都市問題≫

まず，世界有数の金融センターであるロンドン・ニューヨーク・東京・シンガポール・ホンコンについて，国際金融センター指数の順位変動やそれぞれが属する国・地域に存在する世界のトップ 500 企業の本社数と 5 都市の本社数を示したグラフをもとに，各都市を判別する地理的思考力・判断力の有無を問う出題である。次に，アジア・アフリカ・南アメリカ諸国の首都のうち，都市内のスラム居住人口と都市人口に占めるスラム人口率の上位 7 カ国のグラフから，アジア・アフリカのスラムの特徴を読み取り，スラム解消の方策としてインフラ整備の在り方を問う出題となっている。設問文が長いので，文意とグラフの内容を的確に読み取ることが求められている。

◀解　説▶

▶(1)グラフ 2 から判断するのが正解に繋がる。都市ろが属する国は世界トップ 500 企業の本社数が最も多いことから，アメリカ合衆国と判断することで，都市ろがニューヨーク（D）であることがわかる。本社数第 3 位の国の都市には本社が一極集中していることから東京（A）と判断できる。本社数第 6 位の国にある都市いは，グラフ 1 で指数が 1 位となっているのでロンドン（C）と判断する。都市はは，都市に所在する本社数が国別のものと同値であるため，シンガポール（B）と判断する。

▶(2)国際的な金融センターとしての条件であるので，他の国・地域との国際関係の観点から答える必要がある。①交通については国際航空路線で他国・地域の主要都市と結ばれていることが必要である。このような空港を，自転車の車軸からスポークが伸びる様子に見立ててハブ空港と呼ぶ。②人材については経済部門の世界共通語である英語を駆使でき，世界の政治情勢と経済状況に精通していることが不可欠である。

▶(3)アフリカの都市では 1 国を除き都市人口に占めるスラム人口率が 80 ％以上と非常に高いことに特徴がある。これは都市の規模が小さいからである。一方，アジアは都市人口に占めるスラム人口率はやや低くなるが，大都市が多いため都市内のスラム人口が非常に多い特徴がある。

▶(4)発展途上国では農村部の過剰人口が職を求めて大都市，とりわけ首都に集中する傾向がある。十分な職場や住宅が整備されないまま人口が流入するため，スラムが形成されるのである。スラムは居住には不適な地域に土地を不法占拠することで形成されることが多い。スラムを解消するために必要なことを，社会資本の整備や住宅供給の視点で述べる必要がある。

▶(5)①小規模な小売業・サービス業・製造業などのうち，合法的でない非公式（informal）な操業をする経済活動で，露天商，自転車タクシー運転手，靴磨き，ゴミからの資源回収などに従事している。一般に低収入で，非納税者である。

②「路上で生活をする子ども」とあるので，ストリートチルドレンとなる。家が貧しかったり，親に育ててもらえなくなったため，都会の路上で働いたり生活せざるをえない状況にある。靴磨きをしたり，新聞や花を売ったり，ゴミ捨て場で売れるものを回収するなどのインフォーマルセクターで働き，多くの子どもは学校に通っていない。

Ⅳ　解答

(1)①－D　②－F　③－A　④－C

(2)夏にバカンスを取得して，ヨーロッパ北部から多くの人が温暖な気候を求め訪れるから。(40字以内)

(3)過剰な開発や観光客の増加により，環境破壊や観光資源の減損，文化の変質が生じた。(40字以内)

(4)経済発展により所得水準が向上し，距離的にも手軽に日本を訪問できる近隣諸国が多い。(40字以内)

(5)①バイカル湖　②ラサ　③タスマニア島

◆ねらい◆

≪世界の観光業の特徴≫

近年の世界の観光業の動向について，主要国の「国際旅行収支」と「日本からの旅行者数と訪日外国人旅行者数」のグラフをもとに，各国の観光状況の特徴の理解，統計読解力を見る出題である。グラフ中に示されている4国・地域を手がかりに，明示されていない国をグループ分けし，共通点を考えるなど，単に統計を暗記するだけでは対応できない総合的判断力が求められている。国名判断は，判定を誤ると解答できなくなる問いもあるので慎重に行うことが必要である。後の設問もヒントとなることに留意したい。なお，湖・都市・島の名称は基本事項であるので，確実に得点することが必要である。

◀解　説▶

▶(1)まず，それぞれのグラフに原点を通る45度の直線を引いてみる。グラフ1では，A・C・D国はドイツと同様，収入より支出が多く旅行収支が赤字であること，B・E・F国は大幅な黒字であることに着目する。グラフ2では，B国とオーストラリアを別として，A・D国は台湾と同じ，F国はホンコンと同じ，C・E国はドイツと同じグループに属することがわかる。A国は支出が非常に多く日本への旅行者数も台湾同様に多いことから，「爆買い」で一世を風靡した中国と判断する。D国は台湾とよく似た状況にあることから，韓国と判断する。B国は収入が非常に多く旅行収支が大幅な黒字であることから，アメリカ合衆国と判断する。C・E国はドイツと同様，日本への旅行者数が非常に少ないことから，日本から遠いヨーロッパ諸国と考え，とりわけC国は日本からの旅行者数が最も少ないことからロシアと判断する。E国は問(2)でも示されているようにB・F国と同様，旅行収支が黒字であることからスペインと判断する。F国は問(3)でも触れられているようにエコツーリズムが推進されていることから，ユネスコの世界自然遺産として登録された野生生物保護区や森林区を有するタイと判断する。

▶(2)「観光客を送り出している国々の位置や習慣に留意」の指示もヒントになる。まず，「習慣」としてバカンス（長期休暇）を思い浮かべる必要がある。次に地理的「位置」を想起すると，E国（スペイン）にあこがれをもつのは，どんよりとした曇り空が多い西岸海洋性気候に属するドイツ・イギリスを中心とする北西ヨーロッパ諸国の人々となる。これらの国からは，バカンスシーズンである夏に，多くの観光客が地中海性気候で晴天が続く地中海沿岸のリゾート地域に向かって移動する。

▶(3)「従来の観光産業や観光活動」では，観光の大衆化（マスツーリズム）によって団体客を中心に多くの観光客が名所旧跡を訪れるようになり，インフラの整備や宿泊・レジャー用の施設の建設が大規模化していった。このため，自然環境の破壊や伝統的な地域文化にそぐわない建物や看板などが設置されたり，オーバーユースに伴う交通渋滞やゴミ処理の問題など地域住民の生活にも悪影響が出るようになった。これに対して，地域の自然環境や歴史・文化などを生かした観光と，資源の保護や保全を両立させることで，環境への理解を深め，地域振興をめざすエコツーリズムが盛んになってきた。このほか，最近では農村での自然体験を含むグリーンツーリズム，スポーツをしたり観たりするスポーツツーリズム，映画やアニメの舞台を訪れるコンテンツツーリズムなど，新しい観光様式が見られるようになった。

▶(4)「日本に多くの旅行者を送り出す国・地域」は，台湾・D国（韓国）・A国（中国）のグループである。台湾・韓国はアジアNIEsとして比較的早くから経済成長があり，中国は近年著しい経済成長を遂げ世界の工場と化している。このような経済成長は国民の所得水準を向上させ，経済的に豊かな富裕層を生み出す。その後も生活に経済的余裕が生まれ，観光への家計支出が可能となる中間層が続いて形成される。東アジア諸国・地域やホンコン・タイなど，いわゆる日本の近隣諸国・地域からの訪日客（インバウンド）の増加は，日本の経済にも少なからぬ影響を与えている。

▶(5)①「世界で最も深く」とあるのでロシアのシベリアにあるバイカル湖となる。地溝湖であるため水深が非常に深い（水深1,741m）。湖には，唯一の淡水種であるバイカルアザラシやサケの一種とされるオームリなど多数の固有種が生息している。近年，生活排水や工場排水の流入で，湖水の水質汚濁が懸念されている。

②「宮殿」「標高約3,700メートルにある都市」からチベット高原上に位置し，チベット仏教の聖地であるラサとなる。チベット自治区の政治的中心で，ポタラ宮が文化遺産に指定されている。

③「アボリジニ」からオーストラリア大陸南東部にある，複合遺産のタスマニア島（登録名はタスマニア原生地域）と判断する。自然遺産としてはウォンバットなど固有の動植物群が，文化遺産としては内陸部の洞窟に残る，約3～5万年前から島に住んでいたとされるタスマニアン=アボリジニの住居跡が登録されている。

❖講　評

2018年度は自然地理が大問となったことを除き，地形図の読図が1題，系統地理が2題で，例年出題されていた地誌の大問がないなど，分量・形式を含め，ほぼ2017年度と同様の出題であった。問題自体は，地図，衛星画像，写真，グラフをもとにした地域理解と統計読解を中心においた京大らしい出題であった。配点は各大問25点ずつとなっている。

地形図読図は，2万5千分の1地形図を使用したもので読図がしやすくなっており，2015～2017 年度と同様，新旧地形図を比較しての地域変容を問うものではない。なお，京大の地形図読図の問題は，2015 年度までは5万分の1地形図の使用がやや多い傾向にあった。また，2015・2017・2018 年度と，衛星画像を使用した出題が続いていることも特徴的である。オーソドックスな地誌の問題はなかったが，Ⅱ(5)アメリカ合衆国のプレーリーの植生帯の土壌の特徴を気候や農業との関係から論じる問題や，Ⅲ(1)国際金融センター機能を有する都市を選択する問題，Ⅳ(5)世界遺産の問題は，解答に当たって地誌的な考え方を必要としている。

統計読解の問題も 2017 年度同様，グラフを使用した京大らしい形式である。いずれも教科書準拠の基本・重要事項を確実に理解し，授業で扱われなかった地域の問題にそれらの学習成果が適用できるようにしておけば，十分対応できる出題内容である。

記述・選択問題は，基本的な地理用語や国名・地域名・砂漠名を答えさせるほか，統計の判定などが出題されている。基本的なものが中心なので，高得点を目指したい。論述問題は，さまざまなテーマが，長短織り交ぜた字数指定で出題されている。オーソドックスな内容が中心ではあるが，例年焦点を絞りにくい設問もあるので，設問文にある指定条件をよく読み，出題意図を的確にくみ取る必要がある。なお，2018 年度の制限のある論述字数は 30～60 字，計 420 字で，2017 年度の 440 字とほぼ同じとなっており，2016 年度の 360 字より若干増加している。2014 年度の 580 字からかなり減少しているが，それ以外に字数制限のない短文問題（解答欄の大きさから見て 20～40 字程度）が 2018 年度は6問（2017 年度は7問，2016 年度は6問）あり，これを勘案すると約580 字（2017 年度約 580 字，2016 年度約 500 字）で同程度となる。

Ⅰは地形図の読図問題で，地形の名称，土地利用と役割，水際線の特徴，集落立地，開発と農業などを問う問題で，一部にやや応用的なものもあるが，基本的なものが中心となっている。地形図とともに衛星画像を参照することで，確実な解答に結びつく。(1)は砂州と潟湖の地形用語を答える平易な問いである。(2)は地図記号から水際線の土地利用を読み取る基本問題である。(3)は水際線に沿う針葉樹林の役割を考える標準的な問題である。(4)は潟湖（中海）側の水際線の形成過程を，土地利用と関連付けて問うやや応用的な問題である。直線的な護岸や堤防と土地利用が畑や荒地となっていることから，埋め立てによる新しい造成地であることを読み取るのは難しい。(5)は中海淡水化事業計画の目的を問うもので，「戦後の食糧難」や既設の「用水路の役割」の意をくめば解答しやすい。(6)は集落が立地する地形の名称を問う基本的問題である。標高が比較的高い砂丘ではなく，微高地である浜堤と答えることがポイントである。大きな河川がないので自然堤防と答えてはならない。(7)は輸送園芸の特徴を字数制限なし（解答欄の大きさから40字程度）で答える標準レベルの問題である。農業の発達と立地の学習で十分対応できる。

Ⅱは世界の植生帯の特徴の理解を問う基本的な問題であるので，確実に解答したい。(1)は短文と写真から植生名を答える平易な問題である。(2)は熱帯雨林とサバナの気候の違いを降水量の点から述べる標準問題である。(3)は地中海性気候の特徴を述べる標準問題である。(4)は砂漠の名称を問う基本レベルの問題で，寒流による砂漠形成も標準問題である。(5)は北アメリカ中央平原の植生帯の土壌の特徴を，気候や農業との関係から解答する問題で，土壌の成因と土地利用を含めて述べる必要がある。(6)は各植生帯に位置する都市を選択する問題で，各都市が位置する気候区と結びつければ容易に解答できる。

Ⅲは世界の都市に関する問題であるが，国際金融活動と発展途上国の都市問題であるスラムの視点から都市や地域の特徴を問うた，やや難しい出題となっている。特に特徴的なグラフから，都市や地域の特徴を読み取る力を問う出題形式は，いかにも京大らしい。(1)は国際金融センター機能を有する5都市について，2つのグラフから該当する都市を選択する問題である。グラフ1の順位変動よりもグラフ2の「国・地域別，および5都市に所在する世界のトップ500企業の本社数」から各都市が属する国名を判断することができるかどうかが正答へのカギとなる。(2)は国際金融センターの立地条件を，交通，人材の視点から述べる問題である。グローバル化への対応に必要な要件から解答する必要がある。国際的な交通条件と言えば航空路であり，こちらは解答しやすい。一方，人材条件は教科書レベルからは解答しにくい。ロンドン，ニューヨーク，シンガポールでは英語が公用語であることや，英語が経済部門の世界共通語となっていることなどをもとに解答したい。(3)はアジア，アフリカの都市とスラムの状況の地域的傾向を，グラフから読み取って述べる問題である。地域の傾向の違いを読み取るのは容易であるが，なぜそのようになるのかを含めて解答するには，応用力を必要とする。(4)は途上国の農村部から大都市に大量の人口が流入する問題について，社会資本や住宅の整備から対策の在り方を述べる問題である。プライメートシティの学習成果を活用して解答したい。(5)はいずれも教科書記載の基本用語であるので，確実に解答したい。

Ⅳは世界の観光業に関して，主要国・地域の国際旅行収支，および，日本からの旅行者数と訪日外国人旅行者数の関係を示したグラフから，各国・地域の観光の特徴を読み取って，多くの観光客を集める国の要因，観光に伴う問題，日本を訪問する国・地域の特徴，世界遺産の名称などの理解を問う問題である。(1)の国・地域の判定を誤ると，以下の問いに答えられなくなるので，確実に解答する必要がある。(1)はグラフ1から支出・収入額の大きさと収支バランスを，グラフ2から訪日外国人旅行者数（インバウンド）と日本からの旅行者数（アウトバウンド）の多寡を読み取り，国・地域を判定する問題である。名称が示された4つの国・地域（特にドイツ・台湾）と比較して解答することが必要である。(2)はスペインの旅行収支が黒字である理由を述べる問題である。送り出す国の「位置や習慣」が意味する内容を読み取れれば，解答しやすい。(3)は従来の観光産業や観光活動に伴って発生した問題を問う出題である。従来型観光がエコツーリズムの逆であることから解答するとよい。(4)はインバウンド旅行者が多い国・地域について，その経済的背景や理由を問う，やや時事的な視点からの出題である。観光は所得水準が向上し，生活に余裕が生じないと起こらない行動様式である。また，一般国民の海外旅行が認められるようになったことや国際為替相場が円安となったことも要因といえる。(5)は世界遺産に登録されている湖・都市・島の名称を問う，平易な問題である。国・地域が示されているので，確実に解答したい。

数学

1

◇発想◇　$C_1 : y=f(x)$，$C_2 : y=g(x)$ とすると，C_1 と C_2 が $(x_0,\ y_0)$ で共通の接線をもつ条件は，$f(x_0)=g(x_0)$ かつ $f'(x_0)=g'(x_0)$ である。$f(x)$ は絶対値記号を含むので，場合を分けて絶対値をはずし，それぞれの場合について条件を満たす a，x_0 の値を求める。あとは図を描き，C_1 と C_2 で囲まれる部分を確認し，定積分によって面積を計算する。

解答　$f(x)=|x^2-1|$，$g(x)=x^2-2ax+2$ $(a>0)$ とおくと

$$C_1 : y=f(x),\quad C_2 : y=g(x)$$

$$f(x)=\begin{cases} x^2-1 & (x\leqq -1,\ 1\leqq x) \\ -x^2+1 & (-1<x<1) \end{cases}$$

$$f'(x)=\begin{cases} 2x & (x<-1,\ 1<x) \\ -2x & (-1<x<1) \end{cases}$$

$$g'(x)=2x-2a$$

C_1 と C_2 が $(x_0,\ y_0)$ $(|x_0|\neq 1)$ で共通の接線をもつ条件は

$$f(x_0)=g(x_0)\quad \cdots\cdots ①\quad かつ\quad f'(x_0)=g'(x_0)\quad \cdots\cdots ②$$

である。

(i)　$x_0<-1$，$1<x_0$ のとき

②より

$$2x_0=2x_0-2a\quad すなわち\quad a=0$$

これは $a>0$ に反する。

(ii)　$-1<x_0<1$ のとき

①，②より

$$\begin{cases} -x_0{}^2+1=x_0{}^2-2ax_0+2 \\ -2x_0=2x_0-2a \end{cases}$$

すなわち

$$\begin{cases} 2x_0{}^2-2ax_0+1=0 & \cdots\cdots ③ \\ a=2x_0 & \cdots\cdots ④ \end{cases}$$

④を③に代入して整理すると　　$2x_0{}^2=1$

ここで，$a>0$ であるから，④より　　$x_0>0$

よって　　$x_0=\frac{\sqrt{2}}{2}$　（$-1<x_0<1$ を満たす）

これと④より　　$a=\sqrt{2}$

(i)，(ii)より，$x_0=\frac{\sqrt{2}}{2}$，$a=\sqrt{2}$ で

$$g(x)=x^2-2\sqrt{2}x+2=(x-\sqrt{2})^2$$

したがって，C_1 と C_2 で囲まれる部分は右図の網かけ部分で，C_1 と C_2 の交点の x 座標は

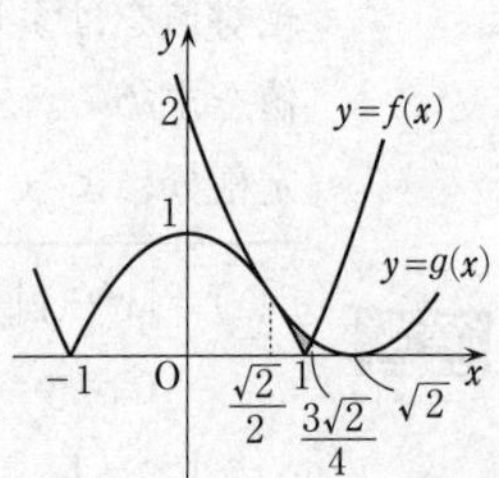

$$x^2-1=x^2-2\sqrt{2}x+2$$

より，$x=\frac{3\sqrt{2}}{4}$ である。

よって，求める面積は

$$\int_{\frac{\sqrt{2}}{2}}^{1}\{(x^2-2\sqrt{2}x+2)-(-x^2+1)\}dx+\int_{1}^{\frac{3\sqrt{2}}{4}}\{(x^2-2\sqrt{2}x+2)-(x^2-1)\}dx$$

$$=\int_{\frac{\sqrt{2}}{2}}^{1}(2x^2-2\sqrt{2}x+1)\,dx+\int_{1}^{\frac{3\sqrt{2}}{4}}(-2\sqrt{2}x+3)\,dx$$

$$=\left[\frac{2}{3}x^3-\sqrt{2}x^2+x\right]_{\frac{\sqrt{2}}{2}}^{1}+\left[-\sqrt{2}x^2+3x\right]_{1}^{\frac{3\sqrt{2}}{4}}$$

$$=\left(\frac{2}{3}-\sqrt{2}+1\right)-\left(\frac{2}{3}\cdot\frac{\sqrt{2}}{4}-\sqrt{2}\cdot\frac{1}{2}+\frac{\sqrt{2}}{2}\right)+\left(-\sqrt{2}\cdot\frac{9}{8}+3\cdot\frac{3\sqrt{2}}{4}\right)-(-\sqrt{2}+3)$$

$$=\frac{23\sqrt{2}-32}{24}\quad\cdots\cdots(答)$$

◀解　説▶

≪絶対値を含む関数，２曲線の共通接線と面積≫

２曲線が共通接線をもつことから未知の定数の値を求め，その２曲線で囲まれる部分の面積を求める問題である。曲線の方程式に絶対値記号が含まれているので注意を要する。

まず最初に $f(x)$ の絶対値をはずす。$x^2-1=(x+1)(x-1)$ であるから，$(x+1)(x-1)\geqq 0$ と $(x+1)(x-1)<0$ すなわち $x\leqq -1$，$1\leqq x$ と $-1<x<1$ に場合分けをして絶対値をはずす。次に，2 曲線が共有点で共通の接線をもつことから a，x_0 の値を求める。$f'(x)$ では $x=\pm 1$ のときを除いておく。これは，$x\to 1$ のとき $2x\to 2$，$-2x\to -2$ で異なることから，微分係数 $f'(1)$ が存在しない，すなわち $f(x)$ は $x=1$ で微分可能でないためである（詳しくは「数学Ⅲ」の範囲である）。$x=-1$ についても同様である。$a>0$ に注意すれば，a，x_0 は一意的に定まる。積分計算では

$$\int_{\frac{\sqrt{2}}{2}}^{1}(2x^2-2\sqrt{2}x+1)\,dx=\int_{\frac{\sqrt{2}}{2}}^{1}2\left(x-\frac{\sqrt{2}}{2}\right)^2dx=\left[\frac{2}{3}\left(x-\frac{\sqrt{2}}{2}\right)^3\right]_{\frac{\sqrt{2}}{2}}^{1}$$

$$=\frac{2}{3}\left(1-\frac{\sqrt{2}}{2}\right)^3$$

とすることもできる。ただし $2x^2-2\sqrt{2}x+1=(\sqrt{2}x-1)^2$ とみるときは

$$\int_{\frac{\sqrt{2}}{2}}^{1}(2x^2-2\sqrt{2}x+1)\,dx=\int_{\frac{\sqrt{2}}{2}}^{1}(\sqrt{2}x-1)^2dx=\left[\frac{1}{3\sqrt{2}}(\sqrt{2}x-1)^3\right]_{\frac{\sqrt{2}}{2}}^{1}$$

$$=\frac{1}{3\sqrt{2}}(\sqrt{2}-1)^3$$

となることに注意する。$\displaystyle\int_{\alpha}^{\beta}(px+q)^2dx=\left[\frac{1}{3p}(px+q)^3\right]_{\alpha}^{\beta}$ である。

2

◇発想◇　(1) $\angle\mathrm{BAP}=\angle\mathrm{ARQ}$ に注目する。$\angle\mathrm{BAP}=\theta$ とすると，QR は AQ と θ で表せる。また，AQ は AP と θ で，AP は AB（$=1$）と θ で表せる。これらから，QR を $\sin\theta$ で表す。また，正方形を座標平面上の図形として考える方法もある。

(2) $\sin\theta=t$ とおくと，$0<\theta\leqq\dfrac{\pi}{4}$ より $0<t\leqq\dfrac{\sqrt{2}}{2}$ で，QR の最小値問題を，t に関する 3 次関数の区間における最大値問題に帰着する。

解答　(1)　線分 AP の中点を M，$\angle\mathrm{BAP}=\theta$ とおく。

このとき，$0<\theta\leqq\dfrac{\pi}{4}$ で，$\sin\theta\cos\theta\neq 0$ である。

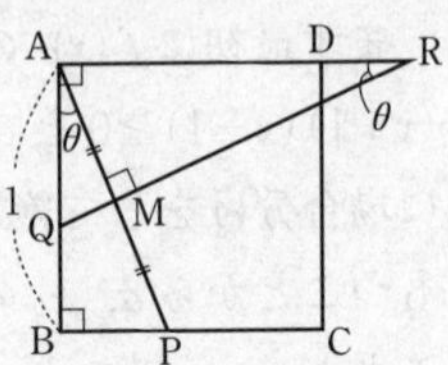

$\angle RAQ = \angle AMQ = \dfrac{\pi}{2}$ であるから

$$\angle ARQ = \frac{\pi}{2} - \angle AQR = \angle QAM = \theta$$

よって

$$QR\sin\theta = AQ \text{ より} \quad QR = \frac{AQ}{\sin\theta} \quad \cdots\cdots①$$

また

$$AQ\cos\theta = AM = \frac{1}{2}AP \text{ より} \quad AQ = \frac{AP}{2\cos\theta} \quad \cdots\cdots②$$

$$AP\cos\theta = AB = 1 \text{ より} \quad AP = \frac{1}{\cos\theta} \quad \cdots\cdots③$$

①，②，③より

$$QR = \frac{AQ}{\sin\theta} = \frac{AP}{2\sin\theta\cos\theta} = \frac{1}{2\sin\theta\cos^2\theta} = \frac{1}{2\sin\theta(1-\sin^2\theta)}$$

ゆえに

$$QR = \frac{1}{2\sin\angle BAP(1-\sin^2\angle BAP)} \quad \cdots\cdots(\text{答})$$

(2)　$\sin\theta = t$ とおくと，$0 < \theta \leqq \dfrac{\pi}{4}$ より $0 < t \leqq \dfrac{\sqrt{2}}{2}$ で

$$QR = \frac{1}{2t(1-t^2)}$$

$f(t) = 2t(1-t^2)$ とおくと

$$f(t) = 2t - 2t^3$$

$$f'(t) = 2 - 6t^2 = 2(1-3t^2)$$

$0 < t \leqq \dfrac{\sqrt{2}}{2}$ における $f(t)$ の増減表は下のようになる。

t	(0)	$\cdots$	$\dfrac{\sqrt{3}}{3}$	$\cdots$	$\dfrac{\sqrt{2}}{2}$
$f'(t)$		$+$	0	$-$	
$f(t)$	(0)	↗	$\dfrac{4\sqrt{3}}{9}$	↘	$\dfrac{\sqrt{2}}{2}$

よって，$0 < t \leqq \dfrac{\sqrt{2}}{2}$ において $f(t)$ は $t = \dfrac{\sqrt{3}}{3}$ で最大値 $\dfrac{4\sqrt{3}}{9}$ をとり，この

とき，QR は最小値をとる。

したがって，線分 QR の長さの最小値は

$$\frac{1}{\frac{4\sqrt{3}}{9}}=\frac{3\sqrt{3}}{4}\quad\cdots\cdots(答)$$

別解 (1) ＜座標平面を用いた解法＞

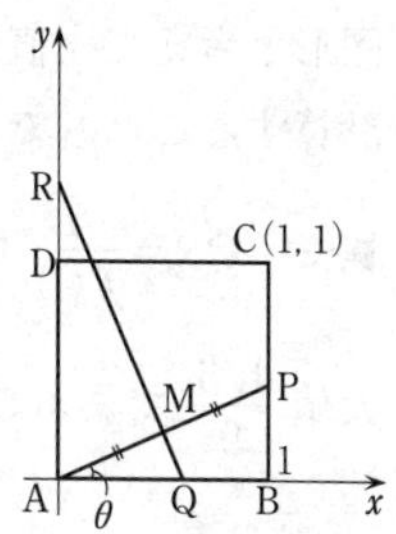

右図のように，直線 AB，AD をそれぞれ x 軸，y 軸にとり，C(1, 1)，線分 AP の中点をMとする。

$\angle BAP=\theta$ とおくと，$0<\theta\leqq\frac{\pi}{4}$ で，P$(1,\ \tan\theta)$ より

$$M\left(\frac{1}{2},\ \frac{\tan\theta}{2}\right)$$

直線 AP の傾きは $\tan\theta$ $(\neq 0)$ より，直線 QR の傾きは

$$-\frac{1}{\tan\theta}$$

よって，直線 QR の方程式は

$$y-\frac{\tan\theta}{2}=-\frac{1}{\tan\theta}\left(x-\frac{1}{2}\right)$$

すなわち　$y=-\frac{1}{\tan\theta}x+\frac{1+\tan^2\theta}{2\tan\theta}$

これより　$Q\left(\frac{1+\tan^2\theta}{2},\ 0\right)$，$R\left(0,\ \frac{1+\tan^2\theta}{2\tan\theta}\right)$

$$QR^2=\left(\frac{1+\tan^2\theta}{2}\right)^2+\left(\frac{1+\tan^2\theta}{2\tan\theta}\right)^2=\frac{(1+\tan^2\theta)^3}{4\tan^2\theta}$$

$$=\frac{1}{4\tan^2\theta\cos^6\theta}=\frac{1}{4\sin^2\theta\cos^4\theta}$$

$\sin\theta>0$，$\cos^2\theta>0$ であるから

$$QR=\frac{1}{2\sin\theta\cos^2\theta}=\frac{1}{2\sin\theta(1-\sin^2\theta)}=\frac{1}{2\sin\angle BAP(1-\sin^2\angle BAP)}$$

◀解　説▶

≪線分の長さと三角比，3 次関数の最大値≫

正方形の辺上を動く点と頂点を結ぶ線分の垂直二等分線の長さを三角比で表し，その長さの最小値を求める問題である。

▶(1)　△AQR∽△MQA∽△BPA である 3 つの直角三角形に対して，辺

の長さを三角比で表していく。QR→AQ→AM→AP→AB=1という流れを把握することがポイントとなる。途中で$\cos\theta$を使用しても，$\cos^2\theta=1-\sin^2\theta$で$\sin\theta$を用いて表せることに注意しておく。また，$0<\theta\leqq\dfrac{\pi}{4}$であるから，$\sin\theta\neq0$，$\cos\theta\neq0$である。〔別解〕のように，座標平面上の図形と考えて，直線QRの方程式からQ，Rの座標を求め，QRの長さを計算することもできる。

▶(2)　$\mathrm{QR}=\dfrac{1}{f(t)}$で，$f(t)$は3次関数である。$0<t\leqq\dfrac{\sqrt{2}}{2}$で$f(t)>0$，最大値$\dfrac{4\sqrt{3}}{9}$であることから，QRの最小値がわかる。

3

◆発想◆　n^3-7n+9に，$n=1,\ 2,\ 3,\ 4$を代入して計算すると，順に3，3，15，45となるので，n^3-7n+9は3の倍数であると推測し，まずこれを証明する。3の倍数であることの証明は，nの3次式であることから連続する3整数の積を利用する方法と，nを3で割ったときの余りで分類する方法が考えられる。n^3-7n+9が3の倍数であることがわかれば，素数となることから，$n^3-7n+9=3$を解けばよい。

解答

$$n^3-7n+9=(n-1)n(n+1)-3(2n-3)\quad(n\text{は整数})$$

ここで，$(n-1)n(n+1)$は連続する3整数の積であるから3の倍数，$2n-3$は整数であるから，$3(2n-3)$も3の倍数である。

よって，n^3-7n+9は3の倍数で，これが素数となるとき

$$n^3-7n+9=3$$
$$n^3-7n+6=0$$
$$(n-1)(n-2)(n+3)=0$$

ゆえに　　$n=-3,\ 1,\ 2$　……(答)

別解　<nを3で割ったときの余りで分類する解法>

整数nは，整数kを用いて，$n=3k,\ 3k\pm1$のいずれかで表される。

$$N=n^3-7n+9$$

とおくと

(i)　$n=3k$ のとき

$$N=27k^3-21k+9=3(9k^3-7k+3)$$

$9k^3-7k+3$ は整数であるから，N は3の倍数である。

(ii)　$n=3k\pm1$ のとき

$$\begin{aligned}N&=(3k\pm1)^3-7(3k\pm1)+9\\&=27k^3\pm27k^2+9k\pm1-21k\mp7+9\\&=3(9k^3\pm9k^2-4k+3\mp2)\quad(\text{複号同順})\end{aligned}$$

$9k^3\pm9k^2-4k+3\mp2$ は整数であるから，N は3の倍数である。

(i), (ii)より，N は3の倍数である。

(以下，〔解答〕と同じ)

◀解　説▶

≪与式が素数となるような自然数≫

整数 n の3次式の値が素数になるような n を求めるのであるが，内容は n の3次式の値が3の倍数であることを示す問題である。

素数というだけでは見当がつかないので，まず n^3-7n+9 の n に具体的に整数をいくつか代入してみて，的確に推測する。そして，その推測が正しいことを証明するという手法をとることが大切である。n^3-7n+9 が3の倍数であることを見抜くことがポイントとなるが，それを証明するには，連続3整数の積が6の倍数であることを用いるとよい。3の倍数で素数であるのは3だけであるから，あとは容易である。

〔別解〕のように，$n=3k$, $3k\pm1$ (k は整数) と分類して，3の倍数であることを示すこともできる。$n^3-7n+9=n(n^2-7)+9$ と変形して，n が3の倍数でないときには n^2-7 が3の倍数であることを用いてもよい。

4

◇発想◇　(1)幾何的に示す方法とベクトルを用いて示す方法が考えられる。前者の方法では△QABについて考える。後者の方法では $\overrightarrow{AB}\cdot\overrightarrow{PQ}=0$ を示す。

(2)四面体ABCDを平面 α で切ってできる2つの部分の体積を計算する方法は手間がかかる。図形の対称性を利用して，2つの部分が合同であることを示す方がわかりやすい。

解答　(1)　△ACD と△BDC において

AC＝BD，AD＝BC，CD＝DC

であるから，3辺相等より　△ACD≡△BDC

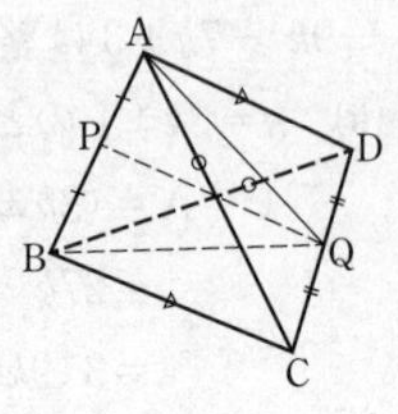

よって　∠ACD＝∠BDC　……①

△ACQ と△BDQ において

AC＝BD，CQ＝DQ　(∵　Q は辺 CD の中点)

∠ACQ＝∠BDQ　(∵　①)

であるから，2辺夾角相等より　△ACQ≡△BDQ

よって　AQ＝BQ

したがって，△QAB は QA＝QB の二等辺三角形で，P は辺 AB の中点であるから，AB⊥PQ である。　(証明終)

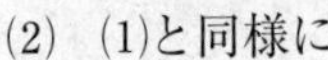

(2)　(1)と同様に

△CAB≡△DBA

(AC＝BD，BC＝AD，AB＝BA の3辺相等)

より　∠CAB＝∠DBA

よって

△CAP≡△DBP

(AC＝BD，AP＝BP，∠CAP＝∠DBP の2辺夾角相等)

であるから　CP＝DP

したがって，△PCD は PC＝PD の二等辺三角形で，Q は辺 CD の中点であるから，CD⊥PQ である。　……②

(1)より AB⊥PQ で，P は辺 AB の中点であるから，2点 A，B は直線 PQ に関して対称である。

同様に，②より CD⊥PQ で，Q は辺 CD の中点であるから，2点 C，D は直線 PQ に関して対称である。

よって，四面体 ABCD は直線 PQ に関して対称である。平面 α による四面体 ABCD の断面も直線 PQ に関して対称であるから，四面体 ABCD を平面 α で切ってできる2つの部分も直線 PQ に関して対称である。

ゆえに，2つの部分は合同であるから体積は等しい。　(証明終)

参考　四面体 ABCD の体積を V とし，平面 α で四面体 ABCD を切って分けた2つの部分のうち，頂点 A を含む方の体積を V' とする。このとき，

$V'=\dfrac{1}{2}V$ であることを示す。

平面αが，3点A，B，Qを通るとき，3点C，D，Pを通るときは，いずれも容易に$V'=\frac{1}{2}V$であることがわかる。

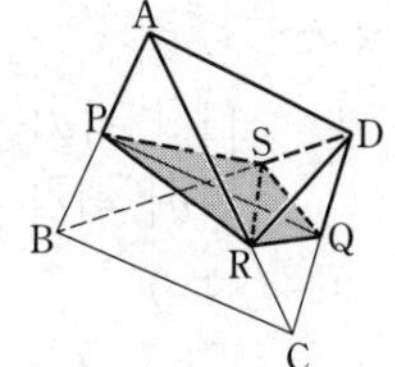

右図のように，平面αが辺AC（両端を除く）と点Rで交わるときを考える。このとき，平面αは辺BDと点Sで交わり，4点P，Q，R，Sは同じ平面α上にあるから

$$\overrightarrow{PS}=k\overrightarrow{PQ}+l\overrightarrow{PR}\quad(k,\ l\text{は実数})$$

と表される。

ここで，AR：RC$=t:(1-t)$　$(0<t<1)$　とすると

$$\overrightarrow{PS}=\frac{1}{2}k(\overrightarrow{PC}+\overrightarrow{PD})+l\{(1-t)\overrightarrow{PA}+t\overrightarrow{PC}\}$$

$$=-l(1-t)\overrightarrow{PB}+\left(\frac{1}{2}k+lt\right)\overrightarrow{PC}+\frac{1}{2}k\overrightarrow{PD}\quad(\because\ \ \overrightarrow{PA}=-\overrightarrow{PB})$$

点Sは，辺BD上にあり，$\overrightarrow{PB}$，$\overrightarrow{PC}$，$\overrightarrow{PD}$は同じ平面上にないから

$$\frac{1}{2}k+lt=0\ \cdots\cdots③\quad\text{かつ}\quad -l(1-t)+\frac{1}{2}k=1\ \cdots\cdots④$$

③－④より　　$l=-1$

これと③より　　$k=2t$

よって

$$\overrightarrow{PS}=(1-t)\overrightarrow{PB}+t\overrightarrow{PD}$$

であるから，BS：SD$=t:(1-t)$　である。

四角形APSDの面積は

$$\triangle APS+\triangle ADS=\frac{1}{2}t\cdot\triangle ABD+(1-t)\cdot\triangle ABD=\left(1-\frac{1}{2}t\right)\cdot\triangle ABD$$

また　　$\triangle DQS=\frac{1}{2}(1-t)\cdot\triangle BCD$

V'は，四角錐R-APSDの体積と三角錐R-DQSの体積の和であるから

$$V'=\left(1-\frac{1}{2}t\right)tV+\frac{1}{2}(1-t)^2V=\frac{1}{2}V$$

平面αが辺BC（両端を除く）と交わるときも同様である。

別解　(1)　<ベクトルを用いた解法>

$\overrightarrow{AB}=\vec{b}$，$\overrightarrow{AC}=\vec{c}$，$\overrightarrow{AD}=\vec{d}$とおく。

AC＝BD，AD＝BC より，$|\overrightarrow{AC}|^2=|\overrightarrow{BD}|^2$，$|\overrightarrow{AD}|^2=|\overrightarrow{BC}|^2$ であるから

$$\begin{cases}|\vec{c}|^2=|\vec{d}-\vec{b}|^2\\|\vec{d}|^2=|\vec{c}-\vec{b}|^2\end{cases}$$

すなわち

$$\begin{cases}|\vec{c}|^2=|\vec{d}|^2-2\vec{b}\cdot\vec{d}+|\vec{b}|^2 &\cdots\cdots(ア)\\|\vec{d}|^2=|\vec{c}|^2-2\vec{b}\cdot\vec{c}+|\vec{b}|^2 &\cdots\cdots(イ)\end{cases}$$

(ア)＋(イ) より

$$|\vec{c}|^2+|\vec{d}|^2=|\vec{d}|^2+|\vec{c}|^2-2\vec{b}\cdot(\vec{c}+\vec{d})+2|\vec{b}|^2$$

$$\vec{b}\cdot(\vec{c}+\vec{d})-|\vec{b}|^2=0$$

$$\vec{b}\cdot\{(\vec{c}+\vec{d})-\vec{b}\}=0$$

よって

$$\overrightarrow{AB}\cdot(2\overrightarrow{AQ}-2\overrightarrow{AP})=0$$

$$\overrightarrow{AB}\cdot(\overrightarrow{AQ}-\overrightarrow{AP})=0$$

$$\therefore\quad \overrightarrow{AB}\cdot\overrightarrow{PQ}=0$$

したがって，辺 AB と線分 PQ は垂直である。

◀解　説▶

≪四面体を切ってできる２つの部分の体積の関係≫

向かい合う２組の辺の長さが等しい四面体を切ってできる２つの部分の体積が等しいことを示す問題である。

▶(1)　二等辺三角形の性質を利用するのがわかりやすい。QA＝QB の二等辺三角形 QAB において，底辺 AB の中点を P とすると，AB⊥PQ である。これは，△QPA≡△QPB（３辺相等）から容易に導かれる。

〔別解〕のようにベクトルの内積を用いて示す方法も有力である。

$$\overrightarrow{AB}\cdot\overrightarrow{PQ}=\overrightarrow{AB}\cdot(\overrightarrow{AQ}-\overrightarrow{AP})=\vec{b}\cdot\left(\frac{\vec{c}+\vec{d}}{2}-\frac{\vec{b}}{2}\right)$$

と，(ア)＋(イ) から導かれる式に注目することがポイントとなる。

▶(2)　四面体 ABCD が直線 PQ に関して対称であることを示すことによって，平面 α で四面体 ABCD を切ってできる２つの部分が合同，したがって体積が等しいことを示す。そのためには，四面体の頂点の対称性を調べればよい。AB⊥PQ かつ AP＝BP，CD⊥PQ かつ CQ＝DQ から対称性がわかる。直線 PQ を軸に 180° 回転させると重なると考えても同じである。平面 α で四面体 ABCD を切った切り口も PQ に関して対称で，「二等

辺三角形」または「凧型（四角形）」である。〔参考〕のように，平面αで切ってできる2つの部分のうちの1つを四角錐R-APSDと三角錐R-DQS，または3つの三角錐R-APS，R-ADS，R-DQSに分けて体積を計算することによって，2つの部分の体積が等しいことを示すこともできる。

5

◇発想◇ (1) n回目の操作後，袋の中にある球に書かれている整数を具体的に考えてみる。$n=1$のとき「0，1」であるから，$n=2$のときは「0，1，1」または「0，1，2」になる。したがって，$X_2=2$，3である。$n=3$，4，… のときも同様に考えていくと，X_nが最大になるのは「0，1，2，…，n」のときで，このとき$X_n=\dfrac{n(n+1)}{2}$であるから，$\dfrac{(n+2)(n-1)}{2}\leqq X_n\leqq\dfrac{n(n+1)}{2}$となる確率を求める。

(2) X_nが最小になるのは「0，1，1，…，1」のときで，このとき$X_n=n$である。よって，$n\leqq X_n\leqq n+1$である確率を求める。

解答 (1) $\dfrac{(n+2)(n-1)}{2}=\dfrac{n(n+1)}{2}-1$

操作をn回（$n\geqq 3$）行ったとき，取り出した球に書かれているn個の整数は，次の〔1〕，〔2〕のいずれかである。

〔1〕 1回目から（$n-1$）回目まで，すべて「0」の球の場合

（$n-1$）回目の操作後，袋の中のn個の球に書かれている整数は，0，1，2，…，$n-1$である。

(ア) n回目も「0」の球のとき

$$X_n=0+1+2+\cdots+(n-1)+n=\frac{n(n+1)}{2}>\frac{(n+2)(n-1)}{2}$$

この確率をp_1とすると

$$p_1=1\cdot\frac{1}{2}\cdot\frac{1}{3}\cdot\cdots\cdot\frac{1}{n}=\frac{1}{n!}$$

(イ) n回目が「$n-1$」の球のとき

$$X_n=0+1+2+\cdots+(n-1)+(n-1)$$
$$=\frac{n(n+1)}{2}-1$$

$$=\frac{(n+2)(n-1)}{2}$$

この確率を p_2 とすると

$$p_2=1\cdot\frac{1}{2}\cdot\frac{1}{3}\cdot\cdots\cdot\frac{1}{n-1}\cdot\frac{1}{n}=\frac{1}{n!}$$

(ウ)　n 回目が「k」($1\leqq k\leqq n-2$) の球のとき

$$\begin{aligned}X_n&=0+1+2+\cdots+(n-1)+k\\&\leqq 0+1+2+\cdots+(n-1)+(n-2)\\&=\frac{n(n+1)}{2}-2\\&<\frac{(n+2)(n-1)}{2}\end{aligned}$$

〔2〕　1回目から ($n-1$) 回目までに少なくとも1回は「0」以外の球が取り出される場合

$$X_{n-1}<0+1+2+\cdots+(n-1)$$

で，($n-1$) 回目の操作後，袋の中の n 個の球に書かれている整数の最大値は $n-2$ であるから

$$\begin{aligned}X_n&\leqq X_{n-1}+(n-1)\\&<0+1+2+\cdots+(n-1)+(n-1)\\&=\frac{n(n+1)}{2}-1\\&=\frac{(n+2)(n-1)}{2}\end{aligned}$$

また，$n=2$ のときは〔1〕の(ア)と(イ)のいずれかである。

よって，$n\geqq 2$ のとき $X_n\geqq\frac{(n+2)(n-1)}{2}$ である確率は

$$p_1+p_2=\frac{2}{n!}\quad\cdots\cdots(答)$$

(2)　1回目の操作後，袋の中の球に書かれている整数は，0，1である。操作を n 回 ($n\geqq 2$) 行ったとき，2回目から n 回目に取り出した球に書かれている ($n-1$) 個の整数は，次の〔1〕～〔3〕のいずれかである。

〔1〕　2回目から n 回目まで，すべて「1」の球の場合

$$X_n=0+\underbrace{1+1+\cdots+1}_{n\text{個}}=n<n+1$$

この確率を q とすると

$$q=\frac{1}{2}\cdot\frac{2}{3}\cdot\frac{3}{4}\cdot\cdots\cdot\frac{n-1}{n}=\frac{1}{n}$$

〔2〕　2回目から n 回目まで，1回だけ「0」，$(n-2)$ 回が「1」の球の場合

$$X_n=0+\underbrace{1+1+\cdots+1}_{(n-1)\text{個}}+2=n+1$$

「0」の球が m 回目 $(2\leqq m\leqq n)$ だけである確率を q_m とすると

$$q_2=\frac{1}{2}\cdot\frac{1}{3}\cdot\frac{2}{4}\cdot\cdots\cdot\frac{n-2}{n}=\frac{1}{n(n-1)}$$

$3\leqq m\leqq n-1$ のとき

$$q_m=\frac{1}{2}\cdot\frac{2}{3}\cdot\cdots\cdot\frac{m-2}{m-1}\cdot\frac{1}{m}\cdot\frac{m-1}{m+1}\cdot\frac{m}{m+2}\cdot\cdots\cdot\frac{n-2}{n}=\frac{1}{n(n-1)}$$

$$q_n=\frac{1}{2}\cdot\frac{2}{3}\cdot\cdots\cdot\frac{n-2}{n-1}\cdot\frac{1}{n}=\frac{1}{n(n-1)}$$

よって，1回だけ「0」，$(n-2)$ 回が「1」の球である確率を q' とすると

$$q'=\sum_{m=2}^{n}q_m=\sum_{m=2}^{n}\frac{1}{n(n-1)}=\frac{n-1}{n(n-1)}=\frac{1}{n}$$

〔3〕　2回目から n 回目 $(n\geqq 3)$ まで，2回以上「1」以外の球の場合

1度目の「1」以外の球は「0」の球であるから，「2」の球が新たに加わり，2度目以降の「1」以外の球は「0」または「2」以上の球であるから

$$X_n\geqq 0+\underbrace{1+1+\cdots+1}_{(n-2)\text{個}}+2+2=n+2>n+1$$

〔1〕～〔3〕より，$X_n\leqq n+1$ である確率は

$$q+q'=\frac{2}{n}\quad\cdots\cdots(答)$$

◀解　説▶

≪袋の中の球の個数が増加する操作と確率≫

整数が書かれている球が入っている袋から，球を1個取り出し2個戻す

操作に関する問題である。最初に「0」の球が1個だけであることと条件(i)〜(iii)より，n 回目の操作後に袋の中にある $(n+1)$ 個の球に書かれている整数の条件は，次の①〜③をすべて満たすことである。

①「0」が1個，「1」が n 個以下，「2」が $(n-1)$ 個以下，…，「n」が1個以下

②最大値 l は，$1 \leqq l \leqq n$

③最大値を l とすると，「1」，「2」，「3」，…，「l」はそれぞれ1個以上

〔発想〕と同様に $n=3$ のときを考えると，袋の中の球に書かれている整数は，「0, 1, 1, 1」，「0, 1, 1, 2」，「0, 1, 2, 2」，「0, 1, 2, 3」の4通りある。これらは①〜③を満たし，逆に①〜③を満たすものはこの4通りだけである。

▶(1)　袋の中が「0, 1, 2, …, n」のとき $X_n=\dfrac{n(n+1)}{2}$ で，このようになるのは n 回とも「0」の球を取り出したときである。袋の中が「0, 1, 2, …, $n-1$, $n-1$」のとき $X_n=\dfrac{n(n+1)}{2}-1=\dfrac{(n+2)(n-1)}{2}$ で，このようになるのは1回目から $(n-1)$ 回目まで「0」の球，n 回目に「$n-1$」の球を取り出したときである。〔解答〕では，これ以外のときは $X_n<\dfrac{(n+2)(n-1)}{2}$ となることも示しておくべきである。

▶(2)　袋の中が「0, 1, 1, …, 1」のとき $X_n=n$ で，このようになるのは2回目から n 回目まで「1」の球を取り出したときである。袋の中が「0, 1, 1, …, 1, 2」のとき $X_n=n+1$ で，このようになるのは2回目から n 回目までで1回だけ「0」の球，他の $(n-2)$ 回は「1」の球を取り出したときである。何回目に「0」の球を取り出したとしても確率は同じであるが，途中の式が異なるので〔解答〕のように場合分けして記述した上で合計しておくとよい。(1)と同様，これ以外のときは $X_n>n+1$ となることを示しておくべきである。

❖講　評

1　微・積分法の計算を中心とした標準的な問題である。グラフを正確に描き，積分計算でミスのないようにしたい。

2　三角比と微分法の融合問題。(1)は 3 つの三角形の相似を利用することに気がつかなければならない。(2)は微分法の標準的な計算問題。ここでもミスのないようにしたい。

3　整数問題。3 の倍数であることの発見と素数の使い方がポイントとなる。標準的な問題であるが，2 つのポイントを外すと手が出ないかもしれない。

4　空間図形の問題。(1)は初等幾何の知識またはベクトルの内積を利用して解けるので何とかなるが，(2)は四面体に関する立体的感覚と柔軟な発想力がなければ解決の糸口さえつかめないであろう。

5　確率と数列の融合問題。$n=1,\ 2,\ 3,\ \cdots$ と具体的に考えてみることが重要。きちんと説明できたであろうか。

以上，微・積分法，整数問題，空間図形，確率からの出題に三角比，数列を融合した例年通りの内容である。3 4は理系との共通問題である。2017 年度同様，3 題に小問がついている。1～3と4(1)は標準的であるが，5はやや難，4(2)は難レベルの問題で，2017 年度よりさらに難化した印象である。問題の難度を見分け，まず標準的な問題を確実に解くことが肝要である。

一七年度よりも大幅に難化し、例年のレベルに比べても難しかった。問一は、(1)が標準的で、(2)・(3)はやや難。(2)・(3)は、「姿」や「心」など、歌論の論点的知識が多少なりともないと、なかなか十分には書けない。問二は、「どのようにして」の解答範囲がつかみにくい。内容的には標準的だが、まとめにくいという点でやや難である。問三は、「窃」「艶詞」「仮」「修飾」「成レ之」などが、どれも難しめである。仮名序の対応箇所が見つかれば、多少の手がかりにはなるが、それでもやや難。

みにくくはないが、設問において、問一・問二では二行という解答欄で必要十分な要素を盛り込んで説明する必要があることや、問四・問五は、問われている内容自体が難しいことを考慮すると、全体的な難易度はやや難であろう。問一の内容説明問題は標準的。身体的な違和感だけでなく、内面的なうしろめたさや緊張感について、その理由も含めて説明すること。問二の内容説明問題も標準的。「男から影をさらう」という比喩表現について、車のライトによって男の影だけが映し出されている様子を、「さらう」というニュアンスが出るようにわかりやすく説明する。問三の内容説明問題も標準的。傍線部直前の「ここまで来れば」に留意して、「もう自分一人の」というのが、酒を飲んでいたときの状況との対比を含意していることを理解する。問四の理由説明問題はやや難。壁を斜めに滑り出した影を見て「奇妙な解放感」を覚えた理由について、「私」が、男の影を自分の影と思ったこと、心身ともに閉塞感を感じていたこと、自分が歩み去っていったように思えたこと、などを関連づけてわかりやすく説明する。問五の内容説明問題は難問。「影の部分の暮しがある」のうち、「影の部分」については、「影が一人勝手に歩き出して、どこかの誰かと交渉をもつ」という記述を手がかりに説明していけばよいが、「暮しがある」をどう解釈するかが難しい。ここで述べられている「影」とは、決して自分では感知することのできない自分の一部分を意味しており、われわれ人間には、そういった、自分が感知できないところで行われ、他者に作用している自分自身の営みがあるのだ、と解釈した上で、わかりやすく説明すること。

三の古文（歌論）は、南北朝時代の勅撰和歌集の序文からの出題。文系で歌論の出題は、二〇〇七年度の『冷泉家和歌秘々口伝』以来、一一年ぶり。文章量は約六五〇字で、前年の二〇一七年度からは二〇〇字ほど増加したが、それでも例年に比べると少なかった。総解答量は、二〇一七年度よりも一行増加して一四行となった。本文に和歌が含まれず、和歌の設問がなかったのは、二〇一三年度以来、五年ぶり。ただし、漢文または漢詩の設問が含まれたのは、これで三年連続となる。設問は、問一（枝問三問）が口語訳問題、問二・問三が内容説明問題だったが、問二・問三はかなり口語訳問題に近く、全体的に口語訳重視と言える点はいかにも京大らしい出題である。難易度は、やや平易と言えた二〇

❖講　評

□一の現代文（評論）は、言語の意味と人間の心的活動の関係性を明らかにした上で、意味論の問題点を指摘した文章。□一では、二〇一二年度に小説が出題されて以降、二〇一三～二〇一七年度までは、五年連続で随筆の出題が続いていたが、二〇一八年度は評論からの出題となった。設問数は二〇一七年度と変わらず五問であり、二〇一七年度と同様に漢字の書き取りの出題はなく、内容説明問題のみであった。総解答量は、一行増えて一七行とやや増加したものの、理由を問われるものは問五のみであり、二〇一七年度よりは取り組みやすい印象である。文章量は二〇一七年度と比較すると増加したが、文章内容はオーソドックスな言語論であり、総じて難易度は、二〇一七年度に比べるとやや易化した。問一は標準的。「一本のキイ・ワード」が「こころ」という和語であることを押さえ、言葉の意味と人間の心の働きとに繋がりがあることを説明する。問二も標準的。分節化という言語の働きが恣意的であることだけでなく、言語による違いについても言及すること。問三は文系のみの出題。文脈に即せば内容の理解はそれほど難しくはないが、「無垢」「純潔性を失う」という比喩表現のニュアンスを、二行という狭い解答欄でいかに説明するかという点においては、やや難。また、感情の例に限定せず一般化して説明することにも留意したい。問四は標準的。漠然とした感情が、言語の分節化の働きによって認識されたとたん、その言葉の意味通りに形作られるという、言葉による人間の心への働きかけを説明させる問題であることを理解すること。問五はやや難。言葉と心の働きの相互作用という点から意味論の問題点を指摘しつつ、それが学問として不十分であると筆者が考える理由を説明すること。

□三の現代文（小説）は、壁に映る男の影をベランダで目撃したことで「私」が思い抱いた、影にまつわる感懐について述べた小説。硬質な評論文からの出題であった二〇一七年度とは異なり、二〇一六年度と同様に小説からの出題となった。とは言うものの、私小説的な、随想に近い作風の文章であり、京大の現代文で頻出である随筆の読解に慣れていれば面食らうこともないだろう。ただし、随筆であれ小説であれ、比喩表現や感覚的表現の理解が多く問われることは肝に銘じておきたい。文章量は二〇一七年度とほぼ変わらず、総解答量は三行減少して一六行であった。文章自体は読

①具体例「世をほめ……思ひをうごかす」を、簡潔な表現に直して説明する
②①のまとめの「ことばかすかにしてむねふかし」を説明する
③波線部の「まつりごと」につながる直接的内容「まことに……上をいさむ」を説明する

▼問三　真名序の一節は、「近き世」の歌人の風潮を述べたもので、「①古語を窃み艶詞を仮り、②修飾して之を成し、③還りて大本に暗し」と読む。仮名序の対応する箇所は、「①ふるきことばをぬすみ、②いつはれるさまをつくろひなして、③さらにそのもとにまどふ」である。「古語」はそのままでも可だが、ここでは細かく言えば〝古歌の言葉〟の意。「窃む」は〝盗用する〟、「艶詞」は〝あでやかな言葉・華麗な言葉〟、「仮る」は「借る」と同じで〝借用する〟の意。「修飾す」は〝美しく飾る・うわべを飾る〟の意で、対応する仮名序の②の「いつはる」も〝よそおう・外見だけ飾る〟の意。「之」はわかりにくいが、〝和歌〟を指すと判断したい。「成す」は〝作る・完成する〟、「還りて」は〝かえって・逆に〟、「暗し」は〝精通していない・無知だ〟の意。対応する仮名序の③の「まどふ」は〝迷う〟の意で、ほぼ同義。

解答作成のポイントは以下の三点である。
①古歌の言葉や美辞麗句を借用する・古語や美麗な言葉を用いる
②うわべを飾り立てて和歌を作る
③和歌の根本（本質）に無知だ・和歌の根本（本質）を見失っている

参考　『風雅和歌集』は、第十七番目の勅撰和歌集で、南北朝時代の正平四年・貞和五年（一三四九年）頃の成立。花園院の監修、光厳院の撰に成る。計二二一一首を収める。二条派の形式主義に対抗した京極派の歌人を中心とした撰定で、第十四番目の勅撰和歌集である『玉葉和歌集』の閑寂的な歌風を継承・発展させた。特に自然詠に沈潜閑寂の特色が見られる。また、和歌を政治に役立つものとして捉え、仮名序と真名序でそれについて述べ、正道に戻るべきことを説いている。

第一・中心〟の意。「いにしへ（古）の風」は、ここでは〝昔の歌風〟の意だが、「ただしき心、すなほなることばはいにしへの道なり」とあるので、その内容を補って訳したい。

(3)この「姿」も「心」と対比関係にあるので、(2)の「姿」と同じ意味と考えてよい。「たかから」は形容詞「たかし（高し）」の未然形。歌論で「たけ高し」と言って、〝格調が高い〟の意に使われ、ここではそれに同じと考えられる。助動詞「む」は意志の用法で、〝～しよう〟の意。「ば」（二箇所とも）は、已然形に付く用法のうち、順接の恒常条件または並列と呼ばれる用法に分類できるが、仮定条件に近く、単に〝～と〟と訳しておけばよい。「その」（二箇所とも）は〝その和歌の〟の意。「心」は〝内容〟あるいは〝意味〟と訳すとよい。「こまやかなれ」は形容動詞「こまやかなり」の已然形。ここでは〝念入りだ・精密だ〟ほどの意。「さま」は歌論で一首全体を言う場合の語で、およそ「姿」と同義に使われやすい。ここでは「ことば」との対比を考えれば、「姿」の②の意味に近いだろう。〝風体（ふうてい）〟などとも訳せる。「いやし（卑し）」は〝①身分が低い・下賤だ、②下品だ・品がない〟の意だが、ここでは②の意味。

▼問二「何が」は「やまと歌」つまり和歌がである。「どのようにして」は、本文の記述に即せば、「世をほめ」以降を説明するのが適当。「ことば」からは、「言葉幽（かす）かにして旨（むね）深し、真に人の心を正しつべし。下を教へ上を諫む、すなはち政の本となる」と、漢字表記を意識しながら説明するとよい。難しい言葉は「かすかに」で、形容動詞「かすかなり（幽かなり）」は〝奥深い・幽玄だ〟の意。ただし、三行の解答欄は余裕がないので、まとめの「ことばかすかにしてむねふかし」から説明する仕方も考えられる。その場合、「和歌が、言葉は幽玄で意味は深く、本当に人の心を正すことができるので、下々の者を教化し、為政者を諫めるようにして、政治の根本となる」などとしてもよい。なお、「まつりごとの本となる」の説明を解答に含める必要があるかどうかは、はっきりしないが、含めて減点になることはないだろう。

解答作成のポイントは以下の三点である。ただし、①は省略する解答もありうる。

ひたすら荒廃してしまうに違いない。それもこれも（＝昔の素朴な歌風をまねるだけの態度も表現や趣向にこだわる態度も）それぞれ道を見失っていて、昔の（真の）歌道ではない。あるいは表現様式を格調の高いものにしようとするとその和歌の内容が伴わなくなるし、言葉が念入りに工夫しすぎになるとその和歌の風体が気品を失ってしまう。優美な和歌は軟弱となりすぎ、剛毅な和歌は親しみにくい。総じてこれらのことを説明するのに、その道理が煩雑で、言葉では言い尽くしにくい。（以上の）趣旨をわきまえて自分で理解するのがよいだろう。

▲解　説▼

▼問一（1）「世」は「くだり（下る）」から〝時代〟の意。「道」は第一段落の「この道」と同じで、〝和歌の道・歌道〟の意。「し」は過去の助動詞「き」の連体形で、「し」の下に〝とき〟や〝頃〟を補って訳したい。「いたづらに色を好むなかだちとなりて」については、主語として〝和歌は〟を補うこと。「いたづらに」は形容動詞「いたづらなり」の連用形。「いたづらなり」は〝①むだだ・役に立たない、②むなしい・はかない・つまらない〟などの意で、ここでは①、②のどちらで訳しても可。「色を好む」は〝恋愛の情趣を解する・恋愛する〟の意。「なかだち（仲立ち）」は〝双方の間を取り結ぶこと・仲介、またその人や物〟の意。

（2）「ひとへにかざれる姿、たくみなる心ばせをむねとして」の主語として、〝今の和歌は〟あるいは〝今の歌人は〟などと補うこと。「ひとへに」は〝ひたすら・もっぱら〟の意。「かざれる」の「る」は完了・存続の助動詞「り」の連体形で、「かざれる姿」は〝飾った姿・飾っている姿〟が逐語訳だが、それだけでは不十分。歌論においては、和歌を心（＝内容、情趣）と詞（ことば）（＝表現、技巧）の二要素で捉え、それらのバランスを重視する考え方が『古今和歌集』の〈仮名序〉以降あり、ここでもそれが踏襲されている。「姿」は〝①歌体・表現様式、②心と詞の総合としての一首全体の情趣〟という両様の意味で使われるが、ここでは「姿」と「心ばせ」が対になっていることから、およそ①の意味と考えられる。さらに、どのように飾っているのか、〔解答〕のように補うとよい。「心ばせ」は、「たくみなる（＝巧妙な・凝った）」とあるので、〝趣向〟や〝着想〟などと訳せるところ。「むね（宗）」は〝主眼・

（3）表現様式を格調の高いものにしようとするとその和歌の内容が伴わなくなり、言葉が念入りになりすぎるとその和歌全体の有様が気品を失う

問二　和歌が、時世の賛美や批判、自然現象や景物への感興、人生の哀歓を、幽遠な言葉で趣深く表し、人の心を正すので、下々の者を教化し、為政者を諫めるようにして政治の根本となる。

問三　古歌の言葉や美辞麗句を借用し、うわべを飾って和歌を作り、かえって和歌の根本に無知であるという意味。

◆全　訳◆

和歌は、天地がまだ開けていない（＝分かれていない）頃から、それの（生じる）道理が自然とあった。人の行いが定まってから、この（和歌の）道がとうとう顕現した。（和歌は）世情を賛美し時代を批判する、雲や風（などの自然現象）に託して心情を述べる。喜びにめぐりあい悲しみに向き合う（＝哀歓を表現する）、花や鳥（などの景物）を賞玩して気持ちを表現する。言葉は幽玄であって意味は奥深い、本当に人の心をきっと正すに違いない。下々の人民を教化し上に立つ為政者に諫言する、つまり政治の根本となる。

ところが、時代が下り（和歌の）道が廃れていった頃から、（和歌は）むなしく恋愛をする男女間を取り持つ手段となって、国を治める仕事に関わらない（ようになった）。ましてやもう一つ近い時代となって、あらゆる事柄が廃れ、真実が少なく偽りが多くなってしまったので、（今の和歌は）ひたすら（美辞や技巧で）飾った表現様式や、凝った趣向を主眼としていて、（正しい心と素朴な言葉で詠まれた）昔の歌風は残っていない。あるいは古歌の言葉を盗用し、偽ったうわべを飾り立てて、まったく和歌の根本を見失っている。また（それとは逆に）内容を第一とするとばかり承知して、田舎びた表現様式や、訛った言葉で思いついた着想ばかりを言い表している。正しい心、素朴な言葉は昔の（和歌の）道である、本当に昔の歌風を見習うべきだといっても、道理にとらわれて無理にまねるならば、そのまま卑しい歌体となってしまうだろう。（またその一方で）華やかな表現や、凝った趣向が、優れていないわけではない、（しかし）もしも（正しい心と素朴な言葉という歌道の）本来の精神を忘れてむやみに（華やかな表現や凝った趣向を）好むならば、和歌の道は

はなく、日々の生活の中で誰にでもありうることだろう。しかし、そんな風に誰かに作用している自分の営みを、自分自身は決して知ることがない。この〈自分では決して知ることができない営み〉が、「影の部分の暮し」であり、そこにおいては、現実の自分の生活とは無関係に、だからこそ束縛されることなく自由に、日々誰かと関わっているのである。以上の内容を踏まえて、そのようなわれわれ人間のあり方を説明すればよい。

解答作成のポイントは以下の三点である。

①「影」が意味するものを説明する

②「暮し」が日々の営みであることに言及する

③「影の部分の暮し」が「われわれ」にある、ということを説明する

参考 古井由吉（一九三七年～）は、東京生まれの小説家、ドイツ文学者。東京大学文学部独文科卒業、同大学院人文科学研究科独語独文学専攻修士課程修了。金沢大学講師、立教大学助教授を経た後に、作家業に専念する。『杳子』で芥川賞を受賞。社会的問題やイデオロギーなど外部から距離を置き、自らの実存やあり方を内省的に模索した作家たちを称する「内向の世代」の作家とされる。谷崎潤一郎賞を受賞した『槿』以降は、私小説的リアリズムによる随想的かつ小説的な作品を書き続けている。他の代表作に『仮往生伝試文』『白髪の唄』などがある。

三

出典 『風雅和歌集』〈仮名序〉

解答

問一　(1)時代が下り和歌の道が廃れていった頃から、和歌はむなしく恋愛をする男女間を取り持つ手段となって

(2)今の和歌は、ひたすら美辞や技巧で飾った表現様式や、凝った趣向を主眼としていて、正しい心と素朴な言葉で詠まれた昔の歌風は残っていない

▼問四
①酒を飲んでいたときの状況と今の状況を対比させる
②「自分一人の酔い」を、何にも煩わされない自分のための酔いであることがわかるように説明する

▼問四　傍線部（4）に至る記述を並べると、1「ほんの一瞬ではあるが、私は壁に投じられた影を自分自身の影と思った」→2「影が投げやりな足どりで壁を斜めに滑り出した」→3「自分が歩み去っていくよう（に思った）」→4「奇妙な解放感（を覚えた）」ということになる。まず、1〜3の一連の流れを解釈すると、〈（自分のものだと思った）影が、（それを見ている）自分とは違う動きを見せたことによって、あたかも自分から離れていったように思えた〉ということになる。問二で、実体が見えずに影だけが見えている状態について問われていたが、ここでも、本来は一体となっているはずの「影」が「（実体としての）自分」から遊離していったように思えた、のである。では、それがなぜ「私」に「奇妙な解放感」を覚えさせたのか。それは、「私」が、心身ともに不健康な状態であり（問一）、また、「誰に気がねをする」こともなく酩酊しながら一人気ままに歩いている男（問三）をうらやましく思うほどの閉塞感を抱えていたことから、〈そういった実際の自分から、影としての自分が遊離して歩み去っていった（＝解放された）ように思ったから〉であろう。

以上の内容を踏まえて解答をまとめていけばよい。ポイントは以下の三点である。
①自分の影が自分から歩み去っていくように思った経緯を説明する
②「私」が置かれた状況を説明する
③②を踏まえて、自分の影が自分から歩み去っていくことが「解放感」につながる理由を説明する

▼問五　最後から二段落目に、「影が一人勝手に歩き出して、どこかの誰かと交渉をもつ」という記述があることに注意しよう。これは、壁に映し出された男の影のように、〈本人がまったく知らないところで誰かに見つめられたり誰かを惹きつけたりしていること〉を言い表したものである。ここから、「影」とは、〈自分では感知しえないところで、誰かと関わり、作用している自分のこと〉と読み取ることができる。そして、そういったことは、影の男の例だけで

「車のライト」を指すのは明らかなので、「(車のライトが) 男から影をさらっていった」という比喩表現の解釈が求められていると考えられる。ここで、「男から影をさらう」という表現に注目し主体を変えると、〈男が影をさらわれた〉ということになり、実体としての「男」と「影」を分離させ、〈実体から影が遊離したように思えた〉ことを表そうとしていると理解できるだろう。さらに、どうして実体から影が遊離したように思えたのかというと、傍線部の後の記述に「歩いている人影はなく」とあるように、〈実体であるはずの人の姿を目にしなかったから〉である。要するに、〈本来は一体となっているはずの「人」と「影」の、「影」の部分だけが車のライトの効果によって映し出された状況を表している〉ということを理解した上で解答を作成すればよい。

解答のポイントは以下の二点である。

① 「(車のライトが) 男から影をさらう」という比喩表現の解釈

② なぜ「影をさらう」ように見えたのかを説明する

▼問三　傍線部(3)の前に、「祝い酒だか、ヤケ酒だか、うまくもない仕事の酒だか知らないけれど」とあることから、酒を飲んでいたときは何らかの目的や理由があって、〈目的や理由に縛られて飲んでいた〉と想定されていることがわかる。だが、「ここまで来れば」、すなわち〈一人で歩いて家に向かっている今〉は、「酔いはもう自分一人の酔い」である、ということなので、対比させて状況を類推できるだろう。さらに、傍線部の後で「誰に気がねをする必要もなく、酒を呑んだ理由さえもう遠くなってしまって、一歩ごとにあらためてほのぼのとまわってくる」と説明されていることから、「酔いはもう自分一人の酔い」というのは、〈誰に気がねすることもなく、自分のために機嫌よく酔っぱらっている状態〉だと考えるのは難しくはない。また、前述した対比関係を押さえると、「気がね」の対象は、単に人だけではなく状況なども含まれると考えられるので、〈(誰にも) 何にも気がねせず・目的や理由に縛られず〉などと言葉を補っていけばよい。

解答作成のポイントは以下の二点である。

り出したとき、心身ともに病んだ「私」の様々なしがらみから逃れた自分が、自由気ままに歩み去った気がしたから。

問五　知らないところで誰かに見られ、影響を与えることがあるように、人間には、現実の自分とは無関係なところで誰かと自由に関わりを持っていながらも、決して自分自身では感知することのない営みがあるのだということ。

◆要　旨◆

夜気を吸いにベランダに出ると嫌な咳に悩まされ、心身ともに不健康な生活を送っていることを自覚する「私」が、ある夜ベランダから目撃したのは、車のライトの加減で向かいの壁に大きく映し出された酔っぱらいの影だった。それを一瞬自分自身の影と思った「私」は、実に気ままに歩きながら壁を斜めに滑って消えていった影に、自分が歩み去っていくような奇妙な解放感を覚えた。そして、人を惹きつけ人に作用しながらも本人はまったく気づいていないような営みがわれわれにはあり、そういったものに人は感応する部分があるのかもしれない、と思い至った。

▲解　説▼

▼問一　傍線部（1）の後に続く記述が大きなヒントとなる。「いくら都会とはいえ夜半をまわればいくらか清浄になる空気に触れ」ると、「タバコの煙と坐業にふやけた躰が自分の内側の腐敗の気を嗅ぎ取り、うしろめたく感じる」とあることから、〈夜気の清浄さが自分の心身の不健康さを自覚させ、それによって感じられるうしろめたさ〉が「戸惑い」の内容だと理解できる。さらに、「あるいは、それは出つけぬ人前に出て話をしようとする人間の神経質な咳ばらいに似てるかもしれない」という記述から、〈緊張感や不安といった感情〉も補えるだろう。

解答作成のポイントは以下の三点。

①　清浄な夜の空気と自身の状態を対比的に捉える

②　身体だけでなく、内面の不健康さについても言及する

③　「神経質な咳ばらい」に相応する心情を補う

▼問二　傍線部（2）の主語を補うと、「（車が）男から影をさらっていった」となる。傍線部の前の記述から、「車」が

なら、〈「意味」と人間の「こころ」の相互関係において「意味変化」の前提にあるのが「人間」であり、言葉の「意味」を考えるには、人間の「こころ」という要素が必要不可欠だから〉である。

以上の内容をまとめて解答を作成する。ポイントは以下の三点である。

①「意味論」に対する筆者の批判（第一意味段落）を押さえる

②「人間の『こころ』と言葉の『こころ』の相互関係」の具体的内容に言及する

③②の内容を踏まえて、筆者が「意味論」を批判する理由を補う

参考 佐竹昭広（一九二七〜二〇〇八年）は、東京都出身の国文学者。京都大学文学部卒業。同大学文学部の教授を務め、名誉教授となる。退職後も成城大学教授や国文学研究資料館館長を歴任し、紫綬褒章を受章した。十九歳で『万葉集』と『古今和歌集』の歌語の法則を発表し注目される。古代・中世文学を、民俗学的視点をくわえて分析するなど、古代から現代までの日本語研究ですぐれた業績をあげるとともに、岩波古語辞典の編纂や『万葉集』の校訂注解など、研究の基礎をつくる仕事にも貢献した。主な著作に、『下剋上の文学』『閑居と乱世　中世文学点描』『古語雑談』などがある。

二

出典　古井由吉「影」（『水』講談社文芸文庫）

解答

問一　清浄な夜の空気に触れたことで、身体のみならず内面の不健康さも自覚され、うしろめたさや緊張感を覚えること。

問二　本人の姿が見えなかったことで、車のライトに照らされた影だけが実体から遊離したように見えたということ。

問三　酒を飲んでいたときは、何らかの目的や理由に縛られて飲んでいたはずだが、一人で夜道を歩いている今は、誰に気がねすることもなくなり、機嫌よく酔っぱらっている状態を自分のために思う存分楽しんでいるということ。

問四　壁に映った影を一瞬自分の影だと思ったことで、その影が見ている「私」とは違って酔った足どりで壁を斜めに滑

「愛」「嫉妬」「憎悪」はいずれも、感情を示す言葉である。したがって、傍線部(4)を一般化すると、〈言葉とともに、その言葉が示す感情が結晶してくる〉ということである。感情が「結晶する」というのは、〝形作られる・現象する〟などの意味合いであろう。では、なぜ、言葉で示されると感情が形作られるのか。それは、問二・問三でも確認したように、〈人間は言葉で世界を分節することで、その事象を認識することができるから〉である。言語化しえなかった漠然とした感情は、言葉によって示されることで認識可能なものとなり、その言葉が持つ意味通りの感情として形作られる。「愛」と示されれば、「愛」だと認識し、「嫉妬」と示されれば「嫉妬」だと認識することで、実際にその言葉通りの感情として明確なものとなるのである。

以上の内容を理解した上で解答を作成すればよい。ポイントは以下の三点である。

① 「愛」「嫉妬」「憎悪」を一般化し、「感情」一般の説明とする
② 「人間の『こころ』が、言葉につかみとられて、否応なしに連行されてゆく」という記述を参考にする
③ 「結晶してくる」という比喩のニュアンスが出るように表現を工夫する

▼問五 ここまで確認してきたように、言葉は人間の認識作用と密接にかかわっており、かつ、認識された内容は「こころ」に働きかけ、あたかもそういった感情であったかのように「こころ」を規定する。しかし、一方で、第三意味段落で述べられているように、人間の「こころ」も言葉の意味に作用する。人間の「こころ」が言葉の意味に作用して、言葉の意味を変えていくのである。したがって、〈言葉の意味は人間の「こころ」を規定するが、その言葉の意味は人間の「こころ」によって変化するという相互作用のもとに、言葉の意味は成立している〉のだと言えるだろう。

しかし、「意味論は、意味を客観的認識の対象として、当の言語主体から切り離しすぎ」ている（第一意味段落）、と筆者は主張する。これは、〈言葉の「意味」について研究する学問である「意味論」が、その言葉の意味変化にとって重要な働きを担う人間の「心的活動」を考慮していない〉ということを指摘することでもある。ここから、傍線部(5)のように、「意味論」は「『こころ』の学」とならねばなるまい、とする筆者の主張は理解できるだろう。なぜ

対しても、人はその属する言語の構造という既成の論拠の上においてのみ、色合を認知しうる」)。なぜなら、「無限の連続である外界を、いくつかの類概念に区切り、そこにおける固定した中心、思想の焦点としての名称をもって配置する」のが言語の働きであり、また、その働きによって「客観的世界ははじめて整理せられ、一定の秩序と形態を与えられる」からである。

以上の内容を理解して、解答を作成する。ポイントは以下の二点である。

① 言語の分節化の働きについて説明する：「言語の世界」の説明

② ①を踏まえた上で、言語が違えば、認識の仕方も違う（＝見え方が違う）ということを説明する

▼問三　問二でも確認したように、「無限の連続である外界を、いくつかの類概念に区切り、そこにおける固定した中心、思想の焦点としての名称をもって配置する」のが言語の働きであった。そして、言語化されたとたん、無限定だった世界は、「一定の秩序と形態を与えられ」て整理されることになる（「言語化」は「名称」としてもよいだろう）。まさに、傍線部(3)直前にあるように、「言葉によって、カオス（＝無秩序）がコスモス（＝秩序）に転化する」わけであるが、これは裏を返せば、〈無限定だった事象が、言語による恣意的な分類によって特定の秩序の中に囲い込まれてしまう〉ことであり、それによって〈特定の性質を帯びたものとなる〉ということでもある。このような作用を受けてしまうことを「無垢の純潔性を失う」という比喩で表現していると考えることができるだろう。

解答作成のポイントは以下の三点である。

① 言語の分節化の働きを踏まえた解答にすること

② 「無垢の純潔性を失う」という比喩表現のニュアンスをうまく出せるように工夫する

③ 傍線部（3）の主語（「名づけられたもの」）に留意して、「感情」に特化しない一般化した記述にする

▼問四　「言葉が、彼女の『こころ』を鍛えあげてゆく」「人間の『こころ』が、言葉につかみとられて、否応なしに連行されてゆく」といった記述がヒントとなるが、いずれも比喩表現であるので、うまく言い換えて説明する必要がある。

間の心が語の意味を変化させるものだからである。言葉の意味変化が、人間の心の変化を前提とする以上、人間という要素を抜きにして言葉の意味を探究しようとする「意味論」は、学問として不十分だと言えるだろう。

▲解　説▼

▼問一　＊で区切られた一つ目の意味段落の内容の理解が問われる設問。傍線部(1)を構成している、「語の意味」「言語主体の心的活動」「一本のキイ・ワード」「(〜で)架橋される」という四つの要素に注目してみよう。「言語主体の心的活動」とは〝人間の心の働き〟のことであり、「(〜で)架橋される」という比喩は〝橋渡しされる・繫げられる〟という意味であるから、傍線部(1)はまず〈語の意味と人間の心の働きは、一本のキイ・ワードで繫げられる〉といった意味であることを理解する。では、「語の意味」と「人間の心の働き」を繫げる「一本のキイ・ワード」とは何か。これについては、『意味』という漢語を知らない時代にも、『意味』を含意する言葉は存在した。それが、『こころ』という和語であった…」という記述から、「こころ」という和語であることがわかる。また、「語の意味」と「こころ」との対応関係は、冒頭部分から繰り返されているように、「語を人間とのアナロジーで捉える観点から導かれた」ものであることにも留意したい。

解答作成のポイントは以下の三点である。

①　語を人間とのアナロジー(類比)で捉える観点であること

②　語の「意味」に対応する概念として「こころ」という和語が用いられてきたこと

③　②から、語の意味と人間の心の働き(＝言語主体の心的活動)が、繫がったものだとわかるということ

▼問二　傍線部(2)の「もっとも客観的に見える自然界」は、〈誰が見ても同じように見える〉とか〈人間の主観に左右されない〉などの内容に言い換えることができる。その自然界が、「実際は、なんら客観的に分割されていない」ということを説明していく上で、ヒントは傍線部(2)の後の具体的説明にある。すなわち、虹の例からもわかるように「言語によって、色彩の目盛りの切り方が相違して」おり、用いる言語が違えば見え方も異なってくる(「同じ虹に

国語

一

出典　佐竹昭広「意味変化について」（今西祐一郎他編『佐竹昭広集　第二巻　言語の深奥』岩波書店）

解答

問一　語を人間と類比させ、「意味」という概念として用いられてきた「こころ」という和語に注目すると、語の意味と人間の心の働きは切り離せないことがわかるということ。

問二　誰が見ても同じように思える自然界でさえも、連続した世界を分節する人間の言語活動によって初めて認識可能なものとなり、秩序や形態を与えられるため、異なる分節の仕方をする言語活動においては、見え方も違ってくること。

問三　本来は無限定だった事象が、言語化によって恣意的に分類されることで、特定の性質を帯びてしまうということ。

問四　名状しがたい感情だったものが言葉で示されると、その言葉が持つ意味として認識され心に働きかけるため、その意味通りの感情として形作られていくということ。

問五　言葉が人間の心を規定し、人間が言葉の意味を変化させる、という人間と言葉の相互作用を考慮せず、言葉の意味を人間から独立した客観的対象とする意味論には、言葉の意味を研究するのに不可欠な人間という要素が抜け落ちてしまっており、有意義な学問となっていないから。

◆要　旨◆

一般的に「意味論」は、意味を客観的認識の対象として、言語主体である人間から切り離しすぎた傾向があるが、言葉を人間と類比させ、語の「意味」という概念で用いられてきた「こころ」という和語によって語の意味を認識しなおすと、語の意味と人間の心の働きは切り離せないものであることがわかる。語の意味は人間の心に作用するが、その一方で、人

////////////////////// · memo · //////////////////////

//////////////////// · memo · ////////////////////

//////////////////// · memo · ////////////////////

大学赤本シリーズ

京都大学

文系

総合人間〈文系〉・文・教育〈文系〉・
法・経済〈文系〉学部

別冊問題編

2025

矢印の方向に引くと
本体から取り外せます

教学社

目 次

問題編

2018 年度

●前期日程

解答用紙は，赤本オンラインに掲載しています。

https://akahon.net/kkm/kyt/index.html

※掲載内容は，予告なしに変更・中止する場合があります。

2024年度

問題編

前期日程

問 題 編

▶試験科目

学　部	教 科	科　目
総合人間(文系)・文・教育(文系)・法・経済(文系)	外国語	コミュニケーション英語Ⅰ・Ⅱ・Ⅲ，英語表現Ⅰ・Ⅱ
	地 歴	日本史Ｂ，世界史Ｂ，地理Ｂから１科目選択
	数 学	数学Ⅰ・Ⅱ・Ａ・Ｂ
	国 語	国語総合・現代文Ｂ・古典Ｂ

▶配 点

学　部	外国語	地 歴	数 学	国 語	合 計
総合人間(文系)	200	100	200	150	650
文	150	100	100	150	500
教育(文系)	200	100	150	200	650
法	150	100	150	150	550
経済(文系)	150	100	150	150	550

▶備 考

- 外国語はドイツ語，フランス語，中国語も選択できる（経済（文系）学部は英語指定）が，編集の都合上省略。
- 「数学Ⅰ」,「数学Ⅱ」,「数学Ａ」は全範囲から出題する。「数学Ｂ」は「数列」,「ベクトル」を出題範囲とする。

英　語

（120 分）

（注） 150 点満点。総合人間（文系）・教育（文系）学部は 200 点満点に換算。

I 次の文章を読み，設問(1)〜(3)に答えなさい。　(50 点)

The creativity literature tells us that, even though we're just now beginning to appreciate the importance of creativity in everyday life, it is a topic pondered by poets and philosophers since time immemorial. In fact, "creativity" has only been a regular part of our vocabulary since the middle of the twentieth century. (a)Its first known written occurrence was in 1875, making it an infant as far as words go. "Creativeness" goes back a bit further, and was more common than creativity until about 1940, but both were used rarely and in an inconsistent kind of way. Strikingly, before about 1950 there were approximately zero articles, books, essays, classes, encyclopedia entries, or anything of the sort dealing explicitly with the subject of "creativity." (The earliest dictionary entry I found was from 1966.) It is not, it turns out, in Plato or Aristotle (even in translation). It's not in Kant (ditto). It's not in Wordsworth or Shelley, or in the Americans Emerson, William James, or John Dewey. As the intellectual historian Paul Oskar Kristeller finds, creativity, though we tend to assume it is a timeless concept, is a term with "poor philosophical and historical credentials." Yet, just around the end of World War II, the use of creativity shot upward — the Big Bang of creativity.

When I tell people the term "creativity" is new, I invariably get the question, "what did we call it before?" And my response, annoying but sincere, is always "what do you mean by 'it'?" There are two assumptions behind the first question, both correct. The first is that words and concepts are not the same thing; the arrival or popularization of a new word does not necessarily mean the arrival of a totally new concept. The senior citizen and the old person, for example, are two different eras' ways for describing the same person — one who is advanced in age. The second assumption is that people have always been talking about the kind of stuff we talk about when we talk about creativity — in the way that people have always talked about old age. It's not totally wrong to say that creativity is, or at least can be in certain instances, a new term for old concepts, such as imagination, inspiration, fantasy, genius, originality, and even phrases like creative imagination and creative power, which long predated creativity itself.

Yet the modern concept of creativity does not perfectly trace back to any one of these older words. Ingenuity or (ア) is too utilitarian; it lacks the artsy vibe. Creativity may invoke monumental achievements in art and science, but as a synonym the term (イ) somehow feels too exclusive and grandiose, while (ウ) is a little too pedestrian, something you might attribute to a pig that finds its way out of its pen. Originality hits closer to the mark, but it's somehow not as soulful — nobody ever says originality is the key to a fulfilling life. (エ), perhaps the term most often used interchangeably with creativity, lacks a sense of productivity. Like fantasy, it doesn't have to leave your head, and it can be utterly preposterous. The prevailing idea among creativity experts is that creativity is the "ability to produce something new and useful." (That phrasing is taken — not coincidentally — from US patent law.) The term "creativity," in other words, allows us to think and say things previous terms don't. It is not a new word for old ideas but a way of expressing thoughts that were previously inexpressible. When people in the postwar era increasingly chose the word "creativity," then, they were subtly distinguishing their meaning from those other, almost universally older concepts. The term may not be precise, but it is vague in precise and meaningful ways. (b)<u>Just as light can be both particle</u>

and wave, creativity somehow manages to exist as simultaneously mental and material, playful and practical, artsy and technological, exceptional and pedestrian. This contradictory constellation of meanings and connotations, more than any one definition or theory, is what explains its appeal in postwar America, in which the balance between those very things seemed gravely at stake. The slipperiness was a feature, not a bug.

⑴ 下線部⒜を和訳しなさい。ただし，creativeness と creativity は訳さずに英語のまま表記すること。

⑵ 空欄（ ア ）～（ エ ）に入る最も適切な名詞を以下の中から選び，解答欄に番号を記入しなさい。同じ語は一度しか使用してはならない。なお，本文中では大文字で始まる語も，選択肢では全て小文字になっている。

① cleverness ② fantasy ③ genius
④ imagination ⑤ inventiveness

⑶ 下線部⒝を和訳しなさい。ただし，creativity は訳さずに英語のまま表記すること。

出典追記：The Cult of Creativity : A Surprisingly Recent History by Samuel W. Franklin, The University of Chicago Press

II 次の文章を読み，設問(1)〜(4)に答えなさい。 (75 点)

You know what you believe. You know the set of ideologies and beliefs that you hold. Who else out there holds the same beliefs and shares the same ideological worldview? In marketing, we call this segmentation and targeting. Segmentation is the act of taking a heterogeneous group of people, where everyone is different, and putting them in homogeneous-like clusters, where everyone is more alike than they are different. When we segment a population of people, we divide them into groups based on different preferences and attributes so that we can serve them with the best products and marketing messages that will influence them to adopt certain behaviors. That is, after all, the core function of marketing: influencing behavioral adoption. Once the population has been divided into these segments, marketers then select the segments to which they will offer their products. This is the act of targeting. (a)We target a segment (or a number of segments) to pursue that we believe will most likely adopt a desired behavior — buy, vote, watch, subscribe, attend, etc. Although our product may potentially be useful to everyone, we focus our efforts on the people with the highest propensity to move. Considering the influence that culture has on our behavior, due to the social pressures of our tribes and our pursuit of identity congruence, tribes present themselves as the most compelling segment to target.

This perspective calls for a strong consideration if for no other reason than the fact that tribes are real. They're made up of real people, and people use them to communicate who they are and demarcate how they fit in the world. Segments, on the other hand, are not real. (b)They are a construct that marketers create where people are placed into homogeneous-like groups based on a rough substitute that helps us identify who they are and predict what they are likely to do. Segments are clean and neat. But real people are complex and messy. As the astrophysicist Neil deGrasse Tyson once tweeted, "In science, when human behavior enters the equation, things go nonlinear. That's why Physics is easy and Sociology is hard." (c)Real people don't fit into neat little boxes, though we try our best to put them there.

Marketers aren't the only ones guilty of this; we all do it. We put people in boxes to simplify the complexity of the world so that it's easier to make sense of it — not for accuracy but for efficiency. Here's an example. Meet my friend Deborah. Deborah drives a minivan. Does Deborah have kids? Do her kids play a sport? What sport do they play? And where does Deborah live? As you read those questions, you likely draw your answers fairly quickly. You probably thought, Deborah drives a minivan, so she must have kids, who play soccer, and they all live in a cul-de-sac. (d)Sounds about right, right? Well, here's the thing. I gave you one data point about Deborah (she drives a minivan), and you mapped out her entire life. This is what we do — with great cognitive fluidity, I might add. We put people in boxes based on the shortcut characteristics that we assign to people's identity.

(1) 下線部(a)を和訳しなさい。

(2) 下線部(b)を和訳しなさい。

(3) 下線部(c)の理由について，本文にはない具体例を挙げながら，80語以上100語以内の英語で説明しなさい。解答欄の各下線の上に単語1語を記入すること。カンマ(，)等の記号は，その直前の語と同じ下線に含めることとし，1語と数えない。短縮形(例：don't)は1語と数える。

(4) 下線部(d)を和訳しなさい。

Ⅲ 次の文章を英訳しなさい。　(25点)

かつての自分の無知と愚かさを恥じることはよくあるが，それは同時に，未熟な自分に気づいた分だけ成長したことをも示しているのだろう。逆説的だが，自分の無知を悟ったときにこそ，今日の私は昨日の私よりも賢くなっていると言えるのだ。まだまだ知らない世界があることを知る，きっとこれが学ぶということであり，その営みには終わりがないのだろう。

日本史

（90 分）

I　日本史B問題　(20 点)

次の史料（A～C）を読み，問(1)～(19)に答えよ。解答はすべて所定の解答欄に記入せよ。なお，史料の表記は便宜上，改めたところがある。

A

(a)刑部卿従三位百済王敬福(くだらのこにきしきょうふくこう)薨ず。その先は，百済国の義慈王より出ず。高市岡本宮に駅宇(あめのしたしらしめ)しし天皇の御世，義慈王，その子豊璋(ほうしょう)王及び禅広王を遣わして入り侍らしむ。(b)後岡本の朝庭におよびて，義慈王の兵，敗れて唐に降る。その臣，佐平福信，よく社稷(しゃしょく)を復し，遠く豊璋を迎えて，絶統を紹(つ)ぎ興(おこ)す(注)。豊璋，簒基(さんき)(注)の後，譖(そしり)をもって横(よこしま)に福信を殺す。唐の兵，これを聞き，また州柔(つぬ)(注)を攻む。(c)豊璋，我が救いの兵とともに拒むも，救いの軍，利あらず。豊璋，船にのりて高麗(注)にのがる。禅広，因(よ)りて国に帰らず。藤原の朝庭，(d)号を賜いて百済王という。（中略）

（敬福は）天平年中，仕えて従五位上陸奥守にいたる。時に聖武皇帝，[ア]の銅像を造る。冶鋳(やちゅう)(注)，ここにおわるも，塗金足らず。しかるに(e)陸奥国より馳駅(ちえき)して，小田郡出だすところの黄金九百両を貢ぐ。我が国家の黄金，これより始めて出ず。聖武皇帝，甚だもって嘉(よ)み尚(たっと)びて従三位を授く。(中略）神護の初め，刑部卿に任ず。薨ずる時，年六十九。

（『続日本紀』天平神護 2 年（766）6 月壬子条）

（注）「絶統を紹ぎ興す」は，絶えた王統を復興すること。

「簒基」は，王位を継ぐこと。

「州柔」は，豊璋の居城で，周留城ともいう。

「高麗」は，高句麗のこと。

「冶鋳」は，金属を溶かして鋳造すること。

問

(1) 下線部(a)の人物が，従三位の地位を得た理由を説明せよ。

〔解答欄〕ヨコ13.5cm×タテ1.3cm

(2) 下線部(b)は，飛鳥の後岡本宮で政治をとった女性天皇の時代を指す。この天皇は誰か。

(3) 下線部(c)の翌年，対馬・壱岐・筑紫に設置された防衛施設は何か。漢字1字で答えよ。

(4) 下線部(d)に関連して，のちに桓武天皇は，自らの母が渡来系氏族の出身であることから「百済王」の一族を厚遇した。桓武天皇の母は誰か。

(5) [ア] には，華厳経の教主（本尊）である仏の名が入る。この仏の名を答えよ。

(6) 下線部(e)の「陸奥国」について，当時，国府がおかれていた城柵の名称を答えよ。

B

同（建武）二年（1335），（中略）さて関東の合戦の事，先達て京都へ申されけるによりて，将軍(注)御奏聞(f)ありけるは，関東において，凶徒(g)既に合戦をいたし，鎌倉に責(せ)め入るの間，[イ] 朝臣無勢にして，ふせぎ戦うべき智略なきによりて，海道(注)に引き退きしその聞こえある上は，いとまを給いて合力を加うべき旨，御申たびたびにおよぶといえども，勅許なきの間，所詮私にあらず，天下の御為(おんため)のよしを申し捨て，八月二日京を御出立あり。このころ公家(注)を背き奉る人々，その数をしらずありしが，皆喜悦の眉をひらきて，御供申しけり(h)。三河の矢作に御着きありて，京都鎌倉の両大将軍御対面あり(i)。

（『梅松論』）

（注）「将軍」は，この場合，足利尊氏をさす。

「海道」は，東海道のこと。

「公家」は，天皇あるいは朝廷をさす。

問

⑺　下線部(f)について，

(あ)　「将軍」の「御奏聞」の内容を簡潔に記せ。

(い)　「御奏聞」された人物はいかなる対応をとったのか。簡潔に記せ。

〔解答欄〕(あ)ヨコ13cm×タテ1.3cm　(い)ヨコ6 cm×タテ1.3cm

⑻　下線部(g)の「凶徒」の首謀者は誰か。その人物の名を記せ。

⑼　下線部(h)について，「皆」が「御供申しけり」となった原因について，「御供」した者の立場を踏まえて，簡潔に記せ。〔解答欄〕ヨコ13.5cm×タテ1.3cm

⑽　下線部(i)の「鎌倉」の「大将軍」は［　イ　］である。［　イ　］は元弘3年(1333)12月に成良親王を奉じ，鎌倉へ下り，関東10ヵ国を事実上支配していた。その人物の名を記せ。

⑾　尊氏は8月19日に「凶徒」を破り，鎌倉に入る。その後，再三の帰洛の命に従わなかったため，京より追討の官軍が派遣されることになった。この時の官軍の指揮者のひとりはかつて鎌倉を攻略した人物であった。その人物の名を記せ。

⑿　この出典である『梅松論』は南北朝期を描いた軍記物・歴史書である。この『梅松論』とほぼ同じ時期を扱うが，約30年ほど後の時代までを叙述した軍記物の名称を記せ。

C

覚え

一，逆罪の者仕置(しおき)の事

一，付け火致し候者仕置の事

一，(j)［　ウ　］に疵付け，或いは損じさし候者仕置の事

右の科(とが)人これ有らば，僉儀(せんぎ)(注)を遂げ，一領一家中迄にて外へ障(さわ)りこれ無きにおいては，向後伺うに及ばず(注)。江戸の御仕置に准じ，(k)自分仕置申し付けらるべく候。但し，(l)他所へ入り組み候わば，［　エ　］番老中迄相伺わるべく候。遠島に申し付けるべき科は，領内に島これ無きにおいては永牢，或いは親類縁者等へ急度(きっと)(注)預け置かるべく候。且つ又，［　ウ　］あわれみの儀，兼々仰せ出され候通り，いよいよ堅く相守り，入念に申し付けらるべき者也。

丑(元禄 10 年(1697))

六月　日　　　　　この書付は，壱万石以上へばかり相触る(m)

(注)「僉儀」は，詳しく取り調べること。

「向後」は，これから後，の意味。

「急度」は，厳重に，の意味。

問

(13) この法令が出された時の将軍は誰か。

(14) 下線部(j)に関連して，大都市に発展した江戸では，しばしば発生した火事が大きな被害をもたらした。江戸の町に甚大な被害をもたらし，江戸城も類焼して天守閣が焼失するにいたった火事の名称を記せ。

(15) [ウ] に入る適当な語句を記せ。

(16) 下線部(k)はどのような行為を指すか。文脈に即して，簡潔に記せ。

〔解答欄〕ヨコ6.5cm×タテ1.3cm

(17) 下線部(l)に関連して，19 世紀初頭，幕府は，関東農村の治安維持をはかるため，領主の区別なく犯罪人を取り締まる役職を設けた。その役職は何か。

(18) 老中を含む多くの幕府役職は，交代制で政務を扱った。[エ] に入る適当な漢字 1 字を記せ。

(19) 下線部(m)が示す人々は，ふつう何と呼ばれるか。

Ⅱ　日本史B問題　(20点)

次の文章(①～⑨)の［ア］～［ト］に入る最も適当な語句を記せ。解答はすべて所定の解答欄に記入せよ。

① 大宰府は，平安時代にも重要な行政組織であり続けた。管内には［ア］という直営田が置かれ，税収の確保がはかられた。外港である［イ］には，新羅や唐の商人が頻繁に来航し，のちの日宋貿易につながった。941年，反乱を起こした［ウ］に攻撃されたが，行政機能はほどなく回復したと考えられている。

② 院政期になると庶民を生き生きと描写する作品が現れる。9世紀中葉に起こった応天門の変を素材に，炎上する応天門を見あげる群衆や貴族・官人を描いた『［エ］』は後白河法皇の命で作成されたと考えられている。また，四天王寺に残る『［オ］』の下絵には，大和絵の手法で当時の貴族や庶民の生活の様子が活写されている。

③ 12世紀中葉から彫刻作品では玉眼という技法が用いられ，鎌倉時代には一般化する。仏像の目を本物らしく見せるために水晶をはめ込むもので，より写実的な造形が生まれた。1180年，［カ］の令旨をうけ反平氏勢力が挙兵するなか，平氏の軍勢は南都を焼き討ちしたが，その復興の過程で作成された仏像に玉眼技法を用いたものが多い。例えば，5世紀頃の北インドで活躍し法相教学を確立させた学僧である［キ］と世親の像は，南都復興期の代表作のひとつである。

④ 南北朝の合体が実現すると，14世紀末から15世紀初頭にかけて，いわゆる北山文化が花開いた。能楽では，［ク］が理論書として『風姿花伝』を残し，水墨画では，［ケ］によって『瓢鮎図(ひょうねんず)』が描かれた。その後，東山文化が隆盛するなか，中国に渡って作画技巧を学んだ［コ］が『秋冬山水図』を描き，日本風の水墨画様式を確立した。

⑤ 豊臣氏滅亡後，徳川家康は，天皇・公家が守るべき規範などを示した［サ］を定め，朝廷への統制を強めた。その後，徳川秀忠は，娘の［シ］を後水尾天皇に入内させ，朝廷に対する幕府の影響力を強めていっ

た。

⑥　近世の村は，［　ス　］と総称される庄屋(名主)・組頭(年寄)・百姓代という村役人が中心となって村政が行われる自治組織であった。領主に対する年貢などの諸負担は，村全体の責任で納入された。村では，村民が数戸ごとの［　セ　］に編成され，諸負担の納入や犯罪防止の連帯責任を負わされていた。

⑦　17 世紀後期，［　ソ　］は各地を旅して俳句を広め，『奥の細道』などの優れた紀行文を残した。18 世紀に入ると，俳句の形式をかりて世相を風刺する［　タ　］が始まり流行した。

⑧　幕府天文方の［　チ　］のもとで測量術を学んだ伊能忠敬は，全国の沿岸を測量し，その成果により，「大日本沿海輿地全図」が作られた。［　チ　］は，西洋の天文学を取り入れて寛政暦を作った人物で，伊能の測量事業を助けた。

⑨　1967 年から 69 年にかけて提訴された四大公害訴訟，すなわち，不知火海沿岸部における有機水銀中毒被害，［　ツ　］県における同じ有機水銀中毒被害，［　テ　］川流域におけるカドミウム中毒被害，四日市コンビナート周辺の大気汚染による健康被害に関する裁判は，環境問題への取り組みの重要性を国民に痛感させた。1967 年に制定された［　ト　］には当初，環境保護は経済発展を阻害しない範囲で行うという条項があったが，国民の関心の高まりの下，70 年の同法改正で削除された。

Ⅲ 日本史B問題 (30点)

次の文章(A～C)の ア ～ シ に入る最も適当な語句を記し，問(1)～(17)に答えよ。解答はすべて所定の解答欄に記入せよ。

A

鎌倉後期から室町時代にかけて，百姓たちは，神社の祭祀組織である ア を中心に，自分たちで合議を行う イ によって運営する ウ と呼ばれる自治的な村落を作った。百姓たちは村落のなかで掟(a)を定め，これに背く者を自分たちで村落から追放するなど警察権を行使する地下検断を行い， ウ が領主に対して年貢の納入を請け負うことも行われた。 ウ を構成する有力農民のなかには，大名と主従関係を結んでその軍事的基盤となる者もあり，彼らは エ と呼ばれた。

その後， ウ を中心に結束した百姓は，都市民や武士たちとも連携し，債務破棄などを認める法令(b)の発令を要求して，土一揆をおこすようになった。興福寺の尋尊は，その様子を「日本の開白(かいびゃく)より以来，土民の蜂起，是(こ)れ初めなり」(c)と年代記に記している。京都の近辺からはじまったそうした動きは各地に広がりをみせ，大和国では，疱瘡地蔵(ほうそう)(d)と呼ばれる石仏の右脇に，債務破棄を宣言したともいわれる碑文が刻まれた。このように，たびたび土一揆がおこるなか，苦境に追い込まれた室町幕府は，手数料(e)を幕府に支払うことを条件として，債権の確認，または債務の破棄を認める法令(f)を出し，幕府財政の安定を図った。

問

(1) 下線部(a)に関して，掟にしたがわずに山野などの用材を勝手に採取することを禁じられた村の共同利用地を何というか。漢字3字で答えよ。

(2) 下線部(b)や下線部(f)のような法令を，総じて何というか。漢字3字で答えよ。

(3) 下線部(c)に関して，

(あ) この記事が記す土一揆は，翌年に征夷大将軍となる人物の代始めにおこった。その将軍の名前を記せ。

(い) この土一揆を鎮圧したのは，畠山満家の軍勢である。当時，満家が務めていた，室町幕府の将軍を補佐する役職は何か。

(4) 下線部(d)について，かつての神戸（かんべ）四箇郷に含まれ，この石仏が立地する場所はどこか。その地名を漢字2字で答えよ。

(5) 下線部(e)の手数料を何というか。漢字3字で答えよ。

B

江戸時代は，船舶(g)による物資の流通が大きく発展した時代であった。大坂・京都・江戸の三都が発展し，諸藩の城下町が拡充されるのにともない，日常の消費物資の需要が増大し，必然的に商品流通の拡大をうながしたのである。

17世紀前半には，［オ］廻船が大坂から江戸への多様な商品輸送の主役となり，17世紀後半には，奥羽にある幕府領の年貢米(h)を江戸へ輸送するよう命じられた［カ］が，西廻り航路と東廻り航路を整備し(i)，これにより全国規模で商品が流通する基盤(j)が完成した。海と内陸とをつなぐ河川の舟運(k)も各地で発達し，物資や人の輸送が行われた。都市の河岸には，江戸の［キ］にあった魚市場のように，生産地と消費地を結んで栄える商業地ができた。時代が下がるにつれ，海の船は大型化が進み，18世紀末頃には，日本海の北前船(l)など遠隔地を結ぶ廻船が各地で発達した。

海運の発達は海外に漂流する船の増加にもつながった。漂流民が帰国できるのは稀であったと考えられるが，たとえば東南アジアに流された者の中には中国船で［ク］に送り返され，［ク］での取り調べを経た後，元の居住地に帰ることのできた漂流民もいた。18世紀後期以降になると，漂流民の送還を口実に日本に来航する外国船も現れた。

問

(6) 下線部(g)に関連して，複雑な構造を持つ木製の船舶が各地で造られた背景には，安価な鉄製諸道具の普及があった。江戸時代に入って大きく改良され，良質な鉄の大量生産を支えた，砂鉄を原料とする製鉄法を何というか。

(7) 下線部(h)の徴収を現地で担う代官を統轄していた幕府の職は何か。

(8) 下線部(i)について，この時，房総半島を迂回していったん相模国や伊豆国に寄港した後，安全に江戸湾に入る航路が開拓された。その寄港地の一つで，幕末の外交の舞台となった伊豆半島の港町はどこか。

(9) 下線部(j)について，全国的な商品流通を支えたもう一つの重要な基盤に，三貨制度の確立がある。三都や城下町にあって，預金や貸付，為替手形の発行なども行い，全国的な貨幣の流通を支えた商人を何というか。

(10) 下線部(k)に関して，東廻り航路の寄港地で，利根川の流路の改修により江戸とつながり，醤油の産地として成長した場所はどこか。

(11) 下線部(l)に関して，北前船の船頭として航海の経験を積み，エトロフの航路を開いた商人は誰か。

C

野球の日本への導入は1872年，東京第一番中学校教師であったホーレス・ウィルソンがベースボールを紹介したことが最初とされる。その後，第一高等中学校(m)卒業生である中馬庚（ちゅうまかのえ）が，1894年刊行の書籍で初めてベースボールを「野球」と訳した。また，俳句や短歌の革新運動を牽引し，雑誌『ホトトギス』などで活躍した［　ケ　］は，自らの本名をもじった「野球(の・ぼーる)」という雅号を用いるほど，野球に熱中した。高等学校や中学校を中心に，横浜在住の外国人チーム(n)や他校との試合などを通じて，野球は次第に普及していった。

明治末期には，野球が教育上「害毒」であると批判する特集記事が『東京朝日新聞』に連載され，それへの反論も多く行われた(o)。この論争をへて，1915年8月に全国中等学校優勝野球大会が開始された。1920年代に入ると，朝鮮・満州(p)，そして台湾の代表も大会へ出場するようになった。また，1924年には春にも全国大会が行われるようになり，翌年に東京・大阪・名古屋で本放送を開始した［　コ　］での実況中継もあいまって，野球は大衆娯楽としての地位も獲得していった。

1937年7月，［　サ　］事件に始まる日中両国の軍事衝突とその拡大をうけ，日本政府は戦時体制の確立に向けた政策を次々と打ち出すが，その影響は野球へも及んでいった。同年夏の全国大会では，甲子園球場に「挙国一致(q)航空報国　軍用機献納資金募集」との垂れ幕がさげられ，翌年夏の大会開会式では，全選手により「武士道の精神にのっとり正々堂々と試合せんことを期す」との選手宣誓が唱和された。1941 年の大会が各地で予選が行われたさなかに中止されたのも，[シ]との軍事衝突に備えた関東軍特種演習実施に際し，不要不急の鉄道利用が禁じられたためである。

同年 12 月にイギリス・アメリカと開戦して以降，1942 年に文部省主催の「幻の甲子園」と呼ばれる大会が行われたりもしたが，翌年には中止され，1944 年 5 月には文部省が各学校野球部の「一切清算」を通達するに至る。だが(r)そのころには，活動実態のある野球部は，もはやほとんど存在していなかったという。

問

(12) 下線部(m)の学校の教員が，1891 年，教育勅語の奉読式において十分敬礼をしなかった点を「不敬」ととがめられ，教職を解かれるに至った。この教員とは誰か。

(13) 下線部(n)に関して，横浜には外国人居留地が設定されていたが，条約改正によって，外国人の居住場所の制限が撤廃された。1899 年の条約発効によって成ったこの状況を，一般に何と呼ぶか。

(14) 下線部(o)に関して，野球を擁護した側の主要人物に，早稲田大学野球部長を務めた安部磯雄がいる。彼が党首となり，1932 年に合法的無産政党勢力が合同して結成された政党を何というか。

(15) 下線部(p)の中心地の一つである大連で野球がはじまったのは 1908 年，南満州鉄道株式会社の社員のはたらきかけによるという。当時同社の主要な鉄道路線は，旅順とどこを結ぶものであったか。都市名を記せ。

(16) 下線部(q)の語は，これ以前から用いられる言葉で，五・一五事件の直後の内閣も「挙国一致内閣」と称した。その内閣の首相は誰か。

(17) 下線部(r)のような状況に至る要因の一つには，学校生徒を軍需工場などで労働させたことがあったと考えられる。これを何というか。

Ⅳ　日本史Ｂ問題　(30 点)

次の問(1)，(2)について，それぞれ 200 字以内で解答せよ。解答はいずれも所定の解答欄に記入せよ。句読点も字数に含めよ。

(1)　図ａ～ｄに示した遺物を具体的な根拠として示しつつ，縄文時代における生業とその特質について述べよ。

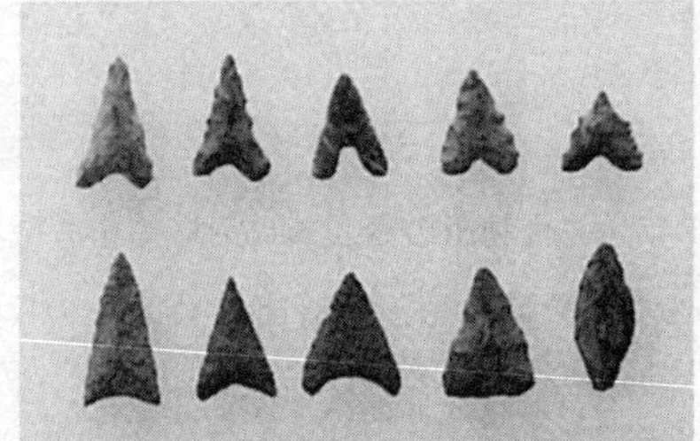

a

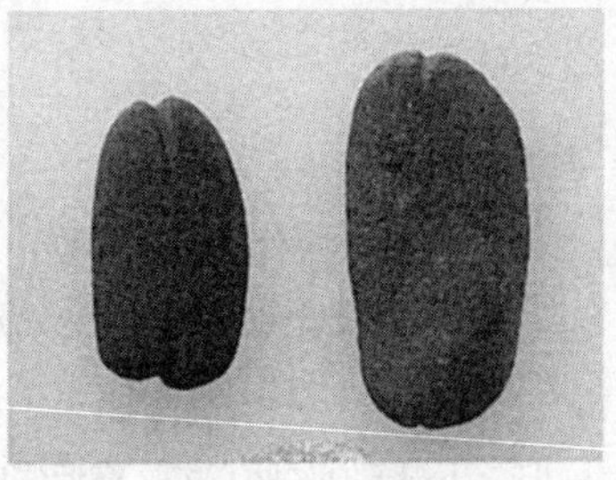

b

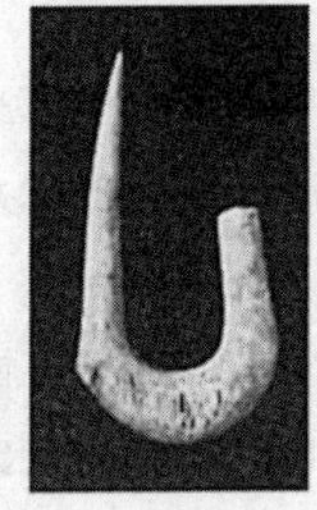

c

d

(2)　女工(工女)は近代産業の発展にどのように関わったか。女工が生み出された背景，従事した産業，働き方を中心に説明せよ。

世界史

（90分）

I　世界史B問題　（20点）

乾隆帝の70歳の誕生日を祝賀する行事に参加する朝鮮の使節に随行して熱河の離宮に赴いた朴趾源（ぼくしげん）の『熱河日記』は，その冒頭で年次を記すのに「後三庚（こう）子」（明の崇禎（すうてい）年間より後の三回目の庚子の年）という表記を用いている。ここには，当時の朝鮮と中国の関係の一面が表れている。16世紀末から19世紀末にいたる朝鮮と中国の関係の変化について，300字以内で説明せよ。解答は所定の解答欄に記入せよ。句読点も字数に含めよ。

II　世界史B問題　（30点）

次の文章（A，B）を読み，［　　］の中に最も適切な語句を入れ，下線部⑴～⒇について後の問に答えよ。解答はすべて所定の解答欄に記入せよ。

A　マンチュリア（今日の中国東北地方および<u>ロシア極東の一部</u>⑴）のうち，今日の遼寧省に相当する地域には，戦国時代に中国本土の農耕民が本格的に入植するようになった。他方，遊牧民もしばしば南下し，やがて農耕民・遊牧民が混在する独自の空間が形成された。

<u>『史記』匈奴列伝</u>⑵によれば，燕は東胡を破り<u>長城</u>⑶を築いて，上谷・漁陽・右北平・遼西・遼東の五郡を設置した。遼西・遼東の二郡が今日の遼寧省にほぼ相当する。<u>漢王朝を開いた高祖劉邦は，盧綰（ろわん）を燕王に封じた</u>⑷が，盧綰はのちに匈奴に亡命した。このとき，朝鮮半島に逃れた中国人が今日の平壌を中心に［　a　］を建国した。漢の武帝はこれを征服し，［　b　］・玄菟・臨屯・

真番の四郡を設置した。

後漢末年，［ c ］の乱を契機に，中国は群雄割拠の状態に陥り，遼東では公孫氏が自立した。公孫氏は呉と結んで魏に対抗したが，魏に滅ぼされた。(5) 魏はついで高句麗に出兵した。鮮卑慕容(ぼよう)部は魏の公孫氏・高句麗への遠征に従軍し，遼西に定住した。［ d ］の乱で洛陽が陥落すると，遼西・遼東は混乱に陥り，これに乗じた高句麗が，［ b ］郡を征服した。慕容廆(かい)は西晋の東夷校尉崔毖(さいしつ)を破って遼東を制圧し，高句麗と交戦した。慕容皝(こう)は燕王を自称し（前燕），龍城（今日の遼寧省朝陽市）(6)に都城を築いた。慕容儁(しゅん)は後趙を滅ぼした冉閔(ぜんびん)を破って中原（北中国の東半）を制圧し，皇帝を称したが，慕容暐(い)は前秦の苻堅(ふけん)に敗れ，前燕は滅亡した。

北中国をほぼ統一した苻堅は，東晋征服を図ったが，淝水(ひすい)の戦いで大敗し前秦は滅亡した。慕容部は独立を回復し，慕容垂が後燕を建国したが，鮮卑［ e ］部の北魏に参合陂(さんごうは)の戦いで敗れ，遼西に退去した。ついで，高句麗が遼東を奪取した。慕容宝・慕容盛ののちに立った慕容熙(き)が暗殺され，慕容宝の養子で高句麗人であった慕容雲（高雲）が擁立されたが，これも暗殺され，馮跋(ふうばつ)が北燕を建国した。馮弘のとき，北魏の侵攻で北燕は滅び，(7) 馮弘は高句麗領であった遼東に亡命したが，のちに殺害された。

問

(1)　17～19世紀の諸条約によって，今日の中露国境がおおむね画定された。

(ア)　1689年，外興安嶺（スタノヴォイ山脈）を国境とするネルチンスク条約が締結された。このときの清の皇帝は誰か。

(イ)　ロシアは1858年の条約で黒竜江（アムール川）左岸を獲得し，1860年の条約で沿海州を獲得した。1858年の条約の名を記せ。

(2)　『史記』匈奴列伝は中国北方の諸民族に関する最初のまとまった記述である。

(ア)　『史記』の著者は誰か。

(イ)　長城以北の諸民族の統一を達成し，漢に対峙(じ)した匈奴の君主は誰か。

(3)　秦の始皇帝は戦国時代の中国北辺の長城に基づき万里の長城を築いた。燕の隣国で中国北辺に長城を築いた国の名を記せ。

⑷　高祖はおおむね秦王政(のちの始皇帝)即位時の秦の旧領を直轄領とし，秦以外の六国の旧領に諸侯王を封建した。このような制度は何と呼ばれるか。

⑸　このときの魏の遠征軍司令官の孫で西晋を建国した人物は誰か。

⑹　北魏は龍城に営州という州を設け，マンチュリア諸民族との通交の窓口とした。のち営州出身とされる人物が8世紀半ばに起こした大乱は何と呼ばれるか。

⑺　北魏はほどなく北涼を滅ぼして北中国統一を達成した。

㈠　このときの北魏の皇帝は誰か。

㈡　このときの北魏の都の名を記せ。

B　人はしばしば特定の場所や地域を神聖視する。そのことが歴史の展開に及ぼした作用，現代の事象に与える影響は無視できない。

ヒジャーズ地方のイスラームの両聖都は，その保護者にムスリム君主としての威信を付与した。オスマン朝は，［　f　］の治世に両聖都の保護権を入手した。このことは，以後の同朝の君主たちがイスラームの守護者⑻として振舞う上での重要な根拠となった。

世界中のムスリムが巡礼の義務の遂行や預言者の墓廟への参詣のために両聖都を目指したことは，各地の経済にとって重要な意味を持った。1324年に巡礼を行ったマンサ＝ムーサ⑼は，その道中にカイロ⑽で大量の金⑾を気前よく分け与え，当地の金価格を大暴落させたと伝えられる。これは突出した事例だが，ムスリム巡礼者たちの往来が各地に様々な経済効果をもたらしたことは疑いない。

巡礼の義務は，政争や戦争で敗北が近づいた有力者たちの亡命の口実とされることがあった。彼らの「巡礼」も，それで無用な戦闘・破壊・混乱の継続が回避されたという意味で，経済的意義があったと言えるかもしれない。国共内戦末期，青海の軍閥のムスリム将領，馬歩芳は，蔣介石から惨敗必至の抗戦を命じられたため「巡礼」に発ち，そのまま中国に帰らずカイロに住み，のちアラビア半島のジェッダに移って⑿同地で没した。

両聖都へ向かうムスリムの動きは，新たな知の創出にも寄与した。両聖都のうち，北に位置する［　g　］は，17世紀，遠近のムスリム学者が集う，重要なイスラームの学術センターとなっていた。中でも，クーラーニーというク⒀

ルド系の人物が学者ネットワークのハブ的な存在として活躍した。彼の弟子筋に当たる人々は，世界各地におけるイスラーム思想の発展や政治・社会の動向に多大な影響を与えた。

クーラーニーの学統に連なるイブン＝アブドゥル＝ワッハーブは，サウード家をイデオロギー面で支え，その台頭を助けた。この際のサウード家の建国運動(14)は結局頓挫したが，のちに同家は，両聖都を支配する王国を建設した。アメリカがこの王国の防衛も目的として，その領内に軍隊を駐留させたこと(15)は，一部のムスリムから聖地の冒瀆(とく)とみなされ，2001年の同時多発テロ事件の一因になった。聖地は，ときに紛争の種にもなる。

ムスリムの聖地は，三大聖都(16)以外にも数多くある。例えば，セイロン島(17)のアダムズピークには，預言者アダムの足跡があるとされ，ムスリムの参詣地となっている。なお，この足跡を，仏教徒はブッダのそれ，ヒンドゥー教徒はシヴァ(18)のそれとみなしている。

タリム盆地(19)のムスリムたちは，そこにイスラームを伝道したと信じられている者たちの墓を，盛んに崇敬し，参詣してきた。その参詣活動は，タリム盆地のトルコ系ムスリム定住民(20)の一体感を育んだとも言われる。

問

(8) マレー半島と向かい合ってマラッカ海峡を形成する南側の島の北部に，15世紀末に成立したムスリム国家は，19世紀にオスマン朝を宗主と恃(たの)んで軍事支援を求めた。このムスリム国家の名称を記せ。

(9) この王が統治した国の名称を記せ。

(10) 当時，この都市を支配していた王朝は，軍人に俸給として一定の土地の徴税権を与える制度を採用していた。この制度の名称を記せ。

(11) 10世紀，建国当初，サハラ砂漠を縦断する塩金交易路の北側の入口をおさえて隆盛し，最盛期にはヒジャーズ地方まで勢力を及ぼした王朝の名称を記せ。

(12) 彼のジェッダ移住は，エジプトと中華人民共和国がバンドン会議(アジア＝アフリカ会議)での外交接触の翌年，国交を樹立したことが契機となったと言われる。当時のエジプトの指導者で，バンドン会議に参加して翌年に大統領に就任した人物は誰か。

(13) サファヴィー朝のタブリーズ再征服(1603年)に始まる戦争を避けて，多くのクルド系の学者たちがシリアなどに移住した。この戦争でサファヴィー朝の旧領を奪還した君主の名前を記せ。

(14) このサウード家の建国運動を挫折させた人物を始祖とする王朝の名称を記せ。

(15) この措置は，ある中東の国家元首が1990年に起こした軍事行動に対するものであった。この国家元首の名前を記せ。

(16) のちにイスラームの聖都となる地で，バビロン捕囚から解放されたヘブライ人が神殿を再興した。バビロンを征服してヘブライ人を捕囚から解放した王の名前を記せ。

(17) 17世紀半ば，ポルトガルにかわって，この島の一部を支配するようになったヨーロッパの国はどこか。

(18) 南インドのある王朝では，11世紀初めに即位した王が，新都に壮大なシヴァ寺院を築いたり，セイロン島やシュリーヴィジャヤ王国に出兵して海上交易覇権の掌握を目指したりした。この王朝の名称を記せ。

(19) 19世紀後半の一時期，この地域一帯に独立政権を樹立した，コーカンド=ハン国出身の人物は誰か。

(20) タリム盆地の西部では，10世紀末にサーマーン朝を滅ぼしたある王朝の治下で，住民のイスラーム改宗が進んだ。この王朝の名称を記せ。

Ⅲ 世界史B問題 (20点)

キリスト教世界がローマ=カトリック教会とギリシア正教会とに分裂していく過程について，8世紀に力点をおいて，教皇領の形成と関連づけながら，300字以内で説明せよ。解答は所定の解答欄に記入せよ。句読点も字数に含めよ。

Ⅳ　世界史B問題　(30点)

次の文章(A，B)を読み，下線部(1)~(25)について後の問に答えよ。また，Bについては［　　］中に当てはまる最も適切な語句を答えよ。解答はすべて所定の解答欄に記入せよ。

A　黒海は，地中海につながる内海である。ヨーロッパとアジアが接するところに位置するために，この海とその周辺地域は，言語的・文化的・宗教的に多様な背景をもった集団が出会い，相互に影響を与え合い，ときには激しく衝突する舞台となってきた。

エーゲ海の北東に位置するダーダネルス海峡からマルマラ海をへてボスポラス海峡を抜けると，黒海に入る。古代ギリシア人は，紀元前8世紀頃から，このルートをつうじて黒海に進出し，その沿岸の各地にポリスを築いた。(1)これらの黒海沿岸のポリスは，ギリシア人と黒海北岸に広がるステップ地帯に住む遊牧民との交易の拠点となった。(2)紀元前1世紀になると，黒海南岸の一帯は，ローマの支配下に組み込まれた。紀元後8年には，当時のローマを代表する叙情詩人であったオウィディウスが黒海沿岸に追放されている。(3)4世紀前半になると，コンスタンティヌス帝(4)は，ボスポラス海峡の西岸に，新たな首都となる都市コンスタンティノープルを築いた。

4世紀末にローマ帝国が東西に分裂すると，黒海の西岸から南岸にかけての地域は，東ローマ帝国(ビザンツ帝国)の支配下におかれた。西ローマ帝国の滅亡後もビザンツ帝国の勢力は衰えず，6世紀には地中海を取り囲む地域に支配を広げるにいたった。(5)他方，11世紀末に，西方のキリスト教諸国は，ムスリムの支配下に入ったイェルサレムを奪回するために十字軍をおこした。しかし13世紀になると，十字軍は当初の目的から離れて，コンスタンティノープルを占領・略奪した。(6)14世紀からはオスマン帝国がアナトリアから西方に向かって勢力を拡大し，バルカン半島に進出した。1402年，オスマン帝国は，東方からアナトリアに進出した勢力に大敗したが，(7)その後国力を回復し，1453年にはコンスタンティノープルを占領してビザンツ帝国を滅ぼした。

この頃，黒海北岸のクリミア半島にはクリム＝ハン国が成立しており，1475年以降はオスマン帝国の宗主権のもとにおかれた。他方で，バルト海南岸から東南方に勢力を拡大したリトアニア大公国は，1386年にポーランド王国と同君連合を結んだ。(8) ローマ＝カトリックの君主が支配するポーランド＝リトアニア国家は，黒海北方のステップ地帯で，オスマン帝国を後ろ盾とするクリム＝ハン国とたびたび衝突することになった。「ウクライナ」と呼ばれたこのステップ地帯に，15世紀から16世紀にかけて，領主の抑圧を嫌う農民たちが逃げ込み，コサックと呼ばれる集団を形成するようになる。17世紀半ば，ウクライナのコサックは，この地域を支配するポーランドに対して反乱を起こした。1654年，ウクライナ＝コサックはモスクワ大公国(ロシア)(9)と協定を結んでその宗主権のもとに入るが，1667年にはロシアとポーランドが協定を結び，ウクライナは，おおむねドニプロ川(ドニエプル川)の東西で分割されることになった。

18世紀前半，ピョートル1世のもとでロシアは北方戦争に勝利し(10)，バルト海の覇権を握ってヨーロッパの強国の一翼を担うようになる。ピョートル1世は黒海への進出も意図し，アゾフ海の制海権をめぐってオスマン帝国と戦った。18世紀後半になると，ロシアはさらに積極的に黒海北方への進出政策を展開した。1782年，エカチェリーナ2世はウクライナ＝コサックが支配していた領域を直轄領とし，翌83年にはクリム＝ハン国を併合してクリミア半島を支配下においた(11)。さらに，ポーランド＝リトアニアの分割に加わってその領土を併合することによって，ウクライナ中西部を支配下に組み込んだ(12)。こうして黒海の北方に勢力を広げたロシアは，19世紀をつうじて，黒海の覇権と地中海への自由通航権などをめぐって，オスマン帝国や西欧の列強と戦争を繰り返す(13)ことになる。

問

(1)　このようにギリシア人が本国から離れて建設したポリスを何と呼ぶか。その名称を記せ。

(2)　紀元前5世紀に，小アジア出身のギリシア人歴史家が，ペルシア戦争を主題とする歴史書のなかで，これらの黒海北岸の諸民族についても記述している。この歴史家の名を記せ。

⑶　この詩人の追放は，当時のローマを支配する最高権力者の命令によるものであった。この支配者の名を記せ。

⑷　この皇帝が発布した命令によって，キリスト教はローマ帝国に公認された。この命令の名称を記せ。

⑸　㋐　首都コンスタンティノープルで，6世紀に，当時の皇帝の指導のもとに，ビザンツ様式を代表する大聖堂が再建されている。この大聖堂の名称を記せ。

㋑　7世紀以降，ビザンツ帝国は，異民族の侵入に対処するため，帝国の領域を区分して司令官に軍事と行政の権限を付与した。この制度の名称を記せ。

⑹　このときの十字軍がコンスタンティノープルを占領して建てた国家の名称を記せ。

⑺　このときの会戦でオスマン帝国に勝利した国家の指導者の名を記せ。

⑻　このときに成立した王朝の名を記せ。

⑼　このときのロシアの王朝の名を記せ。

⑽　この戦争で敗れてバルト海の覇権を失った国の名を記せ。

⑾　ロシアはクリミア半島の南端に黒海艦隊の拠点を築いた。この軍事的な要地の名を記せ。

⑿　ロシアは，第2次ポーランド分割によってウクライナ中西部を併合した。このときロシアとともにポーランドの分割に加わった国の名を記せ。

⒀　㋐　1878年，ロシアはオスマン帝国とのあいだに自国に有利な講和条約を結んだ。この条約の名称を記せ。

㋑　㋐の条約におけるロシアの南下政策の成功にイギリスとオーストリアが反発し，ベルリンで開かれた国際会議によってロシアの企図は阻止された。この国際会議で調停役を務めた政治家の名前を記せ。

B　人類の言語は分化と混交を繰り返している。地域や民族を超えた意思疎通の必要性から，人々は共通語を設定し，時にそれを他者に強要してきた。ヨーロッパにおける共通語のあり方は世界の言語状況にも影響を与えた。

西欧ではローマ帝国で用いられていたラテン語の権威が強固だった。ラテン語が帝国の主要言語だったことに加え，教会でもラテン語訳の聖書が正典化さ⒁

れ，典礼もラテン語でおこなわれるようになったことが大きい。しかし俗語（非ラテン語）による行政文書の作成や文芸活動は宗教改革前から進んでおり，活版印刷の普及や新約聖書の俗語訳(15)などがラテン語の地位低下を加速させた。(16)1492年には初の近代ヨーロッパ言語の文法書とされる『カスティーリャ語文法』が出版された。17世紀頃から大学の講義も徐々に俗語化されている。

ラテン語は今も多くの国で教養として学ばれており，(17)さまざまな学問分野でラテン語の造語規則に従って新語が作られている。多言語状況の中で中立的とみなされたラテン語を用いる慣行は近代以降にも散見される。例えば，4つの公用語があるスイス連邦は，19世紀後半にラテン語の「(18)コンフェデラティオ＝ヘルヴェティカ（ヘルヴェティア連邦）」を正式国名の一つとした。また，(19)ヴァチカン市国では現在もラテン語が公用語である。しかし，ローマ＝カトリック教会も1960年代に典礼の非ラテン語化を容認しており，日常的なラテン語使用の機会は減っている。

一方，ローマ帝国の東部地域ではギリシア語が広く用いられていたが，新約聖書はシリア語などにも翻訳されていた。トルコ系遊牧民がバルカン半島に侵入して［　a　］を建国すると，先住民族であるスラヴ人との混血が進み，9世紀後半のキリスト教受容後に聖書や典礼のスラヴ語化が進められた。教会スラヴ語はキリスト教とともに他のスラヴ系諸民族にも浸透した。加えて東欧ではドイツ語も広められたが，ギリシア語も教会スラヴ語もドイツ語も，西欧におけるラテン語ほどの地位を獲得することはなかった。

17世紀には，フランスの国力を背景に，さまざまな分野でフランス語が広く使われるようになった。1635年には(20)フランス語の整備を主目的とする組織が設立された。(21)18世紀にフランス語はヨーロッパの共通語の地位を獲得した。神聖ローマ帝国の一部やロシアやオランダなどの上流階級はフランス語を常用した。しかし19世紀にはフランス語の地位も徐々に低下した。例えば，1856年のパリ条約はフランス語を正文としたが，(22)1919年のヴェルサイユ条約の正文は英語とフランス語である。

一方で16世紀以来，ヨーロッパの諸言語は植民地化を通じて話者を増加させた。この増加はときに暴力的に成し遂げられたが，(23)脱植民地化以降も，ヨーロッパの言語が非ヨーロッパ地域で使われつづけている例は多い。20世紀後半には，旧植民地諸国での話者の多さや，アメリカ合衆国の超大国化などを要因として，英語が次第に優位になっていった。

他方，既存の特定の言語ではなく人工言語を共通語にする試みもあった。ラテン語が衰退しつつあった17世紀後半には多くの人工言語が構想された。例えば，単子論を提唱し積分記号や二進法でも有名な［ b ］は，漢字を参考にしつつ，概念的に整理された普遍記号を構想した。フランス語の権威が揺らぎつつあった19世紀後半にも第二の人工言語ブームがあった。特に，ロシア帝国領生まれのユダヤ系ポーランド人であるザメンホフ(24)によるエスペラント語の普及活動は一定の広がりを見せた。しかし国際連盟(25)の作業言語にエスペラント語を採用する試みはフランスの反対によって実現されず，ソ連邦でもエスペラント語の普及活動は弾圧された。

［ b ］の普遍記号構想の一部は電子計算機に受け継がれたといえる。現代では機械翻訳による言語習得の負担減も試みられつつあるが，複雑な情報の正確な伝達のツールとしてはまだまだ課題も多い。

問

⒁　典礼のラテン語化と前後して正統教義も確立された。三位一体説について簡潔に説明せよ。

⒂　神聖ローマ帝国のベーメン(ボヘミア)では，ルターに先駆けて聖書の俗語訳や教会改革運動がおこなわれていた。

(ア)　改革を提唱し火刑となった人物の名を記せ。

(イ)　コンスタンツ公会議でこの人物とともに異端宣告を受けたイングランドの神学者の名を記せ。

⒃　このときのカスティーリャ王国の女王は誰か。

⒄　18世紀に動植物の学名の命名法を確立したスウェーデン人学者の名を記せ。

⒅　1798年から数年間，ヘルヴェティア共和国という国家が存在していた。スイスに侵攻し，この国家を建てさせた国の名を記せ。

⒆　イタリア王国と教皇庁は長らく対立状態にあった。最終的にヴァチカン市国の独立を認めた時のイタリアの首相の名を記せ。

⒇　この組織の名を記せ。

(21)　この時期の代表的なフランスの啓蒙思想家で『哲学書簡』(『イギリス便り』)などを著した人物の名を記せ。

(22)　この条約で非武装化された地域の名を記せ。

(23)　アフリカの植民地が多数独立し「アフリカの年」と呼ばれたのは何年か。

(24)　ザメンホフは1870年代後半ごろから人工言語を構想していたとされるが，その後ロシアにおけるユダヤ人の状況は急激に悪化した。ある皇帝の暗殺が大規模な反ユダヤ暴動の引き金となった。その皇帝の名を記せ。

(25)　ある国はこの組織に参加しなかったが，1920年代には国際平和を求める活動を主導するようになった。1928年の不戦条約に，この国の代表として署名した人物の名を記せ。

地 理

（90 分）

I 地理B問題 （20 点）

下の地図は，インドにおける5つの工業都市と鉱産物の産地を示している。下の地図を参照しながら次の文章を読み，問(1)～(5)に答えよ。解答はすべて所定の解答欄に記入せよ。字数制限のある問については，句読点も字数に含めよ。

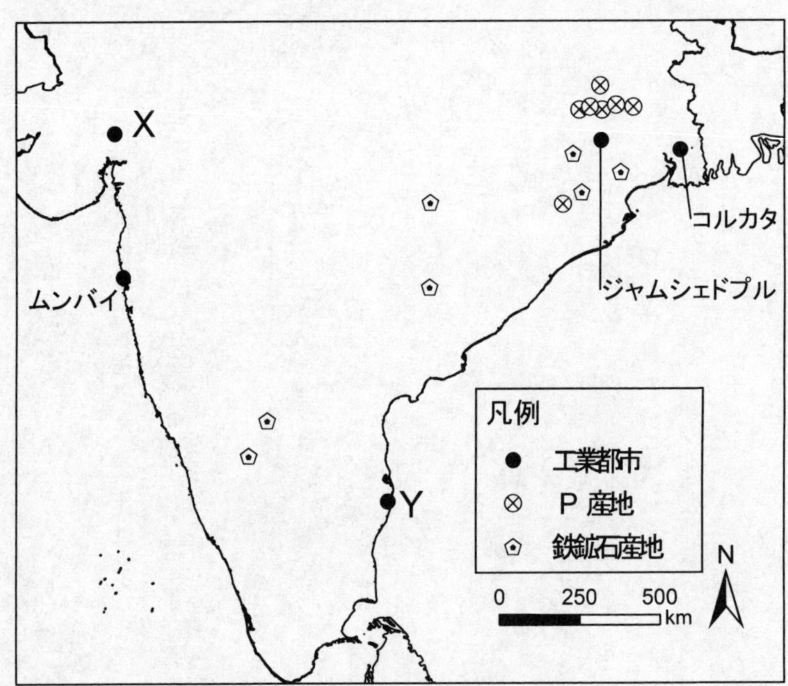

資料：*Indian Minerals Yearbook* (2019) など

インドでは，イギリスの植民地時代にムンバイや［ア］における綿工業と，$\underset{S}{\text{コルカタにおけるジュート工業が発達した}}$。コルカタの西に位置する$\underset{T}{\text{ジャムシェドプルはインド初の製鉄所が建設された都市である}}$。

独立後のインドでは経済的に停滞した時代が続いた。しかし，1990年代以降は従来の［A］経済体制から［B］経済体制に移行したことによって，急速な経済成長が進んでいる。インドは$\underset{U}{\text{多くの外国資本をひきつけており}}$，インドを含む経済成長が著しい5か国は［C］と呼ばれてきた。［D］産業は首都や［イ］において著しく発展しており，日系企業の工場も立地している。

従来の鉱業生産もさかんに行われ，インドにおけるP(上の地図中の凡例)の産出量は世界でも上位に入る。インドで生産されるPのうち8割が，地表から直接鉱産物を削り取る［E］掘りによって産出されている。

問

⑴　文中の［A］～［E］に入る語句を答えよ。

⑵　文中の［ア］と［イ］に入る都市は地図中X・Yのいずれかである。［ア］に入る都市名を解答欄①，［イ］に入る都市名を解答欄②にそれぞれ答えよ。

⑶　下線部Sについて，ジュート工業の原料の主要な生産地を，その地形的特徴も含めた名称で解答欄①に答えよ。この地域が原料生産地となった気候上の要因を，解答欄②に述べよ。

⑷　下線部Tに関連して，上の地図中の凡例Pの鉱産物名を解答欄①に答えよ。ジャムシェドプルに製鉄所が建設された立地上の要因を，解答欄②に35字以内で述べよ。

⑸　下線部Uについて，外国資本をひきつける要因となっているインドの人口構成上の特徴を10字以内で述べよ。

Ⅱ　地理B問題　(20点)

都市に関する以下の文を読み，人口増減率の推移を示した次のグラフを見て，問(1)～(7)に答えよ。なお，グラフのA～Dは，愛知県春日井市，神奈川県川崎市，東京都中央区，富山県富山市のいずれかである。解答はすべて所定の解答欄に記入せよ。字数制限のある問については，句読点も字数に含めよ。

都市人口の増加は世界的にみられる現象であるが，その時期や要因は国・地域によって異なる。日本では第二次世界大戦後，三大都市圏への人口集中が顕著になった。大都市圏の都心地域には，官公庁や大企業の本社オフィスなどの中枢管理機能が集積する［ア］が形成され，高層ビルが林立する都市景観が現れた。こういった都心地域には多くの人々が通勤してくるため，昼間人口が夜間人口を上回る（W）ことが多い。他方で，急増した人口が引き起こした居住環境の悪化に対応するため，高度経済成長期以降に郊外の開発が大規模に進められ，多摩ニュータウンや千里ニュータウンといった住宅都市（X）が建設された。

このような都市の人口増加と拡大は，郊外において無秩序な開発が進む［イ］現象を生じさせることになった。アメリカやヨーロッパの諸都市では，都心部の古くからある市街地で住宅環境や治安が悪化する［ウ］も顕在化した。近年はそのような都心周辺の再開発（Y）が活発であり，河川や港湾を活用した［エ］開発も進められている。また，［イ］の抑制や中心市街地の活性化などを目的とするコンパクトシティ政策（Z）への取り組みは日本でも進められている。

問

(1)　文中の［ア］～［エ］に当てはまる語句を答えよ。

(2)　グラフに示したA～Dのうち，2020年時点で下線部Wの状態に該当する市区を2つ選んで解答欄に記号で答えよ。

(3)　グラフのDは下線部Xの特徴をもつ都市の典型例であるが，2000年頃から高齢化率の上昇が顕著にみられるようになった。その理由を40字以内で述べよ。

(4) グラフを見ると，1960～70 年および 1970～80 年にかけて，Aの人口増減率はマイナスであるのに対してDは大幅なプラスの値を示している。これは，都市圏の人口分布の変化に関するある現象が，それぞれに反映されたものと考えられる。この現象を何というか答えよ。

(5) 下線部Yに関連して， ウ により衰退・荒廃した地区の再開発が進むと，住民の入れ替わりが起こる。その際に流入および流出しやすい住民はそれぞれどのような特徴をもつのか，解答欄①に 30 字以内で述べよ。またそのような現象を何というか，解答欄②に答えよ。

(6) エ 開発の代表的な例として，ロンドンの旧港湾地区であり，現在はオフィスや商業施設，住宅が建ち並ぶ再開発地域の名称を答えよ。

(7) グラフのCは，下線部Zに関する先進的な取り組みで知られる。その取り組みの一環としてCにおいて導入された都市公共交通システムを何というか答えよ。

人口増減率の推移

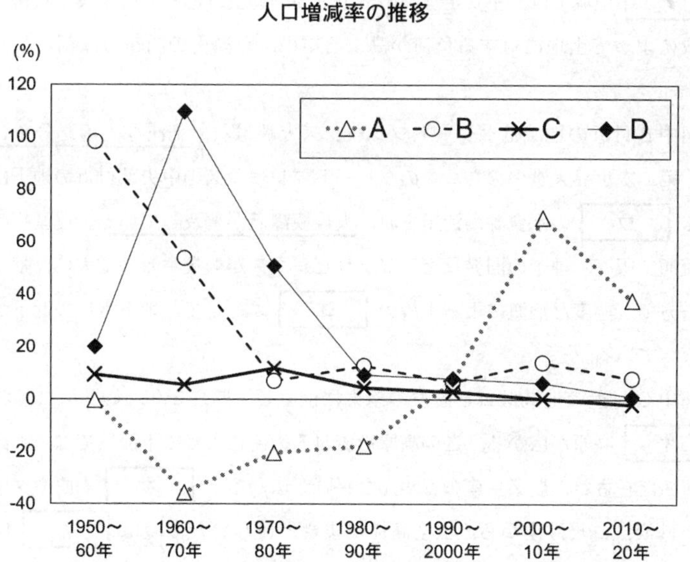

資料：国勢調査

注：対象期間中に合併があった場合，現在の市・区域に基づいて集計した値を示した。

III 地理B問題 (20点)

次の地図は，世界における砂漠化の危険性の高い地域を示したものである。以下の砂漠化に関連した文章を読み，問(1)〜(5)に答えよ。解答はすべて所定の解答欄に記入せよ。字数制限のある問については，句読点も字数に含めよ。

砂漠化は降雨の少ない乾燥帯で生じやすく(P)，自然条件と人為的な条件が組み合わさって，その影響が大きくなる。砂漠化の危険性が高い地域の多くは，穀倉地帯や牧畜生産のさかんな地域であり(Q)，砂漠化の問題は世界の食料問題に直結する。

図中A付近の地域は［ ア ］地域と呼ばれる。［ ア ］は，もともとアラビア語で岸辺を意味する。6月から8月にかけて［ イ ］帯が北上することで，降雨がもたらされる。［ イ ］帯は赤道付近で太陽エネルギーを大量に受け，空気が温められて上昇気流となり，気圧が下がることで発生する。［ ア ］地域では，不安定な降雨や干ばつの発生，あるいは農業や牧畜，薪の採取によって土地に対する負荷が高まる結果，砂漠化の問題が深刻になっている。

図中B付近の地域はグレートプレーンズと呼ばれ，肥沃な土壌が分布している(R)。第二次世界大戦ののち，このグレートプレーンズの中央部付近の地下に存在する［ ウ ］の水資源が活用され，大規模灌漑が普及している(S)。農産物の生産や流通，販売，種子の開発など，アグリビジネスが農業生産の増大に貢献してきた一方で，過度な灌漑による土壌の［ エ ］，そして，地下水位の低下が問題となっている。

図中C付近の地域はゴビ砂漠の南東に位置し，厚さ250mのレスに覆われた［ オ ］高原が広がる。この高原を流れる大河によって下流域では，肥沃な土壌がもたらされ，農業生産のさかんな平野が広がる。［ オ ］高原やタクラマカン砂漠，ゴビ砂漠から，上空高くにまきあげられた砂塵は［ カ ］によって，日本列島に到達することもある。

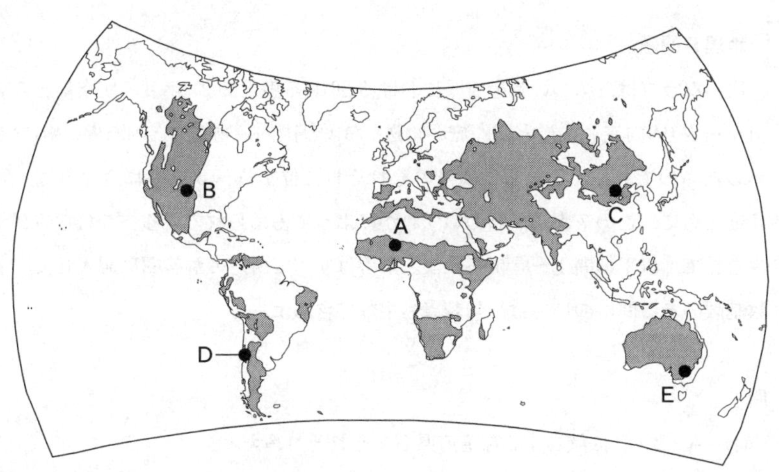

資料：*World Atlas of Desertification* (1997) など

問

(1) 文中の ア ～ カ に当てはまる語句を答えよ。

(2) 下線部Pと関連して，図中D付近の地域では，海岸線に沿って砂漠化の危険性が高い地域が存在する。自然条件に着目して，その原因について40字以内で述べよ。

(3) 下線部Qと関連して，図中E付近の地域で，もっとも多く飼育されている家畜を解答欄①に答えよ。また，この地域では農業や牧畜をおこなうために特有の井戸が掘られ，地下水が取得されている。この井戸の名称を，解答欄②に述べよ。

(4) 下線部Rと関連して，ミシシッピ川より西側の地域にみられる肥沃な黒色土壌の名称を解答欄①に答えよ。また，この土壌が成立する地域の植生を，解答欄②に10字以内で述べよ。

(5) 下線部Sと関連して，図中B付近の地域にみられる大規模なスプリンクラーによる大規模灌漑の名称を解答欄①に答えよ。また，大規模灌漑の普及による農業の変化がもたらしたB地域における牧畜業の変化について，解答欄②に30字以内で述べよ。

Ⅳ　地理B問題　(20点)

次のグラフは，7つの都道府県における2019年度と2021年度の航空輸送の統計データ(国内旅客輸送と国際旅客輸送，および国内貨物輸送と国際貨物輸送)を示したものである。これら4項目のそれぞれ上位1位～5位の都道府県は，両年度ともに，この7都道府県のいずれかによって占められている。これらのグラフを見て，以下の問(1)～(5)に答えよ。解答はすべて所定の解答欄に記入せよ。字数制限のある問については，句読点も字数に含めよ。

問

(1)　A・B・Cに該当する都道府県名をそれぞれ答えよ。

(2)　A・大阪府・Cの主要な空港に関して，「ハブ空港」としての発展を求める見方がある。ハブ空港とはどのような空港か，解答欄①に40字以内で述べよ。また，ヨーロッパ有数のハブ空港をもつドイツの都市名を，解答欄②に答えよ。

(3)　B・沖縄県・福岡県において国内旅客輸送が大きい理由を，他の交通手段と比較した場合の航空交通の特性に留意して，40字以内で述べよ。

(4)　大阪府やC，愛知県のように，貨物輸送に国際線が占める比重が大きい都道府県がみられる。国際輸送において航空交通が選択される貨物にはどのような特徴があるか，30字以内で述べよ。

(5)　2019年度と比較して，2021年度の航空輸送には大きな変動が生じた。この変動の背景にはある感染症の流行がある。こうした感染症の世界的な流行をあらわす用語を解答欄①に答えよ。また，両年度の間で生じた旅客輸送の変動と貨物輸送の変動には，顕著な違いがみられた。その違いが生じた理由を，解答欄②に40字以内で述べよ。

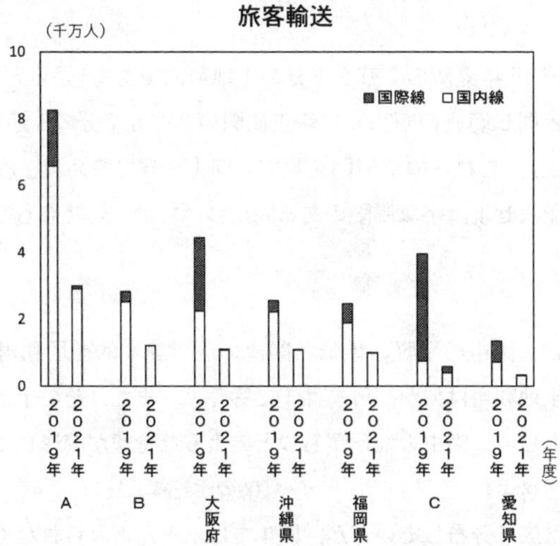

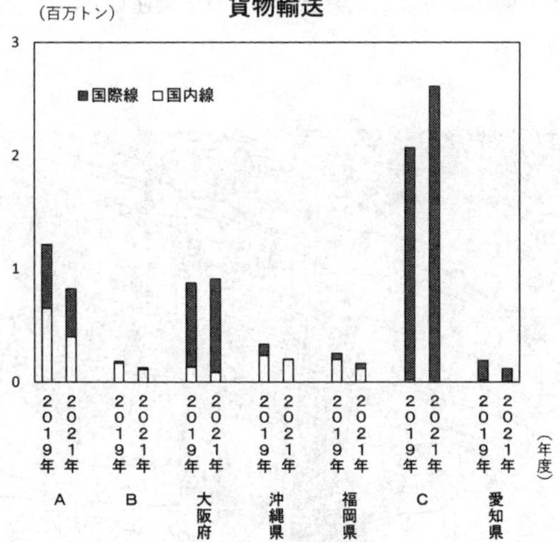

資料：データでみる県勢 2023

注：旅客輸送は乗降客数(国際線は通過客も含む)，貨物は積み下ろし貨物の重量による。また，大阪国際空港(伊丹空港)は大阪府に計上している。

V　地理B問題　(20点)

図1は，平成19年更新の2万5千分の1地形図である(原寸大，一部改変)。**図2**は，**図1**と同じ範囲の昭和4年修正測図の2万5千分の1地形図である(原寸大，一部改変)。これらの地形図を見て，問(1)~(5)に答えよ。解答はすべて所定の解答欄に記入せよ。字数制限のある問については，句読点も字数に含めよ。

問

(1)　**図1**には，図中の平野の地形と関連の深い農業的土地利用が広くみられる。その土地利用は何か，解答欄①に答えよ。また，その土地利用が形成された背景として，図中の地形がもつどのような特徴が関連しているのか，解答欄②に述べよ。〔②の解答欄〕ヨコ14.4cm×タテ1.0cm

(2)　**図2**では広く分布していたが，**図1**ではほとんどみられなくなった農業的土地利用は何か，解答欄①に答えよ。また，その土地利用での生産物は，かつての日本で盛んであった工業とどのように関連していたのか，解答欄②に30字以内で述べよ。

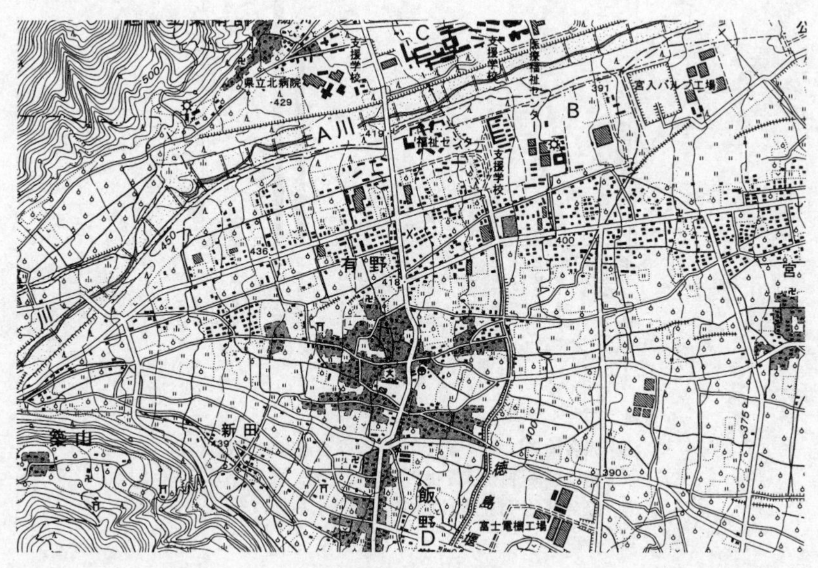

図1

編集部注：編集の都合上，80%に縮小

⑶　**図1**におけるBの工場周辺は，**図2**ではどのような場所であったか，A川の変化をふまえて述べよ。　〔解答欄〕ヨコ14.4cm×タテ1.0cm

⑷　**図1**のA川には，河川内に水流と直交するように多数のせきが設けられている。これらは何を目的に設置されたものか，地形の特徴とA川の水流の状況をふまえて，40字以内で述べよ。

⑸　徳島堰(C—D)が人工的に建設された用水路であり，自然の流路ではないことは，**図1**のどのような点に表れているか，名称や用水路沿いの盛り土以外の点を，解答欄①に2つ述べよ。徳島堰は江戸時代に開削された用水路であるが，図中の範囲の開発に徳島堰がどのような役割を果たしたのか，地形と農業との観点から，解答欄②に述べよ。また，このような江戸時代の開発によって形成された村落は一般に何と呼ばれるか，解答欄③に答えよ。

〔解答欄〕①各ヨコ14.4cm×タテ1.0cm
②ヨコ14.4cm×タテ1.0cm

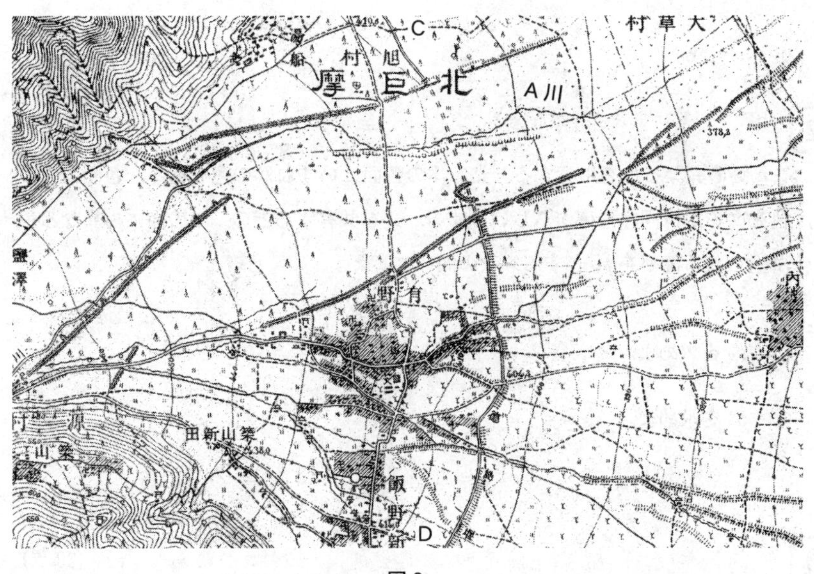

図2

編集部注：編集の都合上，80％に縮小

数 学

（120 分）

(注) 150 点満点。総合人間（文系）学部は 200 点満点に，文学部は 100 点満点に換算。

1

(30 点)

四面体 OABC が次を満たすとする.

$$\mathrm{OA} = \mathrm{OB} = \mathrm{OC} = 1,\quad \angle\mathrm{COA} = \angle\mathrm{COB} = \angle\mathrm{ACB},\quad \angle\mathrm{AOB} = 90^\circ$$

このとき，四面体 OABC の体積を求めよ.

2

(30 点)

n 個の異なる色を用意する．立方体の各面にいずれかの色を塗る．各面にどの色を塗るかは同様に確からしいとする．辺を共有するどの二つの面にも異なる色が塗られる確率を p_n とする．次の問いに答えよ.

(1) p_3 を求めよ.

(2) p_4 を求めよ.

3

(30 点)

a は正の定数とする．次の関数の最大値を求めよ.

$$f(x) = \left|x^2 - \left(ax + \frac{3}{4}a^2\right)\right| + ax + \frac{3}{4}a^2 \quad (-1 \leqq x \leqq 1)$$

4

(30 点)

ある自然数を八進法，九進法，十進法でそれぞれ表したとき，桁数がすべて同じになった．このような自然数で最大のものを求めよ．ただし，必要なら次を用いてもよい．

$$0.3010 < \log_{10} 2 < 0.3011,\quad 0.4771 < \log_{10} 3 < 0.4772$$

5

(30 点)

関数 $y = x^2 - 4x + 5$ のグラフの $x > 1$ の部分を C とする．このとき，下の条件を満たすような正の実数 a，b について，座標平面の点 $(a,\ b)$ が動く領域の面積を求めよ．

「C と直線 $y = ax + b$ は二つの異なる共有点を持つ．」

問一　傍線部(1)はどういうことか、説明せよ。

問二　傍線部(2)を、適宜ことばを補いつつ現代語訳せよ。

問三　傍線部(3)を、適宜ことばを補いつつ現代語訳せよ。

問四　傍線部(4)はどういうことか、説明せよ。

問五　傍線部(5)のようになったのはなぜか、直前の和歌の内容に基づいて説明せよ。

〔解答欄〕問一　一四センチ×二行
問四　一四センチ×三行
問五　一四センチ×四行

しに、

契りありて竹の末葉にかけし名の空しき節にさて残れとや

（『とはずがたり』より）

注（＊）

故大納言＝作者の父、大納言久我雅忠。

諷誦＝諷誦文。仏事にあたり、仏や僧などに布施を供える際に添える文章。

この度の勅撰＝第十三番目の勅撰和歌集『新後撰和歌集』。

続古今＝第十一番目の勅撰和歌集『続古今和歌集』。ただし、ここは「続後撰」（第十番目の『続後撰和歌集』）とあるべきところである。

竹園八代＝「竹園」は親王家の血筋のこと。雅忠は具平親王より数えて八代目にあたる。

久我の大相国＝太政大臣久我通光。

落葉が峰の露の色づく＝『新古今和歌集』所収の和歌を指す。

おのが越路も春のほかかは＝『続後撰和歌集』所収の和歌を指す。

兵部卿隆親＝四条隆親。

鷲尾の臨幸＝「鷲尾」は京都市東山区の霊山付近。ここに四条家の別荘があり、後嵯峨院が花見のために御幸をした。

今日こそ花の色は添へつれ＝『続古今和歌集』所収の和歌を指す。

人丸＝柿本人麻呂のこと。和歌の神として崇められた。

三　次の文は、『とはずがたり』の一節である。後深草院の女房であった作者は、今は御所を出て出家の身となっている。これを読んで、後の問に答えよ。（五〇点）

さても故大納言身まかりて今年は三十三年になり侍りしかば、形のごとく仏事など営みて、例の聖のもとへ遣はし諷誦に、

(1)つれなくぞめぐりあひぬる別れつつ十づつ三つに三つ余るまで

神楽岡といふ所にて煙となりし跡を尋ねてまかりたりしかば、旧苔露深く、道を埋みたる木の葉が下を分け過ぎたれば、石の卒塔婆、形見がほに残りたるもいと悲しきに、(2)「さてもこの度の勅撰には漏れ給ひけるこそ悲しけれ。我、世にあらましかば、などか申し入れざらむ。続古今よりこの方、代々の作者なりき。また、わが身の昔を思ふにも、竹園八代の古風、空しく絶えなむずるにや」と悲しく、(3)最期終焉の言葉など数々思ひ続けて、

古りにける名こそ惜しけれ和歌浦に身はいたづらに海人の捨て舟

かやうにくどき申して帰りたりし夜、昔ながらの姿、我もいにしへの心地にて相向かひて、この恨みを述ぶるに、「祖父久我の大相国は『落葉が峰の露の色づく』言葉を述べ、我は『おのが越路も春のほかかは』と言ひしより、代々の作者なり。外祖父兵部卿隆親は、鷲尾の臨幸に『今日こそ花の色は添へつれ』と詠み給ひき。(4)いづ方につけても、捨てらるべき身ならず。具平親王よりこの方、家久しくなるといへども、和歌の浦波絶えせず」など言ひて、立ちざまに、

なほもただかきとめてみよ藻塩草人をもわかず情けある世に

とうちながめて立ち退きぬと思ひて、うちおどろきしかば、空しき面影は袖の涙に残り、言の葉はなほ夢の枕に留まる。

(5)これより、ことさらこの道をたしなむ心も深くなりつつ、このついでに人丸の墓に七日参りて七日といふ夜、通夜して侍り

パテチック＝感傷的な。
恒河沙数＝ガンジス川の砂の数。極めて数が多いことを意味する。
揣摩＝推測。

問一　傍線部(1)はどういうことか、説明せよ。

問二　傍線部(2)について、ここでの「ニヒル」とはどういうことか、説明せよ。

問三　傍線部(3)はどういうことか、説明せよ。

問四　傍線部(4)はどういうことか、説明せよ。

問五　傍線部(5)はどういうことか、説明せよ。

〈解答欄〉問一～問三　各一四センチ×三行
問四・問五　各一四センチ×四行

永遠の時間性は又空間性に変貌して高度な普遍性につながる。此の普遍性は所謂通俗性とは峻別せらるべきもので、人間精神の地下水的意味に於ける遍漫疏通の強力な照応であつて、これなくしては芸術の人類性が成立しない。およそ芸術上の大きさとは此を意味する。(4)真に独自の大きさを持つ芸術作品は直ちに人にうけ入れられない。必ず執拗な抵抗をうける。不可解のためである事もあり、解(わか)り過ぎるためである事もある。しかも太陽が霜を溶かすやうにいつの間にか人心の内部にしみ渡る。真に大なるものは一個人的の領域から脱出して殆ど無所属的公共物となる。有りがたさが有りがたくなくなるほど万人のものとなる。「ベトオフエン*は死んだ」と言はれる頃、ベトオフエンは人類の心に隈(くま)なく住むに至る。芸術上の大を持たない作品は特殊の美として存在するが斯の如き悠久にして普遍の感を持たない。(5)偏倚(へんい)の美乃至(ないし)パテチツク*の美は斯の如き形而上的の永遠を持たない。しかも世界に星の真砂(まさご)の如く、恒河沙数(ごうがしゃすう)*の如くきらめくさういふ明滅の美こそ真に大なるものを生ましめる豊饒の場となるのである。

芸術上の此の永遠性が何処から来るか。こればかりは如何に論議を重ねても人間の揣摩(しま)*の及ぶところでない。精神力、然(しか)り。叡智、然り。大愛、然り。熱情、然り。純無垢、然り。技能、然り。結局人間精神と技術芸能との超人的な境に於ける結合から来るのであらうと今のところ平凡に考へる外はない。

(高村光太郎「永遠の感覚」)

注(*)

夢殿＝法隆寺夢殿。

斗筲の徒＝器量の小さい者。

ベトオフエン＝ベートーヴェン。

ではないか。天地といへども壊滅は予約されてゐるし、第一、自己が死んで此世に消滅した後の作品の不朽と否とを心にかけるといふ事自身が既に卑しい考ではないか。さういふ関心事一切が一種の虚栄であり、空の空なるものを欲する弱さではないか。芸術に関して永遠性といふやうなことを口にするのがそもそも迂愚であり、荒唐の言を弄するに外ならないではないか。芸術は製作時に於ける作者内面の要求を措いて他に考へる余地を持たないのが本当ではないか。

そこで又考へる。芸術の求める永遠性そのものが単に時間の問題にとどまるならば此の疑問も至当である。そしてただ時間を凌がうといふ欲望に駆られることが芸術家の焦心事であるならば、それは確かに卑俗の心であるに相違ない。永遠性とは果して時間の問題か。しかし、どうも違ふ。芸術の実際を思ひ合せると、どこか此の推考には間違がある。

(3)芸術に於ける永遠とは感覚であつて、時間ではない。これが根本である。

一つの芸術作品の持つ永遠性とは、(むろん価値の持続性を含むが、)その作品の力が内具する永遠的なるものの即刻即時に於ける被享受性であつて、決して永遠時への予約や予期ではない。その不滅とは不滅を感ぜしめる力であつて、決して不滅といふ事実の予定認識ではない。持続を瞬間に煮つめた、言はば、無の時間に於ける無限持続の感覚なのである。明日焼き棄てられる事の決定してゐる作品にもわれわれは永遠を感ずることが出来るであらうし、有ると思へばあり無いと思へば無いやうな、あるかなきかの感動をうたつた詩歌にもわれわれは永遠を感ずる。前者は物質上、後者は内容上に永遠を拒否してゐる場合である。それ故、芸術が永遠を欲するのは長命を欲するのでなくして、性格を欲するのである。芸術は美を求めて進むものであり、その美の奥にはおのづから永遠を思はせるものが存在する。美は常に或る原型へと人を誘導する性質を持つてゐるからである。

二　次の文を読んで、後の問に答えよ。（五〇点）

芸術上でわれわれが常に思考する永遠といふ観念は何であらう。永遠性とか、悠久性とかいふのは一体何の事であらう。仮に類似の言葉を求めてみると、永遠、永久、悠久、永続、無限、無終、不断、不朽、不死、不滅といふやうなものがあり、どれを見ても其の根本の観念として時間性を持たぬものはない。

永遠とは元来絶対に属する性質で、無始無終であり、無限の時間的表現と見るべきであらう。本来これは神とか、物質自体とかいふ観念以外には用ゐられない言葉であるはずで、もともと人間の創作に成る芸術圏内に之を使ふのは言葉の転用に過ぎない。或る一つの芸術作品が永遠性を持つといふのは、既に作られたものが、或る個人的観念を離れてしまつて、まるで無始の太元から存在してゐて今後無限に存在するとしか思へないやうな特質を持つてゐる事を意味する。*夢殿(ゆめどの)の観世音像は誰かが作つたといふ感じを失つてしまつて、まるで天地と共に既に在つたやうな感じがする。そして天地と共に悠久であるやうに思はれる。恐らく芸術の究極の境は此処に存するのであらう。われわれ芸術にたづさはるものが此の永遠性を日月のやうに尊崇し、今日あつて明日は無いやうな芸術的生命から脱却したいと思ふのは、あながちただ*斗筲(とせう)の徒たるが故ばかりではなく、(1)至極当然なことである。

ところで(2)其処へニヒルが頭を出す。永遠などといふ事があてになるだらうか。不朽、不滅などといふのはあはれな形容詞に過ぎなくはないか。法隆寺金堂の壁画は毎日毎夜崩壊をつづけてゐる。エジプトの古彫刻とて高が五十世紀の年月を経たに過ぎず、ギリシヤ、ローマの古美術も大半は残欠であり、天地の悠久に比べて斯(かく)の如きものを永遠と称するのは大(おほい)に甘い気休め

（奈倉有里『夕暮れに夜明けの歌を——文学を探しにロシアに行く』イースト・プレスより）

問一　傍線部（1）はどのような状態を指すのか、説明せよ。

問二　傍線部（2）から読み取れる筆者の心情を説明せよ。

問三　傍線部（3）はどういうことか、説明せよ。

問四　傍線部（4）について、筆者はこの歌をどのように考えているのか、本文全体を踏まえて説明せよ。

問五　傍線部（5）のように筆者が言うのはなぜか、『祈り』の歌詞に触れつつ説明せよ。

〈解答欄〉問一・問三　各一四センチ×三行
問二　一四センチ×二行
問四　一四センチ×四行
問五　一四センチ×五行

いるだけで幸せな気分になってしまう(ので、よけいなにも喋らない)。ロシア語を学ぶにしても得意なところから好き勝手に学んだので、この傾向は強まるばかりだった。ペテルブルグに行って半年ほどしたころ、検定試験を受けた。ロシアが主催している試験で、日本でも定期的に開催されているが、受けたのはそのときが初めてだった。まずは大学受験資格を得るために必要なレベルの級を受験した。結果として合格はしたのだが、会話の試験だけは落第点だった。即不合格ではなく特別に会話のみの追試を許された(追試はまあ、なんとか合格した)のは、聞きとりの点数がよく、筆記が満点だったからだ。つまりは聞き分けのいい犬のようなもので、聞けばだいたいなんでもわかるのに、うまく言葉が出てこないのである。ガウ。

それからも意識的に会話をがんばったわけではないが、ある時期から言いたいことがあればいくらでも語れるようになった。けれど私はいまでも「聞く」のがいちばん好きだ。

新しい言語を学ぶ——その魅惑の行為を前に、(3)人は新たに歩きはじめる。母語ではとうにありふれたものになっていたものごとを、もうひとつの言語の世界でひとつひとつ覚えるたびに、見知った世界に新しい名前がついていく。それはオクジャワの『祈り』のようでもある——賢い者には頭を、臆病者には馬を……(4)この歌の解釈は多様で、たとえば「賢い者には頭」というのは、賢さとは心で悟るものだから頭脳とは別物だということを、「幸せな者にはお金」が必要なのは、幸福か否かはお金の問題ではないことをそれぞれ暗示しているとする説や、そうではなく全体として一般常識的な固定観念に対する皮肉なのだとする説などがある。けれどもそれらの解釈とはまた別の層にある要素として、この詩には言語への希求のようなものがあるように思えてならない。この詩を読もうとすると、ひとつひとつの単語の辞書的な意味を疑わざるをえなくなり、賢さや幸せという、普段は自明のものと認識している言葉の意味を考えなおすことになる。そうして緩やかにつながる言葉同士の関連性に目を凝らし、意味の核心に迫ろうとするが、(5)核心は近づいたかと思えばまた遠ざかる。「言葉」と「意味」はひとつにはならない、でもだからこそ面白い——そんな感覚が歌にのって伝わってくる。

いま思えばあれは、語学学習のある段階に訪れる脳の変化からきているのかもしれない――(1)言語というものが思考の根本にあるからこそ得られる、言語学習者の特殊な幸福状態というものがあるのだ。たぶん。

気づけば、進路というものが自分にあるのならロシア語しかない、と気負うようになっていた。思春期の気負いというのは不思議なもので、いちかばちか、どんな荒唐無稽な夢にでも向かっていける気がする。そのころの自分にとっては、選んだ道で「本気を出せるか否か」というのがいちばん大事な基準だった。(2)加えていうなら、逃げ場がないような崖っぷち、という場所を探してもいた。うちに伝わっていた曽祖父の話を思い出したせいもあるかもしれない。戦後まもなくに亡くなった曽祖父については、一九世紀末の日本にしては珍しく若いうちに英語圏に留学し、帰国後は英文学の翻訳をやっていたということ以外は知らなかったが、ただ「ものすごく変わった人だった」と聞いていた。でも、いいじゃないか。本気でやれるなら。世間一般で普通とみなされている道を外れようとも、ものすごく変わった人だと思われようとも、だからなんだっていうんだ。

私はさらに大規模な書店に出かけ、大きな公立図書館にも通い、ロシア語やロシア文学について手に入る本を片っぱしから手にとった。仲良しの女友達と一緒に本屋へ行くと「ほんと、なっくはロシア関連の本をみつけると見境がないね」と笑われた（「なっく」というのは小学生のころからの私のあだ名だ）。高校卒業後、いっときロシア語の専門学校にも通ったが、やはりロシアに行きたいという思いが強くなった。

そうして私がペテルブルグ行きを決めたのは、二〇〇二年から二〇〇三年にかけて――ちょうど二〇歳になる冬のことだった。

当時の私がどのくらいロシア語ができたのかといえば、とりわけ会話にかんしてはてんでだめだった。もともと文章を読んだり書いたりするのが好きだった私は社交的なほうではなく、いわゆる世間話がものすごく苦手である。ただ、人の話に耳を傾けるのは読み書きにも負けないほど好きで、気の置けない仲の友人数人と集まればひたすら黙って友人たちの会話を聞いて

幸せな者には　お金を　そして私のことも　お忘れなく……

「でも賢い者なら頭はすでに充分でしょうし、臆病者は馬をもらってももてあましてしまうでしょう、不思議な歌ですね」と解説する沼野先生の飄々とした語り口と、その一風変わった詩に、意味がよくわからないながらも妙に惹かれた。なにより優しく心地よいオクジャワの歌声には、いつまでも聴いていたくなるような魅力があった。

それから、少し大きめの本屋へ行って教科書を物色した。ラジオ講座の入門編をやっていたのが宇多文雄先生だったので名前になじみのあった宇多先生の教科書を買い、ついていたCDを丸暗記した。歩きながらウォークマンで聞いていると、否定生格の過去・現在・未来をすべて「お金」で説明する例文――「金がない、金がなかった、金がないだろう」が登場し、くすくす笑っているうちにいつのまにか覚えていた。CDの最後では宇多先生が自らロシア民謡を歌っており、その哀愁ある歌詞が心に残った。

そんなふうにして基礎だろうと応用だろうと歌だろうと節操なくロシア語という言語に取り組んで数年が経ったころ、単語を書き連ねすぎて疲れた手を止めたとき、突然思いもよらない恍惚とした感覚に襲われてぼうっとなったことがある。なにが起こったのかと当時の私に訊いても、おそらくまともには答えられなかっただろう。そのくらい未知の体験だった――「私」という存在が感じられないくらいに薄れて、自分自身という殻から解放されて楽になるような気がして、その不可思議な多幸感に身を委ねるとますます「私」は真っ白になっていき、その空白にはやく新しい言葉を流し入れたくて心がおどる。ごく幼いころに浮き輪につかまって海に入ったときのような心もとなさを覚えながら、思う――「私」という存在がもう一度生まれていくみたいだ。いや、思う、というよりは感覚的なもので、そういう心地がした、というのに近い。この時期、それから幾度かそんな体験をした。

国語

（一二〇分）

（注）一五〇点満点。教育（文系）学部は二〇〇点満点に換算。

一　次の文は、ロシア文学研究者が自らのロシア語学習歴について述べたものである。これを読んで、後の問に答えよ。（五〇点）

それから、NHKのラジオでロシア語講座を聞こうと思い、近所の本屋でテキストを買ってきた。テキストを見ると、月曜から水曜までが入門編、木曜と金曜には応用編をやっている。普通なら入門編をひととおり聞いてから応用編を聞くべきなのかもしれないが、応用編の内容を見たらとても面白そうだったので、欲張ってそちらも聞くことにした。というのもちょうどそのとき、沼野充義先生が吟遊詩人ブラート・オクジャワの歌を読んでいたのだ。たとえば『祈り』と題されたこんな歌である――

神よ　人々に　持たざるものを　与えたまえ
賢い者には　頭を　臆病者には　馬を

//////////////////// · memo · ////////////////////

//////////////////// · memo · ////////////////////

////////////////////// · memo · //////////////////////

//////////////////// · memo · ////////////////////

//////////////////// · memo · ////////////////////

////////////////////// · memo · //////////////////////

//////////////////// · memo · ////////////////////

2023年度

問題編

問題編

▶試験科目

学部	教科	科目
総合人間(文系)・文・教育(文系)・法・経済(文系)	外国語	コミュニケーション英語Ⅰ・Ⅱ・Ⅲ，英語表現Ⅰ・Ⅱ
	地歴	日本史Ｂ，世界史Ｂ，地理Ｂから１科目選択
	数学	数学Ⅰ・Ⅱ・Ａ・Ｂ
	国語	国語総合・現代文Ｂ・古典Ｂ

▶配点

学部	外国語	地歴	数学	国語	合計
総合人間(文系)	200	100	200	150	650
文	150	100	100	150	500
教育(文系)	200	100	150	200	650
法	150	100	150	150	550
経済(文系)	150	100	150	150	550

▶備考

- 外国語はドイツ語，フランス語，中国語も選択できる（経済（文系）学部は英語指定）が，編集の都合上省略。
- 「数学Ⅰ」，「数学Ⅱ」，「数学Ａ」は全範囲から出題する。「数学Ｂ」は「数列」，「ベクトル」を出題範囲とする。

英語

（120分）

（注） 150点満点。総合人間（文系）・教育（文系）学部は200点満点に換算。

I 次の文章を読み，下線をほどこした部分(1)～(3)を和訳しなさい。 (50点)

Of course, one of the features of modern life, mostly thanks to the internet, is that we all have to constantly make choices about what to pay attention to — what to spend our time on, even if it is for just a few minutes. Many of us today have instant access to far more information than we can ever hope to process, which has meant that our average attention span is getting shorter. (1) The more 'stuff' we have to think about and focus on, the less time we are able to devote to each particular thing. People are quick to blame the internet for this reduced attention span, but while social media certainly plays its part, it is not entirely to blame. This trend can be traced back to when our world first started to become connected early in the last century as technology gave us access to an ever-increasing amount of information.

Today we are exposed to twenty-four-hour breaking news and an exponential rise in the amount of produced and consumed information. As the number of different issues that form our collective public discourse continues to increase, the amount of time and attention we are able to devote to each one inevitably gets compressed. (2) It isn't that our total engagement with all this information is any less, but rather that as the information competing for our attention becomes denser our attention gets spread more thinly, with the result that public debate becomes increasingly fragmented and superficial. The more quickly we switch between topics, the more quickly we lose interest in the previous one. We then find ourselves increasingly engaging only with those subjects that interest us, leading us to become less broadly informed — and potentially less confident in evaluating information outside of the spheres with which we are most familiar.

I am not advocating that we should all devote more time and attention to every topic we encounter, whether we are exposed to information through our family, friends or work colleagues, or by reading books and magazines, the mainstream media, online or on social media, as that would be impossible. But we must learn how to discriminate between what is important, useful and interesting, what is deserving of our attention and time, and what is not. As Feynman so emphatically pointed out, in his response to the journalist's request for a pithy summary of his Nobel Prize work, the topics we do choose to spend more time thinking about and digesting will inevitably require a certain level of commitment. In science, we know that to truly understand a subject requires time and effort. The reward is that concepts which may at first have seemed impenetrable turn out to be comprehensible, straightforward, sometimes even simple. At worst, we acknowledge that they are indeed complicated — not because we are unable to think them through thoroughly and make sense of them, but because they just are complicated.

So, this is the takeaway for us all in daily life. Do you need a PhD in climate science to know that recycling your rubbish is better for the planet than throwing it all in the ocean? Of course not. (3) But taking some time to dig a little deeper into a subject and weighing up the evidence, the pros and cons about an issue, before making up your mind can help you make better decisions in the long run.

Most things in life are difficult to begin with. But, if you're prepared to try, you can cope with far more than you imagine.

出典追記：The Joy of Science by Jim Al-Khalili, Princeton University Press

Ⅱ　次の文章を読み，下線をほどこした部分(1)～(3)を和訳しなさい。　(50 点)

What are we trying to understand when we try to understand consciousness? Not only do philosophers have no agreed-upon definition of consciousness, some think that it can't be defined at all, that you can understand conscious experiences only by having them. (1)Such philosophers see consciousness as Louis Armstrong purportedly saw jazz: if you need to ask what it is, you're never going to know. Indeed, the task of explaining consciousness to someone who professes not to know — and there are philosophers who do profess this — is much more challenging than that of explaining jazz to the uninitiated. If you don't know what jazz is, you can at least listen to music that is classified as jazz and compare it to its precursor ragtime, its cousin the blues, and its alter ego classical music. Presumably, such an exercise will give you a sense of jazz. But with consciousness, there is nothing to compare it to, since when you are not conscious, you are not aware of anything. Furthermore, jazz has been highly theorized since Armstrong's time, so a trip through the New York Public Library for the Performing Arts may very well provide some insight into the nature of jazz for those who do not know.

Nevertheless, there are written accounts of consciousness intended to provide a sense of what consciousness is for those who claim not to know. Consciousness, it is said, is the state you are in when you are awake or dreaming and what you lack when you are in a dreamless sleep, under anaesthesia*, or in a coma. Yet for those who claim not to know what the word 'consciousness' means, such an explanation will fall flat. Which aspect of being awake illustrates consciousness? Without knowledge of the relevant difference between being awake and being in a dreamless sleep, it would be difficult to know. After all, when I'm awake, my brain activity is different from when I'm in a dreamless sleep, but if I had wanted to convey that consciousness is merely a certain form of brain activity, I could have done that directly. Of course, you may have understood the proffered explanation of consciousness, but I imagine that you understood what consciousness was before you read it.

(2) Some of the very same philosophers who think that nothing can be said to enlighten those who claim to not know what consciousness is have found quite a bit to say about what it is to those who claim to already know. And much of their discussion centres on the idea that for you to be conscious there has to be something it is like to be you: while rocks have no inner experiences — or so most presume — and thus there is nothing it is like to be a rock, you know that there is something it is like to be you, something it is like to savour your morning coffee, to feel the soft fur of a kitten, to feel the sting when that adorable kitten scratches you. These experiences are conscious experiences; they have what philosophers refer to as 'qualitative content' or 'qualia'; there is *something it is like* to have these experiences. And that there is something it is like to have the wealth of experiences we have is, according to various philosophers, what makes life worth living. To be sure, whether the meaning of life resides in inner experience or in outward actions aimed at making the world a better place is worth pondering. But in any event, it does seem that without consciousness, something significant about our lives would be missing.

(3) The claim that to be conscious is for there to be 'something it is like to be you' can be described in terms of having a 'point of view', or a 'perspective'. To have a point of view in this sense is simply to be the centre of conscious experience. Of course, to explain consciousness in terms of having a point of view and then to explain what it is to have a point of view in terms of being conscious is circular. Yet, on the assumption that we cannot explain consciousness in terms of something else (you're not going to understand it, unless you have it), such a circle is to be expected — whether it is a virtuous or a vicious one, however, can be debated.

*anaesthesia 麻酔

出典追記：Philosophy of Mind : A Very Short Introduction by Barbara Gail Montero, Oxford University Press

III 次の文章を英訳しなさい。(25 点)

人間，損得勘定で動くとろくなことがない。あとで見返りがあるだろうと便宜を図っても，恩恵を受けた方はコロッと忘れているものだ。その一方で，善意で助けた相手がずっと感謝していて，こちらが本当に困ったときに恩に報いてくれることもある。「情けは人のためならず」というが，まさに人の世の真理を突いた言葉である。

IV 次の Jo と Naomi の会話が成立するように，下線部(1)~(4)に入る適当な発言を[　　]で示した語数で記入し，1 文を完成させなさい。解答欄の各下線の上に単語 1 語を記入すること。カンマ(，)等の記号は，その直前の語と同じ下線に含めることとし，1 語と数えない。短縮形(例：don't)は 1 語と数える。(25 点)

Jo: I was just reading an article about lying. Did you know that most people tell lies every day?

Naomi: What? Is that information accurate? I have some doubts because (1)__________. [12 語以内]

Jo: Yeah, I had a hard time accepting it at first, too, but then I considered white lies.

Naomi: I'm not sure I understand. What are white lies?

Jo: They are small lies that most people think are harmless. It's like telling someone that their new haircut looks nice even if you liked their hair better before. You tell the lie just to make them feel better.

Naomi: Oh, I get it. So, another example might be (2)__________. [24 語以内]

Jo: Right. But white lies are not just used to make people feel better. Any small lies that do not really harm anyone are called white

lies. For example, if you forget your homework, you might
(3)______________. [12 語以内]

Naomi: I have to confess that I have told a lie like that before. In fact, I suppose that telling white lies is necessary for society because
(4)______________. [16 語以内]

Jo: Yes, I guess it is important for those reasons.

日本史

(90 分)

I 日本史B問題 (20 点)

次の史料(A～C)を読み，問(1)～(19)に答えよ。解答はすべて所定の解答欄に記入せよ。なお，史料の表記は便宜上，改めたところがある。

A

(万寿 5 年(1028) 7 月 15 日)上総介為政(ためまさ)，妻子を近日上道(注)せしむべき由(a)を申す。しかるに件の事により，国人いよいよ国司の事を聞かざるか。国司は［ ア ］の掌握にあり，生死は彼の心に任さる。濫吹(らんすい)(注)の事，日をおって断(た)えず。［ ア ］の従者，館の内に入り乱れ，国司の従類(b)を打ち縛るの由，厩舎人(うまやのとねり)友成の申すところなり。

(長元 4 年(1031) 7 月 1 日)夜に入り頭弁(とうのべん)来たりて云わく，「今夕，頼信朝臣(c)来向す。宣旨の趣(d)(注)を仰すに，申して云わく，『しきりに朝恩を蒙り，四か国に任ぜられ，殊に宣旨をうけたまわり，［ ア ］を追討す。戦場に赴かんとするの間，不慮のほかに［ ア ］帰降す。ひとえに朝威の致すところにして，頼信の殊功にあらず。しかるに，たちまち褒賞の綸言(注)をうけたまわり，驚恐の寸心を抑えがたし。ただ衰老，日に積もり，遠任に赴きがたし。もし朝恩あらば，丹波に任ぜられんことを欲す(e)』といえり。まず［ イ ］に申して奏聞すべき由，示し含めおわんぬ。

(『小右記』)

(注) 「上道」は，平安京に上ること。

「濫吹」は，乱暴なふるまいのこと。

「宣旨」「綸言」は，ともに天皇の言葉のこと。当時の天皇は後一条天皇で，すでに成人していた。

「帰降」は，降伏すること。

問

(1) 下線部(a)からは，受領が家族を連れて任国に赴いていたことがわかる。菅原孝標も同じようにして上総国に赴任したが，彼の家族はその経験を書物に記した。その書物の名を記せ。

(2) ア に当てはまる人物は誰か。姓名を記せ。

(3) 下線部(b)の「従類」とは，従者のことである。受領が平安京から引き連れていき，任国支配に用いた「従類」を，ふつう何と呼ぶか。

(4) 下線部(c)の「頼信朝臣」について，この人物の孫は陸奥守として地方豪族の内乱を鎮圧した。その戦いを何と呼ぶか。

(5) 下線部(d)について，文脈上，この宣旨の趣(内容・趣旨)を示すものとして最も適当な2文字の語句を，史料の文中から選んで記せ。

(6) 下線部(e)について，丹波を希望する理由は何か。文脈に即して，簡潔に記せ。 〔解答欄〕ヨコ13.5センチ×タテ1.3センチ

(7) イ には，このときの藤原頼通の地位を表す語句が入る。その地位を漢字2字で答えよ。

B

朔日(ついたち)。(中略)夜前，台嶺(たいれい)(f)より下向するところの大衆(だいしゅ)ら，日吉の神輿(みこし)を舁(か)(注)き，西坂下(にしさかもと)に発向し，神人(じにん)・衆徒(しゅと)数千人，群衆す。ここにまた，相禦(ふせ)がんがため，公家，指し遣わすところの ウ ならびに源氏・平氏，天下の弓兵の士，武勇の輩数万人，法成寺(g)の東の河原より松前(まつがさき)の辺りに及び，陣を引きて党を結び，相守りて入れず。玄甲(げんこう)(注)道に連なり，白刃日を映し，数十町の間，人馬相満つ，と云々(うんぬん)。相互いに進まず，今日すでに暮(く)る。遙(はる)かに山上を望むに，火を採りて往反す。その光，星のごとし。京中騒動す。(中略)誠にこれ，仏法・王法，恐るべき慎むべきの時か。(中略)

二日。(中略)院において，人々相定めらる(h)。請(注)うに依るべきの由，

ウ 資清をもって仰せ下さる。ここに徒衆(注)，大いに歓喜し，咲(え)みを含みて帰山し了(おわ)んぬ。また，武勇の士，おのおの帰り了んぬ。くだんの事，裁許(注)あるべくば，前日に仰せ下さるべきか。この十余日，いまだ定まらざるの間，数千の軍兵，相禦ぐの間，東山・河原・賀茂・吉田の辺り，下人の田畠，兵士らのため滅亡せられ了んぬるの後，ついに申請に随い，裁許あり。(中略)およそ末代の法，衆徒の所為(i)，人力及ぶべからざるなり。いよいよ末世に及ばば，定めて朝家を滅亡するか。恐るべし慎むべし。

(『中右記』嘉承3年(1108)4月条)

(注) 「舁く」は，かつぐこと。

「玄甲」は，鉄製の鎧(よろい)のこと。

「請うに依る」は，申請のとおりにすること。

「徒衆」は，衆徒のこと。

「裁許」は，可否を判断すること。

問

(8) 下線部(f)の「台嶺」が指す寺院の名を記せ。

(9) ウ には，9世紀に嵯峨天皇が設置し，京中の治安維持にあたった役職の名称が入る。漢字4字で記せ。

(10) 下線部(g)の「法成寺」を建立した人物の名を記せ。

(11) 下線部(h)について，

(あ) この決定を主導した権力者は，堀河天皇の父にあたる。その人物の名を記せ。

(い) 院の家政機関から発給された公文書の名称を，漢字4字で記せ。

(12) 下線部(i)について，この史料に記されるような「衆徒」による行動を何というか。

C

将軍様京御着，愈(いよいよ) 来月三日の由に候処，にわかに江戸表攘夷始り候(j)に付き，将軍様途中より御引き帰しに相成り候様相見え候こと，御在京の諸大名(k)(l)追々御下向，誠に慶長・元和の乱以来の混雑と相見え，下民共真(まこと)に薄氷を踏むの思いをなし，危うき時節に相成り候こと。

(m)御所辺と思しき処，鉄砲大筒の音厳しく聞え，すわこそ軍(いく)さ始りしと思う内，刻限は辰の刻，河原町三条長州屋敷に火の手上り候に付き，上辺の町人男(注)女，雑具つづら(注)持ち運び，上を下へとかえし大混雑に相成り，（後略）

此の節世上大いに騒がしく，長州殿上京(n)に付き，御上は大混雑の趣に相見え，公方様始め［　エ　］殿・桑名殿・松山殿，(o)此の夜大坂へ御下り成され候こと。

（出典：京都近郊農村の庄屋が幕末期に記した『若山要助日記』の一部を抜粋し，並べたものである。）

（注）「上辺の町人」は，上京(かみぎょう)あたりの町人，の意味と思われる。
「つづら」は，衣類等を入れる蓋つきの箱のこと。

問

⒀　下線部(j)のような状況はこれ以前から生じており，江戸の内外で外国人や公使館の襲撃が続いていた。生麦事件もその１つであるが，この事件で殺傷されたのはどこの国の人か。国名を答えよ。

⒁　下線部(k)のように記述されているが，「将軍様」は翌月４日に上洛し，二条城に入った。将軍の上洛は約 230 年ぶりの出来事であった。約 230 年前に上洛した将軍は誰か。

⒂　下線部(l)の「諸大名」に関連して，幕府は長らく諸大名に課していたある義務を，文久の改革において大幅に緩和した。その義務とは何か。

⒃　下線部(m)は，この前年に京都から長州藩士や急進派公家らが追放されたことを遠因として起こった。この下線部(m)の出来事を何というか。

⒄　下線部(n)は長州藩主の上京を意味し，この翌年に実現する。これに関し

て，幕末政治で長州藩が重要な位置をしめる前提要因として，藩政改革の成功があげられる。その改革において，下関に入港した廻船に対して資金貸し付けなどをおこない利益を上げた，長州藩の役所は何か。

⒅　［エ］には，「公方様」や「桑名殿」らとともに大坂城へ下った，京都において幕府の要職を務めた大名を示す地名（藩の名称）が入る。漢字2字で答えよ。

⒆　下線部(○)のような事態に至ったのは，「公方様」への処分に対する反発が理由であった。その処分が決定された会議を何というか。

Ⅱ　日本史B問題　(20点)

次の文章（①～⑩）の［ア］～［ト］に入る最も適当な語句・数字を記せ。解答はすべて所定の解答欄に記入せよ。

①　7世紀には中国や朝鮮半島の影響を受けた仏教文化が花開いた。指先を頬にあて，片方の足をもう片方の膝にのせる造形から［ア］像と呼ばれる仏像は，中国や朝鮮半島の弥勒信仰に関係すると考えられている。また，法隆寺金堂釈迦三尊像をつくった［イ］は渡来系氏族の出身である。

②　［ウ］のかわりとして納入された庸は，中央に送られて雇役民への支払いなどに使用された。また，春に貸し付けた稲を，秋に利息とともに返却させる［エ］の制度が，地方財政において重要な役割を果たした。

③　平城京の北部中央に位置する平城宮には，天皇の生活の場である［オ］のほか，政治・儀礼の空間や各官司の施設がおかれた。官人たちが居住した平城京は，平城宮の正門から南にのびる［カ］大路によって，左京と右京に分けられた。

④　律令国家では，官人の養成を目的にして，儒教の経典を中心とする教育がおこなわれた。中央での教育を担う大学寮は，文官の人事を担当する［キ］省のもとにおかれ，地方に設置された国学では，［ク］の子弟を対象とした教育が実施された。

⑤　鎌倉時代，皇位継承をめぐって天皇家が 2 つに分かれ，幕府の仲裁のもと交互に皇位についた。のちに後醍醐天皇を出した［ケ］統は，鳥羽上皇の皇女［コ］から受け継がれてきた荘園群を経済基盤とした。

⑥　15 世紀前半，中山王の［サ］が三山を統一して琉球王国を建国した。琉球は，日本・朝鮮・中国・東南アジアの中継貿易の拠点となり，［シ］は首都の外港として栄えた。

⑦　幕府は長崎における貿易を維持するため鉱山の開発を進めた。17 世紀半ば以降は［ス］の産出量が増え，主要な輸出品となったが，次第に枯渇していった。そこで，田沼意次はオランダ・［セ］との貿易を維持するため鉱山開発を奨励し，大坂に座を設立して諸国で産出された［ス］を集荷した。

⑧　江戸時代には，幕府御用絵師として二条城・大徳寺などの障壁画を制作した［ソ］派に学びながら独自の画風を確立した画家も多い。立体感のある写生画風を確立した［タ］もその 1 人で，代表作として『雪松図屏風』がある。

⑨　18 世紀後半の江戸の住人には，農村部から流入したものの定職・住居を持てない人々も多かった。そこで幕府は，彼らを収容するため石川島に［チ］をつくった。また，各町に町入用の節約分の［ツ］％を積み立てさせ，緊急時に貧民救済ができるようにした。

⑩　18 世紀以降，庶民が読み・書き・そろばんを学ぶ教育施設である［テ］が増加した。読書に親しむ庶民も増え，『南総里見八犬伝』を著した［ト］は，執筆料だけで生活ができる職業作家であったといわれている。

Ⅲ　日本史B問題　(30点)

次の文章(A～C)の［ア］～［セ］に入る最も適当な語句を記し，問(1)～(15)に答えよ。解答はすべて所定の解答欄に記入せよ。

A

食料の備蓄は人類の生存と社会の発展に重大な役割を果たしてきた。およそ1万年あまり前に［ア］世が終わり，気候が温暖になると，日本列島の植生も様変わりし，人々は豊かな植物資源を採取して暮らしを営むようになった。特に重んじられたのが堅果類であり，加工用の石器類(a)も数多く出土している。植物栽培もおこなわれていたようである。狩猟(b)と漁労も盛んであった。

水稲耕作が九州北部に伝わり始めると，列島社会の生業に変革が生じた。水田(c)を経営する必要上，集落が低地に営まれることが増え，そのため水害を被ることもあったが，食料の安定供給が可能になった。各地の集落跡において検出される高床倉庫は，稲穀の備蓄を物語る。この時期から頻発する戦争(d)は，稲穀などの余剰物資をめぐる紛争などが生じたことの反映である。山頂や丘陵上に営まれた［イ］集落は，一般に戦争に関わる集落と考えられている。他方，弥生文化と総称される稲作を中心とする文化は，列島の南端，北端にはおよばなかった。その結果，南西諸島では［ウ］文化と呼ばれる食料採取文化が継続した。

列島各地で大規模な墳墓が造営される古墳時代には，備蓄の格差が顕著になった。大規模な倉庫群が立ち並ぶ少数の遺跡が大王の膝下に存在した(e)一方で，大多数の一般集落はささやかな倉庫を営むにとどまった(f)。このような大規模倉庫群の運営が可能になった背景に，ヤマト政権の成長を考えるのが自然であるが，もちろん朝鮮半島から伝来した先進技術や統治技術の影響も忘れてはならない。文筆に優れ東漢氏の祖となったと史書が伝える［エ］などの渡来人が，重要な役割を果たしたのであろう。527年に勃発した磐井の乱を重大な契機として，各地にヤマト政権の直轄領である［オ］が設置され，生産物の政治的収取に拍車がかかったのである。

問

(1)　下線部(a)に関して，堅果類の粉砕には，すり石と組み合わせてもう 1 種類の石器を用いることが多かった。この石器の名称を答えよ。

(2)　下線部(b)に関して，石鏃の素材として用いられた，長野県和田峠や北海道白滝などを原産地とする石材を何というか。漢字 3 字で答えよ。

(3)　下線部(c)に関して，湿田での田植えなどで足が沈まないために着用する履き物を何というか。漢字 3 字で答えよ。

(4)　下線部(d)に関して，物見櫓と推定される大型建物跡が検出された佐賀県の遺跡名を答えよ。

(5)　下線部(e)と(f)に関して，その代表的な遺跡の組み合わせとして最も適切なものを，以下の①～③から 1 つ選べ。

①　(e)　群馬県三ツ寺Ⅰ遺跡　　　(f)　奈良県纒向遺跡

②　(e)　奈良県唐古・鍵遺跡　　　(f)　長野県平出遺跡

③　(e)　大阪府法円坂遺跡　　　(f)　群馬県黒井峯遺跡

B

15 世紀末以降，長く続いた戦国争乱の時代は，織田信長・豊臣秀吉・徳川家康による全国統一により終わりを迎えた。戦国争乱と統一戦争の過程で，軍事技術は飛躍的に発達し，戦闘は大規模化していった。

戦場の様相を大きく変化させた新兵器が鉄砲であった。鉄砲は，1542 年あるいは翌年，［　カ　］に漂着した中国人の船(g)に乗船していたポルトガル人がもたらしたとされる。伝来後，鉄砲は新たな武器として急速に全国の戦国大名たちに普及し，製造技術も全国に広がった。和泉国の堺，紀伊国の根来，近江国の［　キ　］などがその主な生産地であった。

鉄砲を集中的に運用したことで有名なのは織田信長である。尾張国の武将であった信長は，1567 年に斎藤氏を滅ぼして美濃国を手中におさめた後，「［　ク　］」の印文を持つ印判を使用して畿内進出を表明したとされる。翌年上洛し，足利義昭を将軍職につけた信長は，堺を屈服させるなど，畿内周辺を制圧し，鉄砲の生産地をおさえ，畿内の発達した経済力(h)を利用して勢力を拡大していった。多くの鉄砲を運用するためには大量の弾薬が必要であり，鉄砲や弾薬を大量に調達できる経済力と技術を握ったものが，軍事的に優位に立つことができたのである。

鉄砲の普及は，$\underset{(i)}{\underline{\text{築城技術の飛躍的な発達}}}$をうながし，また，攻城戦・野戦の光景を一変させた。攻撃や防御の拠点として陣城などと呼ばれる要塞を短期間に多く構築し，土塁や堀を隔てて鉄砲を撃ち合うようになった。そのため，戦争には極めて多くの資金と人員が必要になった。織田政権や豊臣政権が実施した土地調査である［　ケ　］は，戦争に資金・兵糧を用いるために$\underset{(j)}{\underline{\text{年貢収入}}}$を確実にする目的があったともいえるだろう。また，豊臣政権が1592年に出した［　コ　］令は，$\underset{(k)}{\underline{\text{朝鮮に出兵}}}$するための人員を確保する目的でなされた性格があったと考えられている。

問

(6)　下線部(g)について，この船は，当時，東アジア海域で密貿易などの活動をおこなっていた集団の船であったといわれている。このような集団の活動を抑制することになった，豊臣秀吉が1588年に発令した法令は何か。

(7)　下線部(h)に関連して，畿内の経済は江戸時代にも発展し続け，大坂は，米をはじめとした全国の流通の中心地となった。享保年間に公認された米市場があったのは大坂のどこか。地名で答えよ。

(8)　下線部(i)について，17世紀初頭，播磨国に池田輝政が築いた，世界文化遺産にも登録されている城郭名を答えよ。

(9)　下線部(j)について，その年の収穫量を調査してそれに応じて年貢率を定める年貢賦課方式を何というか。

(10)　下線部(k)について，この出兵は，大きくわけて2度なされた。このうち，1度目の出兵による戦争を何というか。

C

西園寺公望(1849-1940)は，公家の家に生まれ，若き日の約10年間をフランスで過ごした。留学仲間には，［　サ　］の『社会契約論』を翻訳したことで知られる中江兆民などがいる。帰国後の西園寺は，伊藤博文の知遇を得，憲法調査に同行し，ドイツ公使も経験した。さらに日清戦争後に文部大臣に就任した西園寺は，あたらしい教育勅語案を考え，女子教育の必要を説いた。また，帝国大学の新設(l)も構想した。

伊藤の後に［ シ ］の総裁となった西園寺は，以後2回にわたって首相をつとめ，また首相を退いた後には［ ス ］となって，後継首相を天皇に推薦するなど，政界に影響力を及ぼし続けた。

西園寺は文学を愛しており，親交をもった国木田独歩(m)の勧めによって，多くの文士らを招待することもあった。財界方面では，実弟の養子先である財閥(n)とのゆかりも深かった。西園寺は生涯，正妻をもたなかったが，複数の女性との間に複数の娘をもち，第一次世界大戦後のパリ講和会議に全権として出席した際にも，「妻女」らを賑々(にぎにぎ)しく同行させ(o)，耳目を集めた。

同じく公家の家柄の［ セ ］が首相に選ばれ，2度目の組閣を命じられた4か月後，西園寺はその生涯を終えた(p)。日比谷公園でおこなわれた国葬には，数万人が参列した。

問

(11) 下線部(l)について，

(あ) 1897年にこれが設置された都市名を答えよ。

(い) また，その帝国大学で教鞭(きょうべん)を執り，『貧乏物語』などを著したマルクス主義経済学者の名を記せ。

(12) 日露戦争後，下線部(m)の人物らによって，人間社会の現実をありのままに映し出そうとする運動が文壇の主流となったが，それを何と呼んだか。

(13) 下線部(n)は，別子銅山の経営などで知られる。その財閥の名を答えよ。

(14) 下線部(o)のような西園寺のふるまいは，黎明会において批判された。門下生による東大新人会の結成を導いたことでも知られる，黎明会の設立者の名を答えよ。

(15) 下線部(p)の結果，首相経験者などで構成される重臣会議で後継首相が決定されるようになった。その際に中心となった木戸幸一が当時就いていた役職は何か。

Ⅳ　日本史B問題

(30点)

次の問⑴，⑵について，それぞれ200字以内で解答せよ。解答はいずれも所定の解答欄に記入せよ。句読点も字数に含めよ。

⑴　院政期から鎌倉時代にかけての宗教・文化の受容層の広がりについて，具体例をあげて述べよ。

⑵　日本がドイツ・イタリアと結んでいた防共協定が，三国同盟へと至った経緯・背景について，防共協定と三国同盟の違いに留意して説明せよ。

世界史

(90分)

I 世界史B問題 (20点)

中央ユーラシアの草原地帯では古来多くの遊牧国家が興亡し，周辺に大きな影響を及ぼしてきた。5世紀から12世紀におけるモンゴリア(今日の中華人民共和国内モンゴル自治区およびモンゴル国)の歴史について，遊牧国家の興亡を中心に300字以内で説明せよ。解答は所定の解答欄に記入せよ。句読点も字数に含めよ。

II 世界史B問題 (30点)

次の文章(A，B)を読み，□の中に最も適切な語句を入れ，下線部(1)～(21)について後の問に答えよ。解答はすべて所定の解答欄に記入せよ。

A　島嶼(しょ)部東南アジアの複数の国では，マレー語やそれをもとにした言語が国語や公用語のひとつとして使われている。これは，前近代の東南アジア海域で，文化的な共通性を持った「マレー世界」が形成されていたためである。マレー世界が現在のような国家の領域に分かれていったのは，ヨーロッパによる植民地支配と現地住民による独立運動の結果である。

17世紀の東南アジア海域の交易活動ではオランダが優位を占めていた。17世紀末になると，オランダはジャワ島内陸部の領土獲得に乗り出した。内乱に介入することでジャワ島の中・東部を支配していた王国(1)を支配下に置いていった。19世紀前半にはジャワやスマトラで戦争が起こり費用がかさむととともに，ベルギーの独立(2)によってオランダの財政状況が悪化した。財政の立て直しを図るため，オランダは植民地に新たな経済制度(3)を導入した。スマトラ島北部ではアチェ王国が独立を保っていたが，1873年にオランダはこれに侵攻し，長期にわたる攻防戦の末に制圧した。オランダ領東インドの領域が最終的に確定したのは，1910年代のことである。

他方，インド支配の基盤を確立したイギリス(4)は，18世紀後半になるとマレー半島に進出を始めた。1824年にオランダとの間で条約を結び，ほぼマラッカ海峡を境界とする支配権の分割が取り決められた。その結果，マラッカがオランダ領からイギリス領に移った。現在のマレーシアとインドネシアの国境は，この条約に原形を求めることができる。イギリスは1826年に，マラッカとシンガポール・［ a ］をあわせて海峡植民地を形成した。1895年にはマレー半島の4つの王国との間で協定が結ばれ，［ b ］が成立した。これと海峡植民地，イギリスが支配下に置いた他の諸国をあわせて英領マラヤという。また，ボルネオ島(カリマンタン島)の南部はオランダが支配したが，北部はイギリスの保護領となった。

イギリスとオランダは植民地統治を進める中で，官吏や企業の職員を育成するために現地住民の間にヨーロッパ式の教育を普及させた(5)。しかし，これは，植民地からの独立を求める民族主義を高揚させる結果をももたらした。インドネシアでは，ブディ＝ウトモやイスラーム同盟といった民族主義団体が設立された。1920年代後半，インドネシア共産党による武装蜂起が鎮圧された後にスカルノ(6)が独立運動の中心人物として登場した。他方の英領マラヤは，オランダ領東インドと比べても行政区分や民族構成が複雑であった。それでも現地住民の間で民族意識の形成が徐々に進んだ。様々な形の民族主義運動が展開される中で，インドネシアとマラヤの統一を目指す考えもあらわれた。しかし，いずれの植民地でも民族主義運動は独立という目的を達成できないまま，1941年に太平洋戦争が勃発し，日本軍の侵攻(7)という事態を迎えることになった。

戦後，東南アジア諸国は次々と独立へと向かっていった。オランダ領東インドは，1945年にインドネシア共和国として独立を宣言し，これを認めないオランダとの独立戦争を経て1949年に独立を達成した(8)。マレー半島では1957年に［ c ］が独立し，シンガポールや英領ボルネオとともに1963年にマレーシアとなった。この過程で，マラヤとインドネシアなどからなる国家連合の構想も示されたが，実現はしなかった。1965年に<u>シンガポールがマレーシアから分離・独立し</u>(9)，マレーシア結成に参加しなかったブルネイは1984年にイギリスから独立した。

かつてのマレー世界の一部であるこれらの国々は，現在では，<u>東南アジア諸国連合(ASEAN)</u>(10)という地域協力機構に参加している。東南アジア諸国連合はこの地域の自立性を高めることに貢献し，1999年のカンボジアの参加をもって10か国からなるASEAN 10を実現させた。2015年には，政治・安全保障共同体，経済共同体，社会・文化共同体からなるASEAN共同体が発足した。

問

(1)　この王国は1580年ごろに建国された。この王国の名称を記せ。

(2)　ベルギー独立は1830年にフランスで起こった政変が要因となった。この政変の名称を記せ。

(3)　この経済制度は，オランダが植民地の住民に世界市場向けの特産物を栽培させ，低い価格で買い上げるというものである。この制度の名称を記せ。

(4)　1757年の戦いでイギリスはフランスとベンガル太守の連合軍を破り，インドにおける優位を確立した。この戦いの名称を記せ。

(5)　20世紀初頭からオランダは植民地の住民の福祉向上などを骨子とする政策をとり，教育が普及した。この政策は何と呼ばれるか。

(6)　1927年にスカルノが結成した政党の名称を記せ。

(7)　中国や東南アジアの支配を正当化するため，日本は欧米列強による植民地支配からの解放をスローガンとしてうたった。このスローガンを記せ。

(8)　初代大統領のスカルノは1965年の九・三〇事件を機に失脚する。その後，1968年にインドネシア共和国の第2代大統領に就任した人物の名前を記せ。

(9)　(ア)　シンガポールが分離・独立した理由として住民構成の違いがあげられる。簡潔に説明せよ。　〔解答欄〕ヨコ12センチ×タテ2.1センチ

(イ)　分離・独立後のシンガポールは，韓国，香港，台湾，メキシコなどとともに輸出産業を軸に目覚ましい発展を遂げた。これらの国や地域は何

と呼ばれたか。

⑽ ㈠ 東南アジア諸国連合は，インドネシア，マレーシア，シンガポールに加え2つの国によって1967年に結成された。この2つの国名を記せ。

㈡ 東南アジア諸国の中で，東ティモールは現在まで東南アジア諸国連合に加盟していない。東ティモールを1975年まで植民地支配していたヨーロッパの国名を記せ。

B 中国とアメリカの本格的な関係は19世紀に始まる。イギリスがアヘン戦争の結果，清に5都市を開港させ，領事裁判権や協定関税制度，片務的最恵国待遇などの権利を得ると，アメリカも1844年に清と［ d ］条約を結び，イギリスと同様の権利を得た。

清では18世紀の急激な人口増加により，南部の広東省や福建省から東南アジアに出稼ぎに行く労働者が増加した。1848年にカリフォルニアで金鉱が発見されると，アメリカにも多くの移民が渡った。第二次アヘン戦争(アロー戦争)⑾後に結ばれた北京条約で，清からの海外渡航が合法化された。

日清戦争に清が敗れると，ヨーロッパ列強は清から港湾などを租借して極東の根拠地とするとともに，周囲の鉄道敷設権や鉱山開発権を取得した。一方，アメリカ・スペイン戦争(米西戦争)でフィリピンを獲得したアメリカは，⑿清については門戸開放・機会均等を唱えた。

アメリカで中国人移民を排斥する動きが広まると，清ではアメリカ製品ボイコットなどの反対運動が起きた。しかし，清国内に持つ利権が相対的に少ないアメリカに対し，清の世論は全体としては好意的だった。広東省出身で，ハワイや香港で英米式の教育を受けた孫文⒀は，共和制国家の樹立を目指して清に対する革命運動を展開した。⒁1912年には共和制の中華民国が成立し，清の皇帝が退位した。

アメリカは義和団戦争の賠償金を中国における教育事業に用いることとし，北京にアメリカ留学のための予備校である清華学校を設立した。胡適⒂に代表されるアメリカ留学生たちは，中華民国の政治，経済，文化などさまざまな分野で活躍した。

第一次世界大戦中にアメリカ大統領［ e ］が提唱した十四か条は，非ヨーロッパ地域にも民族自決をもたらすものと受け取られたことから，中国でも支持を集めた。五・四運動の際には，北京の学生のデモ隊がアメリカ公使館に陳情書を提出して支持を訴えた。1921年から翌年にかけてアメリカで開かれた［ f ］会議では，中国の主権尊重と領土保全を約する条約も締結された。

1920年代半ば，中国国民党は中国共産党員の個人資格での入党を認め，ソ連の支援の下に国民政府と国民革命軍を組織し(16)，北伐を開始した。しかし，急進化した国民革命軍が外国人を襲撃し，報復として英米の砲艦が南京を砲撃する事件が起きると，国民党の蒋介石はクーデターを起こして急進的な共産党員を弾圧・排除し(17)，ソ連と断交して英米との関係改善を図った。蒋介石の国民革命軍が北京を占領すると，英米は国民政府を承認し，また中国の関税自主権を認めた。

日中戦争が始まると，英米は国民政府を援助した。1941年に日本と英米が開戦すると，日中戦争は第二次世界大戦の一部となり，中国も連合国の一員となった。中国における領事裁判権が撤廃され，1943年には蒋介石がローズヴェルト，チャーチルとの［ g ］会談に出席して，日清戦争以降日本に奪われた領土の回復が認められた。戦後に中華民国は新設の国際連合安全保障理事会の常任理事国となった。

しかし，その後に再開された内戦で国民党は共産党に敗れ，台湾に逃れて中華民国を存続させた。このため中華民国と大陸で共産党が樹立した中華人民共和国(18)のどちらを中国を代表する政権と見なすかという問題が生じた。米ソ冷戦が本格化する中，アメリカは引き続き台湾の中華民国を支援したため，ソ連が支援する中華人民共和国(19)とアメリカの関係は悪化した。さらに1950年に朝鮮戦争が起きると，アメリカを中心とする国連軍が韓国側，中華人民共和国が派遣した義勇軍が北朝鮮側で参戦して，両者が実際に砲火を交えた。ベトナム戦争でも，ソ連や中華人民共和国が支援する北ベトナム(20)とアメリカの間で戦火が交わされた。

しかし，イデオロギーや国境問題をめぐってソ連との関係が悪化すると，中華人民共和国はアメリカとの関係改善に方針を転じた。1971年には国連で中華人民共和国の代表権が可決され，台湾の中華民国は国連を脱退した。翌年にアメリカ大統領が訪中し，後に米中間で条約が締結された。ただ，アメリカは台湾の中華民国と正式な国交は断絶したものの，実質的な関係はその後も維持し続けている。

1989年に天安門事件(21)が起きると，アメリカをはじめとする西側諸国は中国を強く批判した。しかし，アメリカは中国の封じ込めではなく，市場経済化の推進によって民主化を促す方針をとった。その後，中国は急速な経済成長を遂げたが，共産党の一党独裁体制に変化は起こらなかった。貿易や先端技術をめぐる摩擦も高まり，米中はふたたび対立を深めて今日に至っている。

問

(11)　この頃，太平天国から上海を防衛するためにアメリカ人ウォードが組織し，西洋式武器を装備した，外国人と清国人からなる軍隊の名を答えよ。

(12)　この時のアメリカの国務長官の名を答えよ。

(13)　孫文らが1905年に東京で組織した革命団体の名を答えよ。

(14)　清から革命の鎮圧を命じられたものの，革命側との交渉を経て，孫文から臨時大総統の位をゆずり受け，以後の中華民国の実権を握った人物の名を答えよ。

(15)　陳独秀が中心となって1915年に創刊し，胡適や魯迅らが編集に加わった，新文化運動を代表する雑誌の名を答えよ。

(16)　この時に中国国民党の改組が行われ，国民政府・国民革命軍が組織された都市の名を答えよ。

(17)　1927年4月12日に蔣介石がクーデターを起こし，共産党員の大規模な弾圧を開始した都市の名を答えよ。

(18)　中国共産党の指導者で，中華人民共和国の初代主席となった人物の名を答えよ。

(19)　中華人民共和国とソ連が1950年に締結し，1980年に失効した軍事同盟条約の名を答えよ。

(20)　この国の1976年以前の正式国名を答えよ。

(21)　ちょうどソ連指導者の訪中と重なり，各国の報道陣が北京に集まっていたため，この事件は広く世界に報道された。中ソ関係を回復させ，国内ではペレストロイカと呼ばれる改革政策を推進していたこのソ連指導者の名を答えよ。

Ⅲ　世界史B問題　(20点)

イベリア半島にはキリスト教世界とイスラーム世界の境域としての長い歴史がある。イベリア半島におけるイスラーム勢力の支配領域をアンダルスと呼ぶ。アンダルスの成立から消滅に至るまでのこの半島における諸国家の興亡と，それに伴う宗教的状況の変化および文化の移転について，300字以内で説明せよ。解答は所定の解答欄に記入せよ。句読点も字数に含めよ。

Ⅳ　世界史B問題　(30点)

次の文章(A，B)を読み，[　　　]の中に最も適切な語句を入れ，下線部(1)～(23)について後の問に答えよ。解答はすべて所定の解答欄に記入せよ。

A　地中海の島で三番目に面積の大きいキプロス島は，エジプト(1)，シリア，小アジアを結ぶ交通の要衝に位置し，古くからさまざまな民族が活動した痕跡が残されている。キプロス島からは，アッシリア(2)語，フェニキア語，エジプト語，ギリシア語，ラテン語といった言語による刻文が，多数発見されている。ギリシア人は，ペルシア帝国(3)の影響を受けつつ島内の各地に都市国家の形成を進めたが，これらは民主政アテネとは大きく異なり王が統治する国家だった。アレクサンドロス大王の東方遠征(4)によってペルシア帝国が滅び，大王の死後に後継者戦争がおこなわれた結果，キプロス島はエジプトを拠点とする[　a　]朝の支配下に置かれた。この後，[　a　]朝の守備隊勤務のために各地のギリシア人が傭兵として移住してきたことで，バルカン半島南部・小アジア西部のギリシア都市の政治と文化に，キプロス島が本格的に結び付けられることになった。

［ b ］の海戦でオクタウィアヌスが勝利を収めると，キプロス島は最終的にローマ帝国の支配下に入り，元老院議員(5)が総督として統治する属州となった。帝国内外での交易が盛んとなったローマ(6)の支配下で，キプロス島は広域の経済圏に組み込まれると同時に，島内の有力者は次第にローマ市民権(7)を獲得していった。一方で，ヘレニズム期以降に明確に姿を現すようになったギリシア都市はローマ帝政期にも存続し，剣闘士競技や浴場などのローマやイタリア半島の文化を受容しつつも，ギリシア風の政治的，文化的生活が営まれた。こうしたギリシア都市は，初期のキリスト教伝道(8)の拠点ともなった。キプロス島のキリスト教会の活動は，後期ローマ帝国・ビザンツ帝国(9)でも活発に継続したが，イスラーム世界拡大の影響(10)を逃れることはできなかった。島出土のある刻文は，7世紀半ばにアラブ人と考えられる集団がキプロス島を襲撃し，多数の捕虜を連れ去ったことを克明に伝えている。

問

⑴　前13世紀にカデシュでヒッタイト王と戦ったエジプト王の名前を記せ。

⑵　アッシリア帝国の崩壊後に分立した4つの王国の1つで，はじめて貴金属製の打刻貨幣を作ったとされる王国の名前を記せ。

⑶　この帝国の中央集権体制について簡潔に説明せよ。

⑷　この遠征の東限となったとされる大河の名前を記せ。

⑸　「内乱の1世紀」に元老院の権威の尊重を主張した政治家の一群は何と呼ばれたか。

⑹　ローマの貨幣は，東南アジアの扶南の遺跡からも発見されている。この遺跡の名前を記せ。

⑺　3世紀初頭におこなわれたローマ市民権拡大に関して，それを命じた皇帝の名をあげて，簡潔に説明せよ。

⑻　『新約聖書』の「使徒言行録」は，パウロらのキプロス島での伝道を伝える。回心前のパウロは，キリスト教徒を迫害するユダヤ教のある教派に属していた。サドカイ派，エッセネ派とともに当時のユダヤ教の三大教派に数えられる，この教派の名前を記せ。

(9)　726年に聖像禁止令を発布したビザンツ皇帝はだれか。

(10)　8世紀初め，イスラーム勢力下のダマスクスで，キリスト教の教会を一部再利用して建設されたモスクの名前を記せ。

〔解答欄〕問(3)・問(7)　各ヨコ11.8センチ×タテ2.1センチ

B　40年以上にわたって継続した東西冷戦には，国際的な緊張が相対的に高まった時期とそれが緩和した時期が存在した。東西冷戦は，緊張の高揚期と緩和期が交互に入れ替わる形で進行したのである。

第二次世界大戦後，東ヨーロッパや(11)中東にソ連が影響力を拡大する構えを見せたことを大きなきっかけとして始まったアメリカとソ連の対立は，1940年代末までにヨーロッパの東西分断に帰結した。朝鮮戦争で東西陣営が軍事的に衝突したことによって，最初の緊張高揚期は頂点を迎えた。しかしまもなく，ソ連が(12)その指導者の死去の後に東西陣営の平和共存を呼びかけたことがきっかけとなり，1950年代中葉に最初の緊張緩和期が訪れる。この時期には，(13)第一次インドシナ戦争の解決などを話し合う国際会議と戦後初めての米・英・仏・ソ首脳会談が同じ都市で開催された。その後，(14)ベルリン危機や(15)キューバ危機に象徴される緊張高揚期を経て，1960年代前半に訪れた短い緊張緩和期には(16)部分的核実験禁止条約が締結された。

冷戦が進行するにつれて，国際関係は多極化し，東西各陣営内部における米ソの相対的な地位は低下していった。東側陣営の内部では，中国がソ連の対外政策を批判するなどして独自の路線を歩み始めたほか，(17)東ヨーロッパ諸国ではソ連の事実上の支配から離脱しようとする動きが生じた。西側陣営の内部では，アメリカの政治的・経済的な地位が低下するのに伴い，アメリカは多くの分野で西側先進国の協力を必要とするようになったが，西ヨーロッパ諸国の中にはアメリカの方針に異を唱える動きも生じた。(18)アメリカは，みずからの政治的・経済的な責任を一方的に縮小する大胆な政策を採用することにより，西側陣営内における指導的地位を再建しようとした。

このような国際関係の変化を背景として，1960年代末から1970年代には，広く「デタント」として記憶される緊張緩和期が訪れた。アメリカはソ連に圧力を加えることなどを目指して中国に接近し，米中の首脳は両国間関係の正常化を目指す声明を発表した。(19)米中の接近を警戒したソ連はアメリカとの関係改善に動き，米ソ間の軍備管理交渉が進展した。東西陣営間の経済的交流が拡大し，東西ヨーロッパ間でも緊張緩和が進展した。西ドイツは，ソ連や東欧諸国との関係改善を進め，東ドイツを国家として承認した。(20)また，全欧安全保障協力会議(CSCE)に参加した東西のヨーロッパ諸国と米ソなどは，主権・領土・国境の尊重，東西の経済・技術協力の推進，人権の尊重などをうたう文書に1975年に署名した。(21)

1970年代末に米ソの緊張緩和は行き詰まり，「新冷戦」と呼ばれる新たな緊張高揚期が訪れたが，ヨーロッパ諸国が東西交流の縮小に消極的であったことや，まもなくソ連で改革が進行したことなどから，緊張の高揚は限定的かつ短期的であった。1989年に米ソの首脳が冷戦の終結を宣言し，(22)東欧諸国の共産主義政党の一党支配体制を崩壊させた「東欧革命」(23)を経てヨーロッパの東西分断が解消に向かったことで，東西冷戦は急速に終結した。

問

(11)　第二次世界大戦後にソ連が影響力を拡大しようとした中東のある国は，1951年にイギリス籍の石油会社の石油利権を国有化した。国有化を断行した首相の名を記せ。

(12)　この指導者の下で導入された経済政策により，ソ連は，多大な犠牲を出しつつも，急速な重工業化と農業の集団化を推し進めた。1928年に導入されたこの経済政策の名称を記せ。

(13)　この都市はどこか。

(14)　ベルリン危機の焦点となった西ベルリンは，東ドイツ政府の支配を受けぬ陸の孤島として存続していた。このような状況が生じるに至った理由を簡潔に説明せよ。

(15)　この島を含むカリブ海地域では，17世紀以降，ある商品作物の栽培への特化が進んだ。この商品作物は何か。

(16)　この条約の内容を簡潔に説明せよ。

(17)　ソ連は，ワルシャワ条約機構軍によるチェコスロヴァキアへの軍事介入を正当化するための対外政策の方針を示した。この対外政策の方針は何と呼ばれるか。

⒅　アメリカが 1971 年に金とドルの交換を停止した背景を説明せよ。

⒆　このときの米中交渉で重要な役割を担った中国の首相は，中国がインドと平和五原則に合意する際にも主導的な役割を果たした。この中国の首相の名を記せ。

⒇　この政策を推進した首相の名を記せ。

(21)　この文書の名を記せ。

(22)　この米ソ首脳会談が行われた地名を記せ。

(23)　「東欧革命」では，多くの国で無血の体制転換が実現したが，転換過程が暴力化し，失脚した指導者が処刑された国もあった。この国はどこか。

〔解答欄〕問⒁・問⒅　各ヨコ 11.8 センチ×タテ 2.1 センチ
問⒃　ヨコ 11.8 センチ×タテ 1 センチ

地理

（90 分）

I　地理B問題　（20 点）

下の地図を見て，問(1)～(4)に答えよ。解答はすべて所定の解答欄に記入せよ。字数制限のある問については，句読点も字数に含めよ。

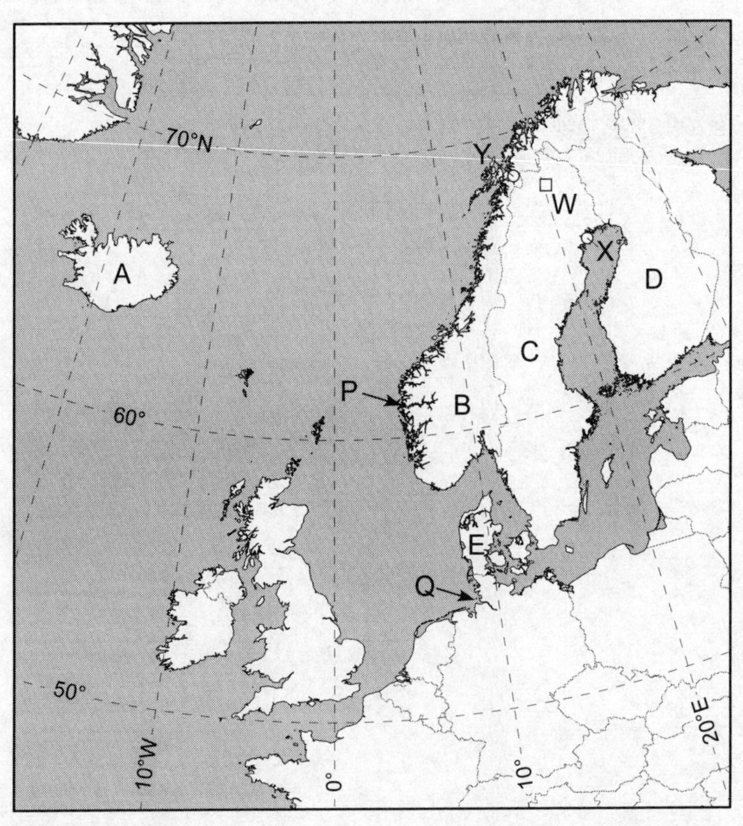

問

(1)　次の文の空欄に当てはまる語句を答えよ。

A国は北アメリカ［ア］とユーラシア［ア］の間の広がる境界上に位置し，付近の海底には，玄武岩質溶岩の噴出によって，南北に延びる長大な［イ］が形成されている。B国やC国のある半島は，かつて，約 2 万年前に極大期を迎えた［ウ］の間に発達したスカンディナヴィア［エ］に厚く覆われていた。そのなごりとして，C国やD国の面する海の周辺では，［エ］の末端部であった場所に堤防状に岩くずが堆積した［オ］が多く残されている。

(2)　図中のPとQは，いずれも海岸線が陸側に入り込んだ入り江となっている。Qの入り江をつくる地形の名称を，解答欄①に答えよ。またQの成り立ちについて，Pとの共通点と相違点を，解答欄②に 60 字以内で述べよ。必要ならばPやQの記号を用いてもよい。

(3)　E国における再生可能エネルギーを利用した主要な発電の方法を，解答欄①に答えよ。また，それが採用されている自然環境的な要因を，解答欄②に 30 字以内で述べよ。

(4)　C国の北端付近に位置するWで，大量に採掘される鉱産資源の名称を，解答欄①に答えよ。また，それは鉄道で輸送され，XおよびYの港から輸出されるが，このうち冬季に主として使用される港の記号を，解答欄②に答えよ。さらにその港が冬季に使われる理由を，解答欄③に 30 字以内で述べよ。

Ⅱ　地理B問題 (20点)

次ページの地図を見て，以下の文を読み，問(1)～(4)に答えよ。解答はすべて所定の解答欄に記入せよ。字数制限のある問については，句読点も字数に含めよ。

A地域を含む山脈では，標高によって植生や生業が異なる。標高3000m付近まではトウモロコシやムギ類などが栽培されるが，標高3500m以上では［ ア ］が主な作物となる。A地域の中で，農作物の栽培が困難な<u>標高4000-4500m付近では特徴的な生業</u>(P)が行われる。A地域南部に位置する［ イ ］塩湖(塩原)には，電池の材料として需要の増加が見込まれる［ ウ ］が大量に埋蔵されており，世界の注目を集めている。

<u>B地域の伝統的な農法</u>(Q)で栽培されてきた［ エ ］は，現在アジアやアフリカでも主食や副食，でんぷんの原料として利用されている。B地域では，1970年代に「<u>土地なき人を，人なき土地へ</u>(R)」をスローガンに，東海岸から内陸に向かって建設された道路沿いに入植地がつくられた。その後，多くの大規模開発事業がすすめられるにつれて，環境劣化が問題視されるようになった。

C地域では，現地で［ オ ］と呼ばれる疎林をともなう草原で，粗放的な牧畜が行われてきたが，1970年代から国際協力によって農業開発事業がすすめられ，［ カ ］の大規模生産地が形成された。C地域を含む国は，<u>20世紀前半に，ある農作物の生産と輸出に依存する経済構造を有していた</u>(S)。その後，産業構造の転換をはかり，1960年代末から1970年代はじめにかけて，目覚ましい高度経済成長を遂げた。

問

(1)　文中の［ ア ］～［ カ ］に当てはまる語句を答えよ。

(2)　下線部PとQについて，植生と生業の特徴を，下線部Pについては解答欄①に，下線部Qについては解答欄②に，それぞれ40字以内で述べよ。

(3)　下線部Rに関連して，このような政策を掲げる背景の1つとなっている都市問題について，20字以内で述べよ。

⑷　下線部Sについて，農作物の名称を解答欄①に答えよ。また，このような経済構造の名称を解答欄②に答えよ。

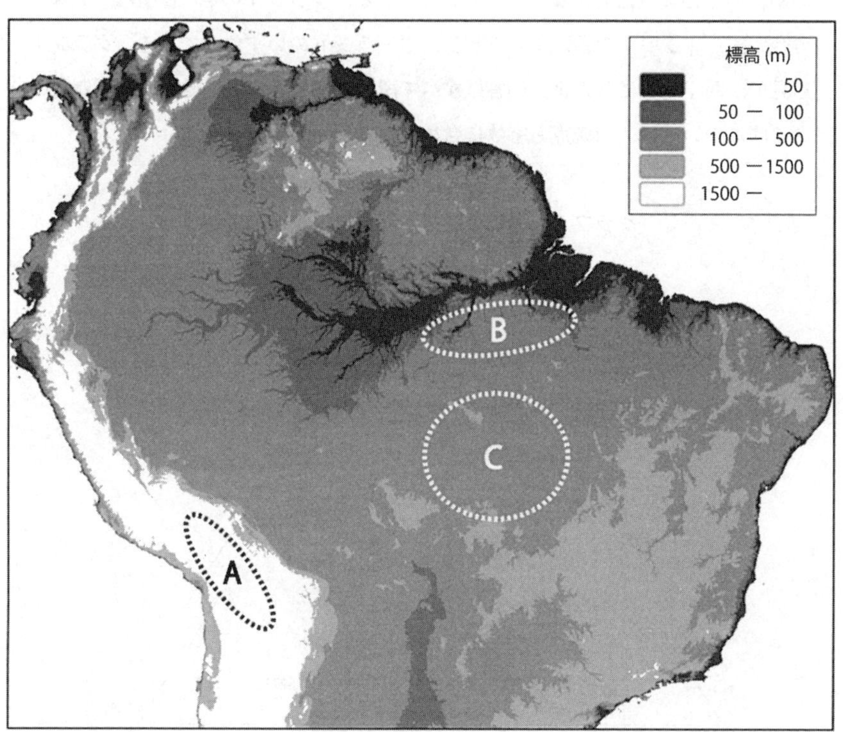

資料：国土地理院地図(https://maps.gsi.go.jp/)など

Ⅲ 地理B問題 (20点)

グラフ1は，日本と世界の5カ国において，21世紀になって産業別就業人口の割合がどのように変化したのかを表している。**グラフ1**のA～E国は，アメリカ合衆国，インド，中国，フィリピン，ポーランドのいずれかである。**グラフ1**を見て，問(1)～(6)に答えよ。解答はすべて所定の解答欄に記入せよ。字数制限のある問については，句読点も字数に含めよ。

グラフ1 各国の産業別就業人口割合の変遷

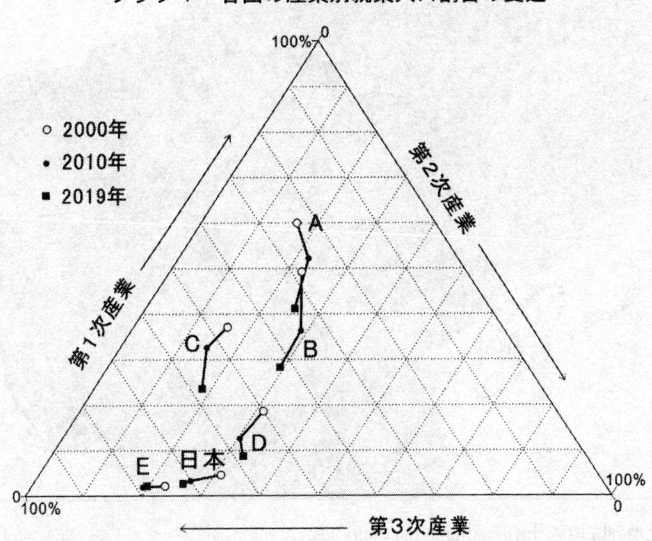

資料：ILOSTAT（https://ilostat.ilo.org/）
注：表記の年次の資料が得られない場合は直近の年次を使用している。

問

(1) C国とD国に該当するのはいずれの国か答えよ。C国については解答欄①に，D国については解答欄②に答えよ。

(2) B国においては，飲食店や商店，さらに屋台のような小さな店でも，現金での支払いが行われることが少なくなっている。現金に代わってどのような支払いの方法がとられているか，20字以内で述べよ。

⑶　A国においては，零細な小売店が商業の主体となってきたが，近年，大都市の郊外で，自動車産業や情報通信技術(ICT)産業の工場が集まる地区に，大規模な商業施設がつくられている。こうした動きは，A国の消費者のどのような変化を反映したものか，50字以内で述べよ。

⑷　E国においては，20世紀半ばから郊外に暮らす人が増え，人々の買い物の場となる大規模な商業施設が郊外につくられるようになった。この商業施設は一般にどのように呼ばれているか，解答欄①に答えよ。またこの商業施設の立地と施設に関する特徴について，解答欄②に30字以内で述べよ。

⑸　日本において，都市住民の暮らしを支えてきた商店街は，その商圏の広さから近隣型，地域型，広域型に分けられる。それぞれの類型の商店街で扱われる商品の違いについて，50字以内で述べよ。ただし記述にあたっては「買い回り品」の語を用いること。

⑹　次の**グラフ2**は，日本のある地方中心都市とその周辺自治体における小売業の年間商品販売額の推移を示したものである。この地方中心都市で市民に長く親しまれてきた百貨店が閉店することになった理由について，**グラフ2**から読み取れることを50字以内で述べよ。

グラフ2　地方中心都市と周辺自治体における小売業販売額の推移

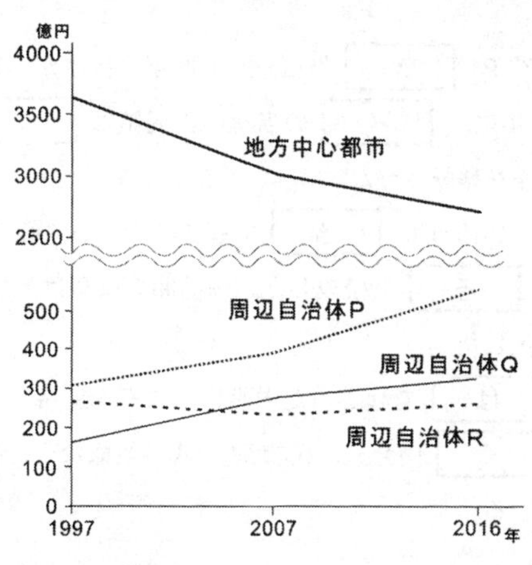

資料：県統計書

Ⅳ　地理B問題　(20 点)

下の地図は，西アジアのA～H各国の人口比率が最も高い宗教(イスラームの場合は宗派)に加えて，民族Wの居住地を示している。下の地図を参照しながら次の文章を読み，問(1)～(4)に答えよ。解答はすべて所定の解答欄に記入せよ。

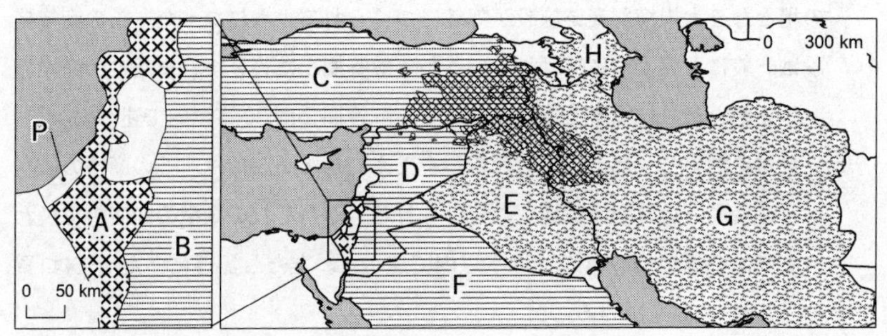

凡例
A～H各国で人口比率が最も高い宗教・宗派
イスラーム［X］派
イスラーム［Y］派
［Z］教
民族Wの居住地

資料：CIA World Factbook 2018
(https://www.cia.gov/the-world-factbook/field/religions/)など

A国は地図中のP(［ア］地区)を2000年代後半から経済封鎖し，幾度か侵攻した。2018年に，［イ］の当時の大統領は［ウ］をA国の首都として認め，大使館を移転させた。

［い］は，1979年に［ろ］で起こった革命の混乱に乗じて，国境紛争を抱えていた［ろ］に侵攻した。両国間の戦争は，民族Wをめぐる問題も関連して複雑化した。

2011年から［は］で起こった内戦は，政府を支持したロシアと反政府組織を支持した［イ］の介入，民族Wの武装組織など，複数の勢力が入り乱れて長期化している。

問

(1) 文中の［ア］～［ウ］に入る国名または地名を答えよ。

(2) 文中の［い］～［は］に入る国名を地図の A～H 国の中から選んで記号で答えよ。

(3) 地図の凡例［X］，［Y］，［Z］に入る語句を答えよ。

(4) 民族 W の名称を解答欄①に答えよ。民族 W が分布する地域の地形的特徴を解答欄②に述べよ。民族 W は人口が約 3000 万人にのぼるが，独立した国家を持っていない。その理由について，地図からわかることを解答欄③に述べよ。

〔解答欄〕② ヨコ 6.2 センチ×タテ 1.3 センチ
③ ヨコ 8.6 センチ×タテ 1.3 センチ

V 地理B問題　(20 点)

次の**図 1** は，球磨川河口の 5 万分の 1 地形図(北部は平成 14 年修正・南部は平成 17 年要部修正)である(原寸大)。**図 2** は，**図 1** の中心市街地周辺における昭和 40 年測量の 2 万 5 千分の 1 地形図である(原寸大)。**図 3** は，**図 2** と同じ範囲の平成 23 年更新の 2 万 5 千分の 1 地形図である(原寸大)。これらの地形図を見て，問(1)～(5)に答えよ。解答はすべて所定の解答欄に記入せよ。字数制限のある問については，句読点も字数に含めよ。

問

(1) **図 1** の中心市街地を含む球磨川河口部一帯の地形の名称を，解答欄①に答えよ。また，中心市街地よりも西側の土地のほとんどは，人工的に造成されたものである。この場所が人工的な土地造成に適していた理由を，自然環境の観点から，解答欄②に 30 字以内で述べよ。

(2) **図 1** の「郡築一番町」から「郡築十二番町」にかけての土地は，標高に着目すると，どのような方法で造成されたと考えられるか，その方法の名称も含めて，解答欄①に 30 字以内で述べよ。また，**図 1** における人工的な土地造成地の中に，造成以前には島であった場所がいくつかある。そのうちの 2 地点の地名を，解答欄②に答えよ。

(3)　**図2**のA・B・Cの大型工場に共通する立地を，当時の市街地との関係及び交通の観点から，解答欄①に答えよ。また，**図2**と**図3**の比較をふまえて，工場をめぐる輸送環境の変化について，解答欄②に30字以内で述べよ。

(4)　**図3**の中心市街地は，江戸時代には既に都市であったが，このような都市は一般に何と呼ばれるか，解答欄①に答えよ。また，江戸時代に都市の中核であった地域には，**図3**では，2つの機能に分類できる施設が集まっている。**図3**から，各機能に対応する地図記号を挙げつつ，それぞれの機能について，解答欄②に述べよ。

(5)　**図1**には，**図2**と**図3**の3つの大型工場以外に，工場が集中している地区がある。その立地と交通上の利点について述べよ。

〔解答欄〕問(3)①・問(5)　各ヨコ14.4センチ×タテ1センチ
　　　　　問(4)②　ヨコ14.4センチ×タテ2センチ

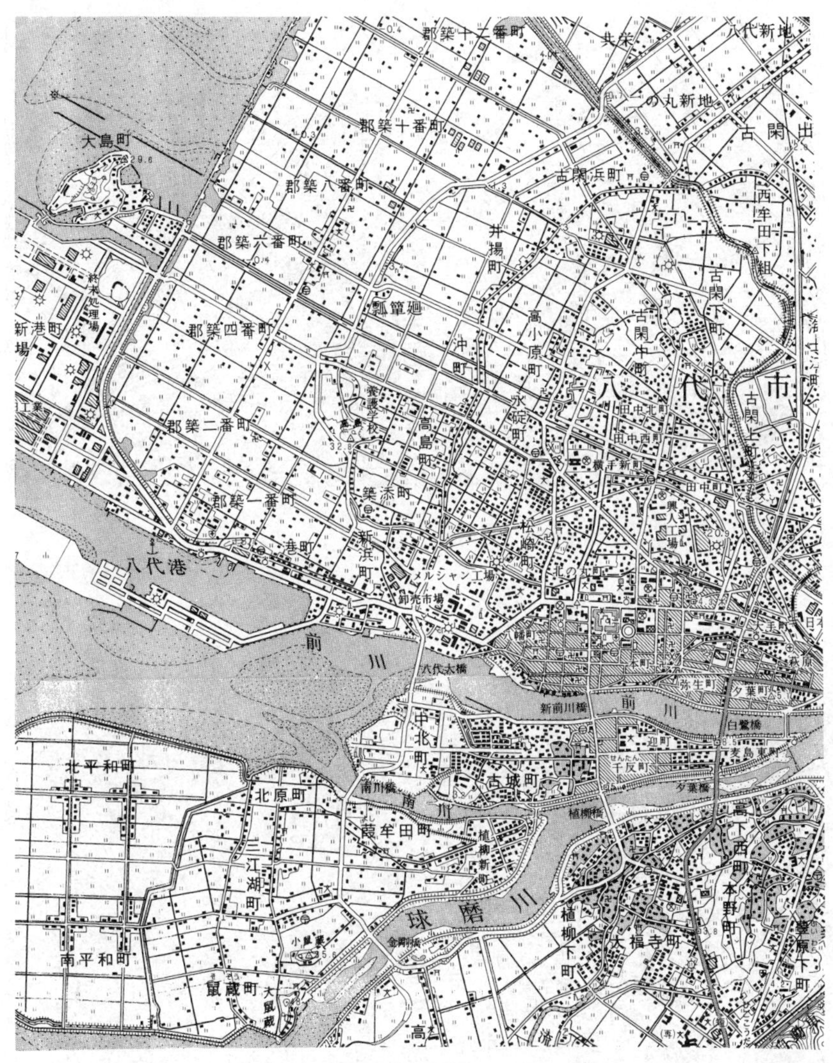

図1

編集部注：編集の都合上，80％に縮小

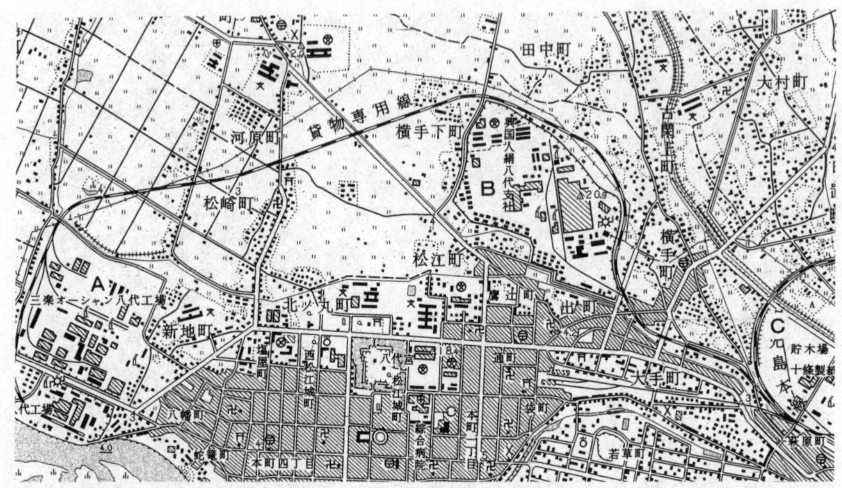

図 2

編集部注：編集の都合上，80％に縮小

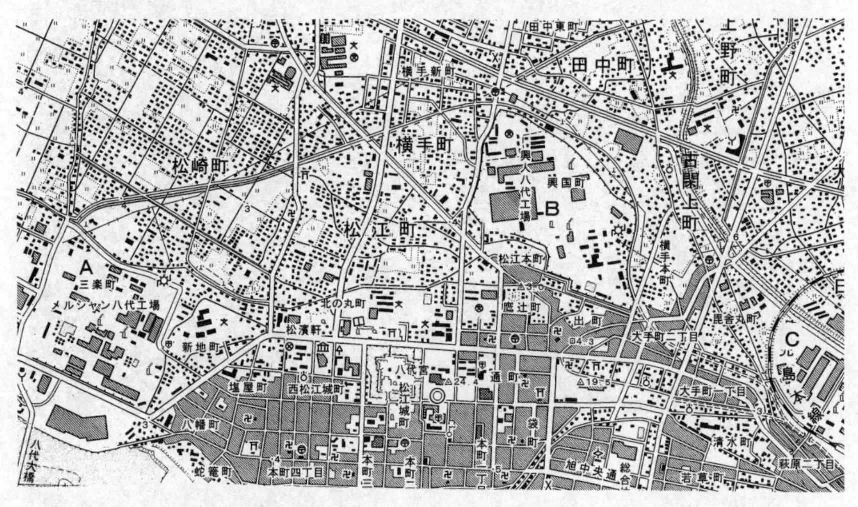

図 3

編集部注：編集の都合上，80％に縮小

数学

（120 分）

（注）　150 点満点。総合人間（文系）学部は 200 点満点に，文学部は 100 点満点に換算。

1

（30 点）

次の各問に答えよ．

問 1　n を自然数とする．1 個のさいころを n 回投げるとき，出た目の積が 5 で割り切れる確率を求めよ．

問 2　次の式の分母を有理化し，分母に 3 乗根の記号が含まれない式として表せ．

$$\frac{55}{2\sqrt[3]{9}+\sqrt[3]{3}+5}$$

2

（30 点）

空間内の 4 点 O，A，B，C は同一平面上にないとする．点 D，P，Q を次のように定める．点 D は $\overrightarrow{OD}=\overrightarrow{OA}+2\overrightarrow{OB}+3\overrightarrow{OC}$ を満たし，点 P は線分 OA を 1 : 2 に内分し，点 Q は線分 OB の中点である．さらに，直線 OD 上の点 R を，直線 QR と直線 PC が交点を持つように定める．このとき，線分 OR の長さと線分 RD の長さの比 OR : RD を求めよ．

3

(30点)

(1)　$\cos 2\theta$ と $\cos 3\theta$ を $\cos\theta$ の式として表せ.

(2)　半径1の円に内接する正五角形の一辺の長さが1.15より大きいか否かを理由を付けて判定せよ.

4

(30点)

数列 $\{a_n\}$ は次の条件を満たしている.

$$a_1 = 3, \qquad a_n = \frac{S_n}{n} + (n-1)\cdot 2^n \qquad (n = 2, 3, 4, \cdots\cdots)$$

ただし, $S_n = a_1 + a_2 + \cdots\cdots + a_n$ である. このとき, 数列 $\{a_n\}$ の一般項を求めよ.

5

(30点)

整式 $f(x)$ が恒等式

$$f(x) + \int_{-1}^{1} (x-y)^2 f(y)\,dy = 2x^2 + x + \frac{5}{3}$$

を満たすとき, $f(x)$ を求めよ.

足たち侍らねば＝老齢で足腰が弱っていることをいう。
簡を授けし＝ここでは漢詩を依頼したことをいう。
駿台＝江戸の駿河台。
闃寂＝静まりかえってさびしいさま。

問一　傍線部(1)(3)を、適宜ことばを補いつつ、それぞれ現代語訳せよ。

問二　傍線部(2)はどのような意味か、直前の兼好『徒然草』の挿話にも触れながら説明せよ。

問三　傍線部(4)はどのような意味か、この考えに至る経緯を含めて説明せよ。

問四　傍線部(5)の安道は戴安道（たいあんどう）、子猷は王子猷（おうしゆう）、ともに中国東晋の人である。雪の夜に出た月をともに愛でるため、子猷ははるばる安道を訪ねたという故事がある。これを踏まえ、傍線部の意味を説明せよ。

〔解答欄〕問二　タテ一四センチ×五行
　　　　　問三　タテ一四センチ×四行
　　　　　問四　タテ一四センチ×三行

とかきて、「さてけふはひとへにさびしくくらし侍る。思ふどちいひあはせてこられよかし。それこそ誠の志と思ふべけれ」といひやりけり。かくてやや日たくる程になりて、門をたたく音しけり。人してあけさすれば、かの文こせし人、例の人々伴なひて来にけり。形のごとく主設（あるじまう）けして、翁うれしく、さむさ忘れてにじり出で、かたみに語りあひしが、酒煖（あたた）めて出だしけるに、(3)衆客もみな酔をすすめて、清談いとこころよく見えし。翁、

あるじする心ばかりは＊こゆるぎのいそぎありくにおとらめや君

「＊われら事、＊足たち侍らねば、御為に肴（さかな）もとめてありくことはかなひ侍らねども、心ばかりはそれにもおとり申し候ふまじ」と、戯（たはぶ）れごとなどいひて程を経けるに、衆客、「けふの雪には、翁のから歌なくてやはあるべき」とて、翁に＊簡を授けしに、翁、「いやとよ、むかしは雪月花の折にあへば、はや詩の思ひよりも候ひしが、今は老いほれて其の心もさぶらはず。詩も久しくすてて作らねば、口渋りていひ出づべき事も覚えず。されどけふの御たづね忘れがたく侍るまま、(4)いかさまにも申してこそみめ」とて、しばし打案じて、

家住＊駿台下、門臨万里流。隠雲平野樹、棹（さをさす）雪遠江舟。

(5)吾老愧安道、客来皆子猷。草堂偏＊閴寂（げきせき）、喜共故人遊。

（室鳩巣『駿台雑話』より）

注（＊）

天上の白玉京＝天上世界の白玉の楼閣。

こゆるぎの＝相模国にある小余綾（こゆるぎ）の磯に由来する枕詞で「いそ（ぎ）」にかかる。

われら＝ここでは複数ではなく、自分一人のことをいう。

〔解答欄〕問一～問四　各タテ一四センチ×三行
問五　タテ一四センチ×四行

三

次の文を読んで、後の問に答えよ。（五〇点）

冬もやうやうふかくなりけるに、暮れ行く空のけしきすさまじく、雪もちらちら打(うち)ちりしが、とかくする程に、日もすでに暮れはてて、烏羽玉(うばたま)の闇さへいとどうとまし。かくて夜もふけ行くままに、夜さむ身にしみわたり、しばしもいねやらで、丑みつばかりになりぬるに、鐘のこゑもきこえず、鶏の音(ね)もせで、なにとなくしづかになるやうに覚えしが、いつあくるともなく、窓のしらみあひける程に、家にありしわらはよびおこして、閨(ねや)の戸あけさすれば、夜のまに雪いとおもしろうふりつみて、庭の草木も花さき、にはかに春来るここちし、四(よ)の山の端もみな白妙になりて、人間世界、さながら天上の白玉京*かとあやまたるる折しも、あたりちかき池の水鳥のこゑごゑになくも、程なければきこゆ。さこそ波のうきねのさむからめと、それさへ哀れを添へて、(1)さても心あらん友もがなと、人ゆかしう思ひし折ふし、いつも問ひかはす人のもとよりとて、文もて来ぬ。いそぎ開きて見れば、「めづらしき雪にて侍る。いかが見給ふやらん。さてはこの雪に、御起きふしも覚束なく思ひ侍る」となんかきけるにつけて、かの兼好が、雪のいとおもしろう降りたりしあした、人のがりいふべき事ありて文やるとて、雪の事なにともいはざりしに、この雪いかが見ると一筆いはぬとて、口惜しき事といひこせし事をふと思ひ出でて、(2)是はあなたよりかく気をつけていひこせしを、こなたより返事なくば、うらみやせんと思ひしままに、使ひしばしまたせて返事かきて奥に、

空にふる雪はこずゑの花なれやちるかさくかとあやまたれける

岡の数学研究は、いよいよ自己研究の段階に入ったのだ。数学研究を捨てて自己研究に移るのではない。(5)数学研究が即ち自己研究なのである。

（森田真生『数学する身体』より）

注（＊）

識域下＝意識できる最小限度より下。識閾（いき）下に同じ。

框＝建具や家具の周囲の枠。ここでは物事の枠組みをいう。

問一　傍線部(1)はどういうことか、説明せよ。

問二　傍線部(2)のように岡潔が感じたのはなぜか、説明せよ。

問三　傍線部(3)はどういうことか、説明せよ。

問四　傍線部(4)のような句はどのようにしてできたと考えられているか、説明せよ。

問五　傍線部(5)はどういうことか、本文全体を踏まえて説明せよ。

である。

芭蕉の意識の流れが常人より遥かに速いのは、彼の境地が「自他の別」「時空の框（かまち）」*という二つの峠を超えているからだと、岡は考えた。過去を悔いたり、未来を憂えたり、人と比べて自分を見たり、時間や空間、あるいは自他の区別に拘（こだわ）っていては、それが意識の流れをせき止める障害となる。逆に、そうした区別にとらわれなければ、自然の意識が「無障害」のまま流れ込んでくるというのである。

生きた自然の一片をとらえてそれをそのまま五・七・五の句形に結晶させるということに関して、芭蕉の存在そのもの以上に優れた「計算手続き」はない。水滴の正確な運動が、水を実際に流してみることによってしかわからないのと同じように、芭蕉の句は、芭蕉の境地において、芭蕉の生涯が生きられることによってのみ導出可能な何かである。

数学もまた、同じように進むことはできないだろうか。数学的自然の一片をとらえて、その「光いまだ消えざるうちにいいとむ」には、数学者もまた、それ相応の境地に居る必要がある。境地が進まなければ詠めない句があるのと同じように、境地が進まなければできない数学があるだろう。「第三の発見」において、岡はそれを身をもって経験したのだ。

この発見の直後、岡は研究ノートに、次のような言葉を書き付けている。

今度ハ、前ノ数学ノ研究ノトキトハ、大分勝手ガ違フ、感奮セシメルモノハ何カ。強クヒクモノハ何カ。現在ノ自分ノ状態ハドウカ。

数学研究カラ自己研究ニ入ツタノデアル（前者ハソノママ含マレテ居ル。捨テラレタノデハナイ――之ヲ然シ捨ト云フ）

（『評伝岡潔　花の章』）

だり持ち上げたりできるのも、すべては「身体化」された、非記号的な認知の成せる業である。数学的思考もまた、(3)この例外ではないはずだ。

記号的な計算は、数学的思考を支える最も主要な手段の一つであることは間違いないが、数学的思考の大部分はむしろ、非記号的な、身体のレベルで行われているのではないか。だとすれば、その身体化された思考過程そのものの精度を上げる――岡の言葉を借りるなら「境地」を進める――ことが、ぜひとも必要ということになる。

「境地が進んだ結果、ものが非常に見やすくなった」というとき、岡の念頭には芭蕉のことがある。芭蕉の詠む句は、どれも五・七・五の短い記号の列に過ぎない。したがって、原理的にはなんらかの計算手続き(=アルゴリズム)によって生成できたとしてもおかしくない。が、どんな優れたアルゴリズムよりも、芭蕉が句境を把握する速度は迅速だ。芭蕉の句は「生きた自然の一片がそのまま とらえられている」ような気がする、と彼は言う。たとえば、

(4)ほろほろと山吹散るか滝の音

という句があるが、これなどは「無障害の生きた自然を流れる速い意識を、手早くとらえて、識域下*に正確な映像を結んだ」ためにできたのだろう、と岡はエッセイの中で書いている。

「ものの見えたる光いまだ心に消えざるうちにいいとむべし」と芭蕉は言った。「もの二つ三つ組み合わせて作るにあらず黄金を打ちのべたようにてありたし」とも言った。芭蕉の方法には「もの二つ三つ組み合わせて作る」アルゴリズムはない。芭蕉の句は、ただ芭蕉の全生涯を挙げて「黄金を打ちのべたように」して〝導出〟される。その「計算速度」は、まさに電光石火の如し

場合、自己変容の過程そのものが、紙と鉛筆を使った計算や証明とは別の仕方で、彼の心を「わかった」状態へと導いたのである。

岡は晩年、京都産業大学の学生たちに向けた講義の中で、興味深い発言をしている。その大要をかい摘むと、次のようになる。

「小川のせせらぎを構成する水滴の描く流線や速度は、いずれも重力その他の自然法則によって決定されている。しかし、その水滴の運動を人間が計算しようと思えば、厄介な非線形の偏微分方程式を解く必要がある。ある程度の近似を許したとしても、現実的な時間内でそれを正確に解くことは難しい。にもかかわらず、小川の水は流れている。(2)これはいかにも不思議である」と。

自然は、人間やコンピュータによる「計算」とは違う方法で、しかもそれよりも遥かに効率的な方法で、同じ「結果」を導出してしまう場合がある。そもそも紙と鉛筆を使った「計算」も、紙や鉛筆の持つ物理的な性質に依存しているし、紙を使おうが、コンピュータを使おうが、計算というのは自然現象の振る舞いの安定性に支えられている。自然現象をある目的に沿って、部分的に切り出すことで計算は成り立っているのだ。そういう意味で自然界には、常に膨大な計算の可能性が潜在している。

例えば、ボールを投げたときの軌道を計算したかったとしよう。このとき、どんなに緻密なシミュレーションをするよりも、実際にボールを投げてしまう方が、効率よく軌道を「導出」できる。自然環境そのものが、どんな計算機よりも潤沢な「計算資源」の役割を果たすからである。

小川のせせらぎやボールの軌道ですらそうなのだから、ましてや人間の身体は、どれほど豊かな「計算」の可能性を内蔵しているかわからない。人間の認知は、身体と環境の間を行き交うプロセスである。その結果として、記号化された計算によっては到底追いつかないような判断や行為が瞬時になされる。昆虫が不安定な大地の上を歩きまわったり、人間が巧みに物を摑ん

二　次の文は、数学者・岡潔（おかきよし）について述べたものである。これを読んで、後の問に答えよ。（五〇点）

終戦後には、本格的に念仏修行にも取り組み始める。農耕と、数学と、念仏三昧の日々の中、岡は「第三の発見」にたどり着く。

七、八番目の論文は戦争中に考えていたが、どうしてもひとところうまくゆかなかった。ところが終戦の翌年宗教にはいり、なむあみだぶつをとなえて木魚をたたく生活をしばらく続けた。こうしたある日、おつとめのあとで考えがある方向へ向いて、わかってしまった。このときのわかり方は以前のものと大きく違っており、牛乳に酸を入れたときのように、いちめんにあったものが固まりになって分かれてしまったといったふうだった。それは宗教によって境地が進んだ結果、ものが非常に見やすくなったという感じだった。

（『岡潔集第一巻』「春宵十話」第七話「宗教と数学」）

彼が「不定域イデアル」と名付けた概念の理論は、こうして生まれたのである。これによって岡の名は、後に世界に知れ渡ることになる。

彼はこのときの発見を、(1)「情操型の発見」と呼んだ。それは、以前に経験してきた「インスピレーション型の発見」とは違い、上から着想が降りてくるというより、下から地道に積み上げていくうちに視界が開けるようなわかり方であった。

普通は、それまでわからなかったことをわかるために、数学者は計算をしたり、証明をしたりする。しかし、「わかった」という心の状態を生み出す方法は、計算や証明だけではない。岡が第三の発見で経験したのは、自己の深い変容により、数学的風景の相貌がガラリと変わり、結果として、それ以前にはわからなかったことがわかるようになる、ということだった。このディテュランボス合唱歌＝古代ギリシアの豊穣と酒の神、ディオニュソスを称える賛歌。
縁起＝社寺神殿の由来や霊験などの言い伝え。
ディオニュソス祭儀＝ディオニュソスを祭る活気に満ちた儀式。この祭儀においてディテュランボス合唱歌が歌われた。

問一　傍線部(1)はどういうことか、説明せよ。

問二　傍線部(2)のように筆者が言うのはなぜか、説明せよ。

問三　傍線部(3)のように筆者が言うのはなぜか、説明せよ。

問四　傍線部(4)について、筆者がここで言う「教養」とはどのようなものか、説明せよ。

問五　傍線部(5)はどういうことか、本文全体を踏まえて説明せよ。

〔解答欄〕問一～問三　各タテ一四センチ×三行
問四　タテ一四センチ×二行
問五　タテ一四センチ×五行

うとねらっている。絵を見ても彫刻を見ても、なにかを自分のものにしようと構える。(4)教養とはそういう自我の堆積にほかなりません。自我、自我、自我――かれらが狂気のように求めているものはそれだ。

観客たちの顔をごらんなさい。おたがいの顔を見ようとせず、また他人に自分の顔をのぞかせようともしない。劇場においてさえ、ひとびとは堅く殻をとざして自分のうちに閉じこもり、舞台から他人が得られぬなにものかを自分だけが手にして帰りたいと願っている。自分がいちばん上等なものを、いちばんたくさん、貯蔵庫から盗みだしたいともくろんでいる。劇場ばかりではない。こういう光景は博物館でも展覧会場でも音楽会でも、いや、現代ではいたるところに――街上にも観光バスのなかにも――見うけられはしないでしょうか。そしてそれは小説において――すなわち書斎において――もっともきわまれるものとなっております。(5)現代では、芸術の創造や鑑賞のいとなみにおいてさえ、だれもかれも孤独におちいっている。が、なにより重要なことは、この自分たちの孤独を気づかずにいるということだ。いや、孤独を自覚することすら、孤独からのがれる機縁とはならず、それを深めることによって自我を富ましめようとし、さらに芸術がそのために利用されるというしかけになっております。

（福田恆存『芸術とはなにか』（一九五〇年）より）

注（＊）

タブロー＝額縁に納められた絵。ここでは、俳優を配置し、ある場面を絵画のように描き出す「活人画」のような舞台芸術のこと。

プロセニアム＝舞台を額縁状に区切る部分。

平土間＝昔の劇場などの、舞台正面の見物席。

えることではない。問いとは精神の可能性について精神みずからが発するものであり、答えとはその限界にまでゆきつくことであります。そこでは問いがそのまま答えにならなければならない。中世の神秘劇や奇蹟(きせき)劇は、それをたんなる宗教問答におきかえてしまったのです。そしてそういうものも、ギリシアにないではなかった。が、演劇はディオニュソス祭儀から生まれたのであり、それ以外のものから生まれたのではなかったのです。神秘劇や奇蹟劇はドラマではなくてタブローでしかなかった。

近代劇も同様であります。劇場の平土間は死んだように静かになってしまった。そこにはなんらの意味においても、精神の運動がおこなわれるさいの活気は見いだされません。俳優も観客も、演劇の与える真の快楽を忘れてしまっている。わずかに保たれていることは、ものまねの快感です。ものまねは演技であって演戯ではない。それは日常生活そのままを演ずることであり、杯をもつ手つきとか落胆した様子とか、そんなことがいかにも真に迫っているということで観客は感心する。ものまねをやる楽しみ、そしてそれを見てわかる楽しみ――そのくらいなら、(3)見せられるより見せる側にまわったほうがよっぽどおもしろい。自立演劇団や作家志望者が増えるゆえんです。鑑賞ということに主体性が欠ければ――すなわち鑑賞者に精神の自由を許さぬ作品が氾濫すれば――だれもかれも造る側にまわりたくなるのであります。主体性とは生きる自覚のことであり、だれしもそれを欲しているのですから。

しかし、今日では劇作家も俳優も、観客にとって自分たちが芸術創造に参与するための道具にすぎぬということを自覚せず、逆に観客を自分たちの道具にしております。稽古場だけではりあいがないから、お客を呼んできて鏡にしようというのだ。今日の俳優はことごとくこの種の自我狂におちいっているらしい。俳優ばかりではない、小説家も画家も、政治家も革命家も、みんなそうだ。そして演劇の観客も、小説読者もその例外ではない。あたりまえです――そういう観劇法や読書法を教えたのが近代芸術というものでありますから。観客は舞台のうえに生きた人間を――いや、自己の似顔を――見つけだそうとしている。かれらは薄闇でいじきたなく眼を光らせ、すこしでも自分らしきものを見いだし、それをふところにしまって帰ろものです。むしろ小説の生理のほうが映画に近い。にもかかわらず、現代では演劇と映画とは双生児として併称されております。そのことこそ近代の演劇がいかに堕落したかを物語る明白な証拠ではないでしょうか。

有名な、少々陳腐になったたとえ話があります。『ピーター・パン』という童話劇のなかにティンクという妖精が死ぬ場面が出てまいりますが、このときピーター・パンは観客席の子供たちにむかって、もしきみたちが妖精の存在を信じるならティンクは生きかえる、妖精がいるとおもう子供は手をたたいてくれと頼みます。子供たちはティンクを生かしたい一心で夢中になって手をたたく。これがもし映画だったらどうか。もし映画だったら、たとえ子供たちが手をたたかなくとも、あとにくりひろげられる筋書はすでにフィルムにおさめられ、未来は映写機のなかにしまわれているのです。子供はともかく、大人だったらばかばかしくて手をたたく気にもなりますまい。いや、子供にしたって、一瞬の機を逸したらそれまでだ。子供が手をたたくのを待っている舞台上のピーター・パン、それに応ずるように拍手する子供たち、そしてにっこり笑ってそれにこたえるピーター・パン――(2)この呼吸は映画では不可能です。小説でもだめだ。それこそ演劇の独擅場(どくせんじょう)ではないか。

この一事で明瞭ですが、演劇をはこんでいる主体は俳優ではなく観客であります。舞台における演戯の主体は平土間にあるのだ。ギリシア演劇の発生はそのことをよく物語っております。＊ディテュランボス合唱歌をうたい、踊り狂う一群のひとびと、そのなかから中心の頭唱者がひとり分離し、それがのちに俳優となった。俳優とはギリシア語で《答えるひと》という意味です。すなわち、頭唱者が俳優として合唱団から分離しても、あとの群集はただ口をあけてぽかんとそれを眺めていたのではない。俳優が答えるひとなら、そのほかに問うひとがいたはずです。それが観客だ。自分たちのうちから頭唱者を弾(はじ)きだしたところの合唱団、それが今日の観客の起源なのであります。

俳優は神事や縁起＊について説明し、神秘の謎を解くひとだったのですが、それなら他のひとたちはそれについて説明を求めるというたんなる受動的な存在だったかというとそうではなく、問うというのは、とりもなおさず精神の運動開始にほかならなかった。もともと芸術家自身、問いを発するひとです。問いを発し、答えを得る――が、それは現実の事象の意味を問い答

国語

（一二〇分）

（注）一五〇点満点。教育（文系）学部は二〇〇点満点に換算。

一　次の文を読んで、後の問に答えよ。（五〇点）

演劇はあらゆる芸術の母胎であるようにおもわれる。ドラマはタブロー＊に対立する。タブローは《見られるもの》であり、(1)ドラマは《為されるもの》であります。それは舞台においてなにごとかが為されるというだけでない。舞台でなにごとかが為されながら、観客席でそれを見ているだけでは、舞台で為されたことはたんなるタブローになってしまう。ドラマが真に《為されるもの》であるゆえんは、それを為す主体が観客であるからであり、為される場所が舞台ではなくて劇場であるということにほかならない。演劇のリアリティは舞台のうえに、プロセニアム＊のかなたにあるのではなく、劇場に、その平土間（ひらどま）＊にあるのです。ギリシアの半円劇場における舞台の位置やシェイクスピア時代の劇場の構造を想いだしてください。いや、わが国でも能舞台は、いや歌舞伎の舞台もかつては観客席のなかに突きだしていたのです。近代劇はそれを逆にプロセニアムのかなたに押しこめてしまいました。こうなれば、それは映画にかなわない。見られたもののリアリティは——いいかえれば、生活の現実といちいち実地検証して得られる真実性の詐術は——とうてい映画におよびません。演劇芸術は映画とはまったく対蹠的（たいせきてき）な

//////////////////// · memo · ////////////////////

2022年度

問題編

問題編

▶試験科目

学　部	教　科	科　目
総合人間(文系)・文・教育(文系)・法・経済(文系)	外国語	コミュニケーション英語Ⅰ・Ⅱ・Ⅲ，英語表現Ⅰ・Ⅱ
	地　歴	日本史B，世界史B，地理Bから1科目選択
	数　学	数学Ⅰ・Ⅱ・A・B
	国　語	国語総合・現代文B・古典B

▶配　点

学　部	外国語	地　歴	数　学	国　語	合　計
総合人間(文系)	200	100	200	150	650
文	150	100	100	150	500
教育(文系)	200	100	150	200	650
法	150	100	150	150	550
経済(文系)	150	100	150	150	550

▶備　考

- 外国語はドイツ語，フランス語，中国語も選択できる（経済（文系）学部は英語指定）が，編集の都合上省略。
- 「数学Ⅰ」,「数学Ⅱ」,「数学A」は全範囲から出題する。「数学B」は「数列」,「ベクトル」を出題範囲とする。

英語

（120 分）

（注）　150 点満点。総合人間（文系）・教育（文系）学部は 200 点満点に換算。

I　次の文章を読み，下の設問(1)～(3)に答えなさい。　(50 点)

That man should have dominion "over all the earth, and over every creeping thing that creepeth upon the earth," is a prophecy that has hardened into fact. Choose just about any metric you want and it tells the same story. People have, by now, directly transformed more than half the ice-free land on earth — some twenty-seven million square miles — and indirectly half of what remains. We have dammed or diverted most of the world's major rivers. Our fertilizer plants and legume crops fix more nitrogen than all terrestrial ecosystems combined, and our planes, cars, and power stations emit about a hundred times more carbon dioxide than volcanoes do. In terms of sheer biomass, the numbers are stark-staring: today people outweigh wild mammals by a ratio of more than eight to one. Add in the weight of our domesticated animals — mostly cows and pigs — and that ratio climbs to twenty-two to one. "In fact," as a recent paper in the *Proceedings of the National Academy of Sciences* observed, "humans and livestock outweigh all vertebrates combined, with the exception of fish." We have become the major driver of extinction and also, probably, of creation of species. So pervasive is man's impact, it is said that we live in a new geological epoch — <u>the Anthropocene</u>(a). In the age of man, there is nowhere to go, and this includes the deepest trenches of the oceans and the middle of the Antarctic ice sheet, that does not already bear our

Friday-like* footprints.

An obvious lesson to draw from this turn of events is: be careful what you wish for. Atmospheric warming, ocean warming, ocean acidification, sea-level rise, deglaciation, desertification, eutrophication — these are just some of the by-products of our species's success. (b) Such is the pace of what is blandly labeled "global change" that there are only a handful of comparable examples in earth's history, the most recent being the asteroid impact that ended the reign of the dinosaurs, sixty-six million years ago. Humans are producing no-analog climates, no-analog ecosystems, a whole no-analog future. At this point it might be prudent to scale back our commitments and reduce our impacts. But there are so many of us — as of this writing nearly eight billion — and we are stepped in so far, return seems impracticable.

And so we face a no-analog predicament. (c) If there is to be an answer to the problem of control, it's going to be more control. Only now what's got to be managed is not a nature that exists — or is imagined to exist — apart from the human. Instead, the new effort begins with a planet remade and spirals back on itself — not so much the control of nature as the *control of* the control of nature.

*Friday-like: Friday is the name of a character in Daniel Defoe's novel *Robinson Crusoe* (1719).

(1) 下線部(a) the Anthropocene について，本文に即して日本語で説明しなさい。ただし，本文中に列挙された具体的な特徴から４つを選んで解答に含めること。

(2) 下線部(b)を和訳しなさい。

(3) 下線部(c)を和訳しなさい。

出典追記：Under a White Sky : The Nature of the Future by Elizabeth Kolbert, Crown Books

※解答欄 (1)：ヨコ12センチ×8行

II 次の文章を読み，下の設問(1)～(3)に答えなさい。 (50点)

In examining the history of libraries and the way their collections have evolved over time we are, in many ways, telling the story of the survival of knowledge itself. Every individual book that exists now in these institutions, all the collections that together build up into larger bodies of knowledge, are survivors.

Until the advent of digital information, libraries and archives had well-developed strategies for preserving their collections: paper. The institutions shared the responsibility with their readers. All new users of the Bodleian Library at Oxford University, for example, are still required to formally swear "not to bring into the Library, or kindle therein, any fire or flame," as they have done for over four hundred years. Stable levels of temperature and relative humidity, avoidance of flood and fire, and well-organized shelving were at the heart of preservation strategies. Digital information is inherently less stable and requires a much more proactive approach, not just to the technology itself (such as file formats, operating systems and software). (a)<u>This instability has been amplified by the widespread adoption of online services provided by major technology companies, especially those in the world of social media, for whom preservation of knowledge is a purely commercial consideration.</u>

As more and more of the world's memory is placed online we are effectively outsourcing that memory to the major technology companies that now control the internet. The phrase "Look it up" used to mean searching in the index of a printed book, or going to the right alphabetical entry in an encyclopedia or dictionary. Now it just means typing a word, term or question into a search box, and letting the computer do the rest. Society used to value the training of personal memory, even devising sophisticated exercises for improving the act of memorizing. Those days are gone. There are dangers in the convenience of the internet, however, as the control exercised by the major technology companies over our digital memory is huge. Some organizations, including libraries and archives, are now trying hard to take back control through independently preserving websites, blog posts, social media, even email and other personal digital collections.

(b)"We are drowning in information, but are starved of knowledge," John Naisbitt pointed out as early as 1982 in his book *Megatrends*. A concept of "digital abundance" has since been coined to help understand one important aspect of the digital world, one which my daily life as a librarian brings me to consider often. The amount of digital information available to any user with a computer and an internet connection is overwhelmingly large, too large to be able to comprehend. Librarians and archivists are now deeply concerned with how to search effectively across the mass of available knowledge.

The digital world is full of contradictions. On the one hand the creation of knowledge has never been easier, nor has it been easier to copy texts, images and other forms of information. Storage of digital information on a vast scale is now not only possible but surprisingly inexpensive. Yet storage is not the same thing as preservation. The knowledge stored online is at risk of being lost, as digital information is surprisingly vulnerable to neglect as well as deliberate destruction. (c)There is also the problem that the knowledge we create through our daily online interactions is invisible to most of us, but it can be manipulated and used against society for commercial and political gain. Having it destroyed may be a desirable short-term outcome for many people worried about invasions of privacy but this might ultimately be to the detriment of society.

(1)　下線部(a)を和訳しなさい。

(2)　下線部(b)を和訳したうえで，具体的にどのようなことを指しているかを，本

出典追記：Burning the Books：RADIO 4 BOOK OF THE WEEK：A History of Knowledge Under Attack by Richard Ovenden, John Murray Publishers

文に即して説明しなさい。

(3)　下線部(c)を和訳しなさい。

※解答欄　(2)：ヨコ12センチ×6行

Ⅲ　次の文章を英訳しなさい。　(25点)

　数ある旅の楽しみのなかで，車窓からの眺めというのもまた捨てがたい。そこに美しい自然が広がっていれば，ただただ目の保養になる。でも，ありふれた田舎や街並みを眺めているのも悪くない。そこに見かける，きっとこの先出会うこともなさそうな人々は，みなそれぞれにその人なりの喜びや悲しみとともに暮らしている。そう思うと，自分の悩み事もどこか遠くに感じられて，心がふっと軽くなる気がするのだ。

Ⅳ　大学で研究をするうえであなたが最も重要と考えることを一つ挙げ，その理由を2点に絞って100語程度の英語で具体的に説明しなさい。　(25点)

日本史

(90 分)

I　日本史B問題　(20 点)

次の史料(A～C)を読み，問(1)～(19)に答えよ。解答はすべて所定の解答欄に記入せよ。なお，史料の表記は便宜上，改めたところがある。

A

民部省符す　大和国司

まさに弘福寺(ぐふくじ)(a)に返入すべき田一町［ア］段五十六歩のこと

在りどころ，高市郡(注)路東二十八条一里二十八坪，百六十一歩

三十四坪，四段百十一歩

三十条三里五坪，五段

六坪，四段百四十四歩

右，(中略)かの寺の牒を得るにいわく，謹んで案内を検ずるに，件の田，ある坪は先皇の御願により，施入せらるるところなり。明らかに図帳に載せたり。ある坪は寺家の四至の内(注)として，領掌すること，その来れるや尚(ひさ)し。しかるに，去る元慶四年，［イ］するの日，収公して百姓の戸の田に授給せらるるなり。(中略)乞うらくは，衙，(注)状を察し，早く言上を経て，大安寺(b)の例に准じ，旧に任せて寺家に返入せられ，まさに伽藍の田とせんことを，といえり。(中略)大納言正三位兼行民部卿藤原朝臣清貫宣すらく，勅(みことのり)(c)を奉(うけたまわ)るに，請うに依れ，といえり。(中略)

延長四年(d)二月十三日

(注)　「高市郡」は，大和国の郡で，飛鳥地域を含んでいた。

「寺家の四至の内」は，寺院の敷地内ということ。

「衙」は，ここでは弘福寺が連絡した先である大和国衙のこと。

問

(1)　下線部(a)の「弘福寺」は，平安時代以降，東寺の支配下におかれた。東寺とある寺院を行き来する際，弘福寺はほぼ中間地点にあって便利なので，空海が天皇からもらい受けたとされる。この「ある寺院」の名を記せ。

(2)　[ア]に入る数字を漢字で記せ。

(3)　[イ]に入る語句を記せ。

(4)　下線部(b)の「大安寺」の僧であった行教は，豊前国宇佐に鎮座する神を平安京南方の男山でもまつるため，新たに神社を建てた。この神社の名を漢字6字で答えよ。

(5)　下線部(c)の「勅」によって，弘福寺の申請が認可されたが，その翌年，史料Aの文書によって大和国へ指令がなされたと考えられる。この「勅」を発した天皇は誰か。

(6)　下線部(d)の「延長四年」について，

(あ)　この年に渤海を滅ぼした国家の名を記せ。

(い)　この翌年に『延喜式』が完成し，編纂（へんさん）を命じた天皇に奏上されたが，それまでに存在した「式」を2つ挙げよ。

B

[ウ]人請状（うけじょう）の事

一，この小兵衛と申す者，当七月より一ヶ年の間，給銀四枚にて相定め(e)，御[ウ]に遣し申すところ実正也。この仁，生国はよく存じ，慥（たし）かなる人故，我等請人（うけにん）(注)に相立ち申し候。

一，御公儀様(注)御法度の[エ]宗門にても御座無く候。宗旨は代々浄土宗(f)にて，寺請状我等方に取り置き申し候。かつ又，御家の御作法の通り急度（きっと）(注)相勤めさせ申すべく候。万一何ヶ様（いかよう）の出入り出来（しゅったい）(注)候とも(g)，我等罷（まか）り出，急度埒（らち）明け申すべく候。後日の為，よって件の如し。

(h)宝暦三癸酉七月　　　　　　　　　　請人

伊勢屋

甚兵衛(印)

［　ウ　］人

小兵衛

近江屋庄兵衛殿

(注)「請人」は，保証人のこと。

「御公儀様御法度」は，江戸幕府が禁止しているという意味。

「急度」は，必ずの意味。

「出来」は，発生すること。

問

(7) ［　ウ　］に入る適当な語句を漢字 2 字で記せ。

(8) この史料は，三都のいずれかの商家に提出されたものである。下線部(e)に注目したとき，三都の中で該当しない可能性が最も高い都市名を記せ。

(9) ［　エ　］に入る適当な語句を片仮名で記せ。

(10) 下線部(f)も含めた仏教諸宗派すべてを共通して統制するために徳川家綱政権が出した法度は何か。

(11) 下線部(g)について，「出入り」とは，様々なもめ事のことであり，しばしば町奉行所などに訴訟として持ち込まれた。このようなもめ事の一部について，当事者間での解決を江戸幕府が命じた法令は何か。

(12) 下線部(h)の数年後，公家たちに尊王論を説いた人物が処罰される事件がおこった。その人物は誰か。

C

① 朕(ちん)ここに米国および英国に対して(i)戦を宣す。(中略)中華民国政府曩(さき)に帝国の真意を解せず，濫(みだり)に事を構えて東亜の平和を攪乱(こうらん)し，遂に帝国をして干戈(かんか)を執るに至らしめ，ここに(j)四年有余を経たり。幸に(k)国民政府更新するあり。帝国は之(これ)と善隣の誼(よしみ)を結び相提携するに至れるも，重慶に残存する政権は米

英の庇蔭を恃みて兄弟尚未だ牆に相鬩ぐ(注)を悛めず。米英両国は残存政権を支援して東亜の禍乱を助長し，平和の美名に匿れて東洋制覇の非望を逞うせんとす。(中略)事既にここに至る。帝国は今や自存自衛の為蹶然起って一切の障礙を破砕するの外なきなり。

② 朕ここに独逸国に対して戦を宣す。(中略)朕は深く現時欧州戦乱の殃禍(注)を憂い，専ら局外中立を恪守し以て東洋の平和を保持するを念とせり。この時に方り，独逸国の行動は遂に朕の同盟国たる大不列顛国(1)をして戦端を開くの已むなきに至らしめ，その租借地たる［ オ ］湾に於てもまた日夜戦備を修め，その艦艇荐に東亜の海洋に出没して，帝国および与国の通商貿易為に威圧を受け，極東の平和は正に危殆に瀕せり。(中略)竟に戦を宣するの已むを得ざるに至る。

③ 朕ここに露国に対して戦を宣す。(中略)帝国の重を韓国の保全に置くや一日の故に非ず。是れ両国累世の関係に因るのみならず，韓国の存亡は実に帝国安危の繫る所たればなり。しかるに露国はその清国との明約および列国に対する累次の宣言に拘わらず依然［ カ ］に占拠し，益々その地歩を鞏固にして，終に之を併呑せんとす。若し［ カ ］にして露国の領有に帰せん乎，韓国の保全は支持するに由なく，極東の平和また素より望むべからず。(中略)事既にここに至る。帝国が平和の交渉に依り求めんとしたる将来の保障は，今日之を旗鼓の間に求むる(注)の外なし。

(注) 「兄弟牆に相鬩ぐ」は，兄弟同士がけんかをすること。
「殃禍」は，災いのこと。
「旗鼓の間に求むる」は，戦いによって得ようとすること。

問

⒀ ①～③は，日本が対外戦争を開始した際に，天皇の名前で出された詔書(詔勅)の一部である。①～③を古いものから年代順に並べよ。

⒁　下線部(i)に関して，日本政府は開戦直後の閣議決定で，この戦争を何と命名したか。

⒂　下線部(j)に関して，これは何年を出発点として述べたものか。西暦で記せ。

⒃　下線部(k)により樹立された政権の主席は誰か。

⒄　下線部(l)の「同盟」が最初に締結された時の日本の外務大臣は誰か。

⒅　［　オ　］に入る地名を記せ。

⒆　［　カ　］に入る地名を記せ。

Ⅱ　日本史Ｂ問題　(20 点)

次の文章(①～⑩)の［　ア　］～［　ト　］に入る最も適当な語句を記せ。解答はすべて所定の解答欄に記入せよ。

①　［　ア　］天皇暗殺後，推古天皇が即位した。推古天皇の時代には，『天皇記』『［　イ　］』といった歴史書が編纂(へんさん)された。

②　国家体制の整備にともない，律令国家の支配領域は拡大していった。斉明天皇の時代に［　ウ　］が派遣された東北地方の日本海側には，712 年に［　エ　］国が設置された。

③　708 年，［　オ　］国から銅が献上されたことで，新たな銭貨が鋳造された。この銭貨は，［　カ　］天皇によって建設された宮都の，造営費用の支払いに用いられた。

④　称徳天皇の時代には，仏教的な事業が多くおこなわれた。平城京の右京一条三・四坊に［　キ　］が建立され，また，印刷物である［　ク　］を内部におさめた多数の木造小塔がつくられた。

⑤　江戸幕府は，江戸と各地を結ぶ五街道を整備した。そのひとつで，近江国の草津で東海道と合流する［　ケ　］と呼ばれた街道には，60 以上の宿駅が設けられた。各宿駅は，幕府が定めた人馬を常備しなければならず，幕府役人・大名等の通行時に徴発された。これを［　コ　］役という。

⑥ 陽明学者の熊沢蕃山を登用し，領内統治に意をそそいで後に「名君」とよばれた［　サ　］は，郷学の先駆として知られるようになる［　シ　］を設置し，武士だけでなく広く領民を教育することを目指した。

⑦ 明治政府は1870年に［　ス　］の詔を発して，神道による国民教化を進めようとしたが失敗した。他方で，19世紀半ばごろに創始された民衆宗教のなかには，中山みきが開いた天理教や川手文治郎が開いた［　セ　］など，政府に公認され教派神道と呼ばれたものがある。

⑧ 江華島事件の翌年，日本は事件を理由として朝鮮に迫り，［　ソ　］を結んだ。これによって，日本の領事裁判権が認められ，また釜山に加えて首府漢城にほど近い［　タ　］など2港が開港されるに至った。

⑨ 韓国併合以後，朝鮮人は［　チ　］の国籍を付与され，朝鮮人の中には，東京に留学する人々も現れた。1919年には，こうした留学生が［　チ　］からの独立を宣言する文書を発表したのがきっかけとなり，朝鮮半島全体で［　ツ　］と呼ばれる大規模な民族主義運動がおきた。

⑩ 日本は1951年の日米安全保障条約で，独立後におけるアメリカ軍(米軍)の駐留を受け入れ，翌年に結んだ［　テ　］に基づいて，米軍が使用する基地(施設・区域)を提供することとなった。これにより，日本国内で米軍基地の設置や拡張が進められると，石川県の［　ト　］や東京都の砂川で激しい基地反対闘争がおこった。

Ⅲ 日本史B問題 (30 点)

次の文章(A～C)の[ア]～[セ]に入る最も適当な語句を記し，問(1)～(15)に答えよ。解答はすべて所定の解答欄に記入せよ。

A

古墳時代には，日本列島の広範囲にわたってきわめて多数の古墳が造営された。独特な平面形を呈する<u>巨大前方後円墳</u>(a)が存在したこの時代にも，活発な対外交流がおこなわれた。

邪馬台国の卑弥呼が三国の[ア]に遣使した時期は，一般に古墳時代の直前と考えられているが，この頃に製作された中国鏡が数多く日本列島にもたらされ，古墳に副葬された。<u>古墳には多様な鉄製品が副葬され，古墳時代中期にはその量がますます増大した</u>(b)。朝鮮半島最南部の[イ]諸国との関係を通じて入手した鉄資源が，これを可能にしたのである。

古墳時代中期以降，先進的な文化や技術が日本列島に数多くもたらされた。その担い手は[ウ]人と呼ばれる人々であった。朝鮮半島での政治的立場を有利にするため，<u>倭の五王</u>(c)が宋にたびたび遣使したのもこの時期である。

倭の五王の遣使ののち，6 世紀代には朝鮮半島諸国との関係がいっそう複雑になった。高句麗の侵攻を受けて南遷していた百済は，<u>日本列島に学者や技術者などを派遣した</u>(d)。この頃に日本列島に伝えられた仏教は，徐々に社会に浸透してゆき，<u>6 世紀末に建立された飛鳥寺</u>(e)を皮切りに，仏教寺院が続々と建立されていった。

仏教文化が花開きはじめた 7 世紀初頭に，[エ]が遣隋使として派遣された。この際に隋に提出されたのが，「日出づる処の天子」の語句で知られる国書である。この頃以降，前方後円墳は築かれなくなり，豪族や王族はさほど規模の大きくない古墳に葬られるようになった。四神や男女群像の壁画で有名な奈良県明日香村の[オ]古墳は，そうした古墳の代表例である。

問

⑴ 下線部(a)に関して，5世紀代に複数の巨大古墳が築かれた大阪府堺市の古墳群名は何か。

⑵ 下線部(b)に関して，胴部と頭部を防御する武具を何というか。漢字2字で答えよ。

⑶ 下線部(c)の「五王」のうち，「ワカタケル」にあたると考えられている最後の王を漢字1字で答えよ。

⑷ 下線部(d)の「学者」に関して，儒教経典を講じることを職務とした百済の学者を何と呼ぶか。

⑸ 下線部(e)の「飛鳥寺」を建立させた人物は誰か。

B

1160年，伊豆国に配流(f)された源頼朝は，1180年に挙兵するものの，同年，相模国の石橋山の戦いで平氏方の軍勢に大敗し，海路を経て房総半島へ逃れた。そこから，当地の千葉常胤や上総介広常らの支援を得て盛り返し，鎌倉(g)へ入った。そして，富士川の戦いを経て，相模国府における論功行賞で，御家人らの先祖伝来所領の領有を認める［カ］をおこない，彼らに新たな所領を与えた。

とはいえ，なお平氏方は勢い盛んで，諸国には源頼朝に従わない源氏の勢力も多く，1181年前後には［キ］の大飢饉(ききん)が起こり，戦況は停滞する。しかし，1183年，信濃国から北陸道を経て，［ク］が越中・加賀国境の［ケ］の戦いで平氏方に大勝して入洛し，安徳天皇を擁する平氏一門を西国へ追いやった(h)。

［ク］の入洛後，朝廷が源頼朝に東海・東山道に関する一定の支配権を認める［コ］宣旨を発令したため，朝廷と［ク］の関係は悪化した。1184年，源頼朝は弟である源範頼と源義経(i)の軍勢を上洛させて［ク］を倒し，1185年，西国の平氏一門を滅ぼした(j)。

問

⑹ 下線部(f)について，その原因となった出来事の名称を答えよ。

(7)　下線部(g)について，これを取り囲む山々を越えて，外部に至る出入り口として開かれた通路を一般に何というか。

(8)　下線部(h)について，この直後に後白河法皇のもとで即位した天皇は誰か。

(9)　下線部(i)について，彼をかくまったことなどから，1189年に滅ぼされる一族の名称を答えよ。

(10)　下線部(j)について，この過程で没収された平家没官領などからなる鎌倉幕府の直轄領の総称を答えよ。

C

1872年に全国的な学校制度が導入された当初，小学校における女子の就学率は男子のそれよりも低かったが，その後，徐々に上昇した。1899年には［　サ　］令が公布され，道府県に対し，男子の中学校相当の教育を授ける［　サ　］の設置が求められた。(k)翌年には津田梅子が女子英学塾を開き，1918年には新渡戸稲造を学長とする東京女子大学が創設されるなど，女性のための専門教育も構想されるようになった。

学校教育の普及は，女性の識字率の向上と人生や生活への自覚をもたらし，1910年代に入ると，一般向けの女性雑誌が続々と刊行されるようになった。1916年に創刊された『婦人公論』は，産む者としての女性の自立をめぐって繰り広げられた［　シ　］論争の舞台となり，平塚らいてう・(l)与謝野晶子・(m)山川菊栄らが激しく議論を戦わせた。一方で，吉屋信子や林芙美子など，女性の小説家の作品も広く読まれた。

ルポルタージュ『［　ス　］』は，細井和喜蔵の名により1925年に刊行されたが，陰には内縁の妻である堀としをの協力があった。ここには，小学校を修了することもできず，紡績工場で働かなくてはならなかった女性たちの姿が描かれている。としを自身，小学校にはほとんど通うことができなかったのであり，生徒の入学率と卒業率とには開きがあった現実を物語っている。

戦時期になると，女性の勤労動員が1943年以降次第に本格化し，主に未婚女性を対象とした［　セ　］隊が編成され，工場などでの就労を強いられた。就学中の女子生徒も動員され，授業をまともに受けられない状況となった。

(n)戦後改革により男女平等がとなえられ，教育基本法の下，男女ともに小学校・中学校にて義務教育を授けられることとなった。高度経済成長下の家事の合理化(o)もあいまって女性の学歴は上昇し，1969 年には女子の高等学校進学率が男子のそれを超えるにいたった。女子の大学進学率(短期大学を含む)が男子のそれをはじめて上回るのは，1989 年のことになる。

問

⑾　下線部(k)中に記される 2 人の人物は同一国への留学経験をもつ。その国名を記せ。

⑿　下線部(l)の人物が，日露戦争に出征した弟を案じて詠んだ詩が収載された雑誌名を記せ。

⒀　下線部(m)の人物は，1947 年に創設された省庁の初代婦人青年局長として，女性・年少者の就業問題などをつかさどった。その省庁の名を答えよ。

⒁　下線部(n)に関して，

(あ)　1947 年の刑法改正まで，夫のある女性が不貞行為を働いた場合は犯罪とされた。この犯罪を何というか。

(い)　1946 年 4 月におこなわれた戦後初の衆議院議員総選挙において，何歳以上の女性が選挙権を有したか。

⒂　下線部(o)に関して，電気冷蔵庫・白黒テレビとともに「三種の神器」と呼ばれ，家事にかかる時間の短縮をもたらした家庭電化製品は何か。

Ⅳ　日本史Ｂ問題　　(30 点)

次の問⑴，⑵について，それぞれ 200 字以内で解答せよ。解答はいずれも所定の解答欄に記入せよ。句読点も字数に含めよ。

⑴　モンゴル襲来後から足利義満政権期までの日本と中国の関係について，政治・経済・文化などの面に留意しつつ述べよ。

⑵　19 世紀初頭から天保年間における江戸幕府の対外政策の展開について，イギリスの動向との関わりを中心に論じよ。

世界史

（90分）

I　世界史B問題　（20点）

マレー半島南西部に成立したマラッカ王国は15世紀に入ると国際交易の中心地として成長し，東南アジアにおける最大の貿易拠点となった。15世紀から16世紀初頭までのこの王国の歴史について，外部勢力との政治的・経済的関係および周辺地域のイスラーム化に与えた影響に言及しつつ，300字以内で説明せよ。解答は所定の解答欄に記入せよ。句読点も字数に含めよ。

II　世界史B問題　（30点）

次の文章（A，B）を読み，［　　　］の中に最も適切な語句を入れ，下線部(1)～(26)について後の問に答えよ。解答はすべて所定の解答欄に記入せよ。

A　歴史的「シリア」とは，現在のシリアのほか，レバノン，ヨルダン，イスラエル，パレスティナの領域を含む，地中海の東海岸およびその内陸部一帯を指す地域名称である。地中海との間を2つの山脈で遮られたダマスクスはシリアの内陸部に位置する古都であり，有史以来じつに様々な勢力がこの町の支配を巡り争った。

前8世紀の後半，ダマスクスはアッシリア王国(1)の支配下に入るが，以後，前7世紀に新バビロニア(2)，前6世紀にアケメネス朝がこの町を征服し，続いて前4世紀後半，町はアレクサンドロスの勢力下に入った。以後，ダマスクスは約千年の長きにわたりギリシア，ローマの支配下に置かれることになった。

7世紀はこの町の歴史にとって一大転換期であった。この世紀の初め，シリアには一時ササン朝が進出するが(3)，間もなくビザンツ帝国がこの地の支配を回復する。しかし，636 年に新興のイスラーム勢力がビザンツ軍を撃破し，シリアの支配を確立すると，この町はイスラーム世界の主要都市の一つとして歩み始めるのである。656 年にアリー(4)が指導者の地位に就くと，建設後間もないムスリムの国家は内乱の時代を迎える。この動乱の中でアリーは暗殺され，彼に敵対したシリア総督の［ a ］は，ダマスクスを首都としてウマイヤ朝を創建した。けれども，750 年にアッバース朝が成立すると帝国の中心はシリアからイラクへと移り，同朝のマンスールはイラクに新首都バグダード(5)を建設する。

9 世紀になると早くもアッバース朝の求心力には衰えが見え始め，以後，帝国内の各地に独立王朝(6)が次々に成立するようになる。こうした状況の中，10 世紀後半からはファーティマ朝(7)が，さらに，11 世紀後半にはセルジューク朝がシリアに進出し，ダマスクスを含むシリアは動乱の時代を迎えるが，12 世紀後半，アイユーブ朝の創建者［ b ］がエジプトとシリアの統一を果たすと，この地には再び政治的安定がもたらされた。1260 年，モンゴル軍はダマスクスを征服するが，同年，新興のマムルーク朝がこれを撃退してこの町の新たな支配者となる。1401 年には，西方に遠征したティムールもこの町を一時占領しているが(8)，1516 年，オスマン帝国のセリム 1 世がこの町を征服すると(9)，以後，ダマスクスはほぼ四世紀に及ぶオスマン帝国の支配を経験することになった。

19 世紀に入ると，シリアは再び動乱の時代を迎える。オスマン帝国から自立したエジプトのムハンマド＝アリー朝はシリアの領有権を要求してオスマン帝国と戦い(10)，1833 年にはこの町を含むシリアを支配下に収めた。しかし，1840 年にイギリス主導で行われた会議(11)の結果，ムハンマド＝アリー朝はシリア領有を断念せざるを得なくなった。また，第一次世界大戦中の 1916 年にはメッカの太守，フセインがアラブの反乱を開始し，1918 年 10 月に反乱軍はダマスクスに入城する。戦後の 1920 年，シリアはフセインの子ファイサル(12)を国王として独立を宣言するが，フランスはこれを認めず(13)同年 7 月にはダマスクスを占領し，1922 年には国際連盟でフランスのシリア委任統治が承認された。歴史的シリアの一部を領土としこの町を首都とするシリアという国家が独立を果たすのは，第二次世界大戦後の1946年を待たねばならなかった。

問

⑴ 紀元前7世紀にこの王国の最大版図を達成した王の名を答えよ。

⑵ この国の最盛期の王であるネブカドネザル2世に滅ぼされ，住民の多くがバビロンに連れ去られたヘブライ人の国の名を答えよ。

⑶ これに先立つ6世紀に，ササン朝のホスロー1世が突厥と結んで滅亡させた中央アジアの遊牧民勢力の名称を答えよ。

⑷ この人物および彼の11人の男系子孫をムスリム共同体の指導者と認めるシーア派最大の宗派の名称を答えよ。

⑸ この町は大河川の河畔に位置している。この河川の名を答えよ。

⑹ 9世紀後半から10世紀初頭にかけてエジプトに存在し，シリアにも領土を広げた独立王朝の名を答えよ。

⑺ アッバース朝に対抗するため，この王朝の君主が建国当初から使用した称号を答えよ。

⑻ この時，ティムールはダマスクス郊外で当時の著名な知識人と面会している。『世界史序説』の作者として名高いその人物の名を答えよ。

⑼ この直前の1514年，セリム1世は以後オスマン帝国のライヴァルとなるイランの新興勢力との戦闘に勝利している。この勢力の名を答えよ。

⑽ 1820年代，オスマン帝国は領内のある地域の独立運動を鎮圧するためムハンマド＝アリー朝の軍事支援を得ており，これが同朝によるシリア領有権要求の一因となった。この独立運動の結果，独立を達成した国の名を答えよ。

⑾ ムハンマド＝アリー朝にシリア領有を断念させたこの会議の名を答えよ。

⑿ この人物は後の1921年，当時イギリスの委任統治領であったある国の国王に迎えられている。1932年に独立を達成したこの国の名を答えよ。

⒀ 大戦中の1916年，イギリス，フランス，ロシアが戦後のオスマン帝国領の処理を定めた秘密協定の名を答えよ。

B 中国の歴代王朝の人口は，のこぎりの歯状に増減を繰り返し，多くても

8,000万人ほどであった。王朝の安定期には人口が増加したが，戦争や反乱，王朝交替，伝染病の流行などが起こると，人口は大きく減少したからである。そして明代後期(14)に至ると，ようやく1億人を超えて，1.5～2億人ほどにまで到達した。長江下流域は，南宋の時には「蘇湖(江浙)熟すれば天下足る」と呼ばれる穀倉地帯(15)であったが，明代後期には人口の増加とともに，新たな農地(低地)開発のフロンティアが消滅し，次第に家内制手工業へとシフトしていった(16)。また，南の福建省は海岸線まで山が迫り，平野が少ないという地形的な特徴から，海外へと乗り出し，東南アジアに移住する者(17)も出現した。その後，17世紀半ばに至って，2つの民衆反乱(18)をきっかけとして明朝が倒れると，四川省では飢饉（ききん）や虐殺のために大幅に人口が減少したとされ，のちに湖北省や湖南省からの多くの移民が流入することになった。

清朝が成立した後，康熙(19)・［ c ］・乾隆の3皇帝の時に全盛期を迎えると，人口は順調に回復し，18世紀前半には1.5億人，18世紀後半には2.8億人，18世紀末には3億人と，まさに「人口爆発」と呼びうるような状態を呈した。その要因としては，支配が安定し確実に人口が掌握できる(20)ようになったこと，大規模な戦争や反乱のない「清朝の平和」が続いたこと，稲作技術が改良されたこと，アメリカ大陸伝来の畑地作物(21)が導入されたこと，漢民族の農耕空間が台湾(22)・モンゴル・新疆・東北(23)などへ拡大したことなどがあげられる。清朝後期に入っても，人口は着実に増加したと考えられ，19世紀前半には4億人に到達した。19世紀後半から20世紀前半には，国内は政治的な混乱に見まわれた(24)が，人口はゆっくりと増加し，中華人民共和国が成立した1949年には約6億人を抱えるようになった。

戦後中国はいわゆる「第1次ベビーブーム」の到来によって，人口がさらに大きく増加したが，毛沢東が1958年，［ d ］の号令を発すると，政策の失敗や自然災害などが重なり，少なからぬ人びとが餓死したと推定されている(25)。その後は再び増加に転じて「第2次ベビーブーム」を迎え，人口は9億人に迫るが，1980年以降には，いわゆる「1人っ子政策」が開始され，国家による厳しい人口統制が実施されていくことになった(26)。少子高齢化が極端に進み，中国が高齢化社会へと突入するようになると，2014年に1人っ子政策は廃止され，2人目まで子供をもうけてよいとされ，現在では3人目まで認められている。

ただし現代の若者はこうした政策に，中国政府が期待したような反応を示しておらず，出生率は高まっていないようである。今後，中国の人口がどのように推移するかは，世界の未来を見据えるうえでも無視できない問題である。

問

⒁　この頃，各種の税と徭役(義務労働)を一本化し銀納させる新しい税制が設けられた。その名称を答えよ。

⒂　この頃，長江下流域では，湖沼や河道など低湿地を堤防でかこい込み新たな農地を開拓した。その名称を答えよ。

⒃　徐光啓は明代後期に中国の農業技術や綿などの商品作物を解説し，ヨーロッパの農業に関する知識・技術を導入した農書を編纂(へんさん)した。その書物の名を答えよ。

⒄　このように明代後期から清代にかけて，東南アジアの各地に移住した人々は何と呼ばれるか。その名称を答えよ。

⒅　2つの民衆反乱のうち，明朝最後の皇帝を自殺に追い込んだ農民反乱軍の指導者は誰か。その名を答えよ。

⒆　この皇帝の時，人頭税を廃止し，土地税に一本化する税制が始まった。その名称を答えよ。

⒇　この時代に治安維持や戸籍管理のために行われていた制度は，名称の上では，北宋の王安石が行った新法の一つで兵農一致の強兵策を引き継いだといわれている。その名称を答えよ。

(21)　サツマイモとともにアメリカ大陸から伝来し，山地開発にも重要な役割を果たした備蓄可能な食物をカタカナで答えよ。

(22)　福建や広東から台湾へと移住した人々の中には，客家と呼ばれる集団があった。この客家出身で1851年に太平天国をたてた人物は誰か。その名を答えよ。

(23)　1644年，清は中国本土に入ると北京に遷都した。その直前まで，清が都を置いていた東北地方の都市はどこか。その当時の名称を答えよ。

(24)　19世紀末には，華北の山東省において武術を修練し，キリスト教排斥をめざす宗教的武術集団が勢力を伸ばし，宣教師を殺害したり鉄道を破壊したりした。この集団が掲げた排外主義のスローガンを何というか。

(25)　この時，集団的な生産活動と行政・教育活動との一体化を推進するために農村に作られた組織を何というか。その名称を答えよ。

(26)　同じ頃，鄧小平の指導のもとで行われた外国資本・技術の導入などの経済政策を何と呼ぶか。その名称を答えよ。

Ⅲ　世界史B問題　(20点)

民主政アテネと共和政ローマでは，成人男性市民が一定の政治参加を果たしたとされるが，両者には大きな違いが存在した。両者の違いに留意しつつ，アテネについてはペルシア戦争以降，ローマについては前4世紀と前3世紀を対象に，国政の中心を担った機関とその構成員の実態を，300字以内で説明せよ。解答は所定の解答欄に記入せよ。句読点も字数に含めよ。

Ⅳ　世界史B問題　(30点)

次の文章(A，B)を読み，下線部(1)〜(24)について後の問に答えよ。解答はすべて所定の解答欄に記入せよ。

A　ヨーロッパで今日の「大学」の原型が誕生したのは，12世紀から13世紀にかけてのことである(1)。当時，ヨーロッパの各地には，カトリック教会の司教座や修道院に付属する学校や，法律や医学を教える私塾が存在した。イタリアのボローニャでは，法律を学ぶ学生たちが出身地ごとに「ナチオ」(同郷会)と呼ばれる自律的な団体を組織し，やがてこれらの「ナチオ」が結集して「ウニウェルシタス」(大学)が形成された。他方，ヨーロッパ北部のパリやオックスフォードでは，教師たちが自治組織を結成し，これが大学の起源となった。中世ヨーロッパの大学では，自由七学科(文法，修辞学，論理学，算術，幾何学，音楽，天文学)を基礎的な教養として身につけたうえで，神学，法学(2)，医学(3)などを学んだ。

14世紀以降もヨーロッパ各地で新たな大学の創設が進んだ(4)が，ルネサンス期の人文主義者のなかには，大学で教えられる伝統的な学問に批判を唱える者もあらわれた。古典古代の原典に立ち返って新しい解釈をおこなう営みは，しばしば大学の外で展開された(5)。16世紀以降になると，大学は，政治権力の影響をより強く受けるようになり，学生や教師たちがもっていた自治的な権限は弱められていった。宗教改革以降の宗派間の対立も，高等教育のあり方に影響をおよぼした(6)。既存の大学はプロテスタント，カトリックいずれかの立場に分かれ，新しい大学もそれぞれの宗派の布教方針にしたがって設置された(7)。他方で，ヨーロッパ諸国の一部では，大学の外で新しい学術団体が組織された。フランスでは，1635年にフランス語の統一などを目的としてアカデミー・フランセーズが，1666年にはパリに王立科学アカデミーが創設された。イギリスでは，1660年にロンドンで民間の学術団体が設立された。この団体は2年後に国王の勅許をえて「ロイヤル・ソサエティ」(王立協会)と呼ばれるようになる(8)。

18世紀にヨーロッパの高等教育はさらなる変革の時代を迎えた。ドイツでは，1730年代にハノーファー選帝侯領(9)にゲッティンゲン大学が創設された。領邦国家の意向に沿って新設されたこの大学では，歴史学，応用数学，官房学などの新しい科目が開講され，ゼミナール形式の授業が導入された。国家が主導するこのような大学教育のモデルは，1810年にプロイセン王国で創設されたベルリン大学(10)でさらなる発展をとげ，19世紀から20世紀にかけて日本を含む世界各国の大学で採用されていった。このように，大学という制度には，歴史的にみて，学生・教師の自治的団体としての起源に由来する自由・自律と，国家権力や宗教的権威による管理・統制という2つの側面が存在する。ヨーロッパで生まれた大学制度は近現代にグローバルに普及していくが，この制度を受け入れた多くの地域で，大学は，この2つの側面のあいだに生じる緊張関係のもとで揺れ動く歴史を歩むことになるのである。

問

(1) 「大学」の成立の背景のひとつとして，この時期，ヨーロッパの各地で商工業の拠点として都市が発展したことがあげられる。

(ア) イタリアでは，神聖ローマ皇帝の介入に抵抗してミラノを中心に都市同盟が形成された。この都市同盟の名称を記せ。

(イ) カトリック教会では，13世紀から，フランチェスコ修道会やドミニコ修道会のように，都市の民衆のなかに入って説教することを重視する修道会が活動を始める。これらの新しいタイプの修道会を総称して何と呼ぶか。その名称を記せ。

(2) 中世ヨーロッパの法律学において重視されたのは，6世紀に東ローマ帝国の皇帝が編纂（へんさん）させた文献であった。今日，この文献は総称して何と呼ばれているか。その名称を記せ。

(3) (ア) 中世ヨーロッパの医学は，イスラームの医学から大きな影響を受けている。ラテン語に翻訳されてヨーロッパの医学教育で教科書として用いられた『医学典範』を著したムスリムの医学者の名を記せ。

(イ) イスラーム世界を介して古典古代から中世ヨーロッパに伝えられた医学理論に対して，17世紀にはいると，解剖や実験をふまえた新しい学説が唱えられるようになった。イギリスの医学者ハーヴェーが古代ギリシア以来の生理学説に反論して発表した学説の名を記せ。

(4) ヨーロッパ東部では，1348年にプラハに大学が創設された。この大学の創設を命じた神聖ローマ皇帝の名を記せ。

(5) 15世紀のフィレンツェでは，フィチーノらの人文主義者を中心とする学芸サークルが活動し，前5世紀から前4世紀に活躍した古代ギリシアの哲学者の著作のラテン語訳をおこなった。『ソクラテスの弁明』や『国家』などの著作で知られるこの哲学者の名を記せ。

(6) 九十五カ条の論題によってカトリック教会の悪弊を批判したルターは，ドイツ中部にある大学で神学教授を務めていた。この大学が所在した都市の名を記せ。

(7) 16世紀以降，アメリカ大陸の植民地にも大学が創設されている。

(ア) アメリカ大陸で最初の大学は，インカ帝国征服後の1551年にリマに建設された。インカ帝国を征服した人物の名を記せ。

(イ) ハーヴァード大学の起源は，イギリス領北米植民地で最初の高等教育機関として1636年にマサチューセッツ州に創設された「ハーヴァード・カレッジ」である。17世紀にマサチューセッツ州を含むニューイングランド植民地に入植したのは，ピューリタンと呼ばれる人びとであった。彼らは宗教的には総じてどのような立場にたっていたか，簡潔に説明せよ。

(8) (ア) この団体に勅許を与えた国王は，父王が処刑されたために大陸に逃れていたが，1660年に帰国してイギリス国王に即位した。この国王の名を記せ。

(イ)　『プリンキピア』を著して力学の諸法則を体系化した科学者が，この団体の会長を務めている。近代物理学の創始者とされるこの科学者の名を記せ。

(9)　1714年からハノーファー選帝侯がイギリス国王を兼ねたため，イギリス史ではこの時期の王朝はハノーヴァー朝と呼ばれる。この王朝の最初の2代の国王の時代に，実質的な首相として，内閣が議会に責任を負う体制の確立に貢献した人物の名を記せ。

(10)　ベルリン大学の初代学長となった哲学者フィヒテは，1807年から翌年にかけて，ナポレオン軍占領下のベルリンで，教育による精神的覚醒を訴える連続講演をおこなったことで知られる。この講演の題目を記せ。

B　石炭は近代ヨーロッパの歴史に大きな影響を与えてきた。

燃料としては薪や木炭が古くから用いられているが，経済発展に森林の再生が追い付かず，その枯渇を招くことも歴史上少なくなかった。ヨーロッパでは商業が拡大する16世紀ごろから木材が大量に消費されるようになり，石炭も本格的に利用されはじめる。18世紀前半に石炭を乾留したコークスによって高純度の鉄を精錬する技術(11)が開発されると，石炭の重要性が増大した。18世紀末には石炭をガス化する技術も登場し，19世紀になると大都市では石炭ガスが街灯や暖房にも使われるようになった。

蒸気機関の普及(12)によって石炭の需要はさらに高まった。18世紀イギリスの綿工業においては，紡績機や織布機(13)の開発による作業の効率化が進んでいた。それらの機械の動力として蒸気機関が採用されると，綿織物の生産量はさらに拡大した。19世紀になると，イギリスは綿織物の輸入国(14)から輸出国へと変貌する。他の産業分野でも蒸気機関の利用が一般化し，蒸気機関車や蒸気船は人や物の流れを加速させた。

石炭はヨーロッパ各地で採掘が可能である。特にイギリスには豊富な石炭資源が存在していた。イギリスの毛織物工業や綿織物工業の中心地帯(15)で石炭が容易に採掘できたことは，蒸気機関の普及に寄与した。他国の工業化が進むと，イギリスの炭鉱業は輸出産業としても発展した。例えばフランス(16)は，国内産の石炭だけでは工業化で増大する需要を満たせず，イギリスなどの石炭を輸入している。中欧には多数の炭鉱があり，ドイツの工業化を支えた。

木炭の製造は，周縁的な産業として，衰退しつつも存続した。19世紀初頭の南イタリアでは，ある秘密結社の成員が「炭焼き人」を名乗っている。当時の炭焼き人は山林地帯で独自の共同体を維持しており，その結束力ある組織が模倣されたのである。立憲主義と自由主義を掲げるこの結社の運動はイタリア半島各地に，そしてフランスにも広がった。だが炭鉱に乏しいイタリアも19世紀後半には燃料をイギリスからの石炭輸入に依存するようになっていく。

19世紀後半，内燃機関の実用化などによって石油が石炭に替わるエネルギー源として台頭した。1859年からのオイルラッシュを引き起こしたペンシルヴェニアなどがあるアメリカ合衆国と，バクーやグロズヌイなどで石油を産出するロシアは，20世紀に世界を二分する超大国となった。だが石炭も重要な資源でありつづけた。現在でも製鉄にはコークスを用いるのが主流である。電気エネルギーの利用も20世紀に急速に拡大するが，石炭も火力発電の燃料として利用されつづけている。

石炭や鉄の産出を背景に発展した鉱工業地帯が国家間の係争の対象となることもあった。フランスが普仏戦争で喪失した地域もそのひとつであった。第一次世界大戦後には，ドイツの鉱工業地帯のひとつが国際連盟の管理下に置かれ，15年後の住民投票で再びドイツに編入されている。ヴェルサイユ条約で課せられた義務の不履行を口実に，フランスとベルギーによって鉱工業地帯を抱えるドイツの一地域が占領されたこともある。

第二次世界大戦後，フランスやイギリスは石炭産業を国有化した。また1952年には，西ヨーロッパの石炭等の資源を管理するために6か国からなる組織が発足している。発足の背景には西ヨーロッパにおける戦争の再発を防止する意図もあり，この組織はその後のヨーロッパ地域統合の基礎のひとつとなった。一方，イギリスでは，その後石炭産業の民営化が提唱され，20世紀末までに民営化と一部炭鉱の閉鎖が進められた。

問

⑾　この技術を開発した父子の姓を記せ。

⑿　炭鉱の排水などに使われていた蒸気機関を効率的で汎用性の高いものに改良した技術者の名を記せ。

⒀　蒸気機関が導入される前の，これらの機械の主要な動力は何か。

⒁　18世紀のイギリスが輸入した綿織物の主要な生産国はどこか。

⒂　この地域の中心的な工業都市の名を記せ。

⒃　鉄道会社の整理統合や金融機関の育成によってフランスの工業化を上から推進した統治者の名を記せ。

⑰ この秘密結社の名を記せ。

⑱ ペンシルヴェニア州の一都市は独立革命期に政治的中心となっており，ワシントンに連邦議会が設置されるまで合衆国の首都として機能していた。この都市の名を記せ。

⑲ この油田のある地域では19世紀中ごろロシア支配に対する反乱が起こり，ソ連崩壊後にも紛争が2度発生している。この地域の名を記せ。

⑳ この地域の名を記せ。

㉑ この地域の名を記せ。

㉒ この地域の名を記せ。

㉓ (ア) この機関の名を記せ。

(イ) 6か国のうち2国はフランスと西ドイツである。その他の国を1つ挙げよ。

㉔ 民営化を主導した首相の名を記せ。

地理

（90分）

I　地理B問題　（20点）

次ページの**図1**は，平成27年調製の2万5千分の1地形図である(原寸大)。この地形図を見て，問(1)～(3)に答えよ。解答は，すべて所定の解答欄に記入せよ。字数制限のある問については，句読点も字数に含めよ。

問

(1)　図中の山地とその山麓の地形発達過程について述べた以下の文の空欄に当てはまる用語を，それぞれ解答欄①～⑤に答えよ。また，このような成因をもつ山地を何と呼ぶか，解答欄⑥に答えよ。

図1の北西と南東の隅を結ぶ対角線の方向に延び，南西側に傾斜する活断層の運動が，南西側の地盤を［　①　］させるとともに，斜面の［　②　］に伴って生産された土砂が河川によって［　③　］され，山麓に［　④　］して，［　⑤　］を形成した。

(2)　図中の山麓を流下するいくつかの小河川には，共通した形態的特徴がみられる。**図1**のA地点を通過する河川近傍の等高線の形状に着目して，このような形態をもつ河川の名称を解答欄①に答えよ。また，その形成要因を，解答欄②に40字以内で述べよ。

(3)　次々ページの**図2**は，明治24年測図の2万分の1地形図で，**図1**中に枠で囲まれた範囲に相当する部分である(原寸大)。**図1**のB地点付近は，かつてどのような場であったか解答欄①に答えよ。また，**図1**のB地点と，CおよびD地点には，現在，豪雨時にどのような自然災害のリスクがあるか，本来の自然環境と土地利用の変化に着目して，Bについては解答欄②

に，CおよびDについては解答欄③に，それぞれ30字以内で述べよ。

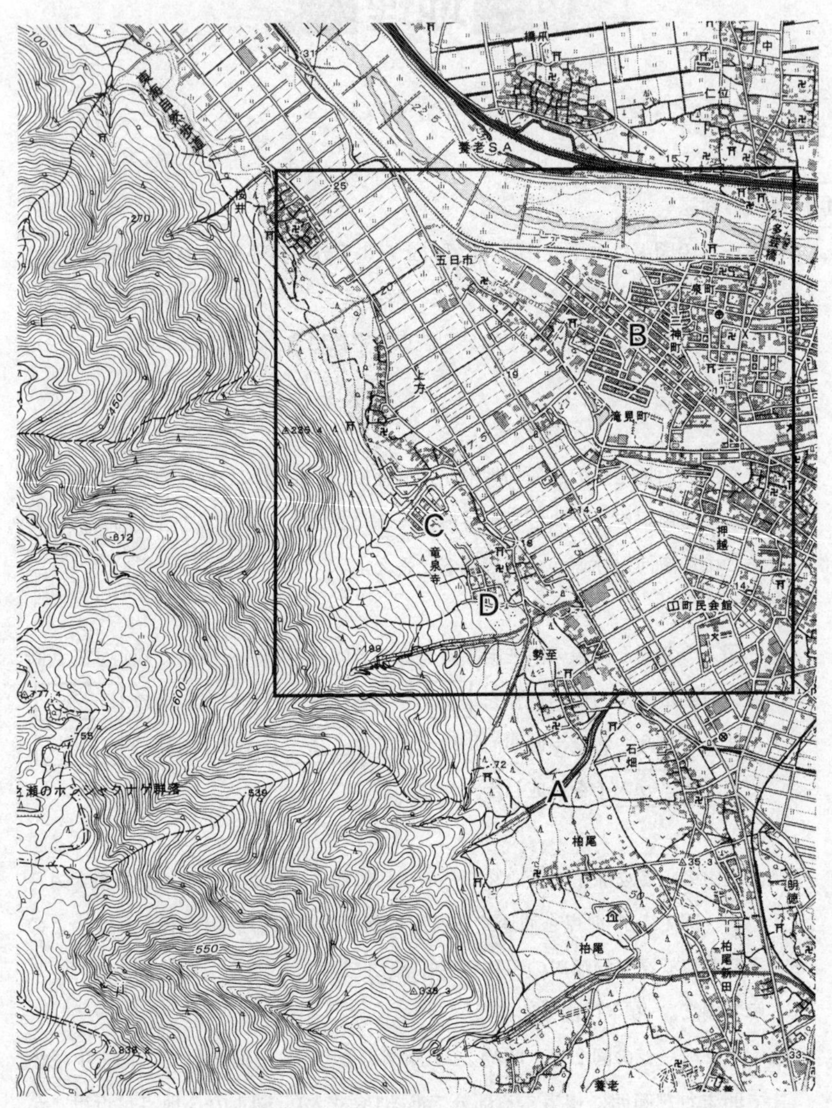

図1

編集部注：編集の都合上，80％に縮小

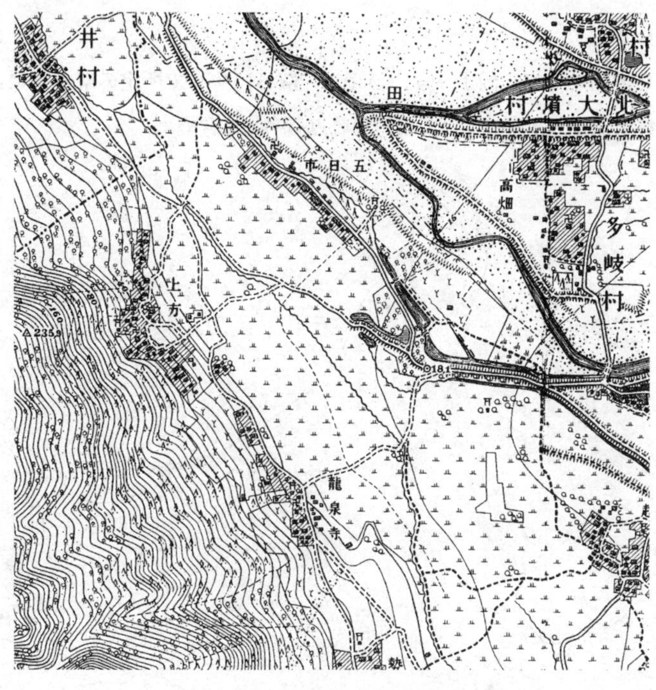

図 2

編集部注：編集の都合上，80％に縮小

Ⅱ　地理B問題　(20点)

以下の地図を見て，問(1)~(4)に答えよ。解答はすべて所定の解答欄に記入せよ。字数制限のある問については，句読点も字数に含めよ。

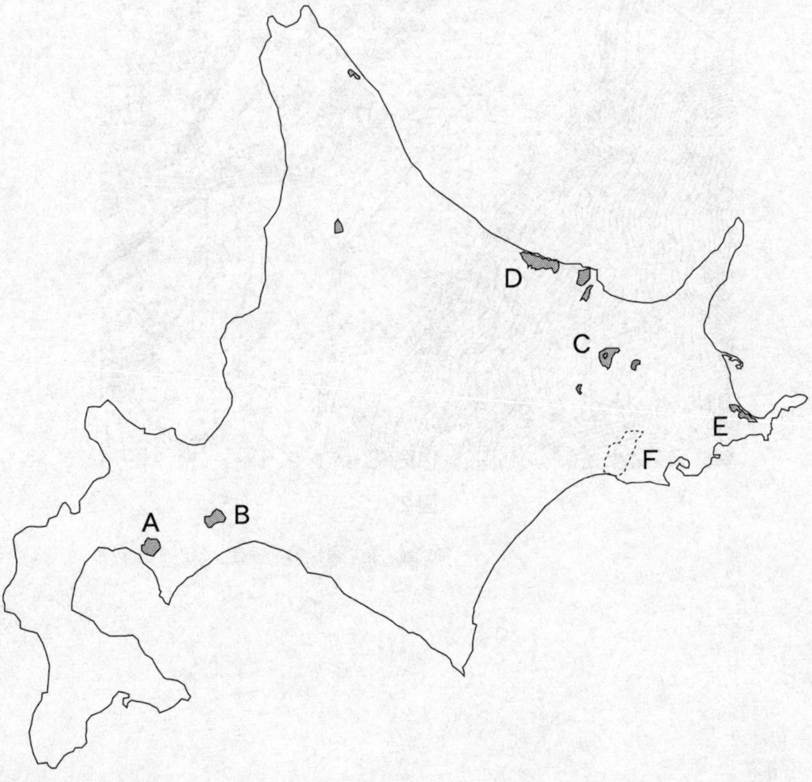

A
B
C
D
E
F

問

(1)　地図の湖A，湖B，湖Cは同様な成因で形成された湖である。その成因となった地形を何と呼ぶか，解答欄①にカタカナ4文字で答えよ。また，解答欄①の地形が典型的に見られる九州の山の名称を解答欄②に，湾の一部が解答欄①の地形によって作り出されている，九州の湾の名称を解答欄③に，それぞれ答えよ。ただし，解答欄②の山の名称はひらがなで解答しても良い。

⑵　火山灰を使って地層や地形の編年を行う学問を火山灰編年学(テフロクロノロジー)と呼ぶが，北海道の場合，湖Aの西側より，湖Bの東側の方が，また，湖Cの西側より，湖Cの東側の方が，より多くの火山灰の層が見られ，地層の編年が組みやすい。なぜ，それぞれ西側より東側の方が火山灰の層が多く見られるのか，地形と気候の観点から，40字以内で述べよ。

⑶　地図の湖Dと湖Eが形成されるにあたって重要な役割を果たしている地形を何と呼ぶか，解答欄①に答えよ。その湖と同様な成因でできている湖を下記の選択肢から2つ選んで，解答欄②に記号で答えよ。

ア：十和田湖　　イ：猪苗代湖　　ウ：芦ノ湖
エ：諏訪湖　　オ：浜名湖　　カ：中　海

⑷　Fの場所には広大な湿原がある。この湿原を含めて，国際的に重要な湿地に関する条約が結ばれている。その条約の名称を，解答欄①に答えよ。また，その条約の目的を，解答欄②に20字以内で述べよ。

Ⅲ　地理B問題　　(20 点)

グラフ1とグラフ2は，各国の工業生産に関するものである。グラフにおけるA～D国は，イタリア，インド，韓国，ベトナムのいずれかである。これらのグラフを見て，問(1)～(4)に答えよ。解答はすべて所定の解答欄に記入せよ。字数制限のある問については，句読点も字数に含めよ。

グラフ1　各国の業種別工業出荷額(2018 年)

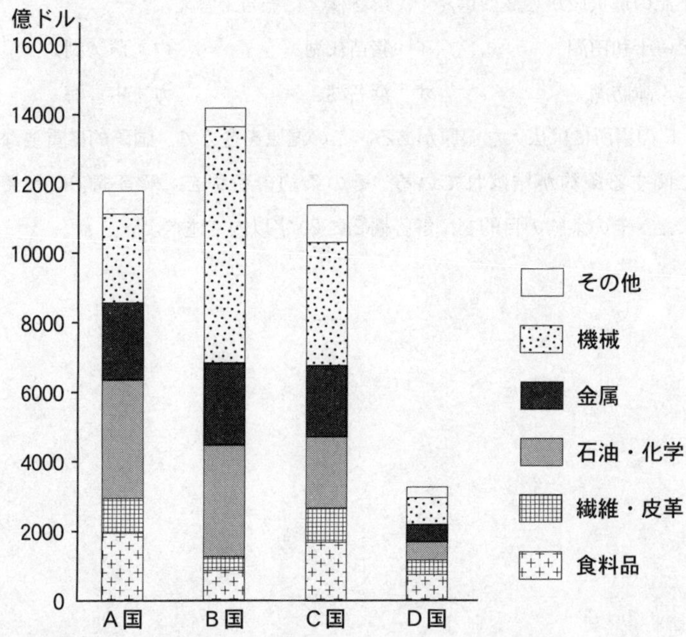

資料：UNIDO Statistics Data Portal (https://stat.unido.org)
注：食料品は飲料・タバコを，金属は金属加工製品を含む。

グラフ 2　各国の工業付加価値額の推移(1970 年～2019 年)

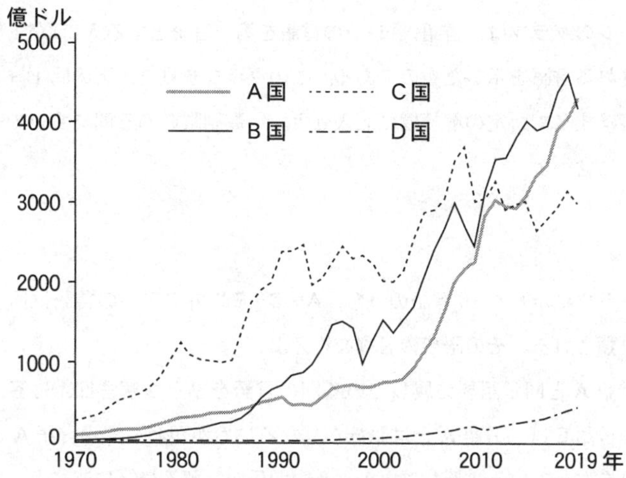

資料：United Nations Statistics Division
(https://unstats.un.org/unsd/snaama)

問

(1) A 国においては，現在，情報通信技術(ICT)産業が急速に発達している。それを支える人材の特徴を，労働者の人件費以外の点において，解答欄①に 30 字以内で述べよ。また，ICT 産業のグローバルな分業において，主に輸出先の国との関係で A 国の立地がどのように有利に働いているか，解答欄②に 40 字以内で述べよ。

(2) **グラフ 1** と**グラフ 2** を見て，A 国と比較したときの B 国の工業の特徴を，解答欄①に 30 字以内で述べよ。また，B 国の 1990 年代後半における工業付加価値額の下落に影響した経済事象の名称を，解答欄②に答えよ。

(3) C 国の繊維・皮革工業は，地域の特色を生かした産業として発達している。C 国の繊維・皮革産業には，どのような特色があるか，解答欄①に 30 字以内で述べよ。そのような産業の集積する C 国の地域を何と呼ぶか，解答欄②に答えよ。

(4) D 国の国名を解答欄①に答えよ。D 国の工業の成長には，1980 年代から進められてきた経済政策が影響している。その名称を解答欄②に答えよ。

Ⅳ　地理B問題　(20 点)

次ページのグラフは，言語人口(その言語を第一言語とする人口)が 1 億人以上と推計される言語を示したものである。このグラフを見て，下の問(1)〜(5)に答えよ。解答はすべて所定の解答欄に記入せよ。字数制限のある問については，句読点も字数に含めよ。

問

(1)　グラフに示した 10 言語のうち，A・C・E 以外の 7 つの言語は同一の語族に分類される。その語族の名称を答えよ。

(2)　言語 A と同じ語族に属している別の言語をひとつ解答欄①に答えよ。また，言語 E は，言語 A とは語族が異なるにもかかわらず，言語 A と深い関わりをもっている。それはどのような関係か，解答欄②に述べよ。

(3)　言語 B には，第一言語とする人口よりも，第二あるいは第三の言語として使用している人口が多いという特徴がある。言語 B に該当する言語を解答欄①に答えよ。また，言語 B とマオリ語を公用語とする国を解答欄②に答えた上で，この国の言語政策の特色について，その背景に留意しつつ解答欄③に 40 字以内で述べよ。

(4)　言語 C が属している語族の名称を解答欄①に答えよ。また，この言語で聖典が記され，この言語の話者の多くが信仰するだけでなく，さらにベンガル語など他の言語の話者の間でも広く信仰されている宗教は何か，解答欄②に答えよ。

(5)　グラフに示した言語のなかで，スペイン語と言語 D の言語人口の多さに関して，共通する歴史的な理由を 40 字以内で述べよ。

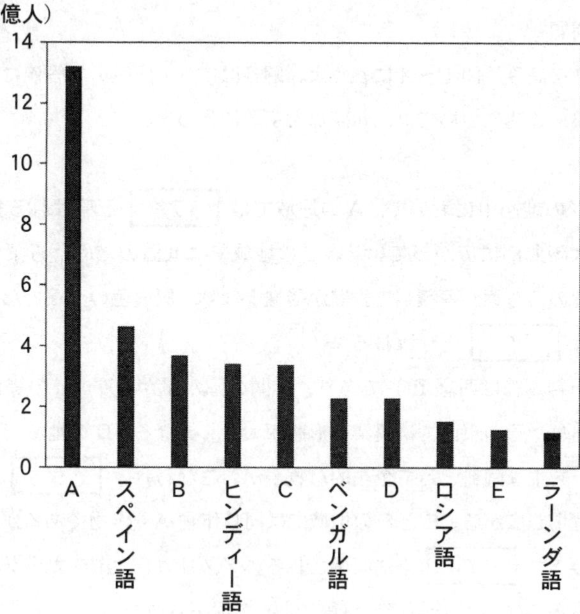

資料：*Ethnologue* (23rd Edition, 2020)
　注：ラーンダ語は主にパキスタンとその周辺諸国で話されている言語である。

V　地理B問題　(20点)

以下の文を読み，問(1)～(4)に答えよ。解答はすべて所定の解答欄に記入せよ。字数制限のある問については，句読点も字数に含めよ。

次ページの地図中において，Aの地域では［ア］と呼ばれる針葉樹林がみられ，大陸北部に広がっている。この地域では低温のため落ち葉の分解が遅く，未分解の落ち葉が蓄積して表層が酸性となり，灰白色の土壌となる。このような土壌は［イ］と呼ばれる。

BとCを結ぶ線は西経100°であり，年間の降水量が500 mmの等値線とほぼ一致しており，その東西では農業の形態が大きく異なる。Dの地域では地元のトウモロコシを主な飼料として企業的な牧畜がおこなわれ，［ウ］と呼ばれる肉牛の肥育場が広がる。EとFの地域では同じ作物が主作物であるが，Eの地域では四季のうち［エ］季に収穫される。アメリカ合衆国やカナダでは，P これらの農地の多くは17世紀以降に移民によって開拓された。

アメリカ合衆国は豊かなQ 鉱産資源の存在，資本の蓄積，移民労働者の流入，自由な発想と高い技術開発力により20世紀に世界最大の工業国に発展した。1970年代以降，北緯37°より南側の地域にはサンベルトと呼ばれる，新しい工業地域が生まれた。このうち，テキサス州の先端技術産業が集まる地域は［オ］と呼ばれ，集積回路の製造やIT産業，先端医療産業，航空・宇宙関連産業などが発展している。情報通信産業やバイオテクノロジーなどの分野が成長し，アメリカ合衆国の工業は発展をつづけている。R 1994年にはアメリカ合衆国とカナダ，メキシコの3ヵ国を統合する広大な経済圏が形成され，2020年には新たな貿易協定に移行した。

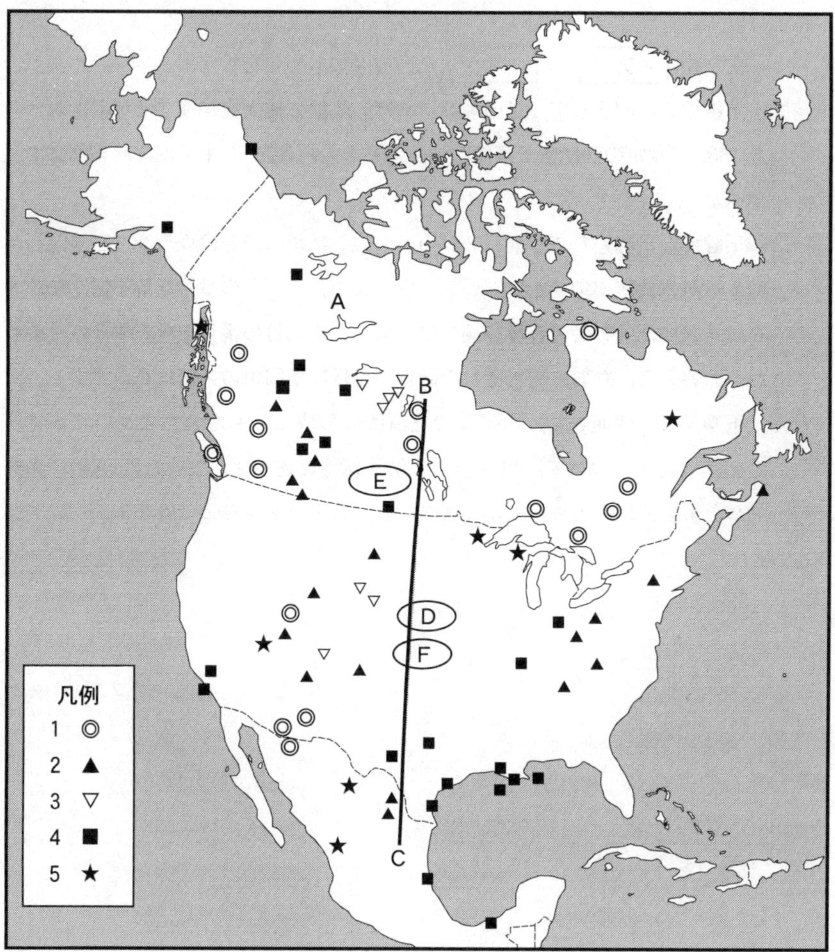

資料：Diercke Weltatlas (2015)など

問

(1)　文中の［ア］～［オ］に当てはまる語句を答えよ。

(2)　下線部Pに関連して，この地域における農地の拡大を加速する一因となった1862年制定の法律を解答欄①に答え，その内容を40字以内で解答欄②に述べよ。

(3)　下線部Qに関連して，前ページの図中の5種類の記号はウラン，石炭，石油，鉄，銅の産出地を示している。ウランを表す記号の番号を解答欄①に，石炭を表す記号の番号を解答欄②に，銅を表す記号の番号を解答欄③に，それぞれ答えよ。なお，それぞれの記号の番号は地図中の凡例に書いてある。

(4)　下線部Rに関連して，1994年の経済圏の形成にともなうメキシコにおける産業の変化について，40字以内で解答欄①に述べよ。また，2020年に発効した貿易協定の名称をアルファベット5文字で解答欄②に答えよ。

数学

（120 分）

（注）150 点満点。総合人間（文系）学部は 200 点満点に，文学部は 100 点満点に換算。

1

（30 点）

$5.4 < \log_4 2022 < 5.5$ であることを示せ．ただし，$0.301 < \log_{10} 2 < 0.3011$ であることは用いてよい．

2

（30 点）

下図の三角柱 ABC-DEF において，A を始点として，辺に沿って頂点を n 回移動する．すなわち，この移動経路

$$P_0 \to P_1 \to P_2 \to \cdots \to P_{n-1} \to P_n \qquad (\text{ただし } P_0 = A)$$

において，P_0P_1，P_1P_2，…，$P_{n-1}P_n$ はすべて辺であるとする．また，同じ頂点を何度通ってもよいものとする．このような移動経路で，終点 P_n が A，B，C のいずれかとなるものの総数 a_n を求めよ．

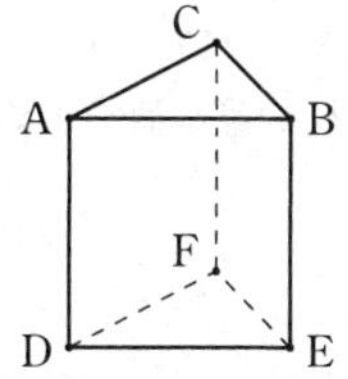

3

(30 点)

xy 平面上の 2 直線 L_1，L_2 は直交し，交点の x 座標は $\frac{3}{2}$ である．また，L_1，L_2 はともに曲線 $C : y = \frac{x^2}{4}$ に接している．このとき，L_1，L_2 および C で囲まれる図形の面積を求めよ．

4

(30 点)

a，b を正の実数とする．直線 $L : ax + by = 1$ と曲線 $y = -\frac{1}{x}$ との 2 つの交点のうち，y 座標が正のものを P，負のものを Q とする．また，L と x 軸との交点を R とし，L と y 軸との交点を S とする．a，b が条件

$$\frac{\mathrm{PQ}}{\mathrm{RS}} = \sqrt{2}$$

を満たしながら動くとき，線分 PQ の中点の軌跡を求めよ．

5

(30 点)

四面体 OABC が

$$\mathrm{OA} = 4, \qquad \mathrm{OB} = \mathrm{AB} = \mathrm{BC} = 3, \qquad \mathrm{OC} = \mathrm{AC} = 2\sqrt{3}$$

を満たしているとする．P を辺 BC 上の点とし，△OAP の重心を G とする．このとき，次の各問に答えよ．

(1)　$\overrightarrow{\mathrm{PG}} \perp \overrightarrow{\mathrm{OA}}$ を示せ．

(2)　P が辺 BC 上を動くとき，PG の最小値を求めよ．

問二（3）：タテ一三センチ×二行

問三・問四：各タテ一四センチ×四行

（田安宗武『国歌八論余言』より。一部省略）

注（＊）

悪し＝形容詞「悪し」の終止形の特殊な語形。

田子の浦ゆうち出でて見れば真白にそ富士の高嶺に雪はふりける＝『万葉集』に載る山部赤人の歌。「真白にそ」の「そ」は「ぞ」の古い形。この歌は、後世、『新古今和歌集』などの歌集に「田子の浦にうち出でて見れば白妙の富士の高嶺に雪はふりつつ」という形で収められた。

問一　傍線部(1)について、筆者が歌合を「いと浅ましきわざ」だと言うのはなぜか、説明せよ。

問二　傍線部(2)(3)を、指示語が指す内容を明らかにしつつ、それぞれ現代語訳せよ。

問三　傍線部(4)はどういうことか、筆者が挙げる例に即して説明せよ。

問四　傍線部(5)を、「その人」が指すものを明らかにしつつ現代語訳せよ。

※解答欄　問一：タテ一四センチ×三行

問二(2)：タテ一三センチ×三行

三　次の文を読んで、後の問に答えよ。（五〇点）

歌の道の大きに廃れにしは、歌合といふものの出で来しよりなり。それ歌は、喜び、怒り、悲しみ、楽しむなどのほどほどにつけてその心を遣るものにて、人の心の和らげとなすなるを、いかにぞや、かたみに詠み出でてその争ひすなる、(1)いと浅ましきわざなりかし。またその頃よりは殊に歌のさまも悪しうなりぬ。

それだにあるに、古き歌直すわざも出で来にたり。これもまたいとむくつけなるや。その詠みたる人、世にあらばこそ、言ひも合はせぬべけれ。(2)それも、己にたよるにしもあらぬ人には、もて出でて言ふべきことにしもあらず。また、己がほどなど詠めらん人の、直せなど言はんには、いと否むべきわざなるを、それには引きかへて、声だに聞くべうもなき古の人の、しかも位高き人、或はよく詠む人の歌をも、おのが心に悪しと思ふふしぶし直して、(3)われこそよしと思ふらめ、人はまたさも思はぬもあるべし。もとの歌はよくて直したる歌の悪しきが、彼のもとの歌は亡びて直しつる歌のみ残らばいかにぞや。いと歌詠みの嘆くべきわざなめり。既に「田子の浦ゆうち出でて見れば真白にそ富士の高嶺に雪はふりける」といへる歌を、後の人の「真白にそ」を嫌ひて「白妙の」とかへ、「雪はふりける」を「ふりつつ」と直せり。目前の景色を詠める歌なれば、「ふりける」とこそ詠むべけれ。「ふりつつ」と言ひぬれば、まだ外に意の含みたる様にて、しかも明らかならず。(4)げに意余りて詞足らざるがごとくなりぬ。また「白妙の」の詞は殊に殊に悪しし。もとの歌の「真白にそ」と言ひしは雪の色を言へること明らけし。かの直しつる「白妙の」の詞はさは聞こえず、富士は色のもとより白きとぞ聞こゆ。いかで富士の色の白かるべきや。この歌はいとめでたき歌なれど、後の人の直したればいといと悪しうなりぬ。すべてかく悪しう直したる歌、数多あるべし。(5)ただ古き歌にても悪しと思はば用ゐずしてありぬべきを、妄りに直してその人の意に違ふのみか、悪しうさへすることそいとあぢきなきことなめれ。

即自有＝ドイツの哲学者ヘーゲル（一七七〇～一八三一）の用語。「即自存在」ともいい、他者との関係によらずに、それ自体として存在するもの。以下の本文にある「客観的精神」、「認識と実践の統一」もヘーゲル哲学を意識したもの。

ショーペンハウエル＝ドイツの哲学者（一七八八～一八六〇）。

ニイチェ＝ドイツ出身の文献学者、哲学者（一八四四～一九〇〇）。

職業上の＝当時、筆者は大学で中国文学を講じつつ、作家として活動していた。

問一　傍線部（1）はどのような発想法か、説明せよ。

問二　傍線部（2）について、筆者が「ある後ろめたさ」を感じたのはなぜか、説明せよ。

問三　傍線部（3）のように筆者が言うのはなぜか、説明せよ。

問四　傍線部（4）のように筆者が言うのはなぜか、説明せよ。

問五　傍線部（5）について、筆者にとっての「読書の本質」とはどのようなものか、本文全体を踏まえて説明せよ。

※解答欄　問一：タテ一四センチ×二行
問二：タテ一四センチ×三行
問三・問四・問五：各タテ一四センチ×四行

自身がすでにその〈邪読〉の条件を大はばに失ってしまっているからである。職業上の読書、下調べのための走り読み……。もっとも書物と縁が深いようで、少し心を許せば(5)読書の本質から遠くなる危険をもった生活が、おそらく私にかつてあった豊饒(ほうじょう)な時間を無限に愛惜させるのであろう。

むろん、そうであっても、なお〈邪読〉は〈邪読〉であり、一つの読書のあり方ではあり得ても、他の読書のあり方を排除すべき権利も理由もない。むしろ、人の顔がそれぞれ違うように、無限に多様な読書の態度がありえていいのである。一冊の書物にほとんど救いを求めるようにして接する求道型の読書、具体的な生活上の知識や知恵を得るための読書、あるいは無目標なしかし存在の奥底からの渇望から発する読書等々。各人がその人の個性にあった読書のかたちを造り出せばいいのであろう。

そして人生がそうであるように、誰しもあれもこれもと欲し、理想はさまざまの読書の型をそれぞれの人生の時期に経過することにあるのだろうが、しかしまた人生そのものがそうであるように、人は一つの読書のあり方に比重をかけたまま、その生を終らざるをえないのであろう。

（高橋和巳「〈邪読〉について」。一部省略）

注（＊）

『千一夜物語』＝『千夜一夜物語』や『アラビアン・ナイト』の名称でも知られるアラビアの説話集。

パスカル＝フランスの数学者、自然哲学者、神学者（一六二三〜一六六二）。遺稿集『パンセ』の中で、悲惨な境遇を考えることから意識をそらすことを「気晴し」と呼んでいる。

して淋(さび)しいものなのではあるまいか。

私見によれば、ある領域に関して長ずるための唯一の方法は、半ば無自覚にそれに耽溺(たんでき)することであって、中庸というのはあくまで晩年の理想にすぎない。読書に関してもまた同じ。厠(かわや)の中で何か読みはじめたために厠から出るのを忘れ、飯を食っている間ぐらい、考えごとをするのをやめなさいと両親にさとされても、生返事をしてあい変らず妄想し、なおさっきの続きを読んでいるといった耽溺がなければ、なんらかの認識の受肉はありえないという気がする。そして、それは客観的精神がある時期に芽ばえ育つこととは必ずしも矛盾しない。

あえて〈邪読〉について書きつづければ、こうした耽溺のあとには必ず〈忘却〉がやってくる。何を読んだのだったか、題名の記憶はありながらもその内容の痕迹(こんせき)がほとんど残らず、あたかもその時間が無駄であったように印象される。読んだ内容を可能な限り記憶にとどめているべき学問的読書や実務型の読書、あるいは次の実践や宣伝の武器としても、章句を記憶にとじこめておくべき行動型の読書から言っても、この〈忘却〉は、はなはだしく迂遠(うえん)である。せっかく読んで忘れてしまうくらいなら読まない方がまし、とも言える。だがしかし、(4)その〈忘却〉にも、意味があると私は言いたい気もする。

これは経験的に確かなこととして言えると思うが、もし創造的読書というものがあるとすれば、それは必ずこの忘却を一つの契機とするからである。

かつて*ショーペンハウエルが思考なき多読の弊害を説き、*ニイチェが文献学者から哲学者への転身に、その〈忘却〉の契機を積極的に生かしたことは周知のことに属するが、まこと読書は各自の精神の濾過(ろか)器を経て、その大部分が少くとも顕在的な意識の上からは、一たん消失するということがなければ、精神に自立というものはなくなるかもしれない。

ものごとはすべて失いかけた時に、そのことの重大さを意識する。いま私が〈邪読〉についてしるすのも、率直に言えば、私近かったために、逆に一冊の書物を読んでいる過程での思念の動きは、あたかも『千一夜物語』のように、一つの瘤の上にまた一つ瘤が出来るといった気ままな膨脹をした。

当時友人の一人に一冊の書物を読みきれば、その理解したところを見事に要約してみせねばやまない〈要約魔〉がいて、電車の中や街頭で彼の的確精密な要約を聞きながら、(2)しばしば自分の読書の仕方に対するある後ろめたさの念におそわれたものである。「あの本を読んだか」と聞かれ、嘘ではなく読んだ記憶があって、「ああ」と答えるのだが、想念を刺戟された部分や、小説ならば作中人物のある造形に共感を伴うイメージはあるのだが、どうしてもその友人がしてみせるようには、内容を整然と紹介したり説明したりできないのだった。後年、生活の糧をうるべく某新聞の無記名書評を担当したりしていた時、必要上、そうした技術も身につけたが、当時には、どうもその気にはなれず、また周囲にある事柄に関して及びがたい人物がいると、却って逆の性質を増長させてしまう交友心理もはたらいてか、私はますます妄想的読書にのめり込んでいった。やがて病は昂じ、一つの思念や想像が刺戟された時には、その思念や想像のがわに身を委ねて、あえて一つの書物を早急に読み切ることに執着しなくなっていった。あげくの果てには、人が死ぬのは、疾病や過労によって肉体的生命が涸渇するからではなく、想像の世界が縮小し消失した時、なにものかに殺されるのであるという私かな確信すら懐くようになってしまったのである。

(3)これはむろん読書の態度としては、いわば〈邪読〉であって、読書はまず*即自有としての自己を一たん無にして、他者の精神に接するべきものであり、あるいは確実な、あるいは体系的な知識を身につけるために読むべきものであることは知っている。また客観的精神というものは、そうした過程を経なければ形成されず、また、そうでなければ、認識と実践の統一という美しい神話も成り立たない。

しかしすべて邪なるものには、悪魔的魅力があるものであって、常に正しく健全であり続けることは、おそらくは索漠と

二　次の文を読んで、後の問に答えよ。（五〇点）

『千一夜物語』*は周知のように、大臣の娘姉妹が宮廷におもむき、夜ごと興味尽きぬ話を王にきかせてゆくという発想からなっている。そして、そのシャハラザードなる姉娘の話は、いわば萌芽(ほうが)増殖とでもいうべき形態をとり、たとえば旅をする一人の商人が道中不思議な三人の老人に会うと、その三人の老人がめいめいに自己の境遇を話し出して独立の物語となり、あるいは一人の登場人物がある状況に出くわして、「これは嘗(か)つてあったある大臣と医者の話そっくりじゃ」と歎息(たんそく)すると、その大臣と医者の物語が不意に膨脹(ぼうちょう)して独立の一篇(いっぺん)をなすといった具合である。物語が物語を生み、登場人物が語り出した物語の中の人物がまた一つの物語を語り出す。土地に接触した茎から根がはえ、そこからまた茎を出し、その茎の一部からまた根がはえて独立する、ある種の植物の繁殖にそれは似ている。

察するに(1)<u>こうした発想法</u>の背後には、従来あまり問題にされないアラビア文化圏特有の存在論が秘められているのであり、それは彼らの生命観や歴史意識ともおそらくは無縁ではない。仏教に地獄の中に極楽がふくまれていて、その極楽の中にまた地獄があるといった思念があって、それが仏教文学の発想や存在論とかかわりがあるのと、多分同じことであろう。

いまここで私は存在論を問題にしようとしているのではなく、考えてみたいのは「読書について」であるが、『千一夜物語』をふと思い出したのは、かつて青春の一時期、私はこの物語の発想に近い読書の仕方をしていたことのあったのを想起したからである。

一時、痩身病弱だったことのある私は、暗い下降思念のはてに死の誘惑にとりつかれ、それから逃れるために手当りしだいに書物を読んだものだったが、それが何か確実な、具体的認識をうるためというよりは、パスカル*の言う〈悲惨なる気晴し〉に

問一　傍線部(1)はどういうことか、説明せよ。

問二　傍線部(2)はどういうことか、説明せよ。

問三　傍線部(3)のように筆者が言うのはなぜか、説明せよ。

問四　傍線部(4)はどういうことか、説明せよ。

問五　傍線部(5)について、「ほんとうの芸術家」とはどういうものか、本文全体を踏まえて説明せよ。

※解答欄　問一・問三：各タテ一四センチ×三行
　　　　　問二・問四：各タテ一四センチ×四行
　　　　　問五：タテ一四センチ×五行

と思った。しようがないからなにか言うと、それがいちいち当たってしまうらしいのです。だが私にはおもしろくもへったくれもない。さらにごそごそと戸棚をさぐっている小林秀雄のやせた後姿を見ながら、なにか、気の毒なような、もの悲しい気分だったのをおぼえています。

美がふんだんにあるというのに、こちらは退屈し、絶望している。

しかし、(5)美に絶望し退屈している者こそほんとうの芸術家なんだけれど。

（岡本太郎『日本の伝統』〈昭和三十一年〉より。一部省略）

注(＊)

コーリンとか、タンニュー、トーハク＝尾形光琳、狩野探幽、長谷川等伯。桃山時代～江戸時代中期に活躍した画家。

古橋＝古橋広之進。第二次世界大戦後、自由形の世界記録を次々と打ち立てた水泳選手。

三鷹事件、下山事件＝いずれも昭和二十四年に国鉄（現ＪＲ）で起こった事件。

大仏殿＝大仏を安置した殿堂。ここは奈良東大寺の大仏殿。

ペダンティック＝物知りぶったさま。

方丈＝禅宗寺院で、住職の居室を言う。

むきつけな＝無遠慮なさま。

小林秀雄＝文芸評論家（一九〇二～一九八三）。古美術収集家としても知られた。

れをうしなったらたいへんです。

　石はただの石であるというバカバカしいこと。だがそのまったく即物的な再発見によって、権威やものものしい伝統的価値をたたきわった。そこに近代という空前の人間文化の伝統がはじまったこともたしかです。

なんだ、イシダ、と言った彼らは文化的に根こぎにされてしまった人間の空しさと、みじめさを露呈しているかもしれません。が、そのくらい平気で、むぞうさな気分でぶつかって、しかもなお、もし打ってくるものがあるとしたら、ビリビリつたわってくるとしたら、これは本ものだ。(4)それこそ芸術の力であり、伝統の本質なのです。

　戦前、私がフランスから帰ってきたばかりのときでした。＊小林秀雄に呼ばれて、自慢の骨董のコレクションを見せられたことがあります。まず奇妙な、どす黒い壺を三つ前に出され、さて、こまった。なにか言わなきゃならない。かつて骨董なんかに興味をもったこともないし、もとうと思ったこともない。徹底的に無知なのです。だが見ていると、一つだけがピンときた。

「これが一等いい」

とたんに相手は「やあ」と声をあげました。

「それは日本に三つしかないヘンコ（骨董としてたいへん尊重される古代朝鮮の水筒型の焼きもの）の逸品の一つなんだ。今まで分かったような顔をしたのが何十人、家に来たか分からないけれど、ズバリと言いあてたのはあなたが初めてだ」

というのです。私のほうでヘエと思った。つぎに、白っぽい大型の壺を出してきました。

「いいんだけれど、どうも口のところがおかしい」というと、彼、ますますおどろいたていで、「するどいですな。あとでつけたものです。これはうれしい」とすっかり感激し、ありったけの秘蔵の品を持ちだしてしまいました。えらいことになったす。

先日、竜安寺（りょうあんじ）をおとずれたときのこと、石庭を眺めていますと、ドヤドヤと数名の人がはいってきました。＊方丈の縁に立つなり、

「イシダ、イシダ」

と大きな声で言うのです。そのとっぴょうしのなさ。＊むきつけな口ぶり。さすがの私もあっけにとられました。

彼らは縁を歩きまわりながら、

「イシだけだ」

「なんだ、タカイ」

なるほど、わざわざ車代をはらって、こんな京都のはずれまでやって来て、ただの石がころがしてあるだけだったとしたら、高いにちがいない。

シンとはりつめ、凝固した名園の空気が、この単純素朴な価値判断でバラバラにほどけてしまった。私もほがらかな笑いが腹の底からこみあげてきました。

私自身もかつて大きな期待をもって、はじめてこの庭を見にいって、がっかりしたことがあります。ヘンに観念的なポーズが鼻について、期待した芸術のきびしさが見られなかった。

だがこのあいだから、日本のまちがった伝統意識をくつがえすために、いろいろの古典を見あるき、中世の庭園をもしばしばおとずれているうちに、どうも、神妙に石を凝視しすぎるくせがついたらしい。用心していながら、逆に、うっかり敵の手にのりかかっていたんじゃないか。(3)どうもアブナイ。

『裸の王様』という物語をご存じでしょう。あの中で、「なんだ、王様はハダカで歩いてらぁ」と叫んだ子どもの透明な目。あ

年間のあがりが十とすると、法隆寺は一、古美術の名作をゆたかに持っている寺でも、薬師寺とか唐招提寺などになると、〇・一という比例だったと聞きました。それが金堂が焼け、壁画が見られなくなった、と聞いたとたん、法隆寺の見物人が急に四倍にふえたということです。)

伝統主義者たちの口ぶりは目に見えるようです。「俗物どもは」――「近頃の若いやつらは」――「現代の頽廃（たいはい）」――などと時代を呪い、教養の低下を慨嘆するでしょう。

だが嘆いたって、はじまらないのです。今さら焼けてしまったことを嘆いたり、それをみんなが嘆かないってことをまた嘆いたりするよりも、もっと緊急で、本質的な問題があるはずです。

(2)自分が法隆寺になればよいのです。

失われたものが大きいなら、ならばこそ、それを十分に穴埋めすることはもちろん、その悔いと空虚を逆の力に作用させて、それよりもっとすぐれたものを作る。そう決意すればなんでもない。そしてそれを伝統におしあげたらよいのです。

そのような不逞（ふてい）な気魄（きはく）にこそ、伝統継承の直流があるのです。むかしの夢によりかかったり、くよくよすることは、現在を侮蔑し、おのれを貧困化することにしかならない。

私は嘆かない。どころか、むしろけっこうだと思うのです。このほうがいい。今までの登録商標つきの伝統はもうたくさんだし、だれだって面倒くさくて、そっぽを向くにきまっています。戦争と敗北によって、あきらかな断絶がおこなわれ、いい気な伝統主義にピシリと終止符が打たれたとしたら、一時的な空白、教養の低下なんぞ、お安いご用です。

それはこれから盛りあがってくる世代に、とらわれない新しい目で伝統を直視するチャンスをあたえる。そうさせなければなりません。私がこの、『日本の伝統』を書く意味もそこにあるのです。つまり、だれでもがおそれていまだにそっとしておく、*ペダンティックなヴェールをひっぱがし、みんなの目の前に突きつけ、それを現代人全体の問題にしようと考えるからで

国語

（一二〇分）

（注）一五〇点満点。教育（文系）学部は二〇〇点満点に換算。

一　次の文を読んで、後の問に答えよ。（五〇点）

現実は残酷です。今日の若い世代に、古典芸術についてたずねてみてごらんなさい。＊コーリンとか、タンニュー、トーハク、なんて言ったら、新薬の名前かなんかと勘ちがいすること、うけあい。そうしてダ・ヴィンチやミケランジェロならご存じだということになると、(1)どっちがこれからの世代に受けつがれる伝統だか分からなくなってきます。

さらに一例。――やや古い話ですが、法隆寺金堂(こんどう)の失火で、壁画を焼失したのは昭和二十四年のことです。この年、某新聞社の十大ニュースの世論調査では、第一位が古橋の世界記録＊、二位が湯川秀樹のノーベル賞＊、以下、三鷹(みたか)事件＊、下山(しもやま)事件などの後に、あれだけさわがれた法隆寺の壁画焼失という、わが国文化史上の痛恨事は、はるかしっぽのほうの第九位に、やっとすべりこんでいた。これは有名な事実です。（法隆寺は火災によってかえってポピュラーになりました。以前には、大仏殿＊の

2021年度

問題編

問題編

▶試験科目

学　　部	教 科	科　　　　目
総合人間(文系)・文・教育(文系)・法・経済(文系)	外国語	コミュニケーション英語Ⅰ・Ⅱ・Ⅲ，英語表現Ⅰ・Ⅱ
	地　歴	日本史Ｂ，世界史Ｂ，地理Ｂから１科目選択
	数　学	数学Ⅰ・Ⅱ・Ａ・Ｂ
	国　語	国語総合・現代文Ｂ・古典Ｂ

▶配　点

学　　部	外国語	地　歴	数　学	国　語	合　計
総合人間(文系)	200	100	200	150	650
文	150	100	100	150	500
教育(文系)	200	100	150	200	650
法	150	100	150	150	550
経済(文系)	150	100	150	150	550

▶備　考

- 外国語はドイツ語，フランス語，中国語も選択できるが，編集の都合上省略。
- 「数学Ⅰ」，「数学Ⅱ」，「数学Ａ」は全範囲から出題する。「数学Ｂ」は「数列」，「ベクトル」を出題範囲とする。
- 新型コロナウイルス感染症の影響に伴う出題範囲等について
  高等学校の教科書にいわゆる発展的な学習内容などとして掲載されるような事項を題材とする問題は，設問中に必要な説明を加えるなどして出題する。

英語

（120 分）

（注） 150 点満点。総合人間（文系）・教育（文系）学部は 200 点満点に換算。

I 次の文章の下線をほどこした部分(1)～(3)を和訳しなさい。 （50 点）

Telling stories is an activity that has been with human beings from the beginning of time. We might go so far as to say we are story-telling animals born with narrative instinct. We go to work in the morning, see our officemates, and tell them what happened on the previous night; we go home in the evening, see our family, and tell them what happened during the day. We love to tell stories and we love to listen to them. Narrative is everywhere: news, gossip, dreams, fantasies, reports, confessions, and so on and so forth.

In particular, we spend a deal of time consuming all kinds of fictional narratives, such as novels, cartoon stories, movies, TV serials. Surely it will be of some use to ponder whether fiction is good for us or not. Indeed, this is a problem with a long history going back to ancient philosophers. Plato famously excluded poets from his ideal republic, for he thought their creations were ultimately untrue. Put in the simplest terms, he regarded poems as lies. He did not believe something offered as fiction could justify itself. His brightest pupil Aristotle thought differently. One major point of Aristotle's theory is said to be: (1) <u>while history expresses the particular, concentrating on specific details as they happened, poetry can illuminate the universal, not allowing the accidental to intervene. Hence the justification.</u>

As the debate continues to the present time, researchers in psychology have shown us a new way of dealing with this old problem. From various experiments, it emerges that fiction has the power to modify us. Reportedly, (2) “when we read nonfiction, we read with our shields up. We are critical and skeptical. But when we are absorbed in a story, we drop our intellectual guard. We are moved emotionally, and this seems to make us rubbery and easy to shape.” This might sound rather simplistic, but importantly, researchers are attempting to tell us that reading fiction cultivates empathy. When a reader is immersed in the fictional world, she places herself in the position of characters in the narrative, and the repeated practice of this activity sharpens the ability to understand other people. So, nurturing our interpersonal sensitivity in the real world, fiction, especially literary fiction, can shape us for the better.

Although this is not exactly news, it is surely comforting to have scientific support for the importance of fiction. Nevertheless, a careful distinction is in order here. It may be true that fiction actually makes one behave with better understanding towards the people around one. Empathy, however, does not necessarily lead to social good. A recent article on the topic points out: “Some of the most empathetic people you will ever meet are businesspeople and lawyers. (3) They can grasp another person’s feelings in an instant, act on them, and clinch a deal or win a trial. The result may well leave the person on the other side feeling anguished or defeated. Conversely, we have all known bookish, introverted people who are not good at puzzling out other people, or, if they are, lack the ability to act on what they have grasped about the other person.” (Here bookish people are, we are meant to understand, keen readers of fiction.) Empathetic understanding and sympathetic action are different matters — how and why they are so, in connection with reading fiction, will be further explored by future research, we hope.

Ⅱ 次の文章を読み，下の設問(1)〜(3)に答えなさい。 (50 点)

One of the early significant responses to Charles Darwin's thinking came from a highly-talented journalist, George Henry Lewes. Having read a piece by Lewes, Darwin wrote to a friend, saying that the author of that article is "someone who writes capitally, and who knows the subject." Indeed, as a modern scholar states, "apart from Thomas Huxley, no other scientific writer dealt with Darwin's theory with such fairness and knowledge as Lewes" at that time. Here is what Lewes wrote (with modification) about the background of Darwin's most famous book:

The Origin of Species made an epoch. It proposed a hypothesis surpassing all its predecessors in its agreement with facts, and in its wide reach. Because it was the product of long-continued research, and thereby gave articulate expression to the thought which had been inarticulate in many minds, its influence rapidly became European; because it was both old in purpose and novel in conception, it agitated the schools with a revolutionary excitement. No work of our time has been so general in its influence. This extent of influence is less due to the fact of its being a masterly work, enriching science with a great discovery, than to the fact of its being a work which clashed against one and chimed with the other of the two great conceptions of the world that have long ruled, and still rule, the minds of Europe. One side recognized a powerful enemy, the other a mighty champion. It was immediately evident that the question of the "origin of species" derived its significance from the deeper question which loomed behind it. What is that question?

(a) <u>If we trace the history of opinion from the dawn of science in Greece through all succeeding epochs, we shall observe many constantly-reappearing indications of what may be called an intuitive feeling rather</u>

than a distinct vision of the truth that all the varied manifestations of life are but the flowers from a common root — that all the complex forms have been evolved from pre-existing simpler forms. This idea about evolution survived opposition, ridicule, refutation; and the reason of this persistence is that the idea harmonizes with one general conception of the world which has been called the monistic because it reduces all phenomena to community, and all knowledge to unity. This conception is irreconcilable with the rival, or dualistic, conception, which separates and opposes force and matter, life and body. The history of thought is filled with the struggle between these two general conceptions. I think it may be said that every man is somewhat by his training, and still more by his constitution, predisposed towards the monistic or the dualistic conception. There can be little doubt that the acceptance or the rejection of Darwinism has, in the vast majority of cases, been wholly determined by the monistic or dualistic attitude of mind.

(b)And this explains, what would otherwise be inexplicable, the surprising ease and passion with which men wholly incompetent to appreciate the evidence for or against natural selection have adopted or "refuted" it. Elementary ignorance of biology has not prevented them from pronouncing very confidently on this question; and biologists with scorn have asked whether men would attack an astronomical hypothesis with no better equipment. Why not? They feel themselves competent to decide the question from higher grounds. Profoundly convinced of the truth of their general conception of the world, they conclude every hypothesis to be true or false, according as it chimes with, or clashes against, that conception.

So it has been, so it will long continue. The development hypothesis is an inevitable deduction from the monistic conception of the world; and will continue to be the battle-ground of contending schools until the opposition between monism and dualism ceases. For myself, believing in the ultimate triumph of the former, I look on the development hypothesis as one of the great influences which will by its acceptance, in conjunction with the spread of scientific culture, hasten that triumph.

Darwin seems to have liked Lewes's observations on his work, for when he read this and other related pieces, he wrote to the journalist and encouraged him to publish them in a book form. Although from the point of view of today's science what he says may be dated, Lewes remains a highly interesting writer.

(1)　文章全体から判断して，『種の起源』が大きな影響力を持った要因としてLewesが最重要視しているものを，第2パラグラフ（*The Origin of Species* から What is that question? まで）から選び，日本語で書きなさい。

(2)　下線部(a)を和訳しなさい。

(3)　下線部(b)を和訳しなさい。

※解答欄　(1)：ヨコ12センチ×4行

III　次の文章を英訳しなさい。（25点）

言うまでもなく，転ばぬ先の杖は大切である。しかし，たまには結果をあれこれ心配する前に一歩踏み出す勇気が必要だ。痛い目を見るかもしれないが，失敗を重ねることで人としての円熟味が増すこともあるだろう。あきらめずに何度も立ち上がった体験が，とんでもない困難に直面した時に，それを乗り越える大きな武器となるにちがいない。

出典追記：II Reproduced with permission from John van Wyhe ed. 2002-. The Complete Work of Charles Darwin Online.（http://darwin-online.org.uk/）

Ⅳ Noah と Emma の次の会話を読んで，下線部(1)〜(4)に入る適当な発言を(　)内の条件に従って記入し，英語 1 文を完成させなさい。解答欄の各下線の上に単語 1 語を記入すること。カンマ(，)等の記号は，その直前の語と同じ下線に含めることとし，1 語と数えない。短縮形(例：don't)は 1 語と数える。　(25 点)

Noah: I went to that new restaurant yesterday.

Emma: How was it?

Noah: I ate a plate of pasta but it was horrible. All the food that restaurant offers must be awful.

Emma: But you have only been there once, haven't you? I think it's too much to say that all dishes are terrible at that restaurant. Maybe you found that pasta terrible because (1)__________. (8 語以上 12 語以下で) Another possibility is that (2)__________. (12 語以上 16 語以下で)

Noah: Maybe you are right.

Emma: The other day, I learned from a book that this is called a hasty generalization, which means drawing an overly generalized conclusion from one or a few examples. It's so easy for us to make a hasty generalization in everyday life. We often do this not just when we purchase something, but in other situations too. For example, (3)__________. (if を用いて 20 語以上 28 語以下で)

Noah: I totally understand what you mean. I'll (4)__________. (8 語以上 12 語以下で) That way, I will be able to test whether my claim about that restaurant is true or not.

Emma: Good! I think we should try not to overgeneralize.

日本史

(90 分)

I 日本史B問題 (20 点)

次の史料(A～C)を読み，問(1)～(18)に答えよ。解答はすべて所定の解答欄に記入せよ。なお，史料の表記は便宜上，改めたところがある。

A

飛鳥清原(きよみはら)大宮に大八州(おおやしまくにしらしめ)御しし天皇の御世にいたり，潜竜(せんりょう)(注)，元を体(し)り，洊雷(せんらい)，期に応(かな)う。夢の歌を聞きて業を纂(つ)がんことを相(おも)い，夜の水に投じて基を承(う)けんことを知る。然(しか)れども，天時，未だ臻(いた)らずして南山に蝉蛻(せんぜい)(注)し，人事，共給(そな)わりて［ア］国に虎歩(注)す。(a)皇輿(こうよ)，忽ちに駕して，山川を浚え度(わた)り，六師(りくし)，雷のごとく震い，三軍，電(いなずま)のごとく逝(ゆ)く。矛を杖つきて，威を挙げ，猛士，烟(けむり)のごとく起こる。絳旗(こうき)(注)，兵を耀(かがやか)し，(b)凶徒，瓦のごとく解く。(中略)歳(注)，大梁に次(やど)り，月，俠鐘(きょうしょう)に踵(あた)りて，(c)清原大宮にて(d)昇りて天位に即(つ)く。(中略)是(ここ)に天皇，詔す。「朕，聞く。諸家の賷(も)てる［イ］と本辞と，既に正実に違い，多く虚偽を加う。今の時に当たりて，其の失を改めざれば，未だ幾(いく)ばくの年を経ずして，其の旨，滅びんとす。斯(こ)れ乃ち，邦家の経緯にして，王化の鴻基(こうき)なり。故，惟(おもん)みるに，［イ］を撰び録し，旧辞を討(たず)ね竅(きわ)(注)め，偽りを削り実を定め，後葉に流(つた)えんと欲す。」

(注) 「潜竜，元を体り，洊雷，期に応う」は，まだ即位していない人物が，天子たるべき徳を備え，好機を得ていること。

「蝉蛻」は，出家して仏道修行すること。

「虎歩」は，虎のように他を威圧しながらあゆむこと。ここでは，兵を集めながら移動することを示す。

「絳旗」は，赤い旗のこと。

「歳，大梁に次り，月，侠鐘に踵りて」は，673年2月を指す。

「討ね竅め」は，よく調べ正すこと。

問

(1) ［ア］には，東，西，南，北のいずれかの文字が入る。適当な文字を記せ。

(2) 下線部(a)に関して，文中の「天皇」が行軍中に勝利を祈願した神は，皇室の祖先神とされた。その神を祭る宗教施設は，律令国家の神祇制度の中心に位置づけられることとなるが，この宗教施設の名称を記せ。

(3) 下線部(b)に関して，「凶徒」の中心的な人物は，前天皇の皇子であったものの，この戦いに敗れて自害した。その人物とは誰か。

(4) 下線部(c)に関して，この後，「清原大宮」の北西に新たな都の造営が開始された。この都は，それまでの都にはなかった特徴を備えていた。その特徴を簡潔に説明せよ。

(5) 下線部(d)に関して，この時期に隆盛した仏教を基調とする文化を何と呼ぶか。

(6) ［イ］に入る適当な語句を記せ。

(7) この史料は，712年にできた書物の序の一部である。この書物を筆録した人物は誰か。

B

一，諸国守護人奉行の事(注)

右，右大将家(e)の御時，定め置かるる所は，大番催促(f)・謀叛・殺害人〈付たり，夜討・強盗・山賊・海賊〉等の事なり。しかるに近年，代官を郡郷に分ち補し，公事を荘保に充て課し，国司にあらずして国務を妨げ，地頭にあらずして地利を貪る。所行の企てはなはだもって無道なり。(中略)早く右大将家御時の例に任せて，大番役ならびに謀叛・殺害のほか，守護の沙汰を停止せしむべし。もしこの式目に背き，自余の事に相交わらば，或は国司・領家の訴訟により，或は地頭・土民の愁欝(しゅううつ)(注)によって，非法の至り顕然たらば，所帯の職(g)を改められ，穏便の輩を補すべきなり。

（中略）

一，［ウ］兵乱の時，没収の地の事

右，京方の合戦を致すの由，聞し食しおよぶによって，所帯を没収せらるるの輩，その過（とが）なきの旨，証拠分明ならば，その替を当給人に充て給い，本主に返し給うべきなり。これすなわち，当給人においては勲功の奉公(h)あるの故なり。

次に，関東御恩の輩(i)の中，京方(j)に交わりて合戦の事，罪科ことに重し。よってすなわちその身を誅せられ，所帯を没収せられおわんぬ。

（注）「奉行」は，この場合，職務として遂行すべき事柄の意味。
「愁欝」は，具体的には訴訟を指す。

問

(8)　下線部(e)の「右大将家」とは誰か。

(9)　下線部(f)の「大番催促」とはどのようなことか。簡潔に記せ。

(10)　下線部(g)の「所帯の職」とは何を指すか。左の史料中にみえる語句で記せ。

(11)　［ウ］には元号が入る。この元号に改元後まもなく，鎌倉に下向し，のちに将軍となった人物の名を記せ。

(12)　下線部(h)の「勲功の奉公」とは具体的にどのようなことか。簡潔に記せ。

(13)　下線部(i)の「関東御恩の輩」を統率するために置かれた機関の初代長官の名を記せ。

(14)　下線部(j)の「京方」を統率した最高権力者が軍事力の強化のために，新たに組織したのは何か。

C

「［エ］君と新島襄君」

［エ］君は鉄道の技術師にも非ず，電気学者にも非ず，而して君が常に鉄道電信と云々して，口に絶たざる所以（ゆえ）んの者は，鉄道電信を愛するに非ず，鉄道電信に依って成就したる物質上の文明(k)を愛するものなり，新島君は純乎た

る僧侶に非ず，而して其基督教を主張して止まざる者は，啻(ただ)に基督教の伝播(1)を欲するに非ず，基督教の主義を人事に適用せんと欲すればなり，是れに因って知るべし，二君は実に泰西文明の二大原素を我が邦に輸入せんとするの案内者にして，泰西表面の文明たる物質的の智識は，［エ］君に依って案内せられ，泰西裏面の文明たる精神的の道徳は新島君に於て案内せらる，(中略)

人或は［エ］君の教育を以て，無主義の教育と為す者あり，然れども其無主義の如く見ゆるのは，即ち最も其主義の一貫したるを証すべし，勿論君が二十年間唱道したる所の議論をば，其著述したる所のものに就て，即ち西洋事情，学問の勧め，文明論の概略，分権論，民情一新，時事小言，近くは時事新報の社説に至る迄，細に之れを点検したらば，随分自家撞着(注)も多かるべし，然りと雖も自家撞着の議論，君に於て何かあらん，何となれば君が唱道する所の者は，皆時世に応じて立てたる議論なればなり，(中略)

何人と雖も其勢力を有することは容易なれども，其勢力を誤用せざることは甚だ難し，クロンウエル(注)は鉄騎を有せり，然れども之れが為めに心ならずも兵隊政治を行へり，［オ］は私学校を有せり，然れども之れが為めに心ならずも十年内乱の総大将となれり，又現今に於て世の所謂(いわゆる)壮士輩の主領と仰がるる人々無きに非ず，然れども其力は能く壮士をして平和，穏当，正大の挙動を為す能はしめざるは何ぞや，職として彼らが率ゆる所の者を能く支配する能はざるに依る，独り［エ］君に至っては然らず，(中略)君が人に教ゆる所の者は，唯文明の人となり，生活社会に立って，敢て人に後れを取る無からんことを勧むるに在ればなり，

(『国民之友』第 17 号　1888 年 3 月 2 日)

(注)　「自家撞着」は，同一人の文章や言動が前後で食い違っていること。
「クロンウエル」は，オリバー＝クロムウェル(1599-1658)のこと。

問

⒂　［エ］に入る人物の氏名を記せ。

⒃　下線部(k)に関連して，

(あ)　1870 年に設置されて鉄道や電信を所管した省の名を答えよ。

(い) この論説が書かれた翌年に全通した東海道線はどこからどこまでか。

(17) 下線部(1)に関連して，

(あ) 明治政府は五榜の掲示によって，「基督教」にどのような方針を示したか。

(い) 大日本帝国憲法では，「安寧秩序を妨げず，及（および）［　　］たるの義務に背かざる限に於て」(第 28 条)という留保付きで，信教の自由が認められた。

［　　］に入る語句を記せ。

(18) ［ オ ］に入る人物の氏名を記せ。

Ⅱ 日本史B問題 (20 点)

次の文章(①～⑩)の［ ア ］～［ ト ］に入る最も適当な語句・数字を記せ。解答はすべて所定の解答欄に記入せよ。

① 旧石器時代には，石器をもちいた狩猟がおこなわれた。長野県の［ ア ］湖では，［ イ ］象の化石骨と打製石器が同じ土層から発見されている。

② 完新世になると，東日本に落葉広葉樹林が，西日本に［ ウ ］が広がった。新たな自然環境に対応しつつはぐくまれた縄文文化の姿は，食物残滓（ざんし）や土器などが捨てられた［ エ ］からうかがうことができる。

③ 弥生時代は集団抗争が激化した時代であり，何重もの濠をめぐらせた佐賀県吉野ヶ里遺跡は［ オ ］集落の代表である。107 年に後漢に朝貢した倭国王［ カ ］は，集団抗争をつうじて形成された「クニ」をたばねる王とも考えられる。

④ 527 年に九州で［ キ ］の乱が勃発し，これを鎮圧したヤマト政権は大王権力をさらに拡大した。石人や石馬が置かれた福岡県［ ク ］古墳は，［ キ ］の墳墓だと推定されている。

⑤ 平安時代には，平将門の乱を描いた『将門記』や，前九年合戦の経過を記した

『［ケ］』などの軍記物語が書かれた。また，インド・中国・日本の1,000以上の説話を集め，武士や民衆の生活・風習も描いた『［コ］』が編まれた。

⑥ 蒙古襲来で奮戦した肥後国御家人［サ］は，鎌倉幕府の御恩奉行である［シ］に直訴して恩賞にあずかり，蒙古襲来絵詞にみずからの奮戦ぶりを描かせ，同国の甲佐大明神に奉納した。北条貞時の母の兄でもある［シ］は，のちに霜月騒動で敗死する。

⑦ 鎌倉時代以降，農民らが［ス］請や［ス］検断などを自治的におこなう村が各地に成立した。農民らは，領主への要求が受け入れられない場合，大挙して押しかけて訴える強訴や，農耕を放棄して山林などに退去する［セ］をおこなって抵抗した。

⑧ 室町時代には，将軍の側近として仕え，能や茶道などの技芸に優れた［ソ］と呼ばれる人々がいた。その一人である能阿弥らに学んだ［タ］は，茶禅一味の境地を貫き，侘茶の開祖となった。

⑨ 自由民権運動において，演説会が果たした役割は非常に大きかった。政府は［チ］を定めて，政社の結成とともに演説会の開催も届け出制にして規制しようとした。明治20年代には演劇で政府批判を展開する者も現れ，そのなかからオッペケペー節で知られる［ツ］のような人物も出た。

⑩ 沖縄の「慰霊の日」は，沖縄戦において日本軍の組織的戦闘が終わったとされる［テ］月23日と定められている。その沖縄戦では，中学校・高等女学校や，教員養成を目的とする［ト］学校の生徒なども多数動員され，多くの命が失われた。

Ⅲ　日本史B問題　(30 点)

次の文章(A～C)の　ア　～　シ　に最も適当な語句を記し，問(1)～(18)に答えよ。解答はすべて所定の解答欄に記入せよ。

A

菅原道真は，845 年に生まれた。祖父の清公も，父の是善も，学問を修めて文章博士となった人物である。清公は嵯峨天皇の　ア　風を重んじる政策に関与し，また勅撰漢詩文集(a)を編纂したことで知られる。

道真は父祖の学問をよく受けついだ。11 歳で最初の漢詩を詠み，大学寮で文章道を修めたのち，少内記として官人の道を歩み始めた。そのころ起草した文章に，　イ　王宛の勅書がある。　イ　は当時，日本が定期的な外交関係をもつ唯一の国家であった。さらに道真は，公民支配や租税管理にあたる　ウ　省の次官になり，職務に精励した。

877 年，彼は文章博士となり，いよいよ活躍したが，886 年春の人事会議で讃岐守に任命された(b)。人々は左遷と噂したが，道真は国司の職務を怠らなかった。讃岐国は，空海・円珍などの高僧や惟宗直本(c)・讃岐永直などの法律家を輩出してきた，文化の香りの高い地であった。道真は地域社会の実態にふれ，人々の苦労を詩に詠んだ。国府の西方にそびえる城山の神に雨を祈って，「八十九郷，二十万口」(d)の公民の安寧を願うこともあった。後年，国司の裁量権を重んじる(e)べきだと論じたのも，こうした経験によるものであろう。この間，平安京では　エ　が起きた。道真はかつて同僚だった橘広相の身を案じ，藤原基経に翻意をうながす意見書を送った。

やがて道真は 4 年の任期を終え，都に戻った。　オ　天皇からあつい信任を得て，公卿に抜擢された。　オ　天皇が譲位した後も栄達は続いたが，901 年，突如として失脚し，2 年後，憂悶のうちにその生涯を閉じた。

問

(1)　下線部(a)について，最初に編まれた「勅撰漢詩文集」の名を記せ。

(2) 下線部(b)のような，国司などの官吏を任命する政務を，何と呼ぶか。漢字2字で記せ。

(3) 下線部(c)の人物が編んだ書物の名を記せ。

(4) 下線部(d)の「二十万口」は「20 万人」の意味である。8 世紀末ころ国家が把握していた人口は，1 郷あたり平均 1,500 人前後とみられるが，道真が国司として把握していた人口はこれとかなり異なっている。その理由は，郷数・実人口の増減や地域の特性によるものでないとすれば，どう考えればよいか。次の①～④のなかからひとつ選び，数字で答えよ。

① 浮浪・逃亡により，戸籍・計帳に登録される人数が増加した。

② 浮浪・逃亡により，戸籍・計帳に登録される人数が減少した。

③ 戸籍・計帳が実態からかけはなれ，偽って登録される人数が増加した。

④ 戸籍・計帳が実態からかけはなれ，偽って登録される人数が減少した。

(5) 下線部(e)のような傾向が強まり，10～11 世紀には新たな徴税制度が生まれていった。このうち，雑徭の系譜を引く税を何と呼ぶか。

B

1338 年，足利尊氏(f)は北朝から征夷大将軍に任じられ，京都に幕府を開いた。その後も，南朝(g)との対立や幕府内部の争いが長く続いたが，将軍［カ］は，南北朝の合一(h)や有力守護の勢力削減を経て，全国支配を確立させた。この間，［カ］は花の御所で政務をとり，将軍職を息子に譲ったのちは［キ］に移って実権を握った。幕政にたずさわる守護らも在京し，京都は政治の中心となった。

京都の金融業者に課した土倉役・酒屋役，日明貿易で幕府船の運営を請け負った商人に課した［ク］などが幕府の有力な財源のひとつとなり，多くの商人が幕府と結びついて利潤をあげた。一方，高利貸に苦しむ人々によって，大規模な徳政一揆(i)がたびたび京都周辺で起きた。

そして，将軍家と有力守護家(j)の家督争いが重なって応仁の乱が起きると，軍事力として足軽(k)が登場し，戦乱によって京都の大部分が焼かれた。また，在京していた守護の多くも，乱の終結とともに領国に下った。京都の公家や文化人(l)も，荒廃を逃れて地方に下り，文化を広める者も多かった。

問

(6)　下線部(f)が，自らと対立した後醍醐天皇の冥福を祈るために京都に建立した寺院の名称を記せ。

(7)　下線部(g)に関して，南朝方の貴族が南朝の皇統継承の正しさを主張した歴史書の名称を記せ。

(8)　下線部(h)に関して，これによってただ一人の天皇となった人物は誰か。

(9)　下線部(i)に関して，七代将軍の代始めに起きた徳政一揆の名称を答えよ。

(10)　下線部(j)に関して，応仁の乱後も家督争いが続き，山城国一揆が形成されるきっかけをつくった一族の名称を記せ。

(11)　下線部(k)に関して，足軽による応仁の乱での略奪の風景を描いた絵巻物の名称を答えよ。

(12)　下線部(l)に関して，日明貿易で富を築いた守護の城下町で，雪舟をはじめとする文化人が集まった都市名を記せ。

C

江戸時代の百姓は，幕府・藩の政策が原因で苦しい生活を強いられたとき，その撤回や救済などを求めることがあった。大勢の百姓が村を単位に結集し，集団で領主に強訴する[ケ]がよく知られているが，合法的な手続きを踏んだ訴願も多かった。18世紀以降，畿内農村が連合して，幕府に対して木綿・菜種の自由な取引を求めた[コ]と呼ばれる訴願は，その代表である。

17世紀後半以降，各地の農村では商品作物の生産が盛んとなり，努力を重ねて一代で富を築く百姓(m)もいた。畿内農村では，衣料の原料となる木綿(n)や，灯油の原料となる菜種の栽培が盛んとなり，織物業・絞油業も展開した。これら生産品を商人と自由に取引(o)して高価格で販売できれば，百姓は大きな富を得ることができたが，日用品価格の高騰は人々の生活に影響を与えた。

そこで，18世紀に入ると幕府は，都市の問屋の集団を[サ]として公認し，営業の独占を許し，価格の高騰を防ごうとした。また，江戸の人々の日用品は，菜種など大坂からの供給に頼るものも多かったため(p)，幕府は江戸に十分な量の商品が供給されるよう努めた。畿内農村の百姓は，こうした幕府の流通政策に反対する［　コ　］を繰り返し，参加する村数が1,000をこえることもあった。

畿内農村における商品作物の栽培では，油粕や魚肥など金肥の使用が広まった。魚肥では，九州や<u>房総半島で生産された干鰯</u>(q)の使用が広まり，18世紀になると鰊（にしん）も用いられるようになった。<u>蝦夷地で生産された鰊魚肥</u>(r)は，買積が主流であった［　シ　］と呼ばれる廻船で，蝦夷地方面から下関を廻って大坂周辺地域に運ばれた。百姓は肥料商から魚肥を購入したが，肥料代は農業生産費のなかで大きな比率を占めたため，［　コ　］では，肥料価格の抑制が要求されることもあった。

問

⒀　下線部(m)に関連して，浮世草子には木綿栽培をはじめ農業に勤しみ，一代で貧農から富を築いた百姓の物語も描かれている。『世間胸算用』とならぶ町人物の代表で，富裕になる努力を重ねた人々の喜怒哀楽などを描写した作品名を記せ。

⒁　下線部(n)に関連して，主に阿波で生産され，木綿衣料の染料となった商品作物は何か。

⒂　下線部(o)に関連して，17世紀末以降，農村内に居住し，百姓が生産した商品作物を集荷し，都市の問屋を介さない流通ルートで販売する商人が現れるようになった。このような商人のことを総称して何というか。

⒃　下線部(p)に関連して，大坂・江戸間の荷物を扱う問屋の連合体で，海損負担の協定を結んだ江戸の荷受問屋組合を何というか。

⒄　下線部(q)に関連して，船に積んだ網で魚群を囲い込み，海岸部に引き寄せ，浜から網を引き上げて鰯（いわし）を漁獲する漁法を何というか。

⒅　下線部(r)に関連して，18世紀になると，松前藩では藩主や家臣などがもつアイヌ交易権を商人が請け負い，運上金を上納するようになった。この制度を何というか。

Ⅳ 日本史B問題　　(30 点)

次の問(1), (2)について，それぞれ 200 字以内で解答せよ。解答はいずれも所定の解答欄に記入せよ。句読点も字数に含めよ。

(1)　徳川家綱の時代はどのような時代であったか，政治を中心に他分野の動向もふまえて説明せよ。

(2)　第一次世界大戦中から太平洋戦争の開戦までの間，日本の中国における勢力拡大は日米関係にどのような影響を与えたのか述べよ。

世界史

(90 分)

I　世界史B問題　(20 点)

16 世紀，ヨーロッパ人宣教師による中国へのキリスト教布教が活発化した。この時期にヨーロッパ人宣教師が中国に来るに至った背景，および 16 世紀から 18 世紀における彼らの中国での活動とその影響について，300 字以内で説明せよ。解答は所定の解答欄に記入せよ。句読点も字数に含めよ。

II　世界史B問題　(30 点)

次の文章(A，B)を読み，［　　］の中に最も適切な語句を入れ，下線部(1)～(26)について後の問に答えよ。解答はすべて所定の解答欄に記入せよ。

A　関中盆地は，中原から見れば西に偏しているが，遊牧世界と農耕世界が接するユニークな位置にあった。紀元前 4 世紀半ばに盆地の中央部，渭水北岸の［　a　］に都を置いた秦は，他国出身者を積極的に登用して富国強兵政策を断行し(1)，中央集権的な国家体制を指向して，急速に国力を高めていった。また秦は，早くから騎乗戦術を導入したが，これは騎馬遊牧民(2)との接触・交戦を通じて獲得したものとされる。始皇帝(3)による天下統一は，こうした基礎の上に成し遂げられた。

始皇帝の没後，各地で反乱が起こった(4)が，この混乱を収めてふたたび天下を統一した漢は，新たに長安に都を定めた。武帝の時，漢は匈奴を撃退し，その勢力を西域(5)にまで拡げ，長安は東西交易でも栄えた。［　a　］とは渭水をはさんだ対岸に位置するこの都は，王莽の時代には「常安」と名を改めた。王莽は，儒教[(6)]の理念に基づいた国制の実現を試みたが，急激な改革は大きな混乱を招いた。紀元後18年に起こった［ b ］の乱を契機に，各地で農民や豪族の反乱が起こり，王莽は敗死，常安も戦乱により荒廃した。

後漢が［ c ］に都を置いて以後，長安が政治の中心となることはほとんどなかった。この都市がふたたび政治史の舞台となるのは，4世紀半ばのことである。氐族がたてた前秦が長安を都とし，華北統一を達成したのである。しかし，苻堅がいだいた中華統一のもくろみは，淝水の戦い[(7)]に敗れたことにより敢えなく潰(つい)えた。前秦の滅亡後，長安には，羌族のたてた後秦[(8)]も都を置いた。

その後，華北は北魏によって統一されたが，6世紀前半，［ c ］から逃れてきた孝武帝を武将の宇文泰が長安に迎えたことが契機となって，北魏は東西に分裂した。宇文泰は西魏の皇帝を奉じつつ，事実上の統治者として国力の充実[(9)]に努めた。彼の死後，禅譲によって成立した北周も長安を都とした。北周の武帝は，対立していた北斉を滅ぼして華北を統一した[(10)]が，その直後に急死し，程なく皇帝の位は外戚[(11)]の楊堅へと移る。

北周を滅ぼした楊堅は，前漢以来の長安城の一隅で即位するが，その直後に新都造営を命じた。［ d ］と命名されたこの都城は，旧都の南東に位置する台地上に建設された。この都こそ，平城京・平安京の範となったものである。

問

(1)　前4世紀，他国から秦に移り，孝公の信任を得て法家思想に基づく政治改革を行った人物の名を答えよ。

(2)　古代ギリシアの歴史家ヘロドトスは，黒海北岸を中心とする地域に遊牧国家を形成した騎馬遊牧民のことを記録に残している。特有の動物文様をもつ金属工芸品や馬具・武具などの出土遺物で知られるこの騎馬遊牧民は，何と呼ばれているか。その呼称を答えよ。

(3)　始皇帝は天下を統一すると，秦の貨幣を全国に普及させるよう命じた。この貨幣の名称を答えよ。

(4)　これらの反乱勢力のリーダーのうち，漢をたてた劉邦と覇を競った，楚国出身の人物の名を答えよ。

(5)　中央アジアの大月氏との連携を求め，武帝が使者として西域に派遣した人物の名を答えよ。

(6)　後漢時代，儒教経典の字句解釈についての学問が発達した。この学問は何と呼ばれているか。その呼称を答えよ。

(7)　383 年，この戦いで前秦を破った王朝は何と呼ばれているか。その呼称を答えよ。

(8)　後秦のとき「国師」として長安に迎えられ多くの仏典を漢訳した，中央アジア出身の人物の名を，漢字で答えよ。

(9)　宇文泰が創始した兵制で，のち隋唐王朝でも採用された制度は何か。その名称を答えよ。

(10)　北周の武帝は，北斉を滅ぼしたのち，北方の遊牧勢力への遠征を企図していた。6 世紀半ばに柔然を滅ぼしてモンゴル高原の覇者となり，北周・北斉にも強い影響力をもったこの遊牧勢力は，中国史書には何と記されているか。その名称を漢字で答えよ。

(11)　「外戚」とは何か。簡潔に説明せよ。

B　西アジアとその隣接地域は歴史上様々な人間集団が活動した空間であり，そこでは外来の文化と現地のそれが融合し，新たな文化が形成されることもあった。

紀元前 4 世紀後半，アレクサンドロス大王は(12)東方遠征を行って，ギリシア，および，エジプトからインド西北部に至る大帝国を建設した。彼の死後，その領土は(13)3 つの国へと分裂したが，これらの地域では(14)ギリシア的要素とオリエント的要素の融合した文化が成立した。

のち，7 世紀初頭には，アラビア半島のメッカでイスラーム教が誕生した。アラブ人ムスリムは，(15)預言者ムハンマドの死後まもなくカリフの指導のもと大規模な征服活動を開始し，1 世紀余りの間に西は(16)イベリア半島，北アフリカから，東は(17)中央アジアに至る空間をその支配下に置いた。征服者の言語であり，聖典『コーラン』の言語でもある(18)アラビア語は，やがて広大なイスラーム世界の共通語としての役割を担うようになる。

初期のムスリムは軍事活動にのみ熱心だったわけではない。ウマイヤ朝期に始まったギリシア学術の導入は，続くアッバース朝期に本格化し，9世紀にはバクダードに設立された研究機関(19)を中心に，ギリシア語の哲学・科学文献(20)が次々にアラビア語に翻訳された。これらギリシア語文献の翻訳に最も功績のあった人物の一人，フナイン＝イブン＝イスハークがネストリウス派(21)キリスト教徒であったことは，イスラーム文化の担い手が多様であったことを象徴する事実といえるだろう。また，アッバース朝期にはイスラーム世界固有の学問も発展した。これには法学，神学，コーラン解釈学や歴史学(22)などが含まれる。こうして，外来の学術の成果も吸収しながらイスラーム世界の伝統的な学問の体系が形成されていった。

11世紀後半以降イスラーム世界各地で盛んに建設された学院(マドラサ)(23)では，とくに法学や神学の教育が重視されたが，その「教科書」にあたる文献の多くはアラビア語で著されていた。イスラーム世界の東部では9世紀半ばまでには近世ペルシア語(24)が，そして，15世紀末までにはチャガタイ語やオスマン語といった各地のトルコ語(25)も文語として成立していたが，それ以降の時期にあってもアラビア語は変わらず学術上の共通語であり続けた。19世紀後半以降，イスラーム世界各地にイスラーム改革思想が広まるが，その伝播にあたってはアラビア語の雑誌(26)も大きく貢献したのである。

問

(12) 紀元前333年に，アレクサンドロスがペルシア軍を破った戦いの名を答えよ。

(13) この時期，エジプトのアレクサンドリアには自然科学や人文科学を研究する王立の研究所が設立された。この施設の呼び名をカタカナで答えよ。

(14) この文化は何と呼ばれているか。

(15) 622年，ムハンマドは信者とともにメッカからメディナへと移動した。この事件をアラビア語で何と呼ぶか。

(16) この地に進出したムスリム軍が711年に滅ぼしたゲルマン人の王国の名称を答えよ。

(17) この地に進出したムスリム軍は751年，唐の軍と交戦して勝利した。製紙法の伝播をもたらしたともされる，この戦いの名称を答えよ。

(18) この言語と同じ語族・語派に属し，紀元前1200年頃からダマスクスを中心に内陸交易で活躍した人々が使用した言語の名称を答えよ。

(19) アッバース朝のカリフ，マームーンが創設したこの翻訳・研究機関の名称を答えよ。

(20) アラビア語に翻訳された古代ギリシアの文献は，のち12世紀以降，ラテン語に翻訳されてヨーロッパに逆輸入された。このとき，アラビア語からラテン語への翻訳作業の中心地となったスペインの都市の名を答えよ。

(21) ネストリウス派は唐にも伝わった。唐でのネストリウス派の呼称を答えよ。

(22) アッバース朝期に活躍し，天地創造以来の人類史である『預言者たちと諸王の歴史』を著した歴史家の名を答えよ。

(23) マドラサやモスクの運営を経済的に支援した，イスラーム世界に特徴的な寄進制度をアラビア語で何と呼ぶか。

(24) アラビア文字を採用し，アラビア語の語彙を大量に取り入れることで成立した近世ペルシア語の最初期の文芸活動の舞台は，9世紀から10世紀にかけて中央アジアを支配した王朝の宮廷であった。この王朝の名称を答えよ。

(25) ティムール朝王族で，ムガル帝国の初代皇帝となった人物はチャガタイ＝トルコ語で回想録を著している。歴史資料としても名高い，この回想録のタイトルを答えよ。

(26) イスラーム世界各地のみならずヨーロッパでも活動し，パン＝イスラーム主義を提唱して，1884年にパリでムハンマド＝アブドゥフとアラビア語雑誌『固き絆』を刊行した思想家の名を答えよ。

Ⅲ　世界史B問題　(20点)

1871年のドイツ統一に至る過程を，プロイセンとオーストリアに着目し，1815年を起点として300字以内で説明せよ。解答は所定の解答欄に記入せよ。句読点も字数に含めよ。

Ⅳ　世界史B問題　（30点）

次の文章（A，B）を読み，［　　］の中に最も適切な語句を入れ，下線部⑴～㉔について後の問に答えよ。解答はすべて所定の解答欄に記入せよ。

A　古代ギリシア人は，独自の都市国家であるポリスを形成し発展させた。ギリシア本土やエーゲ海周辺に数多く誕生したポリスは，同盟（連邦）を形成することはあっても，ひとつの領域国家に統一されることはなかった。⑴前5世紀中頃のアテネのペリクレスの市民権法⑵のように，市民団の閉鎖性を強めたこともあった。一方で，古代ギリシア人は自らをヘレネスと呼び，出自や言語，宗教，生活習慣を共有する者としての一体感を有していた。⑶そして，異民族を「聞き苦しい言葉を話す者」という意味でバルバロイと呼んで区別した。やがてこのバルバロイには，アテネの帝国的発展⑷とペロポネソス戦争の苦難の経験⑸を通じて，他者への蔑視など否定的な意味がまとわりつくようになる。

古代ギリシア人とともに高度な文明を築いたことで知られるローマ人は，集団の定義や自己理解の点ではギリシア人と異なっていた。ローマ人の歴史は，イタリア半島に南下した古代イタリア人の一派が半島中部に建てた都市国家ローマに始まる。しかし，ローマ人は国家の拡張の過程で，都市ローマの正式構成員の権利であるローマ市民権を他の都市の住民などにも授与し，市民団を拡大していった。⑹前1世紀の初めにはイタリアの自由人にローマ市民権が与えられ，イタリアの外の直接支配領である属州⑺でも，先住者へローマ市民権が付与されたので，市民権保持者の数は急速に増加した。⑻こうして，ローマ市民権を保持する者としての「ローマ人」は，故地である都市ローマやイタリアを離れて普遍化していったのである。

また，故地ローマ市を抽象化し，「ローマ」という名称に普遍的な意義を見出そうとする思想は，その後長く影響力を有し，とくにローマの支配の正統性やその賞賛をともなう帝国理念となって展開した。そうした考え方は初代皇帝アウグストゥスを内乱からの秩序の回復者としてたたえることから始まっている。⑼ローマ市そのものは，3世紀の［　a　］時代と呼ばれる帝国の危機の時代を経て首都としての役割が低下し，人口も減少していったが，(10)帝国東部の拠点都市コンスタンティノープルが４世紀の終わり頃から首都的機能を果たすようになると，これが「新しいローマ」とみなされるようになった。

コンスタンティノープルは，ローマ帝国を帝国領東部で継承したビザンツ帝国の首都として存続した。ビザンツ帝国では，共通語がギリシア語になってからも(11)皇帝は「ローマ人の皇帝」を称していた。(12)コンスタンティノープルはオスマン帝国の攻撃によって陥落したが，この頃台頭してきたロシアのモスクワ大公国において，ビザンツ帝国最後の皇帝の姪と結婚していた大公イヴァン３世がラテン語の「カエサル」に起源を持つ［ b ］の称号を初めて用いた。この後，(13)モスクワを「第三のローマ」とみなす思想が形成されていったのである。

問

(1)　数あるポリスの中でもスパルタは，近隣地域を征服してその住民を隷属農民として支配した。この隷属状態に置かれた先住民は何と呼ばれたか。その名称を記せ。

(2)　この法律の内容を簡潔に説明せよ。

(3)　古代ギリシア人が最高神ゼウスの聖域で４年ごとに開催した民族的な行事の名を記せ。

(4)　アテネはペルシア戦争後に結成した，諸ポリスをとりまとめた組織によって他のポリスを支配した。その組織の名を記せ。

(5)　ペロポネソス戦争の経過を描いた歴史家の名を記せ。

(6)　ローマと条約を結び，兵力供出の義務を負いながらもローマ市民権を与えられない地位に置かれた都市は何と呼ばれたか。その呼称を記せ。

(7)　ローマがイタリアの外に初めて直接的な管轄地域(属州)としてシチリア島を得ることになった出来事の名を記せ。

(8)　小アジアのユダヤ人の家庭の出身で，ローマ市民権を持ち，伝道旅行を重ねてキリスト教が普遍的な宗教となることに大きな貢献をした人物の名を記せ。

(9)　内乱を収束させたアウグストゥスは共和政の復興を宣言したが，実際には新しい政治体制を創始したのであった。彼の始めた政治体制は何と呼ばれるか。その名称を記せ。

⑽ コンスタンティノープルがローマ帝国の首都的機能を備えるようになったのは，4世紀末のテオドシウス1世(大帝)の時からである。この皇帝が行った宗教政策で，その後の欧州に強い影響を与えたものを簡潔に記せ。

⑾ 5世紀から6世紀にかけて戦場に赴くことが少なかったビザンツ皇帝が，6世紀後半になると親征することが多くなったのは，東で接する国家と抗争することになったからである。ビザンツ帝国と争ったこの国家の名を記せ。

⑿ コンスタンティノープルが陥落してビザンツ帝国が滅亡したのとほぼ同じ頃に西ヨーロッパで生じた出来事を，次の(a)～(d)からひとつ選んで，その記号を記せ。

(a) ドイツ王ハインリヒ4世が教皇グレゴリウス7世に赦免をこうた。

(b) ウルバヌス2世がクレルモンの公会議で十字軍を提唱した。

(c) イングランド軍がカレーを除いて全面撤退し，英仏間の百年戦争が終結した。

(d) ローマとアヴィニョンに教皇がたつ教会大分裂の状態に陥った。

⒀ ローマ皇帝とその帝国の理念は，西ヨーロッパでも継承され，キリスト教世界の統治と教会の保護が任務とされたが，962年に神聖ローマ皇帝としてその役割を担うことになった国王の名を記せ。

B 人類史上，動物が果たした役割，そして動物が被った影響は，非常に大きい。

西洋では，中世の支配層は，馬を大規模に飼育していた⒁。海や船と結びつけられがちなヴァイキングも，馬を戦争や運搬に利用した⒂。また，イベリア半島などでは，牛や羊が土地を疲弊させるほどに過放牧された。牧畜の隆盛は耕地面積を圧迫し，そのために中世ヨーロッパでは慢性的に食糧が不足していた⒃という見方もある。15世紀末以降，新世界では，ヨーロッパ人は船に載せて持ち込んだ馬を駆って征服を進め⒄，獲得した土地で，ヨーロッパから輸入した牛や羊や豚を大規模に飼育した。これに伴い，先住民はヨーロッパ人や動物がもたらした病気に罹患(りかん)したり，暴力や経済的な搾取⒅を受けて，大幅に人口を減らすことになった。

北米大陸の大平原に広範囲に生息していたバイソンは，白人，そして馬と銃を使いこなすようになった先住民によって，19 世紀末までに，ほとんど狩りつくされていく。そして，(19)先住民が［　c　］に強制的に移住させられる一方で，白人の牧畜業者は畜牛の放牧地を経営することになる。南米大陸でも放牧地は拡大し，生産された畜牛は，たとえば，世界の工場として経済的繁栄を享受していたイギリスなどに，(20)生きたまま，船に載せられて輸出され，到着後に業者の手に引き渡された。これは，その 100 年前に隆盛を極めていた，(21)アフリカの黒人を新大陸に運ぶ奴隷貿易と同様に，苦痛を与えるとして非難された。

西洋人は動物の毛皮も欲した。北米大陸に生息するビーバーの毛皮は，近世から紳士用帽子の材料として人気を集めた。ビーバーを追って内陸への進出が果たされた側面もある。他方で，ロシアからもたらされる，シベリア産のクロテンなどの毛皮のほか，(22)太平洋沿岸に生息するラッコの毛皮も，人気の商品であった。19 世紀にはダチョウの羽根が西洋の婦人用帽子の装飾として珍重された。太平洋の島々に生息するアホウドリの羽根も同じ用途で高い需要があり，これに目を付けた日本の業者によって乱獲された。

19 世紀には，象もインドやアフリカで大規模な狩猟の対象となった。トランスヴァール共和国では，(23)金やダイヤモンドが発見されるまでは，象牙が最大の輸出品であった。象牙はナイフの柄やビリヤードのボールやピアノの鍵盤などに加工されるのであった。1900 年の一年間だけでヨーロッパは 380 トンの象牙を輸入したが，これは約 4 万頭の象の殺戮（さつりく）を意味した。(24)捕鯨も 19 世紀に「黄金時代」を迎えた。それを牽引したアメリカ合衆国は，19 世紀半ばの最盛期に，世界の捕鯨船約 900 隻のうち 735 隻を擁したとされる。1853 年，同国の捕鯨船団は 8000 頭以上の鯨をとった。主たる目的は鯨油とヒゲで，肉は廃棄された。

問

(14)　1000 年頃からしばらく続く西ヨーロッパの内外に向けての拡大運動においても馬は活躍した。

　(ア)　この頃の修道院を中心とした経済的かつ領域的な拡大の運動を何と呼ぶか。

(イ)　この運動の先頭に立った主な修道会の名をひとつ答えよ。

(15)　フランス北部のバイユーで制作された刺繍(ししゅう)画には船と並んで馬が頻出する。この刺繍画の主題である1066年のヘイスティングズの戦いでクライマックスを迎える出来事を何というか。

(16)　とりわけ中世後期は疫病や飢饉(ききん)などが頻発し，社会的な不安が高まったのだが，黒死病の大流行以降，人口減少により農奴に対する束縛は緩められる傾向が顕著であった。このとき社会的上昇を果たした独立自営農民のことをイギリスでは何と呼ぶか。

(17)　(ア)　16世紀前半に騎馬の兵を率いるコルテスによって滅ぼされた帝国の首都の名は何か。

(イ)　また，ここはその後何という都市になったか。

(18)　ラテンアメリカが産出した銀は，ヨーロッパだけでなくアジアにも輸出された。

(ア)　その積出地と，(イ)　銀を運んだ船の種類を答えよ。

(19)　19世紀前半に，先住民の移住政策を推進したことや民主党の結成を促したことで知られるアメリカ合衆国大統領は誰か。

(20)　19世紀末にこの輸送法は用いられなくなる。しかし，南米からイギリスなどへの牛肉の輸出は増加した。それが可能となった技術的理由を述べよ。

(21)　この奴隷貿易とは別に，アフリカ東海岸では長らく，インド洋貿易の一環としてムスリム商人が奴隷貿易を行っていた。アラビア語の影響を受けて成立し，17世紀以降この海岸地帯で共通語となった言語は何か。

(22)　この動物の毛皮は，アジアとアメリカ大陸の間に派遣された探検隊によって持ち帰られ，ロシアによる北太平洋の毛皮貿易が発展するきっかけとなった。シベリアとアラスカを隔てる海峡の名にもなっている探検隊のリーダーの名を記せ。

(23)　これらの産品への注目が南アフリカ戦争へつながった。この戦争に踏み切った当時のイギリス植民地相の名を答えよ。

(24)　これを題材にした小説『白鯨(モビーディック)』の作者は誰か。

地理

(90 分)

I　地理B問題　(20 点)

次ページの 2 万 5 千分の 1 地形図(昭和 44 年測量，平成 19 年更新，原寸大)を見て，問(1)~(4)に答えよ。解答はすべて所定の解答欄に記入せよ。字数制限のある問については，句読点も字数に含めよ。

問

(1)　地図の中で，海岸に沿って，A で示すような点の列が並んでいる。この地形図記号が表す工作物はどのような役割を果たすものか，解答欄①に述べよ。国道 55 号線は奈半利川を渡る箇所では，海岸から離れて内陸方向に折れ曲がっている。この理由を，自然災害との関わりに注目して，解答欄②に，40 字以内で述べよ。

(2)　地図の中で，「土生岡」から「日野」，「中野」から「北張」，また「中野」から「体育館」にかけての一帯に，ため池が散在する。ため池があるのはどのような理由からか，解答欄①に述べよ。また，これらのため池周辺に見られる農地のうち主要なものを 3 つ，解答欄②に挙げよ。

(3)　「上長田」や「横町」，「立町」付近の市街地には，どのような施設が立地しているか，主要な道路との関係を含めて，解答欄①に述べよ。また，B の施設は，どのように建設されたものと考えられるか，施設の形状と平野の地形を踏まえて，解答欄②に述べよ。

(4)　奈半利川河口の集落は，上流の山地で盛んな産業と結びついて発達してきた。地図中に示した，B と C の施設や道路，鉄道などを手がかりに，この産業の発展に果たしてきた河口の集落の機能について，40 字以内で述べよ。

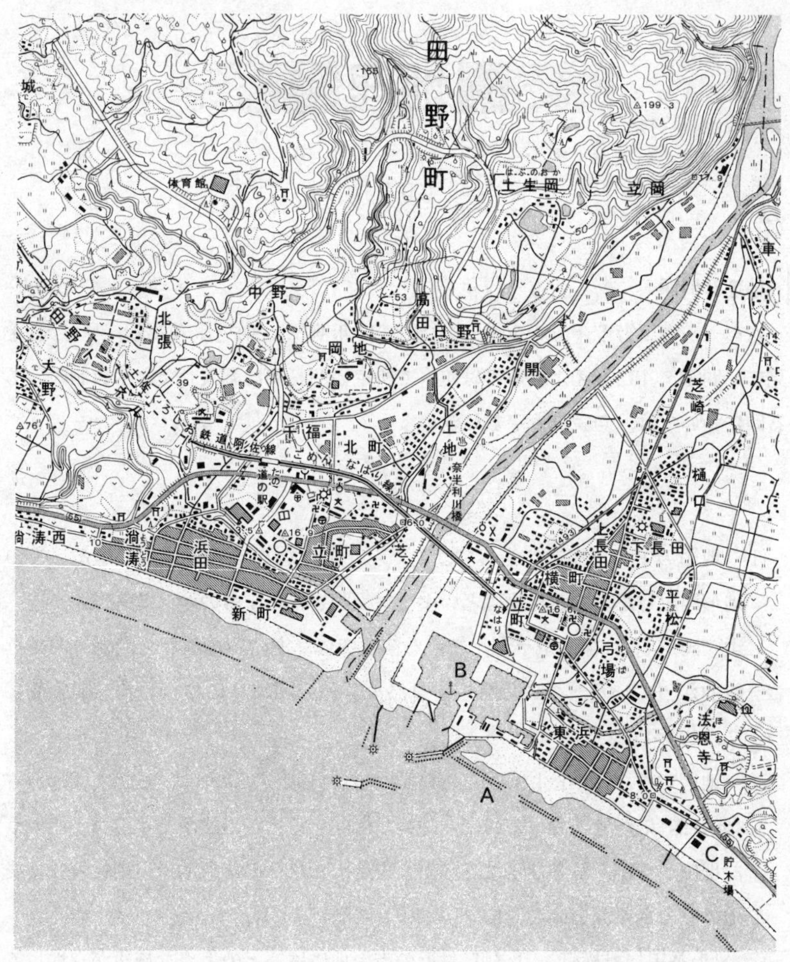

編集部注：編集の都合上，80％に縮小

Ⅱ　地理B問題　(20 点)

図アと**図イ**の地図(**ア**と**イ**の縮尺は異なる)について，問(1)～(4)に答えよ。解答はすべて所定の解答欄に記入せよ。字数制限のある問については，句読点も字数に含めよ。

問

(1)　**図ア**のＡの破線で囲まれた海域は，世界遺産(自然遺産)として登録されている。その地名を解答欄①に答えよ。また，その地形は何か，地形の名称を解答欄②に４文字で答えよ。

図ア

(2)　**図イ**のＢに位置する国立公園は，周辺の国立公園とともに１つの世界遺産(自然遺産)として登録されている。このＢに見られる，細長い入り江が発達した海岸線の地形の名称を，解答欄①に答え，その地形の形成過程を，解答欄②に 30 字以内で述べよ。また，その形成に気候的に大きく関わる風の名称を，解答欄③に答えよ。さらに，同様の地形が見られる南アメリカの国を，解答欄④に答えよ。

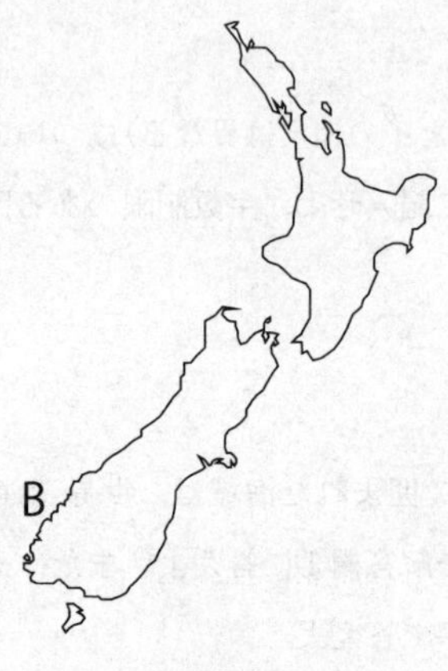

図イ

⑶　**図イ**の国の先住民が属する言語集団を何語族と呼ぶか，解答欄①に答えよ。また，太平洋にある島々の中で，①の語族に属する民族が先住民族であり，北緯約 20 度に位置し，活発な火山島を含む諸島の名称を，解答欄②に答えよ。さらに，フランスに属するが，主な住民が①の語族の民族からなり，日付変更線より東側で南緯 20 度付近に位置する島の名称を，解答欄③に答えよ。この島には日本から直行の航空路線がある(2019 年時点)。

⑷　**図ア**の国の働きかけによって，**図イ**の国や日本などが加盟して，1989 年に結成された国際組織を何と呼ぶか，アルファベット 4 文字で，解答欄①に答えよ。また，その組織の主要な役割について，解答欄②に 30 字以内で述べよ。

Ⅲ　地理B問題　（20 点）

以下の文を読み，問(1)～(5)に答えよ。解答はすべて所定の解答欄に記入せよ。字数制限のある問については，句読点も字数に含めよ。

世界の乾燥地域(乾燥帯)は，北緯および南緯 20～30 度に多く分布する。これは地球の大気大循環という観点から見ると［ ア ］に覆われているからである。また，大陸の中央部で海から遠い地域も乾燥しやすい。乾燥の厳しい砂漠気候の地域では，植生がほとんど見られない砂漠の景観を呈する。砂漠には砂砂漠・礫(れき)砂漠・岩石砂漠があるが，中国・タリム盆地のタクラマカン砂漠は，［ X ］の面積が広いのが特徴である。砂漠における砂丘のように，乾燥地域では地形を形づくる上で風の役割が大きいが，内陸アジアの乾燥地域から風で運ばれた粒子が堆積してできた中国北部の［ イ ］高原の地形もこれに当てはまる。

砂漠においても，オアシス(A)のように水が得られるところでは農業を行うことができ，定住も行われる。乾燥地域で［ ウ ］が流入しているところには，エジプトやメソポタミア(イラク)など，古代文明が展開したところもある。しかし乾燥した条件下での灌漑農業には，土壌の塩類化が生じ作物の生育を妨げる危険も伴う(B)。

砂漠気候ほど乾燥が厳しくない場合は，ステップ気候に分類され，草原などが典型的な植生となる。そこでは移動しながら家畜を放牧する生活様式である遊牧などが営まれ，人々は移動可能な天幕(モンゴル語でゲル，中国語で［ エ ］という)などに居住する。

乾燥地域の状況は，気候変動や人為的要因により，変化することもある。たとえば，アフリカ・サハラ砂漠の南縁に［ オ ］と呼ばれる半乾燥地域があるが，そこでは砂漠化が進行し，人々の生活を脅かしている(C)。

問

(1)　文中の［ ア ］～［ オ ］に当てはまる語句を答えよ。

(2)　文中の［ X ］に当てはまる語句を，以下の 3 つから 1 つ選んで答えよ。

砂砂漠　　礫砂漠　　岩石砂漠

(3)　下線部Aに関し，下の**衛星画像Y**はアフガニスタンの乾燥地域のもので，その中にオアシスが写っており，南側に山脈がある。このオアシスがどのような地形に立地し，どのように水を得ているかを 40 字以内で述べよ。

(4)　下線部Bに関し，乾燥した条件下で灌漑を行うと，土壌の塩類化の危険が生ずるメカニズムを 50 字以内で説明せよ。

(5)　下線部Cに関し，この地域の砂漠化の人為的要因について，40 字以内で説明せよ。

衛星画像Y(2001 年 9 月 1 日撮影，上が北)

資料：https://earthexplorer.usgs.gov

Ⅳ　地理B問題　　(20 点)

グラフ1～2は，各国の水産物生産量に関するものである。水産物生産量とは，漁獲量と養殖生産量の合計量である。グラフにおける**A～D**国は，アメリカ合衆国，インドネシア，日本，ペルーのいずれかである。これらのグラフを見て，問(1)～(4)に答えよ。解答はすべて所定の解答欄に記入せよ。字数制限のある問については，句読点も字数に含めよ。

グラフ1　国別の水産物生産量の推移(1970 年～2017 年)

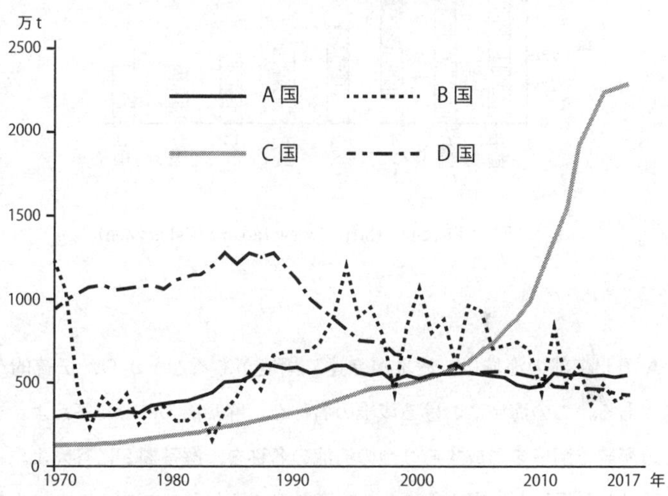

資料：FAO FishStat (http://www.fao.org/fishery/en)
注：水産物には非食用産物を含む。

グラフ 2　水産物生産量上位 8 か国とその内訳（2017 年）

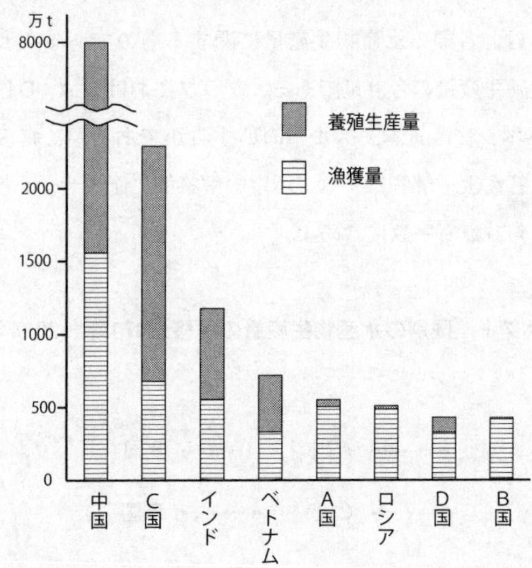

資料：FAO FishStat（http://www.fao.org/fishery/en）

問

⑴　A 国北東部の海域は，浅堆が発達し潮境があることから，伝統的な好漁場である。この海域における浅堆の名称を，解答欄①に一つ答えよ。また，この海域で潮境を形成する 2 つの海流の名称を，解答欄②に答えよ。

⑵　B 国の主要な水産物の名称を，解答欄①に答えよ。また，この水生物の生態に影響する，B 国沿岸の海域の自然条件を，解答欄②に答えよ。

⑶　B 国の水産物生産量がどのように変動しているか，B 国の水産業の特徴と，漁場付近の海域で発生する現象をふまえて，50 字以内で述べよ。

⑷　次のページの**表**は，ある水産物の国別養殖生産額（上位 6 か国）を示している。この水産物は，D 国の主な輸入水産物でもある。この水産物とは何か，解答欄①に答えよ。また，このことに関連して，C 国を含む地域で問題となっている環境破壊について，解答欄②に 40 字以内で述べよ。

表　ある水産物の国別養殖生産額（上位 6 か国　単位　百万 US ドル：2017 年）

中国	14,838
C 国	4,406
ベトナム	4,120
インド	3,501
エクアドル	2,288
タイ	1,822

資料：FAO FishStat（http://www.fao.org/fishery/en）

V　地理 B 問題　（20 点）

次ページのグラフは，6 か国（アメリカ合衆国，中国，ドイツ，日本，ベトナム，ロシア）における固定電話と携帯電話の 100 人あたりの契約数，およびインターネット利用者率について，2000 年と 2018 年の数値を比較したものである。このグラフを見て，下の問(1)～(4)に答えよ。解答はすべて所定の解答欄に記入せよ。字数制限のある問については，句読点も字数に含めよ。

問

(1)　A～D に該当する国名を下からそれぞれ選んで記せ。

アメリカ合衆国　　中　国　　日　本　　ベトナム

(2)　A や B，ロシアでは，固定電話に比べて携帯電話の契約数が急増した。そのような状況になった理由を，解答欄①に 40 字以内で記せ。また固定電話の契約数が大きかった国のうち，C やドイツではその契約数が減少している。その背景として考えられることを，携帯電話との関係に留意して，解答欄②に 40 字以内で記せ。

(3)　インターネットが世界中に普及するにあたって，通信衛星と光ファイバーケーブルが果たした役割を述べよ。

(4)　国や人によってインターネットの利用に差がある状況は，デジタル・デバイドと呼ばれる。国際的な視点からみれば，この用語はどのような問題を指し示したものか，50 字以内で述べよ。

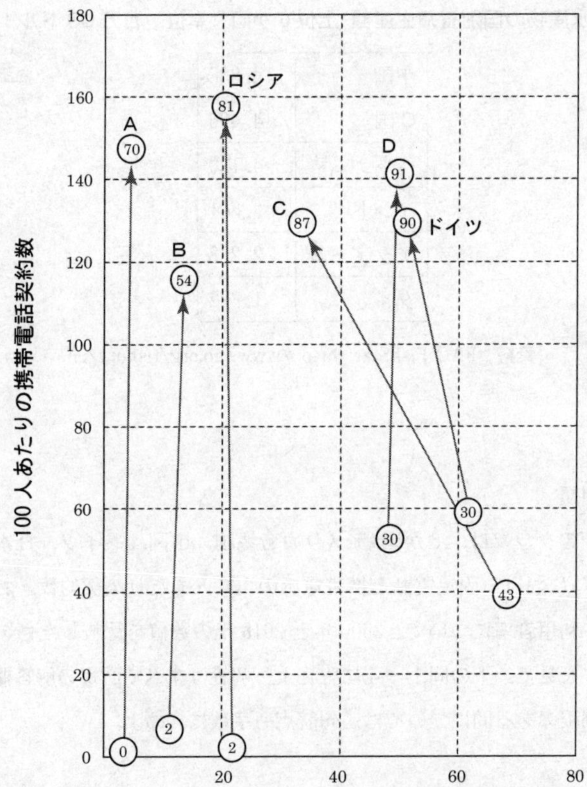

資料：International Telecommunication Union (https://www.itu.int)

注：矢印のもとが 2000 年，矢印のさきが 2018 年を示す。円内の数値はインターネット利用者率(%)（小数点以下は四捨五入。一部の国の矢印のさきは 2017 年の数値)。

数学

（120 分）

（注）150 点満点。総合人間（文系）学部は 200 点満点に，文学部は 100 点満点に換算。

1　　(30 点)

次の各問に答えよ.

問 1　10 進法で表された数 6.75 を 2 進法で表せ．また，この数と 2 進法で表された数 101.0101 との積として与えられる数を 2 進法および 4 進法で表せ.

問 2　△OAB において OA $= 3$，OB $= 2$，$\angle$AOB $= 60^\circ$ とする．△OAB の垂心を H とするとき，$\overrightarrow{\mathrm{OH}}$ を $\overrightarrow{\mathrm{OA}}$ と $\overrightarrow{\mathrm{OB}}$ を用いて表せ.

2　　(30 点)

定積分 $\displaystyle\int_{-1}^{1}\left|x^2-\frac{1}{2}x-\frac{1}{2}\right|dx$ を求めよ.

3

(30　点)

n を2以上の整数とする．1から n までの番号が付いた n 個の箱があり，それぞれの箱には赤玉と白玉が1個ずつ入っている．このとき操作(＊)を $k=1, \cdots, n-1$ に対して，k が小さい方から順に1回ずつ行う．

(＊)番号 k の箱から玉を1個取り出し，番号 $k+1$ の箱に入れてよくかきまぜる．

一連の操作がすべて終了した後，番号 n の箱から玉を1個取り出し，番号1の箱に入れる．このとき番号1の箱に赤玉と白玉が1個ずつ入っている確率を求めよ．

4

(30点)

空間の8点

$$O(0, 0, 0),\ A(1, 0, 0),\ B(1, 2, 0),\ C(0, 2, 0),$$
$$D(0, 0, 3),\ E(1, 0, 3),\ F(1, 2, 3),\ G(0, 2, 3)$$

を頂点とする直方体OABC—DEFGを考える．点O，点F，辺AE上の点P，および辺CG上の点Qの4点が同一平面上にあるとする．このとき，四角形OPFQの面積 S を最小にするような点Pおよび点Qの座標を求めよ．また，そのときの S の値を求めよ．

5

(30点)

p が素数ならば p^4+14 は素数でないことを示せ．

二位＝「母北の方」の父、高階成忠のこと。
明順、道順、信順＝成忠の息子たち。
後の御事ども例のさまにはあらで＝火葬にせず土葬にしたことをいう。
藤衣＝喪服。

問一　傍線部(1)(2)を、適宜ことばを補いつつ、それぞれ現代語訳せよ。

問二　傍線部(3)は伊周のどのような気持ちをあらわしているか、説明せよ。

問三　傍線部(4)はどういうことを言っているか、説明せよ。

問四　文中の和歌を、指示語の指すものを明らかにしつつ、現代語訳せよ。

※解答欄　問一(1)：タテ一三センチ×二行
問一(2)：タテ一三センチ×三行
問二：タテ一四センチ×四行
問三・問四：各タテ一四センチ×三行

の命長さ、あはれに見えたり。されどそれはむげに老いはてて、たはやすくも動かねば、ただ明順(あきのぶ)、道順(みちのぶ)、信順(さねのぶ)などいふ人々、よろづに仕うまつり、後の御事ども例のさまにはあらで、桜本といふ所にてぞ、さるべき屋作りて、納めたてまつりける。あはれに悲しともおろかなり。但馬には、夜を昼にて人参りたれば、泣く泣く御衣など染めさせたまふ。筑紫にも人参りにしかど、いかでかはとみに参りつくべきにもあらず。後々の御事ども、さるべくせさせたまふ。

筑紫の道は、今十余日といふにぞ参りつきたりける。あはれ、さればよ、よくこそ見たてまつり見えたてまつりにけれと、今ぞ思されける。御服など奉るとて、

そのをりに着てましものを藤衣やがてそれこそ別れなりけれ

とぞ独りごちたまひける。

（『栄花物語』より）

注（＊）

大弐＝九州一円を統括する大宰府の、実質的な長官にあたる職名。

有国朝臣＝藤原有国。以前、道隆に嫌われ、さしたる罪もないのに官位を剝奪されたことがあった。

故殿＝藤原道隆。

端が端にもあらざりけり＝まったく取るに足らないものであった、の意。

資業＝有国の息子。

わが殿＝有国がかつて仕えていた、藤原兼家（道隆の父、伊周の祖父）のこと。

御斎＝ここでは、慎み深い生活を送ること。

問三・問四：各タテ一四センチ×四行
問五：タテ一四センチ×五行

三　次の文は、『栄花物語』の一節である。関白藤原道隆の息子である伊周（これちか）・隆家兄弟は、道隆の死後、法皇への不敬などの罪に問われ、播磨国・但馬国（いずれも現在の兵庫県）に流罪となった。その後伊周は、重病の母親を見舞うため秘かに播磨から京に戻ったところ、再び捕らえられて今度は筑紫（九州）まで流されることになった。これを読んで、後の問に答えよ。（五〇点）

今は筑紫におはしましつきたるに、そのをりの*大弐は*有国朝臣なり。かくと聞きて、御まうけいみじう仕うまつる。「あはれ、*故殿の御心の、有国を、罪もなく怠ることもなかりしに、あさましう無官にしなさせたまへりしこそ、世に心憂くいみじと思ひしに、有国が恥は*端が端にもあらざりけり。あはれにかたじけなく、思ひもかけぬ方にも越えおはしましたるかな。(1)公の御掟（おきて）よりはさしまして、仕うまつらむとす」など言ひつづけ、よろづ仕うまつるを、人づてに聞かせたまふもいと恥づかしう、なべて世の中さへ憂く思さる。御消息、わが子の*資業（よしなり）して申させたり。「思ひがけぬ方におはしましたるに、京のこともおぼつかなく、驚きながら参るべくさぶらへども、九国（くこく）の守（かみ）にてさぶらふ身なれば、(2)さすがに思ひのままにえまかりありかぬになむ、今までさぶらはぬ。何ごともただ仰せごとになむ従ひ仕うまつるべき。世の中に命長くさぶらひけるは、わが*殿の御末に仕うまつるべきとなむ思ひたまふる」とて、さまざまの物ども、櫃（ひつ）どもに数知らず参らせたれど、(3)これにつけてもすずろはしく思されて、聞き過ぐさせたまふ。そのままにただ*御斎（とき）にて過ごさせたまふ。

かくいふほどに、神無月の二十日余りのほどに、京には母北の方うせたまひぬ。あはれに悲しう思しまどはせたまふ。(4)*二位

（石川淳「すだれ越し」より）

注（＊）
東京の町のすべてが……＝昭和二十年（一九四五）五月二十五日、東京の中心部がアメリカ軍爆撃機による大規模な空襲を受けたこと。「山の手大空襲」と呼ばれる。

問一　傍線部（1）のように筆者が言うのはなぜか、説明せよ。

問二　傍線部（2）はどういうことか、説明せよ。

問三　傍線部（3）はどういうことか、説明せよ。

問四　傍線部（4）のように筆者が言うのはなぜか、説明せよ。

問五　傍線部（5）はどういうことか、前年（昭和二十年）の「すだれ越しの交渉」を踏まえて説明せよ。

※解答欄　問一：タテ一四センチ×二行
　　　　　問二：タテ一四センチ×三行

らう。しかし、決して非常識ではないAがかういふことでウソをつくとは絶対におもはれない。人生の真実のために、このはなしはウソではないと信じておかなくてはならぬ。

そのときから十年をへた今日に至るまで、わたしは窓にすだれがぶらさがつてゐるやうな室に二度と住んだことがない。またその当時にしても、毎日すだれを意識しながらくらしてゐたわけでもない。それに気がついたのは、いくさがをはつてから年を越したつぎの春であつた。

ある日わたしは旅に出て、あたりに田圃（たんぼ）を見わたす座敷でどぶろくをのんでゐた。すつぱいどぶろくであつた。座敷は障子をあけはなしてあつたが、片側が窓で、そこにすだれがさがつてゐた。煤（すす）けた古すだれで、いくさのあひだから長らくそこにさうなつてゐたのが、たれの気にもとめられずに、ついうち捨てられたままのふぜいと見えた。あついといふ日ざしでもないのに、すだれは風をさへぎつて、うつたうしくおもはれた。窓のそばに寄つて巻きあげようとすると、古すだれはあはや切れて落ちさうで、黒ずむまでにつもつた塵は手をふれることを禁じてゐた。それはあたかもわたしの室の焼けたすだれがここにそつくり移されて来たやうであつた。そのとき、すだれの向うに、花の色のただよふのが目にしみた。藤であつた。窓の外に藤棚があり、花はさかりであつた。

庭に出て、そこにまはつて行くと、座敷は中二階のやうなつくりになつてゐたので、窓の下と見えた藤棚はおもつたよりも高く、手をのばすと、指さきは垂れさがつた花の房を掠（かす）めようとして、それまでにはとどかなかつた。わたしは悪癖のへたな狂歌をつくつた。

むらさきの袂（たもと）つれなくふりあげて引手にのらぬ棚の藤浪

(5) わたしが花を垣間見るのはいつもすだれ越しであり、そしていつもそこには手がとどかないやうな廻合（めぐりあは）せになつてゐるらしい。

も不要であつた。ただ朝の軒さきにカナリヤのうしなはれたことが不吉の前兆のやうにちよつと気になつたが、それもぢきにわすれた。おもへば、(3)わたしは当時すべての見るもの聞くものとすだれ越しの交渉しかもたないやうであつた。実際に、わたしの室の窓には一枚の朽ちたすだれがぶらさがつてゐて、それがやぶれながらに、四季を通じて、晴曇にも風雨にも、ともかく時間に堪へつづけてゐた。

越えて五月、その二十五日の夕方、Aといふ友だちが塩豚をみやげにもつてたづねて来た。ちやうど、わたしのところにちとの酒とちとの野菜とがあつた。たちまち、饗宴がひらかれた。当日は晴天であり、巷のけしきは平穏に見えた。そして、塩豚のスープは極上であつた。われわれは上機嫌で、いづれ焼けるかも知れないがなんぞと、まだ焼けてゐない現在をはかなくも恃(たの)んで、すだれからすかして見た外の世界の悪口をいつて笑つた。やがて酒が尽きると、笑もにがく、巷もすでに暗く、家の遠いAはいそいでかへつて行き、わたしはごろりと寝た。サイレンの音にねむりがやぶれたのは、それから三時間ほどのちであつた。おきて出ると、まぢかの空があかあかと燃えあがつて、火の子が頭上にふりかかつた。猛火は前後から迫つて、すなはち窓のすだれを焼いた。すだれのみならず、室内のすべて、アパートのすべて、いや、東京*の町のすべてが一夜に焼けおちた。わたしはどうやら路上の死体になることはまぬがれたが、そのときわたしのポケットには百円ぐらゐの現金と五本ぐらゐのタバコしか残つてゐなかつた。

その後、わたしはわたしの室の焼跡をただの一度も見に行つたことはない。しかるに、猛火の夜のあくる日、これは災厄に遭はずじまひのAがわざわざわたしのゐない焼跡を見舞つてくれたさうである。後日に、そのAのはなしに依ると、もとわたしの室のあつたところに、そこのいぶりくさい地べたの上に、焦げた紙きれが一枚落ちてゐたので、拾ひとつて見ると、それは古今集の一ひらであつたといふ。わたしのもつてゐた古本の山がぞつくり灰になつたあとに、どうすれば古今集の一ひらだけが焼けのこつたのか。合理主義繁昌の常識からいへば、(4)これははなしができすぎてゐて、ウソのやうにしかおもはれないだ

二

次の文を読んで、後の問に答えよ。（五〇点）

ひとりの少女が直撃弾にうたれて路上に死んだ。さういふ死体は、いや、はなしのたねは、いくさのあひだ、空襲のサイレンが巷（ちまた）に鳴りわたつたあとには、おそらく至るところにころがつてゐたのだから、その場所が山の手の某アパートのまへであらうと、他のどこであらうと、（1）後日の語りぐさになるやうなことではない。しかし、わたしはこの小さい事件をおぼえてゐる。といふのは、当時わたしはそこのアパートの一室にひとりでくらしてゐて、少女もまたおなじ屋根の下の、となりの室に、これもひとりで住んでゐたからである。そして、少女の倒れたところは、わたしの室の窓からすだれ越しに見える鋪道（ほどう）の上であつた。

さういつても、わたしはかねて少女と口をきくどころか、顔すらろくに見たことがなかつた。関係といへば、ただ壁をへだてて声を聞いただけであつた。毎朝、わたしはサイレンの吠（ほ）える声に依つてたたきおこされないときには、少女の歌ふ声に依つてうとうと目をさますといふたのしい習慣をあたへられた。歌はシャンソンであつた。そして、その歌の音色が青春を告げてゐた。それはいつ炎に燃えるとも知れぬ古い軒さきに、たまたまわたしの束の間の安息のために、カナリヤの籠が一つさげられたといふに似てゐた。しかし、（2）あはれなカナリヤもまた雷にうたれた。その日わたしはアパートを留守にしてゐたので、かへつて来て窓の外を見たときには、少女の死体はすでにどこやらにはこばれて、道は晩春の月の光に濡れてゐた。昭和二十年四月某日の夜のことである。

となりの室の歌声が絶えたあとに、アパートでは当分少女のうはさが尾を曳（ひ）いた。ひとが室内をしらべてみると、二万円の現金とおびただしいタバコの量とが発見されたといふ。そして、ときどき少女をたづねて来た中年の紳士がその後ぷつつりすがたをあらはさないといふ。うはさにはさまざまの解釈が附せられた。しかし、わたしにとつては、解釈はもとより、うはさ

問一　傍線部（1）について、なぜ「忘れ得ぬ言葉」となったのか、説明せよ。

問二　傍線部（2）はどういうことか、説明せよ。

問三　傍線部（3）はどういうことか、説明せよ。

問四　傍線部（4）のように筆者が言うのはなぜか、説明せよ。

問五　「本当の人間関係」について、傍線部（5）のように言われるのはなぜか、説明せよ。

※解答欄　問一〜問三：各タテ一四センチ×三行
　　　　　問四・問五：各タテ一四センチ×四行

分の一部になる。彼の言葉は自分のうちで血肉の域を越えて骨身に響くものになってくる。それが忘れ得ぬ言葉ということである。その言葉が想起されるたびに、言葉は語った人間の「顔」、肉身の彼自身、を伴って現われてくる。そしてその言葉を反芻するたびに、我々は我々の内部でその彼の存在の内部へ探り入り、彼を解読することになる。それによって彼はますます実在性をもってもくるし、同時にまたますます我々自身の一部にもなってくる。つまり、言葉は人間関係の隠れた不可思議さを現わしてくる。

私にとって、山崎の場合がまさしくそうであった。彼と彼の言葉を思い出す毎に、彼はますます私に近付いてくるようでもあるし、私がますます彼のなかへ、もはや何も答えない彼という「人間」の奥へ、入って行って、彼を解読しているようでもある。(5)生きているとか死んでいるとかという区別を越えた、そういう人間関係は、夢のような話と思われるかも知れないが、私にはいわゆる現実よりも一層実在的に感ぜられるのである。明日には忘れられる「現実」よりも、何十年たってもますます実感を増すものの方が一層実在的ではないだろうか。本当の人間関係はそういう不思議な「縁」という性質があり、人間とはそういうものではないだろうか。

（西谷啓治「忘れ得ぬ言葉」〈一九六〇年〉より。一部省略）

注(＊)

チブス＝チフスのこと。

セマンティックス＝意味論。言語表現とその指示対象との関係の哲学的研究を指す。

論理実証主義＝二〇世紀初頭の哲学運動。哲学の任務はもっぱら科学の命題の論理的分析にあるとする。

「世間知らず」であったことを知った。という事は、裏からいえば、山崎の友情が私に実感となることによって、私は彼という「人間」の存在に本当の意味で実在的に触れることが出来、そして彼という「人間」の実在に触れることにおいて、本当の意味での「世間」に実在的に触れることが出来たということである。他の「人間」に触れ、彼とのつながりのなかで自分というものを見る眼が開けて初めて、普通に世間といわれるような虚妄でない実在の「世間」に触れたように思う。自分というものにサイド・ライトが当てられたのと世間というものを知ったのとは同時であった。それまでは、本質的な意味で「世間知らず」であり、同時に「自分知らず」であった。ずっと後になって考えたことだが、仏教でよく「縁」と言うのは、今いったような意味での人間とのつながり、又あらゆるものとのつながりのことではないであろうか。それはともかく、そういう意味で「人間」に触れ、「世間」に触れたことが、絶望的な気持のなかにいた当時の私には、何か奥知れぬ所から一筋の光が射して来て、生きる力を与えてくれるかのようであった。

それにしても、ほんのちょっとした言葉が「忘れ得ぬ」ものになるのだから、言葉というものは不思議なものだと思う。現代のセマンティックス*の人々や論理実証主義*の哲学の人々が何と言おうと、言葉の本源は、生き身の人間がそれを語るというところにある。忘れ得ぬ言葉ということは、他人が自分のうちへ入って来て定着し、自分の一部になることだろうが、そのなり方はいろいろである。書物から来た言葉の場合には、どんなに深く自分を動かしたものでも、それが繰返し想起され反芻（はんすう）されているうちに、初めそれが帯びていた筆者のマークがだんだん薄れてくる。言葉の抽象的な意味内容だけが自分のうちに定着して、血肉に同化したかのように自分のうちへ紛れ込んでしまう。ところが、(4)言葉が生き身の人間の口から自分に語られた場合は、全く別である。その場合には言葉は、それを発した人間と一体になって自分のうちへ入ってくる。それが忘れ得ないものになるという時には、独立した他の人間がその人間としての実在性をもって自分のうちに定着し、自分とつながりながら自や景色の美しさ、軽いボートを操って釣をしたり泳いだりして遊ぶ楽しさのことなどを、はずんだ気持で、調子づいて話していた。その時、彼は突然軽く笑いながら、一言、「君も随分おぼっちゃんだなア」と言った。そして(1)それが私には「忘れ得ぬ言葉」になってしまった。彼はその言葉を嘲りや嫌味の気持で言ったわけではない。彼はそういう、自分自身を卑しめるたぐいのことは、もともと出来ない人柄であった。だから、単にからかい半分の軽い気持で言ったに違いない。しかしそれを聞いた私にとっては、その一言は何かハッとさせるものをもっていた。私はその時の自分の心が自分自身のことで一杯になっていて、彼の友情、彼が私のために払ってくれた犠牲、についての思いが、そこに少しも影を落していないことに気付かされた。しかもその時の自分のそういう心持というばかりでなく、自分というもの、それまでの自分の心の持ち方というものが、鏡にうつし出されたかのような感じであった。いわば生れてからこのかたの自分に突然サイド・ライトが当てられて、それまで気が付かなかった自分の姿に気が付いたというような気持であった。彼の眼には、散々厄介をかけながら好い気持でしゃべっていたわたしが、罪のない無邪気なおぼっちゃんと映ったに違いない。しかしその一言によって、(2)私の眼には、その自分の「罪のない」ことがそれ自身罪あることと映って来たのである。それは眼が開かれたような衝撃であった。実際に、私はそれ以来自分がおとなの段階、乃至はおとなに近い段階に押し上げられたと思っている。

実はそれまでにも高等学校の頃など、時たま友人達から「世間知らず」とか「おぼっちゃん」とか言われたことがある。兄弟姉妹というものをもたない独り子として育ったので、そういうところが実際あったのかも知れない。しかしそういう場合いくら「世間知らず」といわれても、殆んど痛痒を感じなかった。というのは、少年の時に父親を失って以来、物質的にも精神的にもいろいろな種類の苦痛を嘗めて、いわば人生絶望の稜線上を歩いているような状態で、批評した友人達よりはずっと「世間」の何たるかを知っているという気持だったし、同時にまたそういう「世間」的なものを、十把一からげに自分の後にして来たような気持だったからである。しかし今度はまるで違っていた。(3)今度は、自分が、以前に言われたとは全く別の意味において

国語

（一二〇分）

（注）一五〇点満点。教育（文系）学部は二〇〇点満点に換算。

一

次の文を読んで、後の問に答えよ。（五〇点）

もうかれこれ三十何年も前の話である。当時、私は京都大学の学生で、北白川に下宿し、やはり東京から来て同じ区域にいた何人かと特に親しいグループを作っていた。（今でも親しくつき合っている。）いずれも気儘（きまま）な者ばかりだったが、ただ兄貴株の山崎深造だけは別であった。彼はおだやかな、思いやりの深い、そして晴れやかな落着きを感じさせるような人間で、時にはかなり辛辣な皮肉も言ったが、不思議に少しも嫌な気持が起らなかった。彼だけは既におとなであった。

京都へ来て二年目の六月に、私は熱を出し、＊チブスの疑いがあるというので入院させられることになった。そのとき彼は、私の蒲団（ふとん）があまり汚れているというので、自分のを分けて貸してくれた。そして入院の手続きから必要な買物まで、万事世話をしてくれた。幸いチブスではないとわかって、半月程して退院したが、医師のすすめで、そろそろ始まる夏休みには東京へ帰らずに郷里で保養することにした。それで、退院の直後、私は彼の下宿の部屋で雑談しながら、郷里の海

2020年度

問題編

問題編

▶試験科目

学　部	教科	科　目
総合人間(文系)・文・教育(文系)・法・経済(文系)	外国語	コミュニケーション英語Ⅰ・Ⅱ・Ⅲ，英語表現Ⅰ・Ⅱ
	地　歴	日本史Ｂ，世界史Ｂ，地理Ｂから１科目選択
	数　学	数学Ⅰ・Ⅱ・Ａ・Ｂ
	国　語	国語総合・現代文Ｂ・古典Ｂ

▶配　点

学　部	外国語	地　歴	数　学	国　語	合　計
総合人間(文系)	200	100	200	150	650
文	150	100	100	150	500
教育(文系)	200	100	150	200	650
法	150	100	150	150	550
経済(文系)	150	100	150	150	550

▶備　考

- 外国語はドイツ語，フランス語，中国語も選択できるが，編集の都合上省略。
- 「数学Ⅰ」，「数学Ⅱ」，「数学Ａ」は全範囲から出題する。「数学Ｂ」は「数列」，「ベクトル」を出題範囲とする。

英語

（120分）

（注）150点満点。総合人間（文系）・教育（文系）学部は200点満点に換算。

I　次の文章を読み，下の設問(1)～(3)に答えなさい。　（50点）

Various doctrines of human cognitive superiority are made plausible by a comparison of human beings and the chimpanzees. For questions of evolutionary cognition, this focus is one-sided. Consider the evolution of cooperation in social insects, such as the Matabele ant. After a termite attack, these ants provide medical services. Having called for help by means of a chemical signal, injured ants are brought back to the nest. Their increased chance of recovery benefits the entire colony. Red forest ants have the ability to perform simple arithmetic operations and to convey the results to other ants.

When it comes to adaptations in animals that require sophisticated neural control, evolution offers other spectacular examples(a). The banded archerfish is able to spit a stream of water at its prey, compensating for refraction at the boundary between air and water. It can also track the distance of its prey, so that the jet develops its greatest force just before impact. Laboratory experiments show that the banded archerfish spits on target even when the trajectory of its prey varies. Spit hunting is a technique that requires the same timing used in throwing, an activity otherwise regarded as unique in the animal kingdom. In human beings, the development of throwing has led to an enormous further development of the brain. And the archerfish? The calculations required for its extraordinary hunting technique are based on the interplay of about six neurons. Neural mini-networks could therefore be much more widespread in the animal kingdom than previously thought.

Research on honeybees has brought to light the cognitive capabilities of minibrains.(b) Honeybees have no brains in the real sense. Their neuronal density, however, is among the highest in insects, with roughly 960 thousand neurons — far fewer than any vertebrate. Even if the brain size of honeybees is normalized to their body size, their relative brain size is lower than most vertebrates. Insect behavior should be less complex, less flexible, and less modifiable than vertebrate behavior. But honeybees learn quickly how to extract pollen and nectar from a large number of different flowers. They care for their young, organize the distribution of tasks, and, with the help of the waggle dance, they inform each other about the location and quality of distant food and water.

Early research by Karl von Frisch suggested that such abilities cannot be the result of inflexible information processing and rigid behavioral programs. Honeybees learn and they remember. The most recent experimental research has, in confirming this conclusion, created an astonishing picture of the honeybee's cognitive competence. Their representation of the world does not consist entirely of associative chains. It is far more complex, flexible, and integrative. Honeybees show context-dependent learning and remembering, and even some forms of concept formation. Bees are able to classify images based on such abstract features as bilateral symmetry and radial symmetry; they can comprehend landscapes in a general way, and spontaneously come to classify new images. They have recently been promoted to the set of species capable of social learning and tool use.

(c)In any case, the much smaller brain of the bee does not appear to be a fundamental limitation for comparable cognitive processes, or at least their performance. The similarities between mammals and bees are astonishing, but they cannot be traced to homologous neurological developments. As long as the animal's neural architecture remains unknown, we cannot determine the cause of their similarity.

(1)　下線部(a)の具体例として，このパラグラフではテッポウウオが獲物に水を噴射して狩りをする能力が紹介されている。その能力の特長を3点，日本語で箇条書きにしなさい。

(2)　下線部(b)でいう minibrains とは，ミツバチの場合，具体的にはどのような意味で用いられているか。本文に即して日本語で説明しなさい。

(3)　下線部(c)を和訳しなさい。

※解答欄　(1)：1点につきヨコ 12.0 センチ×2行
(2)：ヨコ 12.0 センチ×7行

Ⅱ　次の文章は，自ら「インディアン」としての誇りを持つアメリカ先住民の著者が，北アメリカ大陸における自分たちの歴史について語ったものである。これを読み，下の設問(1)~(2)に答えなさい。　(50点)

Despite the variety of tribal belief (or perhaps in part because of it), North America is uniformly seen as an Indian homeland that has shaped and been shaped by the Indians living there then and living there now. Over these homelands various empires and nation-states — Spanish, British, French, Dutch, and, later, American — have crawled, mapping and claiming as they went. But neither these maps nor the conquests enabled by them eradicated or obscured the fact that immigrants made their homes and villages and towns and cities *on top of* Indian homelands. Any history that persists in using the old model of New World history as something made by white people and done to Indian people, therefore, is not a real history of this place. Rather, as the historian Colin Calloway has suggested, history didn't come to the New World with Cabot or Columbus; they — and those who followed — brought European history to the unfolding histories already here.

When Europeans first arrived on the Atlantic coast, they landed on a richly settled and incredibly fecund homeland to hundreds of tribes. When prehistoric first Indians emerged in what is now the eastern United States, the water levels were considerably lower than they are now, because much of the world's water was trapped in glaciers that spread across a large part of the Northern Hemisphere. Because of this, (a)coastal archaeology has uncovered only a very fractured record of habitation.

Even so, five-thousand-year-old shell middens in Florida and North Carolina suggest vibrant coastal cultures in this region. In Virginia alone there are thousands of known prehistoric village sites. How these early tribes were organized or how they understood themselves is hard to know. What made for a relatively easy life — abundant rivers, streams, and springs, plentiful fuel, fairly constant aquatic and terrestrial food sources, and a relatively mild climate — (b)makes for bad archaeology. It seems that, in this early period, coastal Indians lived in small villages of about 150 people and that they were fairly mobile, spending part of the year on the coast, part farther inland, and getting most of their calories from fish and game and opportunistic harvests of nuts and berries. Populations seem to have risen and shrunk like the tide, depending on the availability of calories. Archaeological evidence suggests that between 2500 and 2000 BCE, tribal groups began making clay pots, which indicates a more sedentary lifestyle, the need for storage (which in turn suggests that there were food surpluses), and a greater reliance on plants for sustenance. A bit later eastern coastal and woodland Indians were planting or cultivating sunflowers, lamb's-quarter, gourds, goosefoot, knotweed, and Jerusalem artichokes.

When Ponce de León arrived in Florida in 1513, with explicit permission from the Spanish crown to explore and settle the region, Indians had been living there for at least twelve thousand years. Because of the lower water levels, during prehistoric times Florida's land mass was double what it is today, so much of the archaeological evidence is under the sea. It was also much drier and supported all sorts of megafauna such as bison and mastodon. As megafauna died out (climate change, hunting), the fruits of the sea in turn supported very large Archaic and Paleolithic societies. Agriculture was late in coming to Florida, appearing only around 700 BCE, and some noncoastal Florida tribes still had no forms of agriculture at the time of Spanish conquest. Presumably the rich fresh and brackish water ecosystems were more than enough to support a lot of different peoples. What the Spanish encountered beginning in 1513 was a vast, heterogeneous collection of tribes, among them the Ais, Alafay, Amacano, Apalachee, Bomto, Calusa, Chatot, Chine, Guale, Jororo, Luca, Mayaca, Mayaimi, Mocoso, Pacara, Pensacola, Pohoy, Surruque, Tequesta, Timicua, and Viscayno, to name but a few.

From The Heartbeat of Wounded Knee: Native America from 1890 to the Present by David Treuer, Riverhead

(1) 下線部(a)の理由を，第2パラグラフおよび第4パラグラフの内容にもとづき，日本語でまとめなさい。

(2) 下線部(b)の理由を，第3パラグラフの内容にもとづき，日本語でまとめなさい。

※解答欄　(1)・(2)：各ヨコ12.0センチ×12行

Ⅲ　次の文章を英訳しなさい。　(25 点)

お金のなかった学生時代にはやっとの思いで手に入れたレコードをすり切れるまで聴いたものだ。歌のタイトルや歌詞も全部憶えていた。それが今ではネットで買ったきり一度も聴いていない CD やダウンロード作品が山積みになっている。持っているのに気付かず，同じ作品をまた買ってしまうことさえある。モノがないからこそ大切にするというのはまさにその通りだと痛感せずにいられない。

Ⅳ　大学生の吉田さんが海外の大学へ留学しようとしている。吉田さんになったつもりで，担当者に奨学金についての問い合わせをする丁寧な文章を，解答欄におさまるように英語で作成しなさい。　(25 点)

※解答欄　ヨコ 12.0 センチ×11 行
書き出し：To whom it may concern,
書き終り：Best regards,
Y. Yoshida

日本史

（90分）

I　日本史B問題　（20点）

次の史料（A～C）を読み，問(1)～(18)に答えよ。解答はすべて所定の解答欄に記入せよ。なお，史料の表記は便宜上，改めたところがある。

A

<u>太上天皇，円覚寺に崩ず。時に春秋三十一</u>(a)。（中略）外祖太政大臣<u>忠仁公</u>(b)は，当朝の摂政なり。枢機は整密にして，国家は寧静たり。（中略）故に後の前事を談ずる者，<u>貞観の政</u>(c)を思わざるはなし。大納言伴［ア］の息，右衛門佐中(なか)庸(つね)火を行い，応天門を焼く。事の発覚するに及び，罪は<u>大逆</u>(d)に至り，その父に相連す。しかるに［ア］，承伏を肯(がえ)んぜず。臣下，あるいはおもえらく，罪に疑うべきありと。天皇，刑理を執持し，ついに寛仮せず。［ア］父子，および他の相坐する者数人，みな配流に従う。（中略）また僧正宗叡法師あり。<u>入唐して求法し，真言を受得す</u>(e)。天皇に勧め奉り，香火の因を結ぶ。

（『日本三代実録』元慶4年（880）12月4日癸未条）

（注）「太上天皇」は，文中の「天皇」と同一人物である。
「火を行」うとは，放火すること。
「寛仮」は，ゆるすこと。

問

(1)　下線部(a)は，「太上天皇」が数え年の31歳で死去したと述べている。この人物が天皇位についた時には，数え年の何歳であったか。

(2)　下線部(b)の「忠仁公」の養子で，政治的地位を受け継いだ人物は，この記事の 4 年後，ある重要な地位についた。その地位は何か。

⑶　下線部(c)の「貞観の政」をこの史料は賞賛しているが，貞観年間(859～877)は，日本とある国家との政治的緊張が高まった時期でもあった。海峡を隔てた九州北部の勢力と内通しているとも疑われた，この国家の名を記せ。

⑷　［　ア　］に当てはまる人名を記せ。

⑸　下線部(d)の「大逆」を謀ることは，国家・天皇に対する，特に重大な犯罪とされた。同様の罪に「謀反」「悪逆」などがあるが，それらを総称して何と呼んだか。

⑹　下線部(e)に記された「入唐」は，貞観 4 年に行われた。その 9 年前に唐に渡り，台密の発達に寄与した僧侶の名を記せ(あ)。また，その僧侶の門徒(寺門派)が拠点とした寺院の名を記せ(い)。

B

［　イ　］ヨリ後，平氏世ヲミダリテ(注)二十六年，(f)文治ノ初，頼朝，権ヲモハラニセシ(注)ヨリ父子アイツギテ三十七年，承久ニ義時，世ヲトリオコナイシヨリ百十三年，スベテ百七十余年ノアイダ，オオヤケノ世ヲ一ツニシラセ給コトタエニシニ，此ノ(g)天皇ノ御代ニ，掌ヲカエスヨリモヤスク一統シ給ヌルコト，宗廟(注)ノ御ハカライモ時節アリケリト，天下コゾリテゾ仰ギ奉リケル。

(中略)

ソモソモ，(h)彼ノ高氏御方ニマイリシ，ソノ功ハ誠ニシカルベシ。スズロニ寵幸アリテ，抽賞(注)セラレシカバ，(中略)程ナク参議従二位マデノボリヌ。三カ国ノ吏務・守護オヨビ，アマタノ郡庄ヲ給ル。弟［　ウ　］ハ，左馬頭ニ任ジ，従四位ニ叙ス。昔，頼朝タメシナキ勲功アリシカド，高位高官ニノボルコトハ乱政ナリ。ハタシテ子孫モハヤクタエヌルハ，高官ノイタス所カトゾ申伝タル。(i)高氏等ハ頼朝・実朝ガ時ニ，親族ナドトテ優恕(注)スルコトモナシ。(中略)サシタル大功モナクテ，カクヤハ抽賞セラルベキトモアヤシミ申ス輩モアリケルトゾ。

(注)　「ミダリテ」は，「乱して」の意味。

「権ヲモハラニセシ」は，「権力をほしいままにした」の意味。

「宗廟」は，天皇家の先祖のこと。

「抽賞」は，恩賞を与えること。

「優恕スル」は，優遇すること。

問

(7) [イ] に当てはまる元号を記せ。

(8) 下線部(f)に関して，頼朝の軍勢が平氏を滅ぼして源平争乱を終結させた合戦の名称を記せ。

(9) 下線部(g)の「天皇」とは誰か。

(10) 下線部(h)に関して，高氏は，彼に出陣を命じた得宗に背いて，天皇の「御方」(味方)に参入した。この得宗とは誰か。

(11) [ウ] には，高氏とともに二頭政治を行ったことで知られる人物の名前が入る。この人物が滅亡した，幕府の内紛は何か。

(12) 下線部(i)に「高氏等」とあるのは，高氏らの先祖を意味する。彼らの先祖である義兼は，頼朝が挙兵直後に設置した侍所において，頼朝と主従関係を結んだ。義兼は幕府においてどのような立場にあったか。漢字3字で記せ。

(13) この史料の筆者は，当時の天皇のどのような行為を批判しているのか。簡潔に記せ。

C

巻一 国民の天皇

憲法停止。天皇は全日本国民と共に国家改造の根基を定めんがために天皇大権の発動によりて三年間憲法を停止し両院を解散し全国に戒厳令を布く。(j)

天皇の原義。天皇は国民の総代表たり，国家の根柱たるの原理主義を明らかにす。

華族制廃止。華族制を廃止し，天皇と国民とを阻隔し来(きた)れる藩屏(はんぺい)(注)を撤去して明治維新の精神を明らかにす。

普通選挙。二十五才以上の男子は大日本国民たる権利において平等普通に衆議院議員の被選挙権および選挙権を有す。(中略)女子は参政権を有せず。(k)

巻三　土地処分三則

私有地限度。日本国民一家の所有し得べき私有地限度は時価拾万円とす。

私有地限度を超過せる土地の国納。私有地限度以上を超過せる土地はこれを国家に納付せしむ。

徴集地の民有制。国家は皇室下付の土地および私有地限度超過者より納付したる土地を分割して<u>土地を有せざる農業者</u>(l)に給付し，年賦(注)金を以(もっ)てその所有たらしむ。

巻五　労働者の権利

<u>労働省</u>(m)の任務。内閣に労働省を設け国家生産および個人生産に雇傭さるる一切労働者の権利を保護するを任務とす。

労働時間。労働時間は一律に八時間制とし日曜祭日を休業して賃銀を支払うべし。

<u>幼年労働の禁止</u>(n)。満十六才以下の幼年労働を禁止す。

婦人労働。婦人の労働は男子と共に自由にして平等なり。但し改造後の大方針として国家は終(つい)に婦人に労働を負荷せしめざる国是を決定して施設すべし。

（注）「藩屏」は，垣根のこと。君主を守護する者を指す。
「年賦」は，売買代金などを毎年一定額ずつ分割して支払うこと。

問

⒁　下線部(j)に関して，この史料の筆者から思想的な影響をうけた陸軍の青年将校らが約1,400名の兵を率いて首相官邸などを襲撃し，内大臣の斎藤実や大蔵大臣の高橋是清らを殺害した事件を何というか。

⒂　男性に被選挙権を与える年齢を除いて，下線部(k)とほぼ同内容の衆議院議員選挙法改正を成立させた内閣の首相は誰か。

⒃　下線部(l)に関して，

(あ)　「土地を有せざる農業者」で，土地を借りて，その使用料を収穫物などでおさめて農業を営む者を特に何というか。

(い)　1947年に行われた農地改革では，(あ)のような者に土地を与えるため，どのようなことが行われたか説明せよ。

⒄ 下線部⒨と同名の官庁は 1947 年，最低賃金や労働時間などの労働条件を定めた法律の制定に伴って設置された。この法律を何というか。

⒅ 下線部⒩に関して，1911 年に制定され，12 才未満の工場労働を禁じ，また女性と 15 才未満の男性の工場労働を 1 日 12 時間までに制限するなどした法律を何というか。

Ⅱ 日本史B問題 (20 点)

次の文章(①～⑩)の ア ～ ト に入る最も適当な語句を記せ。解答はすべて所定の解答欄に記入せよ。

① 縄文時代の食料獲得は，狩猟・漁労・採取を基本としていた。漁網のおもりである ア や，矢に使われた イ など，多様な石器が使用された。

② 縄文時代の晩期ころには，九州北部で水稲栽培が開始されていたことが，佐賀県 ウ 遺跡の水田遺構などから推定されている。水稲栽培は日本列島の各地に波及したが，北海道では エ 文化と呼ばれる食料採取文化が継続した。

③ 巨大な古墳に注目が集まりがちだが， オ 県三ツ寺Ⅰ遺跡などの居館も，古墳時代に豪族が成長をとげた物証として重要である。他方で古墳時代後期ころから，小型墳の密集する カ が，各地で爆発的に造営された。この現象は，いわゆるヤマト政権が有力農民層まで掌握したことを示すと考えられる。

④ キ 天皇の時代，隋と正式な国交が結ばれた。これに伴い，大陸の文化が続々と流入し，法隆寺金堂釈迦三尊像などを代表とする ク 文化が花開いた。

⑤ 鎌倉時代には農業技術が発達し，牛馬や鉄製農具の使用が広まり，収穫量の

多い［　ケ　］米が輸入されるなど，生産力が高まった。また，交通の要地には定期市が開かれるようになり，『［　コ　］』には備前国福岡における市のにぎわいの風景が描かれている。

⑥　後鳥羽上皇は，朝廷において政治面だけでなく文化面でも主導性を発揮し，八番目の勅撰和歌集である『［　サ　］』を編纂させた。またその子の天皇が著した有職故実の書である『［　シ　］』は，後世の規範にもなった。

⑦　鎌倉時代には，荘園領主と武士の紛争が多発し，朝廷・幕府ともに裁判制度の充実が求められるようになったこともあり，後嵯峨上皇は幕府の影響のもとで［　ス　］を設置した。またその子［　セ　］は幕府の将軍として迎えられた。

⑧　室町時代，日本と朝鮮の間では正式な通交が行われていたが，倭寇の影響は大きく，15 世紀前半には対馬がその根拠地とみなされて，朝鮮軍によって襲撃される［　ソ　］と呼ばれる事件が起きた。その後，貿易は再開されたが，16 世紀初頭に，日本人居留民らによる［　タ　］と呼ばれる暴動が起きると，通交は縮小された。

⑨　幕末維新期の来日西洋人医師は，多彩な事績をもって知られる。1859 年に来航したアメリカ人［　チ　］は本来宣教師で，ローマ字の和英辞典もつくった。1876 年に招かれたドイツ人ベルツは，30 年近くに及ぶ教師・侍医としての日常や政治・社会の動向を日記に書き残した。条約改正問題により襲撃されて重傷を負った外務大臣［　ツ　］のもとに駆けつけたこともつづられている。

⑩　地方公共団体において文化財保護を担当してきたのは［　テ　］であり，そもそもは教育行政に国民の民意を反映させ，地方分権化をはかるため，1948 年に設置された組織である。1956 年に公選制から任命制へと変わり，現在にいたる。また 1968 年には，伝統ある文化財を保護し文化を振興することを掲げ，中央官庁としての［　ト　］が設置された。

Ⅲ　日本史B問題　(30 点)

次の文章(A～C)の［ア］～［セ］に最も適当な語句を記し，問(1)～(16)に答えよ。解答はすべて所定の解答欄に記入せよ。

A

隋・唐の勢力拡大(a)は東アジアに国際的な緊張をもたらした。倭国もまたそれに対処する必要に迫られ，大化改新に始まる中央集権国家の構築(b)は，こうした国際情勢に関連するとされる。大化改新では，豪族による領有を前提にして人民を支配する部民制から，国家が直接的に人民を支配する公民制への転換が図られ，豪族から切り離された人民を領域的に編成するために［ア］が全国的に設置された。［ア］は地方の有力豪族が任じられていた［イ］の支配領域を分割・統合することによって設置されたもので，［イ］の一族は律令制下の郡司へつながっていくこととなる。

それをうけて天智天皇の時代には，公民の把握を目的とした全国にわたる戸籍(c)が作成された。［ウ］と呼ばれるこの戸籍は，律令制下においても氏姓の根本台帳として利用された。天武天皇の時代になると，豪族の私的な人民支配がいっそう強く否定され，朝廷に奉仕する豪族へは，一定数の戸からの税収を与える［エ］などが支給されるようになった。位階や官職の制度も整えられていき(d)，豪族は律令官人へと再編成されていった。

東アジアとの接点に置かれ，外交・軍事上の要となったのが大宰府である。律令制において，1戸(正丁3～4人)に1人の割合で徴発された兵士は，諸国の［オ］に配属され，訓練をうけたが，その一部は防人として大宰府に送られて，九州沿岸の防衛にあたった。また，大宰府は西海道諸国を統括する役割も帯びており(e)，西海道諸国で徴収された調・庸は大宰府に集められ，中央へ送られるものを除き，大宰府の運営に用いられた。

問

(1)　下線部(a)に関して，唐の中国統一後に，第1回の遣唐使が送られた。この時，薬師恵日とともに唐へ派遣された人物は誰か。

(2) 下線部(b)に関して，大化改新の際に中臣鎌足がついた地位は何か。

(3) 下線部(c)に関して，人民が口分田を捨てて，戸籍に登録された地を離れる行為・状態を何と呼ぶか。

(4) 下線部(d)に関して，律令制においては蔭位の制と呼ばれるものが存在した。この制度を簡潔に説明せよ。

(5) 下線部(e)に関して，8 世紀半ばに，大宰府の官人という地位を利用して，西海道諸国からの兵を集めて反乱を起こした人物は誰か。

B

平安末期から鎌倉初期には，法然(f)や親鸞など新仏教の開祖となる宗教家が現れる。彼らが庶民のみならず，貴族からも一定の支持を得たことは確かである。ただ，興福寺・東大寺などの大寺院は全国に荘園(g)をもち，荘園の現地では大寺院の下級僧侶が五穀豊穣や荘民の安穏を祈願しており，天台・真言・南都の仏教こそが広く社会に浸透していた。大寺院に属する聖(ひじり)たちは，天皇・貴族から庶民まで幅広く資金を集める勧進(かんじん)活動を行っており，平氏により焼き討ちされた東大寺の再建(h)では，［　カ　］が勧進上人となって復興を主導し，大仏殿や南大門を造立した。

鎌倉中期以降，中国の僧侶が多く日本に渡来するようになり，鎌倉では新たに禅宗寺院が建立された。北条氏は，禅宗に加え［　キ　］宗の僧侶も保護し，叡尊・忍性(i)らは貧民救済や道・橋の修造などの社会事業を展開した。［　キ　］宗は南都・真言などの大寺院とも深い関係をもち，［　ク　］が建立した金沢文庫に隣接する称名寺には諸宗の経典・書籍が集積され，関東における仏教修学の拠点寺院となった。また鎌倉後期には，天台・真言などの大寺院の有力僧も鎌倉に下向して，北条氏の保護のもと宗教活動を展開していた。

浄土宗・浄土真宗・日蓮宗・禅宗など，鎌倉時代に現れた新仏教は徐々に社会へと広まっていき，室町中後期になると信仰の基盤を固めていく。日蓮宗は京都の町衆に信者を増やし，［　ケ　］が形成された。しかし 1536 年には［　ケ　］と対立した勢力により，京都の日蓮宗寺院が焼き払われた。また，浄土真宗では蓮如が平易な文章で書かれた［コ］により専修念仏の教えを説き，北陸・東海・近畿の武士や農民たちの信仰を得た。その門徒は急速に勢力を拡大して，一向一揆(j)などに発展することもあった。

問

⑹ 下線部(f)に関して，法然の専修念仏を批判した「興福寺奏状」を起草した人物とされ，南都仏教の復興に尽力した法相宗の僧侶の名前を記せ。

⑺ 下線部(g)に関して，大寺院とともに，上皇のもとにも荘園が集積されるようになる。後白河上皇が自身の持仏堂に寄進した荘園群の名称を記せ。

⑻ 下線部(h)に関して，東大寺惣大工といわれ，大仏の鋳造などで活躍した，宋から来日した工人の名前を記せ。

⑼ 下線部(i)に関して，忍性が病人の救済・療養を目的に奈良に設けた施設の名称を記せ。

⑽ 下線部(j)に関して，1488年，一向一揆により滅ぼされた加賀国の守護の名前を記せ。

C

江戸幕府は全国に約400万石の直轄領(幕領)を有していた。直轄領には，政治・経済・軍事の中心地で三都と呼ばれた江戸・京都・大坂という大都市をはじめ，全国の重要都市が含まれていた。また，幕府は全国の主要鉱山(k)を直轄地とし，大きな収入を確保するとともに貨幣鋳造権をにぎっていた。

こうした幕府直轄領の支配について，年貢徴収(l)・治安維持などは，全国に配置された代官と，特に関東・飛騨などに置かれた［サ］が担い，勘定奉行が統轄した。

一方，江戸から離れた全国の重要都市などの要地には［シ］奉行と総称される役人が任命されて派遣され，さまざまな役割を担った。例えば，貿易都市である長崎に置かれた長崎奉行(m)は，長崎の都市行政を担いつつ，貿易を管轄するという重要な役割を与えられていた。さらに，徳川家康を祀(まつ)る日光東照宮(n)を守衛する役割を担っていた日光奉行など，固有の役割を担う［シ］奉行もいた。また，近世後期になると，蝦夷地の直轄化に伴い［ ス ］に奉行が置かれるなど，時代状況の変化に応じて新たな地方組織が設置されることもあった。

さて，江戸幕府の全国統治の上で，最も重要な役割を担った地方組織が置かれたのが京都・大坂という大都市を中心とする上方地域(o)であった。京都に置かれた［ セ ］は，朝廷の統制・監視(p)を行うとともに，西国大名を監視するなど，幕府の全国統治，中でも西日本の統治において大きな役割を担った。大坂には大坂城代が置かれ，城を守衛しつつ，大坂町奉行や堺奉行を統率し，西国大名の監視も行っていた。

問

(11)　下線部(k)のうち，幕府が奉行を置いて支配した東日本有数の金山は何か。

(12)　下線部(l)について，百姓が領主から課された負担のうち，山林・原野・河海などからの収益に対して課された税の総称は何か。

(13)　下線部(m)について，19 世紀初頭にイギリス軍艦が長崎港に侵入した事件の責任をとって切腹した長崎奉行は誰か。

(14)　下線部(n)に用いられた建築様式を何というか。

(15)　下線部(o)を中心に，17 世紀後半から 18 世紀初頭にかけて花開いたのが元禄文化である。この時期，大坂道頓堀で人形浄瑠璃を興行し，大成させたのは誰か。

(16)　下線部(p)について，公家から選ばれて朝幕間の連絡を担当した役職は何か。

Ⅳ　日本史B問題　(30 点)

次の問(1), (2)について，それぞれ 200 字以内で解答せよ。解答はいずれも所定の解答欄に記入せよ。句読点も字数に含めよ。

(1)　田沼意次の財政政策について，享保の改革との違いにも着目しながら，基本方針と具体的政策を述べよ。

(2)　明治・大正期の社会主義運動の展開について述べよ。

世界史

(90分)

I　世界史B問題　(20点)

6世紀から7世紀にかけて，ユーラシア大陸東部ではあいついで大帝国が生まれ，ユーラシアの東西を結ぶ交通や交易が盛んになった。この大帝国の時代のユーラシア大陸中央部から東部に及んだイラン系民族の活動と，それが同時代の中国の文化に与えた影響について，300字以内で説明せよ。解答は所定の解答欄に記入せよ。句読点も字数に含めよ。

II　世界史B問題　(30点)

次の文章(A，B)を読み，□の中に最も適切な語句を入れ，下線部(1)～(28)について後の問に答えよ。解答はすべて所定の解答欄に記入せよ。

A　ムスリムと非ムスリムとは，史上，様々に関わり合ってきた。

ムスリムと非ムスリムとのあいだには，様々な形態の，数多(あまた)の戦争があった。ムスリム共同体(ウンマ)は，預言者ムハンマドの指揮のもと，彼の出身部族である［ a ］族の多神教徒たちと戦った。正統カリフ時代には，アラビア半島からシリアへ進出したのち，東は<u>イラク</u>(1)，イラン高原，西は<u>エジプト</u>(2)，北アフリカへ侵攻し，各地で非ムスリムの率いる軍と干戈(かんか)を交えた。その後も，イスラーム世界のフロンティアで，ムスリムと非ムスリムの政権・勢力間の戦いが度々起こった。たとえば，現在のモロッコを中心に成立した［ b ］朝は，11世紀後半に<u>西アフリカのサハラ砂漠南縁にあった王国</u>(3)を襲撃，衰退させたうえ，イベリア半島でキリスト教徒の軍をも破った。19世紀，中央アジアのあるムスリム国家(4)は，清朝への「聖戦」を敢行した。また，非ムスリムの率いる軍がムスリムの政権・勢力を攻撃(5)した例も数多い。

ただし，ムスリムの政権・勢力は，常に非ムスリムを敵視・排除してきたわけではない。たとえば，初期のオスマン家スルタンたちは，キリスト教徒の君主と姻戚関係を結んだり，キリスト教徒諸侯の軍と連合したりしながら，バルカン半島(6)の経略を進めた。その際の敵対の構図は，ムスリム対キリスト教徒という単純なものではなかった。また，16世紀以前のオスマン朝では，君主がムスリムでありながら，重臣や軍人の中に，キリスト教信仰を保持する者(7)が大勢いた。

ムガル朝では，第3代皇帝アクバル以来，ムスリム君主のもと，非ムスリムに宥和的な政策が採られ，ムスリムのみならず非ムスリムの一部の有力者も，支配者層のうちに組み込まれた。彼らは，位階に応じて，俸給の額と，維持すべき騎兵・騎馬の数とを定められた(8)。しかし，第6代皇帝アウラングゼーブは，非ムスリムにたいして抑圧的になり，ヒンドゥー教寺院の破壊さえ命じたと言われる。ただし，一方で彼は，仏教・ヒンドゥー教・ジャイナ教の寺院群であるエローラ石窟(9)を，神による創造の驚異のひとつと称賛した。のち，イギリス統治下のインドでは，ムスリムと非ムスリムとが協力して反英民族運動(10)を展開することもあった。

ムスリムと非ムスリムとが盛んに交易を行ってきたことも，両者の交流を語る上で見逃せない。ムスリム海商は，8世紀後半には南シナ海域で活動していたといわれる。9世紀半ばに書かれたアラビア語史料によると，ムスリム海商たちのあいだで，現在のベトナム(11)は当時，良質の沈香（じんこう）を産することで知られていた。ムスリム海商の活動は，やがて東南アジアにおけるイスラーム化(12)を促した。

ムスリムと非ムスリムとのあいだには，イスラーム化以外にも，多様な文化的影響があった。イスラーム教とヒンドゥー教との融合によってスィク（シク）教(13)が創始されたことは，その一例である。ムスリムと非ムスリムとは，宗教を異にするが，いつも相互に排他的であったわけではない。その交渉の歴史は，今日の異文化共生を考えるためのヒントに満ちている。

問

⑴　当時この地に都を置いていた王朝は，642 年(異説もある)に起きたある戦いでの敗北によって，ムスリム軍への組織的抵抗を終え，事実上崩壊した。その戦いの名称を答えよ。

⑵　この地には，ファーティマ朝時代に創設され，現在はスンナ派教学の最高学府と目されている学院が存在する。この学院が併設されているモスクを何というか。

⑶　この王国は，ニジェール川流域産の黄金を目当てにやって来た，地中海沿岸のムスリム商人との，サハラ縦断交易で栄えた。この王国の名称を答えよ。

⑷　この国家は，後にロシアによって保護国化ないし併合されてロシア領トルキスタンを形成することになるウズベク人諸国家のうち，最も東に位置した。この国家の名称を答えよ。

⑸　2001 年，アメリカ合衆国は，当時アフガニスタンの大半を支配していたムスリム政権が，同時多発テロ事件の首謀者を匿(かくま)っていたとして，同政権を攻撃した。この首謀者とされた人物の名前を答えよ。

⑹　19 世紀，オスマン朝は，バルカンの領土を次々に失っていった。1878 年にはセルビアが独立した。この独立は，オーストリア＝ハンガリー帝国やイギリスなどの利害に配慮して締結された，ある条約によって承認された。この条約の名称を答えよ。

⑺　オスマン帝国内に居住するキリスト教徒は，自らの宗教共同体を形成し，納税を条件に一定の自治を認められた。このような非ムスリムの宗教共同体のことを何と呼ぶか。

⑻　この支配者層を何と呼ぶか。

⑼　この石窟の北東にある，アジャンター石窟には，特徴的な美術様式で描かれた仏教壁画が残る。その美術様式は，4 世紀から 6 世紀半ばに北インドを支配した王朝のもとで完成された。この美術様式のことを何と呼ぶか。

⑽　この運動の一方を担った全インド＝ムスリム連盟の指導者で，後にパキスタン初代総督を務めた人物は誰か。

⑾　9 世紀にベトナム中部を支配していたのは，何という国か。

(12) 東南アジアをはじめ，ムスリム世界の辺境各地で，イスラーム化の進展に寄与した者としては，ムスリム商人のほか，「羊毛の粗衣をまとった者」という意味の，アラビア語の名称で呼ばれた人々を挙げることができる。彼らは，修行を通じて，神との近接ないし合一の境地に達することを重んじた。このような思想・実践を何と呼ぶか。

(13) この宗教の創始者は誰か。

B 現在，中国の海洋への軍事的進出はめざましい。中国における近代的な海軍の構想は林則徐(14)や魏源らに始まる。林則徐は「内地の船砲は外夷の敵にあらず」と考え，敵の長所を知るために西洋事情を研究した。彼の委嘱により『海国図志』を編集した魏源は，西洋式の造船所の設立と海軍の練成を建議している。

彼らの構想がただちに実を結ぶことはなかったが，太平天国(15)軍と戦うために郷勇(16)を率いた曾国藩，左宗棠，李鴻章は，新式の艦船の必要性を認識していた。左宗棠の発案により福州(17)に船政局が設立され軍艦の建造に乗り出す一方，船政学堂が開設され人材の育成に努めた。西洋思想の翻訳者として後進に大きな影響を及ぼした厳復(18)もこの学校の出身者である。

しかし，日本の台湾出兵後にも，内陸部(19)と沿海部のいずれを優先するかという論争が政府内に起きたように，海防重視は政府の共通認識にはなっていなかった。

そうしたなかで，李鴻章は海軍の重要性を主張し，福州で海軍が惨敗した清仏戦争(20)を経て，1888 年に威海衛(21)の地に北洋海軍を成立させた。北洋海軍は外国製の巨艦(22)の購入によって総トン数ではアジア随一となり，日本，朝鮮，ロシア(23)などに巡航してその威容を示した。

しかし，その一方で軍事費の一部がアロー戦争で廃墟となった庭園(24)の再建に流用され，また政府内には北洋海軍の創建者である李鴻章の力の増大を恐れる者もあって，軍艦購入は中止された。

そして，日清戦争(25)により，北洋海軍は潰滅した。海軍はやがて再建されて，民国期へと受け継がれ(26)，その存在は国内政局に影響を与えたが，かつての栄光を取り戻すことはなかった。

1949 年に誕生した中国人民解放軍海軍は，1950～60 年代に中華民国と台湾海峡で戦い，1974 年には西沙諸島(パラセル諸島)でベトナム共和国(27)と戦った。さらに，1980 年には大陸間弾道ミサイルの実験にともなって南太平洋まで航海し，2008 年にはソマリア海域(28)の航行安全を確保するために艦船を派遣するなど，アジアの海域や遠洋においてその存在感を高めている。

現在の人民解放軍海軍にとって，北洋海軍の歴史は日清戦争に帰結する悲劇として反省材料であると同時に，自らのルーツに位置づけられている。20 世紀末に就役した練習艦が，福州船政学堂の出身で，日清戦争で戦死した鄧世昌を記念して，「世昌」と名付けられているのもその表れであろう。

問

(14)　林則徐が 1839 年に派遣され，アヘン問題の処理にあたった都市の名を答えよ。

(15)　太平天国の諸政策のうち，土地政策の名を答えよ。

(16)　郷勇が登場したのは，従来の軍隊が無力だったためである。漢人による治安維持軍の名称を答えよ。

(17)　当時，定期的に福州に上陸して，北京に朝貢していた国の名を答えよ。

(18)　厳復の訳著の一つに『法意』がある。原著の作者である 18 世紀フランスの思想家の名を答えよ。

(19)　1871 年にロシアに奪われ，1881 年に一部を回復した地方の名を答えよ。

(20)　フランスのベトナムへの軍事介入に抗して，劉永福が率いた軍の名を答えよ。

(21)　19 世紀末に威海衛を租借した国の名を答えよ。

(22)　ドイツ製の戦艦「定遠」などが中国に向けて出航した港は，のちにドイツ革命の発火点となった。その港の名を答えよ。

(23)　北洋艦隊が立ち寄った極東の軍港都市の名を答えよ。

(24)　この時，この庭園とともに円明園も焼かれた。その設計に加わったイタリア人宣教師の名を答えよ。

(25)　下関条約で，日本に割譲された領土のうち，遼東半島はすぐに返還されたが，そのまま日本の手に残ったのは，台湾とどこか。

(26)　奉天軍閥の首領で，1927 年に中華民国陸海軍大元帥に就任したのは誰か。

(27) この国の首都の名を答えよ。

(28) この海域にこれより約600年前に進出した中国船団の司令官の名を答えよ。

Ⅲ　世界史B問題　(20点)

第二次世界大戦末期に実用化された核兵器は，戦後の国際関係に大きな影響を与えてきた。1962年から1987年までの国際関係を，核兵器の製造・保有・配備，および核兵器をめぐる国際的な合意に言及しつつ，300字以内で説明せよ。解答は所定の解答欄に記入せよ。句読点も字数に含めよ。

Ⅳ　世界史B問題　(30点)

次の文章(A，B)を読み，［　　］の中に最も適切な人名を入れ，下線部(1)~(21)について後の問に答えよ。解答はすべて所定の解答欄に記入せよ。

A　戦争には正しい戦争と不正な戦争があるとし，正しい戦争とみなされる理由や条件を考察する理論を正戦論という。西洋における正戦論の起源は古代ギリシア・ローマに遡る。アリストテレスは戦争が正当化される場合として，自己防衛・同盟者の保護の二つに加えて，「自然奴隷」としてのバルバロイ(1)の隷属化をあげた。共和政末期のローマで執政官であったキケロ(2)は，敵の撃退・権利の回復・同盟者の保護のいずれかに加えて宣戦布告を正戦の条件として掲げたが，アリストテレスの自然奴隷説は省いた。

キケロの世俗的正戦論に宗教的な正当性の議論を付け加えたのが，北アフリカのヒッポ司教であった［　a　］である。元来，キリスト教では隣人愛が説かれ平和が志向されたが，ローマ帝国で公認(3)され，ついで国教となったことで状況は変化した。［　a　］は「神によって命じられた戦争も正しい」と述べ，皇帝の戦争とキリスト教徒の戦争参加を条件付きで容認した。その背景にあったのは，北アフリカで問題となっていた異端(4)ドナトゥス派を弾圧しようという意図である。

古代の正戦論は，12 世紀の『グラティアヌス教令集』等を経て，［ b ］によって引き継がれ体系化された。［ b ］は『神学大全』において，戦争を正当化する条件として君主の権威・正当な事由・正しい意図の三つをあげ，私的な武力行使(5)を否定した。

中世の正戦論は聖戦の理念と結びついていた。ホスティエンシスらは異教徒の権利を強く否認したが，ローマ教皇インノケンティウス 4 世(6)らは慎重な立場をとり，対異教徒戦をめぐる議論では後者が優位とされていた。コンスタンツ公会議(7)(1414～18 年)では，ポーランド代表が武力によって異教徒を征服し改宗させようとするドイツ騎士修道会の方法を厳しく批判した。

だが，西アフリカ沿岸部において探検が進むと，ローマ教皇はキリスト教世界の拡大を念頭に，異教徒に対する戦争を正当化する立場を鮮明にした。1452～56 年の教皇勅書で，西アフリカからインドまでの征服権がポルトガル王および［ c ］王子に与えられ，コロンブスの航海後は西方における征服権がスペインに与えられた。

新大陸の征服が進行し，エンコミエンダ制(8)が導入されると，アメリカ先住民の権利や征服戦争が議論の的となった。サラマンカ学派の始祖とされる神学者ビトリア(9)は征服戦争の正当性に疑問を呈したが，神学者セプルベダ(10)は自然奴隷説を援用して征服正当化論を再構築した。さらに 17 世紀のグロティウスはサラマンカ学派の理論を継承しながらも，自然法を神学から自立させ世俗的自然法のもとで正戦論を展開した。

問

(1)　バルバロイに対置される古代ギリシア人の自称は何か。その名を記せ。

(2)　この人物の代表的著作を一つあげよ。

(3)　キリスト教はミラノ勅令によって公認された。この勅令を発した皇帝の名を記せ。

(4)　ネストリウス派を異端として追放した公会議はどこで開催されたか。その地名を記せ。

(5) 1495年，マクシミリアン1世が招集した帝国議会において永久ラント平和令が布告され，フェーデ(私戦)の権利が廃絶された。マクシミリアン1世は何家の出身か。その名を記せ。

(6) この教皇によってモンゴル帝国へ派遣されたフランシスコ(フランチェスコ)会修道士の名を記せ。

(7) この会議の結果について簡潔に説明せよ。

(8) この制度について簡潔に説明せよ。

(9) ビトリアは1533年のインカ皇帝処刑等の報に接してアメリカ征服の正当性に疑義を表明した。インカ皇帝の処刑を命じたスペイン人の名を記せ。

(10) セプルベダの論敵で，『インディアスの破壊についての簡潔な報告』を著したのは誰か。その名を記せ。

B およそ5000年前のこと，人類は経済活動を記録するために文字を創案したと考えられている(11)。それだけでなく，為政者の命令を民衆に知らしめるためにも，そして知識を蓄積し後世に伝えるうえでも，文字は革新的な発明品であった。地球上には無文字文明の例も多くあるが(12)，文字の発明は，いくつかの文明の成立と関わっている。

文字は，さまざまな材質の媒体に記されてきた。古代メソポタミアでは粘土板が(13)，古代エジプトではパピルスが(14)，それぞれ記録媒体として用いられたのだった。

文字の成り立ちはさまざまである。漢字やラテン文字(ローマ文字)など，国家・民族を越えて文明圏共通の文字となったものや，旧来の文字から新しい文字が考案されることも多々あった。仮名文字やキリル文字(15)などである。

文字情報の伝達技術は時とともに発展し，それが人類史上のさまざまな変動の呼び水となることがあった。16世紀のドイツにおいて，宗教改革が諸侯だけでなく民衆のあいだにも支持を広げた背景には，こうした技術発展が関わっていた(16)。

18世紀以降，文字情報の伝達媒体として新聞が重きをなすようになった。そして19世紀，技術革新にともない大部数化が進み，新聞社間で販売競争も激化し，民衆の関心をひくために，画像を組み合わせた扇情的な記事で紙面が埋められていくことになる。19 世紀末のアメリカ合衆国で，ある国に対する好戦的世論が形成されるが，(17) その要因の一つには，こうした新聞メディアの動向があった。

19 世紀末から 20 世紀前半の時代に入ると，これまでの文字とならんで，新しい情報伝達手段が重要な地位を占めるようになる。とりわけ第一次世界大戦後，アメリカ合衆国を中心にして映画などの大衆文化が広がっていくが，(18) これを促進したものの一つが情報伝達手段の革新であった。

20 世紀後半になると，情報伝達手段にいっそう劇的な変革が生じ，人びとは家にいながらにして世界中の出来事を，大きな時間差なく，あるいは同時にさえ視聴できるようになった。そして，こうした変革が世界政治に影響をおよぼすようにもなる。1960 年代から 1970 年代にかけて，(19) ある戦争の実相が，この新しい情報伝達手段を通じて世界中で知られるようになり，それが国際的な反戦運動をうながす一因になったのである。また一方で，(20) この情報伝達手段によって事実の一部が歪曲（わいきょく）されて広がり，戦争容認世論が強まることもあった。

1980 年代以降に生じた IT(情報技術)革命は進化のスピードを速め，今日の人びとは軽量でコンパクトな端末機器を操作することで，家庭内ではもちろんのこと街頭においても，多様な情報を即座に入手し，さらには自身が不特定多数の人びとにむけて情報を簡単に発信できる時代に入った。そして，こうした端末機器が，(21)「アラブの春」と呼ばれる民主化運動に際し，運動への参加を市民に呼びかけるツールとなり，さらには，強権的な政府が管理する報道とは異なる情報を人びとに提供した。

問

(11) 文字によって記録が残されるようになる以前の時代は，それ以降の，「歴史時代(有史時代)」と呼ばれる時代と区別して，何時代と呼ばれるか。

(12) (ア) インカ帝国で使用された記録・伝達手段は何と呼ばれているか。

(イ) それはどのようなものであったか，簡潔に説明せよ。

(13) 『聖書』の創世記にみえる洪水伝説の原型となったとされる詩文が，粘土板に記され現在に伝わっている。その叙事詩は何と呼ばれるか。

⒁　パピルスに記され，ミイラとともに埋葬された絵文書で，当時の人びとの霊魂観が窺(うかが)えるものは何と呼ばれるか。

⒂　キリル文字が考案された宗教上の背景を簡潔に説明せよ。

⒃　この関わりの内容を簡潔に説明せよ。

⒄　アメリカ合衆国は，この世論に押されるかたちで開始した戦争に勝利し，敗戦国にある島の独立を認めさせたうえで，それを保護国とした。その島の名を記せ。

⒅　アニメーション映画もこの時代に発展した。世界最初のカラー長編アニメーション映画『白雪姫』(1937年)を製作した兄弟の姓を答えよ。

⒆　この戦争の名を記せ。

⒇　1991年に中東で勃発した戦争の際には，戦争当事国の一方が自然環境を損壊した，と印象づける映像が報道された。この戦争の名を記せ。

(21)　「アラブの春」において，20年以上にわたる長期政権が崩壊した国を二つあげよ。

地理

(90 分)

I 地理B問題

(20 点)

下の地図を見て，問(1)～(4)に答えよ。解答はすべて所定の解答欄に記入せよ。字数制限のある問については，句読点も字数に含めよ。

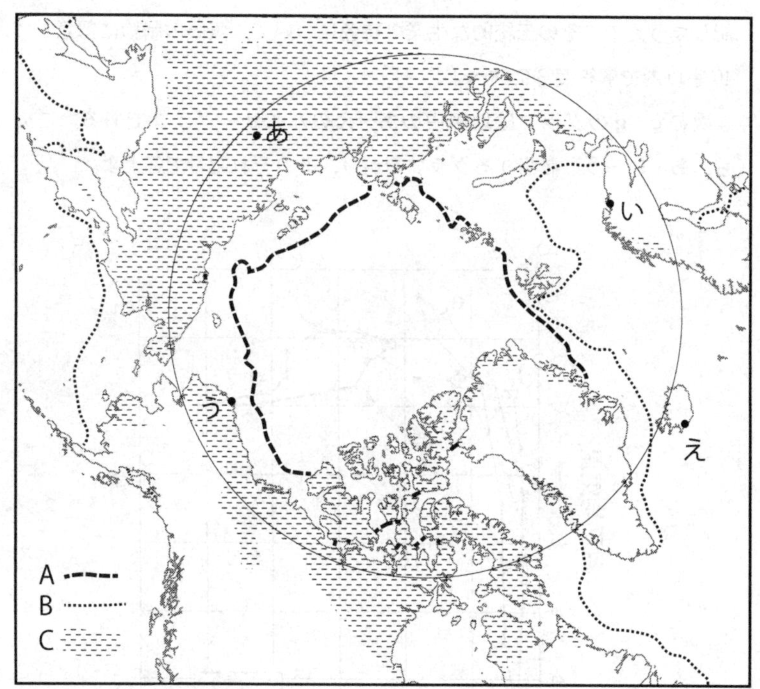

資料：A・Bは気象庁(https://www.data.jma.go.jp/)，CはJ. Brown *et al.* (1997)による。

問

(1) 地図中の円の内側を何と呼ぶか，解答欄①に答えよ。また，この円内では，夏・冬の日照に関して特徴的な現象がみられる。冬季の場合，これを何と呼ぶか，名称を解答欄②に答えよ。

(2) AとBで囲まれた範囲は，それぞれ9月10日と3月10日の海氷域を示している(1981年～2010年の平均)。近年，海氷域の縮小が進み，①海氷域付近の生態系に負の影響を与える一方で，②新たな交通の可能性が期待されている。どのような影響と可能性が生じているか，それぞれ30字以内で解答欄①・②に述べよ。

(3) Cで示した地域では，土壌が特徴的な状態が地下で連続している。この状態の土壌を何と呼ぶか，解答欄①に答えよ。また，この地域に古くから暮らす先住民の例を一つ挙げ，民族名(または民族グループの呼称)を解答欄②に記したうえで，その伝統的な生業の特色について，気候の制約に留意して，40字以内で解答欄③に述べよ。

(4) 次のd～gのグラフは地図中のあ～えのハイサーグラフである。このうち，あ・い・うに該当するグラフを選び，それぞれ記号で答えよ。

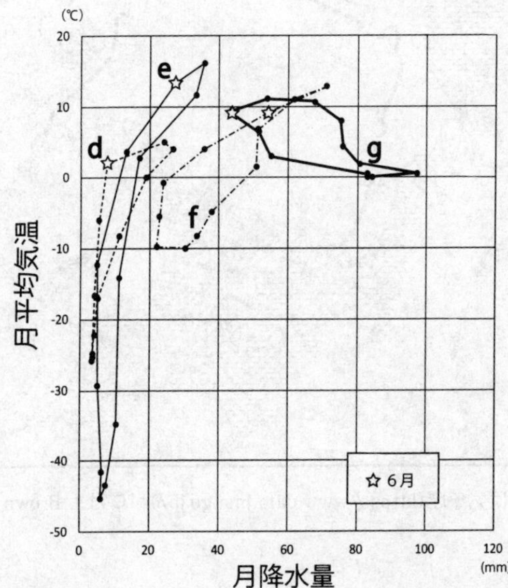

資料：気象庁による(https://www.data.jma.go.jp/)。数値は1981～2010年の平均値。

Ⅱ　地理B問題　(20 点)

次ページの地図(**ア**と**イ**の縮尺は異なる)について，問(1)～(4)に答えよ。解答はすべて所定の解答欄に記入せよ。字数制限のある問については，句読点も字数に含めよ。

問

(1)　図**ア**のA(太線と破線に挟まれた地帯)と図**イ**のB(太線で挟まれた地帯B1とB2)には，類似した大地形が見られる。その大地形の名称を，Aは解答欄①に，Bは解答欄②に答えよ。Aの大地形の西側の太線のラインを何と呼ぶか，解答欄③に答えよ。

(2)　B1には図**イ**の大陸最高峰の山がある。それに関連して，AとB1の地帯に共通する，大地形の形態以外の自然的特徴について，図**イ**の大陸最高峰の山の名前を含めて，解答欄に 20 字以内で述べよ。

(3)　B2の大地形に典型的に見られる湖の形態的特徴を，解答欄①に 20 字以内で述べ，その代表的な湖の名前を 1 つ解答欄②に答えよ。また，同様の成因によりできた湖を下のa～eから 1 つ選択して，解答欄③に記号で答えよ。

a　芦ノ湖　　b　サロマ湖　　c　洞爺湖

d　浜名湖　　e　琵琶湖

(4)　図**イ**の大陸では赤道付近で，B2の地帯を境に，西側と東側では大きく気候や植生が異なっている。その両者の気候の差異について，降水の特徴に留意して，解答欄①に 30 字以内で述べよ。また，両者の植生の差異について，解答欄②に 50 字以内で述べよ。

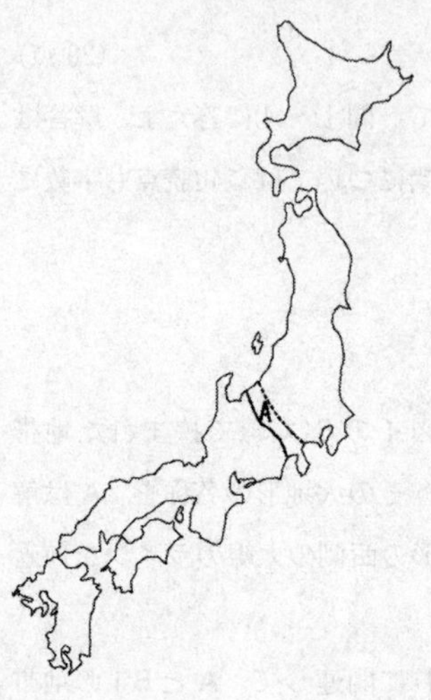

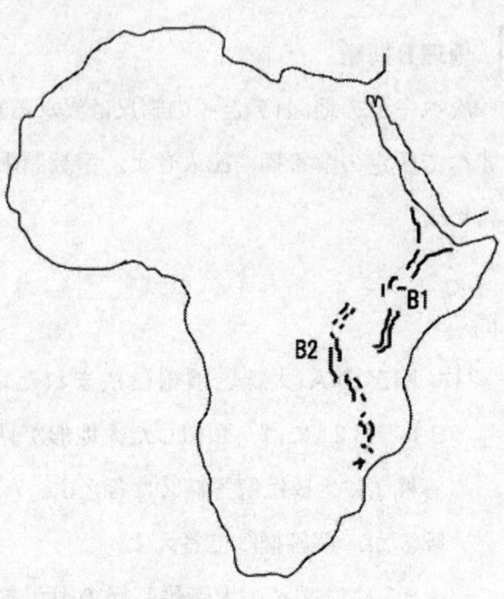

ア　　　　　　　　　　イ

Ⅲ　地理B問題　　(20点)

世界のエネルギーと資源に関する**グラフ1・2**を見て，問(1)~(4)に答えよ。解答はすべて所定の解答欄に記入せよ。字数制限のある問については，句読点も字数に含めよ。

グラフ1　一次エネルギー供給の構成比とエネルギー自給率(2016年)

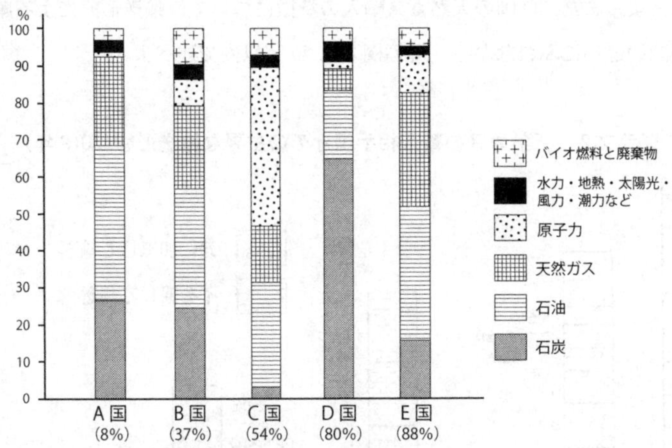

資料：IEA, *World Energy Balances* (*2018 edition*)
注：国名の下の(　　)の数値は，各国のエネルギー自給率を示す。

問

(1)　**グラフ1**は，2016年における国別の一次エネルギー供給の構成比とエネルギー自給率を示している。**グラフ**のA~Eは，アメリカ合衆国，中国，ドイツ，日本，フランスのいずれかの国である。B国とC国の一次エネルギー供給の構成比は異なるものの，その背景となるエネルギー政策の目標は共通している。両国の目標には，環境問題に関わることがあるが，それが何への対策であるかを，解答欄①に，そのためにどのようなことを目指すのかを，解答欄②に記入せよ。また，B国が進めるエネルギー政策とエネルギー供給の現状について，解答欄③に50字以内で述べよ。

(2)　B国やC国では，再生可能エネルギーの普及促進のために，ある制度が導入され，その後A国においても同様の制度が導入された。この制度とは何か，答えよ。

(3)　E 国の 2000 年におけるエネルギー自給率は 73 % であったが，2010 年には 78 % となり，2015 年には 92 % にまで大幅に上昇した。これは，近年，E 国でどのような資源開発が行われたためか，答えよ。

(4)　**グラフ 2** は，A 国，B 国，D 国における天然ガスの輸入相手国をその主要な輸送形態別に示している。**グラフ 2** の**ア**にあてはまる語句を，解答欄①に答えよ。また，D 国の天然ガス輸入の特徴について，輸送形態による輸入相手国の違いにふれながら，解答欄②に 40 字以内で述べよ。

グラフ 2　天然ガスの輸入相手国とその主要な輸送形態(2018 年)

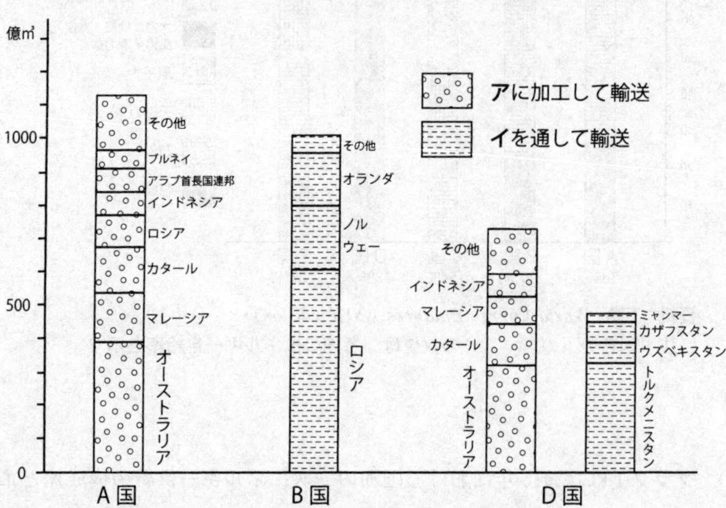

資料：BP, *Statistical Review of World Energy* (2019)

注：A 国は**イ**による輸送量の記載がなく，B 国は**ア**としての輸送量の記載がない。

Ⅳ　地理B問題　(20 点)

国際的な人口移動に関する**図 1** と開発援助に関する**図 2** を見て，問(1)～(4)に答えよ。解答はすべて所定の解答欄に記入せよ。字数制限のある問については，句読点も字数に含めよ。

図 1　移民受入総数と難民総数(2017 年現在)

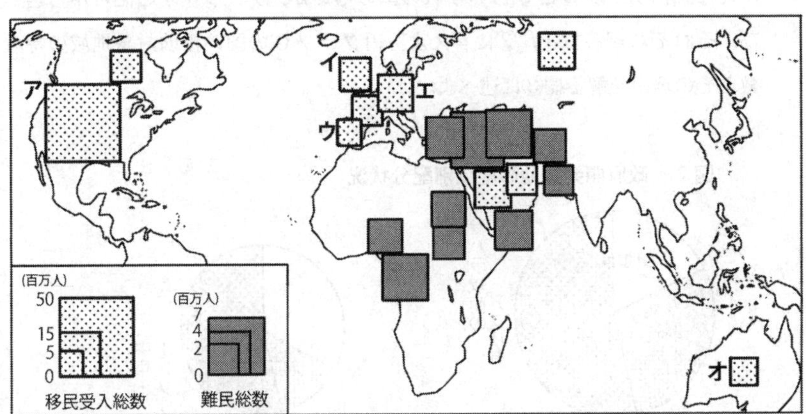

資料：*Statistical Yearbook 2018*
図示した国々：アフガニスタン，アメリカ合衆国，アラブ首長国連邦，イエメン，イギリス，イラク，オーストラリア，カナダ，コンゴ民主共和国，サウジアラビア，シリア，スーダン，スペイン，ドイツ，トルコ，ナイジェリア，パキスタン，フランス，南スーダン，ロシア

問

(1)　**図 1** は，移民受入総数の上位 10 位の国々，ならびに難民総数(国外，国内を含む，国連難民高等弁務官事務所の援助対象者)の上位 10 位の国々の分布状況を示す。中東地域には，それぞれの上位に属する国々が混在している。中東地域の移民受け入れ国の産業と移民の関わりについて解答欄①に，中東地域の国々で多くの難民が発生する理由を解答欄②に，それぞれ述べよ。

(2)　**図 1** 中の**ア**，**イ**，**オ**などの国々では，異なる文化や価値観を尊重する考え方を政策に反映させてきた。このような考え方を何と呼ぶか，解答欄①に記入せよ。**イ**国では，近年，こうした政策の限界が指摘されている。その背後にある，移民をめぐる雇用と福祉の問題について，解答欄②に，60 字以内で述べよ。

⑶　**図2**は，**図1**中の**ア**，**ウ**～**オ**の国々と日本による，地域別の開発資金援助を示している。政府開発援助の主要対象地域は，近年，アジアからアフリカ諸国へと変化している。その背景にある，新たな地域格差を表す用語を答えよ。

⑷　**図2**から，援助国によって資金援助の地域配分には特徴があることがうかがえる。円グラフ**B**と**D**はいずれの国のものか，**ア**，**ウ**～**オ**の記号から選び，それぞれ解答欄①，②に答えよ。円グラフ**C**の国の援助対象地域の特徴とその理由を解答欄③に述べよ。

図2　政府開発援助の地域別配分状況

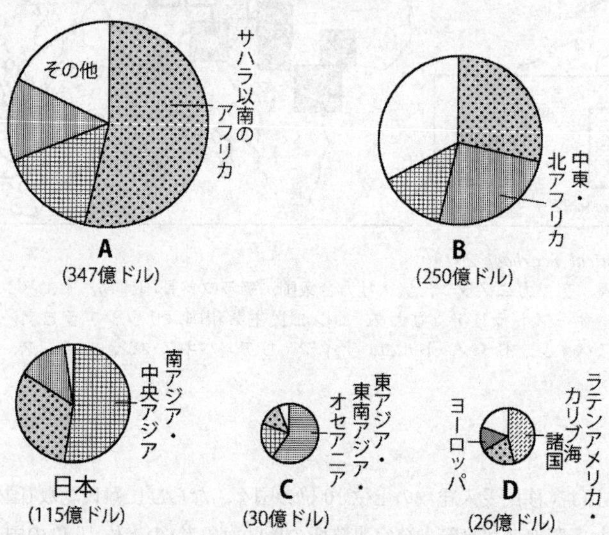

資料：OECD, Statistics on resource flows to developing countries (https://www.oecd.org/)

注：援助額は2017年の値である。地域別配分状況は2016―2017年の平均を示す。各地域を表すパターンは，すべての円グラフで共通である。

V　地理B問題　(20 点)

次ページに示す図Ａは，平成９年(1997)修正測図の２万５千分の１地形図である(原寸大)。この地図を見て，問(1)～(5)に答えよ。解答はすべて所定の解答欄に記入せよ。字数制限のある問については，句読点も字数に含めよ。

問

(1)　図Ａ中の直線Ｖ−Ｗに沿う地形の断面図を描け。解答欄の内側に縦軸・横軸を描き，横軸にＶ，Ｗの記号，縦軸に目盛りと標高の値を記入せよ。水平方向の縮尺と垂直方向の縮尺は，異なっていてもよい。
※解答欄　ヨコ 8.5 センチ×タテ 5.6 センチ

(2)　Ｖ−Ｗに沿う地形の特徴を，地理学の用語を用いて解答欄①に 20 字以内で述べよ。また，その地形に対応した土地利用について，解答欄②に 40 字以内で述べよ。

(3)　以下の図Ｂは昭和５年(1930)修正測図の２万５千分の１地形図で，図Ａ中の枠Ｘに相当する部分である(原寸大)。図Ｂに顕著に見られ，図Ａにも見られる片貝川の特徴的な堤防の形状と機能について，40 字以内で述べよ。

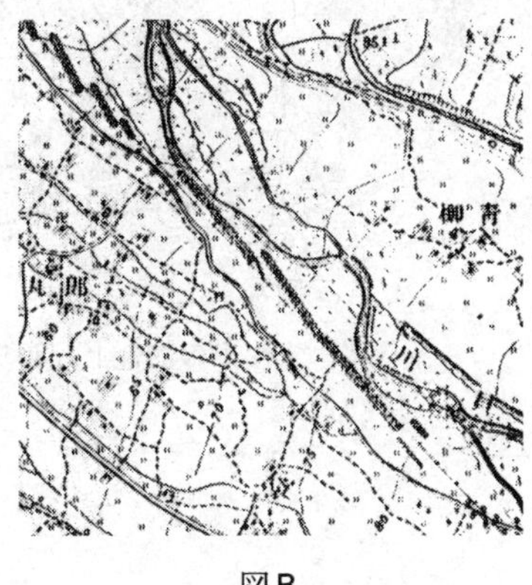

図Ｂ

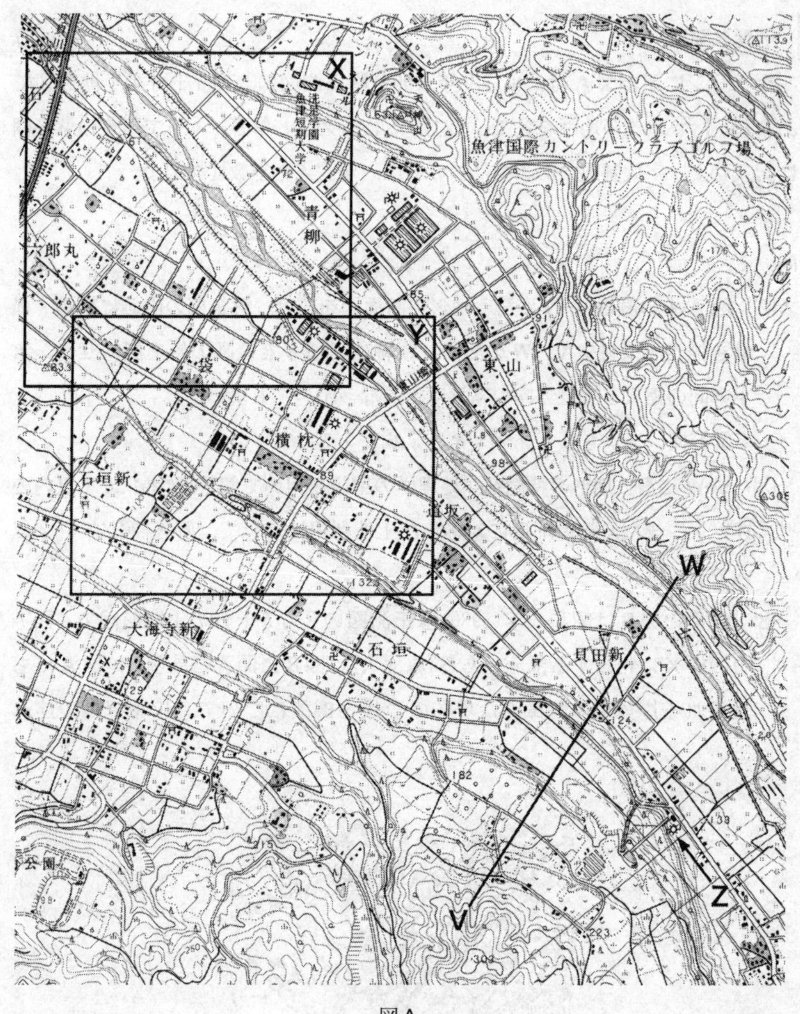

図A

(編集の都合上，80％に縮小――編集部)

⑷　以下の図Cは1960年代に撮影された空中写真で，図A中Yの枠内に相当する部分である。図Cと図Aから判読できるこの地域の集落形態を表す語句を答えよ。

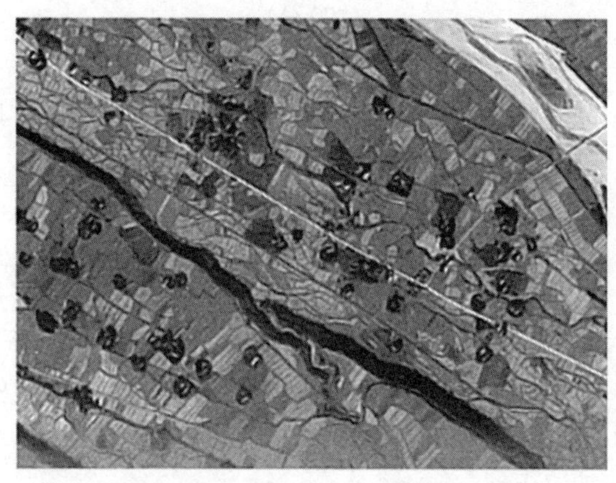

図C

⑸　図A中のZの記号が表す施設を，周辺環境を考慮して答えよ。

数学

（120 分）

（注）150 点満点。総合人間（文系）学部は 200 点満点に，文学部は 100 点満点に換算。

1

（30 点）

a を負の実数とする．xy 平面上で曲線 $C: y = |x|x - 3x + 1$ と直線 $\ell: y = x + a$ のグラフが接するときの a の値を求めよ．このとき，C と ℓ で囲まれた部分の面積を求めよ．

2

（30 点）

x の 2 次関数で，そのグラフが $y = x^2$ のグラフと 2 点で直交するようなものをすべて求めよ．ただし，2 つの関数のグラフがある点で直交するとは，その点が 2 つのグラフの共有点であり，かつ接線どうしが直交することをいう．

3

（30 点）

a を奇数とし，整数 m, n に対して，

$$f(m, n) = mn^2 + am^2 + n^2 + 8$$

とおく．$f(m, n)$ が 16 で割り切れるような整数の組 (m, n) が存在するための a の条件を求めよ．

4

(30 点)

k を正の実数とする．座標空間において，原点 O を中心とする半径 1 の球面上の 4 点 A, B, C, D が次の関係式を満たしている．

$$\overrightarrow{OA}\cdot\overrightarrow{OB}=\overrightarrow{OC}\cdot\overrightarrow{OD}=\frac{1}{2},$$
$$\overrightarrow{OA}\cdot\overrightarrow{OC}=\overrightarrow{OB}\cdot\overrightarrow{OC}=-\frac{\sqrt{6}}{4},$$
$$\overrightarrow{OA}\cdot\overrightarrow{OD}=\overrightarrow{OB}\cdot\overrightarrow{OD}=k.$$

このとき，k の値を求めよ．ただし，座標空間の点 X, Y に対して，$\overrightarrow{OX}\cdot\overrightarrow{OY}$ は，$\overrightarrow{OX}$ と $\overrightarrow{OY}$ の内積を表す．

5

(30 点)

縦 4 個，横 4 個のマス目のそれぞれに 1，2，3，4 の数字を入れていく．このマス目の横の並びを行といい，縦の並びを列という．どの行にも，どの列にも同じ数字が 1 回しか現れない入れ方は何通りあるか求めよ．下図はこのような入れ方の 1 例である．

1	2	3	4
3	4	1	2
4	1	2	3
2	3	4	1

※解答欄　問一：タテ一四センチ×二行
問二：タテ一四センチ×三行
問三：タテ一四センチ×四行
問四（3）：タテ一三センチ×二行
問四（4）：タテ一三センチ×三行

（『和泉式部日記』より）

注（＊）
　藁座＝藁で編んだ敷物。

問一　傍線部（1）の和歌を現代語訳せよ。

問二　傍線部（2）の「生ひたる蘆」は、次の和歌の一部を引用したものである。

　何事も言はれざりけり身の憂きは生ひたる蘆のねのみ泣かれて（『古今和歌六帖』）

これを踏まえて、傍線部（2）は女のどのような気持ちを伝えようとしたものか、説明せよ。

問三　宮の来訪を聞いてから宮を西の妻戸のもとに招き入れるまでの、女の心の動きを説明せよ。

問四　傍線部（3）（4）を、適宜ことばを補いつつ、それぞれ現代語訳せよ。

三　次の文は、『和泉式部日記』の一節である。恋人を亡くして嘆きの日々を送っている「女」のもとに、「宮」から恋文が贈られるようになった。これを読んで、後の問に答えよ。（五〇点）

かくて、しばしばのたまはする、御返りも時々聞こえさす。つれづれも少しなぐさむ心地して過ぐす。

また御文あり。ことばなど少しこまやかにて、

(1)「語らはばなぐさむこともありやせむ言ふかひなくは思はざらなむ

あはれなる御物語聞こえさせに、暮れにはいかが」とのたまはせたれば、

「なぐさむと聞けば語らまほしけれど身の憂きことぞ言ふかひもなき

(2)生ひたる蘆（あし）にて、かひなくや」と聞こえつ。

思ひかけぬほどに忍びてとおぼして、昼より御心設けして、日頃も御文とりつぎて参らする右近の尉（じょう）なる人を召して、「忍びてものへ行かむ」とのたまはすれば、さなめりと思ひてさぶらふ。

あやしき御車にておはしまいて、「かくなむ」と言はせたまへれば、女いと便なき心地すれど、「なし」と聞こえさすべきにもあらず、昼も御返り聞こえさせつれば、ありながら帰したてまつらむも情けなかるべし、ものばかり聞こえむと思ひて、西の妻戸に*藁座（わらざ）さし出でて入れたてまつるに、(3)世の人の言へばにやあらむ、なべての御さまにはあらずなまめかし。これも心づかひせられて、ものなど聞こゆるほどに月さし出でぬ。「いと明し。(4)古めかしう奥まりたる身なれば、かかるところに居ならはぬを、いとはしたなき心地するに、そのおはするところに据ゑたまへ。よも、先々見たまふらむ人のやうにはあらじ」とのたまへば、「あやし。今宵のみこそ聞こえさすると思ひはべれ。先々はいつかは」など、はかなきことに聞こえなすほどに、夜もやうやうふけぬ。

問一　傍線部(1)のように感じられるのはなぜか、説明せよ。

問二　傍線部(2)のように感じられるのはなぜか、説明せよ。

問三　傍線部(3)はどういうことか、説明せよ。

問四　傍線部(4)はどういうことか、説明せよ。

問五　傍線部(5)はどういうことか、説明せよ。

※解答欄　問一・問四・問五：各タテ一四センチ×四行
　　　　　問二：タテ一四センチ×二行
　　　　　問三：タテ一四センチ×三行

のうへに電灯を引つぱつてきて、執筆するやうである。文房具なども、とりわけて好みに執することもないやうである。井伏さんは身のまはりをかへりみて、あれも貰(もら)ひもの、これも貰ひもの、それも、と云つた。井伏さんはいまいい硯箱(すずりばこ)が欲しいさうである。

部屋の壁には、ゴッホの糸杉の絵の複製が貼つてある。カレンダー附(つき)のポスターである。どこやらの酒場に掲げてあつたのを、気に入つたので、無心してきたのだといふ。

井伏さんは机のわきにある小抽斗をあけて、なにやら取り出し、私に渡して寄こした。見ると、馬糞紙(ばふんし)*でこしらへたメンコ*であつた。井伏さんが子供の頃に弄んだ品ださうである。こなひだ郷里へ帰つたときに、生家で見つけたのだといふ。

「心が荒れてゐるときなど、こんなものを取り出して見てゐると、柔らいでくるね」

と井伏さんは云つた。

丸メンで、表には武者絵が描いてある。私が子供の時分に流行(はや)つたものよりも、もう一つ時代がついてゐる。(5)見てると、私の胸の中にも、泉のやうに湧き出てくるものがあつた。

（小山清「井伏鱒二の生活と意見」より）

注（＊）

青柳瑞穂＝仏文学者。

「叔父ワーニャ」＝ロシアの作家チェーホフの戯曲。

根太＝床板を支える横木。

馬糞紙＝質の悪い厚紙。ボール紙。

メンコ＝表面に絵や写真のあるボール紙製の玩具。文中にある「丸メン」は円形のメンコ。

つたが、さてかうして筆を執つてみたら、なんだか難しい気がしてきた。(3)井伏さんといふ芳醇な酒を、私といふ水で、いたづらに味ないものにしてしまふのではないかと思ふ。

　井伏さんは五十も半ば越して、いまが男盛りである。鬢にも大分白いものが見える。太宰さんが同じく選集の後記で云つてゐる、「渋くてこはくて、にこりともしない風貌」である。*「叔父ワーニャ」の中に「昔とはお綺麗さが違ひます」といふ台詞があるが、私は井伏さんの若い頃のことは知らないが、なんだかそんな感じがする。井伏さんの風貌には一寸男惚れをさせるものがある。恰幅も立派で、てこでも動かない感じである。私などはもう少し太つて、見かけだけでも立派に見えるやうになりたいのだが、井伏さんは自分の「立派さ」を持てあましてゐるやうである。「太つてゐると、小説が下手に見えていけない」と云ふ。「芥川龍之介が人気があるのは痩せてゐたからだ」と云ふ。(4)殊更に自分を人に野暮つたく印象づけようとしてゐるのかも知れない。それほどに井伏さんは、いはばスマートなのである。雨河内川かに釣りに行つたときの写真があるが、岩の上にゐて釣竿をあつかつてゐる井伏さんの姿は、軽快で、若いなあといふ気がする。そしてその衰へぬ若さは、常に井伏さんの作品の艶になつてゐる。

　清水町のいまの住居は、昭和二年に建てたもので、間取りなども井伏さんの設計になるものだといふ。もう三十年近くにもなるわけである。*根太がすつかり緩んでゐるので、風や地震には油断が出来ないさうである。いつぞや台風が吹くといふ前ぶれがあつた日に伺つたが、井伏さんは実に不安な面持をしてゐて、家の裏側に材木で突かひ棒をしてゐると云つた。またある日、お邪魔してゐる間に微震があつたが、井伏さんは立ち上つてそはそはした。住居についての意見をきいたら、なによりも耐風耐震といふことが懸念されるやうな塩梅であつた。住居にあまり凝る気持はないのであらう。井伏さんの日常も、凡そ簡素を旨としてゐるやうに見受けられる。

　井伏さんの机は、横長の抽斗のない、材は赤松の、もう五十年来愛用してゐるものである。夜になると、井伏さんはこの机んから伝はつたものであることを感じた。また、「井伏鱒二選集」の後記で、太宰さんが云つてゐる、「さまざま山ほど教へてもらひ」といふことが、よく合点がいつた。(1)井伏さんと対坐してゐるときほど、逝くなつた太宰さんの身近にゐる気のされることは、私にはないのである。

井伏さんのお宅に伺ふと、いつも玄関からは入らずに、庭先へ廻り、縁側から書斎に上る。井伏さんの書斎は庭に面した八畳間で、ここで井伏さんは客に会ふ。

井伏さんは庭のことを植木溜と云つてゐる。実際、処狭きまでに、庭いつぱいにいろんな樹木が植ゑてある。井伏さんはその樹の一つ一つを、井伏さんの郷里、深安郡加茂村の家の背戸から眺めた、故郷の山々の姿になぞらへて見てゐるのだといふ。あの樹はなに山、この樹はなに山といふやうに。

私は書斎に上り、井伏さんと二言三言話すと、ホッとして気持が寛いでくる。井伏さんの話ぶりは静かで、(2)こちらの気持が吸ひ込まれてゆくやうな感じがする。たしか*青柳瑞穂氏が書いた井伏さんの印象記であつたと思ふが、道で井伏さんに逢つたやうな場合、井伏さんはひとところに立ち止つてゐて、自分だけが歩いて近づいてゆくやうな感じがすると云つてあつたのを覚えてゐるが、井伏さんと向ひあつて話をきいてゐるときの気持がさうである。井伏さんの話には目だたない吸引力があつて、いつか自然に井伏さんの身についた雰囲気にこちらが同化されてゆくのである。井伏さんが頭で話す人でなく、気持で話す人だからであらう。そして井伏さんの話は、きいてゐると、釣りのことにしろ、植木のことにしろ、または人の噂にしろ、そのままで滋味ゆたかな随筆や小品になる感じがする。

こんど私はこの訪問記を書くために、井伏さんをたづね、いろいろ意見を伺つたのだが、格別改まつた気持では質問をしなかつた。いつもと同じやうに楽な気持で、記事をつくることなどは忘れて、話をきくことが出来た。私はその日の話ばかりではなく、平素私が井伏さんについて感じてゐることを順序不同に書いて、責を塞ぎたいと思ふ。話をきいてゐたときは楽しか

※解答欄　問一・問二・問四：各タテ一四センチ×三行
　　　　　問三：タテ一四センチ×四行
　　　　　問五：タテ一四センチ×五行

二

次の文は、太宰治に傾倒していた作家、小山清による井伏鱒二訪問記の一節である。井伏は太宰の師匠であった。これを読んで、後の問に答えよ。（五〇点）

　私が初めて井伏さんに会つたのは、終戦の年の春、太宰さんが甲府の奥さんの里に疎開したときのことであつた。その年の三月上旬に私は罹災して三鷹の太宰さんの許に同居してゐたが、四月上旬に三鷹界隈に敵機の来襲があり、太宰さんの家も半壊の憂目に遭つたので、太宰さんは先に奥さんや子供さんを疎開さしてあつた甲府へ行くことになり、私は独り三鷹に残ることになつたのだが、その際私は太宰さんを送つてゆき、一週間ばかり甲府で遊んできた。その頃、井伏さんは甲府市外の甲運村に疎開してゐた。ある日、甲府の井伏さんの行きつけの梅ヶ枝といふ旅館で、三人で酒を飲んだ。そのとき、井伏さんは太宰さんに向つてふと、「君は運がよかつたね」と云ひ、その言葉に太宰さんが一寸表情をすると、井伏さんはすかさず、「僕もよかつたがね」と云つた。私は自分が傾倒してゐる人に対して、こんな口をきける人がゐようとは思つてゐなかつた。井伏さんと別れて帰る道すがら、太宰さんは私に向ひ、「井伏さんつて興奮させるところのある人だろ」と云つた。

　終戦後私は北海道へ行つたが、太宰さんが逝くなつた年の秋に、また東京に帰つてきた。その後、私はときどき清水町の井伏さんのお宅に伺ふやうになつた。そして井伏さんに親炙するにつれ、太宰さんが身につけてゐた雰囲気の幾分かは、井伏さ

注（＊）

ツルゲーネフ＝ロシアの小説家。

アウグスチヌス＝四～五世紀のキリスト教会の神学者。

〈人生はひとつの崩壊の過程に過ぎない〉＝アメリカの小説家フィッツジェラルドのことば。いくら努力しようとも人生は不幸へ向かう無意味な過程に過ぎないという見方を表す。

決定論＝すべてのできごとはあらかじめ決まったとおりに生起するという考え。

問一　傍線部(1)はどういうことか、説明せよ。

問二　傍線部(2)はどういうことか、説明せよ。

問三　傍線部(3)はどういうことか、文中のアウグスチヌスの議論を参考に説明せよ。

問四　傍線部(4)について、このような信念が失われたのはなぜか、説明せよ。

問五　傍線部(5)のように筆者が言うのはなぜか、説明せよ。

世界に好奇心をはせ、大人たちの話に耳を澄ます。その秘密をときほぐし、実態を知らせてくれるものは、彼らの体験談だと思うわけだ。しかし、体験談は真実をあきらかに示すというよりも、しばしば真実を覆ってしまうものだということを、彼は知る。その結果、体験談の語り直しが行われた。それが小説であったといえよう。つまり、体験談からは現れてこない人間の真実に気付いて、これをあらわにする方法を考えた。それがリアリズムの小説であり、(4)かつては、真実は小説でなければ語り得ないという信念さえあった。

成果はあったといえよう。リアリズム小説は、人生の分厚い雑多な層を透視するレントゲン光線のような役割を果たした。しかし、その結果もたらされたのは、〈人生はひとつの崩壊の過程に過ぎない〉という結論めいたことだった。トルストイ*が反省し、苦しんだことは、リアリズムがもたらしたこのような決定論*であった。この開拓者にはリアリズムの行き着いた場所があきたらなかった。更にその先に、果て知れない地域が拡(ひろ)がっていたわけだ。

人の世はそれ自体が喩(たと)え話のようなもので、意味を隠し持っている。これは大勢の人間の思い込みであって、それをあきらかにしたいという意思は捨てきれない。この場合、人生の外貌を形づくっている大きな要素は、人の口から出る言葉・言葉だ。体験談もまた、永遠に雑草のようにはびこって、地球を覆っている。

リアリズムの小説は、それへの優れた考察であり、解釈であったが、この生(なま)の言葉の原野に較(くら)べれば、庭園のようなものであったことはいうまでもない。(5)これからも、或る種の人々は言葉・言葉にいどみ続けるであろうが、その場合、鍵になるのは、体験談と告白という二つの観念の識別、把握のし方であるように、私には思える。

（小川国夫「体験と告白」）

つまり〈あばく〉ということなのだが、それでは、人間はなぜ自分たちの弱点について書き、また、それを読むのだろうか。その積極的意義は見当たらない。人間研究をしたいからだ、といっても充分な答えにはならない。きれいごとの答えではあるが、本当ではない。せいぜい、小説を書いたり読んだりするのが面白いからだ、としかいえない。さまざまな性質の違いはあるにせよ、小説とは興味本位のものなのだ。

更に、(3)人間が人間に対して抱くこの種の興味が、いかに矛盾しているかを衝いた人がいる。それはアウグスチヌス*で、彼がいうには、劇を見る人は他者をあわれむことを欲しているが、自分があわれであることは欲しない。アウグスチヌスがいいたいのは、人間は本来あわれであるのに、その事実を自認しようとはしないで、劇を見たりして、他人の運命をあわれむことなどを望んでいるということだ。ここに彼の実存主義があり、まことに鋭敏な洞察だ。劇が多くの人の心をとらえることはだれも知っているが、それは酔うためであって、あわれな自己を直視するのを避けるためだという。或いは、劇が存在するのは、観客の自己認識の甘さによりかかっているというわけだ。アウグスチヌスのこの冷厳な見方には、反論の余地はない。彼がこうした認識に到る前、劇や物語に耽溺し、いうまでもなく一流の鑑賞者だったことを思うと、なお更だ。

トルストイの思想が、これにはなはだ似ていることは、知る人も多いだろう。彼はあの大部の傑作を成した後に、また新しい世界に踏み込んで行った。そして、考えて行くにつれ、自分の小説を含め、往時読まれていた大部分の小説を否定せざるを得なくなった。この思想と彼が築き上げた近代小説とは、互いに矛盾したままで併存し、現代に残ってしまったわけで、例えていうなら、小説という山脈の中心は空洞で、暗闇に寒々と風が吹き抜けている観がある。その後の小説家たちは、この事態を放置したままで、小説を書き続けているのだ。勿論私も、こうした人々の中の一個のチンピラに過ぎないわけだけれど、以上のアウグスチヌスとトルストイの思想は心に懸っていて、時々灰色の雲のように心を去来している。

だれも子供の頃には、見聞きするものすべてが量り知れない意味を孕んでいるように思っている。その一つとして、人間のているのはリアリズムの感覚だ。ところで、彼がリアリズムの衣の下で本当にいわんとしていることは、自分は勇敢だったということだとすれば、多くの場合、それは真実に反する。

非真実をいかに本当らしく語るか、ということが彼の本能的な性向だ。したがって、真実を知ろうとする人は、言葉の分厚い層の奥を見きわめようとする。その人の意は言葉を次々と剝ぎ取って行くことに注がれる。或(ある)いは、言葉の霧を透明化することに注がれる。つまり、これを高度のリアリズム精神といえよう。

井原西鶴の作品について、いわゆるキー・ワードに当たる言葉は何であろうか、と考えたことがある。それは読む人によってさまざまだろうが、私には、〈真実よりつらきことはなし〉という一句であるように思える。冒頭の例でいうなら、自分は勇敢だと証明しようとする人に、君は実は勇敢ではない、と気付かせることだ。西鶴らしい直言だ。勇敢だと思う、思わせようと努める心の奥に、臆病なのではないかと危惧を抱いている。臆病であることは隠さなければならない。(1)それと今一つ、それにこだわっている自分も見抜かれたくない。

しかし、たとえ見抜かれてしまったとしても、彼にも反論の根拠はある。自分を見透かした人間にとっても、その人自身の〈真実〉はこの上なくつらい。その人間も自分の弱点のつらさを知っているからこそ、相手の弱点を識別できる、と反論し得る。この間の事情をユーモアをもって語ったのはツルゲーネフ*だ。彼はいう。(2)他人を有効に罵りたければ、自分の欠点を相手のこととして並べ立てればいい。つまり、人間にはこうした共有の過敏な粘膜がある。

ここまで、私は体験談について書いて来た。それは好ましく写真に撮られたいという望みに似ている。自分の好ましい姿を、写真の〈真〉によって保証されたいのだ。しかし願望が混っている以上、結果は全てが真とはいえない。この場合願望とは、人間に共有な過敏な粘膜を、それぞれに包み隠したい意思といえよう。ここで小説について触れると、こうした人間の弱点が、いわゆるリアリズム小説の第一の着眼点なのだ。筆がこの部分に相わたらなければ、小説の迫力は湧かない。

国語

（一二〇分）

（注）一五〇点満点。教育（文系）学部は二〇〇点満点に換算。

一　次の文を読んで、後の問に答えよ。（五〇点）

例えば戦争に関してだけれど、体験をそれがあったままに語り得る人はまれだ。意識して潤色しなくても、自然に武勇談になってしまうことが多い。武勇談につきもののフィクションはいく種類かあるだろうが、その一例は、自分は臆病ではなかった、むしろ勇敢だったと証明するためのものだ。或（あ）ることを証明するためにフィクションが必要というのは逆説めくけれども、そういう場合が多い。自分に都合のいい事実だけを語り、都合が悪いことは黙っているというのも一種のフィクションであろう。

このことは戦争に限らず、すべての体験談にあてはまる。つまり言葉で事実を美化する。だから、言葉とは便利なもの、といわれるわけだ。しかし、よく考えれば逆で、言葉とは不便なもの、といわなければならない。なぜなら、言葉は体験の真実を隠してしまうからだ。霧みたいなもので、本人に対してさえ、真実のありかを判（わか）らなくしてしまう。なぜ言葉はこのように否定的に働くのだろう。それは、語る人が他人の納得を得ようとして、話の客観化に心を砕くからだ。つまり、彼の心を占め

2019年度

問題編

問題編

▶試験科目

学　部	教　科	科　目
総合人間(文系)・文・教育(文系)・法・経済(文系)	外国語	コミュニケーション英語Ⅰ・Ⅱ・Ⅲ，英語表現Ⅰ・Ⅱ
	地　歴	日本史B，世界史B，地理Bから１科目選択
	数　学	数学Ⅰ・Ⅱ・A・B
	国　語	国語総合・現代文B・古典B

▶配　点

学　部	外国語	地　歴	数　学	国　語	合　計
総合人間(文系)	200	100	200	150	650
文	150	100	100	150	500
教育(文系)	200	100	150	200	650
法	150	100	150	150	550
経済(文系)	150	100	150	150	550

▶備　考

- 外国語はドイツ語，フランス語，中国語も選択できるが，編集の都合上省略。
- 「数学Ⅰ」，「数学Ⅱ」，「数学A」は全範囲から出題する。「数学B」は「数列」，「ベクトル」を出題範囲とする。

英語

(120分)

(注) 150点満点。総合人間(文系)・教育(文系)学部は200点満点に換算。

I 次の文章を読み，下の設問(1)〜(4)に答えなさい。 (50点)

Virtual reality is a means for creating comprehensive illusions that you are in a different place, perhaps a fantastical, alien environment, perhaps with a body that is far from human. And yet, it is also the farthest-reaching apparatus for researching what a human being *is* in terms of cognition and perception.

In order for the visual aspect of the virtual reality to work, for example, you have to calculate what your eyes should see in the virtual world as you look around. Your eyes wander and the virtual reality computer must constantly, and as instantly as possible, calculate whatever graphic images they would see were the virtual world real. When you turn to look to the right, the virtual world must turn to the left in compensation, to create the illusion that it is stationary, outside of you and independent. Unlike prior media devices, every component of virtual reality must function in tight reflection of the motion of the human body.

(a) <u>That is why virtual reality researchers prefer verbs to nouns when it comes to describing how people interact with reality.</u> Vision depends on continuous experiments carried out by the nervous system and actualized in large part through the motion of the head and eyes. The body and the brain are constantly probing and testing reality.

Look around you and notice what happens as you move your head just a tiny bit. If you move your head absolutely as little as you can, you will still see that edges of objects at different distances line up differently with each other in response to the motion. You will also see the subtle changes in the lighting and texture of many things. Look at another person's skin and you will see that you are probing into the interior of the skin as your head moves. The skin and eyes evolved together to make this work. If you look at another person, you will see, if you pay close attention, an infinite variety of tiny head motion messages bouncing back and forth between you and the person whom you are looking at. (b)There is a secret visual motion language between all people.

From the brain's point of view, reality is the expectation of what the next moment will be like, but that expectation must constantly be adjusted. Vision works by pursuing and noticing changes instead of constancies and therefore a neural expectation exists of what is about to be seen. (c)Your nervous system acts a little like a scientific community; it is greedily curious, constantly testing out ideas about what's out in the world. A virtual reality system succeeds when it temporarily convinces the "community" to support another hypothesis. Once the nervous system has been given enough cues to treat the virtual world as the world on which to base expectations, virtual reality can start to feel real.

Some virtual reality believers think that virtual reality will eventually become better than the human nervous system, so that it would not (ア) sense to try to improve it anymore. I do not see things that way. One reason is that the human nervous system (イ) from hundreds of millions of years of evolution. When we think technology can (ウ) our bodies in a comprehensive way, we are (エ) what we know about our bodies and physical reality. The universe doesn't have infinitely fine grains, and the body is already tuned in as finely as anything can ever be, when it needs to be.

(1) 下線部(a)はどのようなことを意味しているか，日本語で説明しなさい。

(2) 下線部(b)の内容を，本文に即して日本語で説明しなさい。

⑶　下線部(c)を和訳しなさい。

⑷　空欄（　ア　）～（　エ　）に入る最も適切な動詞を以下の中から選び，解答欄に記入しなさい。そのさい，必要であれば適切な形に変えること。また，同じ語は一度しか使用してはならない。

behave　　benefit　　forget　　make　　predict　　surpass

※解答欄　⑴：ヨコ12.1センチ×6行
　　　　　⑵：ヨコ12.1センチ×5行

Ⅱ　次の文章を読み，下の設問⑴～⑷に答えなさい。　　(75点)

The first commercially available digital camera was launched in 1990. (a)In the decade that followed, it created a lot of anxiety in photographers and photography scholars. Some went as far as declaring photography dead as a result of this shift. Initially this was considered too steep a change to be classified as a reconfiguration*, rather it was seen as a break. A death of something old. A birth of something new.

Digital images can also be easily copied, duplicated and edited. The latter made the flexibility of what photos can be seen as representing more obvious. It also made representing ourselves and our lives easy, cheap and quick. Additional shots now come with no additional costs, and we can and do take 10, 20, 30 snaps of any given thing to sort through later. In addition to transforming the individual value of the image, (b)this has altered the emotional meanings we attributed both to keeping and getting rid of individual photographs. Printed images of loved ones used to be kept even if they were out of focus, blurry or had development mistakes on them. In the context of the massive amount of digital images, the labour of love now becomes the cleaning, sorting, tagging, categorizing and deleting majority of the photos. While it is occasionally claimed that this emergent acceptance of deleting photos is indicative of their diminished social worth, there are plenty of digital snapshots that are printed out, displayed as the lock-screen on devices, or used as the background of the computer screen. Overall, we can say that digitalization has shifted the focus of photography from photographs themselves to the act of taking pictures.

The first camera phones date back to the very beginning of the twenty-first century. In early 2001, the BBC reported on the first cell phone with a camera invented in Japan. Readers from around the world offered their ideas on what such a peculiar invention might be good for. Some said it could have many uses for teenagers (streamlining shopping for outfits, proving you have met a pop idol, setting up your friends on dates) but would be pretty pointless for adults. Others thought it would be a practical aid for spying, taking sneak pictures of your competitors' produce or quickly reporting traffic accidents and injuries. (c)<u>Yet others thought it might be nice for travelers to keep in touch with their families or hobbyists to show art or collections to others. My personal favourites include commenters who wrote they couldn't wait for the device to be available at a reasonable price in their home country, so they can take pictures of the friendly dogs they meet at the park. Someone suggested the camera needs to be on the front to allow for video calls, which didn't happen in practice until 2003.</u>

A digital culture scholar claims that the fact that we always carry a camera alters what can be and is seen, recorded, discussed and remembered. Some photography scholars propose that camera phones and camera phone images have (d)<u>three social uses</u>—to capture memories, to maintain relationships, and to express yourself. In contrast, another scholar argues that the camera phone is no different from other portable image making devices and that the uses and meanings attributed to home videos in 1980s have been exactly the same—memory, communication and self-expression. In this sense, the social function of photography seems to have remained despite the changes through various reconfigurations of technology and cultural imaginaries about it.

*reconfiguration ＝ modification; redesign

(1) 下線部(a)を和訳しなさい。

(2) 下線部(b)は具体的にどのようなことを指しているか，本文に即して日本語で説明しなさい。

(3) 下線部(c)を和訳しなさい。

(4) 下線部(d)の three social uses のうち，あなた自身が camera phone を使うならばどれを重視するか。1つを選び，具体例を挙げて理由を100語程度の英語で述べなさい。

※解答欄 (2)：ヨコ 12.1 センチ×9行

Ⅲ 次の文章を英訳しなさい。 (25点)

「マイノリティ」という言葉を聞くと，全体のなかの少数者をまず思い浮かべるかもしれない。しかし，マイノリティという概念を数だけの問題に還元するのは間違いのもとである。人種あるいは宗教のような属性によって定義づけられる集団は，歴史的，文化的な条件によって社会的弱者になっている場合，マイノリティと呼ばれる。こうした意味で，数としては少なくない集団でもマイノリティとなる。例えば，組織の管理職のほとんどが男性である社会では，女性はマイノリティと考えられる。

日本史

（90分）

Ⅰ　日本史Ｂ問題　（20点）

次の史料（Ａ～Ｃ）を読み，問(1)～(17)に答えよ。解答はすべて所定の解答欄に記入せよ。なお，史料の表記は便宜上，改めたところがある。

Ａ

［ア］国言わく，「造薬師寺別当道鏡死す」と。道鏡，俗姓は弓削連(a)，河内の人なり。（中略）宝字五年，保良に幸してより，時に看病に侍して，やや寵幸せらる。廃帝，常に以て言を為して，天皇と相あたり得ず。天皇，乃ち平城の別宮に還りて居る。宝字八年，大師［イ］，謀反して誅に伏す。道鏡を以て太政大臣禅師と為す。居ることしばらくして，崇むるに［ウ］を以てし，載（の）するに鸞輿（らんよ）(注)を以てす。衣服・飲食，もはら供御（くご）になぞらう。政の巨細，決を取らざるはなし。（中略）時に大宰主神習宜阿曽麻呂（すげのあそまろ），詐りて八幡神の教えと称し，道鏡を誑耀（きょうよう）(注)す。道鏡，之を信じ，神器を覬覦（きゆ）(注)するの意(b)有り。（中略）宮車の晏駕（あんが）する(c)におよび，なお威福，己によるを以て，ひそかに僥倖（ぎょうこう）をおもう。御葬礼おわり，山陵を守り奉る。先帝の寵するところを以て，法を致すに忍びず(d)。よりて造［ア］国薬師寺別当と為して逓送す。死するに庶人を以て葬る。

（『続日本紀』宝亀3年4月丁巳条）

（注）「鸞輿」は，天皇がのる輿（こし）のこと。
「誑耀」は，惑わすこと。
「覬覦」は，うかがいねらうこと。

問

⑴ [ア] に当てはまる国名を記せ。

⑵ 下線部(a)の「弓削連」は，蘇我馬子に滅ぼされた大連であった人物と同族とされる。その滅ぼされた人物は誰か。

⑶ [イ] には，ある人物の名が入る。その人物は誰か。

⑷ [ウ] には，道鏡が得た地位の名称が入る。その地位を記せ。

⑸ 下線部(b)の「神器を覬覦するの意」とはどのようなことを指すか，簡潔に説明せよ。

⑹ 下線部(c)の「宮車の晏駕する」とは，天皇が死去したことを示す。この天皇の死去をうけて，次に即位した天皇は誰か。

⑺ 下線部(d)の「法」に関して，この時期に施行されていた律令は何か。

B

(e)英国人莫利宋(モリソン)なるもの，交易を乞わんため，我が漂流の民七人を護送して，(f)江戸近海に至ると聞けり。(中略)そもそも我国外交の厳なる，海外諸国の熟知する所にして，其の証は諸地誌，また(g)鄂羅斯のクルーゼンシュテルンの記(奉使日本紀行)・ゴローウニンの記(遭厄日本紀事)に審(つまび)らか也。然れば，(h)漂人を媒酌として，交易を乞う事の行われざる，もとより了解して来る事なれば，レザノフの旧轍(注)を踏まざる事必定なるべし。(中略)(i)今我が四周渺然(注)の海，天下万国拠る所の界(さかい)にして，我に在りて世々不備の所多く，其の来るもまた一所に限る事能わず。一旦事ある時，全国の力を以てすといえども，鞭の短くして馬腹に及ばざるを恐るる也。

(注)　「旧轍」は，古人の行為のあとのこと。

「渺然」は，ひろびろとして果てしないさまのこと。

問

⑻ 下線部(e)「英国人莫利宋なるもの」は，この文章の著者が，船の名を人の名と誤解して記したものである。

(あ) 来航した船は，正しくはどこの国の船であったか。

(い) この船に対する江戸幕府の対応はどのようであったか。簡潔に記せ。

(9) 下線部(f)に関連して，江戸湾に出入りする船の検査を行うための奉行所が置かれ，ペリー来航の際には交渉の場となったのはどこか。その地名を記せ。

(10) 下線部(g)「鄂羅斯」は，ある国を示す表現である。その国名を記せ。

(11) 下線部(h)に関連して，漂流民の送還を理由に来航した外国の使節から，江戸幕府に初めて公式に引き渡された漂流民は誰か。

(12) 下線部(i)と同様の危機意識から，18世紀末に書物を出版し，海防の必要を説いた人物は誰か。

C

華翰(かかん)(注)敬読。勅諭(j)改正案御送付拝承。簡短にして主義明瞭，尤(もっと)も妙と存じ候(そうろう)。末文に，一国の独立を維持するは陸海軍備(k)に基因す，幸いに目下東洋無事，隣国の関係親密(l)云々の旨趣を一語相加え，なお一案を煩(わずら)わせたく，希望にたえず候。(中略)今に予算結了に到らざる趣，誠に困り入り候(m)，余事後鴻(こうこう)(注)に譲る。草々頓首

九月二十三日早天

エ

井上顧問官殿

(1890年9月23日付井上毅あて書簡)

(注) 「華翰」は，貴方からの書簡。
「余事後鴻に譲る」は，残りの事柄はまた後日お便りします，という意味。

問

(13) 下線部(j)の「勅諭」は，この史料の時期にはまだ作成中であった教育勅語を指すと推定される。こうした天皇の公的な意思を示す文書(詔勅)は，国民へ向けて折々発せられたが，それに関して，

(あ)　日露戦争後に出された戊申詔書をうけて，町村財政の立て直しなどをはかった地方改良運動が本格化した。この運動を推進した，地方行政や警察などを統轄した省はどこか。

(い)　1923年の「国民精神作興ニ関スル詔書」は，同年9月に起こった大規模な災害を契機に出された。その災害を何というか。

(14)　下線部(k)の「陸海軍備」の兵力量決定権は，帝国憲法では天皇大権に属すると定められた。同じく天皇大権の1つで，陸軍省・海軍省からも独立した，軍隊を指揮する権限をとくに何というか。

(15)　下線部(l)で示される情勢認識の背景には，1885年以来，日清両国の間で結ばれていた条約がある。その条約の主要な内容を2つ記せ。

(16)　下線部(m)のように，難産の末決定された政府の次年度予算案であったが，第1回帝国議会ではこれをめぐって政府と民党とが対立した。この際，民党が政府に訴えた要求は何であったか。簡潔に記せ。

(17)　［　エ　］には，この書簡の差出人である，当時の首相の名前が入る。その氏名を記せ。

Ⅱ　日本史B問題　(20点)

次の文章(①～⑩)の［　ア　］～［　ト　］に入る最も適当な語句を記せ。解答はすべて所定の解答欄に記入せよ。

① ［　ア　］世後期の打製石器が，列島の各地で発掘されている。1949年に群馬県の［　イ　］遺跡の発掘調査により，この種の石器の存在が確認された。

② 縄文時代の豊かな文化や盛んな活動が明らかにされつつある。1992年に本格的な調査が開始され，集合住居と推定される大型の竪穴住居などが出土した青森県［　ウ　］遺跡は，その明白な物証である。多様な物資が行き交い，たとえば姫川流域を原産とする［　エ　］が，装飾品の素材として広く流通した。

③ 紀元前後頃から，倭人は中国王朝に遣使をくり返し行った。『漢書』地理志に「［　オ　］海中に倭人有り」とあるように，［　オ　］郡が遣使の窓口であった。『後漢書』［　カ　］伝に記された紀元57年の遣使は有名である。

④ 文字を記した遺物は，古墳時代の社会を解き明かす鍵を握る資料である。［　キ　］県の岡田山1号墳から出土した鉄刀には「額田部臣」の銘が認められる。この「臣」は，有力豪族に与えられた［　ク　］と呼ばれる称号の1つと考えられる。

⑤ 近世中後期の私塾は，多くの門人を集め，多彩な人材が輩出した。懐徳堂はその1つで，富永仲基や，『夢の代』を著した［　ケ　］などが育った。また，周防の医師の家に生まれた［　コ　］は，豊後日田の咸宜園や大坂の適塾で学んだ後，長州藩で軍事指導を行い，維新後は近代的軍隊の創始に関わった。

⑥ 近世後期になると，村では貧富の格差が拡大し，貧農・小作人層が村政参加，村役人の交代，帳簿の公開などを要求する運動である［　サ　］が増えた。また，都市部へ流出するものも増えて村が荒廃したため，老中松平定信は帰村を勧める［　シ　］を発令した。

⑦ 開国直後から，［　ス　］は日本の最大の輸出品となった。いっぽう輸入で

は開国当初，毛織物や綿織物，綿糸などが大きな割合を占めたが，1880年代以降の［ セ ］業の勃興によって，その原料である綿花の輸入が増大し，19世紀末から20世紀初頭には最大の輸入品となった。

⑧ 1911年に青鞜社を結成し，女性の生きる道は結婚して母となることだけではないと訴えた［ ソ ］は，女性の政治的権利を求めて1920年に市川房枝らと新婦人協会を創立した。1945年には女性の選挙権・被選挙権が初めて認められ，さらに1947年には［ タ ］の改正によって，男性の家長に強い権限を与えた戸主制度が廃止された。

⑨ 韓国併合後，日本政府が朝鮮統治のため設置した［ チ ］は，朝鮮人の政治活動を厳しく弾圧した。「平民宰相」と呼ばれた［ ツ ］が首相のとき，三・一独立運動が起こると，［ チ ］は憲兵警察の廃止など統治に手直しを加えたが，民族主義運動は根強く続いた。

⑩ 1941年7月に日本軍が南部仏印に進駐すると，アメリカは［ テ ］の対日輸出を禁止した。日本はアメリカに禁輸解除を求めたが，これに対してアメリカは，日本軍の［ ト ］および仏印からの全面撤退を日本に要求した。日本はこの要求を受け入れることができず，対米英開戦に踏み切った。

Ⅲ 日本史B問題 (30点)

次の文章(A～C)の［ ア ］～［ シ ］に最も適当な語句を記し，問(1)～(15)に答えよ。解答はすべて所定の解答欄に記入せよ。

A

桓武天皇は平安京の建設にあたり，平城京の寺院が移ってくることを許さなかった。これは［ ア ］京から平城京に遷都したときの方針と大きく異なる。かわりに平安京の正門である［ イ ］をはさんで，左京と右京に寺院が新造された。(a)このうち左京の寺は空海に与えられ，真言宗の拠点となって，数多くの密教美術を今に伝えている。その後も，京内に寺院が建立されることはほとんどなく，(b)天皇や貴族は平安京の周辺や郊外に寺院を建てた。

平城京に残された大寺院では，仏教の研究や布教，僧尼の育成などが盛んに行われた。最澄が大乗戒壇の設立をめざすと，平城京の仏教勢力は強く反対したが，最澄は『［ ウ ］』を著してこれに反論した。空海はそうした対決姿勢をとらず，東大寺に真言院という拠点をもった。この真言院は，(c)政争に敗れて隠棲していた平城太上天皇に対し，かつて空海が灌頂という密教儀礼を行った場であった。

平城京の寺院が勢力を保った主な要因は，封戸・荘園といった経済基盤である。しかし，［ エ ］とも呼ばれた国司が強い権限を握ると，封戸や荘園からの収入は減少した。それは［ エ ］が(d)朝廷や摂関家への奉仕を重んじ，平城京の寺院を軽視したためであろう。(e)北陸地方の東大寺領荘園も，［ エ ］が協力しないため，経営に行きづまったとも考えられる。

こうして平城京の寺院は衰えていったが，［ オ ］は藤原氏の庇護によって強い勢力を保った。平城京の大部分が田畑となるなか，［ オ ］と東大寺の周辺地域は南都(奈良)と呼ばれ，都市のにぎわいを維持していた。

問

(1) 下線部(a)に関して，この寺に伝えられた，二図で一対をなす9世紀頃の密教絵画は何か。

⑵　下線部(b)に関して，11世紀前半に平安京東京極と鴨川の間に建てられた，阿弥陀堂を中心とする寺院は何か。

⑶　下線部(c)の「政争」に勝利した天皇は誰か。

⑷　下線部(d)の「奉仕」に関して，建物を造営するなどの奉仕により，官職に任じてもらうことを何と呼ぶか。

⑸　下線部(e)の「北陸地方の東大寺領荘園」の大部分は，開墾を奨励し，耕地の拡大をめざす政策のもとで成立した。これは何世紀のことか。

B

中世において地方支配を担った守護は，鎌倉時代に有力御家人が任ぜられたことに始まるが，その任務は大犯三カ条(f)と呼ばれる内容に限定されていた。鎌倉幕府を滅ぼした後醍醐天皇は，専制的・復古的な政策を行い，鎌倉と［カ］にそれぞれ皇子を派遣し，各国には守護とともに国司を置いた。しかし，1335年に起こった［キ］の鎮圧のために鎌倉に下った足利尊氏が反旗をひるがえしたので，政権を失って吉野に逃れた。このような内乱(g)の中，室町幕府は守護にさまざまな新たな権限(h)を与えて地方支配を確立させた。また，二代将軍義詮の弟を［ク］に任じ，伊豆・甲斐・関東八か国を統治させた。

しかし，内乱が収束に向かうと，今度は守護の力を削ぐことが幕府の課題となった。三代将軍義満(i)は，複数の国を支配し強大化していた一部の守護らを討伐する(j)一方で，譜代の足利家家臣や守護の一族を，将軍直轄軍である［ケ］に編成し重用していった。こののち，京都に集まった有力守護が将軍を支えるかたちで，室町幕府はしばらくの安定期をむかえる。

問

⑹　下線部(f)の内容は，謀反人の逮捕・殺害人の逮捕と，もう1つは何か。

⑺　下線部(g)の「内乱」を描いた軍記物の誤りを指摘しつつ，足利家の一門であるみずからの家の歴史を記した，九州探題を務めた人物は誰か。

(8) 下線部(h)の「権限」のうち，守護が幕府の裁判の判決を執行することを何というか。

(9) 下線部(i)は，朝廷においても高い官位につき，内乱で中止されていたさまざまな年中行事や造営を積極的に再開した。この一環として，全国の田の面積に応じて課す税の徴収を幕府が担うようになった。この税の名称を記せ。

(10) 下線部(j)に関して，

(あ) 南北朝合一の前年に討たれた，山陰を中心とする国々の守護を務めた人物は誰か。

(い) 堺で挙兵し鎮圧された守護の子孫は，その後，勢力を削減されながらも，室町時代を通して日明貿易にたずさわるなど，有力守護であり続けた。この子孫が15世紀末に定めた分国法の名称を記せ。

C

1952年に発効したサンフランシスコ講和条約によって，日本は独立を回復した。しかし，同条約に調印しなかった，または講和会議に招聘されなかった国々との国交正常化が，日本にとって大きな外交課題として残された。また，沖縄と［　コ　］諸島がアメリカ合衆国(アメリカ)の施政権下に置かれたため，その本土復帰も課題であった。

ソヴィエト連邦(ソ連)との国交正常化は，1956年，鳩山一郎(k)が首相のときに実現した。しかし，日ソ共同宣言が出されたものの，北方領土(l)問題での立場の隔たりが大きかったため，平和条約の締結には至らなかった。大韓民国(韓国)とは1965年に日韓基本条約を締結し，国交を樹立した。当時の日本の首相は佐藤栄作，韓国の大統領は朴正熙であった。佐藤内閣の下では，1968年に(m)［　コ　］諸島返還，1972年に沖縄返還も実現している。

日本は1952年に中華民国との間で［　サ　］条約を締結した。しかし，1971年のニクソン・ショック以降，アメリカが同国と断交して中華人民共和国を承認する方向に動き出すと，日本もそれに追随し，1972年に田中角栄首相が訪中して，日中共同声明が出された。また，1978年には，［　シ　］条約が締結された。

このように日本は，1950年代から70年代にかけて，周辺諸国との国交正常化を実現したが，戦争や植民地支配に起因する問題がすべて解決されたわけではない。ソ連(ロシア)との平和条約締結，朝鮮民主主義人民共和国(北朝鮮)との国交正常化(n)は，現在に至るまで実現していない。また，北方領土，竹島や尖閣諸島の領有権をめぐる争いが存在するほか，1980年代(o)以降，戦争被害者への補償，首相の靖国神社参拝，歴史教科書の記述などをめぐって，新たな外交問題が浮上している。

問

(11)　下線部(k)の「鳩山一郎」が文部大臣を務めていた1933年，京都帝国大学法学部のある教授が休職処分を受けたのをきっかけとして，同学部の教官の半数以上が大学を去る事件が起こった。この事件を，その教授の苗字から何と呼ぶか。

(12)　下線部(l)の「北方領土」のうち，日ソ共同宣言の中で，平和条約締結後にソ連から日本に引き渡すとされているのは，歯舞群島とどの島か。

(13)　下線部(m)の「1968年」に，佐藤内閣は明治百年記念式典を開催した。この年が「明治百年」とされたのは，元号が明治に改元された1868年から百年が経過したためであるが，これに関連して以下の問に答えよ。

(あ)　明治の1つ前の元号は何か。

(い)　明治元年の干支(かんし)は何か。

(う)　この年のNHK大河ドラマになった『竜馬がゆく』のほか，『翔ぶが如く』『坂の上の雲』など，幕末・明治期に関する長編歴史小説を多数発表した作家は誰か。

(14)　下線部(n)に関して，国交正常化に向け，戦後日本の首相として初めて北朝鮮を訪問したのは誰か。

(15)　下線部(o)の「1980年代」に，財政再建のために検討が進められ，1989年に税率3パーセントで導入された間接税の一種を何というか。

Ⅳ　日本史B問題　　(30 点)

次の問⑴，⑵について，それぞれ 200 字以内で解答せよ。解答はいずれも所定の解答欄に記入せよ。句読点も字数に含めよ。

⑴　執権政治の確立過程において，北条時政・義時が果たした役割を説明せよ。

⑵　近世の石高制の成立過程，および，石高制に基づく大名統制と百姓支配について述べよ。

世界史

（90分）

I　世界史B問題　（20点）

マンチュリア(今日の中国東北地方およびロシア極東の一部)の諸民族は国家を樹立し，さらに周辺諸地域に進出することもあれば，逆に周辺諸地域の国家による支配を被る場合もあった。4世紀から17世紀前半におけるマンチュリアの歴史について，諸民族・諸国家の興亡を中心に300字以内で説明せよ。解答は所定の解答欄に記入せよ。句読点も字数に含めよ。

II　世界史B問題　（30点）

次の文章(A，B)を読み，□の中に最も適切な語句を入れ，下線部(1)～(25)について後の問に答えよ。解答はすべて所定の解答欄に記入せよ。

A　西アジアで最初の文字記録は，メソポタミア(現在のイラク南部)でシュメール語の楔(くさびがた)形文字によって残された。シュメール人の国家が滅亡した後も，シュメール語は文化言語としてこの地域を支配したセム語系の民族(アムル人)によって継承・学習された。シュメールの文化や言語を受け継いだ古代メソポタミアの社会構造を知る手がかりとなるハンムラビ法典碑(1)は，アムル人が建てたバビロン第1王朝時代のものである。この王朝は，前2千年紀前半アナトリアに興ったインド＝ヨーロッパ語系の言語を使用していたヒッタイト人(2)の勢力によって滅ぼされた。

前2千年紀後半になると，アラム人(3)，ヘブライ人(4)，フェニキア人(5)などのセム語系民族の間で表音文字アルファベットの使用が始まり，前1千年紀に入ると，この文字体系が西アジア，ヨーロッパ地域に広まっていった。ギリシア文字の使用は前 9 ～ 8 世紀に始まり，やがてイタリア半島でもラテン文字が使用されるようになった。前 6 世紀ペルシアに勃興して西アジア(6)とエジプトにまたがる大帝国を建てた［　a　］朝では，王の功業などを記録する楔形文字と並んで，行政や商業にはアラム文字が使用されていた。マケドニアのアレクサンドロス大王の東方遠征の結果，前 330 年この大帝国は滅亡し，西アジアやエジプトでも一部ではギリシア文字が使用された。古代エジプトで使用されていたヒエログリフが記されたロゼッタ＝ストーン(7)は，エジプトを支配していたプトレマイオス朝(8)時代に作成された石碑で，ギリシア語の文章が併記されていたことがヒエログリフ解読の契機となった。

アラム文字は西アジアや中央アジア地域でその後使用された多くの文字の原型となったが，紀元後 7 世紀にアラビア半島に興り，その後 1 世紀余のうちにイベリア半島から中央アジアにまで拡大したイスラーム(9)勢力の支配領域において使用されたアラビア文字は，その最も繁栄した後裔(えい)と呼ぶことが出来よう。アラビア文字は，イスラーム教徒(ムスリム)にとっての聖典『クルアーン(コーラン)』を記す文化的な核心を成す文字とされ，その使用はムスリムの活動範囲と重なって拡大した。イスラームに改宗したイラン系(10)，トルコ系(11)の人々も，アラビア文字の表記をそれぞれの言語に合わせて少しずつ改変して使用した。［　b　］帝国を廃して成立したトルコ共和国(12)では，1928 年からラテン文字に基づくトルコ文字の使用を法律的に義務付けた。中央アジアやアゼルバイジャン(13)で独立したトルコ系民族を主要な構成要素とする諸国の多くも，現代ではラテン文字やキリル文字を基礎とする各国文字を使用している。

問

⑴　この法典碑は 1901～02 年にイラン南西部の遺跡スーサで発掘されたものである。当時イラン(国名はペルシア)を支配していた王朝は何か。その名を記せ。

⑵　ヒッタイト人の国家は前 2 千年紀の後半エジプトと外交関係を持ち，それは 1887 年エジプトで発見された楔形文字によるアマルナ文書にも記録されている。この文書が作成された時代に，従来のアモン神からアトン神へと信

仰対象の大変革を行ったとされるエジプトの王は誰か。その名を記せ。

(3)　アラム人は大きな国家を形成することなく，シリアの内陸部ダマスクスなどの都市を拠点に交易に従事していたとされる。前 1 千年紀前半，これらのアラム人を支配下に置き，西アジアで大きな勢力を持つようになった国家は何か。その名を記せ。

(4)　前 6 世紀，新バビロニア(カルデア)王国の攻撃でヘブライ人の王国(ユダ王国)の首都イェルサレムが陥落，王族や主要な人物はバビロンへ連行され，捕囚となった。これを行った新バビロニアの王は誰か。その名を記せ。

(5)　フェニキア人は海洋民族として活躍した。彼らの活動の根拠地となった現在レバノン領の港市の名を一つ挙げよ。

(6)　前 7 世紀にカルデアやリュディアと並んで強力となったイラン西部に本拠を置いた国は何か。その名を記せ。

(7)　ロゼッタ＝ストーンは，ナポレオンのエジプト遠征の際，イギリス軍の襲来に備えてロゼッタ(ラシード)の城塞を修復中に偶然発見されたものである。1822 年にこの石に刻まれた銘文を参照してヒエログリフの解読に成功したフランス人学者は誰か。その名を記せ。

(8)　この王朝は前 30 年ローマによって滅ぼされた。ヘレニズム時代，この王朝に対抗してシリアを中心とした西アジアを支配し，前 1 世紀前半に滅亡した王朝は何か。その名を記せ。

(9)　この宗教は南アジアを経て東南アジアへと伝播し，この地域で多数の信者を獲得するまでになった。1910 年代の初め，現在のインドネシアで結成された，この宗教を基盤とする民族運動組織は何か。その名を記せ。

(10)　11 世紀の初め，アラビア文字を用いたペルシア語で，神話・伝説・歴史に題材を採った長大な叙事詩『王の書(シャー＝ナーメ)』を書いたイラン東部出身の詩人は誰か。その名を記せ。

(11)　この民族の一部は，中央アジアを中心に国際的な交易に従事するイラン系民族と密接な関係を持ち，その民族が用いていたアラム系文字を使用するようになった。そのイラン系民族は何か。その名を記せ。

(12)　この国の成立に当たって，アンカラに本拠を置く政府が 1923 年に第一次世界大戦の連合国と締結し，国境を画定した国際条約は何か。その名を記せ。

⒀　16世紀初頭，現在のイラン領アゼルバイジャン地域で建国し，その後，現在のアゼルバイジャン共和国領まで支配領域を拡大し，十二イマーム派を奉じた王朝が，16世紀末から首都を置いた都市はどこか。その名を記せ。

B　16世紀半ばをすぎると，明朝は周辺の諸勢力⒁との抗争によって軍事費が増大したため，重税を課すようになり，天災や飢饉なども相俟(あいま)って，各地で反乱が頻発し，次第に支配力を失っていった。1644年，［ c ］の率いる軍が北京を陥落させると，最後の皇帝であった崇禎帝⒂は自殺し，270年あまり続いた明朝の命運はここに尽きることになった。

その後，中国本土を支配したのは清朝であった。1661年に即位した康熙帝は，呉三桂らによる三藩の乱を鎮圧した。また，オランダ⒃を破り台湾⒄に拠って清に抵抗していた鄭氏政権を滅ぼした。これによって雍正帝・乾隆帝と三代つづく最盛期の基礎が築き上げられた。対外的には，ジュンガルを駆逐してチベットに勢力を伸ばすとともに，東方に進出してきたロシアとのあいだにネルチンスク条約⒅を結んで国境を取り決めた。また国内では，キリスト教(カトリック)宣教師⒆の一部の布教を禁止したほか，字書や類書⒇(事項別に分類編集した百科事典)の編纂など文化事業を展開した。

雍正帝のときになると，用兵の迅速と機密の保持を目的に，政務の最高機関である［ d ］が設置された。1727年にはロシアとキャフタ条約を結び，清とロシアの国境を画定した。

乾隆帝の時代には，「十全武功」と呼ばれる大遠征が行われた。西北ではジュンガルを滅ぼし，天山以北の草原地帯と以南のタリム盆地を征服した(21)。一方，南方では台湾・ビルマ(22)(現ミャンマー)・ベトナム(23)・大小両金川(今日の四川省西北部)にも出兵した。これらの遠征は必ずしもすべてに勝利を収めたわけではなく，ビルマ・ベトナムではむしろほとんど敗北に近かったのであるが，それでも清朝はユーラシア東部の大半をおおうような巨大な版図を形成することになった。

この頃のユーラシア東方世界を考えるとき，注目すべきなのは，チベット仏教が急速に浸透していったことであろう。たとえば1780年，乾隆帝とチベットの活仏パンチェン＝ラマ 4 世の会見が実現すると，元朝の帝師 [e] と世祖クビライ⒇の関係を再演してみせようとして，パンチェン＝ラマはみずからを [e] の転生者と称し，乾隆帝を転輪聖王と称揚した。つまりモンゴル・チベット・東トルキスタン・漢地などをふくむ「大元ウルス」の大領域を「大清グルン」の名のもとにほぼ完全に「復活」させた乾隆帝は，クビライの再来として転輪聖王と認識されたと考えられる。チベット仏教に基づく権威によって王権の正統化が図られたといえよう。

しかし嘉慶帝・道光帝・咸豊帝の頃になると，清朝の勢力は次第に衰え，19 世紀半ば，㉕アヘン戦争とアロー戦争(第二次アヘン戦争)が相次いで発生すると，ヨーロッパ列強との間に南京条約など不平等条約の締結を強いられた。

問

⒁　このような諸勢力のうち，明の北方辺境を侵したモンゴルの君主は誰か。その名を記せ。

⒂　この皇帝の祖父の時代，各種の税と労役を一括して銀で納入する方法が広まっていった。この税制は何か。その名を記せ。

⒃　当時オランダがヨーロッパにもたらした中国の陶磁器は世界商品であった。その陶磁器の生産で名高い中国江西省の都市はどこか。その名を記せ。

⒄　台湾は日清戦争の結果，1895 年に日本に割譲され，第二次世界大戦後には中国国民党の率いる中華民国政府が移転してきた。2000 年には総統選挙によって初の政権交代が行われた。この国民党に代わって政権を担った政党は何か。その名を記せ。

⒅　この条約を結んだときのロシア帝国の皇帝は誰か。その名を記せ。

⒆　フランス出身でイエズス会に所属し，ルイ 14 世の命令でこの時期に訪中した宣教師らが測量・作製した中国全土の地図は何か。その名を記せ。

⒇　康熙帝のときに編纂が開始され，雍正帝のときに完成した類書の名を記せ。

㉑　1884 年，これらの地に設置された省は何か。その名を記せ。

㉒　18 世紀半ばに内陸のビルマ人勢力が建国し，ほぼ現在のミャンマーの国土と等しい領域を支配し，さらにタイのアユタヤ朝を滅ぼした王朝は何か。

その名を記せ。

(23) 当時ベトナムでは，北部の鄭氏と中部の阮氏が対立していたが，18 世紀後半に起こった反乱によって両者はともに滅亡した。この反乱は何か。その名を記せ。

(24) クビライは日本遠征を行い，その軍には高麗軍も参加していた。現在は朝鮮民主主義人民共和国の南部に位置する高麗の首都はどこか。その名を記せ。

(25) これらの戦争に敗れた清は列強に対して大幅な譲歩を余儀なくされ，国内体制の「改革」をせまられることになった。これを洋務運動という。この運動に見られた，儒教などの精神を温存しつつ西洋の技術を導入するという考えは何か。その名を記せ。

Ⅲ　世界史B問題　(20 点)

15 世紀末以降，ヨーロッパの一部の諸国は，インド亜大陸に進出し，各地に拠点を築いた。16 世紀から 18 世紀におけるヨーロッパ諸国のこの地域への進出の過程について，交易品目に言及し，また，これらのヨーロッパ諸国の勢力争いとも関連づけながら，300 字以内で説明せよ。解答は所定の解答欄に記入せよ。句読点も字数に含めよ。

Ⅳ　世界史B問題　(30点)

次の文章(A，B)を読み，[　　　]の中に最も適切な語句を入れ，下線部(1)～(22)について後の問に答えよ。解答はすべて所定の解答欄に記入せよ。

A　人類は，結婚や相続といった枠組みを通じて，有形無形の財産や権利を受け継いできた。

古代ギリシアのポリスでは，参政権は成人男性市民が有し，女性の発言力は家庭内に限られた。これに対して，アテナイの喜劇作家[　a　]は，『女の平和』という作品で，女性たちが性交渉ストライキで和平運動に参画する姿を描き，時事風刺を行った。

古代ローマでは，カエサルの遺言で養子になったオクタウィアヌスが元首政を開始した。そしてこの帝位を継がせる者として，[　b　]を同じく養子とした。(1)ヘブライ人の王の子孫とされるイエスに対する信仰は，社会的地位において劣るとされた女性や下層民を強くひきつけた。この信仰を中心とするキリスト教は，後の欧州世界を大きく規定した。

古代末にドナウ川中流のパンノニアを本拠としたフン人の中では，伯父から王位を共同で継承した兄弟王権が成立した。兄ブレダの死後，(2)単独支配者となった王は大帝国を建設したが，その死亡に伴い帝国は瓦解した。東ゴート人は，(3)テオドリックを指導者とし，ラヴェンナを首都とする東ゴート王国を建設した。この国はローマ由来の制度や文化を尊重したが，後に(4)東ローマ皇帝により滅ぼされた。

フランク王国は，分割相続を慣習とし，カール大帝を継承したルートヴィヒ1世が死亡すると，3人の子の間で闘争が激化し，(5)王国は3つに分割された。その後，中部フランクが東西フランクに併合され，イタリア・ドイツ・フランスの基礎が築かれた。

ノルマンディー公国では，フランス貴族との通婚により生まれた次男・三男以下のノルマン騎士が，傭兵や征服者として欧州各地に出かけた。イタリアでは，(6)半島南部とシチリア島の領土を継承した王が，両シチリア王国を誕生させた。

この時期，封建貴族に支配された農奴は，地代として生産物の貢納と，領主の農地を耕作する賦役とを課された上に，結婚税を労働力移動の補償として，死亡税を保有地相続税として支払うなど，多岐にわたる負担(7)を義務づけられた。

ローマ=カトリック教会は，修道士を通じて民衆教化を進めた。教会には，国王や諸侯から土地が寄進され，聖界諸侯が政治勢力となったが，現実的には教会は世俗権力の支配下にあり，また腐敗も進んだ。こうした世俗化や腐敗を批判する教会内部の動きは，フランスのブルゴーニュ地方にあった［　c　］修道院が中心であった。司教職などを相続や取引の対象とすることや，戒律に反する妻帯慣行も非難の対象であった。

イングランドでは王位を巡る混乱が生じた。結果的に，フランスのアンジュー伯がヘンリ2世として即位したが(8)，アキテーヌ女公と結婚しフランス西部を領有するに至り，大陸とブリテン島にまたがる大国が建設された。他方でフランス側では，カペー王家の断絶に伴い，ヴァロア家のフィリップ6世が即位すると，大陸におけるイングランド勢力の一掃を図ったが，これに対してイングランド王エドワード3世は，フランスの王位継承権を主張した(9)。

中世後期のイタリアには，ローマ教皇領の北に，コムーネと呼ばれる自治都市が成立した。フィレンツェでは，商人や金融業者などの市民が市政を掌握した。やがて，有力家系が，その後数世代にわたり寡頭政を敷いた(10)。

北欧では，混乱を平定したデンマークの王女マルグレーテが，ノルウェー王と結婚し，父王と夫との死亡により，デンマークとノルウェー両国の実権を掌握した。さらにスウェーデン王を貴族の要請で追放すると，3国を連合することとなった(11)。これはデンマーク主導による連合王国を意味したが，後にスウェーデンとの連合は解消された。

問

(1)　『マタイによる福音書』によれば，イエスはヘブライ人の王の子孫とされる。息子ソロモンと共に王国の基礎を築いた王は誰か。その名を記せ。

(2)　この王は，カタラウヌムの戦いで西ローマ・フランクなどの連合軍に撃退され，イタリアでは教皇レオ1世との会見を経て撤退した。この王の名を記せ。

⑶　テオドリックは，フランク王の妹と結婚した。このフランク王はキリスト教(アタナシウス派)に改宗したことで知られるが，その王は誰か。その名を記せ。

⑷　この皇帝はその后テオドラとともに，北アフリカを征服するなど，地中海帝国を再現させた。この皇帝は誰か。その名を記せ。

⑸　この王国の分割を決定した条約は何か。その名を記せ。

⑹　伯父と父より継承し，南イタリアとシチリアにまたがるこの王国を作った王は誰か。その名を記せ。

⑺　教会は，農奴からも税として収穫の一部を徴収した。この税は何か。その名を記せ。

⑻　ヘンリ2世が開き，2世紀余り続いた王朝は何か。その名を記せ。

⑼　エドワード3世がフランスの王位継承権を主張した血縁上の根拠を簡潔に説明せよ。

⑽　金融業で資金を得て，学芸を庇護し，政治権力を維持した一家は何か。その名を記せ。

⑾　マルグレーテはデンマークとの国境に近い町に3国の貴族を集め，養子のエーリック7世のもとに3国が連合することを承認させ，その実権を握った。この連合は何か。その名を記せ。

B　世界史の中で19世紀は「ナショナリズムの時代」と言われるように，様々な地域で国民国家の形成が目指された時代だった。しかしそれは同時に，かつてない規模の人々が生地を離れて新天地に向かった「移民の時代」でもあった。工業化に伴う社会経済的な変動を背景とするこの時代の移民は，[12]16世紀以降盛んになった大西洋を横断する強制的な人の移動と移動先での不自由な労働との対比で，「自由移民」と呼ばれることがある。

ヨーロッパから海を渡った「自由移民」の代表的な行き先は，アメリカ合衆国(以下，合衆国)であった。合衆国はそもそも移民によってつくられた国であったが，[13]19世紀半ばごろから急拡大した労働力需要は，新たな移民をひきつけ，世紀後半には中国や日本からも多くの移民を迎えた。しかし，[14]これらの新しい移民と旧来の移民やその子孫との間には，摩擦も生まれた。同じころ[15]オーストラリアや南アフリカにも様々な地域から多くの人が移民として向かったが，いずれにおいても白人至上主義の体制が敷かれた。

19 世紀以降の大規模な人の移動を物理的に可能にしたのは，鉄道や蒸気船などの交通手段の発達だった。合衆国では 1869 年には大陸の東西が鉄道によって結ばれ，大西洋側と太平洋側のそれぞれの港に到来する移民の動きは，国内での移動と連結された。同じころスエズ運河も開通し，地球上の各地はますます緊密に結びつけられるようになった。しかし，こうした陸上および海上の交通網の発達は，人々の自由な移動を推し進めただけではなかった。(16)列強は帝国の拡張や帝国主義的進出のために各地で鉄道建設を進め，原料や商品の輸送のために鉄道を利用するばかりでなく，軍隊を効率的に移動させ抵抗を鎮圧するためにも利用した。それゆえ，(17)鉄道はしばしば，帝国主義に抵抗する民衆運動の標的ともなった。

20 世紀に入ると新たに飛行機が発明され，長距離の移動はさらに容易になる。ただし，発明からまもない時期の飛行機の実用化を促したのは，旅客機としての利用ではなく，軍事目的の利用だった。飛行機を使った空中からの爆撃が広範に行われたのは第一次世界大戦中であったが，歴史上最初の空爆は，(18)1911～12 年のイタリア＝トルコ戦争においてイタリア軍によって実行された。

国境を越える人の移動が拡大すると，それぞれの国家は，パスポートを用いた出入国管理の制度を導入して人の動きを管理しようとした。また，(19)大規模な人の移動は感染症の急速な伝播などの危険を増すものでもあったため，各国は港での近代的な検疫体制を整備した。こうした出入国管理や検疫の制度は，その運用の仕方次第で，移民を差別あるいは排斥する手段ともなった。

このように，19 世紀以降に拡大する人の移動とそれを支えた交通手段の発達は，単純に人々の自由な移動の拡大を意味したのではなかった。第二次世界大戦期およびそれに先立つ時期にも，「不自由」な移動は大規模に発生した。その極端な形は，ドイツ国内やドイツの占領地におけるユダヤ人をはじめとする人々の強制収容であったが，「亡命」を余儀なくされ国を出る人々も多数あった。たとえば，(20)著名な物理学者アインシュタインは，この時期に合衆国に亡命した 1 人である。

第二次世界大戦後も，戦争や内戦により，世界の様々な地域の人が「難民」という形で望まない移動を強いられてきた。(21) アジアでは1970年代後半から80年代に，インドシナ半島で多数の難民が生み出され，(22) 多くは合衆国などに向かい，一部は日本にも向かった。

以上のように見るならば，19世紀以降，今日に至る時代は，大量の「強いられた移動」に特徴づけられた時代とも言えるのである。

問

(12)　この強制的な人の移動について，欧米では18世紀末から19世紀に入るころに反対の気運が高まる。1807年にそのような移動を廃止したのはどこの国であったか。その名を記せ。

(13)　(ア)　1840年代から50年代にかけてヨーロッパのある地域は合衆国に向けてとくに大規模に移民を送り出した。この地域とはどこであったか，そしてこの地域が大量の移民を送り出した事情とは何か。簡潔に説明せよ。

(イ)　1840年代後半から移民を多くひきつけた合衆国側の事情について簡潔に説明せよ。

(14)　合衆国におけるこのような動きは1924年の移民法に一つの帰結をみた。この法の内容を簡潔に説明せよ。

(15)　これら両国が20世紀初めにイギリス帝国の中で得た地位はどのようなものであったか。その名称を記せ。

(16)　ロシアがアジアへの勢力拡大の手段としたシベリア鉄道は，ある国の資本援助を受けて建設された。その背景には，その国とロシアの同盟関係があった。この同盟は何か。その名称を記せ。

(17)　19世紀末の中国山東省で生まれ，鉄道の破壊を含む運動を展開した集団は何か。その名を記せ。

(18)　この戦争でイタリアが獲得した地域は，今日の何という国に含まれるか。その国名を記せ。

(19)　1918年から翌年にかけて，インフルエンザが世界中で大流行し，多数の人が命を落とした。この時期にこの伝染病を世界規模で急拡大させた要因の一つとして，大規模な人の移動があった。その移動はなぜおきたのか。簡潔に説明せよ。

⒇　第二次世界大戦下の合衆国で活動したアインシュタインは，その経験を踏まえ，戦後，哲学者ラッセルらとともに一つの運動を提唱した。この運動は何を目指すものであったか。簡潔に答えよ。

(21)　第二次世界大戦後，イギリスの委任統治の終了を機に急増し，現在も世界で最大規模の難民集団をなす人々は何と呼ばれるか。その名を記せ。

(22)　この難民が生まれた背景には，1970 年代半ばのベトナムの状況の変化があった。この変化について簡潔に説明せよ。

地理

（90 分）

I　地理B問題　（20 点）

人口の年齢構成と女性の就業に関する**グラフ 1・2** と**地図 1** を見て，問(1)~(4)に答えよ。解答はすべて所定の解答欄に記入せよ。字数制限のある問については，句読点も字数に含めよ。

問

(1)　**グラフ 1** は人口ピラミッドを，**グラフ 2** は女性の年齢による就業率の推移を，日本および**ア**～**ウ**の国ごとに示している。**ア**～**ウ**に該当する国名を，下記から選んで，その記号を解答欄に記入せよ。

A　アメリカ合衆国　　B　イタリア　　C　スウェーデン

(2)　**ア**国が少子化の問題に対してどのように取り組んできたか，家族の支援に関する対策について，40 字以内で述べよ。

グラフ 1　4 つの国々の人口ピラミッド（2015 年）

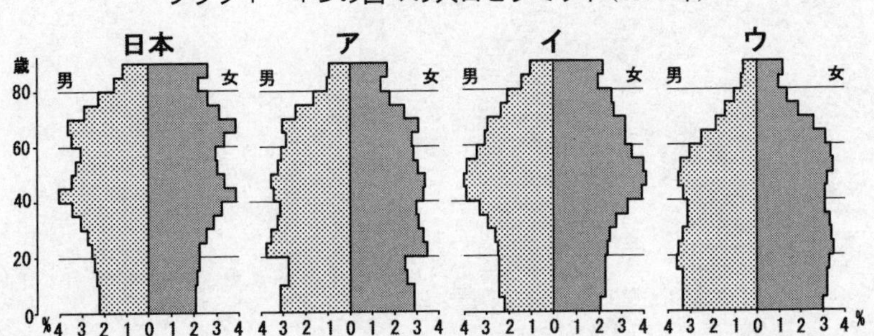

資料：World Population Prospects 2017（https://esa.un.org/）

グラフ 2　4 つの国々の女性の年齢別就業率(2015 年)

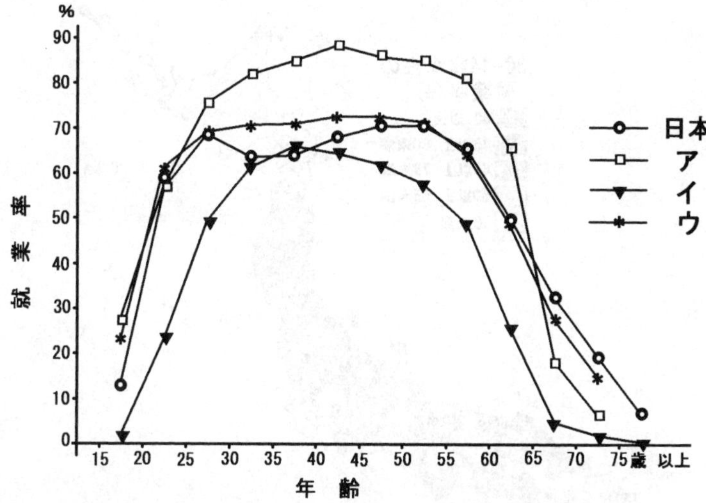

資料：日本については『平成 27 年　国勢調査』，その他の国々については World Population Prospects 2017(https://esa.un.org/)，および OECD Database(http://stats.oecd.org/)を使用。

注：**ア**国と**ウ**国の 75 歳以上のデータは記載されていないため，グラフに表示していない。

(3)　**グラフ 2** について，**イ**国の国内における女性の就業率は，南部と北部との間で差がある。この背景にある南部と北部との間での経済的な状況の違いについて，40 字以内で述べよ。

(4)　**グラフ 2** において，日本の場合，30－44 歳の年齢期では，前後の年齢期の就業率に比べて，就業率が下がる傾向がある。次ページの**地図 1** は，都道府県別の 30－44 歳女性就業率を表したものである。30－44 歳女性就業率が低い都道府県が集中するのはどのような特性をもった地域か，解答欄①に記入せよ。こうした地域で 30－44 歳女性就業率が低くなる要因の 1 つに，子どもの保育に関わる問題がある。その問題の内容を，40 字以内で，解答欄②に述べよ。また，子どもの保育には，家族構成の問題が深く関わる。解答欄①で答えた地域とそれ以外の地域とでは，家族構成について，どのような相違があるか，解答欄③に述べよ。

地図１　都道府県別の30－44歳女性の就業率

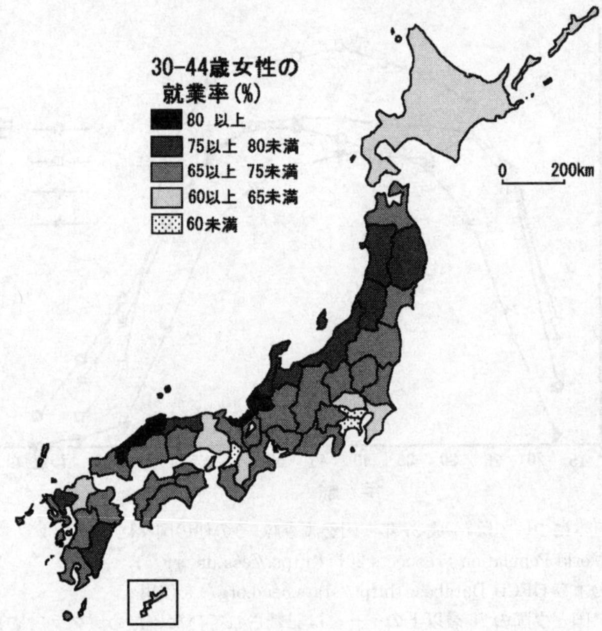

資料：『平成27年　国勢調査』

Ⅱ　地理B問題　(20点)

次ページの地図の河川A～Cについて，問(1)～(5)に答えよ。解答はすべて所定の解答欄に記入せよ。字数制限のある問については，句読点も字数に含めよ。

問

(1)　A～Cの河川は，流域の範囲と国際条約の観点からみて共通点をもつ。この共通点について，40字以内で説明せよ。

(2)　Aの河川は，都市アや都市イ付近では，長く延びる凹地状の地形に沿って流れている。この地形の名称を何と呼ぶか，6字で答えよ。

(3)　ドイツ側の都市アは，シュヴァルツヴァルトの山麓に位置し，古くから大学が存在する大学都市である。フランス側の都市イはストラスブールである。これらの都市では，市街地への自動車乗り入れが規制され，公共交通を利用するような交通システムが採用されている。これを何と呼ぶか，解答欄①に答えよ。また，どのような目的でこのシステムが用いられているか，解答欄②に20字以内で説明せよ。

(4)　Bの河川が首都を通っている国々には，1980年代まで周辺の3つ以上の国とともに1つの国家であった国がある。かつて1つであった時代の国家の名前を，解答欄①に答えよ。また，なぜ1つの国家が3つ以上の国に分裂したのか，その理由を，解答欄②に50字以内で述べよ。

(5)　Cの河川の河口付近の地形を，解答欄①に答えよ。また，河口部が属する国名を，解答欄②に答えよ。そして，河口付近に広がる農業地帯に卓越する気候の特徴について，解答欄③に30字以内で説明せよ。

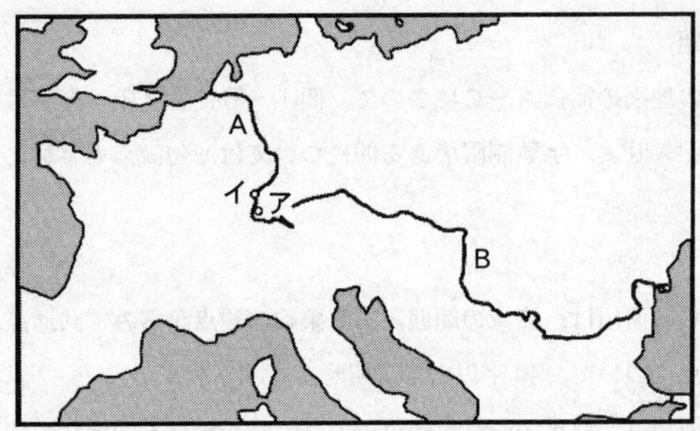
A
イ
ア
B

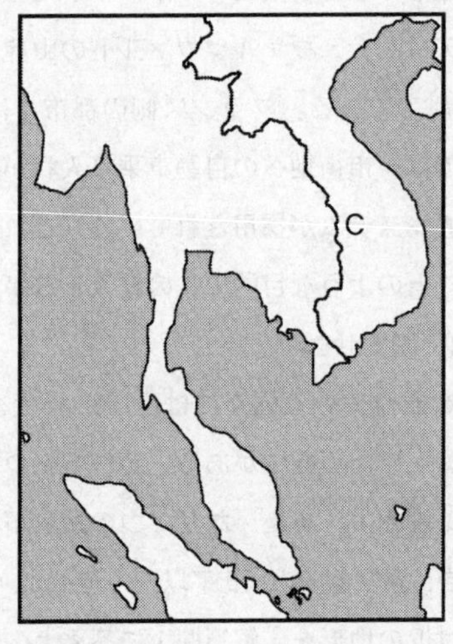
C

Ⅲ　地理B問題　(20点)

世界の農業についての以下の文を読み，問(1)~(4)に答えよ。解答はすべて所定の解答欄に記入せよ。字数制限のある問については，句読点も字数に含めよ。

人が生きていくためには食料が必要であり，食料獲得の方法として農業は主要なものである。農業のやり方は地域ごとに異なるが，地理学者［ア］は，労働・経営の集約度や作物と［イ］の組み合わせなどに基づき世界の農業地域区分を行い，これは修正を加えられながら今日でも用いられている。

この区分のうち，ヨーロッパで行われている混合農業は，中世以来の三圃式農業から発展した。三圃式農業は冬作物・夏作物・［ウ］のために耕地を三分して入れ替えながら耕作する［エ］を行うものである。

これに対し，東アジア・東南アジア・南アジアの多くは，［オ］に分類され，米の栽培が盛んである。日本などにおける米の栽培は，ヨーロッパの農業とは異なる特色がある。たとえば，米の栽培には主に水田を用い，水田に水を供給するために，ため池や用水路のような灌漑設備が付属する。ヨーロッパの混合農業が［エ］を基本とするのに対し，水田を用いた米の栽培は連作が可能であり，気候などの条件が許せば，米を1年に2回作付けする［カ］も可能である。混合農業では作物と［イ］の組み合わせが重要であるのに対し，［オ］では［イ］との組み合わせは必須ではない。

農業は食料を生産するだけでなく，その他の生活物資の原料を生産する。<u>綿花のような繊維原料が栽培される</u>[a]一方，絹の原料である繭(まゆ)をつくる［キ］の餌となる［ク］が栽培される。大航海時代以降に世界で広く栽培されるようになった作物もあり，<u>工業素材である天然ゴムのように原産地と現在の主要な生産地域が異なっている作物もある。</u>[b]

問

(1)　［ア］から［ク］に当てはまる語句を答えよ。

(2)　下線部aに関連して，下の**表**は世界の綿花の生産国(上位8か国)と輸入国・輸出国(それぞれ上位3か国)を示したものである。X，Y，Zに当てはまる国名を以下から選んで答えよ。

アメリカ合衆国　　アルゼンチン　　ウズベキスタン
カナダ　　中　国

⑶　表の中のZの国とその周辺地域では，綿花など農産物を増産するために，灌漑事業が行われた。この灌漑で取水された2つの川の名前を解答欄①に記し，その結果生じた環境問題について，解答欄②に40字以内で述べよ。

⑷　下線部bに関連して，天然ゴムの原産地を解答欄①に，現在の主要な生産地域を解答欄②に答えよ。①および②の地域名は以下の語句から選ぶこと。また，この2つの地域に共通する気候の特徴を解答欄③に答えよ。

東南アジア　　南アジア　　西アジア
サハラ以南アフリカ　　南アメリカ　　オーストラリア

表

世界の国別綿花生産量（単位　千t：2014年）	
インド	6,188
X	6,178
Y	3,593
パキスタン	2,374
ブラジル	1,412
Z	1,107
オーストラリア	885
トルコ	846

世界の国別綿花輸入量（単位　千t：2014年）	
X	2,439
トルコ	913
インドネシア	705

世界の国別綿花輸出量（単位　千t：2014年）	
Y	2,168
インド	1,528
オーストラリア	899

資料：FAOSTAT（http://www.fao.org/faostat/）

Ⅳ　地理B問題　(20点)

大気汚染に関する以下の文を読んで，問(1)~(5)に答えよ。解答はすべて所定の解答欄に記入せよ。字数制限のある問については，句読点も字数に含めよ。

大気は循環することから，その問題も様々なスケールにおいて生じる。地球スケールの問題として，温暖化に先立って注目を集めたのがフロンによるオゾン層の破壊であった。夢の物質としてひろく使われていたフロンが，オゾン層を破壊することが科学的に解明され，［ア］上空のオゾンホールが観測されたことで，1987年にフロンの使用削減にむけた国際的な取り決め(a)が結ばれた。

国家を超えたスケールの問題として越境する大気汚染がある。ヨーロッパの酸性雨は1970年代に問題化したが，その原因となる［イ］や硫黄酸化物は，一国で削減すれば解決するというものではなかった(b)。最近ではシンガポールやマレーシアに，スマトラ島の森林伐採にともなう野焼き(c)の煙が到達し，市民生活に影響している。また中国で発生した大気汚染物質(d)は韓国や日本に達して，日中に屋外での活動の制限が求められる［ウ］の発生を促進している。

問

(1)　文中の空欄**ア**~**ウ**に，当てはまる語句を答えよ。

(2)　下線部aの国際的な取り決めの名称を答えよ。

(3)　下線部bについて，酸性雨の原因となる硫黄酸化物の年間排出量と年間沈着量を国別に示した次の表を見て，ヨーロッパにおける越境汚染の状況とそれを引き起こした自然的要因について，40字以内で述べよ。

	イギリス	オーストリア	オランダ	スウェーデン	デンマーク	西ドイツ	フィンランド	フランス	ベルギー
排出量	1,271	47	115	79	121	823	101	721	202
沈着量	702	207	139	307	83	821	210	760	121

資料：D. Newbery (1990) Acid rain. *Economic Policy*, 11.
注：数値は硫黄分に換算したもの。統計年次は1987年。単位は千t。

⑷　下線部cについて，スマトラ島の野焼きの多くは，プランテーションの開発のためであると考えられている。このプランテーションで主に栽培される植物は何か，解答欄①に答えよ。また，この植物の果実は何に加工され，それが日本でどのように使用されているか，解答欄②に30字以内で述べよ。

⑸　下線部dについて，中国の北京ではPM 2.5（微小粒子状物質）の深刻な大気汚染が発生している。下のグラフは，北京市内のPM 2.5の発生源について2012-13年と2017年とを比較したものである。この5年間で北京の大気汚染はやや改善する傾向にある。このグラフを見て，北京における都市生活の変化と大気汚染の対策について，40字以内で述べよ。

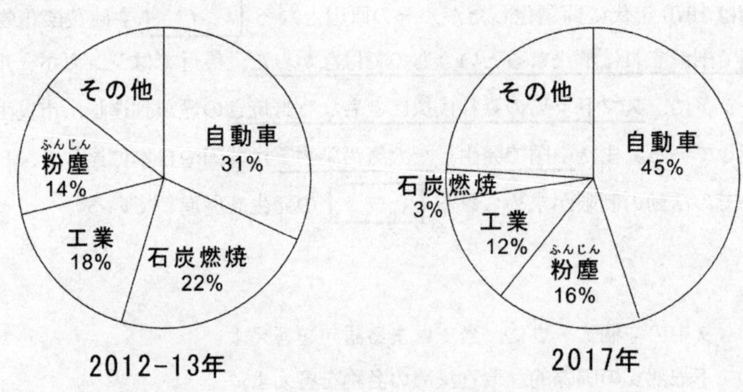

資料：北京市環境保護局（http://bjepb.gov.cn/）

V　地理B問題　(20 点)

下のA(大正元年発行)と次ページのB(平成 22 年発行，一部改変)は，長野県西南の御嶽山東麓の地形図である。ただしAの等高線には補助曲線も描かれた箇所があり，地図記号は現在と異なるものがある。これらの地形図を見て，問(1)～(3)に答えよ。解答はすべて所定の解答欄に記入せよ。字数制限のある問については，句読点も字数に含めよ。

問

(1)　図中の集落のうち，池の越(池之越)と管沢(管澤)は，旭ヶ丘と下ノ原よりも古くからみられる。池の越・管沢集落が先に成立した地形上の理由について，この 2 集落の間に水田がみられることに留意して，解答欄①に述べよ。また，Bの時点での旭ヶ丘・下ノ原集落における農地の特徴を，地形との関わりに留意して，解答欄②に述べよ。

A

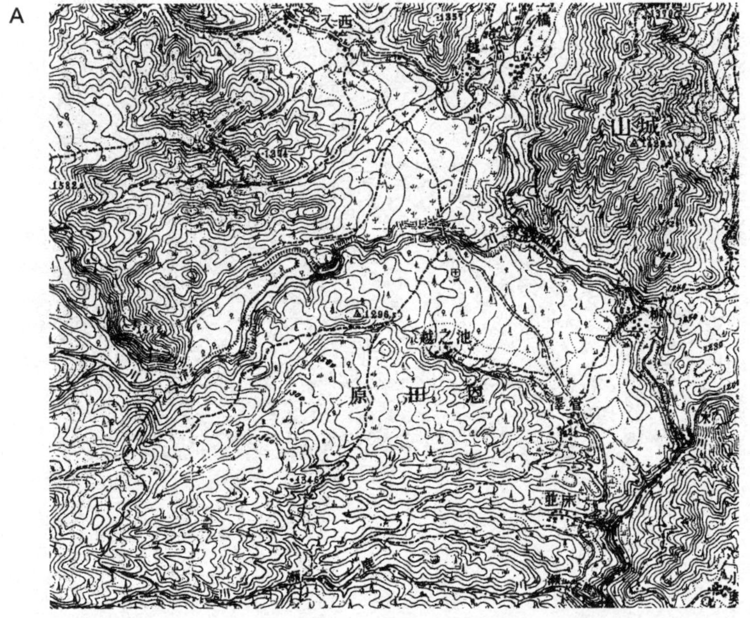

田　草地　矮松地(樹高の低い松林)

⑵　池の越(池之越)の南に位置する恩田原(恩田ノ原)からその南方の鹿ノ瀬川にかけて，Aの時点でどのような植生がみられたか，またそれがBの時点までにどのように変化したか，解答欄①に答えよ。また，こうした植生の変化は日本の各地で生じたものであり，山の利用のあり方が変化したことを反映している。それはどのような変化であったか，解答欄②に30字以内で答えよ。

⑶　AからBの間に恩田原(恩田ノ原)の西側で造成された住宅地と道路の形態的な特徴について，解答欄①に答えよ。また，この住宅地の性質や目的は主にどのようなものと考えられるか，住宅地内の土地利用や特徴的な施設に留意して，解答欄②に30字以内で述べよ。

B

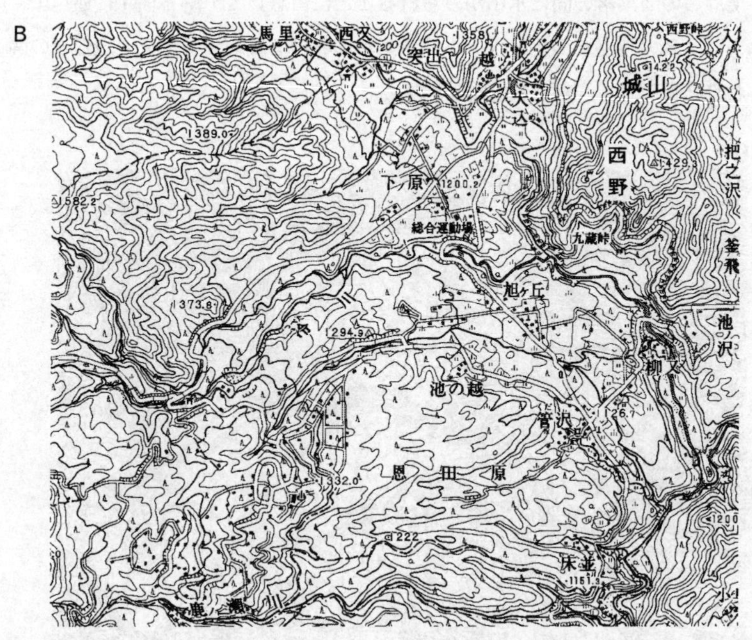

数学

（120 分）

（注）　150 点満点。総合人間（文系）学部は 200 点満点に，文学部は 100 点満点に換算。

解答に際して常用対数の値が必要なときは，常用対数表を利用すること。

1

（30 点）

次の各問に答えよ。

問 1　a は実数とする。x に関する整式 $x^5 + 2x^4 + ax^3 + 3x^2 + 3x + 2$ を整式 $x^3 + x^2 + x + 1$ で割ったときの商を $Q(x)$，余りを $R(x)$ とする。$R(x)$ の x の 1 次の項の係数が 1 のとき，a の値を定め，さらに $Q(x)$ と $R(x)$ を求めよ。

問 2　8.94^{18} の整数部分は何桁か。また最高位からの 2 桁の数字を求めよ。例えば，12345.6789 の最高位からの 2 桁は 12 を指す。

2

（30 点）

a は実数とし，b は正の定数とする。x の関数 $f(x) = x^2 + 2(ax + b|x|)$ の最小値 m を求めよ。さらに，a の値が変化するとき，a の値を横軸に，m の値を縦軸にとって m のグラフをかけ。

3

(30点)

a, b, c は実数とする。次の命題が成立するための，a と c がみたすべき必要十分条件を求めよ。さらに，この$(a,\ c)$の範囲を図示せよ。

命題：すべての実数 b に対して，ある実数 x が不等式 $ax^2+bx+c<0$ をみたす。

4

(30点)

1つのさいころを n 回続けて投げ，出た目を順に $X_1, X_2, \cdots, X_n$ とする。このとき次の条件をみたす確率を n を用いて表せ。ただし $X_0=0$ としておく。

条件：$1 \leqq k \leqq n$ をみたす k のうち，$X_{k-1} \leqq 4$ かつ $X_k \geqq 5$ が成立するような k の値はただ1つである。

5

(30点)

半径1の球面上の5点 A, B_1, B_2, B_3, B_4 は，正方形 $B_1B_2B_3B_4$ を底面とする四角錐をなしている。この5点が球面上を動くとき，四角錐 $AB_1B_2B_3B_4$ の体積の最大値を求めよ。

常用対数表(一)

数	0	1	2	3	4	5	6	7	8	9
1.0	.0000	.0043	.0086	.0128	.0170	.0212	.0253	.0294	.0334	.0374
1.1	.0414	.0453	.0492	.0531	.0569	.0607	.0645	.0682	.0719	.0755
1.2	.0792	.0828	.0864	.0899	.0934	.0969	.1004	.1038	.1072	.1106
1.3	.1139	.1173	.1206	.1239	.1271	.1303	.1335	.1367	.1399	.1430
1.4	.1461	.1492	.1523	.1553	.1584	.1614	.1644	.1673	.1703	.1732
1.5	.1761	.1790	.1818	.1847	.1875	.1903	.1931	.1959	.1987	.2014
1.6	.2041	.2068	.2095	.2122	.2148	.2175	.2201	.2227	.2253	.2279
1.7	.2304	.2330	.2355	.2380	.2405	.2430	.2455	.2480	.2504	.2529
1.8	.2553	.2577	.2601	.2625	.2648	.2672	.2695	.2718	.2742	.2765
1.9	.2788	.2810	.2833	.2856	.2878	.2900	.2923	.2945	.2967	.2989
2.0	.3010	.3032	.3054	.3075	.3096	.3118	.3139	.3160	.3181	.3201
2.1	.3222	.3243	.3263	.3284	.3304	.3324	.3345	.3365	.3385	.3404
2.2	.3424	.3444	.3464	.3483	.3502	.3522	.3541	.3560	.3579	.3598
2.3	.3617	.3636	.3655	.3674	.3692	.3711	.3729	.3747	.3766	.3784
2.4	.3802	.3820	.3838	.3856	.3874	.3892	.3909	.3927	.3945	.3962
2.5	.3979	.3997	.4014	.4031	.4048	.4065	.4082	.4099	.4116	.4133
2.6	.4150	.4166	.4183	.4200	.4216	.4232	.4249	.4265	.4281	.4298
2.7	.4314	.4330	.4346	.4362	.4378	.4393	.4409	.4425	.4440	.4456
2.8	.4472	.4487	.4502	.4518	.4533	.4548	.4564	.4579	.4594	.4609
2.9	.4624	.4639	.4654	.4669	.4683	.4698	.4713	.4728	.4742	.4757
3.0	.4771	.4786	.4800	.4814	.4829	.4843	.4857	.4871	.4886	.4900
3.1	.4914	.4928	.4942	.4955	.4969	.4983	.4997	.5011	.5024	.5038
3.2	.5051	.5065	.5079	.5092	.5105	.5119	.5132	.5145	.5159	.5172
3.3	.5185	.5198	.5211	.5224	.5237	.5250	.5263	.5276	.5289	.5302
3.4	.5315	.5328	.5340	.5353	.5366	.5378	.5391	.5403	.5416	.5428
3.5	.5441	.5453	.5465	.5478	.5490	.5502	.5514	.5527	.5539	.5551
3.6	.5563	.5575	.5587	.5599	.5611	.5623	.5635	.5647	.5658	.5670
3.7	.5682	.5694	.5705	.5717	.5729	.5740	.5752	.5763	.5775	.5786
3.8	.5798	.5809	.5821	.5832	.5843	.5855	.5866	.5877	.5888	.5899
3.9	.5911	.5922	.5933	.5944	.5955	.5966	.5977	.5988	.5999	.6010
4.0	.6021	.6031	.6042	.6053	.6064	.6075	.6085	.6096	.6107	.6117
4.1	.6128	.6138	.6149	.6160	.6170	.6180	.6191	.6201	.6212	.6222
4.2	.6232	.6243	.6253	.6263	.6274	.6284	.6294	.6304	.6314	.6325
4.3	.6335	.6345	.6355	.6365	.6375	.6385	.6395	.6405	.6415	.6425
4.4	.6435	.6444	.6454	.6464	.6474	.6484	.6493	.6503	.6513	.6522
4.5	.6532	.6542	.6551	.6561	.6571	.6580	.6590	.6599	.6609	.6618
4.6	.6628	.6637	.6646	.6656	.6665	.6675	.6684	.6693	.6702	.6712
4.7	.6721	.6730	.6739	.6749	.6758	.6767	.6776	.6785	.6794	.6803
4.8	.6812	.6821	.6830	.6839	.6848	.6857	.6866	.6875	.6884	.6893
4.9	.6902	.6911	.6920	.6928	.6937	.6946	.6955	.6964	.6972	.6981
5.0	.6990	.6998	.7007	.7016	.7024	.7033	.7042	.7050	.7059	.7067
5.1	.7076	.7084	.7093	.7101	.7110	.7118	.7126	.7135	.7143	.7152
5.2	.7160	.7168	.7177	.7185	.7193	.7202	.7210	.7218	.7226	.7235
5.3	.7243	.7251	.7259	.7267	.7275	.7284	.7292	.7300	.7308	.7316
5.4	.7324	.7332	.7340	.7348	.7356	.7364	.7372	.7380	.7388	.7396

小数第 5 位を四捨五入し，小数第 4 位まで掲載している。

常用対数表(二)

数	0	1	2	3	4	5	6	7	8	9
5.5	.7404	.7412	.7419	.7427	.7435	.7443	.7451	.7459	.7466	.7474
5.6	.7482	.7490	.7497	.7505	.7513	.7520	.7528	.7536	.7543	.7551
5.7	.7559	.7566	.7574	.7582	.7589	.7597	.7604	.7612	.7619	.7627
5.8	.7634	.7642	.7649	.7657	.7664	.7672	.7679	.7686	.7694	.7701
5.9	.7709	.7716	.7723	.7731	.7738	.7745	.7752	.7760	.7767	.7774
6.0	.7782	.7789	.7796	.7803	.7810	.7818	.7825	.7832	.7839	.7846
6.1	.7853	.7860	.7868	.7875	.7882	.7889	.7896	.7903	.7910	.7917
6.2	.7924	.7931	.7938	.7945	.7952	.7959	.7966	.7973	.7980	.7987
6.3	.7993	.8000	.8007	.8014	.8021	.8028	.8035	.8041	.8048	.8055
6.4	.8062	.8069	.8075	.8082	.8089	.8096	.8102	.8109	.8116	.8122
6.5	.8129	.8136	.8142	.8149	.8156	.8162	.8169	.8176	.8182	.8189
6.6	.8195	.8202	.8209	.8215	.8222	.8228	.8235	.8241	.8248	.8254
6.7	.8261	.8267	.8274	.8280	.8287	.8293	.8299	.8306	.8312	.8319
6.8	.8325	.8331	.8338	.8344	.8351	.8357	.8363	.8370	.8376	.8382
6.9	.8388	.8395	.8401	.8407	.8414	.8420	.8426	.8432	.8439	.8445
7.0	.8451	.8457	.8463	.8470	.8476	.8482	.8488	.8494	.8500	.8506
7.1	.8513	.8519	.8525	.8531	.8537	.8543	.8549	.8555	.8561	.8567
7.2	.8573	.8579	.8585	.8591	.8597	.8603	.8609	.8615	.8621	.8627
7.3	.8633	.8639	.8645	.8651	.8657	.8663	.8669	.8675	.8681	.8686
7.4	.8692	.8698	.8704	.8710	.8716	.8722	.8727	.8733	.8739	.8745
7.5	.8751	.8756	.8762	.8768	.8774	.8779	.8785	.8791	.8797	.8802
7.6	.8808	.8814	.8820	.8825	.8831	.8837	.8842	.8848	.8854	.8859
7.7	.8865	.8871	.8876	.8882	.8887	.8893	.8899	.8904	.8910	.8915
7.8	.8921	.8927	.8932	.8938	.8943	.8949	.8954	.8960	.8965	.8971
7.9	.8976	.8982	.8987	.8993	.8998	.9004	.9009	.9015	.9020	.9025
8.0	.9031	.9036	.9042	.9047	.9053	.9058	.9063	.9069	.9074	.9079
8.1	.9085	.9090	.9096	.9101	.9106	.9112	.9117	.9122	.9128	.9133
8.2	.9138	.9143	.9149	.9154	.9159	.9165	.9170	.9175	.9180	.9186
8.3	.9191	.9196	.9201	.9206	.9212	.9217	.9222	.9227	.9232	.9238
8.4	.9243	.9248	.9253	.9258	.9263	.9269	.9274	.9279	.9284	.9289
8.5	.9294	.9299	.9304	.9309	.9315	.9320	.9325	.9330	.9335	.9340
8.6	.9345	.9350	.9355	.9360	.9365	.9370	.9375	.9380	.9385	.9390
8.7	.9395	.9400	.9405	.9410	.9415	.9420	.9425	.9430	.9435	.9440
8.8	.9445	.9450	.9455	.9460	.9465	.9469	.9474	.9479	.9484	.9489
8.9	.9494	.9499	.9504	.9509	.9513	.9518	.9523	.9528	.9533	.9538
9.0	.9542	.9547	.9552	.9557	.9562	.9566	.9571	.9576	.9581	.9586
9.1	.9590	.9595	.9600	.9605	.9609	.9614	.9619	.9624	.9628	.9633
9.2	.9638	.9643	.9647	.9652	.9657	.9661	.9666	.9671	.9675	.9680
9.3	.9685	.9689	.9694	.9699	.9703	.9708	.9713	.9717	.9722	.9727
9.4	.9731	.9736	.9741	.9745	.9750	.9754	.9759	.9763	.9768	.9773
9.5	.9777	.9782	.9786	.9791	.9795	.9800	.9805	.9809	.9814	.9818
9.6	.9823	.9827	.9832	.9836	.9841	.9845	.9850	.9854	.9859	.9863
9.7	.9868	.9872	.9877	.9881	.9886	.9890	.9894	.9899	.9903	.9908
9.8	.9912	.9917	.9921	.9926	.9930	.9934	.9939	.9943	.9948	.9952
9.9	.9956	.9961	.9965	.9969	.9974	.9978	.9983	.9987	.9991	.9996

小数第5位を四捨五入し，小数第4位まで掲載している。

問二　傍線部(2)について、指示語の内容を明らかにして現代語訳せよ(「みな月の望にも消えぬふじのしら雪」も現代語訳すること)。

問三　傍線部(3)について、「さるからに」の内容を明らかにして現代語訳せよ。

問四　傍線部(4)について、筆者は何を問題視しているのか、説明せよ。

問五　傍線部(5)について、筆者は「いにしへのよき歌」とはどのようなものだと考えているのか、本文全体を踏まえて説明せよ。

※解答欄　問一・問四：各タテ一四センチ×二行
　　　　　問二・問三：各タテ一四センチ×三行
　　　　　問五：タテ一四センチ×四行

かでかその夜ふるべき。さはあらぬ事を思ひいふが、あはれなる歌の情なり。それを見しらぬは、(5)いにしへのよき歌のさまをたふとびしたはざるゆゑに、心のおよばぬにぞありける。さやうに古歌をなほざりに見過ぐしては、すべて柿本、山部のふたりの大人の歌のあはれなる情のふかき事は、さらにしられじ。この大人たちのこころをえて、つらつら思へば、歌もて道々しき事いふは、いみじきひがことなりけり。道々しきことは、文にかきてこそいふべけれ。いにしへよりよき歌には、おのがこころえがほなる事、たけ*きこころなどを、さらにいはざるも、人のあはれと思ふべくよむが歌なればなり。

（『三のしるべ』より）

注（＊）

俊恵法師＝平安時代末期の歌人。源俊頼の子。

山部の大人の歌＝「山部の大人」は山部赤人。「大人」はその人を敬っていう語。この歌は『万葉集』に出ている。

人麻呂＝柿本人麻呂。

貫之主＝紀貫之。「主」はその人を敬っていう語。『古今和歌集』の「仮名序」で山部赤人、柿本人麻呂らについての批評をしている。

注さく＝注釈書。

たけき＝ここでは、自分が利口だと誇るさま。

問一　傍線部(1)はどういう「情」か、説明せよ。

三

次の文は、江戸時代後期の国学者、藤井高尚が記したものである。これを読んで、後の問に答えよ。（五〇点）

*俊恵法師は、ただ歌をば、をさなかれといへり。この人、歌の情(こころ)をよくしれるなり。をさなき人は思ふ情ひとへにふかく、おろかなる事をぞいふ。歌の情もさやうなればなり。

*山部の大人(うし)の歌に、

ふじのねにふりおける雪はみな月の望(もち)に消(け)ぬればその夜ふりけり

とよまれしも、(1)おろかなる情をいはれたるなり。さるからにいといとあはれふかくきこゆ。この歌は、ふじの雪のことはに消(き)えぬ事をいへるなり。(2)それを「みな月の望にも消えぬふじのしら雪」とよみたらんには、かいなでの歌よみなるべし。「望に消ぬれば」といへるなん、いひしらずをかしき。今この歌の情を考ふるに、ふじの雪の常に消えぬを見て、いみじき高山なれば、寒くて消えざることわりはしらぬをさなきこころになりて、なべての雪といふものは、ふりては消え、消えてはふれば、ふじの雪もかならずさやうならんに、消えしをりの見えぬはあやしと、しばしながめやすらひて思ひえたり。ふじはいみじき高山なれば、雪も消えがてにして、こと所とはことなるべし。この山にふりおける雪は、みな月の望のあつささかりのかぎりに消えて、その夜ふりけり。(3)さるからに消えしをりの見えぬにこそと、あらぬ事をいへる歌にて、いといとあはれふかきなり。まことに歌の情は、かくこそあらまほしけれ。をかしともをかしく、めでたしともめでたく、世々の歌よみのさらにおよびがたき所なり。赤人は*人麻呂の下(しも)にたたんことかたしとも、歌にあやしくたへなりともいはれつる*貫之主(ぬし)は、歌のさまをよくしられたる人なりとぞ思ひしられける。さるを万葉集のむかし今の*注さくどもに、(4)この「望に消ぬれば」の歌を、ふじの雪はまことにみな月の望に消えて、その夜ふるもののやうにこころえて、こともなげに説(と)けるは、むげに歌の情を見しらぬ説(ときごと)なりけり。まことにさやうならんには、山部の大人のとも思はれぬつたなきただこと歌なり。雪の消ゆばかりあつからんに、い

問二　傍線部(2)はどういう見方を言うのか、説明せよ。

問三　傍線部(3)はどういうことか、説明せよ。

問四　傍線部(4)はどういうことか、説明せよ。

問五　傍線部(5)のように言うのはなぜか、説明せよ。

※解答欄　問一～問三：各タテ一四センチ×二行
問四：タテ一四センチ×四行
問五：タテ一四センチ×五行

学生時代にはそういう考えが頭のなかで理屈としてわかったような気がしていたんだけれども、その実感はなかった。ところがその後、たとえば紀貫之を読むことで古今和歌集なんてのをあらためて知ったりして、古い時代のものを読み直してみると、伝統のなかでの古今集の意味などが実感としてわかってきた。T・S・エリオットの言ったことも、自分なりに理解できるように思えてきたんだ。

つまり紀貫之がつくったものが、彼より以前の時代の伝統全体に対して、非常に新しい意味で働きかけている。貫之の仕事が付け加わったことによって、それ以前の古代の詩歌全体の構造が、わっと変ったところがあるはずだ。そういうところが見えてきたわけね。それを考えていくと、われわれがいまあらためて紀貫之について考えるということは、どうやらそのことを通じて全体をかきまわし、もう一回新しい一つの構造体をつくるということになるらしい。(5)詩が死ぬってことはとてもいいことなんじゃないか。死んでると認められる詩は、実は甦(よみがえ)らす可能性のあるものとして横たわっているのだということを思うんだ。ただ、横たわっている状態があまりにきちんとした死体に見えるときは、こちらを刺戟(しげき)するどころか、はじめから一種の圧迫感になって、貝殻のかたい殻みたいにのしかかってくるから、そうなると揺り動かしたり叩いたり、やり方がいろいろむずかしいと思うけれどもね。

結局、詩が一人の人間のなかで生きたり死んだりする動きと、その詩が社会的に生きたり死んだりする動きと、両者はあるところで重なるけれども、あるところでぜんぜん別なんだ。僕は、ぜんぜん別であるところに実はおもしろい要素があるような気がするね。

（大岡信・谷川俊太郎『詩の誕生』より）

問一　傍線部(1)で「迷信」と言うのはなぜか、説明せよ。

語られていた時代のことを考えれば、それこそ詩が最も幸福な形で社会化されていた時代だといえるかもしれないけれども、現在のわれわれの表現手段からいうと、文字にいったん書くということが基本的にあると思うね。文字になった瞬間にその詩が、少なくとも(3)潜在的には社会化されているということなんだ。

つまり人類が文字をもった瞬間から、詩の社会的な生き死にと個人のなかでの生き死にと、二つがはっきり存在するようになったんじゃないかしら。そして文明が進めば進むほど、文字＝本という形で存在する詩の社会的な存在の仕方というのは無視することができなくて、(4)そういうものは簡単に生きたり死んだりするものじゃないということになる。で、そうなってくると、詩というものをある「全体」のなかでとらえるということがどうしても問題になってくる。ある文明のなかでその詩がどれだけ、人びとのなかに無意識に蓄えられてきた言語構造体のなかに、いわば雨水が土に浸透するようにジワッと浸透したか、そういうところで、ある詩の価値が測られるようなことも出てくるわけだね。

うろおぼえだけれども、T・S・エリオットが「伝統論」のなかでたしかこういうことを言っていた。――ある新しい時代に新しいものがつくられるが、それは新しいものとして単独に存在するのではなくて、そういうものが付け加えられると過去に蓄積されたものの全体もジワッと変る。その総体が伝統というものだ。だから伝統は毎日毎日変っているのだ、とね。

その意味でいうと、詩てのは死ぬことによって実は伝統を変えていくのだと言えるのかもしれないね。一篇の詩は、個人のなかで生きたり死んだりするけれども、その同じ詩が社会的性格を持っている。その側面でいえば、一篇の詩が社会的にある新しい衝撃力を持った時代から、やがてその詩はみんなが読んでみて「もうちっともショックじゃない」というものになっていく。それはその詩の社会的な死だけれども、実は全体が変ったからその詩が死んだのであって、全体が変ったってことは新しい事件なんだよね。逆に言うと死ぬことが新しさをつくっていく。そういう考え方が、ヨーロッパの文学伝統についての考え方をある意味で代表していると思う。

ということが出てくると思う。

谷川　詩が死ぬ死に方だけれども、それが社会のなかでの死であるのか、それともその詩を受取る個人のなかでの死であるのか、二つあるよね。個人のなかで詩が死ぬというのは、たとえば三年前にすごく感動した詩が、いま読んでみたらどこに感動したのかぜんぜんわからないということがあるでしょう。

大岡　あるある。すごくある。

谷川　僕もその経験が、詩にもあるし音楽にもあるのね。非常に感動した音楽にまったく感動しなくなっている。それを単純に、自分が大人になったから、あるいは自分がすれてきたから感動しなくなったんだみたいな言い方もあるけれども、それはちょっと信用できない。そういうものとぜんぜん違う何かがあって、詩が死に、音楽が死ぬ。個人的な経験から言ってそうだね。それがなぜなのか、とっても気になるんだけれどもね。

また、(2)もっと微視的に見ると、ある一つの詩を読むにしろ聞くにしろ、その詩に感動したらその詩が受取り手のなかで生まれたと考えられるけれども、その感動は生理的にどうしても長続きはしないよね。電話がかかってきたとか何かほかの仕事しなきゃいけないとか、すぐ日常的なことにまぎれちゃう。そのときには、その詩は死んでいるとも言える。もちろんそういうふうにあまりにも微視的に見ると、詩は単に人間の生理にかかわるものだけになりかねないから、そういう考えは危いけれども、われわれは従来あんまりそういうふうに考えてこなかったでしょう。たとえば万葉集という詩集が千数百年をずっと生きつづけてきたというふうに、どうしても意識しがちだよね。僕はこのごろその考えにやや疑問があるわけ。詩てのはそんなふうに確固としたものであってはいけないのじゃないかな。

大岡　たしかに個人のなかでの詩の生き死にと社会化された詩の生き死にとあると思うね。即物的な言い方をすると、一人の人間の脳髄から生まれた言葉が文字になった瞬間に詩が社会化されているんだと思う。もちろん、音声だけで詩がうたわれ、

※解答欄　問一・問四：各タテ一四センチ×三行
　　　　　問二・問三：各タテ一四センチ×四行
　　　　　問五：タテ一四センチ×五行

二

次の文は、大岡信と谷川俊太郎による対話の一部である。これを読んで、後の問に答えよ。（五〇点）

大岡　詩が生まれる瞬間は感じとしてわかるだろう。自分が詩を書きはじめた時期のことを考えても、なにか言葉がムズムズ生まれてくるというか、むしろどこかがひっかかってるような気がして、その言葉を紙に書きつけてみたら、それから一連の形をもった言葉が生じてきたというようなことがある。個人のなかでの自覚的な詩の誕生としては、そういうのがわりあい普遍的な形としてあると思うんだけれども、詩の死滅については、それぞれの詩がどこかで死んでいるはずなのに、それがわからない。

詩てのは現実にいつまでも存在しているものじゃなくて、どこかに向って消滅していくものだと思う。消滅していくところに詩の本質があり、死んでいく瞬間がすなわち詩じゃないかということがある。あるものが生まれてくることはわりあい自然であって、むしろそれが消えていく瞬間をどうとらえるかが、実はその次の新たな「詩の誕生」につながるのじゃないかな。

(1)活字になった詩は永久に残ってしまうみたいな迷信がわれわれにあるけれども、実はとっくの昔に生命を終えているのかもしれないということは考えたほうがいいのじゃないか。そう考えたとき、本なら本のなかに詩という形で印刷されてるものをもう一回生きさせる契機も、またそこから出てくるのじゃないか。これは死んでるから、おれはもう一回生きさせてやるぞ、いて語るつもりはない。だが、自然科学が文化全体の中でもちうる一つのオールタナティブ*な姿を、寺田物理学は示唆している。私にはそう思われてならない。

（金森修『科学思想史の哲学』より）

注（*）

原基的＝全ての大もととなる。

クロード・ベルナール＝一九世紀フランスの医師、生理学者。実験医学の祖として知られる。

箴言＝教訓を含んだ短い句、格言。

オールタナティブな＝alternative「代替的な、代案となる」の意。

問一　傍線部(1)のように言われるのはなぜか、説明せよ。

問二　傍線部(2)のように言われるのはなぜか、説明せよ。

問三　傍線部(3)はどのような意味か、説明せよ。

問四　傍線部(4)のように言われるのはなぜか、説明せよ。

問五　傍線部(5)はどのようなものか、説明せよ。

くべきだ。もちろん寺田には、プロの物理学者として多くの業績があり、それについて私などがあれこれ口を挟む余地はない。だが、寺田が「趣味の物理学」、「小屋掛け物理学」としての相貌を顕著に示すのは、割れ目、墨流し、金平糖の研究などの一連の仕事、あるいは、まさに日常世界での経験に〈科学的検討〉を加えた一連のエッセイを通してなのだ。かの有名な市電の混み具合を巡るエッセイ（「電車の混雑について」）などが、その代表的なものだろう。

それはあたかも、先に触れた、(3)近代科学の〈経験からの退却〉を惜しむかのような風情なのだ。ただ、注意しよう。寺田がX線回折の研究では同時代的にみて重要な貢献をなしたとか、地球物理学の分野で力を発揮したなどという事実は、決して看過されてはならない。仮に彼が、〈経験からの退却〉を惜しんだとしても、それは例えば一八世紀フランスの素人物理学者、トレサン伯爵が大著で〈電流〉を論じたありさまとは、あくまでも一線を画する。トレサン伯爵の〈電流一元論〉は、荒唐無稽、珍妙奇天烈な議論のオンパレードだ。その最大の特徴は、物理学的言説であろうとしながらも、(4)あくまでも日常的水準での直観が基盤となり、その直観からそのまま連続的な推論がなされているところにある。それはまさに〈経験からの退却〉のし損ないなのである。

それに対して、寺田の場合には、同時代の学問的物理学の言説空間の中で或る程度行くところまで行った後での遡行的な運動なのであり、途中で頓挫した前進運動なのではない。〈日常世界〉と〈物理学世界〉のどこか途中に潜む、恐らくは無数にある中間点、そこをいったん通り過ぎた後で、また戻ろうとすること。(5)その興味深い往復運動がもつ可能性に、西欧自然科学が本格的に導入されてから百年もしない内に目を向けた貴重な人物――それが寺田寅彦なのだ。

プロの物理学者は、その後、寺田の学統をあまり積極的に受け継ごうとはしていないらしい。中谷宇吉郎については、さすがに一定の研究が進んでいるようだが、宇田道隆や平田森三など、興味深い境地を実現しえている何人かの物理学者たちに、私のような部外者ではなく、物理学者自身も目を向けて、その可能性に思いを馳せてほしい。いまさら〈日本的科学〉などにつ切だった。なぜなら、日常的な経験などは、ごちゃごちゃとした混乱の集積であるに過ぎず、それをいくら漫然と観察しても、科学的知見などには到達できないからだ。伝統的経験へのこの上ない不信感、それこそが、近代科学の黎明期に成立した特殊な眼差しだったのだ。

(2)〈実験〉は、〈経験〉の漫然とした延長ではない（確かに、近代科学以降も系統的観察を中心とした科学は存在する。だがそれは一応度外視し、実験中心の科学を科学の範型と見る）。一定の目的意識により条件を純化し、可能な限り感覚受容を装置によって代替させることで、緻密さの保証をする。＊原基的構想がどの程度妥当かを、〈道具と数〉の援助を介在させながら試してみること――それこそが実験なのであり、それは、経験は経験でも極めて構築的な経験、極めて人工的な経験なのだ。ベーコン風にいうなら、それは〈暗闇での暗中模索〉とはほど遠い。さらに時代が下り、一九世紀半ばにもなってから、＊クロード・ベルナールが『実験医学序説』の冒頭のかなりの紙数を割いて力説していたのも、それと似たようなことだった。

その意味で、若干＊箴言めかした逆説を弄するなら、経験科学は非・経験科学、というより、特殊な経験構成を前提とした科学だということになる。日常的世界での経験などは、多くの場合、科学にとってはそのままでは使い物にならない〈前・経験〉、あるいは〈亜・経験〉であるに過ぎず、その華やかで賑々しい経験世界からの一種の退却こそが、実定的な科学的認識には必要な前提だと見做されるのである。学問的な物理世界で語られるのは、あくまでも〈紫色〉ではなく〈波長〉であり、〈笛太鼓〉ではなく〈波動〉なのだ。特に物理学の場合には、基底概念自体が、自然界の模写から来ているというよりは、大幅な単純化と抽象化を経た上で構成された概念だという印象が強い。後はその基底概念が孕む物理的含意を演繹的に敷衍し、それが正しいかどうかを、ときどき実験でチェックする。私から見ると、どうもプロの物理学者たちの仕事はそのような種類のものに見える。いずれにしろ、それが〈日常世界〉の技巧的模写などではないというのは、確かなものに思えるのだ。

それを確認した上で述べるなら、寺田寅彦の物理学が、いささか変わった物理学だということは、やはり改めて強調してお

国語

（一二〇分）

（注）一五〇点満点。教育（文系）学部は二〇〇点満点に換算。

一　次の文を読んで、後の問に答えよ。（五〇点）

現代イタリアの重要な思想家、アガンベンには「インファンティアと歴史」という論攷（ろんこう）がある。その冒頭近くに、われわれの問題意識からしても極めて興味深い指摘がなされている。

常識的な理解では、一七世紀前後に西欧で近代科学が生まれたのは、それまで〈書斎〉であれこれ観念を振り回しては世界を理解していたつもりになっていた人間が、実際に〈外〉に出て、物事をしっかり見るようになったからだ。観念から経験へ。それこそが、〈科学の科学性〉を保証するものなのだ。——こんな類（たぐ）いの話をさんざん聞かされてきたわれわれだが、アガンベンは、それをほぼ逆転させるのである。

彼にいわせれば、(1)事態は遥かに複雑なのだ。それは、今述べたばかりの〈常識〉とは、むしろ逆方向を向いている。近代科学がその実定的科学性に向けて一歩を踏み出すためには、それまで〈経験〉と思われてきたことをあまり信用し過ぎないことが大

2018年度

問題編

問題編

▶試験科目

学　部	教 科	科　目
総合人間(文系)・文・教育(文系)・法・経済(文系)	外国語	コミュニケーション英語Ⅰ・Ⅱ・Ⅲ，英語表現Ⅰ・Ⅱ
	地　歴	日本史Ｂ，世界史Ｂ，地理Ｂから１科目選択
	数　学	数学Ⅰ・Ⅱ・Ａ・Ｂ
	国　語	国語総合・現代文Ｂ・古典Ｂ

▶配　点

学　部	外国語	地　歴	数　学	国　語	合　計
総合人間(文系)	200	100	200	150	650
文	150	100	100	150	500
教育(文系)	200	100	150	200	650
法	150	100	150	150	550
経済(文系)	150	100	150	150	550

▶備　考

- 外国語はドイツ語，フランス語，中国語も選択できるが，編集の都合上省略。
- 「数学Ⅰ」，「数学Ⅱ」，「数学Ａ」は全範囲から出題する。「数学Ｂ」は「数列」，「ベクトル」を出題範囲とする。

英語

（120 分）

（注）　150 点満点。総合人間（文系）・教育（文系）学部は 200 点満点に換算。

I　次の文章を読み，下の設問(1)〜(3)に答えなさい。　(50 点)

Luckily for all of us, many people are interested in helping others; some devote their careers and lives to it. Not everyone is so inclined, of course, and most people are self-interested at least some of the time. An evolutionary biologist or psychologist might say that we are *always* self-interested, and that our effort to help others is simply our attempt to feel good about ourselves. Regardless of our motivations, however, a remarkable number of us help out our colleagues, family, friends, and even strangers.

Although admirable, there is a risk in helping others, which is related to the possibility that helping can actually be selfish. That risk lies in falling prey to what some call (a)"the savior complex." This is just what it sounds like — an attitude or stance toward the world where you believe you are the expert who can suddenly appear to save others. It is an uneven approach to helping, in which the helper believes he or she has all of the answers, knows just what to do, and that the person or group in need has been waiting for a savior to come along.

While this is a genuine problem, we should not let the real pitfalls of the savior complex extinguish one of the most humane instincts there is — the instinct to lend a hand. The trick is to help others without believing yourself to be, or acting like you are, their savior.

(b)All of which is to say that *how* you help matters just as much as that you *do* help, which is why it is essential to begin by asking, "How can I help?" If you start with this question, you are asking, with humility, for direction. You are recognizing that others are experts in their own lives, and you are affording them the opportunity to remain in charge, even if you are providing some help.

I recently heard a great story on *The Moth*, which underscored the importance of asking *how* you can help. *The Moth* is a radio program and podcast that features true stories, told live by people from around the world. The stories are fascinating, including a recent one from a woman in her eighties, who explained how she valued her independence. She loved the fact that she had always taken care of herself and that she could still do so into her eighth decade. And then she had a stroke.

While she was in the hospital, her neighbors in her New York City apartment building made some minor renovations to her apartment to make it easier for her to (ア) a walker, which she would need after her first stroke. To (イ), she was taken aback, as she was cordial but not good friends with her neighbors. But their gesture of goodwill inspired her to (ウ) that some dependence on others could actually enrich her life, especially if she returned the favor. So she hung a sign on her apartment door welcoming her neighbors to (エ) a chat. She then recounted how her neighbors often came by to talk and emphasized with gratitude that, when they offered to help, they always asked *how* they could help. By asking her how they could help, she explained, they were allowing her to (オ) her independence and dignity.

(1) 下線部(a)はどのようなものか。本文に即して日本語で説明しなさい。解答欄におさまる長さにすること。

(2) 下線部(b)を和訳しなさい。

(3)　空欄(　ア　)～(　オ　)に入る最も適切な語句を以下の中から選び，番号を記入しなさい。同じ語句は一度しか使用してはならない。

① begin with　② come in for　③ deny
④ live there with　⑤ recognize　⑥ retain

※解答欄　(1)：ヨコ 12.1 センチ×6 行

Ⅱ　次の文章を読み，下の設問(1)～(3)に答えなさい。　(50 点)

Regardless of whether asteroids* and comets supplied Earth with the water currently held in its oceans, it is clear that they contain significant quantities of rather useful materials. In a future where the demands on Earth-bound resources could outweigh what is producible, asteroids and comets may prove essential.

By rendezvousing and landing on comets and asteroids (things that we've already done), we can do <u>several major things.</u>(a) First, we'll be able to alter their orbits. Should we find one on a collision course with Earth, we could subtly push it a little in order to make sure it misses. Caught early enough, the changes in the orbit needed for it to miss Earth are relatively minor. Alternatively, should we find one with enough interesting materials to make it worth exploiting, we could alter its orbit so it moves into a new, stable orbit around Earth or the moon. This would cut down on the amount of commuting necessary to bring the collected resources back to Earth. Second, whether the object is left on its original orbit or put into orbit around Earth or the moon, we'll still be able to process the materials in their usual places to produce fuel in space and, perhaps, supply other demands back on Earth. An asteroid or comet could become the first space-based service station and provide water, fuel, and building materials.

Both orbital modification of asteroids and comets, and the mining of materials from them, are achievable goals. However, how do we find them, how do we know we've found them all, how do we calculate their orbits, how do we know if they pose an impact threat, and how do we know what they are made of?

The ones that we are very interested in are the so-called Near-Earth Objects (NEOs). (b)Finding them takes either patience or luck. Asteroids are mainly contained to within a few degrees of the plane of the solar system, much like the planets, but comets could come from any direction. They could also be moving really quickly. This makes it challenging to rendezvous with one and perhaps modify its trajectory enough to somehow make it safe.

Regardless of the challenge, the only way we are going to find them is if we monitor the whole sky for their signatures: faint pinpoints of light moving against the background stars. Somewhat like the planets themselves, NEOs look like faint wandering stars.

The surfaces of both asteroids and comets can be quite dark, so they typically don't reflect much light. This makes them very faint and means that, unless we are using a really big telescope that collects a lot of light, we simply may not spot them all. (c)However, there are NEO search programs funded by NASA that network underutilized small telescopes. These telescopes generally have large fields of view for maximizing the areas of sky that can be monitored, but they still struggle to detect the really faint objects that have diameters below one hundred meters. On top of all that, these telescopes are only used for NEO hunting a fraction of the available time when perhaps they should be entirely dedicated to it.

*asteroid: one of the many small planets that move around the Sun, especially between Mars and Jupiter

(1)　下線部(a)の内容を本文に即して日本語で説明しなさい。解答欄におさまる長さにすること。

(2)　下線部(b)を和訳しなさい。

(3)　下線部(c)を和訳しなさい。

※解答欄　(1)：ヨコ 12.1 センチ× 3 行

Ⅲ　次の文章を英訳しなさい。途中の下線部には，ふさわしい内容を自分で考えて補い，全体としてまとまりのある英文に仕上げなさい。下線部の前後の文章もすべて英訳し，解答欄におさまる長さにすること。　(25 点)

海外からの観光客に和食が人気だという話になったときに，文化が違うのだから味がわかるのか疑問だと言った人がいたが，はたしてそうだろうか。＿＿。さらに言うならば，日本人であっても育った環境はさまざまなので，日本人ならわかるということでもない。

※解答欄：ヨコ 12.1 センチ× 12 行

Ⅳ 次の会話を読んで，下線部(1)～(4)に入る適当な発言を，解答欄におさまるように英語で書きなさい。 (25 点)

[In the Teacher's Office]

TEACHER: Please sit down.

STUDENT: Thank you for seeing me.

TEACHER: I'm sorry you missed yesterday's lesson. You probably have some questions about the homework. Basically, you have to type a short report and submit it to me next Thursday. Do you have a computer to type the report?

STUDENT: Yes, I have a new laptop. Could you explain the topic again please?

TEACHER: You have to describe similarities and differences of London and New York. Begin with similarities, followed by differences. For your research, first read the essay by Glendon. You can find it on the course website.

STUDENT: (1)＿＿＿＿＿＿＿＿＿＿＿＿＿＿＿＿＿＿＿＿

TEACHER: Glendon? It's G-l-e-n-d-o-n. Her first name is Sarah — S-a-r-a-h.

STUDENT: Thank you. I'll look at the website. I'm not sure I understand all of the details regarding the report format.

(2)＿＿＿＿＿＿＿＿＿＿＿＿＿＿＿＿＿＿＿＿

TEACHER: Okay. The first detail is you have to type and print out the report. Also, type your name and the date at the top-left of the report. Next, be sure to write a clear title. For this report, it's important to write in paragraphs. Again, start with up to four similarities and then describe what you believe are the three main differences. You must support your main points with information from your reading research. An example of the format is also on the course website. Tell me about your experience writing essays or reports in English, Japanese, or other languages.

STUDENT: (3) ______________________________

TEACHER: I understand. Oh, and don't forget in two weeks we have our final examination. Please study for it.

STUDENT: (4) ______________________________

TEACHER: That's a good question. My advice is to study chapters 1 to 4 in the textbook.

※解答欄 (1)・(2)・(4)：各ヨコ 12.1 センチ× 2 行
(3)：ヨコ 12.1 センチ× 4 行

日本史

(90分)

I　日本史B問題　(20点)

次の史料（A～C）を読み，問(1)～(17)に答えよ。解答はすべて所定の解答欄に記入せよ。なお，史料の表記は便宜上，改めたところがある。

A

言上

条々

一　朝務等の事

右，先規を守り，ことに［ア］を施さるべく候。但し，諸国の受領(a)等，もっとも計らい御沙汰あるべく候か。(b)東国・北国両道の国々，謀反を追討するの間，土民なきが如し。今春より，浪人ら旧里に帰住し，安堵せしむべく候。しからば，来秋のころ，国司を任ぜられ，吏務(c)を行われてよろしかるべく候。

一　平家追討の事

右，(d)畿内近国，源氏・平氏と号して弓箭に携わるの輩ならびに住人等，［イ］の下知に任せて，引率すべきの由，仰せ下さるべく候。海路たやすからずといえども，ことに急ぎ追討すべきの由，［イ］に仰するところ也。(e)勲功賞においては，その後頼朝計らい申し上ぐべく候。

(中略)

寿永三年二月(注)　　源頼朝

(『吾妻鏡』)

(注)　寿永三年は1184年である。

問

(1) ［ア］には，優れた政治，過去の優れた時代に戻ることを意味する語句が入る。漢字 2 字で記せ。

(2) 下線部(a)の「受領」には，この当時，一国の支配を委ねられた有力者の関係者が任命されることがあった。特定の国の支配を有力者に委ねる制度を何と呼ぶか。

(3) 下線部(b)の「東国・北国両道」とは，令制で規定された七道のうち，源義仲が基盤とした 2 つの道を指す。その名称を 2 つとも記せ。

(4) 下線部(c)の「吏務」とは国司の任務を指す。具体的にはどのようなことか。漢字 2 字で記せ。

(5) 下線部(d)に記されたような者は，平安後期から鎌倉前期にかけて，多数存在していた。これに当てはまる人物を次の①～⑤のうちから 1 つ選び，番号で答えよ。

① 源頼家　② 平頼綱　③ 源頼政　④ 平忠常　⑤ 源高明

(6) ［イ］に当てはまる武将は，後に頼朝と対立し，陸奥国で殺害される。その武将とは誰か。

(7) 下線部(e)について，頼朝が朝廷に対し「計らい申し上」げるとした「勲功賞」とは，具体的にどのようなものか。漢字 2 字で記せ。

B

農人は，一日も天の時，地の利をつつしみ，従ふ事なくんば有るべからず。耕穫収芸，みな天の時にして，暦の用なり。<u>暦は朝廷の政事にして，民の時を授けたまふ</u>(f)。(巻二)

耕作農業の事，唐土の書に多く見えたり。近代本朝の学士，農業の和書をあらはし，印行して，［ウ］といへるあり。農人これを読み見るべし。(巻二)

(g)<u>唐土の風俗には，農家・商家の子も学才次第に官位に昇り進み，あるひは宰相に至りて</u>，天下の政道を主(つかさ)どり，国家を治め，万民を安泰ならしめ，名を揚げ父母を顕す忠孝，是より大なるはなし。此故に農民・商家の子も，学文して官を得，身を立てんとす。しかれば本朝の学はこれに異なる也。<u>本朝にも古より学者多かりしかど，庶民より出て，国家の政道を主どりし例なし</u>(h)。(巻三)

(出典)　この史料は，西川如見(1648-1724)が著した『百姓嚢(ぶくろ)』という書物から3カ所を抜粋したものである。

問

(8)　下線部(f)にいう朝廷の暦が不正確になったとしてこれを改定し，その後，幕府の天文方となった人物は誰か。

(9)　［ウ］には，日本で最初に出版された体系的農書の書名が入る。その書名を記せ。

(10)　次の2つの図**α**・**β**は，［ウ］の書物の冒頭に付された「農事図」の一部である。

(あ)　**図α**の作業で，男性が牛に引かせている農具を何というか。

(い)　**図β**の作業で，女性たちが手に持って使っている農具は，やがて労働生産性を大きく向上させたものに改良された。その改良後の農具を何というか。

図α

図β

⑪　下線部(g)にいう，庶民でも「学才次第に官位に昇り進」むことを可能とした「唐土」の人材登用制度を何というか。

⑫　下線部(h)のような状況をふまえ，西川如見が最晩年に面会した将軍のもとで，武士身分ではない庶民が国政や民政についての意見を建白できる制度が設けられた。

(あ)　この制度のために，評定所などに設置されたものを何というか。

(い)　この制度を利用して，江戸の町医者の建白で設けられた施設を何というか。

C

九月三日

上京。暑い日を焼あとを歩いて首相官邸へ行く。(中略)総理の宮(i)の演説原稿の文章を書くのかと思ったら太田君に会うとそうでない。参内前でいそがしい時間を宮の部屋へ伺うと「この度内閣参与になってもらう。しっかり頼みます」と上を向いて笑いながら云われ，こちらはお辞儀をして退室して来た。

九月十八日

首相宮，連合軍(j)記者団と初会見。

九月二十七日

十一時少し過ぎ殿下に会い，［エ］その他の法令の廃止，暴力行為の厳重取締につき進言。この内閣の使命が積弊をブチコワスことにあり，国民もそれを期待すと話す。

問

⒀　下線部(i)に関して，

㈠　次の①～④には，「総理の宮」が首相在任中に起こった出来事として正しいものが１つ含まれている。その番号を記せ。

①　労働組合法の制定　　②　農地改革の実施

③　持株会社整理委員会の発足　　④　プレス＝コードの公布

㈡　この「総理の宮」の内閣で外務大臣を務めた人物は，後に五次にわたって内閣を組織している。その人物の首相在任中に設置された，石炭・鉄鋼・肥料などの産業への資金供給を目的とした政府金融機関は何か。

⒁　下線部(j)に関して，ワシントンに設置されることになる対日占領政策の最高決定機関は何か。

⒂　［エ］には，日清戦争後に公布され，集会・結社や労働運動・農民運動などの取り締まりを目的とした法令が入る。その法令名を記せ。

⒃　［エ］公布の翌年，この法令に基づき結成直後に解散を命じられた日本最初の社会主義政党は何か。

⒄　史料Cの著者は，1920年代に執筆した『鞍馬天狗』や『赤穂浪士』などの小説で著名になった作家である。その人物は誰か。

Ⅱ　日本史B問題　(20 点)

次の文章(①～⑩)の ア ～ ト に入る最も適当な語句を記せ。解答はすべて所定の解答欄に記入せよ。

①　鎌倉時代には，康勝の作とされる六波羅蜜寺蔵の ア 上人像など写実的な彫刻が作られた。また肖像画においても，人物を写実的に描く似絵が多く制作されたが， イ の作とされる「伝源頼朝像」など，似絵に描かれた人物が誰であるかについては，今日ではさまざまな議論がある。

②　北朝・南朝の分裂は，足利尊氏が後醍醐天皇に対抗して ウ 天皇を擁立したことに始まった。内乱が全国化・長期化する中，幕府は エ の権限を強め，これに荘園年貢の半分を兵糧米として与えるなどした。

③　鎌倉公方 オ が将軍足利義教に滅ぼされた後，その末子が新たな鎌倉公方に任ぜられた。しかし，その新公方が 1454 年に関東管領を殺害したことを契機に カ が勃発したため，京都の応仁の乱より一足先に関東は混乱に陥った。

④　鎌倉・室町時代には商業・流通が高度に発達し，遠隔地間の決済には，商人が発行した キ がしばしば用いられた。また京都やその周辺では，朝廷や寺社と結びついて特権を得る商人集団があり，大山崎離宮八幡宮に属する商人らが ク の製造・販売の独占を主張したのはその一例である。

⑤　安土桃山時代になると，城主の権威を象徴する高層の ケ を備えた城郭が建設されるようになった。江戸城の ケ は明暦の大火で焼失したが，民政の安定に力を尽くして名君といわれ，将軍徳川家綱を補佐した会津藩主 コ の反対により，再建が見送られた。

⑥　徳川家康は，肥前国の サ にオランダとイギリスの商館を置くことを許した。家康の外交顧問であったイギリス人 シ は，このイギリス商館の経営に協力し，後に朱印船主となって安南・東京(トンキン)に渡航した。

⑦　関ヶ原の戦い以降，江戸幕府は街道を整備し，街道沿いでの取引を安定させるため，良銭の基準や銭貨の交換比率を定めるなど， ス をめぐる法令

をくり返し出した。しかし，1636年には， セ という新しい銭を発行し，銭の統合がはかられたため， ス を必要とする経済は終息した。

⑧　江戸時代に入ると，この世のさまざまな事象を描いた絵画が普及した。 ソ が『好色一代男』で「浮世絵」と称したこの絵画は，当初肉筆（手描き）が盛んであったが，17世紀中頃から，大量制作の可能な版画が広まった。版画は，墨一色で始まり，やがて色を重ね刷りする技術が生まれ，18世紀後半になると， タ と呼ばれる多色刷版画の技法が確立した。

⑨　明治中期には，松原岩五郎の『最暗黒之東京』や横山源之助の『 チ 』など，貧困層の生活を描くルポルタージュが多く世に出た。前者の発行元である民友社を創設した ツ は，いわゆる平民主義を主唱して，三宅雪嶺らと論争をくり広げた。

⑩　第一次世界大戦がもたらした大戦景気のもと，1915年から18年まで日本の貿易は テ 超過となった。他方で，工業労働者の増加や人口の都市集中などによる米の消費量増大に加え， ト 出兵を見込んだ米の買い占めによって米価は急騰し，ついに全国的な米騒動へと発展した。

Ⅲ　日本史B問題　(30 点)

次の文章(A～C)の ア ～ ス に最も適当な語句を記し，問⑴～⒂に答えよ。解答はすべて所定の解答欄に記入せよ。

A

律令国家において，畿内(a)と七道に編成された各国を結ぶ官道は，できる限り直線的に築造された。官道沿いには，一定の距離をおいて駅家が設けられ，規定(b)に従って一定数の馬が配置された。また，各国の政務・儀礼を行う施設が集まった国府や， ア 天皇の詔によって建立された国分寺・国分尼寺なども，官道近くに位置する場合が多い。官道は，税として各地の産物を都に運ぶ(c)ための運搬路であり，宮城の警備を行う イ や，九州沿岸を警備する防人の任につく人々の移動路でもあった。官道の要所には関が設けられた。特に，近江国を取り囲むように作られた伊勢国の鈴鹿関，美濃国の ウ 関，越前国の愛発関の三関は重要である。

一方，日本列島の海岸沿いや，朝鮮半島・中国大陸との間の交通には，船が用いられた。古墳の墳丘上に配置された船形 エ や出土した船材の検討により，弥生時代以降には，丸木舟に竪板や舷側板(げんそくばん)などを組み合わせた大型船(準構造船)が用いられるようになったことがわかる。しかし，船の構造が改良されても，海を横断しての航行にはさまざまな危険が伴った。例えば遣唐使の場合，新羅と日本との関係が悪化して，朝鮮半島沿いの航路から，東シナ海を横断する航路へと変わったために，船がしばしば遭難した(d)ことが記録されている。そのために，古代の人々はさまざまな方法で航行の無事を願った。古くは『三国志』魏書東夷伝倭人条(e)にそのような記事がみえる。また，玄界灘に浮かぶ小島であり，ユネスコの世界文化遺産に登録された オ で行われた祭祀の目的の1つは，航行の無事を祈ることにあったと考えられる。

問

⑴　下線部(a)に関して，畿内に属する5つの国のうち，現在の大阪府と兵庫県

にまたがって存在した国の名称を記せ。

(2)　下線部(b)に関して，927 年に完成した，駅家に関する規定を含む，律令の施行細則集の名称を記せ。

(3)　下線部(c)に関して，さまざまな貢納物を都に運ぶ人を何というか。

(4)　下線部(d)に関して，乗っていた船が遭難し，失明しながらも，日本に渡って戒律を伝えた中国僧が，平城京内に建立した寺院の名前を記せ。

(5)　下線部(e)に関して，本記事において 239 年に魏の皇帝に使いを送ったことが記録されている王の名前を記せ。

B

平安後期・鎌倉前期には，日本の僧侶が中国に渡り，新たな仏教に触れる機会はあったが，帰国後，日本における既存の仏教との間でさまざまな妥協が必要であった。中国に 2 度渡り，最新の禅宗を伝えた栄西もその 1 人で，彼は著書『［カ］』で，自らの没後 50 年がたつと，中国風の禅宗が興隆すると記した。そして，1246 年に中国僧［キ］が来日し，1253 年には執権［ク］の援助を得て建長寺の落慶供養が行われ，栄西の予言が現実のものとなっていった。［キ］がもたらした禅宗は，<u>南都仏教</u>(f)などそれまで日本で勢力を持っていた仏教とは，経典の読み方や儀礼のあり方が全く異なっており，当時の中国で行われていた仏教がそのままの形で伝えられた。そのため，<u>禅宗寺院を統率するための新たな制度も創始された</u>(g)。

日中間の文化的交流とともに，鎌倉後期には，大量の中国銭が日本に流入することにより，日本社会は大きな影響を受けた。<u>貨幣経済の進展に伴い，経済的な苦境に陥った御家人が増加する</u>(h)など，さまざまな社会的問題が発生したのである。

平安後期から南北朝時代にかけて，中国の王朝である宋・元とは，正式の外交関係はなく，人や物は私的な商船により往来していた。しかし，中国で明が建国され，新たな国際秩序の構築が進むなか，1401 年，足利義満は明に博多の商人［ケ］らを使者として派遣し，正式の国交が開かれることになった。<u>日明貿易</u>(i)においては，明から交付された［コ］と呼ばれる証票を持つことを求められており，宋・元の時代に比べると人や物の行き来はかえって制限を受けることになった。

問

⑹　下線部(f)に関連して，当時，大和国の守護権を実質的に担い，南都で最も勢力のあった寺院の名称を記せ。

⑺　下線部(g)について，鎌倉後期から幕府は禅宗寺院の寺格を定め，その住持(長たる僧侶)を補任することになった。その制度の名称を記せ。

⑻　下線部(h)に関連して，窮乏した御家人は所領の減少をくい止めるための対策をとらねばならなかった。女子への所領分割を本人限りとし，死後は惣領に返却する相続のあり方を何と呼ぶか。漢字 3 字で記せ。

⑼　下線部(i)について，

㋐　15 世紀後半には，日明貿易の実権は細川氏と大内氏の手に移るが，両者が 1523 年に中国で衝突した事件の名称を記せ。

㋑　㋐の事件以降，大内氏が日明貿易の実権を握り，大内氏の滅亡とともに事実上，貿易も断絶する。謀反を起こし，大内義隆を自害に追い込んだ家臣の名前を記せ。

C

江戸幕府は諸大名を圧倒する軍事力を保持していた。その軍事力の中核となったのが旗本・御家人であり，旗本は知行高に応じて人馬・武器を保持し，従軍する［　サ　］という負担を課された。武芸の鍛錬を求められたが，行財政官僚としての力量が重視される泰平の世となると，これになじめず，異様な風体で江戸市中を練り歩いたり，乱暴を働いたりする旗本・御家人もいた。(j)

幕府は軍事力を維持するため強い経済基盤を確立したが，17 世紀後半以降，財政は悪化していった。そこで徳川吉宗は［　シ　］を設けて優秀な旗本の登用を容易にし，財政再建(k)をはじめ諸改革を行った。大岡忠相も登用された 1 人であり，町奉行として江戸市制の整備(l)に尽力した後，寺社奉行を務め，大名になった。

18 世紀後半になると，経済的に困窮したり，風紀を乱したりする旗本・御家人への対策が必要になった。そこで老中松平定信は，旗本・御家人に対する

[ス]の債権を破棄・軽減する法令を発して救済した。また，(m)学問を奨励し，学力試験を実施した。この学力試験は人材登用の参考ともなり，(n)文人として知られる大田南畝は優秀な成績を上げ，勘定所の役人に登用された。天文方の役人として活躍し，シーボルト事件で獄死した(o)高橋景保も成績優秀者であった。

問

(10) 下線部(j)に「異様な風体で江戸市中を練り歩いたり，乱暴を働いたりする」とあるが，このような旗本・御家人・町人などを総称して何というか。

(11) 下線部(k)の「財政再建」に関して，

(あ) 財政難のため，大名に対して領知高 1 万石につき米 100 石の献上を命じた幕府の政策を何というか。

(い) 幕府は，年貢高を安定・増加させるための諸施策を実施した。その 1 つであり，一定期間，年貢率を固定する年貢徴収法を何というか。

(12) 下線部(l)の「江戸市制の整備」として，町人による消防組織である町火消の結成がある。この町火消とともに，江戸の消防を担った旗本を長とする消防組織を何というか。

(13) 下線部(m)について，正学として奨励され，「学力試験」において試された学問は何か。

(14) 下線部(n)に関して，「大田南畝」は狂歌をはじめ文芸界で活躍し，町人たちとも親交があった。その 1 人で，『仕懸文庫』などを著したことによって，幕府により処罰された洒落本作者は誰か。

(15) 下線部(o)の「高橋景保」は，通商関係の樹立を求めて長崎に来航したある外国使節が持参した国書の写しを，後に翻訳した。この外国使節は誰か。

Ⅳ　日本史B問題　(30点)

次の問⑴，⑵について，それぞれ200字以内で解答せよ。解答はいずれも所定の解答欄に記入せよ。句読点も字数に含めよ。

⑴　日本の9世紀の文化と10・11世紀の文化の特色を，対比的かつ具体的に述べよ。

⑵　一橋慶喜が，1862(文久2)年に将軍後見職に就任し政治の中心に登場したのは，薩摩藩の推挙によるものである。しかし1866(慶応2)年に徳川家を相続し，将軍となった慶喜に薩摩藩は敵対した。これは薩摩藩の政治方針のどのような変化によるものか。1863(文久3)年から慶喜将軍就任までの間における薩摩藩の動きについて説明せよ。

世界史

（90分）

I　世界史B問題　（20点）

内外の圧力で崩壊の危機に瀕(ひん)していた，近代のオスマン帝国や成立初期のトルコ共和国では，どのような人々を結集して統合を維持するかという問題が重要であった。歴代の指導者たちは，それぞれ異なる理念にもとづいて特定の人々を糾合することで，国家の解体を食い止めようとした。オスマン帝国の大宰相ミドハト＝パシャ，皇帝アブデュルハミト2世，統一と進歩委員会（もしくは，統一と進歩団），そしてトルコ共和国初代大統領ムスタファ＝ケマルが，いかにして国家の統合を図ったかを，時系列に沿って300字以内で説明せよ。解答は所定の解答欄に記入せよ。句読点も字数に含めよ。

Ⅱ　世界史B問題　(30 点)

次の文章(A，B)を読み，［　　］の中に最も適切な語句を入れ，下線部(1)～(24)について後の問に答えよ。解答はすべて所定の解答欄に記入せよ。

A　秦王嬴政(えいせい)は，前 221 年に斉(1)を滅ぼし「天下一統」を成し遂げると，「王」に代わる新たな称号を臣下に議論させた。丞相らは「泰皇」なる称号を答申したが，秦王はこれを退け「皇帝」と号することを自ら定めた(2)。以来二千年以上の長きにわたって，「皇帝」が中国における君主の称号として用いられることとなった。

「皇帝」は，唯一無二の存在と観念されるのが通例であるが，歴史上，複数の皇帝が並び立ったことも珍しくない。たとえば「三国時代」である。220 年，後漢(3)の献帝から帝位を禅譲された曹丕(4)が魏王朝を開き洛陽を都としたのに対し，漢室の末裔を標榜する［　a　］は成都で皇帝に即位し(蜀)，次いで孫権が江南で帝位に即いた(呉)。蜀は 263 年に魏軍の侵攻により滅亡，呉も 280 年に滅び，中国は再び単独の皇帝により統治されるに至るが，魏も 265 年，司馬炎が建てた晋に取って代わられていた。

晋による統一は八王の乱に始まる動乱の前に潰(つい)え去り，江南に難を避けた華北出身の貴族らが晋の皇族を皇帝と仰ぐ政権を建康に樹立，その後，門閥貴族が軍人出身の皇帝を奉戴する王朝の時代(5)が百数十年の長きにわたって継続した。華北では，「五胡十六国」の時代を経て，鮮卑による王朝が 5 世紀半ばに華北統一を果たした(6)。

隋末の大混乱を収拾し中国を統一した唐王朝は，第 2 代皇帝太宗の時(7)，北アジア遊牧世界の覇者であった東突厥を服属させ，太宗は鉄勒諸部から「天可汗」の称号を奉られた。統一を果たしたチベット(8)に対しては，皇女を嫁がせて関係の安定を図った。

唐の第 3 代皇帝高宗の皇后となった武照(則天武后)(9)は，690 年，皇帝に即位し国号を「周」と改めた。中国史上初の女性皇帝(10)の誕生である。後継者に指名されたのは彼女が高宗との間にもうけた男子であったが，彼の即位直後，国号は「唐」に復された。

10 世紀後半に中華を再統合した宋王朝は，失地回復⑾を目指して契丹(遼)と対立したが，1004 年，両国の間に講和が成立した。「澶淵の盟」と呼ばれるこの和約では，国境の現状維持，宋から契丹に歳幣⑿をおくることなどが取り決められた。両国皇帝は互いに相手を「皇帝」と認め，名分の上では対等の関係となった。

12 世紀前半，女真の建てた金に都を奪われ，上皇⒀と皇帝を北方に拉致された宋では，高宗が河南で即位したものの，金軍の攻撃を受けて各地を転々とした。やがて杭州を行在（あんざい）と定めると，高宗は，主戦派と講和派⒁が対立する中，金との和睦を決断する。この結果，淮水を両国の国境とすることが定められたほか，宋は金に対して臣下の礼をとり，毎年貢納品をおくることとなった。

問

⑴　戦国時代，斉の都には多くの学者が招かれ，斉王は彼らに支援の手を差し伸べたとされる。「稷下（しょっか）の学士」と称されたこれら学者のうち，「性悪説」を説いたことで知られる人物は誰か。

⑵　このとき彼は，自らの死後の呼び名についても定めている。その呼び名を答えよ。

⑶　この時代，ある宦官によって製紙法が改良された。その宦官の名前を答えよ。

⑷　彼が皇帝に即位した年に創始された官吏登用制度は何か。

⑸　この時代，対句を用いた華麗典雅な文体が流行する。その名称を答えよ。

⑹　華北を統一してから約半世紀後，この王朝は洛陽への遷都を行う。この遷都を断行した皇帝は誰か。

⑺　彼の治世に陸路インドに赴き，帰国後は『大般若波羅蜜多経』などの仏典を漢訳した僧侶は誰か。

⑻　7 世紀前半，チベットを統一した人物は誰か。

⑼　仏教を信奉した彼女は，5 世紀末から洛陽南郊に造営が始められた石窟に，壮大な仏像を造らせた。その仏教石窟の名称を答えよ。

⑽　皇帝とはならなかったものの，朝廷で絶大な権力を振るった女性は少なくない。このうち，清の同治帝・光緒帝の時代に朝廷の実権を掌握した人物は

誰か。

(11)　ここで言う「失地」とは，契丹が後晋王朝の成立を援助した代償として譲渡された地域を指す。その地域は歴史上何と呼ばれているか。

(12)　歳幣として宋から契丹におくられた品は絹と何か。その品名を答えよ。

(13)　文化・芸術を愛好し，自らも絵筆をとったことで知られるこの人物が得意とした画風は何と呼ばれているか。

(14)　高宗を金との和平に導いた講和派の代表的人物とは誰か。

B　現在，中華人民共和国には4つの直轄市が存在する。北京市を除く3つの直轄市にはかつて租界が存在した。

最も早くに租界が置かれたのは1842年の南京条約によって開港された上海であった。1845年にイギリス租界，1848年にアメリカ租界，1849年にフランス租界が設置され，1854年にはイギリス租界とアメリカ租界が合併して共同租界となった。租界はもともと外国人の居住地であったが，太平天国の乱(15)によって大量の中国人難民が流入したことを契機として，中国人の居住も認められることになった。共同租界には工部局，フランス租界には公董局と呼ばれる行政機関が置かれ，独自の警察組織や司法制度を有していた。租界は中国の主権が及ばず，比較的自由な言論活動が可能であったことから，革命活動の拠点の一つ(16)となった。

上海は中国経済の中心でもあった。1910年代から1930年代にかけて，上海港の貿易額は全中国の4割から5割を占めた。また，上海には紡績業を中心に数多くの工場(17)が建てられた。上海の文化的繁栄はこうした経済発展に下支えされていた。1937年，日中戦争が勃発すると，戦火は上海にも及び，租界は日本軍占領地域のなかの「孤島」となる。1941年12月，日本軍が上海の共同租界に進駐した。1943年に日本が共同租界を返還すると，フランスもフランス租界を返還し(18)，上海の租界の歴史は幕を閉じた。

直轄市のうち最も人口が少ない［　b　］市は，1860年の北京条約によって開港され，イギリス，フランス，アメリカが租界を設置した。次いで，日清戦争(19)後の数年間にドイツ，日本，ロシア，ベルギー(20)などが次々と租界を開設した。この前後の時期，直隷総督・北洋大臣の李鴻章(21)や袁世凱が［　b　］

を拠点に近代化政策を相次いで実施した。 b は政治の中心地である北京に近いこともあって，数多くの政治家，軍人，官僚，財界人，文人が居を構えていた。(22) b には最も多い時には8か国の租界があったが，1917年にはドイツとオーストリア=ハンガリーの租界が接収され(23)，1924年にはソ連，1931年にはベルギーの租界が返還された。さらに，1943年には日本租界を含むすべての租界が中国側に返還された。

直轄市のうち人口も面積も最大の c 市に租界があったことはあまり知られていない。というのも， c の租界は，上記の2都市とは違って，政治的，経済的影響力をほとんど持たなかったからである。 c で唯一の租界である日本租界は1901年に設置されたが，1926年になっても c に居留する日本人は100名余りで，このうち租界に居住していたのは20名余りにすぎなかった。 c の日本人居留民は中国人による租界回収運動により，たびたび引き揚げを余儀なくされた。1937年の3度目の引き揚げ後，国民政府は日本租界を回収した。翌年，国民政府は c に遷都し(24)，抗戦を続けた。

問

(15) (ア) 太平天国軍を平定するために曾国藩が組織した軍隊は何か。

(イ) 太平天国軍との戦いでウォードの戦死後に常勝軍を指揮し，のちスーダンで戦死したイギリスの軍人は誰か。

(16) 1921年に上海で組織された政党の創設者の一人で，『青年雑誌』(のちの『新青年』)を刊行したことでも知られる人物は誰か。

(17) 日本人が経営する紡績工場での労働争議を契機として1925年に起こった反帝国主義運動を何と呼ぶか。

(18) 日本の圧力を受けてフランス租界を返還した対ドイツ協力政権を何と呼ぶか。

(19) 日清戦争の契機となった甲午農民戦争は，東学の乱とも呼ばれる。東学の創始者は誰か。

(20) フランドル(現在のベルギーの一部)出身のイエズス会士で，17世紀半ばに中国に至り，アダム＝シャールを補佐して暦法の改定をおこなった人物は誰か。

(21)　(ア)　李鴻章と伊藤博文は朝鮮の開化派が起こしたある政治的事件の処理を巡って1885年に条約を締結した。この政治的事件は何か。

(イ)　(ア)の政治的事件は，対外戦争での清の劣勢を好機と見た開化派が起こしたものである。この対外戦争とは何か。

(22)　この都市の日本租界で暮らしていた溥儀は，満洲事変勃発後に日本軍に連れ出され，1932年に満洲国執政に就任した。それ以前に中国東北地方を支配し，のち西安事件を起こした人物は誰か。

(23)　中国が連合国側に立って第一次世界大戦に参戦したことがこの背景にある。同年，アメリカも連合国側に立って第一次世界大戦に参戦した。アメリカ参戦の最大の契機となったドイツ軍の軍事作戦は何か。

(24)　(ア)　1938年12月にこの都市を脱出，1940年に南京国民政府を樹立して，その主席に就任した人物は誰か。

(イ)　1919年に上海で樹立された大韓民国臨時政府は，1940年にこの都市に移転する。大韓民国臨時政府初代大統領で，1948年に大韓民国初代大統領となった人物は誰か。

Ⅲ　世界史B問題　(20点)

中世ヨーロッパの十字軍運動は200年近くにわたって続けられた。その間，その性格はどのように変化したのか，また，十字軍運動は中世ヨーロッパの政治・宗教・経済にどのような影響を及ぼしたのか，300字以内で説明せよ。解答は所定の解答欄に記入せよ。句読点も字数に含めよ。

Ⅳ　世界史B問題　(30点)

次の文章(A，B)を読み，[　　]の中に最も適切な語句を入れ，下線部(1)～(25)について後の問に答えよ。解答はすべて所定の解答欄に記入せよ。

A　エジプトに，都市[　a　]が建設されたのは紀元前4世紀のことであった。地中海世界の東西南北から文物の集まるこの都市に開設された図書館は名高く，膨大な蔵書を誇った。エジプトがローマ帝国の支配下にあった紀元2世紀半ば，[　a　]で，この知的伝統の上に立って，『天文学大全』でも知られる[　b　]が『地理学』を書いた。同書は天文学と幾何学(1)を用いて地球の形態や大きさを測り平面地図に表現する方法を記し，既知世界の8,000以上の地点を経度・緯度で示した。オリジナルは失われているが，後にビザンツ帝国(2)で作られた写本には，地図が付されている。

12世紀の半ばには，コルドバ(3)に学んだイドリーシーが，キリスト教，ユダヤ教，イスラーム教の共存するシチリア王国(4)の国王のために，南を上にした数十葉の地図を付した『世界横断を望む者の慰みの書』を著した。[　b　]やラテン語の地理書に加え，この頃すでに数百年の伝統を築いていたアラブの地理学のエッセンスを吸収した成果であったが，キリスト教世界，イスラーム世界双方で影響は限定的だった。

中世ヨーロッパの地理的世界観をよく表すのは，1300年頃(5)の作とされる，イギリスのヘレフォード図である。中心に聖地を置き，上部にアジア，右下にアフリカ，そして左下にヨーロッパが配される。

新しいタイプの地図は近世に生み出された。1512年に東フランドルの小都市に誕生したメルカトルは，ルーヴァン大学などで人文主義(6)教育を受けた。1536年には卓越した銅版彫刻の技術を駆使して，地球儀(7)の製作にかかわった。順調に評価を高めていったが，1544年にはルター(8)派の異端として一時投獄された。その危機を乗り越え，1569年には，彼の名を後世にとどめることになるメルカトル投影図法による世界地図を発表した。これは，球体を円筒に投影して平面に展開したところに特徴がある。目指す方角を正確に示すこの地図を，彼は，当時世界の海にのりだしていくようになった航海者たち(9)のために作成した。

1666 年，ルイ 14 世は科学アカデミー(10)を設立し，翌年パリ天文台を建てた。ここで 4 代にわたり天文台長をつとめたカッシーニ家は，天文学の技術を地図作成に応用し，三角測量によって，内政や軍事に求められるフランス王国の正確な地図を徐々に完成させていった。1793 年，こうして作られた地図一式は，カッシーニ家から没収され国有化される。それ以降，カッシーニの地図は，王の版図ではなく単一のフランス「国(国民)」を象徴するものとなり，カッシーニの科学的測地法は他の国々に採用された。地図は，19 世紀以降の国民国家や海外植民地帝国の形成に大きな役割を果たし，「ラテンアメリカ(11)」や「中央アジア」のような新たな地域概念は，現代まで世界認識を規定している。

問

(1)　この学問の祖と言われる人物の名を記せ。

(2)　11 世紀頃から行われ始め，この社会に大きな変容をもたらしたプロノイア制について，簡潔に説明せよ。

(3)　この地出身のイブン＝ルシュドは，ある哲学者の作品に高度な注釈を施したことで知られる。その哲学者の名前を記せ。

(4)　13 世紀末にこの国から分離独立した王国の名を記せ。

(5)　この頃の大きな出来事であるアナーニ事件の概略を説明せよ。

(6)　「人文主義の王者」とも称せられた，ネーデルラント出身の学者の名を記せ。

(7)　この製作を依頼したのは，東フランドルを含む広大な地域を支配したカトリックの皇帝である。その名を記せ。

(8)　彼に数年遅れ，1519 年にチューリヒで宗教改革を始めた人物の名を記せ。

(9)　この時代に行われたマゼランの大航海が目指した，香料の特産地の名を記せ。

(10)　フランスにおけるアカデミーは 1635 年設立のアカデミー＝フランセーズをもって嚆矢(こうし)とする。ルイ 13 世の宰相でこれを設立した人物の名を記せ。

⑾　この呼称は，19世紀後半にアメリカ大陸への進出をねらうフランスで用いられるようになった。1861年にナポレオン3世によってなされた軍事介入の対象となった国の名を(ア)に，この介入を撃退した大統領の名を(イ)に，それぞれ記せ。

B　近現代史家エリック＝ホブズボームは，産業革命とフランス革命という「二重の革命」に始まり第一次世界大戦で終わる時代を「長い19世紀」と位置づけた。ホブズボームによれば，「長い19世紀」とは，「二重の革命」を経て経済的・社会的・政治的に力を蓄えていったブルジョワジーという社会階層と，ブルジョワジーの地位向上とその新たな地位を正当化する自由主義イデオロギー⑿の時代であった。

イギリスの産業革命は，イギリスの対アジア貿易赤字に対応するための輸入代替の動きを大きな契機として始まった。イギリスではそれに先行する時代に，私的所有権が保障され，農業革命⒀が進行するなど，工業化の条件が整っていた。綿工業から始まった産業革命は，19世紀が進むにつれて，鉄鋼，機械など，重工業部門に拡大していった。この過程で，資本家を中心とするブルジョワジーが経済的・社会的な力を強め⒁，新たな中間層の中核を形成する一方，伝統的な中間層の一翼を担った職人層はその少なからぬ部分が没落し，新たな下層である労働者層に吸収されていった⒂。

フランス革命は，貴族層の一部，ブルジョワジー，サンキュロットと呼ばれた都市下層民衆，および農民という，多様な勢力が交錯する複合革命であった。「第三身分」が中核となって結成された議会は，封建的特権の廃止や人権宣言の採択，および立憲君主政の憲法の制定を実現したが，憲法制定後に開催された議会では，立憲君主政の定着を求める勢力⒃がさらなる民主化を求める勢力に敗北した。対外戦争の危機の中で新たに構成された議会⒄の下で，ブルジョワジーとサンキュロットが連携し，王政が廃止された。まもなく急進派と穏健派の間に新たな対立が生じ，急進派が穏健派を排除して恐怖政治のもとで独裁的な権力を行使するようになったが，対外的な危機が一段落し，恐怖政治に対する不満が高まると，権力から排除されていた諸勢力はクーデタによって急進派を排除した⒅。しかし，穏健派が主導する新政府は復活した王党派とサンキュロットの板挟みとなって安定せず，フランスを取り巻く国際情勢が再び緊迫する中で，ナポレオンが台頭する。(19)民法典の編纂（へんさん）や商工業の振興に代表される彼の施策は，おおむねブルジョワジーの利益と合致するものであった。

「二重の革命」の影響は広範囲に及んだ。フランスにおいて典型的に実現されたとされる「国民国家」は，ヨーロッパ内外を問わず政治的なモデルと見なされるようになった。これが近現代の世界におけるナショナリズムの大きな源流のひとつである。(20)1848年にハプスブルク帝国内に噴出した民族の自治や独立を求める動きや，イタリアとドイツの統一国家建設は，「国民国家」という新たな規範がヨーロッパの政治に与えたインパクトを物語るものであった。また，多くの欧米諸国では，国民の権利意識や政治参加を求める主張が強まり，一定程度の民主化が進展した。民主化の潮流は，一方では，(21)労働者層の権利意識を高め，ブルジョワジー主導の自由主義的秩序の変革を目指す社会主義思想の普及につながったが，他方では，拡張的な対外政策への大衆的な支持の高まりや，(22)「国民」とは異質な存在と見なされた集団への差別にもつながった。「長い19世紀」を終わらせることとなる第一次世界大戦は，こうして蓄積されていたナショナリズムのエネルギーの爆発という側面を有した。

一方，ヨーロッパとアメリカ合衆国で工業化が進展した結果，欧米世界は，世界の他地域に対して圧倒的に強力な経済力と軍事力を獲得していった。(23)欧米以外の多くの地域では，工業化した諸国に経済的に従属する形で経済開発が行われ，19世紀以前とは大きく異なる貿易パターンが出現した。国民国家の建設および工業化を進めた諸国とそれに遅れた諸国との間の力関係は，前者の後者に対する圧倒的な軍事力の行使や，不平等条約として表面化した。(24)19世紀中葉から後半にかけて，欧米以外の諸国における上からの改革の動きは，経済や軍事の面で欧米諸国に追いつくことを大きな目標としていたが，その多くは挫折することとなった。のちにフランス革命前の「第三身分」になぞらえて「第三世界」と呼ばれるようになる地域の多くは，19世紀末までに欧米諸国の植民地や勢力範囲に分割されることとなる。これらの地域に台頭する(25)反植民地主義的ナショナリズムは，ホブズボームが「短い20世紀」と呼ぶ時代の世界史を大きく動かす原動力のひとつとなっていく。

問

⑿　主著『経済学および課税の原理』で，比較優位に基づく自由貿易の利益を説いた人物の名を記せ。

⒀　18 世紀から 19 世紀初頭にかけて，イギリスにおいて議会主導で行われた農地改革を何と呼ぶか。

⒁　1830 年代末から 1840 年代にかけて，イギリスでは，ブルジョワジーがみずからの利益を実現するために，ある法律の廃止を要求する圧力団体を結成し，法律廃止を実現した。この法律の名称を記せ。

⒂　イングランド北・中部の手工業者や労働者が起こしたラダイト運動とは，どのような運動であったか。

⒃　この勢力を何と呼ぶか。

⒄　この議会の名称を記せ。

⒅　この事件を何と呼ぶか。

⒆　19 世紀前半のフランスでは，工業化をめざす政策が採用されたにもかかわらず，実際の工業化の進展は緩慢であった。その理由を述べよ。

⒇　このときに，ある民族集団は，一時的にハプスブルク帝国から独立した政権を樹立した。この民族集団の名を記せ。

㉑　1886 年にアメリカ合衆国で結成された，熟練労働者を中心とする労働組合の名称を記せ。

㉒　19 世紀末のフランスで発生したある事件は，反ユダヤ主義を反映するものであるとして，ゾラなどの知識人から批判を浴びた。この事件の名を記せ。

㉓　19 世紀前半に，イギリス，インド，中国の間に出現した三角貿易を通じて，イギリスは対アジア貿易で黒字を計上するようになった。この貿易黒字は，どのようにして実現されるようになったのか。イギリスとインドの貿易商品に言及しつつ，簡潔に説明せよ。

㉔　19 世紀後半に清で行われた富国強兵をめざす改革運動を何と呼ぶか。

㉕　1925 年にホー＝チ＝ミンが結成し，のちにベトナムの独立運動を中心となって担っていく組織の母体となった団体の名称を記せ。

地理

（90 分）

I　地理 B 問題　　（25 点）

次ページの図 1 は，ある半島の 2 万 5 千分の 1 地形図(昭和 50 年改測，平成 20 年更新，原寸大)である。次々ページの図 2 は，図 1 の範囲を含む衛星画像である。図 1 および図 2 を見て，問(1)～(7)に答えよ。解答はすべて所定の解答欄に記入せよ。字数制限のある問については，句読点も字数に含めよ。

問

(1)　この半島の地形を，解答欄①に答えよ。また，A の湖沼は地形上，何に分類されるか，解答欄②に答えよ。

(2)　同じ半島でも，A に面した側と B に面した側では，水際線の形状と水辺の土地利用が異なる。図 1 から，それぞれの主要な土地利用を，A に面した側は解答欄①に，B に面した側は解答欄②に答えよ。

(3)　B に面した側の水辺の土地利用が果たしてきた役割とは何か，答えよ。

(4)　A に面した側の水際線は，どのように形成されたか，A に面した側の土地利用にふれながら，50 字以内で述べよ。

(5)　A の湖沼は，かつて戦後の食糧難を背景として，淡水化事業が計画された。この淡水化事業は，図 1 の地域にどのような効果をもたらすことを目的としていたか，それ以前から半島の中央部に引かれていた用水路(図 1 のあ—い)の役割をふまえつつ，60 字以内で述べよ。

(6)　図 1 に見るように，この半島における集落は列状に並んでいる。列状に並ぶ集落は，どのような地形に立地していると考えられるか，答えよ。

(7)　この半島では，主要な作物として，ねぎが栽培されている。当地におけるねぎ栽培の多くは，輸送園芸に分類されるが，輸送園芸とはどのような農業か，答えよ。

図 1

（編集の都合上，80％に縮小――編集部）

図 2

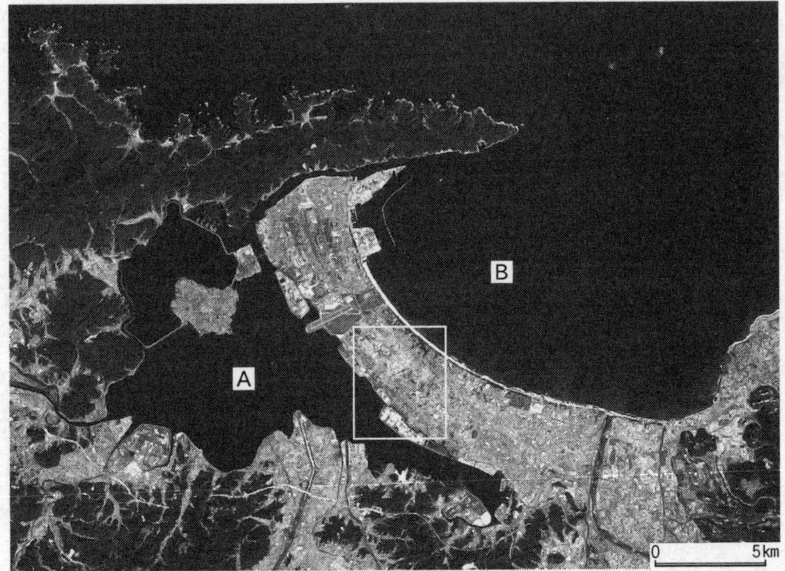

資料：LANDSAT 衛星画像(http://glcf.umd.edu)2000 年 10 月 19 日撮影。

注：図中の白枠は，**図 1** の範囲を示す。

Ⅱ　地理B問題　　(25 点)

世界の植生帯について書かれた次の文 a ～ g を読んで，問(1)～(6)に答えよ。解答はすべて所定の解答欄に記入せよ。字数制限のある問については，句読点も字数に含めよ。

a　樹高が 30～50 m にも達し，主に常緑広葉樹からなる森林が分布する。

b　常緑針葉樹の純林が広く分布する。

c　ブナなどの落葉広葉樹が広く分布する。

d　オリーブなどの小さく硬い葉の樹木が生育している。

e　草丈の高い草原のなかに，a の植生帯に比べ，背の低い傘状の落葉広葉樹などが点在する。

f　背丈の高いイネ科の植物の草原が広がっている。

g　植生がほとんど見られない。

問

(1)　下の写真は e の植生帯のものである。この植生帯を何と呼ぶか，答えよ。

＊編集の都合上，類似の写真と差し替えています。

(写真提供：ユニフォトプレス)

(2)　a と e の植生帯について，降水量の点から両者の気候の違いを，30 字以内で述べよ。

(3)　d のような植生が見られる地域の気候の特徴を述べよ。

⑷　ｇにあてはまる植生帯に砂漠がある。赤道以南のアフリカ西岸にある砂漠の名称を解答欄①に，南アメリカ西岸にある砂漠の名称を解答欄②に答えよ。また，これらの砂漠に共通する特徴的な成因を，解答欄③に 50 字以内で説明せよ。

⑸　下の図のＡのあたりで見られる植生の特徴に最もふさわしいものを，ａ～ｇの中から選び，解答欄①に答えよ。また，そこの植生帯の土壌の特徴を，気候や農業との関係から，解答欄②に 50 字以内で述べよ。

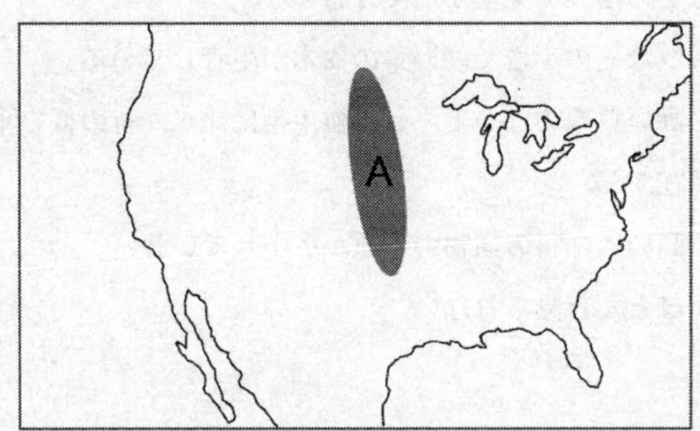

⑹　ａ，ｂ，ｄの植生帯に位置する地名としてあてはまるものを，下の**あ**～**か**から，それぞれ 1 つを選んで記号で答えよ。

あ　イルクーツク　　**い**　キサンガニ　　**う**　ケープタウン
え　パリ　　**お**　バンコク　　**か**　リヤド

Ⅲ　地理B問題　　(25 点)

下の**地図**に示した都市に関する**グラフ 1 ～ 3** を見て，グローバルに展開される金融活動と深刻化するスラムとにかかわる，問(1)～(5)に答えよ。解答はすべて所定の解答欄に記入せよ。字数制限のある問については，句読点も字数に含めよ。

地図

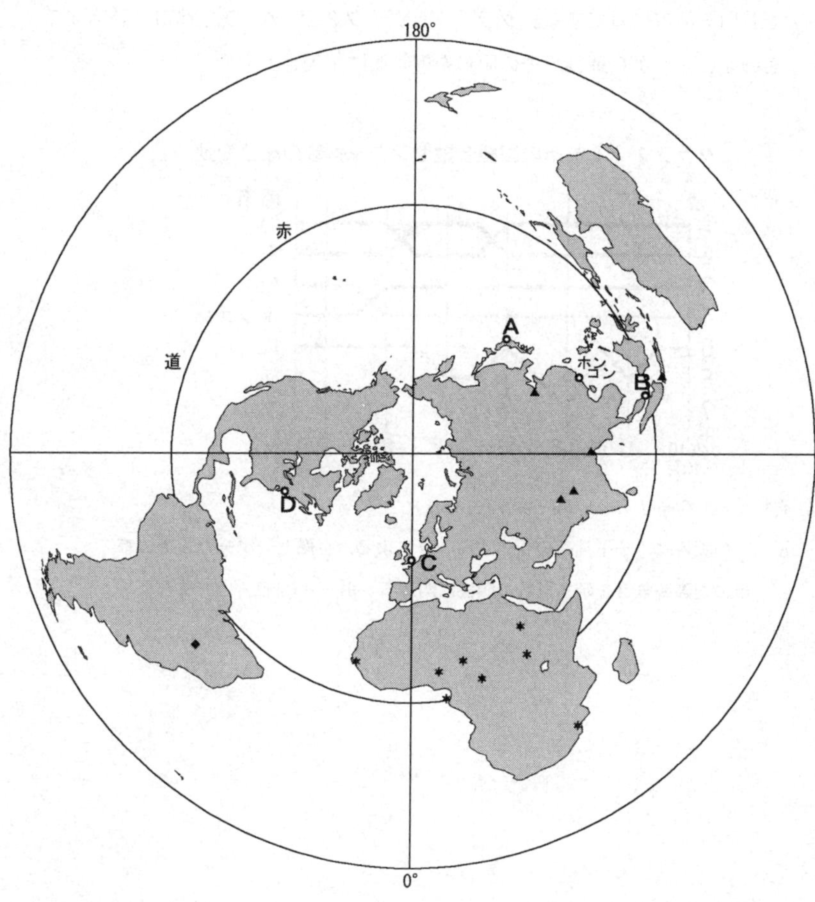

問

(1)　**地図**中に示したA～Dおよびホンコン(香港)は，世界有数の金融センターの機能をもつ都市である。**グラフ1**は，これら5都市の総合的な競争力を表す国際金融センター指数の順位変動を示す。**グラフ2**は，年間収益額が世界の上位500の企業の本社の国・地域別の数を表し，これら5都市に所在する本社数も合わせて示す。**グラフ1**と**グラフ2**で示した**い**～**に**の記号は，それぞれ同一都市に対応する。**グラフ1**と**グラフ2**で，A～Dの都市に該当するものを**い**～**に**から選び，その記号を解答欄に記入せよ。

グラフ1　5都市の国際金融センター指数の順位変動

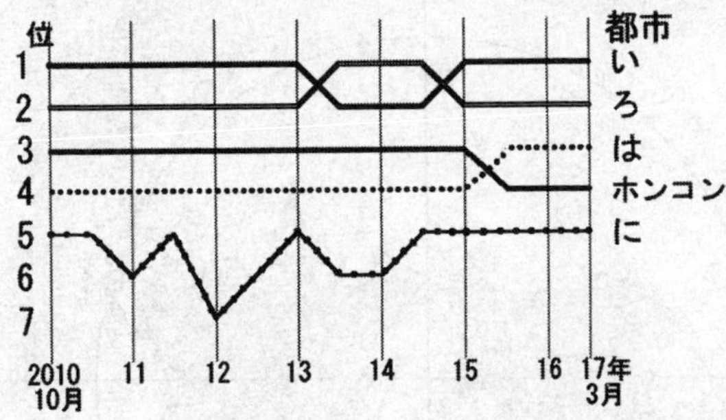

資料：*The Global Financial Centres Index* 8-21.

注：この資料は，イギリスのシンクタンクによる，金融センターとしての都市の国際競争力を示す指数の順位に関するレポート(2回/年)である。

グラフ 2　国・地域別，および 5 都市に所在する世界のトップ 500 企業の本社数

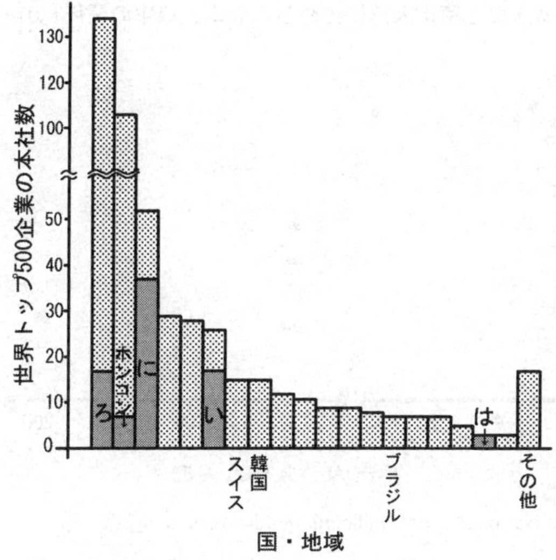

資料：*The Fortune 2016 Global 500*（http://fortune.com/global500/）

⑵　国際的な金融センターとして発展する上で重要な条件はどのようなものか，交通については解答欄①に，人材については解答欄②に，それぞれ述べよ。

⑶　前々ページの**地図**中に✱，▲，◆で示した都市を首都とする国々は，都市内のスラムに居住する人口の上位 7 か国と都市人口に占めるスラム人口率の上位 7 か国である。✱と▲の国々について，**グラフ** 3 からどのような地域的な傾向が読み取れるか，述べよ。

⑷　途上国の農村部から大都市に大量に流入する人口を受け入れるには，社会資本や住宅に関してどのような整備が必要とされるか，60 字以内で述べよ。

⑸　行政の指導の下での正式な雇用契約や社会保障などがない状態で行われる経済活動で，国家の統計や記録に含まれない部門を何というか，解答欄①に答えよ。また，親や親戚などによる養育や保護を受けずに路上で生活をする子どもを何というか，解答欄②に答えよ。

グラフ 3　14 か国(地図中に＊，▲，◆で示した都市を首都とする国々)の都市内のスラム人口と都市人口に占めるスラム人口率の関係(2014 年)

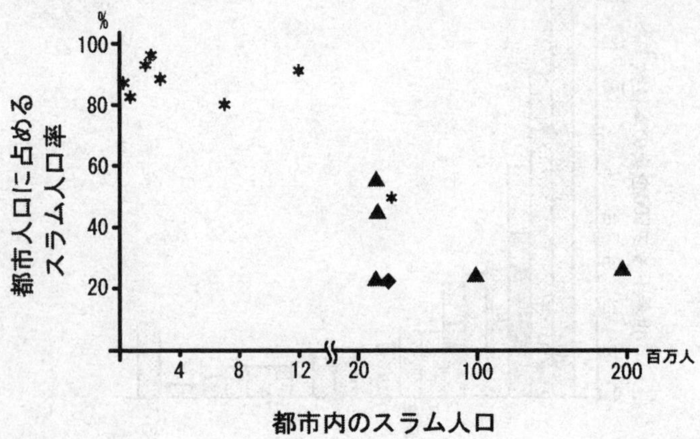

資料：United Nations (https://millenniumindicators.un.org/)

Ⅳ　地理B問題　(25点)

次ページの**グラフ1**は，下の10の国・地域の国際旅行収支を表したものである。また，**グラフ2**は，日本からこれらの国・地域を訪問した旅行者数と，それぞれの国・地域からの訪日外国人旅行者数を表したものである。これらのグラフを見て，次の問⑴～⑸に答えよ。解答はすべて所定の解答欄に記入せよ。字数制限のある問については，句読点も字数に含めよ。

アメリカ合衆国　オーストラリア　韓　国　スペイン　タ　イ
台　湾　中　国　ドイツ　ホンコン(香港)　ロシア

問

⑴　**グラフ1**と**グラフ2**のA～F国のうち，①韓国，②タイ，③中国，④ロシアに該当するものを，それぞれ記号で答えよ。

⑵　**グラフ1**が示すようにB・E・F国は旅行支出よりも収入が大きい。このうちE国を訪問する観光客が多い理由を，観光客を送り出している国々の位置や習慣に留意して，40字以内で述べよ。

⑶　F国やオーストラリアなどでは，観光活動の特徴の一つにエコツーリズムがある。エコツーリズムが広がった背景として，従来の観光産業や観光活動がどのような問題を引き起こしてきたか，40字以内で述べよ。

⑷　**グラフ2**を見て，日本に多くの旅行者を送り出す国・地域にはどのようなところが多いか，その経済的な背景や理由に触れながら，40字以内で述べよ。

⑸　観光活動の発展に影響を与える制度の一つに，UNESCOの世界遺産がある。上に示した10の国・地域の世界遺産に関して，次に該当する湖・都市・島の名称をそれぞれ答えよ。

①　世界で最も深く，固有種が豊かで，自然遺産に登録された淡水湖。

②　文化遺産に登録された宮殿をもつ，標高約3,700メートルにある都市。

③　アボリジニの遺跡や原始的な哺乳類を特徴とする，複合遺産をもつ島。

グラフ１
国際旅行収支
(2014 年)

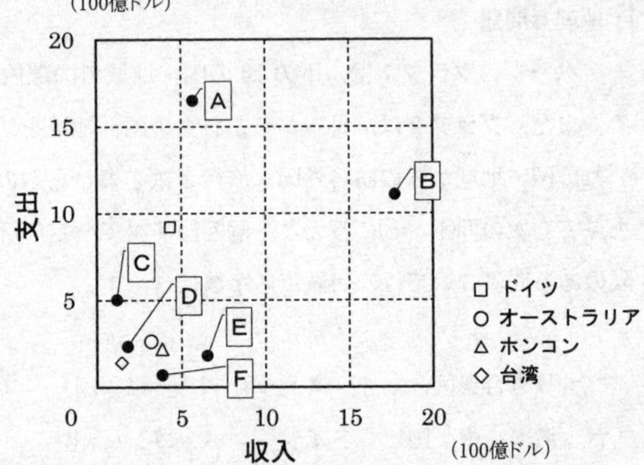

資料：平成 28 年度版『観光白書』。

注：収入はその国・地域で他の国・地域からの旅行者が消費した金額を，支出はその国・地域の旅行者が他の国・地域で消費した金額を示す。

グラフ２
日本からの旅行者数と
訪日外国人旅行者数
(2014 年)

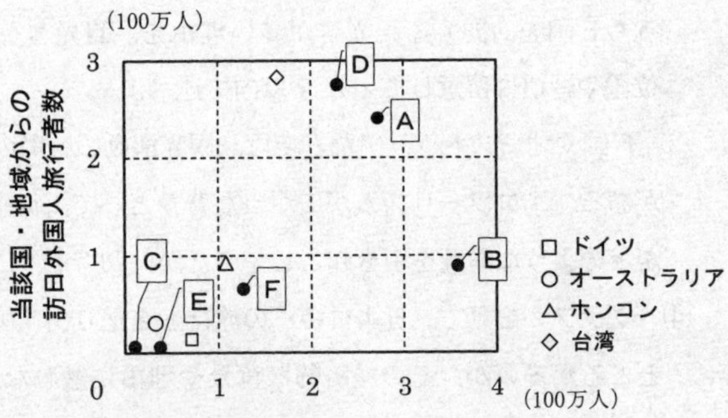

資料：平成 28 年度版『観光白書』。

注：横軸の旅行者数はそれぞれの国・地域の統計によるもので，国籍または居住地を基準とする。E のみ 2013 年の統計。

数学

(120 分)

(注)　150 点満点。総合人間(文系)学部は 200 点満点に，文学部は 100 点満点に換算。

1

(30 点)

a は正の実数とし，座標平面内の点 $(x_0,\ y_0)$ は 2 つの曲線

$$C_1 : y = |x^2 - 1|,\ C_2 : y = x^2 - 2ax + 2$$

の共有点であり，$|x_0| \neq 1$ を満たすとする．C_1 と C_2 が $(x_0,\ y_0)$ で共通の接線をもつとき，C_1 と C_2 で囲まれる部分の面積を求めよ．

2

(30 点)

1 辺の長さが 1 の正方形 ABCD において，辺 BC 上に B とは異なる点 P を取り，線分 AP の垂直 2 等分線が辺 AB，辺 AD またはその延長と交わる点をそれぞれ Q，R とする．

(1)　線分 QR の長さを sin ∠BAP を用いて表せ．

(2)　点 P が動くときの線分 QR の長さの最小値を求めよ．

3

(30 点)

$n^3 - 7n + 9$ が素数となるような整数 n をすべて求めよ．

4

(30点)

四面体ABCDはAC＝BD，AD＝BCを満たすとし，辺ABの中点をP，辺CDの中点をQとする．

⑴　辺ABと線分PQは垂直であることを示せ．

⑵　線分PQを含む平面αで四面体ABCDを切って2つの部分に分ける．このとき，2つの部分の体積は等しいことを示せ．

5

(30点)

整数が書かれている球がいくつか入っている袋に対して，次の一連の操作を考える．ただし各球に書かれている整数は1つのみとする．

(i)　袋から無作為に球を1個取り出し，その球に書かれている整数をkとする．

(ii)　$k \neq 0$の場合，整数kが書かれた球を1個新たに用意し，取り出した球とともに袋に戻す．

(iii)　$k = 0$の場合，袋の中にあった球に書かれていた数の最大値より1大きい整数が書かれた球を1個新たに用意し，取り出した球とともに袋に戻す．

整数0が書かれている球が1個入っており他の球が入っていない袋を用意する．この袋に上の一連の操作を繰り返しn回行った後に，袋の中にある球に書かれている$n+1$個の数の合計をX_nとする．例えばX_1は常に1である．以下$n \geqq 2$として次の問に答えよ．

⑴　$X_n \geqq \dfrac{(n+2)(n-1)}{2}$である確率を求めよ．

⑵　$X_n \leqq n+1$である確率を求めよ．

注（＊）

だみたる＝訛（なま）った。

たはれすぎ＝軟弱となりすぎ。

問一　傍線部(1)～(3)を、ことばを補いつつ現代語訳せよ。

問二　波線部について、何が、どのようにして、「まつりごとの本となる」のか説明せよ。

問三　『風雅和歌集』には右の仮名序の他に漢文で書かれた真名序があり、内容がおおむね対応している。その真名序の一節に、「窃ニ古語一仮ニ艶詞一、修飾而成レ之、還暗ニ乎大本ニ一」とあるが、これはどういう意味か。仮名序の対応する箇所を参考にして説明せよ。

※解答欄　問一(1)・(2)・(3)：各タテ一三センチ×三行

問二：タテ一四センチ×三行

問三：タテ一四センチ×二行

三

次の文を読んで、後の問に答えよ。（五〇点）

やまと歌は、あめつちいまだひらけざるより、そのことわりおのづからあり。人のしわざさだまりてのち、この道つひにあらはれたり。世をほめ時をそしる、雲風につけて心ざしをのぶ。喜びにあひ憂へにむかふ、花鳥をもてあそびて思ひをうごかす。ことばかすかにしてむねふかし、まことに人の心をただしつべし。下ををしへ上をいさむ、すなはちまつりごとの本となる。

しかるを、(1)世くだり道おとろへゆきしより、いたづらに色を好むなかだちとなりて、国ををさむるわざをしらず。いはむやまた近き世となりて、四方（よも）のことわざすたれ、まこと少なくいつはり多くなりにければ、(2)ひとへにかざれる姿、たくみなる心ばせをむねとして、いにしへの風は残らず。あるいはふるきことばをぬすみ、いつはれるさまをつくろひなして、さらにそのもとにまどふ。また心を先とすとのみしりて、ひなびたる姿、＊だみたることの葉にておもひえたる心ばかりをいひあらはす。ただしき心、すなほなることばはいにしへの道なり、まことにこれをとるべしといへども、ことわりにまよひてしひてまなばば、すなはちいやしき姿となりなむ。艶なる体、たくみなる心、優ならざるにあらず、もし本意をわすれてみだりに好まば、この道ひとへにすたれぬべし。かれもこれもたがひにまよひて、いにしへの道にはあらず。(3)あるいは姿たかからむとすればその心たらず、ことばこまやかなればそのさまいやし。＊艶なるはたはれすぎ、強きはなつかしからず。すべてこれをいふに、そのことわりしげき、ことの葉にて述べつくしがたし。むねをえてみづからさとりなむ。

（『風雅和歌集』仮名序より）

問二　傍線部（2）はどういうことか、説明せよ。

問三　傍線部（3）はどういうことか、説明せよ。

問四　傍線部（4）の「奇妙な解放感」を「私」が感じたのはなぜか、説明せよ。

問五　傍線部（5）はどういうことか、説明せよ。

※解答欄　問一・問二：各タテ一四センチ×二行
問三〜問五：各タテ一四センチ×四行

ためてほのぼのとまわってくる。何もかも俺の知ったことじゃない。いま家に向かっているのも、明日の勤めのためにこの躰をとにかく家まで運びこんでおくためだ。毎日の暮しには、いまはそれだけの義理立てをしておけば沢山だ……。

発散しない酔いにつつまれてベランダに立っている我身に引き比べて、私は男の今の状態をうらやましく思った。どちらからどちらへ歩いて行ったのかは知らないが、その後姿を見送るような気持で、私は影の消えた壁を眺めていた。

しかしあんな風に一人気ままに歩いている時でも、自分の姿がどこかに大きく映し出されて、見も知らぬ誰かに見つめられているということがあるものだ。本人は何も知らずに通り過ぎてしまう。影が一人勝手に歩き出して、どこかの誰かと交渉をもつというのはまさにこの事だ。そんな事を私は考えた。

というのも、ほんの一瞬ではあるが、私は壁に投じられた影を自分自身の影と思ったのだ。そして影が投げやりな足どりで壁を斜めに滑り出した時、自分が歩み去っていくような、(4)奇妙な解放感さえかすかに覚えたものだった。夜道を一人気ままに歩く男の、その影が本人の知らぬ間に壁に大映しになって、赤の他人の私の目を惹(ひ)きつけて歩み去る。私はその影につかのま自分自身の姿を認めて、自分自身が気ままに歩み去っていくのを見送る。われわれには(5)影の部分の暮しがあるのかもしれない。あるいは、われわれの中には、影に感応する部分があるのかもしれない。

（古井由吉「影」より。一部省略）

注（＊）
　カタルシス＝感情が解放され浄化されること。

問一　傍線部（1）における「戸惑い」とはどういうことか、説明せよ。

ある夜、私はベランダの手すりにもたれて、誰もいない中庭の遊園地にむかって手ばなしで咳きこんでいた。昼間は子供たちの声に賑(にぎ)わうブランコや滑り台や砂場が街燈の光の中で静まりかえって、私の咳を無表情に受け止めていた。そのうちに、私が咳くたびに、向かいの棟の壁いっぱいに洞(うつ)ろな音が走るのに、私は気づきはじめた。内側から胸を揺さぶられながら耳を澄ますと、たしかに私の気管が子供じみた悲鳴を上げるたびに、百何世帯かの暮しをおさめて夜の中に白々と立つ大きなコンクリートの箱が、ちょうど屋上から地階にかけて水しぶきを勢いよく叩きつけられるみたいに、ピシャッピシャッと無機的な音を立てている。私の声が向かいの壁にひろがって谺(こだま)しているらしかった。私は急に空恐ろしくなって手を口に押し当てた。掌(てのひら)に抑えこまれて、咳は私の胸の奥にゴボゴボとこもった。その音はもちろん向かいの壁で繰り返されたりはしなかった。

向かいの棟の壁に大きく、頭が屋上に届きそうに映った人影を、私は一度ベランダから見たことがある。夢でも錯覚でもない。光の加減でそんな事があるのだ。その影はレインコートを着て歩いていた。足が四階ぐらいにあって、頭が十階あたりにかかっていた。そして黄色い光の中に濃く浮き出て、気ままな感じで歩きながら、壁を斜めに滑って消えた。ものの二、三秒だった。建物の近くを歩いていた男の姿が、車のライトに照らされて壁に投じられたとしか考えられない。横断歩道か車道を横切っていた男の背後に車が迫って、その姿をライトの中心に捉えたのだろうか。あるいは普段そんな影が映らないところを見ると、車がふいに妙なところで妙な風に向きを変えて、その近くを歩いていた(2)男から影をさらっていったのだろうか。しかし建物の脇を走る道路をベランダから見渡してみても、歩いている人影はなく、車のライトはどれも地を低く掃いて走っている。

とにかく壁に映った男はレインコートを無造作に着流して、じつに気ままそうに歩いていた。酔っぱらって一人で夜道を帰るところだなと私は想像した。祝い酒だか、ヤケ酒だか、うまくもない仕事の酒だか知らないけれど、ここまで来れば、(3)酔いはもう自分一人の酔いであり、誰に気がねをする必要もなく、酒を呑(の)んだ理由さえもう遠くなってしまって、一歩ごとにあら

二

次の文を読んで、後の問に答えよ。（五〇点）

　私の咳（せき）は風邪の咳と違って、気管の奥まで届かない。気管の奥まで届いて、そこにたまっている痰（たん）をゼイゼイと震わせる咳には、一種独特な快感があるものだ。熱っぽい躰（からだ）の内部に力ずくで風穴をあけようとしているような、もうひと息で風が通って躰じゅうが爽やかになりそうな、＊カタルシスの予感がつきまとう。私の咳ははじめのひと声ふた声はともかく、三声目からはもう空咳なのだ。内のものが外へ押し出るとか、外のものが中へ流れこむだとか、そういった感じはなくて、通路そのものがいたずらにケイレンを起こす。気管が身勝手に神経的な苛立（いらだ）ちをぶちまけ、こちこちになるまで力んで、われとわが身をいためつける。私はこらえられるだけこらえて、それから《俺はいつかこれで死ぬぞ、これで死ぬぞ》とやくざな喉と気管をなじりながら、手ばなしで咳きこみはじめる。咳の音がコンコンなどというしおらしさを通り越して、キィーンキィーンとどこか金属的な響きを帯び出すと、左の胸の奥がふと異な感じになりかかることがあるけれど、私の気持はかえって平静になって、《心臓が止まるとは、こういう感じか》などと思ったりする。どうかすると、私は身も世もあらず咳きこみながら、咳きこんでいる自分の姿を冷やかに眺めたりする。肩に力をこめ、背を丸め、胸板を震わせている姿が、どうにも子供っぽいのだ……。

　ベランダに出ると咳が出るのは、躰が急に冷やされるせいだろうが、それよりも先に、（1）夜気の中に立った不節制な躰の、いわば戸惑いといったものが働いているようだ。いくら都会とはいえ夜半をまわればいくらか清浄になる空気に触れて、タバコの煙と坐業（ざぎょう）にふやけた躰が自分の内側の腐敗の気を嗅ぎ取り、うしろめたく感じるのだ。あるいは、それは出つけぬ人前に出て話をしようとする人間の神経質な咳ばらいに似てるかもしれない。曖昧に喉から洩（も）れた咳が静まりかえった夜半の棟と棟の間で意外に高く響き、耳障りな音で人の眠りを乱してしまったような恥しさが、また咳を誘い出す。はじめは照れかくしの咳ばらい程度でも、ちょっと切羽つまった響きがその中に入り混ると、たちまち自己暗示にかかって、ほんとうに身も世もあらず咳きこみ出す。

問三　傍線部(3)はどういうことか、説明せよ。

問四　傍線部(4)はどういうことか、説明せよ。

問五　傍線部(5)のように筆者が考えるのはなぜか、説明せよ。

※解答欄　問一・問四：各タテ一四センチ×三行
問二：タテ一四センチ×四行
問三：タテ一四センチ×二行
問五：タテ一四センチ×五行

葉の「こころ」を変える力は、すなわち、人間の「こころ」であって、言葉の「こころ」が、人間から独立して、勝手に変わるのではない。言葉の意味変化が、人間の「こころ」の変化を前提とする以上、人間の「こころ」の側から、言葉の「こころ」が追究されなければならないのは当然であろう。(5)意味論は、人間の「こころ」と言葉の「こころ」の相互関係を究明する「こころ」の学とならない限り、人間の学としての「意味」を持ちえないといっても過言ではない。

（佐竹昭広「意味変化について」より。一部省略）

注(＊)

アナロジカル＝analogical 「類推による、類推的な」の意。

ヘボンの辞書＝ジェームス・カーティス・ヘボンによって幕末に編纂された、英語による日本語の辞書。

日葡辞書＝ポルトガル語による日本語の辞書。一六〇三年から一六〇四年にかけてイエズス会によって長崎で出版された。

ロデシヤ＝アフリカ大陸南部の地域名称。現在のザンビアとジンバブエを合わせた地域にあたり、二〇以上の言語が話されている。同じく西アフリカのリベリア共和国も三〇近い言語が話されている多言語国家。

問一 傍線部(1)はどういうことか、説明せよ。

問二 傍線部(2)はどういうことか、説明せよ。

人の行為や心理を一つの言葉で名づけるならば、あなたは、その人に、その人の行為や心理を啓示することになる。その人は、名づけられた言葉を手がかりに、あらためて自分をかえりみるだろう。

「泣きぬれた天使」という往年のフランス映画にも、そうした場面があった。ジュヌヴィエーヴは、盲目の彫刻家に対する友情とも憐愍（れんびん）ともつかない漠然たる心情を、他人から「愛（アムール）」という言葉で啓示されたとき、自分のすべてが決定されたことを知った。今度は、「愛」という言葉が、彼女の「こころ」を鍛えあげてゆく。或いは、人間の「こころ」が、言葉につかみとられて、否応なしに連行されてゆくのだといってもいい。「愛」とか「嫉妬」とか「憎悪」とかいう言葉が現れると、(4)その言葉とともに、愛や嫉妬や憎悪が結晶してくる。もやもやした感情を、「愛」でとらえるか、「嫉妬」でとらえるか、「憎悪」でとらえるか、結びつき次第で、彼の運命は大きく違ってくるであろう。彼は「愛」をそだてることに成功するかもしれない。「嫉妬」に懊悩（おうのう）する男になるかもしれない。「憎悪」のあまり、女を殺す大罪を犯すに至るかもしれない。

*

人間の「こころ」と言葉の「こころ」との間には、相互にはたらきかける二つの力がある。一つは、言葉の「こころ」が人間の「こころ」に作用する力であったが、もう一つは、人間の「こころ」が、言葉の「こころ」に作用して、それを変えてゆく力である。言葉が、人間世界の細目に対してごく大まかにしか配置されていないものである以上、われわれは、自分の「こころ」を、適切な言葉によって表現できないという不幸を宿命的に負わされている。どうしても、「こころ」を託すべき言葉がなければ、穴埋めに、新語を創造し、古語を復活し、外国語を借用するという方法も講ぜられる。

人間は、絶えず、その人、その時代に固有の「こころ」を持った言葉をさがし求めているものだ。新しい「こころ」は、それを関連づけることのできそうな「こころ」を持った言葉を見つけて、その中に押しこまれる。あとから押しこまれた方の「こころ」が、人々から強力に支持されつづければ、新しい「こころ」は、古い「こころ」を押しのけて、新規にその主人ともなりうる。言分けない。言語によって、色彩の目盛りの切り方が相違しているのである。これが直ちに言語の構造の問題と結びついていることは、言語構造の概念を説明するための雛型として、スペクトルの例が好んで採りあげられることを想起すれば十分である。言語が構造であること、構造とは分節的統一にほかならないことを、ここからわれわれは容易に認めることができる。思考活動は、この目盛りの切り方、言語の構造性に応じて営まれる。同じ虹に対しても、人はその属する言語の構造という既成の論拠の上においてのみ、色合を認知しうるのである。スペクトル中の色帯の数を、ミクロン単位で数えるならば、三七五種の多くにのぼると言われる。それを何色かに分割するということは、無限の連続である外界を、いくつかの類概念に区切り、そこにおける固定した中心、思想の焦点としての名称をもって配置することである。曖昧で不確かで変動しやすい人間の知覚は、名称によって新しい形をとり始める。客観的世界ははじめて整理せられ、一定の秩序と形態を与えられる。朦朧として不分明な個人の感情、捉えがたい心理の内面も、すべて名称による以外には、自己を客観化し明確化するすべを持たない。スタンダールの『赤と黒』に、ジュリアンとの媾曳のあとで、幸福の陶酔に耽っていたその夜のド・レーナル夫人が、突然、自分の行為の「姦通」という怖ろしい言葉に宛てはまるのに気づいて愕然とする場面がある。言語以前の無意識の状態における個人的感情が、判然たる姿をとってその性格を客観的に現示するものは名称であることを、これは端的に物語っている」。考えてみれば、これほど危険千万なことはない。言葉によって、カオスがコスモスに転化することは事実だとしても、そのとき、名づけられたものは、他のあらゆる属性を切り捨てられ、(3)無垢の純潔性を失ってしまう。

ベンジャミン・リー・ウォーフも言うように、言語とは、それ自体、話者の知覚に指向を与える一つの様式であり、言語は、話者にとって、経験を意味のある範疇に分析するための習慣的な様式を準備するものである。言語が押しつける恣意的な分類法、その上に立つ一定数の限られた言葉で、無限の連続性を帯びている内的外的世界を名づけること、それは、言語主体に指示して彼を特定のチャンネルへと追いこむこと、外部から一つの決定を強制することではないか。もしあなたが、或るし、「意味」という漢語を知らない時代にも、「意味」を含意する言葉は存在した。それが、「こころ」という和語であったことは、あらためて紹介するまでもない。のみならず、この事実は、たとえ偶然であるかもしれないにせよ、語を人間とのアナロジーで捉える観点から導かれた、「意味」と「こころ」の対応関係にいみじくも合致している。

一般に、意味論は、意味を客観的認識の対象として、当の言語主体から切り離しすぎたうらみがある。いま、語の意味を、「こころ」という和語によって認識しなおしてみるとき、(1)語の意味と言語主体の心的活動は、確実に一本のキイ・ワードで架橋されることになるであろう。意味論にとって、これは、すこぶる重要な示唆だとはいえないであろうか。

＊

共鳴、親愛、納得、熱狂、うれしさ、驚嘆、ありがたさ、勇気、救ひ、融和、同類、不思議などと、いろいろの言葉を案じてみましたけれど、どれも皆、気にいりません。重ねて、語彙の貧弱を、くるしく思ひます。（太宰治『風の便り』）

事物は、それを名づける言葉が見出されない限り、存在しないに等しい。言語主体は、なにか明晰（めいせき）なかたちで認識したいものがあるとき、現在の自分の「こころ」に過不足なく適合する「こころ」を具有した言葉をさがし求める。そうして、該当する言葉がつかまえられないとき、自分の「語彙の貧弱を、くるしく思」う。だが、語彙の多寡など、所詮は程度の差である。いくら語彙の豊富な人間でも、自分の「こころ」をぴたりと表現できない苦しみから完全に自由であることはできない。人間の世界は、言葉によって縦横に細分されてはいるものの、語の配分は、決してわれわれの経験世界に密着した精密度で行われているわけではない。(2)もっとも客観的に見える自然界ですら、実際は、なんら客観的に分割されていないというのが、言葉の世界である。以前、「語彙の構造と思考の形態」と題する小論の中で、次のように述べたことがある。「スペクトルにかけられた色彩を、現代日本語は七色で表わす。しかし英語では六色であり、ロデシヤ＊の一言語では三色、リベリアの一言語では二色にしか

国語

（一二〇分）

（注） 一五〇点満点。教育（文系）学部は二〇〇点満点に換算。

一 次の文を読んで、後の問に答えよ。（五〇点）

皆人の「からだ」ばかりの寺参り 「こころ」は宿にかせぎをぞする （為愚痴物語巻六ノ一二）

生きた人間を「からだ」と「こころ」で対立させる二元論的把握は、視野を転じて、言語記号の成り立ちという問題に対しても、アナロジカル*に適用することができる。

言語記号は、一定の音声形式と意味とから成り立っている。人間の「からだ」が「こころ」の器であるなら、音声形式も、また、意味の器にほかならない。「からだ」に「こころ」の宿っているものが生きた「身」であるなら、音声形式に意味の宿っているものが、すなわち「語」にほかならない。

語の成り立ちを「身」との対比において把握する観点から、とりわけ注目される問題は、「語」の意味に対応する概念として、「身」の方に、「こころ」という言葉が見出されることである。わが国で、「意味」という言葉が、いつごろから使用されるようになったのかは判然としない。ヘボン*の辞書には収められているが、日葡辞書*など中世の辞書には見当らないようである。しか

//////////////////// · memo · ////////////////////

////////////////////// · memo · //////////////////////

教学社 刊行一覧

2025年版 大学赤本シリーズ

374大学556点 全都道府県を網羅

国公立大学（都道府県順）

全国の書店で取り扱っています。店頭にない場合は，お取り寄せができます。

1 北海道大学（文系－前期日程）
2 北海道大学（理系－前期日程） 医
3 北海道大学（後期日程）
4 旭川医科大学（医学部〈医学科〉） 医
5 小樽商科大学
6 帯広畜産大学
7 北海道教育大学
8 室蘭工業大学／北見工業大学
9 釧路公立大学
10 公立千歳科学技術大学
11 公立はこだて未来大学 総推
12 札幌医科大学（医学部） 医
13 弘前大学 医
14 岩手大学
15 岩手県立大学・盛岡短期大学部・宮古短期大学部
16 東北大学（文系－前期日程）
17 東北大学（理系－前期日程） 医
18 東北大学（後期日程）
19 宮城教育大学
20 宮城大学
21 秋田大学 医
22 秋田県立大学
23 国際教養大学 総推
24 山形大学 医
25 福島大学
26 会津大学
27 福島県立医科大学（医・保健科学部） 医
28 茨城大学（文系）
29 茨城大学（理系）
30 筑波大学（推薦入試） 医 総推
31 筑波大学（文系－前期日程）
32 筑波大学（理系－前期日程） 医
33 筑波大学（後期日程）
34 宇都宮大学
35 群馬大学 医
36 群馬県立女子大学
37 高崎経済大学
38 前橋工科大学
39 埼玉大学（文系）
40 埼玉大学（理系）
41 千葉大学（文系－前期日程）
42 千葉大学（理系－前期日程） 医
43 千葉大学（後期日程） 医
44 東京大学（文科） DL
45 東京大学（理科） DL 医
46 お茶の水女子大学
47 電気通信大学
48 東京外国語大学 DL
49 東京海洋大学
50 東京科学大学（旧 東京工業大学）
51 東京科学大学（旧 東京医科歯科大学） 医
52 東京学芸大学
53 東京藝術大学
54 東京農工大学
55 一橋大学（前期日程）
56 一橋大学（後期日程）
57 東京都立大学（文系）
58 東京都立大学（理系）
59 横浜国立大学（文系）
60 横浜国立大学（理系）
61 横浜市立大学（国際教養・国際商・理・データサイエンス・医〈看護〉学部）
62 横浜市立大学（医学部〈医学科〉） 医
63 新潟大学（人文・教育〈文系〉・法・経済科・医〈看護〉・創生学部）
64 新潟大学（教育〈理系〉・理・医〈看護を除く〉・歯・工・農学部） 医
65 新潟県立大学
66 富山大学（文系）
67 富山大学（理系） 医
68 富山県立大学
69 金沢大学（文系）
70 金沢大学（理系） 医
71 福井大学（教育・医〈看護〉・工・国際地域学部）
72 福井大学（医学部〈医学科〉） 医
73 福井県立大学
74 山梨大学（教育・医〈看護〉・工・生命環境学部）
75 山梨大学（医学部〈医学科〉） 医
76 都留文科大学
77 信州大学（文系－前期日程）
78 信州大学（理系－前期日程） 医
79 信州大学（後期日程）
80 公立諏訪東京理科大学 総推
81 岐阜大学（前期日程） 医
82 岐阜大学（後期日程）
83 岐阜薬科大学
84 静岡大学（前期日程）
85 静岡大学（後期日程）
86 浜松医科大学（医学部〈医学科〉） 医
87 静岡県立大学
88 静岡文化芸術大学
89 名古屋大学（文系）
90 名古屋大学（理系） 医
91 愛知教育大学
92 名古屋工業大学
93 愛知県立大学
94 名古屋市立大学（経済・人文社会・芸術工・看護・総合生命理・データサイエンス学部）
95 名古屋市立大学（医学部〈医学科〉） 医
96 名古屋市立大学（薬学部）
97 三重大学（人文・教育・医〈看護〉学部）
98 三重大学（医〈医〉・工・生物資源学部） 医
99 滋賀大学
100 滋賀医科大学（医学部〈医学科〉） 医
101 滋賀県立大学
102 京都大学（文系）
103 京都大学（理系） 医
104 京都教育大学
105 京都工芸繊維大学
106 京都府立大学
107 京都府立医科大学（医学部〈医学科〉） 医
108 大阪大学（文系） DL
109 大阪大学（理系） 医
110 大阪教育大学
111 大阪公立大学（現代システム科学域〈文系〉・文・法・経済・商・看護・生活科〈居住環境・人間福祉〉学部－前期日程）
112 大阪公立大学（現代システム科学域〈理系〉・理・工・農・獣医・医・生活科〈食栄養〉学部－前期日程） 医
113 大阪公立大学（中期日程）
114 大阪公立大学（後期日程）
115 神戸大学（文系－前期日程）
116 神戸大学（理系－前期日程） 医
117 神戸大学（後期日程）
118 神戸市外国語大学 DL
119 兵庫県立大学（国際商経・社会情報科・看護学部）
120 兵庫県立大学（工・理・環境人間学部）
121 奈良教育大学／奈良県立大学
122 奈良女子大学
123 奈良県立医科大学（医学部〈医学科〉） 医
124 和歌山大学
125 和歌山県立医科大学（医・薬学部） 医
126 鳥取大学 医
127 公立鳥取環境大学
128 島根大学 医
129 岡山大学（文系）
130 岡山大学（理系） 医
131 岡山県立大学
132 広島大学（文系－前期日程）
133 広島大学（理系－前期日程） 医
134 広島大学（後期日程）
135 尾道市立大学 総推
136 県立広島大学
137 広島市立大学
138 福山市立大学 総推
139 山口大学（人文・教育〈文系〉・経済・医〈看護〉・国際総合科学部）
140 山口大学（教育〈理系〉・理・医〈看護を除く〉・工・農・共同獣医学部） 医
141 山陽小野田市立山口東京理科大学 総推
142 下関市立大学／山口県立大学
143 周南公立大学 新 総推
144 徳島大学 医
145 香川大学 医
146 愛媛大学 医
147 高知大学 医
148 高知工科大学
149 九州大学（文系－前期日程）
150 九州大学（理系－前期日程） 医
151 九州大学（後期日程）
152 九州工業大学
153 福岡教育大学
154 北九州市立大学
155 九州歯科大学
156 福岡県立大学／福岡女子大学
157 佐賀大学 医
158 長崎大学（多文化社会・教育〈文系〉・経済・医〈保健〉・環境科〈文系〉学部）
159 長崎大学（教育〈理系〉・医〈医〉・歯・薬・情報データ科・工・環境科〈理系〉・水産学部） 医
160 長崎県立大学 総推
161 熊本大学（文・教育・法・医〈看護〉学部・情報融合学環〈文系型〉）
162 熊本大学（理・医〈看護を除く〉・薬・工学部・情報融合学環〈理系型〉） 医
163 熊本県立大学
164 大分大学（教育・経済・医〈看護〉・理工・福祉健康科学部）
165 大分大学（医学部〈医・先進医療科学科〉） 医
166 宮崎大学（教育・医〈看護〉・工・農・地域資源創成学部）
167 宮崎大学（医学部〈医学科〉） 医
168 鹿児島大学（文系）
169 鹿児島大学（理系） 医
170 琉球大学 医

2025年版　大学赤本シリーズ

国公立大学 その他

- 171 〔国公立大〕医学部医学科 総合型選抜・学校推薦型選抜※ 医 総推
- 172 看護・医療系大学〈国公立 東日本〉※
- 173 看護・医療系大学〈国公立 中日本〉※
- 174 看護・医療系大学〈国公立 西日本〉※
- 175 海上保安大学校／気象大学校
- 176 航空保安大学校
- 177 国立看護大学校
- 178 防衛大学校 総推
- 179 防衛医科大学校(医学科) 医
- 180 防衛医科大学校(看護学科)

※No.171～174の収載大学は赤本ウェブサイト(http://akahon.net/)でご確認ください。

私立大学①

北海道の大学(50音順)

- 201 札幌大学
- 202 札幌学院大学
- 203 北星学園大学
- 204 北海学園大学
- 205 北海道医療大学
- 206 北海道科学大学
- 207 北海道武蔵女子大学・短期大学
- 208 酪農学園大学(獣医学群〈獣医学類〉)

東北の大学(50音順)

- 209 岩手医科大学(医・歯・薬学部) 医
- 210 仙台大学 総推
- 211 東北医科薬科大学(医・薬学部) 医
- 212 東北学院大学
- 213 東北工業大学
- 214 東北福祉大学
- 215 宮城学院女子大学 総推

関東の大学(50音順)

あ行(関東の大学)

- 216 青山学院大学(法・国際政治経済学部－個別学部日程)
- 217 青山学院大学(経済学部－個別学部日程)
- 218 青山学院大学(経営学部－個別学部日程)
- 219 青山学院大学(文・教育人間科学部－個別学部日程)
- 220 青山学院大学(総合文化政策・社会情報・地球社会共生・コミュニティ人間科学部－個別学部日程)
- 221 青山学院大学(理工学部－個別学部日程)
- 222 青山学院大学(全学部日程)
- 223 麻布大学(獣医、生命・環境科学部)
- 224 亜細亜大学
- 226 桜美林大学
- 227 大妻女子大学・短期大学部

か行(関東の大学)

- 228 学習院大学(法学部－コア試験)
- 229 学習院大学(経済学部－コア試験)
- 230 学習院大学(文学部－コア試験)
- 231 学習院大学(国際社会科学部－コア試験)
- 232 学習院大学(理学部－コア試験)
- 233 学習院女子大学
- 234 神奈川大学(給費生試験)
- 235 神奈川大学(一般入試)
- 236 神奈川工科大学
- 237 鎌倉女子大学・短期大学部
- 238 川村学園女子大学
- 239 神田外語大学
- 240 関東学院大学
- 241 北里大学(理学部)
- 242 北里大学(医学部) 医
- 243 北里大学(薬学部)
- 244 北里大学(看護・医療衛生学部)
- 245 北里大学(未来工・獣医・海洋生命科学部)
- 246 共立女子大学・短期大学
- 247 杏林大学(医学部) 医
- 248 杏林大学(保健学部)
- 249 群馬医療福祉大学・短期大学部
- 250 群馬パース大学 総推
- 251 慶應義塾大学(法学部)
- 252 慶應義塾大学(経済学部)
- 253 慶應義塾大学(商学部)
- 254 慶應義塾大学(文学部) 総推
- 255 慶應義塾大学(総合政策学部)
- 256 慶應義塾大学(環境情報学部)
- 257 慶應義塾大学(理工学部)
- 258 慶應義塾大学(医学部) 医
- 259 慶應義塾大学(薬学部)
- 260 慶應義塾大学(看護医療学部)
- 261 工学院大学
- 262 國學院大學
- 263 国際医療福祉大学 医
- 264 国際基督教大学
- 265 国士舘大学
- 266 駒澤大学(一般選抜T方式・S方式)
- 267 駒澤大学(全学部統一日程選抜)

さ行(関東の大学)

- 268 埼玉医科大学(医学部) 医
- 269 相模女子大学・短期大学部
- 270 産業能率大学
- 271 自治医科大学(医学部) 医
- 272 自治医科大学(看護学部)／東京慈恵会医科大学(医学部〈看護学科〉)
- 273 実践女子大学 総推
- 274 芝浦工業大学(前期日程)
- 275 芝浦工業大学(全学統一日程・後期日程)
- 276 十文字学園女子大学
- 277 淑徳大学
- 278 順天堂大学(医学部) 医
- 279 順天堂大学(スポーツ健康科・医療看護・保健看護・国際教養・保健医療・医療科・健康データサイエンス・薬学部) 総推
- 280 上智大学(神・文・総合人間科学部)
- 281 上智大学(法・経済学部)
- 282 上智大学(外国語・総合グローバル学部)
- 283 上智大学(理工学部)
- 284 上智大学(TEAPスコア利用方式)
- 285 湘南工科大学
- 286 昭和大学(医学部) 医
- 287 昭和大学(歯・薬・保健医療学部)
- 288 昭和女子大学
- 289 昭和薬科大学
- 290 女子栄養大学・短期大学部 総推
- 291 白百合女子大学
- 292 成蹊大学(法学部－A方式)
- 293 成蹊大学(経済・経営学部－A方式)
- 294 成蹊大学(文学部－A方式)
- 295 成蹊大学(理工学部－A方式)
- 296 成蹊大学(E方式・G方式・P方式)
- 297 成城大学(経済・社会イノベーション学部－A方式)
- 298 成城大学(文芸・法学部－A方式)
- 299 成城大学(S方式〈全学部統一選抜〉)
- 300 聖心女子大学
- 301 清泉女子大学
- 303 聖マリアンナ医科大学 医
- 304 聖路加国際大学(看護学部)
- 305 専修大学(スカラシップ・全国入試)
- 306 専修大学(前期入試〈学部個別入試〉)
- 307 専修大学(前期入試〈全学部入試・スカラシップ入試〉)

た行(関東の大学)

- 308 大正大学
- 309 大東文化大学
- 310 高崎健康福祉大学
- 311 拓殖大学
- 312 玉川大学
- 313 多摩美術大学
- 314 千葉工業大学
- 315 中央大学(法学部－学部別選抜)
- 316 中央大学(経済学部－学部別選抜)
- 317 中央大学(商学部－学部別選抜)
- 318 中央大学(文学部－学部別選抜)
- 319 中央大学(総合政策学部－学部別選抜)
- 320 中央大学(国際経営・国際情報学部－学部別選抜)
- 321 中央大学(理工学部－学部別選抜)
- 322 中央大学(5学部共通選抜)
- 323 中央学院大学
- 324 津田塾大学
- 325 帝京大学(薬・経済・法・文・外国語・教育・理工・医療技術・福岡医療技術学部)
- 326 帝京大学(医学部) 医
- 327 帝京科学大学 総推
- 328 帝京平成大学 総推
- 329 東海大学(医〈医〉学部を除く－一般選抜)
- 330 東海大学(文系・理系学部統一選抜)
- 331 東海大学(医学部〈医学科〉) 医
- 332 東京医科大学(医学部〈医学科〉) 医
- 333 東京家政大学・短期大学部 総推
- 334 東京経済大学
- 335 東京工科大学
- 336 東京工芸大学
- 337 東京国際大学
- 338 東京歯科大学
- 339 東京慈恵会医科大学(医学部〈医学科〉) 医
- 340 東京情報大学
- 341 東京女子大学
- 342 東京女子医科大学(医学部) 医
- 343 東京電機大学
- 344 東京都市大学
- 345 東京農業大学
- 346 東京薬科大学(薬学部) 総推
- 347 東京薬科大学(生命科学部) 総推
- 348 東京理科大学(理学部〈第一部〉－B方式)
- 349 東京理科大学(創域理工学部－B方式・S方式)
- 350 東京理科大学(工学部－B方式)
- 351 東京理科大学(先進工学部－B方式)
- 352 東京理科大学(薬学部－B方式)
- 353 東京理科大学(経営学部－B方式)
- 354 東京理科大学(C方式、グローバル方式、理学部〈第二部〉－B方式)
- 355 東邦大学(医学部) 医
- 356 東邦大学(薬学部)

2025年版　大学赤本シリーズ

私立大学②

357 東邦大学(理・看護・健康科学部)
358 東洋大学(文・経済・経営・法・社会・国際・国際観光学部)
359 東洋大学(情報連携・福祉社会デザイン・健康スポーツ科・理工・総合情報・生命科・食環境科学部)
360 東洋大学(英語〈3日程×3カ年〉)
361 東洋大学(国語〈3日程×3カ年〉)
362 東洋大学(日本史・世界史〈2日程×3カ年〉)
363 東洋英和女学院大学
364 常磐大学・短期大学 総推
365 獨協大学
366 獨協医科大学(医学部) 医

な行(関東の大学)

367 二松学舎大学
368 日本大学(法学部)
369 日本大学(経済学部)
370 日本大学(商学部)
371 日本大学(文理学部〈文系〉)
372 日本大学(文理学部〈理系〉)
373 日本大学(芸術学部〈専門試験併用型〉)
374 日本大学(国際関係学部)
375 日本大学(危機管理・スポーツ科学部)
376 日本大学(理工学部)
377 日本大学(生産工・工学部)
378 日本大学(生物資源科学部)
379 日本大学(医学部) 医
380 日本大学(歯・松戸歯学部)
381 日本大学(薬学部)
382 日本大学(N全学統一方式−医・芸術〈専門試験併用型〉学部を除く)
383 日本医科大学 医
384 日本工業大学
385 日本歯科大学
386 日本社会事業大学 総推
387 日本獣医生命科学大学
388 日本女子大学
389 日本体育大学

は行(関東の大学)

390 白鷗大学(学業特待選抜・一般選抜)
391 フェリス女学院大学
392 文教大学
393 法政大学(法〈Ⅰ日程〉・文〈Ⅱ日程〉・経営〈Ⅱ日程〉学部−A方式)
394 法政大学(法〈Ⅱ日程〉・国際文化・キャリアデザイン学部−A方式)
395 法政大学(文〈Ⅰ日程〉・経営〈Ⅰ日程〉・人間環境・グローバル教養学部−A方式)
396 法政大学(経済〈Ⅰ日程〉・社会〈Ⅰ日程〉・現代福祉学部−A方式)
397 法政大学(経済〈Ⅱ日程〉・社会〈Ⅱ日程〉・スポーツ健康学部−A方式)
398 法政大学(情報科・デザイン工・理工・生命科学部−A方式)
399 法政大学(T日程〈統一日程〉・英語外部試験利用入試)
400 星薬科大学 総推

ま行(関東の大学)

401 武蔵大学
402 武蔵野大学
403 武蔵野美術大学
404 明海大学
405 明治大学(法学部−学部別入試)
406 明治大学(政治経済学部−学部別入試)
407 明治大学(商学部−学部別入試)
408 明治大学(経営学部−学部別入試)
409 明治大学(文学部−学部別入試)
410 明治大学(国際日本学部−学部別入試)
411 明治大学(情報コミュニケーション学部−学部別入試)
412 明治大学(理工学部−学部別入試)
413 明治大学(総合数理学部−学部別入試)
414 明治大学(農学部−学部別入試)
415 明治大学(全学部統一入試)
416 明治学院大学(A日程)
417 明治学院大学(全学部日程)
418 明治薬科大学 総推
419 明星大学
420 目白大学・短期大学部

ら・わ行(関東の大学)

421 立教大学(文系学部−一般入試〈大学独自の英語を課さない日程〉)
422 立教大学(国語〈3日程×3カ年〉)
423 立教大学(日本史・世界史〈2日程×3カ年〉)
424 立教大学(文学部−一般入試〈大学独自の英語を課す日程〉)
425 立教大学(理学部−一般入試)
426 立正大学
427 早稲田大学(法学部)
428 早稲田大学(政治経済学部)
429 早稲田大学(商学部)
430 早稲田大学(社会科学部)
431 早稲田大学(文学部)
432 早稲田大学(文化構想学部)
433 早稲田大学(教育学部〈文科系〉)
434 早稲田大学(教育学部〈理科系〉)
435 早稲田大学(人間科・スポーツ科学部)
436 早稲田大学(国際教養学部)
437 早稲田大学(基幹理工・創造理工・先進理工学部)
438 和洋女子大学 総推

中部の大学(50音順)

439 愛知大学
440 愛知医科大学(医学部) 医
441 愛知学院大学・短期大学部
442 愛知工業大学 総推
443 愛知淑徳大学
444 朝日大学 総推
445 金沢医科大学(医学部) 医
446 金沢工業大学
447 岐阜聖徳学園大学 総推
448 金城学院大学
449 至学館大学 総推
450 静岡理工科大学
451 椙山女学園大学
452 大同大学
453 中京大学
454 中部大学
455 名古屋外国語大学 総推
456 名古屋学院大学 総推
457 名古屋学芸大学 総推
458 名古屋女子大学 総推
459 南山大学(外国語〈英米〉・法・総合政策・国際教養学部)
460 南山大学(人文・外国語〈英米を除く〉・経済・経営・理工学部)
461 新潟国際情報大学
462 日本福祉大学
463 福井工業大学
464 藤田医科大学(医学部) 医
465 藤田医科大学(医療科・保健衛生学部)
466 名城大学(法・経営・経済・外国語・人間・都市情報学部)
467 名城大学(情報工・理工・農・薬学部)
468 山梨学院大学

近畿の大学(50音順)

469 追手門学院大学 総推
470 大阪医科薬科大学(医学部) 医
471 大阪医科薬科大学(薬学部) 総推
472 大阪学院大学 総推
473 大阪経済大学 総推
474 大阪経済法科大学 総推
475 大阪工業大学 総推
476 大阪国際大学・短期大学部 総推
477 大阪産業大学 総推
478 大阪歯科大学(歯学部)
479 大阪商業大学 総推
480 大阪成蹊大学・短期大学 総推
481 大谷大学 総推
482 大手前大学・短期大学 総推
483 関西大学(文系)
484 関西大学(理系)
485 関西大学(英語〈3日程×3カ年〉)
486 関西大学(国語〈3日程×3カ年〉)
487 関西大学(日本史・世界史・文系数学〈3日程×3カ年〉)
488 関西医科大学(医学部) 医
489 関西医療大学 総推
490 関西外国語大学・短期大学部 総推
491 関西学院大学(文・法・商・人間福祉・総合政策学部−学部個別日程)
492 関西学院大学(神・社会・経済・国際・教育学部−学部個別日程)
493 関西学院大学(全学部日程〈文系型〉)
494 関西学院大学(全学部日程〈理系型〉)
495 関西学院大学(共通テスト併用日程〈数学〉・英数日程)
496 関西学院大学(英語〈3日程×3カ年〉) 新
497 関西学院大学(国語〈3日程×3カ年〉) 新
498 関西学院大学(日本史・世界史・文系数学〈3日程×3カ年〉) 新
499 畿央大学 総推
500 京都外国語大学・短期大学 総推
502 京都産業大学(公募推薦入試) 総推
503 京都産業大学(一般選抜入試〈前期日程〉)
504 京都女子大学 総推
505 京都先端科学大学 総推
506 京都橘大学 総推
507 京都ノートルダム女子大学 総推
508 京都薬科大学 総推
509 近畿大学・短期大学部(医学部を除く−推薦入試) 総推
510 近畿大学・短期大学部(医学部を除く−一般入試前期)
511 近畿大学(英語〈医学部を除く3日程×3カ年〉)
512 近畿大学(理系数学〈医学部を除く3日程×3カ年〉)
513 近畿大学(国語〈医学部を除く3日程×3カ年〉)
514 近畿大学(医学部−推薦入試・一般入試前期) 医 総推
515 近畿大学・短期大学部(一般入試後期) 医
516 皇學館大学 総推
517 甲南大学 総推
518 甲南女子大学(学校推薦型選抜) 新 総推
519 神戸学院大学 総推
520 神戸国際大学 総推
521 神戸女学院大学 総推
522 神戸女子大学・短期大学 総推
523 神戸薬科大学 総推
524 四天王寺大学・短期大学部 総推
525 摂南大学(公募制推薦入試) 総推
526 摂南大学(一般選抜前期日程)
527 帝塚山学院大学 総推
528 同志社大学(法、グローバル・コミュニケーション学部−学部個別日程)

2025年版　大学赤本シリーズ

私立大学③

529 同志社大学（文・経済学部－学部個別日程）
530 同志社大学（神・商・心理・グローバル地域文化学部－学部個別日程）
531 同志社大学（社会学部－学部個別日程）
532 同志社大学（政策・文化情報〈文系型〉・スポーツ健康科〈文系型〉学部－学部個別日程）
533 同志社大学（理工・生命医科・文化情報〈理系型〉・スポーツ健康科〈理系型〉学部－学部個別日程）
534 同志社大学（全学部日程）
535 同志社女子大学 総推
536 奈良大学 総推
537 奈良学園大学 総推
538 阪南大学 総推
539 姫路獨協大学 総推
540 兵庫医科大学（医学部） 医
541 兵庫医科大学（薬・看護・リハビリテーション学部） 総推
542 佛教大学 総推
543 武庫川女子大学 総推
544 桃山学院大学 総推
545 大和大学・大和大学白鳳短期大学部 総推
546 立命館大学（文系－全学統一方式・学部個別配点方式）／立命館アジア太平洋大学（前期方式・英語重視方式）
547 立命館大学（理系－全学統一方式・学部個別配点方式・理系型3教科方式・薬学方式）
548 立命館大学（英語〈全学統一方式3日程×3カ年〉）
549 立命館大学（国語〈全学統一方式3日程×3カ年〉）
550 立命館大学（文系選択科目〈全学統一方式2日程×3カ年〉）
551 立命館大学（IR方式〈英語資格試験利用型〉・共通テスト併用方式）／立命館アジア太平洋大学（共通テスト併用方式）
552 立命館大学（後期分割方式・「経営学部で学ぶ感性＋共通テスト」方式）／立命館アジア太平洋大学（後期方式）
553 龍谷大学（公募推薦入試） 総推
554 龍谷大学（一般選抜入試）

中国の大学（50音順）

555 岡山商科大学 総推
556 岡山理科大学 総推
557 川崎医科大学 医
558 吉備国際大学 総推
559 就実大学 総推
560 広島経済大学
561 広島国際大学 総推
562 広島修道大学
563 広島文教大学 総推
564 福山大学／福山平成大学
565 安田女子大学 総推

四国の大学（50音順）

567 松山大学

九州の大学（50音順）

568 九州医療科学大学
569 九州産業大学
570 熊本学園大学
571 久留米大学（文・人間健康・法・経済・商学部）
572 久留米大学（医学部〈医学科〉） 医
573 産業医科大学（医学部） 医
574 西南学院大学（商・経済・法・人間科学部－A日程）
575 西南学院大学（神・外国語・国際文化学部－A日程／全学部－F日程）
576 福岡大学（医学部医学科を除く－学校推薦型選抜・一般選抜系統別日程） 総推
577 福岡大学（医学部医学科を除く－一般選抜前期日程）
578 福岡大学（医学部〈医学科〉－学校推薦型選抜・一般選抜系統別日程） 医 総推
579 福岡工業大学
580 令和健康科学大学 総推

医 医学部医学科を含む
総推 総合型選抜または学校推薦型選抜を含む
DL リスニング音声配信　新 2024年 新刊・復刊

掲載している入試の種類や試験科目，収載年数などはそれぞれ異なります。詳細については，それぞれの本の目次や赤本ウェブサイトでご確認ください。

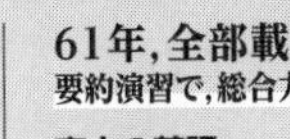

赤本｜ 検索

難関校過去問シリーズ

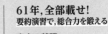

出題形式別・分野別に収録した
「入試問題事典」
20大学 73点
定価2,310～2,640円（本体2,100～2,400円）

先輩合格者はこう使った!
「難関校過去問シリーズの使い方」

61年，全部載せ!
要約演習で，総合力を鍛える
東大の英語 要約問題 UNLIMITED

国公立大学

東大の英語25カ年［第12版］ 改
東大の英語リスニング20カ年［第9版］ DL 改
東大の英語 要約問題 UNLIMITED
東大の文系数学25カ年［第12版］ 改
東大の理系数学25カ年［第12版］ 改
東大の現代文25カ年［第12版］ 改
東大の古典25カ年［第12版］ 改
東大の日本史25カ年［第9版］ 改
東大の世界史25カ年［第9版］ 改
東大の地理25カ年［第9版］ 改
東大の物理25カ年［第9版］ 改
東大の化学25カ年［第9版］ 改
東大の生物25カ年［第9版］ 改
東工大の英語20カ年［第8版］ 改
東工大の数学20カ年［第9版］ 改
東工大の物理20カ年［第5版］ 改
東工大の化学20カ年［第5版］ 改
一橋大の英語20カ年［第9版］ 改
一橋大の数学20カ年［第9版］ 改
一橋大の国語20カ年［第6版］ 改
一橋大の日本史20カ年［第6版］ 改
一橋大の世界史20カ年［第6版］ 改
筑波大の英語15カ年 新
筑波大の数学15カ年 新
京大の英語25カ年［第12版］
京大の文系数学25カ年［第12版］
京大の理系数学25カ年［第12版］
京大の現代文25カ年［第2版］
京大の古典25カ年［第2版］
京大の日本史20カ年［第3版］
京大の世界史20カ年［第3版］
京大の物理25カ年［第9版］
京大の化学25カ年［第9版］
北大の英語15カ年［第8版］
北大の理系数学15カ年［第8版］
北大の物理15カ年［第2版］
北大の化学15カ年［第2版］
東北大の英語15カ年［第8版］
東北大の理系数学15カ年［第8版］
東北大の物理15カ年［第2版］
東北大の化学15カ年［第2版］
名古屋大の英語15カ年［第8版］
名古屋大の理系数学15カ年［第8版］
名古屋大の物理15カ年［第2版］
名古屋大の化学15カ年［第2版］
阪大の英語20カ年［第9版］
阪大の文系数学20カ年［第3版］
阪大の理系数学20カ年［第9版］
阪大の国語15カ年［第3版］
阪大の物理20カ年［第8版］
阪大の化学20カ年［第6版］
九大の英語15カ年［第8版］
九大の理系数学15カ年［第7版］
九大の物理15カ年［第2版］
九大の化学15カ年［第2版］
神戸大の英語15カ年［第9版］
神戸大の数学15カ年［第5版］
神戸大の国語15カ年［第3版］

私立大学

早稲田の英語［第11版］ 改
早稲田の国語［第9版］ 改
早稲田の日本史［第9版］ 改
早稲田の世界史［第2版］ 改
慶應の英語［第11版］ 改
慶應の小論文［第3版］ 改
明治大の英語［第9版］ 改
明治大の国語［第2版］ 改
明治大の日本史［第2版］ 改
中央大の英語［第9版］ 改
法政大の英語［第9版］ 改
同志社大の英語［第10版］
立命館大の英語［第10版］
関西大の英語［第10版］
関西学院大の英語［第10版］

DL リスニング音声配信
新 2024年 新刊
改 2024年 改訂

いつも受験生のそばに─赤本

大学入試シリーズ＋α
入試対策も共通テスト対策も赤本で

入試対策

赤本プラス

赤 PLUS＋ 本

赤本プラスとは，**過去問演習の効果を最大にする**ためのシリーズです。「赤本」であぶり出された弱点を，赤本プラスで克服しましょう。

- 大学入試 すぐわかる英文法 DL
- 大学入試 ひと目でわかる英文読解
- 大学入試 絶対できる英語リスニング DL
- 大学入試 すぐ書ける自由英作文
- 大学入試 ぐんぐん読める 英語長文〔BASIC〕DL
- 大学入試 ぐんぐん読める 英語長文〔STANDARD〕DL
- 大学入試 ぐんぐん読める 英語長文〔ADVANCED〕DL
- 大学入試 正しく書ける英作文
- 大学入試 最短でマスターする 数学Ⅰ・Ⅱ・Ⅲ・A・B・C
- 大学入試 突破力を鍛える最難関の数学
- 大学入試 知らなきゃ解けない 古文常識・和歌
- 大学入試 ちゃんと身につく物理
- 大学入試 もっと身につく 物理問題集（①力学・波動）
- 大学入試 もっと身につく 物理問題集（②熱力学・電磁気・原子）

入試対策

英検® 赤本シリーズ

英検®（実用英語技能検定）の対策書。
過去問集と参考書で万全の対策ができます。

▶過去問集（2024年度版）
- 英検®準1級過去問集 DL
- 英検®2級過去問集 DL
- 英検®準2級過去問集 DL
- 英検®3級過去問集 DL

▶参考書
- 竹岡の英検®準1級マスター DL
- 竹岡の英検®2級マスター CD DL
- 竹岡の英検®準2級マスター CD DL
- 竹岡の英検®3級マスター CD DL

CD リスニングCDつき　DL 音声無料配信
新 2024年新刊・改訂

入試対策

赤本プレミアム

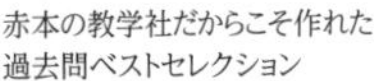

赤本の教学社だからこそ作れた、
過去問ベストセレクション

- 東大数学プレミアム
- 東大現代文プレミアム
- 京大数学プレミアム〔改訂版〕
- 京大古典プレミアム

入試対策

赤本メディカルシリーズ

過去問を徹底的に研究し，独自の出題傾向をもつメディカル系の入試に役立つ内容を精選した実戦的なシリーズ。

- 〔国公立大〕医学部の英語〔3訂版〕
- 私立医大の英語〔長文読解編〕〔3訂版〕
- 私立医大の英語〔文法・語法編〕〔改訂版〕
- 医学部の実戦小論文〔3訂版〕
- 医歯薬系の英単語〔4訂版〕
- 医系小論文 最頻出論点20〔4訂版〕
- 医学部の面接〔4訂版〕

入試対策

体系シリーズ

国公立大二次・難関私大突破へ，自学自習に適したハイレベル問題集。

- 体系英語長文
- 体系英作文
- 体系現代文
- 体系世界史
- 体系物理〔第7版〕

入試対策

単行本

▶英語
- Q&A即決英語勉強法
- TEAP攻略問題集 CD
- 東大の英単語〔新装版〕
- 早慶上智の英単語〔改訂版〕

▶国語・小論文
- 著者に注目！ 現代文問題集
- ブレない小論文の書き方 樋口式ワークノート

▶レシピ集
- 奥薗壽子の赤本合格レシピ

入試対策　共通テスト対策

赤本手帳

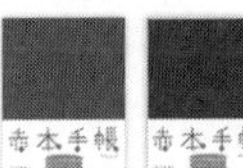

- 赤本手帳（2025年度受験用）プラムレッド
- 赤本手帳（2025年度受験用）インディゴブルー
- 赤本手帳（2025年度受験用）ナチュラルホワイト

入試対策

風呂で覚えるシリーズ

水をはじく特殊な紙を使用。いつでもどこでも読めるから，ちょっとした時間を有効に使える！

- 風呂で覚える英単語〔4訂新装版〕
- 風呂で覚える英熟語〔改訂新装版〕
- 風呂で覚える古文単語〔改訂新装版〕
- 風呂で覚える古文文法〔改訂新装版〕
- 風呂で覚える漢文〔改訂新装版〕
- 風呂で覚える日本史〔年代〕〔改訂新装版〕
- 風呂で覚える世界史〔年代〕〔改訂新装版〕
- 風呂で覚える倫理〔改訂版〕
- 風呂で覚える百人一首〔改訂版〕

共通テスト対策

満点のコツシリーズ

共通テストで満点を狙うための実戦的参考書。
重要度の増したリスニング対策は
「カリスマ講師」竹岡広信が一回読みにも
対応できるコツを伝授！

- 共通テスト英語〔リスニング〕 満点のコツ〔改訂版〕新 DL
- 共通テスト古文 満点のコツ〔改訂版〕新
- 共通テスト漢文 満点のコツ〔改訂版〕新

入試対策　共通テスト対策

赤本ポケットシリーズ

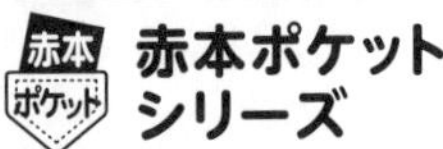

▶共通テスト対策
- 共通テスト日本史〔文化史〕

▶系統別進路ガイド
- デザイン系学科をめざすあなたへ